北京大學中國語言學研究中心

早期北京話珍稀文獻集成

主編　劉雲

清代滿漢合璧文獻萃編

漢文主編　劉雲　陳曉

滿文主編　王碩　[日]竹越孝

卷一

清文啓蒙

[清]舞格　編著

[日]竹越孝　陳曉　校注

国家出版基金项目
NATIONAL PUBLICATION FOUNDATION

北京大學出版社
PEKING UNIVERSITY PRESS

圖書在版編目 (CIP) 數據

清文啓蒙：全二册 /(清)舞格編著；(日)竹越孝，陳曉校注. — 北京：北京大學出版社，2018. 10
(早期北京話珍本典籍校釋與研究)
ISBN 978-7-301-29904-3

Ⅰ. ①清… Ⅱ. ①舞… ②竹… ③陳… Ⅲ. ①滿語—教材 Ⅳ. ①H221

中國版本圖書館 CIP 數據核字 (2018) 第 217377 號

書　　名　清文啓蒙（全二册）
　　　　　QINGWEN QIMENG (QUAN ER CE)
著作責任者　[清] 舞格　編著　[日] 竹越孝　陳　曉　校注
責任編輯　王鐵軍
標准書號　ISBN 978-7-301-29904-3
出版發行　北京大學出版社
地　　址　北京市海淀區成府路 205 號　100871
網　　址　http://www.pup.cn　　新浪微博：@ 北京大學出版社
電子信箱　zpup@pup. cn
電　　話　郵購部 010-62752015　發行部 010-62750672　編輯部 010-62754144
印 刷 者　北京虎彩文化傳播有限公司
經 銷 者　新華書店
　　　　　720 毫米 ×1020 毫米　16 開本　73.25 印張　839 千字
　　　　　2018 年 10 月第 1 版　2018 年 10 月第 1 次印刷
定　　價　295.00 元（全二册）

《清文啓蒙》書影（來源：北京大學圖書館）

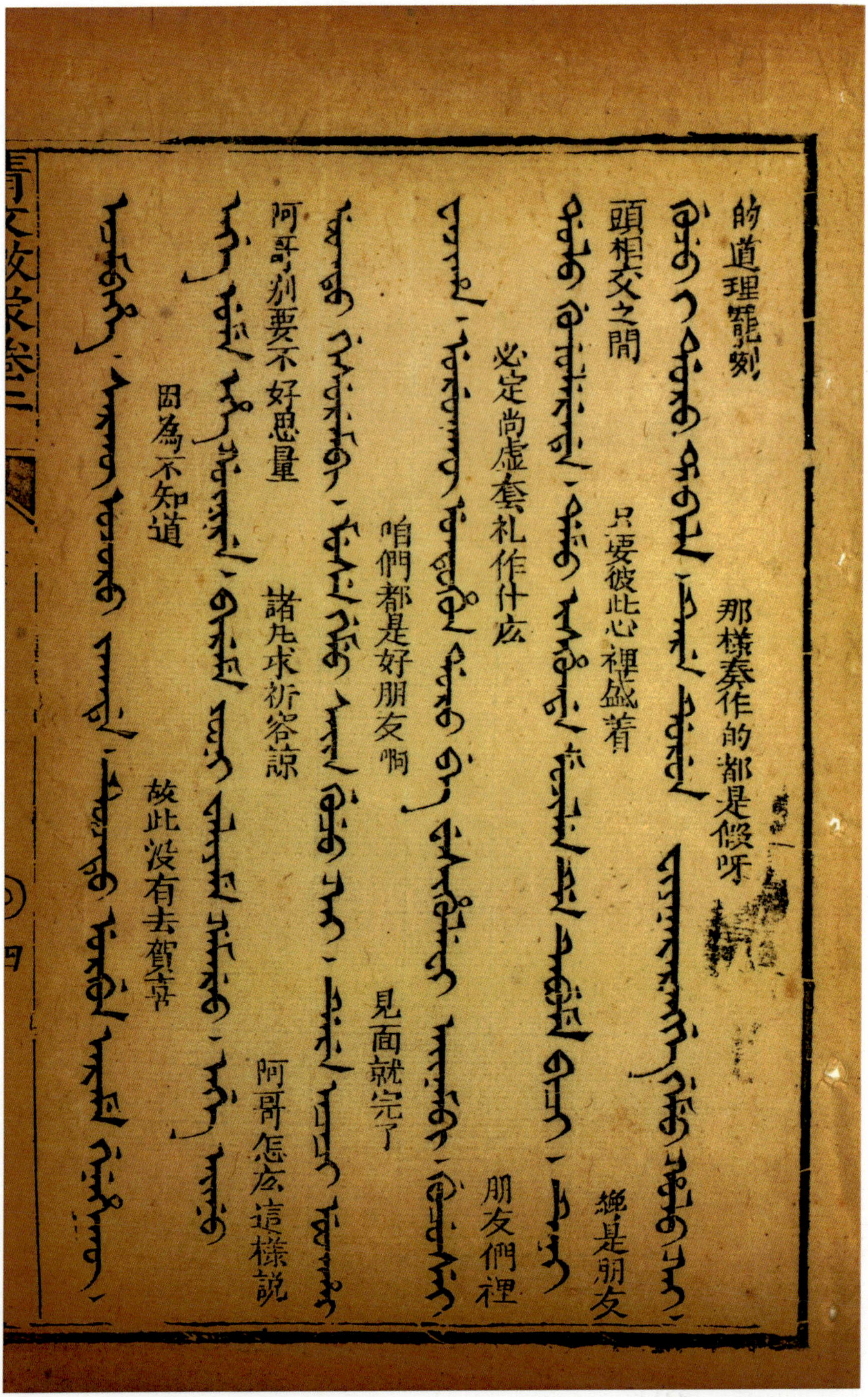
清文啓蒙卷三

的道理罷咧
那樣奏作的都是假呀
頭相交之間
只要彼此心裡盛着
纔是朋友
必定尚虛套札作什麼
朋友們裡
咱們都是好朋友啊
見面就完了
阿哥別要不好思量
諸凡求祈容諒
阿哥怎麼這樣說
因為不知道
故此沒有去賀喜

四

《清文啓蒙》書影（來源：北京大學圖書館）

總 序

語言是文化的重要組成部分，也是文化的載體。語言中有歷史。

多元一體的中華文化，體現在我國豐富的民族文化和地域文化及其語言和方言之中。

北京是遼金元明清五代國都（遼時爲陪都），千餘年來，逐漸成爲中華民族所公認的政治中心。北方多個少數民族文化與漢文化在這裏碰撞、融合，産生出以漢文化爲主體的、帶有民族文化風味的特色文化。

現今的北京話是我國漢語方言和地域文化中極具特色的一支，它與遼金元明四代的北京話是否有直接繼承關係還不是十分清楚。但可以肯定的是，它與清代以來旗人語言文化與漢人語言文化的彼此交融有直接關係。再往前追溯，旗人與漢人語言文化的接觸與交融在入關前已經十分深刻。本叢書收集整理的這些語料直接反映了清代以來北京話、京味文化的發展變化。

早期北京話有獨特的歷史傳承和文化底蘊，於中華文化、歷史有特别的意義。

一者，這一時期的北京歷經滿漢雙語共存、雙語互協而新生出的漢語方言——北京話，它最終成爲我國民族共同語（普通話）的基礎方言。這一過程是中華多元一體文化自然形成的諸過程之一，對於了解形成中華文化多元一體關係的具體進程有重要的價值。

二者，清代以來，北京曾歷經數次重要的社會變動：清王朝的逐漸孱弱、八國聯軍的入侵、帝制覆滅和民國建立及其伴隨的滿漢關係變化、各路軍閥的來來往往、日本侵略者的占領，等等。在這些不同的社會環境下，北京人的構成有無重要變化？北京話和京味文化是否有變化？進一步地，地域方言和文化與自身的傳承性或發展性有着什麽樣的關係？與社會變遷有着什麽樣的關係？清代以至民國時期早期北京話的語料爲研究語言文化自身傳承性與社會的關係提供了很好的素材。

了解歷史纔能更好地把握未來。新中國成立後，北京不僅是全國的政治中心，而且是全國的文化和科研中心，新的北京話和京味文化或正在形成。什麼是老北京京味文化的精華？如何傳承這些精華？爲把握新的地域文化形成的規律，爲傳承地域文化的精華，必須對過去的地域文化的特色及其形成過程進行細致的研究和理性的分析。而近幾十年來，各種新的傳媒形式不斷涌現，外來西方文化和國内其他地域文化的衝擊越來越强烈，北京地區人口流動日趨頻繁，老北京人逐漸分散，老北京話已幾近消失。清代以來各個重要歷史時期早期北京話語料的保護整理和研究迫在眉睫。

“早期北京話珍本典籍校釋與研究（暨早期北京話文獻數位化工程）”是北京大學中國語言學研究中心研究成果，由“早期北京話珍稀文獻集成”“早期北京話數據庫”和“早期北京話研究書系”三部分組成。“集成”收録從清中葉到民國末年反映早期北京話面貌的珍稀文獻并對内容加以整理，“數據庫”爲研究者分析語料提供便利，“研究書系”是在上述文獻和數據庫基礎上對早期北京話的集中研究，反映了當前相關研究的最新進展。

本叢書可以爲語言學、歷史學、社會學、民俗學、文化學等多方面的研究提供素材。

願本叢書的出版爲中華優秀文化的傳承做出貢獻！

王洪君　郭鋭　劉雲

二〇一六年十月

“早期北京話珍稀文獻集成”序

清民两代是北京話走向成熟的關鍵階段。從漢語史的角度看，這是一個承前啓後的重要時期，而成熟後的北京話又開始爲當代漢民族共同語——普通話源源不斷地提供着養分。蔣紹愚先生對此有着深刻的認識：“特別是清初到19世紀末這一段的漢語，雖然按分期來説是屬於現代漢語而不屬於近代漢語，但這一段的語言（語法，尤其是詞彙）和‘五四’以後的語言（通常所説的‘現代漢語’就是指‘五四’以後的語言）還有若干不同，研究這一段語言對於研究近代漢語是如何發展到‘五四’以後的語言是很有價值的。”（《近代漢語研究概要》，北京大學出版社，2005年）然而國内的早期北京話研究并不盡如人意，在重視程度和材料發掘力度上都要落後於日本同行。自1876年至1945年間，日本漢語教學的目的語轉向當時的北京話，因此留下了大批的北京話教材，這爲其早期北京話研究提供了材料支撑。作爲日本北京話研究的奠基者，太田辰夫先生非常重視新語料的發掘，很早就利用了《小額》《北京》等京味兒小説材料。這種治學理念得到了很好的傳承，之後，日本陸續影印出版了《中國語學資料叢刊》《中國語教本類集成》《清民語料》等資料匯編，給研究帶來了便利。

新材料的發掘是學術研究的源頭活水。陳寅恪《〈敦煌劫餘録〉序》有云：“一時代之學術，必有其新材料與新問題。取用此材料，以研求問題，則爲此時代學術之新潮流。”我們的研究要想取得突破，必須打破材料桎梏。在具體思路上，一方面要拓展視野，關注“異族之故書”，深度利用好朝鮮、日本、泰西諸國作者所主導編纂的早期北京話教本；另一方面，更要利用本土優勢，在“吾國之舊籍”中深入挖掘，官話正音教本、滿漢合璧教本、京味兒小説、曲藝劇本等新類型語料大有文章可做。在明確了思路之後，我們從2004年開始了前期的準備工作，在北京大學中國語言學研究中心的大力支持下，早期北京話的挖掘整理工作於2007年正式啓動。本次推出的“早期北京話珍稀文獻集成”是階段性成果之一，總體設計上“取異族之故書與吾國之舊籍互相補正”，共分“日本北京話教科書匯編”“朝鮮日據時期漢語會話書匯編”“西人北京話教科書匯編”“清代滿漢合璧文獻萃編”“清代官話正音文獻”“十全福”“清末民初京味兒小説書系”“清末民初京味兒時評書系”八個系列，臚列如下：

“日本北京話教科書匯編”於日本早期北京話會話書、綜合教科書、改編讀物和風俗紀聞讀物中精選出《燕京婦語》《四聲聯珠》《華語跬步》《官話指南》《改訂官話指南》《亞細亞言語集》《京華事略》《北京紀聞》《北京風土編》《北京風俗問答》《北京事情》《伊蘇普喻言》《搜奇新編》《今古奇觀》等二十餘部作品。這些教材是日本早期北京話教學活動的縮影，也是研究早期北京方言、民俗、史地問題的實貴資料。本系列的編纂得到了日本學界的大力幫助。冰野善寛、内田慶市、太田齋、鱒澤彰夫諸先生在書影拍攝方面給予了諸多幫助。書中日語例言、日語小引的翻譯得到了竹越孝先生的悉心指導，在此深表謝忱。

“朝鮮日據時期漢語會話書匯編”由韓國著名漢學家朴在淵教授和金雅瑛博士校注，收入《改正增補漢語獨學》《修正獨習漢語指南》《高等官話華語精選》《官話華語教范》《速修漢語自通》《速修漢語大成》《無先生速修中國語自通》《官話標準：短期速修中國語自通》《中語大全》《“内鮮滿”最速成中國語自通》等十餘部日據時期（1910年至1945年）朝鮮教材。這批教材既是對《老乞大》《朴通事》的傳承，又深受日本早期北京話教學活動的影響。在中韓語言史、文化史研究中，日據時期是近現代過渡的重要時期，這些資料具有多方面的研究價值。

“西人北京話教科書匯編”收録了《語言自邇集》《官話類編》等十餘部西人編纂教材。這些西方作者多受過語言學訓練，他們用印歐語的眼光考量漢語，解釋漢語語法現象，設計記音符號系統，對早期北京話語音、詞彙、語法面貌的描寫要比本土文獻更爲精準。感謝郭鋭老師提供了《官話類編》《北京話語音讀本》和《漢語口語初級讀本》的底本，《尋津録》、《語言自邇集》（第一版、第二版）、《漢英北京官話詞彙》、《華語入門》等底本由北京大學圖書館特藏部提供，謹致謝忱。《華英文義津逮》《言語聲片》爲筆者從海外購回，其中最爲珍貴的是老舍先生在倫敦東方學院執教期間，與英國學者共同編寫的教材——《言語聲片》。教材共分兩卷：第一卷爲英文卷，用英語講授漢語，用音標標注課文的讀音；第二卷爲漢字卷。《言語聲片》采用先用英語導入，再學習漢字的教學方法講授漢語口語，是世界上第一部有聲漢語教材。書中漢字均由老舍先生親筆書寫，全書由老舍先生録音，共十六張唱片，京韵十足，殊爲珍貴。

上述三類“異族之故書”經江藍生、張衛東、汪維輝、張美蘭、李無未、王順洪、張西平、魯健驥、王澧華諸先生介紹，已經進入學界視野，對北京話研究和對外漢語教學史研究産生了很大的推動作用。我們希望將更多的域外經典北京話教本引入進來，考慮到日本卷和朝鮮卷中很多抄本字迹潦草，難以辨認，而刻本、印本中也存在着大量的異體字和俗字，重排點校注釋的出版形式更利於研究者利用，這也是前文“深度利用”的含義所在。

對“吾國之舊籍”挖掘整理的成果，則體現在下面五個系列中：

“清代滿漢合璧文獻萃編”收入《清文啓蒙》《清話問答四十條》《清文指要》《續編兼漢清文指要》《庸言知旨》《滿漢成語對待》《清文接字》《重刻清文虚字指南編》等十餘部經典滿漢合璧文獻。入關以後，在漢語這一强勢語言的影響下，熟習滿語的滿人越來越少，故雍正以降，出現了一批用當時的北京話注釋翻譯的滿語會話書和語法書。這批教科書的目的本是教授旗人學習滿語，却無意中成爲了早期北京話的珍貴記録。“清代滿漢合璧文獻萃編”首次對這批文獻進行了大規模整理，不僅對北京話溯源和滿漢語言接觸研究具有重要意義，也將爲滿語研究和滿語教學創造極大便利。由於底本多爲善本古籍，研究者不易見到，在北京大學圖書館古籍部和日本神户市外國語大學竹越孝教授的大力協助下，“萃編”將以重排點校加影印的形式出版。

“清代官話正音文獻”收入《正音撮要》（高静亭著）和《正音咀華》（莎彝尊著）兩種代表著作。雍正六年（1728），雍正諭令福建、廣東兩省推行官話，福建爲此還專門設立了正音書館。這一“正音”運動的直接影響就是以《正音撮要》和《正音咀華》爲代表的一批官話正音教材的問世。這些書的作者或爲旗人，或寓居京城多年，書中保留着大量北京話詞彙和口語材料，具有極高的研究價值。沈國威先生和侯興泉先生對底本搜集助力良多，特此致謝。

《十全福》是北京大學圖書館藏《程硯秋玉霜簃戲曲珍本》之一種，爲同治元年陳金雀抄本。陳曉博士發現該傳奇雖爲崑腔戲，念白却多爲京話，較爲罕見。

以上三個系列均爲古籍，且不乏善本，研究者不容易接觸到，因此我們提供了影印全文。

總體來説，由於言文不一，清代的本土北京話語料數量較少。而到了清末民初，風氣漸開，情況有了很大變化。彭翼仲、文實權、蔡友梅等一批北京愛國知識分子通過開辦白話報來“開啓民智”“改良社會”。著名愛國報人彭翼仲在《京話日報》的發刊詞中這樣寫道：“本報爲輸進文明、改良風俗，以開通社會多數人之智識爲宗旨。故通幅概用京話，以淺顯之筆，達樸實之理，紀緊要之事，務令雅俗共賞，婦稚咸宜。”在當時北京白話報刊的諸多欄目中，最受市民歡迎的當屬京味兒小説連載和《益世餘譚》之類的評論欄目，語言極爲地道。

“清末民初京味兒小説書系”首次對以蔡友梅、冷佛、徐劍膽、儒丐、勳鋭爲代表的晚清民國京味兒作家群及作品進行系統挖掘和整理，從千餘部京味兒小説中萃取代表作家的代表作品，并加以點校注釋。該作家群活躍於清末民初，以報紙爲陣地，以小説爲工具，開展了一場轟轟烈烈的底層啓蒙運動，爲新文化運動的興起打下了一定的群衆基礎，他們的作品對老舍等京味兒小説大家的創作産生了積極影響。本系列的問世亦將爲文學史和思想史研究提供議題。于潤琦、方梅、陳清茹、雷曉彤諸先生爲本系列提供了部分底本或館藏綫索，首都圖書館歷史文獻閲覽室、天津圖書館、國家圖書館提供了極大便利，謹致謝意！

“清末民初京味兒時評書系”則收入《益世餘譚》和《益世餘墨》，均係著名京味兒小説家蔡友梅在民初報章上發表的專欄時評，由日本岐阜聖德學園大學劉一之教授、矢野賀子教授校注。

這一時期存世的報載北京話語料口語化程度高，且總量龐大，但發掘和整理却殊爲不易，稱得上“珍稀”二字。一方面，由於報載小説等欄目的流行，外地作者也加入了京味兒小説創作行列，五花八門的筆名背後還需考證作者是否爲京籍，以蔡友梅爲例，其真名爲蔡松齡，查明的筆名還有損、損公、退化、亦我、梅蒐、老梅、今睿等。另一方面，這些作者的作品多爲急就章，文字錯訛很多，并且鮮有單行本存世，老報紙殘損老化的情況日益嚴重，整理的難度可想而知。

上述八個系列在某種程度上填補了相關領域的空白。由於各個系列在内容、體例、出版年代和出版形式上都存在較大的差異，我們在整理時借鑒《朝鮮時代漢語教科書叢刊續編》《〈清文指要〉匯校與語言研究》等語言類古籍的整理體例，結合各個系列自身特點和讀者需求，靈活制定體例。“清末民初京味兒小説書系”和“清末民初京味兒時評書系”年代較近，讀者群體更爲廣泛，經過多方調研和反復討論，我們决定在整理時使用簡體横排的形式，儘可能同時滿足專業研究者和普通讀者的需求。“清代滿漢合璧文獻萃編”“清代官話正音文獻”等系列整理時則采用繁體。“早期北京話珍稀文獻集成”總計六十餘册，總字數近千萬字，稱得上是工程浩大，由於我們能力有限，體例和校注中難免會有疏漏，加之受客觀條件所限，一些擬定的重要書目本次無法收入，還望讀者多多諒解。

“早期北京話珍稀文獻集成”可以説是中日韓三國學者通力合作的結晶，得到了方方面面的幫助，我們還要感謝陸儉明、馬真、蔣紹愚、江藍生、崔希亮、方梅、張美蘭、陳前瑞、趙日新、陳躍紅、徐大軍、張世方、李明、鄧如冰、王强、陳保新諸先生的大力支持，感謝北京大學圖書館的協助以及蕭群書記的熱心協調。“集成”的編纂隊伍以青年學者爲主，經驗不足，兩位叢書總主編傾注了大量心血。王洪君老師不僅在經費和資料上提供保障，還積極扶掖新進，“我們搭臺，你們年輕人唱戲”的話語令人倍感温暖和鼓舞。郭鋭老師在經費和人員上也予以了大力支持，不僅對體例制定、底本選定等具體工作進行了細緻指導，還無私地將自己發現的新材料和新課題與大家分享，令人欽佩。“集成”能够順利出版還要特别感謝國家出版基金規劃管理辦公室的支持以及北京大學出版社王明舟社長、張鳳珠副總編的精心策劃，感謝漢語編輯部杜若明、鄧曉霞、張弘泓、宋立文等老師所付出的辛勞。需要感謝的師友還有很多，在此一并致以誠摯的謝意。

“上窮碧落下黄泉，動手動脚找東西。”我們不奢望引領“時代學術之新潮流”，惟願能給研究者帶來一些便利，免去一些奔波之苦，這也是我們向所有關心幫助過“早期北京話珍稀文獻集成”的人士致以的最誠摯的謝意。

劉　雲

二〇一五年六月二十三日

於對外經貿大學求索樓

二〇一六年四月十九日

改定於潤澤公館

整理説明

一 體例説明[1]

“清代滿漢合璧文獻萃編”（以下簡稱“萃編”）一共收入《清文啓蒙》《清話問答四十條》《一百條》《清語易言》《清文指要》《續編兼漢清文指要》《庸言知旨》《滿漢成語對待》《清文接字》《字法舉一歌》《重刻清文虚字指南編》等十一種清代滿漢合璧教本，大致分爲三類：（一）綜合性教本：如《清文啓蒙》和《清語易言》，既有會話内容，也涉及語音、詞彙、語法；（二）會話類教本：包括《清話問答四十條》《一百條》《清文指要》《續編兼漢清文指要》《庸言知旨》和《滿漢成語對待》六種；（三）虚詞和語法類教本：包括《清文接字》《字法舉一歌》和《重刻清文虚字指南編》三種。“萃編”首次對清代滿漢合璧教本進行系統整理，爲研究清代北京話、滿語以及滿漢語言接觸提供了材料上的便利。

“萃編”各書均由六部分組成：（一）書影；（二）導讀；（三）重排本；（四）轉寫本；（五）漢文詞彙索引；（六）影印本。各部分體例介紹如下：

（一）書影

各書文前均附彩色書影若干張。

（二）導讀

導讀部分對本書的作者、内容特點、版本和研究價值加以介紹。

（三）重排本

重排本爲豎排，版式大致仿照底本，滿文部分字體采用太清文鑒體，居左列，對應的漢文采用宋體繁體，居右列。滿文和漢文均經過校對整理。

1　本部分由劉雲執筆。

（四）轉寫本

轉寫本爲横排，這部分是校勘整理工作的重點，以會話類教本《清話問答四十條》中的第一句爲例：

1-1[A] age simbe tuwa-qi,

阿哥 你.**賓** 看-**條**

阿哥看你，（1a2）

底本中這一句以滿左漢右的形式呈現，占兩列，在轉寫本增加爲三行。第一行采用太清轉寫方案對底本中的滿文進行轉寫（詳見第二部分“太清轉寫方案説明”），更利於母語爲漢語的學習者和研究者使用。第三行對底本中的漢文部分進行整理，繁體字、簡化字照録，異體字、俗字等疑難字改爲相应的繁體正字，個别難以辨識的疑難字則照録原文。根據不同版本對滿文和漢文部分所做的校勘工作在脚注中予以説明。爲了方便不熟悉滿語的研究者使用，我們增列了第二行，對第一行滿文轉寫進行逐詞對譯，其中黑體字（如上例中的“**賓**”和“**條**”）是我們針對一些虚詞或語法標記專門設計的一套漢語術語（第三部分“語法標注方案”中有詳細介紹）。

此外爲了方便讀者檢索詞彙和查找底本，我們給會話類教本中的每一句都加注了索引號（如1-1[A]）和底本號（1a2），“1-1[A]”中第一個“1”代表第一節，第二個“1”代表第一句，上標的A和B代表對話人A和B，所以“1-1[A]”的完整意義就是“第一節的第一句，是A説的”。索引部分“阿哥、看、你”所對應的索引號衹有“1-1”，讀者很容易找到這些詞在轉寫本中的位置。

而在句尾底本號“1a2”中，“1”代表底本葉心所記葉數爲“一”的書葉（古籍一個書葉大致對應於現代出版物中一頁紙張的正反兩面），“a”代表該葉的上半葉，“b”代表該葉的下半葉，“2”代表該半葉“第二大列”（多數情况下一個大列由一列滿文和一列對應的漢文構成。個别情况下滿漢文會混爲一大列，但此時大列之間的界限也會比較分明）。“1a2”的完整意義指在“底本第一葉上半葉的第二大列”能够找到這句話對應的滿漢原文。由於底本中的一些語句較長（尤其是滿文部分，通常比漢文長），經常會出現跨大列甚至跨葉的情况，例如：

1-3　sure banji-ha-bi,
聰明 生長-**完-現**
生的伶俐，（1a2-3）

1-7　bengsen taqi-re be hono ai se-re,
本事 學習-**未 賓** 尚且 什麼 説-**未**
學本事還算不得什麼，（1a5-b1）

“1a2-3”表示在“底本第一葉上半葉的第二大列和第三大列”能找到該句對應的滿漢原文，“1a5-b1”則表示該句的滿漢原文位於“底本第一葉上半葉的第五大列和底本第一葉下半葉的第一大列”。通過上述底本號，讀者可以迅速定位相應的底本原文。

而《清文接字》等虛詞和語法類教本中的講解部分則無須逐詞對照和逐句索引，涉及的知識點、語法點酌情劃分爲若干小節，節號用“[1]……”表示。

（五）漢文詞彙索引

“萃編”索引爲選詞索引，重點選擇當時的口語詞以及一些特殊的虛詞、語法標記作爲詞目，并列齊詞目所在的原文語句的索引號。需要注意的是，虛詞和語法類教本中因較少出現口語詞彙，未出索引。綜合性教本中的語法講解部分也作同樣處理。爲了方便讀者查閲，漢文詞彙索引作爲附録，附於轉寫本後。

（六）影印本

滿漢合璧教本存世數量有限，館藏分散，且相當一部分已被列入善本，研究者鮮有機會一窺全貌。承蒙北京大學圖書館古籍部和日本大阪大學圖書館大力支持，“萃編”得以集齊相關底本，可爲研究者提供第一手材料。其中《一百條》《清語易言》的底本由日本大阪大學圖書館提供，竹越孝先生和陳曉博士其間出力甚夥；其餘九種底本皆爲北京大學圖書館藏本，感謝古籍部李雲、丁世良、常雯嵐等老師的大力協助。各書整理者在校勘整理過程中，還親赴國家圖書館、中央民族大學圖書館、日本國會圖書館、早稻田大學圖書館、天理圖書館、大阪大學圖書館、哈佛大學圖書館等處，查閲并參校了數量可觀的不同版本。另外，承北京外國語大學王繼紅教授惠示相關版本，特此致謝。

二　太清轉寫方案説明[1]

滿文自1599年創製以來，已有四百餘年歷史。清初，來華傳教士出於學習、研究和印刷的方便，創製了最早針對滿文的拉丁字母轉寫方案——俄國有基里爾字母轉寫方案，日、韓亦有用本民族字母轉寫滿文的方案，本文不做討論——目前，無論是國際還是國内，針對滿文都有多套拉丁字母轉寫方案，尚未達成統一。

本次整理包括《重刻清文虚字指南編》《清文啓蒙》等在内的十一種古籍，爲方便更多的科研工作者利用本"萃編"的語料，特增加滿文拉丁轉寫并附全文語法標注。據不完全統計，目前常見的滿文拉丁轉寫方案有八種。因此，在本"萃編"編寫中就涉及使用何種拉丁轉寫方案的問題。

本次整理工作，經過慎重考慮，采用由馬旭東先生設計的太清轉寫系統。做出這種决定的理由如下：

（一）本"萃編"讀者中絶大部分是以漢語爲母語或極其熟悉漢語文的人士，他們對漢語拼音相對敏感和熟悉，而太清轉寫系統與漢語拼音的高度一致性爲他們使用本"萃編"提供了便利。其他轉寫系統都或多或少地受到印歐語文的影響，出現了用如"dz""ts"等與中文拼音存在明顯差異的雙字母轉寫單輔音的情况，讓漢語母語者感到困惑。

（二）太清轉寫方案除"ng"外，没有使用雙字母表示音位，且没有使用26個字母之外的拉丁擴展字母，是一種經濟的方案。太清轉寫方案放弃了"š""ū""ž""ü""ö""ô""ů"等對絶大多數讀者來説陌生的擴展拉丁字母，加入了爲大部分轉寫方案放弃的"q""v"等基本拉丁字母。

（三）太清轉寫方案相較其他方案，對編寫書籍整理中使用的工具軟件更友好。其他的轉寫系統因爲不同程度地引入中國人不熟悉的"š""ū""ž""ü""ö""ô""ů"等擴展拉丁字母，使得不同的人在輸入這些字母時可能會用到看起來相同、但實際上編碼不同的字母，導致後期的詞彙索引、字母頻度等統計工作難以使用各種統計小工具。而太清轉寫系統嚴格使用26個字母和撇號來轉寫滿文，避免了這些問題，節省了大量的

1　本部分由馬旭東、王碩執筆。

人力和不必要的失誤。

（四）目前太清轉寫方案被十餘萬滿語文使用者當作“亞文字”“拉丁化滿文”“新新滿文”在各種場合中使用。在非學術領域，太清轉寫系統是絶對的强勢方案。基於抽樣調查的保守估計，目前在中國有超過十萬人使用該方案以服務語言生活。在學術領域，太清轉寫系統正被越來越多的機構和學者接受，比如：荷蘭萊頓大學漢學院正在進行的有史以來規模最大的歐盟滿學古籍數字化工程就采用了該系統，韓國慶熙大學，我國清華大學、中國人民大學、中央民族大學等高校的青年學者們也逐漸轉向於此。

基於以上四點理由，我們審慎地選擇了太清轉寫系統。

下面我們將用表格方式對比太清轉寫系統和其他系統，以方便廣大的讀者使用本“萃編”。以下表格轉引自馬旭東《滿文拉丁字母轉寫研究》（未刊稿），本文僅做適當調整。

1. 元音字母：

滿文	ᠠ	ᡝ	ᡳ	ᡟ	ᠣ	ᡠ	ᡡ
國際音標	/ɑ/	/ə/	/i/	/ɿ/	/ɔ/	/u/	/ʊ/
太清	a	e	i, (y')*	y'	o	u	v
穆麟德	a	e	i, y	y, 無	o	u	ū
BablePad	a	e	i	y	o	u	uu
新滿漢	a	e	i, y	y	o	u	uu
五體	a	e	i, y	y	o	u	ů
語彙集	a	e	i, y	y	o	u	û
Harlez	a	e	i		o	u	ô
Adam	a	e	i		o	u	ȯ
其他		ä, ö		ï	ô	ou	oe, ō

*衹有在輔音ᠰ、ᡮ後的ᡳ纔轉寫爲y'。

2. 輔音字母：

滿文	ᠪ	ᡦ	ᠮ	ᡶ ᡶ	ᡩ ᡩ (ᡩ)*	ᡨ ᡨ	ᠨ	ᠯ
國際音標	/p/	/pʰ/	/m/	/f/	/t/	/tʰ/	/n/	/l/
太清	b	p	m	f	d	t	n/n'**	l
穆麟德	b	p	m	f	d	t	n	l
BablePad	b	p	m	f	d	t	n	l
新滿漢	b	p	m	f	d	t	n	l
五體	b	p	m	f	d	t	n	l
語彙集	b	p	m	f	d	t	n	l
Harlez	b	p	m	f	d	t	n	l
Adam	b	p	m	f	d	t	n	l
其他	p	p'			t	t'		

*輔音字母d在母音字母v前没有點兒，故而ᡩᡡ轉寫爲dv，而非tv。

**在單詞尾的輔音字母ᠨ轉寫爲n'。

滿文	ᡤ ᡤ	ᡴ ᡴ	ᡥ ᡥ	ᠩ	ᡬ	ᠺ	ᡭ
國際音標	/k, q/	/kʰ, qʰ/	/x, χ/	/ɴ, ŋ/	/k/	/kʰ/	/x/
太清	g	k	h	ng	g'	k'	h'
穆麟德	g	k	h	ng	g‘	k‘	h‘
BablePad	g	k	h	ng	gh	kh	hh
新滿漢	g	k	h	ng	gg	kk	hh
五體	g	k	h	ng	ǵ	k‘	h́
語彙集	g	k	h	ng	g'	k'	h'
Harlez	g	k	h	ng	g'	k'	h'
Adam	g	k	h	ng	g'	k'	h'
其他	k,γ	k', q	x, gh	ń, ñ, ṅ	ġ	ḱ	h̊, xx, x'

滿文	ᠵ	ᠴ	ᡧ	ᡰ	ᡯ	ᡮ	ᠰ	ᡵ	ᠶ	ᠸ
國際音標	/tʃ/	/tʃʰ/	/ʃ/	/ɻ/	/ts/	/tsʰ/	/s/	/r/	/j/	/w/
太清	j	q	x	r’	z	c	s	r	y	w
穆麟德	j	c	š	ž	dz	tsʻ	s	r	y	w
BablePad	j	c	x	z	dz	ts	s	r	y	w
新滿漢	zh	ch	sh	rr	z	c	s	r	y	w
五體	j	c	š	ž	dz	tsʻ	s	r	y	w
語彙集	j	c	s̀	z̀	z	zh	s	r	y	w
Harlez	j	c	s’	z’	dz	ts	s	r	y	w
Adam	j	c	x	ż	z	z’	s	r	y	w
其他	ǰ, ch	č, chʻ	j, ǰ	zh	tz	ċ,		rr, r’	j	v

3. 知、蚩、詩、日、資、雌、思音節：

滿文	ᡷᡳ	ᡱᡳ	ᡧᡳ	ᡰᡳ	ᡯᡳ	ᡮᡟ	ᠰᡟ
國際音標	/tʂʅ/	/tʂʰʅ/	/ʂʅ/	/ɻʅ/	/tsɿ/	/tsʰɿ/	/sɿ/
太清	jy’	qy’	xi	r’i	zi	cy’	sy’
穆麟德	jy	cʻy	ši	ži	dzi	ts	sy
BablePad	zhi	chi	xi	zi	dzi	tsy	sy
新滿漢	zhy	chy	shi	rri	zy	cy	sy
五體	ǰi	c’i	ši	ži	dzy	tsʻy	sy
語彙集	ǰi	ċi	s̀i	z̀i	zy	c̀y	sy
Harlez	j’h	c’h	s’i	z’i	dz	ts	ss
Adam	j’i	c’i	xi	żi	-	-	ş
其他	d’i, ʒi, ǰi, jhi	çi, či		zhi	ze, tzi	tsï, zhy	sï

三 語法標注方案

1. 複——複數

在滿語中，指人的名詞可以通過接綴附加成分-sa、-se、-si、-so、-ta、-te、-ri構成其複數形式。如：

sakda-sa

老人-**複**

老人們

axa-ta

嫂子-**複**

嫂子們

在職務名詞後分寫的sa、在人名後分寫的se可以表達“……等人”之意。如：

oboi baturu sa

鰲拜 巴圖魯 **複**

鰲拜巴圖魯等

batu se

巴圖 **複**

巴圖等人

2. 屬——屬格格助詞

滿語的屬格格助詞爲-i或ni，用於標記人或事物的領屬關係等。如：

bou-i kouli

家-**屬** 規矩

家規

daiming ni qouha

大明 **屬** 士兵

大明的士兵

3. 工——工具格格助詞

滿語的工具格格助詞爲-i或ni，用於標記完成動作、行爲所借助的工具或手段。如：

tondo -i ejen be uile-mbi
忠 **工** 君主 **賓** 侍奉-**現**
以忠事君

qiyanliyang ni uda-mbi
錢糧 **工** 買-**現**
用錢糧買

另外，形容詞可以和工具格格助詞一起構成副詞來修飾動詞。如：

nuhan -i gama-mbi
從容 **工** 安排-**現**
從容地安排

4. 賓——賓格格助詞

滿語的賓格格助詞爲be，用於標記賓語，即動作、行爲所指向的受事。如：

bithe hvla-ra be sa-qi, ai gisure-re ba-bi,
書 讀-**未** **賓** 知道-**條** 什麽 説話-**未** 處-**有**
知道該念書，有什麽説處呢？

賓格格助詞be也可用於標記所經之處。如：

musei qouha nimanggi alin be gemu dule-ke.
咱們.**屬** 軍隊 雪 山 **賓** 都 經過-**完**
我兵皆已越過雪山。

5. 位——位格格助詞

滿語的位格格助詞爲de，用於標記動作發生的地點、時間、原因，以及人或事物所處的地點、時間和狀態等。如：

mujilen de eje-mbi
心 **位** 記住-**現**
心裏頭記

位格格助詞de也可用於標記動作、行爲進行的手段、方式。如：

emu gisun de waqihiya-me mute-ra-kv.

一 話語 **位** 完結-**并** 能够-**未**-**否**

不是一言能盡的。

某些由de構成的詞或詞組具有連詞、副詞等功能，如aikabade“若”，ede“因此”，emde“一同”，jakade“……之故；……之時”，ohode“若”等，可以不對其進行拆分標注，僅標注詞義。如：

bi gene-ra-kv ohode, tere mimbe jabqa-ra-kv-n?

我 去-**未**-**否** 倘若 他 我.**賓** 埋怨-**未**-**否**-**疑**

我若不去的時候，他不埋怨我麼?

6. 與——與格格助詞

滿語的與格格助詞爲de，用於標記動作、行爲的方向、目的和對象等。如：

niyalma de tusa ara-mbi

人 **與** 利益 做-**現**

與人方便

sy' pai leu se-re ba-de gene-mbi.

四 牌 樓 叫-**未** 地方-**與** 去-**現**

往四牌樓去。

7. 從——從格格助詞

滿語的從格格助詞爲qi，用於標記動作、行爲的起點、來源、原因等。另外，在事物之間進行比較時，從格格助詞qi用於標記比較的起點。如：

abka qi wasi-mbi

天 **從** 降下-**現**

自天而降

i sinqi antaka. minqi fulu.

他 你.**從** 怎麼樣 我.**從** 强

他比你如何？比我强。

8. 經——經格格助詞

滿語的經格格助詞爲deri，用於標記動作、行爲經過、通過之處。如：

edun sangga deri dosi-mbi

風 孔 **經** 進入-**現**

風由孔入

gisun angga deri tuqi-mbi

話 嘴巴 **經** 出來-**現**

話從口出

9. 完——完整體

滿語中動詞的完整體附加成分爲-HA（-ha/-he/-ho, -ka/-ke/-ko），表示做完了某動作或行爲。如：

erdemu ili-bu-ha manggi gebu mutebu-mbi.

德才 立-**使**-**完** 之後 名字 能成-**現**

德建而後名立。

aga hafu-ka

雨 濕透-**完**

雨下透了

在句中，動詞的完整體形式具有形容詞或名詞詞性。如：

ama eme -i taqibu-ha gisun be, gelhun akv jurqe-ra-kv.

父親 母親 **屬** 教導-**完** 話語 **賓** 怕 **否** 悖逆-**未**-**否**

父母教的話，不敢違背。

此句中taqibuha爲動詞taqibumbi“教導”的完整體形式，做形容詞修飾gisun，taqibuha gisun即“教導的話”。

sini gosi-ha be ali-ha.

你.**屬** 憐愛-**完** **賓** 接受-**完**

領了你的情。

此句中gosiha爲動詞gosimbi“憐愛”的完整體形式，在句中具有名詞詞性，做謂語動詞aliha的賓語，aliha是動詞alimbi“接受”的完整體形式。

10. 未——未完整體

滿語中動詞的未完整體附加成分一般爲-rA（-ra/-re/-ro），表示動作發生，没結束，或者將要發生。也可用於表達常識、公理等。如：

bi amala qouha fide-fi da-me gene-re.

我 然後 軍隊 調兵-順 救援-并 去-未

吾隨後便調兵接應也。

niyalma o-qi emu beye -i duin gargan be uherile-re.

人 成爲-條 一 身體 屬 四 肢 賓 統共-未

人以一身統四肢。

與完整體相似的是，動詞的未完整體形式在句中也具有形容詞或名詞詞性。如：

taqi-re urse

學習-未 者

學習者

taqire爲動詞taqimbi“學習”的未完整體形式，在此句中作形容詞修飾名詞urse“者”。

faihaqa-ra be baibu-ra-kv.

急躁-未 賓 需要-未-否

不必着急。

faihaqara爲動詞faihaqambi“急躁”的未完整體形式，在此句中faihaqara是謂語動詞baiburakv“不必”的賓語。

11. 現——現在將來時

滿語中動詞的現在將來時附加成分爲-mbi，源自動詞bi“存在；有”，表示動作、行爲發生在説話的當前時刻或未來。也可用來泛指客觀事實、普遍真理等等。如：

age si bou-de aina-mbi? bithe hvla-mbi.

阿哥 你 家-位 做什麽-現 書 讀-現

阿哥你在家做什麽？讀書。

mini guqu qimari ji-mbi.

我.屬 朋友 明天 來-現

我的朋友明天來。

xun dergi qi mukde-mbi.

太陽 東方 從 升起-現

太陽從東方升起。

12. 過——過去時

滿語中動詞的過去時附加成分一般爲bihe或-mbihe，表示動作、行爲發生在説話的時刻之前。如：

dade gvwa ba-de te-mbihe.

原先 別的 處-位 居住-過

原先在別處住。

niyaman guqu de yandu-fi bai-ha bihe.

親戚 朋友 與 委托-順 找尋-完 過

曾經煩親友們尋訪。

13. 否——否定式

滿語中動詞的否定附加成分爲-kv，表示不做某動作，或某動作没發生。如：

taqi-ra-kv oqi beye-be waliya-bu-mbi-kai.

學習-未-否 若是 自己-賓 丢弃-使-現-啊

不學則自弃也。

tuqi-bu-me gisure-he-kv

出去-使-并 説話-完-否

没説出來

形容詞、副詞等詞彙的否定式需要在後面接akv。akv在某些情況下也能表達實義，意思是“没有”。如：

uba-qi goro akv.

這裏-從 遠 否

離此處不遠。

taqin fonjin -i doro gvwa-de akv.

學　問　屬 道理 其他-位　否

學問之道無他。

14. 疑——疑問語氣

滿語中表達疑問的附加成分爲-u和-n。如：

tere niyalma be taka-mbi-u?

那　人　賓 認識-現-疑

認得那個人麽？

baitala-qi ojo-ra-kv-n?

使用-條　可以-未-否-疑

不可用麽？

除此之外，還有表達疑問或反問的語氣詞，如na、ne、no、nu、ya等。

15. 祈——祈使式

滿語的祈使式分爲命令語氣和請願語氣。

1）動詞的詞幹可以表達命令語氣，即説話人直接命令聽話人做某事。如：

bithe be ure-me hvla.

書　賓 熟-并　讀.祈

將書熟熟的念。

2）附加成分-kini表達説話人對他人的欲使、指令、祝願等語氣。-kini後面連用sembi時，sembi引導説話人欲使、指令的内容，sembi在句中會有相應的形態變化。如：

bithe hvla-ra niyalma gvnin werexe-kini!

書　讀-未　人　心　留心-祈

讀書之人留心！

ejen -i jalafun enteheme akdun o-kini.

君主 屬 壽命　永遠　堅固　成爲-祈

願汗壽域永固。

si imbe ureshvn -i hvla-kini se.

你 他.**賓** 熟練 **工** 讀-**祈** 説.**助.祈**

你叫他念得熟熟地。

上句使用了兩次祈使式，-kini表達説話人欲使他人“熟讀”，se爲sembi祈使式，表達説話人對聽話人的命令語氣。

3）附加成分-ki表達説話人對聽話人的祈請語氣，請聽話人做某事。還可以表達説話人自己想要做某事。-ki後面連用sembi時，sembi引導祈請的内容，sembi在句中會有相應的形態變化。

説話人請聽話人做某事，如：

nahan -i dele te-ki.

炕 **屬** 上 坐-**祈**

在炕上坐。

説話人自己想要做某事。如：

gurun -i mohon akv kesi be hukxe-me karula-me faxxa-ki.

國家 **屬** 盡頭 **否** 恩 **賓** 感激-**并** 報答-**并** 奮勉-**祈**

感戴國家無窮的恩澤，願奮力報效。

bithe be tuwa-ki se-qi hafu buleku be tuwa.

書 **賓** 看-**祈** 説.**助-條** 通 鑒 **賓** 看.**祈**

要看書看《通鑒》。

此句中seqi引導了經由説話人之口説出、聽話人想要做的事情bithe be tuwaki“想要看書”，seqi爲助動詞sembi的條件副動詞形式。tuwa爲動詞tuwambi“看”的動詞詞幹形式，表達了説話人的命令語氣。

4）附加成分-rAu（-rau/-reu/-rou）表達説話人對聽話人的請求。-rAu可拆分爲未完整體附加成分-rA和疑問式附加成分-u，這種不確定性的疑問語氣使得-rAu所表達的祈請比-ki更显尊敬，用於對長輩、上級等提出請求。如：

kesi isibu-me xolo xangna-rau.

恩 施予-**并** 空閑 賞賜-**祈**

懇恩賞假。

此句爲説話人請求上級領導恩賜假期。

5）附加成分-qina表達説話人對聽話人的建議、祈請，態度比較隨意，不可對尊長、不熟悉的人使用，可對下級、平輩、熟人、好友使用。如：

yo-ki se-qi, uthai yo-qina!

走-祈 説.助-條 就 走-祈

要走，就走罷！

此句中yoki“要走”爲説話人認爲聽話人想要做的事情，由seqi引導，yoqina“走吧”表達祈使語氣，態度隨意，不够客氣。

16. 虚——虚擬語氣

附加成分-rahv和ayou用於表達“恐怕”“擔心”的意思，後面可連用助動詞sembi，根據語法需要，sembi在句中會有相應的形態變化。如：

inde ala-rahv se-me teni uttu taqi-bu-me hendu-he.

他.與 告訴-虚 助-并 纔 這樣 學-使-并 説-完

恐怕告訴他纔這樣囑咐。

gungge gebu mutebu-ra-kv ayou se-mbi.

功 名 使成-未-否 虚 助-現

恐怕功名不成。

bi hono sitabu-ha ayou se-mbihe.

我 還 耽誤-完 虚 助-過

我還恐怕耽誤了。

17. 使——使動態

滿語中，動詞的使動態附加成分一般爲-bu，用於表達致使者讓某人做某事，通常受使者後面用賓格格助詞be標記。如：

ekxe-me niyalma be takvra-fi tuwa-na-bu-mbi.

急忙-并 人 賓 差遣-順 看-去-使-現

忙使人去看。

此句中，niyalma“人”是takvra-“差遣”這一動作的受使者，又是tuwana-“去看”這一動作的致使者，作爲間接賓語，用賓格格助詞be

標記。

coucou lu giyang ni ba-i taixeu hafan ju guwang be wan qeng
曹操 廬江 **屬** 處-**屬** 太守 官員 朱光 **賓** 宛 城

be tuwakiya-bu-mbi.
賓 看守-**使**-**現**

曹操命廬江太守朱光鎮守宛城。

此句中，太守朱光在曹操的促使下鎮守宛城，朱光既是曹操命令的受使者，也是tuwakiya-“看守”這一行爲的施事，用賓格格助詞be標記。此外，宛城是“看守”這一動作的受事，作爲直接賓語，也用be標記。

18. 被——被動態

滿語中，動詞的被動態附加成分爲-bu。如：

weri de basu-bu-mbi.
他人 **與** 耻笑-**被**-**現**

被人耻笑。

此句中，動詞basu-“耻笑”的施事爲weri“他人”，由與格格助詞de標記，受事主语（即耻笑對象）没有出現。

19. 并——并列副動詞

動詞的并列副動詞構形成分爲-me。

1）并列副動詞和後面的動詞構成并列結構，充當謂語，表示動作、行爲并列或同時發生。如：

giyan be songkolo-me fafun be tuwakiya-mbi.
理 **賓** 遵循-**并** 法令 **賓** 防守-**現**

循禮奉公。

根據動詞的詞義，副動詞形式有時可以看作相應的副詞，充當狀語修飾後面的謂語動詞。如：

ginggule-me eje-fi kiqe-ki.
恭謹-**并** 記住-**順** 勤奮-**祈**

謹記着奮勉。

此句中，副動詞gingguleme“恭謹地”修飾eje-“記住”，即“謹記”。

2）某些由-me構成的詞或詞組具有連詞、副詞等功能，如bime“和；而且”，bimbime“而且”，seme“因爲；雖然；無論”，aname“依次”，等等，可以不再拆分語法成分，僅標注整體的詞義。如：

gosin jurgan bime tondo nomhon.

仁 義 而且 忠 厚

仁義而且忠厚。

3）-me可以構成動詞的進行體，表達動作正在進行中，如現在時進行體V-me bi，過去時進行體V-me bihe。語法標注仍然寫作并列副動詞。如：

jing hergen ara-me bi.

正 字 寫-并 現

正寫着字。

4）動詞的并列副動詞與助動詞mutembi和bahanambi構成固定搭配。V-me mutembi即“能够做某事”，V-me bahanambi即“學會做某事”。如：

emu gisun de waqihiya-me mute-ra-kv.

一 話語 位 完盡-并 能够-未-否

不是一言能盡的。

age si manjura-me bahana-mbi-u.

阿哥 你 説滿語-并 學會-現-疑

阿哥你會説滿洲話嗎？

20. 順——順序副動詞

動詞的順序副動詞構形成分爲-fi。

1）順序副動詞與其後動詞共同作謂語，表示動作行爲按時間順序、邏輯順序等依次發生，做完某事再做某事。如：

dosi-fi fonji-na.

進-順 問-去.祈

進去問去。

2）順序副動詞可用於引導原因。如：

yabun tuwakiyan sain ofi, niyalma teni kundule-me tuwa-mbi.
行爲 品行 好 因爲 人 纔 尊敬-**并** 對待-**現**

因爲品行好，人纔敬重。

此句中，ofi爲ombi“成爲”的順序副動詞形式，在句中引導原因從句。

ere udu inenggi baita bifi.
這 幾 日子 事情 因有

這幾日因爲有事。

此句中，bifi爲bimbi“存在”的順序副動詞形式。

3）-fi可以構成動詞的完成體，如現在時完成體V-fi bi，表達動作、行爲已經發生，狀態延續到現在。如：

tuwa-qi, duka yaksi-fi bi.
看-**條** 大門 關閉-**順** **現**

duka nei-qi se-me hvla-qi, umai jabu-re niyalma akv.
大門 開-**條** **助-并** 呼喚-**條** 全然 回答-**未** 人 **否**

一瞧，關着門呢。叫開門呢，没有答應的人。

此句中，yaksifi bi説明門關上這個動作已經發生，這個狀態延續到叙述者叫開門的當下。

21. 條——條件副動詞

動詞的條件副動詞構形成分爲-qi。

1）條件副動詞所表達的動作行爲是其後動作行爲發生的條件或前提假設，可表達“如果”“則”之意。如：

kiqe-me taqi-qi xangga-qi o-mbi.
勤奮-**并** 學-**條** 做成-**條** 可以-**現**

勤學則可成。

2）某些由-qi構成的詞或詞組具有連詞、副詞等功能，如oqi“若是”，biqi“若有”，seqi“若説”，akvqi“不然，否則”，eiqi“或者”，等等，僅標注詞義。如：

taqi-ra-kv oqi beye-be waliya-bu-mbi-kai.
學習-未-否 若是 自己-賓 抛弃-使-現-啊
不學則自弃也。

3）動詞的條件副動詞與助動詞ombi和aqambi構成固定搭配。V-qi ombi即“可以做某事”，V-qi aqambi即“應該做某事”。如：

tere bou te-qi ojo-ra-kv.
那 房子 居住-條 可以-未-否
那房子住不得。

taqi-re urse beye haqihiya-qi aqa-mbi.
學習-未 人們 自己 勸勉-條 應該-現
學者須自勉焉。

22. 持——持續副動詞

動詞的持續副動詞構形成分爲-hAi（-hai/-hei/-hoi）。

1）動詞的持續副動詞形式表示這個動作、行爲持續不停，一直進行或重複。如：

yabu-hai teye-ra-kv.
行-持 休息-未-否
只管走不歇着。

inenggi-dari tanta-hai fasi-me buqe-re de isibu-ha.
日子-每 打-持 上吊-并 死-未 與 以致於-完
每日裏打過來打過去以致吊死了。

2）-hAi可以構成動詞的持續體，如現在時持續體V-hAi bi，表示動作、行爲持續不停，一直進行或重複。如

gemu mimbe tuwa-hai bi-kai.
全都 我.賓 看-持 現-啊
全都看着我。

sini ji-he nashvn sain bi-qibe, minde o-qi asuru baha-fi
你.屬 來-完 時機 好 存在-讓 我.位 成爲-條 十分 得以-順

gvnin akvmbu-ha-kv, soroqo-hoi bi.
心意 盡心-**完-否** 羞愧-**持** **現**

你來的機會固然好，在我却没有得十分盡心，尚在抱愧。

23. 至——直至副動詞

動詞的直至副動詞的構形成分爲-tAlA（-tala/-tele/-tolo），表示動作行爲進行到某時、某程度爲止。如：

goro goida-tala tuta-bu-ha.
遠 久-**至** 留下-**使-完**

久遠貽留。

fuzi hendu-me, inenggi-dari ebi-tele je-me, mujilen bc
孔夫子 説道-**并** 日子-每 吃飽-**至** 吃-**并** 心思 **賓**

baitala-ra ba akv oqi, mangga kai se-he-bi.
使用-**未** 處 **否** 若是 困難 啊 説.**助-完-現**

子曰：飽食終日，無所用心，難矣哉！

24. 極——極盡副動詞

動詞的極盡副動詞的構形成分爲-tAi（-tai/-tei/-toi）。極盡副動詞往往用於修飾其後的動作、行爲，表示動作、行爲以某種極致的程度或方式進行。如：

nure omi-re de wa-tai amuran.
黄酒 喝-**未** **與** 殺-**極** 愛好

極好飲酒。

此句中，watai amuran意爲“愛得要死”，watai表示程度極深。

ahvta -i giyangga gisun be singge-tei eje-mbi.
兄長.**複** **屬** 理義的 話語 **賓** 浸透-**極** 記住-**現**

兄長們的理學言論發狠的記着。

singgetei ejembi意爲“牢牢地、深入地記住”，singgetei在此句中形容被理學言論完全浸透的狀態。

25. 延——延伸副動詞

動詞的延伸副動詞的構形成分爲-mpi或-pi，表示動作、行爲逐漸完成，達到極限程度。如：

monggon sa-mpi hargaxa-mbi, mujilen je-mpi yabu-mbi.

脖子 伸-延 仰望-現 心思 忍耐-延 行-現

引領而望，忍心而行。

tumen gurun uhe-i hvwaliya-pi, eiten gungge gemu badara-ka.

萬 國 統一-工 和好-延 所有 功勞 都 滋蔓-完

萬邦協和，庶績咸熙。

26. 前——未完成副動詞

動詞的未完成副動詞的構形成分爲-nggAlA（-nggala/-nggele/-nggolo），表示動作行爲發生、進行之前。如：

gisun waji-nggala, uthai gene-he.

話 完-前 就 去-完

話未完，便去了。

baita tuqi-nji-nggele, nene-me jaila-ha.

事情 出-來-前 先-并 躲避-完

事未發，先躲了。

27. 伴——伴隨副動詞

動詞的伴隨副動詞構形成分爲-rAlame（-ralame/-relame/-rolame），表示動作、行爲進行的同時伴隨别的動作。如：

hvla-ralame ara-mbi.

讀-伴 寫-現

隨念隨寫。

gisure-relame inje-mbi.

説-伴 笑-現。

且説且笑。

28. 弱——弱程度副動詞

動詞的弱程度副動詞構形成分爲-shvn/-shun/-meliyan，表示動作程度的減弱，即“略微”。如：

sarta-shvn
遲誤-**弱**
稍遲誤些

enggele-shun
探身-**弱**
稍前探些

29. 讓——讓步副動詞

動詞的讓步副動詞構形成分爲-qibe，表示雖然、即使或無論等。如：

umesi urgunje-qibe, damu sandalabu-ha-ngge ele goro o-ho-bi.
很 喜悦-**讓** 衹是 相隔-**完**-**名** 更加 遥遠 成爲-**完**-**現**
雖然狠喜歡，但只是相隔的，越發遠了。

30. 名——名物化

滿語的動詞、形容詞等可以通過ningge或-ngge轉變爲相應的名詞或名詞短語。通過名物化生成的名詞或名詞短語往往在句中充當話題。如：

ehe gisun tuqi-bu-ra-kv-ngge, uthai sain niyalma inu.
壞 話語 出-**使**-**未**-**否**-**名** 就 好 人 是
不説不好語，便是好人。

i sinde fonji-ha-ngge ai baita
他 你.**與** 問-**完**-**名** 什麽 事
他問你的是什麽事。

tumen jaka qi umesi wesihun ningge be niyalma se-mbi.
萬 事物 從 最 貴 **名** **賓** 人 叫做-**現**
比萬物最貴的是人。

31. 助——助動詞

滿語中的助動詞可分爲實義助動詞和表達語法功能的助動詞。

1）實義助動詞有mutembi、bahanambi、ombi、aqambi、tuwambi等，可以和其他動詞構成如下結構：V-me mutembi“能够做某事”，V-me bahanambi“學會做某事”，V-qi ombi“可以做某事”，V-qi aqambi“應該做某事”，V-me tuwambi“試試看做某事”。

對這一類助動詞不做語法標注，衹標注其實義。如：

age si gvni-me tuwa.
阿哥 你 想-并 看.祈

阿哥你想。

其中gvnime tuwa意爲“想想看”或“試想”。

2）bimbi、ombi、sembi三個動詞不僅具有實義，還可以當作助動詞使用。

如前所述，bimbi、ombi、sembi與其他語法功能附加成分可以構成連詞、副詞，如bime“并且”，biqi“若有”，oqi“若是”，ofi“因爲”，seqi“若説”，seme“雖然；無論”等。

bimbi、ombi、sembi在句中往往既有實義又兼具助動功能。又如oqi、seqi、sehengge、seme、sere、sehengge在句中也可用於標記話題。標注時可將助動詞詞幹和其後構形附加成分拆開，分别標注其語義和語法功能。如：

niyalma se-me jalan de banji-fi, uju-i uju de taqi-re-ngge oyonggo.
人 説.助-并 世界 位 生存-順 第一-屬 第一 位 學習-未-名 重要

人啊，生在世上，最最要緊的就是學習了。

此句中seme爲sembi的并列副動詞形式，提示了話題，又使niyalma seme具備副詞詞性修飾後面的謂語動詞banji-。

i emgeri sa-fi goida-ha, si kemuni ala-ra-kv o-fi aina-mbi.
他 已經 知道-順 久-完 你 仍 告訴-未-否 成爲.助-順 幹什麼-現

他知道已久，你還不告訴他幹什麼？

此句中ofi爲ombi的順序副動詞形式，由於alarakv無法直接附加-fi，所以需要助動詞ombi幫助其變爲合適的副動詞形式，然後纔能與後面的動詞

ainambi構成合乎語法的句子。

3）sembi作爲助動詞主要用於以下三種情况。

首先，sembi用於引導摹擬詞。如：

ser se-re ba-be olhoxo-ra-kv-qi ojo-ra-kv.
細微貌 **助-未** 處-**賓** 謹慎-**未-否-條** 可以-**未-否**

不可不慎其微。

seule-me gvni-re nergin-de lok se-me merki-me baha.
尋思-**并** 思考-**未** 頃刻-**位** 忽然貌 **助-并** 回憶-**并** 獲得.**完**

尋思之下，驀然想起。

其次，sembi用於引導説話的内容。如：

fuzi -i hendu-he, yadahvn bime scbjengge se-re gisun de
孔夫子 **屬** 説道-**完** 貧窮 而 快樂 説.**助-未** 話語 **位**

mute-ra-kv dere.
能够-**未-否** 吧

孔夫子説的，“貧而樂”的話，固是不能。

再次，sembi用於祈使句和虚擬語氣句，用法見祈使式和虚擬語氣。

32. 序——序數詞

基數詞變序數詞需要在基數詞之後附加-qi。如：

emu-qi
一-**序**

第一

33. 分——分配數詞

在基數詞之後附加-te構成分配數詞，表示“每幾；各幾”。如：

niyalma tome emu-te mahala.
人 每 一-**分** 帽子

每人各一個帽子。

補充説明：

1. 爲了避免語法功能成分的語法標注和實詞成分的語義標注相混淆，語法功能術語均縮寫爲一個字，使用黑體。如：

age simbe soli-na-ha de ainu jide-ra-kv.

阿哥 你.**賓** 邀請-去-**完** **位** 爲何 來-**未**-**否**

阿哥請你去，怎麽不來？

此句中，solinaha中soli-爲實義動詞詞幹，標注“邀請”，-na爲實詞性構詞成分，標注“去”，-ha爲完整體構形成分，標注“**完**”。

2. 同一個成分既有實詞詞義又有語法功能，或者一個成分有多個語法功能時，對同一個成分的多個標注之間用“.”隔開。如：

si imbe ureshvn -i hvla-kini se.

你 他.**賓** 熟練 **工** 讀-**祈** 説.**助**.**祈**

你叫他念得熟熟地。

人稱代詞的格附加成分統一不拆分，如上句中imbe標注爲“他.**賓**”。

3. 排除式第一人稱複數be標注爲“我們”，説明其所指對象不包括交談中的聽話人。包括式第一人稱複數muse標注爲“咱們”，説明其所指對象包括聽話人在内。

4. 本方案引用的例句部分取自本“萃編”，其餘例句通過日本東北大學栗林均先生建立的蒙古語諸語與滿語資料檢索系統（http://hkuri.cneas.tohoku.ac.jp/）檢索獲得。

以上説明，意在爲本“萃編”的滿文點校整理提供一套統一的標注指導方案。諸位點校者對滿語語法的分析思路各有側重點，在遵循標注方案的大原則下，對部分語法成分和某些單詞的標注、切分不免存在靈活處理的現象。例如seqi，從語義角度分析，可以將其當作一個固定成分，標注爲“若説”；從語法角度，可以拆分爲se-qi，當作動詞sembi的條件副動詞形式。又如jembi的未完整體形式存在特殊變化jetere，有兩種拆分方式：可以從現時層面分析，認爲jetere的詞幹是je-，而-tere是不規則變化的未完整體附加成分；也可以從語言演變的歷時變化角度分析，認爲詞幹是jete-，是jembi這個動詞的早期形式被保留在未完整體形式中。標注的方式原則上統一、細節上參差多態，不僅有利於表現某一語言成分在實際語句中的特徵，也便於讀者從多方面理解滿語這一黏着語的語法特色。

語法標注簡表*

簡稱	編號	名稱	示例	簡稱	編號	名稱	示例
伴	27	伴隨副動詞	-rAlame	弱	28	弱程度副動詞	-shvn, -shun, -meliyen
被	18	被動態	-bu	使	17	使動態	-bu
賓	4	賓格格助詞	be	屬	2	屬格格助詞	-i, ni
并	19	并列副動詞	-me	順	20	順序副動詞	-fi
持	22	持續副動詞	-hAi	條	21	條件副動詞	-qi
從	7	從格格助詞	qi	完	9	完整體	-HA
分	33	分配數詞	-te	未	10	未完整體	-rA
否	13	否定式	-kv, akv	位	5	位格格助詞	de
複	1	複數	-sa, -ta 等	現	11	現在將來時	-mbi
工	3	工具格格助詞	-i, ni	虛	16	虛擬語氣	ayou, -rahv
過	12	過去時	bihe, -mbihe	序	32	序數詞	-qi
極	24	極盡副動詞	-tAi	延	25	延伸副動詞	-mpi, -pi
經	8	經格格助詞	deri	疑	14	疑問語氣	-u, -n 等
名	30	名物化	-ngge, ningge	與	6	與格格助詞	de
祈	15	祈使式	-ki, -kini, -qina, -rAu 等	至	23	直至副動詞	-tAlA
前	26	未完成副動詞	-nggAlA	助	31	助動詞	sembi, ombi, bimbi 等
讓	29	讓步副動詞	-qibe				

*爲了方便讀者查閱，語法標注簡稱按音序排列，編號與正文中序號保持一致。

“萃編”滿文部分的整理是摸着石頭過河，上述語法標注系統是中日兩國參與滿文校注的作者們集體討論的結晶，由陸晨執筆匯總。方案雖充分吸收了前人時賢的研究成果，畢竟屬於開創之舉，難免存在不盡如人意之處，我們衷心希望得到廣大讀者的幫助和指正，以切磋共進。

本“萃編”的編校工作由北京大學出版社宋思佳老師精心統籌，杜若明、張弘泓、歐慧英三位老師在體例制定和底本搜集上給予了很多幫助，崔蕊、路冬月、唐娟華、王禾雨、王鐵軍等責編老師也付出了大量心血，在此深表謝忱。

編者

二〇一八年六月

目　録

導讀

［日］竹越孝　陳曉

《清文啓蒙》全名《滿漢字清文啓蒙》，滿文名“manju nikan hergen -i qing wen ki meng bithe”，序文末尾有“雍正庚戌孟春之朔日”的記載，“雍正庚戌”即1730年。該書是清代流傳最廣、版本最多的滿語教科書之一。

該書每卷卷首題有“長白舞格壽平著述，錢塘程明遠佩和校梓”字樣，可知該書作者爲舞格（字壽平），校梓者爲程明遠（字佩和）。另序言有如下記載：“久欲請稿刊刻，以爲初學津梁，而先生不許口：此本庭訓小子，設法而作，所注皆係俚言鄙語，粗俗不文，付之梨棗，不無詒誚乎？予力請再三，始獲校梓，其於初學之士，大有裨益云。雍正庚戌孟春之朔日，作忠堂主人程明遠題。”由此可知，該書原本是舞格在私塾教授滿語時所編纂的類似於教學小册的教科書，其後程明遠再三請求，纔得以出版。

《清文啓蒙》全書共四卷，每卷篇目及大致内容如下：

卷一：“滿洲十二字頭單字聯字指南”“切韵清字”“滿洲外單字”“滿洲外聯字”“清字切韵法”“異施清字”“清書運筆先後”。本卷主要是對滿語音韵體系的介紹，尤其詳細列舉了“滿洲十二字頭”中每個字頭所組成的音節，并且對發音方法和發音部位進行了樸素的描寫，例如對“第九字頭”（第一字頭+[b]所組成的音節）的描述爲“第九字頭，係重唇鼓氣音，讀法，只將a e i頭每個字下，添一鋪字緊々連念即是”。雖然這些描述或許并没有嚴格的語言學眼光，但在當時是難能可貴的。另外，“清書運筆先後”還詳細介紹了滿文的書寫法。對於此卷詳細的音韵研究，可參見池上二良（1944）[1]。

1　池上二良（1944）《滿漢字清文啓蒙における滿洲語音韻の考察》，東京帝國大學卒業論文；後見《札幌大學女子短期大學部紀要》8—10，1986—1987年。後見《滿洲語研究》，1999年，東京：汲古書院，61—195頁。

卷二："兼漢滿洲套話"。卷首有單獨的序文，内容是激勵學習滿語者必須認真努力，不可怠慢："凡如讀滿洲書的人，必定字々都該當明白知道，些須怠慢使不得。"正文内容是滿漢對譯的會話文，且包括書信文，共51條。其漢語部分非常口語化，且有大量北京話詞彙，例如（畫綫部分爲北京話詞彙，判斷標準參見太田辰夫1964[1]，1969[2]；陳曉2015[3]）：

你在那裏來着，這時候纔來，絮々叨々的。（第二條，3a4-5）

若是一個人的事，還容易來着，因爲是衆人的事甚難，説教慢々的别急了。（第六條，6a5-6）

我如今狠難過了，家口衆，又該人的債負。（第三十四條，29b1-2）

其中的句末助詞"來着"，禁止副詞"别"，程度副詞"狠"都是當時北京話或北方官話的典型特徵。其他的北京話詞彙及語法現象例如：悄默聲（表"没有聲響或聲音很低"），編派（表"偽造"），句末助詞"……的慌"（跟在某些形容詞和動詞之後，表示程度深），句末助詞"……是（似）的"，二來來（表"重複做一次"），吧嗒（表"努力"），第一人稱複數包括式"咱們"，尋（介於"借"和"要"之間的一種狀態），村俗（表"粗俗"），打噔兒（表"結巴"）等。

滿漢合璧文獻作爲北京話的研究材料實際很早就被提出（于道泉1933[4]，太田辰夫1951[5]），因此，這種反映日常生活的會話文體對於清代北京話的研究是最值得利用的材料之一。

卷三："清文助語虚字"。本卷列舉了滿語的"助語虚字"，即名詞

---

1 太田辰夫（1964）北京語の文法特點，《久重福三郎先生・坂本一郎先生還暦記念中國研究》，37—55頁；1995《中國語文論集》（語學篇・元雜劇篇），東京：汲古書院，243—265頁。

2 太田辰夫（1969）近代漢語，《中國語學新辭典》，東京：光生館，186-187頁；1988《中國語史通考》，東京：白帝社，285—288頁。

3 陳曉（2015）從滿（蒙）漢合璧等文獻管窺清代北京話的語法特徵，《民族語文》第5期，21—34頁。

4 轉引自太田辰夫（1951），參見下條。

5 太田辰夫（1951）清代北京語語法研究の資料について，《神户外國語大學論叢》2-1，13—30頁。

格尾以及動詞的各種形態變化。例如其中對位格助詞“de”的描述爲：“de時候字，又地方字，處字，往字，又給字，與字，又裹頭字，上頭字，在字，於字，乃轉下申明語，單用聯用俱可，如云……”即首先用“……字”的方式解釋某個助詞的意義，後簡單描述其功能，最後的“如云”之下舉出具體的例句進行展示，并對此部分的講解對象再用漢語旁譯具體標出。另外，行文中使用了“已然”“未然”“将然”等術語對動詞的形態變化進行解釋，點校者認爲這可以看作近代語言學觀念的萌芽，值得關注和研究。

卷四：“清字辨似”“清語解似”。其中，“清字辨似”主要是對字形及語音相近的滿文進行辨别列舉，例如“aga雨 aha僕人，奴才”。“清語解似”是對意義相近的滿語詞彙進行辨别列舉，例如“asarambi收藏，收放 bargiyambi收取，接收”。對這些滿語詞彙的漢語對譯也使用了較多的北京口語，例如：“外道”（表“見外”），“領窩子”（表“領口”），“撩蹶子”（表“大型牲畜的蹄向後亂踢”），“腌臢”（表“骯髒”），“局弄”（表“合伙作弄”），“一掐兒”（表“一縷”），“豁子”（表“缺口”）等。

前文已提到，《清文啓蒙》的版本衆多。根據池上二良（1962）[1]的研究，該書的版本大致可以分爲三大類：

第一類：四卷本。書名“滿漢字清文啓蒙”的滿文爲“manju nikan hergen -i qing wen ki meng bithe”，“序”的對譯滿文爲“sioi i gisun”。卷一中的“滿洲十二字頭單字聯字指南”中對滿文的標音基本是用漢字反切的方式。具體版本有：（1）永魁齋本《滿漢字清文啓蒙》（雍正八年序文，1730）。（2）二酉堂本《滿漢字清文啓蒙》（雍正十年，1732）。（3）三槐堂本《滿漢字清文啓蒙》（雍正八年序文，1730），下文簡稱“三槐堂甲本”。（4）三槐堂本《滿漢字清文啓蒙》（雍正八年序文，1730），下文簡稱“三槐堂乙本”。後兩個版本雖均標“三槐堂”，但實際内容有些許不同。

第二類：四卷本。書名“滿漢字清文啓蒙”的滿文爲“manju nikan

1 池上二良（1962）ヨーロッパにある滿洲語文獻について，《東洋學報》45/3：105-121頁；後見《滿洲語研究》1999年，東京：汲古書院，359—385頁。

hergen qing wen ki meng bithe”，與第一類相比，缺少了屬格“-i”。“序”的滿文爲“xutuqin”，亦與第一類不同，“xutuqin”雖是滿語的固有詞，但應該是晚於“sioi i gisun”而後起的。另外，卷一中的“滿洲十二字頭單字聯字指南”中對滿文的標音則多使用的是“三合切音”[1]的方式。具體版本有：（5）[2]宏文閣本《滿漢字清文啓蒙》（雍正八年序文，1730）。

第三類：不分卷。應爲四卷本《清文啓蒙》之卷二“兼漢滿洲套話”。具體版本有：（6）品經堂本《滿漢字清文啓蒙》。（7）《兼滿漢語滿洲套話清文啓蒙》（乾隆二十六年刊本，1761），下文簡稱“注音本”。這一刊本中用漢字對滿文進行了標音，對研究清代音韵有着極爲重要的價值。（8）劉東山刊，王昌茂印本《清文啓蒙》（道光七年，1827），下文簡稱“劉東山本”。

另外，還有一個版本較爲特殊：（9）《日常口頭話*Ji-tch'ang-k'eou-t'eou-hoa: Dialogues chinois*》，此版本無滿文，只有漢文。下文簡稱“日常本”。

池上二良（1962）認爲，第一類屬於雍正年間的初始刊本系統，而第二類屬於乾隆年間的改訂本系統。

另外，以上第一類和第二類的區别主要是從卷一的角度進行區分的，如果從卷二“兼漢滿洲套話”的角度觀察，又可分爲兩個系統，此處姑且稱作“原刊本系”和“重刊本系”。原刊本系包括永魁齋本、二酉堂本（亦稱“老二酉堂”）、三槐堂甲本；重刊本系包括三槐堂乙本、宏文閣本。兩個系統的共同點爲，排版均爲半葉六行，行左側爲滿文，右側爲漢文。而其區别在於，首先，卷二的名稱方面，原刊本系作“兼漢滿洲套話”，而重刊本系作“兼漢滿套語”。再有，葉數方面，原刊本系爲全60葉，而重刊本系爲56葉。還有，每條内容的開頭部份，原刊本系的排版緊挨天頭，高出其他行，而重刊本系没有這種現象。并且，原刊本系的卷二最後多有“跋”，而重刊本系往往没有：

以上話條，俱係口頭言語，可謂極淺近者矣。然古今書内，多用直

1 三合切音：這種注音方式盛行於乾隆年間，滿語的一個音節最多可以使用三個漢字組合的方式表示。例如宏文閣本《清文啓蒙》：“kan喀阿安”（20b4）。

2 爲便於區分，筆者將版本編號的數字進行一貫列舉。

解粗説引蒙者，蓋以直解粗説，爲文之精義，雅俗共曉，學者易進。故此卷亦效其意，一爲初學熟口，一爲對讀次卷虛字，使知用法也。高明之士，勿因淺近哂之，須諒開蒙難透之苦耳。

從整體來看，原刊本系應該是保存了舊有面貌，而重刊本系的刊行年代應晚於原刊本系。

《清文啓蒙》對後世教科書的編纂有很大影響，波及域外。根據松岡雄太（2005）[1]和竹越孝（2015）[2]的研究，朝鮮王朝的司譯院"蒙學"的教科書《捷解蒙語》（1737）中，約四分之三的内容是根據《清文啓蒙》卷二"兼漢滿洲套話"以及另一部文獻《清書指南》（1682）的卷二"滿洲雜話"翻譯爲蒙古語而編成。并且，根據朴恩用（1970）[3]的研究，滿語和朝鮮語的對譯詞典《同文類解》（1748年刊），其附錄"語録解"用於語法解説，其内容也是沿襲《清書指南》卷三"翻清虛字講約"和《清文啓蒙》的卷三"清文助語虛字"而編成。另外，歐洲方面，英國學者Alexander Wylie（偉烈亞力）將《清文啓蒙》翻譯爲英文，成爲*Translation of the Ts'ing Wan K'e Mung, A Chinese Grammar of the Manchu Tartar Language*（1855）一書。後法國學者Stanislas Julien（儒蓮）在法蘭西學院（Collège de France）的漢語學科講授漢語時，將《清文啓蒙》卷二"兼漢滿洲套話"作爲漢語教材而長期使用。并且，Stanislas Julien又於1863年編寫了一部漢語教材，名爲《日常口頭話*Ji-Tch'ang-K'eou-T'eou-Hoa: Dialogues chinois*》，即上文提到的"日常本"。高田時雄（2007）[4]指出，該書的内容與《兼漢滿洲套話》的漢語部分完全一致。

因此，《清文啓蒙》作爲一部影響深遠的滿漢合璧文獻，值得學界更多的關注與研究，無論是清代歷史研究、滿語史研究、漢語史研究還是早期北

1 松岡雄太（2005）《捷解蒙語》와 滿洲語資料의 關係，《알타이學報》15，56—70頁。

2 竹越孝（2015）從滿語教材到漢語教材——清代滿漢合璧會話教材的語言及其演變，《民族語文》第6期，66—75頁。

3 朴恩用（1970）同文類解語録解의 出典에 對하여，《國文學研究》3，39—73頁。

4 高田時雄（2007）揺籃時代的歐洲漢語課本，載世界漢語教育史研究學會《16—19世紀西方人的漢語研究》，大阪：關西大學。

京話研究，該書都是一部不可或缺的文獻。

本次的整理以北京大學圖書館藏三槐堂本《清文啓蒙》（屬於“三槐堂甲本”）爲底本，不同版本之間的區別均在轉寫本的注釋中體現。各卷中版本對比的情況如下：

卷一參校本一種：宏文閣本。由於卷一的各版本之間區别不大，因此只選取第二類系統的代表“宏文閣本”。但由於其中的“三合切音”信息屬於另一注音系統，因此不出注。

卷二參校本八種：永魁齋本、二酉堂本、三槐堂乙本、宏文閣本、品經堂本、注音本、劉東山本、日常本。由於卷二對後世的影響最大，版本間的差别亦較多，因此儘可能地選取了多種版本。

卷三參校本三種：永魁齋本、二酉堂本、宏文閣本。

卷四參校本一種：宏文閣本。理由同卷一。

我們爲卷二的漢文詞彙編製了索引，附於轉寫本後。

影印本爲北京大學圖書館藏三槐堂本。

重排本

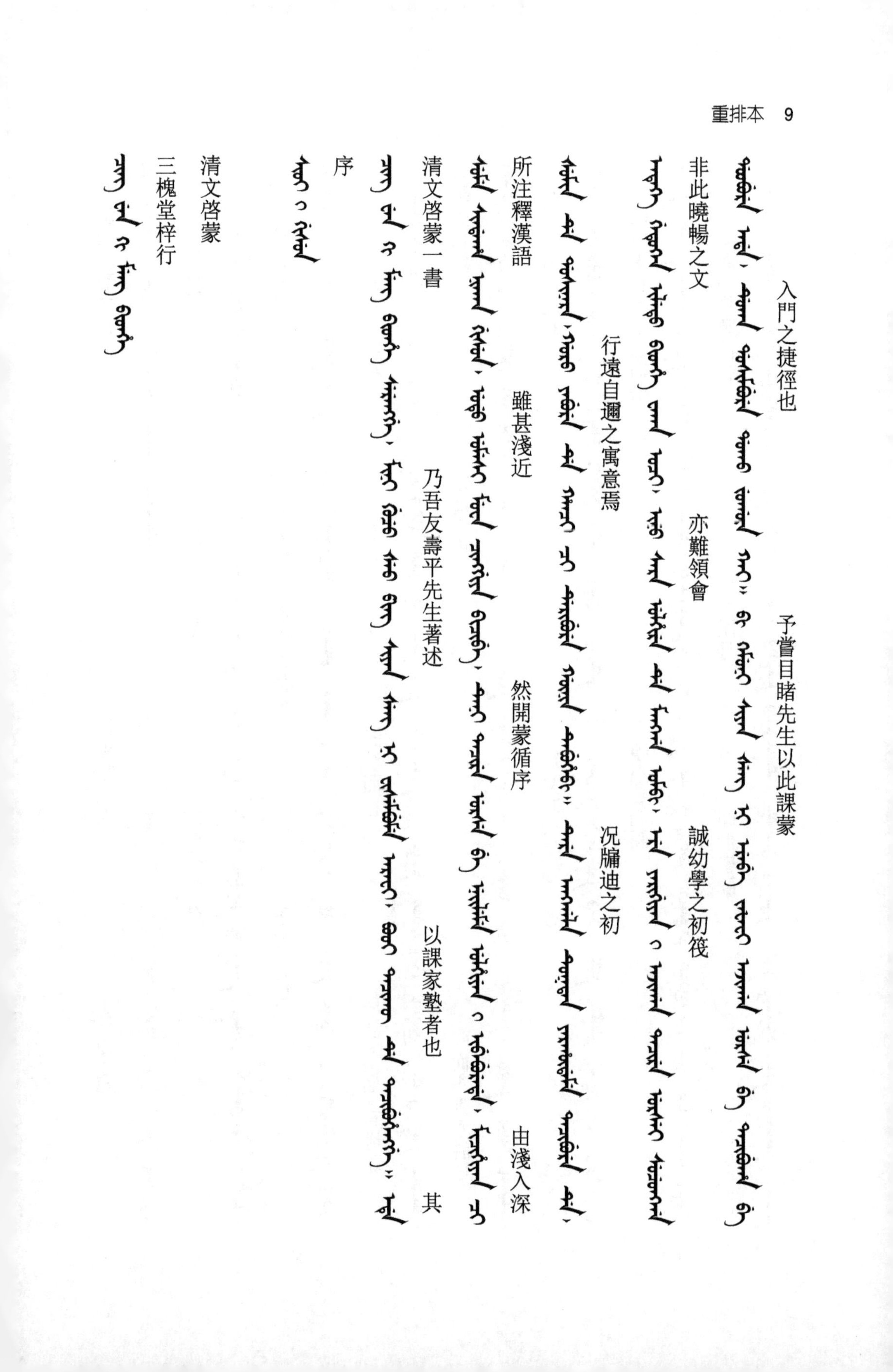

三槐堂梓行

清文啓蒙

序

清文啓蒙一書　乃吾友壽平先生著述　以課家塾者也　其
所注釋漢語　雖甚淺近　然開蒙循序　由淺入深
行遠自邇之寓意焉　況牖迪之初
非此曉暢之文　亦難領會　誠幼學之初筏
入門之捷徑也　予嘗目睹先生以此課蒙

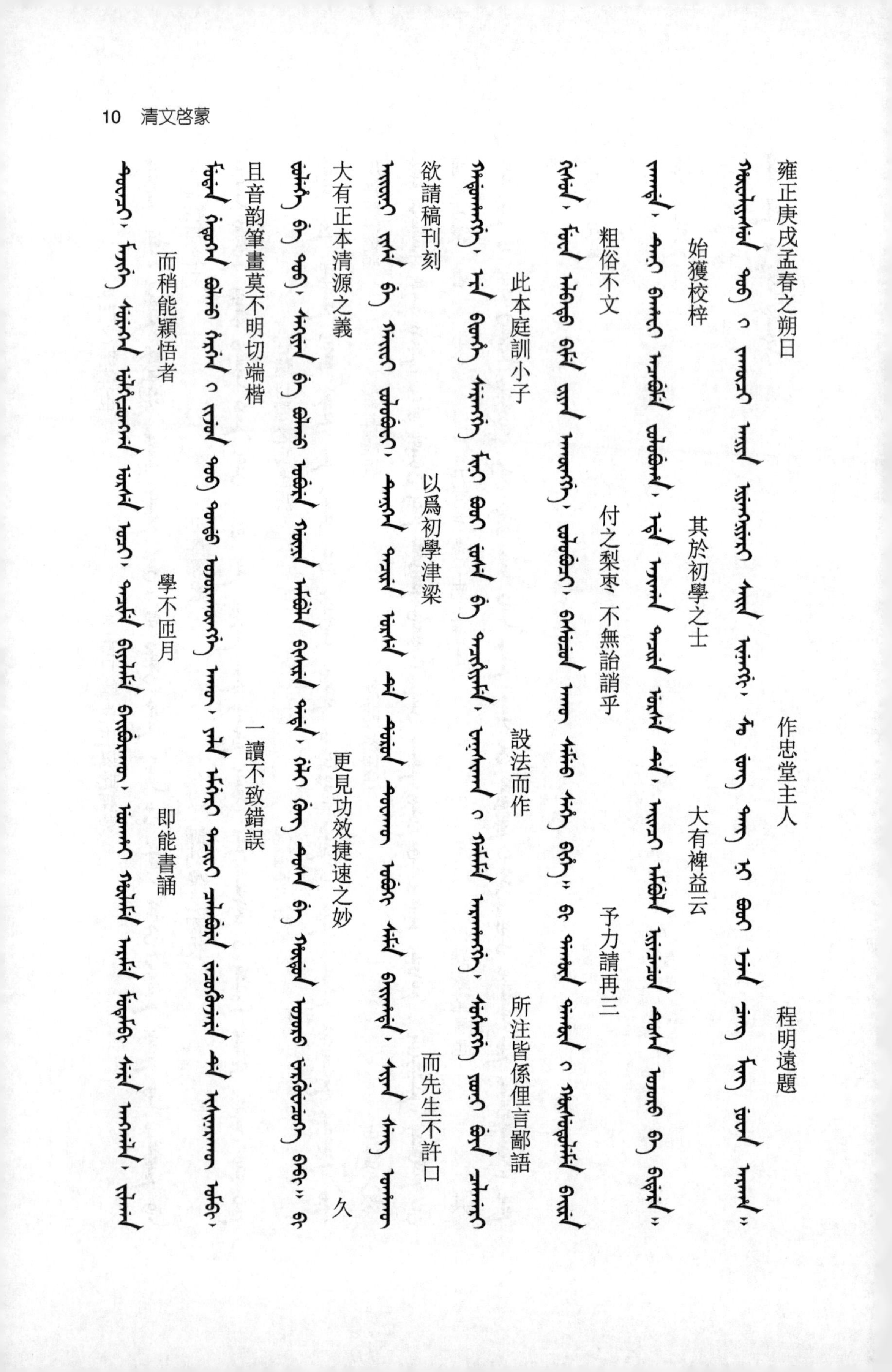

而稍能穎悟者 學不匝月 即能書誦

且音韻筆畫莫不明切端楷 一讀不致錯誤

大有正本清源之義 更見功效捷速之妙 久

欲請稿刊刻 以爲初學津梁 而先生不許口

此本庭訓小子 設法而作 所注皆係俚言鄙語

粗俗不文 付之梨枣 不無詒誚乎 予力請再三

始獲校梓 其於初學之士 大有裨益云

雍正庚戌孟春之朔日 作忠堂主人 程明遠題

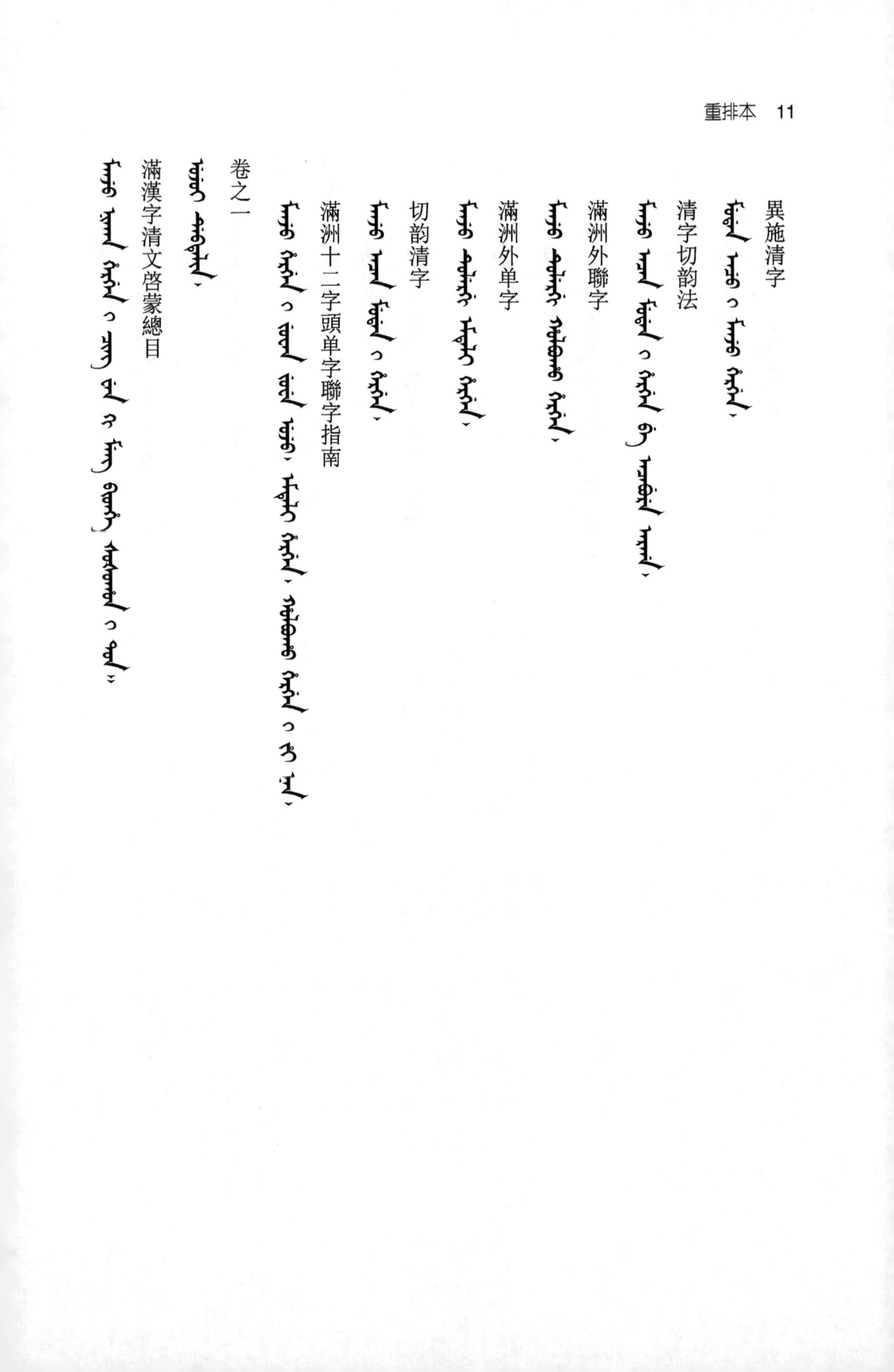

異施清字

清字切韵法

滿洲外聯字

滿洲外单字

切韵清字

滿洲十二字頭单字聯字指南

卷之一

滿漢字清文啓蒙總目

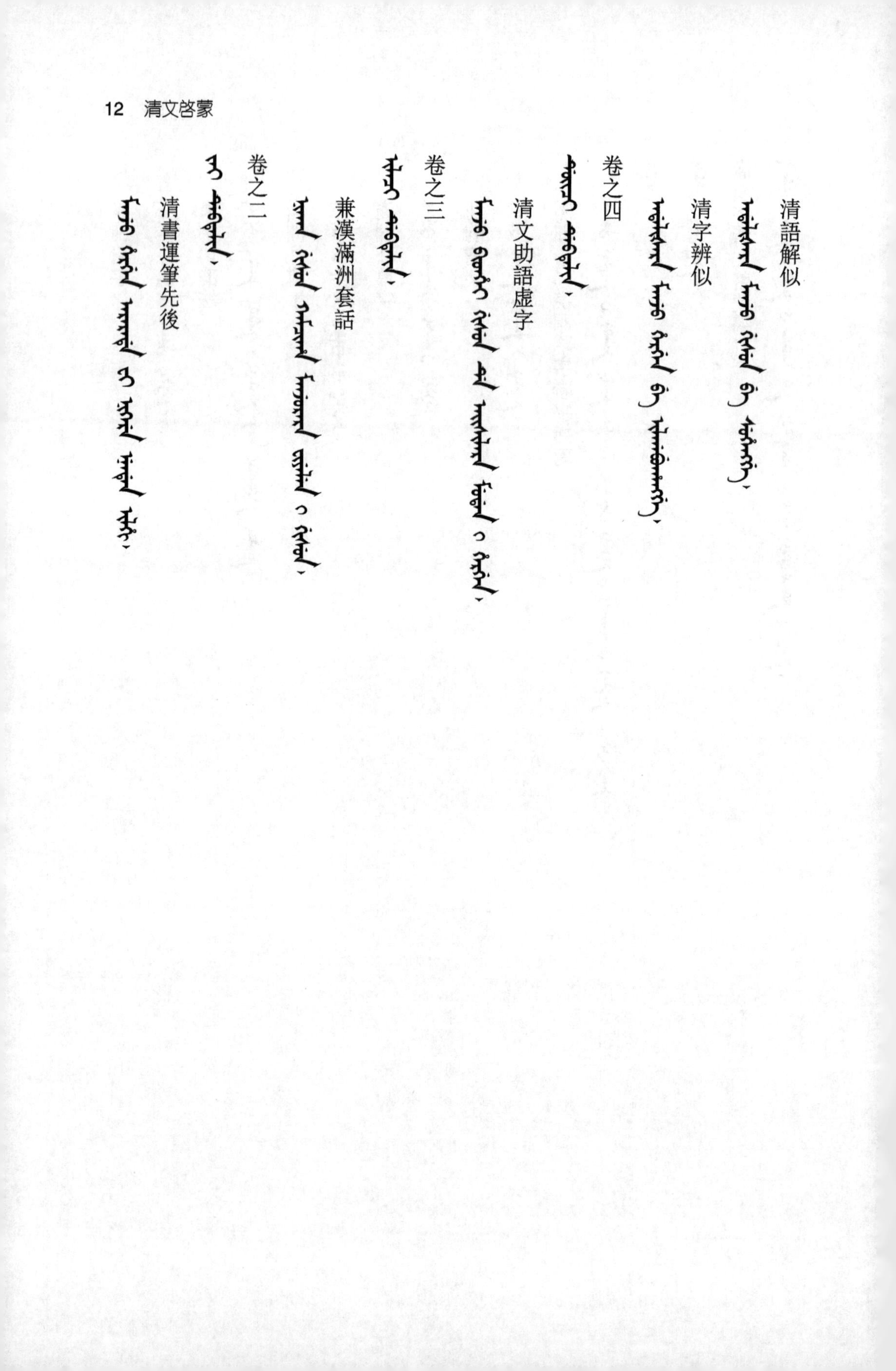

清語解似

清字辨似

卷之四

清文助語虚字

卷之三

兼漢滿洲套話

卷之二

清書運筆先後

練法兼漢清文義彙直解清文語類捷録必讀數種續出
此書行後尚有初學滿漢翻繹本要馬步弓箭中射準頭

ᡳ 衣　ᡳ ᡳᠴᡝ 初一。又新。又染。

ᡝ 惡　ᡝ ᡝᠮᡝ 母親。

字在上聯寫體式。後俱仿此。

ᠠ 阿 昂亞切　ᠠ ᠠᠮᠠ 父親。

此頭爲後十一字頭之字母韵母。學者先將此頭誦寫極熟。務俟筆畫音韵清楚之後。再讀其餘字頭。自能分

別。容易讀記。不致串混也。

ᡠᠵᡠᡳ ᡠᠵᡠ

第一字頭

ᠮᠠᠨᠵᡠ ᡥᡝᡵᡤᡝᠨ ᡳ ᠵᡠᠸᠠᠨ ᠵᡠᠸᡝ ᡠᠵᡠ ᡳ ᡝᠮᡨᡝᠯᡳ ᡥᡝᡵᡤᡝᠨ ᡳ ᠵᠣᡵᡳᠨ

滿漢十二字頭単字聯字指南

錢塘程明遠佩和校梓

長白舞格壽平著述

ᠮᠠᠨᠵᡠ ᠨᡳᡴᠠᠨ ᡥᡝᡵᡤᡝᠨ ᡳ ᠴᡳᠩ ᠸᡝᠨ ᡴᡳ ᠮᡝᠩ ᠪᡳᡨᡥᡝ ᡠᠵᡠᡳ ᡩᡝᠪᡨᡝᠯᡳᠨ

滿漢字清文啓蒙卷之一

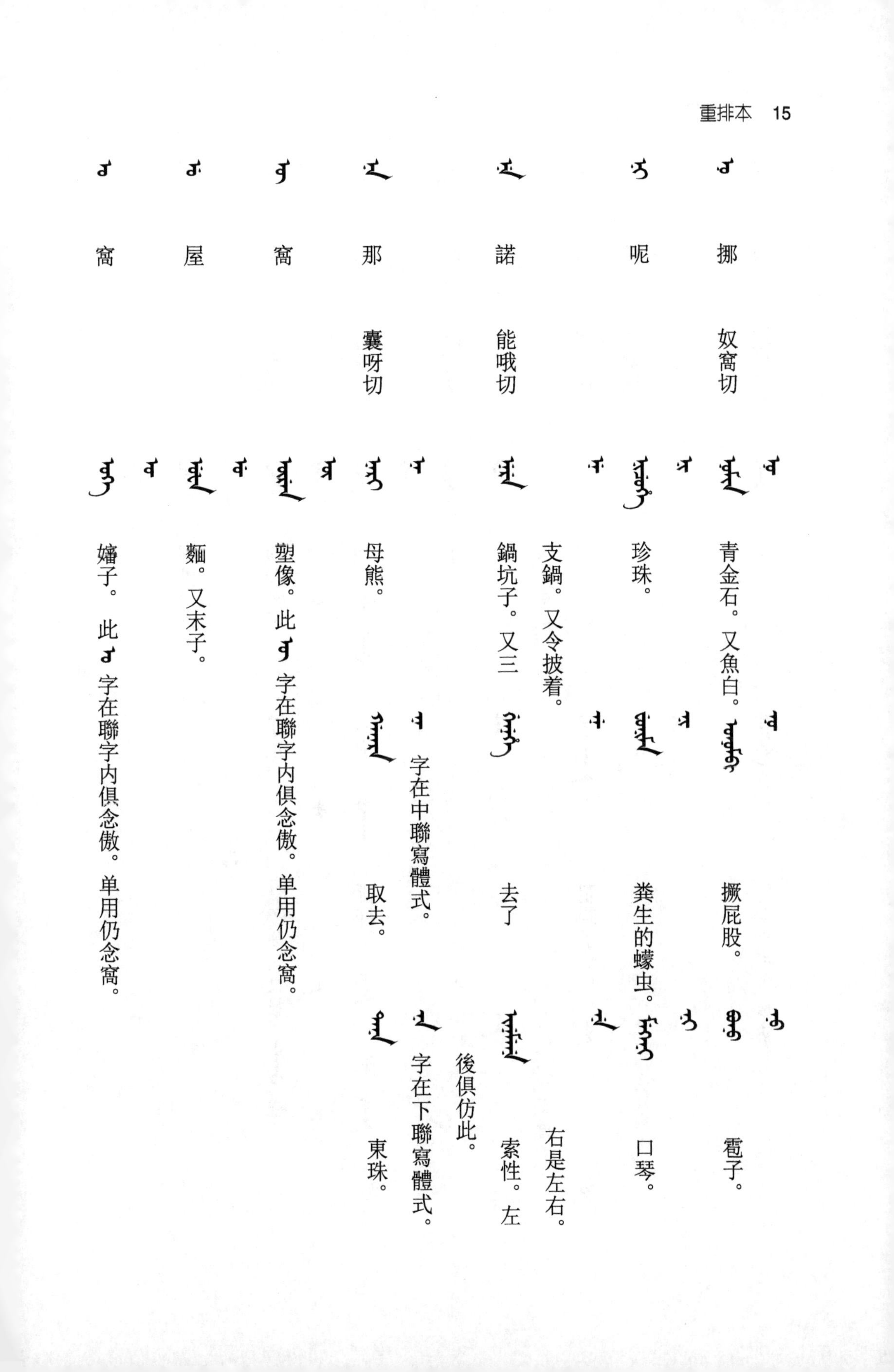

挪 奴窩切 青金石。又魚白。 撅屁股。 雹子。

呢 珍珠。 糞生的蠓虫。 口琴。

諾 能哦切 鍋坑子。又三支鍋。又令披着。 去了 索性。左右是左右。

字在中聯寫體式。 字在下聯寫體式。後俱仿此。

那 囊呀切 母熊。 取去。 東珠。

窩 塑像。此ᠣ字在聯字內俱念傲。單用仍念窩。

屋 麵。又末子。

窩 嬸子。此ᡡ字在聯字內俱念傲。單用仍念窩。

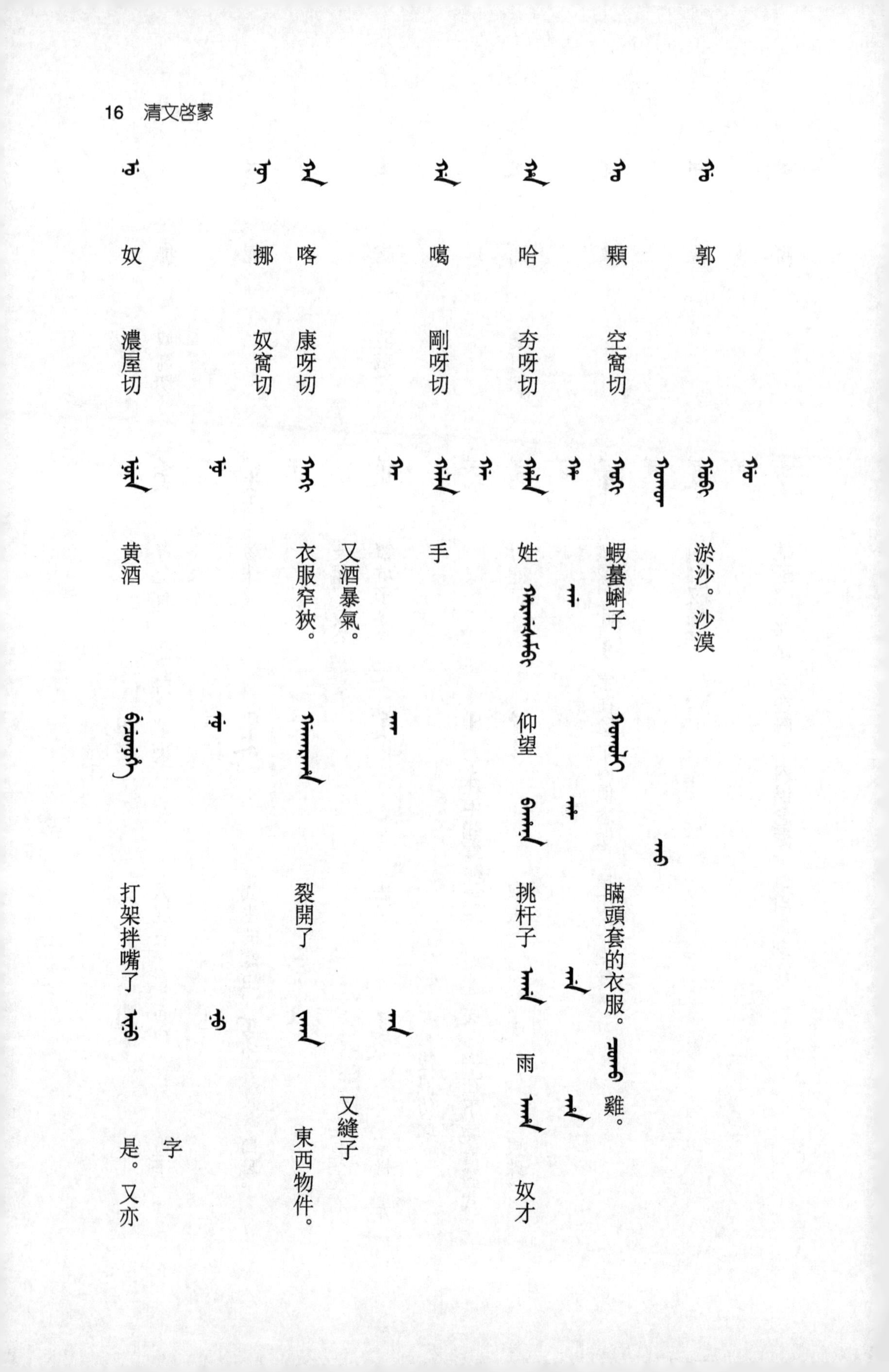

郭

淤沙。沙漠

顆 空窩切

蝦蟇蝌子

瞞頭套的衣服。

雞。

哈 夯呀切

姓

仰望

挑杆子

雨

奴才

噶 剛呀切

手

又酒暴氣。

又縫子

喀 康呀切

衣服窄狹。

裂開了

東西物件。

挪 奴窩切

奴 濃屋切

黃酒

打架拌嘴了

字

是。又亦

逼 撥 八 呼 孤 枯 豁

河

狐狸皮

祥兆祥瑞

弓

撒袋

勤謹人

手工

反了。又翻轉

無開岐袍子

又螺甸杯

又器械

螺螄。

傢伙。

挖摳刀子

皮囤子。

旗下

未騸的公羊

没了。死了

钁頭

老蒼

吊轉了

粘

瞎子

石灰

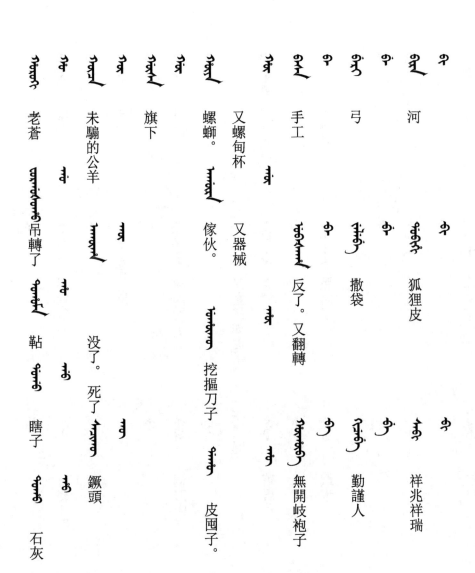

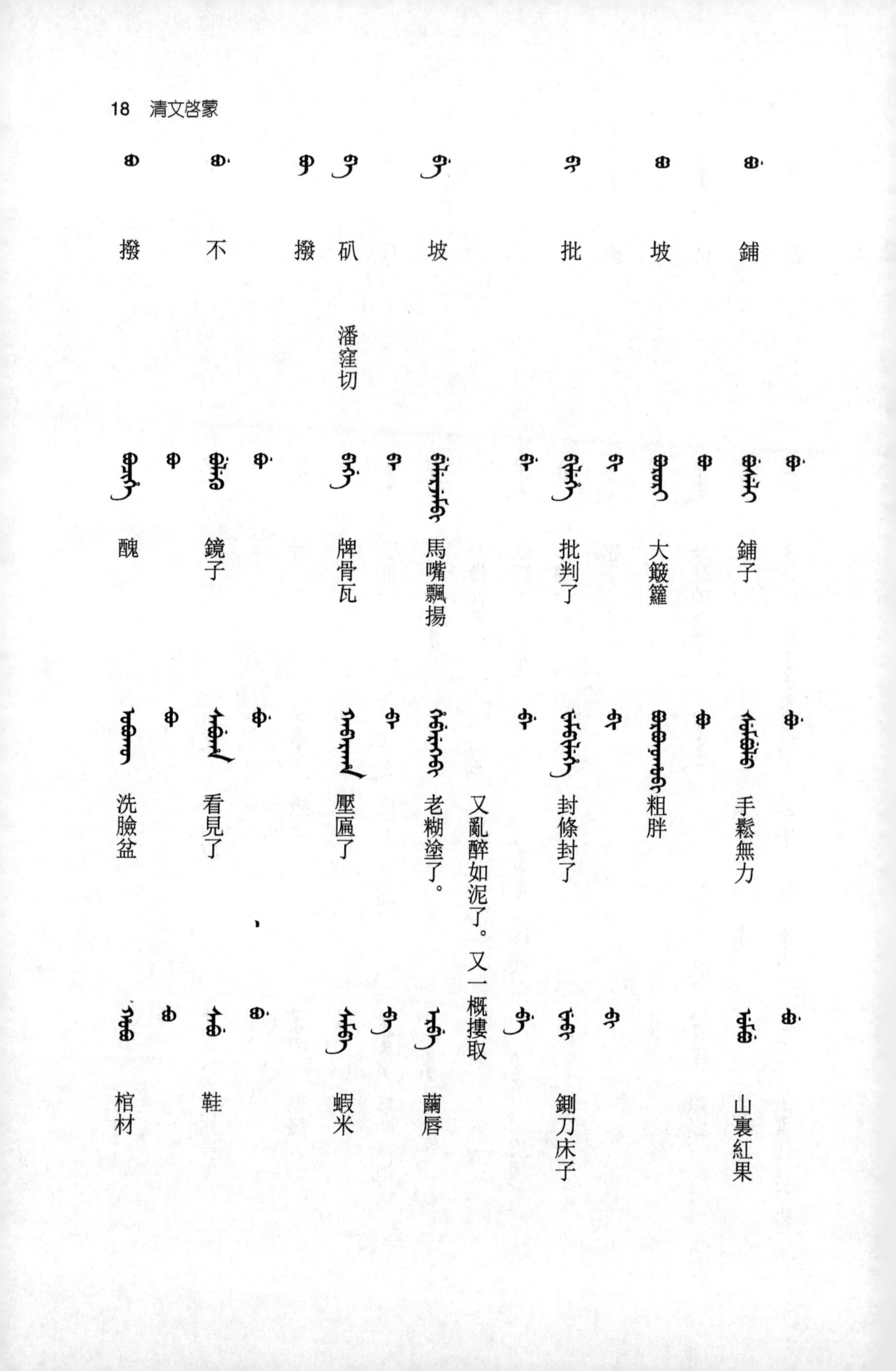

撥	不	撥	砅 潘窪切	坡	批	坡	鋪
醜	鏡子		牌骨瓦	馬嘴飄揚	批判了	大簸籮	鋪子
洗臉盆	看見了		壓匾了	老糊塗了。又亂醉如泥了。又一概摟取	封條封了	粗胖	手鬆無力
棺材	鞋		蝦米	薾唇	鍘刀床子		山裏紅果

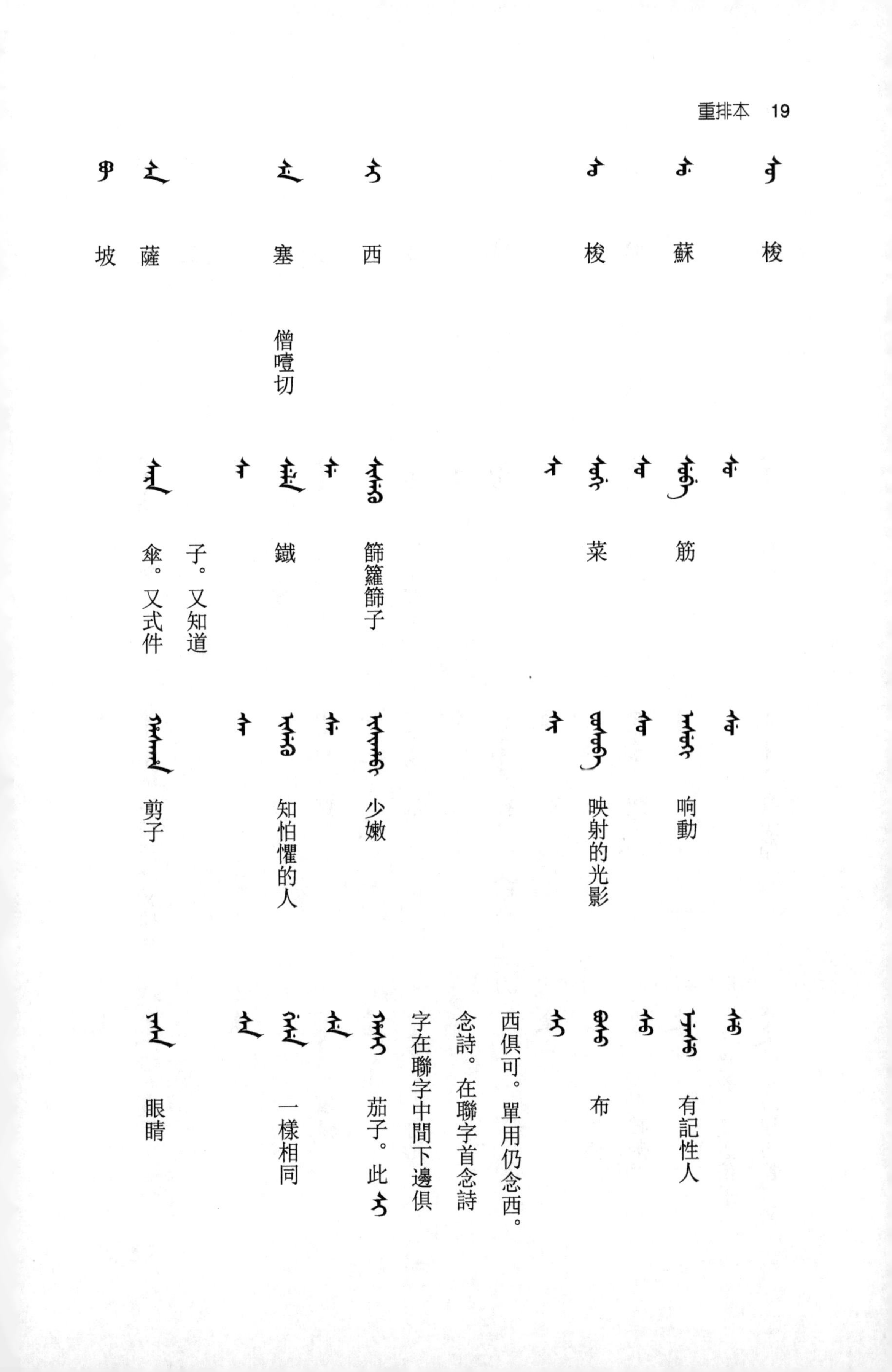

梭

蘇

梭

西

塞 僧噎切

薩

坡

筋

菜

篩籮篩子

鐵

子。又知道

傘。又式件

响動

映射的光影

少嫩

知怕懼的人

剪子

有記性人

布

茄子。此字在聯字中間下邊俱念詩。在聯字首念詩西俱可。單用仍念西。

一樣相同

眼睛

他

説

書

説

詩

賒 生嗐切

紗

且暫住

包頭手帕。又令攢湊

錁子錠子

拾盒

泉眼

徒弟

吊桶子。又抽替

狐魅子

爪

掙立。又吧口結效力

酸了

打魚船

繩子

鶺鴒

方角兒

小布帶。又皮條

戴翎的管。又腰鈴。又酒稍子

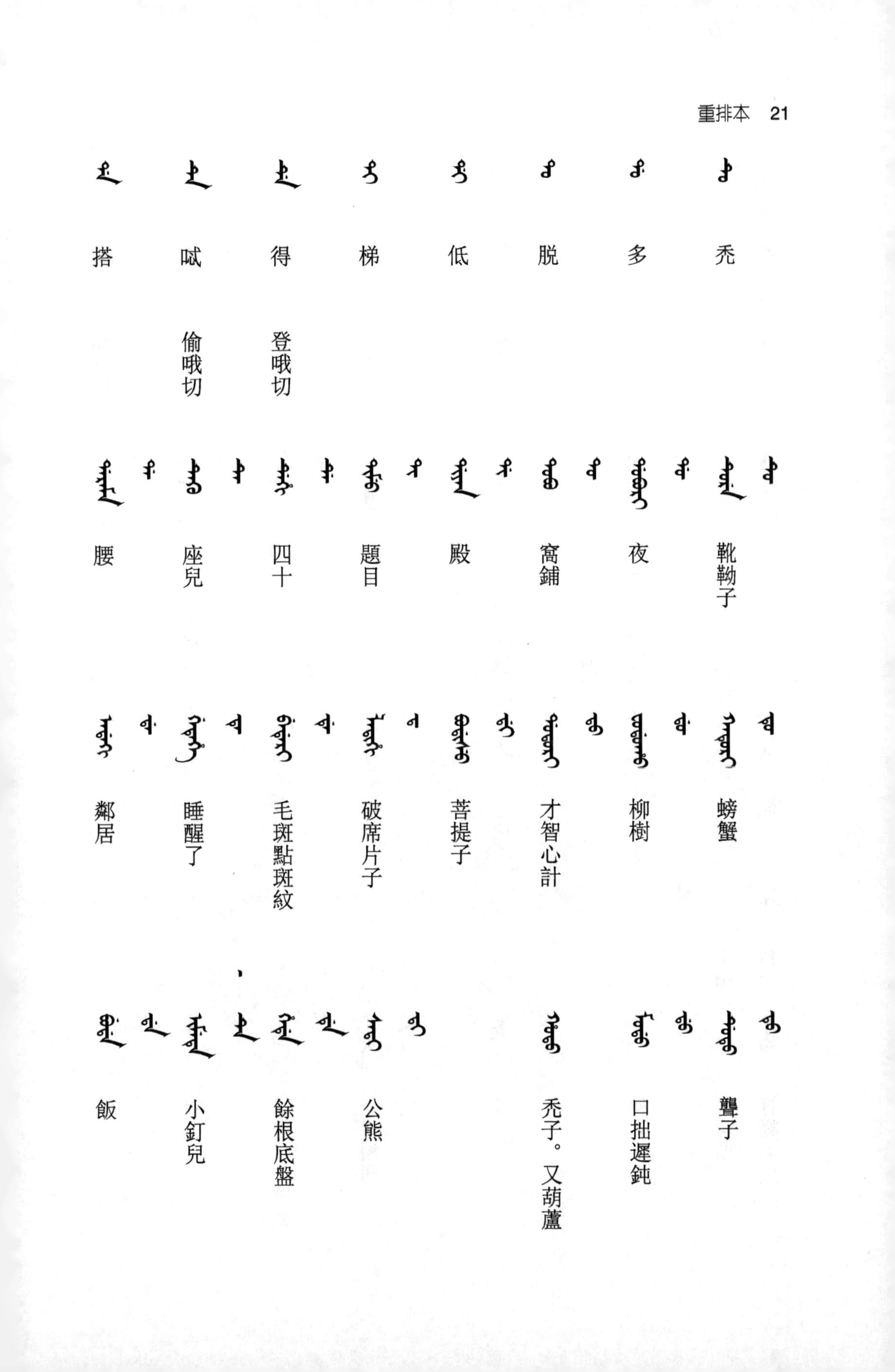

禿 多 脱 低 梯 得 登哦切 㖒 偷哦切 搭

靴鞠子 夜 窩鋪 殿 題目 四十 座兒 腰

螃蟹 柳樹 才智心計 菩提子 破席片子 毛斑點斑紋 睡醒了 鄰居

聾子 口拙遲鈍 禿子。又葫蘆 公熊 餘根底盤 小釘兒 飯

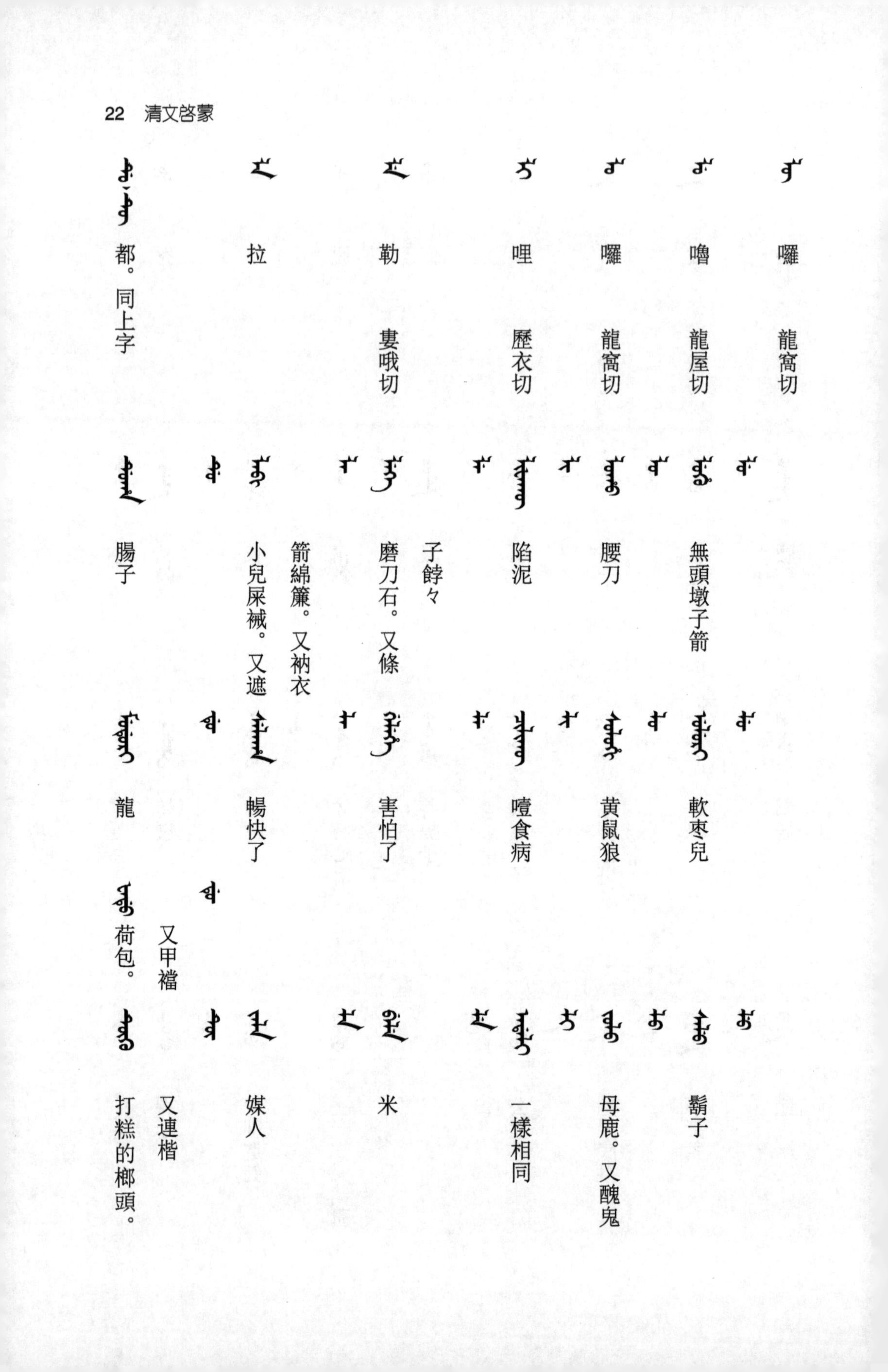

囉 龍窩切

嚕 龍屋切

囉 龍窩切

哩 歷衣切

勒 婁哦切

拉

都。同上字

無頭墩子箭

腰刀

陷泥

磨刀石。又條子餑々

小兒屎褯。又遮箭綿簾。又衲衣

腸子

軟枣兒

黃鼠狼

噎食病

害怕了

暢快了

龍

荷包。又甲襠

鬍子

母鹿。又醜鬼

一樣相同

米

媒人

打糕的榔頭。又連楷

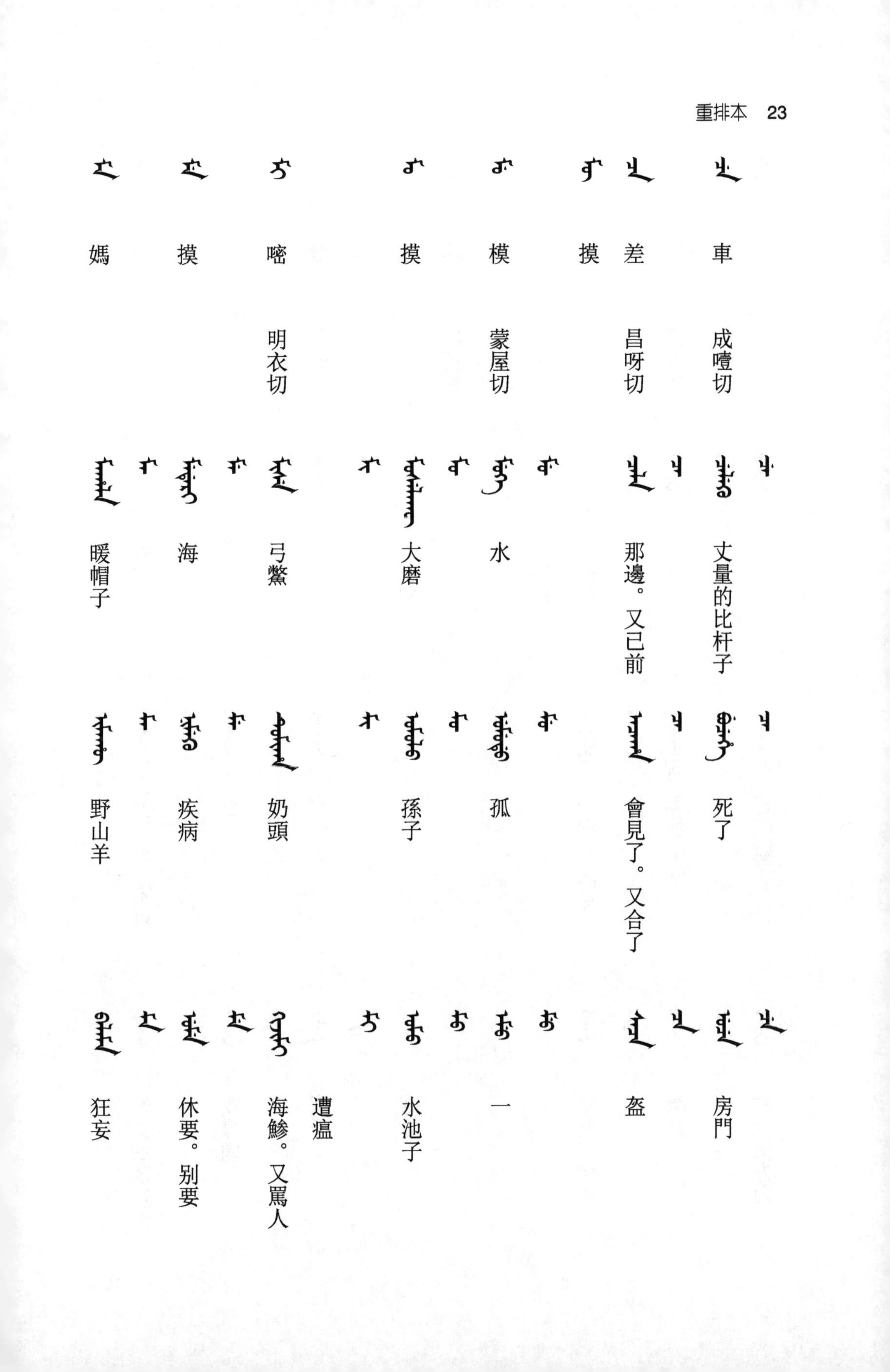

車 成噎切　差 昌呀切　摸　模 蒙屋切　摸　嘧 明衣切　摸　媽

丈量的比杆子　那邊。又已前　水　大磨　弓鰲　海　暖帽子

死了　會見了。又合了　孤　孫子　奶頭　疾病　野山羊

房門　盔　一　水池子　遭瘟　海鯵。又罵人　休要。別要　狂妄

拙　飢　遮 針嗻切　渣　綽 冲窩切　出　綽 冲窩切　七

鍘刀　錢　吃了　拿手把子　又迎鞍低　近視眼。　名號　虱子

使不得。不可　小　記住了　折了　一向。時候　弄拙了　行李馱子

好看生像好　皮襪頭　緞子　瞎蠓　朋友。伴兒　顏色　右。又方向

磕

喲 雍窩切

淤

喲 雍窩切

噎

呀

拙

朱

猫

旱澇饑荒

蛋黄兒

跑卵子牙猪

箭罩子

冰

倭緞

傳遞求給人

李子

發恨了

酸奶子

跑了

貂鼠。又貂皮

綠松兒石。又海燕魚

上頂子。凡物頂盖

身體。又自己

碎小。又小氣

馬槽。又銀鞘

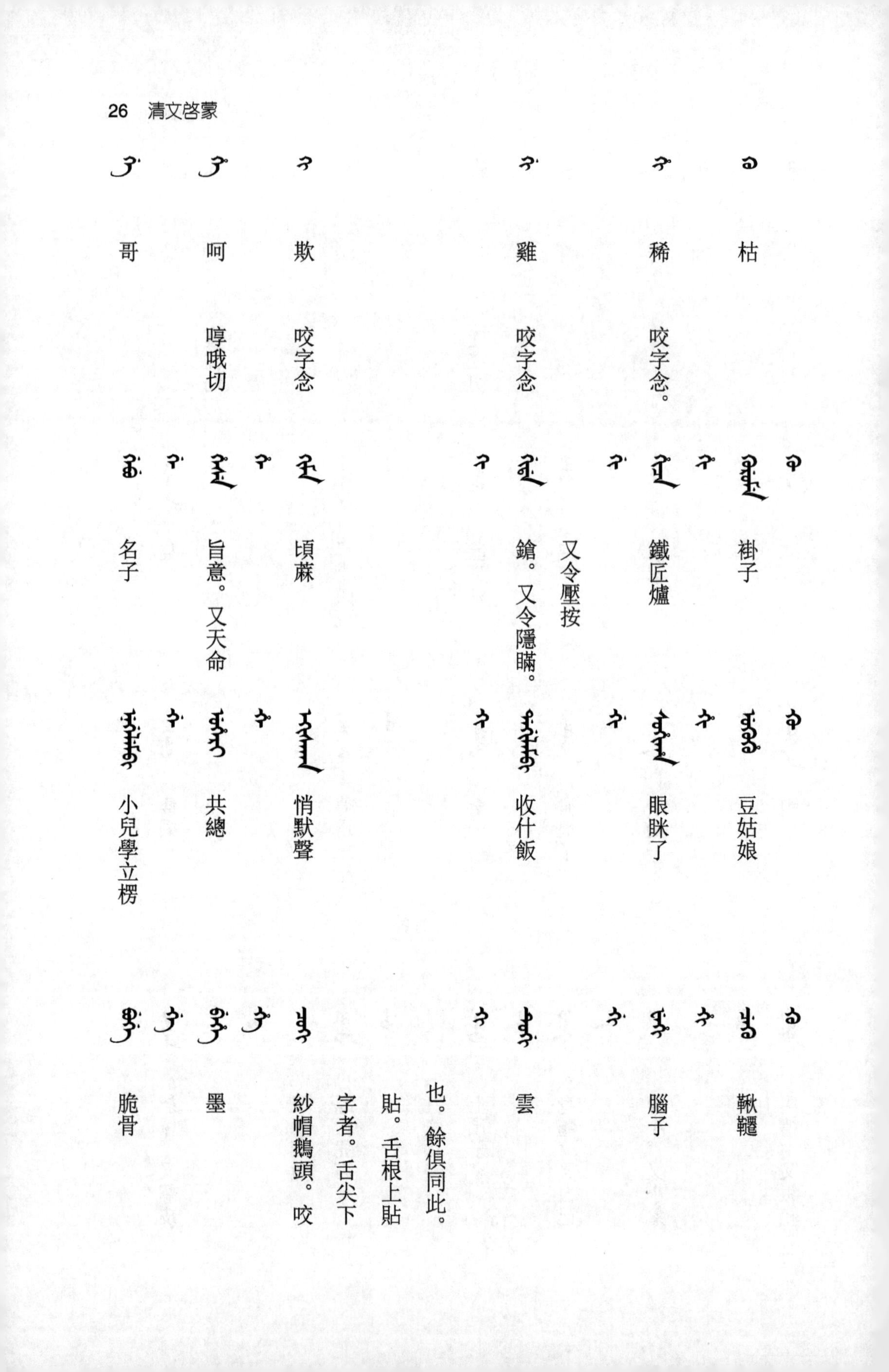

枯		褂子	豆姑娘	鞦韆	
稀	咬字念。	鐵匠爐	眼眯了	腦子	
雞	咬字念	鎗。又令隱瞞。又令壓按	收什飯	雲	
欺	咬字念	頂蔴	悄默聲	紗帽鵝頭。	咬字者。舌尖下貼。舌根上貼也。餘俱同此。
呵	哼哦切	旨意。又天命	共總	墨	
哥		名子	小兒學立楞	脆骨	

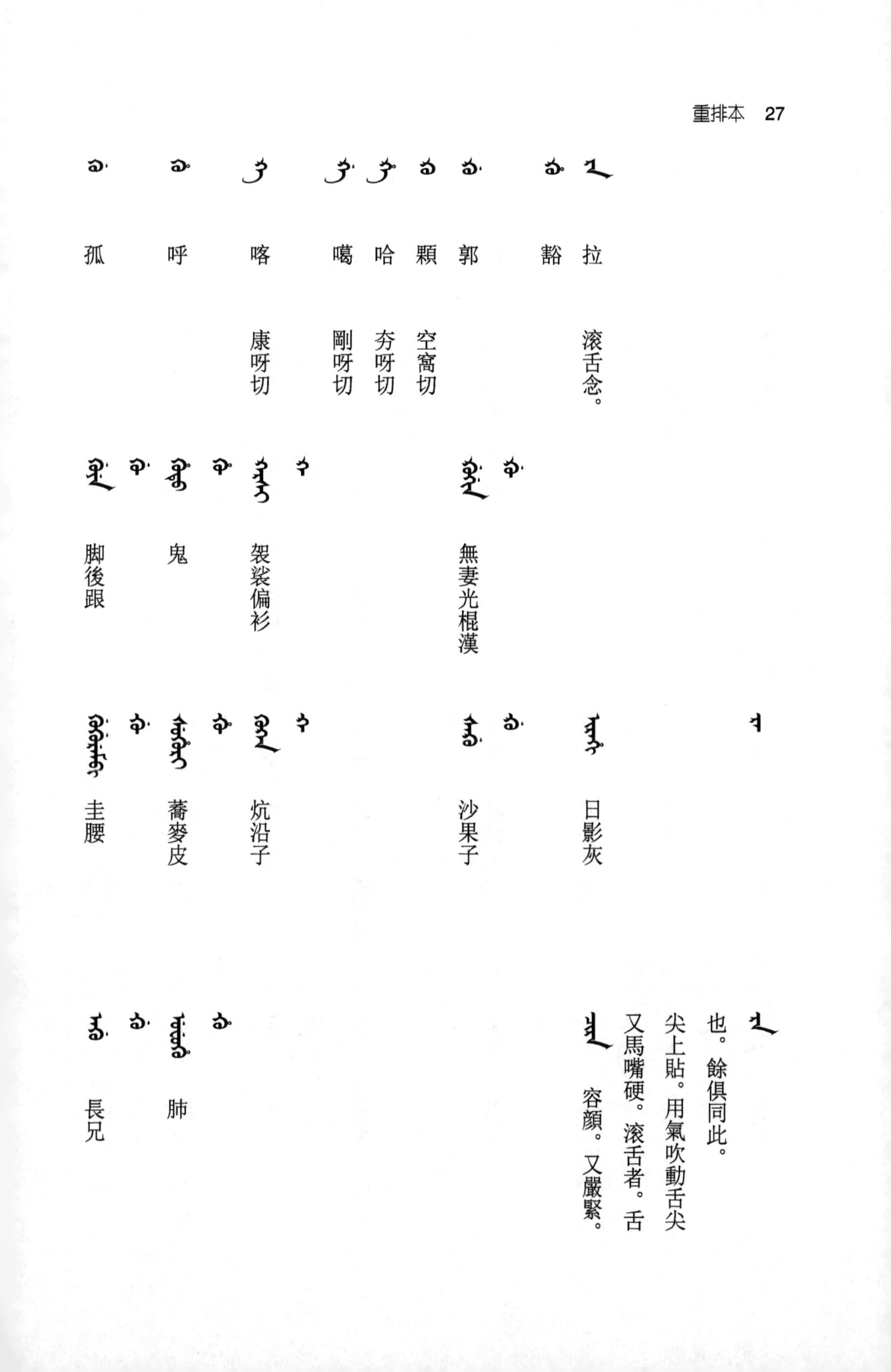

孤
脚後跟
圭腰
長兄

呼
鬼
蕎麥皮
肺

喀 康呀切
袈裟偏衫
炕沿子

噶 剛呀切

哈 夯呀切

顆 空窩切

郭
無妻光棍漢
沙果子

豁

拉 滾舌念。
日影灰
容顏。又嚴緊。又馬嘴硬。滾舌者。舌尖上貼。用氣吹動舌尖也。餘俱同此。

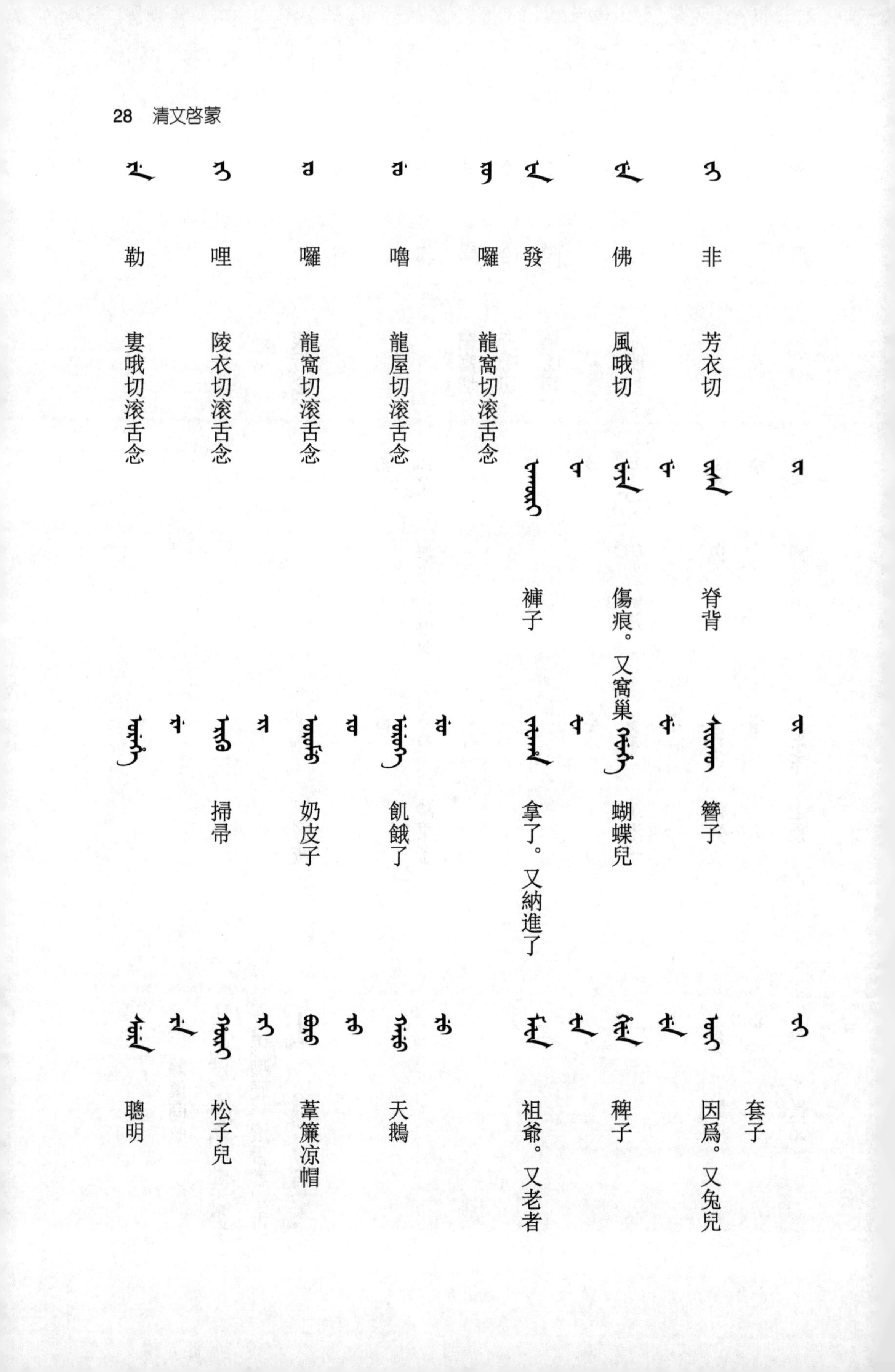

非 芳衣切

佛 風哦切

發

囉 龍窩切滾舌念

嚕 龍屋切滾舌念

囉 龍窩切滾舌念

哩 陵衣切滾舌念

勒 婁哦切滾舌念

脊背

傷痕。又窩巢

褲子

簪子

蝴蝶兒

拿了。又納進了

飢餓了

奶皮子

掃帚

套子

因爲。又兔兒

稗子

祖爺。又老者

天鵝

葦簾涼帽

松子兒

聰明

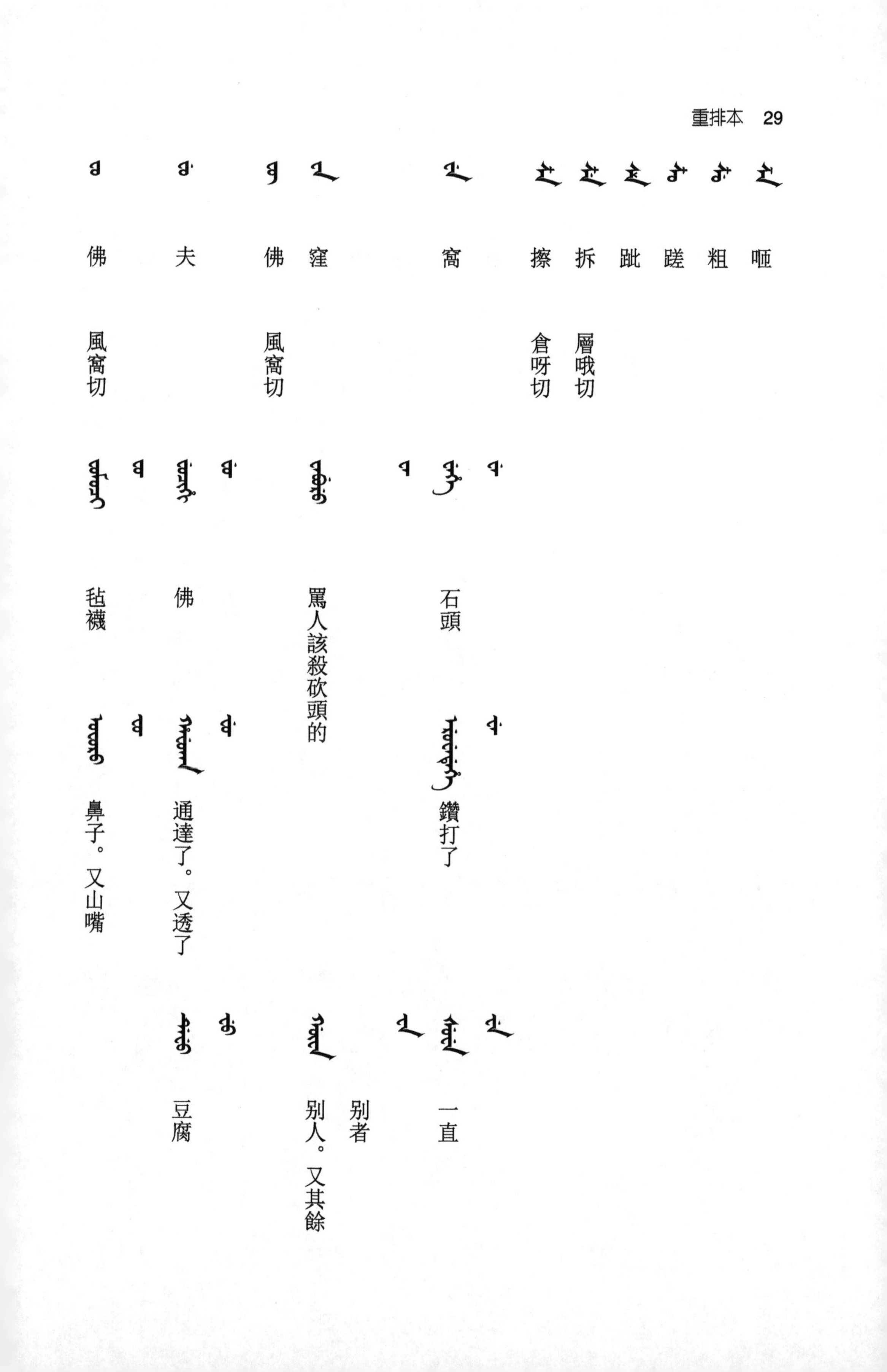

咂
粗
蹉
跐
拆 層哦切
擦 倉呀切
窩
窪
佛 風窩切
夫
佛 風窩切

石頭
罵人該殺砍頭的
佛
毡襪

鑽打了
通達了。又透了
鼻子。又山嘴

一直
別者
別人。又其餘
豆腐

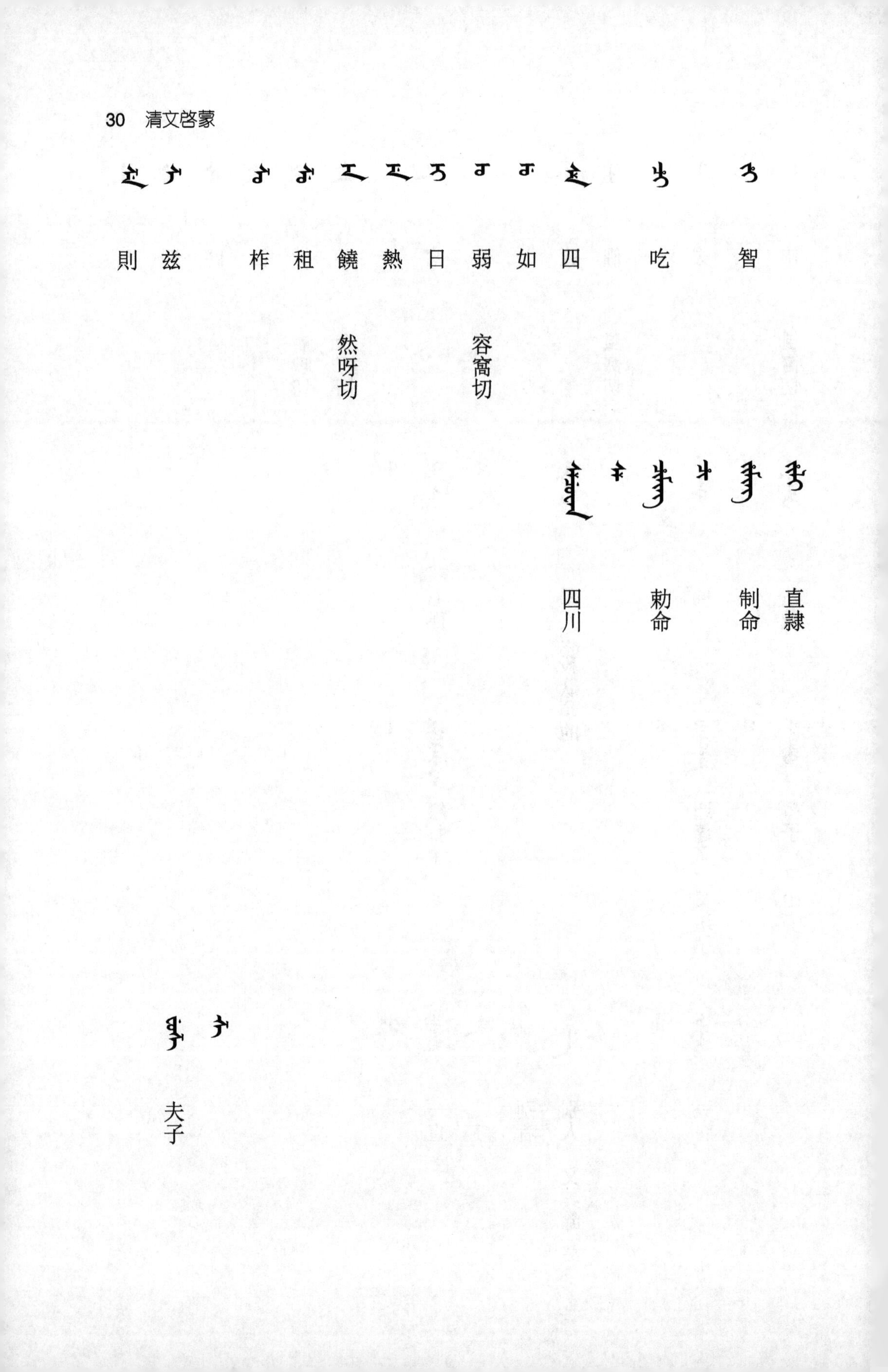

則 玆 柞 租 饒 熱 日 弱 如 四 吃 智

饒：然呀切

弱：容窩切

四川 勅命 制命 直隸

夫子

説清話時。無蠻音之誤也。

右第一字頭。共四十七句。一百三十一字。聯字清話二百六十九句。卷内所注漢字概從滿洲語音。專爲習

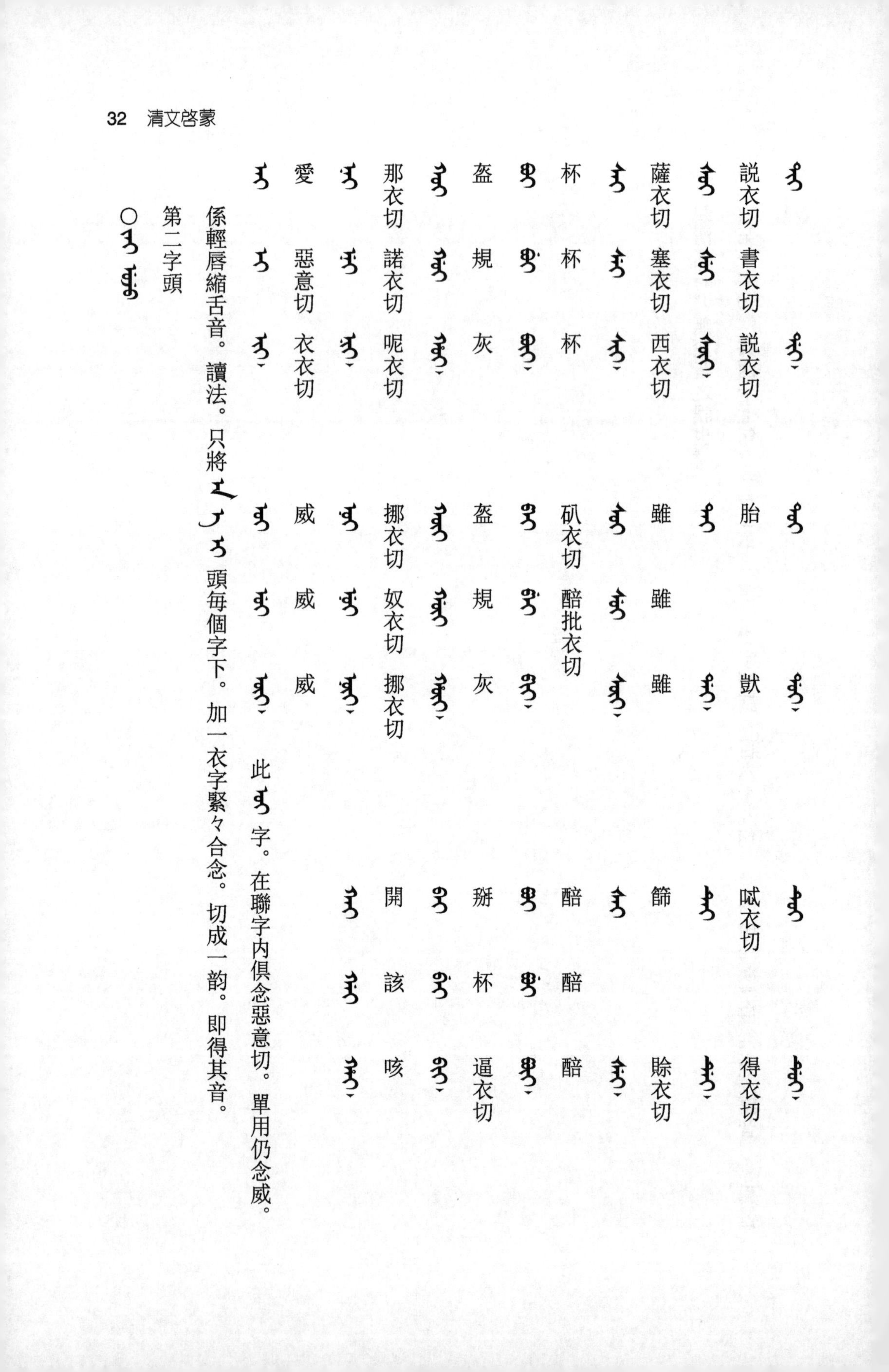

說衣切 書衣切 說衣切 胎 猷 咳衣切 得衣切

薩衣切 塞衣切 西衣切 雖 雖 雖 篩 賒衣切

杯 杯 杯 矾衣切 醅批衣切 醅 醅 醅

盔 規 灰 盔 規 灰 掰 杯 逼衣切

那衣切 諾衣切 呢衣切 挪衣切 奴衣切 挪衣切 開 該 咳

愛 惡意切 衣衣切 威 威 威

此字。在聯字内俱念惡意切。單用仍念威。

係輕唇縮舌音。讀法。只將頭每個字下。加一衣字緊々合念。切成一韵。即得其音。

第二字頭

○

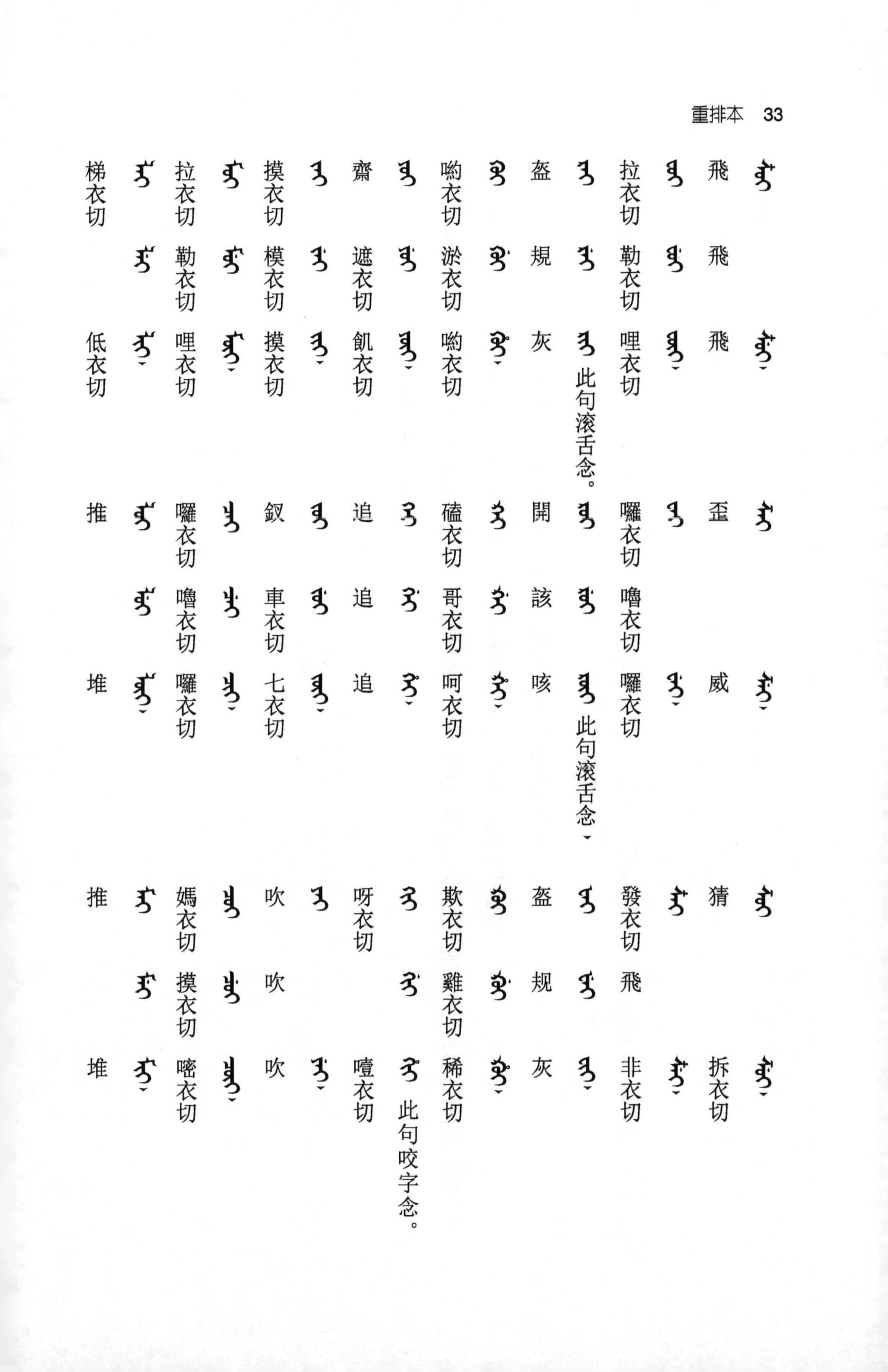

飛 飛 飛 歪 威 猜 拆衣切

拉衣切 勒衣切 哩衣切 囉衣切 嚕衣切 囉衣切 發衣切 飛 非衣切

此句滚舌念。 此句滚舌念、

盔 規 灰 開 該 咳 盔 規 灰

喲衣切 淤衣切 喲衣切 磕衣切 哥衣切 呵衣切 欺衣切 雞衣切 稀衣切

此句咬字念。

齋 遮衣切 飢衣切 追 追 追 呀衣切 噎衣切

摸衣切 模衣切 摸衣切 釵 車衣切 七衣切 吹 吹 吹

拉衣切 勒衣切 哩衣切 囉衣切 嚕衣切 囉衣切 媽衣切 摸衣切 嚜衣切

梯衣切 低衣切 推 堆 推 堆

六句。一百二十四字。聯字清話三句

如 ᠣ[窩]字下加 ᡳ[衣]字是 ᠣᡳ[威]字。聯寫 ᠣᡳᠯᠣ[惡意切囉]浮面。餘字聯法同此。右第二字頭。共四十

如 ᡝ[惡]字下加 ᡳ[衣]字是 ᡝᡳ[惡亦切]字。聯寫 ᡝᡳᠮᡝᡩᡝ[惡意切摸呵]厭煩了。

如 ᠠ[阿]字下加 ᡳ[衣]字是 ᠠᡳ[愛]字。聯寫 ᠠᡳᠨᠠᡥᠠ[愛那哈]怎麼了。

式。

以上 ᠣᡳ ᡝᡳ ᠠᡳ 頭字尾巴。只比 ᠠ ᡝ ᠣ 頭字下多一 ᡳ[衣]字。此 ᡳ[衣]字在聯字內。必變體寫作 ᡳ[衣]

饒衣切　熱衣切　蕊　蕊

ᡵᠣᡳ　ᡵᡝᡳ　ᡵᡠᡳ　ᡵᡡᡳ

崔撮衣　崔　灾　則衣切　嘴　嘴

ᠯᠠᡵ ᠯᡝᡵ ᠯᡳᡵ ᠯᠣᡵ ᠯᡠᡵ ᠯᡡᡵ ᠯᠠᡵ ᠯᡝᡵ ᠯᡳᡵ

ᠮᠠᡵ ᠮᡝᡵ ᠮᡳᡵ ᠮᠣᡵ ᠮᡠᡵ ᠮᡡᡵ ᠮᠠᡵ ᠮᡝᡵ ᠮᡳᡵ

ᠴᠠᡵ ᠴᡳᡵ ᠴᠣᡵ ᠴᡡᡵ ᠴᠠᡵ ᠴᡝᡵ ᠴᡳᡵ

ᠵᠠᡵ ᠵᡳᡵ ᠵᠣᡵ ᠵᡡᡵ ᠵᠠᡵ ᠵᡳᡵ

ᠶᠠᡵ ᠶᡝᡵ ᠶᡳᡵ ᠶᠣᡵ ᠶᡡᡵ ᠶᠠᡵ ᠶᡝᡵ ᠶᡳᡵ

ᠰᠠᡵ ᠰᡝᡵ ᠰᡳᡵ 此ᠰᡳᡵ字。在聯字首。念詩尔西尔俱可。单用仍念西尔。

ᡶᠠᡵ ᡶᡝᡵ ᡶᡳᡵ ᡶᠣᡵ ᡶᠣᡵ ᡶᡡᡵ ᡶᠠᡵ ᡶᡝᡵ ᡶᡳᡵ

ᠸᠠᡵ ᠸᡝᡵ ᠸᡳᡵ ᠸᠣᡵ ᠸᡠᡵ ᠸᡡᡵ ᠸᠠᡵ ᠸᡝᡵ ᠸᡳᡵ

那尔 諾尔 呢尔

ᠨᠠᡵ ᠨᡝᡵ ᠨᡳᡵ 以下讀法同上 ᠨᠣᡵ ᠨᡠᡵ ᠨᡡᡵ ᡴᠠᡵ ᡤᠠᡵ ᡥᠠᡵ

阿尔 惡尔 衣尔 窩尔 屋尔 窩尔

即嘟嚕尔。

ᠠᡵ ᡝᡵ ᡳᡵ ᠣᡵ ᡠᡵ ᡡᡵ 此ᡡᡵ字。在聯字内俱念傲尔單用仍念窩尔。尔字

係滚舌嘟嚕尔音。讀法。只將 ᠠ ᡝ ᡳ 頭每個字下。添一嘟嚕尔。緊々連念即是。

第三字頭

○ᠠᡳ ᡝᡳ

一百十二字。聯字清話三句。

如ᡳ[衣]字下加ᡵ[尔]字是ᡳᡵ[衣尔]字。聯寫ᡳᡵᡤᡝᠨ[衣尔根]民。餘字聯法同此。右第三字頭。共四十句。

如ᡝ[惡]字下加ᡵ[尔]字是ᡝᡵ[惡尔]字。聯寫ᡝᡵᡥᡝ[惡尔呵]田雞。

如ᠠ[阿]字下加ᡵ[尔]字是ᠠᡵ[阿尔]字。聯寫ᠠᡵᡴᡳ[阿尔欺]燒酒。

以上ᠠᡵ ᡝᡵ ᡳᡵ頭字尾巴。只比ᠠ ᡝ ᡳ頭字下多一ᡵ[尔]字。此ᡵ[尔]字在聯字內。必變體寫作ᡵ[尔]式。

ᠠᡵ ᡡᡵ

ᠨᠠᡵ ᠨᡝᡵ ᠨᡡᡵ 此句双滚舌念 ᠨᠣᡵ ᠨᡠᡵ ᠨᡡᡵ

ᡴᠠᡵ ᡤᠠᡵ ᡥᠠᡵ ᡴᠣᡵ ᡤᠣᡵ ᡥᠣᡵ ᡴᡳᡵ ᡤᡳᡵ ᡥᡳᡵ 此句双滚舌念

ᠪᠠᡵ ᠪᡝᡵ ᠪᡡᡵ ᠪᠣᡵ ᠪᡝᡵ ᠪᡡᡵ 此句咬字念 ᠪᠣᡵ ᠪᠣᡵ ᠪᡡᡵ

ᡦᠠᡵ ᡦᡝᡵ ᡦᡡᡵ ᡦᠠᡵ ᡦᡡᡵ ᡦᠠᡵ ᡦᡝᡵ ᡦᡡᡵ

孫 ᠰᠣᠨ 孫 ᠰᡠᠨ 孫 ᠰᡡᠨ 山 ᡧᠠᠨ 身 ᡧᡝᠨ 說因切 ᡧᠣᠨ 書因切 ᡧᡠᠨ 說因切 ᡧᡡᠨ

三 ᠰᠠᠨ 塞因切 ᠰᡝᠨ 心 ᠰᡳᠨ 此 ᠰᡳᠨ 字。在聯字中間下邊俱念身。在聯字首。念身心俱可。單用仍念心。

錛 ᠪᠣᠨ 錛 ᠪᡠᠨ 錛 ᠪᡡᠨ 潘 ᡦᠠᠨ 噴 ᡦᡝᠨ 批因切 ᡦᡳᠨ 噴 ᡦᠣᠨ 噴 ᡦᡠᠨ 噴 ᡦᡡᠨ

坤 ᡴᠣᠨ 郭因切 ᡤᠣᠨ 婚 ᡥᠣᠨ 坤 ᡴᡠᠨ 孤因切 ᡤᡠᠨ 婚 ᡥᡠᠨ 班 ᠪᠠᠨ 錛 ᠪᡝᠨ 賓 ᠪᡳᠨ

那因切 ᠨᠠᠨ 諾因切 ᠨᡝᠨ 呢因切 ᠨᡳᠨ 挪因切 ᠨᠣᠨ 奴因切 ᠨᡠᠨ 挪因切 ᠨᡡᠨ 堪 ᡴᠠᠨ 竿 ᡤᠠᠨ 憨 ᡥᠠᠨ

暗 ᠠᠨ 惡印切 ᡝᠨ 陰 ᡳᠨ 溫 ᠣᠨ 溫 ᡠᠨ 溫 ᡡᠨ 此 ᡡᠨ 字。在聯字內俱念惡印切。單用仍念溫。

係正齒喉帶鼻音。讀法。只將 ᠠ ᡳ ᠣ 頭每個字下。加一因字緊緊合念。切成一韵。即得其音。

第四字頭

○ᠠᠩ ᡝᠩ

啰因切	噜因切	啰因切 此句滚舌念。
堪	竿	憨
磕因切	根	呵因切
谆	谆	谆
挽	嗔	亲
啰因切	噜因切	啰因切
吞		敦
贪		丹

番	芬	非因切
坤	郭因切	婚
钦	金	辛 此句咬字念。
烟		阴
春	春	春
妈因切	们	嘧因切
吞		敦
忒因切		得因切

芬	芬	芬
拉因切	勒因切	哩因切 此句滚舌念。
坤	孤因切	婚
哟因切	淤因切	哟因切
占	珍	襟
们	们	们
拉因切	勒因切	哩因切
梯因切		呧因切

句。一百二十四字。聯字清話三句。

如ᡳ[衣]字下加ᠨ[因]字是ᡳᠨ[陰]字。聯寫ᡳᠨᠵᡝᡥᡝ[陰遮呵]笑了。餘字聯法同此。右第四字頭。共四十六

如ᡝ[惡]字下加ᠨ[因]字是ᡝᠨ[惡印切]字。聯寫ᡝᠨᡩᡠᡵᡳ[惡印切都哩]神。

如ᠠ[阿]字下加ᠨ[因]字是ᠠᠨ[暗]字。聯寫ᠠᠨᡨᠠᡥᠠ[暗他哈]賓客。

以上 ᡳᠨ ᡳᠨ ᡳᠨ 頭字尾巴只比 頭字下多一ᠨ[因]字。此ᠨ[因]字在聯字內。必變體寫作ᠨ[因]式。

弱因切　如因切。

簪　則因切　尊　尊　饒因切　人　同上字

湾　温　參　拆因切　村　村

松 松 松 商 生 説英切 書英切 説英切

桑 僧 星 此字。在聯字中間下邊俱念生。在聯字首。念生星俱可。单用仍念星。

崩 崩 崩 叭英切 烹 批英切 烹 烹 烹

空 宮 烘 空 宮 烘 邦 崩 冰

那英切 諾英切 呢英切 挪英切 奴英切 挪英切 康 剛 夯

阿樣切 惡硬切 英 翁 翁 翁此字。在聯字內俱念惡硬切。单用仍念翁。

係重唇鼻音。讀法。只將頭每個字下。加一英字緊緊合念。切成一韵。即得其音。

第五字頭

○

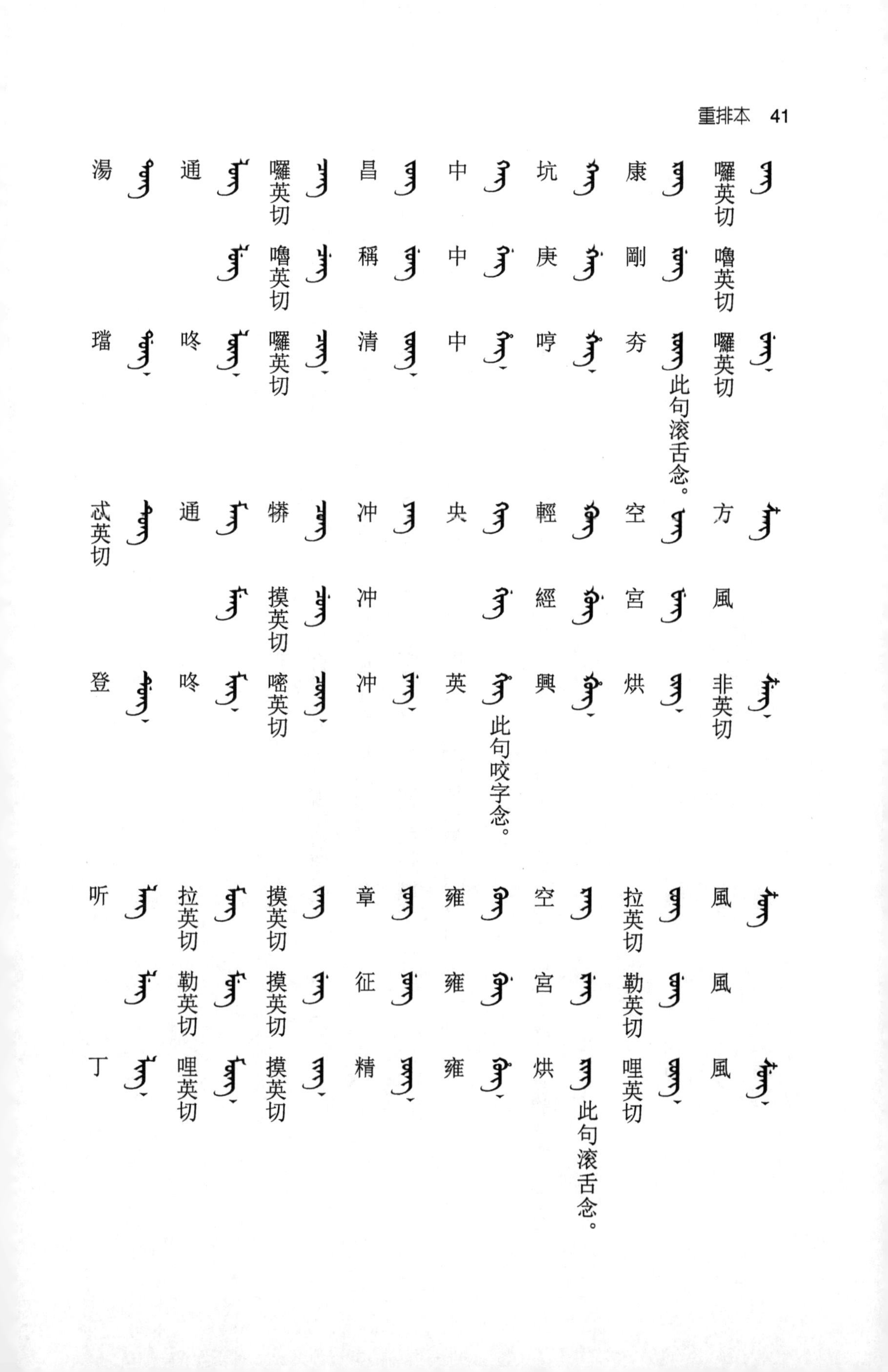

囉英切	康	坑	中	昌	囉英切	通	湯
嚕英切	剛	庚	中	稱	嚕英切		
囉英切	夯 此句滚舌念。	哼	中	清	囉英切	咚	瑲

方	空	輕	央	冲	[illegible]	通	忒英切
風	宮	經		冲	摸英切		
非英切	烘	興	英 此句咬字念。	冲	嚓英切	咚	登

風	拉英切	空	雍	章	摸英切	拉英切	听
風	勒英切	宮	雍	征	摸英切	勒英切	
風	哩英切	烘 此句滚舌念。	雍	精	摸英切	哩英切	丁

餘字聯法同此。右第五字頭。共四十六句。一百二十四字。聯字清語三句。

如ᡳ[衣]字下加ᠩ[英]字是ᡳᠩ[英]字。聯寫ᡳᠩᡨᠣᡵᡳ[英托哩]櫻桃。

如ᡝ[惡]字下加ᠩ[英]字是ᡝᠩ[惡硬切]字。聯寫ᡝᠩᡤᡝᠮᡠ[惡硬切我模]鞍子。

如ᠠ[阿]字下加ᠩ[英]字是ᠠᠩ[阿樣切]字。聯寫ᠠᠩᡤᠠ[阿樣切啊]嘴。又口字。

式。

以上ᡳᠩ ᡝᠩ ᠠᠩ頭字尾巴。只比ᡳ ᡝ ᠠ頭字下多一ᠨ[英]字。此ᠨ[因]字在聯字內。必變體寫作ᠩ[英]

容 ᡰᠣᠩ　容 ᡰᡠᠩ

贜 ᠵᠠᠩ　增 ᡯᡝᠩ　宗 ᡯᠣᠩ　宗 ᡯᡠᠩ　饒英切 ᡰᡳᠩ　仍 ᡰᡝᠩ

汪　翁　倉　層　聰　聰

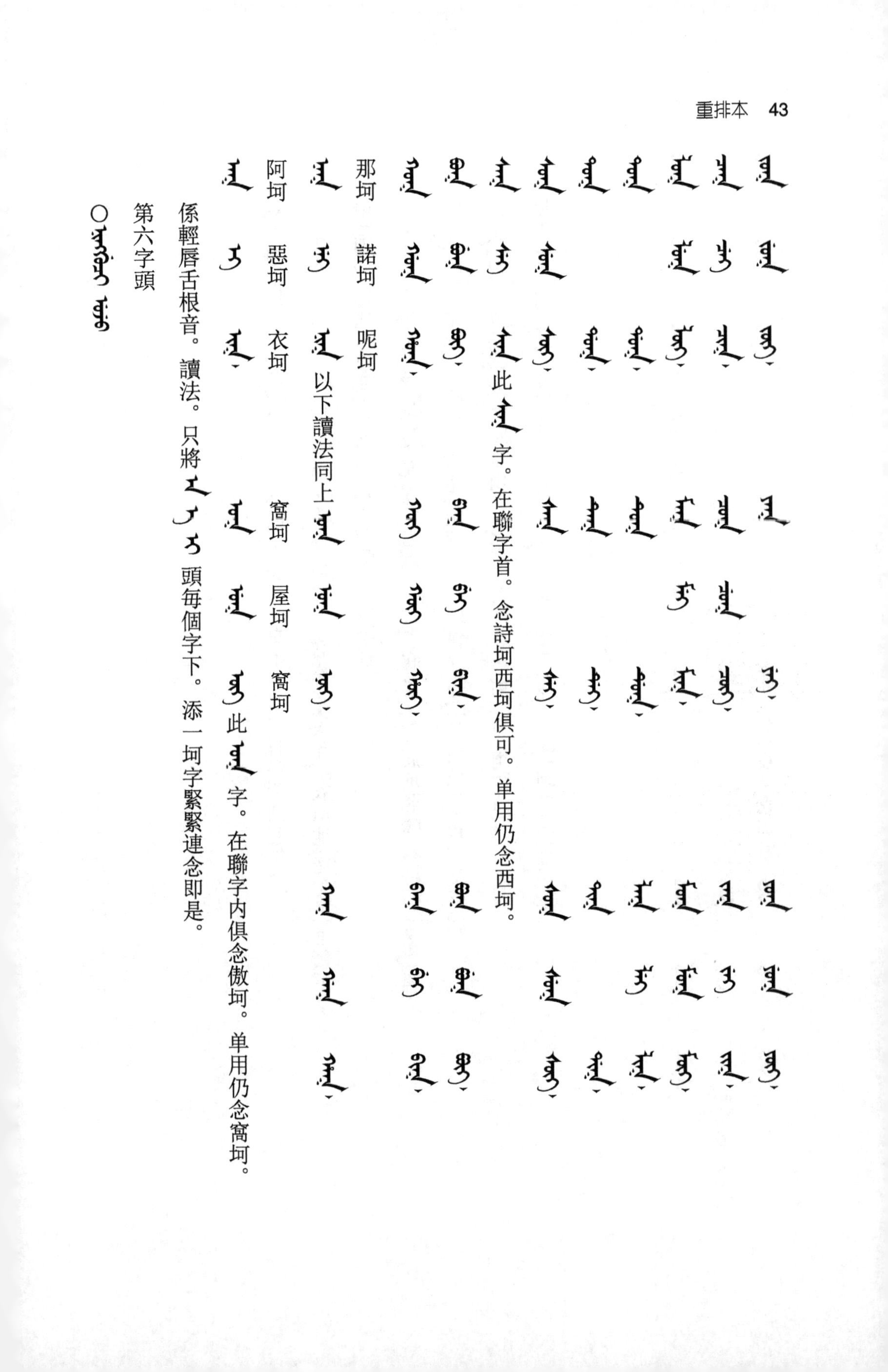

此字。在聯字首。念詩坷西坷俱可。单用仍念西坷。

那坷　諾坷　呢坷

以下讀法同上

阿坷　惡坷　衣坷　窩坷　屋坷　窩坷

此字。在聯字內俱念傲坷。单用仍念窩坷。

係輕唇舌根音。讀法。只將頭每個字下。添一坷字緊緊連念即是。

第六字頭

○

餘字聯法同此。右第六字頭。共四十句。一百十二字。聯字清話五句。

如ᡳ[衣]字下加ᡴ[坷]字是ᡳᡴ[衣坷]字。聯寫ᡳᡴᡨᠠᠮᠪᡠᡥᠠ[衣坷他模不哈]堆積下了。

ᡝᡴᡨᡝᡵᡧᡝᠮᠪᡳ[惡坷忒尔賒嘧]腆胸豪横。

如ᡝ[惡]字下加ᡴ[坷]字是ᡝᡴ[惡坷]字。聯寫ᡝᡴᡧᡝᠮᠪᡳ[惡坷賒嘧]急忙。ᡝᡴᠴᡳ[惡坷親]河崖山崖。

如ᠠ[阿]字下加ᡴ[坷]是ᠠᡴ[阿坷]字。聯寫ᠠᡴᡩᡠᠨ[阿坷敦]信實。又堅固。

此ᡴ[坷]、ᡴ[坷]字在聯字內。必變體寫作ᡴ[坷]ᡴ[坷]式。

以上ᡳᡴ ᡝᡴ ᠠᡴ頭字尾巴。只比ᡳ ᡝ ᠠ頭字下多一ᡴ[坷]ᡴ[坷]字。

此句滚舌念。

此句咬字念。

此句滚舌念。

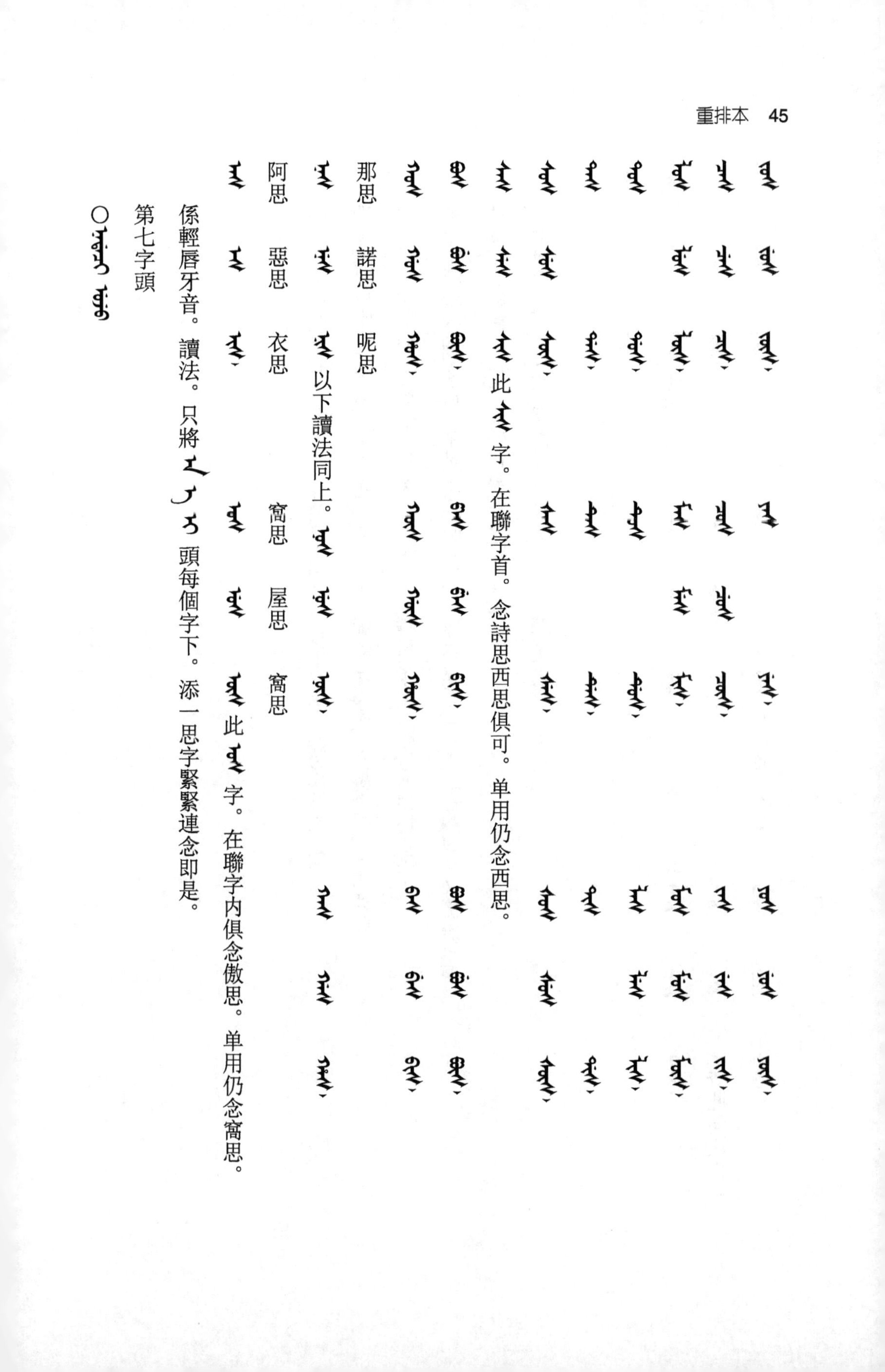

此字。在聯字首。念詩思西思俱可。单用仍念西思。

那思　諾思　呢思

以下讀法同上。

阿思　惡思　衣思　窩思　屋思　窩思

此字。在聯字內俱念傲思。单用仍念窩思。

係輕唇牙音。讀法。只將頭每個字下。添一思字緊緊連念即是。

第七字頭

○

餘字聯法同此。右第七字頭。共四十句。一百十二字。聯字清話三句。

如ᡳ[衣]字下加ᠰ[思]字是ᡳᠰ[衣思]字。聯寫ᡳᠰᡥᡠᠨᡩᡝ[衣思婚得]互相彼此。

如ᡝ[惡]字下加ᠰ[思]字是ᡝᠰ[惡思]字。聯寫ᡝᠰᡥᡝᠨ[惡思呵因切]叔々。

如ᠠ[阿]字下加ᠰ[思]字是ᠠᠰ[阿思]字。聯寫ᠠᠰᡥᠠ[阿思哈]翅膀。又傍掛佩帶。

此ᠰ[思]在聯字內。必變體寫作ᠰ[思]式。

以上ᠠᠰ ᡝᠰ ᡳᠰ頭字尾巴。只比ᠠ ᡝ ᡳ頭字下多一ᠰ[思]字。

ᠯᠠᠰ ᠯᡠᠰ

ᡵᠠᠰ ᡵᡝᠰ ᡵᡳᠰ 此句滾舌念。

ᡨᠠᠰ ᡨᡝᠰ ᡨᡳᠰ

ᠪᠠᠰ ᠪᡝᠰ ᠪᡳᠰ

ᠰᠠᠰ ᠰᡝᠰ ᠰᡳᠰ

ᠰᠣᠰ ᠰᡠᠰ ᠰᡡᠰ

ᡵᠣᠰ ᡵᡠᠰ ᡵᡡᠰ 此句滾舌念。

ᡧᠠᠰ ᡧᡝᠰ ᡧᡳᠰ

ᡧᠣᠰ ᡧᡠᠰ ᡧᡡᠰ 此句咬字念、

ᠪᠣᠰ ᠪᡠᠰ ᠪᡡᠰ

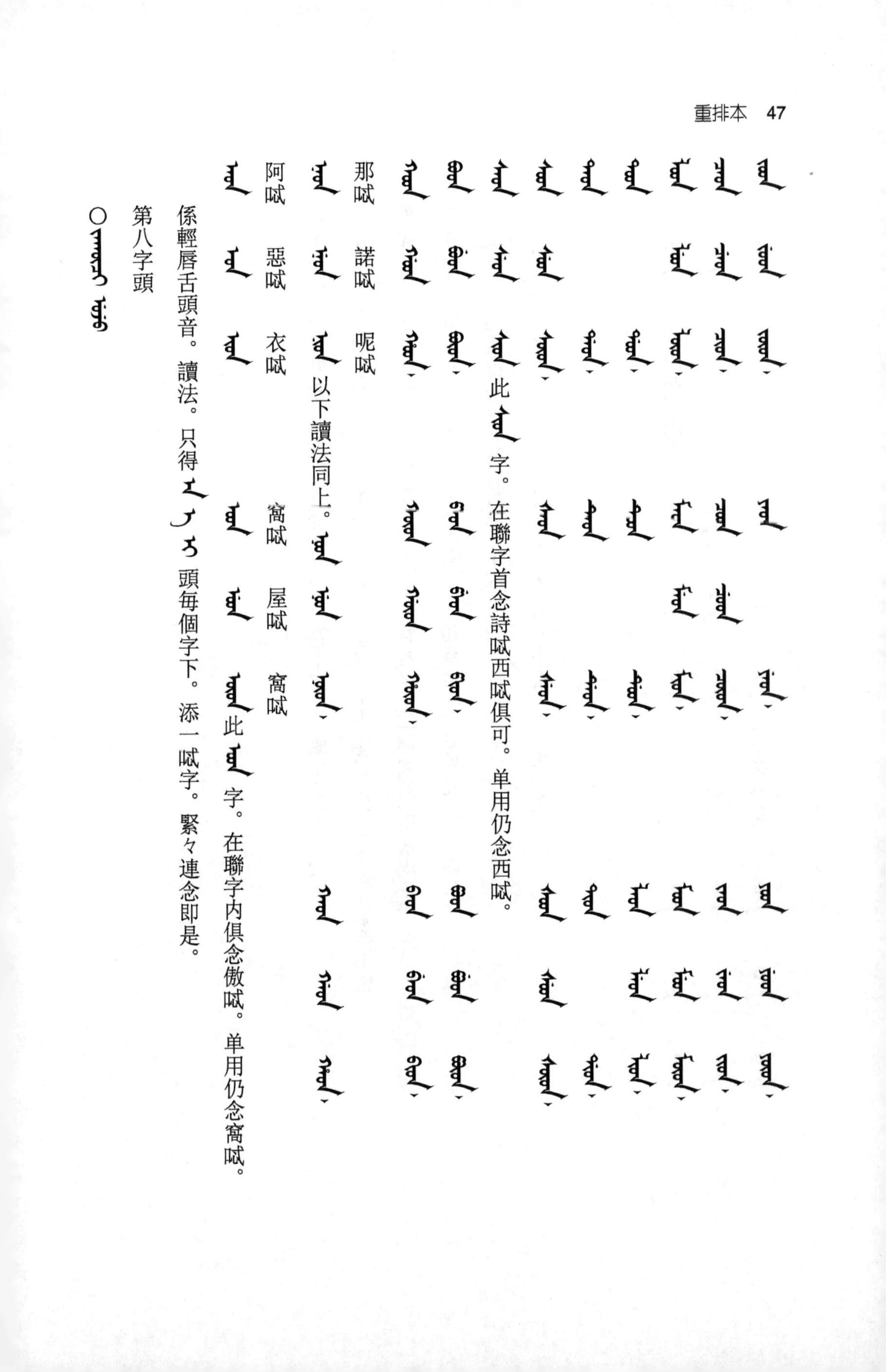

此 ᠰᡳᠯ 字。在聯字首念詩呅西呅俱可。單用仍念西呅。

那呅 諾呅 呢呅

以下讀法同上。

阿呅 惡呅 衣呅 窩呅 屋呅 窩呅

此 ᡡᠯ 字。在聯字內俱念傲呅。單用仍念窩呅。

係輕唇舌頭音。讀法。只得 頭每個字下。添一呅字。緊々連念即是。

第八字頭

○

餘字聯法同此。右第八字頭。共四十句。一百十二字。聯字清話三句。

如ᡨᠠ[他]字下加ᡨ[⿰口忒]字是ᡨᠠᡨ[他⿰口忒]字。聯寫ᡨᠠᡨᡥᡡᠨᠵᠠᠮᠪᡳ[他⿰口忒婚渣嘧]猶疑不定。

如ᠨᠣ[挪]字下加ᡨ[⿰口忒]字是ᠨᠣᡨ[哪⿰口忒]字。聯寫ᠨᠣᡨᡥᠣ[挪⿰口忒豁]果木皮子殼子。

如ᡠ[屋]字下加ᡨ[⿰口忒]字是ᡠᡨ[屋⿰口忒]字。聯寫ᡠᡨᡥᠠᡳ[屋⿰口忒禿]這般如此。

此ᡨ[⿰口忒]字在聯字內。必變體寫作ᡨ[⿰口忒]式。

以上ᠠᡨ ᡝᡨ ᡳᡨ頭字尾巴。只比ᠠ ᡝ ᡳ頭字下多一ᡨ[⿰口忒]字。

ᡨᠠᡨ ᡨᡝᡨ ᡩᠠᡨ ᡩᡝᡨ

ᡨᠣᡨ ᡩᠣᡨ ᡨᡠᡨ

ᡨᡠᡨ ᡩᡠᡨ ᡨᡡᡨ ᡩᡡᡨ 此句滚舌念。

ᠯᠠᡨ ᠯᡝᡨ ᠯᡳᡨ

ᠯᠣᡨ ᠯᡠᡨ ᠯᡡᡨ

ᠮᠠᡨ ᠮᡝᡨ ᠮᡳᡨ 此句咬字念。

ᠮᠣᡨ ᠮᡠᡨ ᠮᡡᡨ

ᠴᠠᡨ ᠴᡝᡨ ᠴᡳᡨ

ᠴᠣᡨ ᠴᡠᡨ ᠴᡡᡨ 此句滚舌念。

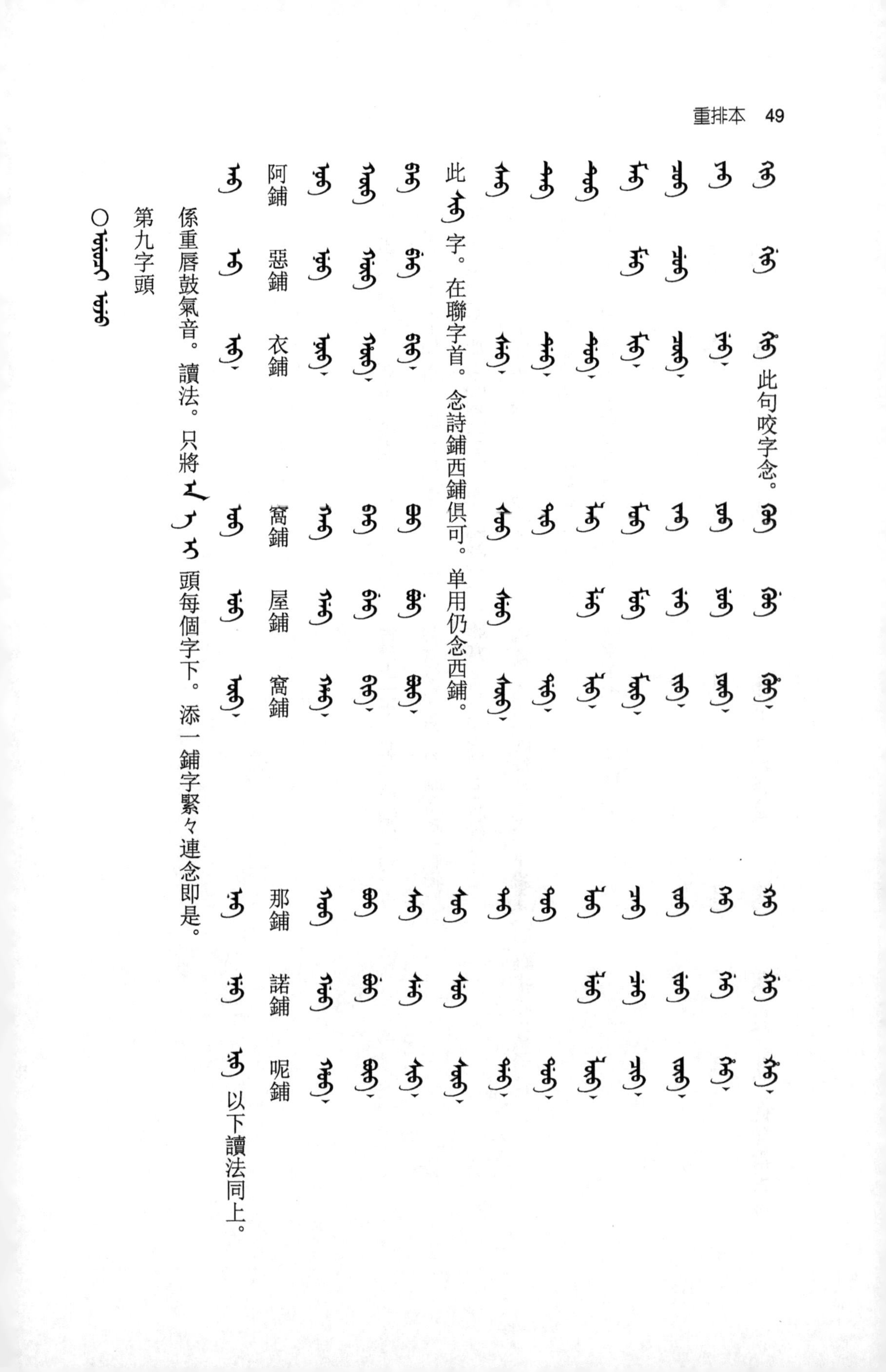

此句咬字念。

此字。在聯字首。念詩鋪西鋪俱可。单用仍念西鋪。

阿鋪 惡鋪 衣鋪 窩鋪 屋鋪 窩鋪 那鋪 諾鋪 呢鋪

以下讀法同上。

係重唇鼓氣音。讀法。只將頭每個字下。添一鋪字緊々連念即是。

第九字頭

○

餘字聯法同此。右第九字頭。共四十句。一百十二字。聯字清話四句。

如ᡳ[衣]字下加ᡦᡠ[鋪]字是ᡳᡦᡠ[衣鋪]字。聯寫ᡳᠪᡴᡳᠨ[衣鋪喀嗌]收撙。

如ᡝ[惡]字下加ᡦᡠ[鋪]字是ᡝᡦᡠ[惡鋪]字。聯寫ᡝᠪᠴᡳ[惡鋪七]脇條。

如ᠠ[阿]字下加ᡦᡠ[鋪]字是ᠠᡦᡠ[阿鋪]字。聯寫ᠠᠪᡴᠠ[阿鋪喀]天。ᠠᠪᡩᠠᡥᠠ[阿鋪搭哈]葉子。

此ᠪᡠ[鋪]字在聯字內。必變体寫作ᠪᡠ[鋪]式。

以上ᠠᠪ ᡝᠪ ᡳᠪ頭字尾巴。只比ᠠ ᡝ ᡳ頭字下多一ᠪᡠ[鋪]字᠉

ᠠᠪ ᡝᠪ ᡳᠪ
ᠣᠪ ᡠᠪ ᡡᠪ

ᡴᠠᠪ ᡤᠠᠪ ᡥᠠᠪ
ᡴᠣᠪ ᡤᠣᠪ ᡥᠣᠪ 此句滚舌念。

ᡴᡠᠪ ᡥᡠᠪ᠉
ᡴᡡᠪ ᡤᡡᠪ ᡥᡡᠪ 此句滚舌念。

説幽切 書幽切 説幽切 韜 刀 偷 兜

騷 颾 羞 梭幽切 蘇幽切 梭幽切 燒 收

撥幽切 不幽切 撥幽切 抛 坡幽切 批幽切 坡幽切 鋪幽切 披幽切

顆幽切 郭幽切 豁幽切 枯幽切 孤幽切 呼幽切 包 撥幽切 逼幽切

那幽切 諾幽切 姅 挪幽切 奴幽切 挪幽切 喀幽切 高 蒿

傲 惡右切 悠 窩幽切 屋幽切 窩幽切

此字。在聯字单字内俱念傲。

係撮唇喉音。讀法。只將頭每個字下。加一幽字。緊緊合念。切成一韵即得其音。

第十字頭

○

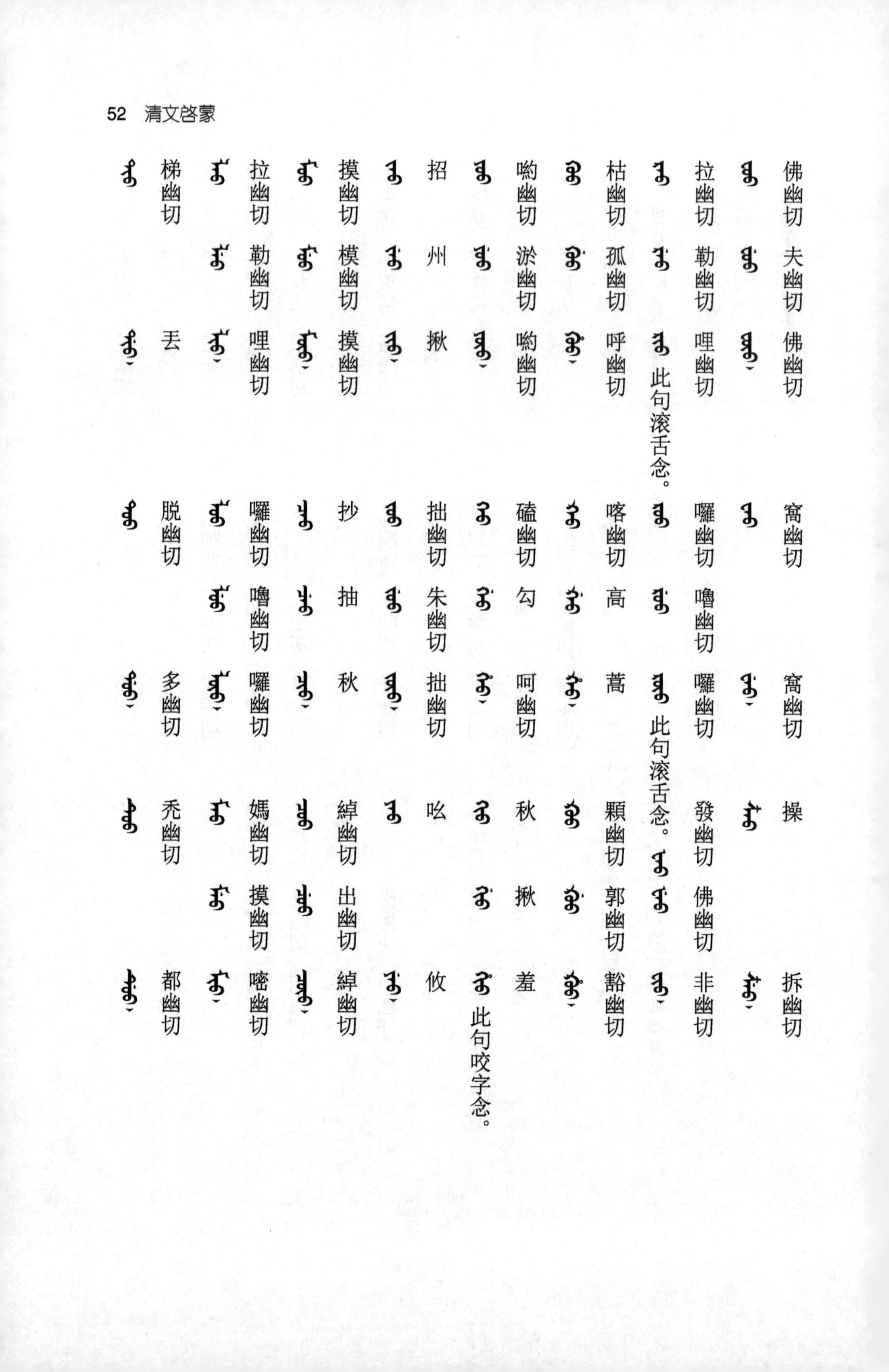

佛幽切 夫幽切 佛幽切 窩幽切 窩幽切 操 拆幽切

拉幽切 勒幽切 哩幽切 囉幽切 嚕幽切 囉幽切 發幽切 佛幽切 非幽切

此句滾舌念。 此句滾舌念。

枯幽切 孤幽切 呼幽切 喀幽切 高 蒿 顆幽切 郭幽切 豁幽切

喲幽切 淤幽切 喲幽切 磕幽切 勾 呵幽切 秋 揪 羞

此句咬字念。

招 州 揪 拙幽切 朱幽切 拙幽切 吆 攸

摸幽切 模幽切 摸幽切 抄 抽 秋 綽幽切 出幽切 綽幽切

拉幽切 勒幽切 哩幽切 囉幽切 嚕幽切 囉幽切 媽幽切 摸幽切 嚒幽切

梯幽切 丟 脫幽切 多幽切 禿幽切 都幽切

餘字聯法同此。右第十字頭。共四十六句一百二十四字聯字清話三句。

如ᠯᡝ[勒]字下加ᠣ[幽]字是ᠯᡝᠣ[勒幽切]字。聯寫ᠯᡝᠣᠯᡝᠨ[勒幽切勒嚀]談論。

如ᠰᡝ[塞]字下加ᠣ[幽]字是ᠰᡝᠣ[颼]字。聯寫ᠰᡝᠣᠯᡝᡴᡠ[颼勒枯]多心多慮人。

如ᠨᡝ[呢]字下加ᠣ[幽]字是ᠨᡝᠣ[姩]字。聯寫ᠨᡝᠣᡥᡝ[姩呵]狼又狼皮。

此ᠣ[幽]字在聯字內。必變體寫作ᠣ[幽]式。

以上ᡴᡝᠣ ᡤᡝᠣ ᡥᡝᠣ頭字尾巴只比ᡴᡝ ᡤᡝ ᡥᡝ頭字下多一ᠣ[幽]字。

饒本音念 柔 柔 柔

ᡰᡝᠣ ᡰᡝᠣ ᡰᡝᠣ

磋幽切 粗幽切 糟 鄒 鄒 鄒

ᡮ᠋ᡝᠣ ᡮ᠋ᡝᠣ ᡯᡝᠣ ᠵᡝᠣ ᠵᡝᠣ ᠵᡝᠣ

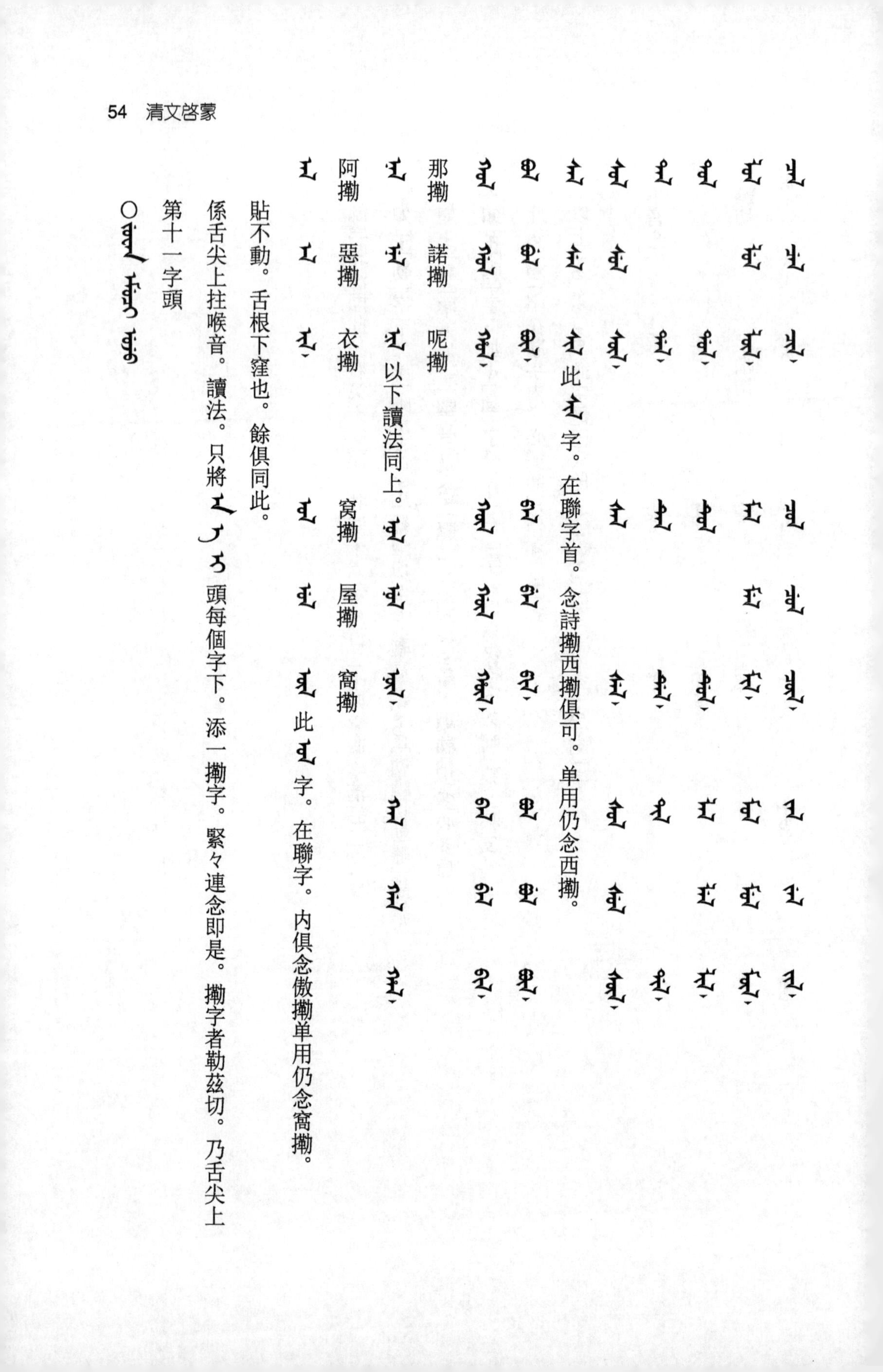

此ᠰᡳᠣ字。在聯字首。念詩⿰扌勒西⿰扌勒俱可。單用仍念西⿰扌勒。

那⿰扌勒 諾⿰扌勒 呢⿰扌勒

以下讀法同上。

阿⿰扌勒 惡⿰扌勒 衣⿰扌勒 窩⿰扌勒 屋⿰扌勒 窩⿰扌勒

此ᡡᠣ字。在聯字。內俱念傲⿰扌勒單用仍念窩⿰扌勒。

貼不動。舌根下窪也。餘俱同此。

係舌尖上拄喉音。讀法。只將ᠠ ᡝ ᡳ頭每個字下。添一⿰扌勒字。緊々連念即是。⿰扌勒字者勒茲切。乃舌尖上

第十一字頭

〇ᠠᠯ ᡝᠯ ᡳᠯ

餘字聯法同此。右第十一字頭。共四十句。一百十二字。聯字清話三句。

如ᡳ[衣]字下加ᠯ[撇]字是ᡳᠯ[衣撇]字。聯寫ᡳᠯᡩᠠᠮᡠ[衣撇搭模]風流標致。又伶便溜撒。

如ᡝ[惡]字下加ᠯ[撇]字是ᡝᠯ[惡撇]字。聯寫ᡝᠯᠪᡳᡥᡝ[惡撇逼呵]睡貉子。又貉子皮。又招募。

如ᠠ[阿]字下加ᠯ[撇]字是ᠠᠯ[阿撇]字。聯寫ᠠᠯᠪᠠᠨ[阿撇班]官差。又官物之官。

此ᠯ[撇]字在聯字内。必變體寫作ᠯ[撇]式。

以上ᠠᠯ ᡝᠯ ᡳᠯ頭字尾巴。只比ᠠ ᡝ ᡳ頭字下多一ᠯ[撇]字。

ᠨᠠᠯ ᠨᠠᠯ

ᠨᠠᠯ ᠨᡝᠯ ᠨᡳᠯ 此句滾舌念。 ᠨᠣᠯ ᠨᡠᠯ ᠨᡡᠯ ᠨᠠᠯ ᠨᡝᠯ ᠨᡳᠯ

ᠪᠠᠯ ᠪᡝᠯ ᠪᡳᠯ ᠪᠣᠯ ᠪᡠᠯ ᠪᡡᠯ ᠪᠠᠯ ᠪᡝᠯ ᠪᡳᠯ 此句滾舌念。

ᡧᠠᠯ ᡧᡝᠯ ᡧᡳᠯ ᡧᠣᠯ ᡧᡠᠯ ᡧᡡᠯ 此句咬字念。 ᡧᠣᠯ ᡧᡠᠯ ᡧᡡᠯ

ᡨᠠᠯ ᡨᡝᠯ ᡨᡳᠯ ᡨᠣᠯ ᡨᡠᠯ ᡨᡡᠯ ᡨᠠᠯ ᡨᡝᠯ

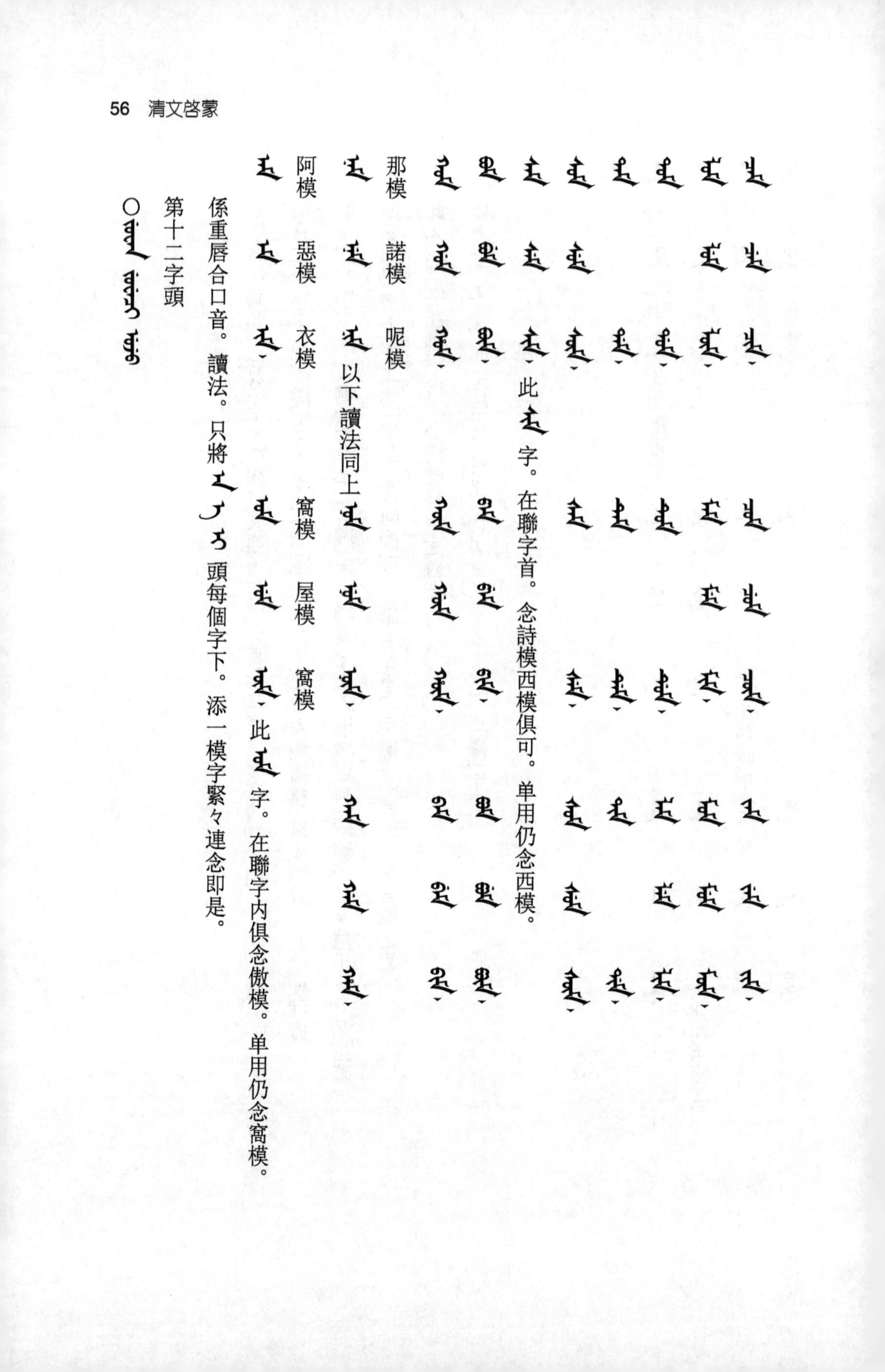

此 字。在聯字首。念詩模西模俱可。单用仍念西模。

那模 諾模 呢模

以下讀法同上

阿模 惡模 衣模 窩模 屋模 窩模

此 字。在聯字内俱念傲模。单用仍念窩模。

係重唇合口音。讀法。只將 頭每個字下。添一模字緊々連念即是。

第十二字頭

○

餘字聯法同此。右第十二字頭共四十句一百十二字。聯字清話三句。

如 ᡳ[衣]字下加 ᠮ[模]字是 ᡳᠮ[衣模]字。聯寫 ᡳᠮᠴᡳᠨ[衣模親]手鼓。又太平鼓。

如 ᡝ[惡]字下加 ᠮ[模]字是 ᡝᠮ[惡模]字。聯寫 ᡝᠮᡝ[惡模阿]岳母。又婆々。

如 ᠠ[阿]字下加 ᠮ[模]字是 ᠠᠮ[阿模]字。聯寫 ᠠᠮᡥᠠ[阿模哈]岳丈。又公々。

此 ᠮ[模]字在聯字內。比變體寫作 ᠮ[模]式。

以上 ᠠᠮ ᡝᠮ ᡳᠮ 頭字尾巴。只比 ᠠ ᡝ ᡳ 頭字下多一 ᠮ[模]字。

……此句滚舌念。

……此句咬字念。

……此句滚舌念。

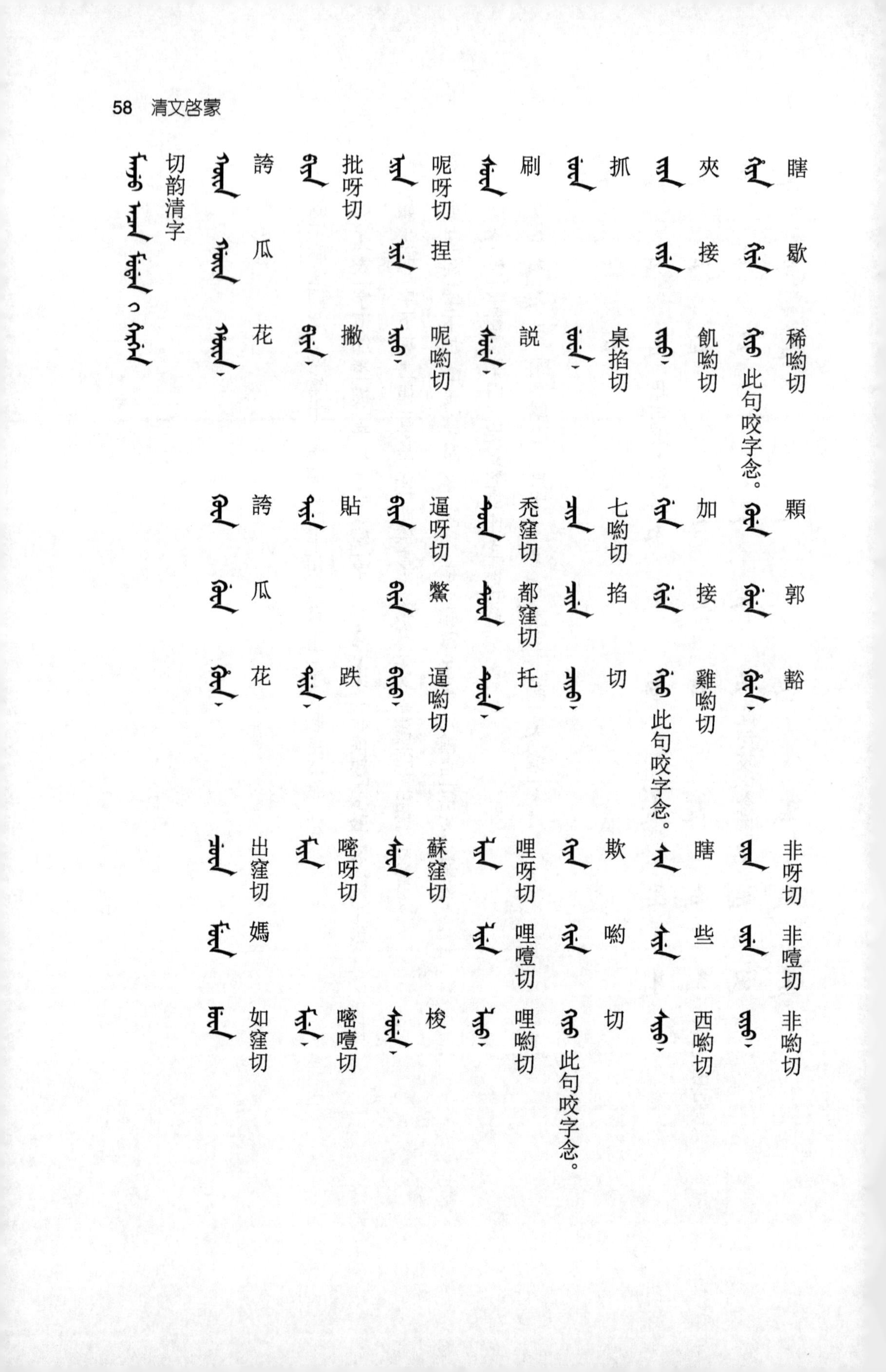

瞎 歇 稀哟切 此句咬字念。 | 顆 郭 豁 | 非呀切 非噎切 非哟切

夾 接 飢哟切 | 加 接 雞哟切 此句咬字念。 | 瞎 些 西哟切

抓 桌掐切 | 七哟切 掐 切 | 欺 哟 切 此句咬字念。

刷 說 | 禿窪切 都窪切 托 | 哩呀切 哩噎切 哩哟切

呢呀切 捏 呢哟切 | 逼呀切 鱉 逼哟切 | 蘇窪切 梭

批呀切 撇 | 貼 跌 | 嚓呀切 嚓噎切

誇 瓜 花 | 誇 瓜 花 | 出窪切 媽 如窪切

切韵清字

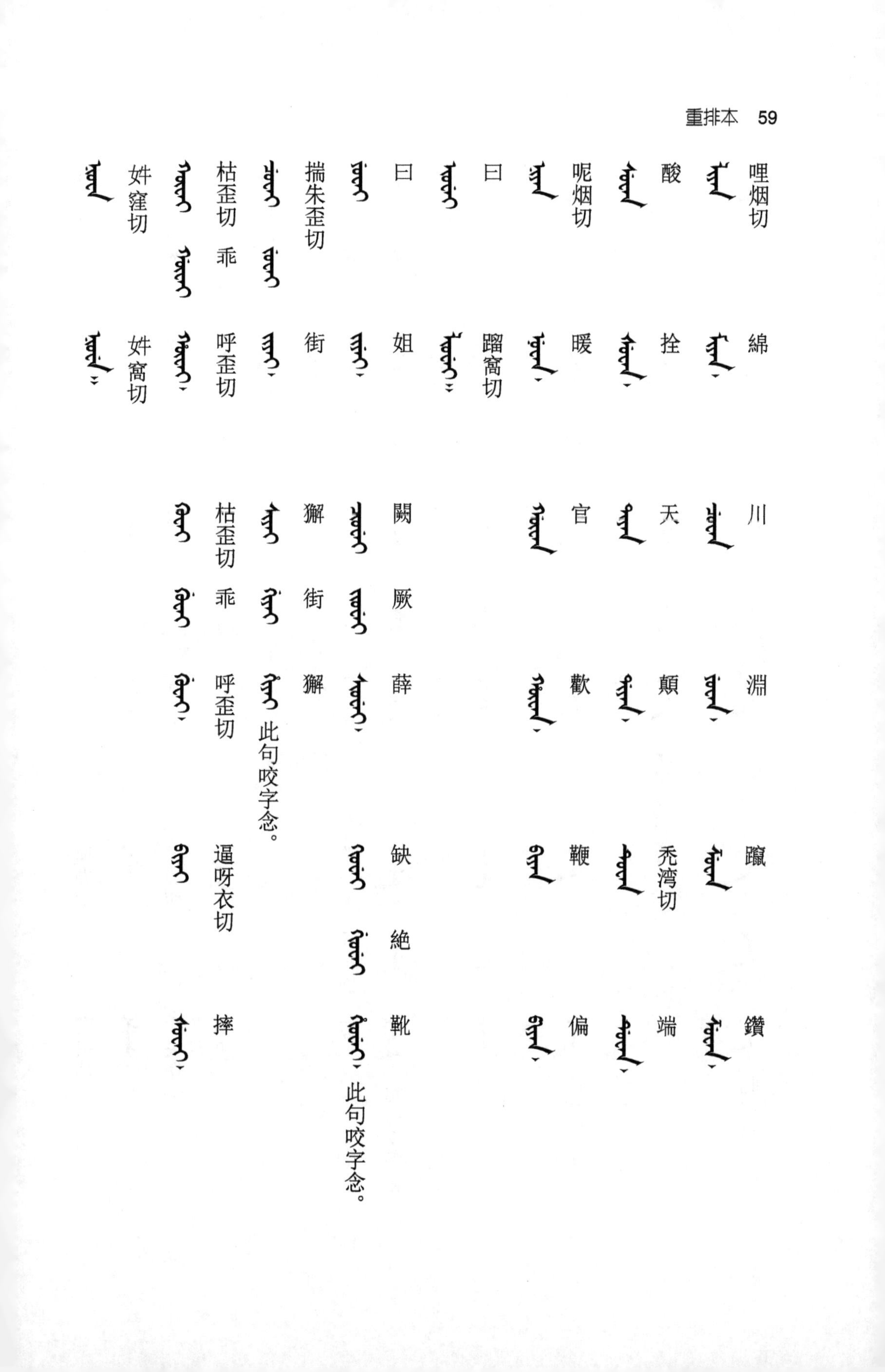

哩烟切 綿 川 淵 躪 鑽

酸 拴 天 顛 禿灣切 端

呢烟切 暖 官 歡 鞭 偏

曰 蹜窩切

曰 姐 闕 厥 薛 缺 絶 靴 此句咬字念。

揣朱歪切 街 獬 街 獬 此句咬字念。

枯歪切 乖 呼歪切 枯歪切 乖 呼歪切 逼呀衣切 摔

姘窪切 姘窩切

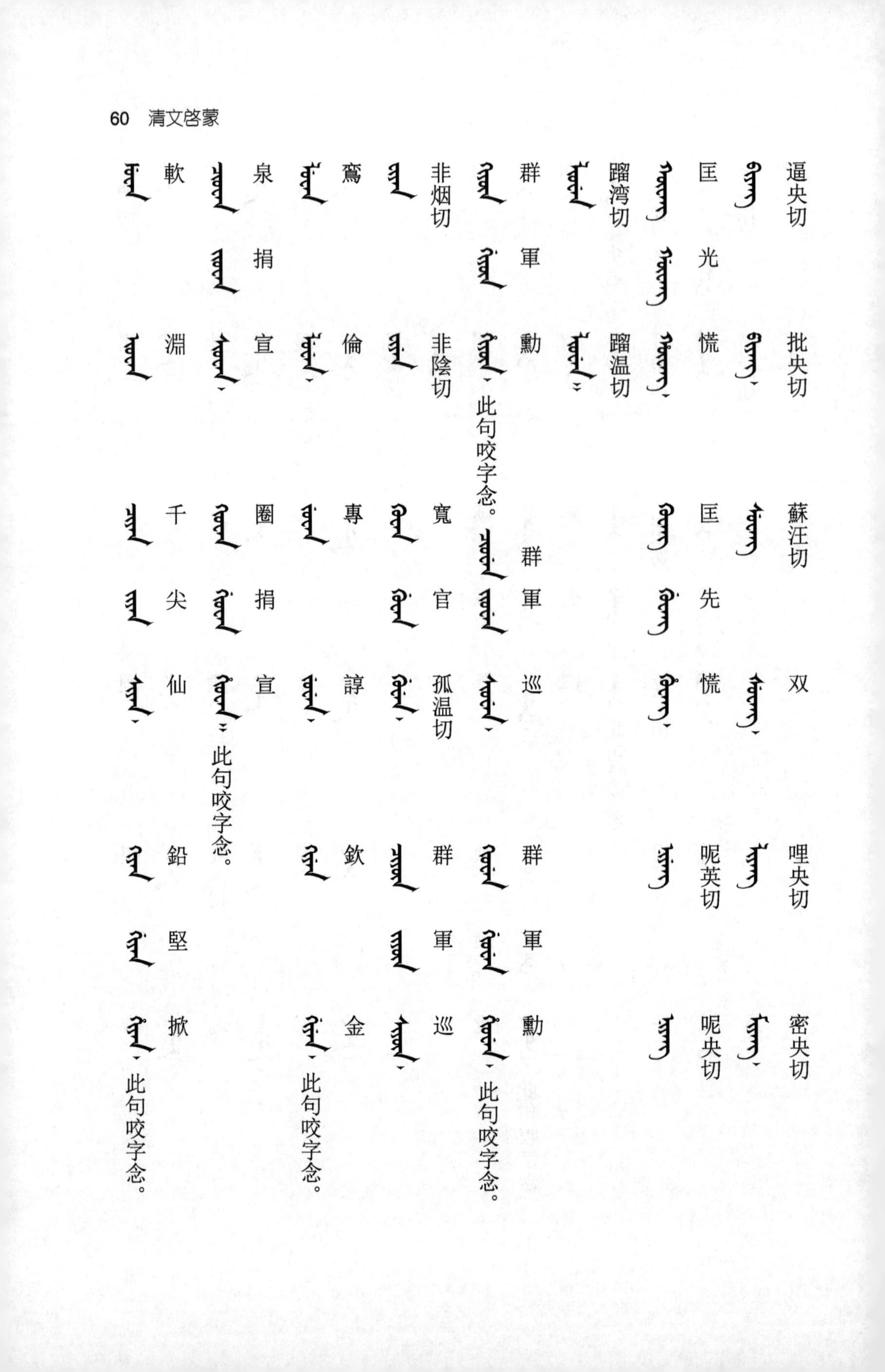

逼央切　批央切　蘇汪切　双　哩央切　密央切

匡　光　慌　匡　先　慌　呢英切　呢央切

蹓湾切　蹓温切

群　軍　勳　此句咬字念。　群　軍　巡　群　軍　勳　此句咬字念。

非烟切　非陰切　寬　官　孤温切　群　軍　巡

鳶　倫　專　諄　欽　金　此句咬字念。

泉　捐　宣　圈　捐　宣　此句咬字念。

軟　淵　千　尖　仙　鉛　堅　掀　此句咬字念。

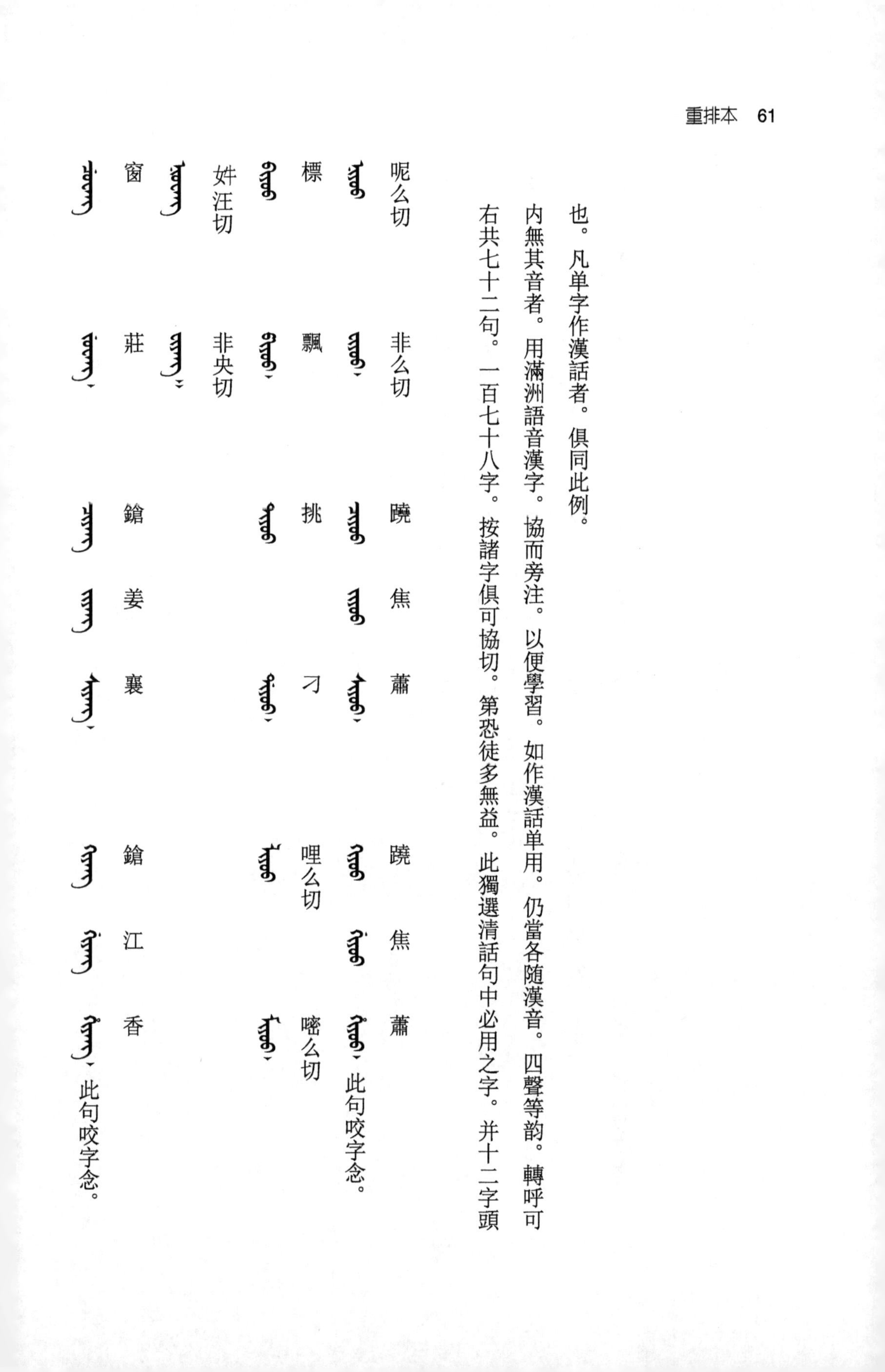

也。凡单字作漢話者。俱同此例。

内無其音者。用滿洲語音漢字。協而旁注。以便學習。如作漢話单用。仍當各隨漢音。四聲等韻。轉呼可

右共七十二句。一百七十八字。按諸字俱可協切。第恐徒多無益。此獨選清話句中必用之字。并十二字頭

呢么切　非么切　曉　焦　蕭　曉　焦　蕭　此句咬字念。

標　飄　挑　刁　哩么切　嘧么切

姘汪切　非央切

窗　莊　鎗　姜　襄　鎗　江　香　此句咬字念。

邱英切　揪英切　羞英切

此句咬字念。右共六句。十七字。

姘英切　蹓英切　窮　絅　凶

淤　女　驢　曲　居　虛　邱衣切　揪衣切　羞衣切

此句咬字念。

滿洲外单字

○

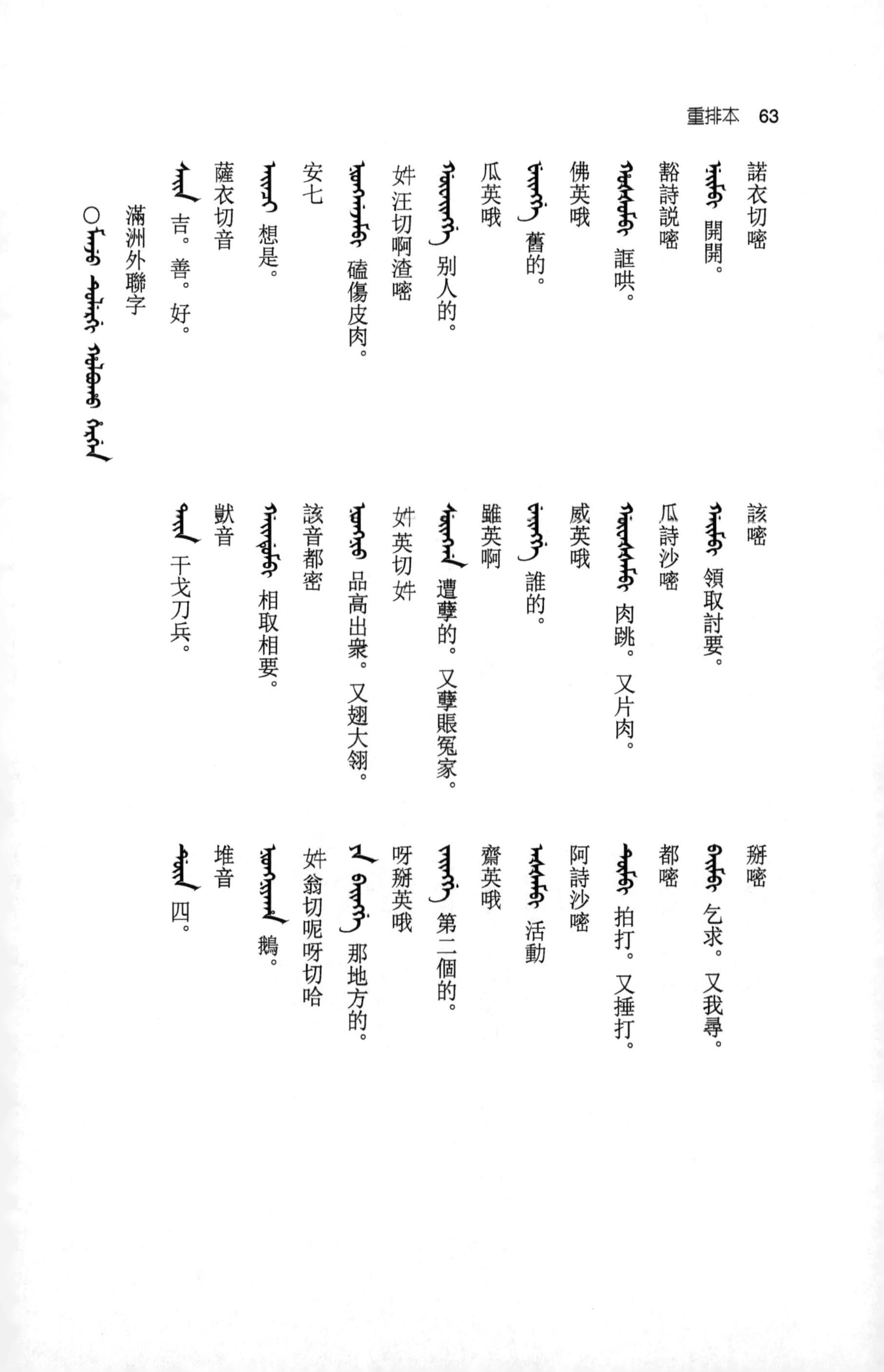

諾衣切嘧 開開。
該嘧 領取討要。
掰嘧 乞求。又我尋。

豁詩說嘧 誆哄。
瓜詩沙嘧 肉跳。又片肉。
都嘧 拍打。又捶打。

佛英哦 舊的。
威英哦 誰的。
阿詩沙嘧 活動

瓜英哦 別人的。
雖英啊 遭孽的。又孽賬冤家。
齋英哦 第二個的。

姅汪切啊渣嘧 磕傷皮肉。
姅英切姅 品高出衆。又翅大翎。
呀掰英哦 那地方的。

安七 想是。
該音都密 相取相要。
姅翁切呢呀切哈 鵝。

薩衣切音 吉。善。好。
獃音 干戈刀兵。
堆音 四。

滿洲外聯字

○

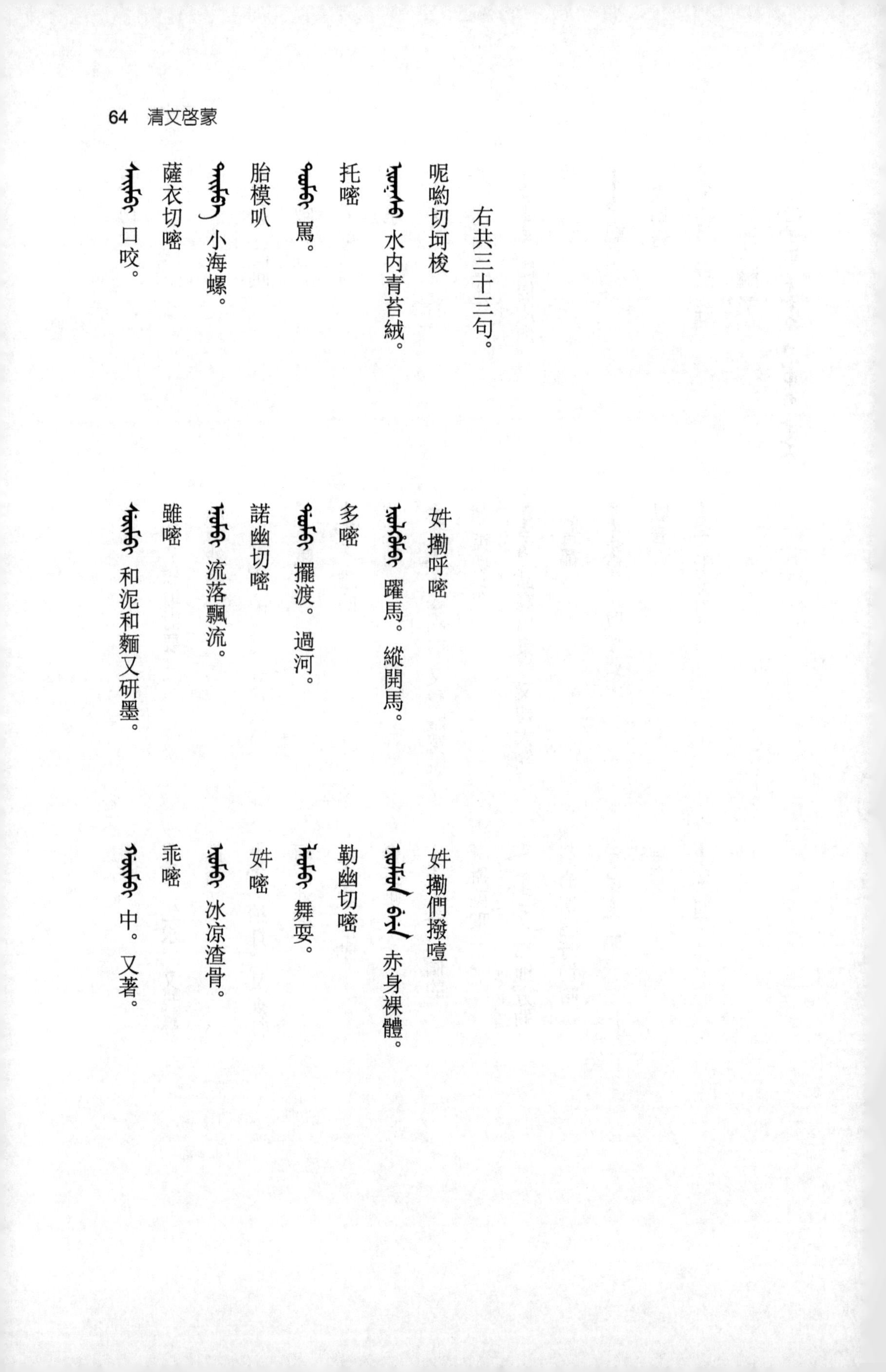

右共三十三句。

呢哟切坷梭 水內青苔絨。

托嘧 罵。

胎模叭 小海螺。

薩衣切嘧 口咬。

姅擲呼嘧 躍馬。縱開馬。

多嘧 擺渡。過河。

諾幽切嘧 流落飄流。

雖嘧 和泥和麪又研墨。

姅擲們撥噎 赤身裸體。

勒幽切嘧 舞耍。

姅嘧 冰凉渣骨。

乖嘧 中。又著。

字作上韵。再按ᡤᡠᡳ（歸）字音声是第二字頭。法定本頭ᠠᡳ ᡝᡳ ᡳᡳ ᠣᡳ ᡠᡳ ᡡᡳ ᡳᠣᡳ ᡠᠸᡳ共八字內。與ᡤᡠᡳ（歸）字協韵。據ᡤᡠᡳ（歸）字是ᡤᡠ字首。就將凡有ᡤᡠ字首者ᡤᡠ ᡤᡠᡳ ᡤᡠᠯ ᡤᡠᠩ ᡤᡠᠸᡳ五字內。無論拈取一字音声。

今如ᡨᠠᠨ（貪）字呼切同韵者是ᠶᠠᠨ（烟）字。拈作下韵。乃緊々合念ᡨᠠ（他）ᠶᠠᠨ（烟）二字。即成ᡨᠠᠨ（貪）字作上韵。再按ᡨᠠᠨ（貪）字音声是第四字頭。法定本頭ᠠᠨ ᡝᠨ ᡳᠨ ᠣᠨ ᡠᠨ ᡡᠨ ᡳᠣᠨ ᡠᠸᠠᠨ共八字內。與ᡨᠠᠨ（貪）字協韵。據ᡨᠠᠨ（貪）字是ᡨᠠ字首。就將凡有ᡨᠠ字首者ᡨᠠ ᡨᠠᡳ ᡨᠠᠨ ᡨᠠᠩ ᡨᠠᠨ五字內。無論拈取一字作上韵。再按ᡨᠠᠨ（貪）字音声是第四字頭……

字音声。

今如ᠵᡠᠩ（鍾）字協韵。據ᠵᡠᠩ（鍾）字是ᠵᡠ字首。就將凡有ᠵᡠ字首者ᠵᡠ ᠵᡠᡳ ᠵᡠᠯ ᠵᡠᠩ ᠵᡠᠸᡳ五字內。無論拈取一字作上韵。再按ᠵᡠᠩ（鍾）字音声是第五字頭。法定本頭ᠠᠩ ᡝᠩ ᡳᠩ ᠣᠩ ᡠᠩ ᡡᠩ ᡳᠣᠩ ᡠᠸᠠᠩ共八字內。與ᠵᡠᠩ（鍾）字呼切同韵者是ᠸᡝᠩ（翁）字。拈作下韵。乃緊々合念ᠵᡠ（朱）ᠸᡝᠩ（翁）二字。即成ᠵᡠᠩ（鍾）字音声。

今如ᠰᡳᠣ（修）字協韵。據ᠰᡳᠣ（修）字是ᠰᡳ字首。就將凡有ᠰᡳ字首者ᠰᡳ ᠰᡳᠣ ᠰᡳᠯ ᠰᡳᠶᠠᠩ ᠰᡳᠣ五字內。無論拈取一字作上韵。再按ᠰᡳᠣ（修）字音声是第十字頭。法定本頭ᠠᠣ ᡝᠣ ᡳᠣ ᠣᠣ ᡠᠣ ᡡᠣ ᡳᠣᠣ ᡠᠸᠠᠣ共八字內。與ᠰᡳᠣ（修）字呼切同韵者是ᡳᠣ（幽）字。拈作下韵。乃緊々合念ᠰᡳ（西）ᡳᠣ（幽）二字。即成ᠰᡳᠣ字音声。

清字切韵法

○ᠮᠠᠨᠵᡠ ᡤᡳᠰᡠᠨ ᡥᡝᡵᡤᡝᠨ ᡳ ᠮᡠᡩᠠᠨ ᠪᡝ ᠠᠴᠠᠪᡠᡵᡝ ᠠᡵᠠᠨ

ᡨᡳᠶᠠᠨ（天）字呼切同韵者是ᠶᠠᠨ（烟）字。拈作下韵。乃緊々合念ᡨᡳ（梯）ᠶᠠᠨ（烟）二字。即成ᡨᡳᠶᠠᠨ（天）取一字作上韵。再按ᡨᡳᠶᠠᠨ（天）字音声是第四字頭。法定本頭ᠠᠨ ᡝᠨ ᡳᠨ ᠣᠨ ᡠᠨ ᡡᠨ ᠨᠠᠨ ᠨᡝᠨ共八字内。與

今如ᡨᡳᠶᠠᠨ（天）字協韵。據ᡨᡳᠶᠠᠨ（天）字是ᡨ字首就將凡有ᡨ字首者ᡨᠠ ᡨᡝ ᡨᡳ ᡨᠣ ᡨᡠ五字内。無論拈ᡧᡠᠸᠠᡳ（摔）字音聲。

内。與ᡧᡠᠸᠠᡳ（摔）字呼切同韵者是ᠸᠠᡳ（歪）字。拈作下韵。乃緊々合念ᡧᡠ（書）。ᠸᠠᡳ（歪）二字。即成論拈取一字作上韵。再按ᡧᡠᠸᠠᡳ（摔）字音声是第二字頭。法定本頭ᠠᡳ ᡝᡳ ᡳᡳ ᠣᡳ ᡠᡳ ᡡᡳ ᠨᠠᡳ ᠨᡝᡳ共八字

今如ᡧᡠᠸᠠᡳ（摔）字協韵。據ᡧᡠᠸᠠᡳ（摔）字是ᡧ字首。就將凡有ᡧ字首者ᡧᠠ ᡧᡝ ᡧᡳ ᡧᠣ ᡧᡠ五字内。無成ᠪᡳᠶᡝ（鱉）字音声。

共十四字内。與ᠪᡳᠶᡝ（鱉）字呼切同韵者是ᠶᡝ（噎）字拈作下韵。乃緊々合念ᠪᡳ（逼）ᠶᡝ（噎）二字。即一字作上韵。再按ᠪᡳᠶᡝ（鱉）字音声是第一字頭。法定本頭ᠠ ᡝ ᡳ ᠣ ᡠ ᡡ ᠨᠠ ᠨᡝ ᠨᡳ ᠨᠣ ᠨᡠ ᠨᡡ ᠪᠠ ᠪᡝ

今如協韵ᠪᡳᠶᡝ（鱉）字。據ᠪᡳᠶᡝ（鱉）字是ᠪ字首。就將凡有ᠪ字首者ᠪᠠ ᠪᡝ ᠪᡳ ᠪᠣ ᠪᡠ五字内。無論拈取成ᠰᠠ（薩）字音声。

共十四字内。與ᠰᠠ（薩）字呼切同韵者是ᠠ（阿）字。拈作下韵。乃緊合念ᠰᠠ（薩）ᠠ（阿）二字。即取一字作上韵。再按ᠰᠠ（薩）字音声是第一字頭。法定本頭ᠠ ᡝ ᡳ ᠣ ᡠ ᡡ ᠨᠠ ᠨᡝ ᠨᡳ ᠨᠣ ᠨᡠ ᠨᡡ ᠪᠠ ᠪᡝ

今如協韵ᠰᠠ（薩）字。據ᠰᠠ（薩）字是ᠰ字首。就將凡有ᠰ字首者ᠰᠠ ᠰᡝ ᠰᡳ ᠰᠣ ᠰᡠ五字内。無論拈字呼切同韵者是ᠸᡝᡳ（威）字。拈作下韵。乃緊々合念ᡤᡠ（孤）ᠸᡝᡳ（威）二字。即成ᡤᡠᡳ（歸）字音声。

與 ᠵᡳᠶᠣᠩ（絅）字呼切同韵者是 ᠶᠣᠩ（雍）字。拈作下韵。乃緊々合念 ᠵᡳ（雞）ᠶᠣᠩ（雍）二字。即成 ᠵᡳᠶᠣᠩ

一字作上韵。再按 ᠵᡳᠶᠣᠩ（絅）字音声是第五字頭。法定本頭 ᠶᠠᠩ ᠶᡝᠩ ᠶᡳᠩ ᠶᠠᠩ ᠶᡝᠩ ᠶᡡᠩ ᠶᠣᠩ ᠶᡠᠩ 共八字内。

今如 ᠵᡳᠶᠣᠩ（絅）字協韵。據 ᠵᡳᠶᠣᠩ（絅）字是 ᠵᡳ 字首。就將凡有 ᠵᡳ 字首者 ᠵᡳ ᠵᡳᠣ ᠵᡳᠶᠠ ᠵᡳᠶᠣᠩ ᠵᡳᠶᠣ 五字内。無論拈取

ᠵᡳᠶᠣᠩ 字音声。

十四字内與 ᠯᡳᠣᡳ（驢）字呼切同韵者是 ᡳᠣᡳ（淤）字下拈作下韵。乃緊々合念 ᠯᡳ（哩）ᡳᠣᡳ（淤）二字。即成

字作上韵。再按 ᠯᡳᠣᡳ（驢）字音聲是第一字頭。法定本頭 ᠶᠠ ᠶᠠ ᠶᡝ ᡳ ᠶᠣ ᠶᡝ ᠯᡳ ᠯᡳ ᡳᠣ ᡳᠣ ᡳᠣᡳ ᠶᡡ ᠶᡡ 共

今如 ᠯᡳᠣᡳ（驢）字協韵。據 ᠯᡳᠣᡳ（驢）字是 ᠯᡳ 字首。就將凡有 ᠯᡳ 字首者 ᠯᡳ ᠯᡳᠣ ᠯᡳᠶᠠ ᠯᡳᠶᠠᠩ ᠯᡳᠣᡳ 五字内無論拈取一

音声。

（寮）字呼切同韵者是 ᠶᠣᠣ（么）字。拈作下韵。乃緊々合念 ᠯᡳ（哩）ᠶᠣᠣ（么）二字。即成 ᠯᡳᠶᠣᠣ（寮）字

一字作上韵。再按 ᠯᡳᠶᠣᠣ（寮）字音聲是第十字頭。法定本頭 ᠶᠣᠣ ᠶᠣᠣ ᠶᠣᠣ ᡳᠣᠣ ᡳᠣᠣ ᠶᠣᠣ ᡳᠣᠣ ᡳᠣᠣ 共八字内。與 ᠯᡳᠶᠣᠣ

今如 ᠯᡳᠶᠣᠣ（寮）字協韵。據 ᠯᡳᠶᠣᠣ（寮）字是 ᠯᡳ 字首。就將凡有 ᠯᡳ 字首者 ᠯᡳ ᠯᡳᠣ ᠯᡳᠶᠠ ᠯᡳᠶᠠᠩ ᠯᡳᠣᡳ 五字内。無論拈取

字。即成 ᡥᡡᠸᠠᠩ（慌）字音声。

共八字内。與 ᡥᡡᠸᠠᠩ（慌）字呼切同韵者是 ᠸᠠᠩ（汪）字。拈作下韵。万緊々合念 ᡥᡡ（呼）ᠸᠠᠩ（汪）二

内。無論拈取一字作上韵。再按 ᡥᡡᠸᠠᠩ（慌）字音声是第五字頭。法定本頭 ᠸᠠᠩ ᠸᡝᠩ ᠸᠠᠩ ᠸᡝᠩ ᠸᠠᠩ ᠸᡝᠩ ᠸᠠᠩ ᠸᡝᠩ

今如 ᡥᡡᠸᠠᠩ（慌）字協韵。據 ᡥᡡᠸᠠᠩ（慌）字是 ᡥᡡ 字首。就將凡有 ᡥᡡ 字首者 ᡥᡡ ᡥᡡᠸᠠ ᡥᡡᠸᡝ ᡥᡡᠸᠠᠩ ᡥᡡᠸᠠᡳ 五字

字音声。

捷於他法也。

是訣因予幼而讀書時。酷好調聲拈韵。每值難叶之字。苦於聱牙不得其音。嘗以此法叶之。似覺鏗鏘瀏亮。

按十二字頭内。惟第一第二第四第五第十字頭是单音。可以協切取用。餘者七個字頭。係雙音重複。俱不入韵。

（綱）字音聲。餘皆準此。

凡聯字內。在 ᡴᠠ ᡤᠠ ᡥᠠ 頭字下。聯寫 ᠠ ᡝ 字俱念啊。ᠣ ᠣ 字俱念窩。ᡠ ᡡ ᠣ 字俱念屋。

右共三十二字。若在聯字內。或係清話內。不可照此讀念。

ᠵᡳᠣᠸᡝ 字念絶　ᡥᡳᠣᠸᡝ 字念靴

ᠴᡳᠣᠸᡝ 字念闕　ᡤᡳᠣᠸᡝ 字念厥　ᡴᡳᠣᠸᡝ 字念缺

ᠶᠣᠸᡝ 字念月　ᠰᡳᠣᠸᡝ 字念薛　ᡴᡳᠣᠸᡝ 字念蹻曰切

ᠰᡳᠣᠸᡝᠯ 字念雪兒　ᠵᡳᠶᡝ 字念節　ᠶᡠᠸᡝ 字念曰

ᠰᠠᠯ 字念三兒　ᠵᡠᠯ 字念住兒　ᡦᡳᠶᠠᠯ 字念偏兒

ᡝᠯ 字念二　ᡠᠯ 字念五兒　ᠪᠠᠯ 字念八兒

ᠶᠣᠣ 字念堯　ᡮᠣᠣ 字念曹　ᡮᡝᠣ 字念走

ᠮᠣᠣ 字念毛　ᠴᠣᠣ 字念朝　ᠵᠣᠣ 字念趙

ᡨᠣᠣ 字念桃　ᡩᠣᠣ 字念道　ᠯᠣᠣ 字念老

ᠪᠣᠣ 字念寶　ᡦᠣᠣ 字念袍　ᡧᠣᠣ 字念韶

ᠠᠣ 字念敖　ᠨᠣᠣ 字念腦　ᡥᠣᠣ 字念毫

凡十二字頭单字。切韵单字。如作漢話单用。除仍不改音者之外。餘如從俗。

異施清字

○[illegible]

ᡶᡳᠶᠣᠣ 字念非喲切

ᠠᠩ 字念阿空

ᠶᠠᠨ 字念烟哩

ᠯᠣᠣ 字念牢

ᠵᡠ 字念朱

ᡴᡳᠶᠣᠣ 字念欺喲切

ᡥᠣᠩᡬᠣ 字念烘哦

ᠣᠣ 字念傲

ᠰᠣ 字念梭

ᡥᡡᠨ ᡥᡡᠨ 字俱念婚

ᡧᡝᠨ ᡧᡝᠨ 字俱念身

ᡥᠠᠩᡬᠣ 字念夯哦

ᡬᡳᠣ 字念拘

ᡳᠨ 字念惡印切

ᡥᠠᠨ 字念憨

ᡥᡡ 字念呼

ᡧᡳ ᡧᡳ 字俱念詩

ᡳ 字念惡衣切

ᠣᠣ ᠣᠣ 字俱念傲

ᡥᠠ ᡥᠠ 字俱念哈

ᡥᠣ ᡥᠣ 字俱念豁

凡聯字清話字內句內。如遇用此小ᠣ字。只用大ᠣ字。再ᠯ ᠮ ᠣ頭兒字下。有聯寫小ᠣ字者。與单寫義同。別者頭兒字下。聯寫不得。只可单寫在下隨用。

凡小ᠣ字。若隨在ᠰ ᡧ ᠴ頭兒字下念呢。如隨在別者頭兒字下俱念衣。獨是ᡴ ᡤ ᡥ頭兒字下。不可

以上各字。若在別者頭兒字下相聯。不可照此讀念。

ᠶᠠᠨ 字念烟

ᡳᠨ ᡳᠨ ᡳᠨ 此三字。亦有仍照本音讀者。

ᡳᠨ ᡳᠨ 字俱念陰

ᠸᡝᠨ ᠸᡝᠨ ᠸᡝᠨ 字俱念温

ᠠᠨ 字念安

ᡝᠨ 字念恩

ᠶᡝ 字念噎

ᡳ 字念衣

ᠶᠠ 字念呀

ᠣ 字念哦

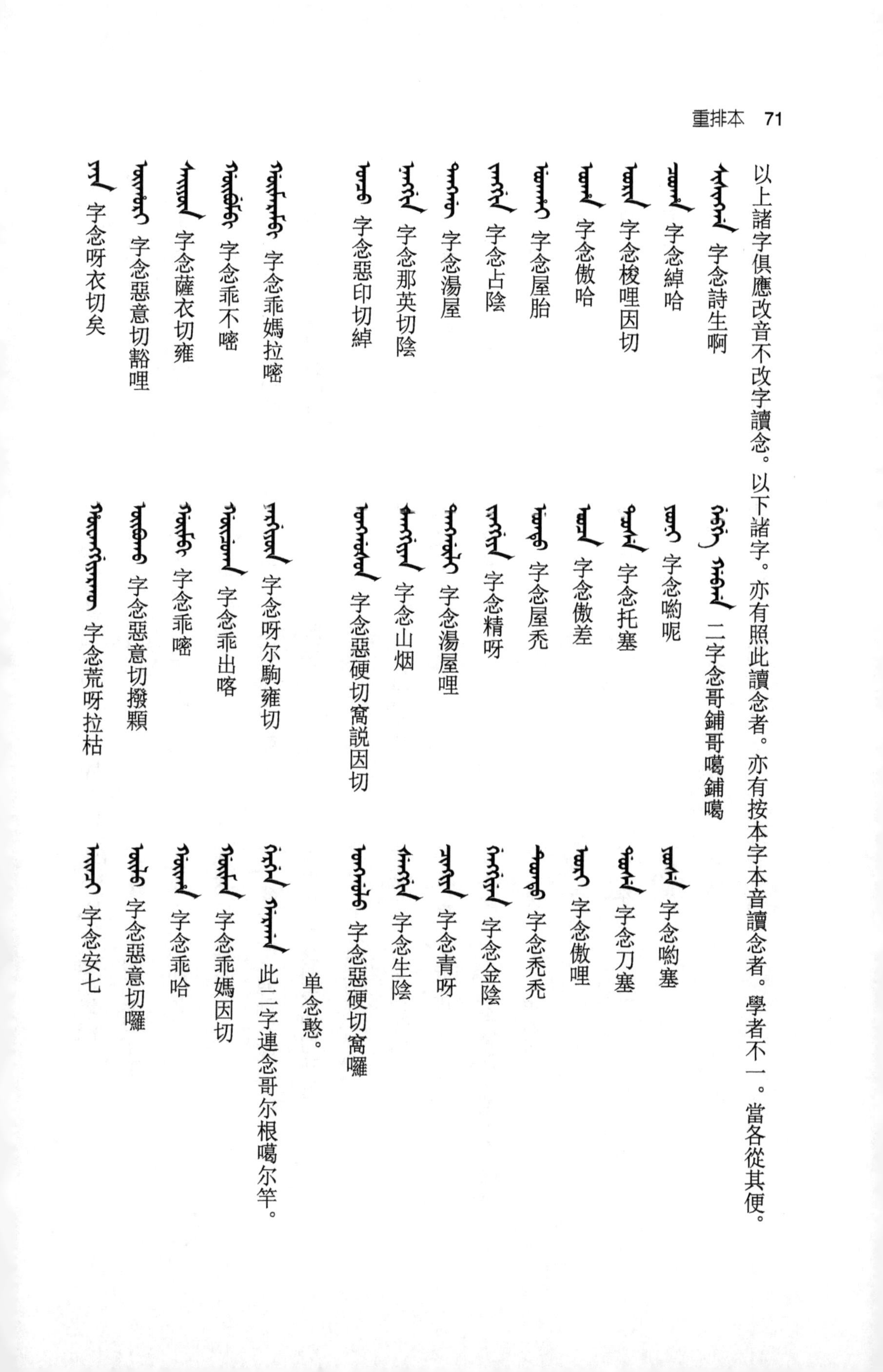

以上諸字俱應改音不改字讀念。以下諸字。亦有照此讀念者。亦有按本字本音讀念者。學者不一。當各從其便。

字念詩生啊

字念綽哈

字念梭哩因切

字念傲哈

字念屋胎

字念占陰

字念湯屋

字念那英切陰

字念惡印切綽

字念乖嗎拉嚓

字念乖不嚓

字念薩衣切雍

字念惡意切豁哩

字念呀衣切矣

二字念哥鋪哥噶鋪噶

字念哟呢

字念托塞

字念傲差

字念屋秃

字念精呀

字念湯屋哩

字念山烟

字念惡硬切窩說因切

字念呀尔駒雍切

字念乖出喀

字念乖嚓

字念惡意切撥顆

字念荒呀拉枯

字念哟塞

字念刀塞

字念傲哩

字念秃秃

字念金陰

字念青呀

字念生陰

字念惡硬切窩囉

单念憨。

此二字連念哥尔根噶尔竿。

字念乖嗎因切

字念乖哈

字念惡意切囉

字念安七

字念妠嚕
字念呢摸吃磕
字念屋襟綽哈
字念傲飢拉枯
字念惡意切非噎切嚕
字念惡意切欺薩喀
字念惡吃磕
字念阿喲
字念阿吃哈
字念嚕。又念摸
字念拙。又念詔
字念多
字俱念撥
字念顆
字念詩

字念呢呀切呢喲切嚕
字念妠淤切出呵
字念屋尔得嚕
字念惡摸
字念惡意切非噎切枯
字念惡缺婚
字念惡出媽哩
字念惡音切逼咳逼
字念阿差拉
字念嚕幽切
字俱念喲
字念囉
字念炮
字念豁
字解作什麼念愛。嘆声念哀

字念挪堪渣
字念呢烟切差哈
字念屋非稀
字念惡摸詩
字念惡勒芬呢
字念惡意切切呵逼
字念惡飢哥
字念惡意切逼呵
字念愛呀拉
字解作何在念啊八。圍獵念阿八
字俱念雞喲切
字念拙
字念托
字念蒿
字念身

但滿洲語音清話。精奧無窮。難以盡述。惟賴高明成德者。增删教正之。

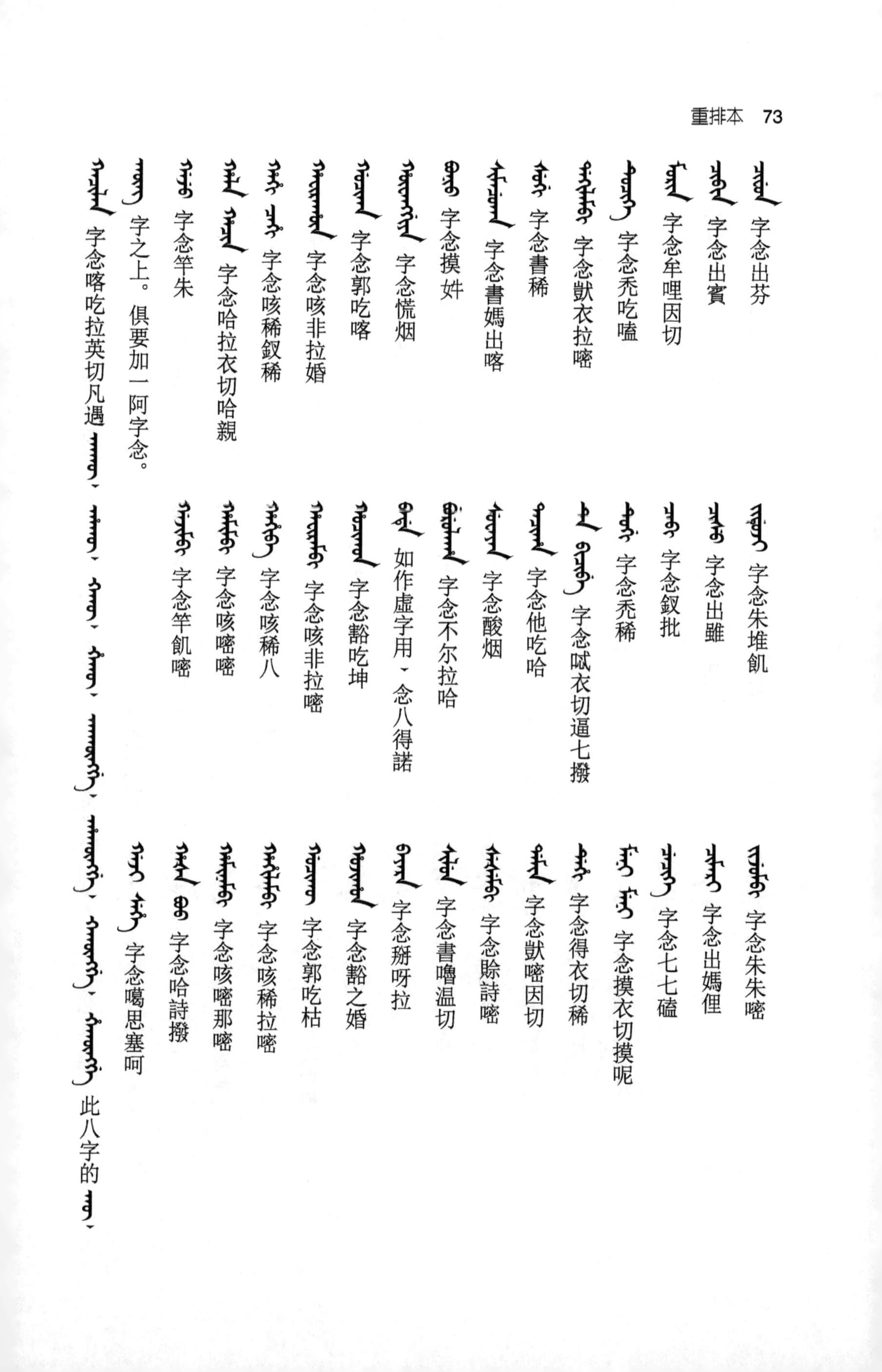

字念出芬
字念朱堆飢
字念朱朱嘧

字念出賓
字念出雖
字念出媽俚

字念牟哩因切
字念釵批
字念七七磕

字念禿吃嚧
字念禿稀
字念摸衣切摸呢

字念猷衣拉嘧
字念咄衣切逼七撥
字念得衣切稀

字念書稀
字念他吃哈
字念猷嘧因切

字念書媽出喀
字念酸烟
字念賒詩嘧

字念摸姓
字念不尔拉哈
字念書嚕溫切

字念慌烟
如作虛字用、念八得諾
字念掰呀拉

字念郭吃喀
字念豁吃坤
字念豁之婚

字念咳非拉婚
字念咳非拉嘧
字念郭吃枯

字念咳稀釵稀
字念咳稀八
字念咳稀拉嘧

字念哈拉衣切哈親
字念咳嘧嘧
字念咳嘧那嘧

字念竿朱
字念竿飢嘧
字念哈詩撥

字之上。俱要加一阿字念。
字念噶思塞呵

字念喀吃拉英切凡遇 此八字的

字念呵奴呵。又念呵因切奴呵
字念三吃哈
字念惡印切多嚓
字不滚舌。念鈫雞
字念塞尔坤
字念塞撥呢
字念愛逼英哦
字念非喲切塞
字念佛逼稀
字念枯奴孫
字念稀喲切書温切
字念揪淤切嚕
字念邱淤切嚕嚓
字念雞哩
字念烟哩英切啊
字念抓拉因切

字念番呢哈。又念番飢哈
字念詩那哈。又念身那哈
字念憨吃堪
字念安夫
字念塞尔豁賒嚓
字念發衣切渣媽
字念惡意切嚓噎切不嚓
字念阿奴
字念非噎切勒枯
字念顆吃呵
字念稀喲切書翁切啊
字念揪淤切嚕嚓
字念揪淤切孫
字念哥精衣
字念烟哩夯啊
字念抓尔搭嚓

字念惡硬切顆
字念端飢哈。又念端呢哈
字念班呢嚓
字念惡印切得嚓幽切
字念他尔逼稀
字不滚舌。念惡衣切雞
字念鱉婚
字念阿逼得
字念非噎切勒嚓
字念枯嚕模
字念稀喲切書拉嚓
字念揪淤切出磕
字念揪淤切蘇勒嚓
字念邱淤切嚕
字念磕之諾
字念朱出八

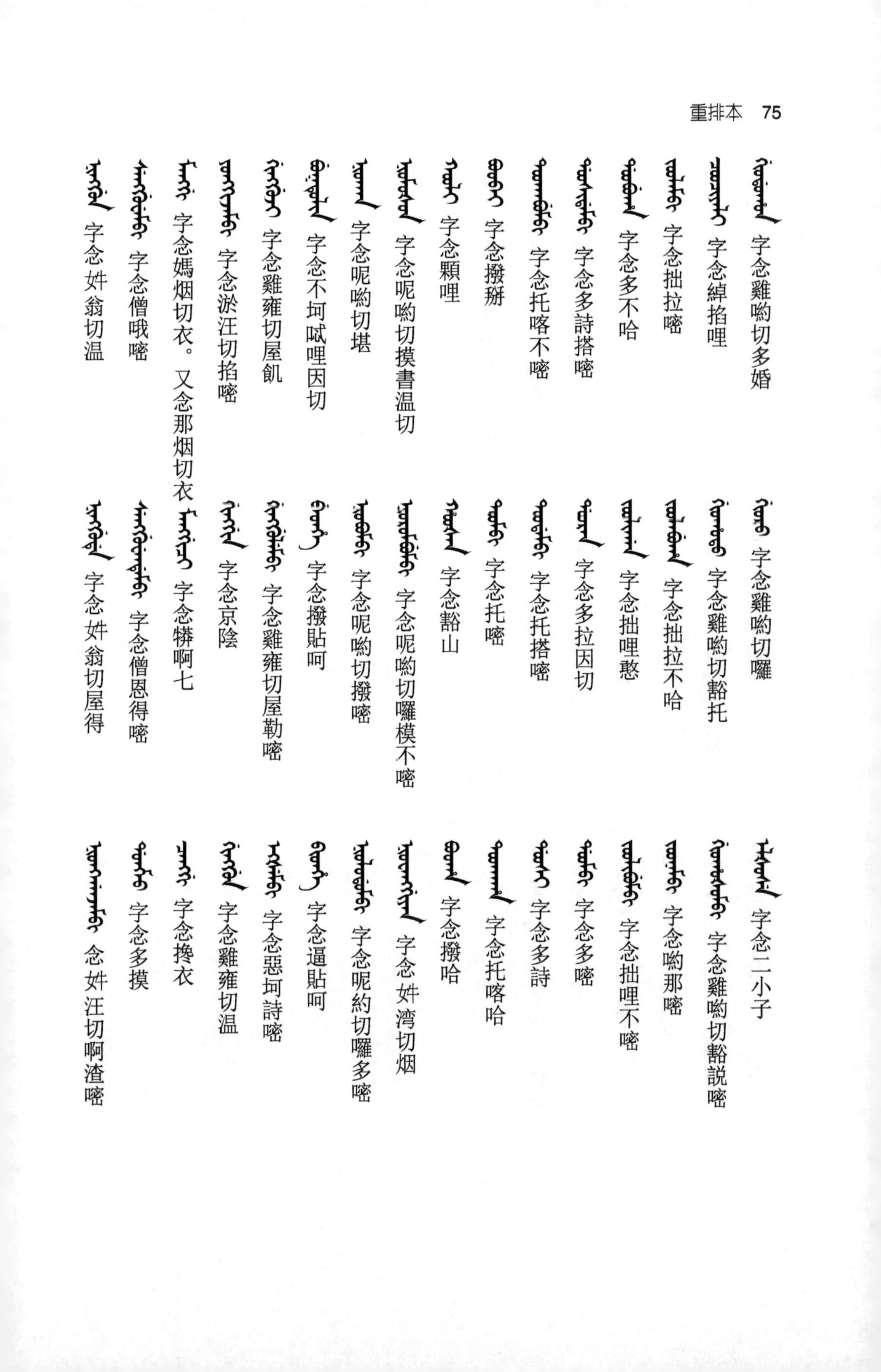

字念雞喲切多婚
字念綽掐哩
字念拙拉嘧
字念多不哈
字念多詩搭嘧
字念托喀不嘧
字念撥掰
字念顆哩
字念呢喲切摸書溫切
字念呢喲切堪
字念不坷喊哩因切
字念雞雍切屋飢
字念淤汪切掐嘧
字念嫣烟切衣。又念那烟切衣
字念僧哦嘧
字念姘翁切溫

字念雞喲切囉
字念雞喲切豁托
字念拙拉不哈
字念拙哩憨
字念多拉因切
字念托搭嘧
字念托嘧
字念豁山
字念呢喲切囉模不嘧
字念呢喲切撥嘧
字念撥貼呵
字念雞雍切屋勒嘧
字念京陰
字念犇啊七
字念僧恩得嘧
字念姘翁切屋得

字念二小子
字念雞喲切豁說嘧
字念喲那嘧
字念拙哩不嘧
字念多嘧
字念多詩
字念托喀哈
字念撥哈
字念姘灣切烟
字念呢約切囉多嘧
字念逼貼呵
字念惡坷詩嘧
字念雞雍切溫
字念搀衣
字念多摸
念姘汪切啊渣嘧

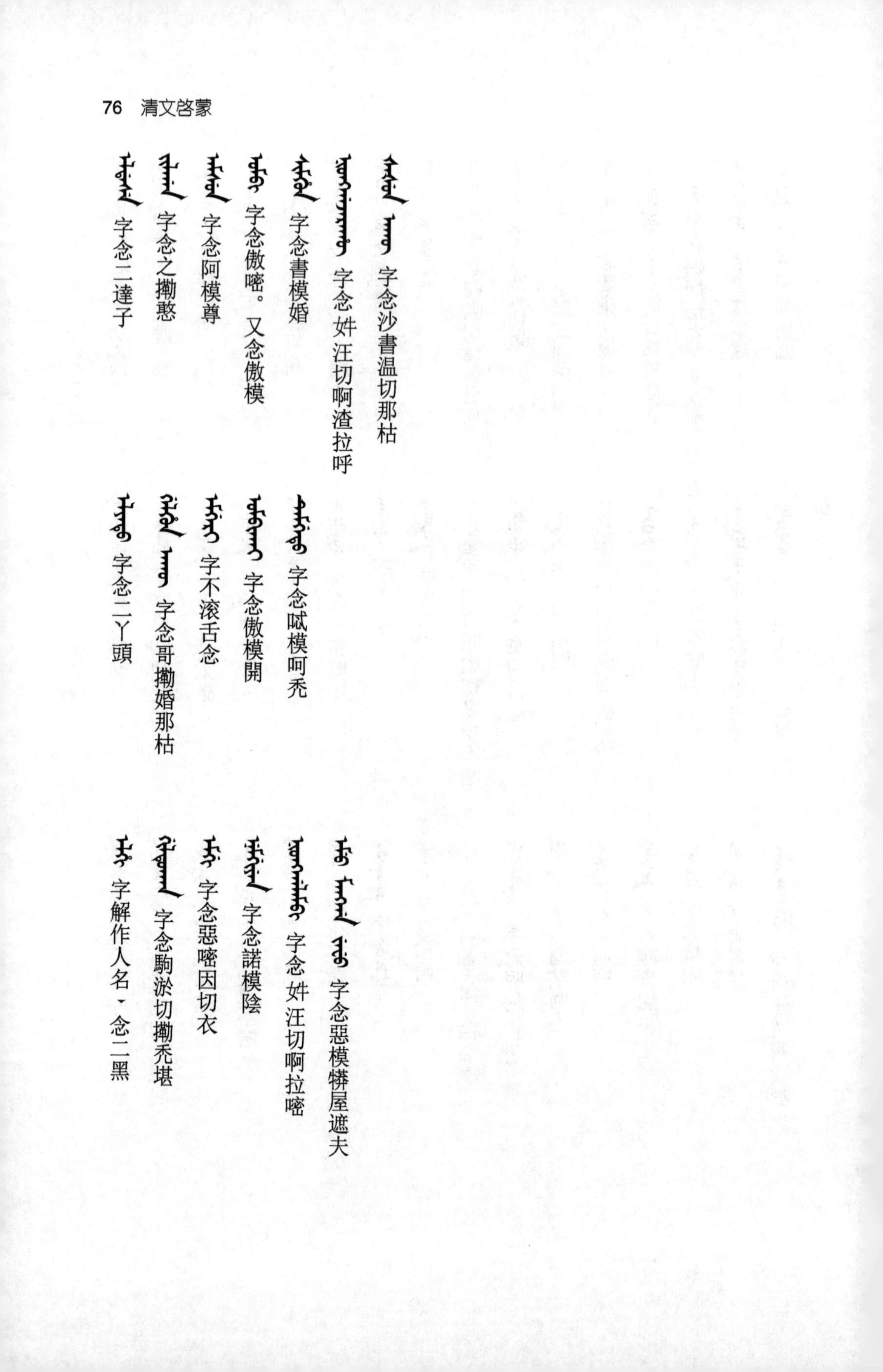

字念沙書温切那枯

字念姅汪切啊渣拉呼

字念書模婚

字念傲嘧。又念傲模

字念阿模尊

字念之撒憨

字念二達子

字念哦模呵秃

字念傲模開

字不滚舌念

字念哥撒婚那枯

字念二丫頭

字念惡模蟒屋遮夫

字念姅汪切啊拉嘧

字念諾模陰

字念惡嘧因切衣

字念駒淤切撒秃堪

字解作人名、念二黑

○如書ᠪ字先寫ᠣ次寫ᠪ

○如書ᠪᠣ字先寫ᠣ次寫ᠣ次寫ᠪᠣ

○如書ᠪᠣ字先寫ᠣ次寫ᠣ次寫ᠪᠣ

○如書ᠪ字先寫ᠣ次寫ᠪ

○如書ᠪᠣ字先寫ᡳ次寫ᠣ次寫ᠣ次寫ᠪᠣ

○如書ᠪᠣ字先寫ᡳ次寫ᠣ次寫ᠣ次寫ᠪᠣ

○如書ᡶᠣ字先寫ᡶ次寫ᡶ次寫ᡶᠣ

○如書ᠵᡳ字先寫ᐟ次寫ᠵ次寫ᠵᡳ

○如書ᠲᠣ字先寫ᡨ次寫ᡨ次寫ᠲᠣ

○如書ᠲ字先寫ᡨ次寫ᠲ

○如書ᠲᠣ字先寫ᡨ次寫ᡨ次寫ᠲᠣ

○如書ᡴᠣ字先寫ᡨ次寫ᡴ次寫ᡴᠣ

○如書ᡵ字先寫ᡨ次寫ᡵ

○凡書ᠯ字先寫ᐟ次寫ᐟ次寫ᡨ次寫ᡴ次寫ᠯ

清書運筆先後

○ᠮᠠᠨᠵᡠ ᡥᡝᡵᡤᡝᠨ ᡶᡳ ᡳ ᠠᠯᡳᠪᡠᡵᡝ ᠰᡠᡵᡠ

○如書[满文]字先寫[满文]次寫[满文]次寫[满文]

○如書[满文]字先寫[满文]次寫[满文]

○如書[满文]字先寫[满文]次寫[满文]次寫[满文]

○如書[满文]字先寫[满文]次寫[满文]

○如書[满文]字先寫[满文]次寫[满文]次寫[满文]次寫[满文]

○如書[满文]字先寫[满文]次寫[满文]次寫[满文]

○如書[满文]字先寫[满文]次寫[满文]次寫[满文]次寫[满文]

○如書[满文]字先寫[满文]次寫[满文]次寫[满文]

○如書[满文]字先寫[满文]次寫[满文]次寫[满文]

○如書[满文]字先寫[满文]次寫[满文]次寫[满文]

○如書[满文]字先寫[满文]次寫[满文]

○如書[满文]字先寫[满文]次寫[满文]

○如書[满文]字先寫[满文]次寫[满文]次寫[满文]次寫[满文]

○如書[满文]字先寫[满文]次寫[满文]次寫[满文]

○如書[满文]字先寫[满文]次寫[满文]

○如書[满文]字先寫[满文]次寫[满文]次寫[满文]次寫[满文]

○如書[illegible]字先寫[illegible]次寫[illegible]

○如書[illegible]字先寫[illegible]次寫[illegible]

○如書[illegible]字先寫[illegible]次寫[illegible]次寫[illegible]

○如書[illegible]字先寫[illegible]次寫[illegible]次寫[illegible]

○如書[illegible]字先寫[illegible]次寫[illegible]

○如書[illegible]字先寫[illegible]次寫[illegible]

○如書[illegible]字先寫[illegible]次寫[illegible]

○如書[illegible]字先寫[illegible]次寫[illegible]

○如書[illegible]字先寫[illegible]次寫[illegible]次寫[illegible]

○如書[illegible]字先寫[illegible]次寫[illegible]

○如書[illegible]字先寫[illegible]次寫[illegible]

○如書[illegible]字先寫[illegible]次寫[illegible]

○如書[illegible]字先寫[illegible]次寫[illegible]次寫[illegible]

○如書[illegible]字先寫[illegible]次寫[illegible]次寫[illegible]次寫[illegible]

○如書[illegible]字先寫[illegible]次寫[illegible]

○如書[illegible]字先寫[illegible]次寫[illegible]

○凡書圈點。如 [illegible] 共二

○如書 [illegible] 字先寫 [illegible] 次寫 [illegible] 次寫 [illegible]

○如書 [illegible] 字先寫 [illegible] 次寫 [illegible] 次寫 [illegible]

○如書 [illegible] 字先寫 [illegible] 次寫 [illegible] 次寫 [illegible]

○如書 [illegible] 字先寫 [illegible] 次寫 [illegible]

○如書 [illegible] 字先寫 [illegible] 次寫 [illegible]

○如書 [illegible] 字先寫 [illegible] 次寫 [illegible] 次寫 [illegible]

○如書 [illegible] 字先寫 [illegible] 次寫 [illegible] 次寫 [illegible]

○如書 [illegible] 字先寫 [illegible] 次寫 [illegible] 次寫 [illegible] 次寫 [illegible]

○如書 [illegible] 字先寫 [illegible] 次寫 [illegible] 次寫 [illegible]

○如書 [illegible] 字先寫 [illegible] 次寫 [illegible] 次寫 [illegible]

○如書 [illegible] 字先寫 [illegible] 次寫 [illegible] 次寫 [illegible]

○如書 [illegible] 字先寫 [illegible] 次寫 [illegible] 次寫 [illegible] 次寫 [illegible]

○如書 [illegible] 字先寫 [illegible] 次寫 [illegible] 次寫 [illegible] 次寫 [illegible] 次寫 [illegible]

○如書 [illegible] 字先寫 [illegible] 次寫 [illegible]

○如書 [illegible] 字先寫 [illegible] 次寫 [illegible]

點方是。以上運筆。字雖無幾。法可類推。舉一可貫百矣。

十字。俱係ᠠ字首、此ᠠ字聯寫必作ᠠ‍式樣。乃是兩個阿兒。今如下筆。必除去ᠠ字的兩個阿兒之下。圈

滿漢字清文啓蒙卷之二

兼漢滿洲套話

長白　舞格　壽平　著述

錢塘　程明遠　佩和　校梓

序言

凡如讀滿洲書的人　必定字々都該當明白知道　些須怠慢使不得　倘或這個書

上　若記的不明白　別的書上硼見了　可就不能的確知道　豈但這樣

說　凡人有粟粒之技　尚且說於己有益　倘若不存心也使得麼

若不用心也使得麼

第一條

久矣听見了兄長的大名譽 就只没得會見尊面 今日萬幸 既然一遭認識了 兄長你若是不棄想念 求祈往我家行走一行走 你說的狠是 自然要行走 我還想着要往兄長的根前領教去 果然不往你家行走的麽 只是走長了教阿哥厭煩的日子有啊 豈有此理 我只恐怕兄長你不肯來罷咧 既是肯來 我還喜之不盡 厭煩的規矩有麽

第二條

阿哥你幾時去 說要去 就說去 若不去就 說不去 我只聽見寡

你的嘴說去罷咧 總沒見你一遭兒真去 預先說定了

別人可也就不疑惑了 這樣無理的事也有呢 我若是要去 也由着我

若是不去 也由着我罷咧 必定告訴你作什麽 況且我前日到了那裏 把這一

件事情 并連懇求的緣故 都合他說完畢了來的啊 你在那裏來着 這時候纔來

絮々叨々的 盡情都教告訴你 也使得麽

你就說不知道　說没听見　平白的支吾望着我推託　你也算説是個人麼

若問你一件事情　你就從頭至尾　一件々的告訴　我若是問你一件事情的時候

是教我胡編派了告訴麼　總是你們也得听的見的啊　何必忙　罷是呢　我看別人

我實々的不知道啊　若是知道就告訴你罷咱的　并不知道　教我告訴什麼　莫不

這個事情除了你之外　別人斷然也不知道　你若是果然知道的明白　求祈就告訴我知曉

第三條

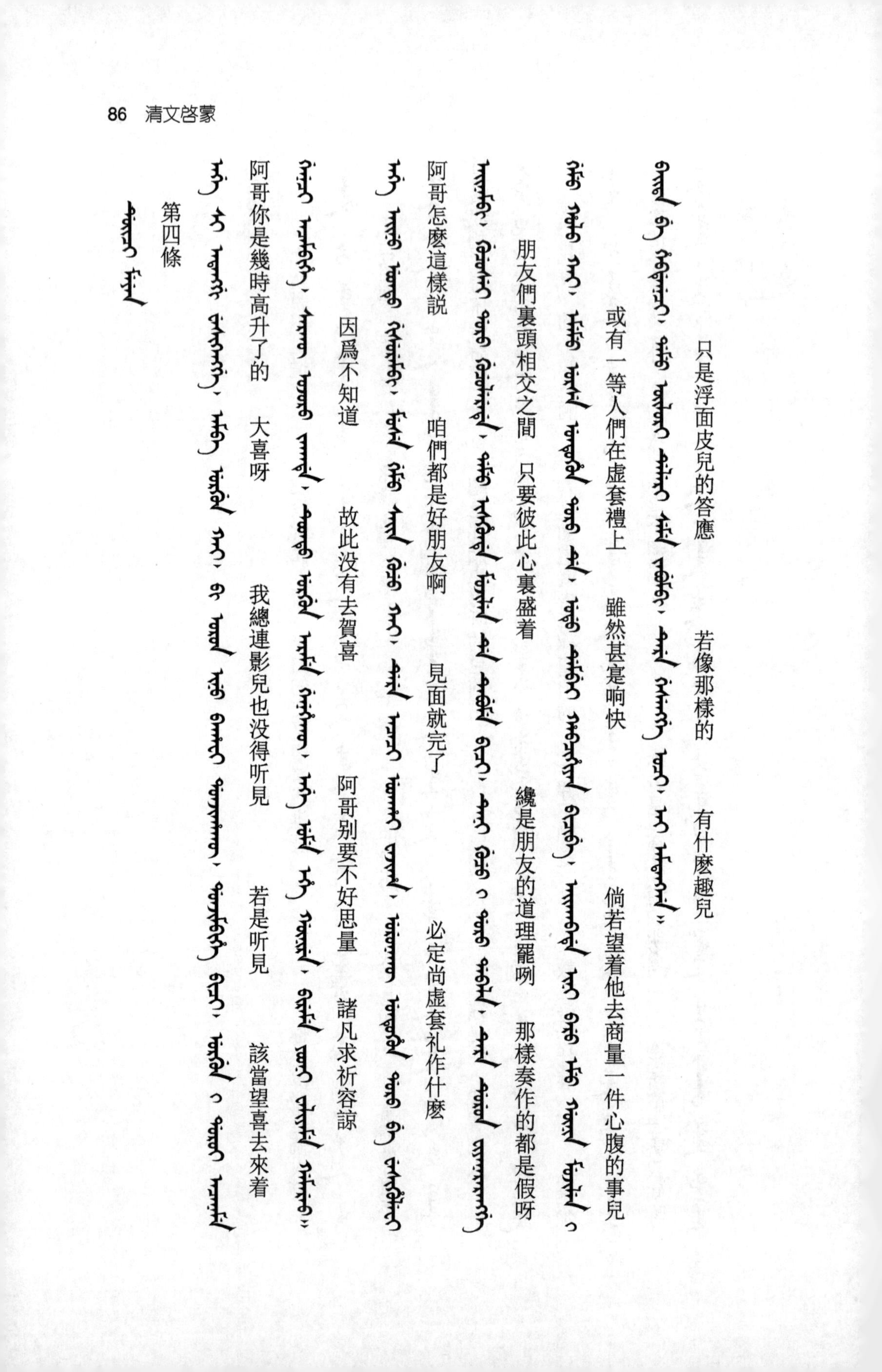

只是浮面皮兒的答應　若像那樣的　有什麼趣兒

或有一等人們在虛套禮上　雖然甚寔响快　倘若望着他去商量一件心腹的事兒

朋友們裏頭相交之間　只要彼此心裏盛着　纔是朋友的道理罷咧　那樣奏作的都是假呀

阿哥怎麼這樣説　咱們都是好朋友啊　見面就完了　必定尚虛套礼作什麼

因爲不知道　故此没有去賀喜　阿哥别要不好思量　諸凡求祈容諒

阿哥你是幾時高升了的　大喜呀　我總連影兒也没得听見　若是听見　該當望喜去來着

第四條

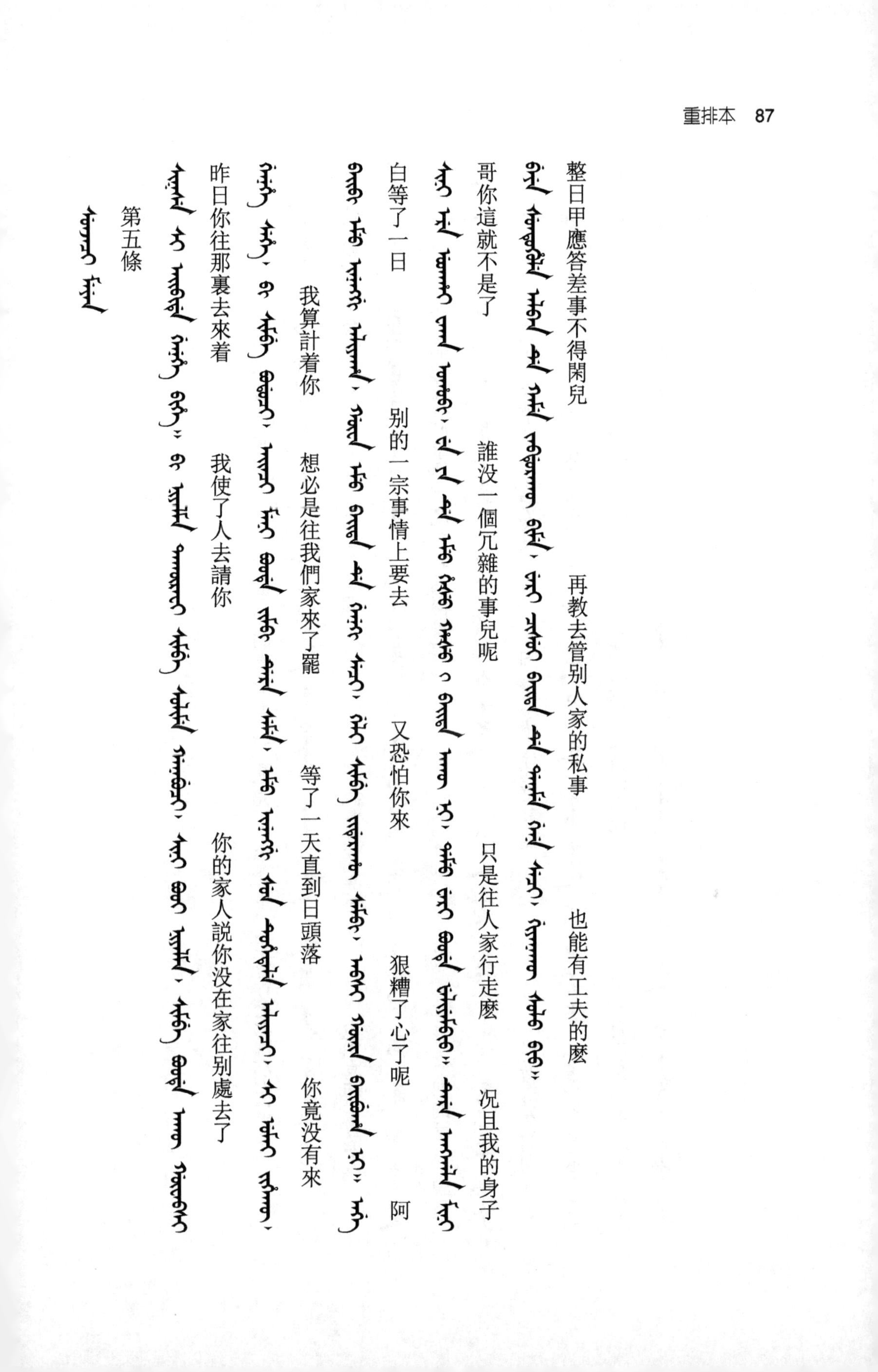

整日甲應答差事不得閑兒 再教去管别人家的私事 也能有工夫的麼

哥你這就不是了 誰没一個冗雜的事兒呢 只是往人家行走麼 況且我的身子

白等了一日 别的一宗事情上要去 又恐怕你來 狠糟了心了呢 阿

我算計着你 想必是往我們家來了罷 等了一天直到日頭落 你竟没有來

昨日你往那裏去來着 我使了人去請你 你的家人說你没在家往别處去了

第五條

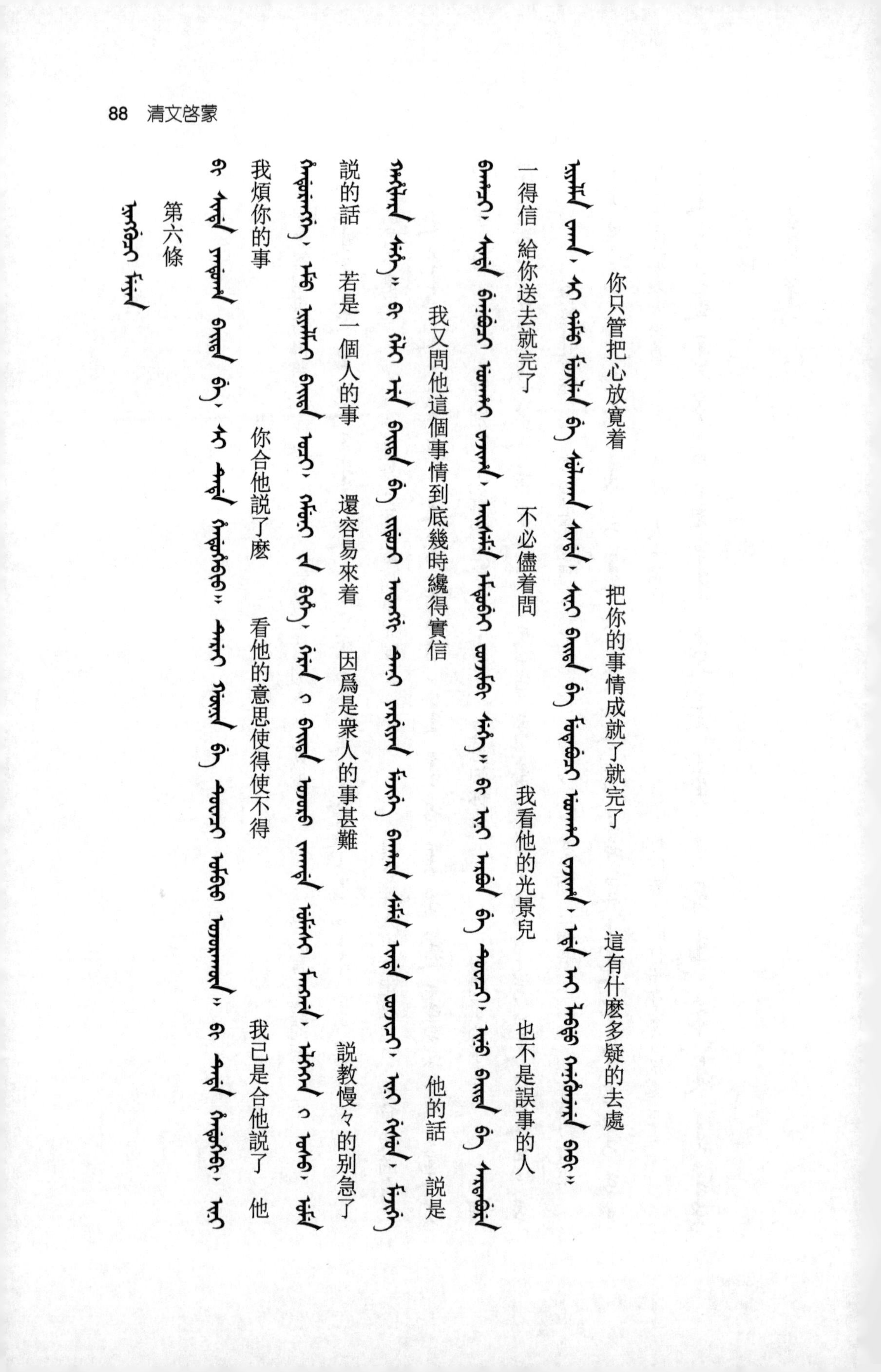

你只管把心放寬着　把你的事情成就了就完了　這有什麼多疑的去處

一得信　給你送去就完了　不必儘着問　我看他的光景兒　也不是誤事的人

我又問他這個事情到底幾時纔得實信　他的話　說是

說的話　若是一個人的事　還容易來着　因爲是衆人的事甚難　說教慢々的別急了

我煩你的事　你合他說了麼　看他的意思使得使不得　我已是合他說了　他

第六條

别施之於人　想必就沒了使不得的去處了

ᠨᡳᠶᠠᠯᠮᠠ ᡩᡝ ᡠᠮᡝ ᡳᠰᡳᠪᡠᡵᡝ ᠣᡥᠣᡩᡝ᠈ ᡤᡡᠨᡳᠴᡳ ᠶᠠᠪᡠᠴᡳ ᠣᠵᠣᡵᠠᡴᡡ ᠪᠠ ᠠᡴᡡ ᡩᡝᡵᡝ᠉

傍觀者清　當局者迷啊　凡事只把己所不欲的去處　也

ᡨᡠᠸᠠᡵᠠ ᡠᡵᠰᡝ ᡤᡝᡨᡠᡴᡝᠨ᠈ ᡩᠠᠩᠰᡳᡥᠠ ᡠᡵᠰᡝ ᡶᠠᡵᡶᠠᠪᡠᠮᠪᡳ ᠰᡝᡥᡝᠪᡳ᠈ ᠶᠠᠶᠠ ᠪᠠᡳᡨᠠ ᡩᠠᠮᡠ ᠪᡝᠶᡝ ᠴᡳᡥᠠᡴᡡ ᠪᠠ ᠪᡝ᠈ ᡳᠨᡠ

你自己說要去罷咧　誰說教你去來　譬如今把不去的人　强壓派着教去使得麼　可是人說的

ᠰᡳ ᠪᡝᠶᡝ ᡤᡝᠨᡝᡴᡳ ᠰᡝᡥᡝᠩᡤᡝ᠈ ᠸᡝ ᠰᡳᠮᠪᡝ ᡤᡝᠨᡝ ᠰᡝᡥᡝ᠈ ᡨᡝ ᠪᡳᠴᡳᠪᡝ ᡤᡝᠨᡝᡵᡝ ᠠᡴᡡ ᠨᡳᠶᠠᠯᠮᠠ ᠪᡝ᠈ ᡝᡵᡤᡝᠯᡝᠮᡝ ᡨᡝ ᡨᠠᡴᡡᡵᠠᠴᡳ ᠣᠮᠪᡳᠣ᠉ ᠨᡳᠶᠠᠯᠮᠠ ᡤᡳᠰᡠᡵᡝᡵᡝ

若有一句結實話　别人也容易随着行　這様口嘴反覆的人也有呢　是

ᠠᡳᡴᠠ᠈ ᡝᠮᡠ ᡤᡳᠰᡠᠨ ᠶᠠᡵᡤᡳᠶᠠᠨ ᠣᠴᡳ᠈ ᡤᡡᠸᠠ ᡳᠨᡠ ᠵᠠ ᡳ ᡩᠠᡥᠠᠮᡝ ᠶᠠᠪᡠᠮᠪᡳ᠉ ᡝᡵᡝ ᡤᡝᠰᡝ ᠠᠩᡤᠠ ᡠᠪᠠᠯᡳᠶᠠᠮᠪᡠᡵᡝ ᠨᡳᠶᠠᠯᠮᠠ ᡳᠨᡠ ᠪᡳ᠈ ᡳᠨᡠ

你到底是教我往那裏去　忽然要這們着　忽然又要那們着　好没個定準罷

ᠰᡳ ᠶᠠᠯᠠ ᠮᡳᠮᠪᡝ ᠠᡳᠪᡳᡩᡝ ᡤᡝᠨᡝ ᠰᡝᠮᠪᡳ᠈ ᡥᠣᠯᡴᠣᠨᡩᡝ ᡝᡵᡝ ᡤᡝᠰᡝ᠈ ᡥᠣᠯᡴᠣᠨᡩᡝ ᡨᡝᡵᡝ ᡤᡝᠰᡝ᠈ ᡠᠮᠠᡳ ᡨᠣᡴᡨᠣᡥᠣᠨ ᠠᡴᡡ

第七條

ᠨᠠᡩᠠᠴᡳ ᡶᡳᠶᡝᠯᡝᠨ

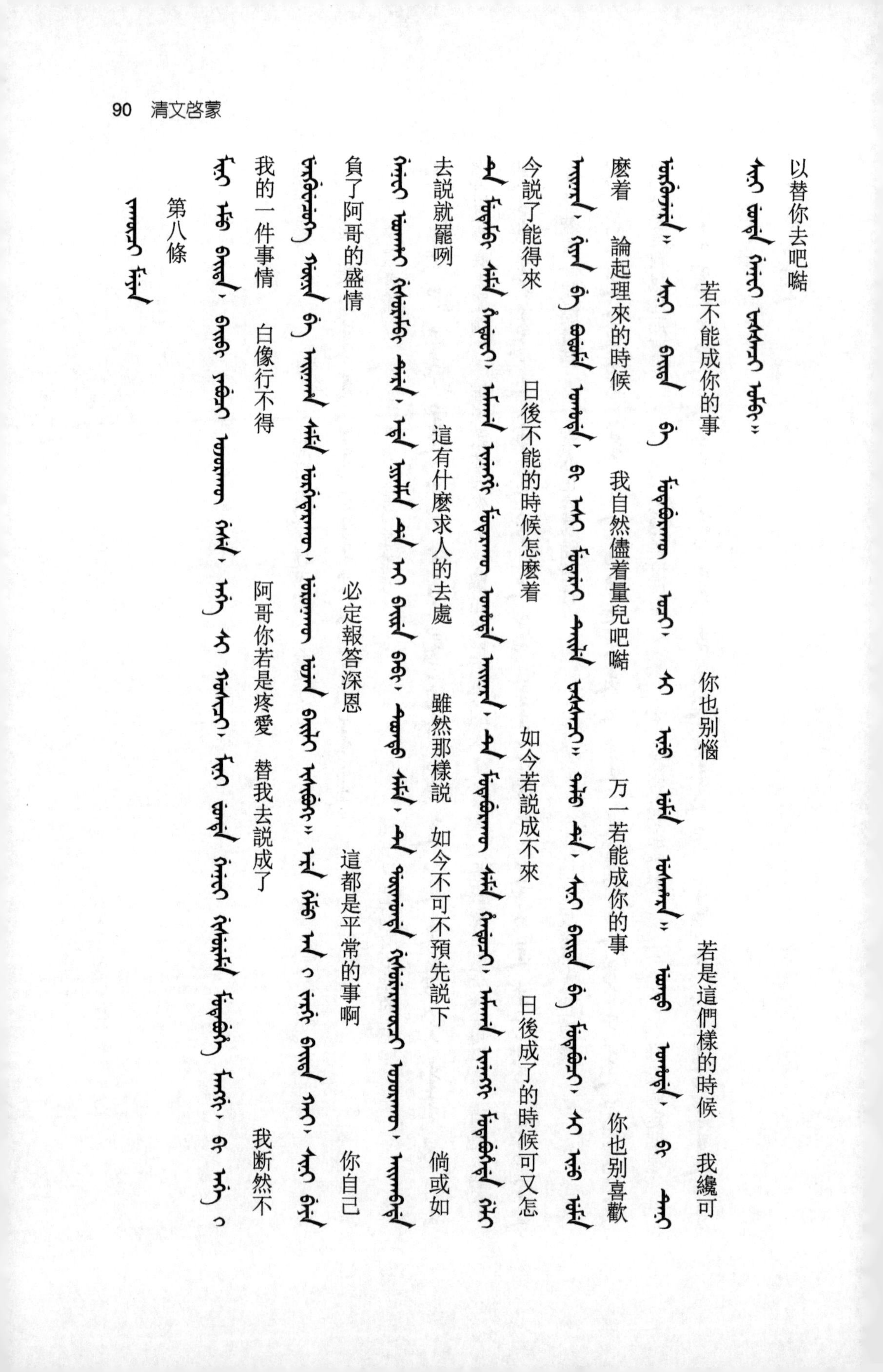

以替你去吧啱

若不能成你的事　你也別惱　若是這們樣的時候　我纔可

麼着　論起理來的時候　我自然儘着量兒吧啱　万一若能成你的事　你也別喜歡

今說了能得來　日後不能的時候怎麼着　如今若說成不來　日後成了的時候可又怎

去說就罷咧　這有什麼求人的去處　雖然那樣說　如今不可不預先說下　倘或如

負了阿哥的盛情　必定報答深恩　這都是平常的事啊　你自己

我的一件事情　白像行不得　阿哥你若是疼愛　替我去說成了　我斷然不

第八條

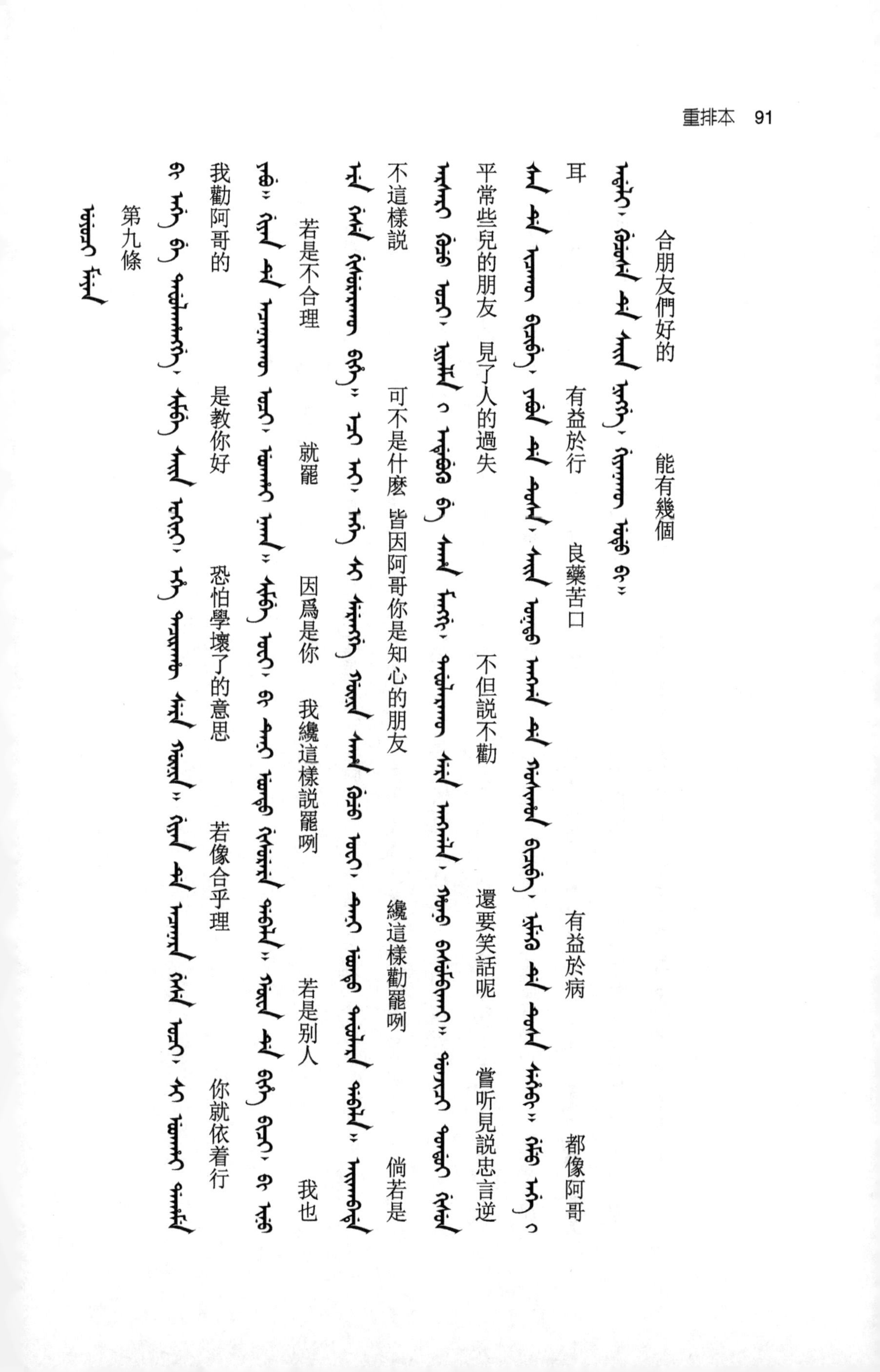

合朋友們好的　能有幾個

耳　有益於行　良藥苦口　有益於病　都像阿哥

平常些兒的朋友　見了人的過失　不但説不勸　還要笑話呢　嘗听見説忠言逆

不這樣説　可不是什麽　皆因阿哥你是知心的朋友　纔這樣勸罷咧　倘若是

若是不合理　就罷　因爲是你　我纔這樣説罷咧　若是别人　我也

我勸阿哥的　是教你好　恐怕學壞了的意思　若像合乎理　你就依着行

第九條

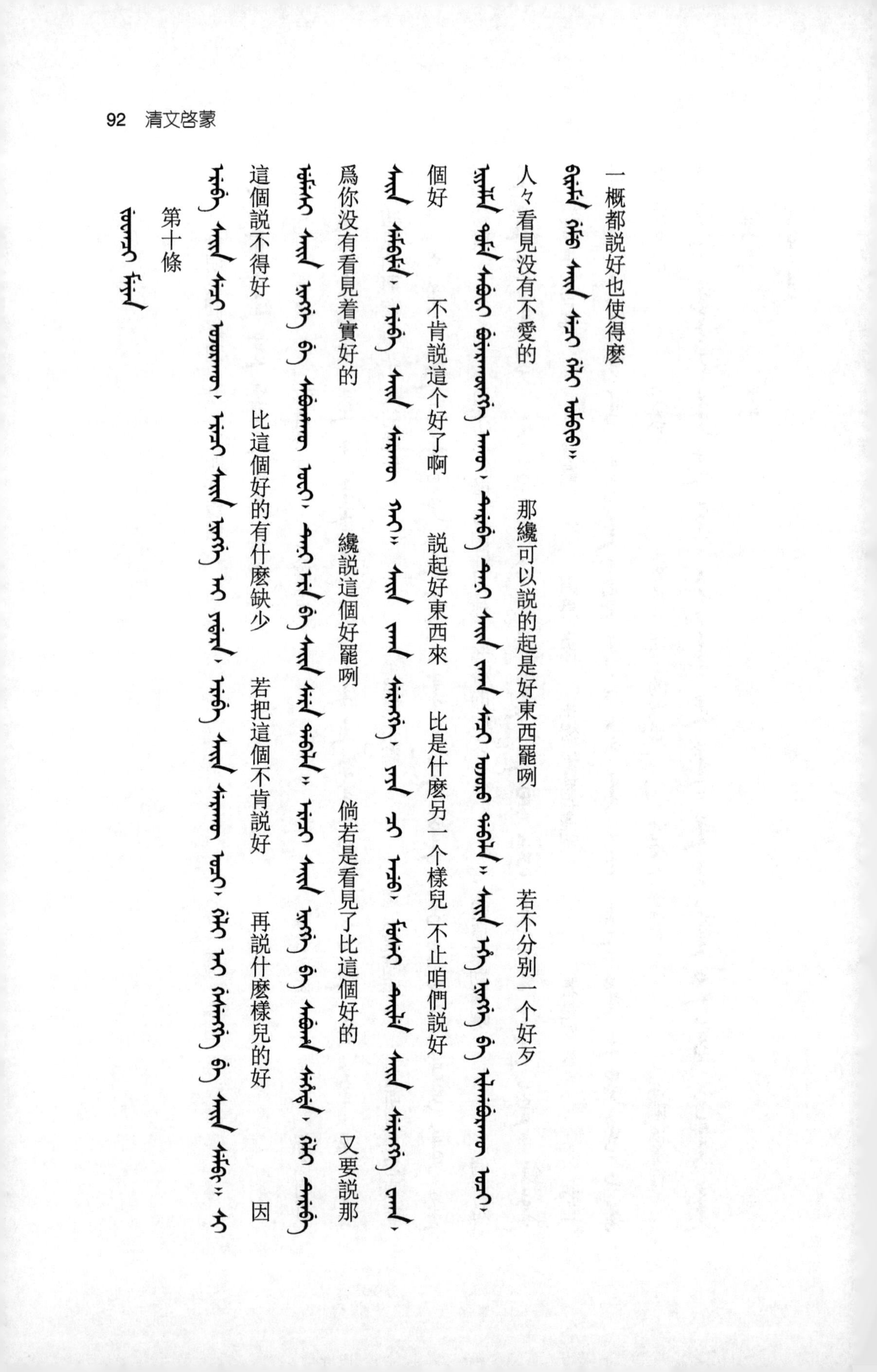

一概都說好也使得麼

人々看見沒有不愛的　那纔可以說的起是好東西罷咧　若不分別一个好歹

個好　不肯說這个好了啊　說起好東西來　比是什麼另一个樣兒　不止咱們說好

爲你沒有看見着實好的　纔說這個好罷咧　倘若是看見了比這個好的　又要說那

這個說不得好　比這個好的有什麼缺少　若把這個不肯說好　再說什麼樣兒的好　因

第十條

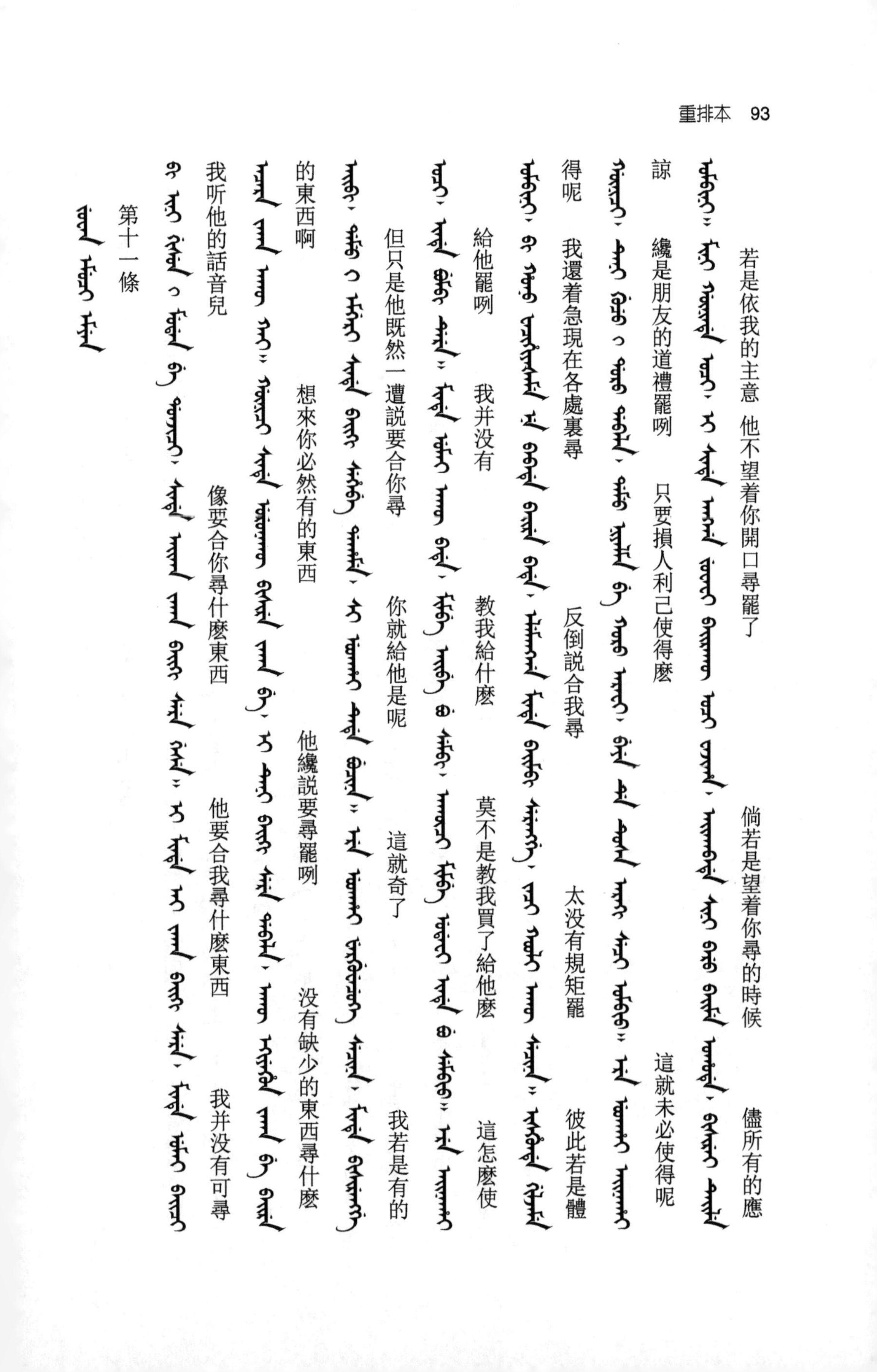

若是依我的主意 他不望着你開口尋罷了 倘若是望着你尋的時候 儘所有的應

諒 纔是朋友的道禮罷咧 只要損人利己使得麼 這就未必使得呢

得呢 我還着急現在各處裏尋 反倒説合我尋 太沒有規矩罷 彼此若是體

給他罷咧 我并沒有 教我給什麼 莫不是教我買了給他麼 這怎麼使

但只是他既然一遭説要合你尋 你就給他是呢 這就奇了 我若是有的

的東西啊 想來你必然有的東西 他纔説要尋罷咧 沒有缺少的東西尋什麼

我听他的話音兒 像要合你尋什麼東西 他要合我尋什麼東西 我并沒有可尋

第十一條

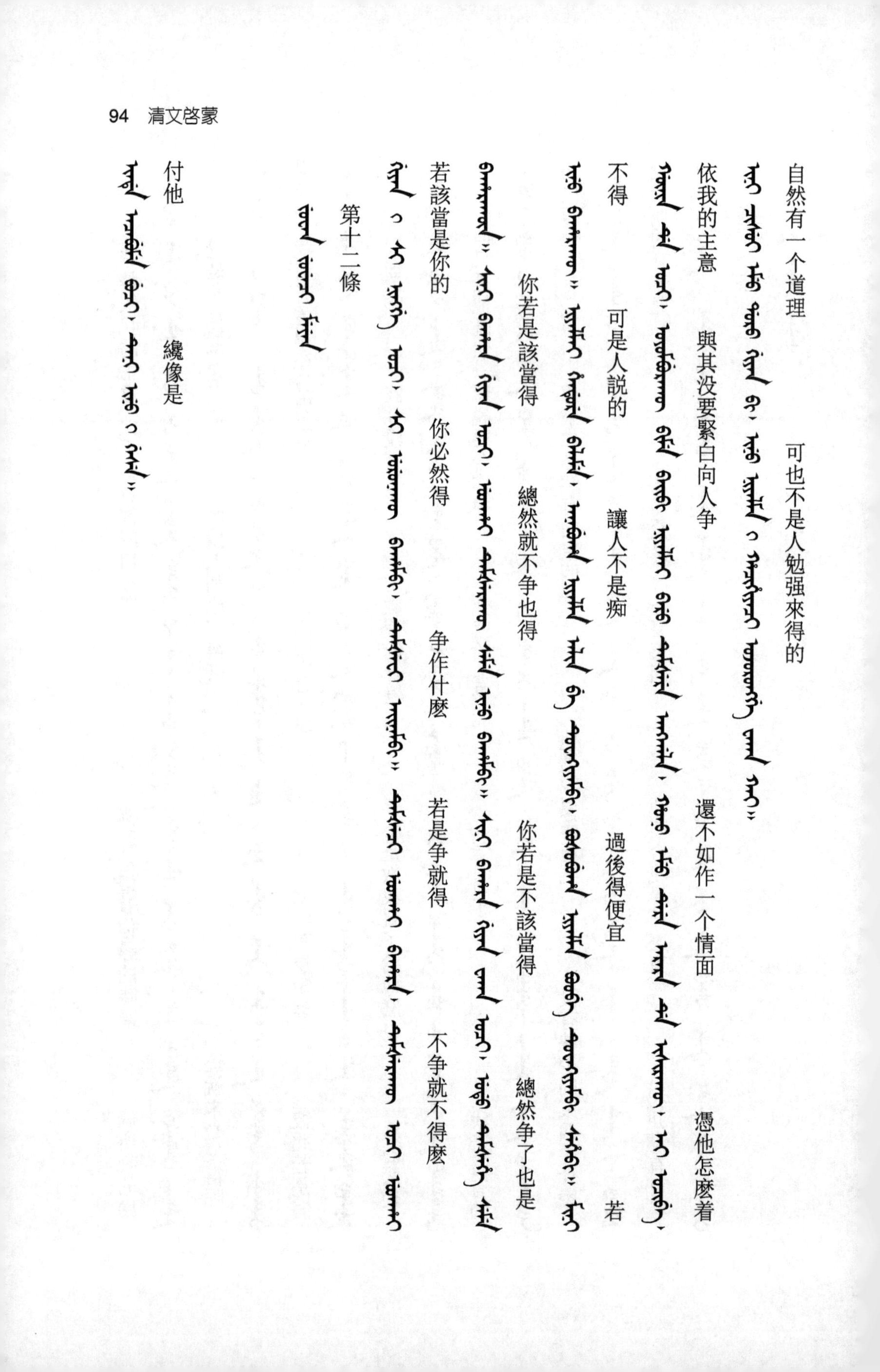

自然有一个道理　可也不是人勉强來得的

依我的主意　與其没要緊白向人争　還不如作一个情面　憑他怎麽着

不得　可是人説的　讓人不是痴　過後得便宜　若

你若是該當得　總然就不争也得　你若是不該當得　總然争了也是

若該當是你的　你必然得　争作什麽　若是争就得　不争就不得麽

第十二條

付他　纔像是

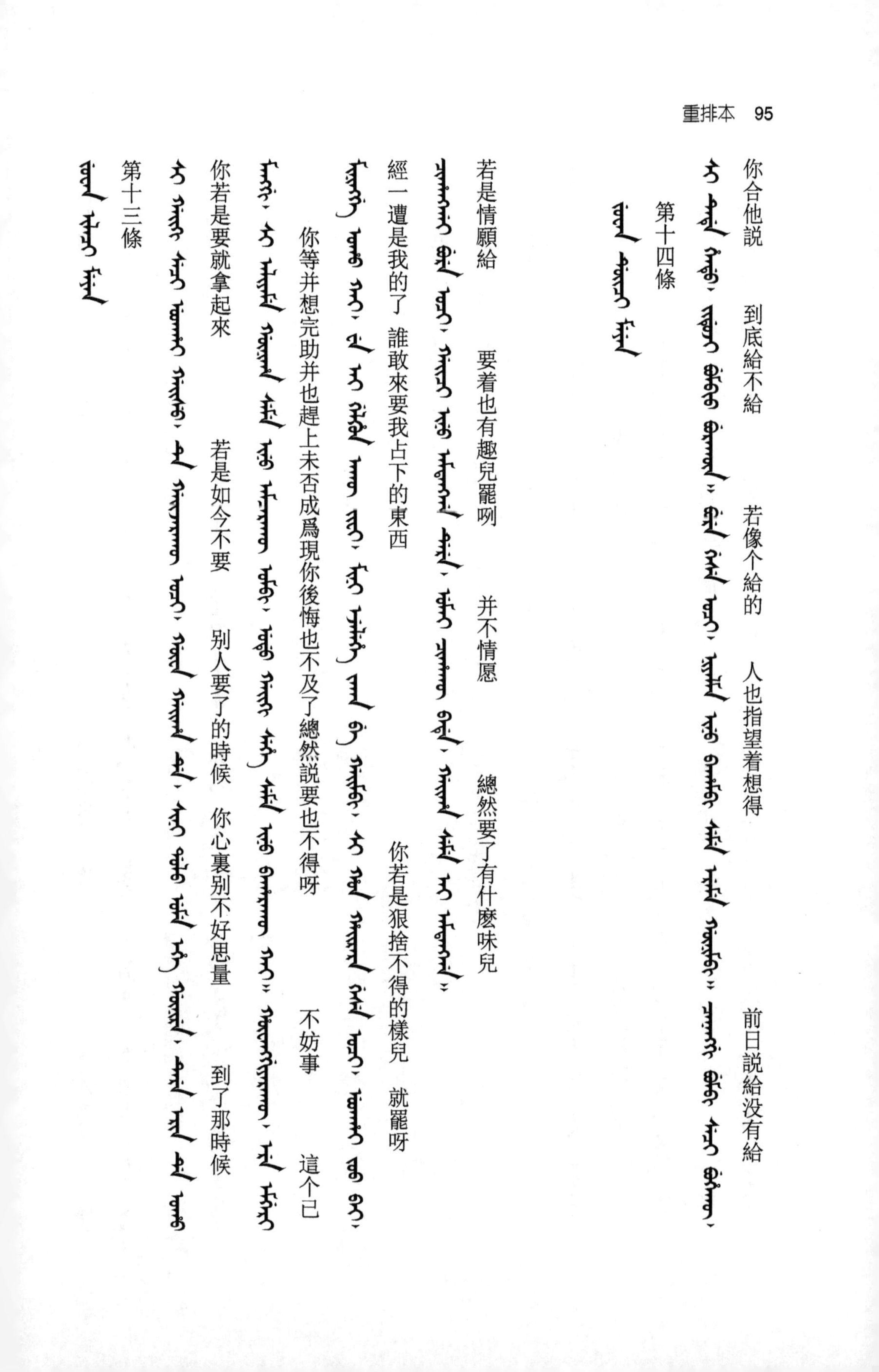

你合他說　到底給不給　若像个給的　人也指望着想得　前日說給沒有給

第十四條

若是情願給　要着也有趣兒罷咧　并不情愿　總然要了有什麼味兒

經一遭是我的了　誰敢來要我占下的東西　你若是狠捨不得的樣兒　就罷呀

你等并想完助并也趕上未否成爲現你後悔也不及了總然說要也不得呀　不妨事　這个已

你若是要就拿起來　若是如今不要　別人要了的時候　你心裏別不好思量　到了那時候

第十三條

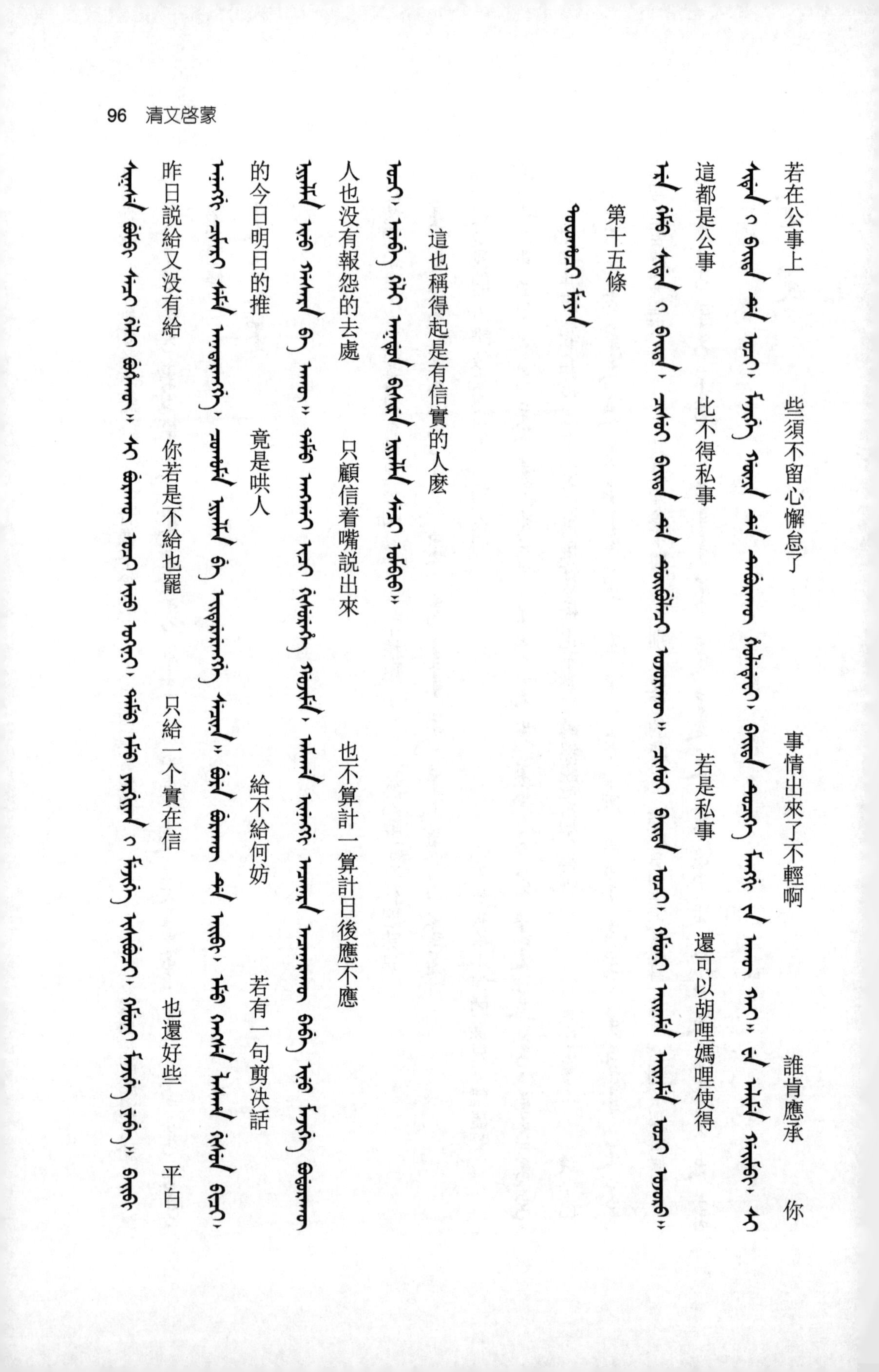

若在公事上　些須不留心懈怠了　事情出來了不輕啊　誰肯應承　你

這都是公事　比不得私事　若是私事　還可以胡哩媽哩使得

第十五條

這也稱得起是有信實的人麼

人也没有報怨的去處　只顧信着嘴説出來　也不算計一算計日後應不應

的今日明日的推　竟是哄人　給不給何妨　若有一句剪决話

昨日説給又没有給　你若是不給也罷　只給一个實在信　也還好些　平白

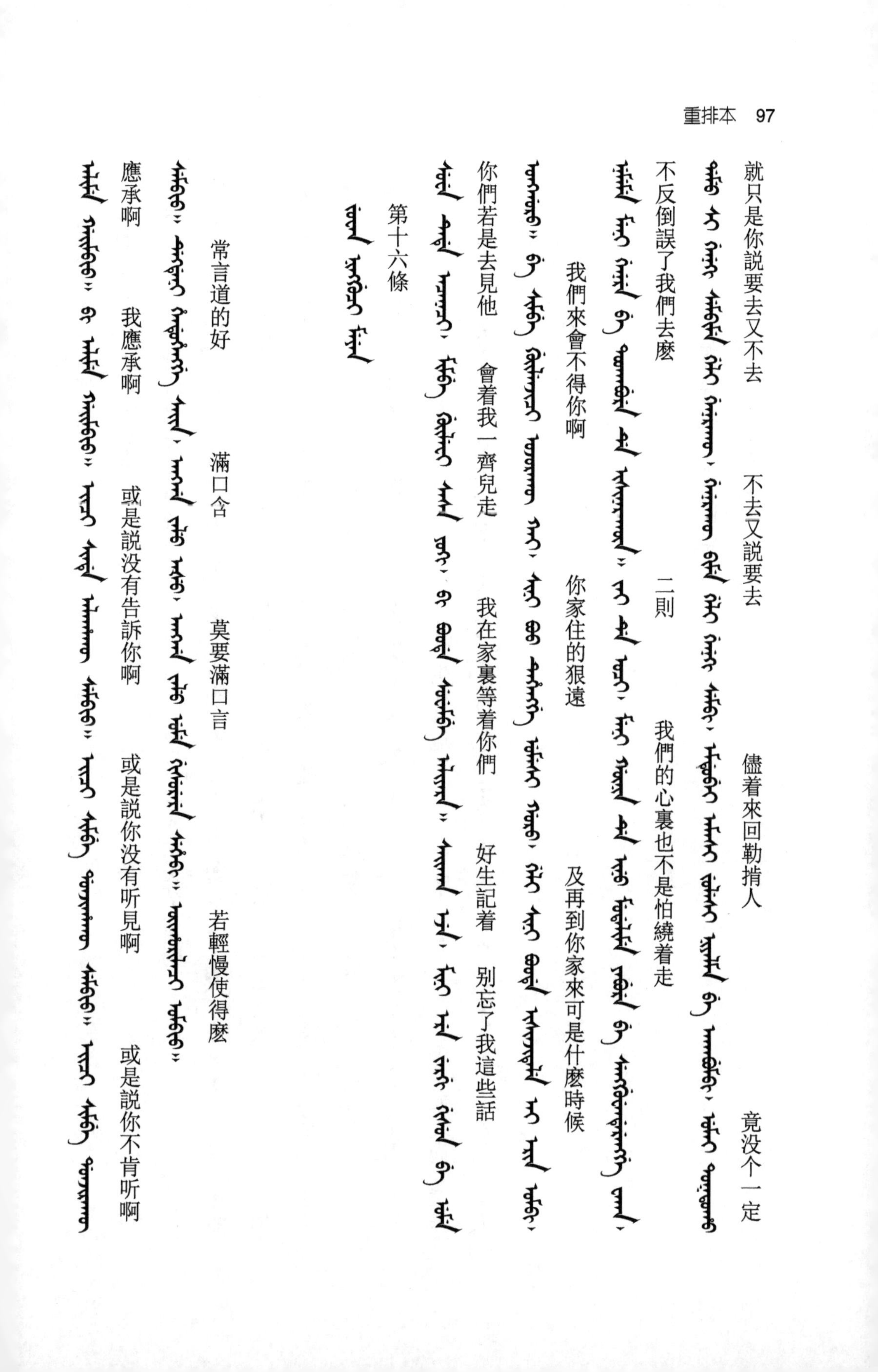

就只是你說要去又不去　不去又說要去　儘着來回勒措人　竟没个一定

不反倒誤了我們去麼　二則　我們的心裏也不是怕繞着走

我們來會不得你啊　你家住的狠遠　及再到你家來可是什麽時候

你們若是去見他　會着我一齊兒走　我在家裏等着你們　好生記着　別忘了我這些話

第十六條

常言道的好　滿口含　莫要滿口言　若輕慢使得麼

應承啊　我應承啊　或是說没有告訴你啊　或是說你没有听見啊　或是說你不肯听啊

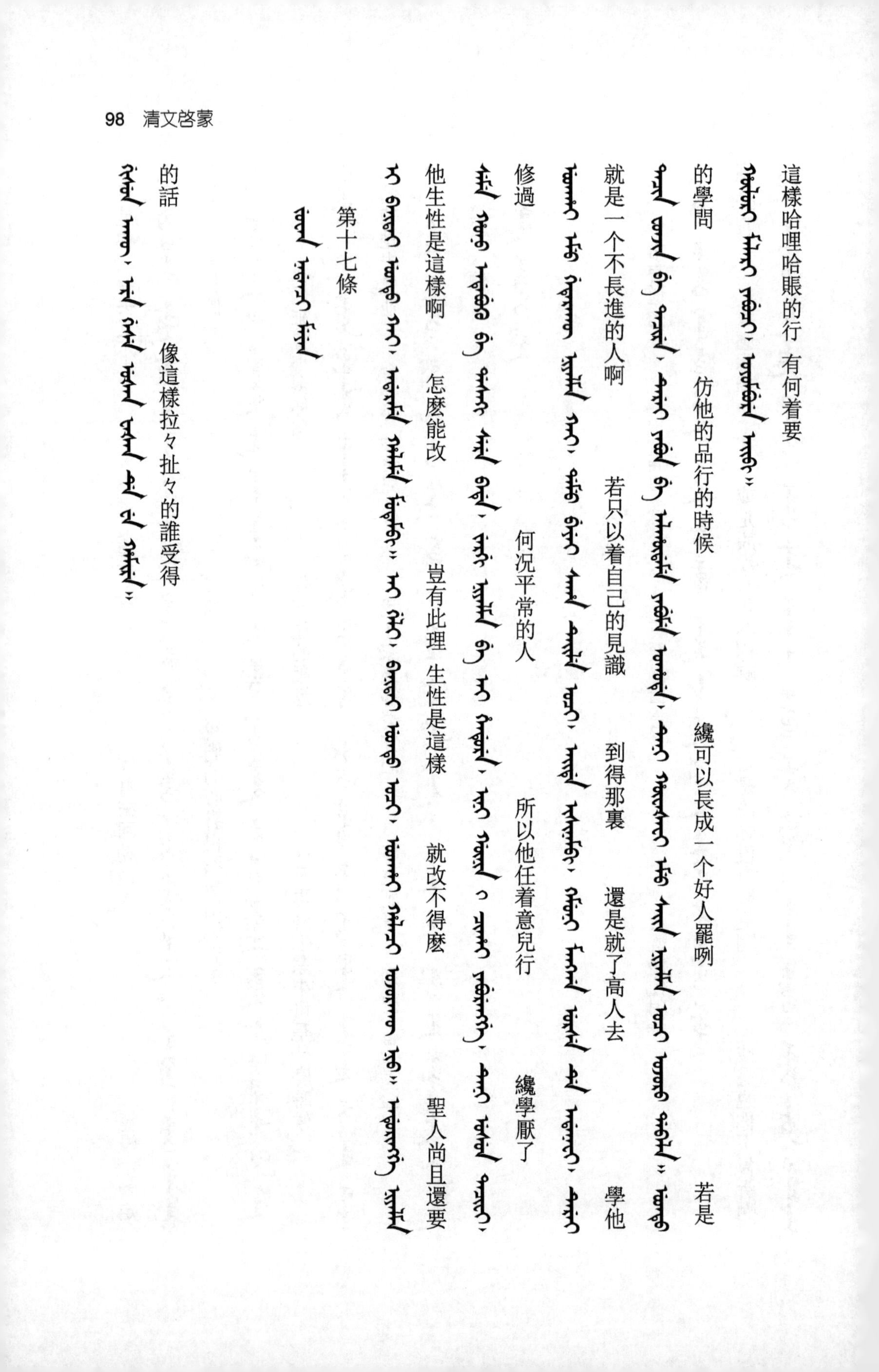

這樣哈哩哈賬的行 有何着要

的學問 仿他的品行的時候 纔可以長成一个好人罷咧 若是

就是一个不長進的人啊 若只以着自己的見識 到得那裏 還是就了高人去 學他

修過 何況平常的人 所以他任着意兒行 纔學厭了

他生性是這樣啊 怎麼能改 豈有此理 生性是這樣 就改不得麼 聖人尚且還要

第十七條

的話 像這樣拉々扯々的誰受得

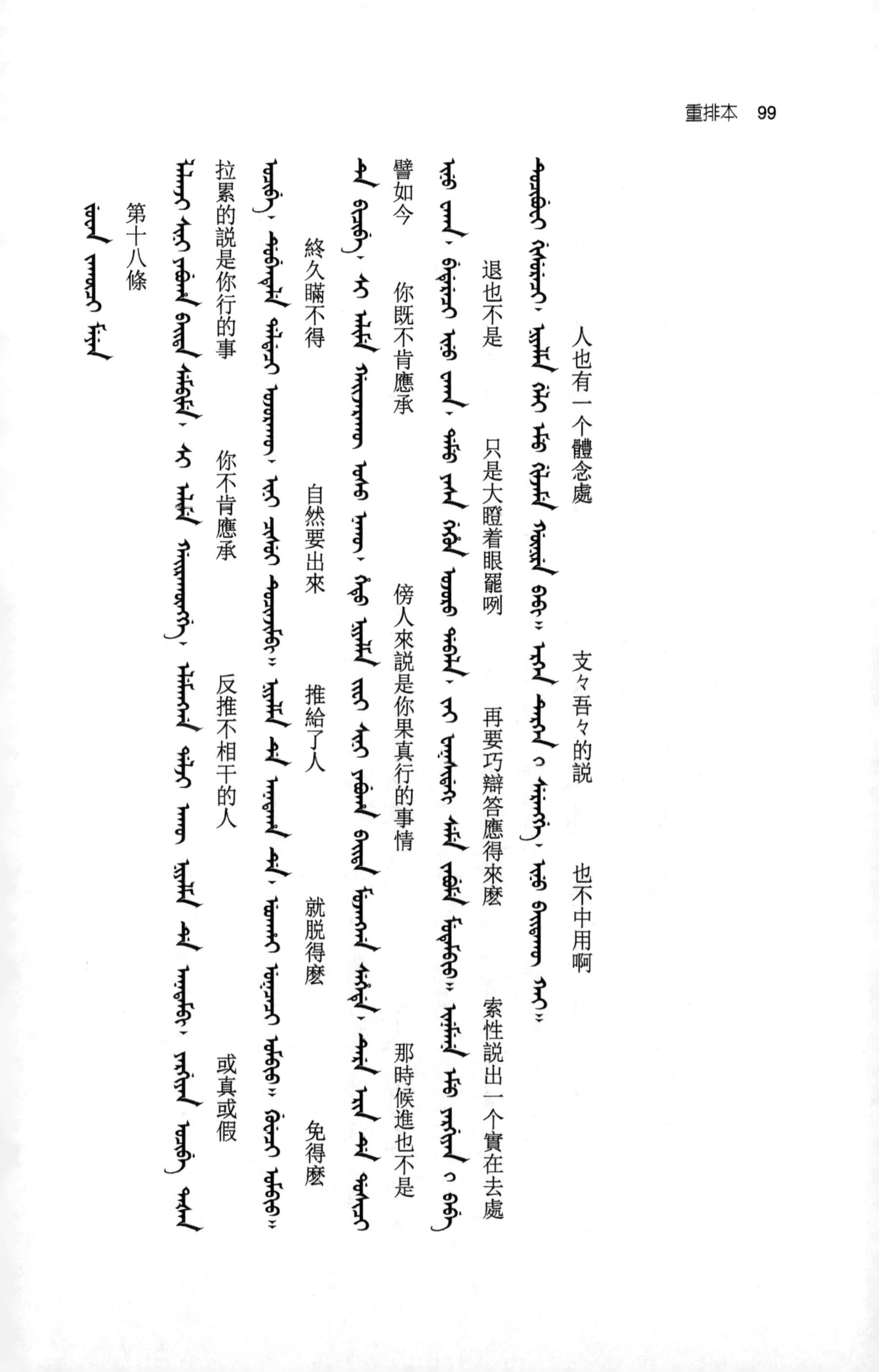

人也有一个體念處　支々吾々的說　也不中用啊

退也不是　只是大瞪着眼罷咧　再要巧辯答應得來麼　索性說出一个實在去處

譬如今　你既不肯應承　傍人來說是你果真行的事情　那時候進也不是

終久瞞不得　自然要出來　推給了人　就脫得麼　免得麼

拉累的說是你行的事　你不肯應承　反推不相干的人　或真或假

第十八條

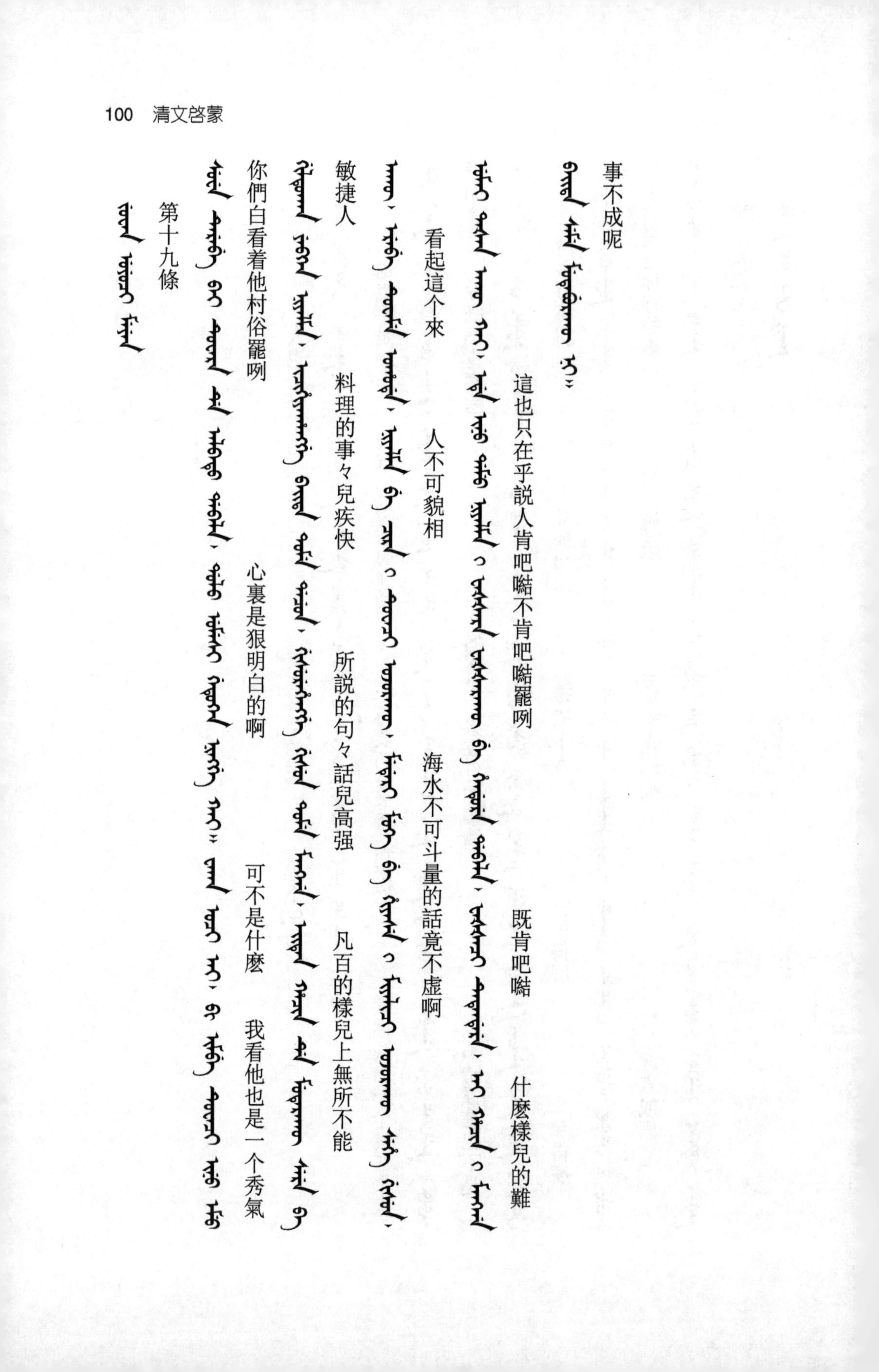

事不成呢

這也只在乎說人肯吧啱不肯吧啱罷咧　既肯吧啱　什麼樣兒的難

看起這个來　人不可貌相　海水不可斗量的話竟不虛啊

敏捷人　料理的事々兒疾快　所說的句々話兒高强　凡百的樣兒上無所不能

你們白看着他村俗罷咧　心裏是狠明白的啊　可不是什麼　我看他也是一个秀氣

第十九條

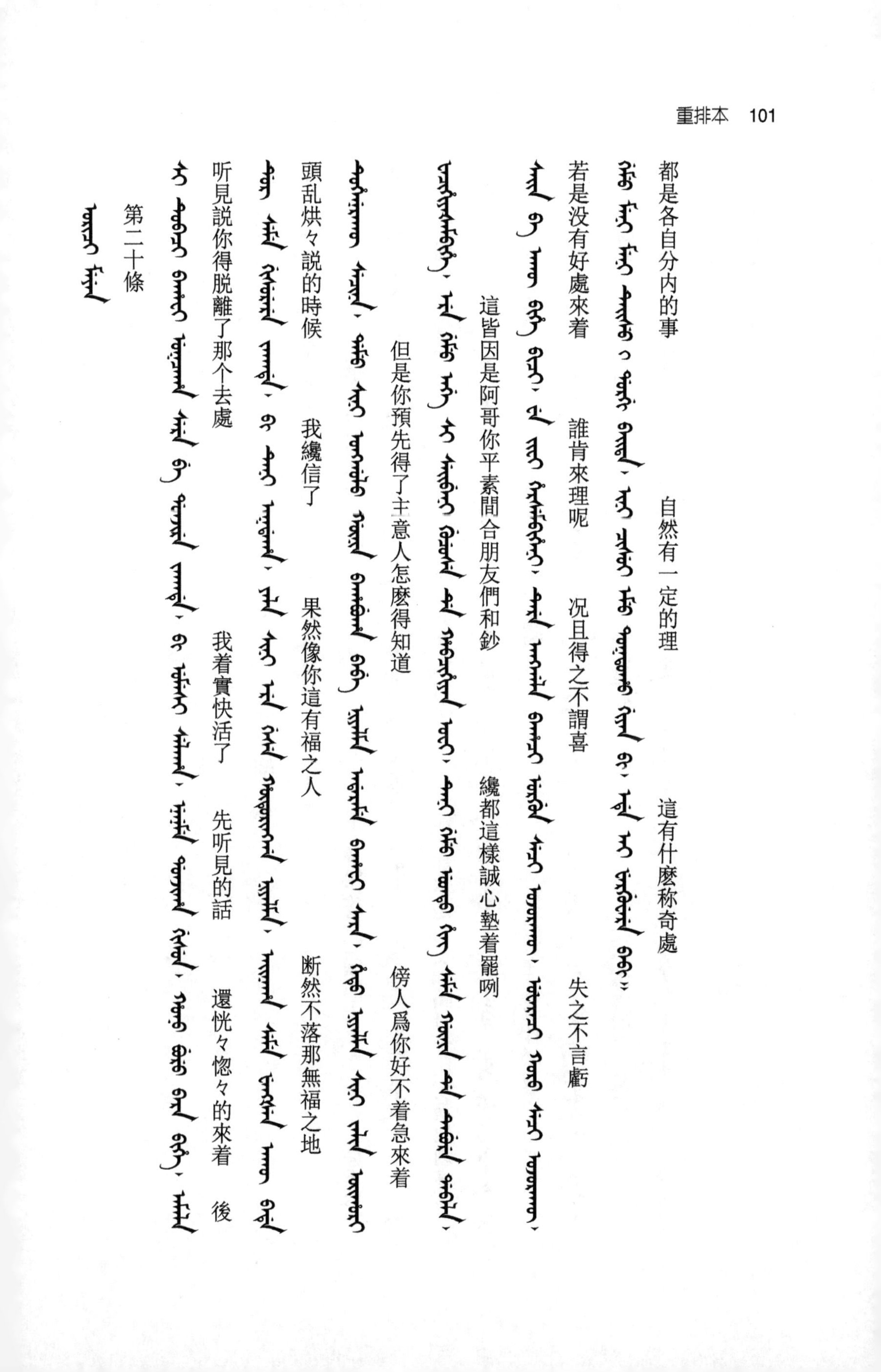

都是各自分内的事　自然有一定的理　這有什麼称奇處

若是没有好處來着　誰肯來理呢　况且得之不謂喜　失之不言虧

這皆因是阿哥你平素間合朋友們和鈔　纔都這樣誠心墊着罷咧

但是你預先得了主意人怎麼得知道　傍人爲你好不着急來着

頭乱烘々說的時候　我纔信了　果然像你這有福之人　断然不落那無福之地

听見說你得脫離了那个去處　我着實快活了　先听見的話　還恍々惚々的來着　後

第二十條

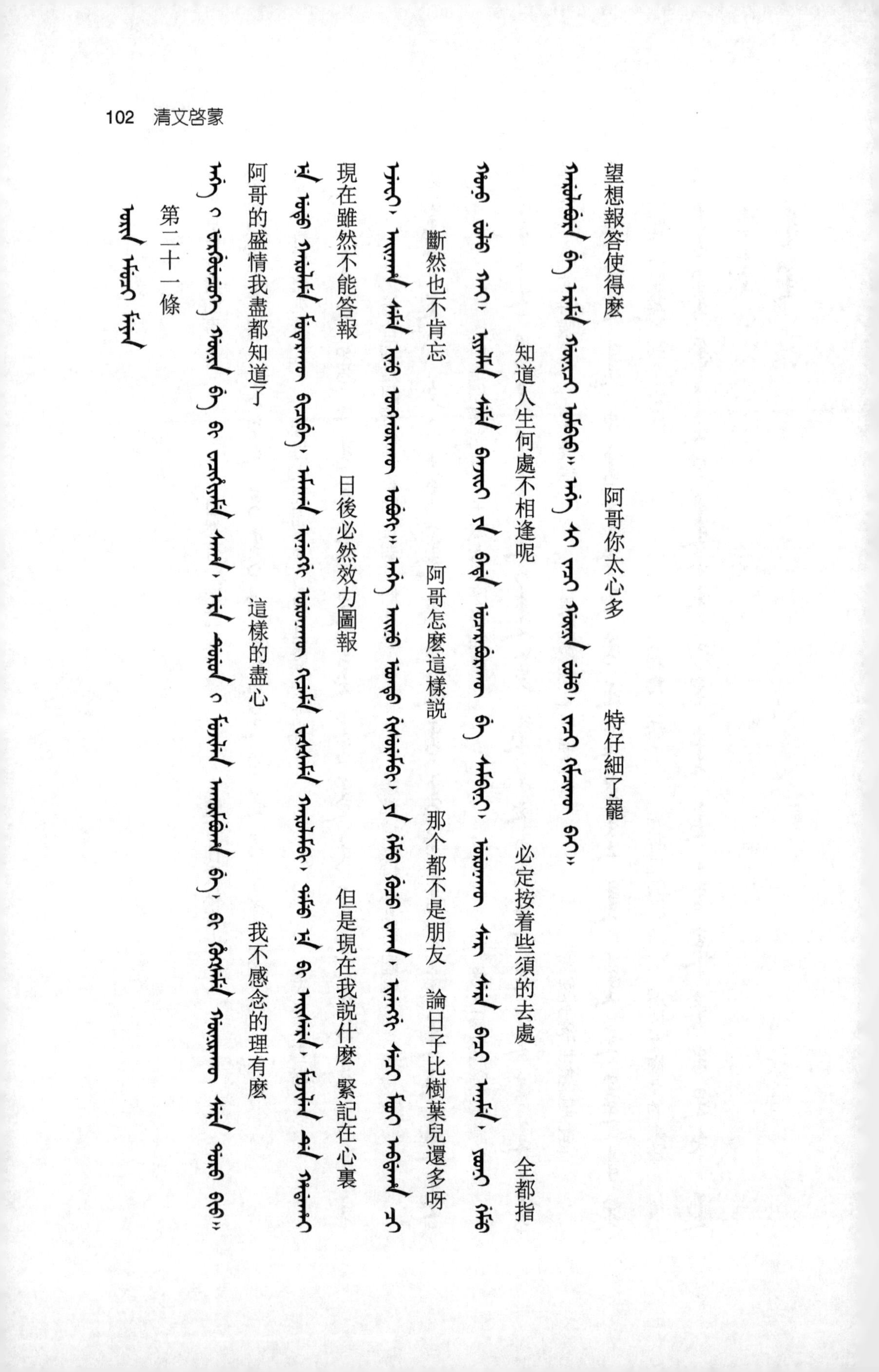

望想報答使得麽　阿哥你太心多　特仔細了罷

知道人生何處不相逢呢　必定按着些須的去處　全都指

斷然也不肯忘　阿哥怎麽這樣説　那个都不是朋友　論日子比樹葉兒還多呀

現在雖然不能答報　日後必然效力圖報　但是現在我説什麽　緊記在心裏

阿哥的盛情我盡都知道了　這樣的盡心　我不感念的理有麽

第二十一條

第二十二條

你怎這樣不知足 若都像你也罷了啊 多得不如少得

少得不如現得 貪多嚼不爛 也是無用 但是比上雖

不足 比下有餘就罷了 只往前去 不往後看

使得麽

第二十三條

你把那个事吧嗒一吧嗒是呢 怎這樣懈怠 那个事關係的重大 着實該當細緻

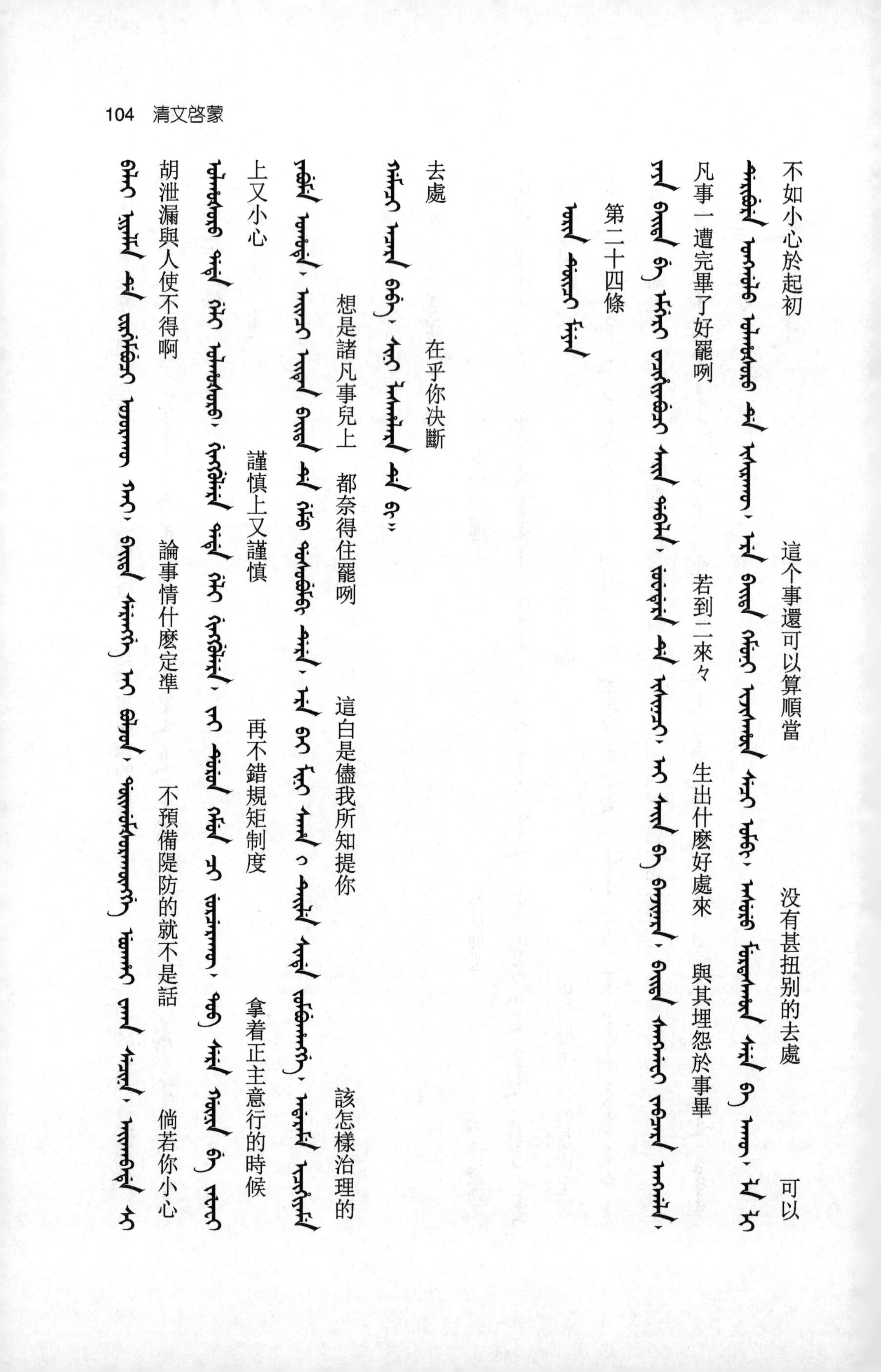

胡泄漏與人使不得啊 論事情什麼定準 不預備隄防的就不是話 倘若你小心

上又小心 謹慎上又謹慎 再不錯規矩制度 拿着正主意行的時候

想是諸凡事兒上 都奈得住罷咧 這白是儘我所知提你 該怎樣治理的

去處 在乎你決斷

第二十四條

凡事一遭完畢了好罷咧 若到二來々 生出什麼好處來 與其埋怨於事畢

不如小心於起初 這个事還可以算順當 沒有甚扭別的去處 可以

不來了　如今可怎麼樣的好啊　若要裝作不知道　別說以真作假使不得

可听那一个　反倒心發乱了　把這个事的利害成破　也都定

或者這們樣說　或者又那們樣說　想來都是虛　未必是真呢　如今可信那一个

第二十五條

日後必至翻騰起來

怎麼說　看這个大模兒　就是个狠勞神的事　倘如不清楚了根源

爽々俐々完得　這有什麼再三再四問的去處　你不知道　這个事必定要到二來々的

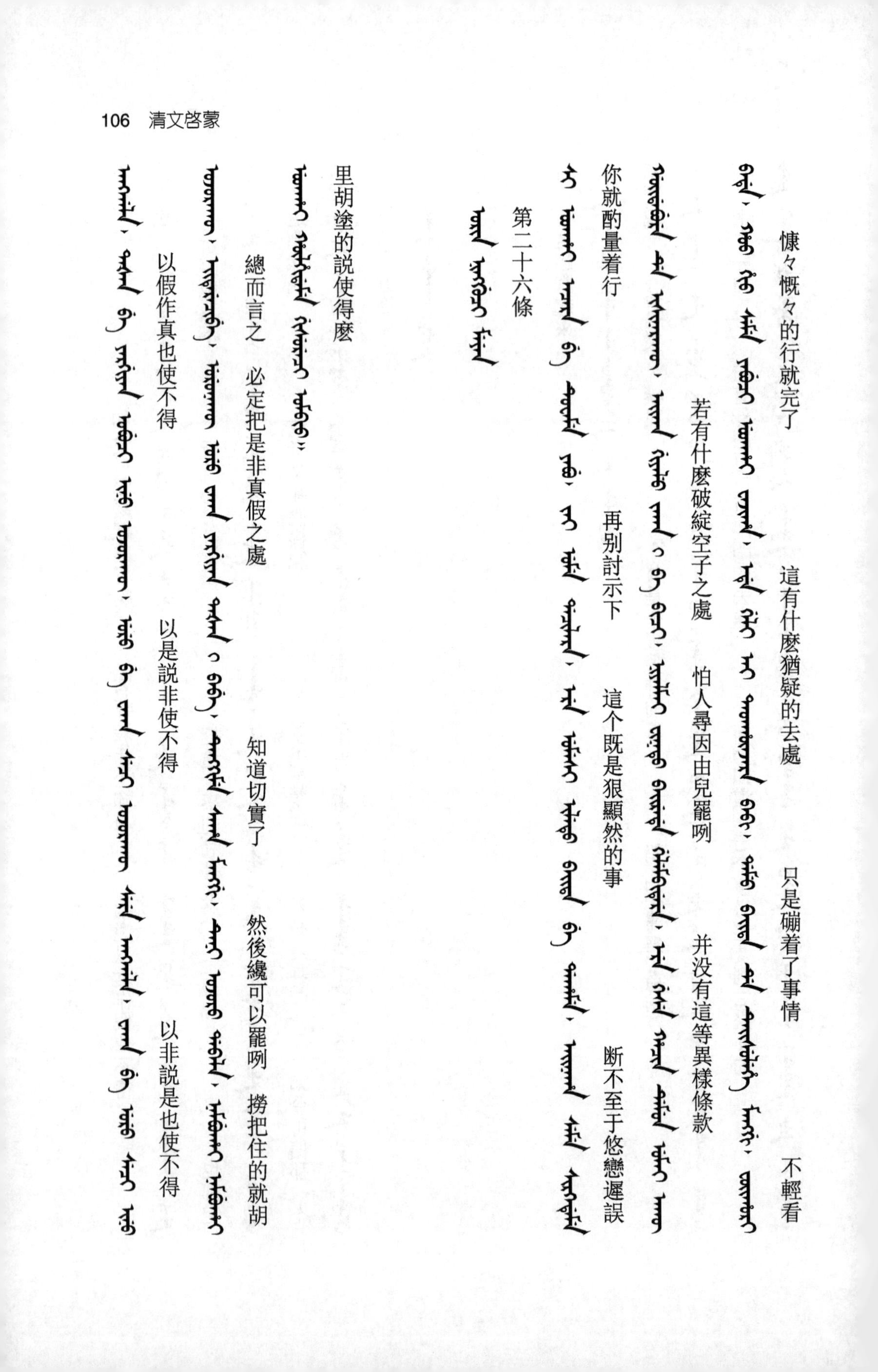

以假作真也使不得　以是說非使不得　以非說是也使不得

總而言之　必定把是非真假之處　知道切實了　然後纔可以罷咧　撈把住的就胡里胡塗的說使得麼

第二十六條

你就酌量着行　再別討示下　這个既是狠顯然的事　斷不至于悠戀遲誤

若有什麼破綻空子之處　怕人尋因由兒罷咧　並沒有這等異樣條款

慷々慨々的行就完了　這有什麼猶疑的去處　只是礙着了事情　不輕看

罕罷

不是啊 是自己的不是啊 憑他什麽 自己應承了走的高 這樣合人討憑據的 不足希

當不來呀 前日拉累的說了教你應承 今日一到來就改變了嘴 這是人家的

不拘走到那地方也行不去 你說你擔當不來 他比你更擔

這些話 都是從你心裏發出來的啊 或是白猜彷着說的啊 似你這樣掩耳偷鈴的事

第二十七條

先細想一番 再行的時候 定有便益的事兒罷咧 未必有吃虧的事兒呢

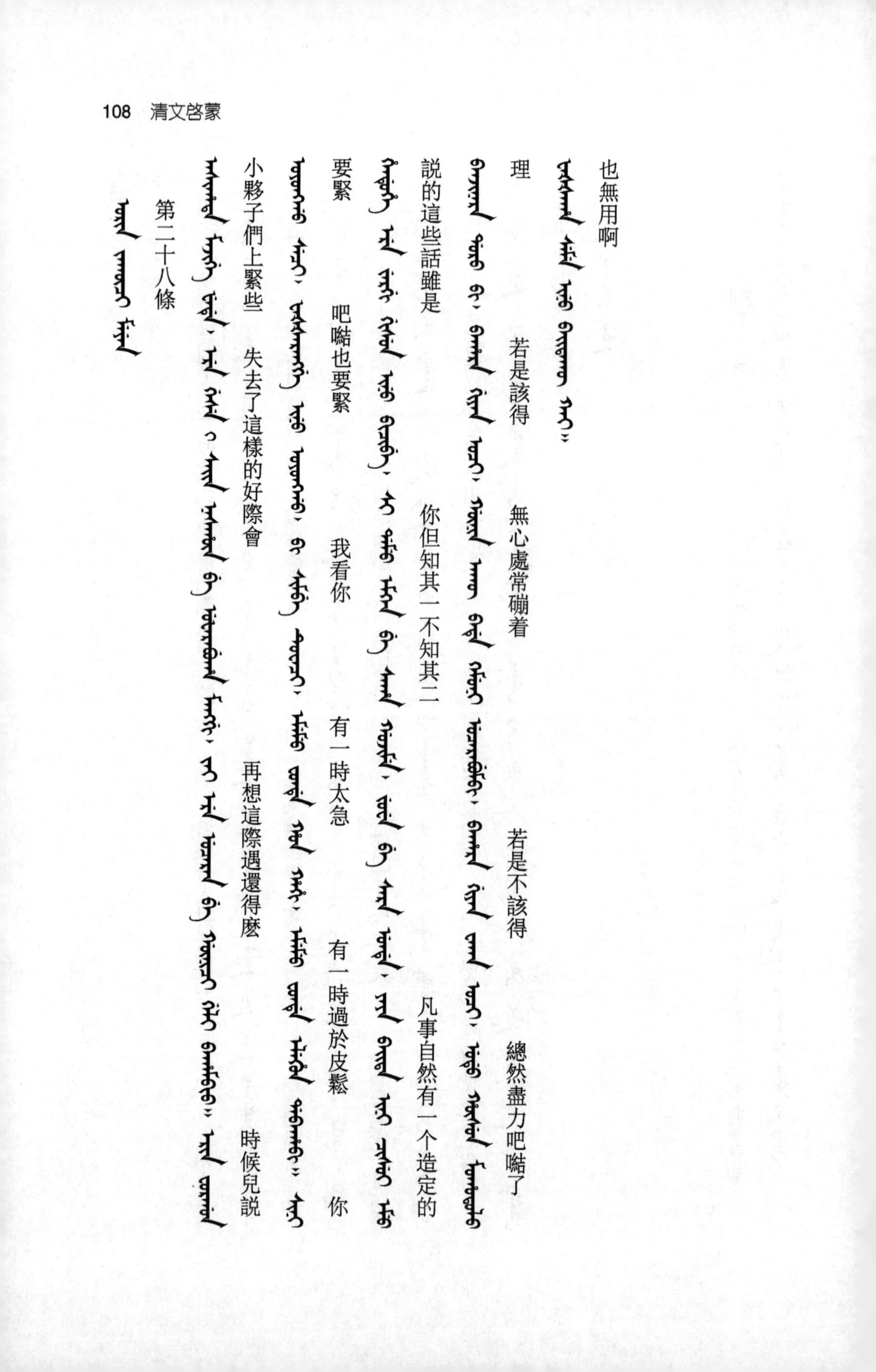

也無用啊

理　若是該得　無心處常硼着　若是不該得　總然盡力吧嗒了

說的這些話雖是　你但知其一不知其二　凡事自然有一个造定的

要緊　吧嗒也要緊　我看你　有一時太急　有一時過於皮鬆　你

小夥子們上緊些　失去了這樣的好際會　再想這際遇還得麼　時候兒說

第二十八條

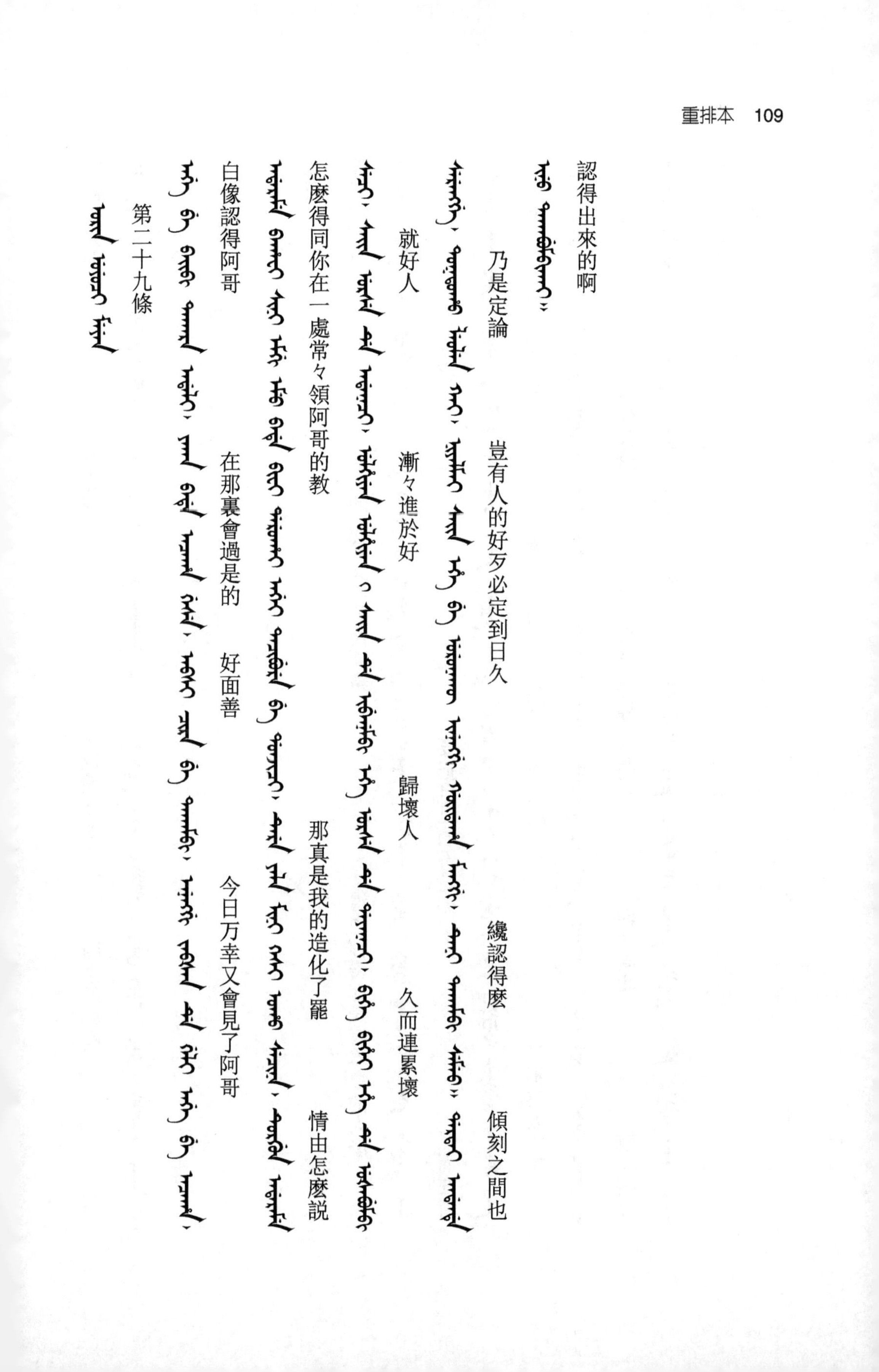

認得出來的啊

乃是定論　豈有人的好歹必定到日久　纔認得麼　傾刻之間也

就好人　漸々進於好　歸壞人　久而連累壞

怎麼得同你在一處常々領阿哥的教　那真是我的造化了罷　情由怎麼説

白像認得阿哥　在那裏會過是的　好面善　今日万幸又會見了阿哥

第二十九條

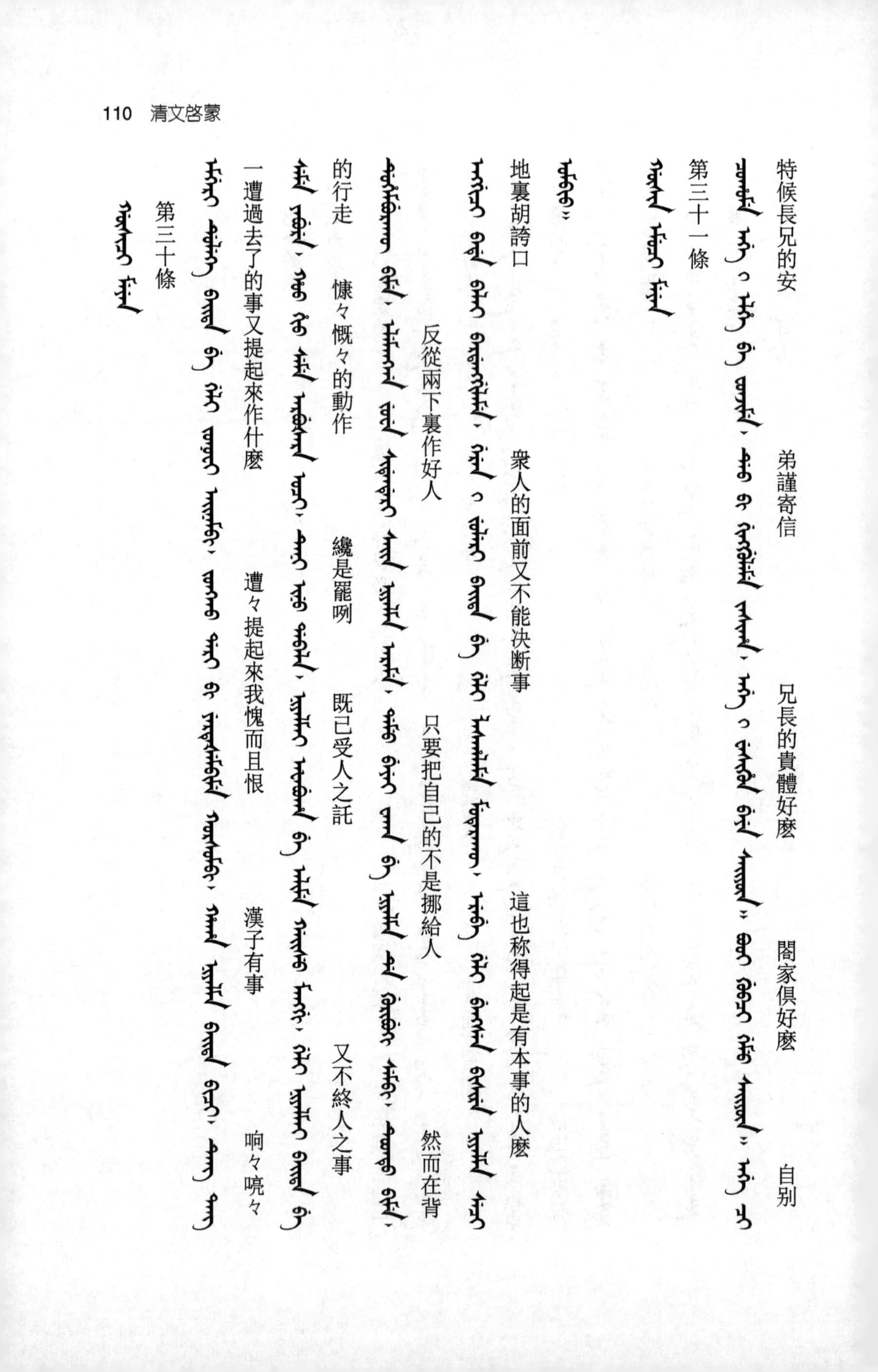

第三十條

一遭過去了的事又提起來作什麼 遭々提起來我愧而且根 漢子有事 响々喨々
的行走 慷々慨々的動作 纔是罷咧 既已受人之託 又不終人之事
反從兩下裏作好人 只要把自己的不是挪給人 然而在背
地裏胡誇口 衆人的面前又不能決斷事 這也称得起是有本事的人麽

第三十一條

特候長兄的安 弟謹寄信 兄長的貴體好麽 閤家俱好麽 自別

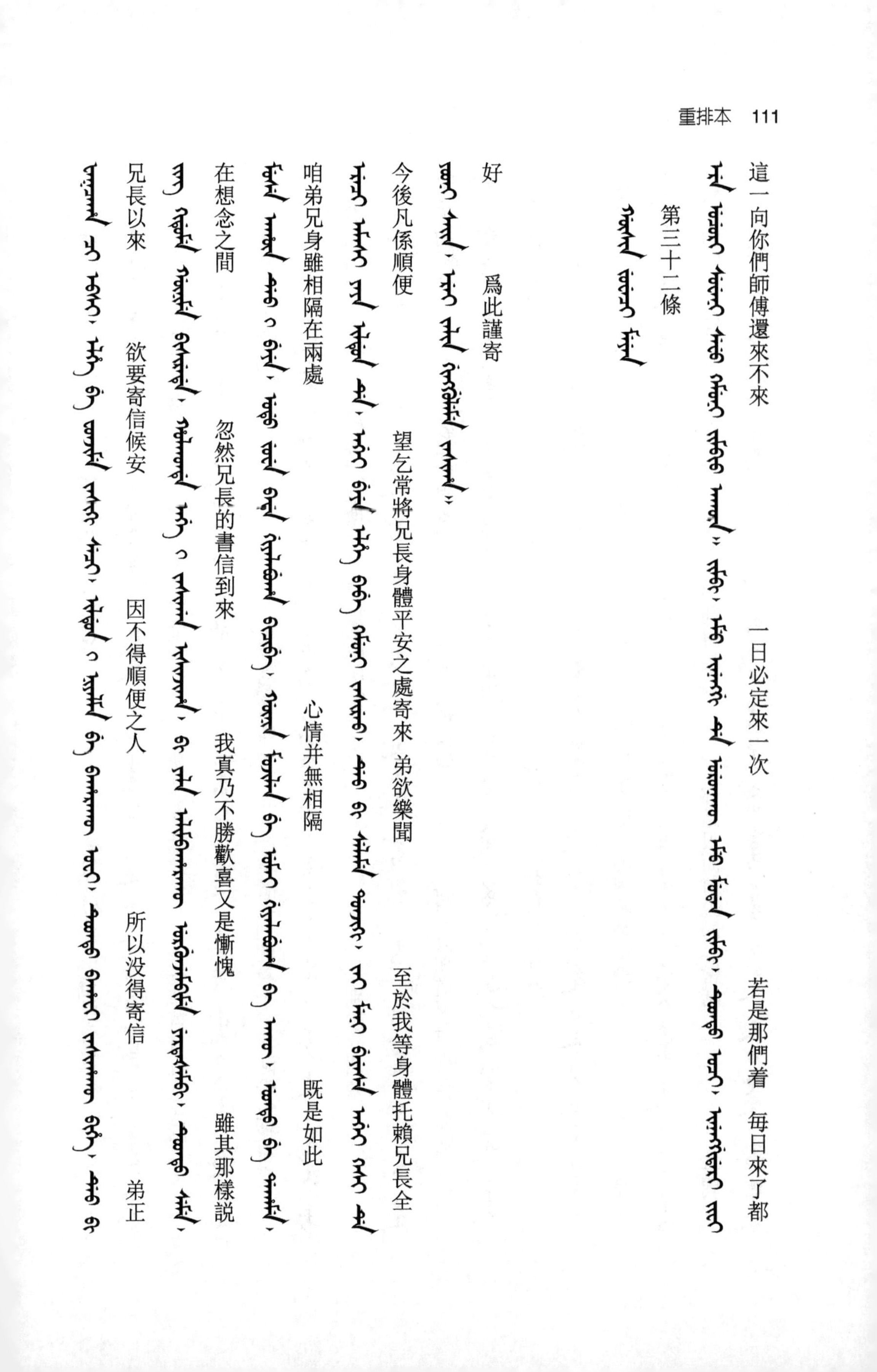

兄長以來　欲要寄信候安　因不得順便之人　所以没得寄信　弟正

在想念之間　忽然兄長的書信到來　我真乃不勝歡喜又是慚愧　雖其那樣説

咱弟兄身雖相隔在兩處　心情并無相隔　既是如此

今後凡係順便　望乞常將兄長身體平安之處寄來　弟欲樂聞　至於我等身體托賴兄長全

好　爲此謹寄

第三十二條

這一向你們師傅還來不來　一日必定來一次　若是那們着　每日來了都

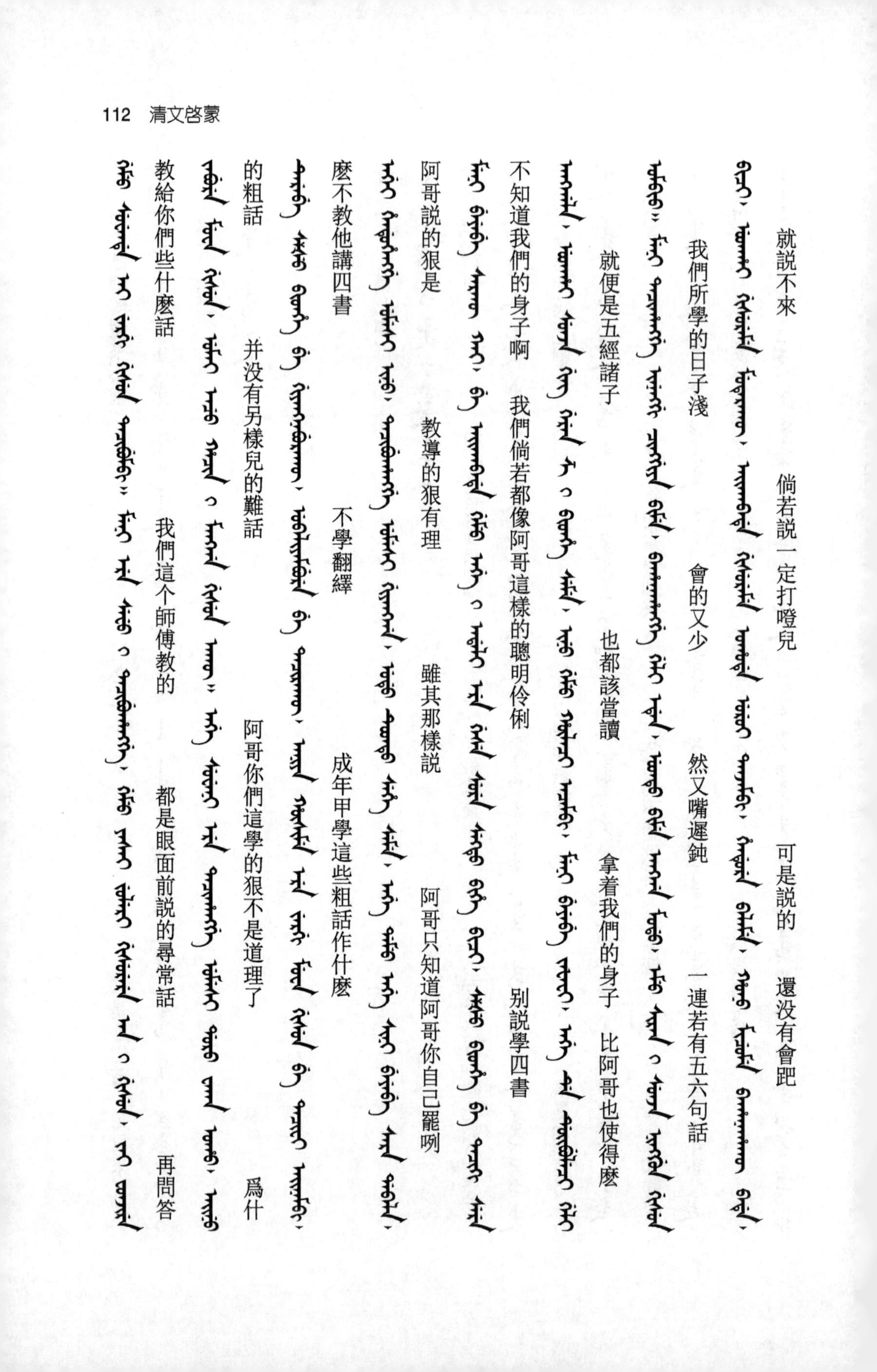

教給你們些什麼話　我們這个師傅教的　都是眼面前說的尋常話　再問答

的粗話　并沒有另樣兒的難話　阿哥你們這學的狠不是道理了　爲什

麼不教他講四書　不學翻繹　成年甲學這些粗話作什麼

阿哥說的狠是　教導的狠有理　雖其那樣說　阿哥只知道阿哥你自己罷咧

不知道我們的身子啊　我們倘若都像阿哥這樣的聰明伶俐　別說學四書

就便是五經諸子　也都該當讀　拿着我們的身子　比阿哥也使得麼

我們所學的日子淺　會的又少　然又嘴遲鈍　一連若有五六句話

就說不來　倘若說一定打噔兒　可是說的　還沒有會罷

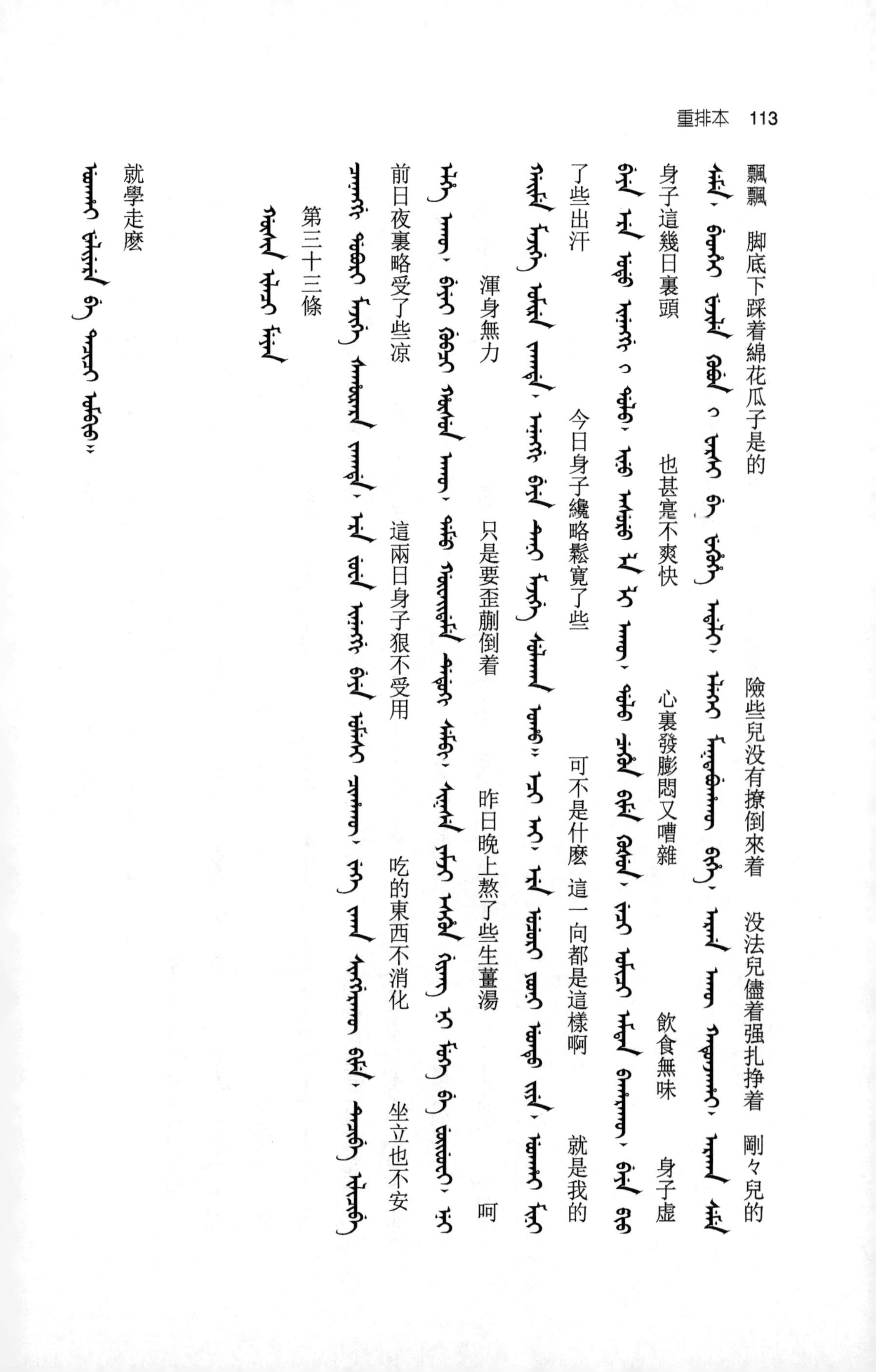

飄飄　脚底下踩着綿花瓜子是的　險些兒没有撩倒來着　没法兒儘着强扎挣着　剛々兒的

身子這幾日裏頭　也甚寔不爽快　心裏發膨悶又嘈雜　飲食無味　身子虛

了些出汗　今日身子纔略鬆寬了些　可不是什麼　這一向都是這樣啊　就是我的

渾身無力　只是要歪蹦倒着　昨日晚上熬了些生薑湯　呵

前日夜裏略受了些涼　這兩日身子狠不受用　吃的東西不消化　坐立也不安

第三十三條

就學走麼

ᠶᡝᠪᡝ ᠣᡥᠣ᠈ ᡤᡡᠨᡳᠴᡳ ᡤᡝᠮᡠ ᡝᡵᡝ ᠠᠨᡳᠶᠠ ᡳ ᡝᡵᡳᠨ ᠰᡠᡴᡩᡠᠨ ᡳ ᡠᡶᠠᡵᠠᡥᠠ ᠠᠶᠣᠣ᠉

好了　想來都是今年時氣的過失罷

ᡤᡡᠰᡳᠨ ᡩᡠᡳᠴᡳ ᠮᡝᠶᡝᠨ

第三十四條

ᠪᡳ ᡨᡝ ᡠᠮᡝᠰᡳ ᠮᠣᡥᠣᡥᠣ᠈ ᠪᠣᡳᡤᠣᠨ ᠠᠩᡤᠠᠯᠠ ᠯᠠᠪᡩᡠ᠈ ᡤᡝᠯᡳ ᠨᡳᠶᠠᠯᠮᠠ ᡩᡝ ᠪᡝᡴᡩᡠᠨ ᡝᡩᡝᠯᡝᡥᡝ᠈ ᡨᡠᠴᡳᡵᡝᠩᡤᡝ ᠯᠠᠪᡩᡠ᠈

我如今狠難過了　家口衆　又該人的債負　出去的多

ᡩᠣᠰᡳᡵᡝᠩᡤᡝ ᡴᠣᠮᠰᠣ᠈ ᡤᡝᠯᡳ ᡥᡡᡩᠠᡧᠠᡵᠠ ᠪᠠᡳᡨᠠ ᠠᡴᡡ᠈ ᠨᡳᠶᠠᠯᠮᠠ ᡩᡝ ᠠᠯᠠᠴᡳ ᡳᠨᡠ ᠠᡴᡩᠠᡵᠠᡴᡡ᠈ ᡝᠯᡝᠮᠠᠩᡤᠠ ᠮᡳᠮᠪᡝ ᠵᠣᡵᡨᠠᡳ ᡨᡠᡨᡨᡠ ᠠᡵᠠᠮᠪᡳ ᠰᡝᠮᠪᡳ᠈

進來的少　又沒有買賣生意　總告訴了人　也都不信　他們倒說是我故意裝作那們

ᠨᡳᠩᡤᡝ᠉ ᠠᡤᡝ ᠰᡳ ᠮᠣᡥᠣᡥᠣ ᠰᡝᠮᠪᡳ᠈ ᠮᡳᠨᡳ ᡝᡵᡝ ᠪᡝᠶᡝᡵᡝ ᠶᡠᠶᡠᡵᡝ ᠵᠣᠪᠣᠯᠣᠨ ᠪᡝ ᠸᡝ ᡩᡝ ᠠᠯᠠᠮᠪᡳ᠈ ᡝᡵᡝ

樣的　阿哥你說你難過　我這捱冷受餓的苦處　告訴誰去　如

ᡝᡵᡝ ᡝᡵᡳᠨ ᡩᡝ ᠵᡠᠸᠠᠨ ᠪᠣᠣ ᡩᡝ ᡠᠶᡠᠨ ᠪᠣᠣ᠈ ᡤᡝᠮᡠ ᡥᠠᡶᡳᡵᠠᡥᡡᠨ ᡳ ᠪᠠᠨᠵᡳᠮᠪᡳ᠈ ᠶᠠ ᠪᠣᠣ ᡨᡠᡨᡨᡠ ᠪᠠᠶᠠᠨ ᡝᠯᡤᡳᠶᡝᠨ ᡳ ᠪᠠᠨᠵᡳᠮᠪᡳ

今的時候十家内九家　都是打着晃兒度日罷咧　那一家是那樣豐富殷實過得呢

ᠶᠠᡵᡤᡳᠶᠠᠨ ᡳ ᠨᡳᠶᠠᠯᠮᠠᡳ ᡥᡝᠨᡩᡠᡥᡝᠩᡤᡝ᠈ ᠪᠣᠣ ᠠᠨᠠᠮᡝ ᡤᡠᠸᠠᠨ ᠰᡳ ᡳᠨ᠈ ᠪᠠ ᠠᠨᠠᠮᡝ ᠣ ᠮᡳ ᡨᠣ ᡥᡡᠯᠠᠮᠪᡳ᠉

可是人說的　家々觀世音　處々念彌陀

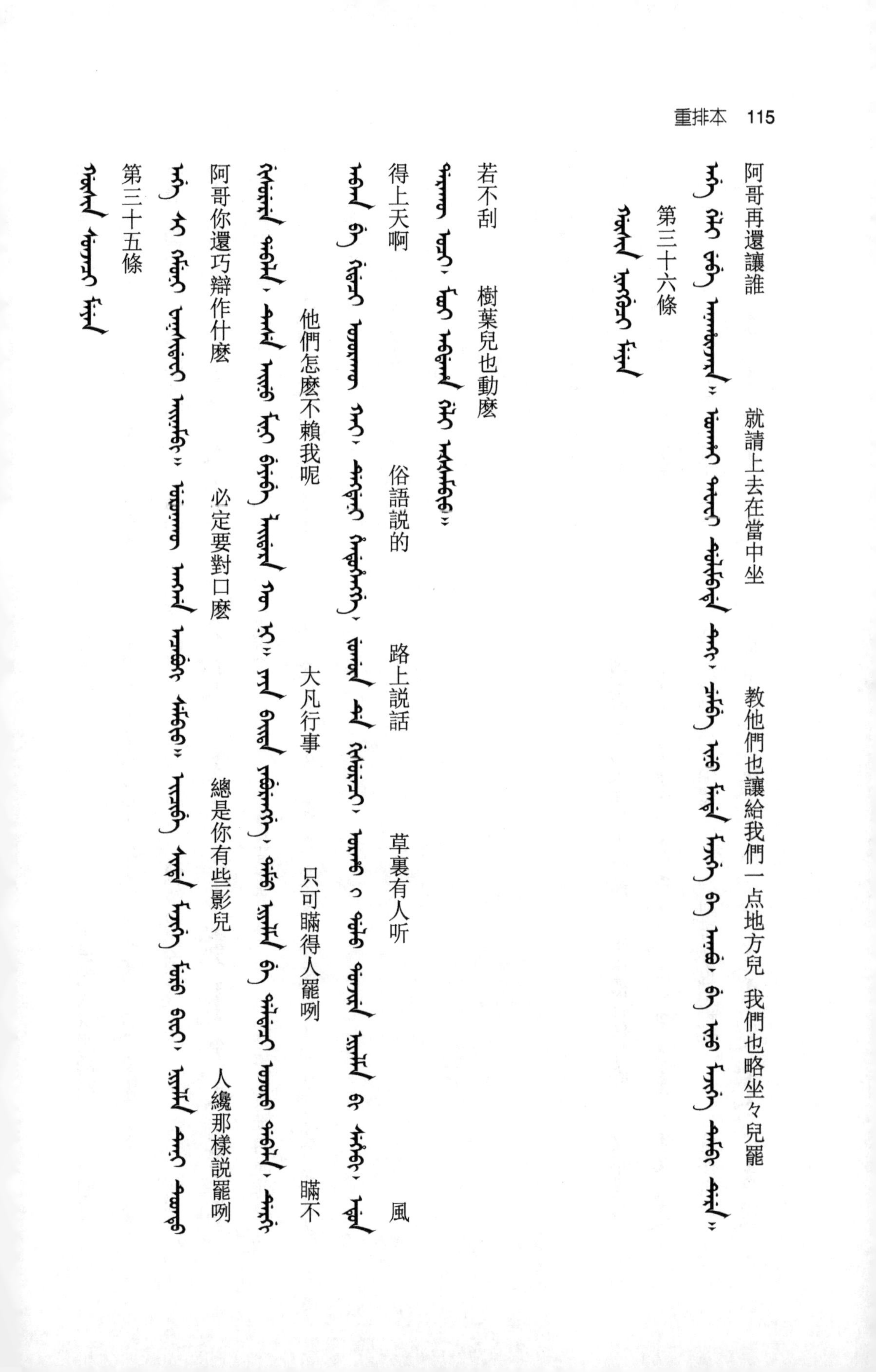

阿哥再還讓誰　就請上去在當中坐　教他們也讓給我們一点地方兒 我們也略坐々兒罷

第三十六條

若不刮　樹葉兒也動麼

得上天啊　俗語說的　路上說話　草裏有人听　風

他們怎麼不賴我呢　大凡行事　只可瞞得人罷咧　瞞不

阿哥你還巧辯作什麼　必定要對口麼　總是你有些影兒　人纔那樣說罷咧

第三十五條

别太無辜的挫磨人　頭上有青天啊　可是老人家說的話　眼見

來着　也要有一个對証罷咧　他若說我殺了人　就說我殺了人了麼　阿哥

阿哥你别听傍人的話　他說我說了　就算是說了罷　或是當着誰的面前說

第三十七條

慶筵席　什麼叫作上頭下頭

阿哥坐　我就這們對着坐　不拘怎麼樣的大家坐下吃罷　用這禮行作什麼　又不是喜

這阿哥的話是　阿哥你就正坐　教這阿哥挨着坐罷　阿哥你也别推辞　就接着這

令的話 頭都是疼啊

來着 如今因上了年紀 不但說這樣盼望的心全都沒了 只以听見了人說節

果然是日月如梭催人老 我少年的時候 也愛盼望年節

時候好快 不覺的又是一年 到了正月裏來 托賴老天爺又添了一歲

第三十八條

的是實 耳听的是虛啊

第三十九條

我有一件事　特煩懇阿哥來了　若想着咱們的舊相友　把我這个事情　望祈必定轉

向那位老爺說　哦　我去儘量兒說着瞧　他若是依你也別喜歡　他若是不

依　阿哥也別報怨　我合他白平常相友　没甚相厚處　這个事成得來成不

來　我也保定不來啊

第四十條

愚兄謹發字帖　這些時竟没得看見你　因時光迅速恍惚間　就像

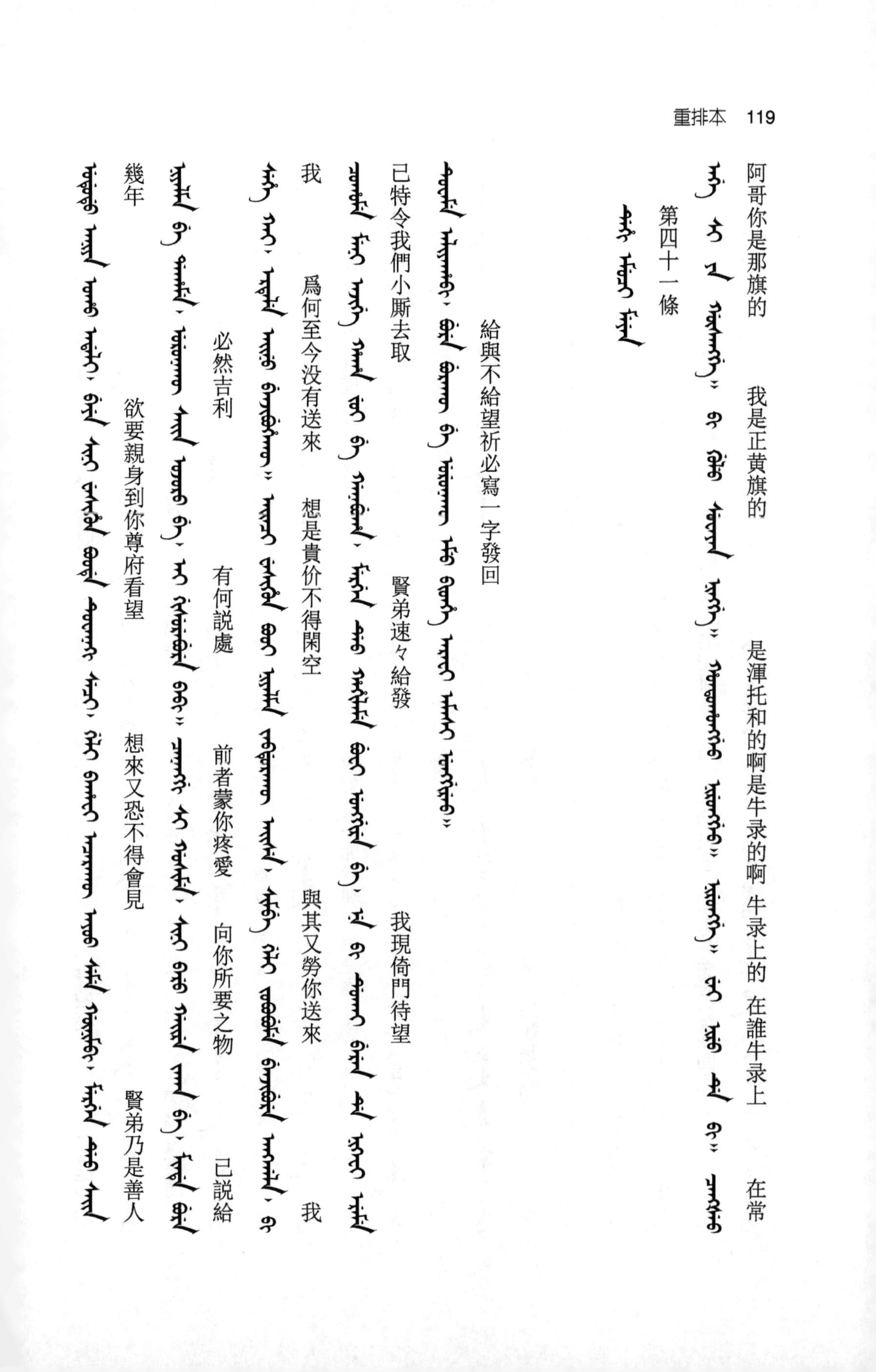

阿哥你是那旗的　我是正黃旗的　是渾托和的啊是牛录的啊　牛录上的　在誰牛录上　在常

第四十一條

給與不給望祈必寫一字發回

已特令我們小厮去取　賢弟速々給發　我現倚門待望

我　爲何至今没有送來　想是貴价不得閑空　與其又勞你送來　我

必然吉利　有何説處　前者蒙你疼愛　向你所要之物　已説給

幾年　欲要親身到你尊府看望　想來又恐不得會見　賢弟乃是善人

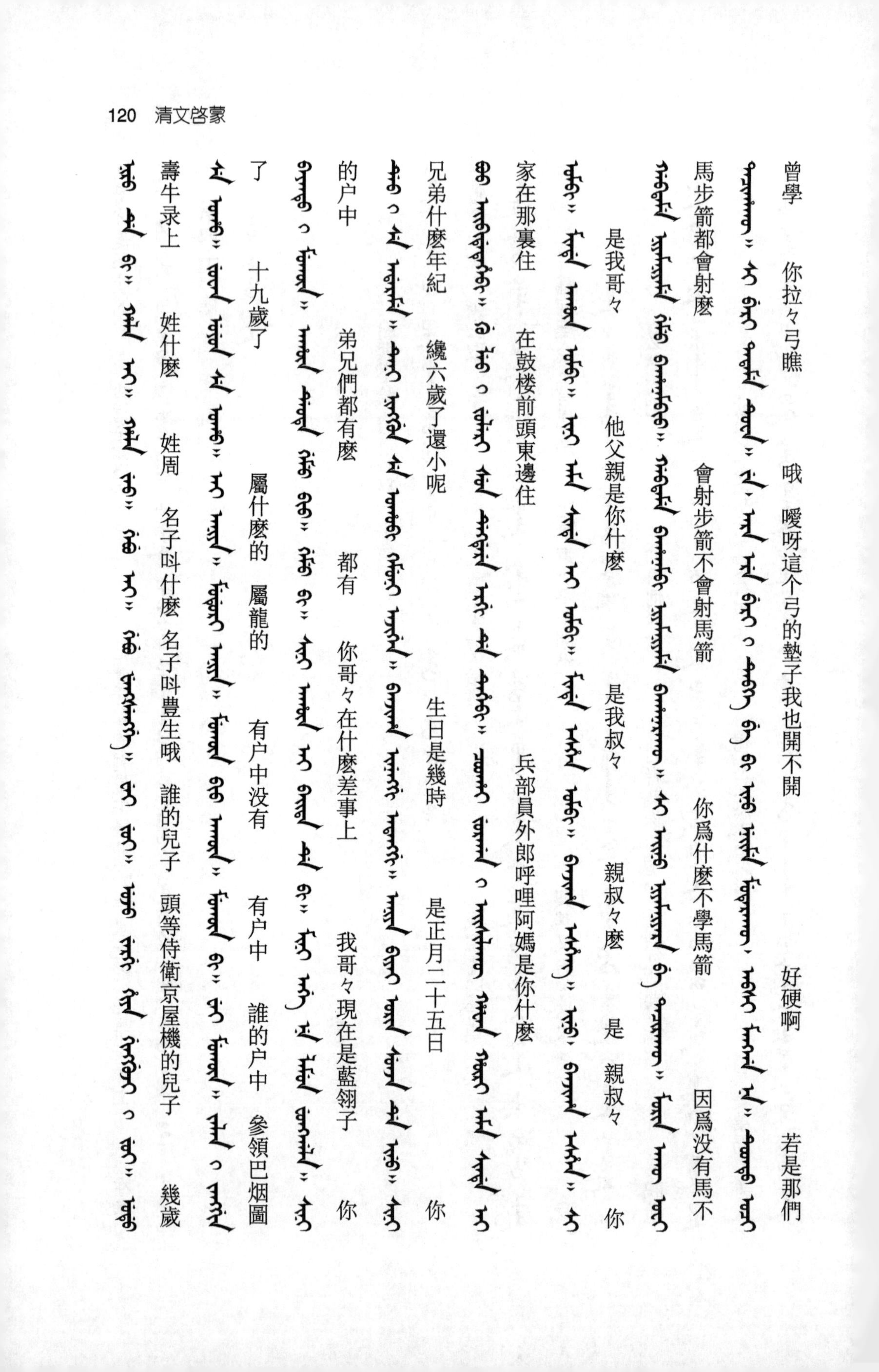

壽牛录上　姓什麼　姓周　名子呌什麼　名子呌豊生哦　誰的兒子　頭等侍衛京屋機的兒子　幾歲

了　十九歲了　屬什麼的　屬龍的　有户中没有　有户中　誰的户中　參領巴烟圖

的户中　弟兄們都有麼　都有　你哥々在什麼差事上　我哥々現在是藍翎子　你

兄弟什麼年紀　纔六歲了還小呢　生日是幾時　是正月二十五日　你

家在那裏住　在鼓楼前頭東邊住　兵部員外郎呼哩阿媽是你什麼

是我哥々　他父親是你什麼　是我叔々　親叔々麼　是　親叔々　你

馬步箭都會射麼　會射步箭不會射馬箭　你爲什麼不學馬箭　因爲没有馬不

曾學　你拉々弓瞧　哦　噯呀這个弓的墊子我也開不開　好硬啊　若是那們

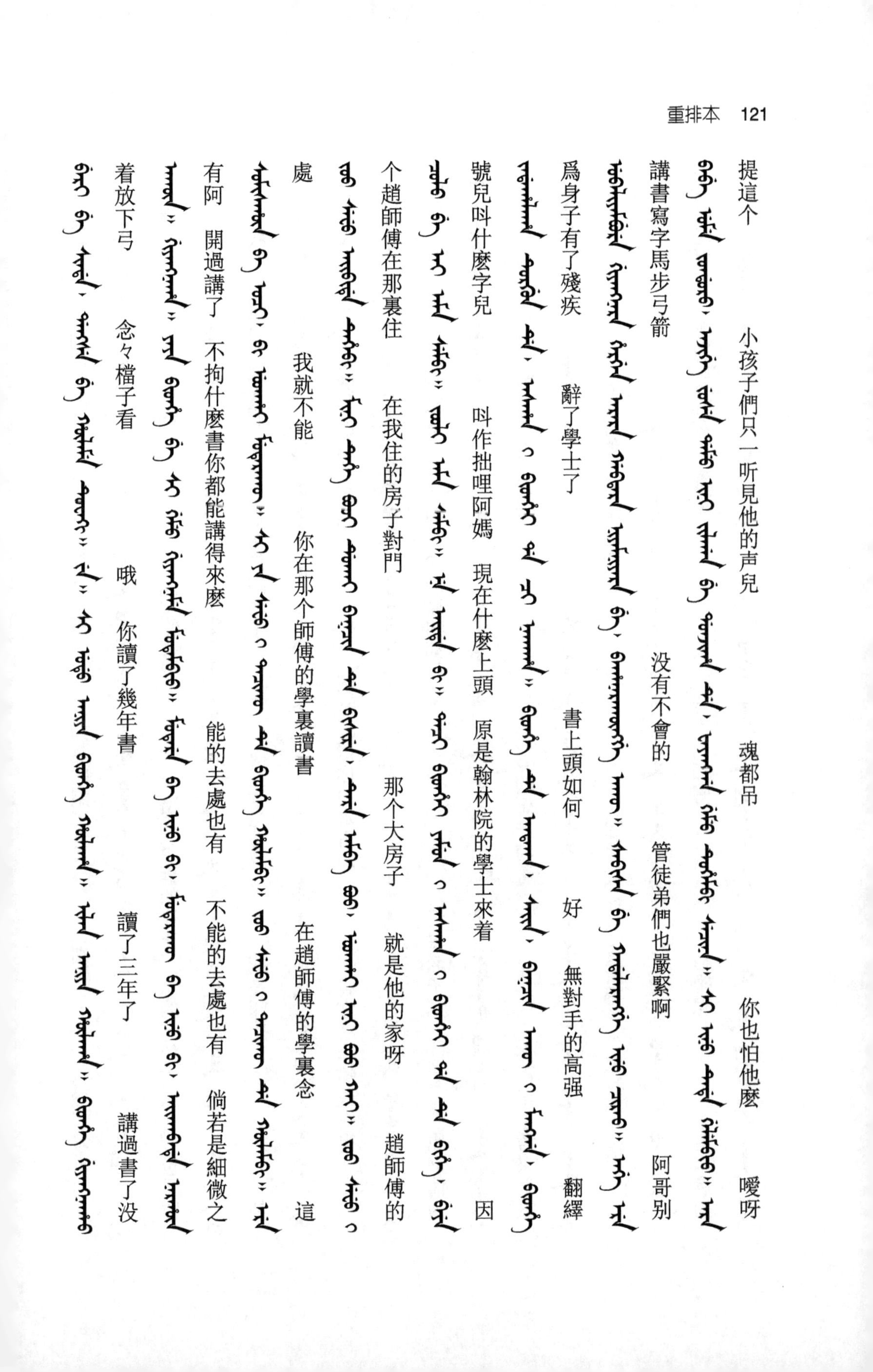

提這个　小孩子們只一听見他的声兒　魂都吊　你也怕他麼　嗳呀

講書寫字馬步弓箭　没有不會的　管徒弟們也嚴緊啊　阿哥別

爲身子有了殘疾　辭了學士了　書上頭如何　好　無對手的高强　翻繹

號兒叫什麼字兒　叫作拙哩阿媽　現在什麼上頭　原是翰林院的學士來着　因

个趙師傅在那裏住　在我住的房子對門　那个大房子　就是他的家呀　趙師傅的

處　我就不能　你在那个師傅的學裏讀書　在趙師傅的學裏念　這

有阿　開過講了　不拘什麼書你都能講得來麼　能的去處也有　不能的去處也有　倘若是細微之

着放下弖　念々檔子看　哦　你讀了幾年書　讀了三年了　講過書了没

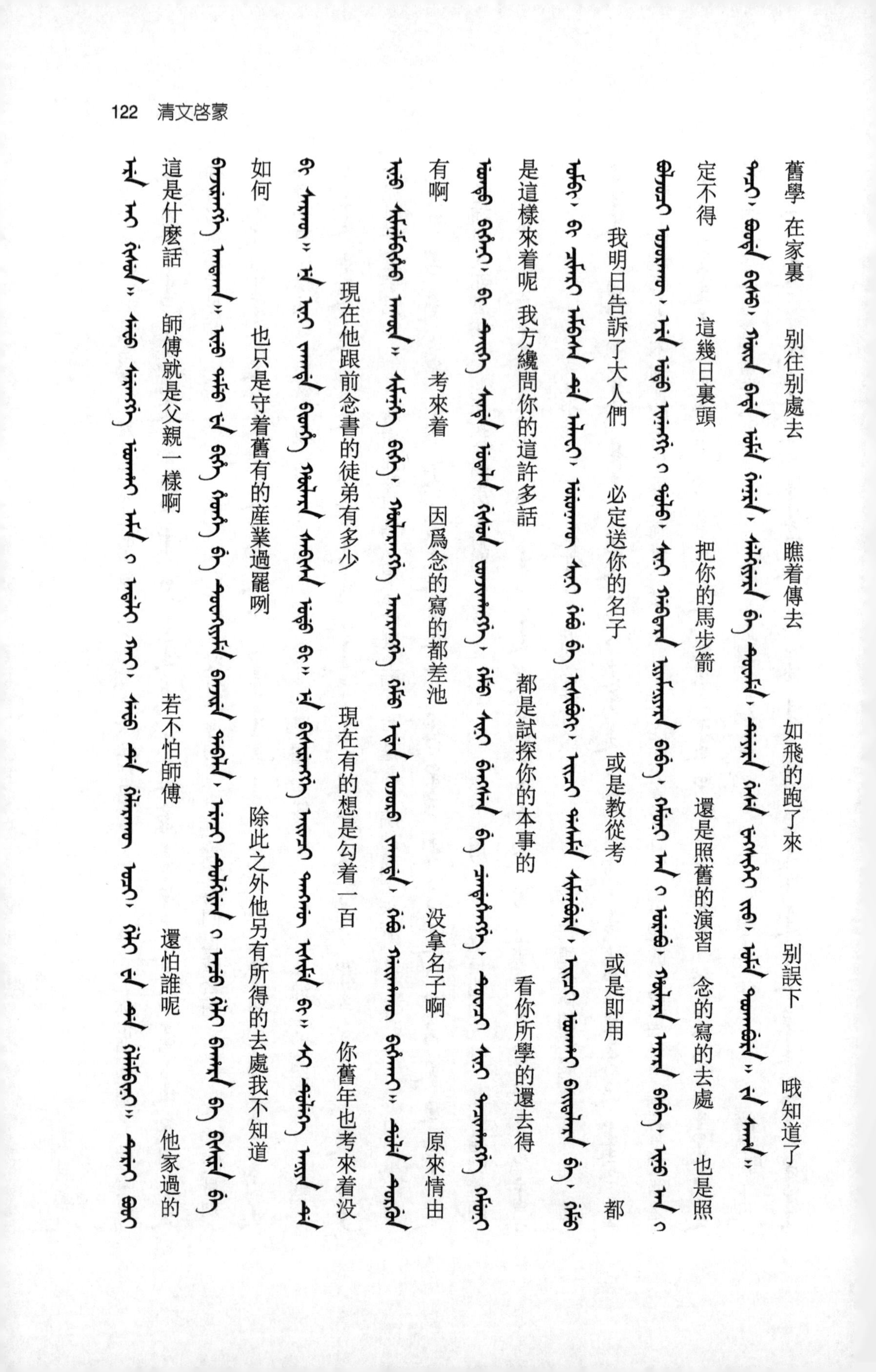

這是什麼話　師傅就是父親一樣啊　若不怕師傅　還怕誰呢　他家過的

如何　也只是守着舊有的產業過罷咧　除此之外他另有所得的去處我不知道

現在他跟前念書的徒弟有多少　現在有的想是勾着一百　你舊年也考來着沒

有啊　考來着　因爲念的寫的都差池　沒拿名子啊　原來情由

是這樣來着呢　我方纔問你的這許多話　都是試探你的本事的　看你所學的還去得

我明日告訴了大人們　必定送你的名子　或是教從考　或是即用　都

定不得　這幾日裏頭　把你的馬步箭　還是照舊的演習　念的寫的去處　也是照

舊學　在家裏　別往別處去　瞧着傳去　如飛的跑了來　別誤下　哦知道了

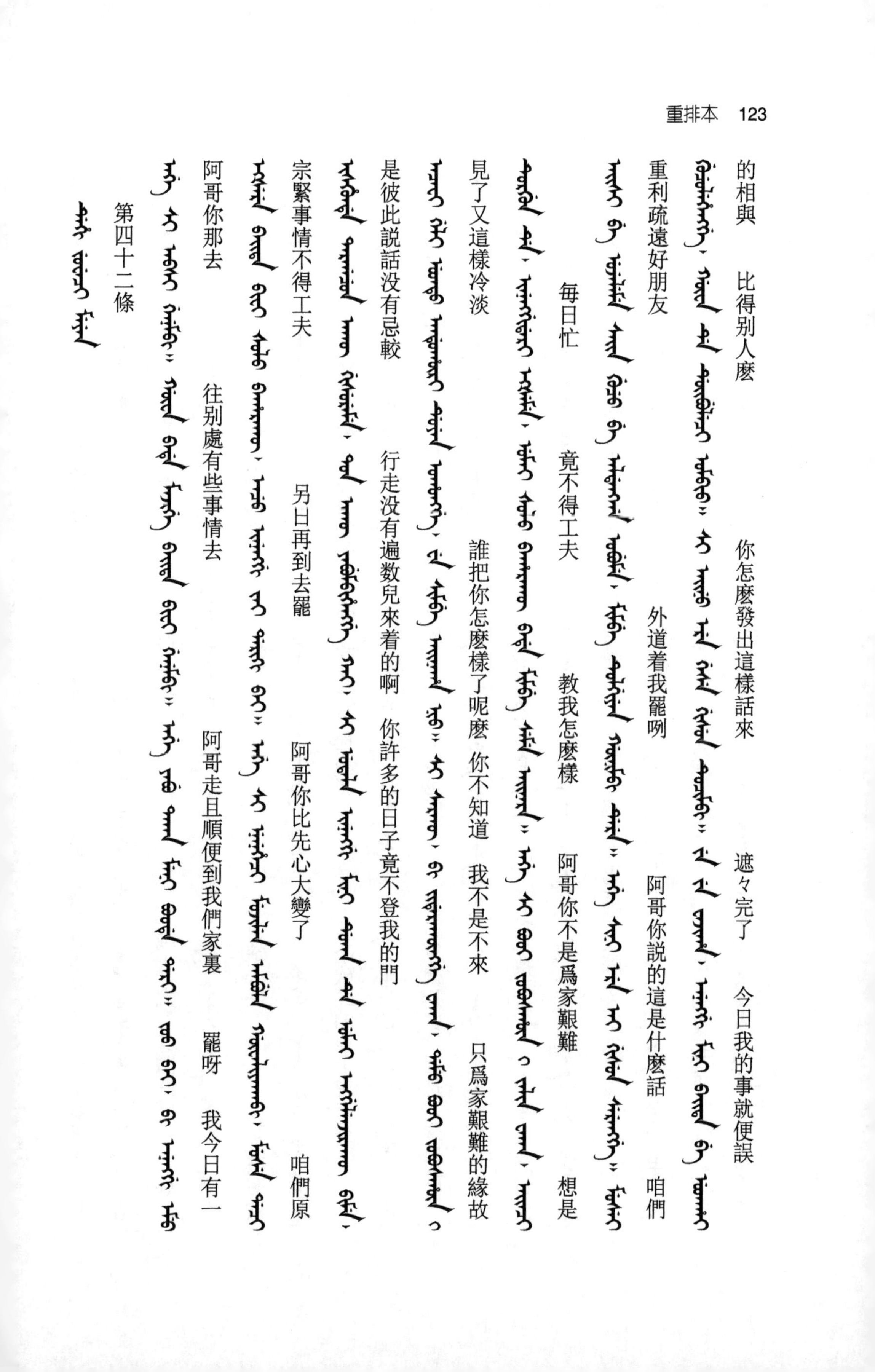

的相與　比得別人麽　你怎麽發出這樣話來　遮々完了　今日我的事就便誤

重利疏遠好朋友　外道着我罷咧　阿哥你說的這是什麽話　咱們

每日忙　竟不得工夫　教我怎麽樣　阿哥你不是爲家艱難　想是

見了又這樣冷淡　誰把你怎麽樣了呢麽　你不知道　我不是不來　只爲家艱難的緣故

是彼此說話没有忌較　行走没有遍数兒來着的啊　你許多的日子竟不登我的門

宗緊事情不得工夫　另日再到去罷　阿哥你比先心大變了　咱們原

阿哥你那去　往別處有些事情去　阿哥走且順便到我們家裏　罷呀　我今日有一

第四十二條

嫂子好麼　好　孩子們都好麼　好　嗳呀大小子在那裏呢　茶怎麼不送來　拿來了　阿

温々的送來　奶子多々的着上　稠々的別太清了　哦　太々身體好麼　好

儘着拴麼　死奴才也有呢　快裝烟送來　你再進去説　教把茶熱的

大小子在那裏呢　你在外頭作什麼呢　我在這裏拴馬呢　這个砍頭的拴上馬來罷了

請進去　阿哥上炕去　我上去　阿哥這邊好　這裏也好　再略往上升些　就是這樣狠舒服

別拴在門口兒　仔細壞人們　扯手掛在鞍鞽子上　鞊也撩起來　哦　阿哥走

哥若這樣　纔是朋友的道理　大小子在那裏呢　接馬　哦　把這个馬拿到後院子裏拴着

誤去罷　我止住去　到阿哥家裏　我若是不去了　你還怪我麼　阿

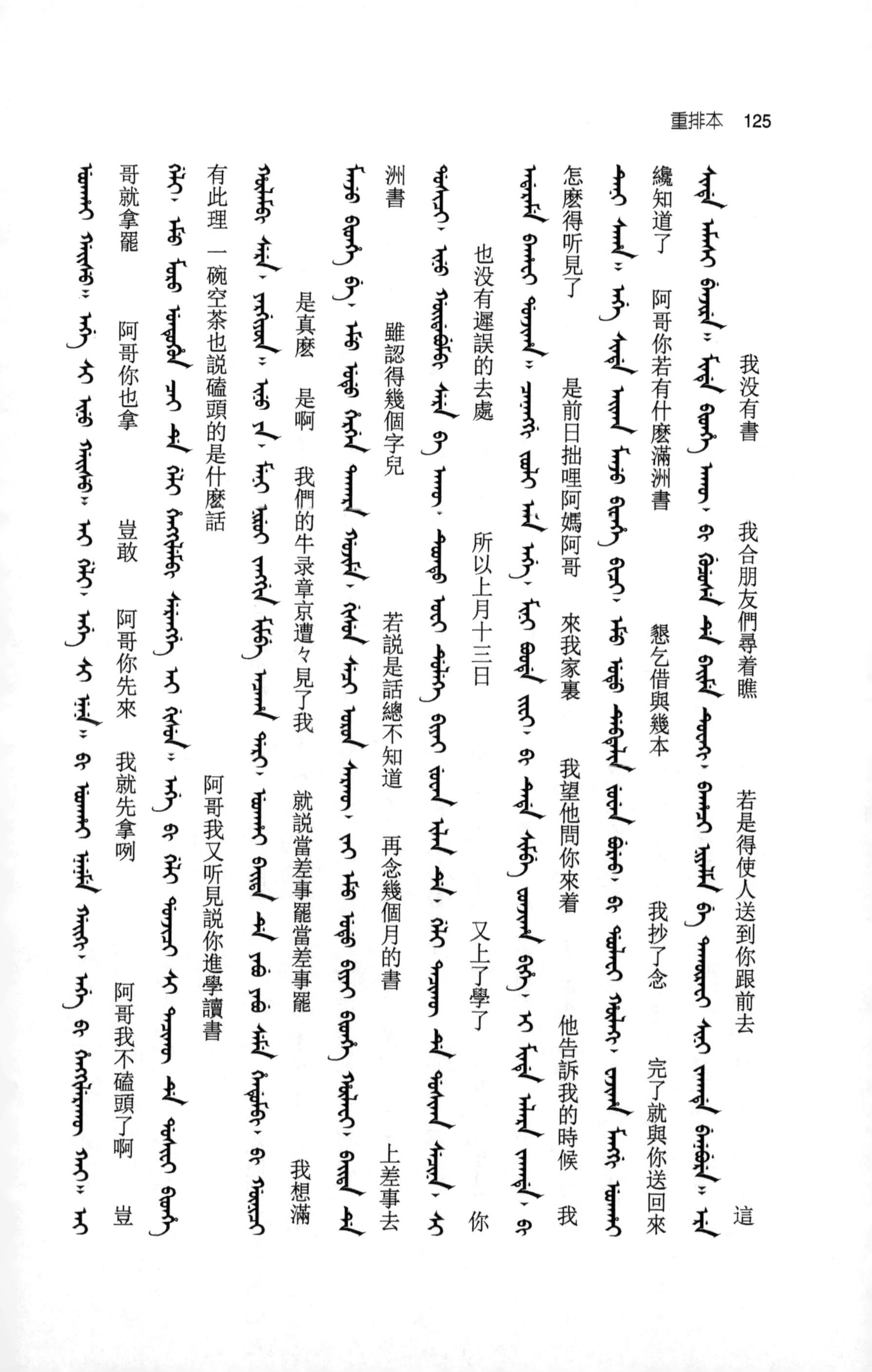

我没有書 我合朋友們尋着瞧 若是得使人送到你跟前去 這
纔知道了 阿哥你若有什麼滿洲書 懇乞借與幾本 我抄了念 完了就與你送回來
怎麼得听見了 是前日拙哩阿媽阿哥 來我家裏 我望他問你來着 他告訴我的時候 我
也没有遲誤的去處 所以上月十三日 又上了學了 你
洲書 雖認得幾個字兒 若說是話總不知道 再念幾個月的書 上差事去
是真麼 是啊 我們的牛彔章京遭々見了我 就說當差事罷當差事罷 我想滿
有此理 一碗空茶也說磕頭的是什麼話 阿哥我又听見說你進學讀書
哥就拿罷 阿哥你也拿 豈敢 阿哥你先來 我就先拿咧 阿哥我不磕頭了啊 豈

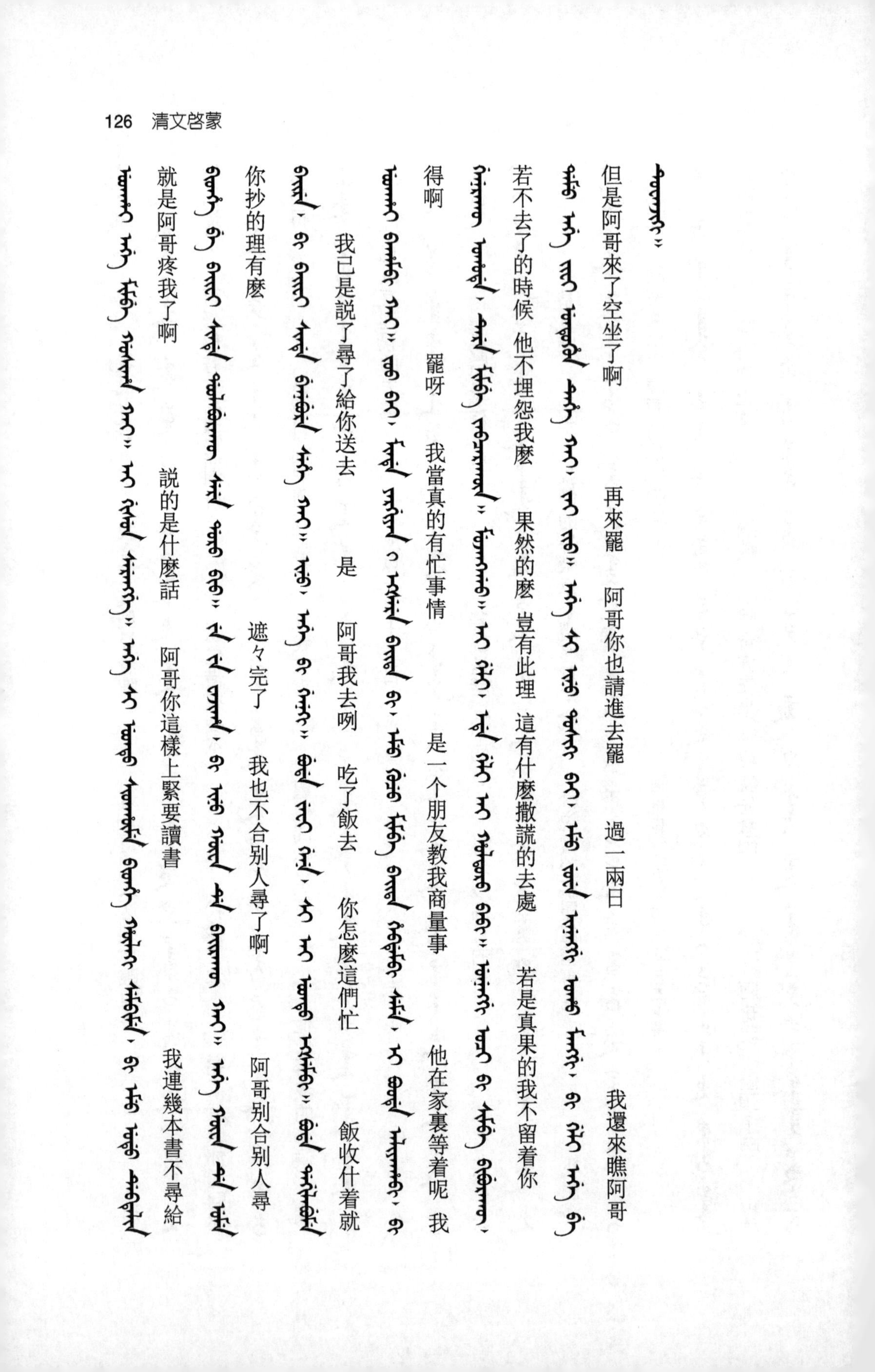

但是阿哥來了空坐了啊　再來罷　阿哥你也請進去罷　過一兩日　我還來瞧阿哥

若不去了的時候　他不埋怨我麽　果然的麽　豈有此理　這有什麽撒謊的去處　若是真果的我不留着你

得啊　罷呀　我當真的有忙事情　是一个朋友教我商量事　他在家裏等着呢　我

我已是說了尋了給你送去　是　阿哥我去咧　吃了飯去　你怎麽這們忙　飯收什着就

你抄的理有麽　遮々完了　我也不合別人尋了啊　阿哥別合別人尋

就是阿哥疼我了啊　說的是什麽話　阿哥你這樣上緊要讀書　我連幾本書不尋給

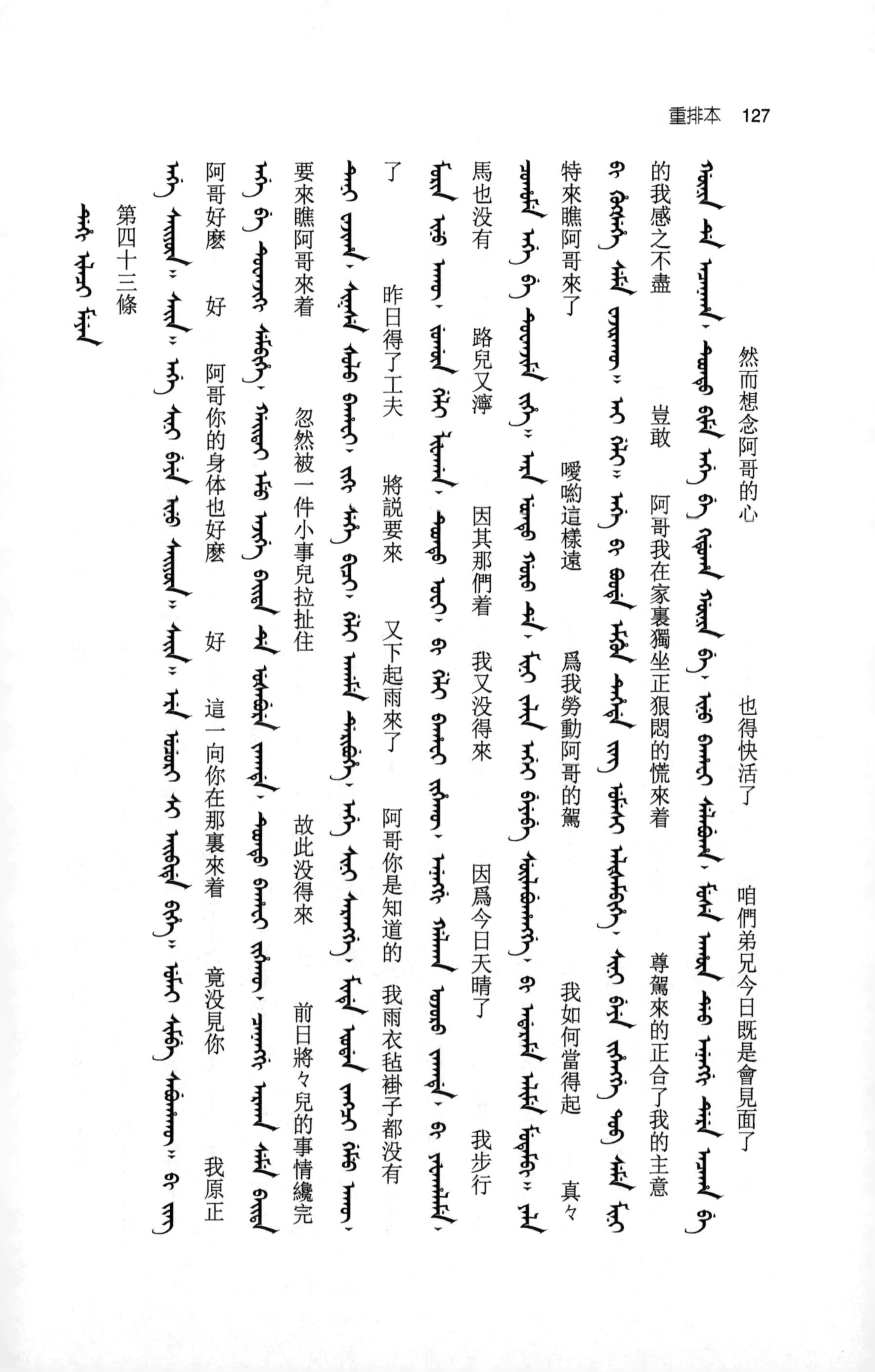

第四十三條

阿哥好麽　好　阿哥你的身体也好麽　好　這一向你在那裏來着　竟没見你　我原正

要來瞧阿哥來着　忽然被一件小事兒拉扯住　故此没得來　前日將々兒的事情纔完

了　昨日得了工夫　將説要來　又下起雨來了　阿哥你是知道的　我雨衣毡褂子都没有

馬也没有　路兒又濘　因其那們着　我又没得來　因爲今日天晴了　我步行

特來瞧阿哥來了　噯喲這樣遠　爲我勞動阿哥的駕　我如何當得起　真々

的我感之不盡　豈敢　阿哥我在家裏獨坐正狠悶的慌來着　尊駕來的正合了我的主意

然而想念阿哥的心　也得快活了　咱們弟兄今日既是會見面了

没有空々教你去的規矩 收什一杯薄酒 咱們二人對飲

坐着叙談一叙談 阿哥你既然這樣要疼愛我 我也没推辞的去處 必定湊合阿

哥的意思 只是無故騷擾 不合理 豈敢 磕詩兔在那裏呢 説教收

什酒菜送來 哦 磕詩兔這个地你怎麼不掃 桌子也不禫 你白々的在家裏作

什麼來着啊 我早已掃了來着 風儘着刮竟不住 再房門上又没掛着簾子 爲什麼不

這樣臟呢 這个不知道理砍頭的奴才也有呢 還要强嘴麼 快着瞧酒去罷 哦 阿哥咱

們稱着這个工夫 先把桌子挪在院子裏去坐着罷 這屋裏狠熱呀 狠是 咱們若往

外挪 那槐樹底下好 那裏乘陰涼兒坐着舒服 那裏不好 樹上的虫子多不住的吊

舉鍾子 還未沾唇 就說醉了的裏也有麽 你特撒謊的利害

呵過了 這个酒狠釅利害 我只呵了一鍾就醉咧 說的是那裏話 纔

噯呀儘着叙談閑話 讓酒都忘記了 大小子斟上酒 阿哥你呵一鍾 我

勝境 也不亞如山林 正是吾輩隱居之處啊 可不是什麽

正是游山看水的好時節 我這个小書房院子 雖然不是名園

我生來的也受不得熱 阿哥今當春末的時候 萬物都發生了

之院裏比屋裏涼快 自然的 況且屋子窄 人又多 坐久了頭眩心乱

不如後院子房簷底下好 若是那們着就是後院裏罷 總而言

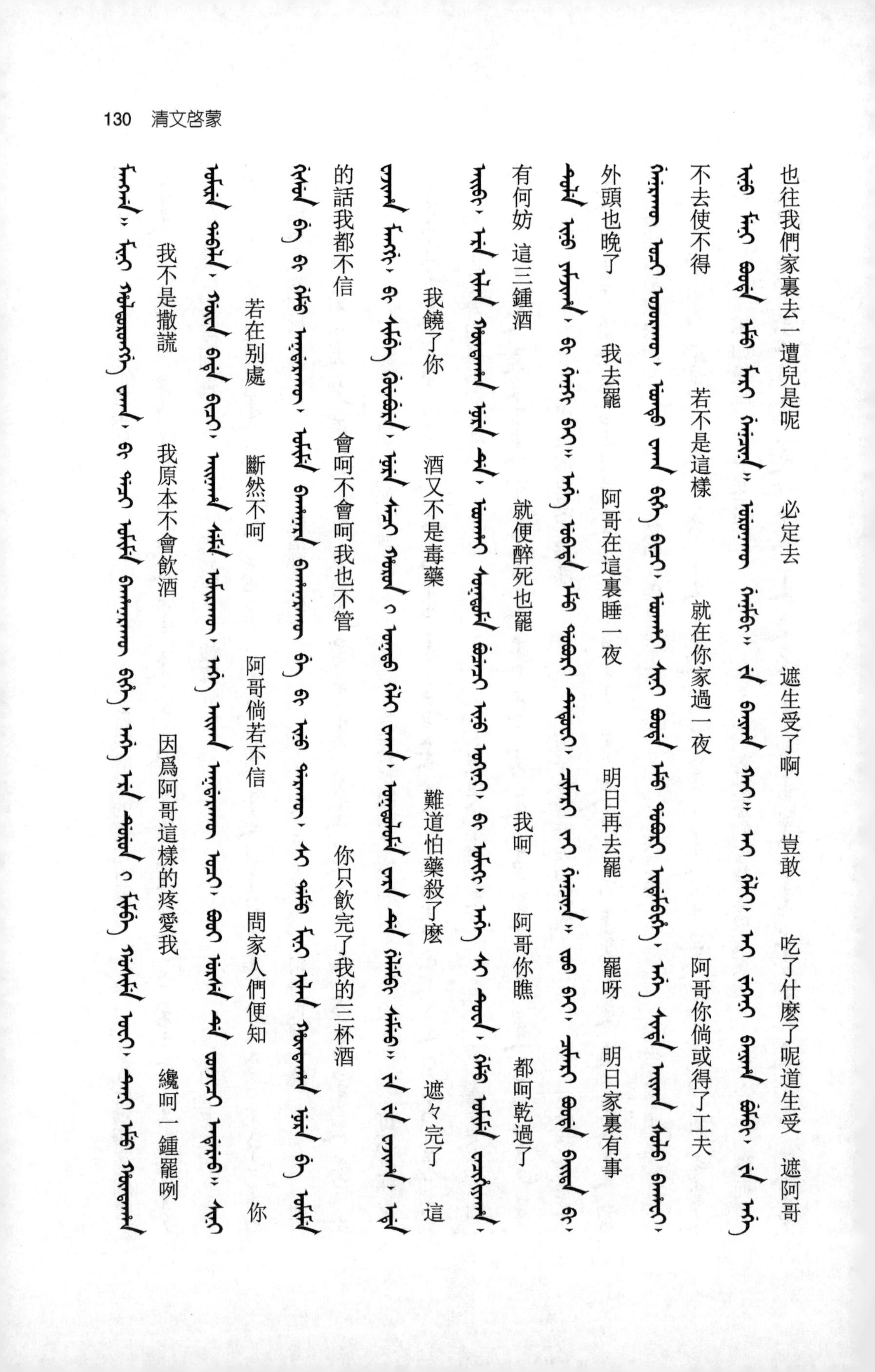

也往我們家裏去一遭兒是呢　必定去　遮生受了啊　豈敢　吃了什麼了呢道生受　遮阿哥

不去使不得　若不是這樣　就在你家過一夜　阿哥你倘或得了工夫

外頭也晚了　我去罷　阿哥在這裏睡一夜　明日再去罷　罷呀　明日家裏有事

有何妨　這三鍾酒　就便醉死也罷　我呵　阿哥你瞧　都呵乾過了

我饒了你　酒又不是毒藥　難道怕藥殺了麼　遮々完了　這

的話我都不信　會呵不會呵我也不管　你只飲完了我的三杯酒

若在別處　斷然不呵　阿哥倘若不信　問家人們便知　你

我不是撒謊　我原本不會飲酒　因爲阿哥這樣的疼愛我　纔呵一鍾罷咧

个朋友等着我呢　不得工　豈有此理　就是別處有朋友　暫時進我家裏去呵一

ᡝᠮᡠ ᡤᡠᠴᡠ ᠮᡳᠮᠪᡝ ᠠᠯᡳᠶᠠᠮᠪᡳ᠈ ᡧᠣᠯᠣ ᠪᠠᡥᠠᡵᠠᡴᡡ᠉ ᠠᡳ ᡤᡳᠰᡠᠨ᠈ ᡠᡨᡥᠠᡳ ᡤᡡᠸᠠ ᠪᠠᡩᡝ ᡤᡠᠴᡠ ᠪᡳᠴᡳ᠈ ᡨᠠᡴᠠ ᠮᡳᠨᡳ ᠪᠣᠣᡩᡝ ᡩᠣᠰᡳᠴᡳ

土　阿哥請進家裏去　罷呀我不進去　告訴了你話就走　怎麼這們忙　別處有一

ᠪᠣᡳᡥᠣᠨ ᠠᡤᡝ᠈ ᠪᠣᠣᡩᡝ ᡩᠣᠰᡳᡴᡳ᠉ ᠵᠣᠣ ᠪᡳ ᡩᠣᠰᡳᡵᠠᡴᡡ᠈ ᠰᡳᠨᡩᡝ ᡤᡳᠰᡠᠨ ᠠᠯᠠᡶᡳ ᡠᡨᡥᠠᡳ ᡤᡝᠨᡝᠮᠪᡳ᠉ ᠠᡳᠨᡠ ᡠᡨᡨᡠ ᡝᡴᡧᡝᠮᠪᡳ᠉ ᡤᡡᠸᠠ ᠪᠠᡩᡝ

告訴　若是那們着　我親自去看　噯呀阿哥你來了麼　從那裏來着　渾身都是灰

ᠠᠯᠠᠨᠠ᠈ ᡠᡨᡨᡠ ᠣᠴᡳ᠈ ᠪᡳ ᠪᡝᠶᡝ ᡨᡠᠸᠠᠨᠠᡴᡳ᠉ ᠠᡵᠠ ᠠᡤᡝ ᠰᡳ ᠵᡳᡥᡝ ᠨᡳᠣ᠉ ᠠᡳᠪᡳᠴᡳ ᠵᡳᡥᡝ᠈ ᠪᡝᠶᡝ ᡤᡠᠪᠴᡳ ᡤᡝᠮᡠ ᠪᡠᡵᠠᡴᡳ

找阿哥告訴什麼話來了　告訴什麼你沒問麼　我問來着　他說見了阿哥纔

ᠪᠠᡳᠮᡝ᠈ ᠠᡤᡝ ᠪᡝ ᠠᡳ ᡤᡳᠰᡠᠨ ᠠᠯᠠᠨᠵᡳᡥᠠ᠉ ᠠᡳ ᠪᡝ ᠰᡳ ᡶᠣᠨᠵᡳᡥᠠᡴᡡ ᠨᡳᠣ᠉ ᠪᡳ ᡶᠣᠨᠵᡳᡥᠠ᠈ ᡳ ᠠᡤᡝ ᠪᡝ ᠠᠴᠠᡥᠠ

外頭有一个人叫門　是誰　我不認的　二吉兔你出去瞧　哦　外頭一个人騎在馬上說

ᡨᡠᠯᡝ ᡝᠮᡠ ᠨᡳᠶᠠᠯᠮᠠ ᡩᡠᡴᠠ ᡥᡡᠯᠠᠮᠪᡳ᠉ ᠸᡝ᠉ ᠪᡳ ᡨᠠᡴᠠᡵᠠᡴᡡ᠉ ᡝᡵᡤᡳᡨᡠ ᠰᡳ ᡨᡠᠴᡳᡶᡳ ᡨᡠᠸᠠ᠉ ᠵᡝ᠈ ᡨᡠᠯᡝ ᡝᠮᡠ ᠨᡳᠶᠠᠯᠮᠠ ᠮᠣᡵᡳᠨ ᡩᡝ

第四十四條

ᡩᡝᡥᡳ ᡩᡠᡳᠴᡳ ᠮᡝᠶᡝᠨ

空去了

ᡠᠨᡨᡠᡥᡠᠨ ᡤᡝᠨᡝᡥᡝ᠉

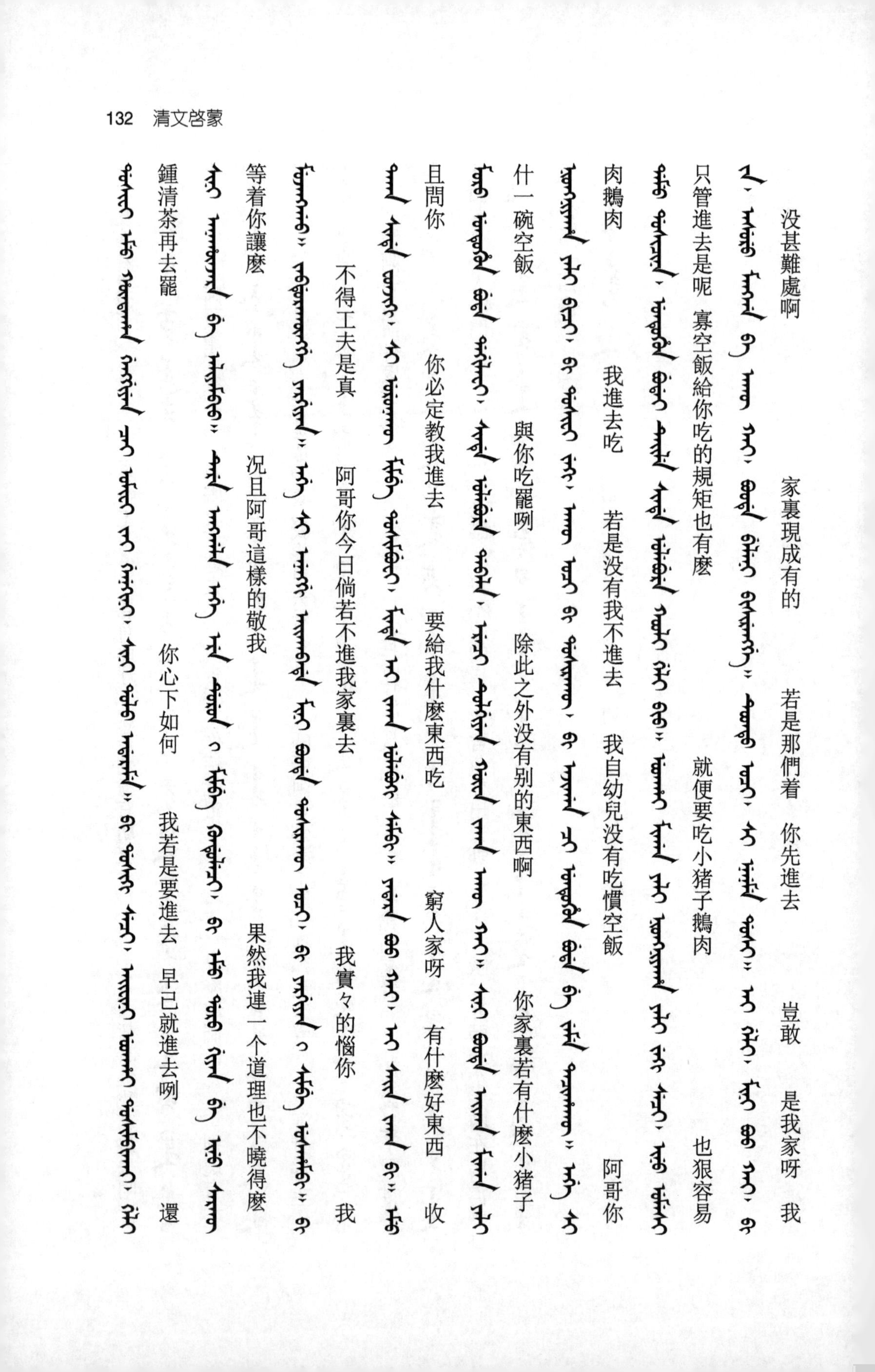

没甚難處啊 家裏現成有的 若是那們着 你先進去 豈敢 是我家呀 我

只管進去是呢 寡空飯給你吃的規矩也有麼 就便要吃小猪子鵝肉 也狠容易

肉鵝肉 我進去吃 若是没有我不進去 我自幼兒没有吃慣空飯 阿哥你

什一碗空飯 與你吃罷咧 除此之外没有别的東西啊 你家裏若有什麼小猪子

且問你 你必定教我進去 要給我什麼東西吃 窮人家呀 有什麼好東西 收

不得工夫是真 阿哥你今日倘若不進我家裏去 我實々的惱你 我

等着你讓麼 况且阿哥這樣的敬我 果然我連一个道理也不曉得麼

鍾清茶再去罷 你心下如何 我若是要進去 早已就進去咧 還

阿哥悄默声的坐着罷　别胡説　這樣輕狂了的時候　仔細别人家笑話　二吉兔斟上酒　這

煮的炒的　那个若是現成　快拿來給我們吃罷咧　收着你們家裏慢々的自己吃麼

往那們挪一挪　由着他們坐着去罷　别要管　阿哥你進去催一催菜罷　或是

先送酒菜來　説教急着　阿哥你上坐　這裏好　那裏的炕冰骨頭凉坐不得

你呵燒酒啊呵黄酒啊　不拘什麼罷都好啊　也把飯菜教快着收什　我還等着要吃

既是如此　太爺回來了　你替我問好　是　阿哥咱們且把閑話收起來

哦　老太爺在家裏麼　没有在家　往那去了　是一个朋友家今日還愿吃肉去了

在頭裏使得麼　二吉兔在那裏呢　炕上鋪坐褥　火盆裏添上炭　對奶子茶　装烟送來

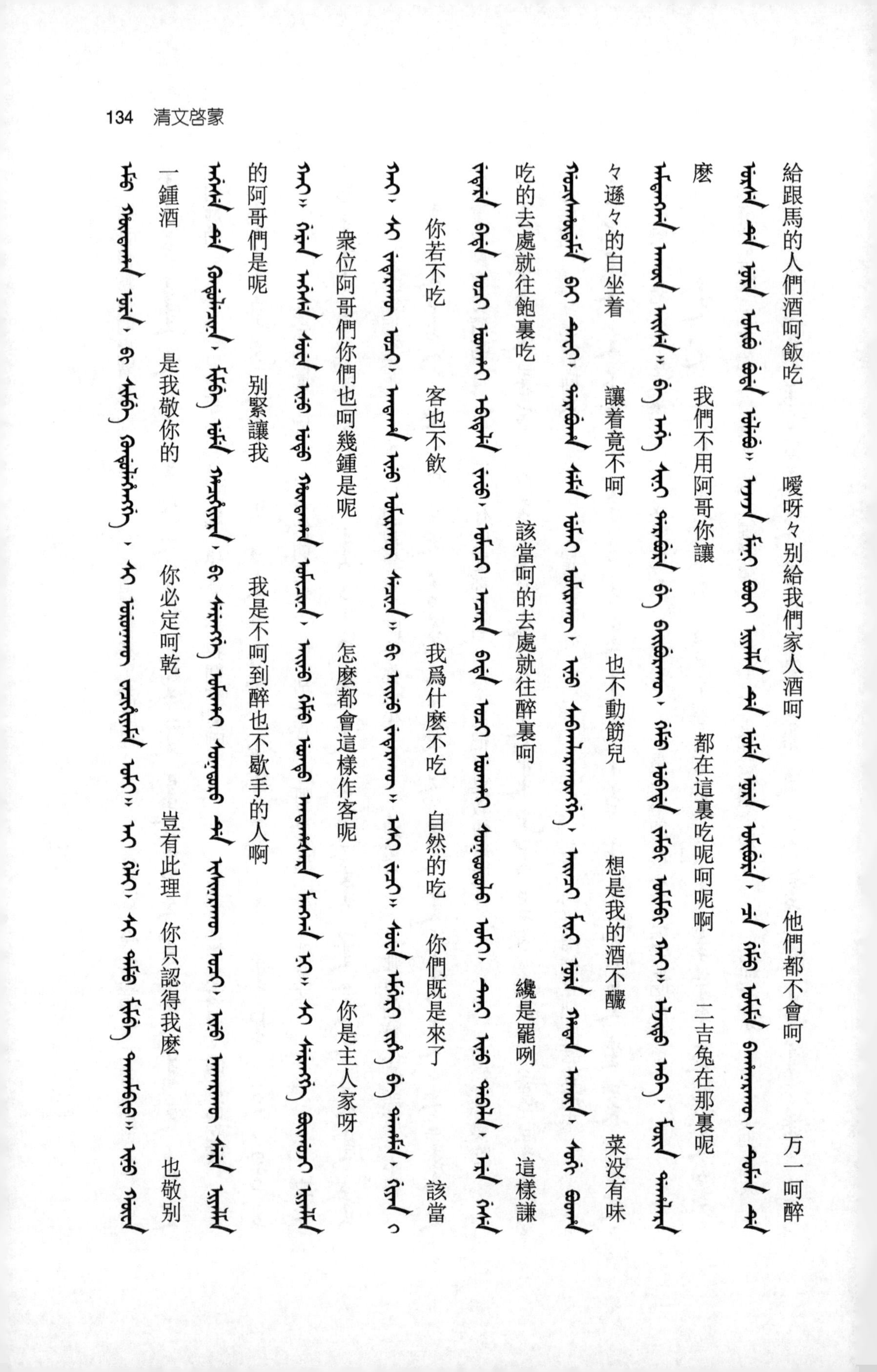

給跟馬的人們酒呵飯吃　嗳呀々別給我們家人酒呵　他們都不會呵　万一呵醉

麼　我們不用阿哥你讓　都在這裏吃呢呵呢啊　二吉兔在那裏呢

々遜々的白坐着　讓着竟不呵　也不動筯兒　想是我的酒不釅　菜没有味

吃的去處就往飽裏吃　該當呵的去處就往醉裏呵　纔是罷咧　這樣謙

你若不吃　客也不飲　我爲什麼不吃　自然的吃　你們既是來了　該當

衆位阿哥們你們也呵幾鍾是呢　怎麼都會這樣作客呢　你是主人家呀

的阿哥們是呢　別緊讓我　我是不呵到醉也不歇手的人啊

一鍾酒　是我敬你的　你必定呵乾　豈有此理　你只認得我麼　也敬別

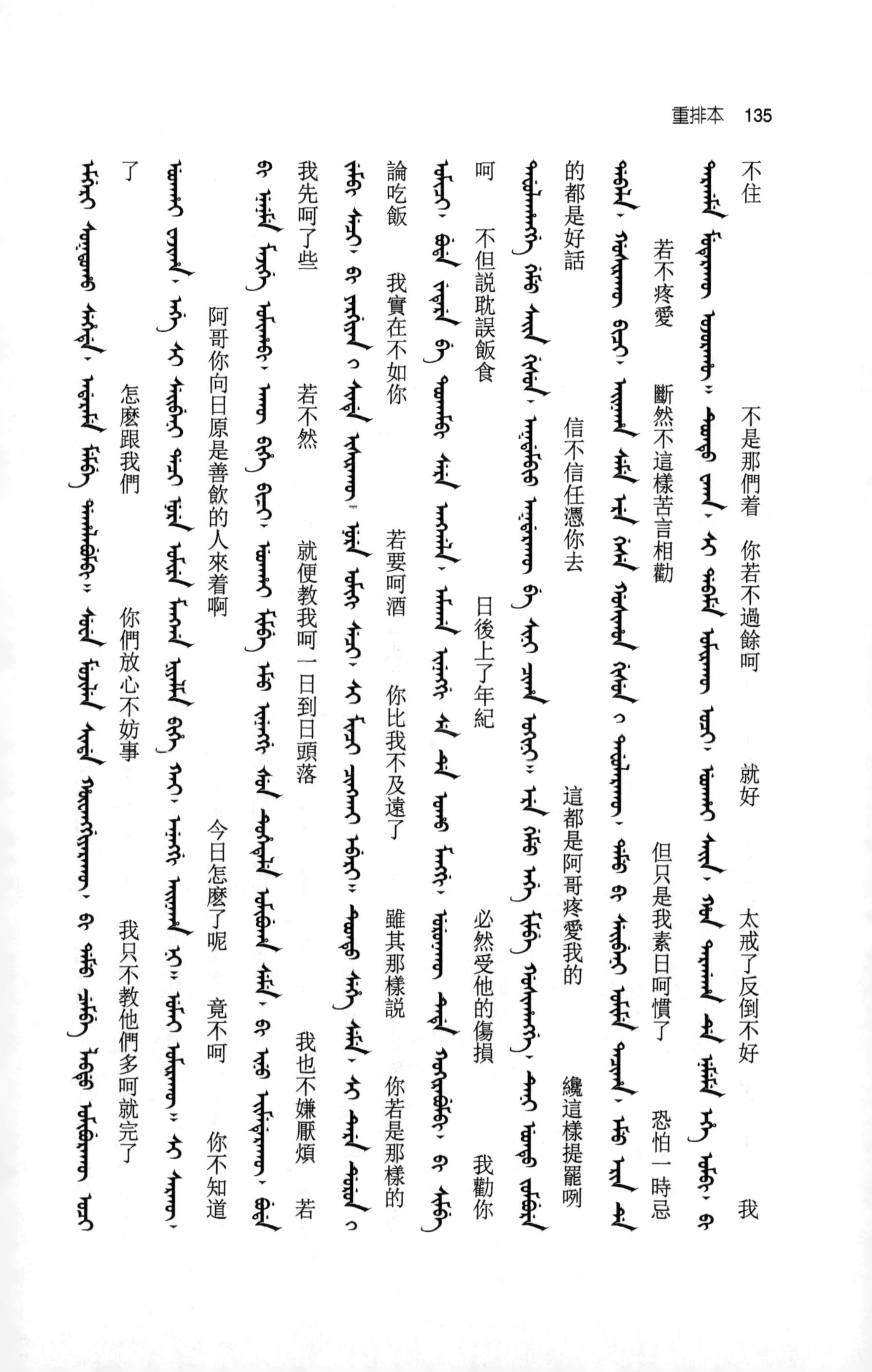

不住　不是那們着　你若不過餘呵　就好　太戒了反倒不好　我

若不疼愛　斷然不這樣苦言相勸　但只是我素日呵慣了　恐怕一時忌

的都是好話　信不信任憑你去　這都是阿哥疼愛我的　纔這樣提罷咧

呵　不但說耽誤飯食　日後上了年紀　必然受他的傷損　我勸你

論吃飯　我實在不如你　若要呵酒　你比我不及遠了　雖其那樣說　你若是那樣的

我先呵了些　若不然　就便教我呵一日到日頭落　我也不嫌厭煩　若

阿哥你向日原是善飲的人來着啊　今日怎麼了呢　竟不呵　你不知道

了　怎麼跟我們　你們放心不妨事　我只不教他們多呵就完了

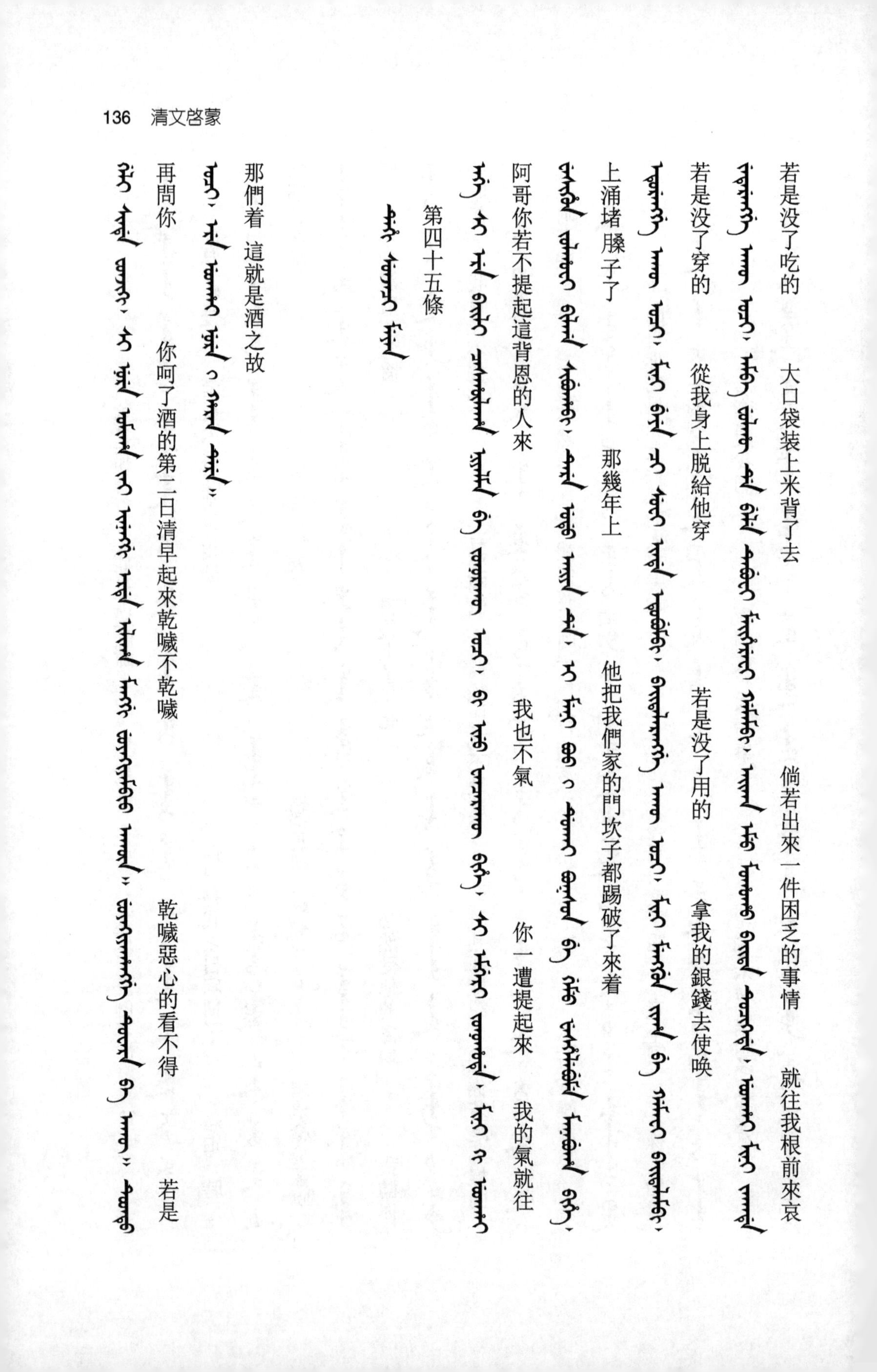

若是没了吃的　大口袋装上米背了去　倘若出來一件困乏的事情　就往我根前來哀

若是没了穿的　從我身上脱給他穿　若是没了用的　拿我的銀錢去使喚

上涌堵膆子了　那幾年上　他把我們家的門坎子都踢破了來着

阿哥你若不提起這背恩的人來　我也不氣　你一遭提起來　我的氣就往

第四十五條

那們着　這就是酒之故

再問你　你呵了酒的第二日清早起來乾噦不乾噦　乾噦惡心的看不得　若是

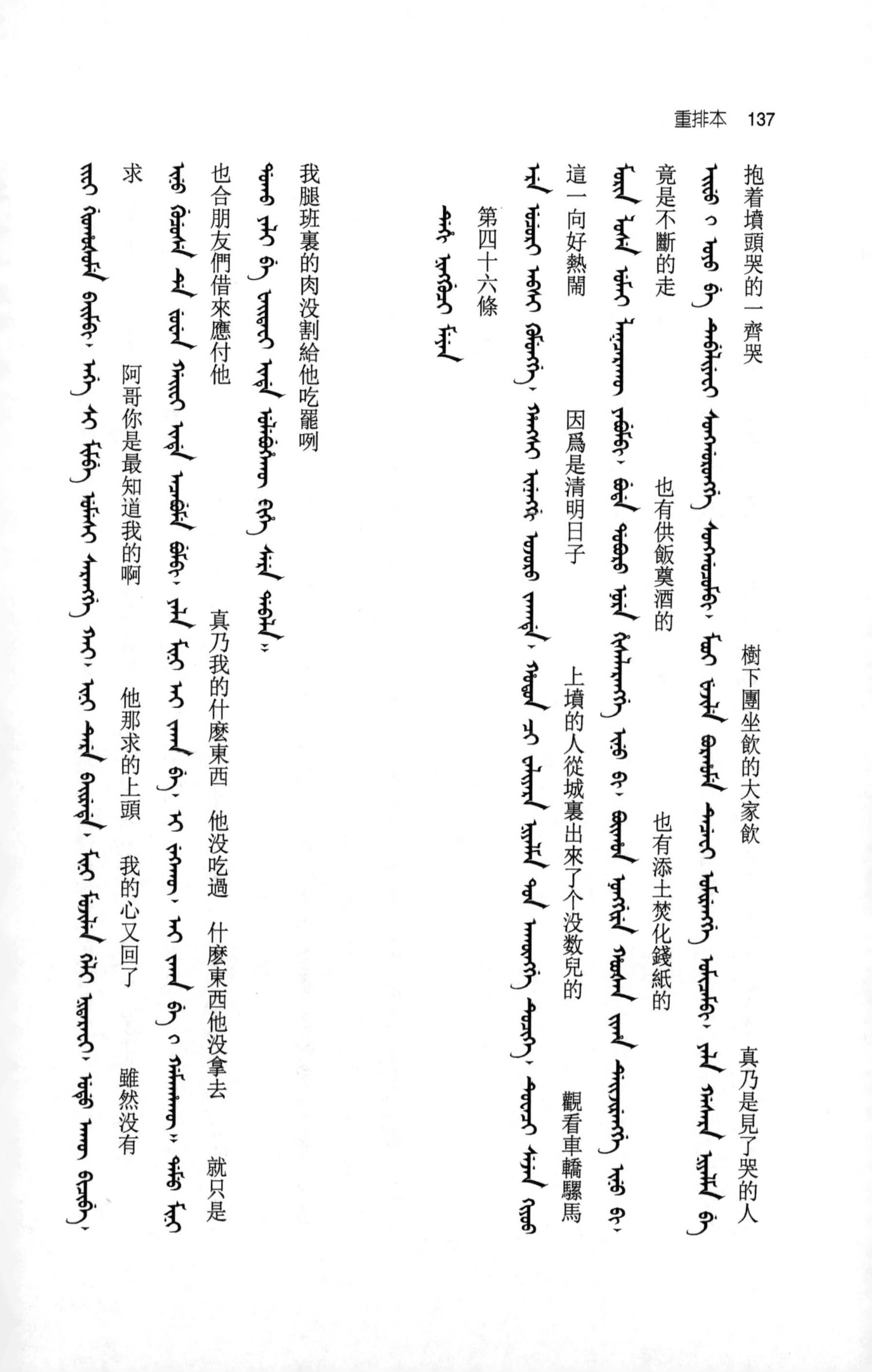

抱着墳頭哭的一齊哭　樹下團坐飲的大家飲　真乃是見了哭的人

竟是不斷的走　也有供飯奠酒的　也有添土焚化錢紙的

這一向好熱鬧　因爲是清明日子　上墳的人從城裏出來了个没数兒的　觀看車轎騾馬

第四十六條

我腿班裏的肉没割給他吃罷咧

也合朋友們借來應付他　真乃我的什麼東西　他没吃過　什麼東西他没拿去　就只是

求　阿哥你是最知道我的啊　他那求的上頭　我的心又回了　雖然没有

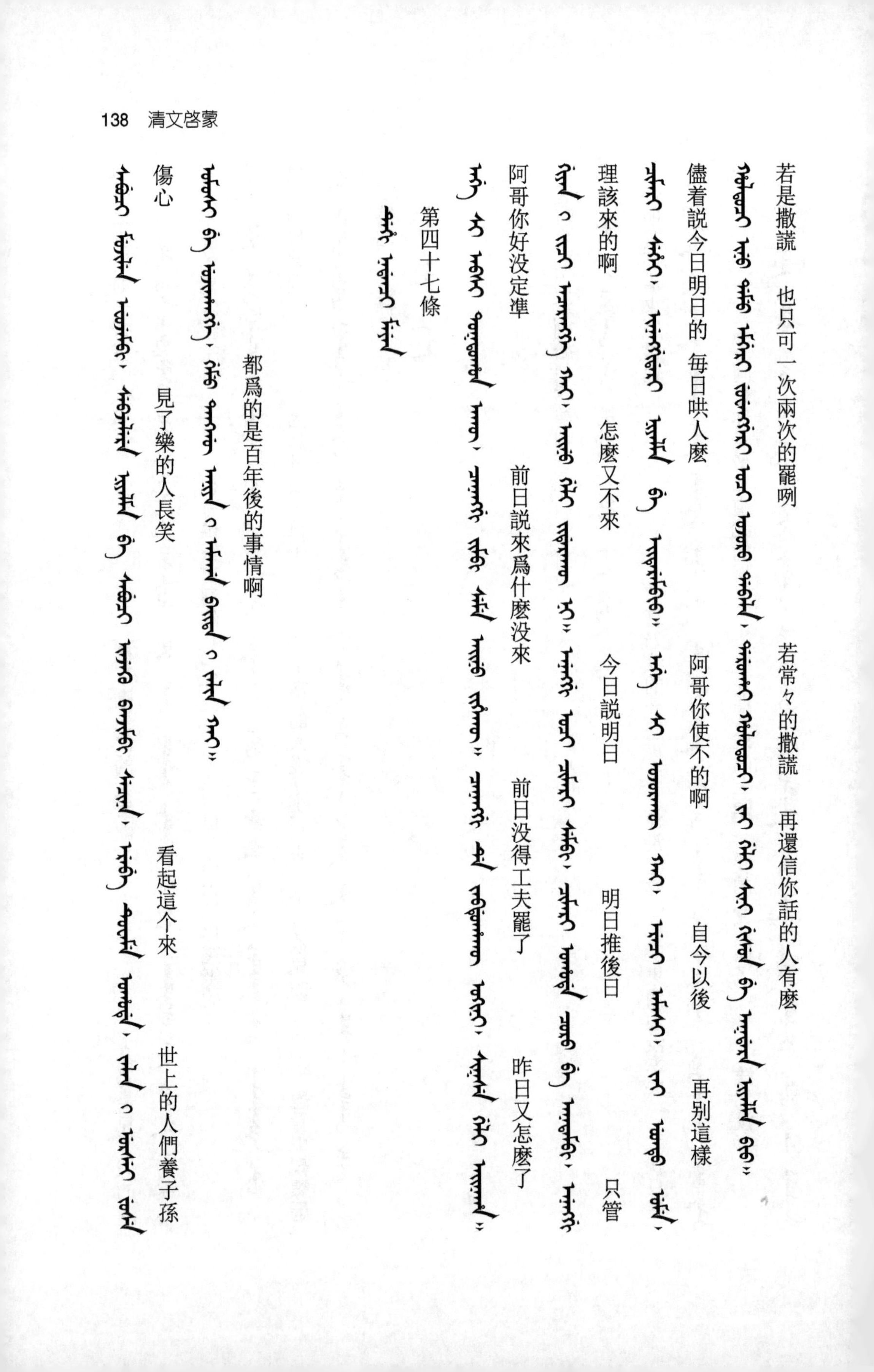

若是撒謊 也只可一次兩次的罷咧 若常々的撒謊 再還信你話的人有麽

儘着說今日明日的 每日哄人麽 阿哥你使不的啊 自今以後 再別這様

理該來的啊 怎麽又不來 今日說明日 明日推後日 只管

阿哥你好没定準 前日說來爲什麽没來 前日没得工夫罷了 昨日又怎麽了

第四十七條

都爲的是百年後的事情啊

傷心 見了樂的人長笑 看起這个來 世上的人們養子孫

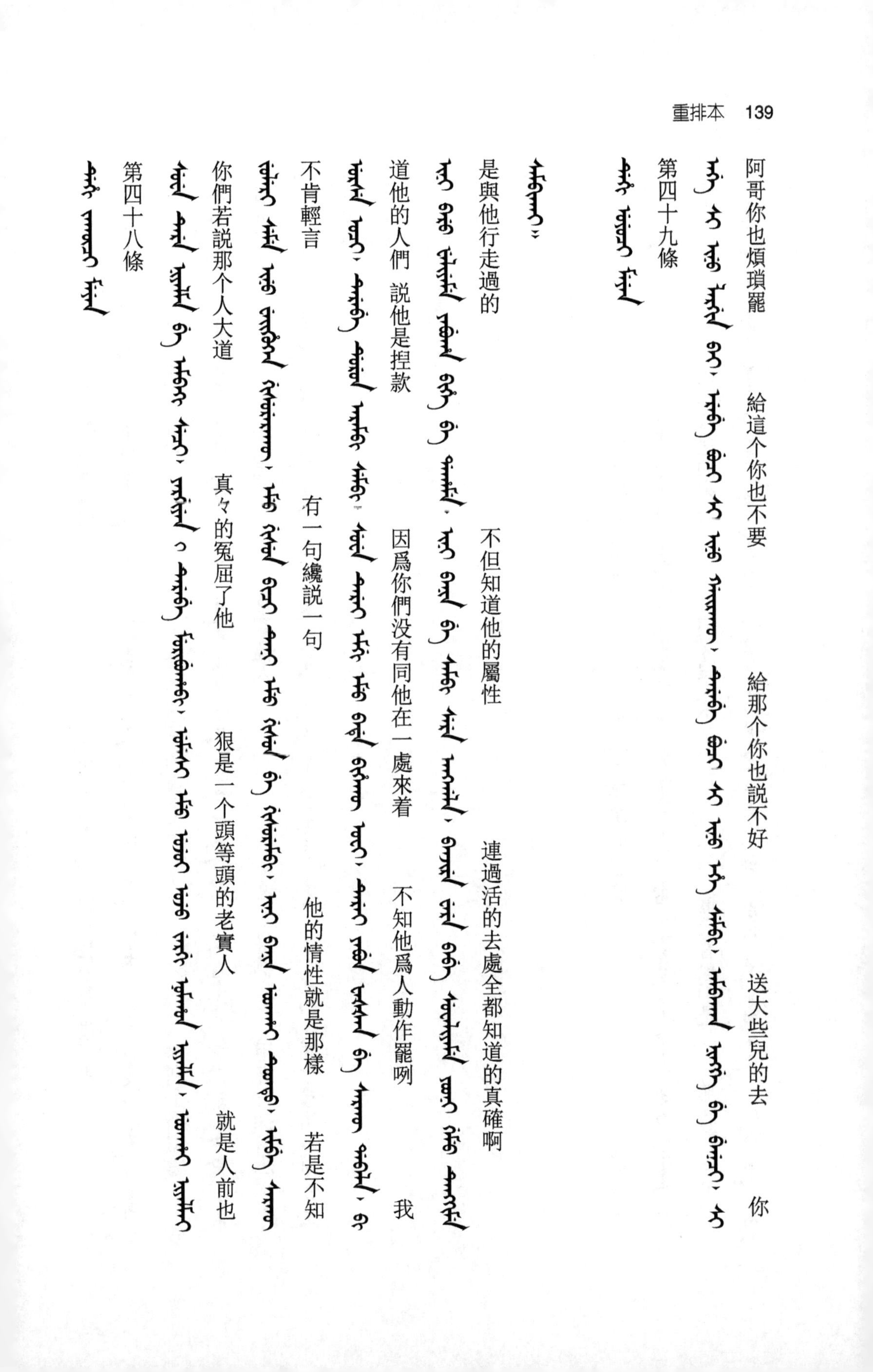

阿哥你也煩瑣罷　給這个你也不要　給那个你也說不好　送大些兒的去　你

第四十九條

是與他行走過的　不但知道他的屬性　連過活的去處全都知道的真確啊

道他的人們　說他是揑款　因爲你們没有同他在一處來着　不知他爲人動作罷咧　我

不肯輕言　有一句纔說一句　他的情性就是那樣　若是不知

你們若說那个人大道　真々的冤屈了他　狠是一个頭等頭的老實人　就是人前也

第四十八條

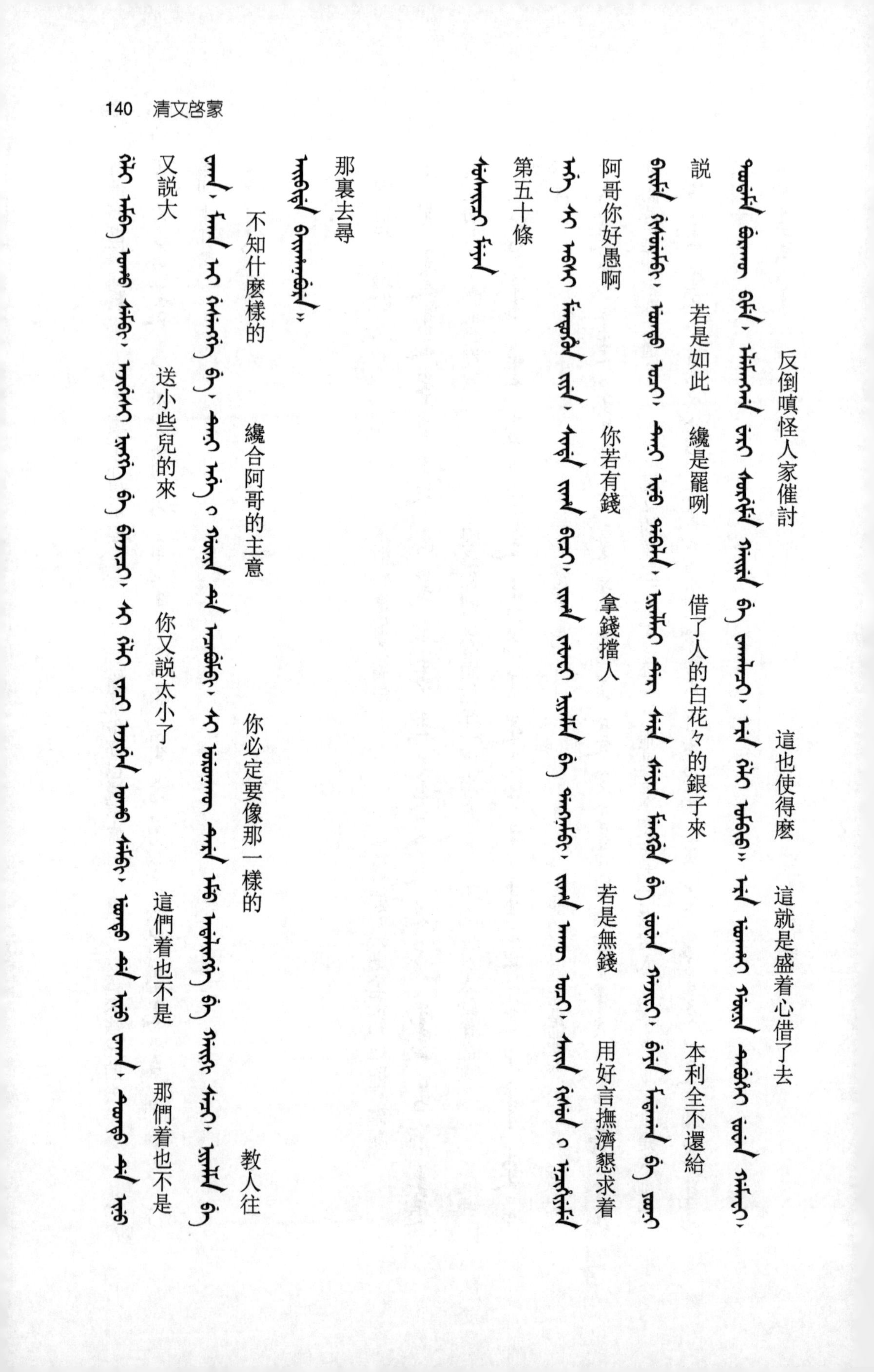

又說大 送小些兒的來 你又說太小了 這們着也不是 那們着也不是

不知什麼樣的 纔合阿哥的主意 你必定要像那一樣的 教人往

那裏去尋

第五十條

阿哥你好愚啊 你若有錢 拿錢擋人 若是無錢 用好言撫濟懇求着

說 若是如此 纔是罷咧 借了人的白花々的銀子來 本利全不還給

反倒嗔怪人家催討 這也使得麼 這就是盛着心借了去

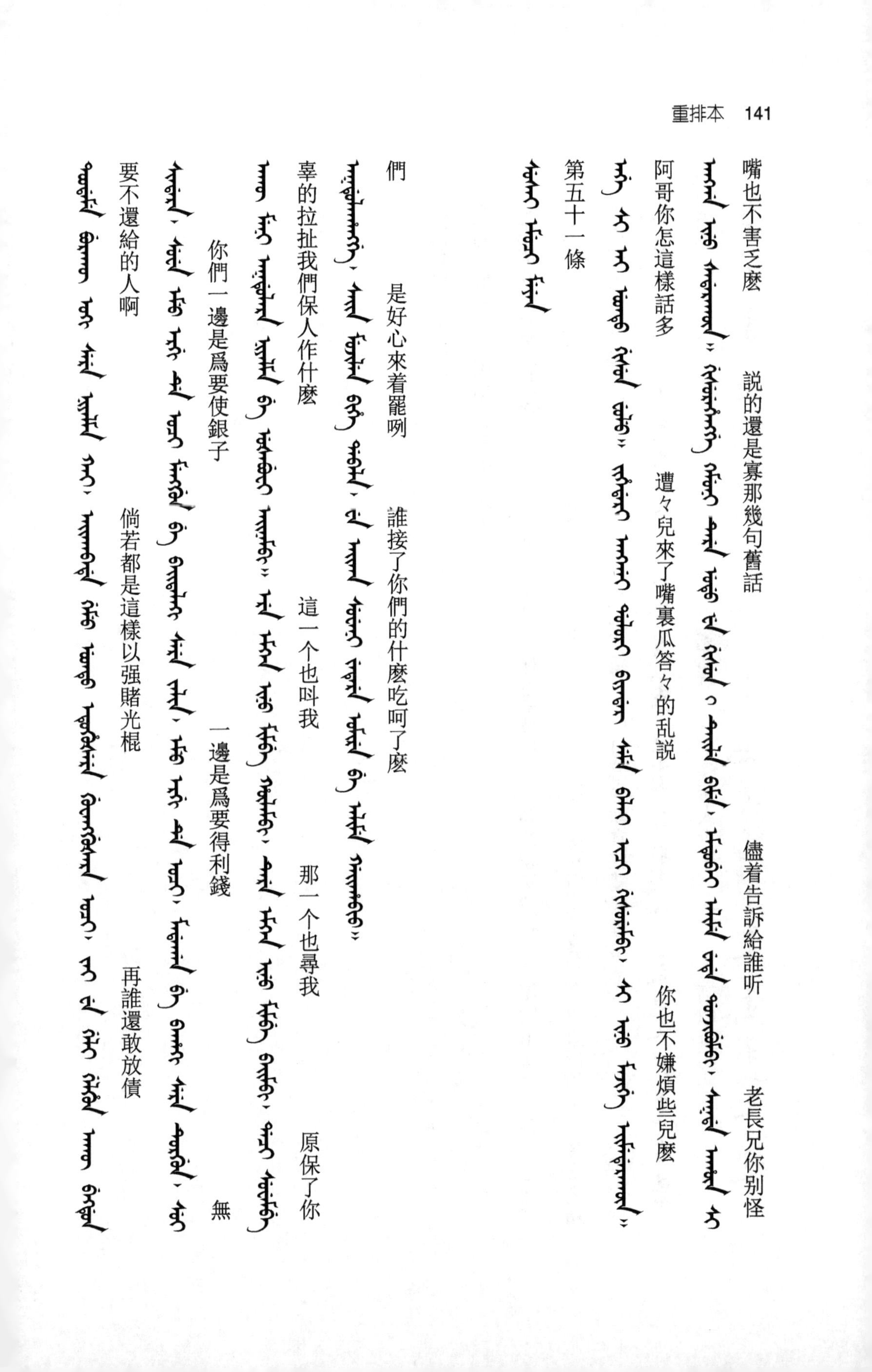

嘴也不害乏麼 說的還是寡那幾句舊話 儘着告訴給誰听 老長兄你別怪

阿哥你怎這樣話多 遭々兒來了嘴裏瓜答々的乱説 你也不嫌煩些兒麼

第五十一條

們 是好心來着罷咧 誰接了你們的什麼吃呵了麼

辜的拉扯我們保人作什麼 這一个也叫我 那一个也尋我 原保了你

你們一邊是爲要使銀子 一邊是爲要得利錢 無

要不還給的人啊 倘若都是這樣以强賭光棍 再誰還敢放債

清文啓蒙卷之二終

勿因淺近哂之。須諒開蒙難透之苦耳。

以上話條。俱係口頭言語可謂極淺近者矣。然古今書內。多用直解粗說引蒙者。蓋以直解粗說。爲文之精義雅俗共曉。學者易進。故此卷亦效其意。一爲初學熟口。一爲對讀次卷虛字。使知用法也。高明之士。

你這个年紀上就這樣老悖回了　上了年紀之後　可怎麼執掌家業料理事

ᠰᡳ ᡝᡵᡝ ᠰᡝ ᡩᡝ ᡠᡨᡥᠠᡳ ᡝᡵᡝ ᡤᡝᠰᡝ ᠰᠠᡴᡩᠠᡶᡳ ᡥᡡᠯᡳᠮᠪᡠᡥᠠ᠈ ᠰᡝ ᡩᡝ ᠣᡥᠣ ᠮᠠᠩᡤᡳ᠈ ᠠᡩᠠᡵᠠᠮᡝ ᠪᠣᠣ ᠪᠣᡳᡤᠣᠨ ᠪᡝ ᡝᠵᡝᠯᡝᡶᡳ ᠪᠠᡳᡨᠠ ᠪᡝ ᡳᠴᡳᡥᡳᠶᠠᠮᡝ ᠮᡠᡨᡝᠮᠪᡳ᠉

我的話直　你自己不覺罷咧　傍人听着　話似絮叨些

ᠮᡳᠨᡳ ᡤᡳᠰᡠᠨ ᠪᡝ ᠰᡳᠵᡳᡵᡥᡡᠨ ᠰᡝᠮᡝ ᠰᡝᠮᡝ ᡨᡠᠸᠠᠮᡝ᠈ ᠰᡳ ᠪᡝᠶᡝ ᠰᡝᡵᡝᠪᡠᡵᡝᡴᡡ ᡩᠠᠪᠠᠯᠠ᠈ ᡤᡡᠸᠠ ᡩᠣᠨᠵᡳᠴᡳ᠈ ᡤᡳᠰᡠᠨ ᠮᠠᠵᡳᡤᡝ ᠵᡳᠯᡤᠠᠨ ᡳ ᡩᠠᠯᡥᡡᠨ᠈

凡遇 ᡨᡝᠮᠪᡳ ᠮᡝᠩᡤᡝᠮᠪᡳ ᠰᡝᠮᠪᡳ ᡨᡝᡥᡝᠮᠪᡳ ᡨᡝᡥᡝ 等字之上。必用 ᡩᡝ 字。凡如 ᡩᡝ、ᠪᡝ、ᡳ、ᠴᡳ、ᠨᡳ、ᡴᡳ 等虛字。

ᠪᡳ ᠰᡳᠨᡩᡝ［於字］ᡶᠣᠨᠵᡳᡵᡝ ᡤᡳᠰᡠᠨ 我有話要問你。

ᠨᡳᠶᠠᠯᠮᠠ ᡩᡝ［在字］ᠪᠣᡩᠣᡵᠣᠩᡤᡝ᠈ ᠮᡠᡨᡝᠪᡠᡵᡝᠩᡤᡝ ᠠᠪᡴᠠ ᡩᡝ［在字］ᠪᡳ 謀事在人。成事在天。ᡨᡝᡥᡝ［於字］ᠵᡳᡥᡝ

ᠠᠪᡴᠠ ᡩᡝ［上頭字］ᡩᡝᠶᡝᡵᡝ ᡤᠠᠰᡥᠠ ᠪᡳ᠈ ᠨᠠ ᡩᡝ［上頭字］ᠶᠠᠪᡠᡵᡝ ᡤᡠᡵᡤᡳᠨ ᠪᡳ 天上有飛禽。地下有走獸。ᠪᡝᠯᡝ ᠪᡝ

ᠰᠠᠩᡤᠠᠮᠪᡳ 金銀貯櫃。粮米收倉。ᡶᡳ ᡥᠣᠣᡧᠠᠨ ᠪᡝᡥᡝ ᠶᡠᠸᠠᠨ ᠪᡝ ᡩᡝᡵᡝ ᡩᡝ［上頭字］ᠰᡳᠨᡩᠠᡥᠠ 筆紙墨硯放在桌上。

字］ᠪᡠᡥᡝ 給與這个人了。ᡝᡵᡝ ᠨᡳᠶᠠᠯᠮᠠ ᠪᡝ ᠪᡳᠶᠠᠯᠠ ᡩᡝ［裏頭字］ᠮᠠᠩᡤᠠ᠈ ᠪᡳ ᡩᡝ ᠮᡝᠩᡤᡝ᠈ ᠵᡳᡥᡝ ᡩᡝ［裏頭字］

ᡤᠠᠰᡥᠠᠨ ᡩᡝ［地方字］ᡤᡝᠨᡝᡥᡝ 江南蘇州去。ᡨᡝᡵᡝ ᠨᡳᠶᠠᠯᠮᠠ ᡩᡝ［與字］ᠰᡝᡥᡝᠩᡤᡝ 說與那个人了。ᡨᡝᡵᡝ ᠪᠠ ᡩᡝ［給

ᡳᠰᡳᠨᡩᡝ ᡩᡝ［時候字］ᡝᠵᡝᡥᡝ 大人們方纔去的時候告訴了。ᡨᡝ ᠮᡠᠰᡝᡳ［往字処字］ᡤᡝᠨᡝᠮᡝ 往那裏去。ᠪᡝᠶᡝ

聯用俱可。如云：ᠮᡠᠰᡝᡳ ᡩᡝ［時候字］ᡩᡝ ᠪᡳᠰᡳᡵᡝ ᡩᡝ［時候字］ᠵᡝᡵᡤᡳ 看時容易作時難。ᠪᡝᠶᡝᡩᡝ ᡤᡝᠨᡝᡥᡝ

ᡩᡝ 時候字。又地方字。處字。往字。又給字。與字。又裏頭字。上頭字。在字。於字。乃轉下申明語。單用

清文助語虛字

○ᠮᠠᠨᠵᡠ ᡤᡳᠰᡠᠨ ᡩᡝ ᠠᡳᠰᡳᠯᠠᡵᠠ ᠮᡠᡩᠠᠨ ᡳ ᡥᡝᡵᡤᡝᠨ

錢塘 程明遠 佩和 校梓

長白 舞格 壽平 著述

滿漢字清文啓蒙卷之三

ᠮᠠᠨᠵᡠ ᠨᡳᡴᠠᠨ ᡥᡝᡵᡤᡝᠨ ᡳ ᠴᡳᠩ ᠸᡝᠨ ᡴᡳ ᠮᡝᠩ ᠪᡳᡨᡥᡝ

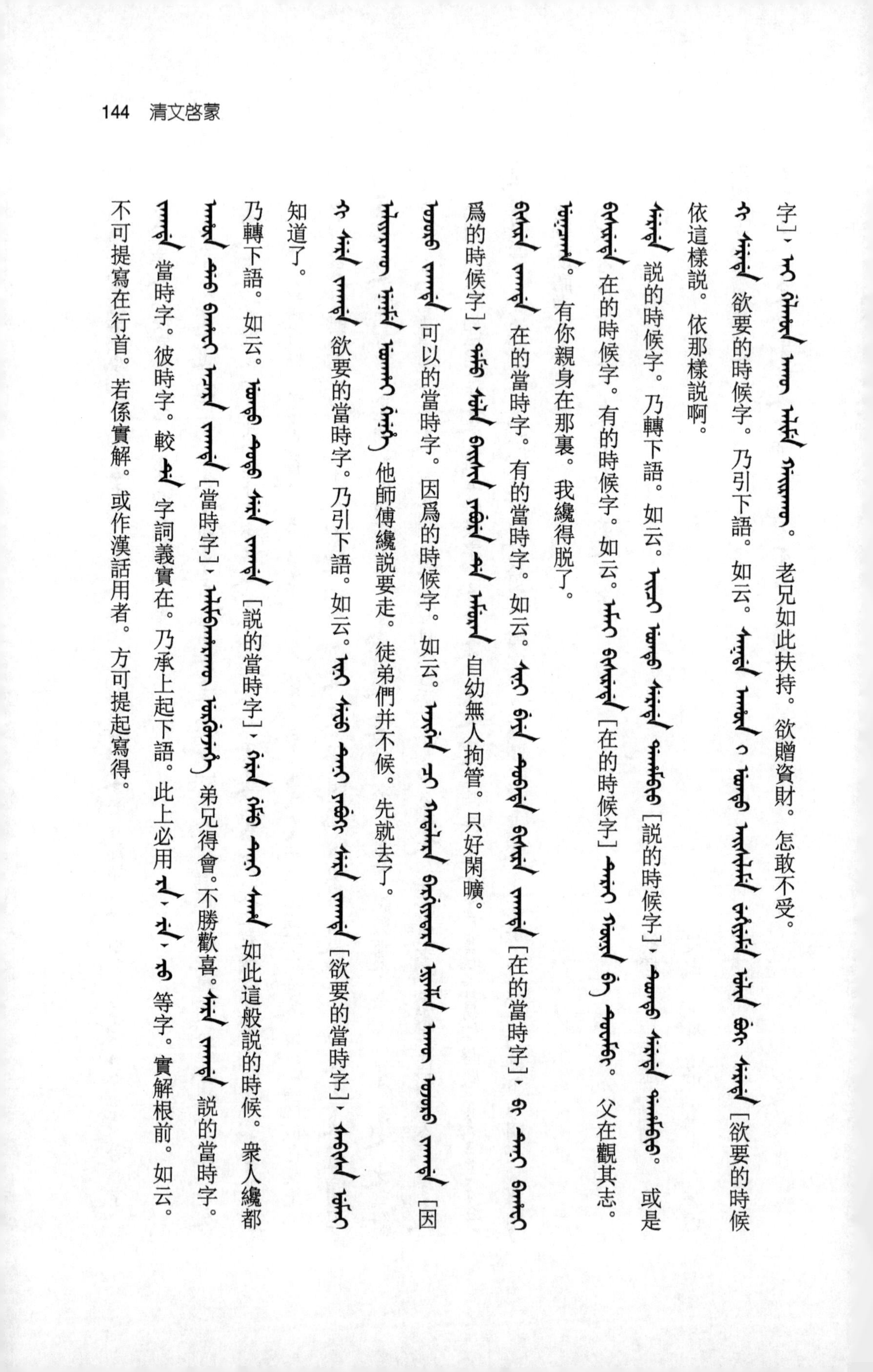

不可提寫在行首。若係實解。或作漢話用者。方可提起寫得。

當時字。彼時字。較 字詞義實在。乃承上起下語。此上必用、、等字。實解根前。如云。

「當時字」、 弟兄得會。不勝歡喜。 說的當時字。乃轉下語。如云。「說的當時字」、 如此這般說的時候。衆人纔都知道了。

欲要的當時字。乃引下語。如云。「欲要的當時字」、 他師傅纔說要走。徒弟們并不候。先就去了。

可以的當時字。因爲的時候字。如云。「因爲的時候字」、 自幼無人拘管。只好閑曠。

在的當時字。有的當時字。如云。「在的當時字」、。有你親身在那裏。我纔得脫了。

在的時候字。有的時候字。如云。「在的時候字」。父在觀其志。

說的時候字。乃轉下語。如云。「說的時候字」、。或是依這樣說。依那樣說啊。

欲要的時候字。乃引下語。如云。「欲要的時候字」、。老兄如此扶持。欲贈資財。怎敢不受。

ᠣᡥᠣᡩᡝ 了的時候字。乃擬度事後。結上起下語。如云。ᠪᠠᡳᡨᠠ ᡝᠮᡤᡝᡵᡳ ᡝᡩᡝ ᡳᠰᡳᠨᠠᡥᠠ ᠪᡝ ᡩᠠᡥᠠᠮᡝ。ᠠᡩᠠᡵᠠᠮᡝ ᠣᡥᠣᡩᡝ [了的時候字] ᠰᠠᡳᠨ。事已至此。怎麼樣了好。

ᠰᡝᡥᡝ ᠣᡥᠣᡩᡝ 說了的時候字。ᡴᡳ ᠰᡝᡥᡝ ᠣᡥᠣᡩᡝ 欲要了的時候字。

ᠪᡳᡥᡝ ᠣᡥᠣᡩᡝ 在了的時候字。有了的時候字。ᠰᡝᠮᡝ ᠣᡥᠣᡩᡝ 雖說了的時候字。總然了的時候字。

ᡴᡳ ᠰᡝᡵᡝ ᠣᡥᠣᡩᡝ 欲要了的時候字。ᠣᠵᠣᡵᠣ ᠣᡥᠣᡩᡝ 可以了的時候字。因爲了的時候字。

ᡨᡝᠨᡳ ᠣᡥᠣᡩᡝ 動不動兒的時候字。

ᠰᡝᡥᡝᡩᡝ 說了的時候字。倘若時候字。乃設言事後有變。引下之語。如云。ᠠᡳᡴᠠᠪᠠᡩᡝ ᡝᡵᡝ ᡤᡝᠰᡝ ᠣᡥᠣ ᠰᡝᡥᡝᡩᡝ [倘若時候字] ᠠᡩᠠᡵᠠᠮᡝ、万一倘或如此怎麼樣。

ᡴᡳ ᠰᡝᡥᡝᡩᡝ 欲要了的時候字。

ᠪᡳᡥᡝᡩᡝ 有来着的時候字。在来着的時候字。倘若時候字。乃設言如此。起下另結語。如云。ᠰᠠᡳᠨ ᠵᠠᡴᠠ ᠪᡳᡥᡝᡩᡝ [有来着的時候字]、ᡝᡳᠴᡳ ᠠᠰᠠᡵᠠᠮᠪᡳ、ᡝᡳᠴᡳ ᠰᠠᡳᠨ ᡥᡡᡩᠠ ᠪᡝ ᠪᠠᡳᡶᡳ ᡠᠨᠴᠠᠮᠪᡳ。有了好東西或是收着。或是尋好價兒賣。

ᡩᠠᡩᡝ 上頭又字。兼且字。更且字。一根裏字。此下必用 ᡤᡝᠯᡳ 字。實解根子上。如云。ᠣᠯᡥᠣᡧᠣᡵᠣ ᡩᠠᡩᡝ [上頭又字] ᡤᡝᠯᡳ ᠣᠯᡥᠣᡧᠣᠮᠪᡳ、ᡤᡳᠩᡤᡠᠯᡝᡵᡝ ᡩᠠᡩᡝ ᡤᡝᠯᡳ ᡤᡳᠩᡤᡠᠯᡝᠮᠪᡳ、小心上又小心。謹慎上又謹慎。

ᡨᡝᡩᡝ ᡩᠠᡩᡝ 那上頭又字。兼且字。更且字。在句首用。ᡩᡝᡵᡤᡳ 上頭字。

ᡝᡩᡝ 這上頭字。與此字。於此字。如云。ᡝᡩᡝ [這上頭字] ᠠᡳᠨᠠᡵᠠ 這有何妨。

ᡨᡝᡩᡝ 那上頭字。與他字。於彼字。如云。ᡨᡝᡩᡝ [那上頭字] ᠠᡳᠨᠠᡥᠠᠪᡳ 那不妨事。

ᠠᡳᡩᡝ 何以得字。什麼上頭字。如云。ᠠᡳᡩᡝ [什麼上頭字] ᠪᠠᡥᠠᡶᡳ ᠰᠠᡵᠠ 何以得知。

ᡩᡝᠣ 麼字。乎字。歟字。乃 ᡩᡝ 字作疑問詞。在字尾聯用。實解兄弟之弟。如云。ᡶᡠᡩᡯᡳ ᡝᡵᡝ ᡤᡠᡵᡠᠨ ᡩᡝ ᡳᠰᡳᠨᠠᠴᡳ᠈ ᡠᡵᡠᠨᠠᡴᡡ ᡨᡝᡵᡝᡳ ᡩᠠᠰᠠᠨ ᠪᡝ ᡩᠣᠨᠵᡳᠮᠪᡳ᠈ ᠪᠠᡳᡥᠠᡩᡝᠣ [上頭麼字]、ᠠᡳᠰᡝ ᠪᡠᡥᡝᡩᡝᠣ [與的麼字]、夫子至於是邦也。必聞其政。求之歟。抑與之歟。

ᠪᡝ 把字。將字。也字。又以字。用字。又使字。令字。教字。聯用單用俱可。實解我們。魚食。鳥食。牛車轅頭橫木。如云。ᡳᠮᠪᡝ [把字] ᡤᠠᠮᠠ ᡤᡝᠨᡝ 將他領了去。ᡨᡝᡵᡝ ᠪᡝ [將字] ᡤᠠᠵᡳ 把那个拿来。ᠰᡳᠶᠠᠩ ᠰᡝᡵᡝᠩᡤᡝ ᡠᠵᡳᡵᡝ ᠪᡝ [也字]、ᡥᡳᠶᠣᠣ ᠰᡝᡵᡝᠩᡤᡝ ᡨᠠᠴᡳᠪᡠᡵᡝ ᠪᡝ [也字]、ᠰᡳᠣᡳ ᠰᡝᡵᡝᠩᡤᡝ ᡤᠠᠪᡨᠠᡵᠠ ᠪᡝ [也字]、庠者養也。校者教也。序者射也。ᠠᡳ ᠪᡝ [以字] ᡶᡠᠯᡝᡥᡝ ᠣᠪᡠᠮᠪᡳ 以何作根本。ᠠᡳ ᠪᡝ [用字] ᡨᡝᠮᡤᡝᡨᡠ ᠣᠪᡠᠮᠪᡳ 以何爲憑據。ᠰᡝᡶᡠ ᡤᡝᠨᡝᠪᡠ [令字] ᠰᡝ ᠰᡝᡥᡝ 師傅說了教你去。ᠵᡳᠪᡠ [使字] ᠰᡝ 教他来罷。凡遇 ᠪᡠ ᠪᡠᠮᠪᡳ。ᠪᡠᡥᡝ 等虛字之上。必用 ᠪᡝ 字。凡如 ᠪᡠ、ᡩᡝ、ᠴᡳ、ᠨᡳ、ᡳ 等虛字之下。不可用 ᠪᡝ 字。ᠮᡳᠮᠪᡝ 把我。教我。ᠮᡠᠰᡝᠪᡝ 將我們。令我們。ᠰᡠᠸᡝᠮᠪᡝ 把你們。教你們。ᠴᡝᠮᠪᡝ 將他們。使他們。ᡥᡝᠨᡩᡠᡥᡝᠩᡤᡝ 將說了的。ᡥᡝᠨᡩᡠᡥᡝ ᠪᡝ 把說了的。之謂也。

ᠪᡝᠣ 麼字。乎字。歟字。乃 ᠪᡝ 字作質問疑詞。如云。ᡤᡝᡵᡝᠨ ᡳ ᡩᠣᡵᡤᡳ ᠸᡝ ᠸᡝᡳᠯᡝ ᠠᡵᠠᠴᡳ ᠪᡝᠣ [把麼字] 衆人之中該罰的。把誰呀。

ᡳ 的字。之字。又以字。用字。此ᡳ字。亦有聯寫在第一頭字尾。念作第二頭字音者。與單用義同。如云。ᠨᡳᠶᠠᠯᠮᠠ ᡳ [的字] ᠠᠮᠠ ᡝᠮᡝ、ᠪᡝᠶᡝ ᡳ [之字] ᠠᠮᠠ ᡝᠮᡝ ᡳ [illegible] 人之父母。己之父母。ᠪᡳ ᠰᠠᡳᠨ ᠮᡠᠵᡳᠯᡝᠨ ᡳ [以字] ᠨᡳᠶᠠᠯᠮᠠ ᠪᡝ ᡨᡠᠸᠠᠮᠪᡳ、ᠨᡳᠶᠠᠯᠮᠠ ᡠᡵᡠᠨᠠᡴᡡ ᠰᠠᡳᠨ ᠮᡠᠵᡳᠯᡝᠨ ᡳ [用字] ᠮᡳᠮᠪᡝ ᡨᡠᠸᠠᠮᠪᡳ 我以好心待人。人必以好心待我。ᡝᡵᡩᡝᠮᡠ ᡳ [以字] ᠪᡝᠶᡝ ᡩᠠᠰᠠᠮᠪᡳ 以德修身。

ᡳ字聯寫体式。ᠨᡳᠶᠠᠯᠮᠠᡳ [聯式] ᠠᠮᠠ ᡝᠮᡝ。ᠪᡝᠶᡝᡳ [聯式] ᠠᠮᠠ ᡝᠮᡝᡳ [聯式] [illegible]

凡遇 ᠵᠠᠯᡳᠨ、ᠪᠠᡵᡠ、ᠠᡩᠠᠯᡳ、ᡝᠮᡤᡳ、ᡤᡝᠰᡝ、ᡩᡝᠯᡝ、ᡩᠣᠯᠣ、ᡩᠣᡵᡤᡳ、ᡨᡠᠯᡝᡵᡤᡳ、ᡨᡠᡵᡤᡠᠨ 等字之上。必用ᡳ字。或當用ᠨᡳ字。如 ᡝᡵᡝ ᡤᡝᠰᡝ、ᡨᡝᡵᡝ ᡤᡝᠰᡝ 等句。乃係成語。不在此例。

凡遇 ᡵᠠ、ᡵᡝ、ᡵᠣ、ᡥᠠ、ᡥᡝ、ᡥᠣ、ᡴᠠ、ᡴᡝ、ᡴᠣ、ᠯᠠ、ᠯᡝ、ᠯᠣ、ᠮᡝ、ᠩᡤᡝ 等虛字之下。必用ᡳ字。乃一定之詞也。

ᠨᡳ 的字。之字。又以字。用字。又呢字。哉字。乃驚嘆想像語氣。實解標的點字。如云。ᠪᠠ ᠸᠠᠩ ᠨᡳ [的字] ᠪᠠᡨᡠᡵᡠ、ᡴᡠᠩᠮᡳᠩ ᠨᡳ [之字] ᠪᡝᠩᠰᡝᠨ、ᠴᡝᠨ ᡦᡳᠩ ᠨᡳ [的字] ᠮᡝᡵᡤᡝᠨ、ᠵᡝᠣ ᡤᡠᠩ ᠨᡳ [之字] ᡩᠣᡵᠣᠯᠣᠨ 霸王之勇。孔明之才。陳平之智。周公之禮。ᠠᡳᠨᡳ [用字] ᡴᠠᡵᡠᠯᠠᠮᠪᡳ 以何答報。ᡝᡵᡝ ᠠᡳ ᡨᡠᡵᡤᡠᠨ ᠨᡳ [呢字] 這是什麼緣故呢。ᡝᡵᡝ ᡤᡝᠰᡝ ᠪᠠᡳᡨᠠ ᡤᡝᠯᡳ ᠪᡳᠨᡳ [呢字] 這樣事也有呢。ᡩᡠᠯᡝ ᠨᡳ ᡳᠨᡳ [呢字] 原來是他呢。

ᠰᡳᠨᡳ 你的。ᠮᡳᠨᡳ 我的。

ᡳᠨᡳ 他的。ᠮᡝᠨᡳ 我們的。

ᠰᡠᠸᡝᠨᡳ 你們的。ᠴᡝᠨᡳ 他們的。

ᠠᡳᠨᡳ 用什麼。以何。ᠠᡳᠨᠠᡥᠠ ᠨᡳ 怎麼了呢。未必呢。

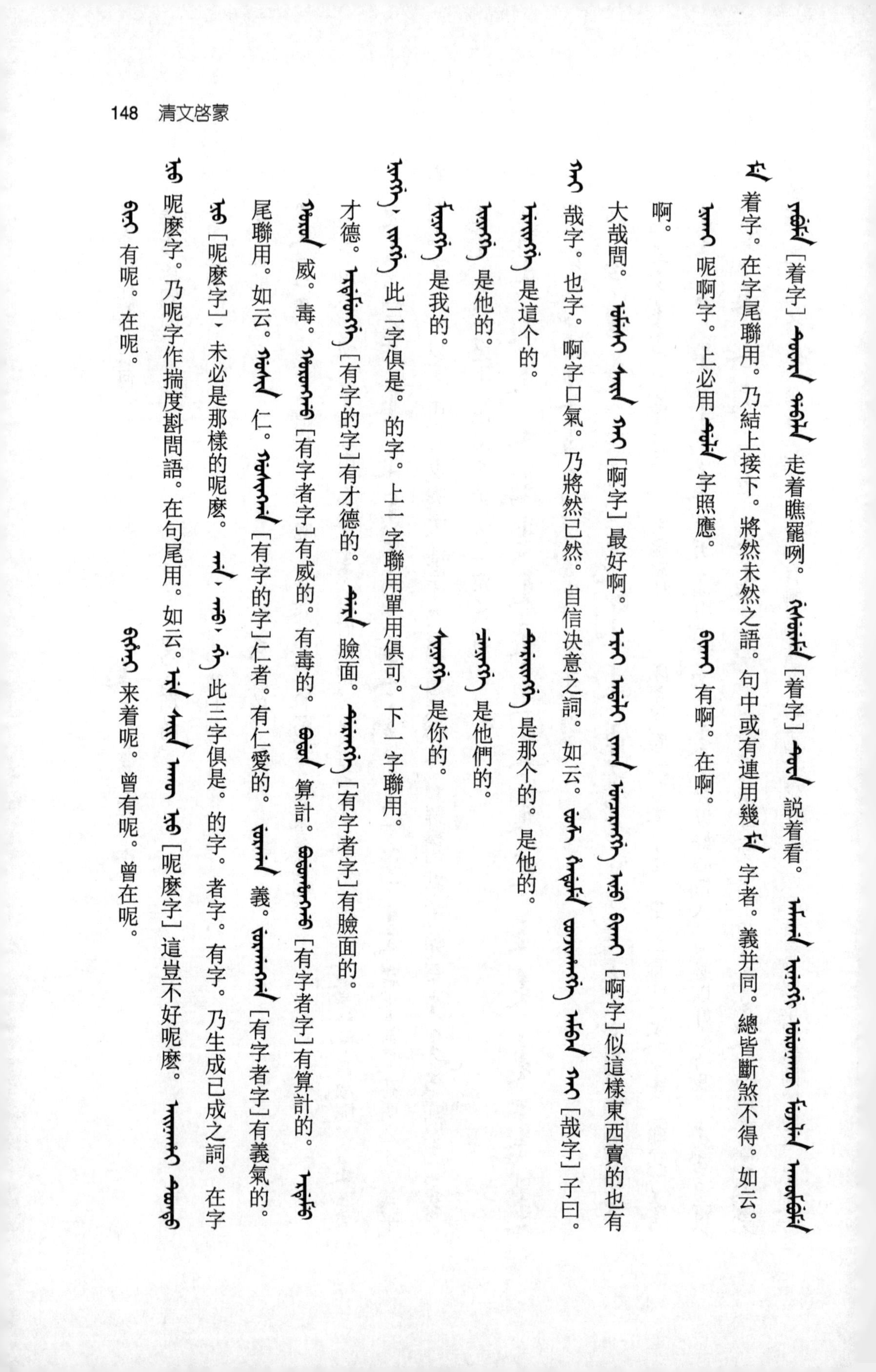

「着字」走着瞧罷咧。「着字」說着看。
着字。在字尾聯用。乃結上接下。將然未然之語。句中或有連用幾 字者。義并同。總皆斷煞不得。如云。
呢啊字。上必用 字照應。有啊。在啊。
啊。
大哉問。「啊字」最好啊。「啊字」似這樣東西賣的也有
哉字。也字。啊字口氣。乃將然已然。自信決意之詞。如云。「哉字」子曰。
是這个的。是那个的。是他的。
是他的。是他們的。
是我的。是你的。
此二字俱是。的字。上一字聯用單用俱可。下一字聯用。
才德。「有字的字」有才德的。臉面。「有字者字」有臉面的。
威。毒。「有字者字」有威的。有毒的。算計。「有字者字」有算計的。
尾聯用。如云。仁。「有字的字」仁者。有仁愛的。義。「有字者字」有義氣的。
「呢麽字」、未必是那樣的呢麽。此三字俱是。的字。者字。有字。乃生成已成之詞。在字
呢麽字。乃呢字作揣度斟問語。在句尾用。如云。「呢麽字」這豈不好呢麽。
有呢。在呢。来着呢。曾有呢。曾在呢。

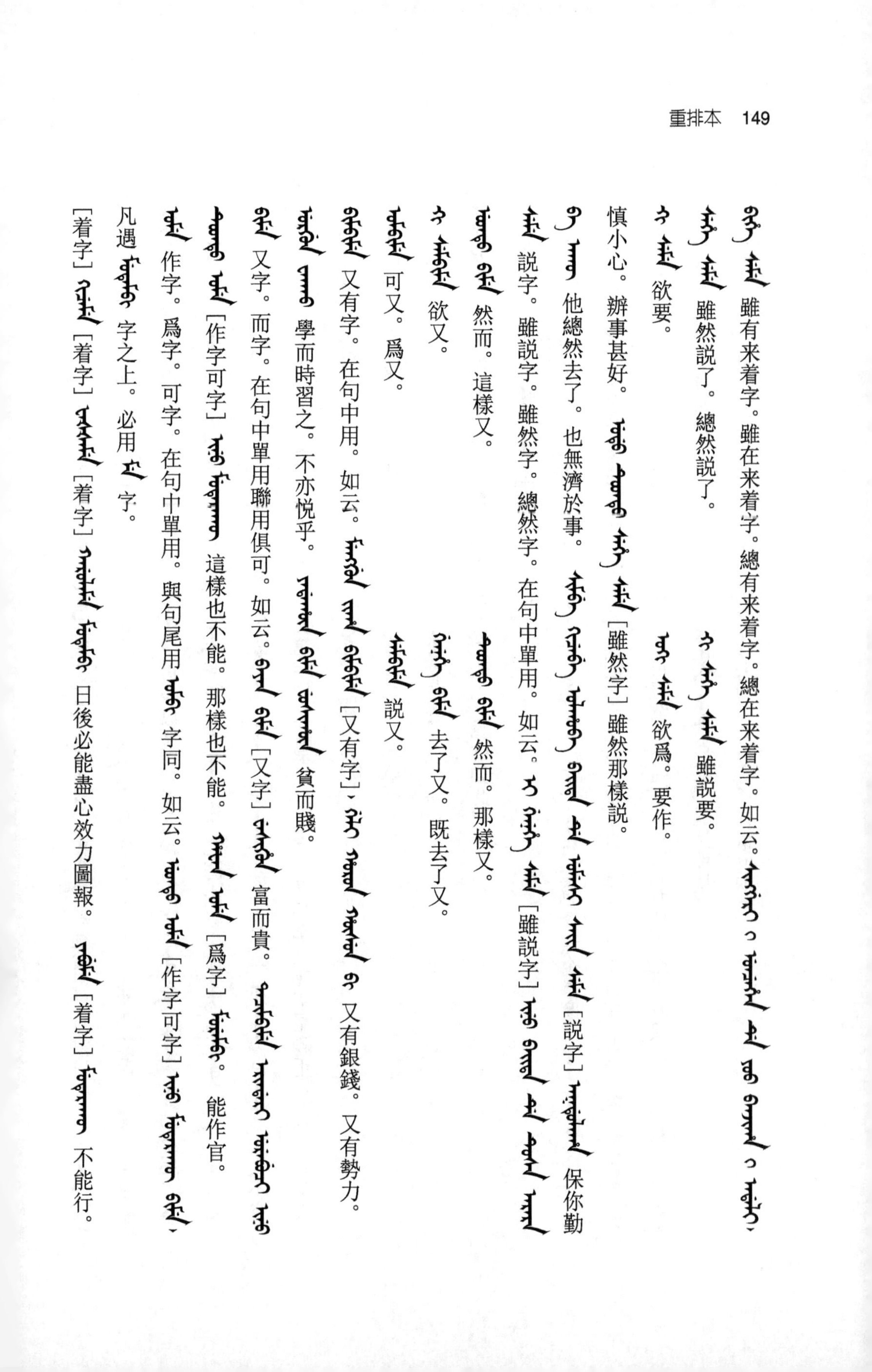

雖有来着字。雖在来着字。總有来着字。總在来着字。如云。
雖然說了。總然說了。　雖說要。
欲要。　欲爲。要作。
慎小心。辦事甚好。　[雖然字] 雖然那樣說。
他總然去了。也無濟於事。　[說字] 保你勤
說字。雖說字。雖然字。總然字。在句中單用。如云。　[雖說字]
然而。這樣又。　然而。那樣又。
欲又。　去了又。既去了又。
可又。爲又。　說又。
又有字。在句中用。如云。　[又有字]、　又有銀錢。又有勢力。
學而時習之。不亦悅乎。　貧而賤。
又字。而字。在句中單用聯用俱可。如云。　[又字]　富而貴。
[作字可字]　這樣也不能。那樣也不能。　[爲字]　能作官。
作字。爲字。可字。在句中單用。與句尾用　字同。如云。　[作字可字]
凡遇　字之上。必用　字。
[着字]　[着字]　[着字]　日後必能盡心效力圖報。　[着字]　不能行。

此不遠。ᠠᠮᠠ ᡝᠮᡝ ᠴᡳ[離字] ᡶᠠᡴᠴᠠᡶᡳ、ᠪᠣᠣᠴᡳ[離字] ᠠᠯᠵᠠᡶᡳ ᡳᠨᡝᠩᡤᡳ ᡤᠣᡳᡩᠠᡥᠠ 辭別父母。離家日久。ᠴᡳ ᡝᡵᡝᠴᡳ [比

ᡠᡩᡠᡩᡝ[第字] ᠪᡳ ᠣ 你在第幾个上。ᠪᡳ ᠵᠠᡴᡡᠴᡳ[第字] ᠪᡳ ᠣ 我在第八个上。ᠶᠠᠪᡠᠴᡳ[離字] ᡤᡝᠨᡝᠴᡳ ᡤᡝᠨᡝ 離

就説去。若不去就説不去。ᡝᡵᡝᠴᡳ[自字] ᠵᡠᠯᡝᠰᡳ 自今以後。ᡠᠵᡠᠴᡳ[從字由字] ᡠᠨᠴᡝᡥᡝᠨ ᡩᡝ ᡳᠰᡳᡨᠠᠯᠠ 從頭至尾。ᠴᡳ

言必有中。ᡤᡝᠨᡝᠴᡳ[如字則字] ᡤᡝᠨᡝᠮᠪᡳ ᠰᡝ᠈ ᡤᡝᠨᡝᡵᠠᡴᡡᠴᡳ ᡤᡝᠨᡝᡵᠠᡴᡡ ᠰᡝ ᡤᡝᠨᡝᠴᡳ[如字則字] ᡠᡵᡠᠨᠠᡴᡡ ᡤᡳᠰᡠᠨ ᡩᡝ ᠠᠴᠠᠨᠠᠮᠪᡳ 若去

未然之語。如云。ᡨᡝᡵᡝ ᠨᡳᠶᠠᠯᠮᠠ ᡤᡳᠰᡠᡵᡝᡵᠠᡴᡡᠴᡳ[如字若字] ᠸᠠᠵᡳᡥᠠ᠈ ᡤᡳᠰᡠᡵᡝᠴᡳ[如字若字] ᡠᡵᡠᠨᠠᡴᡡ ᠠᠴᠠᠨᠠᠮᠪᡳ 夫人不言。

ᠴᡳ 如字。若字。則字。又自字。從字。由字。又第字。又離字。又比字。又是字。在字尾聯用。乃結上起下。

ᠶᠠᠯᡠ 請騎。又欲騎。ᠣᠮᡳ 請飲。又欲飲。

ᡨᡝ 請坐。又欲坐。欲居住。ᠵᡝᡴᡝ 請吃。又欲吃。

ᠪᡳ 欲在。ᡤᡳᠰᡠᡵᡝ 要説。

ᠣᠰᠣ 欲爲字。要作字。如云。ᠪᡳ ᡠᡨᡠ ᠣᠰᠣ[要作字]、我欲如此。

ᠠᡤᡝ ᡝᠰᡝ ᡨᡝ[請字]長兄請上坐。ᠮᠣᡵᡳᠨ ᠶᠠᠯᡠ[請字] 請騎馬。

ᡥᡡᠯᠠᠪᡳ[欲字意]、這个書我念。ᠰᡳ ᡝᡵᡝ ᠪᡳᡨᡥᡝ ᠪᡝ ᡥᡡᠯᠠᠮᠪᡳ[欲字] ᠣ 你要念這个書麼。ᠰᡳ ᡝᡵᡝ ᠪᡳᡨᡥᡝ [請

字也。如云。ᠪᡳ ᡳᠯᡳᠨᡳᠶᠠᡥᡳ ᡝᠮᡠ ᠪᡳ[欲字意]我願意在這裏。ᠪᡳ ᡤᡝᠨᡝᠮᡝ[要字] ᠪᡳ 我要去。ᠰᡳ ᡝᡵᡝ ᠪᡳᡨᡥᡝ ᠪᡳ

ᠴᡳ 欲字。要字意。又讓人請字意。在字尾聯用。亦可直煞住。語甚虛活。若此字之下有 ᠪᡳ 字。乃實在欲字要

ᡠᡨᡨᡠ ᠰᡝᠴᡳᠪᡝ 然雖。雖然如此。ᡨᡠᡨᡨᡠ ᠰᡝᠴᡳᠪᡝ 然雖。雖然那樣。

ᠰᡳᠩᡤᡝᡵᡳ ᡠᠨᠴᡝᡥᡝᠨ ᠰᡝᠴᡳᠪᡝ[總然有来着字] ᠶᠣᠣᡩᠠᡥᠠ ᡨᡠᠨᡳᠶᡝᠨ 耗子尾巴上長瘡。有膿也不多。

ᡝᡳᠴᡳ 或字。抑字。 ᡝᡳᠴᡳ 是什麼。

ᠪᡳᡥᡝ ᠪᡳᠴᡳ [倘曾字]、ᡨᡠᡨᡨᡠ ᠠᡴᡡ ᠪᡳᡥᡝ ᠪᡳᠴᡳ 若不那樣来着。何以得這樣。

ᠪᡳᡥᡝ ᠪᡳᠴᡳ 若有来着字。若在来着字。倘曾字。乃設言已前事務之詞。此下必用 ᠪᡳᡥᡝ 字應之。如云。ᡨᡠᡨᡨᡠ ᠰᡝ

ᡴᡳ ᠰᡝᡥᡝ ᠪᡳᠴᡳ 將欲。將要。

纔將説着他。就来了。

ᠰᡝᡥᡝ ᠪᡳᠴᡳ 將說了字。如云。ᠪᡝ ᡤᠠᠰᡥᡡᠨ ᠰᡝᡥᡝ ᠪᡳᠴᡳ [將說了字]、ᡨᡠᠰᡥᡝᡥᡝ ᠰᡝᡥᡝ 地方兒狠邪。

ᡝᡵᡝ ᡤᠠᠰᡥᡡᠨ 陪的人將請来坐下。客也到来了。ᡝᠮᡠ ᠪᡳᠴᡳ [若在字]、ᡨᡠᡨᡨᡠ ᠰᠠᡳᠨ 若在此處。比那裏好。

ᠰᡳ ᠠᡳᠨᡳ 你若有什麼好書。借與我幾本念。ᠰᠠᡳᠨ ᠪᡳᡨᡥᡝ ᠪᡳ ᠮᡠᡨᡝᡵᡝ ᠪᡝ ᠪᡳᠴᡳ [將字]、ᠰᠠᡳᠨ

ᠪᡳᠴᡳ 如有字。若在字。又將字。如云。ᡳᠰᡳᠨᠵᡳ ᠰᡝ ᠪᡳᡥᡝ ᠪᡳᠴᡳ [如有字]、ᡳᠰᡳᠨᠵᡳ ᠣᠴᡳ ᡨᡠᡨᡨᡠ ᡨᡠᡨᡨᡠ ᠪᡝ ᠰᡝ

ᠣᠴᡳ 若說。如說。 ᡴᡳ ᠣᠴᡳ 若要。如欲。

ᡝᠮᡠ ᡩᡝ ᠣᠴᡳ 一則。第一来。 ᠵᠠᡳ ᡩᡝ ᠣᠴᡳ 二則。第二来。

ᡠᡨᡨᡠ ᠣᠴᡳ 然則。若是如此。 ᡨᡠᡨᡨᡠ ᠣᠴᡳ 然則。若是那樣。

ᠪᠠᡥᠠᠴᡳ 倘得。如得。 ᠣᠴᡳ 若是。如若。則字。

ᠰᡝᠴᡳ、ᠰᡝᡥᡝᡩᡝ 等字之上。必用 ᠮᡝ 字。此一定之詞也。

ᠰᡝᡥᡝᡩᡝ ᠪᡳᡥᡝᠩᡤᡝ ᠣᠴᡳ ᠣᠴᡳ [是字] 在那裏有来着的。都是誰。凡遇 ᠰᡝᠴᡳ、ᠰᡝᡥᡝᡩᡝ、ᠰᡝᡥᡝᠩᡤᡝ、ᠰᡝᡥᡝᠩᡤᡝ、

字] ᡩᡝ ᠰᠠᡴᡩᠠ 他比我年長。ᡩᡝ [比字] ᠰᠠᡴᡩᠠ 比你高强。ᠣᠴᡳ [是字] ᠰᡝᡥᡝ ᠪᡳᡥᡝ ᠪᡳᡥᡝ 是那一个先来着。

ᠠᡴᡡᠴᡳ 若不。莫不是。 ᡝᡳᠴᡳ 或者是。

ᡩᠣᠨᠵᡳᠴᡳ 听見。聞之。此下必用 ᠰᡝᡵᡝ、ᠰᡝᡥᡝ、ᠰᡝᠮᠪᡳ 等字應之。

ᡩᡝᡵᡳ 自字。從字。由字。在字尾用之。比 ᠴᡳ 字詞義實在。乃實解起字也。

ᠮᠣᡵᡳᠨ ᡩᡝᡵᡳ 由馬上 ᡤᡳᠶᠠᠮᡠᠨ ᡩᡝᡵᡳ 由驛站。

ᡩᠣᡵᡤᡳᡩᡝᡵᡳ 從中。自裏頭。 ᠰᡳᡩᡝᠨᡩᡝᡵᡳ 自其間。

ᠵᠠᡴᠠᡩᡝᡵᡳ 從縫子裏。 ᡨᡠᠯᡝᡵᡤᡳᡩᡝᡵᡳ 自外邊。

ᠠᡳᡴᠠ 倘若字。倘或字。設或字。在句首用。此下必用 ᠴᡳ、ᠣᠴᡳ、ᠪᡳᠴᡳ、ᡴᡳ、ᠴᡳ、ᡥᡠ 等字應之。如云。ᠠᡳᡴᠠ [倘或字] ᠪᠠᡳᡨᠠ ᠪᡳᠴᡳ ᠠᡳᠨᠠᠮᡝ ᠣᠮᠪᡳ 倘或事到其間。怎麼處。

ᠠᡳ 什麼字。倘或怎麼字。如云。ᠠᡳ [什麼字] ᠠᡳ ᠪᡳ 有什麼東西麽。ᠠᡳ [倘或怎麼字] ᠪᠠᡳᡨᠠ ᠪᡝ ᡨᡠᠴᡳᠨᠵᡳᠴᡳ、ᠵᠠ ᠠᡴᡡ 倘或事出来了。不輕啊。

ᠴᡳ 上半句的了字。又因字意。在字尾聯用。乃結上接下。將然已然。詞義未斷之語。句中亦有連用幾 ᠴᡳ 字者。義并同。總爲半句。斷煞不得。如云。ᠪᡠᡩᠠ ᠵᡝᠴᡳ [了字] ᡥᡡᡩᡠᠨ ᠵᡳᠣ 吃了飯快来。ᠠᠯᠠᠴᡳ [了字] ᠵᠠᡳ ᡤᡝᠨᡝ。告訴了再去罷。ᡤᡝᠨᡝᠴᡳ [了字] ᡠᡨᡥᠠᡳ ᠵᡳᠣ。去了就来。ᡤᡳᠰᡠᡵᡝᠴᡳ [了字] ᡨᡠᠸᠠ。說了看。ᠪᡳ ᠪᠣᠣᡩᡝ ᡤᡝᠨᡝᡶᡳ [了字] ᠮᠠᠵᡳᡤᡝ ᡝᡵᡤᡝᡶᡳ [了字] ᠪᡠᡩᠠ ᠵᡝᡶᡳ [了字] ᡩᡝᡵᡝ ᠣᠪᠣᡶᡳ [了字] ᠵᠠᡳ ᠵᡳᠮᠪᡳ 我到了家裏去。歇一歇。吃了飯。洗了臉。再来。

ᠣᡶᡳ 因爲了字。因而字。如云。ᠰᡳ ᡝᠮᡠ ᠪᠣᠣ ᡳ ᠨᡳᠶᠠᠯᠮᠠ ᠣᡶᡳ [因爲字]、ᠪᡳ ᠰᠠᡵᡴᡡ ᡤᡝᠨᡝᠮᡝ ᡤᡳᠰᡠᡵᡝᠮᠪᡳ 因爲你是一

天亮了 [illegible]、[illegible] [了字] 毛倒捲。毛倒捲了。ᠶᠠᠯᡠᡥᠠ [的字] ᠮᠣᡵᡳᠨ 騎的馬。[illegible] [的字] [illegible] 刻

着了。ᠣᠪᠣᠮᠪᡳ、ᠣᠪᠣᡥᠣ [了字] 洗。洗了。ᡥᠠᡶᡠᠮᠪᡳ、ᡥᠠᡶᡠᡴᠠ [了字] 通達。通達了。ᡤᡝᡵᡝᠮᠪᡳ、ᡤᡝᡵᡝᡴᡝ [了字] 天亮。

上用 ᡝ 下用 ᡥᡝ。上用 ᠣ 下用 ᡥᠣ。ᠠᠯᠠᠮᠪᡳ、ᠠᠯᠠᡥᠠ [了字]、告訴。告訴了。ᡝᡵᡝᠮᠪᡳ、ᡝᡵᡝᡥᡝ [了字] 指望。指望

的字者。俱隨上字押韻用之。如上用 ᠠ 下用 ᡥᠠ。上用 ᡳ 下用 ᡥᡝ。上用 ᠣ 下用 ᡥᠣ。上用 ᡠ 下用 ᡴᡠ。

ᡴᠠ、ᡥᠠ、ᡴᠣ、ᡥᠣ、ᡴᡝ、ᡥᡝ 此六字俱是。了字。矣字。也字。在字尾聯用。乃已然之詞。句中亦有解作之字。

[illegible] 沈湎貪進去了。[illegible] 提起了。

[illegible] 超然出衆了。[illegible] 遍滿了。

[illegible] 化開了。[illegible] 和氣了。

[illegible] [illegible] 直伸着脖子。[illegible] [illegible] 大張着口。

ᡶᡳ 與 ᠮᡝ 字詞義稍同。乃形容事物太甚之語。在字尾聯用。

[illegible] ᠰᡝᡥᡝ 因欲。因要。

昨日說了給。又没有給。

畢字。如云。ᠰᡳᡴᠰᡝ ᠪᡠᠮᠪᡳ ᠰᡝᡥᡝ [說了字] ᠪᡠᠮᠪᡳᡥᡝ、ᠴᠠᠨᠠᠩᡤᡳ ᠪᡠᠮᠪᡳ ᠰᡝᡥᡝ [說了字] [illegible] ᠪᡠᠮᠪᡳᡥᡝ。前日說了給。没有給。

ᠪᡳᡥᡝ 有了字。在了字。如云。ᠰᡳ ᠪᠣᠣᡩᡝ ᠪᡳᡥᡝ [在了字] ᠠᡳᠨᠠᠮᠪᡳᡥᡝ 你在家裏。作什麼来着。ᠰᡝᡥᡝ 說了字。說

ᡠᡨᡨᡠ ᠣᡶᡳ 所以。故此。因此。因爲這樣。ᡨᡠᡨᡨᡠ ᠣᡶᡳ 所以。是故。因爲那樣。

个正道的人。我纔這樣勸罷咧。

的書。ᡤᡝᠨᡝᡥᡝ［的字］ᠨᡳᠶᠠᠯᠮᠠ 去的人。

凡遇 ᡤᡝᠨᡝᡥᡝ 字之上。必用 ᠨᡳ᠈ ᠨᡳ᠈ ᠪᡝ᠈ ᠪᡝ᠈ ᠴᡳ᠈ ᠴᡳ 等字。

ᠣᡥᠣ 了字。爲了字。作了字。如云。ᠰᡳᠨᡳ ᡨᡝᡵᡝ ᠪᠠᡳᡨᠠ᠈ ᠠᡳ ᠣᡥᠣ［了字］你的那个事情。怎麼樣了。ᡥᠠᡶᠠᠨ ᠣᡥᠣ

［爲了字］ᠨᡳᠶᠠᠯᠮᠠ 作了官的人。

ᠪᡳᡥᡝ 有来着字。在来着字。原曾字。乃追述語。此上必用 ᡩᠠᠴᡳ 字照應。如云。ᡩᠠᠴᡳ ᡝᠮᡠ ᡠᠮᡝᠰᡳ ᠰᠠᡳᠨ ᠨᡳᠶᠠᠯᠮᠠ

ᠪᡳᡥᡝ［原曾字］原是一个最好的人来着。

ᠪᡳᡥᡝᡳ 久而久之字。如云。ᡝᡥᡝ ᡩᡝ ᡩᠠᡥᠠᠮᡝ᠈ ᠪᡳᡥᡝᡳ ᠪᡳᡥᡝᡳ［久而久之字］ᡝᡥᡝ ᡩᡝ ᡤᠣᠴᡳᠮᠪᡳ。歸壞人。

久而帶累壞。

ᠣᠮᠪᡳᡥᡝ 可以来着。使得来着。ᠪᡳᠮᠪᡳᡥᡝ 曾有来着。曾在来着。

ᠰᡝᠮᠪᡳᡥᡝ 說来着。曾說。ᡴᡳ ᠰᡝᠮᠪᡳᡥᡝ 欲要来着。曾欲。

ᠰᡝᡥᡝ ᠪᡳᡥᡝ 曾經說来。說了来着。ᡴᡳ ᠰᡝᡥᡝ ᠪᡳᡥᡝ 曾說欲要。

ᠰᡝᡥᡝ 說了字。稱說字。乃述他人之詞。如云。ᠰᡳᠨᡳ ᠪᠣᠣᡳ ᠨᡳᠶᠠᠯᠮᠠ ᠵᡳᡶᡳ᠈ ᠰᡳᠮᠪᡝ ᡤᠠᡧᠠᠨ ᡩᡝ ᡤᡝᠨᡝᡥᡝ ᠰᡝᡥᡝ［說了字］你家人来告訴。說你往屯裏去了。ᡳ ᠠᡳ ᠰᡝᡥᡝ［說了字］、他怎麽說了。

ᡴᡳ ᠰᡝᡥᡝ 說了欲要。ᠸᠠᡴᠠ 不是。非字。

ᠨᠠᠣ᠈ ᠨᡝᠣ᠈ ᠨᠣᠣ᠈ ᠨᡳᠣ᠈ ᠨᡠ᠈ ᠨᡠ 此六字俱是。了麼字。乎字。歟字。乃上六字作已然疑詞。在字尾聯用。如云。

ᡝᡵᡝ ᠸᠠᡴᠠᠨᠠᠣ［了麼字］這不是了麼。ᠰᡳ ᡥᠠᡶᠠᠨ ᠣᡥᠣᠨᠠᠣ［了麼字］你做了官了麼。ᡳ ᡨᡠᠪᠠᡩᡝ ᠪᡳᡥᡝᠨᠠᠣ［了麼字］他在那裏

然之語。如云。ᠪᠠᡥᠠᠪᡳᠣ、ᠪᠠᡥᠠᠪᡳ、ᠪᠠᡥᠠᠪᡳᠣ[已了字]得了麼。得了。已是得了。ᡥᠠᠪᡳ、ᡥᠠᠪᡳᠣ、ᡥᡝᠪᡳ、ᡥᡝᠪᡳᠣ、ᡥᠣᠪᡳ、ᡥᠣᠪᡳᠣ

ᡥᠠᠪᡳ、ᡥᡝᠪᡳ、ᡥᠣᠪᡳ、ᡴᠠᠪᡳ、ᡴᡝᠪᡳ、ᡴᠣᠪᡳ此六字俱是。已了字。矣字。也字。乃一事已畢。用此煞尾。另叙別情。已

ᠣᡥᠣᠪᡳ何妨。何傷。有什麼。ᠠᡳ ᡤᡳᠰᡠᡵᡝᡵᡝ ᠪᠠᠪᡳᠣ有何說處。

ᠵᡳᡥᡝ ᠪᡳ現在来到。ᡨᡝ ᠵᡳᡥᡝ ᠪᡳ現在来了。

飲酒。ᡨᡝ ᠠᡳᠪᡳᡩᡝ ᠪᡳ[在字有字]現在何處。

ᠪᡳ在句首用。是我字。在句尾用。是現在現有字。乃已然之詞。如云。ᠪᡳ[我字]ᠠᡵᡴᡳ ᠣᠮᡳᠮᡝ ᠪᠠᡥᠠᠨᠠᡵᠠᡴᡡ我不會

ᡤᡳᠰᡠᡵᡝᡥᡝᠪᡳᠣ說了的麼。ᠨᡝ ᡤᡳᠰᡠᡵᡝᡴᡝᠪᡳᠣ欲要了的麼。

ᠣᡥᠣᠪᡳᠣ了的麼。做了的麼。爲了的麼。ᠪᡳᡥᡝᠪᡳᠣ曾經的麼。有来在来着的麼。

在字尾聯用。

ᡥᠠᠪᡳᠣ、ᡥᡝᠪᡳᠣ、ᡥᠣᠪᡳᠣ、ᡴᠠᠪᡳᠣ、ᡴᡝᠪᡳᠣ、ᡴᠣᠪᡳᠣ此六字俱是。了的麼字。者乎字。者歟字。乃上六字作已然疑詞。

ᡤᡳᠰᡠᡵᡝᡥᡝᠩᡤᡝ說了的。所謂者。ᠨᡝ ᡤᡳᠰᡠᡵᡝᡴᡝᠩᡤᡝ欲要了的。

ᠣᡥᠣᠩᡤᡝ了的。爲了的。作了的。ᠪᡳᡥᡝᠩᡤᡝ曾經的。有来着的。在来着的。

我的。

聯用。如云。ᠸᡝ ᠠᡵᠠᡥᠠᠩᡤᡝ[了的字]誰寫了的。ᠰᠣᠩᡤᠣᡥᠣᠩᡤᡝ[了的字]挑選了的。ᠮᡳᠨᡩᡝ ᠪᡠᡥᡝᠩᡤᡝ[了的字]給了

ᡥᠠᠩᡤᡝ、ᡥᡝᠩᡤᡝ、ᡥᠣᠩᡤᡝ、ᡴᠠᠩᡤᡝ、ᡴᡝᠩᡤᡝ、ᡴᠣᠩᡤᡝ此六字俱是。了的字。者字。所以字。也者字。乃已然語。在字尾

来着麼。

[已了字] 做了官了麼。作了官了。已做了官了。ᡤᡝᠨᡝᡥᡝᠣ、ᡤᡝᠨᡝᡥᡝ、ᡤᡝᠨᡝᡥᡝᠪᡳ [已了字] 去了麼。去了。已是去了。

ᠶᠠᠶᠠ ᠪᠠᡳᡨᠠ ᡤᡝᠮᡠ ᠸᠠᠵᡳᡥᠠ [已了字] 諸事俱已全畢。

ᠣᡥᠣ 已了。做了。爲了。

ᠣᠮᠪᡳᡥᡝ 可以来着。使得来着。

ᡥᡝᠨᡩᡠᠮᠪᡳᡥᡝ 說来着。曾言。

ᡥᡝᠨᡩᡠᡥᡝ 說了字。乃追述前人他人。煞尾之詞。上必用 ᡥᡝᠨᡩᡠᡵᡝᠩᡤᡝ 字。

ᠪᡳᡥᡝ 有了来着字。在了来着字。原曾字。乃追述往事。煞尾之語。如云。ᠨᡝᠰᡠᡴᡝᠨ ᠨᡝᠮᡤᡳᠶᡝᠨ ᡤᡠᠩᠨᡝᠴᡠᡴᡝ ᠪᠣᠯᠵᠣᠩᡤᠣ ᠠᠨᠠᡥᡡᠨᠵᠠᠴᡠᠨ ᠠᡴᡡ ᠣᠴᡳ ᠠᡩᠠᡵᠠᠮᡝ ᡤᡝᡵᡝᠨ ᡤᡠᡵᡠᠨ ᡳ ᡩᠠᠰᠠᠨ ᠪᡝ ᡩᠣᠨᠵᡳᠮᡝ ᠮᡠᡨᡝᠮᠪᡳᡥᡝ [原曾字] 孔夫子。若無温良恭儉讓之德。何以得聞列國之政事。

ᠪᡳᠮᠪᡳᡥᡝ 原有了来着。原在了来着。

ᡵᠠ、ᡵᡝ、ᡵᠣ 此三字俱在字尾聯用。乃結上接下。未然之語。亦可煞尾用。比 ᠮᠪᡳ 字。語氣輕活。句中亦有解作之字。的字者。俱隨上字。押韻用之。如上用 ᠠ 下用 ᡵᠠ。上用 ᡝ 下用 ᡵᡝ。上用 ᠣ 下用 ᡵᠣ。如云。ᠪᡳ ᡠᡵᡠᠨᠠᡴᡡ ᠠᠨᠠᡵᠠ、ᠪᡳ ᠠᠨᠠᡵᠠ ᡴᠠᡳ 我必定推。我就推呀。ᠪᡳ ᡠᡵᡠᠨᠠᡴᡡ ᡝᡵᡳᡵᡝ、ᠪᡳ ᡝᡵᡳᡵᡝ ᡴᠠᡳ 我必然掃。我就掃啊。ᠪᡳ ᠣᠪᠣᠨᠠᡵᠠ、ᠪᡳ ᠣᠪᠣᠨᠠᡵᠠ ᡴᠠᡳ 我必定去洗。我就去洗啊。ᠪᡳᡨᡥᡝ ᡥᡡᠯᠠᡵᠠ [的字] ᠨᡳᠶᠠᠯᠮᠠ 讀書的人。ᠵᡠᡤᡡᠨ ᠶᠠᠪᡠᡵᡝ [的字] ᠨᡳᠶᠠᠯᠮᠠ 行路之人。ᠪᠠᡳᡨᠠᠯᠠᠴᡳ ᠣᠵᠣᡵᠣ [之字] ᡝᡵᡩᡝᠮᡠ 堪用之才。

凡遇 ᠣᠩᡤᠣᠯᠣ、ᠨᡝᡵᡤᡳᠨ、ᡩᠠᠪᠠᠯᠠ、ᡤᠣᠵᡳᠮᡝ、ᡩᠠᡩᡝ、ᠵᠠᡴᠠ 等字之上。必用 ᡵᠠ、ᡵᡝ、ᡵᠣ 等字。凡遇 ᡠᠮᡝ 字之下。必用 ᡵᠠ、ᡵᡝ、ᡵᠣ 等字應之。如 ᡝᡵᡝ ᡠᠮᡝ、ᡨᡝ ᡨᡠᠸᠠ ᡠᠮᡝ 等句。乃係急口成語。不在此例。是一定之詞也。

ᠣᠮᠪᡳ 使得。可字。作字。爲字。ᠠᡩᠠᡵᠠᠮᡝ ᠣᠮᠪᡳ 奈何。可怎麼着。

ᠠᡳ ᠣᠵᠣᡵᠣ 怎麽處。 ᠪᡳᠰᡳᡵᡝ 有字。有的。在字。在的。

ᠰᡝᡵᡝ 說字。聞說字。乃述他人之語。實解白蚱。如云。 ᠪᡳ ᡩᠣᠨᠵᡳᠴᡳ ᡨᡠᠯᡝᡵᡤᡳ ᠨᡳᠶᠠᠯᠮᠠ ᡤᡝᠮᡠ ᡠᡨᡨᡠ ᠰᡝᡵᡝ［聞說字］我听得外邊的人們。都是這樣說。

ᡴᡳ ᠰᡝᡵᡝ 欲要。

ᡵᠠᠣ、ᡵᡝᠣ 此二字俱是。麽字。乎字。歟字。懇乞字。求祈字。望祈字意。在字尾聯用。如云。 ᡤᡡᠨᡳᠨ ᠪᠠᡴᡨᠠᠮᠪᡠᡵᡝᠣ［祈字］望乞容諒。 ᠠᠯᡳᠮᠪᠠᡥᠠᡵᠠᠣ ᡤᡠᠸᡝᠪᡠᡵᡝᠣ［懇字］望祈寬恕。 ᠪᡝ ᠪᡠᡵᡝᠣ［祈字］懇祈給發。 ᠶᠠᠪᡠᠪᡠᠴᡳ ᠣᠵᠣᡵᠣᠣ［懇字］可否施行。 ᡩᠣᠨᠵᡳᠴᡳ ᠣᠵᠣᡵᠠᠣ［乞字］可得聞乎。

ᡵᠠᠩᡤᡝ、ᡵᡝᠩᡤᡝ、ᡵᠣᠩᡤᡝ 此三字俱是。的字。者字。所以字。也者字。乃未然之語。比 ᠩᡤᡝ 字詞義俱不相同。在字尾聯用。如云。 ᠵᡳᡩᡝᡵᡝᠩᡤᡝ［者字］ᠶᠠ ᠨᡳᠶᠠᠯᠮᠠ 来者是何人。 ᠨᡳᠶᠠᠮᠨᡳᠶᠠᡵᠠᠩᡤᡝ［的字］ᡤᠠᠪᡨᠠᡵᠠᠩᡤᡝ［的字］ᡤᡝᠮᡠ ᠰᠠᡳᠨ 馬步射的俱好。 ᠸᡝᠰᡳᡵᡝ ᡶᠣᡵᡤᠣᡧᠣᡵᠣᠩᡤᡝ［的字］ᡠᠮᡝᠰᡳ ᡥᡡᡩᡠᠨ 升轉的甚快。

ᠣᠵᠣᡵᠣᠩᡤᡝ 可以的。使得的。作者。爲者。 ᠪᡳᠰᡳᡵᡝᠩᡤᡝ 有的。在者。

ᠰᡝᡵᡝᠩᡤᡝ 說的字。乃字。說的是字。所謂者字。也者字。如云。 ᡥᡳᠶᠣᠣᡧᡠᠨ ᡩᡝᠣᠴᡳᠨ ᠰᡝᡵᡝᠩᡤᡝ［也者字］、ᡠᡨᡥᠠᡳ ᡤᠣᠰᡳᠨ ᠪᡝ ᠶᠠᠪᡠᡵᡝ ᡶᡠᠯᡝᡥᡝ ᡩᡝᡵᡝ 孝弟也者。其爲仁之本歟。 ᠮᡝᠩᡤᡠᠨ ᠵᡳᡥᠠ ᠰᡝᡵᡝᠩᡤᡝ［乃字］ᡝᡵᡤᡝᠨ ᠪᡝ ᡠᠵᡳᡵᡝ ᡶᡠᠯᡝᡥᡝ ᡩᠠ 銀錢乃養命根源。

ᡴᡳ ᠰᡝᡵᡝᠩᡤᡝ 欲要的。 ᠠᡳ ᠰᡝᡵᡝᠩᡤᡝ 說的是那裏話。怎麽說。

ᡵᠠᠩᡤᡝᠣ、ᡵᡝᠩᡤᡝᠣ、ᡵᠣᠩᡤᡝᠣ 此三字俱是。的麽字。者乎字。者歟字。乃上 ᡵᠠᠩᡤᡝ、ᡵᡝᠩᡤᡝ、ᡵᠣᠩᡤᡝ 三字作未然疑詞。在

ᠰᡝᠮᠪᡳᠣ 説麽。 ᡴᡳ ᠰᡝᠮᠪᡳᠣ 欲要麽。

ᠪᡳᠣ 有麽。在麽。 ᠣᠮᠪᡳᠣ 可以麽。使得麽。去得麽。

ᡤᡝᠨᡝᠮᠪᡳᠣ［麽字］你們都去麽。 ᠴᡝ ᡤᡝᠯᡳ ᠵᡳᠮᠪᡳᠣ［麽字］他們還来麽。

二頭之字。用在字尾。多係疑問之語。如云。ᡝᡵᡝ ᡤᡝᠰᡝ ᡴᠣᠣᠯᡳ ᡳᠨᡠ ᠪᡳᠣ［有麽字］這樣規矩也有麽。ᠨᡳᠣ ᠨᡠ

ᠨᠣ、ᠨᡳᠣ 此二字俱是。麽字。乎字。歟字。又啊字口氣。俱係問疑詞。在字尾聯用。大凡 ᠨᠠ ᠨᡝ ᠨᡳ、ᠨᠣ ᠨᡠ ᠨᡡ

ᡴᡳ ᠰᡝᠮᠪᡳ 欲要。 ᠪᡳᠮᠪᡳ 在字。存字。

ᠰᠠᡳᠨ ᠰᡝᠮᠪᡳ［説字］一概都説他好。

ᠰᡝᠮᠪᡳ 説字。謂字。称字。呌作字。如云。ᡳᠨᡳ ᠴᠣᠯᠣ ᠪᡝ ᠠᡳ ᠰᡝᠮᠪᡳ［称字］他的號兒呌作什麽。ᡠᡩᡠ ᠠᠮᠪᡠᠯᠠ ᠪᠠᠶᠠᠨ

不甚富。亦可謂殷實之家。 ᡨᠣᠨᡩᠣ ᠨᠣᠮᡥᠣᠨ ᠨᡳᠶᠠᠯᠮᠠ ᠰᡝᠴᡳ ᠣᠮᠪᡳ［可謂字］稱得起是忠直老實人。

ᠰᡝᠴᡳ ᠣᠮᠪᡳ 可謂字。稱得字。如云。ᠠᠮᠪᡠᠯᠠ ᠪᠠᠶᠠᠨ ᠠᡴᡡ ᠪᡳᠴᡳᠪᡝ、ᡳᠨᡠ ᠪᠠᠶᠠᠨ ᠪᠣᡳᡤᠣᠨ ᠪᠣ ᠰᡝᠴᡳ ᠣᠮᠪᡳ［稱得字］雖

字］此人是你什麽。 ᠮᡳᠨᡳ ᠠᡥᡡᠨ ᠣᠮᠪᡳ［爲字作字］是我哥々。

ᠣᠮᠪᡳ ᠣᠮᠪᡳ［可以字］此事可行。 ᠵᡠᠯᡝᠰᡳ ᠰᠠᠴᡳ ᠣᠮᠪᡳ［可以字］可以前知。 ᡝᡵᡝ ᠨᡳᠶᠠᠯᠮᠠ ᠰᡳᠨᡳ ᠠᡳ ᠣᠮᠪᡳ［爲字作

ᠣᠮᠪᡳ 可以字。使得字。作字。爲字。如上有 ᠴᡳ 字是可字。上用 ᠪᡝ 字是爲字。乃煞尾之語。如云。ᠰᡳ ᠠᡳᠪᡳᠳᡝ

往那裏去啊。我去。 ᡳ ᡝᠨᡳᠩᡤᡳ ᠵᡳᠮᠪᡳ ᠵᡳᡩᡝᡵᡝᡴᡡ、ᠵᡳᡩᡝᡵᡝᡴᡡ ᠵᡳᠮᠪᡳ 他今日来不来呀。必然来。

ᡵᠠ 在字尾聯用。乃將然未然。煞尾之語。比 ᠮᠪᡳ、ᠮᠪᡳ、ᠪᡳ 等字。詞義實在。如云。ᠠ ᠪᡳᠮᠪᡳ ᠵᡳᡩᡝᡵᡝ。ᠸᡝ ᠵᡳᡩᡝᡵᡝ 誰

字尾聯用。

ᠠᡴᡡ᠈ ᠠᡴᡡᠨ᠈ ᡴᡡ᠈ ᡴᡡᠨ 此四字俱是。未字。不曾字。没有字。在字尾聯用。此四 ᠨ 字之上。俱要添一阿字

ᡤᡳᠰᡠᡵᡝᡵᠠᡴᡡᠩᡤᡝᠣ 不説的麼。　ᠴᡳᡥᠠᡴᡡᠩᡤᡝᠣ 不欲要的麼。

ᠣᠵᠣᡵᠠᡴᡡᠩᡤᡝᠣ 不可的麼。使不得的麼。此上必用 ᡵᠠ 字。　ᠪᡳᠰᡳᡵᠠᡴᡡᠩᡤᡝᠣ 不在的麼。

ᠠᡴᡡᠩᡤᡝᠣ 不的麼字。在字尾聯用。

ᡤᡳᠰᡠᡵᡝᡵᠠᡴᡡᠩᡤᡝ 不説的。　ᠴᡳᡥᠠᡴᡡᠩᡤᡝ 不欲要的。

ᠣᠵᠣᡵᠠᡴᡡᠩᡤᡝ 不可者。使不得的。此上必用 ᡵᠠ 字。　ᠪᡳᠰᡳᡵᠠᡴᡡᠩᡤᡝ 不在的。

ᠠᡴᡡᠩᡤᡝ 不的字。在字尾聯用。

ᡤᡳᠰᡠᡵᡝᡵᠠᡴᡡᠨ 不説麼。　ᠴᡳᡥᠠᡴᡡᠨ 不欲麼。

ᠣᠵᠣᡵᠠᡴᡡᠨ 不可麼。使不得麼。此上必用 ᡵᠠ 字。　ᠪᡳᠰᡳᡵᠠᡴᡡᠨ 不在麼。

ᠠᡴᡡᠨ 不麼字。乃 ᠨ 作疑問語。在字尾聯用。

ᡤᡳᠰᡠᡵᡝᡵᠠᡴᡡ 不説。　ᠴᡳᡥᠠᡴᡡ 不欲。

ᠣᠵᠣᡵᠠᡴᡡ 不可。使不得。此上必用 ᡵᠠ 字。　ᠪᡳᠰᡳᡵᠠᡴᡡ 不在。

ᠠᡴᡡ 不字。在字尾聯用。如云。ᠰᡳ ᡤᡝᠨᡝ᠈ ᠪᡳ ᡤᡝᠨᡝᡵᠠᡴᡡ [不字] 你去罷。我不去。ᠰᡳ ᠵᡝᠮᠪᡳᠣ᠈ ᠪᡳ ᠵᡝᡨᡝᡵᠠᡴᡡ [不字] 你吃不吃啊。我不吃。

ᠴᡳ ᠰᡝᠮᠪᡳᠣ 欲要麼。　ᠪᡳᠰᡳᡵᠠᡴᡡᠣ 了得麼。何等的麼。

ᠰᡝᠮᠪᡳᠣ 説麼。豈謂。　ᠰᡝᠮᠪᡳᠣ ᠠᡴᡡ 説不是麼。

ᡩᠠᡥᠠᡥᠠᡴᡡ 未依的。ᠵᡳᡥᡝᡴᡡ 没有来着的。未在来着的。

俱要加一阿字念。

ᡥᠠᡴᡡ、ᡥᡝᡴᡡ、ᡴᠠᡴᡡ、ᡴᡝᡴᡡ 此四字俱是。没有了的字。不曾的字。在字尾聯用。此四 ᠠᡴᡡ 字之上。

ᠰᠠᡳᠶᡡᠨ 好麼。ᠶᠠᡵᡤᡳᠶᡡᠨ 真麼。實麼。

ᡤᡳᠰᡠᡵᡝᡥᡝᡴᡡᠨ 没說麼。ᠠᡴᡡᠨ 没有麼。不麼。

ᡤᡝᡵᡝᡴᡝᡴᡡᠨ 没亮麼。ᠵᡳᡥᡝᡴᡡᠨ 不曾来着麼。没有来着麼。没在来着麼。

ᡤᠠᠯᠠᡴᠠᡴᡡᠨ 没晴麼。ᡩᠠᡥᠠᡥᠠᡴᡡᠨ 没依麼。

字之上。俱要添一阿字念。

ᡥᠠᡴᡡᠨ、ᡥᡝᡴᡡᠨ、ᡴᠠᡴᡡᠨ、ᡴᡝᡴᡡᠨ 此四字俱是。没有麼字。不曾麼字。乃上四字作疑問語。在字尾聯用。此四 ᠠᡴᡡᠨ

ᡨᡠᠸᠠᡥᠠᡴᡡ 未見。没有看見。ᡨᡠᠴᡳᡴᡝᡴᡡ 未出。没有出来。

ᠪᡳ ᠠᡴᡡ 無所有。無處。ᡤᡳᠰᡠᡵᡝᡵᠠᡴᡡᠩᡤᡝ ᠠᡴᡡ 無不說。没有不說的。

ᠠᡴᡡ 無字。不字。没有。ᠠᡴᡡᠩᡤᡝ ᠠᡴᡡ 無不。

ᡤᡳᠰᡠᡵᡝᡥᡝᡴᡡ 未說。没有說。ᡳ ᡤᡳᠰᡠᡵᡝᡴᡡ 未欲。

ᡩᠠᡥᠠᡥᠠᡴᡡ 未依從。没依從。ᠵᡳᡥᡝᡴᡡ 没有来着。不曾在来着。

ᡨᠠᠴᡳᡥᠠᡴᡡᠨ、ᠪᡳ ᡨᠠᠴᡳᡥᠠᡴᡡ［未字］學来着麼。我没學過。

念。如云。ᡩᠣᠰᡳᡴᠠᡴᡡ ᠪᠣᠴᡳ、ᡩᠣᠰᡳᡴᠠᡴᡡ［未字］進去来着麼。没有進去。ᠵᡳᡥᡝ、ᠵᡳᡥᡝᡴᡡ［没有字］来了麼。不曾来。

ᠵᠣᠣ 由其罷字。任憑他罷字。又教令使令他人意。在字尾聯用。如云。[illegible] [illegible] [illegible] ᠵᠣᠣ［由其罷字令其字］

　[illegible] ᡴᠠᡳ 使不得啊。　[illegible] 是啊。

　[illegible] ᡴᠠᡳ 不去啊　[illegible] ᡴᠠᡳ 不說啊。

　[illegible] 有啊。在啊。　[illegible] 不嗔怪啊。

[illegible] 二頭字義實在。

[illegible] 此四字俱是。啊字口頭声氣。在句尾用。乃將然已然。信而微疑質問之語。比 [illegible]

　[illegible] ᠣᠩᡤᠣᠯᠣ 起身頭裏。頭起身。　[illegible] ᠣᠩᡤᠣᠯᠣ 到来的頭裏。頭来到。

ᠣᠩᡤᠣᠯᠣ 預先字。未先字。未曾頭裏字。在句尾用。

　[illegible] 預先到了。　[illegible] 預先准備了。

[illegible] 預先字。未先字。未曾頭裏字。在句首用。

　[illegible] 預先發作。　[illegible] 未出之間。

　[illegible] 未完之間。　[illegible] 措手不及。

[illegible] 此二字俱是。猶未字。尚未字。在字尾聯用。與 [illegible] 義同。

　一阿字念。

[illegible] 此四字俱是。沒有了的麼字。不曾了的麼字。在字尾聯用。同上俱必加

　[illegible] 未說的。　[illegible] 未欲者。

ᡝᠪᠰᡳ ᠵᡳᠣ 往這們来。 ᡝᠪᠰᡳᡴᡝ ᠵᡳᠣ 往這裏来。

ᡳᠰᡳᠨᠵᡠ 令人到来。 ᠵᡝᠨᠵᡠ 令人吃来。

ᠨᠵᡠ 令人往前来字。在字尾聯用。與 ᠵᡳᠣ 字義同。

ᡤᠠᡳᠰᡠ 令人拿取。領要。 ᠪᠠᡳᠰᡠ 令人求。令人找尋。

ᠸᠠᠰᡳᠰᡠ 令下去。 ᠸᡝᠰᡳᠰᡠ 令上去。

令字］阿哥你坐下吃飯。ᠰᡳ ᡠᠪᠠᡩᡝ ᠪᡳᠰᡠ［使字令字］ᠪᡳ ᡤᡝᠨᡝᡴᡳ 你在這裏我去。

如云。ᡳᠮᠪᡝ ᡨᡠᠴᡳᠪᡠ［教字使字］令他出去。ᠰᡳ ᠣᡴᡳ ᠠᡵᠠ［令字］由你作。ᠪᡠ ᠰᡠ ᡴᡳ ᠴᡳᠨᠠ ᡴᡳᠨᡳ［教字

ᡴᡳ ᠴᡳᠨᠠ ᡴᡳᠨᡳ ᠰᡠ 此四字俱是。使令教令他人之語。因清話内有一二字之句。即就本話煞尾者。故以此在字尾聯用。

ᡨᡝᡴᡳ 坐是呢。坐着罷。 ᡤᡳᠰᡠᡵᡝᡴᡳ 説是呢。説罷。

ᠵᡝᡴᡳ 吃是呢。吃罷。 ᡤᡝᠨᡝᡴᡳ 去是呢。去罷。

ᠪᡳᡴᡳ 存着是呢。有着罷。 ᡤᡳᠰᡠᡵᡝᡴᡳ 説是呢。可説是呢。説罷。

ᡴᡳ 是呢字。罷字。在字尾聯用。乃使令他人之詞。此字向尊長言説不得。

ᡤᡝᠨᡝᡴᡳᠨᡳ 由其去罷。令其去罷。 ᠶᠠᠪᡠᡴᡳᠨᡳ 由其走罷。教他走罷。

ᠠᡵᠠᡴᡳᠨᡳ 由其作罷爲罷。 ᠪᡳᡴᡳᠨᡳ 有去罷。存着罷。

罷。

若要来就来罷。ᠠᡳ ᠣᠴᡳᠪᡝ ᠣ ᠣᡴᡳᠨᡳ ᠣᡴᡳᠨᡳ［任憑他罷字］不拘怎麼様的罷。ᠣᡴᡳᠨᡳ ᠰᡳ ᠣᡴᡳᠨᡳ［由其罷字］任憑你

ᠰᠠ᠈ ᠰᡝ᠈ ᠰᡳ᠈ ᡨᠠ᠈ ᡨᡝ 此五字俱是。們字。等字。輩字。在字尾聯用。實解 ᠰᠠ 字。令人知道。ᠰᡝ 字。人歲数。馬口齒。令人說。又解作子字。ᠰᡳ 字。你。小夾空兒。ᡨᡝ 字。如今。令人坐。令人住居。如云。ᠠᠮᠪᠠᠨ 大人。大臣。ᠠᠮᠪᠠᠰᠠ [們字]大人們。大臣們。ᡳᡵᡤᡝᠨ 民。ᡳᡵᡤᡝᠰᡝ [們字]民等。ᡥᠠᡥᠠ 男人。ᡥᠠᡥᠠᠰᡳ [們字]男人們。ᠠᡥᡡᠨ 兄長。ᠠᡥᡡᡨᠠ [們字]兄長們。ᡩᡝᠣ 弟。ᡩᡝᠣᡨᡝ [們字]弟們。ᡧᡝᡵᡝᠰᡝ [子字] ᡨᡝᠮᡝᠰᡝ [子字] 池子。麻子 ᠰᡠᠯᡝᡴᡝᠰᡝ [子字] ᡩᠠᠩᠰᡝ [子字] 檔册。檔子。髫子。

ᡧᡡᠨ᠈ ᡧᡠᠨ᠈ ᡧᠣᠨ 此三字俱是。衆多形貌之詞。在字尾聯用。

ᠪᡠᠰᡝᡵᡧᡠᠨ 衆人無聊閑坐。

ᠯᡝᠰᡝᡵᡧᡠᠨ 齊々往下垂着。

ᠪᡠᠯᡝᡵᡧᠣᠨ 全々疊暴露出。

ᠪᠣᠯᡤᠣᡵᡧᠣᠨ 衆形粗大。諸物粗大。

ᡥᠠᠩᡤᡝ᠈ ᡥᡝᠩᡤᡝ 此二字俱是。凡所字。凡是字。乃指凡已經過事物之詞。在字尾聯用。此 ᡥᠠᠩᡤᡝ 字之上。必添一阿字念。ᡥᡝᠩᡤᡝ 字之上。必添一厄字念。如云。ᡩᠣᠨᠵᡳᡥᠠ 听見了。ᡩᠣᠨᠵᡳᡥᠠᠩᡤᡝ [凡是字]凡所聞見。ᡤᡝᠨᡝᡥᡝ 到去了。ᡤᡝᠨᡝᡥᡝᠩᡤᡝ [凡是字]凡所到去。ᠪᡳᡥᡝ 有。在。ᠪᡳᡥᡝᠩᡤᡝ [凡是字]凡所有。凡所在。ᡩᡠᠯᡝᡴᡝ 過去了。ᡩᡠᠯᡝᡴᡝᠩᡤᡝ [凡是字]凡所過。ᡩᠣᠨᠵᡳᡥᠠᠩᡤᡝ [凡所字] ᡤᡝᠮᡠ ᡠᡵᡤᡠᠨᠵᡝᡵᠠᡴᡡᠩᡤᡝ ᠠᡴᡡ 聞者莫不喜悅。ᠠᠮᠪᠠ ᠴᠣᠣᡥᠠ ᡩᡠᠯᡝᡴᡝᠩᡤᡝ [凡所字] ᠪᠠ ᡳ ᠪᠠᡨᠠ ᡤᡝᠮᡠ ᡩᠠᡥᠠᡵᠠᡴᡡᠩᡤᡝ ᠠᡴᡡ 大兵所過之處敵人。無不投順。

ᡨᠠ᠈ ᡨᡝ᠈ ᡨᠣ 此三字俱是。每字。各字。在字尾聯用。如云。ᠨᡳᠶᠠᠯᠮᠠ ᡨᠣᠮᡝ ᠪᠣᠰᠣ ᡳᠯᠠᡨᠠ [各字]、ᡴᡠᠪᡠᠨ ᡝᠮᡨᡝ [各字] ᡤᡳᠨ᠈ ᡠᠯᡤᡳᠶᠠᠨ ᡳ ᠶᠠᠯᡳ ᠵᡠᠸᠠᠨ ᡳᠯᠠᡨᠠ [每字] ᠶᠠᠨ᠈ ᡠᡶᠠ ᠵᡠᠸᡝᡨᡝ [每字] ᡤᡳᠨ ᠪᡠᡥᡝ 每人各得布三疋。綿一斤。猪肉十三兩。麵二斤。

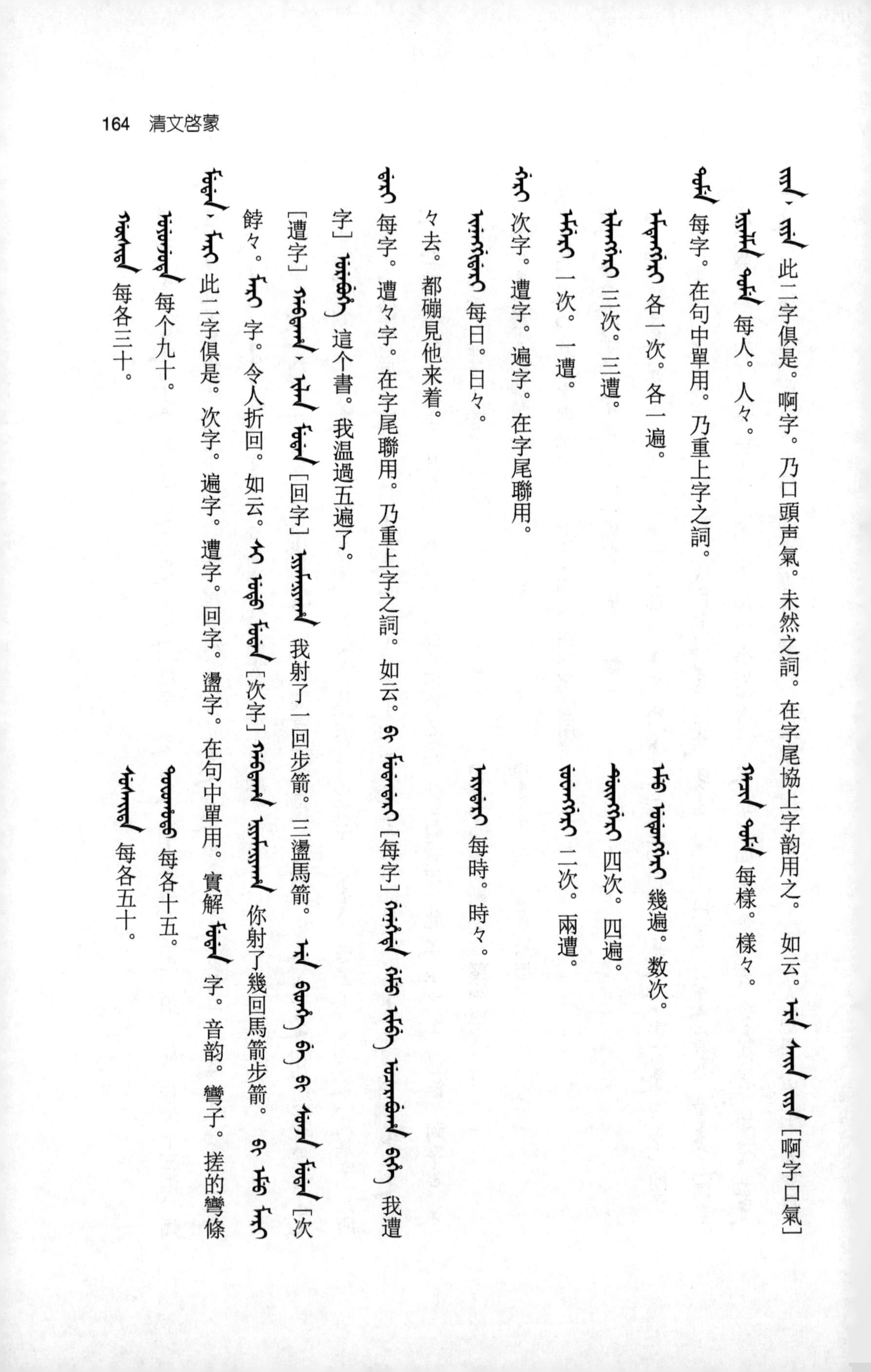

每各三十。每各五十。

每个九十。每各十五。

此二字俱是。次字。遍字。遭字。回字。盪字。在句中單用。實解 字。音韵。彎子。搓的彎條餑々。 字。令人折回。如云。 [次字] 你射了幾回馬箭步箭。 [遭字] [回字] 我射了一回步箭。三盪馬箭。 [次字] 這个書。我温過五遍了。

每字。遭々字。在字尾聯用。乃重上字之詞。如云。 [每字] 我遭々去。都磞見他来着。

每日。日々。 每時。時々。

次字。遭字。遍字。在字尾聯用。

一次。一遭。 二次。兩遭。

三次。三遭。 四次。四遍。

各一次。各一遍。 幾遍。数次。

每字。在句中單用。乃重上字之詞。

每人。人々。 每様。様々。

此二字俱是。啊字。乃口頭声氣。未然之詞。在字尾協上字韵用之。如云。 [啊字口氣]

字］[满文] 没官職。是个白人。[满文] [满文] [满文] [满文] [满文] [满文] [满文] [满文] 阿哥到我們家。呵了茶再去罷。[满文]
［白字］[满文] 白来。[满文] [满文] [满文] [满文] [满文] [满文] [满文] [满文] [满文] 阿哥你身上。現有什麼官職麼。[满文] [满文] [满文]［白
[满文] 在句首用。是閑常白字。在句尾用。是罷呀字。乃口頭声氣之詞。如云。[满文] [满文] [满文] 你作什麼来了。[满文]
[满文] 强押派。立逼着。　　[满文] 普遍。普裏一概。
[满文] 緊閉難開。　　[满文] 抵死。往死裏的。
[满文] 奮力拚。　　[满文] 盡棄捨。
意］[满文] 弄的閉口無言。[满文] [满文] 只以得的不思即行。[满文] 只以撾着逢着的不思即行。
君能致其身。[满文]［極盡意］[满文] 抵死不從。[满文]［極盡意］[满文] 立逼着拿去了。[满文]［極盡
[满文] [满文] 不論是不是。撓把住的就說。[满文] [满文] [满文]［極盡意］[满文] [满文] 事
[满文]、[满文]、[满文] 此三字俱是。些須不留。極盡之詞。在字尾聯用。如云。[满文] [满文] [满文]、[满文]［極盡意］
[满文] 只管說。正說未止。　　[满文] [满文] 正欲未止。
[满文] 不止。作不止。　　[满文] 儘着有。只管在。
醒了。[满文]［不止字］[满文] 跑了来。[满文]［儘着字］[满文] 坐候。
字］[满文] 走到盡頭了。[满文] [满文]［不止字］[满文]。秉燭達旦。[满文]［只管字］[满文]。驚
[满文]、[满文]、[满文] 此三字俱是。只管字。儘着字。不止字。在字尾聯用。乃不停住長往之詞。如云。[满文]［不止
這个好啊。[满文] [满文] [满文] [满文]［啊字口氣］咱們就走啊。[满文] [满文] [满文]［啊字口氣］狠好啊。

悅。

[雖或字] ᡨᡝᠴᡳ ᡳᠯᡳᠴᡳ ᠠᡴᡡ 坐立俱是不安。ᠴᡳᡵᠠ ᡩᡝ ᡩᠠᡥᠠᠴᡳᠪᡝ [雖字意]、ᡩᠣᠯᠣ ᠣᠰᠣᡵᡳ 面上隨從。心中不

ᠴᡳᠪᡝ 雖字意。又雖或字。此上若有 ᠰᡝᠮᡝ 字照應。乃實在雖然字。在字尾聯用。如云。ᠣᠴᡳᠪᡝ [雖或字] ᠣᠴᡳᠪᡝ

ᠯᡝᠪᡩᡝᡥᡝᠨ 眼皮下垂塌撒貌。ᡴᠠᠯᡨᠠᡵᠠᡴᠠ 骨瘦如柴形。

ᠪᠣᡨᠣᡵᡳᡥᡡᠨ 叠暴露出状。ᠰᠣᡥᠣᡵᡳᡥᡡᠨ 半醉微醒貌。

ᡨᡝᠮᡝᡵᡳᡥᡠᠨ 眼圓睜貌。ᡨᠣᠮᠣᡵᡳᡥᡡᠨ 直竪々貌。

ᡥᡡᠨ᠂ ᡥᡠᠨ᠂ ᡥᠣᠨ 此三字俱是。形貌形狀景况之詞。在字尾聯用。

ᠰᡠᡳᠯᠠᠴᡠᠨ 勞苦事。ᠵᠣᠪᠣᠴᡠᠨ 愁苦事。

ᠪᠠᠰᡠᠴᡠᠨ 話杷兒。耻笑事。ᡨᠠᡵᡤᠠᠴᡠᠨ 戒忌事。

ᠨᠠᠰᠠᠴᡠᠨ 傷心事。ᡤᡳᡵᡠᠴᡠᠨ 玷辱事。玷累事。

ᠴᡠᠨ 事字意。在字尾聯用。

去。

[平白的字] ᡝᡳᡩᡝ ᡤᡝᠰᡝᠨ 平白的說什麼。ᠪᠠᡳᠪᡳ [白々的字] ᡳᠮᠠ ᡩᡝ ᠰᡠᡳᠯᠠᠪᡠᡥᠠ ᠵᡳᡥᠠ 白々的被他哄了錢去

ᠪᠠᡳᠪᡳ 平白的字。白々的字。在句首用。如云。ᠪᠠᡳᠪᡳ [平白的字] ᠪᠠᡳᠪᡳ ᡨᡝᡵᡝ ᠮᡝᠨᡳᠩᡤᡝ 平白的提他作什麼。ᠪᠠᡳᠪᡳ

都去罷呀。

ᠪᠠᡳ [罷呀字] 罷呀。ᠮᡠᠰᡝᡳ ᡝᠩᡤᡳᠯᡝᠮᡝ ᠪᠠᡳᡨᠠᠯᠠᠮᡝ ᠪᠠ ᠠᡴᡡ ᠪᡳ ᠰᡳᠨᡳ ᠣᠴᡳ ᠪᠠᡳ [罷呀字] 這裏没有用你們的去處。

ᠣᠴᡳᠪᡝ 雖可。雖爲。雖則。雖或。

ᠠᡳ ᠣᠴᡳᠪᡝ 憑他什麼。不拘什麼。

ᠠᡩᠠᡵᠠᠮᡝ ᠣᠴᡳᠪᡝ 憑他怎麼。

ᠪᡳᠴᡳᠪᡝ 雖有。雖在。雖或。

ᠠᠨᡳᠩᡤᡳ ᠪᡳᠴᡳᠪᡝ 終久。

ᡨᡠᡨᡨᡠ ᠪᡳᠴᡳᠪᡝ 雖那樣。故雖。

ᡨᡝ ᠪᡳᠴᡳᠪᡝ 今雖。今夫。即或。現今。譬如今。

ᠠᡳᠨᠠᠴᡳᠪᡝ 憑他怎樣。或是怎麼。

ᠰᡝᠴᡳᠪᡝ 雖說。

ᡴᡳ ᠰᡝᠴᡳᠪᡝ 雖欲。

ᡠᡩᡠ 雖字。若下有 ᠴᡳᠪᡝ 字應之。是雖然字。下有 ᠰᡝᠮᡝ 字應之。是雖然說字。下有 ᠰᡝᡥᡝ ᠰᡝᠮᡝ 字應之。是雖然說了字。在句首用。實解幾个。若干。多少。如云。ᡠᡩᡠ [雖然字] ᠮᡝᠩᡤᡠᠨ ᠵᡳᡥᠠ ᠪᡳᠴᡳᠪᡝ᠈ ᠮᠠᠮᡤᡳᠶᠠᠮᡝ ᠪᠠᡳᡨᠠᠯᠠᡵᠠᡴᡡ 雖有銀錢。捨不得用。ᡳ ᠴᡳᡥᠠᡴᡡ ᠪᡳᠮᡝ ᡤᡳᠰᡠᡵᡝᡴᡝ᠈ ᡠᡩᡠ [雖然說字] ᡤᡳᠰᡠᡵᡝᡥᡝ ᠰᡝᠮᡝ ᡳ ᠣᠵᠣᡵᠠᡴᡡ 他既不願意。雖然說了。也是不依。ᡠᡩᡠ [雖然說了字] ᡨᠠᠴᡳᡥᠠᡴᡡ ᠰᡝᡥᡝ ᠰᡝᠮᡝ᠈ ᠪᡳ ᡠᡵᡠᠨᠠᡴᡡ ᡨᠠᠴᡳᡥᠠ ᠰᡝᠮᠪᡳ 雖曰未學。吾必謂之學矣。

ᠪᡳᠮᡝ 雖而字。雖又字。雖亦字。又不過如是而已之詞。在句中用。如云。ᠰᡳ ᡝᠮᡠ ᠪᡝ ᠰᠠᡵᠠ ᠪᡳᠮᡝ [雖又字]᠈ ᠵᡠᠸᡝ ᠪᡝ ᠰᠠᡵᡴᡡ 爾但知其一。未知其二。ᠪᠠᡨᡠᡵᡠ ᠪᡳᠮᡝ [雖而字] ᠪᠣᡩᠣᡤᠣᠨ ᠠᡴᡡ 勇而無謀。ᡩᡝᡵᡝ ᠪᡝ ᠰᠠᡵᠠ ᠪᡳᠮᡝ [雖亦字]᠈ ᠮᡠᠵᡳᠯᡝᠨ ᠪᡝ ᠰᠠᡵᡴᡡ 知面不知心。

ᡝᡳᡨᡝᡵᡝᠴᡳᠪᡝ 憑管怎麼字。乃只管儘力之詞。在句首用。實解欺哄。如云。ᡝᡳᡨᡝᡵᡝᠴᡳᠪᡝ [憑管怎麼字] ᡤᡳᠰᡠᡵᡝᠴᡳᠪᡝ ᡳ ᡠᠮᠠᡳ ᡥᡝᡵᠰᡝᡵᠠᡴᡡ 憑管怎麼說。總是不理。

ᡝᡳᡨᡝᡵᡝᠴᡳ 總而言之字。大抵字。大凡字。在句首用。實解雖欺哄。如云。ᡝᡳᡨᡝᡵᡝᠴᡳ [大抵字] ᡤᡝᠮᡠ ᡳᠨᡠ 總其皆是。ᡝᡳᡨᡝᡵᡝᠴᡳ [大抵字] ᠰᠠᡳᠨ ᠪᡳᠮᡝ ᠵᠠ ᠪᡝ ᠪᠠᡳᡨᠠᠩᡤᠠ 總而言之。又好又得便益。

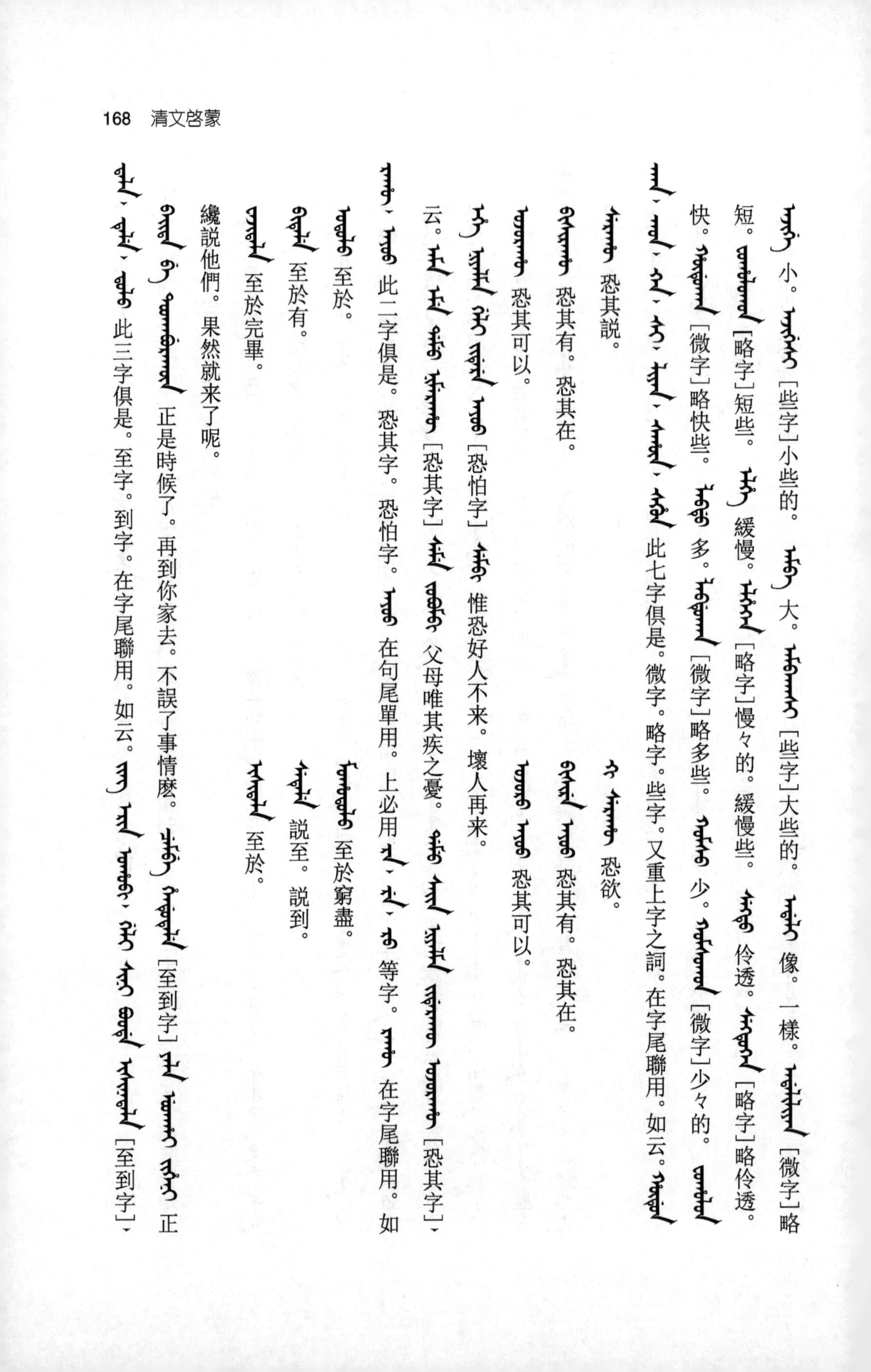

小。［些字］小些的。大。［些字］大些的。像。一樣。［微字］略
短。［略字］短些。緩慢。［略字］慢々的。緩慢些。伶透。［略字］略伶透。
快。［微字］略快些。多。［微字］略多些。少。［微字］少々的。
此七字俱是。微字。略字。些字。又重上字之詞。在字尾聯用。如云。
恐其說。 恐欲。
恐其有。恐其在。 恐其有。恐其在。
恐其可以。 恐其可以。
［恐怕字］ 惟恐好人不來。壞人再來。
云。［恐其字］ 父母唯其疾之憂。［恐其字］、
此二字俱是。恐其字。恐怕字。在句尾單用。上必用 等字。在字尾聯用。如
至於。 至於窮盡。
至於有。 說至。說到。
至於完畢。 至於。
纔說他們。果然就來了呢。
正是時候了。再到你家去。不誤了事情麽。［至到字］ 正
此三字俱是。至字。到字。在字尾聯用。如云。［至到字］、

像。微似。ᠸᠠᡳᡴᡡ 斜。ᠸᠠᡳᡴᡡᡧᠠᠨ [略字]微斜不正。ᠶᠠᠮᠵᡳ 晚晌。ᠶᠠᠮᠵᡳᡴᠠᠨ [些字]傍晚些。ᠠᡳᠪᡳᠮᠪᡳ 腫。ᠠᡳᠪᡳᡧᠠᠨ [微字]微腫。ᠰᡳᡩᡝᡥᡝᠯᡝᠮᠪᡳ 拴絆馬。ᠰᡳᡩᡝᡥᡝᡧᡝᠨ [微字]足微拘絆。ᠰᡠᠵᠠᠮᠪᡳ 支擱支撐。ᠰᡠᠵᠠᡧᠠᠨ [微字]略支擱支撐。

ᠵᠠᡴᠠ、ᠵᡝᡴᡝ 此二字俱是。將字。纔字。又重上字之詞。在句尾用。實解 ᠵᠠᡴᠠ 字。物件。縫字。ᠵᡝᡴᡝ 字。鮓。膾。ᠵᠠᡴᠠ ᠵᡝᡴᡝ 字。容々易々。

ᠰᠠᠪᡠᠮᡝ ᠵᠠᡴᠠ 一見。將看見。 ᡨᡝᠨᡳ ᠵᡝᡴᡝ 纔將。適纔。

ᡳᠰᡳᠨᠵᡳᠮᡝ ᠵᠠᡴᠠ 纔將到。 ᡤᡝᠨᡝᠮᡝ ᠵᡝᡴᡝ 臨將去。

ᠪᠠᠨᠵᡳᠮᡝ ᠵᠠᡴᠠ 纔生下。 ᡳᠴᡝ ᠵᡝᡴᡝ 罕見。新近纔。

ᠰᠠᡳᡴᠠᠨ ᠵᠠᡴᠠ 好々兒的。 ᡤᠣᠯᠮᡳᠨ ᠵᡝᡴᡝ 長々的。

ᡤᠠᠨᠠᠪᡠ、ᠪᡝᠨᡝᠪᡠ、ᡤᡝᠨᡝᠪᡠ、ᡨᡠᠸᠠᠨᠠᠪᡠ 此四字俱是。遣使之詞。在句中用。

ᡤᡝᠨᡝᠪᡠᠮᠪᡳ 遣去。發去。 ᠪᡝᠨᡝᠪᡠᠮᠪᡳ 使人去送。

ᡤᠠᠨᠠᠪᡠᠮᠪᡳ 使人去取。 ᡨᡠᠸᠠᠨᠠᠪᡠᠮᠪᡳ 使人去看。

ᠪᡳ ᠪᡳᠴᡳ 如上用 ᡥᠠ、ᡥᡝ、ᡥᠣ、ᡴᠣ、ᡴᠠ、ᡴᡝ 等字。是既然字。既已字。乃隨上直下。已然之語。如上用 ᡨᡝ、ᡨᡝ ᡨᡝ 等字是。既是字。乃係隨上直下。未然之詞。在句尾用。如云。ᠰᡠᠸᡝ ᠮᡝᠨᡳ ᠪᠣᠣᡩᡝ ᡳᠰᡳᠨᠵᡳᡥᡝ ᠪᡳᠴᡳ [既已字]、ᡠᠨᡨᡠᡥᡠᡵᡳ ᡠᠨᡤᡤᡳᡵᡝ ᡴᠣᠣᠯᡳ ᠪᡳᠣ 你們既然到了我們家裏來。空々的打發去的規矩有麼。ᡨᡝᠨᡳ ᠵᡳᡥᡝ ᠪᡳ

ᠰᡝᠴᡳ [既是字]、ᡤᡝᠨᡝᠮᠪᡳ ᠰᡝᠴᡳ ᡤᡝᠨᡝᡴᡳ 既是說要去。就走罷。

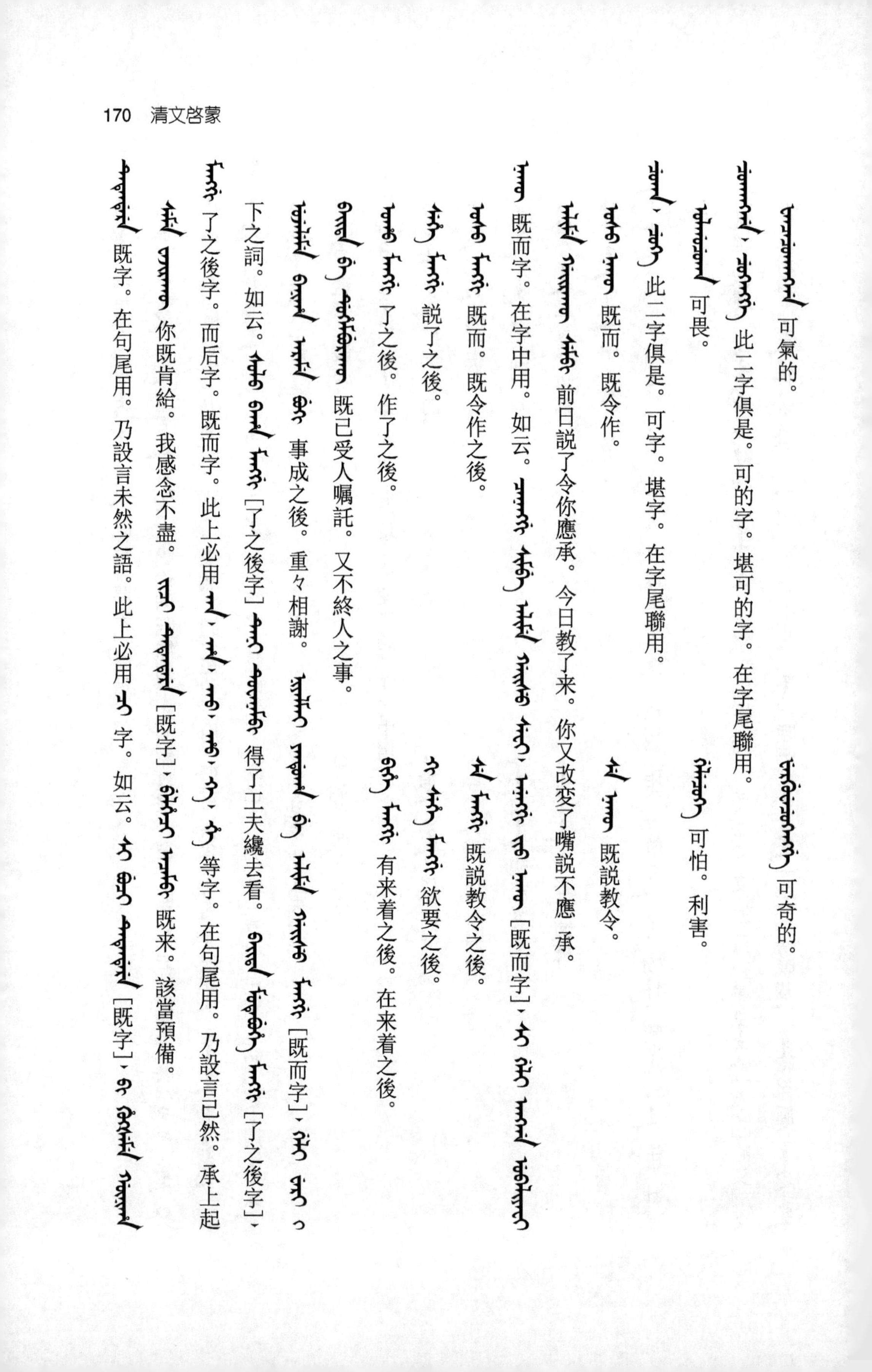

既字。在句尾用。乃設言未然之語。此上必用 字。如云。〔既字〕、

你既肯給。我感念不盡。〔既字〕、既来。該當預備。

了之後字。而后字。既而字。此上必用、、、、等字。在句尾用。乃設言已然。承上起下之詞。如云。〔了之後字〕得了工夫纔去看。〔了之後字〕、

事成之後。重々相謝。〔既而字〕、。

既已受人囑託。又不終人之事。

了之後。作了之後。有来着之後。在来着之後。

説了之後。欲要之後。

既而。既令作之後。既説教令之後。

既而字。在字中用。如云。〔既而字〕、

前日説了令你應承。今日教了来。你又改变了嘴説不應承。

既而。既令作。既説教令。

此二字俱是。可字。堪字。在字尾聯用。

可畏。可怕。利害。

此二字俱是。可的字。堪可的字。在字尾聯用。

可氣的。可奇的。

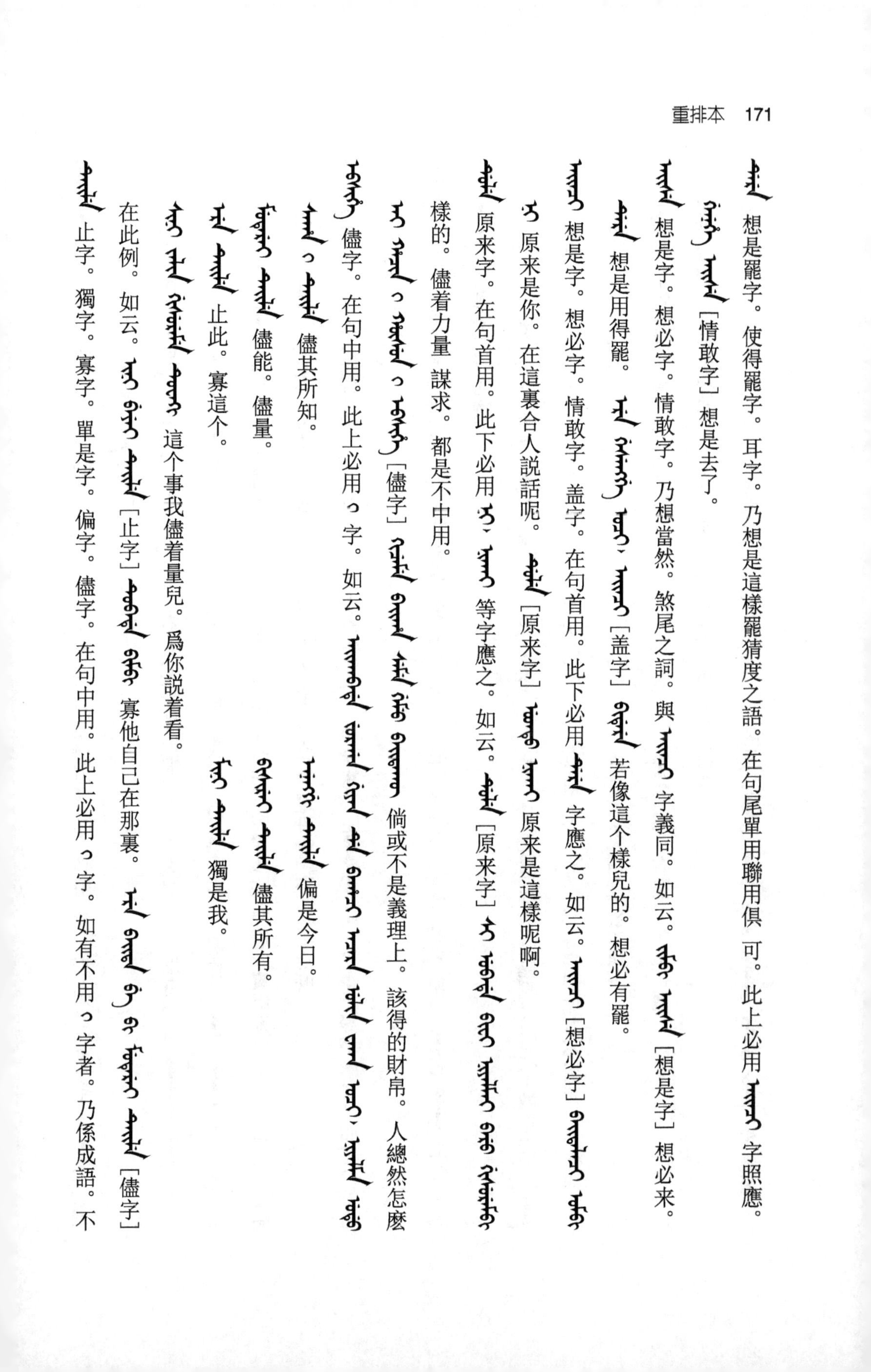

想是罷字。使得罷字。耳字。乃想是這樣罷猜度之語。在句尾單用聯用俱可。此上必用 字照應。
[情敢字] 想是去了。
想是字。想必字。情敢字。乃想當然。煞尾之詞。與 字義同。如云。 [想是字] 想必来。
想是用得罷。 [盖字] 若像這个樣兒的。想必有罷。
想是字。想必字。情敢字。盖字。在句首用。此下必用 字應之。如云。 [想必字]
原来是你。在這裏合人説話呢。 [原来字] 原来是這樣呢啊。
原来字。在句首用。此下必用 等字應之。如云。 [原来字]
樣的。儘着力量 謀求。都是不中用。
儘字。在句中用。此上必用 字。如云。
[儘字] 倘或不是義理上。該得的財帛。人總然怎麼
儘其所知。 偏是今日。
儘能。儘量。 儘其所有。
止此。寡這个。 獨是我。
這个事我儘着量兒。爲你説着看。
在此例。如云。 [止字] 寡他自己在那裏。 [儘字]
止字。獨字。寡字。單是字。偏字。儘字。在句中用。此上必用 字。如有不用 字者。乃係成語。不

亦有不用者。乃省文之意耳。實解方。面。臉。桌子。如云。ᠵᡠᠯᡤᡝᡳ ᡩᠣᡵᠣᠯᠣᠨ ᡠᡨᡥᠠᡳ ᡠᡨᡨᡠ ᡩᡝᡵᡝ [想是罷字]
想必古禮。就是這樣罷。ᠸᠠᡴᠠ ᡩᡝᡵᡝ [想是罷字] 想必不是罷。

ᠣᠮᠪᡳᡩᡝᡵᡝ 想是可以罷。想是使得罷。ᠪᡳᡩᡝᡵᡝ 想是有罷。想是在罷。

ᠰᡝᠮᠪᡳᡩᡝᡵᡝ 想是說罷。ᡴᡳ ᠰᡝᠮᠪᡳᡩᡝᡵᡝ 想是欲要罷。

ᡩᠠᠪᠠᠯᠠ 罷咧字。乃不過是這樣罷咧決定之詞。在句尾用。此上必用 ᡵᠠ、ᡵᡝ、ᡵᠣ 等字。如有不用者。乃係成語。ᠰᠠᡳᠨ
如云。ᠰᡳᠨᡳ ᠪᡝᠶᡝ ᡤᡝᠨᡝᠮᠪᡳ ᠰᡝᡥᡝ ᡩᠠᠪᠠᠯᠠ [罷咧字]、ᠸᡝ ᠰᡳᠮᠪᡝ ᡤᡝᠨᡝ ᠰᡝᡥᡝ 是你自己說要去罷咧。誰說了教你去。
ᡩᠠᠪᠠᠯᠠ [罷咧字] 好罷咧。

ᠸᠠᠵᡳᡥᠠ 完了字。罷了字。在句尾用。此上必用 ᠴᡳ 字照應。實解完畢了。如云。ᠮᡳᠨᡩᡝ ᠪᡠᠴᡳ ᡠᡨᡥᠠᡳ ᠸᠠᠵᡳᡥᠠ [完了字]
給我就罷了。

ᡥᠣᠨᠣ 還字。尚且字。猶且字。在句首用。此下必用 ᠪᠠᡩᡝ、ᠠᡳ ᡥᡝᠨᡩᡠᡵᡝ、ᠮᠪᡳᠣ、ᠪᡳᠣ、ᠮᠪᡳᠣ 等字應之。如云。ᡥᠣᠨᠣ
[還字尚且字] ᡶᡝᡴᠰᡳᠮᡝ ᠮᡠᡨᡝᡵᠠᡴᡡ ᠪᠠᡩᡝ、ᡠᡨᡥᠠᡳ ᠶᠠᠪᡠᠮᡝ ᡨᠠᠴᡳᠮᠪᡳᠣ 還没會跑。就學走麼。

ᠪᠠᡩᡝ 還字。尚且字。又還已字。猶已字。在句尾用。此上必用 ᡥᠣᠨᠣ 字照應。實解地方上。如云。ᠪᡳ ᡥᠣᠨᠣ
ᡤᡝᠨᡝᡵᠠᡴᡡ ᠰᡝᠮᡝ ᡤᡳᠰᡠᡵᡝᠮᡝ ᡤᡝᠯᡥᡠᠨ ᠠᡴᡡ ᠪᠠᡩᡝ [還字]、ᠰᡳᠮᠪᡝ ᠠᡳ ᡥᡝᠨᡩᡠᡵᡝ 我還不敢說不去。何況你。ᠠᠮᠪᠠ ᠨᡳᠶᠠᠯᠮᠠ ᡥᠣᠨᠣ ᡤᡝᠯᡝᡵᡝ
ᠪᠠᡩᡝ [猶且字]、ᠠᠵᡳᡤᡝ ᠵᡠᠰᡝ ᡤᡝᠯᡝᡵᠠᡴᡡ ᡩᠣᡵᠣ ᠪᡳᠣ 大人尚且畏懼。小孩子們不怕的理有麼。ᠰᠣᡴᡨᠣᡥᠣ ᠪᠠᡩᡝ [還已字] 猶已醉着。ᡤᡝᠨᡝᡥᡝ ᠪᠠᡩᡝ [猶已字] 猶已去了。

ᠠᡳ ᡥᡝᠨᡩᡠᡵᡝ 何況字。而況字。莫說字。別說字。說什麼字。在句尾用。此上必用 ᠪᡝ 字。如云。ᠮᠠᠩᡤᠠ ᡤᡝᠨᡝᡥᡝ ᡨᡝ

ᡝᠨᡩᡠᡵᡳᠩᡤᡝ ᠨᡳᠶᠠᠯᠮᠠ ᡥᠣᠨᠣ ᡨᠠᠴᡳᡴᡳ ᠰᡝᠮᠪᡳ᠈ ᠠᠨ ᡳ ᠨᡳᠶᠠᠯᠮᠠ ᠪᡝ ᠠᡳ ᡥᡝᠨᡩᡠᡵᡝ [何況字] 聖人尚欲勤學。何況尋常之人。

ᠠᠩᡤᠠᠯᠠ 與其字。不但字。不惟字。強如字。在句尾用。此上必用 ᡵᡝ᠈ ᡵᠠ᠈ ᡵᠣ 等字。此下必用 ᡳᠰᡳᡵᠠᡴᡡ 字應之。實解家口。如云。ᡝᡵᡝ ᡤᡝᠰᡝ ᠶᠠᠪᡠᡶᡳ᠈ ᡤᡝᠪᡠ ᡝᡥᡝ ᠣᠵᠣᡵᠣ ᠠᠩᡤᠠᠯᠠ [與其字]、ᠶᠠᠪᡠᡵᠠᡴᡡ ᡩᡝ ᡳᠰᡳᡵᠠᡴᡡ 這樣的行。強如名声不好。不如不行。ᠪᠠᡳᡨᠠ ᠠᠮᠠᡤᠠ ᡤᠠᠰᠠᡵᠠ ᠠᠩᡤᠠᠯᠠ [強如字]、ᡩᡝᡵᡳᠪᡠᡵᡝ ᠣᠯᡥᠣᡧᠣᡵᠣ ᡩᡝ ᡳᠰᡳᡵᠠᡴᡡ 與其埋怨於事後。不如小心於起初。

ᡨᡝᡵᡝ ᠠᠩᡤᠠᠯᠠ 況且字。不獨那樣字。不但那樣字。強如那樣字。在句首用。

ᠰᡝᡵᡝ ᠠᠩᡤᠠᠯᠠ 不但說字。且莫說字。且別說字。在句尾用。如云。ᡨᠠᡧᠠᠨ ᠪᡝ ᠶᠠᡵᡤᡳᠶᠠᠨ ᠣᠪᡠᠴᡳ ᠣᠵᠣᡵᠠᡴᡡ ᠰᡝᡵᡝ ᠠᠩᡤᠠᠯᠠ [且莫說字]、ᠶᠠᡵᡤᡳᠶᠠᠨ ᠪᡝ ᡨᠠᡧᠠᠨ ᠣᠪᡠᠴᡳ ᡳᠨᡠ ᠣᠵᠣᡵᠠᡴᡡ 不但說以虛作實使不得。以實作虛也使不得。ᠠᠨᡳ ᡤᡠᠴᡠᠰᡝ ᠣᠴᡳ᠈ ᡝᠨᡩᡝᠪᡠᡴᡠ ᠪᡝ ᠰᠠᡥᠠ ᠰᡝᡥᡝ᠈ ᡨᠠᡶᡠᠯᠠᡵᠠᡴᡡ ᠰᡝᡵᡝ ᠠᠩᡤᠠᠯᠠ [且別說字]、ᡝᠯᡝᠮᠠᠩᡤᠠ ᠪᠠᠰᡠᠮᠪᡳ 若是平常朋友們。知道了過失。不但說不勸。反倒笑話。

ᠨᡝ᠈ ᠨᠠ᠈ ᠨᠣ 此三字俱是。去字。又生出字。長成字。在字中協上字韵聯用。如云。ᠠᠯᠠᠮᠪᡳ 告訴。ᠠᠯᠠᠨᠠᠮᠪᡳ [去字]去告訴。ᠰᠣᠯᡳᠮᠪᡳ 請。ᠰᠣᠯᡳᠨᠠᠮᠪᡳ [去字]去請。ᠰᡳᠮᠨᡝᠮᠪᡳ 考。ᠰᡳᠮᠨᡝᠨᡝᠮᠪᡳ [去字]去考。ᠣᠪᠣᠮᠪᡳ 洗澡。ᠣᠪᠣᠨᠣᠮᠪᡳ [去字]去洗澡。ᠪᠣᡧᠣᠮᠪᡳ 催。ᠪᠣᡧᠣᠨᠣᠮᠪᡳ [去字]去催。ᠣᡴᡩᠣᠮᠪᡳ 迎接。ᠣᡴᡩᠣᠨᠣᠮᠪᡳ [去字]去迎接。ᠪᠠᠨᠵᡳᠮᠪᡳ 生長。過活。ᠪᠠᠨᠵᡳᠨᠠᠮᠪᡳ [生字去字]生出。去過活。ᡠᠮᡳᠶᠠᡥᠠ 虫子。ᡠᠮᡳᠶᠠᡥᠠᠨᠠᠮᠪᡳ [生字]生虫子。ᠰᡠᡳᡥᡝ 穗子。ᠰᡠᡳᡥᡝᠨᡝᠮᠪᡳ [長字]長穗子。ᠮᡝᡤᡠ 鬼飯疙答。ᠮᡝᡤᡠᠨᡝᠮᠪᡳ [長字]長鬼飯疙答。ᠪᡠᡵᠴᠠ 豆角。又一嘟嚕子。ᠪᡠᡵᠴᠠᠨᠠᠮᠪᡳ [長字]長豆角。長嘟嚕子。ᠪᡳᡵᠠ ᠪᡳᡵᡤᠠᠨ 河道。ᠪᡳᡵᡤᠠᠨᠠᠮᠪᡳ [成字]中流未凍成了河道。

ᠨᠵᡳ来字。在字中聯用。如云。ᡶᠣᠨᠵᡳᠮᠪᡳ 問。ᡶᠣᠨᠵᡳᠨᠵᡳᠮᠪᡳ [来字]来問。ᡨᠠᠴᡳᠮᠪᡳ 學。ᡨᠠᠴᡳᠨᠵᡳᠮᠪᡳ [来字]来學。

ᠴᠠ ᠴᡝ ᠴᠣ ᡩᡠ ᠨᡠ 此五字俱是。相字。共字。衆字。彼此字。大家字。一齊字。在字中協上字韵聯用。此上必用 ᡤᡝᠯᡝᠮᡝ ᡠᡥᡝᡳ ᡤᡝᠮᡠ 等字照應。亦有不用者義并同。如云。ᠪᠠᠰᡠᠮᠪᡳ 耻笑。ᠪᠠᠰᡠᠴᠠᠮᠪᡳ [相字]一齊耻笑。ᡨᠠᠨᡨᠠᠮᠪᡳ 打。ᡨᠠᠨᡨᠠᠨᡠᠮᠪᡳ [相字]相打。ᡥᠠᠴᡳᡥᡳᠶᠠᠮᠪᡳ 勤勉。ᡥᠠᠴᡳᡥᡳᠶᠠᠨᡠᠮᠪᡳ [相字]互相勤勉。ᠠᡳᠰᡳᠯᠠᠮᠪᡳ 幇助。ᠠᡳᠰᡳᠯᠠᠴᠠᠮᠪᡳ [相字]相幇相助。ᠣᠮᡳᠮᠪᡳ 呵。飲。ᠣᠮᡳᠴᠠᠮᠪᡳ [相字]共飲。ᡳᠯᡳᠮᠪᡳ 站立。ᡳᠯᡳᠴᠠᠮᠪᡳ [相字]大家站立。ᡝᡶᡳᠮᠪᡳ 頑耍。ᡝᡶᡳᠴᡝᠮᠪᡳ [相字]大家頑耍。ᡳᠨᠵᡝᠮᠪᡳ 笑。ᡳᠨᠵᡝᠴᡝᠮᠪᡳ [相字]一齊笑。ᠰᠣᠩᡤᠣᠮᠪᡳ 哭。ᠰᠣᠩᡤᠣᠴᠣᠮᠪᡳ [相字]共哭。

ᠪᡠ 在句中聯用。如上有 ᠪᡝ 字照應。是轉諭使令。教令字。如上有 ᡩᡝ 字照應。是被他人字。實解令人給。如云。ᡳᠮᠪᡝ ᠪᠠᡳᡨᠠ ᡳᠴᡳᡥᡳᠶᠠᠪᡠᠮᡝ ᡤᡝᠨᡝ [轉諭教令字]教他料理事去。ᡳᠨᡳ ᡩᡝ ᠪᡳ ᠪᡝᠴᡝᠪᡠᡥᡝ [被他人字]被他数落了一場。

凡遇清話字尾。無聯虛字者。是當面使令之詞。如又無 ᡩᡝ ᠪᡝ 二字。只有 ᠪᡠ 字者。亦與有 ᡩᡝ ᠪᡝ 二字者義并同。今如當面令人云。ᠰᡳ ᡤᡝᠨᡝ [面令]你去罷。如轉諭令人云。ᡳᠮᠪᡝ ᡤᡝᠨᡝᠪᡠ [轉令]令他去。如當面令人云。ᠰᡳ ᠶᠣ [面令]你走罷。如轉諭令人云。ᡳᠮᠪᡝ ᠶᠣᠪᡠ [轉令]教他走。如無 ᡩᡝ ᠪᡝ 二字云。ᡤᡳᠰᡠᡵᡝᠪᡠᠮᠪᡳ [被字轉令]被人說。又令他說。ᡨᠠᠨᡨᠠᠪᡠᠮᠪᡳ [被字轉令]被人打。又教人打。

ᡧᠠ ᡧᡝ ᡧᠣ ᠵᠠ ᠵᡝ ᡩᠠ ᡩᡝ ᡨᡝ 此八字俱是。頻々不一。不止。不定之意。又微々之意。在字中協上字韵聯用。如云。ᡧᠠᠰᡳᡥᠠᠯᠠᠮᠪᡳ 掌嘴。ᡧᠠᠰᡳᡥᠠᡧᠠᠮᠪᡳ [頻々]乱掌嘴。ᡥᠠᡳᡵᠠᠮᠪᡳ 貪戀。ᡥᠠᡳᡵᠠᡧᠠᠮᠪᡳ [頻々]戀々不捨。ᠰᠠᡶᠠᠮᠪᡳ 把攥。ᠰᠠᡶᠠᡧᠠᠮᠪᡳ [頻々]乱攥。ᡥᡝᠩᡴᡳᠯᡝᠮᠪᡳ 磕頭。ᡥᡝᠩᡴᡳᡧᡝᠮᠪᡳ [頻々]連叩。ᠸᠠᡧᠠᠮᠪᡳ 撓。ᠸᠠᡧᠠᡧᠠᠮᠪᡳ [頻々]乱撓。ᡶᡠᡥᡠᠯᡝ

瘸。 [微々]微瘸。 跳。 [頻々]乱跳躍。又心跳。 震動。 [頻々]震動不止。又病人身顫。 合。 [微々]湊合。 思想。 [頻々]尋思。沈音。 挪移。 [不定]挪移不定。 指望。 [微々]盼望不休。 遠。 [不止] 遠行。 驚怕。 [頻々]驚乍。

此二十二字。俱是行爲動用。力做開展之意。在字中協上字韵聯用。如云。 指甲。 [動用]指甲壓。 難。 [行爲]作難。 鏡子。 [動用]照鏡子。 强壯。 [行爲]以强。用强。 推。 [行爲]推託。 摻和。 [力做]摻雜摻混。 讒言。 [行爲]用讒言臟訟。 怒。 [行爲]性氣。動怒。使性氣。 補。 [力做]占補。 鑽。 [動用]以鑽々之。 鍬钁。 [力做]打鍬钁。 耍趣兒。 [行爲]取笑戲耍。 暴虐。 [行爲]暴虐行凶。 財帛。 [動用]行賄。 仇。 [行爲]挾仇。 圍獵。 [行爲]行圍。 親家。 [行爲]作親家。 斧子。 [動用]斧子剁。 刑具。 [動用]動刑。 缺。 [行爲]、窩兒。頂缺。頂窩兒。 籠頭。 [動用]套籠頭。 靴鞦子。 [力做] 鞘鞦子。 裏子。 [力做]吊裏子。 喜。 [行爲]喜歡。 門閂。 [力做]樽子。空檔兒。插空兒。 班次。 [行爲]輪流。輪班。 滿洲。 [行爲]説清話。滿洲樣行事。 話。 [行爲]説話。

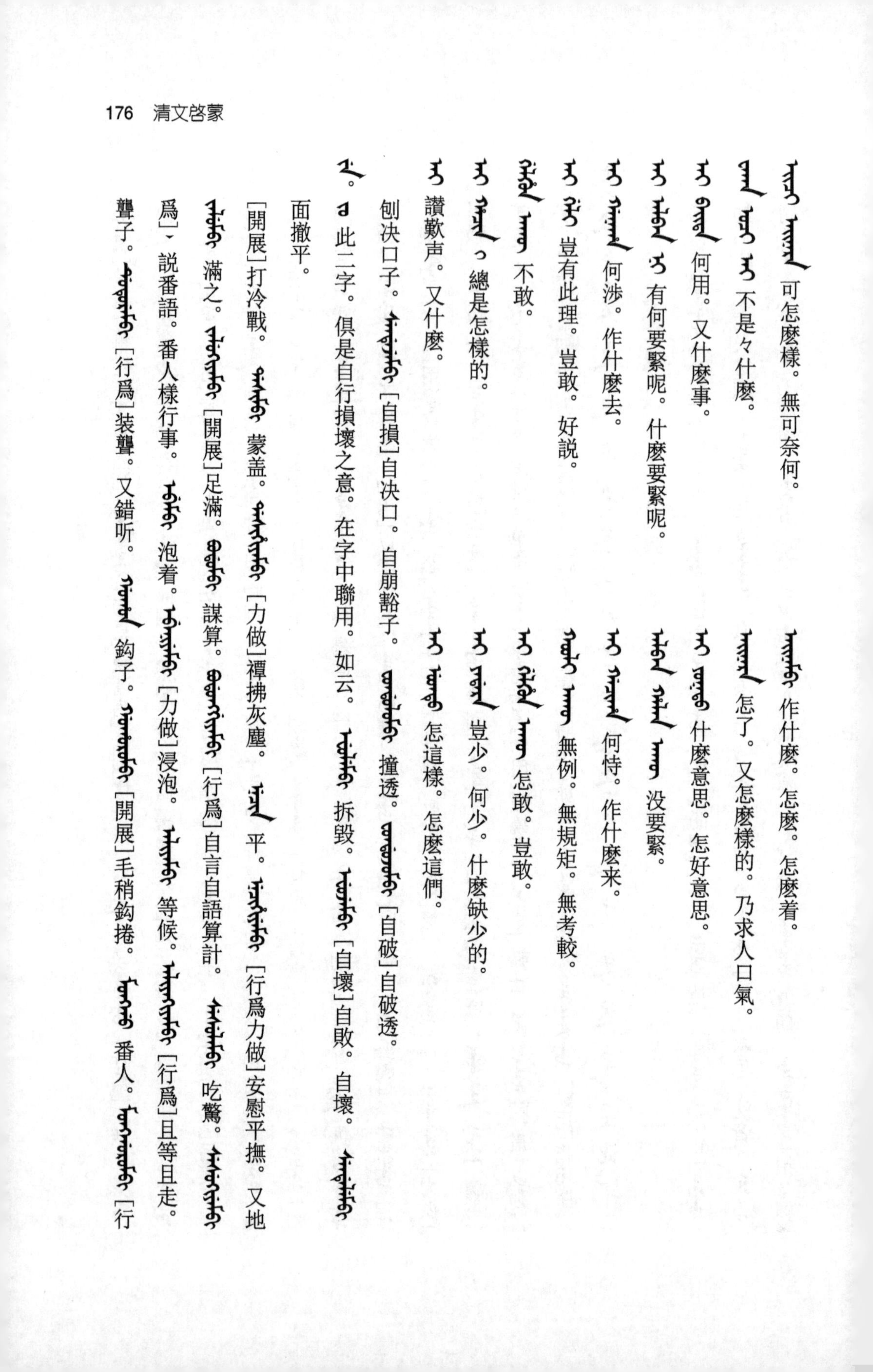

聾子。[行爲]装聾。又錯听。鈎子。[開展]毛稍鈎捲。番人。[行

爲]、説番語。番人樣行事。泡着。[力做]浸泡。等候。[行爲]且等且走。

滿之。[開展]足滿。謀算。[行爲]自言自語算計。吃驚。

[開展]打冷戰。蒙盖。[力做]禪拂灰塵。平。[行爲力做]安慰平撫。又地

面撤平。

此二字。俱是自行損壞之意。在字中聯用。如云。拆毁。[自壞]自敗。自壞。

刨决口子。[自損]自决口。自崩豁子。撞透。[自破]自破透。

讚歎声。又什麼。怎這樣。怎麼這們。

總是怎樣的。豈少。何少。什麼缺少的。

不敢。怎敢。豈敢。

豈有此理。豈敢。好説。無例。無規矩。無考較。

何涉。作什麼去。何恃。作什麼来。

有何要緊呢。什麼要緊呢。没要緊。

何用。又什麼事。什麼意思。怎好意思。

不是々什麼。怎了。又怎麼樣的。乃求人口氣。

可怎麼樣。無可奈何。作什麼。怎麼。怎麼着。

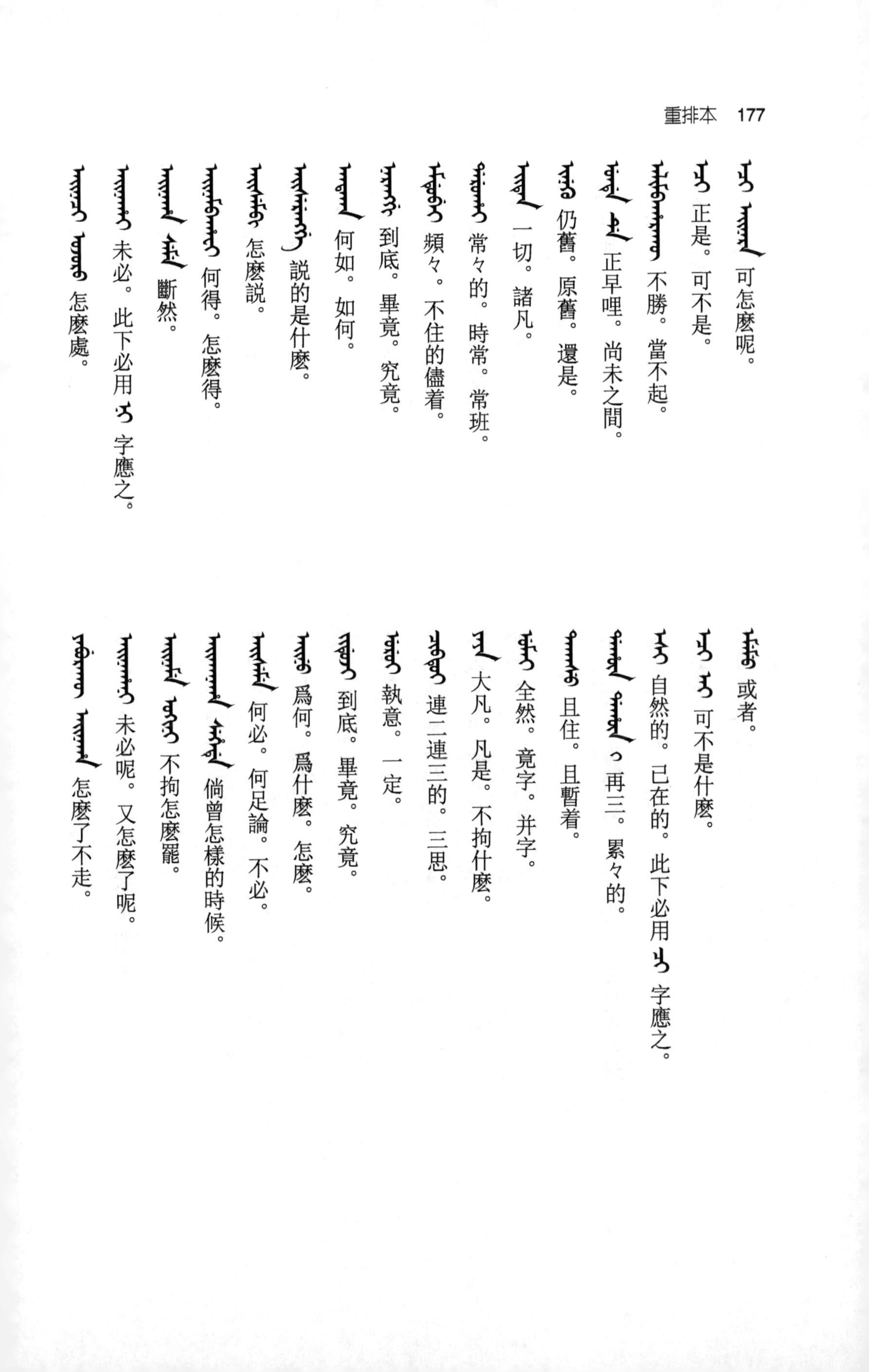

可怎麼呢。

正是。可不是。

不勝。當不起。

正早哩。尚未之間。

仍舊。原舊。還是。

一切。諸凡。

常々的。時常。常班。

頻々。不住的儘着。

到底。畢竟。究竟。

何如。如何。

說的是什麼。

怎麼說。

何得。怎麼得。

斷然。

未必。此下必用字應之。

怎麼處。

或者。

可不是什麼。

自然的。已在的。此下必用字應之。

再三。累々的。

且住。且暫着。

全然。竟字。并字。

大凡。凡是。不拘什麼。

連二連三的。三思。

執意。一定。

到底。畢竟。究竟。

爲何。爲什麼。怎麼。

何必。何足論。不必。

倘曾怎樣的時候。

不拘怎麼罷。

未必呢。又怎麼了呢。

怎麼了不走。

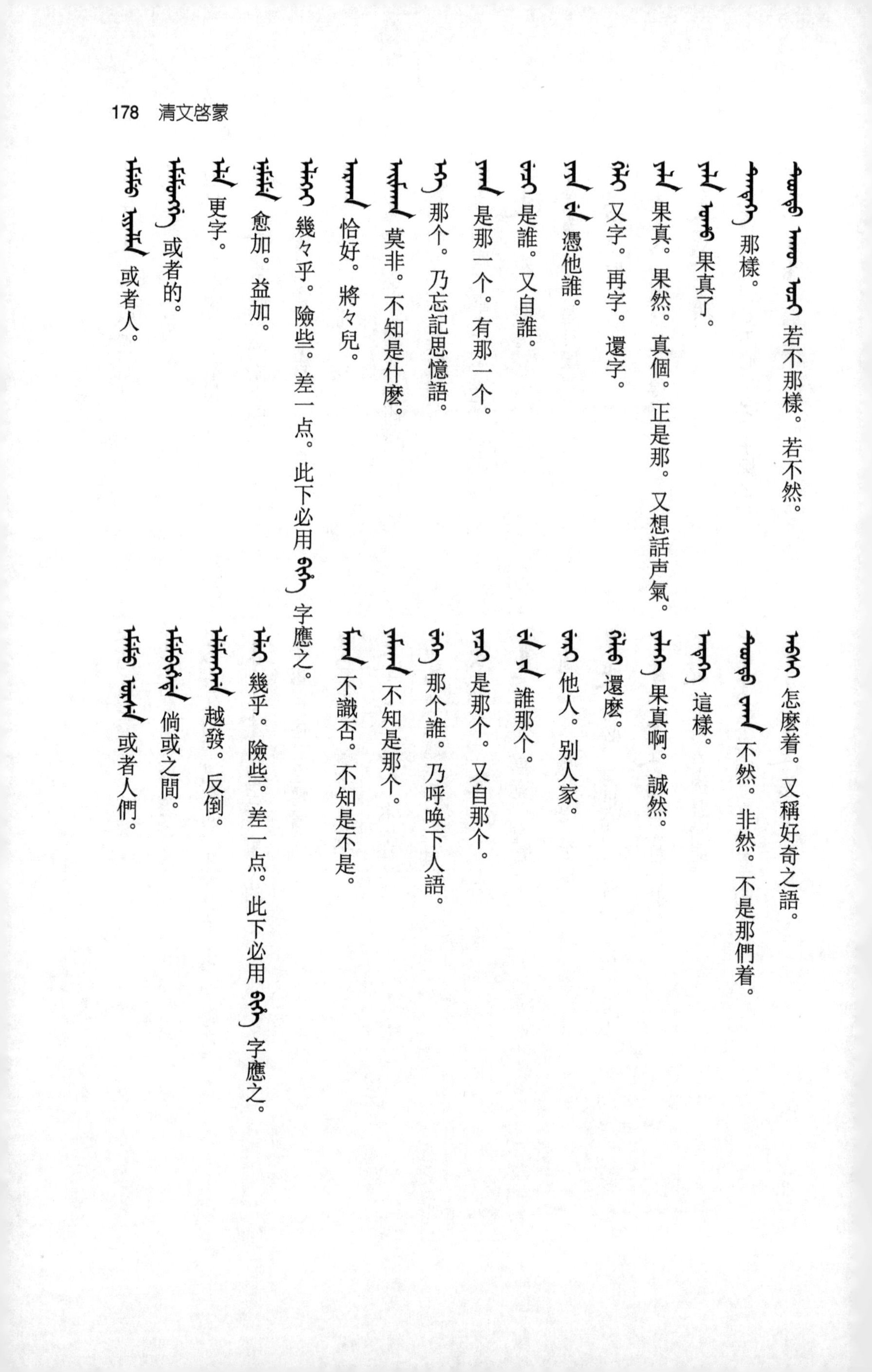

若不那樣。若不然。

怎麼着。又稱好奇之語。

那樣。

不然。非然。不是那們着。

果真了。

這樣。

果真。果然。真個。正是那。又想話声氣。

果真啊。誠然。

又字。再字。還字。

還麼。

憑他誰。

他人。别人家。

是誰。又自誰。

誰那个。

是那一个。有那一个。

是那个。又自那个。

那个。乃忘記思憶語。

那个誰。乃呼喚下人語。

莫非。不知是什麼。

不知是那个。

恰好。將々兒。

不識否。不知是不是。

幾々乎。險些。差一点。此下必用 字應之。

幾乎。險些。差一点。此下必用 字應之。

愈加。益加。

越發。反倒。

更字。

倘或之間。

或者的。

或者人。

或者人們。

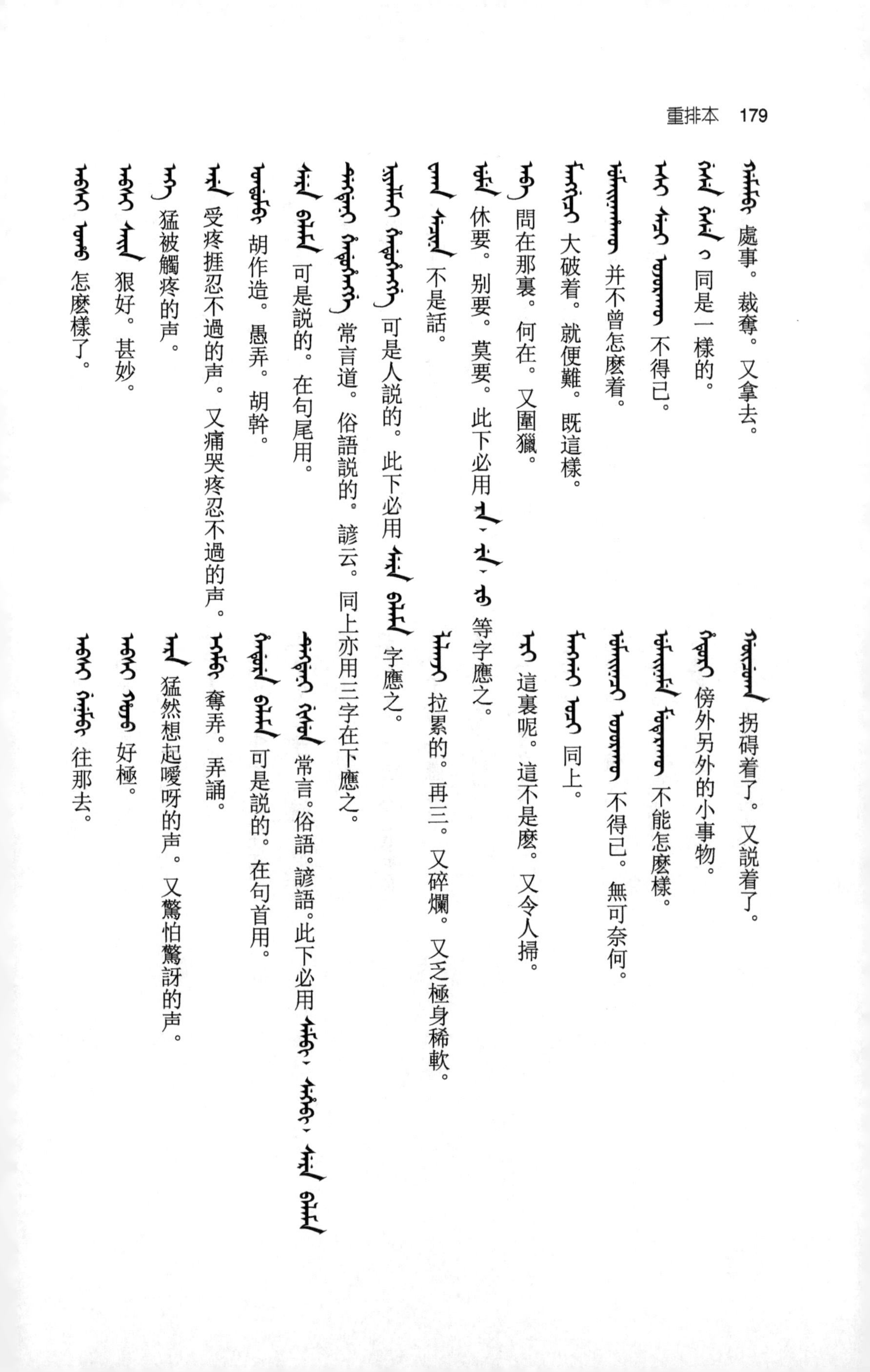

處事。裁奪。又拿去。

同是一樣的。

不得已。

并不曾怎麽着。

大破着。就便難。既這樣。

問在那裏。何在。又圍獵。

休要。别要。莫要。此下必用等字應之。

不是話。

可是人說的。此下必用字應之。

常言道。俗語說的。諺云。同上亦用三字在下應之。

可是說的。在句尾用。

胡作造。愚弄。胡幹。

受疼捱忍不過的声。又痛哭疼忍不過的声。

猛被觸疼的声。

狠好。甚妙。

怎麽樣了。

拐碍着了。又說着了。

傍外另外的小事物。

不能怎麽樣。

不得已。無可奈何。

同上。

這裏呢。這不是麽。又令人掃。

拉累的。再三。又碎爛。又乏極身稀軟。

常言。俗語。諺語。此下必用

可是說的。在句首用。

奪弄。弄誦。

猛然想起嗳呀的声。又驚怕驚訝的声。

好極。

往那去。

開端打頭說。

胡鬧混来。

諸各様兒。

腔調兒。様喪子。又令人剃。

此須無有。

一点的小空兒。

如見如聞。不問先知。

一点没有。

學高了。學精了。

試問便知。

有朝一日。

非輕。不輕。不易。

睹着面。

一朝。

同上。

掛拐。下牢靠。

推故。推託。

討憑據。

口舌是非。

對質。

怪性各別。

言々語々。

見騷了。

怪性。

兩下俱各有是有非。又偏遇其人不快。偏々又偏々。

現在。

現成得了。

教他哼一哼兒。

哼一哼的時候。

狠容易。

能着。支持着。

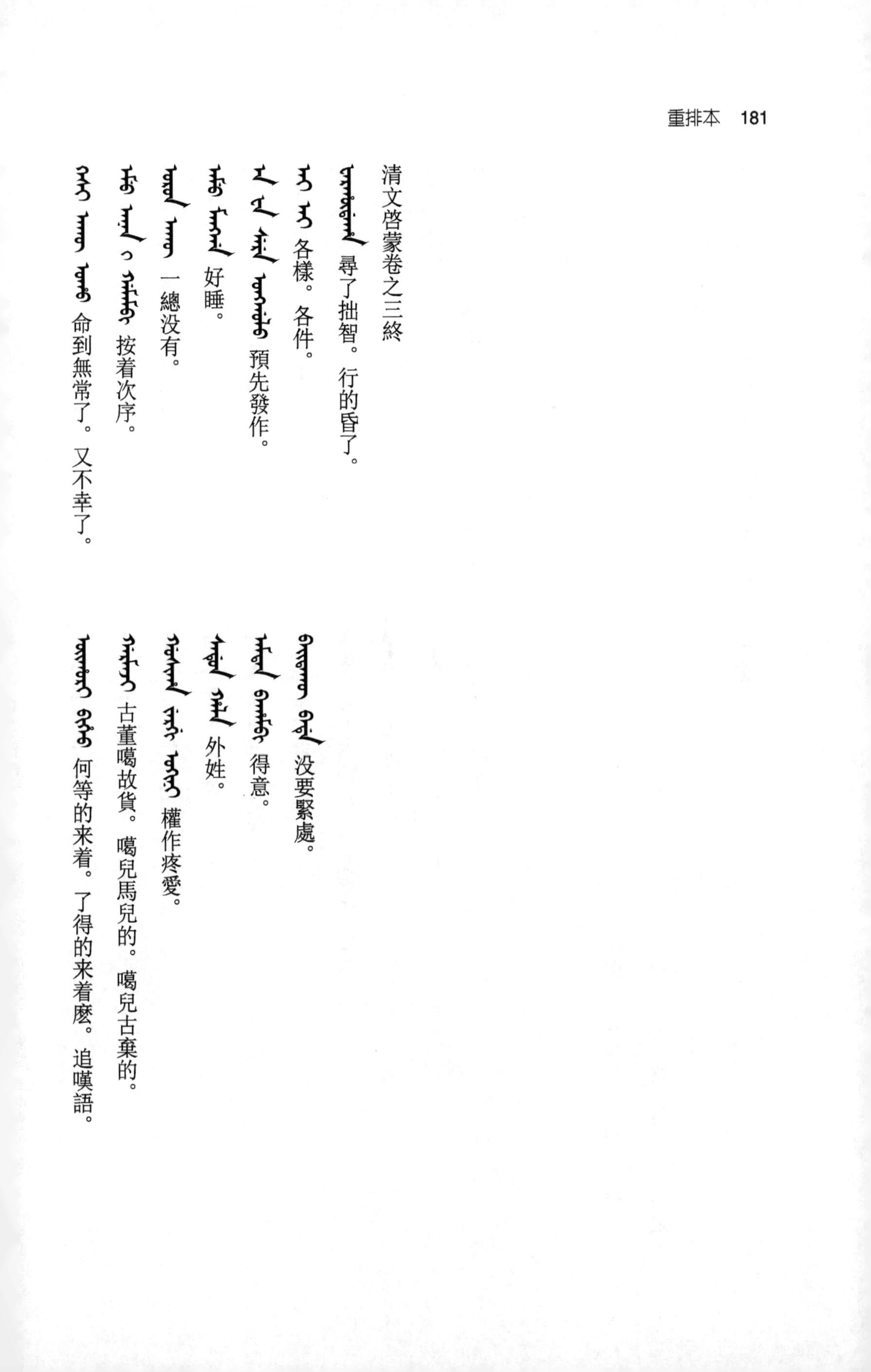

清文啓蒙卷之三終

尋了拙智。行的昏了。

各樣。各件。

預先發作。

好睡。

一總没有。

按着次序。

命到無常了。又不幸了。

没要緊處。

得意。

外姓。

權作疼愛。

古董噶故貨。噶兒馬兒的。噶兒古棄的。

何等的来着。了得的来着麽。追嘆語。

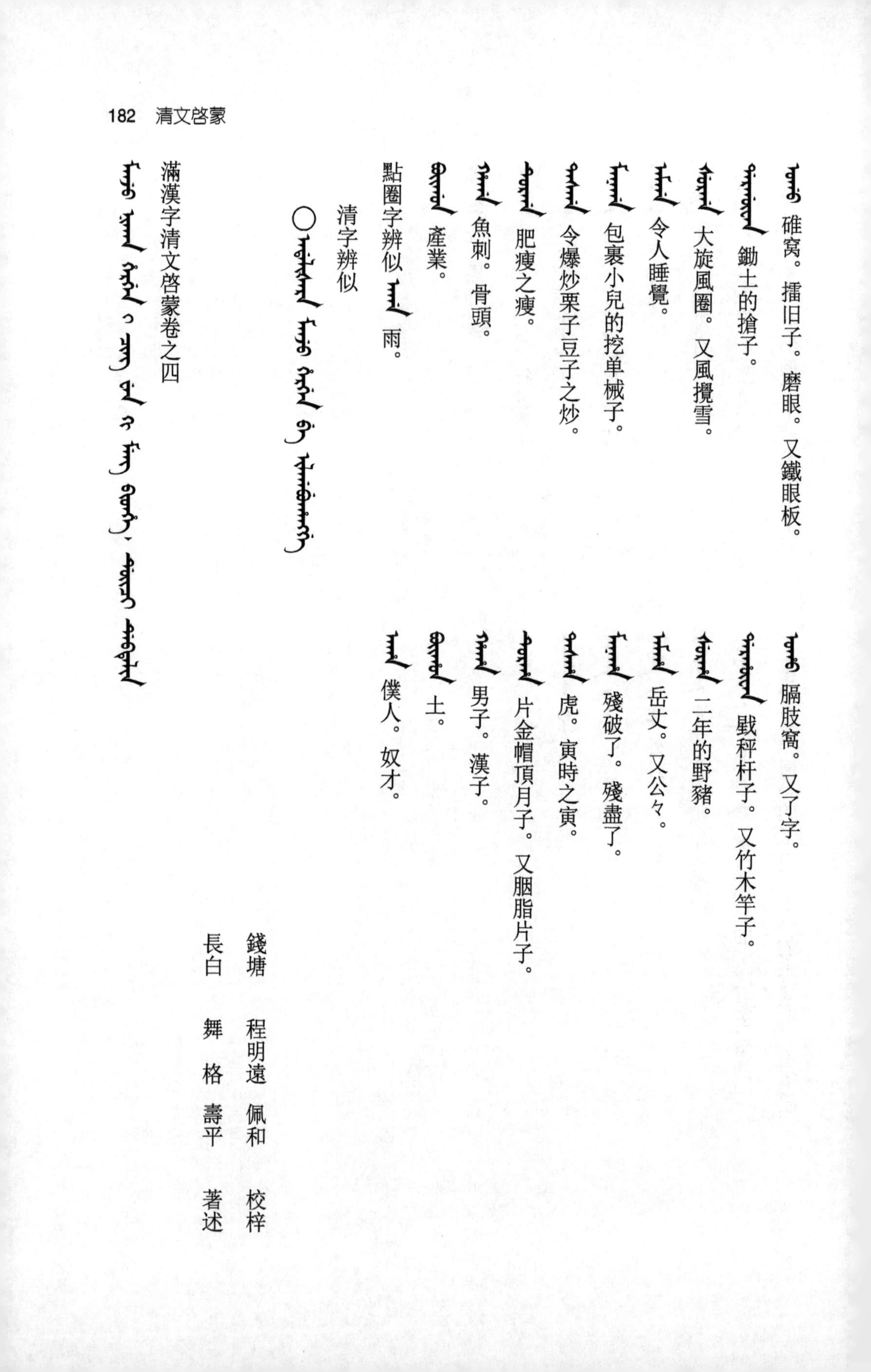

碓窝。擂旧子。磨眼。又鐵眼板。
膈肢窩。又了字。

鋤土的搶子。
戥秤杆子。又竹木竿子。

大旋風圈。又風攪雪。
二年的野豬。

令人睡覺。
岳丈。又公々。

包裹小兒的挖单械子。
殘破了。殘盡了。

令爆炒栗子豆子之炒。
虎。寅時之寅。

肥瘦之瘦。
片金帽頂月子。又胭脂片子。

魚刺。骨頭。
男子。漢子。

產業。
土。

點圈字辨似 雨。
僕人。奴才。

清字辨似

○

滿漢字清文啓蒙卷之四

錢塘 程明遠 佩和 校梓
長白 舞格 壽平 著述

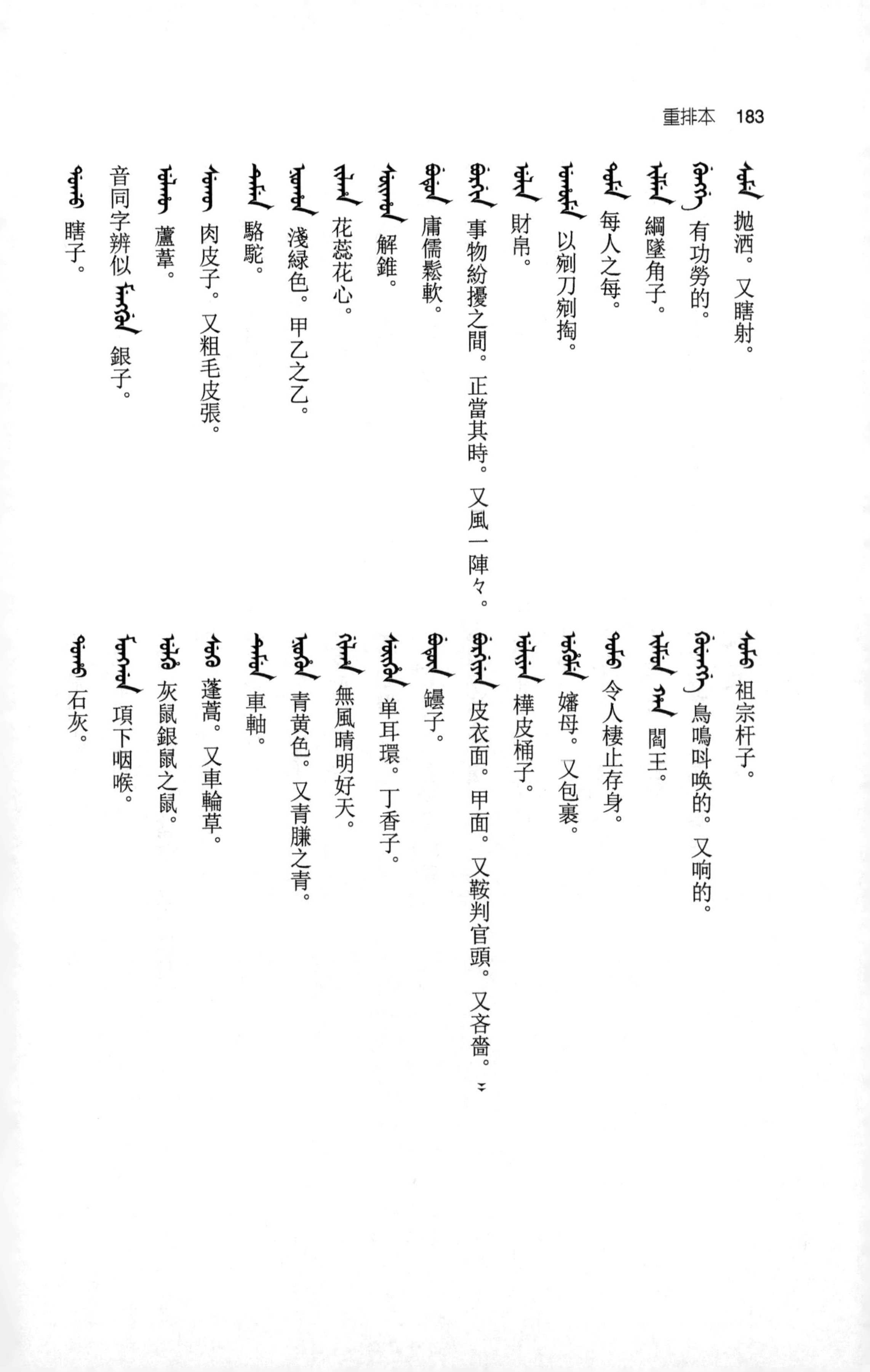

抛洒。又瞎射。

有功勞的。

綱墜角子。

每人之每。

以剜刀剜掏。

財帛。

事物紛擾之間。正當其時。又風一陣々。

庸儒鬆軟。

解錐。

花蕊花心。

淺緑色。甲乙之乙。

駱駝。

肉皮子。又粗毛皮張。

蘆葦。

音同字辨似　銀子。

瞎子。

祖宗杆子。

鳥鳴叫喚的。又响的。

閻王。

令人棲止存身。

孀母。又包裹。

樺皮桶子。

皮衣面。甲面。又鞍判官頭。又吝嗇。

鐙子。

单耳環。丁香子。

無風晴明好天。

青黄色。又青膁之青。

車軸。

蓬蒿。又車輪草。

灰鼠銀鼠之鼠。

項下咽喉。

石灰。

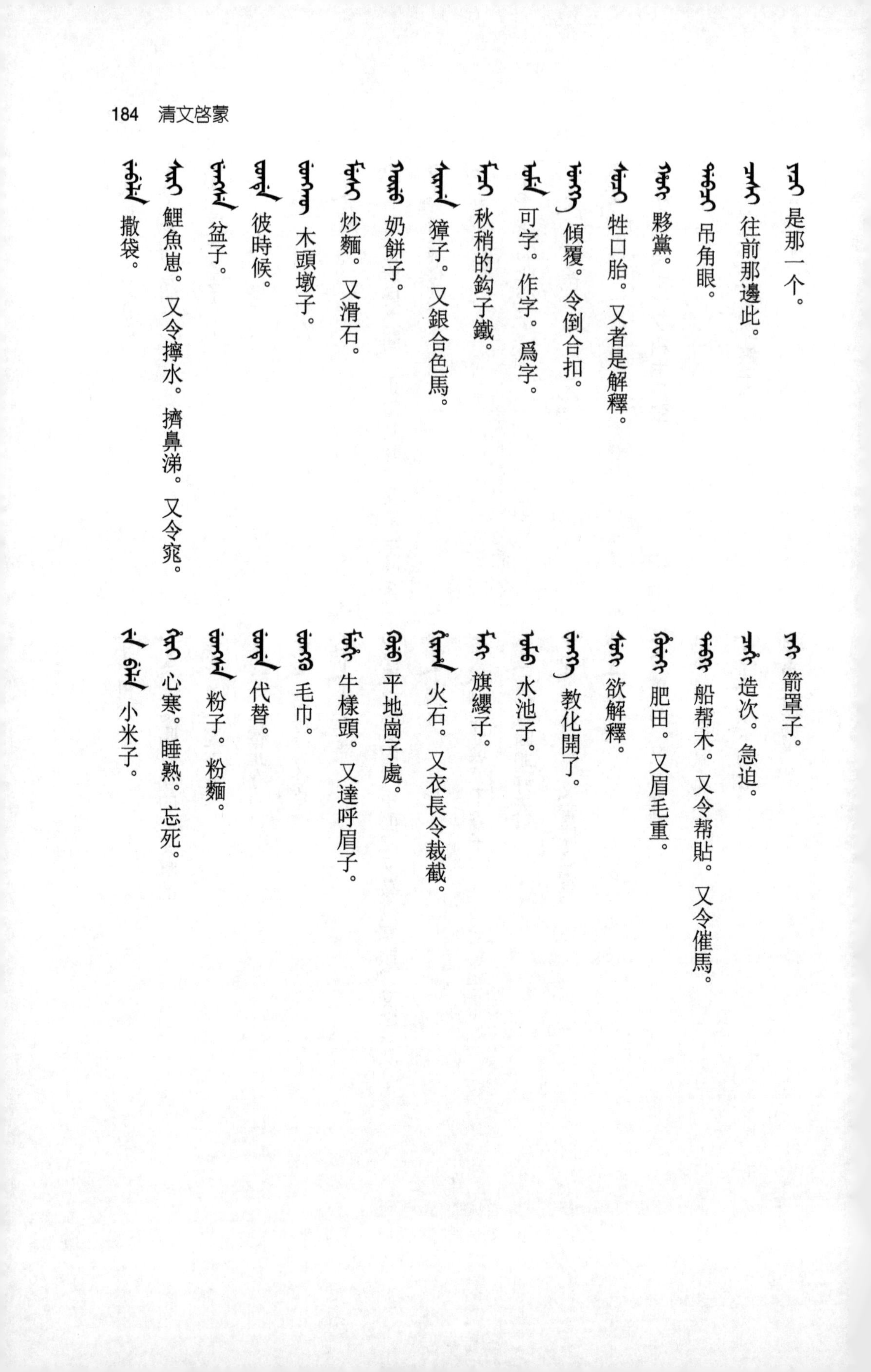

是那一个。

往前那邊此。

吊角眼。

夥黨。

牲口胎。又者是解釋。

傾覆。令倒合扣。

可字。作字。爲字。

秋稍的鈎子鐵。

獐子。又銀合色馬。

奶餅子。

炒麵。又滑石。

木頭墩子。

彼時候。

盆子。

鯉魚崽。又令擰水。擠鼻涕。又令窕。

撒袋。

箭罩子。

造次。急迫。

船帮木。又令帮貼。又令催馬。

肥田。又眉毛重。

欲解釋。

教化開了。

水池子。

旗纓子。

火石。又衣長令裁截。

平地崗子處。

牛樣頭。又達呼眉子。

毛巾。

代替。

粉子。粉麵。

心寒。睡熟。忘死。

小米子。

若是擋圍。

野沙葱。

食腸大的人。

若是朽爛。

蒙苫。掩蓋。

馬眼尖眼岔躲閃。

以鍘刀鍘草。

接續。承繼。

胡說。又以長杷鐮刀芟草。

刀劃解脅條。

言語返悔。

鳥鳴叫喚。

護瞻。遮護。

住宿。

茄子。

生二心。又事反復二致。

衣服窄。又性緊。又酒暴氣。

教化的。

房檐。又鉄老鸛嘴。鐙鑷環。又樹頭周蔭。

鼻涕。又膿。

複再。

偏歪。

運送。搬運。

睨視。斜瞇。

臉村。手脚村。

犬怒吠不止。

免過。又禽鳥啼鳴。又物声响。

火燒着燼。又物消散完盡。

辦事疾快。又急性人。

興隆。興起。又火旺起。

緊疾。

想是止了罷。

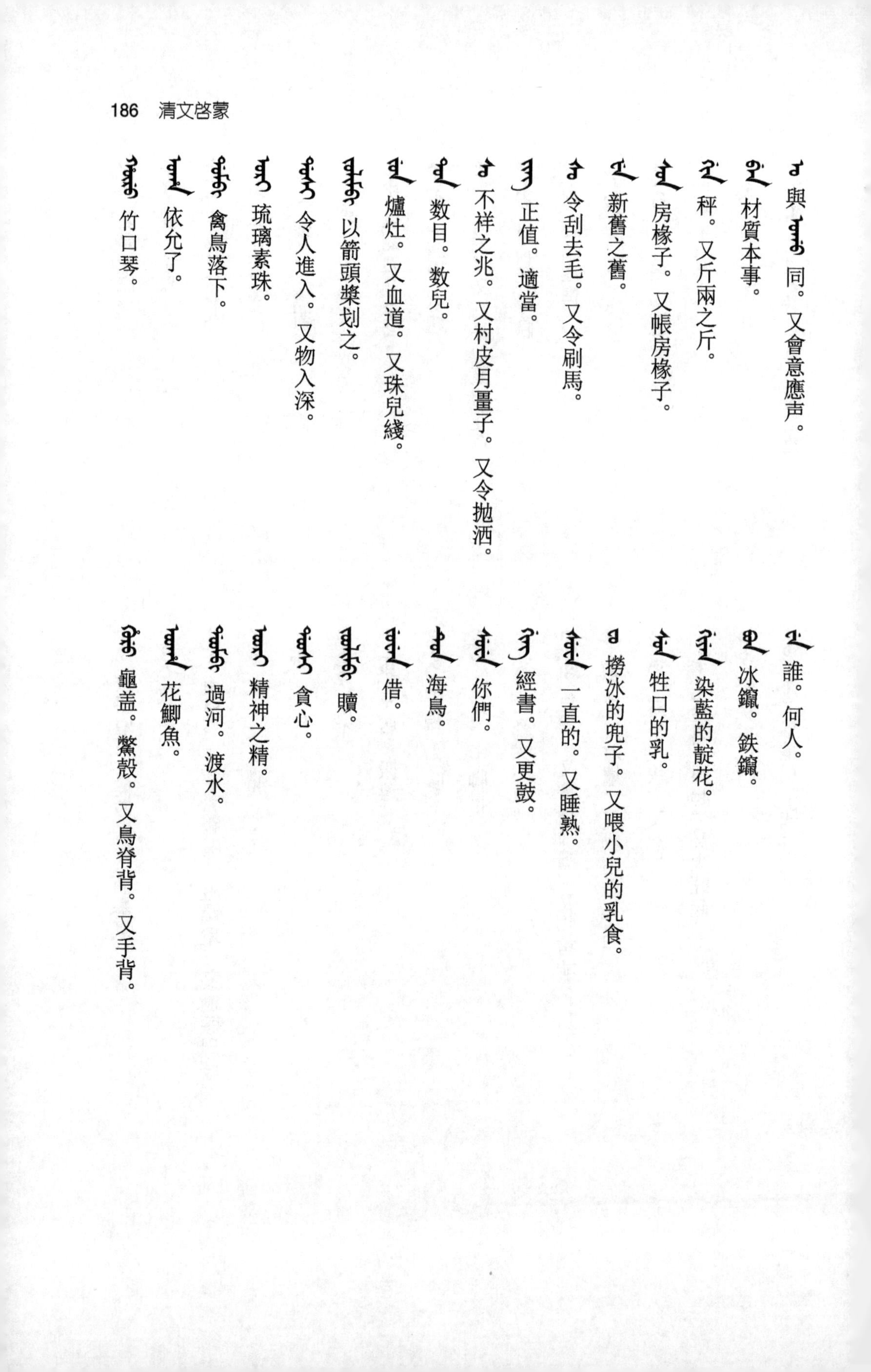

與……同。又會意應声。

材質本事。

秤。又斤兩之斤。

房椽子。又帳房椽子。

新舊之舊。

令刮去毛。又令刷馬。

正值。適當。

不祥之兆。又村皮月暈子。又令抛洒。

数目。数兒。

爐灶。又血道。又珠兒綫。

以箭頭槳划之。

令人進入。又物入深。

琉璃素珠。

禽鳥落下。

依允了。

竹口琴。

誰。何人。

冰鑹。鉄鑹。

染藍的靛花。

牲口的乳。

撈冰的兜子。又喂小兒的乳食。

一直的。又睡熟。

經書。又更鼓。

你們。

海鳥。

借。

贖。

貪心。

精神之精。

過河。渡水。

花鯽魚。

龜盖。鱉殼。又烏脊背。又手背。

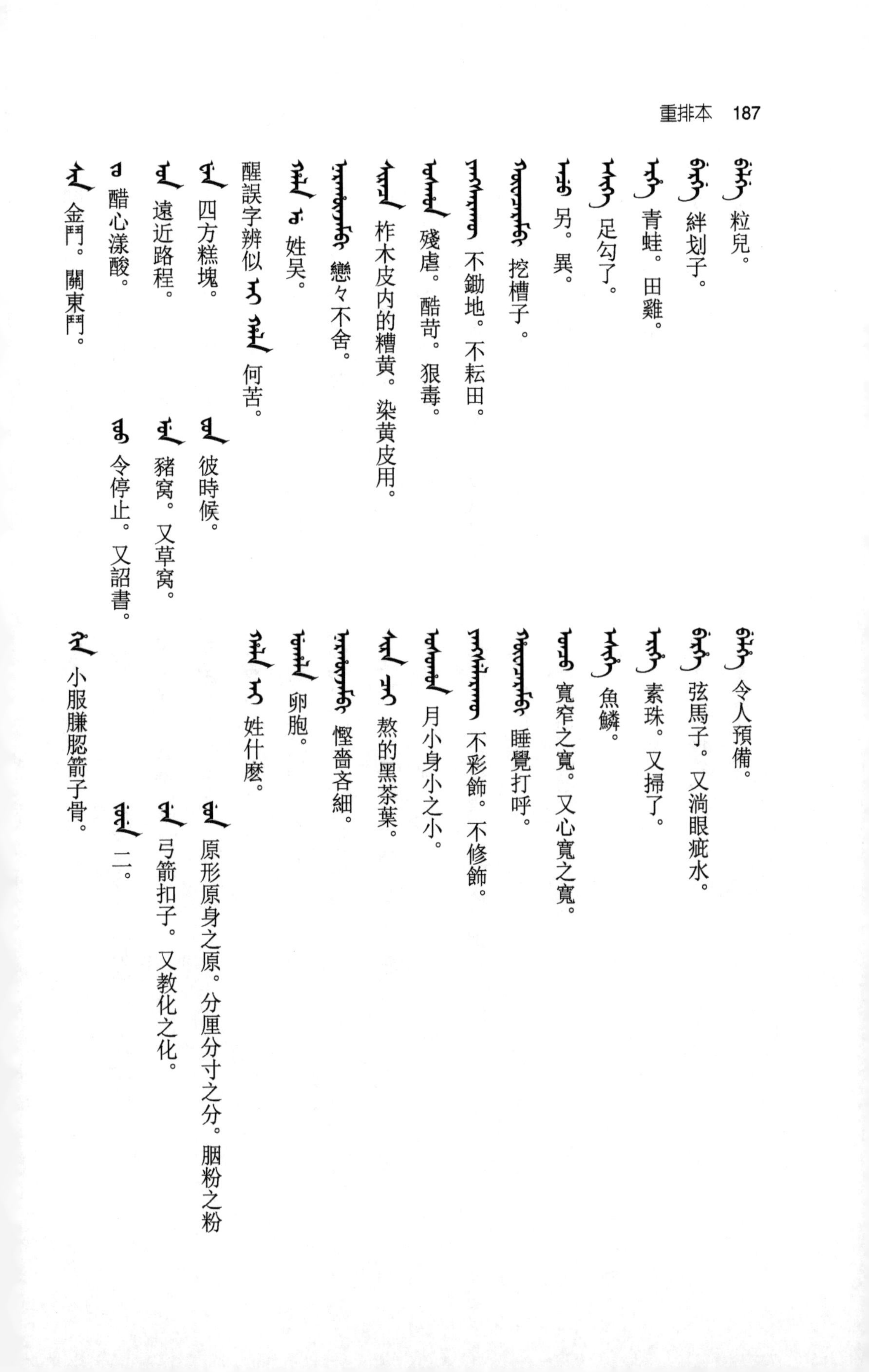

粒兒。

令人預備。

絆划子。

弦馬子。又淌眼疵水。

青蛙。田雞。

素珠。又掃了。

足勾了。

魚鱗。

另。異。

寬窄之寬。又心寬之寬。

挖槽子。

睡覺打呼。

不鋤地。不耘田。

不彩飾。不修飾。

殘虐。酷苛。狠毒。

月小身小之小。

柞木皮内的糟黃。染黃皮用。

熬的黑茶葉。

戀々不舍。

慳嗇吝細。

姓吴。

卵胞。

醒誤字辨似 何苦。

姓什麼。

四方糕塊。

彼時候。

原形原身之原。分厘分寸之分。胭粉之粉

遠近路程。

豬窩。又草窩。

弓箭扣子。又教化之化。

醋心漾酸。

令停止。又詔書。

二。

金門。闕東門。

小服膁腮箭子骨。

响動語解似 声息。响声。動星見。 声勢。大响動。

抗抵語解似 抗拒。 支頂拄着。 搭支。馬嘴硬刁。箭跐起。

悄言語解似 低言悄語。 耳邊嘍喳説。

狹窄語解似 地方狹窄。又狹迫。 寬窄之窄。

歇息語解似 歇息。歇着。 安息。養息。

傢伙語解似 裝盛的器皿。又棺材。 使的器物。又器械。

比較語解似 比較勝負。 比方。對比着。

火語解似 爐灶柴炭之火。 火。陰火陽火總稱。又令人看。

氣語解似 呼吸之氣。又性命。 天時人物之氣

字語解似 書。又文字。又文武之文。 字。又官爵官銜。又肉紋理。

恩語解似 恩典。造化。又幸賴。 恩德恩惠。

壽語解似 萬壽長壽之壽。 壽命。壽数。

清語解似

○

碗架子擱板。 犁上挽鈎。

剪子。 籬笆柵子。

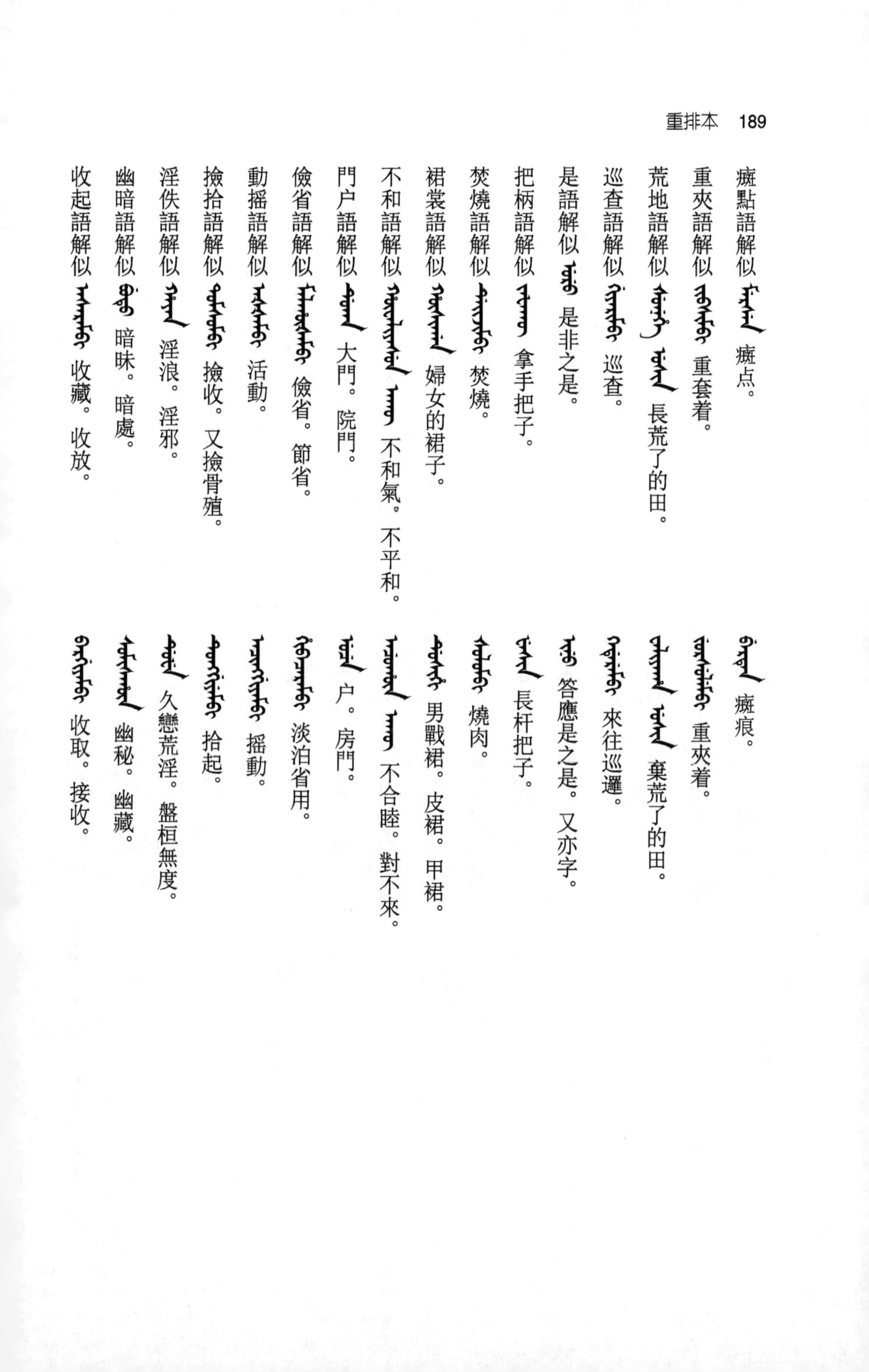

瘢點語解似 [illegible] 瘢点。 [illegible] 瘢痕。

重夾語解似 [illegible] 重套着。 [illegible] 重夾着。

荒地語解似 [illegible] [illegible] 長荒了的田。 [illegible] [illegible] 棄荒了的田。

巡查語解似 [illegible] 巡查。 [illegible] 來往巡邏。

是語解似 [illegible] 是非之是。 [illegible] 答應是之是。又亦字。

把柄語解似 [illegible] 拿手把子。 [illegible] 長杆把子。

焚燒語解似 [illegible] 焚燒。 [illegible] 燒肉。

裙裳語解似 [illegible] 婦女的裙子。 [illegible] 男戰裙。皮裙。甲裙。

不和語解似 [illegible] [illegible] 不和氣。不平和。 [illegible] [illegible] 不合睦。對不來。

門户語解似 [illegible] 大門。院門。 [illegible] 户。房門。

儉省語解似 [illegible] 儉省。節省。 [illegible] 淡泊省用。

動搖語解似 [illegible] 活動。 [illegible] 搖動。

撿拾語解似 [illegible] 撿收。又撿骨殖。 [illegible] 拾起。

淫佚語解似 [illegible] 淫浪。淫邪。 [illegible] 久戀荒淫。盤桓無度。

幽暗語解似 [illegible] 暗昧。暗處。 [illegible] 幽秘。幽藏。

收起語解似 [illegible] 收藏。收放。 [illegible] 收取。接收。

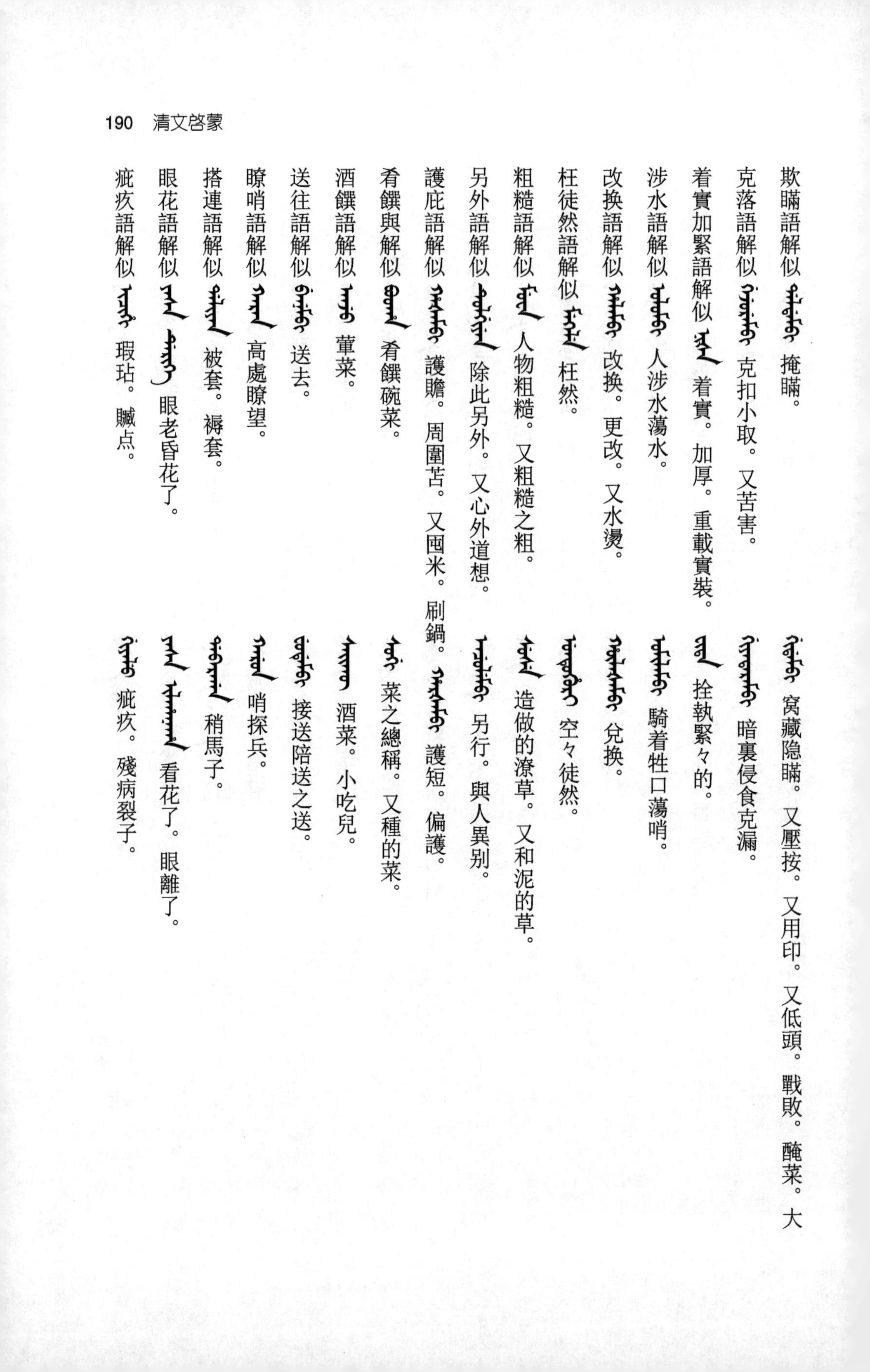

欺瞞語解似 掩瞞。
窩藏隱瞞。又壓按。又用印。又低頭。戰敗。醃菜。大

克落語解似 克扣小取。又苦害。
暗裏侵食克漏。

着實加緊語解似 着實。加厚。重載實裝。
拴執緊々的。

涉水語解似 人涉水蕩水。
騎着牲口蕩哨。

改換語解似 改換。更改。又水燙。
兌換。

枉徒然語解似 枉然。
空々徒然。

粗糙語解似 人物粗糙。又粗糙之粗。
造做的潦草。又和泥的草。

另外語解似 除此另外。又心外道想。
另行。與人異別。

護庇語解似 護贍。周圍苫。又囤米。刷鍋。
護短。偏護。

肴饌與解似 肴饌碗菜。
菜之總稱。又種的菜。

酒饌語解似 葷菜。
酒菜。小吃兒。

送往語解似 送去。
接送陪送之送。

瞭哨語解似 高處瞭望。
哨探兵。

搭連語解似 被套。褥套。
稍馬子。

眼花語解似 眼老昏花了。
看花了。眼離了。

疵疢語解似 瑕玷。贓点。
疵疢。殘病裂子。

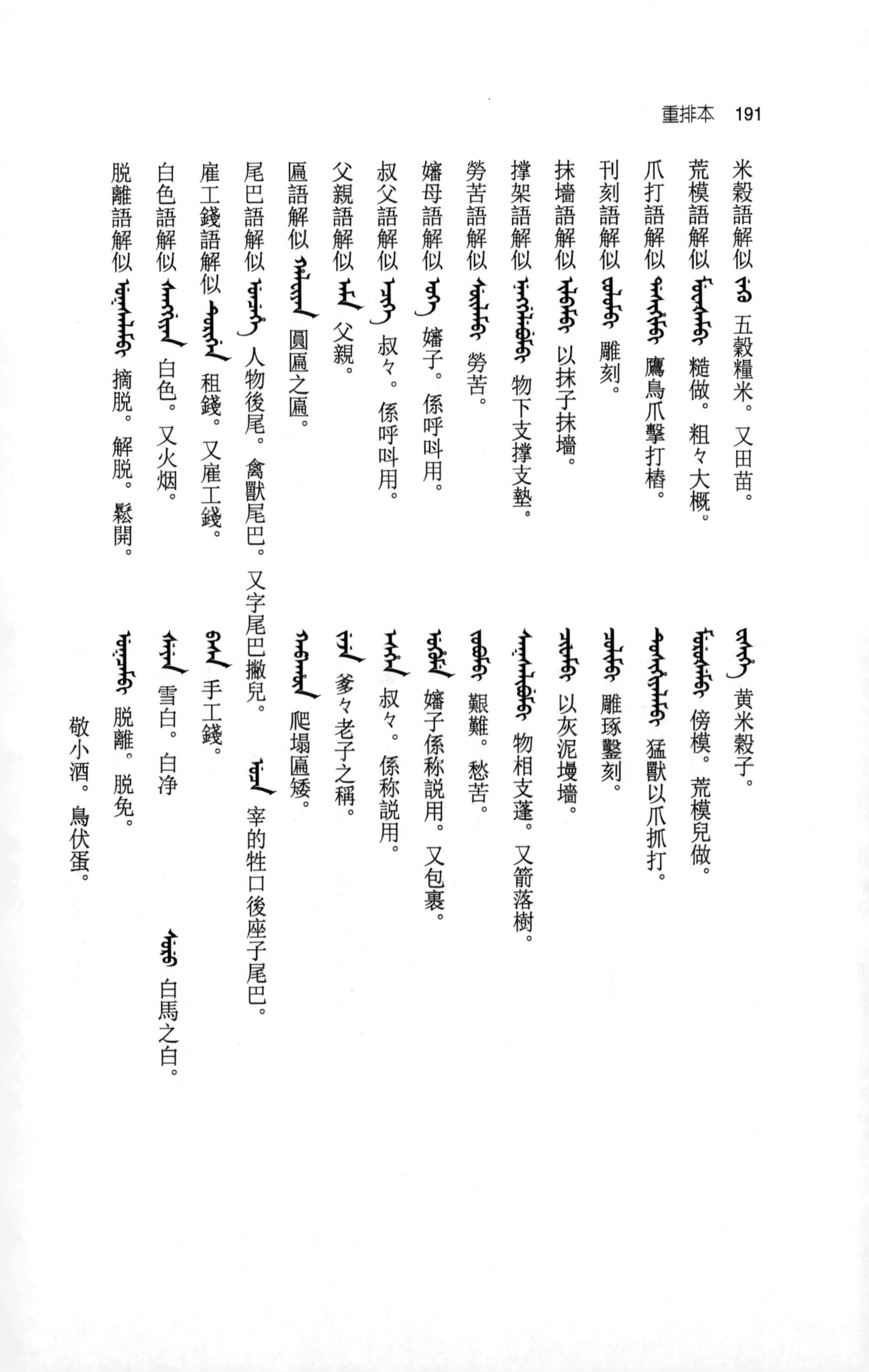

米穀語解似 五穀糧米。又田苗。

黃米穀子。

荒模語解似 糙做。粗々大概。

傍模。荒模兒做。

爪打語解似 鷹鳥爪擊打樁。

猛獸以爪抓打。

刊刻語解似 雕刻。

雕琢鑿刻。

抹墻語解似 以抹子抹墻。

以灰泥墁墻。

撑架語解似 物下支撑支墊。

物相支蓬。又箭落樹。

勞苦語解似 勞苦。

艱難。愁苦。

嬸母語解似 嬸子。係呼叫用。

嬸子係称説用。又包裹。

叔父語解似 叔々。係呼叫用。

叔々。係称説用。

父親語解似 父親。

爹々老子之稱。

匾語解似 圓匾之匾。

爬場匾矮。

尾巴語解似 人物後尾。禽獸尾巴。又字尾巴撇兒。

宰的牲口後座子尾巴。

雇工錢語解似 租錢。又雇工錢。

手工錢。

白色語解似 白色。又火烟。

雪白。白净

白馬之白。

脱離語解似 摘脱。解脱。鬆開。

脱離。脱免。

敬小酒。烏伏蛋。

痊癒語解似 病少愈。略好些。 痊癒了。又過去了。又大着了。

情願語解似 愛。 願意。情願。

後日語解似 後日。後兒。 日後。

存在語解似 存在。 存亡之存。存住。

訪尋語解似 訪問。 訪尋。

口吹語解似 吹哨子。吹弹之吹。 口吹風吹之吹。

苦語解似 痛苦。又味苦。 罪苦。孽苦。又令和泥。和麵。研墨。

減退語解似 損減。又令衰弱。 減少。又令缺。

選拔語解似 揀選。挑擇。 選拔精鋭。

涵容語解似 容量包涵。 物内容放得下。

下來語解似 降下。又瘦損。 下來。

上去語解似 升上。高升。 往上々。登上。

穰核語解似 種子。子兒。又蟣子。 穰子。仁子。核子。又眼珠。令摔。水乾了。

鉄鎖語解似 鎖頭。 鉄鎖子。

籍貫語解似 原籍。本家。 本地。本處。

奶乳語解似 人之乳。 牲口奶子。

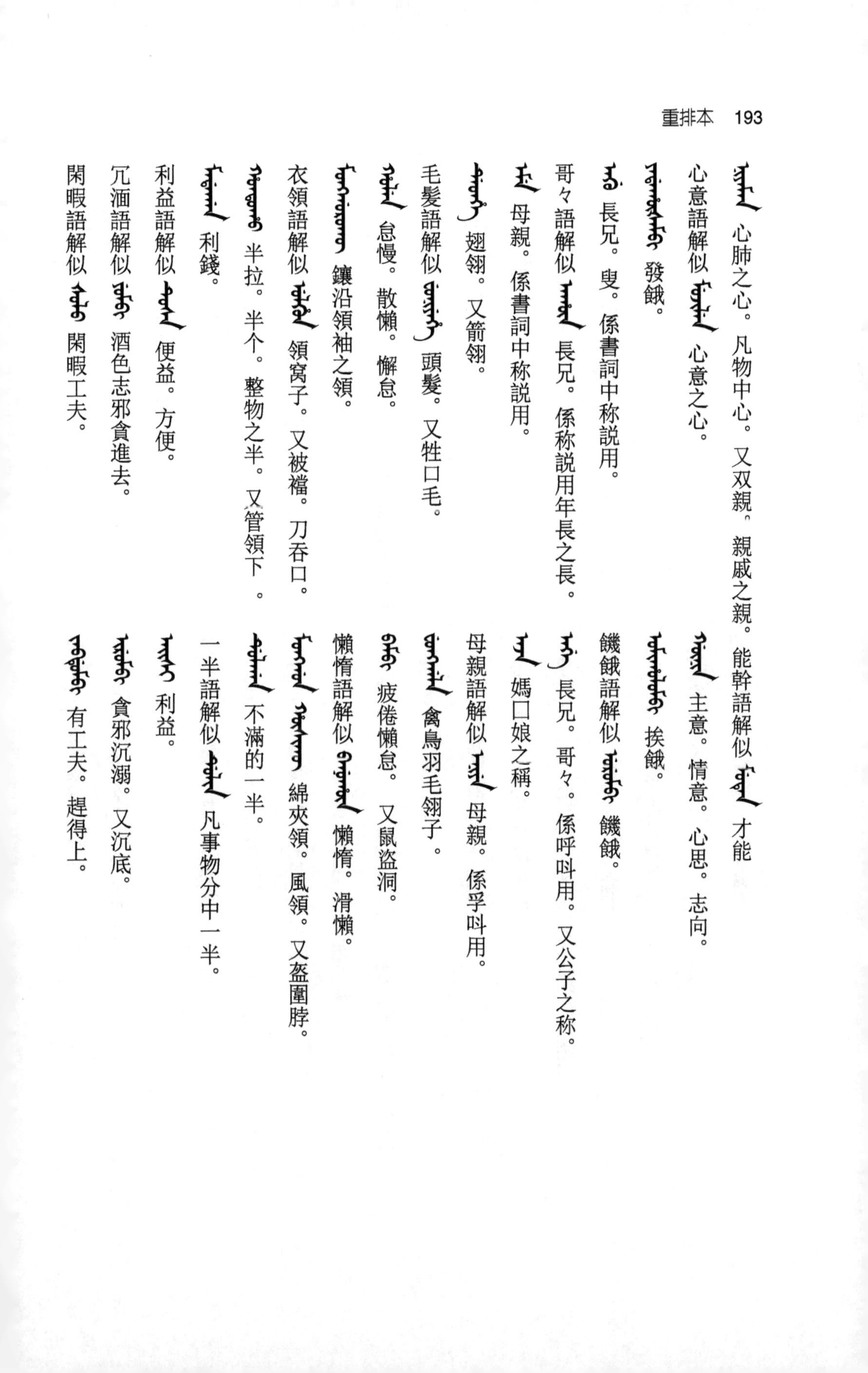

心肺之心。凡物中心。又双親。親戚之親。能幹語解似 才能

心意語解似 心意之心。

主意。情意。心思。志向。

發餓。

挨餓。

長兄。叟。係書詞中称説用。

饑餓語解似 饑餓。

哥々語解似 長兄。係称説用年長之長。

長兄。哥々。係呼叫用。又公子之称。

母親。係書詞中称説用。

媽口娘之稱。

翅翎。又箭翎。

母親語解似 母親。係孚叫用。

毛髮語解似 頭髮。又牲口毛。

禽鳥羽毛翎子。

怠慢。散懶。懈怠。

疲倦懶怠。又鼠盜洞。

鑲沿領袖之領。

懶惰語解似 懶惰。滑懶。

衣領語解似 領窝子。又被襠。刀呑口。

綿夾領。風領。又盔圍脖。

半拉。半个。整物之半。又管領下。

不滿的一半。

利錢。

一半語解似 凡事物分中一半。

利益語解似 便益。方便。

利益。

冗湎語解似 酒色志邪貪進去。

貪邪沉溺。又沉底。

閑暇語解似 閑暇工夫。

有工夫。趕得上。

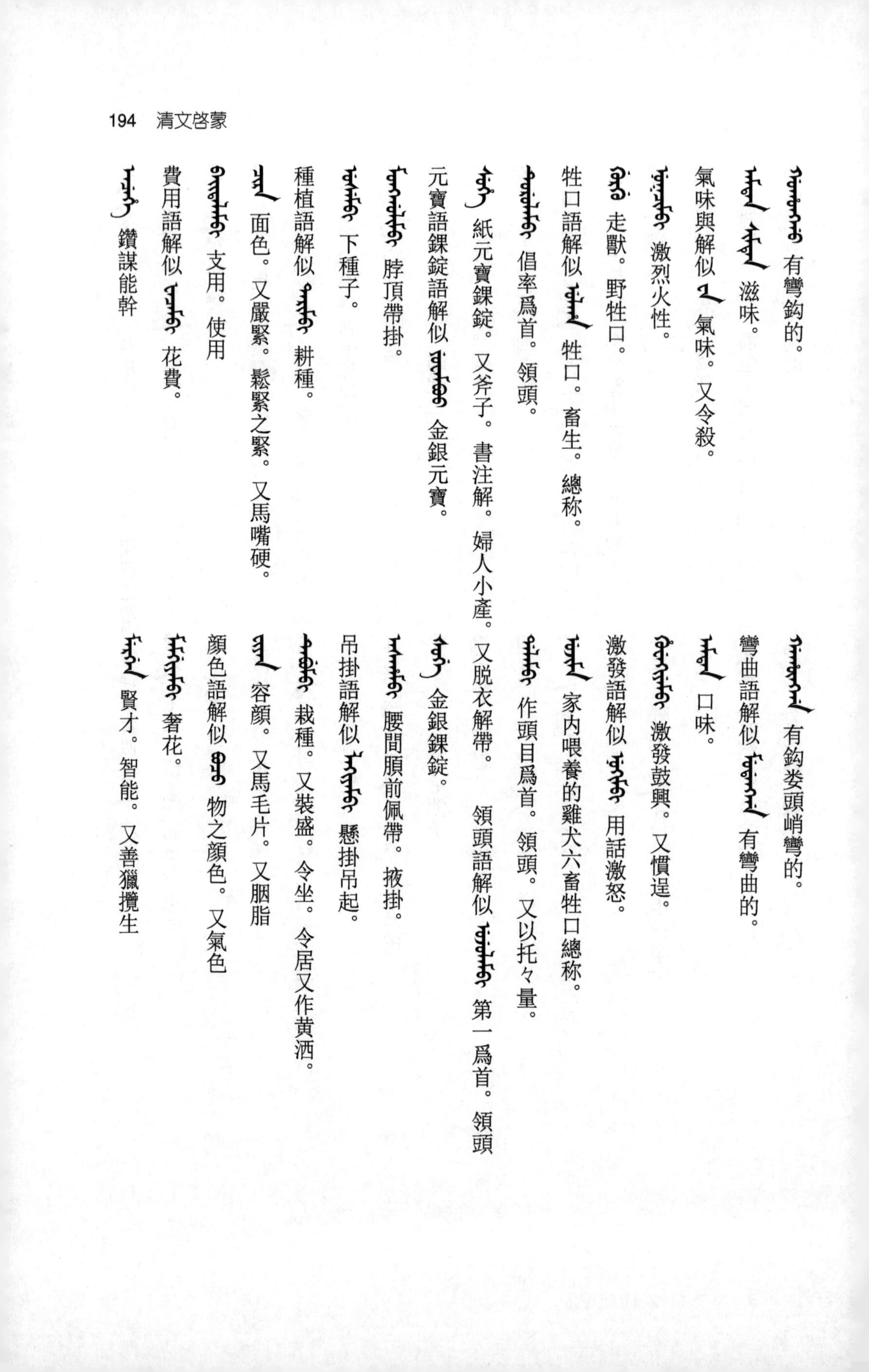

有彎鈎的。
滋味。
氣味與解似 氣味。又令殺。
激烈火性。
走獸。野牲口。
牲口語解似 牲口。畜生。總称。
倡率爲首。領頭。
紙元寳錁錠。又斧子。書注解。婦人小産。又脱衣解帶。 領頭語解似 第一爲首。領頭
元寳語錁錠語解似 金銀元寳。
脖項帶掛。
下種子。
種植語解似 耕種。
面色。又嚴緊。鬆緊之緊。又馬嘴硬。
支用。使用
費用語解似 花費。
鑽謀能幹

有鈎婁頭峭彎的。
彎曲語解似 有彎曲的。
口味。
激發鼓興。又慣逞。
激發語解似 用話激怒。
家内喂養的雞犬六畜牲口總称。
作頭目爲首。領頭。又以托々量。
金銀錁錠。
腰間順前佩帶。掖掛。
吊掛語解似 懸掛吊起。
栽種。又裝盛。令坐。令居又作黄洒。
容顏。又馬毛片。又胭脂
顏色語解似 物之顏色。又氣色
奢花。
賢才。智能。又善獵攬生

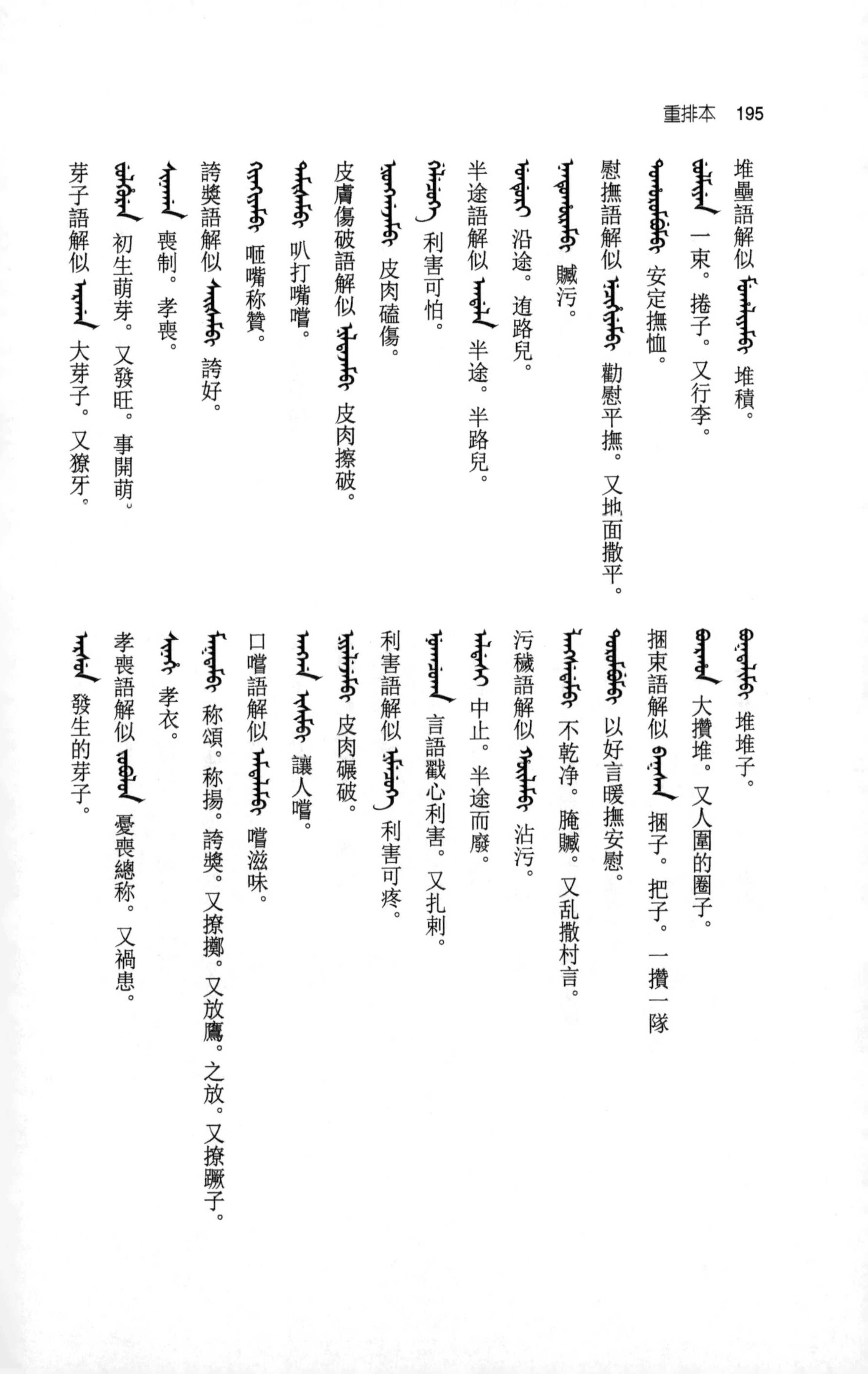

堆疊語解似 堆積。

一束。捲子。又行李。

安定撫恤。

慰撫語解似 勸慰平撫。又地面撒平。

贓污。

沿途。道路兒。

半途語解似 半途。半路兒。

利害可怕。

皮肉磕傷。

皮膚傷破語解似 皮肉擦破。

叭打嘴嚐。

咂嘴称贊。

誇獎語解似 誇好。

喪制。孝喪。

初生萌芽。又發旺。事開萌。

芽子語解似 大芽子。又獠牙。

堆堆子。

大攢堆。又人圍的圈子。

捆束語解似 捆子。把子。一攢一隊

以好言暖撫安慰。

不乾净。腌贜。又乱撒村言。

污穢語解似 沾污。

中止。半途而廢。

言語戳心利害。又扎刺。

利害語解似 利害可疼。

皮肉碾破。

讓人嚐。

口嚐語解似 嚐滋味。

称頌。称揚。誇獎。又撩擲。又放鷹。之放。又撩蹶子。

孝衣。

孝喪語解似 憂喪總称。又禍患。

發生的芽子。

ᠶᠣᠩᡴᡳᠶᠠᠮᠪᡳ 全備。齊全。

囫圇齊全語解似 ᡤᡠᠯᡥᡠᠨ 齊全整的。

ᠸᠠᡨᠠᠨ 倒鬚子鉤。

ᠰᠠᡵᠠᠮᠪᡳ 展開。張開。打開。

舒展語解似 ᠰᠠᡵᡴᡳᠶᠠᠮᠪᡳ 舒開。

ᠰᡳᠯᡤᡳᠮᠪᡳ 漱口。又搖晃濯洗。

ᠰᡝᠮᠪᡳ 称謂。

言説語解似 ᡥᡝᠨᡩᡠᠮᠪᡳ 説道。

ᠪᡝᡩᡝᡵᠴᡝᠮᠪᡳ 倒退。又爬耙子。

ᡳᠯᡥᠠᠩᡤᠠ 花炮之花。

花兒語解似 ᡳᠯᡥᠠ 草木之花。又作的花。

ᡩᠠᠯᡩᠠ 背風處。有遮蔽之處。

ᠶᠣᠣᠨᡳ 全副。全部。

股分語解似 ᡠᠪᡠ 股分。又加倍之倍。

ᠵᠠᡴᠠᠨ 纔將。

ᠰᠠᡥᠠᠮᠪᡳ 重疊。垛壘。又砌墻之砌。

ᡤᡝᠮᡠ 全都。

ᠮᡠᠶᠠᡥᡡᠨ 囫圇完全。

ᡤᠣᡥᠣᠨ 凡物彎鉤。又帶鉤。車鉤心。

鉤子語解似 ᡩᡝᡥᡝ 撓鉤。釣魚鉤。又算上。

ᠰᡳᡩᠠᡵᠠᠮᠪᡳ 伸開。又寬限之寬。

ᡝᠪᡳᡧᡝᠮᠪᡳ 沐浴。洗澡。

ᡤᡳᠰᡠᡵᡝᠮᠪᡳ 説話。

洗滌語解似 ᠣᠪᠣᠮᠪᡳ 水洗之洗。

ᡳᡴᡡᠮᠪᡳ 畏縮。又走獨木橋。

退縮語解似 ᠰᠣᠰᠣᡵᠣᠮᠪᡳ 退縮。

ᠠᠯᡥᠠ 花牛馬之花。花達。花彩。又閃緞

ᡩᠠᠯᡩᠠᡴᡳ 背噶拉。背眼處。又無人背道。又令掩瞞。

背處語解似 ᡝᠩᡤᡳᠴᡳ 背後。背地裏。

ᡠᡥᡝᠯᡳ 全分。全料。

ᡨᡝᡴᡝᠨ 方纔。

方纔語解似 ᡨᡝᠨᡳ 然後。方始。

ᡧᠠᡥᡡᡵᡠᠨ 冷。

寒冷語解似 ᡧᡝᡵᡤᡠᠸᡝᠨ 寒涼。又物涼。

ᠠᠯᡥᡡᡩᠠᠮᠪᡳ 仿效行迹。

仿效語解似 ᠠᠯᡥᡡᡧᠠᠮᠪᡳ 仿學。

ᡴᡳᡵᡳᠮᠪᡳ 忍耐。

忍耐語解似 ᠵᡝᠨᡝᠮᠪᡳ 心憐忍。

ᡶᠠᠰᡳᠯᠠᠨ 草叉子。

又子語解似 ᡧᠠᡴᠠ 軍器鉄叉。又魚叉。

ᡩᠣᡵᠣᠯᠣᠨ 行的禮貌禮節之禮。

道理語解似 ᡩᠣᡵᠣ 道理之道。

ᡶᠣᡩᠣᡧᠣᠮᠪᡳ 抖肩喘。又逢迎諂貌。

喘氣語解似 ᡶᠣᡩᠣᠮᠪᡳ 發喘。又織補衣服。下聘。

ᡝᡶᡠᠵᡝᠮᠪᡳ 自損壞。又敗壞。

損壞語解似 ᡝᡶᡠᠯᡝᠮᠪᡳ 破壞。

ᠠᠨ 尋常。照常。照舊。

平常語解似 ᠠᡵᡴᠠᠨ 平常。又將能將勾。

ᡧᠠᡥᡡᡵᠠᠮᠪᡳ 害冷。

ᡧᠠᡥᡡᡵᠠᡴᠠᠪᡳ 受寒。着涼。又熱物令涼。

ᡩᡠᡵᡠᠨ ᡳ ᠠᠯᡥᡡᡩᠠᠨ 照依樣子摸子。

ᠠᠯᡥᡡᡧᠠᠮᠪᡳ 仿效形像。

ᡴᡳᡵᡳᠮᠪᡳ 捱忍。耐得住。

ᡴᡳᡵᡳᡩᠠᠮᠪᡳ 忍行忍作之忍。

ᡧᠣᠯᠣᠨ 肉籤肉叉子。又竹籤子。

ᡧᠠᠯᠠᠨ 支頂的木叉子。

ᡤᡳᠶᠠᠨ 天理之理。又理該。理當。

ᡩᠣᡵᠣ ᠶᠣᠰᠣ 道禮。禮體。

ᡝᡵᡤᡝᠨ ᡤᠠᡳᠮᠪᡳ 呼吸抽氣。

ᡥᡝᠵᡝᠮᠪᡳ 張嘴大喘。

ᡴᠣᡴᡳᡵᠠᠮᠪᡳ 受傷。虧損。

ᠮᠠᠨᠠᠮᠪᡳ 物舊殘破。又殘盡。

ᠠᡵᠰᠠᡵᡳ 中等

ᠵᡝᡵᡤᡳ 平等。又品級。等次。

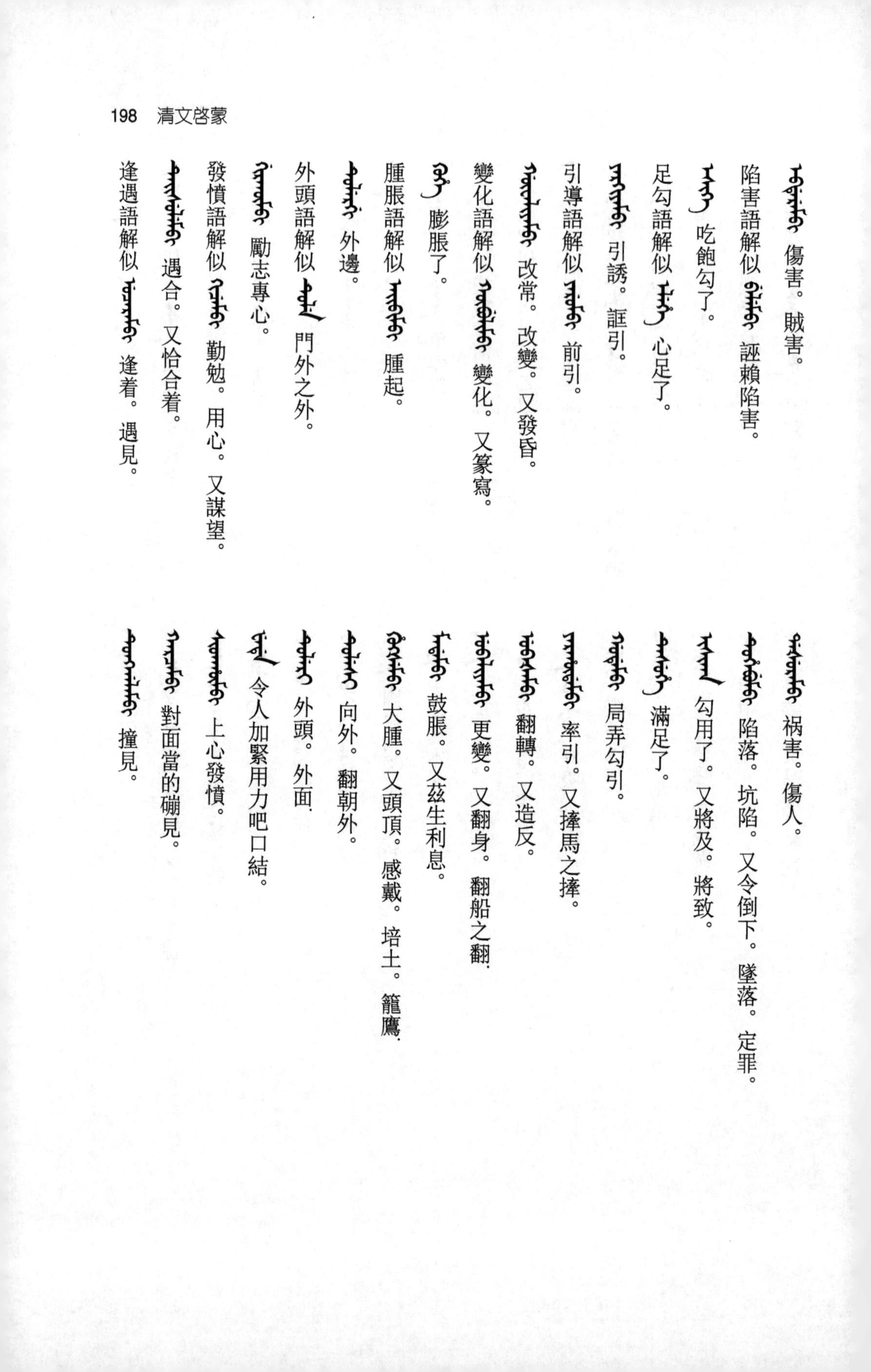

[illegible] 傷害。賊害。

陷害語解似 [illegible] 誣賴陷害。

[illegible] 吃飽勾了。

足勾語解似 [illegible] 心足了。

[illegible] 引誘。誆引。

引導語解似 [illegible] 前引。

[illegible] 改常。改變。又發昏。

變化語解似 [illegible] 變化。又篆寫。

[illegible] 膨脹了。

腫脹語解似 [illegible] 腫起。

[illegible] 外邊。

外頭語解似 [illegible] 門外之外。

[illegible] 勵志專心。

發憤語解似 [illegible] 勤勉。用心。又謀望。

[illegible] 遇合。又恰合着。

逢遇語解似 [illegible] 逢着。遇見。

[illegible] 禍害。傷人。

[illegible] 陷落。坑陷。又令倒下。墜落。定罪。

[illegible] 勾用了。又將及。將致。

[illegible] 滿足了。

[illegible] 局弄勾引。

[illegible] 率引。又捧馬之捧。

[illegible] 翻轉。又造反。

[illegible] 更變。又翻身。翻船之翻。

[illegible] 鼓脹。又茲生利息。

[illegible] 大腫。又頭頂。感戴。培土。籠鷹。

[illegible] 向外。翻朝外。

[illegible] 外頭。外面。

[illegible] 令人加緊用力吧口結。

[illegible] 上心發憤。

[illegible] 對面當的磞見。

[illegible] 撞見。

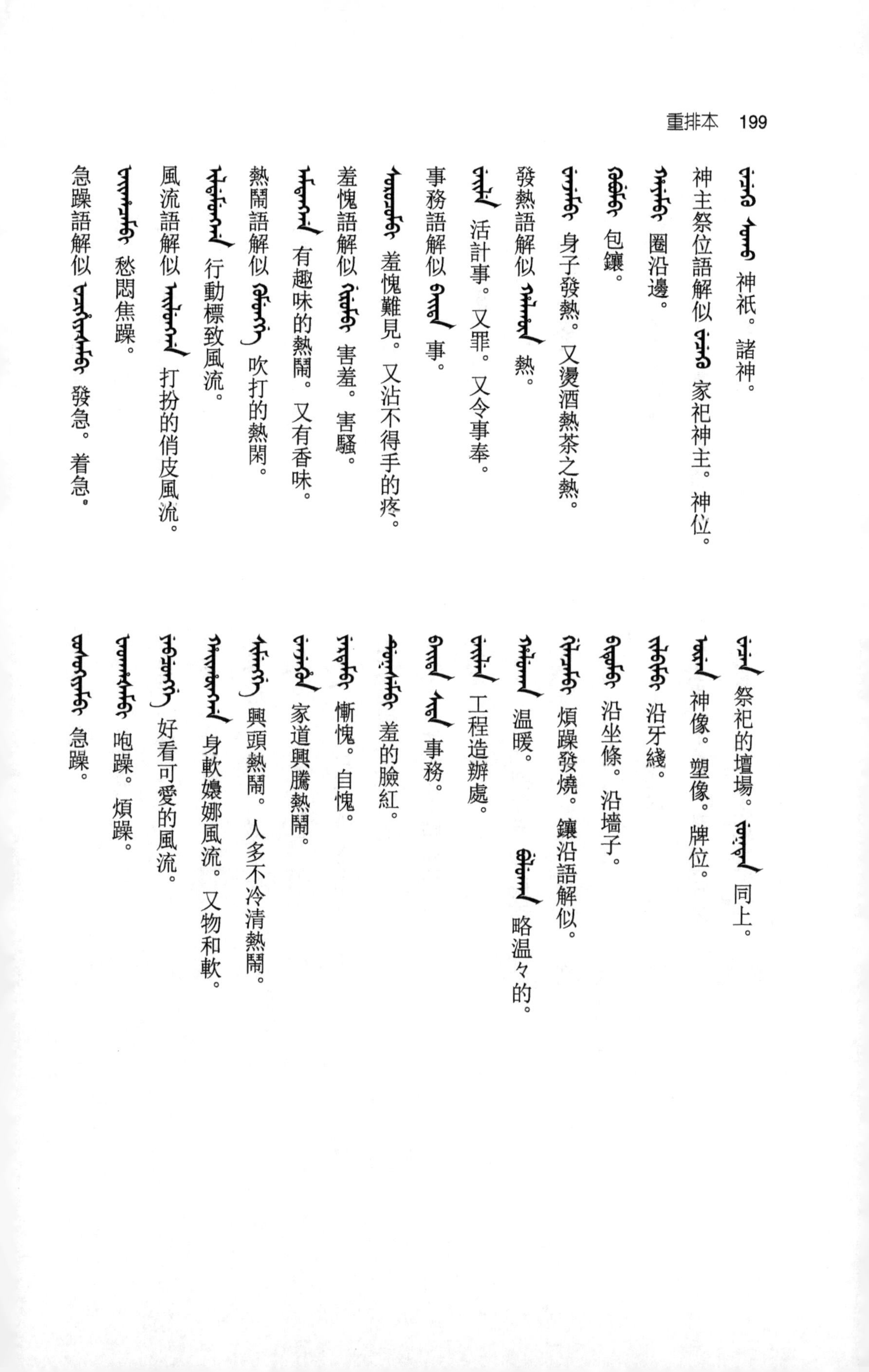

神祇。諸神。
神主祭位語解似 家祀神主。神位。
圈沿邊。
包鑲。
身子發熱。又燙酒熱茶之熱。
發熱語解似 熱。
活計事。又罪。又令事奉。
事務語解似 事。
羞愧難見。又沾不得手的疼。
羞愧語解似 害羞。害臊。
有趣味的熱鬧。又有香味。
熱鬧語解似 吹打的熱鬧。
行動標致風流。
風流語解似 打扮的俏皮風流。
愁悶焦躁。
急躁語解似 發急。着急。

祭祀的壇場。 同上。
神像。塑像。牌位。
沿牙綫。
沿坐條。沿墻子。
煩躁發燒。鑲沿語解似。
溫暖。 略溫々的。
工程造辦處。
事務。
羞的臉紅。
慚愧。自愧。
家道興騰熱鬧。
興頭熱鬧。人多不冷清熱鬧。
身軟嬝娜風流。又物和軟。
好看可愛的風流。
咆躁。煩躁。
急躁。

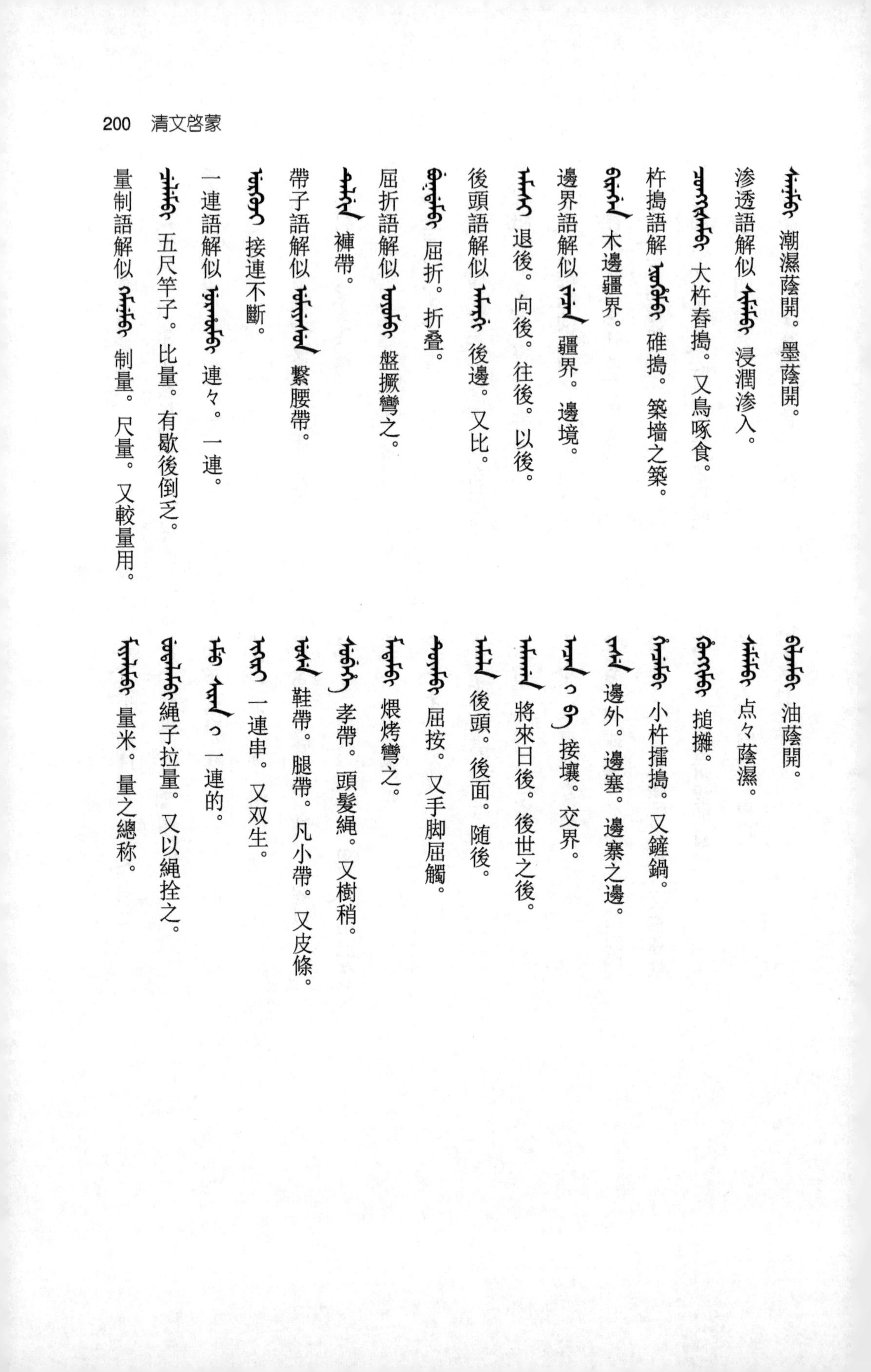

潮濕蔭開。墨蔭開。
滲透語解似 浸潤滲入。
大杵舂搗。又鳥啄食。
杵搗語解 碓搗。築墻之築。
木邊疆界。
邊界語解似 疆界。邊境。
退後。向後。往後。以後。
後頭語解似 後邊。又比。
屈折。折疊。
屈折語解似 盤搬彎之。
褲帶。
帶子語解似 繫腰帶。
接連不斷。
一連語解似 連々。一連。
五尺竿子。比量。有欹後倒之。
量制語解似 制量。尺量。又較量用。

油蔭開。
点々蔭濕。
搥攤。
小杵擂搗。又鏇鍋。
邊外。邊塞。邊寨之邊。
接壤。交界。
將來日後。後世之後。
後頭。後面。隨後。
屈按。又手脚屈觸。
煨烤彎之。
孝帶。頭髮繩。又樹稍。
鞋帶。腿帶。凡小帶。又皮條。
一連串。又双生。
一連的。
繩子拉量。又以繩拴之。
量米。量之總称。

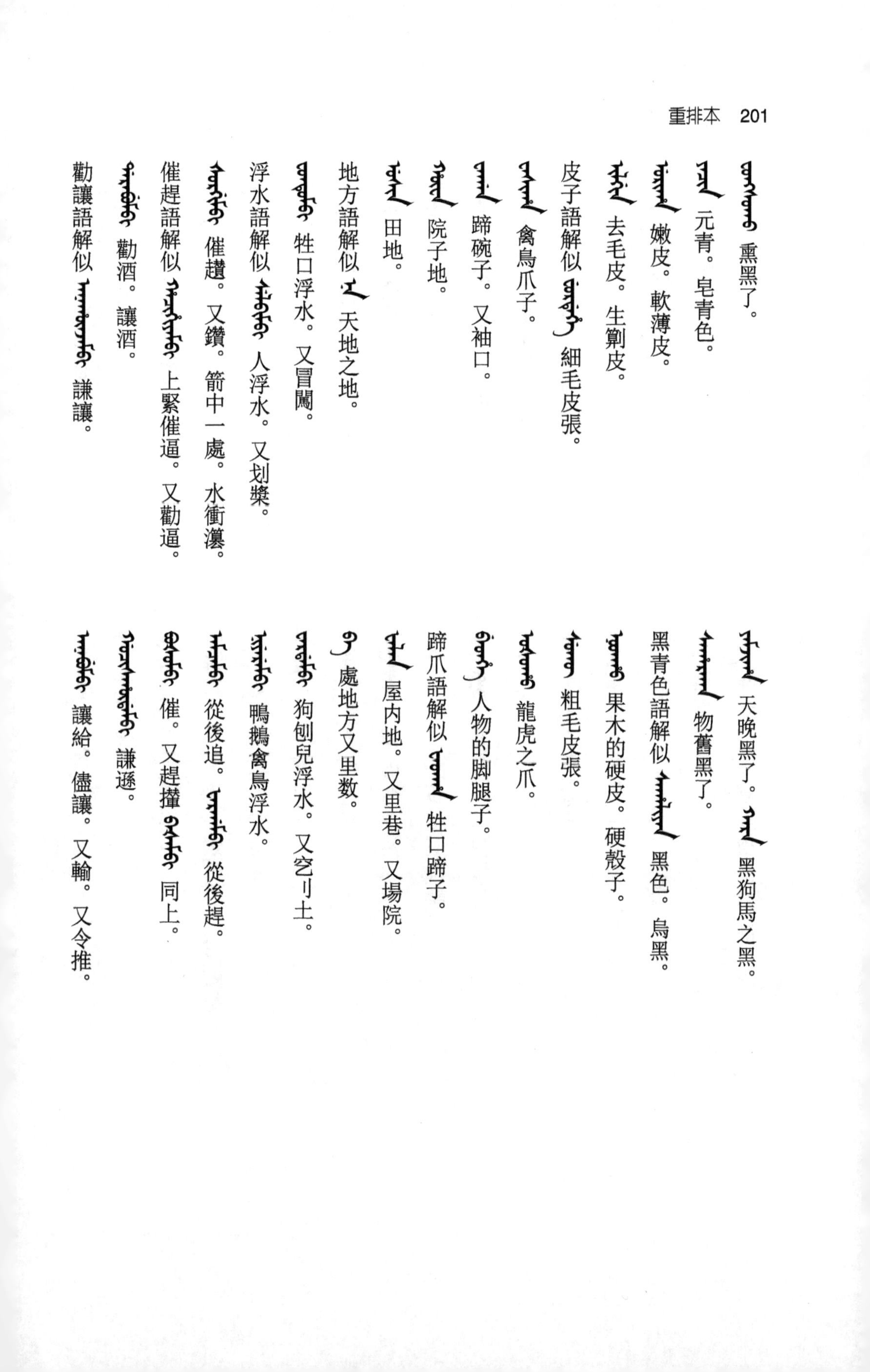

[Manchu] 熏黑了。

[Manchu] 元青。皂青色。

[Manchu] 嫩皮。軟薄皮。

[Manchu] 去毛皮。生觔皮。

皮子語解似 [Manchu] 細毛皮張。

[Manchu] 禽鳥爪子。

[Manchu] 蹄碗子。又袖口。

[Manchu] 院子地。

[Manchu] 田地。

地方語解似 [Manchu] 天地之地。

[Manchu] 牲口浮水。又冒闖。

浮水語解似 [Manchu] 人浮水。又划槳。

[Manchu] 催趲。又鑽。箭中一處。水衝瀼。

催趕語解似 [Manchu] 上緊催逼。又勸逼。

[Manchu] 勸酒。讓酒。

勸讓語解似 [Manchu] 謙讓。

[Manchu] 天晚黑了。[Manchu] 黑狗馬之黑。

[Manchu] 物舊黑了。

黑青色語解似 [Manchu] 黑色。烏黑。

[Manchu] 果木的硬皮。硬殼子。

[Manchu] 粗毛皮張。

[Manchu] 龍虎之爪。

[Manchu] 人物的脚腿子。

蹄爪語解似 [Manchu] 牲口蹄子。

[Manchu] 屋内地。又里巷。又場院。

[Manchu] 處地方又里数。

[Manchu] 狗刨兒浮水。又窀刂土。

[Manchu] 鴨鵝禽鳥浮水。

[Manchu] 從後追。[Manchu] 從後趕。

[Manchu] 催。又趕攆 [Manchu] 同上。

[Manchu] 謙遜。

[Manchu] 讓給。儘讓。又輸。又令推。

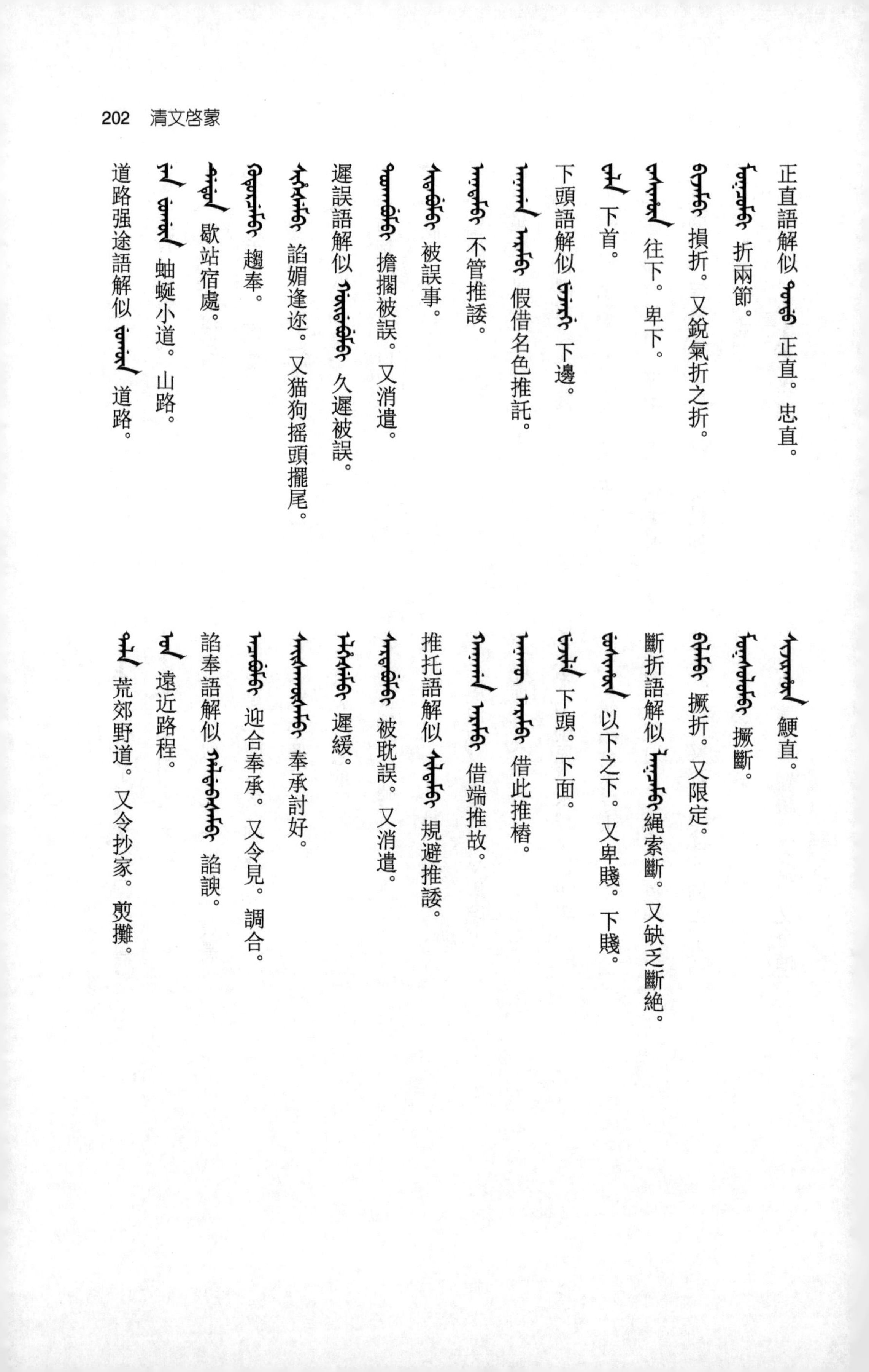

正直語解似　正直。忠直。
折兩節。
損折。又銳氣折之折。
往下。卑下。
下首。
下頭語解似　下邊。
假借名色推託。
不管推諉。
被誤事。
擔擱被誤。又消遣。
遲誤語解似　久遲被誤。
諂媚逢迎。又猫狗摇頭擺尾。
趨奉。
歇站宿處。
蚰蜒小道。山路。
道路强途語解似　道路。

鯁直。
撅斷。
撅折。又限定。
斷折語解似　繩索斷。又缺乏之斷絶。
以下之下。又卑賤。下賤。
下頭。下面。
借此推樁。
借端推故。
推托語解似　規避推諉。
被耽誤。又消遣。
遲緩。
奉承討好。
迎合奉承。又令見。調合。
諂奉語解似　諂諛。
遠近路程。
荒郊野道。又令抄家。剪攤。

出大汗。又出洗屍汗。

出汗語解似 發汗。

窝調惑反。

毀謗。背後説不好。

澆水。澆酒。

手指筋子沾酒滴奠。

澆奠語解似 祭奠茶酒。

一掐兒。

一綹兒。一擆兒。

敲着邊暢快譏刺。

取笑声。

戲耍語解似 頑耍。頑戲。

疎遠。

遠處。

排列直竪高出。

直挺々。

汗濕透了。又水濕透了。

汗出來了。

反間計離間。

調唆。

讒毀語解似 讒言。贓訟。

傾灌。又雨直傾。馬貫跑。傾心。

澆天祭地。

一纘子。一軸子。

一小閣兒。

縷綹語解似 一縷兒。

故意耍戲打趣。

取笑鬪趣。

路似近覺遠見走又省儉。

輩数遠。又去遠。又日舒長。

遥遠語解似 遠近之遠。又紫檀。

跪立直竪々。又身高直。

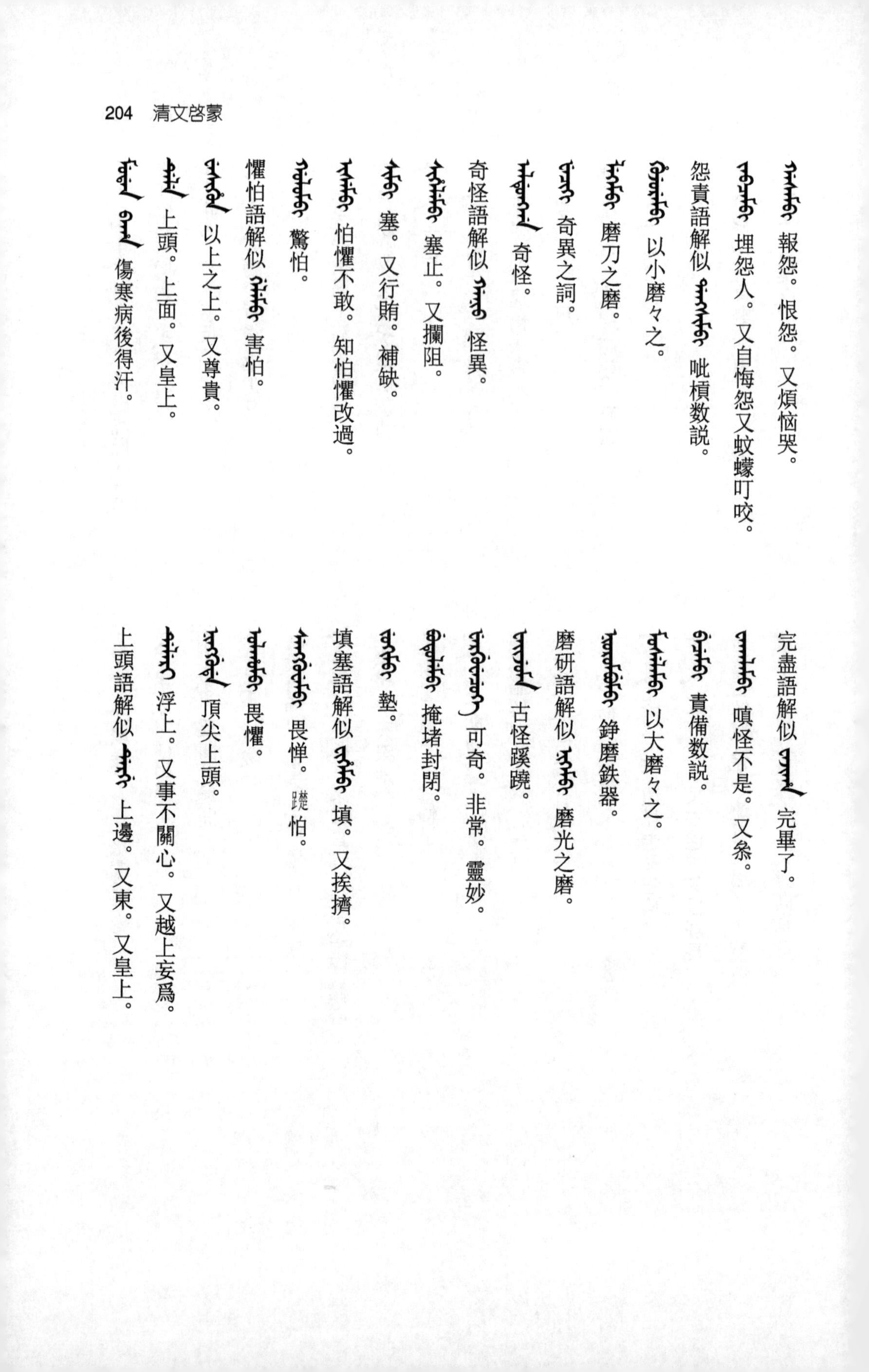

報怨。恨怨。又煩惱哭。
埋怨人。又自悔怨又蚊蠓叮咬。
怨責語解似 呲槓数説。
以小磨々之。
磨刀之磨。
奇異之詞。
奇怪。
奇怪語解似 怪異。
塞止。又攔阻。
塞。又行賄。補缺。
怕懼不敢。知怕懼改過。
驚怕。
懼怕語解似 害怕。
以上之上。又尊貴。
上頭。上面。又皇上。
傷寒病後得汗。

完盡語解似 完畢了。
嗔怪不是。又糸。
責備数説。
以大磨々之。
錚磨鉄器。
磨研語解似 磨光之磨。
古怪蹊蹺。
可奇。非常。靈妙。
掩堵封閉。
墊。
填塞語解似 填。又挨擠。
畏憚。躂怕。
畏懼。
頂尖上頭。
浮上。又事不關心。又越上妄爲。
上頭語解似 上邊。又東。又皇上。

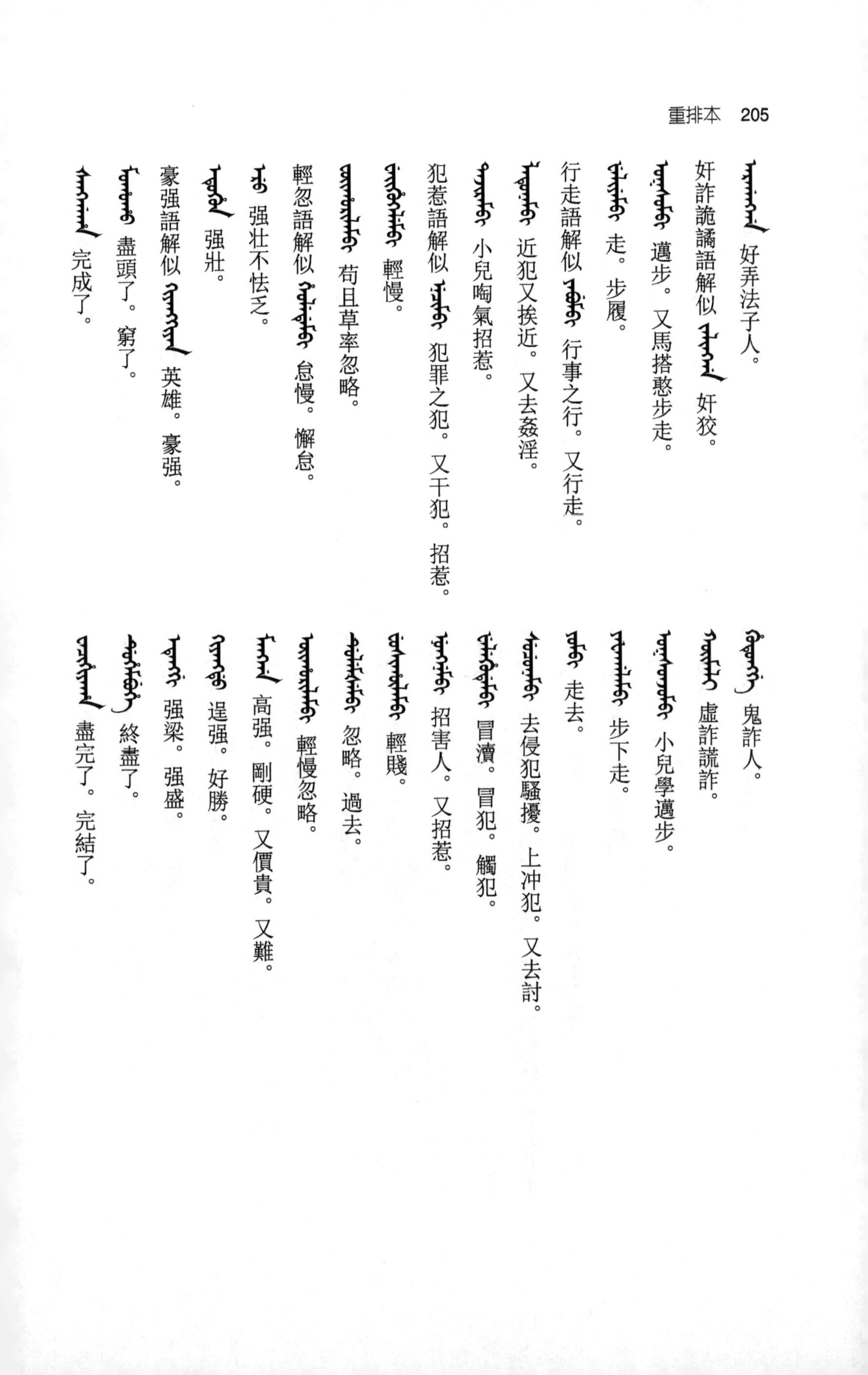

好弄法子人。
奸詐詭譎語解似 奸狡。
邁步。又馬搭憨步走。
走。步履。
行走語解似 行事之行。又行走。
近犯又挨近。又去姦淫。
小兒啕氣招惹。
犯惹語解似 犯罪之犯。又干犯。招惹。
輕慢。
苟且草率忽略。
輕忽語解似 怠慢。懈怠。
强壯不怯乏。
强壯。
豪强語解似 英雄。豪强。
盡頭了。窮了。
完成了。
鬼詐人。
虛詐謊詐。
小兒學邁步。
步下走。
走去。
去侵犯騷擾。上冲犯。又去討。
冒瀆。冒犯。觸犯。
招害人。又招惹。
輕賤。
忽略。過去。
輕慢忽略。
高强。剛硬。又價貴。又難。
逞强。好勝。
强梁。强盛。
終盡了。
盡完了。完結了。

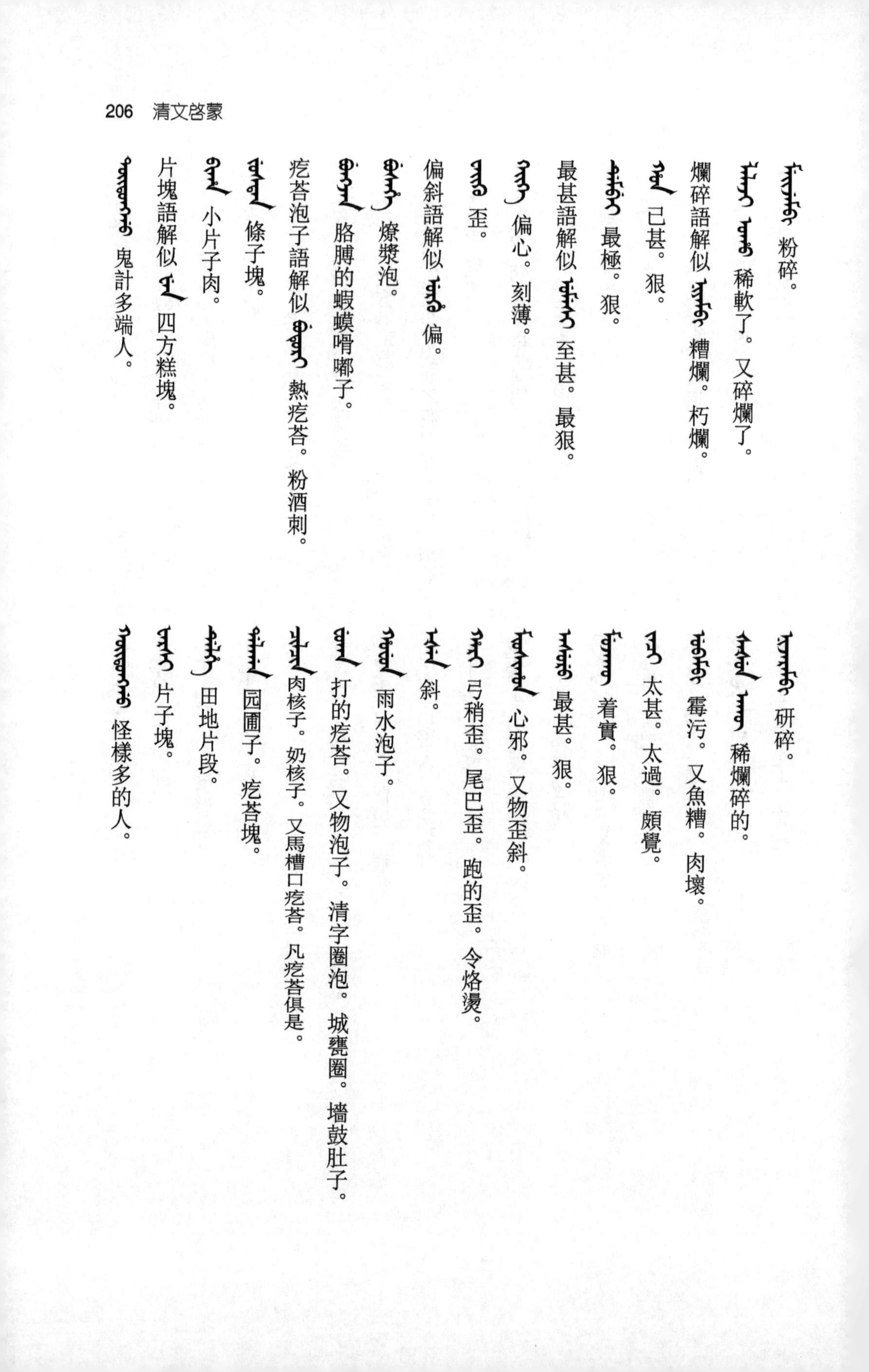

[illegible] 粉碎。

[illegible] 稀軟了。又碎爛了。

爛碎語解似 [illegible] 糟爛。朽爛。

[illegible] 已甚。狠。

[illegible] 最極。狠。

最甚語解似 [illegible] 至甚。最狠。

[illegible] 偏心。刻薄。

[illegible] 歪。

偏斜語解似 [illegible] 偏。

[illegible] 燎漿泡。

[illegible] 胳膊的蝦蟆嗗嘟子。

疙荅泡子語解似 [illegible] 熱疙荅。粉酒刺。

[illegible] 條子塊。

[illegible] 小片子肉。

片塊語解似 [illegible] 四方糕塊。

[illegible] 鬼計多端人。

[illegible] 研碎。

[illegible] 稀爛碎的。

[illegible] 霉污。又魚糟。肉壞。

[illegible] 太甚。太過。頗覺。

[illegible] 着實。狠。

[illegible] 最甚。狠。

[illegible] 心邪。又物歪斜。

[illegible] 弓稍歪。尾巴歪。跑的歪。令烙燙。

[illegible] 斜。

[illegible] 雨水泡子。

[illegible] 打的疙荅。又物泡子。清字圈泡。城甕圈。墻鼓肚子。

[illegible] 肉核子。奶核子。又馬槽口疙荅。凡疙荅俱是。

[illegible] 园圃子。疙荅塊。

[illegible] 田地片段。

[illegible] 片子塊。

[illegible] 怪樣多的人。

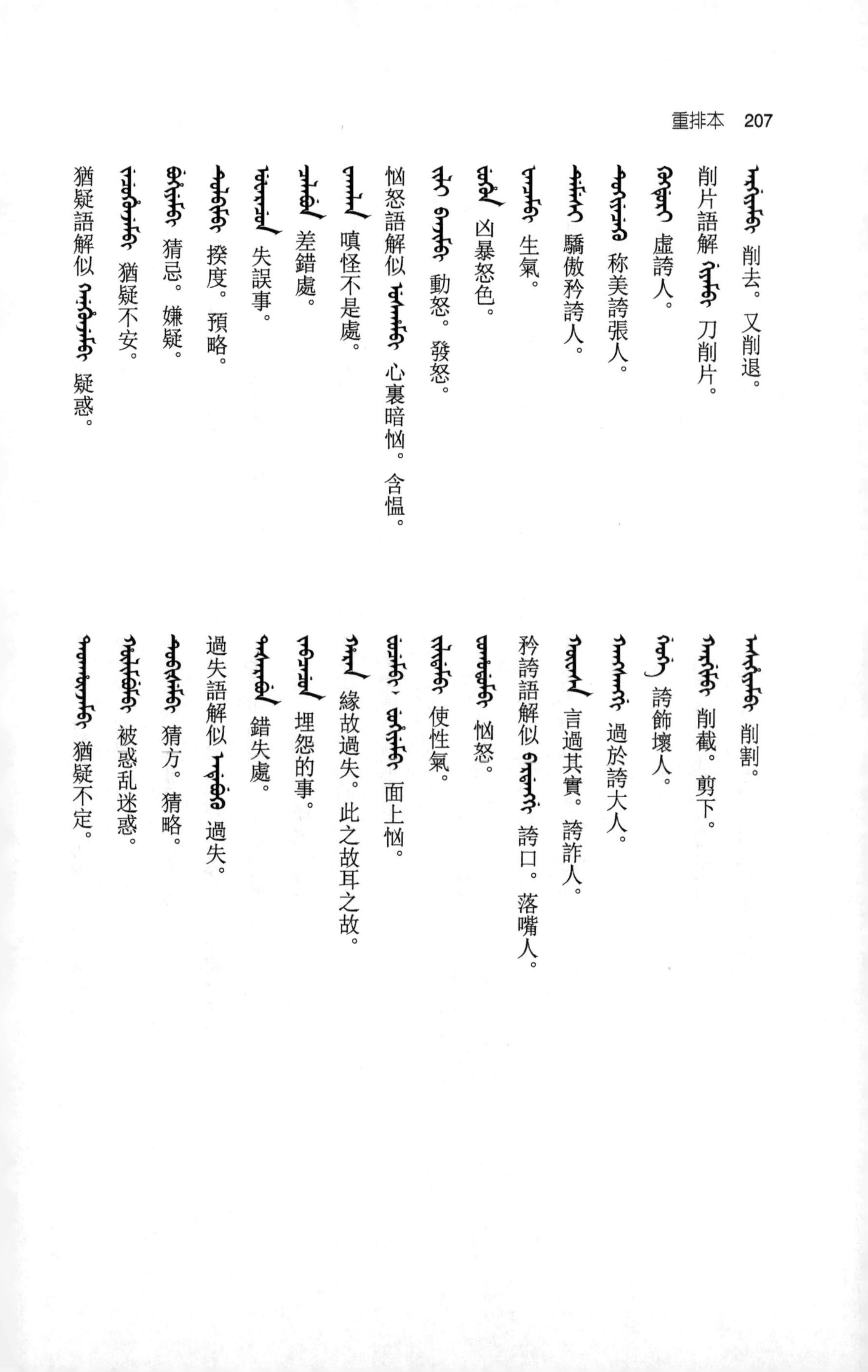

[illegible] 削去。又削退。

削片語解 [illegible] 刀削片。

[illegible] 虛誇人。

[illegible] 称美誇張人。

[illegible] 驕傲矜誇人。

[illegible] 生氣。

[illegible] 凶暴怒色。

[illegible] [illegible] 動怒。發怒。

惱怒語解似 [illegible] 心裏暗惱。含愠。

[illegible] 嗔怪不是處。

[illegible] 差錯處。

[illegible] 失誤事。

[illegible] 揆度。預略。

[illegible] 猜忌。嫌疑。

[illegible] 猶疑不安。

猶疑語解似 [illegible] 疑惑。

[illegible] 削割。

[illegible] 削截。剪下。

[illegible] 誇飾壞人。

[illegible] 過於誇大人。

[illegible] 言過其實。誇詐人。

矜誇語解似 [illegible] 誇口。落嘴人。

[illegible] 惱怒。

[illegible] 使性氣。

[illegible]、[illegible] 面上惱。

[illegible] 緣故過失。此之故耳之故。

[illegible] 埋怨的事。

[illegible] 錯失處。

過失語解似 [illegible] 過失。

[illegible] 猜方。猜略。

[illegible] 被惑乱迷惑。

[illegible] 猶疑不定。

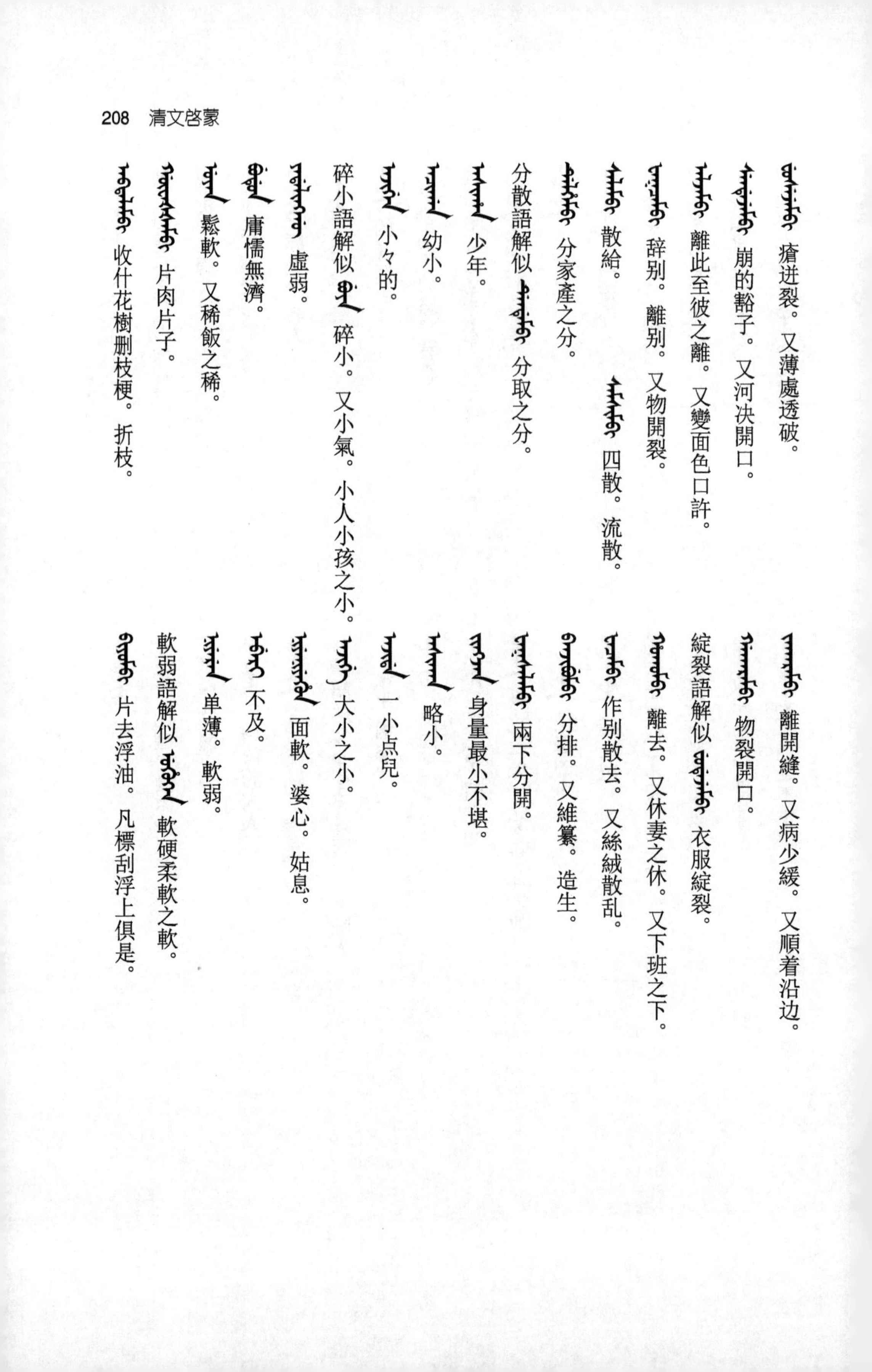

瘡迸裂。又薄處透破。

崩的豁子。又河决開口。

離此至彼之離。又變面色口許。

辭别。離别。又物開裂。

散給。 四散。流散。

分家産之分。

分散語解似 分取之分。

少年。

幼小。

小々的。

碎小語解似 碎小。又小氣。小人小孩之小。

虚弱。

庸懦無濟。

鬆軟。又稀飯之稀。

片肉片子。

收什花樹删枝梗。折枝。

離開縫。又病少緩。又順着沿边。

物裂開口。

綻裂語解似 衣服綻裂。

離去。又休妻之休。又下班之下。

作别散去。又絲絨散乱。

分排。又維纂。造生。

兩下分開。

身量最小不堪。

略小。

一小点兒。

大小之小。

面軟。婆心。姑息。

不及。

单薄。軟弱。

軟弱語解似 軟硬柔軟之軟。

片去浮油。凡標刮浮上俱是。

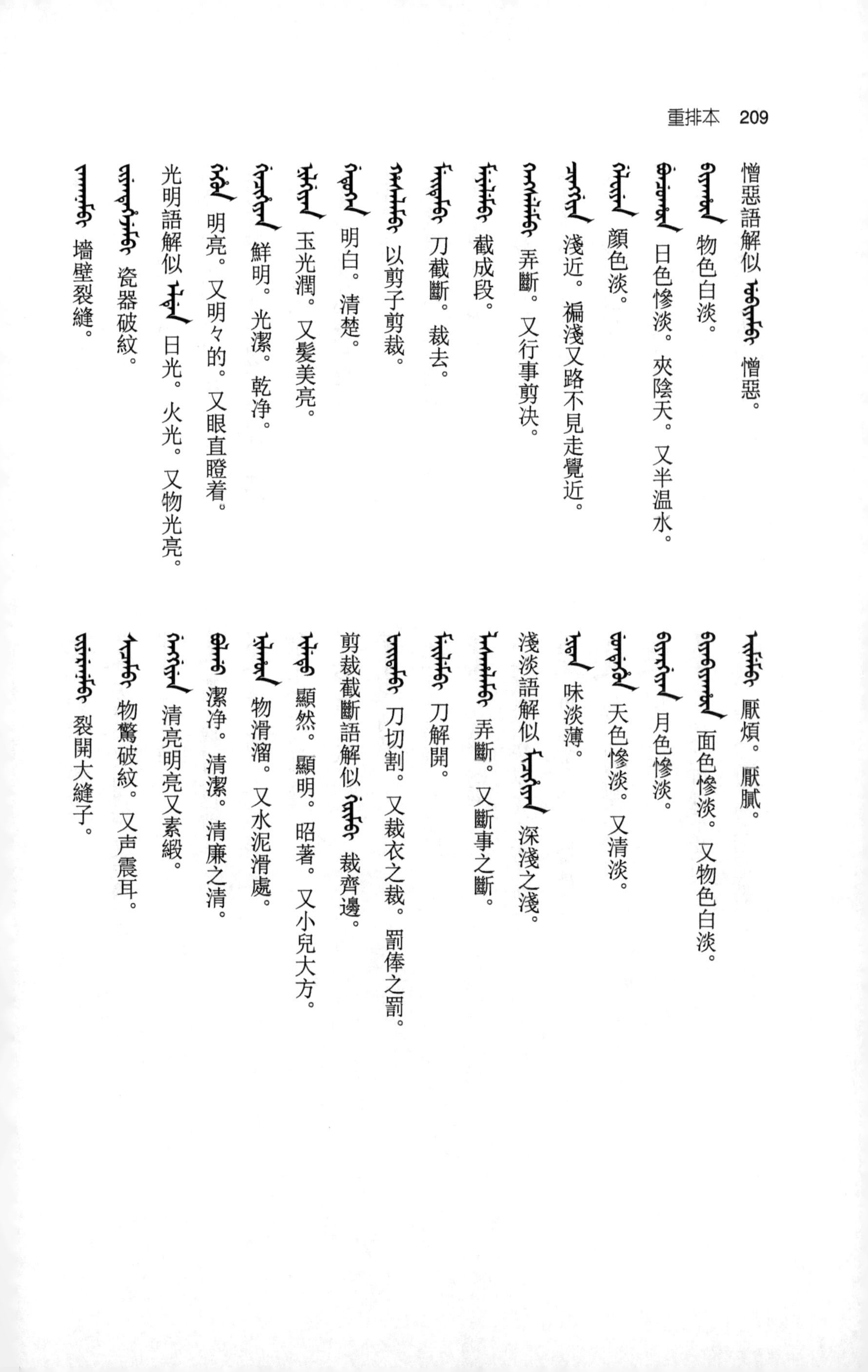

憎惡語解似 憎惡。

物色白淡。

日色慘淡。夾陰天。又半温水。

顏色淡。

淺近。褊淺又路不見走覺近。

弄斷。又行事剪決。

截成段。

刀截斷。裁去。

以剪子剪裁。

明白。清楚。

玉光潤。又髮美亮。

鮮明。光潔。乾净。

明亮。又明々的。又眼直瞪着。

光明語解似 日光。火光。又物光亮。

瓷器破紋。

墻壁裂縫。

厭煩。厭膩。

面色慘淡。又物色白淡。

月色慘淡。

天色慘淡。又清淡。

味淡薄。

淺淡語解似 深淺之淺。

弄斷。又斷事之斷。

刀解開。

刀切割。又裁衣之裁。罰俸之罰。

剪裁截斷語解似 裁齊邊。

顯然。顯明。昭著。又小兒大方。

物滑溜。又水泥滑處。

潔净。清潔。清廉之清。

清亮明亮又素緞。

物驚破紋。又声震耳。

裂開大縫子。

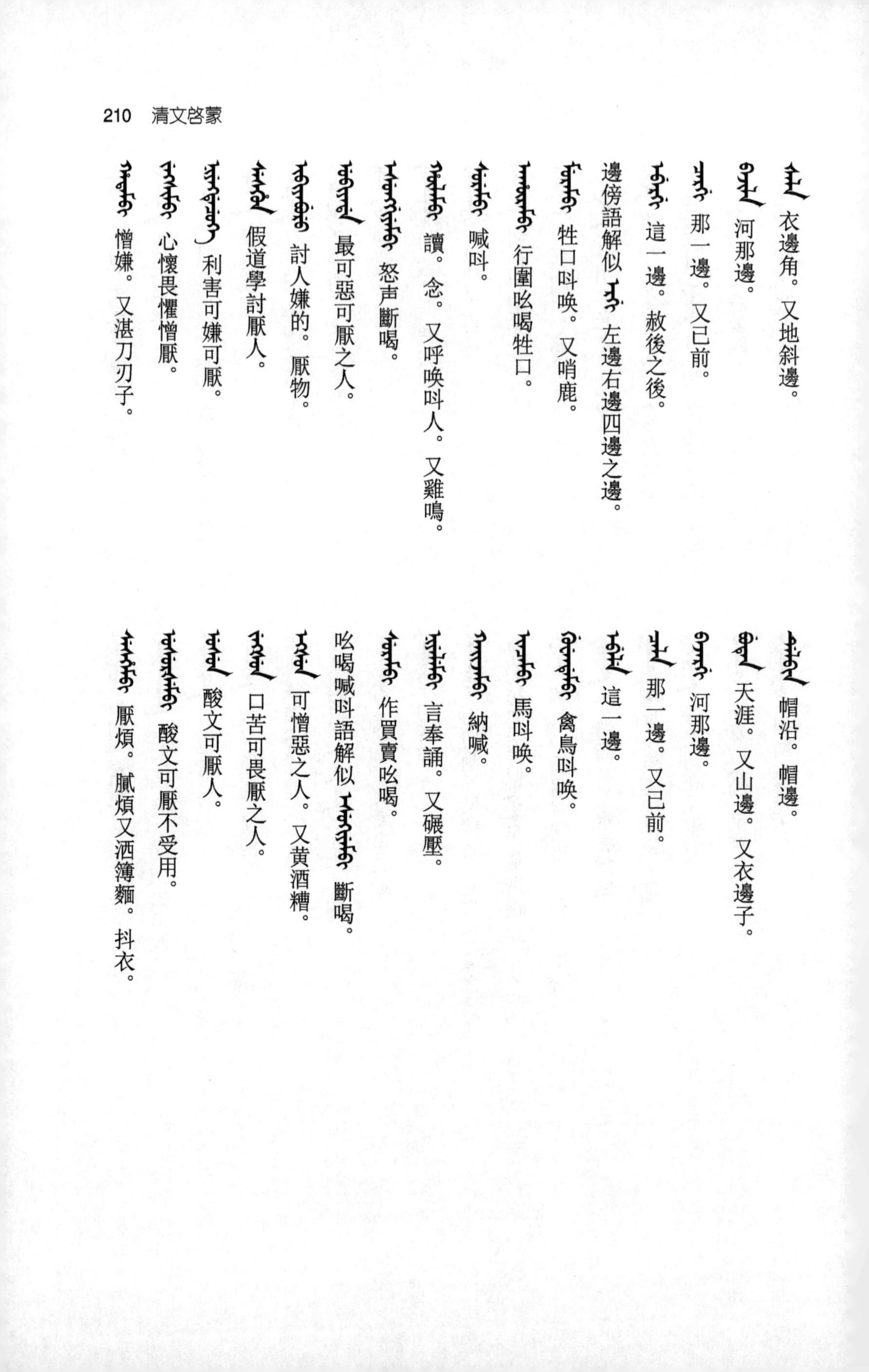

衣邊角。又地斜邊。

河那邊。

那一邊。又已前。

這一邊。赦後之後。

邊傍語解似 左邊右邊四邊之邊。

牲口叫喚。又哨鹿。

行圍吆喝牲口。

喊叫。

讀。念。又呼喚叫人。又雞鳴。

怒声斷喝。

最可惡可厭之人。

討人嫌的。厭物。

假道學討厭人。

利害可嫌可厭。

心懷畏懼憎厭。

憎嫌。又湛刀刃子。

帽沿。帽邊。

天涯。又山邊。又衣邊子。

河那邊。

那一邊。又已前。

這一邊。

禽鳥叫喚。

馬叫喚。

納喊。

言奉誦。又碾壓。

作買賣吆喝。

吆喝喊叫語解似 斷喝。

可憎惡之人。又黃酒糟。

口苦可畏厭之人。

酸文可厭人。

酸文可厭不受用。

厭煩。膩煩又洒簿麵。抖衣。

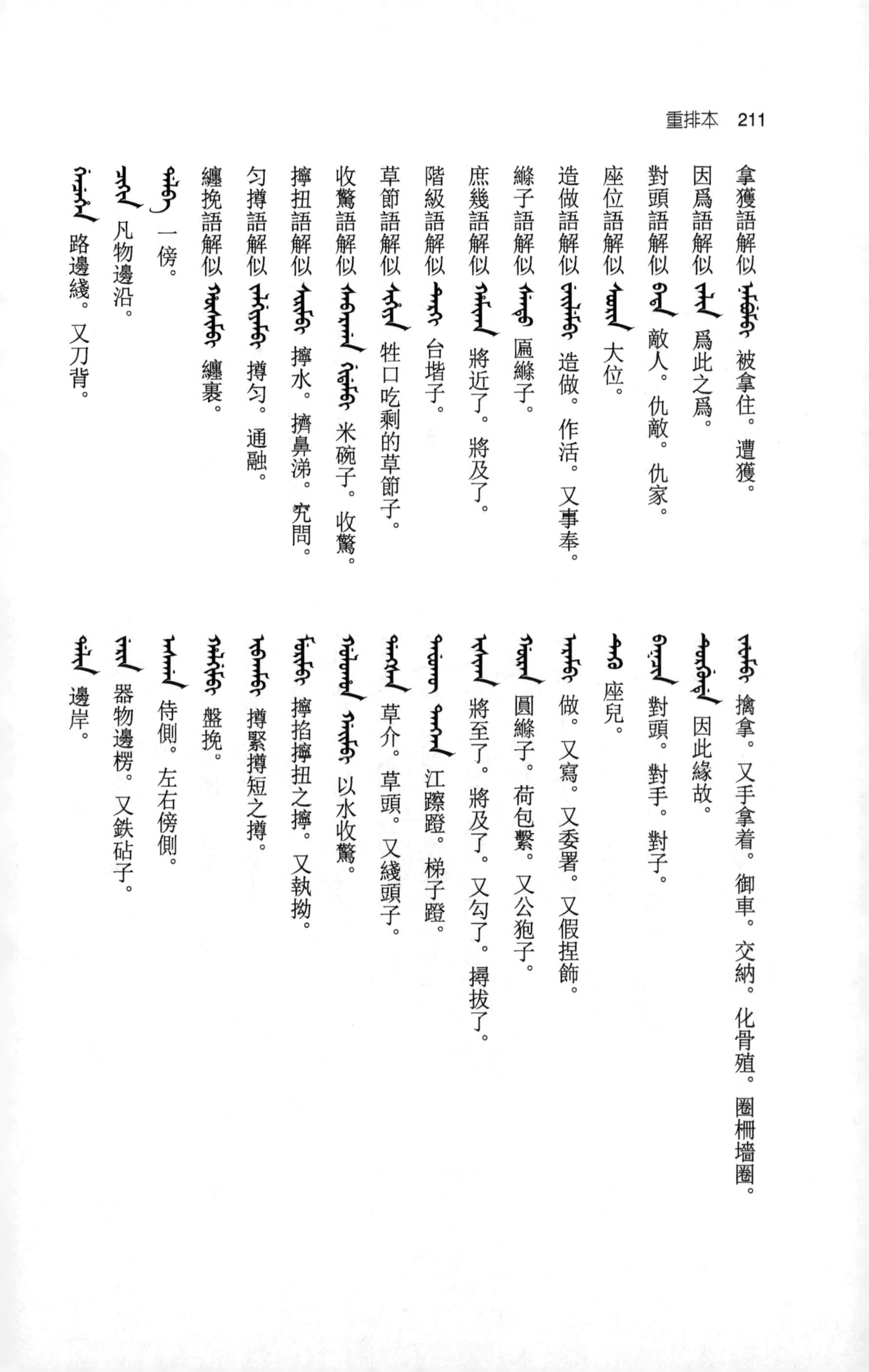

拿獲語解似 被拿住。遭獲。

因爲語解似 爲此之爲。

對頭語解似 敵人。仇敵。仇家。

座位語解似 大位。

造做語解似 造做。作活。又事奉。

絛子語解似 匾絛子。

庶幾語解似 將近了。將及了。

階級語解似 台堦子。

草節語解似 牲口吃剩的草節子。

收驚語解似 米碗子。收驚。

擰扭語解似 擰水。擠鼻涕。究問。

勻撙語解似 撙勻。通融。

纏挽語解似 纏裹。

一傍。

凡物邊沿。

路邊綫。又刀背。

擒拿。又手拿着。御車。交納。化骨殖。圈柵墻圈。

因此緣故。

對頭。對手。對子。

座兒。

做。又寫。又委署。又假揑飾。

圓絛子。荷包繫。又公狍子。

將至了。將及了。又勾了。搿拔了。

江蹽蹬。梯子蹬。

草介。草頭。又綫頭子。

以水收驚。

擰掐擰扭之擰。又執拗。

撙緊撙短之撙。

盤挽。

侍側。左右傍側。

器物邊楞。又鉄砧子。

邊岸。

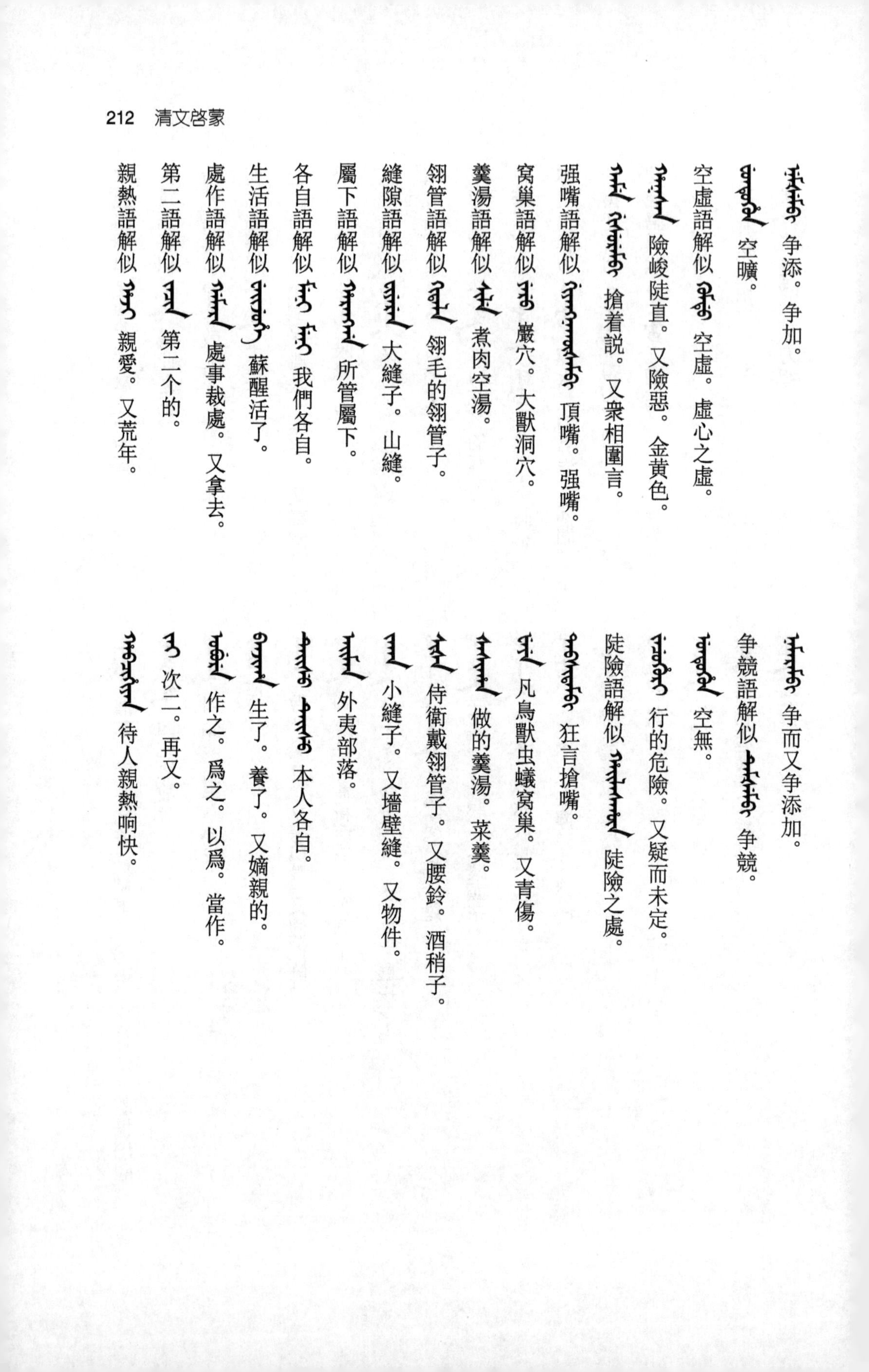

争添。争加。

争而又争添加。

空曠。

争競語解似 争競。

空虛語解似 空虛。虛心之虛。

空無。

險峻陡直。又險惡。金黄色。

行的危險。又疑而未定。

搶着説。又衆相圍言。

陡險語解似 陡險之處。

强嘴語解似 頂嘴。强嘴。

狂言搶嘴。

窩巢語解似 巖穴。大獸洞穴。

凡鳥獸虫蟻窩巢。又青傷。

羹湯語解似 煮肉空湯。

做的羹湯。菜羹。

翎管語解似 翎毛的翎管子。

侍衛戴翎管子。又腰鈴。酒稍子。

縫隙語解似 大縫子。山縫。

小縫子。又墻壁縫。又物件。

屬下語解似 所管屬下。

外夷部落。

各自語解似 我們各自。

本人各自。

生活語解似 蘇醒活了。

生了。養了。又嫡親的。

處作語解似 處事裁處。又拿去。

作之。爲之。以爲。當作。

第二語解似 第二个的。

次二。再又。

親熱語解似 親愛。又荒年。

待人親熱响快。

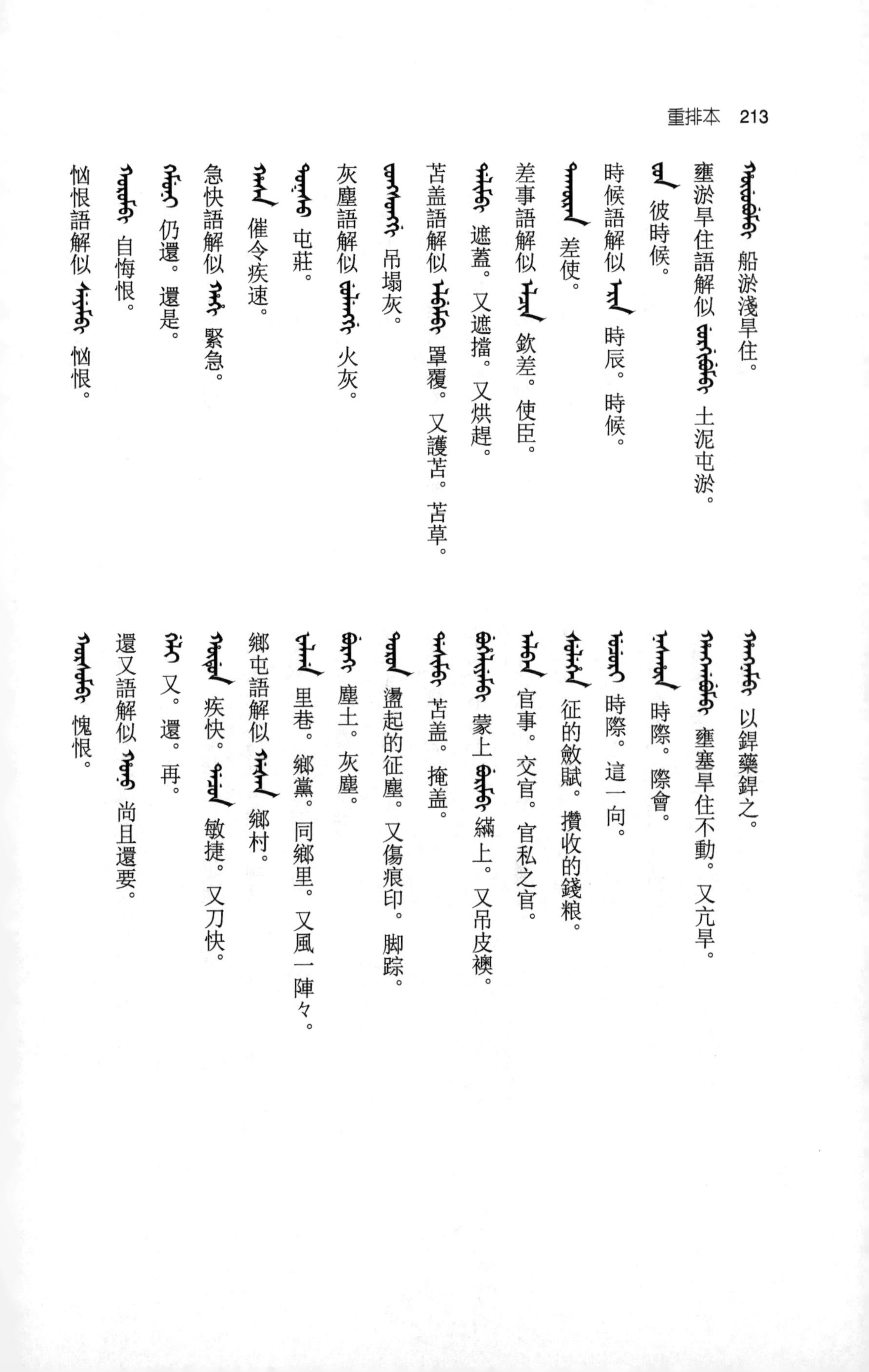

[illegible] 船淤淺旱住。

壅淤旱住語解似 [illegible] 土泥屯淤。

[illegible] 彼時候。

時候語解似 [illegible] 時辰。時候。

[illegible] 差使。

差事語解似 [illegible] 欽差。使臣。

[illegible] 遮蓋。又遮擋。又烘趕。

苫盖語解似 [illegible] 罩覆。又護苫。苫草。

[illegible] 吊塌灰。

灰塵語解似 [illegible] 火灰。

[illegible] 屯莊。

[illegible] 催令疾速。

急快語解似 [illegible] 緊急。

[illegible] 仍還。還是。

[illegible] 自悔恨。

惱恨語解似 [illegible] 惱恨。

[illegible] 以銲藥銲之。

[illegible] 壅塞旱住不動。又亢旱。

[illegible] 時際。際會。

[illegible] 時際。這一向。

[illegible] 征的斂賦。攢收的錢粮。

[illegible] 官事。交官。官私之官。

[illegible] 蒙上 [illegible] 繃上。又吊皮襖。

[illegible] 苫盖。掩盖。

[illegible] 盪起的征塵。又傷痕印。脚踪。

[illegible] 塵土。灰塵。

[illegible] 里巷。鄉黨。同鄉里。又風一陣々。

鄉屯語解似 [illegible] 鄉村。

[illegible] 疾快。[illegible] 敏捷。又刀快。

[illegible] 又。還。再。

還又語解似 [illegible] 尚且還要。

[illegible] 愧恨。

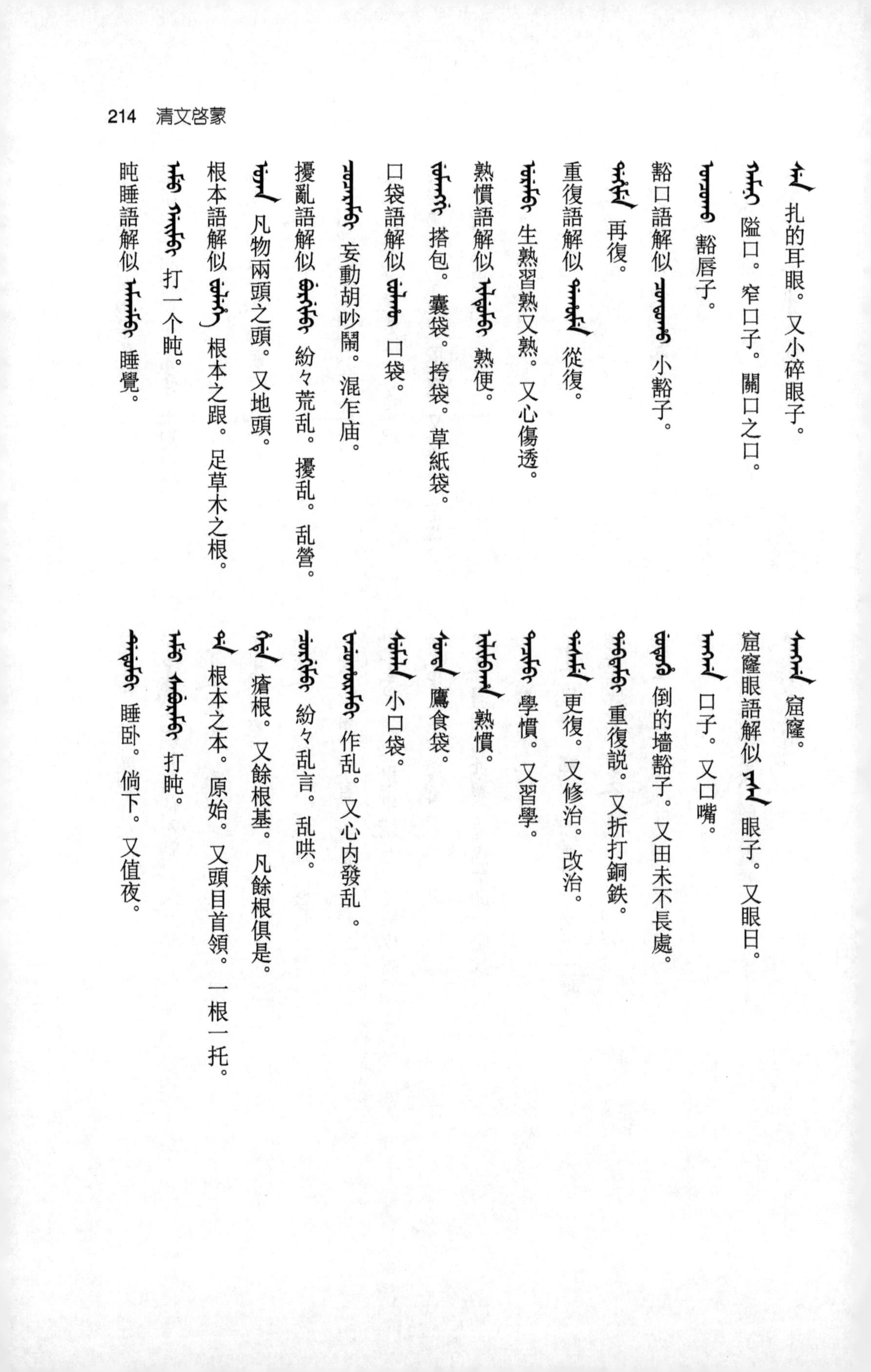

扎的耳眼。又小碎眼子。

隘口。窄口子。關口之口。

豁唇子。

豁口語解似 小豁子。

再復。

重復語解似 從復。

生熟習熟又熟。又心傷透。

熟慣語解似 熟便。

搭包。囊袋。挎袋。草紙袋。

口袋語解似 口袋。

妄動胡吵鬧。混乍庙。

擾亂語解似 紛々荒乱。擾乱。乱營。

凡物兩頭之頭。又地頭。

根本語解似 根本之跟。足草木之根。

打一个盹。

盹睡語解似 睡覺。

窟窿。

窟窿眼語解似 眼子。又眼日。

口子。又口嘴。

倒的墻豁子。又田未不長處。

重復説。又折打銅鉄。

更復。又修治。改治。

學慣。又習學。

熟慣。

鷹食袋。

小口袋。

作乱。又心内發乱。

紛々乱言。乱哄。

瘡根。又餘根基。凡餘根俱是。

根本之本。原始。又頭目首領。一根一托。

打盹。

睡卧。倘下。又值夜。

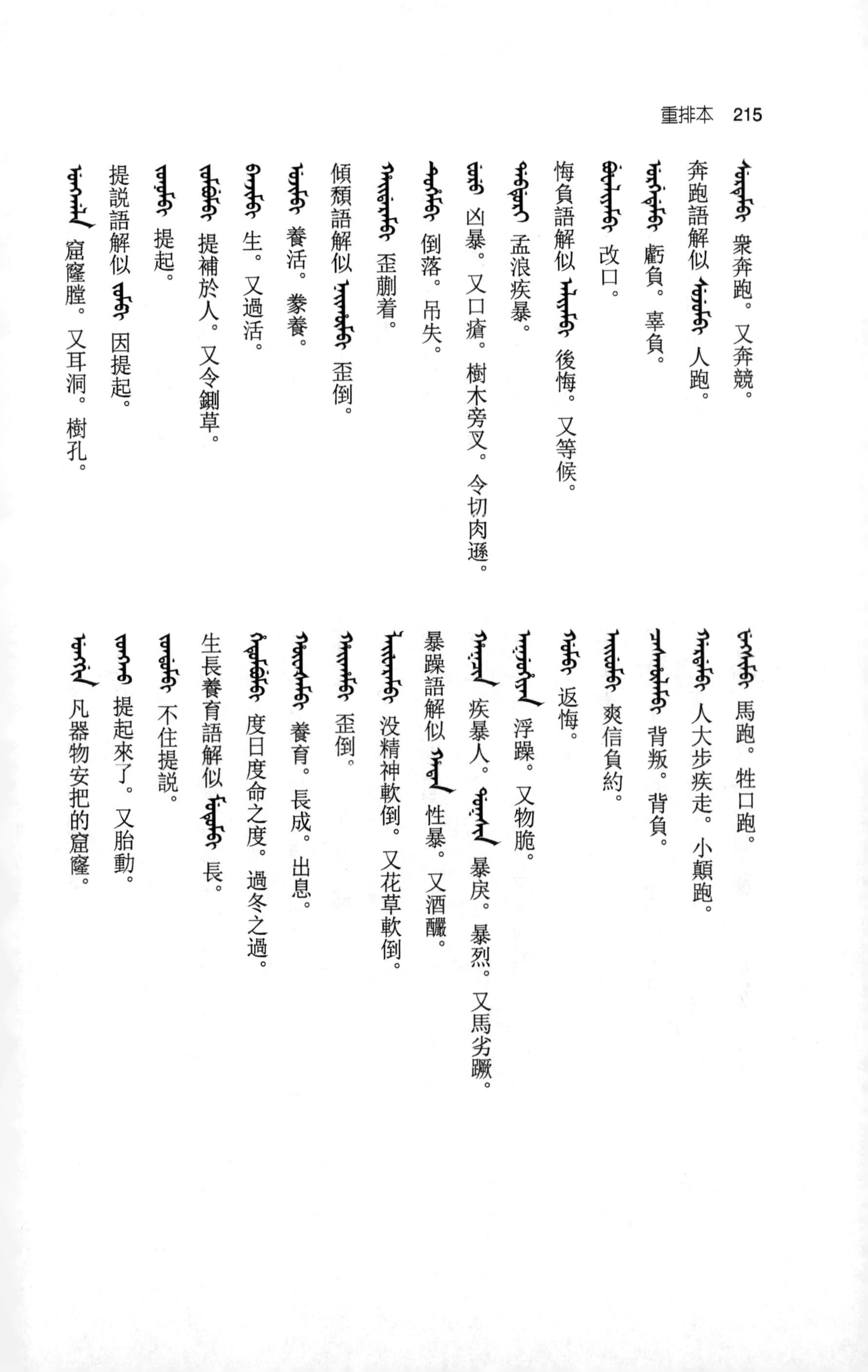

衆奔跑。又奔競。
奔跑語解似 人跑。
虧負。辜負。
改口。
悔負語解似 後悔。又等候。
孟浪疾暴。
凶暴。又口瘡。樹木旁叉。令切肉遜。
倒落。吊失。
歪斢着。
傾頹語解似 歪倒。
養活。豢養。
生。又過活。
提補於人。又令鍘草。
提起。
提說語解似 因提起。
窟窿膛。又耳洞。樹孔。
馬跑。牲口跑。
人大步疾走。小顛跑。
背叛。背負。
爽信負約。
返悔。
浮躁。又物脆。
疾暴人。 暴戾。暴烈。又馬劣蹶。
暴躁語解似 性暴。又酒醲。
没精神軟倒。又花草軟倒。
歪倒。
養育。長成。出息。
度日度命之度。過冬之過。
生長養育語解似 長。
不住提說。
提起來了。又胎動。
凡器物安把的窟窿。

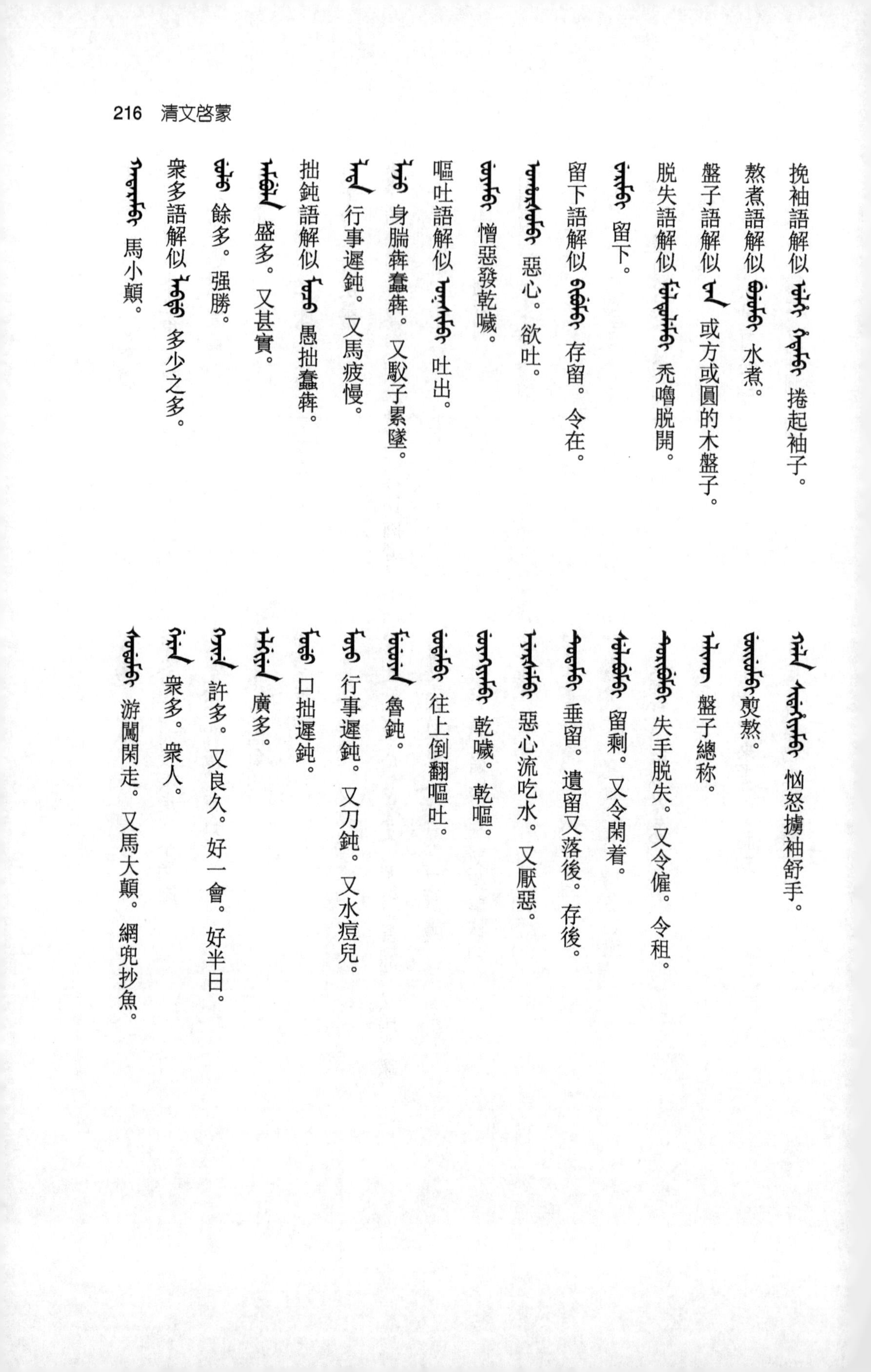

挽袖語解似 捲起袖子。

熬煮語解似 水煮。

盤子語解似 或方或圓的木盤子。

脱失語解似 秃嚕脱開。

留下。

留下語解似 存留。令在。

惡心。欲吐。

憎惡發乾噦。

嘔吐語解似 吐出。

身揣犇蠢犇。又駁子累墜。

行事遲鈍。又馬疲慢。

拙鈍語解似 愚拙蠢犇。

盛多。又甚實。

餘多。强勝。

衆多語解似 多少之多。

馬小顛。

悩怒擄袖舒手。

熨熬。

盤子總称。

失手脱失。又令僱。令租。

留剩。又令閑着。

垂留。遺留又落後。存後。

惡心流吃水。又厭惡。

乾噦。乾嘔。

往上倒翻嘔吐。

魯鈍。

行事遲鈍。又刀鈍。又水痘兒。

口拙遲鈍。

廣多。

許多。又良久。好一會。好半日。

衆多。衆人。

游闖閑走。又馬大顛。網兜抄魚。

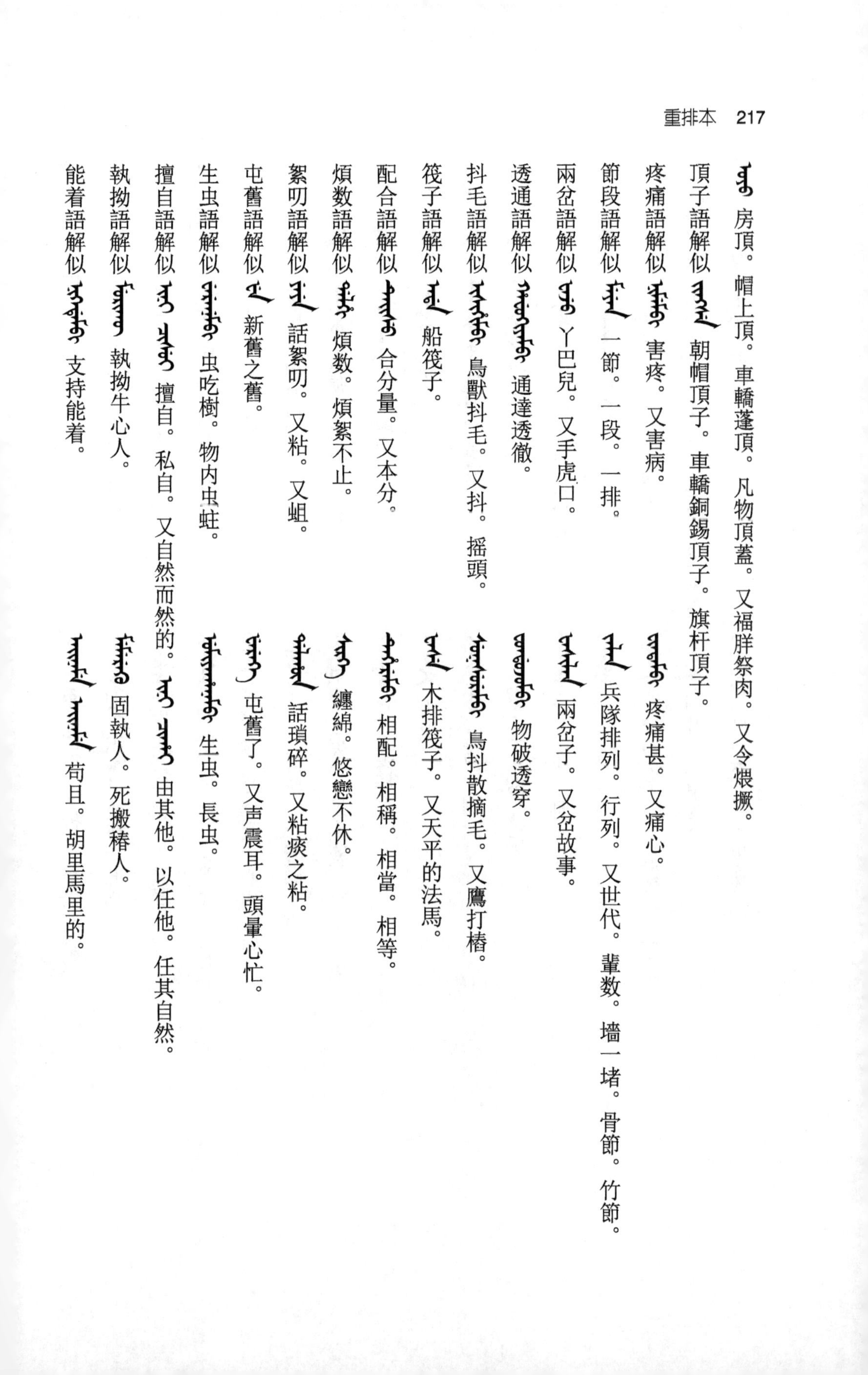

房頂。帽上頂。車轎蓬頂。凡物頂蓋。又福胙祭肉。又令煨撅。

頂子語解似 朝帽頂子。車轎銅錫頂子。旗杆頂子。

疼痛語解似 害疼。又害病。

疼痛甚。又痛心。

節段語解似 一節。一段。一排。

兵隊排列。行列。又世代。輩数。墻一堵。骨節。竹節。

兩岔語解似 丫巴兒。又手虎口。

兩岔子。又岔故事。

透通語解似 通達透徹。

物破透穿。

抖毛語解似 鳥獸抖毛。又抖。搖頭。

鳥抖散摘毛。又鷹打樁。

筏子語解似 船筏子。

木排筏子。又天平的法馬。

配合語解似 合分量。又本分。

相配。相稱。相當。相等。

煩数語解似 煩数。煩絮不止。

纏綿。悠戀不休。

絮叨語解似 話絮叨。又粘。又蛆。

話瑣碎。又粘痰之粘。

屯舊語解似 新舊之舊。

屯舊了。又声震耳。頭暈心忙。

生虫語解似 虫吃樹。物内虫蛀。

生虫。長虫。

擅自語解似 擅自。私自。又自然而然的。

由其他。以任他。任其自然。

執拗語解似 執拗牛心人。

固執人。死搬椿人。

能着語解似 支持能着。

苟且。胡里馬里的。

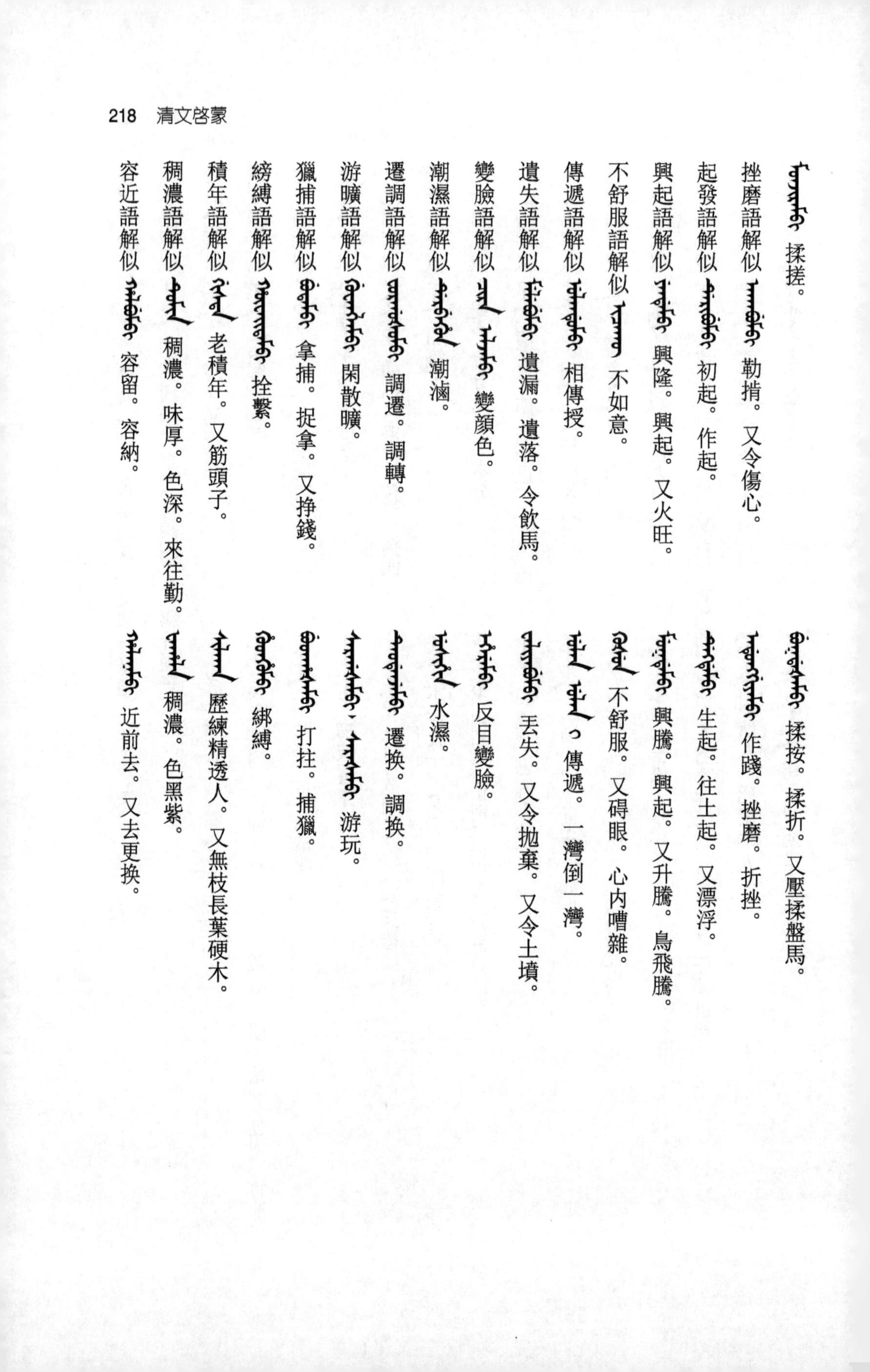

揉搓。 揉按。揉折。又壓揉盤馬。

挫磨語解似 勒掯。又令傷心。 作踐。挫磨。折挫。

起發語解似 初起。作起。 生起。往上起。又漂浮。

興起語解似 興隆。興起。又火旺。 興騰。興起。又升騰。鳥飛騰。

不舒服語解似 不如意。 不舒服。又碍眼。心内嘈雜。

傳遞語解似 相傳授。 傳遞。一灣倒一灣。

遺失語解似 遺漏。遺落。令飲馬。 丟失。又令拋棄。又令土墳。

變臉語解似 變顏色。 反目變臉。

潮濕語解似 潮滷。 水濕。

遷調語解似 調遷。調轉。 遷換。調換。

游曠語解似 閑散曠。 游玩。

獵捕語解似 拿捕。捉拿。又挣錢。 打拄。捕獵。

綁縛語解似 拴繫。 綁縛。

積年語解似 老積年。又筋頭子。 歷練精透人。又無枝長葉硬木。

稠濃語解似 稠濃。味厚。色深。來往勤。 稠濃。色黑紫。

容近語解似 容留。容納。 近前去。又去更換。

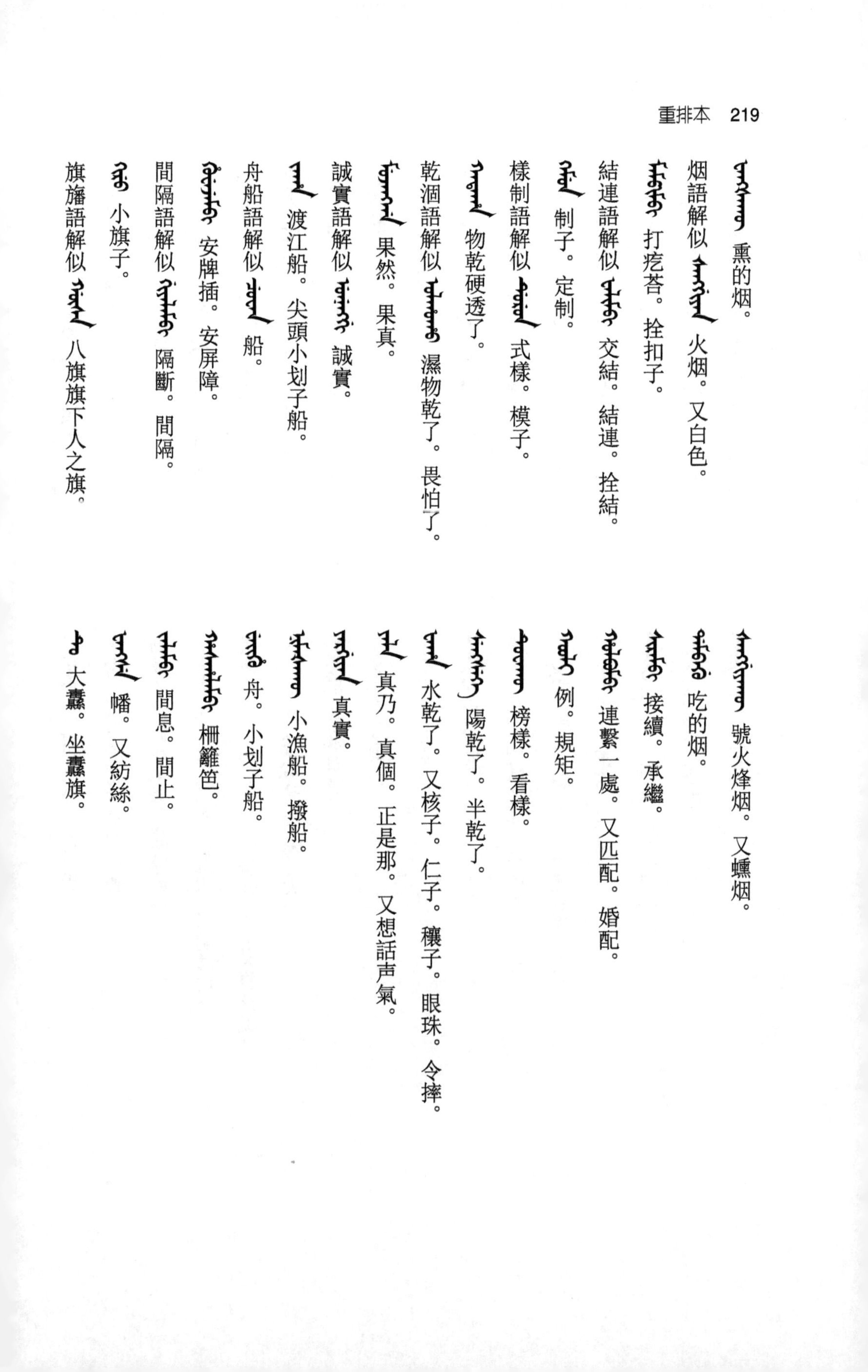

熏的烟。

烟語解似 火烟。又白色。

打疙荅。拴扣子。

結連語解似 交結。結連。拴結。

制子。定制。

樣制語解似 式樣。模子。

物乾硬透了。

乾涸語解似 濕物乾了。畏怕了。

果然。果真。

誠實語解似 誠實。

渡江船。尖頭小划子船。

舟船語解似 船。

安牌插。安屏障。

間隔語解似 隔斷。間隔。

小旗子。

旗旛語解似 八旗旗下人之旗。

號火烽烟。又蠦烟。

吃的烟。

接續。承繼。

連繫一處。又匹配。婚配。

例。規矩。

榜樣。看樣。

陽乾了。半乾了。

水乾了。又核子。仁子。穰子。眼珠。令摔。

真乃。真個。正是那。又想話声氣。

真實。

小漁船。撥船。

舟。小划子船。

柵籬笆。

間息。間止。

幡。又紡絲。

大纛。坐纛旗。

摟扒語解似 [illegible] 耙子摟草。
[illegible] 刀劃割皮子。
[illegible] 順從。隨順。
順當語解似 [illegible] 事順。和順。
[illegible] 氣概大。動作大方。
[illegible] 愈加。又更甚。又串米。
加增語解似 [illegible] 多加。外加。復添。
[illegible] 折絨披子。
[illegible] 拆開。
拆毀語解似 [illegible] 拆毀。毀壞。
[illegible] 摻混一處。又以湯水泡飯。
[illegible] 摻上。又并連。又連累。
摻混語解似 [illegible] 拌上。
[illegible] 前頭。前面。
[illegible] 居先。爲先。打頭占先之先。
先前語解似 [illegible] 先前。前朝先人之先。

[illegible] 一概摟取。又扒草。
[illegible] 刀豁破開。又犁豁地。
劃破語解似 [illegible] 豁破瘡癤。
[illegible] 如意。舒服。順當。又美味順口。
[illegible] 丰雅大方。一貌堂々。又舊家風。
大方語解似 [illegible] 大様。大道。
[illegible] 增添加增。
[illegible] 拆繩子。
[illegible] 零拆開。
[illegible] 拆衣服。
[illegible] 和泥和麪之和。研磨之研。
[illegible] 調合。對上。又令會見。奏合奉承。
[illegible]、[illegible] 混攪。
[illegible] 往前。向前。朝前。以前。
[illegible] 前邊。又南。
[illegible] 先後之先。

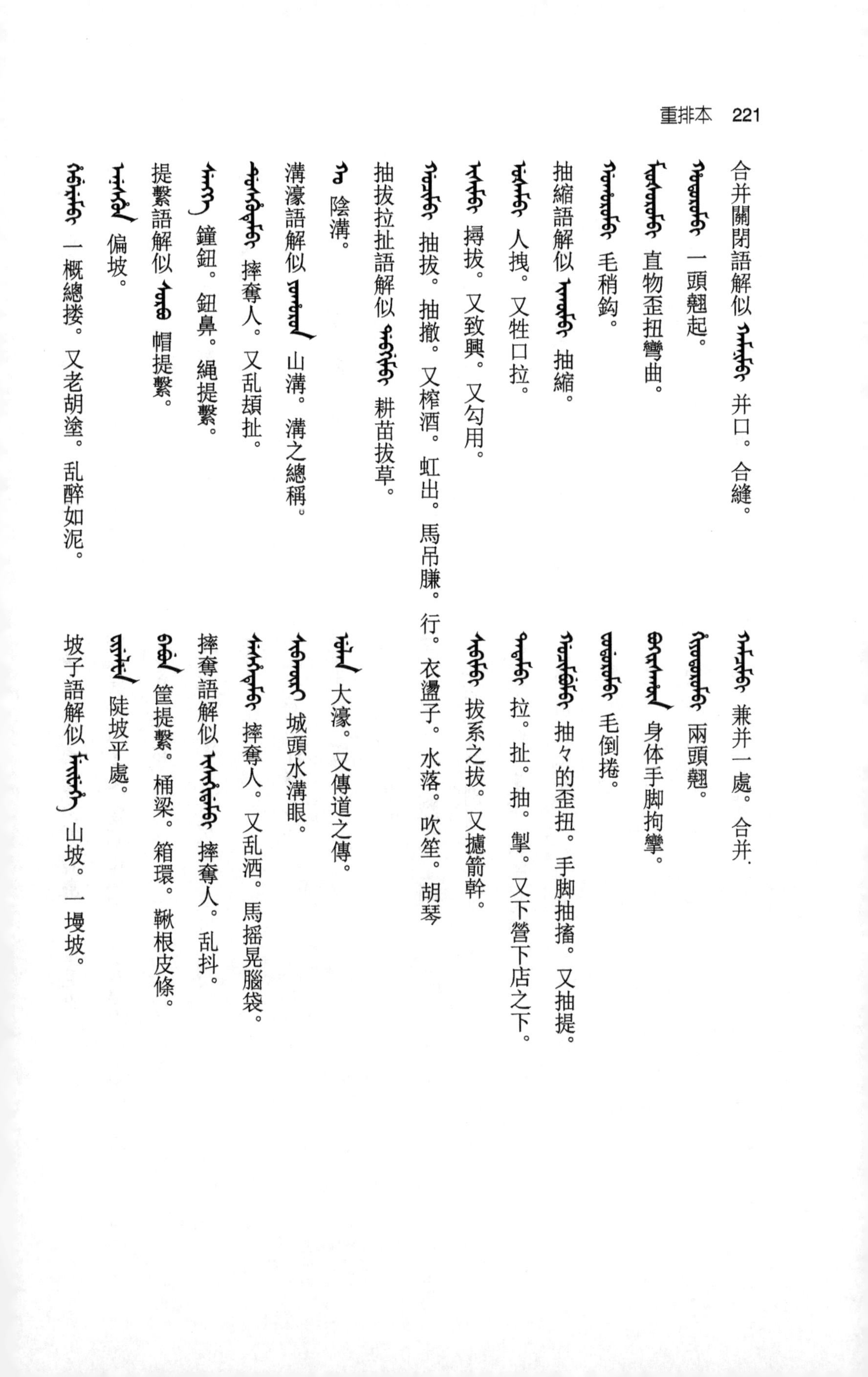

合并關閉語解似 并口。合縫。
兼并一處。合并.
一頭翹起。
兩頭翹。
直物歪扭彎曲。
身体手脚拘攣。
毛稍鈎。
毛倒捲。
抽縮語解似 抽縮。
抽々的歪扭。手脚抽搐。又抽提。
人拽。又牲口拉。
拉。扯。抽。掣。又下營下店之下。
撏拔。又致興。又勾用。
拔系之拔。又攄箭幹。
抽拔。抽撤。又榨酒。虹出。馬吊膁。行。衣邊子。水落。吹笙。胡琴
抽拔拉扯語解似 耕苗拔草。
陰溝。
大濠。又傳道之傳。
溝濠語解似 山溝。溝之總稱。
城頭水溝眼。
摔奪人。又乱頡扯。
摔奪人。又乱洒。馬搖晃腦袋。
鐘鈕。鈕鼻。繩提繫。
摔奪語解似 摔奪人。乱抖。
提繫語解似 帽提繫。
筐提繫。桶梁。箱環。鞦根皮條。
偏坡。
陡坡平處。
一概總摟。又老胡塗。乱醉如泥。
坡子語解似 山坡。一墁坡。

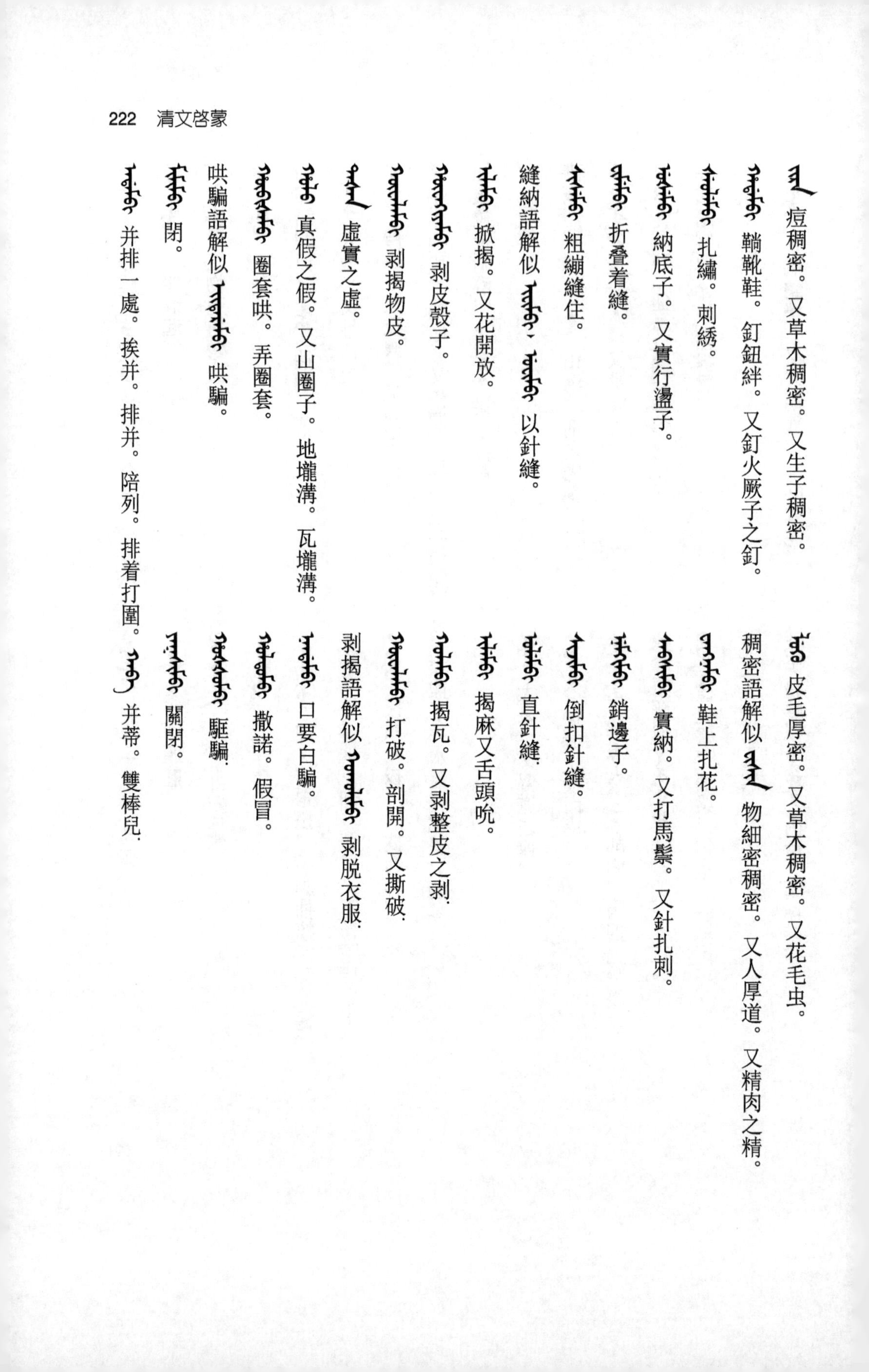

痘稠密。又草木稠密。又生子稠密。

鞝靴鞋。釘鈕絆。又釘火厭子之釘。

扎繡。刺綉。

納底子。又實行邊子。

折疊着縫。

粗綳縫住。

縫納語解似　　以針縫。

掀揭。又花開放。

剥皮殼子。

剥揭物皮。

虛實之虛。

真假之假。又山圈子。地壠溝。瓦壠溝。

圈套哄。弄圈套。

哄騙語解似　哄騙。

閉。

并排一處。挨并。排并。陪列。排着打圍。

皮毛厚密。又草木稠密。又花毛虫。

稠密語解似　物細密稠密。又人厚道。又精肉之精。

鞋上扎花。

實納。又打馬鬃。又針扎刺。

銷邊子。

倒扣針縫。

直針縫.

揭麻又舌頭吮。

揭瓦。又剥整皮之剥.

打破。剖開。又撕破.

剥揭語解似　剥脱衣服.

口要白騙。

撒諾。假冒。

駈騙.

關閉。

并蒂。雙棒兒.

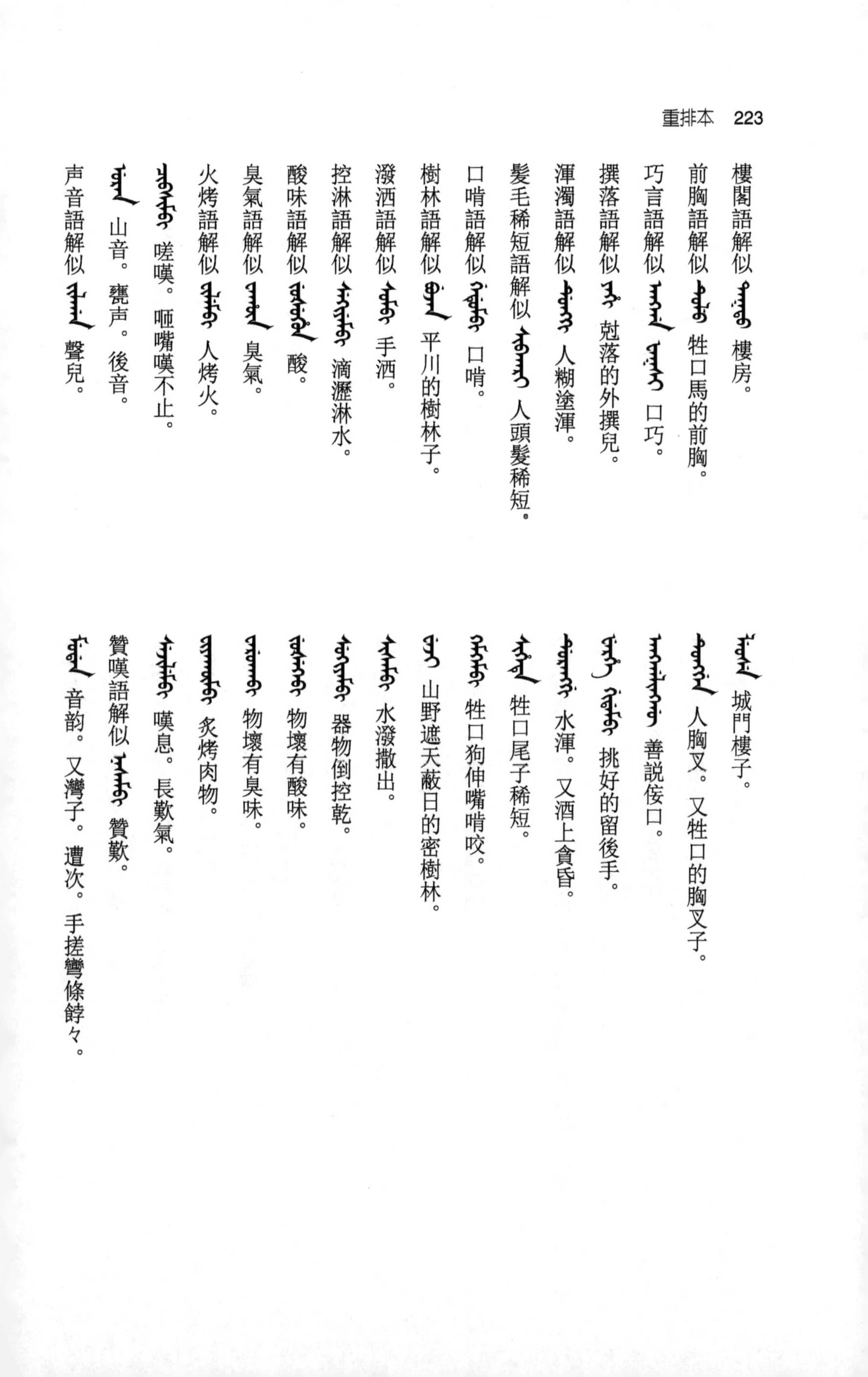

樓閣語解似 樓房。

前胸語解似 牲口馬的前胸。

巧言語解似 口巧。

撰落語解似 尅落的外撰兒。

渾濁語解似 人糊塗渾。

髮毛稀短語解似 人頭髮稀短。

口啃語解似 口啃。

樹林語解似 平川的樹林子。

潑洒語解似 手洒。

控淋語解似 滴瀝淋水。

酸味語解似 酸。

臭氣語解似 臭氣。

火烤語解似 人烤火。

嗟嘆。咂嘴嘆不止。

山音。甕声。後音。

声音語解似 聲兒。

城門樓子。

人胸叉。又牲口的胸叉子。

善説佞口。

挑好的留後手。

水渾。又酒上貪昏。

牲口尾子稀短。

牲口狗伸嘴啃咬。

山野遮天蔽日的密樹林。

水潑撒出。

器物倒控乾。

物壞有酸味。

物壞有臭味。

炙烤肉物。

嘆息。長歎氣。

贊嘆語解似 贊歎。

音韵。又灣子。遭次。手搓彎條餑々。

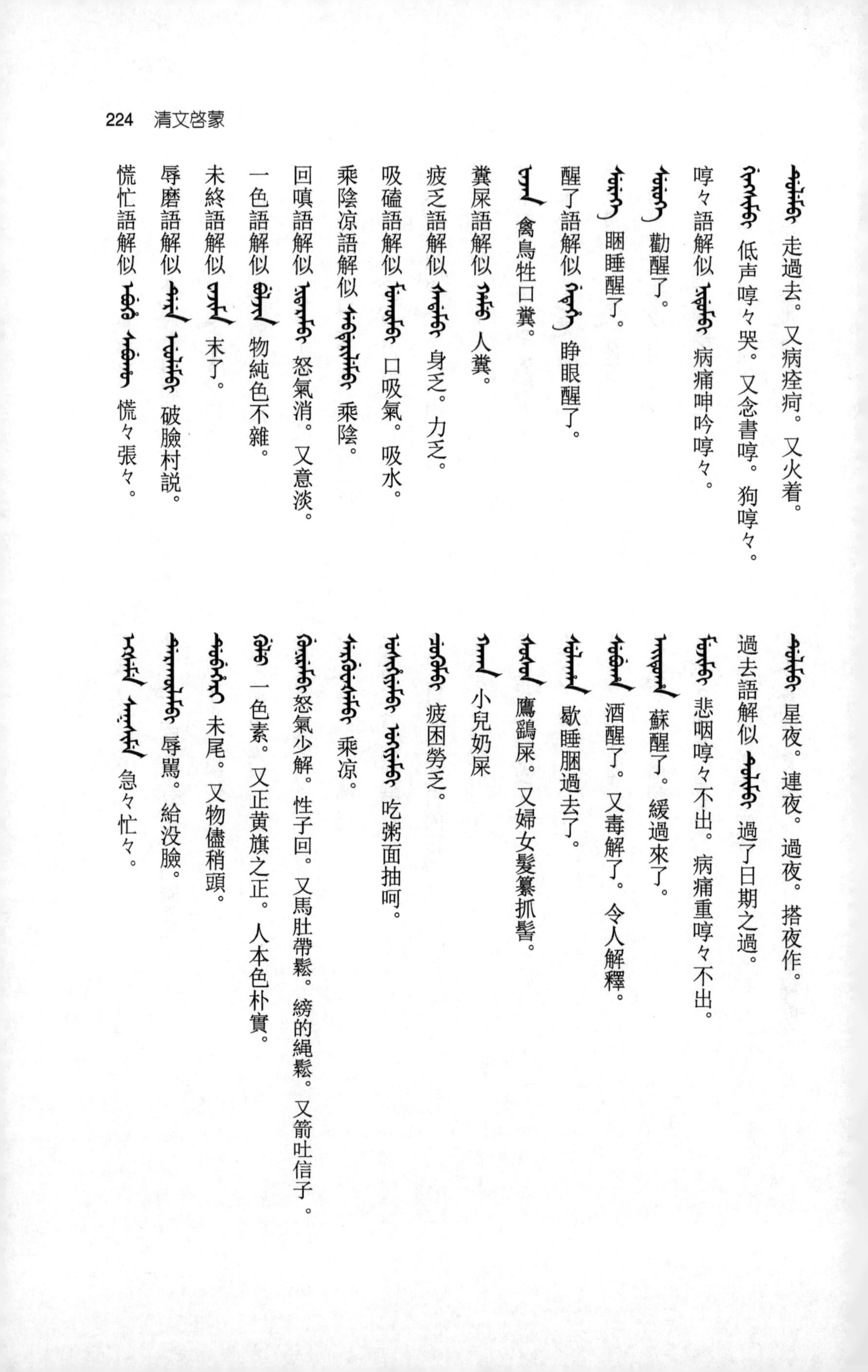

走過去。又病痊疴。又火着。

低声哼々哭。又念書哼。狗哼々。

哼々語解似 病痛呻吟哼々。

勸醒了。

睏睡醒了。

醒了語解似 睜眼醒了。

禽鳥牲口糞。

糞屎語解似 人糞。

疲乏語解似 身乏。力乏。

吸磕語解似 口吸氣。吸水。

乘陰凉語解似 乘陰。

回嗔語解似 怒氣消。又意淡。

一色語解似 物純色不雜。

未終語解似 末了。

辱磨語解似 破臉村說。

慌忙語解似 慌々張々。

星夜。連夜。過夜。搭夜作。

過去語解似 過了日期之過。

悲咽哼々不出。病痛重哼々不出。

蘇醒了。緩過來了。

酒醒了。又毒解了。令人解釋。

歇睡睏過去了。

鷹鷂屎。又婦女髮纂抓髻。

小兒奶屎

疲困勞乏。

吃粥面抽呵。

乘凉。

怒氣少解。性子回。又馬肚帶鬆。綁的繩鬆。又箭吐信子。

一色素。又正黃旗之正。人本色朴實。

未尾。又物儘稍頭。

辱罵。給没臉。

急々忙々。

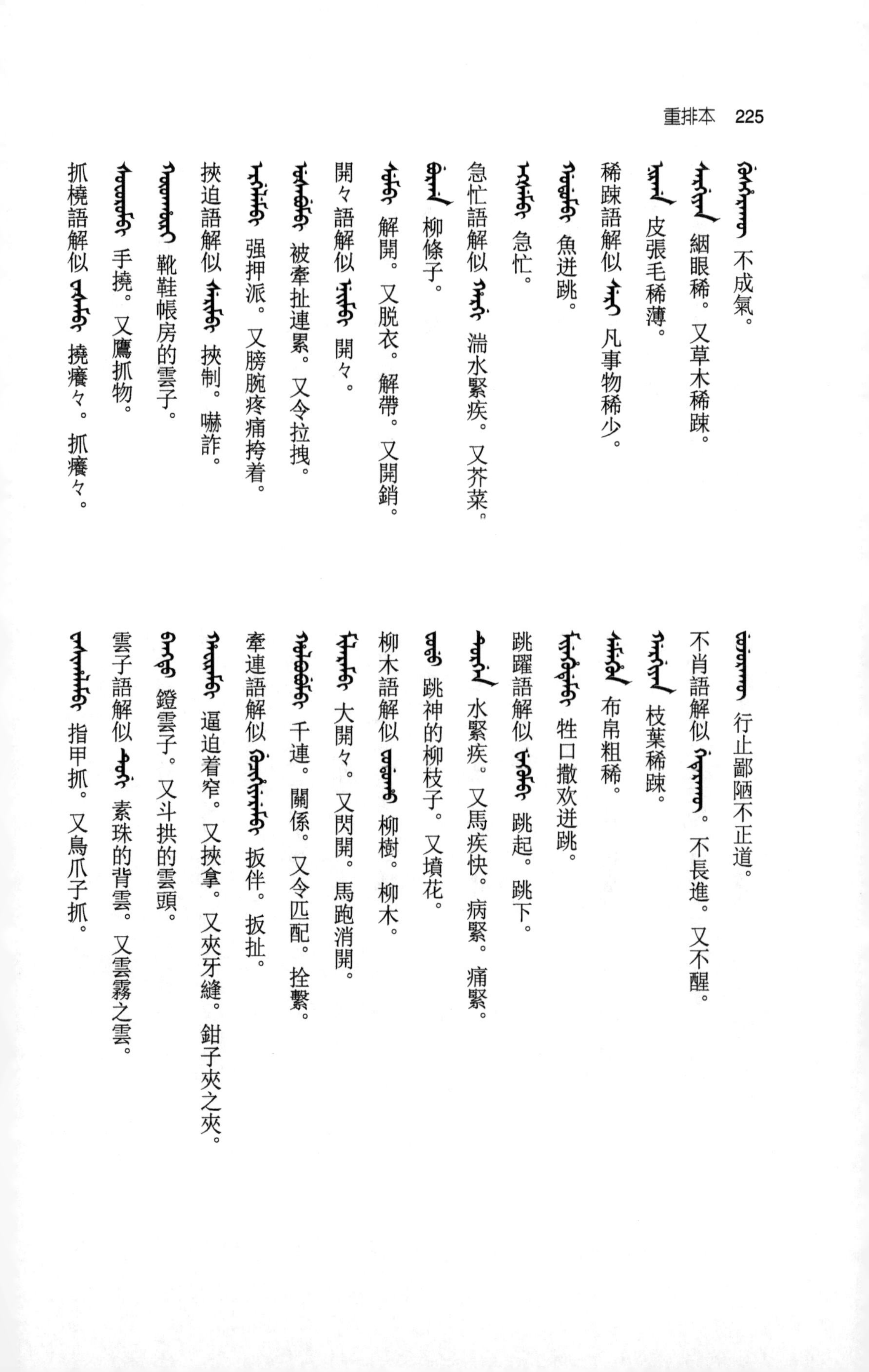

不成氣。

細眼稀。又草木稀疎。

皮張毛稀薄。

稀疎語解似 凡事物稀少。

魚迸跳。

急忙。

急忙語解似 湍水緊疾。又芥菜。

柳條子。

解開。又脱衣。解帶。又開鎖。

開々語解似 開々。

被牽扯連累。又令拉拽。

强押派。又膀腕疼痛挎着。

挾迫語解似 挾制。嚇詐。

靴鞋帳房的雲子。

手撓。又鷹抓物。

抓撓語解似 撓癢々。抓癢々。

行止鄙陋不正道。

不肖語解似 。不長進。又不醒。

枝葉稀疎。

布帛粗稀。

牲口撒欢迸跳。

跳躍語解似 跳起。跳下。

水緊疾。又馬疾快。病緊。痛緊。

跳神的柳枝子。又墳花。

柳木語解似 柳樹。柳木。

大開々。又閃開。馬跑消開。

千連。關係。又令匹配。拴繫。

牽連語解似 扳伴。扳扯。

逼迫着窄。又挾拿。又夾牙縫。鉗子夾之夾。

鐙雲子。又斗拱的雲頭。

雲子語解似 素珠的背雲。又雲霧之雲。

指甲抓。又鳥爪子抓。

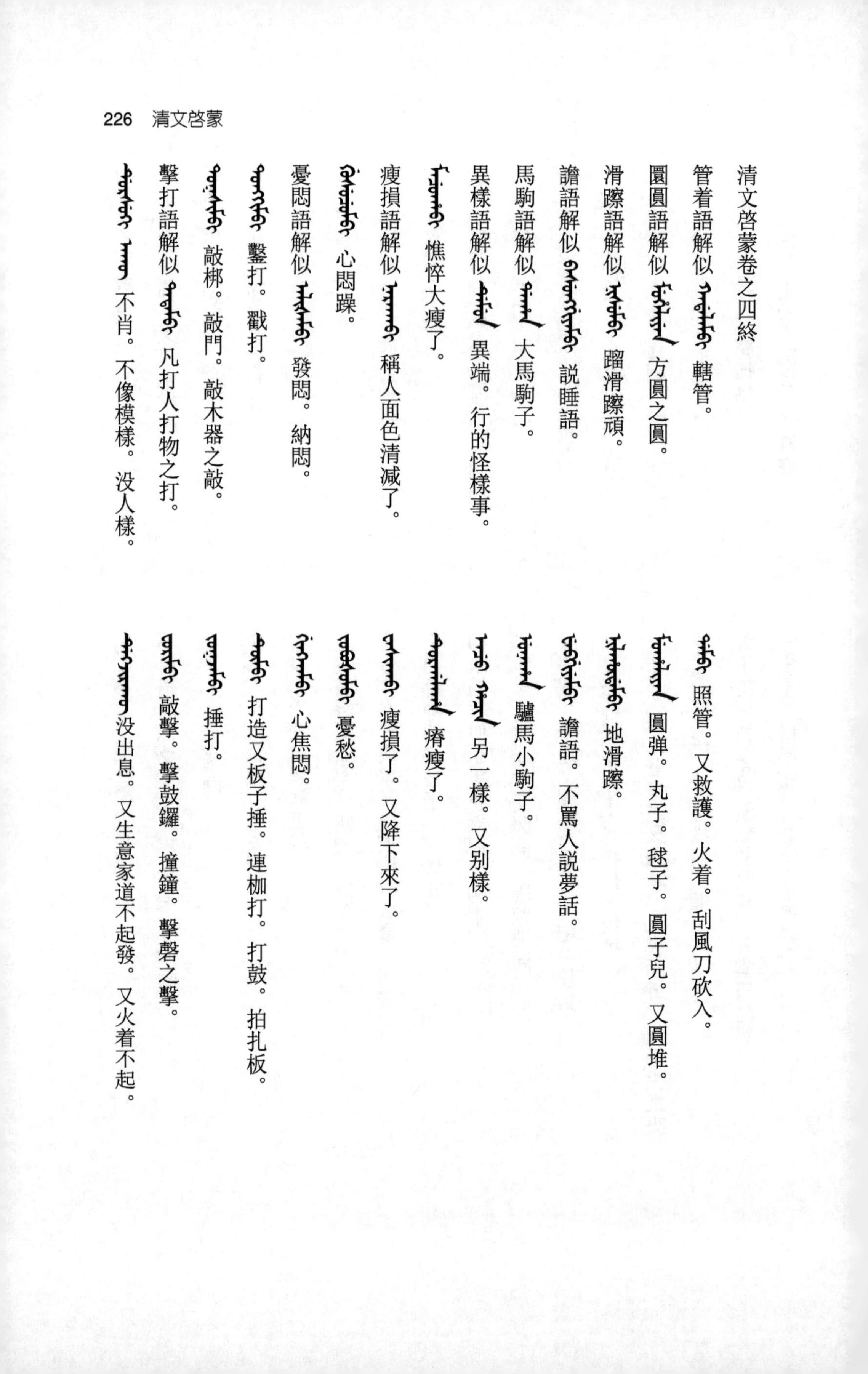

清文啓蒙卷之四終

管着語解似 轄管。 照管。又救護。火着。刮風刀砍入。

圜圓語解似 方圓之圓。 圓弾。丸子。毬子。圓子兒。又圓堆。

滑蹽語解似 蹓滑蹽頑。 地滑蹽。

譫語解似 説睡語。 譫語。不罵人説夢話。

馬駒語解似 大馬駒子。 驢馬小駒子。

異樣語解似 異端。行的怪樣事。 另一樣。又別樣。

憔悴大瘦了。 瘠瘦了。

瘦損語解似 稱人面色清減了。 瘦損了。又降下來了。

心悶躁。 憂愁。

憂悶語解似 發悶。納悶。 心焦悶。

鏨打。戳打。 打造又板子捶。連枷打。打鼓。拍扎板。

敲梆。敲門。敲木器之敲。 捶打。

擊打語解似 凡打人打物之打。 敲擊。擊鼓鑼。撞鐘。擊磬之擊。

不肖。不像模樣。没人樣。 没出息。又生意家道不起發。又火着不起。

轉寫本

qing wen ki meng bithe

清 文 啓 蒙 書

清 文 啓 蒙

三 槐 堂 梓 行

0-1 siui -i gisun[1]

序 屬 話語

序（序1a1）

0-2 qing wen ki meng bithe se-re-ngge，

清 文 啓 蒙 書 助-未-名

清文啓蒙一書，（序1a2）

0-3 mini guqu xeu ping siyan xeng ni fisembu-me ara-fi，

我.屬 朋友 壽 平 先 生 屬 叙述-并 做-順

乃吾友壽平先生著述，（序1a2-3）

0-4 bou-i taqikv de taqibu-he-ngge。

家-屬 私塾 位 教導-完-名

以課家塾者也。（序1a3）

0-5 ede su-me sinda-ha nikan gisun，

這.位 解釋-并 放置-完 漢 語

其所注釋漢語，（序1a4）

0-6 udu umesi muwa qinggiya bi-qibe，

雖然 非常 粗實 淺薄 有-讓

雖甚淺近，（序1a4-5）

---

1 siui -i gisun：宏文閣本作xutuqin。

0-7 teni taqi-re urse be neile-me ulhiyen -i ibe-bu-re-de[1],
纔 學-未 人們 賓 啓發-并 逐漸 工 前進-使-未-位
然開蒙循序,(序1a5)

0-8 miqihiyan qi xumin de dosina-ra,
淺 從 深 與 進入-未
由淺入深,(序1a6)

0-9 goro yabu-re de hanqi qi deribu-re gvnin tebu-he-bi[2]。
遠 走-未 位 近 從 開始-未 想法 裝載-完-現
行遠自邇之寓意焉。(序1a6-b1)

0-10 tere anggala[3] tuktan yarhvda-me taqibu-re de,
那個 而且 起初 引導-并 教導-未 位
况牖迪之初,(序1b1-b2)

0-11 enteke getuken iletu bithe waka o-qi,
這樣 正確 明白 書 不是 成爲-條
非此曉暢之文,(序1b2)

0-12 inu sa-ra ulhi-re de mangga o-mbi,
也 知道-未 明白-未 位 難 成爲-現
亦難領會,(序1b3)

0-13 ere yarigiyan -i ajigan taqi-re urse-i suqungga doubu-re ada,
這個 確實 工 幼小 學-未 人們-屬 首次 渡河-未 筏子
誠幼學之初筏,(序1b3-4)

---

1 ibeburede:宏文閣本作ibebure de。

2 tebuhebi:宏文閣本作tebukebi。

3 tere anggala:此爲固定用法,意爲“况且”。

0-14 duka dosimbu-re doko jugvn kai。
門 進入-未 捷徑 道路 啊
入門之捷徑也。（序1b4-5）

0-15 bi kemuni siyan xeng ni ere-be jafa-fi ajigan urse be taqibu-ha be tuwa-qi，
我 尚且 先 生 屬 這個-賓 拿-順 幼小 人們 賓 教導-完 賓 看-條
予嘗目睹先生以此課蒙，（序1b5-6）

0-16 majige sureken ulhiqungga urse o-qi，
稍微 略聰明 悟性 人們 有-條
而稍能穎悟者，（序1b6-2a1）

0-17 taqi-me biyalame baibu-ra-kv，
學-并 月份 必要-未-否
學不匝月，（序2a1）

0-18 uthai hvla-me ara-me mute-mbi se-re anggala，
就 讀-并 寫-并 能够-現 助-未 而且
即能書誦，（序2a1-2）

0-19 jilgan mudan getuken bolgo hergen -i jijun tob tondo o-jora-kv-ngge akv，
音 韵 正確 乾净 字 屬 筆劃 正直 忠直 可以-未-否-名 否
且音韵筆畫莫不明切端楷，（序2a2-3）

0-20 yala emgeri taqi-fi qalabu-re jequhunje-re de isina-ra-kv o-mbi，
確實 一次 學-順 過失-未 遲疑-未 與 至於-未-否 可以-現
一讀不致錯誤，（序2a4-5）

0-21 fulehe be tob，sekiyen[1] be bolgo o-bu-re gvnin ambula bi-sire da-de，
根 賓 正直 源頭 賓 乾净 成爲-使-未 想法 大 有-未 原本-位

1 sekiyen：宏文閣本作segigan。

大有正本清源之義，（序2a5-6）

0-22 geli gung tusa be hvdun o-joro ferguweqauke ba-bi。

又 功效 益處 **賓** 快 可以-**未** 非凡 地方-**有**

更見功效捷速之妙。（序2a6-b1）

0-23 bi aifini jise be gai-fi folo-bu-fi，

我 早就 草稿 **賓** 求-**順** 刊刻-**使**-**順**

久欲請稿刊刻，（序2b1）

0-24 teniken taqi-re urse de durun tuwakv o-bu-ki se-me bai-ha-de，

剛剛 學-**未** 人們 **位** 樣子 榜樣 成爲-**使**-**祈** **助**-**并** 尋求-**完**-**位**

以爲初學津梁，（序2b2-3）

0-25 siyan xeng o-ha-kv hadu-ha-ngge，

先 生 可以-**完**-**否** 割-**完**-**名**

而先生不許口，（序2b3）

0-26 ere bithe se-re-ngge mini bou-i juse be taqihiya-me，

這個 書 **助**-**未**-**名** 我.**屬** 家-**屬** 孩子.**複** **賓** 訓導-**并**

此本庭訓小子，（序2b3-4）

0-27 faksikan -i gama-me ara-ha-ngge，

巧妙 **工** 整理-**并** 做-**完**-**名**

設法而作，（序2b4-5）

0-28 su-he-ngge youni buya qalgari gisun，

解釋-**完**-**名** 所有 碎小 迂腐 話語

所注皆係俚言鄙語，（序2b5）

0-29 muwa albatu bime[1] fiyan akv-ngge，

粗實 粗俗 而且 顏色 **否**-**名**

1 bime：宏文閣本無此詞。

粗俗不文，（序2b5-6）

0-30 folo-bu-qi，

刊刻-**使-條**

付之梨枣，（序2b6）

0-31 basuqun akv se-me-u se-he bihe?

譏笑 **否 助-并-疑** 説-**完 過**

不無詒誚乎？（序2b6-3a1）

0-32 bi dahvn dahvn -i hvsutule-me bai-re jakade，

我 反復 反復 工 用力-**并** 求-**未** 因爲

予力請再三，（序3a1-2）

0-33 teni baha-fi aqabu-me folo-bu-ha，

纔 得到-**順** 相合-**并** 刊刻-**使-完**

始獲校梓，（序3a2）

0-34 ede ajigan taqi-re urse de，

這.**位** 幼小 學-**未** 人們 **位**

其於初學之士，（序3a2-3）

0-35 ainqi ambula niyeqequn tusa o-joro ba bi-dere。

或許 大 裨益 益處 可以-**未** 地方 有-吧

大有裨益云。（序3a3-4）

0-36 hvwaliyasun[1] tob[2] -i jakvqi aniya niyengniyeri sain inenggi[3]，

調和 正好 **屬** 八.**序** 年 春天 好 日子

雍正庚戌孟春之朔日，（序3a5）

---

1 hvwaliyasun：宏文閣本作hainliyasun。

2 hvwaliyasun tob：二詞聯用專指年號“雍正”。

3 inenggi：宏文閣本作iganggi。

0-37 zo jung tang ni bou-i ejen qeng ming yuwan ara-ha。

作 忠 堂 **屬** 家-**屬** 主 程 明 遠 寫-**完**

作忠堂主人程明遠題。（序3a6）

manju nikan hergen -i qing wen ki meng bithe xoxohon -i ton

滿洲 漢 字 **屬** 清 文 启 蒙 書 總 **屬** 數

滿漢字清文启蒙總目（總目1a1）

ujui debtelin

第一 卷

卷之一（總目1a2）

manju hergen -i juwan juwe uju，emteli hergen，holbo-ho hergen -i jy nan

滿洲 文字 **屬** 十 二 頭 單獨 文字 連接-**完** 文字 **屬** 指 南

滿洲十二字頭單字聯字指南（總目1a3-4）

manju aqan mudan -i hergen

滿洲 合 韵 **屬** 文字

切韵清字（總目1a5）

manju tulergi emteli hergen

滿洲 外面 單獨 文字

滿洲外單字（總目1a6）

manju tulergi holbo-ho hergen

滿洲 外面 連接-**完** 文字

滿洲外聯字（總目1b1）

manju aqan mudan -i hergen be aqabu-re arga

滿洲 合 韵 **屬** 文字 **賓** 相合-**未** 方法

清字切韵法（總目1b2）

mudan enqu -i manju hergen

韵 異樣 **屬** 滿洲 文字

異施清字（總目1b3）

manju hergen ara-ra-de fi nike-re nenden ilhi

滿洲 文字 寫**-未-位** 筆 依靠**-未** 先 後

清書運筆先後（總目1b4）

jai debtelin

第二 卷

卷之二（總目1b5）

nikan gisun kamqi-ha manjura-ra fiyelen -i gisun

漢 語 兼有**-完** 説滿語**-未** 章 **屬** 話語

兼漢滿洲套話[1]（總目1b6）

ilaqi debtelin

三.**序** 卷

卷之三（總目2a1）

manju bithe-i gisun de aisila-ra mudan -i hergen.

滿洲 書**-屬** 話語 **位** 輔助**-未** 韵 **屬** 文字

清文助語虛字（總目2a2）

duiqi debtelin

四.**序** 卷

卷之四（總目2a3）

adalixa-ra manju hergen be ilgabu-ha-ngge

相似**-未** 滿洲 文字 **賓** 辯別**-完-名**

清字辨似（總目2a4）

---

1 話：宏文閣本作“語”。

adalixa-ra manju gisun be su-he-ngge

相似-未 滿洲 話語 **賓** 解釋-**完**-**名**

清語解似（總目2a5）

此書行後尚有初學滿漢翻譯本要，馬步弓箭中射準頭練法，兼漢清文義彙，直解清文語類捷録，必讀數種續出。（總目2a6）

manju nikan hergen -i[1] qing wen ki meng bithe ujui debtelin

滿洲 漢 字 **屬** 清 文 啓 蒙 書 第一 卷

滿漢字清文啓蒙卷之一（1a1）

長白 舞格 壽平 著述

錢塘 程明遠 佩和 校梓（1a2-3）

manju hergen -i juwan juwe uju，emteli hergen，holbo-ho hergen -i jy nan

滿洲 文字 **屬** 十 二 頭 單獨 文字 連接-**完** 文字 **屬** 指南

滿漢十二字頭單字聯字指南（1a4-5）

1-1 ujui uju

第一 頭

第一字頭

1-2 此頭爲後十一字頭之字母韵母，學者先將此頭誦寫極熟，務俟筆畫音韵清楚之後，再讀其餘字頭，自能分別，容易讀記[2]，不致串混也。（1a6）

1-3 a阿：昂亞切[3] ama父親

a字在上聯寫體式。後[4]俱仿此。（1b1）

---

1 -i：宏文閣本無此詞。

2 讀記：宏文閣本作“記讀”。

3 昂亞切：宏文閣本無此三字。

4 後：宏文閣本無此字。

1-4 e惡[1] eme母親

e（1b2）

1-5 i衣[2] iqe初一，又新，又染

i（1b3）

1-6 o窩[3] oke婚子。此o字在聯字内俱念傲，單用仍念窩。

o（1b4）

1-7 u屋[4] ufa麵，又末子

u（1b5）

1-8 v窩[5] vren[6]塑像。此v字在聯字内俱念傲，單用仍念窩。

v（1b6）

1-9 na那：囊呀切

nari母熊 ganara取去 tana東珠

na na字在中聯寫體式。na字在下聯寫體式。後俱仿此。（2a1）

1-10 ne諾：能哦切

nere鍋坑子，又三支鍋，又令披着 genehe去了

ne ne

inemene索性，左右是左右

ne（2a2）

1-11 ni呢

---

1 惡：宏文閣本作“額”。

2 衣：宏文閣本作“伊”。

3 窩：宏文閣本作“鄂”。

4 屋：宏文閣本作“烏”。

5 窩：宏文閣本作“諤”。

6 vren：宏文閣本作vran。

niquhe珍珠 funima[1]粪生的蠓虫 mekeni口琴

ni ni ni（2a3）

1-12 no挪：奴窩切

nomin青金石，又魚白 onombi 撅屁股 bono雹子

no no no（2a4）

1-13 nu奴：濃屋切

nure黄酒 bequnuhe打架拌嘴了 inu是，又亦字

nu nu nu（2a5）

1-14 nv挪：奴窩切（2a6）

1-15 ka喀：康呀切

kaki衣服窄狹，又酒暴氣 gakaraha裂開了

ka ka

jaka東西物件，又縫子

ka（2b1）

1-16 ga噶：剛呀切

gala手

ga（2b2）

1-17 ha哈：夯呀切

hala姓 hargaxambi仰望 bahana挑杆子 aga雨 aha奴才。

ha ga ha ga ha（2b3）

1-18 ko顆：空窩切

koki蝦蟇蝌子 kokoli瞒頭套的衣服 qoko雞

ko ko ko（2b4）

1 funima：宏文閣本作funime。

1-19 go郭

gobi淤沙，沙漠

go（2b5）

1-20 ho豁

horoki老蒼[1] forgoxoho吊轉了 tohoma 韂 dogo瞎子

ho go ho go

doho石灰

ho（2b6）

1-21 kv枯

kvqa未騸的公羊 akvha没了，死了 saqikv鐝頭

kv kv kv（3a1）

1-22 gv孤

gvsa旗下

gv（3a2）

1-23 hv呼

hvya螺螄，又螺甸杯 agvra傢伙，又器械 uhvkv挖摳刀子

hv gv hv

dahv皮囤子。

hv（3a3）

1-24 ba八

basa手工 ubaxaha反了，又翻轉 hvhvba無開岐[2]袍子

ba ba ba（3a4）

---

1 蒼：宏文閣本作“倉”。

2 岐：宏文閣本無此字。

1-25 be撥

beri弓 jelebe撒袋 kiqebe勤謹人

be be be（3a5）

1-26 bi逼

bira河 dobihi狐狸皮 sabi祥兆祥瑞

bi bi bi（3a6）

1-27 bo撥

boqihe醜 obokv洗臉盆 hobo棺材

bo bo bo（3b1）

1-28 bu不

buleku鏡子 sabuha看見了 sabu鞋

bu bu bu（3b2）

1-29 bv撥（3b3）

1-30 pa矹：潘窪切

page牌骨瓦 kaparaha壓匾了 sampa蝦米。

pa pa pa（3b4）

1-31 pe坡

pelerjembi馬嘴飄揚 heperekebi老糊塗了，又亂醉如泥了，又一概

pe pe

摟取 erpe繭唇。

pe（3b5）

1-32 pi批

pilehe批判了 fempilehe封條封了 fepi鍘刀床子

pi pi pi（3b6）

1-33 po坡

porori大簸籮 porponohobi粗胖

po po（4a1）

1-34 pu鋪

puseli鋪子 xumpulu手鬆無力 umpu山裏紅果

pu pu pu（4a2）

1-35 pv坡（4a3）

1-36 sa薩

sara傘，又式件子，又知道 hasaha剪子 yasa眼睛

sa sa sa（4a4）

1-37 se塞：僧噎切

sele鐵 iseku知怕懼的人 gese一樣相同

se se se（4a5）

1-38 si西

siseku篩籮篩子 isihabi少嫩

si si

hasi茄子。此si字在聯字中間下邊俱念詩，在聯字首念詩西俱可，

si

單用仍念西。（4a6）

1-39 so梭

sogi菜 fosoba映射的光影 boso布

so so so（4b1）

1-40 su蘇

sube筋 asuki响動 ejesu有記性人

su su su（4b2）

1-41 sv梭（4b3）

1-42 xa紗

xabi徒弟 imaxakv打魚船 sixa戴翎的管，又腰鈴，又酒稍子

xa xa xa（4b4）

1-43 xe賒：生噎切

xeri泉眼 juxekebi酸了 uxe小布帶，又皮條

xe xe xe（4b5）

1-44 xi詩

xilo拾盒 faxxambi挣立，又吧嗒効力

xi x（4b6）

1-45 xo説

xoge錁子錠子 oxoho瓜 hoxo方角兒

xo xo xo（5a1）

1-46 xu書

xufa 包頭手帕，又令攢湊 buxuku狐魅子 muxu鵪鶉

xu xu xu（5a2）

1-47 xv説（5a3）

1-48 ta他

takasu且暫住 tatakv吊桶子，又抽替 futa繩子

ta ta ta（5a4）

1-49 da搭

darama腰 adaki鄰居 buda飯

da da da（5a5）

1-50 te忒：偷哦切

teku座[1]兒 getehe睡醒了 imete小釘兒

te te te（5a6）

1-51 de得：登哦切

dehi四十 bederi毛斑點斑紋 hede餘根底盤

de de de（5b1）

1-52 ti梯

timu題目 latihi破席片子 sati公熊

ti ti ti（5b2）

1-53 di低

diyan殿[2] bodisu菩提子[3]

di di（5b3）

1-54 to脱

tobo窩鋪 dotori才智心計 hoto秃子，又葫蘆

to to（5b4）

1-55 do多

dobori 夜 fodoho柳樹 modo口拙遲鈍

do do do（5b5）

1-56 tu秃

ture靴靿子 katuri螃蟹 dutu聾子

tu tu tu（5b6）

---

1 座：宏文閣本作“坐”。

2 殿：宏文閣本後有“字”。

3 菩提子：宏文閣本後有“h'owangdi皇帝”。

1-57 du tv都，同上字

duha腸子 muduri龍 fadu荷包，又甲襠 tvku打糕的榔頭，又連楷

du du du tv（6a1）

1-58 la拉

labi小兒屎褯，又遮箭綿簾，又衲衣 selaha暢快了 jala媒人

la la la（6a2）

1-59 le勒：婁哦切

leke磨刀石，又條子餑々 gelehe害怕了 bele米

le le le（6a3）

1-60 li哩：歷衣切

lifakv陷泥 qilikv噎食病 adali一樣相同

li li li（6a4）

1-61 lo囉：龍窩切

loho腰刀 solohi黃鼠狼 jolo母鹿，又醜鬼

lo lo lo（6a5）

1-62 lu嚕：龍屋切

luhu無頭墩子箭 uluri軟枣兒 salu鬍子

lu lu lu（6a6）

1-63 lv囉：龍窩切（6b1）

1-64 ma媽

mahala暖帽子 imahv野山羊 balama狂妄

ma ma ma（6b2）

1-65 me摸

mederi海 nimeku疾病 ume休要，別要

me me me（6b3）

1-66　mi嘧：明衣切

mise弓鱉　tumiha奶頭　kijimi[1]海鰺，又罵人遭瘟

mi　mi　mi（6b4）

1-67　mo摸

moselakv大磨　omolo孫子　omo水池子

mo　mo　mo（6b5）

1-68　mu模：蒙屋切

muke水　umudu孤　emu一

mu　mu　mu（6b6）

1-69　mv摸（7a1）

1-70　qa差：昌呀切

qala那邊，又已前　aqaha會見了，又合了　saqa盔

qa　qa　qa（7a2）

1-71　qe車：成噎切

qeleku丈量的比杆子　buqehe死了　uqe房門

qe　qe　qe（7a3）

1-72　qi七

qihe虱[2]子　aqiha行李馱子[3]　iqi右，又方向

qi　qi　qi（7a4）

1-73　qo綽：冲窩切

qolo名號　moqodoho弄拙了　boqo顏色

qo　qo　qo（7a5）

1　kijimi：宏文閣本作kinjimi。

2　虱：宏文閣本作“風”。

3　馱子：宏文閣本無此二字。

1-74 qu出

qukvlu近視眼，又迎鞍低 uquri一向，時候 guqu朋友，伴兒

qu qu qu（7a6）

1-75 qv綽：冲窩切（7b1）

1-76 ja渣

jalfakv拿手杷子 bijaha折了 ija瞎蠓

ja ja ja（7b2）

1-77 je遮：針噎切

jeke吃了 ejehe記住了 uje緞子

je je je（7b3）

1-78 ji飢

jiha錢 ajige小 fuji皮襪頭

ji ji ji（7b4）

1-79 jo拙

jokv鍘刀 ojorakv使不得，不可 hojo好看生[1]像好

jo jo jo（7b5）

1-80 ju朱

juhe冰 sujuhe跑了 huju馬槽，又銀鞘

ju ju ju（7b6）

1-81 jv拙（8a1）

1-82 ya呀

yaki箭罩子 ayara酸奶子 buya碎小，又小氣

ya ya ya（8a2）

1 好看生：宏文閣本無此三字。

1-83 ye噎

yelu跑卵子牙猪 seyehe發恨了 beye身體，又自己

ye ye ye（8a3）

1-84 yo喲：雍窩切

yoho蛋黄兒 foyoro李子 oyo上頂子，凡物頂盖

yo yo yo（8a4）

1-85 yu淤

yuyumbi旱澇饑荒 hvyuxembi轉遷求給人 uyu緑松兒石，又海燕魚

yu yu yu（8a5）

1-86 yv喲：雍窩切（8a6）

1-87 ke磕

kesike猫 qekemu倭緞 seke貂鼠，又貂皮

ke ke ke（8b1）

1-88 ge哥

gebu名子 negelembi小兒學立楞 buge脆骨

ge ge ge（8b2）

1-89 he呵：哼哦切

hese旨意，又天命 uheri共總 behe墨

he he he（8b3）

1-90 ki欺：咳字念，

kima頊蔴 ekisaka悄默聲

ki ki

qoki紗帽鵝頭。咬字者，舌尖下貼，舌根上貼也，餘俱同此[1]。

ki（8b4）

1-91 gi雞：咬字念，

gida鎗，又令隱瞞，又令壓按 dagilambi收什飯 tugi雲

gi gi gi（8b5）

1-92 hi稀：咬字念，

hiqa鐵匠爐 sohiha眼眯了 fehi腦子

hi hi hi（8b6）

1-93 ku枯

kurume褂子 ukuhu豆姑娘 qeku鞦韆

ku ku ku（9a1）

1-94 gu孤

guye脚後跟 gugurembi[2]圭腰 agu長兄

gu gu gu（9a2）

1-95 hu呼

hutu鬼 xuhuri蕎麥皮 ufuhu肺[3]

hu hu hu（9a3）

1-96 k’a喀：康呀切

k’arsi袈裟偏衫 kuk’an炕沿子

k’a k’a（9a4）

1-97 g’a噶：剛呀切（9a5）

---

1 咬字者，舌尖下貼，舌根上貼也，餘俱同此：宏文閣本將此句置於下文1-92“腦子”之後。另，“咬字者”作“咬字念者”。

2 gugurembi：宏文閣本作gugurambi。

3 肺：宏文閣本作“沛”。

1-98　h'a哈：夯呀切（9a6）

1-99　k'o顆：空窩切（9b1）

1-100　g'o郭

g'ogin[1]無妻光棍[2]漢　xag'o沙菓子[3]

g'o　　　　g'o（9b2）

1-101　h'o豁（9b3）

1-102　ra拉：滚舌念

irahi日影灰

ra

qira容顏，又嚴緊，又馬嘴硬。滚舌者，舌尖上貼，用氣吹動舌尖

ra

也，餘俱同此[4]。（9b4）

1-103　re勒：婁哦切。滚舌念

orehe。[5]　sure聰明

re　　　　re（9b5）

1-104　ri哩：陵衣切。滚舌念

eriku[6]掃帚　hvri松子兒

ri　　　　ri（9b6）

1-105　ro囉：龍窩切。滚舌念

1　g'ogin：宏文閣本作k'ogin。

2　棍：宏文閣本“根”。

3　xag'o沙菓子：宏文閣本無此部分。

4　滚舌者，舌尖上貼，用氣吹動舌尖也，餘俱同此：宏文閣本將此句置於下文1-104“松子兒”之後。

5　orehe：宏文閣本作“urehe熟了”。

6　eriku：宏文閣本作eribu。

oromu奶皮子 boro葦簾凉帽

ro ro（10a1）

1-106 ru嚕：龍屋切。滚舌念

uruke飢餓了 garu天鵝

ru ru（10a2）

1-107 rv囉：龍窩切。滚舌念（10a3）

1-108 fa發

fakvri褲子 jafaha拿了，又納進了 mafa祖爺，又老者

fa fa fa（10a4）

1-109 fe佛：風哦切

feye傷痕，又窩巢 kefehe[1]蝴蝶兒 hife稗[2]子

fe fe fe（10a5）

1-110 fi非：芳衣切

fisa脊背 sifikv簪子 ofi因爲，又兔兒套子

fi fi fi（10a6）

1-111 fo佛：風窩切

fomoqi毡襪 oforo鼻子，又山嘴

fo fo（10b1）

1-112 fu夫

fuqihi佛 hafuka通達了，又透了 defu豆腐

fu fu fu（10b2）

1-113 fv佛：風窩切（10b3）

1-114 wa窪

---

1 kefehe：宏文閣本作gefehe。

2 稗：宏文閣本作“裨”。

waburu[1]罵人該殺砍頭的 gvwa別人，又其餘別[2]者

wa wa（10b4）

1-115 we窩

wehe石頭 eruwedehe[3]鑽打了 xuwe一直[4]

we we we（10b5）

1-116 ts‘a擦：倉呀切（10b6）

1-117 ce拆：層哦切（11a1）

1-118 ts訿（11a2）

1-119 co蹉（11a3）

1-120 cu粗（11a4）

1-121 za咂（11a5）

1-122 ze則（11a6）

1-123 zi兹

fuzi夫子

zi（11b1）

1-124 zo柞（11b2）

1-125 zu租（11b3）

1-126 r’a饒：然呀切（11b4）

1-127 r’e熱（11b5）

1-128 r’i日（11b6）

1-129 r’o弱：容窩切（12a1）

1 waburu：宏文閣本作waburo。

2 别：宏文閣本無此字。

3 eruwedehe：宏文閣本作erewedehe。

4 xuwe一直：宏文閣本無此部分。

1-130 r'u如（12a2）

1-131 sy四

syquwan四川

sy（12a3）

1-132 q'y吃

q'yming勅命

q'y（12a4）

1-133 jy智

jyming制命 jyli直隸[1]

jy jy（12a5）

1-134 右第一字頭，共四十七句，一百三十一字，聯字清話二[2]百六十九句。卷内所注漢字概從滿洲語音，專爲習説清話時，無蛮音之誤也。（12a6）

2-1 ○jai uju

第二 頭

第二字 頭

2-2 係輕唇縮舌音，讀法，只將a e i頭每個字下，加一衣字緊々合念，切成一韵，即得其音。（12b1）

2-3 ai ei ii，oi ui vi此oi字，在聯字内俱念惡意切。單用仍念威。

愛 惡意切 衣衣切 威 威 威

（12b2）

2-4 nai nei nii， noi nui nvi， kai gai hai，（12b3）

那衣切 諾衣切 呢衣切 挪衣切 奴衣切 挪衣切 開 該 咳

1 jyli直隸：宏文閣本無此句。

2 二：宏文閣本作“一”。

2-5 koi goi hoi，kvi gvi hvi，bai bei bii，（12b4）

盔 規 灰 盔 規 灰 掰 杯 逼衣切

2-6 boi bui bvi，pai pei pii，poi pui pvi，（12b5）

杯 杯 杯 矶衣切 醅 批衣切 醅 醅 醅

2-7 sai sei sii，soi sui svi，xai xei，（12b6）

薩衣切 塞衣切 西衣切 雖 雖 雖 篩 賒衣切

2-8 xoi xui xvi，tai dai，tei dei，（13a1）

説衣切 書衣切 説衣切 胎 呆 忒衣切 得衣切

2-9 tii dii，toi doi，tui dui，（13a2）

梯衣切 低衣切 推 堆 推 堆

2-10 lai lei lii，loi lui lvi，mai mei mii，（13a3）

拉衣切 勒衣切 哩衣切 囉衣切 嚕衣切 囉衣切 媽衣切 摸衣切 嚜衣切

2-11 moi mui mvi，qai qei qii，qoi qui qvi，（13a4）

摸衣切 模衣切 摸衣切 釵 車衣切 七衣切 吹 吹 吹

2-12 jai jei jii，joi jui jvi，yai yei，（13a5）

齋 遮衣切 飢衣切 追 追 追 呀衣切 噎衣切

2-13 yoi yui yvi，kei gei hei，kii gii hii 此句咬字念[1]，

喲衣切 淤衣切 喲衣切 磕衣切 哥衣切 呵衣切 欺衣切 雞衣切 稀衣切

（13a6）

2-14 kui gui hui，k'ai g'ai h'ai，k'ui g'ui h'ui，（13b1）

盔 規 灰 開 該 咳 盔 规 灰

2-15 rai rei rii此句滚舌念[2]，roi rui rvi此句滚舌念[3]，

拉衣切 勒衣切 哩衣切 囉衣切 嚕衣切 囉衣切

1 此句咬字念：宏文閣本無此句。

2 此句滚舌念：宏文閣本無此句。

3 此句滚舌念：宏文閣本無此句。

fai fei fii，（13b2）

發衣切 飛 非衣切

2-16 foi fui fvi， wai wei， ts‘ai ts‘ei，（13b3）

飛 飛 飛 歪 威 猜 拆衣切

2-17 ts‘oi ts‘ui， zai zei， zoi zui，（13b4）

崔撮衣 崔 灾 則衣切 嘴 嘴

2-18 žai žei， žoi žui，（13b5）

饒衣切 熱衣切 蕊 蕊

2-19 以上ai ei ii頭字尾巴，只比a e i頭字下多一i[衣]字，此i[衣]字在聯字內，必變體寫作i[衣]式。（13b6-14a1）

2-20 如a[阿]字下加i[衣]字是ai[愛]字。聯寫ainaha[愛那哈]怎麽了。（14a2）

2-21 如e[惡]字下加i[衣]字是ei[惡亦切]字。聯寫eimehe[惡意切摸呵]厭煩了。（14a3）

2-22 如o[窩]字下加i[衣]字是oi[威]字。聯寫oilo[惡意切囉]浮面。（14a4）

2-23 餘字聯法同此。右第二字頭，共四十六句，一百二十四字，聯字清話三句。（14a4-5）

3-1 ○ilaqi uju

三.序 頭

第三字頭[1]（14a6）

3-2 係滚舌嘟嚕尔音，讀法，只將a e i頭每個字下，添一嘟嚕尔，緊々連念即是。（14a6）

---

1 第三字頭：宏文閣本無此句。

3-3 ar er ir，or ur vr 此or字，在聯字内俱念傲尔單用仍念窩尔，
阿尔 惡尔 衣尔 窩尔 屋尔 窩尔
尔字即嘟嚕尔。（14b1）

3-4 nar ner nir 以下讀法同上，nor nur nvr，kar gar har，（14b2）
那尔 諾尔 呢尔

3-5 kor gor hor，kvr gvr hvr，bar ber bir（14b3）

3-6 bor bur bir，par per pir，por punr[1] pvr（14b4）

3-7 sar ser sir 此sir字，在聯字首，念詩尔西尔俱可，單用仍念西尔。（14b5）

3-8 sor sor[2] svr，xar xer xor xur xvr，（14b6）

3-9 tar dar，ter der，tir dir，（15a1）

3-10 tor dor，tur dur，lar ler lir，（15a2）

3-11 lor lur lvr，mar mer mir，mor mur mvr，（15a3）

3-12 qar qer qir，qor qur[3] qvr，jar jer jir，（15a4）

3-13 jor jur jvr，yar yer，yor yur[4] yvr，（15a5）

3-14 ker ger her，kir gir hir此句咬字念，kur gur hur，（15a6）

3-15 k'ar g'ar h'ar，k'or g'or h'or，rar rer rir此句双滚舌念，（15b1）

3-16 ror rur rvr此句双滚舌念，far fer fir，for fur fvr（15b2）

3-17 war wer。（15b3）

3-18 以上ar er ir頭字尾巴，只比a e i頭字下多一r[尔]字，此r[尔]字在聯字内，必變體寫作r[尔]式。（15b4-5）

---

1 punr：宏文閣本作pur。

2 sor：宏文閣本作sur。

3 qur：宏文閣本作qor。

4 yur：宏文閣本作yor。

3-19 如a[阿]字下加r[尔]字是ar[阿尔]字，聯寫arki[阿尔欺]燒酒。（15b6）

3-20 如e[惡]字下加r[尔]字是er[惡尔]字，聯寫erhe[惡尔呵]田雞[1]。（16a1）

3-21 如i[衣]字下加r[尔]字是er[衣尔]字，聯寫irgen[衣尔根]民。（16a2）

3-22 餘字聯法同此。右第三字頭，共四十句，一百十二字，聯字清話三句。（16a2-3）

4-1 ○duiqi uju

四.序 頭

第四字頭（16a4）

4-2 係正齒喉帶鼻音，讀法。只將a e i頭每個字下，加一因字緊緊合念，切成一韵，即得其音。（16a4）

4-3 an en in，on un vn 此on字，在聯字内俱念惡印切，單用仍念温。

暗 惡印切 陰 温 温 温

（16a5）

4-4 nan nen nin，non nun nvn，kan gan han，（16a6）

那因切 諾因切 呢因切 挪因切 奴因切 挪因切 堪 竿 憨

4-5 kon gon hon，kvn gvn hvn，ban ben bin，（16b1）

坤 郭因切 婚 坤 孤因切 婚 班 鎼 賓

4-6 bon bun bvn，pan pen pin，pon pun pvn，（16b2）

鎼 鎼 鎼 潘 噴 批因切 噴 噴 噴

4-7 san sen sin，此sin字。在聯字中間下邊俱念身，在聯字首，

三 塞因切 心

念身心俱可，單用仍念心。（16b3）

---

1 田雞：宏文閣本作“雞”。

4-8 son sun svn，xan xen xon， xun xvn，（16b4）
孫 孫 孫 山 身 説因切 書因切 説因切

4-9 tan dan，ten den， tin din，（16b5）
貪 丹 忒因切 得因切 梯因切 呧因切

4-10 ton don，tun dun，lan len lin，（16b6）
吞 敦 吞 敦 拉因切 勒因切 哩因切

4-11 lon lun lvn， man men min，mon mun mvn，（17a1）
囉因切 嚕因切 囉因切 媽因切 們 嚒因切 們 們 們

4-12 qan qen qin，qon qun qvn，jan jen jin，（17a2）
搀 嗔 親 春 春 春 占 珍 襟

4-13 jon jun jvn，yan yen，yon yun yvn，（17a3）
諄 諄 諄 烟 陰 喲因切 淤因切 喲因切

4-14 ken gen hen，kin gin hin此句咬字念，kun gun hun，（17a4）
磕因切 根 呵因切 欽 金 辛 坤 孤因切 婚

4-15 k'an g'an h'an，k'un g'un h'un，ran ren rin此句滚舌念[1]，
堪 竿 憨 坤 郭因切 婚 拉因切 勒因切 哩因切
（17a5）

4-16 ron run[2] rvn此句滚舌念[3]，fan fen fin，fon fun fvn，（17a6）
囉因切 嚕因切 囉因切 番 芬 非因切 芬 芬 芬

4-17 wan wen，ts'an ts'en，ts'on ts'un，（17b1）
湾 温 參 拆因切 村 村

---

1 此句滚舌念：宏文閣本無此句。

2 run：宏文閣本作un。

3 此句滚舌念：宏文閣本無此句。

4-18 zan zen，zon zun，žan žen žin 同上字[1]（17b2）

簪 則因切 尊 尊 饒 因切 人

4-19 žon žun。（17b3）

弱因切 如因切。

4-20 以上an en in頭字尾巴只比a e i頭字下多一n[因]字，此n[因]字在聯字內，必變體寫作n[因]式。（17b4-5）

4-21 如a[阿]字下加n[因]字是an[暗]字，聯寫antaha[暗他哈]賓客。（17b6）

4-22 如e[惡]字下加n[因]字是en[惡印切]字，聯寫enduri[惡印切都哩]神。（18a1）

4-23 如i[衣]字下加n[因]字是in[陰]字，聯寫injehe[陰遮呵]笑了。（18a2）

4-24 餘字聯法同此。右第[2]四字頭，共四十六句，一百二十四字，聯字清話三句。（18a2-3）

5-1 ○sunja-qi uju

五-序 頭

第五字頭（18a4）

5-2 係重唇鼻音，讀法，只將a e i頭每個字下，加一英字緊緊合念，切成一韵，即得其音。（18a4）

5-3 ang eng ing，ong ung vng，此ong字，在聯字內俱念惡硬

阿様切 惡硬切 英 翁 翁 翁

切，單用仍念翁。（18a5）

---

1 žin 同上字：宏文閣本無此句。

2 第：宏文閣本作“篇”。

5-4 nang neng ning，nong nung nvng，kang gang hang，（18a6）
那英切 諾英切 呢英切 挪英切 奴英切 挪英切 康 剛 夯

5-5 kong gong hong，kvng gvng hvng，bang beng bing，（18b1）
空 宫 烘 空 宫 烘 邦 崩 冰

5-6 bong bung bvng pang peng ping pong pung pvng，（18b2）
崩 崩 崩 叭英切 烹 批英切 烹 烹 烹

5-7 sang seng sing 此sing字，在聯字中間下邊俱念生。在聯字首，念生
桑 僧 星
星俱可，單用仍念星。（18b3）

5-8 song sung svng，xang xeng，xong xung xvng，（18b4）
松 松 松 商 生 説英切 書英切 説英切

5-9 tang dang，teng deng，ting ding，（18b5）
湯 瑲 忒英切 登 听 丁

5-10 tong dong，tung dung，lang leng ling，（18b6）
通 咚 通 咚 拉英切 勒英切 哩英切

5-11 long lung lvng，mang meng ming，mong mung mvng,（19a1）
囉英切 嚕英切 囉英切 犇 摸英切 嚒英切 摸英切 摸英切 摸英切

5-12 qang qeng qing，qong qung qvng，jang jeng jing，（19a2）
昌 稱 清 冲 冲 冲 章 征 精

5-13 jong jung jvng，yang yeng，yong yung yvng，（19a3）
中 中 中 央 英 雍 雍 雍

5-14 keng geng heng，king ging hing 此句咬字念，kung gung hung，
坑 庚 哼 輕 經 興 空 宫 烘
（19a4）

5-15 k'ang g'ang h'ang，k'ong g'ong h'ong，rang reng ring 此句滚舌念，
康 剛 夯 空 宫 烘 拉英切 勒英切 哩英切
（19a5）

5-16 rong rung rvng 此句滚舌念，fang feng fing，fong fung fvng，
囉英切 嚕英切 囉英切 方 風 非英切 風 風 風
（19a6）

5-17 wang weng，cang ceng， cong cung，（19b1）
汪 翁 倉 層 聰 聰

5-18 zang zeng，zong zung，r'ang r'eng，（19b2）
贓 增 宗 宗 饒英切 仍

5-19 r'ong r'ung。（19b3）
容 容

5-20 以上angenging頭字尾巴，只比aei頭字下多一ng[英]字，此ng[英]字在聯字内，必變體寫作ng[英]式。（19b4-5）

5-21 如a[阿]字下加ng[英]字是ang[阿樣切]字，聯寫angga[阿樣切啊]嘴，又口字。（19b6）

5-22 如e[悪]字下加ng[英]字是eng[悪硬切]字，聯寫enggemu[悪硬切我模]鞍子。（20a1）

5-23 如i[衣]字下加ng[英]字是ing[英]字，聯寫ingtori[英托哩]櫻桃。（20a2）

5-24 餘字聯法同此。右第五字頭，共四十六句，一百二十四字，聯字清語[1]三句。（20a2-3）

---

1 語：宏文閣本作“話”。

6-1 ningguqi uju

六.序 頭

第六字頭

6-2 係輕唇舌根音，讀法，只將a e i頭每個字下，添一坷字緊緊連念即是。（20a4）

6-3 ak ek ik，ok uk vk 此ok字，在聯字內俱念傲坷，單用仍念

阿坷 惡坷 衣坷 窩坷 屋坷 窩坷

窩坷。（20a5）

6-4 nak nek nik 以下讀法同上[1]，nok nuk nvk，kak gak hak，（20a6）

那坷 諾坷 呢坷

6-5 kok gok hok，kvk gvk hvk，bak bek bik，（20b1）

6-6 bok buk bvk，pak pek pik，pok puk pvk，（20b2）

6-7 sak sek sik 此sik字，在聯字首，念詩坷西坷俱可，單用仍念西坷。（20b3）

6-8 sok suk svk，xak xek，xok xuk xvk，（20b4）

6-9 tok dok，tek dek，tik dik，（20b5）

6-10 tok dok，tuk duk，lak lek lik，（20b6）

6-11 lok luk lvk，mak[2] mek mik，mok muk mvk，（21a1）

6-12 qak qek qik，qok quk qvk，jak jek jik，（21a2）

6-13 jok juk jvk，yak yek，yok yuk yvk，（21a3）

6-14 kek gek hek，kik gik hik 此句咬字念[3]，kuk guk huk，（21a4）

---

1 以下讀法同上：宏文閣本將此句置於nvk之後而作“以下讀法同此”。

2 mak：宏文閣本作mek。

3 此句咬字念：宏文閣本無此句。

6-15 k'ak g'ak h'ak， k'ok g'ok hok， rak rek rik此句滚舌念[1]，（21a5）

6-16 rok ruk rvk此句滚舌念[2]， fak fek fik， fok fuk fvk，（21a6）

6-17 wak wek。（21b1）

6-18 以上ak ek ik頭字尾巴，只比a e i頭字下多一k[坷] k[坷]字。（21b2）

6-19 此k[坷] k[坷]字在聯字内，必變體寫作k[坷] k[坷]式。（21b3）

6-20 如a[阿]字下加k字是ak[阿坷]字，聯寫akdun[阿坷敦]信實，又堅固。（21b4）

6-21 如e[惡]字下加k[坷]字是ek[惡坷]字，聯寫ekxembi[惡坷賒嘧]急忙，ekqin[惡坷親]河崖山崖，ekterxembi[惡坷忒尔賒嘧]腆胸豪横。（21b5-6）

6-22 如i[衣]字下加k[坷]字是ik[衣坷]字，聯寫iktambuha[衣坷他模不哈]堆積下了。

6-23 餘字聯法同此。右第六字頭，共四十句，一百十二字，聯字清話五句。（22a2）

7-1 nadaqi uju

七.序　頭

第七字頭

7-2 係輕唇牙音，讀法，只將a e i頭每個字下，添一思字緊緊連念即是。（22a3）

7-3 as　es　is，os　us　vs此os字，在聯字内俱念傲思[3]，單用仍

阿思　惡思　衣思 窩思 屋思 窩思

1 此句滚舌念：宏文閣本無此句。

2 此句滚舌念：宏文閣本無此句。

3 思：宏文閣本作“斯”。

念窩思[1]。（22a4）

7-4 nas nes nis 以下讀法同上[2]，nos nus nvs，kas gas has，（22a5）

那思 諾思 呢思

7-5 kos gos hos，kvs gvs hvs，bas bes bis，（22a6）

7-6 bos bus bvs，pas pes pis，pos pus pvs，（22b1）

7-7 sas ses sis 此sis字，在聯字首，念詩思[3]西思[4]俱可，單用仍念西思[5]。（22b2）

7-8 sos sus svs，xas xes，xos xus xvs，（22b3）

7-9 tas das，tes des，tis dis，（22b4）

7-10 tos dos，tus dus，las les lis，（22b5）

7-11 los lus lvs，mas mes mis，mos mus mvs，（22b6）

7-12 qas qes qis，qos qus qvs，jas jes jis，（23a1）

7-13 jos jus jvs，yas yes，yos yus yvs，（23a2）

7-14 kes ges hes，kis gis his此句咬字念[6]，kus gus hus，（23a3）

7-15 k'as g'as h'as，k'os g'os h'os，ras res ris此句滚舌念[7]，（23a4）

7-16 ros rus rvs 此句滚舌念[8]，fas fes fis，fos fus fvs，（23a5）

7-17 was wes。（23a6）

7-18 以上as es is頭字尾巴，只比a e i頭字下多一s[思]字。（23b1）

7-19 此s[思]在聯字内，必變體寫作s[思]式。（23b2）

---

1 窩思：宏文閣本作"謂斯"。

2 上：宏文閣本作"此"。

3 思：宏文閣本作"斯"。

4 思：宏文閣本作"斯"。

5 思：宏文閣本作"斯"。

6 此句咬字念：宏文閣本無此句。

7 此句滚舌念：宏文閣本無此句。

8 此句滚舌念：宏文閣本無此句。

7-20 如a[阿]字下加s[思]字是as[阿思]字，聯寫asha[阿思哈]翅膀，又傍掛佩帶。（23b3）

7-21 如e[惡]字下加s[思]字是es[惡思]字，聯寫eshen[惡思呵因切]叔々[1]。（23b4）

7-22 如i[衣]字下加s[思]字是is[衣思]字，聯寫ishunde[衣思婚得]互相彼此。（23b5）

7-23 餘字聯法同此，右第七字頭，共四十句，一百十二字，聯字清話三句。（23b6）

8-1 jakvqi uju

八.序 頭

第八字頭

8-2 係輕唇舌頭音，讀法，只得a e i頭每個字下，添一忒字，緊々連念即是。（24a1）

8-3 at et it ot ut vt 此ot字，在聯字内俱念傲忒[2]，單用仍念

阿忒 惡忒 衣忒 窩忒 屋忒 窩忒

窩忒[3]。（24a2）

8-4 nat net nit 以下讀法同上，not nut nvt，kat gat hat，（24a3）

那忒 諾忒 呢忒

8-5 kot got hot，kvt gvt hvt，bat bet bit，（24a4）

8-6 bot but bvt，pat pet pit，pot put pvt，（24a5）

---

1 叔々：宏文閣本作“叔”。

2 忒：宏文閣本作“特”。

3 忒：宏文閣本作“特”。

8-7 sat set sit，此sit字，在聯字首念詩呔[1]西呔[2]俱可，單用仍念西呔。（24a6）

8-8 sot sut svt， xat xet， xot xut xvt，（24b1）

8-9 tat dat， tet det， tit dit，（24b2）

8-10 tot dot， tut dut， lat let lit，（24b3）

8-11 lot lut lvt， mat met mit， mot mut mvt，（24b4）

8-12 qat qet qit， qot qut qvt， jat jet jit，（24b5）

8-13 jot jut jvt， yat yet， yot yut yvt，（24b6）

8-14 ket get het， kit git hit此句咬字念[3]， kut gut hut，（25a1）

8-15 k'at g'at h'at， k'ot g'ot h'ot， rat ret rit此句滚舌念[4]，（25a2）

8-16 rot rut rvt 此句滚舌念[5]， fat fet fit， fot fut fvt，（25a3）

8-17 wat wet。（25a4）

8-18 以上at et it頭字尾巴，只比a e i頭字下多一t[呔]字。（25a5）

8-19 此t[呔]字在聯字内，必變體寫作t[呔]式。（25a6）

8-20 如u[屋]字下加t[呔]字是ut[屋呔]字，聯寫uttu[屋呔秃]這般如此。（25b1）

8-21 如no[挪]字下加t[呔]字是not[哪呔]字，聯寫notho[挪呔豁]菓木皮子殼子。（25b2）

8-22 如ta[他]字下加t[呔]字是tat[他呔]字，聯寫tathvnjambi[他呔婚渣嘧]猶疑不定。

（25b3）

---

1 呔：宏文閣本作“特”。

2 呔：宏文閣本作“特”。

3 此句咬字念：宏文閣本無此句。

4 此句滚舌念：宏文閣本無此句。

5 此句滚舌念：宏文閣本無此句。

8-23 餘字聯法同此。右第八字頭，共四十句，一百十二字，聯字清話三句。（25b4）

9-1 uyuqi uju

九.序 頭

第九字頭

9-2 係重唇鼓氣音，讀法[1]，只將a e i頭每個字下，添一鋪字緊々連念即是。（25b5）

9-3 ab eb ib， ob ub vb，nab neb nib 以下讀法同上[2]，（25b6）

阿鋪 惡鋪 衣鋪 窩鋪 屋鋪 窩鋪 那鋪 諾鋪 呢鋪

9-4 nob nub nvb，kab gab hab，kob gob hob，（26a1）

9-5 kvb gvb hvb，bab beb bib，bob bub bvb，（26a2）

9-6 pab peb pib，pob pub pvb，sab seb sib，

此sib字，在聯字首，念詩鋪西鋪俱可，單用仍念西鋪。sob sub svb，（26a3-4）

9-7 xab xeb，xob xub xvb，tab dab，（26a5）

9-8 teb deb，tib dib，tob dob，（26a6）

9-9 tub dub，lab leb lib，lob lub lvb，（26b1）

9-10 mab meb mib，mob mub mvb，qab qeb qib，（26b2）

9-11 qob qub qvb，jab jeb jib，job jub jvb，（26b3）

9-12 yab yeb yob，yub yvb，keb geb heb，（26b4）

9-13 kib gib hib此句咬字念[3]，kub gub hub，k'ab g'ab h'ab，（26b5）

---

1 法：宏文閣本無此字。

2 以下讀法同上：宏文閣本將此置於nvb之後。

3 此句咬字念：宏文閣本無此句。

9-14 k'ob g'ob h'ob，rab reb rib此句滚舌念[1]，rob rub rvb此句滚舌念[2]，（26b6）

9-15 fab feb fib，fob fub fvb，wab web。（27a1）

9-16 以上ab eb ib頭字尾巴，只比a e -i 頭字下多一b[鋪]字。（27a2）

9-17 此b[鋪]字在聯字内，必變体寫作b[鋪]式。（27a3）

9-18 如a[阿]字下加b[鋪]字是ab[阿鋪]字，聯寫abka[阿鋪喀]天，abdaha[阿鋪搭哈]葉子。（27a4）

9-19 如e[惡]字下加b[鋪]字是eb[惡鋪]字，聯寫ebqi[惡鋪七]脇條。（27a5）

9-20 如i[3][衣]字下加b[鋪]字是ib[衣鋪]字，聯寫ibkambi[衣鋪喀嘧]收撙。（27a6）

9-21 餘字聯法同此。右第九字頭，共四十句，一百十二字[4]，聯字清話四句。（27b1）

10-1 juwan-qi uju

十-序 頭

第十字頭

10-2 係撮唇喉音，讀法，只將a e i頭每個字下，加一幽字，緊緊合念，切成一韵即得其音。（27b2）

10-3 au eu iu，ou uu vu 此ou字，在聯字單字内俱念傚，（27b3）

傚 惡右切 悠 窩幽切 屋幽切 窩幽切

10-4 nau neu niu，nou nuu nvu，kau gau hau，（27b4）

那幽切 諾幽切 妞 挪幽切 奴幽切 挪幽切 喀幽切 高 蒿

1 此句滚舌念：宏文閣本無此句。

2 此句滚舌念：宏文閣本無此句。

3 i：宏文閣本作iu。

4 一百十二字：宏文閣本無此句。

10-5 kou gou hou，kvu gvu hvu，bau beu biu，（27b5）
顆幽切 郭幽切 豁幽切 枯幽切 孤幽切 呼幽切 包 撥幽切 逼幽切

10-6 bou buu bvu，pau peu piu，pou puu pvu，（27b6）
撥幽切 不幽切 撥幽切 抛 坡幽切 批幽切 坡幽切 鋪幽切 披幽切

10-7 sau seu siu，sou suu svu，xau xeu，（28a1）
騷 颼 羞 梭幽切 蘇幽切 梭幽切 燒 收

10-8 xou xuu xvu，tau dau，teu deu，（28a2）
説幽切 書幽切 説幽切 韜 刀 偷 兜

10-9 tiu diu，tou dou，tuu duu，（28a3）
梯幽切 丟 脱幽切 多幽切 秃幽切 都幽切

10-10 lau leu liu，lou luu lvu，mau meu miu，（28a4）
拉幽切 勒幽切 哩幽切 囉幽切 嚕幽切 囉幽切 媽幽切 摸幽切 嘧幽切

10-11 mou muu mvu，qau qeu qiu，qou quu qvu，（28a5）
摸幽切 模幽切 摸幽切 抄 抽 秋 綽幽切 出幽切 綽幽切

10-12 jau jeu jiu，jou juu jvu，yau yeu，（28a6）
招 州 揪 拙幽切 朱幽切 拙幽切 吆 攸

10-13 you yuu yvu，keu geu heu，kiu giu hiu 此句咬
喲幽切 淤幽切 喲幽切 磕幽切 勾 呵幽切 秋 揪 羞
字念[1]，（28b1）

10-14 kuu guu huu，k'au g'au h'au，k'ou g'ou h'ou，（28b2）
枯幽切 孤幽切 呼幽切 喀幽切 高 蒿 顆幽切 郭幽切 豁幽切

10-15 rau reu riu此句滚舌念[2]，rou ruu rvu此句滚舌念[3]，
拉幽切 勒幽切 哩幽切 囉幽切 嚕幽切 囉幽切

---

1 此句咬字念：宏文閣本無此句。

2 此句滚舌念：宏文閣本無此句。

3 此句滚舌念：宏文閣本無此句。

fau　feu　fiu，（28b3）

發幽切 佛幽切 非幽切

10-16 fou　fuu　fvu，　wau　weu，　tsau tseu，（28b4）

佛幽切 夫幽切 佛幽切　窩幽切 窩幽切　　操 拆幽切

10-17 tsou　tsuu，　zau zeu，　zou zuu，（28b5）

磋幽切 粗幽切　　糟　鄒　　　鄒　鄒

10-18 r’au　　r’eu，　r’ou r’uu。（28b6）

饒本音念　柔　　　柔　柔

10-19 以上au eu iu頭字尾巴只比a e i頭字下多一o[幽]字。（29a1）

10-20 此o[幽]字在聯字内，必變體寫作o[幽]式。（29a2）

10-21 如ni[呢]字下加o[幽]字是niu[妞]字，聯寫niuhe[妞呵]狼又狼皮。（29a3）

10-22 如se[塞]字下加o[幽]字是seu[颼]字，聯寫seuleku[1][颼勒枯]多心多慮人。（29a4）

10-23 如le[勒]字下加o[幽]字是leu[勒幽切]字，聯寫leulembi[勒幽切勒嚒]談論。（29a5）

10-24 餘字聯法同此。右第十字頭，共四十六句一百二十四字聯字清話三句。（29a6）

11-1 juwan emu-qi uju

十　　一-序　頭

第十一字頭

11-2 係舌尖上拄喉音，讀法，只將a e i頭每個[2]字下，添一撇[3]字，緊々

1 seuleku：宏文閣本作seulebo。

2 每個：宏文閣本無此二字。

3 撇：宏文閣本作“联”。

連念即是，撳字者勒兹切，乃舌尖上貼不動，舌根下窪也，餘俱同此[1]。（29b1）

11-3 al el il，ol ul vl 此ol[2]字，在聯字，内俱念傲撳[3]單用仍念
阿撳 惡撳 衣撳 窩撳 屋撳 窩撳
窩撳[4]。（29b2）

11-4 nal nel nil以下讀法同上[5]，nol nul nvl，kal gal hal，（29b3）
那撳 諾撳 呢撳

11-5 kol gol hol，kvl gvl hvl，bal bel bil，（29b4）

11-6 bol bul bvl，pal pel pil，pol pul pvl，（29b5）

11-7 sal sel sil 此sil字，在聯字首，念詩撳[6]西撳[7]俱可，單用仍念西撳[8]。（29b6）

11-8 sol sul svl，xal xel，xol xul xvl，（30a1）

11-9 tal dal，tel del，til dil，（30a2）

11-10 tol dol，tul dul，lal lel lil，（30a3）

11-11 lol lul lvl，mal mel mil，mol mul mvl，（30a4）

11-12 qal qel qil，qol qul qvl，jal jel jil，（30a5）

11-13 jol jul jvl，yal yel yol，yul yvl，（30a6）

11-14 kel gel hel，kil gil hil此句咬字念[9]，kul gul hul，（30b1）

---

1 撳字者勒兹切，乃舌尖上貼不動，舌根下窪也，餘俱同此：宏文閣本無此句。

2 ol：宏文閣本作vl。

3 撳：宏文閣本作“勒”。

4 窩撳：宏文閣本作“窩勒”。

5 以下讀法同上：宏文閣本作“以下俱同此”。

6 撳：宏文閣本作“勒”。

7 撳：宏文閣本作“勒”。

8 撳：宏文閣本作“勒”。

9 此句咬字念：宏文閣本無此句。

11-15 k'al g'al h'al， k'ol g'ol h'ol， ral rel ril此句滚舌念[1]，（30b2）

11-16 rol rul rvl此句滚舌念[2]，fal fel fil， fol ful fvl，（30b3）

11-17 wal wel。（30b4）

11-18 以上el[3] el il頭字尾巴，只比a e i頭字下多一l[擀]字。（30b5）

11-19 此l[擀]字在聯字内，必變體寫作[4]l[擀]式。（30b6）

11-20 如a[阿]字下加l[擀]字是al[阿擀]字，聯寫alban[阿擀班]官差，又官物之官。（31a1）

11-21 如e[惡]字下加l[擀]字是el[惡擀]字，聯寫elbihe[惡擀逼呵]睡貉子，又貉子皮，又招募。（31a2）

11-22 如i[衣]字下加l[擀]字是il[衣擀]字，聯寫ildamu[衣擀搭模]風流標致，又伶便溜撒。（31a3）

11-23 餘字聯法同此。右第十一字頭，共四十句，一百十二字，聯字清話三句。（31a4）

12-1 juwan juweqi uju第十二字頭

係重唇合口音。讀法，只將[5]a e[6] i頭每個字下，添一模字緊々連念即是。（31a5）

12-2 am em im， om um vm，此om字，在聯字内俱念傲模，單用仍
阿模 惡模 衣模 窩模 屋模 窩模
念窩模。（31a6）

1 此句滚舌念：宏文閣本無此句。
2 此句滚舌念：宏文閣本無此句。
3 el：宏文閣本作al。
4 作：宏文閣本無此字。
5 將：宏文閣本無此字。
6 e：宏文閣本無此字。

12-3 nam nem nim 以下讀法[1]同上 nom num nvm，kam gam ham，（31b1）
那模 諾模 呢模

12-4 kom gom hom，kvm gvm hvm，bam bem bim，（31b2）

12-5 bom bum bvm，pam pem pim，pom pum pvm，（31b3）

12-6 sam sem sim此sim字，在聯字首，念詩模西模俱可，單用仍念西模，（31b4）

12-7 som sum svm，xam xem，xom xum xvm，（31b5）

12-8 tam dam，tem dem，tim dim，（31b6）

12-9 tom dom，tum dum，lam lem lim，（32a1）

12-10 lom lum[2] lvm，mam mem mim，mom mum mvm，（32a2）

12-11 qam qem qim，qom qum qvm，jam jem jim，（32a3）

12-12 jom jum jvm，yam yem[3]，yom yum yvm，（32a4）

12-13 kem gem hem，kim gim gim此句咬字念[4]，kum gum hum，（32a5）

12-14 k'am g'am h'am，k'ol g'ol h'ol，ram rem rim 此句滚舌念[5]，（32a6）

12-15 rom rum rvm此句滚舌念[6]，fam fem fim，fom fum fvm，（32b1）

12-16 wam wem[7]。（32b2）

12-17 以上am em im頭字尾巴，只比a e i頭字下多一m[模]字，此m[模]字在聯字内，比變體寫作m（模）式。（32b3-4）

---

1 讀法：宏文閣本無此二字。

2 lum：宏文閣本作lom。

3 yem：宏文閣本作yam。

4 此句咬字念：宏文閣本無此句。

5 此句滚舌念：宏文閣本無此句。

6 此句滚舌念：宏文閣本無此句。

7 wem：宏文閣本作wam。

12-18 如a[阿]字下加m[模]字是am[阿模]字，聯寫amha[阿模哈]岳丈，又公々。（32b5）

12-19 如e[惡]字下加m[模]字是em[惡模]字，聯寫emhe[惡模阿]岳母，又婆々。（32b6）

12-20 如i[衣]字下加m[模]字是im（衣模）字，聯寫imqin[衣模親]手鼓，又太平鼓。（33a1）

12-21 餘字聯法同此，右第十二字頭共四十句一百十二字，聯字清話三句。（33a2）

13-1 manju aqan mudan -i hergen
滿洲 合 韵 屬 文字
切韵清字（33a3）

13-2 kvwa gvwa hvwa，kuwa guwa huwa，quwa muwa žuwa（33a4）
誇 瓜 花 誇 瓜 花 出窪切 媽 如窪切

13-3 piya piye，tiye diye，miya miye，（33a5）
批呀切 撇 貼 跌 嘧呀切 嘧噎切

13-4 niya niye niyo，biya biye biyo，suwa suwe，（33a6）
呢呀切 揑[1] 呢喲切 逼呀切 鱉 逼喲切 蘇窪切 梭

13-5 xuwa xuwe，tuwa duwa tuwe，liya liye liyo，（33b1）
刷 説 禿窪切 都窪切 托 哩呀切 哩噎切 哩喲切

13-6 juwa juwe，qiya qiye qiyo，kiya kiye kiyo此句咬字念，（33b2）
抓 桌 掐 切 七喲切 掐 切 欺喲切

13-7 jiya jiye jiyo，giya giye giyo此句咬字念，sia siye siyo，（33b3）
夾 接 飢喲切 加 接 雞喲切 瞎 些 西喲切

1 揑：宏文閣本作“呢噎切”。

13-8 hiya hiye hiyo此句咬字念，kuwe guwe huwe，fiya fiye fiyo，（33b4）
瞎 歇 稀喲切 顆 郭 豁 非呀切 非噎切 非喲切

13-9 niuwa niuwe[1]。（33b5）
姩窪切 姩窩切

13-10 kvwai gvwai hvwai，kuwai guwai guwai，biyai xuwai，（33b6）
枯歪切 乖 呼歪切 枯歪切 乖 呼歪切 逼呀衣切 摔

13-11 quwai juwai jiyai，siyai giyai hiyai此句咬字念，（34a1）
揣 朱歪切 街 獬 街 獬

13-12 yuwai jiyei，qiuwei jiuwei siuwei，kiuwei giuwei hiuwei 此句咬
曰 姐 闕 厥 薛 缺 絶 靴
字念，（34a2）

13-13 iuwei liuwei。（34a3）
曰 躍窩切

13-14 niyan nuwan gvwan hvwan，biyan piyan，（34a4）
呢烟切 暖 官 歡 鞭 偏

13-15 suwan xuwan，tiyan diyan，tuwan duwan，（34a5）
酸 拴 天 顛 禿灣切 端

13-16 liyan miyan，quwan yuwan，ts'uwan zuwan，（34a6）
哩烟切 綿 川 淵 躥 鑽

13-17 žuwan iuwan qiyan jiyan siyan，kiyan giyan hiyan此句咬字念，（34b1）
軟 淵 千 尖 仙 鉛 堅 掀

13-18 qiuwan jiuwan siuwan，kiuwan giuwan hiuwan此句咬字念，（34b2）
泉 捐 宣 圈 捐 宣

---

1 niuwe：宏文閣本此後的33b6-34b6部分空缺。

13-19 luwan luwen，juwan juwen，kiyen giyen此句咬字念，（34b3）

鸞　倫　專　諄　欽　金

13-20 fiyan　fiyen　kuwan guwan guwen，qiyvn jiyvn siyvn，（34b4）

非烟切 非陰切　寬　官　孤温切　群　軍　巡

13-21 kiyvn giyvn hiyvn此句咬字念，qiuwen jiuwen siuwen，kiuwen giuwen

群　軍　勳　群　軍　巡　群　軍

hiuwen此句咬字念，（34b5）

勳

13-22 liuwen[1] liuwen。（34b6）

躍湾切　躍温切

13-23 kvwang gvwang hvwang，kuwang guwang huwang，niyeng[2] niyang（35a1）

匡　光　慌　匡　先[3]　慌　呢英切 呢央切

13-24 biyang piyang，suwang xuwang，liyang miyang，（35a2）

逼央切　批央切　蘇汪切　双　哩央切 密[4]央切

13-25 quwang juwang，qiyang jiyang siyang，kiyang giyang hiyang此句

窗　莊　鎗　姜　襄　鎗　江　香[5]

咬字念，（35a3）

13-26 niuwang fiyang。（35a4）

妕汪切 非央切

13-27 biyou piyou，tiyou diyou，liyou　miyou，（35a5）

標　飄　挑　刁　哩么切 嘧么切

---

1 liuwen：據漢字下切字及前文的對舉方式，此處或應作liuwan。

2 niyeng：宏文閣本作niyang。

3 先：宏文閣本作“光”。

4 密：宏文閣本作“嘧”。

5 香：宏文閣本作“襄”。

13-28 niyou　fiyou，qiyou jiyou siyou，kiyou giyou hiyou此句咬字念。
呢么切 非么切 驍 焦 蕭 驍 焦 蕭
（35a6）

13-29 右共七十二句，一百七十八字，按諸字俱可協切，第恐徒多無益，此獨選清話句中必用之字，并十二字頭内無其音者，用滿洲語[1]音漢字，協而旁注，以便學習[2]，如作漢話單用，仍當各隨漢音，四聲等韵，轉呼可也，凡單字作漢話者，俱同此例。（35b1-3）

14-1 ○manju tulergi emteli hergen
滿洲 外面 單獨 文字
滿洲外單字（35b4）

14-2 iui niui liui，qiui jiui siui，kiui giui hiui此句咬字念，（35b5）
淤 女 驢 曲 居 虛 邱衣切 揪衣切 羞衣切

14-3 niung liung，qiung jiung siung，（35b6）
妌英切 蹓英切 窮[3] 絅[4] 凶[5]

14-4 kiung giung hiung此句咬字念。右共六句，十七字。（35b7）
邱英切 揪英切 羞英切

15-1 ○manju tulergi holbo-ho hergen
滿洲 外面 連接-完 文字
滿洲外聯字（36a1）

15-2 sain吉，善，好。 tain[6]干戈刀兵。 duin四。（36a2）
薩衣切音 呆音 堆音

---

1 語：宏文閣本無此字。
2 學習：宏文閣本作“習學”。
3 窮：宏文閣本作“邱衣切”。
4 絅：宏文閣本作“揪衣切”。
5 凶：宏文閣本作“羞衣切”。
6 tain：宏文閣本作dain。

15-3　ainqi想是。　gaindumbi相取相要。　niungniyaha鵝。（36a3）
安七　該音都密　妅翁切呢呀切哈

15-4　niunggajambi磕傷皮肉。niungniu品高出衆，又翅大翎。
妅汪切啊[1]渣嘧　妅英切妅

ya baingge那地方的。（36a4）
呀　掰英哦

15-5　gvwaingge别人的。suingga遭孽的，又孽賬冤家。jaingge第二個
瓜英哦　雖英啊　齋英哦

的[2]。（36a5）

15-6　feingge舊的。　weingge誰的[3]。　axxambi活動（36a6）
佛英哦　威英哦　阿詩沙嘧

15-7　hoxxombi誆哄。gvwaxxambi肉跳，又片肉。tvmbi拍打，又捶打。
豁詩説嘧　瓜詩沙嘧　都嘧

（36b1）

15-8　neimbi開開。　gaimbi領取討要[4]。　baimbi乞求，又我[5]尋。（36b2）
諾衣切嘧　該嘧　掰嘧

15-9　saimbi口咬。　suimbi和泥和麵又研墨。　goimbi中，又著。（36b3）
薩衣切嘧　雖嘧　乖嘧

15-10　taimpa小海螺。　neumbi流落飄流。　niumbi冰凉渣骨。（36b4）
胎模叭　諾幽切嘧　妅嘧

1　啊：宏文閣本無此字。
2　的：宏文閣本無此字。
3　weingge誰的：宏文閣本無此部份。
4　要：宏文閣本作“取”。
5　我：宏文閣本作“找”。

15-11 toumbi罵。 doumbi擺渡，過河。 leumbi舞耍。（36b5）
托嚕 多嚕 勒幽切嚕

15-12 niukso水内青苔絨。niulhumbi躍馬，縱開馬。niulmun beye赤身裸體。（36b6）
呢喲切坷梭 妞撤呼嚕 妞撤們撥噎

15-13 右共三十三句。（37a1）

16-1 ○manju aqan mudan -i hergen be aqabu-re arga
滿洲 合 韵 屬 文字 賓 相合-未 方法
清字切韵法（37a2）

16-2 今如siu（修）字協韵，據siu（修）字是si字首，就將凡有si字首者si，sii，sin，sing，siu五字内，無論拈取一字作上韵，再按siu（修）字音声是第十字頭，法定本頭au，yau，wau，eu，yeu，you，geu，weu共八字内，與siu（修）字呼切同韵者是yeu（幽）字，拈作下韵，乃緊々合[1]念si（西），yeu（幽）二字，即成siu字音声。（37a3-b1）

16-3 今如jung（鍾）字協韵，據jung（鍾）字是ju字首，就將凡有ju字首者ju，jui，jun，jung，juu五字内，無論拈取一字作上韵，再按jung（鍾）字音声是第五字頭，法定本頭ang，yang，wang，eng，yeng，yong，geng，weng共八字内，與jung（鍾）字呼切同韵[2]者是weng（翁）字，拈作下韵，乃緊々合念ju（朱），weng（翁）二字，即成jung（鍾）字音声。（37b2-6）

16-4 今如tan（貪）字協韵，據tan（貪）字是ta字首，就將凡有ta字首者ta，tai，tan，tang，tau五字内，無論拈取一字作上韵，再按tan

1 合：宏文閣本作“含”。
2 韵：宏文閣本作“音”。

（貪）字音声是第四字頭，法定本頭an，yan，wan，en，yen，yvn，gen，wen共八字内，與tan（貪）字呼切同韵者是yan（烟）字，拈作下韵，乃緊々合念ta（他），yan（烟）二字，即成tan（貪）字音声。（38a1-5）

16-5 今如gui（歸）字協韵，據gui（歸）字是gu字首，就將凡有gu字首者gu，gui，gun，gung，guu五字内，無論拈取一字作上韵，再按gui（歸）字音声是第二字頭，法定本頭ai，yai，wai，ei，yei，yoi，gei，wei共八字内，與gui（歸）字呼切同韵者是wei[1]（威）字，拈作下韵，乃緊々合念gu（孤），wei[2]（威）二字，即成gui（歸）字音声。（38a6-b4）

16-6 今如協韵sa（薩）字，據sa（薩）字是sa字首，就將凡有sa字首者sa，sai，san，sang，sau五字内，無論拈取一字作上韵，再按sa（薩）字音声是第一字頭，法定本頭a，ya，wa，e，yo，ge，we，ei，si，yu，u，hu，qe，ye共十四字内，與sa（薩）字呼切同韵者是a（阿）字，拈作下韵，乃緊[3]合念sa（薩），a（阿）二字，即成sa（薩）字音声。（38b5-39a3）

16-7 今如協韵biye（鱉）字，據biye（鱉）字是bi字首，就將凡有bi字首者bi，bii，bin，bing，biu五字内，無論拈取一字作上韵，再按biye（鱉）字音声是第一字頭，法定本頭a，ya，wa，e，yo，ge，wa，ei[4]，si，yu，u，hu，qe，ye共十四字内，與biye（鱉）字呼切同韵者是ye（噎）字拈作下韵，乃緊々合念bi（逼），ye（噎）二字，即成biye（鱉）字音声。（39a3-b2）

1 wei：宏文閣本作wai。
2 wei：宏文閣本作wai。
3 緊：宏文閣本作緊々。
4 wa，ei：宏文閣本無此二字。

16-8 今如xuwai（摔）字協韵，據xuwai（摔）字是xu字首，就將凡有xu字首者xu，xui，xun，xung，xuu五字内，無論拈取一字作上韵，再按xuwai（摔）字音声是第二字頭，法定本頭ai，yai，wai，ei，yei，yoi，gei，wei共八字内，與xuwai（摔）字呼切同韵者是wai（歪）字，拈作下韵，乃緊々合念xu（書），wai（歪）二字，即成xuwai（摔）字音聲。（39b3-40a1）

16-9 今如tiyan（天）字協韵，據tiyan（天）字是ti字首，就將凡有ti字首者ti，tii，tin，ting，tiu五字内，無論拈取一字作上韵，再按tiyan（天）字音声是第四字頭，法定本頭an，yan，wan，en，yen[1]，yvn，gen，wen共八字内，與tiyan（天）字呼切同韵者是yan（烟）字，拈作下韵，乃緊々合念ti（梯），yan（烟）二字，即成tiyan（天）字音声。（40a2-6）

16-10 今如hvwang（慌）字協韵，據hvwang（慌）字是hv字首，就將凡有hv字首者hv，hvi，hvn，hvng，hvu五字内，無論拈取一字作上韵，再按hvwang（慌）字音声是第五字頭，法定本頭eng[2]，yang，wang，eng，yeng，yong，geng，weng共八字内，與hvwang（慌）字呼切同韵者是wang（汪）字，拈作下韵，万[3]緊々合念hv（呼），wang（汪）二字，即成hvwang（慌）字音声。（40b1-5）

16-11 今如liyou（寮）字協韵，據liyou（寮）字是li字首，就將凡有li字首者li，lii，lin，ling，liu五字内，無論拈取一字作上韵，再按liyou（寮）字音聲是第十字頭，法定本頭au，yau，wau，eu，

---

1 yen：宏文閣本作fen。

2 eng：宏文閣本作ang。

3 万：宏文閣本作“乃”。

yeu，you[1]，geu，weu共八字内，與liyou（寮）字呼切同韵者是you（么）字，拈作下韵，乃[2]緊々合念li（哩），you（么）二字，即成liyou（寮）字音声。（40b6-41a4）

16-12 今如liui（驢）字協韵，據liui（驢）字是li字首，就將凡有li字首者li，lii，lin，ling，liu五字内無論拈取一字作上韵，再按liui（驢）字音聲是第一字頭，法定本頭a[3]，ya，wa，e，yo，ge，we，ei，si，yu，u，hu，qe，ye共十四字内與liui（驢）字呼切同韵者是yu[4]（淤）字下拈作下韵，乃緊々合念li（哩），yu[5]（淤）二字，即成liui字音声。（41a5-b3）

16-13 今如giung（絅）字協韵，據giung（絅）字是gi字首，就將凡有gi字首者gi，gii，gin，ging，giu五字内，無論拈取一字作上韵，再按giung（絅）字音声是第五字頭，法定本頭ang，yang，wang，eng，yeng，yong，geng，weng，共八字内，與giung（絅）字呼切同韵[6]者是yong（雍）字，拈作下韵，乃緊々合念gi（雞）yong（雍）二字，即成giung（絅）字音聲，餘皆準此。（41b4-42a2）

16-14 按十二字頭内，惟[7]第一第二第四第五第十字頭是單音，可以協切取用，餘者七個字頭，係雙音重複，俱不入韵，是訣因予[8]幼而讀書時，酷好調聲拈韵，每值難叶之字，苦於[9]聱牙不得其音，嘗以

1 you：宏文閣本作jou。
2 乃：宏文閣本作“字”。
3 a：宏文閣本作ta。
4 yu：宏文閣本作yo。
5 yu：宏文閣本作yo。
6 韵：宏文閣本作“音”。
7 惟：宏文閣本無此字。
8 予：宏文閣本作“子”。
9 於：宏文閣本作“于”。

此法叶之，似覺鏗鏘瀏亮，捷於[1]他法也。（42a3-5）

17-1 ○mudan enqu -i manju hergen

韵 異樣 屬 滿洲 文字

異施清字（42a6）

17-2 凡十二字頭單字，切韵單字，如作漢話單用，除仍不改音者之外，餘如從俗。（42b1）

17-3 ou字念敖[2] nou字念腦 hou字念毫（42b2）

17-4 bou字念寶 pou字念袍 xou字念韶（42b3）

17-5 tou字念桃 dou字念道 lou字念老（42b4）

17-6 mou字念毛 qou字念朝 jou字念趙（42b5）

17-7 you字念堯 ts'ou字念曹 zuu[3]字念走（42b6）

17-8 a[4]字念二[5] ul字念五兒 bal字念八兒（43a1）

17-9 sal字念三兒 jul字念住兒 piyal字念偏兒（43a2）

17-10 siuwel字念雪兒 jiyei字念節 yuwai字念曰（43a3）

17-11 iuwei字念月 siuwei字念薛 liuwei字念蹓曰切（43a4）

17-12 qiuwei字念闕 jiuwei字念厥[6] kiuwei[7]字念缺（43a5）

17-13 giuwei字念絕 hiuwei字念靴（43a6）

17-14 右共三十二字，若在聯字內，或係清話內，不可照此讀念。（43b1）

---

1 於：宏文閣本作“于”。

2 敖：宏文閣本作“傲”。

3 zuu：宏文閣本作zou。

4 a：宏文閣本作al。

5 二：宏文閣本作“兒”。

6 厥：宏文閣本作“缺”。

7 kiuwei：宏文閣本作giuwei。

17-15 凡聯字内，在ang，eng，ing頭字下，聯寫ga[1]，ga字俱念啊[2]，go，go字俱念窩，gv，gv，gu字俱念屋。（43b2-3）

17-16 ge字念哦 gi字念衣 giya字念呀[3]（43b4）

17-17 giye字念噎 gan字念安 gen字念恩（43b5）

17-18 gon，gun，guwen字俱念温 gin，giyen字俱念陰（43b6）

17-19 giyan字念烟 giya，giye，giyen此三字，亦有仍照本音讀者。（44a1）

17-20 以上各字，若在别者頭兒字下相聯，不可照此讀念。（44a2）

17-21 凡小i字，若隨在an，en，in頭兒字下念呢，如隨在别者頭兒字下俱念衣，獨是ang，eng，ing頭兒字下，不可用此小i字，只用大ni字。再a，e，i頭兒字下，有聯寫小i字者，與單寫義同，别者頭兒字下，聯寫不得，只可單寫在下隨用。（44a3-6）

17-22 凡聯字清話字内句内，如遇（44b1）

17-23 o，v字俱念傲 ga，ga字俱念哈 go，go字俱念豁（44b2）

17-24 gv字念呼 si，si字俱念詩 oi字念惡衣切（44b3）

17-25 jui字念拘 on字念惡印切 gan字念憨（44b4）

17-26 gun，gvn[4]字俱念婚 sin，sin字俱念身 gangge字念夯哦（44b5）

17-27 gongge字念烘哦 ou字念傲 sou字念梭（44b6）

17-28 lou字念牢 jiu字念朱 kiyou字念欺喲切（45a1）

17-29 fiyou字念非喲切 akvn字念阿空 yali字念烟哩[5]（45a2）

---

1 ga：宏文閣本作gan。

2 啊：宏文閣本作“呵”。

3 呀：宏文閣本作“隹”。

4 gun，gvn：宏文閣本此二詞順序顛倒。

5 哩：宏文閣本作“里”。

17-30 yaya字念呀衣切矣 hvwanggiyarkv字念荒呀拉枯 ainqi字念安七（45a3）

17-31 oihori字念惡意切豁哩 oiboko字念惡意切撥顆 oilo字念惡意切囉（45a4）

17-32 saiyvn字念薩衣切雍 goimbi字念乖嘧 goiha字念[1]乖哈（45a5）

17-33 goibumbi字念乖不嘧 goiquka字念乖[2]出喀 goiman字念乖嫣因[3]切（45a6）

17-34 goimarambi字念乖嫣拉嘧 yargiyvn字念呀尔駒雍切 gergen gargan 此二字連念哥尔根噶尔竿，單念憨。（45b1）

17-35 onqo字念惡印切綽 onggoxon字念惡硬切窩說因切 onggolo字念惡硬切窩囉（45b2）

17-36 nanggin字念那英切陰 xanggiyan字念山烟 xenggin字念生陰（45b3）

17-37 tanggv字念湯屋 tanggvli字念湯屋哩 qingiya[4]字念青呀（45b4）

17-38 janggin字念占陰 jinggiya字念精呀 genggiyen字念金陰（45b5）

17-39 uthai字念屋胎 uttu字念屋禿 tuttu字念禿禿（45b6）

17-40 ouha字念傲哈 ouqa字念傲差 ouri字念傲哩（46a1）

17-41 ourin字念梭哩[5]因切 touse字念托塞 douse字念刀塞（46a2）

17-42 qouha字念綽哈 youni字念喲[6]呢 youse字念喲塞（46a3）

---

1 念：宏文閣本無此字。

2 乖：宏文閣本無此字。

3 因：宏文閣本作“姻”。

4 qingiya：宏文閣本作qinggiya。

5 哩：宏文閣本作“里”。

6 喲：宏文閣本作“約”。

17-43 sisingga字念詩生啊[1] gebge gabga二[2]字念哥鋪哥噶鋪噶（46a4）

17-44 以上諸字[3]俱應改音不改字讀念，以下諸字，亦有照此讀念者，亦有按本字本音讀念者，學者不一，當各從其便，但[4]滿洲語音清話，精奧無窮，難以盡述，惟賴高明成德者，增删教正之。（46a5-7）

17-45 si字念詩 ai字解作什麽念愛，嘆声念哀 sin字念身[5]（46b1）

17-46 kou字念顆 hou字念豁 hou字念蒿（46b2）

17-47 bou，bou字俱念撥 pou字念炮[6] tou字念托（46b3）

17-48 dou字念多 lou字念囉 jou字念拙（46b4）

17-49 jou字念拙，又念詔 you，you字俱[7]念喲 giu，giu字俱念雞喲切（46b5）

17-50 mbi字念嘧，又念摸 mbiu字念嘧幽切 aba字解作何在念啊[8]八，圍獵念阿八（46b6）

17-51 aqiha字念阿吃哈 aqila字念阿差拉 ayara字念愛呀拉（47a1）

17-52 ayou字念阿喲 ebi habi字念惡音切逼咳逼 ebihe字念惡意切逼呵[9]（47a2）

17-53 eqike字念惡吃磕 eqimari字念惡出媽哩 ejihe字念惡飢哥（47a3）

17-54 ekisaka字念惡意切欺薩喀 ekiyehun字念惡缺[10]婚 ekiyehebi字念惡

1 啊：宏文閣本作“呵”。
2 二：宏文閣本無此字。
3 字：宏文閣本作“音”。
4 伹：宏文閣本作“但”。
5 sin字念身：宏文閣本無此句。
6 炮：宏文閣本作“袍”。
7 俱：宏文閣本無此字。
8 啊：宏文閣本作“阿”。
9 呵：宏文閣本作“可”。
10 缺：宏文閣本作“玦”。

意切切[1]呵逼（47a4）

17-55 efimbi字念惡意切非噎切嘧　efiku字念惡意切非噎切枯　ere funi字念惡勒芬呢（47a5）

17-56 ojorakv字念傲[2]飢拉枯　ume字念惡摸　umesi字念惡摸詩（47a6）

17-57 ujen qouha字念屋襟綽哈　uruldembi字念屋尔得嘧　ufuhi字念屋非稀（47b1）

17-58 nimequke字念呢摸吃磕　niquhe字念姩[3]淤切出呵　niyanqiha[4]字念呢烟切差哈（47b2）

17-59 niru字念姩嚕　niyaniumbi字念呢呀切[5]呢喲切嘧　nokai ja字念挪堪渣（47b3）

17-60 kaqilan字念喀吃拉英切　凡遇kakv，hakv，kekv，hekv，kakvngge，hakvngge，kekvngge，hekvngge此八字的kv，kvng字之上[6]，俱要加一阿字念。（47b4-6）

17-61 gaji sehe字念噶思塞呵（47b6）

17-62 gaju字念竿朱　gajimbi字念竿飢嘧　haxa bou字念哈詩撥（48a1）

17-63 hala haqin字念哈拉衣切哈親　hamimbi字念咳嘧嘧　haminambi字念咳嘧那嘧（48a2）

17-64 hahi qahi字念咳稀釵稀　hahiba字念咳稀八　hahilambi字念咳稀拉嘧（48a3）

17-65 hafirahvn字念咳非拉婚　hafirambi字念咳非拉嘧　goqikv字念郭吃枯（48a4）

---

1 切：宏文閣本無此字。

2 傲：宏文閣本作“惡”。

3 姩：宏文閣本作“呢”。

4 niyanqiha：宏文閣本作niyaqiha。

5 切：宏文閣本無此字。

6 上：宏文閣本作“下”。

17-66 goqika字念郭吃喀 hoqikon字念豁吃坤 hojihon字念豁之婚（48a5）

17-67 hvwanggiya[1]字念慌[2]烟 bade如作虛字用，念八得諾 bayara字念掰呀拉（48a6）

17-68 boniu字念摸妞 burulaha字念不尔拉哈 silun字念書嚕温切（48b1）

17-69 simaquka字念書媽出喀 suwayan字念酸烟 xexembi字念賒詩嘧（48b2）

17-70 xugi字念書稀 taqiha字念他[3]吃哈 damin字念呆嘧因切（48b3）

17-71 dakilambi[4]字念呆衣拉嘧 te biqibe字念呔[5]衣切逼七撥 dehi字念得衣切稀（48b4）

17-72 tuqike字念秃吃嗑 tugi字念秃稀 meni meni字念摸衣切摸呢（48b5）

17-73 morin字念牟哩因切 qabi字念釵批 qeqike[6]字念七七磕（48b6）

17-74 qibin字念出賓 qisu字念出雖 qimari字念出媽俚[7]（49a1）

17-75 qifun字念出芬 jiduji字念朱堆飢 jijumbi字念朱朱嘧（49a2）

17-76 joran字念抓拉因切 jordambi字念抓尔搭嘧 juqiba字念朱出八（49a3）

17-77 yalingga字念烟哩英切啊 yalihangga字念烟哩夯啊 kejine字念磕之諾（49a4）

---

1 hvwanggiya：宏文閣本作hvwanggiyan。

2 慌：宏文閣本作“荒”。

3 他：宏文閣本無此字。

4 dakilambi：宏文閣本作dagilambi。

5 呔：宏文閣本作“忒”。

6 qeqike：宏文閣本作qeqige。

7 俚：宏文閣本作“哩”。

17-78 geli字念雞哩 gejenggi字念哥精衣 kiru字念邱淤切嚕（49a5）

17-79 kirumbi字念邱淤切嚕嘧 gisun字念揪淤切孫 gisurembi字念揪淤切蘇勒嘧（49a6）

17-80 giru字念揪淤切嚕 girumbi字念揪淤切嚕嘧 giquke字念揪淤切出磕（49b1）

17-81 hiuuxun字念稀喲切書温切 hiuuxungga字念稀喲切書翁切啊 hiuuxulambi字念稀喲切書拉嘧（49b2）

17-82 kunesun字念枯奴孫 kuweqihe字念顆吃呵 kurume字念枯嚕模（49b3）

17-83 febigi字念佛逼稀 fileku字念非噎切勒枯 filembi字念非噎切勒嘧（49b4）

17-84 fiyouse字念非喲切塞 ainu字念阿奴 aibide字念阿逼得（49b5）

17-85 aibingge字念愛逼英哦 eimembumbi[1]字念惡意切嘧噎切不嘧 boigon字念鰲婚（49b6）

17-86 seibei[2]字念塞撥呢 faijuma字念發衣切渣媽[3] ergi字不滚舌，念惡衣切雞（50a1）

17-87 serguwen字念塞尔坤 serguwexembi字念塞尔豁賒嘧 tarbahi字念他尔逼稀（50a2）

17-88 qargi字不滚舌，念釵雞 anfu字念安夫 endembiu字念惡印切得嘧幽切（50a3）

17-89 ondombi字念惡印切多嘧 hanqikan字念憨吃堪 banjimbi字念班呢嘧（50a4）

---

1 eimembumbi：宏文閣本作eimebumbi。

2 seibei：宏文閣本作seibeni。

3 媽：宏文閣本作“馬”。

17-90 sanqiha字念三吃哈 sindaha字念詩那哈，又念身那哈 donjiha字念端飢哈，又念端呢[1]哈（50a5）

17-91 henduhe字念呵奴呵，又念呵因切奴呵 fonjiha字念番呢哈，又念番飢哈 ongko字念惡硬切顆（50a6）

17-92 ninggun字念妕翁切温 ninggude字念妕翁切屋得 niungganjambi念妕汪切啊[2]渣嘧（50b1）

17-93 sengguwembi字念僧哦嘧 sengguwendembi字念僧恩[3]得嘧 dongmo字念多摸（50b2）

17-94 manggi字念媽烟[4]切衣，又念那烟切衣 manggiqi字念蟒啊七 qanggi字念搀衣（50b3）

17-95 yongkijambi字念淤汪切掐嘧 ginggin字念京陰 ginggun字念雞雍切温（50b4）

17-96 gingguji字念雞雍切屋飢 ginggulembi字念雞雍切屋勒嘧 ekxembi字念惡坷[5]詩嘧（50b5）

17-97 buktulin字念不坷嘁哩因切 bethe字念撥貼呵 bithe字念逼貼呵（50b6）

17-98 niukan字念呢哟切堪 niubombi字念呢哟切撥嘧 niulodombi字念呢約[6]切囉多嘧（51a1）

17-99 niumoxon字念呢哟切摸書温切 niurombumbi字念呢哟切囉模不嘧 niuwanggiyan字念妕湾切烟（51a2）

---

1 呢：宏文閣本無此字。

2 啊：宏文閣本作“阿”。

3 恩：宏文閣本無此字。

4 烟：宏文閣本作“姻”。

5 坷：宏文閣本作“克”。

6 約：宏文閣本作“哟”。

17-100 kouli字念顆哩　houxan字念豁山　bouha字念撥哈[1]（51a3）

17-101 boubai字念撥掰　toumbi字念托嚜　toukaha字念托喀哈（51a4）

17-102 toukabumbi字念托喀不嚜　toudambi字念托搭嚜　dousi字念多詩（51a5）

17-103 dousidambi字念多詩搭嚜　douran字念多拉因切　doumbi字念多嚜（51a6）

17-104 doubuha字念多不哈　jouligan字念拙哩憨　joulibumbi字念拙哩不嚜（51b1）

17-105 joulambi字念拙拉嚜　joulabuha字念拙拉不哈　jounambi字念喲那嚜（51b2）

17-106 qouqiyali字念綽掐哩　giuhoto字念雞喲切豁托　giuhoxombi字念雞喲切豁説嚜（51b3）

17-107 giudohon字念雞喲切多婚　giuro字念雞喲切囉　elxose字念二小子（51b4）

17-108 eldase字念二達子　elyatu字念二丫頭　elhi字解作人名，念二黑（51b5）

17-109 jilgan字念之擶憨　gelhun akv字念哥擶婚那[2]枯　giltukan字念駒淤切擶禿堪（51b6）

17-110 amsun字念阿模尊　emgeri字不滚舌念　emgi字念惡嚜因切衣（52a1）

17-111 ombi字念傲嚜，又念傲模　ombikai字念傲模開　nemgiyen字念諾模陰（52a2）

1 哈：宏文閣本作“喻”。

2 那：宏文閣本作“阿”

17-112 simhun字念書模婚　temgetu字念呔模呵禿[1]　niunggalambi字念妌汪切啊[2]拉嘧（52a3）

17-113 niunggajarahv字念妌汪切啊[3]渣拉呼　emu mangga jefu字念惡模犇屋遮夫（52a4）

17-114 xaxun akv字念沙書温切那枯（52a5）

18-1 ○manju hergen ara-ra-de fi nike-re nenden ilhi

滿洲 文字 寫-未-位 筆 依靠-未 先 後

清書運筆先後（52a6）

18-2 ○凡書[illegible]字先寫[illegible]，次寫[illegible]，次寫[illegible]，次寫[illegible]，次寫[illegible]。（52b1）

18-3 ○如書[illegible]字先寫[illegible]，次寫[illegible]。（52b1-2）

18-4 ○如書[illegible][4]字先寫[illegible]，次寫[illegible]，次寫[illegible]。（52b2）

18-5 ○如書[illegible]字先寫[illegible]，次寫[illegible]，次寫[illegible]。（52b3）

18-6 ○如書[illegible]字先寫[illegible]，次寫[illegible]。（52b3-4）

18-7 ○如書[illegible]字先寫[illegible]，次寫[illegible]，次寫[illegible]。（52b4）

18-8 ○如書[illegible]字先寫[illegible]，次寫[illegible]，次寫[illegible]。（52b4-5）

18-9 ○如書[illegible]字先寫[illegible]，次寫[illegible]，次寫[illegible]。（52b5-53a1）

18-10 ○如書[illegible]字先寫-，次寫[illegible]，次寫[illegible]，次寫[illegible]。（53a1）

18-11 ○如書[illegible]字先寫-，次寫[illegible]，次寫[illegible]，次寫[illegible]。（53a2）

18-12 ○如書[illegible]字先寫[illegible]，次寫[illegible]。（53a2-3）

18-13 ○如書[illegible]字先寫[illegible]，次寫[illegible]，次寫[illegible]，次寫[illegible]。（53a3-4）

18-14 ○如書[illegible]字先寫[illegible]，次寫[illegible]，次寫[illegible]，次寫[illegible]。（53a4）

18-15 ○如書[illegible]字先寫[illegible]，次寫[illegible]。（53a4-5）

---

1 禿：宏文閣本作“而”。

2 啊：宏文閣本作“呵”。

3 啊：宏文閣本作“呵”。

4 [illegible]：宏文閣本作[illegible]。

18-16 ○如書[illegible]字先寫[illegible]，次寫[illegible]，次寫[illegible]，次寫[illegible]。（53a5-b1）

18-17 ○如書[illegible]字先寫[illegible]，次寫[illegible]。（53b1）

18-18 ○如書[illegible]字先寫[illegible]，次寫[illegible]，次寫[illegible]。（53b2）

18-19 ○如書[illegible]字先寫-，次寫[illegible][1]，次寫[illegible]，次寫[illegible][2]。（53b2-3）

18-20 ○如書[illegible]字先寫[illegible]，次寫[illegible]。（53b3）

18-21 ○如書[illegible]字先寫[illegible]，次寫[illegible]。（53b3-4）

18-22 ○如書[illegible]字先寫一，次寫[illegible]，次寫[illegible]。（53b4）

18-23 ○如書[illegible]字先寫一，次寫[illegible]，次寫[illegible]。（53b4-5）

18-24 ○如書[illegible]字先寫丶，次寫[illegible]，次寫[illegible]。（53b5-54a1）

18-25 ○如書[illegible]字先寫丶，次寫[illegible]，次寫[illegible]，次寫[illegible]。（54a1）

18-26 ○如書[illegible]字先寫丶，次寫[illegible]，次寫[illegible]。（54a2）

18-27 ○如書[illegible]字先寫丶，次寫[illegible]，次寫[illegible]，次寫[illegible]。（54a2-3）

18-28 ○如書[illegible]字先寫丶，次寫[illegible]。（54a3）

18-29 ○如書[illegible]字先寫丶，次寫[illegible]，次寫[illegible]。（54a4）

18-30 ○如書[illegible]字先寫丶，次寫[illegible]。（54a4-5）

18-31 ○如書[illegible]字先寫丶，次寫[illegible]，次寫[illegible]。（54a5）

18-32 ○如書[illegible]字先寫[illegible]，次寫[illegible]。（54a5-b1）

18-33 ○如書[illegible][3]字先寫[illegible]，次寫[illegible][4]。（54b1）

18-34 ○如書[illegible]字先寫[illegible]，次寫[illegible]，次寫[illegible]，次寫[5][illegible]。（54b1-2）

18-35 ○如書[illegible]字先寫[illegible]，次寫[illegible]，次寫[illegible]。（54b2-3）

18-36 ○如書[illegible]字先寫一，次寫[illegible]。（54b3）

---

1 [illegible]：宏文閣本作丨。

2 [illegible]：宏文閣本作[illegible]。

3 [illegible]：宏文閣本作[illegible]。

4 [illegible]：宏文閣本作[illegible]。

5 寫：宏文閣本無此字。

18-37　○如書[illegible]字先寫[illegible]，次寫[illegible]。（54b4）

18-38　○如書[illegible]字先寫[illegible][1]，次寫[illegible]。（54b4-5）

18-39　○如書[illegible]字先寫[illegible]，次寫[illegible]，次寫[2][illegible]。（54b5）

18-40　○如書[illegible]字先寫[illegible]，次寫[illegible]。（55a1）

18-41　○如書[illegible]字先寫[illegible]，次寫[illegible]。（55a1-2）

18-42　○如書[illegible]字先寫[illegible]，次寫[illegible]。（55a2）

18-43　○如書[illegible]字先寫[illegible]，次寫[illegible]。（55a2-3）

18-44　○如書[illegible]字先寫[illegible]，次寫[illegible]，次寫[illegible]。（55a3）

18-45　○如書[illegible]字先寫[illegible]，次寫[illegible][3]，次寫[illegible]。（55a4）

18-46　○如書[illegible]字先寫[illegible]，次寫[illegible]。（55a4-5）

18-47　○如書[illegible]字先寫[illegible]，次寫[illegible]。（55a5）

18-48　○如書[illegible]字先寫[illegible]，次寫[illegible]。（55b1）

18-49　○如書[illegible]字先寫[illegible]，次寫[illegible]。（55b1-2）

18-50　○如書[illegible]字先寫[illegible]，次寫[illegible]，次寫[illegible]，次寫[illegible]，次寫[illegible]。（55b2-3）

18-51　○如書[illegible]字先寫[illegible]，次寫[illegible][4]，次寫[illegible]，次寫[illegible]。（55b3-4）

18-52　○如書[illegible]字先寫[illegible]，次寫[illegible]，次寫[illegible]。（55b4-5）

18-53　○如書[illegible]字先寫[illegible]，次寫[illegible]，次寫[illegible]。（55b5-56a1）

18-54　○如書[illegible]字先寫[illegible]，次寫[illegible]，次寫[illegible]。（56a1-2）

18-55　○如書[illegible]字先寫[illegible]，次寫[illegible]，次寫[illegible]，次寫[illegible]。（56a2-3）

1　[illegible]：宏文閣本作[illegible]。

2　寫：宏文閣本無此字。

3　次寫[illegible]：宏文閣本無此句。

4　[illegible]：宏文閣本作[illegible]。

18-56 ○如書字先寫，次寫，次寫。（56a3-4）

18-57 ○如書字先寫，次寫[1]，次寫。（56a4-5）

18-58 ○如書字先寫，次寫。（56a5）

18-59 ○如書字先寫，次寫。（56a5-b1）

18-60 ○如書[2]字先寫，次寫，次寫[3]。（56b1-2）

18-61 ○如書字先寫，次寫，次寫。（56b2-3）

18-62 ○如書字先寫[4]，次寫，次寫。（56b3-4）

18-63 ○凡書圈點，如，，，，，，，，，，[5]，，[6]，，，，，，，，共二十字，俱係字首，此字聯寫必作式樣[7]，乃是兩個[8]阿兒，今如下筆，必除去字的兩個阿兒之下，圈點方是，以上運筆，字雖無幾，法可類推，舉一可貫百矣。（56b4-57a4）

manju nikan hergen -i qing wen ki meng bithe jai debtelin

滿洲 漢 字 屬 清 文 啓 蒙 書 第二 卷

滿漢字清文啓蒙卷之二（1a1）

長白 舞格 壽平 著述

錢塘 程明遠 佩和 校梓（1a2-3）

---

1 ：宏文閣本作。

2 ：宏文閣本作。

3 ：宏文閣本作。

4 先寫：宏文閣本作“先寫，次寫”。

5 ：宏文閣本作。

6 ：宏文閣本作。

7 樣：宏文閣本無此字。

8 個：宏文閣本作“個”。

nikan gisun kamqi-ha manjura-ra fiyelen -i gisun

漢 語 兼有-完 説滿語-未 章 屬 話語

兼漢滿洲套話[1]（1a4）

序[2]

0-1 manju bithe hvla-ra niyalma o-qi,

滿洲 書 學-未 人 成爲-條

凡如讀滿洲書的人，（1a5）

0-2 urunakv hergen tome gemu getukeleme sa-qi aqa-mbi,

必定 字 每 都 明確 知道-條 應該-現

必定字々都該當明白知道，（1a5-6）

0-3 majige heulede-qi o-jora-kv,

稍微 怠慢-條 可以-未-否

些須怠慢使不得，（1a6）

0-4 aikabade ere bithe-de,

如果 這個 書-位

倘或[3]這個書上，（1a6）

0-5 eje-he-ngge getuken akv oqi,

記録-完-名 正確 否 若

若[4]記的不明白，（1b1）

---

1 兼漢滿洲套話：三槐堂乙本、宏文閣本作“兼漢滿套語”。

2 日常本無序言部分。

3 倘或：三槐堂乙本、宏文閣本無此二字。劉東山本作“倘若”。

4 若：劉東山本無此字。

0-6 gvwa-i[1] bithe-de teisule-bu-he-de,

其他-屬 書-位 遇見-被-完-位

别的書上磞見了，（1b1）

0-7 uthai tengkime sa-me mute-ra-kv o-mbi,

就 明確 知道-并 能够-未-否 成爲-現

可就不能的確知道，（1b1-2）

0-8 uttu se-re anggala,

這樣 説-未 與其

豈但這樣説，（1b2）

0-9 yaya niyalma de[2] belge -i gese erdemu bi-qi,

所有 人 位 粟粒 屬 樣子 技術 有-條

凡人有粟粒之技，（1b2-3）

0-10 beye de[3] tusangga se-he ba-de,

自己 位 益處 説-完 地方-位

尚且説於己有益，（1b3-4）

0-11 aikabade gvnin de[4] teburakv-qi geli[5] o-mbi-u?

如果 心思 位 留存-條 也 可以-現-疑

倘若不存心也[6]使得麽？（1b4）

0-12 kiqerakv-qi geli o-mbi-u?

努力-條 也 可以-現-疑

---

1 gvwai：三槐堂乙本、宏文閣本作gvwa。

2 de：三槐堂乙本、宏文閣本無此詞。

3 beye de：注音本、劉東山本作beyede。

4 gvnin de：劉東山本作gvninde。

5 geli：三槐堂乙本、宏文閣本、品經堂本、劉東山本無此詞。

6 也：劉東山本無此字。

若不用心也使得麽?（1b4-5）

第1條

1-1[A] age -i amba algin be donji-fi goida-ha,
阿哥 屬 大 名譽 賓 聽-順 長久-完
久矣听[1]見了兄長的大名譽，（1b6）

1-2 damu wesihun qira be baha-fi aqa-ha-kv,
只是 尊貴 臉 賓 得到-順 見面-完-否
就只没得會見尊面[2]，（1b6-2a1）

1-3 enenggi jabxan de,
今天 幸運 位
今日萬幸，（2a1）

1-4 emgeri taka-ha be dahame[3],
一次 認識-完 賓 跟隨
既然一遭[4]認識了，（2a1）

1-5 age si waliya-me gvni-ra-kv oqi,
阿哥 你 丢棄-并 想-未-否 若是
兄長你若是[5]不棄想念，（2a1-2）

1-6 mini bou-de majige feliye-re-u。
我.屬 家-與 稍微 行走-未-疑
求祈往我家行走一行走。（2a2）

---

1 听：三槐堂乙本、宏文閣本作“所”。
2 尊面：三槐堂乙本、宏文閣本無此二字。
3 be dahame：二詞聯用意爲“因爲”。
4 遭：劉東山本後有“兒”。
5 是：三槐堂乙本、宏文閣本、劉東山本無此字。

1-7[B] sini gisure-re-ngge umesi inu,

你.屬 説-未-名 完全 對

你説的狠是，（2a2-3）

1-8 esi yabu-qi[1],

當然 走-條

自然要[2]行走，（2a3）

1-9 bi hono age -i jaka-de gene-fi taqibu-re be donji-ki se-me gvni-re ba-de,

我 還 阿哥 屬 跟前-與 去-順 教導-未 賓 聽-祈 助-并 想-未 地方-位

我還想着要往兄長的[3]根[4]前領教去，（2a3-4）

1-10 sini bou-de feliye-ra-kv mujangga-u?

你.屬 家-位 行走-未-否 果真-疑

果然[5]不往你家行走的[6]麽？（2a4-5）

1-11 damu yabu-hai age de eime-bu-re inenggi bi-kai。

只是 走-持 阿哥 與 厭煩-被-未 日子 有-啊

只是走長了教[7]阿哥厭[8]煩的日子有啊。（2a5）

1-12[A] ai geli[9],

什麽 又

---

1 yabuqi：注音本、劉東山本作yabumbi。

2 要：注音本、劉東山本無此字。

3 的：注音本、劉東山本無此字。

4 根：注音本、劉東山本作“跟”。

5 果然：注音本無此二字。

6 的：劉東山本無此字。

7 教：劉東山本作“叫”。

8 厭：注音本作“嚴”。

9 ai geli：此爲固定用法，意爲“豈有此理”。

豈有此理，（2a5）

1-13 bi damu age si ji-dera-kv ayou se-re dabala,

我 只是 阿哥 你 來-**未-否** **虛** **助-未** 罷了

我只恐怕兄長你不肯來罷咧，（2a6）

1-14 ji-qi tetendere,

來-**條** 既然

既是肯來，（2a6）

1-15 bi[1] urgunje-he se-me waji-ra-kv ba-de,

我 歡喜-**完** **助-并** 完結-**未-否** 地方-**位**

我還[2]喜之不盡，（2a6-2b1）

1-16 eime-re kouli bi-u?

厭煩-**未** 道理 有-**疑**

厭煩的規矩[3]有麼？（2b1）

第2條

2-1[A] age si atanggi gene-mbi,

阿哥 你 什麼時候 去-**現**

阿哥你幾時去，（2b2）

2-2 gene-ki se-qi, uthai gene-mbi se-me hendu,

去-**祈** **助-條** 就 去-**現** **助-并** 說.**祈**

說要去就說去，（2b2）

2-3 gene-ra-kv oqi, uthai gene-ra-kv se-me hendu,

去-**未-否** 若 就 去-**未-否** **助-并** 說.**祈**

---

1 bi：注音本無此詞。

2 我還：注音本無此二字。

3 規矩：劉東山本作“理”。

若不去就說不去，（2b3）

2-4 bi damu sini angga-i qanggi gene-mbi se-he-be[1] donji-re dabala，

我 只是 你 嘴-屬 僅僅 去-現 說-完-賓 聽-未 罷了

我只听見寡[2]你的[3]嘴說去罷咧，（2b3-4）

2-5 si emgeri yargiyan -i gene-re be oron sabu-ha-kv，

你 一次 確實 工 去-未 賓 全然 看見-完-否

總没見你一遭兒真去，（2b4-5）

2-6 doigon-de tokto-bu-me gisure-fi[4]，

以前-位 確定-使-并 說-順

預先說定了，（2b5）

2-7 gvwa niyalma inu uthai kenehunje-ra-kv o-mbi se-qina。

其他 人 也 就 疑惑-未-否 成爲-現 助-祈

别人可也就[5]不疑惑了。（2b5-6）

2-8[B] ere gese kouli akv baita geli bi-ni，

這 樣子 道理 否 事情 也 有-呢

這樣無理的事也有呢，（2b6-3a1）

2-9 bi gene-ki se-qi，

我 去-祈 助-條

我若是要去，（3a1）

2-10 inu mini qiha，

也 我.屬 任意

---

1 sehebe：劉東山本作sehe be。

2 只听見寡：劉東山本作“只寡聽見”。

3 的：劉東山本無此字。

4 gisurefi：注音本作gisureqi。

5 也就：注音本、劉東山本作“就也”。

也由着我，（3a1）

2-11 gene-ra-kv oqi,

去-**未-否** 若

若是不去，（3a1）

2-12 inu mini qiha dabala,

也 我.**屬** 任意 罷了

也由着我罷咧，（3a1-2）

2-13 urunakv sinde ala-fi aina-mbi,

必定 你.**與** 告訴-**順** 做什麽-**現**

必定告訴你作什麽，（3a2）

2-14 tere anggala[1] bi qananggi tuba-de isina-fi,

那個 而且 我 前天 那裏-**與** 到達-**順**

况且我前日到了那裏，（3a2-3）

2-15 ere emu baita,

這 一 事情

把這一件事情[2]，（3a3）

2-16 jai bai-re turgun be suwaliya-me,

再 求-**未** 原因 **賓** 合并-**并**

并連懇求的緣故，（3a3-4）

2-17 gemu tede xangga-bu-me gisurefi ji-he-ngge kai,

都 他.**與** 完成-**被-并** 説-**順** 來-**完-名** 啊

都合他説完畢了來的啊，（3a4）

---

1 tere anggala：此爲固定用法，意爲“况且”。

2 情：三槐堂乙本、宏文閣本、劉東山本無此字。

2-18 si aibi-de bi-he,

你 哪裏-位 在-完

你在那裏來着，（3a4-5）

2-19 ere erin de[1] teni ji-fi,

這個 時候 位 纔 來-順

這時候纔來，（3a5）

2-20 gejing[2] se-me,

絮叨貌 助-并

絮々叨々的[3]，（3a5）

2-21 sinde waqihiya-me ala se-qi, geli o-mbi-u?

你.與 用盡-并 告訴.祈 助-條 也 可以-現-疑

盡情都教[4]告訴你也使得麼[5]？（3a5-6）

第3條

3-1[A] ere baita sinqi tulgiyen,

這個 事情 你.從 除外

這個事情[6]除了你之外，（3b1）

3-2 gvwa niyalma aina-ha se-me inu sar-kv,

其他 人 怎麼-完 助-并 也 知道.未-否

别人断然也不知道，（3b1）

1 erin de：注音本、劉東山本作erinde。

2 gejing：永魁齋本、二西堂本作gejang。

3 的：劉東山本無此字。

4 教：注音本、劉東山本作“叫”。

5 教告訴你也使得麼：宏文閣本作“漢得麼”。

6 情：劉東山本無此字。

3-3 si unenggi sa-ra-ngge getuken oqi,

你 果真 知道-**未-名** 正確 若是

你若是[1]果然知道的明白，（3b2）

3-4 uthai minde ulhi-bu-me ala-re-u[2]。

就 我.**與** 明白-**使-并** 告訴-**未-疑**

求祈就告訴我知曉。（3b2）

3-5[B] bi yargiyan -i sar-kv kai,

我 確實 工 知道.**未-否** 啊

我實々的不知道啊，（3b3）

3-6 sa-qi uthai sinde ala-mbi dere,

知道-**條** 就 你.**與** 告訴-**現** 吧

若是[3]知道就告訴你罷咱的[4]，（3b3）

3-7 umai sarkv ba-de,

完全 知道.**未-否** 地方-**位**

并不知道，（3b4）

3-8 mimbe ai-be ala se-mbi,

我.**賓** 什麼-**賓** 告訴.**祈** **助-現**

教[5]我告訴什麼，（3b4）

3-9 akvqi[6] mimbe balai banjibu-fi ala se-mbi-u?

若不是 我.**賓** 輕慢 編造-**順** 告訴.**祈** **助-現-疑**

1 若是：注音本無此二字。劉東山本作“是”。

2 alareu：三槐堂乙本、宏文閣本、品經堂本、劉東山本作alarau。

3 若是：劉東山本無此二字。

4 咱的：品經堂本、劉東山本作“咧”。

5 教：注音本、劉東山本作“叫”。

6 akvqi：注音本作akv oqi。

莫不是教[1]我胡編派了告訴麼?（3b4-5）

3-10 eiqibe suwe inu baha-fi donji-re-ngge kai,

總之 你們 也 得到-**順** 聽-**未**-**名** 啊

總是你們也得听的[2]見的啊[3],（3b5）

3-11 aiseme ekxe-mbi,

爲什麽 慌忙-**現**

何必忙。（3b6）

3-12[A] jou-qina,

算了-**祈**

罷是呢[4],（3b6）

3-13 bi tuwa-qi gvwa niyalma,

我 看-**條** 其他 人

我看别人,（3b6）

3-14 sinde emu baita fonji-qi,

你.**與** 一 事情 問-**條**

若問你一件事情,（3b6-4a1）

3-15 si uthai da-qi tuba-de[5] isi-tala,

你 就 源頭-**從** 那裏-**與** 到-**至**

你就從頭至尾,（4a1）

3-16 giyan giyan -i ala-mbi,

道理 道理 **工** 告訴-**現**

1 教：注音本、劉東山本作“叫”。

2 的：劉東山本無此字。

3 啊：劉東山本作“呀”。

4 是呢：注音本、劉東山本作“咧”。

5 tubade：三槐堂乙本、宏文閣本作tuba de。

一件々[1]的告訴，（4a1-2）

3-17 bi aika sinde emu baita fonji-me ohode，

我 如果 你.**與** 一 事情 問-**并** 若

我若是[2]問你一件事情的[3]時候，（4a2）

3-18 si uthai sar-kv se-re，

你 就 知道.**未-否** 説-**未**

你就説不知道，（4a2-3）

3-19 donji-ha-kv se-re，

聽-**完-否** 説-**未**

説没听見，（4a3）

3-20 baibi erken terken se-me mini baru silta-mbi，

平白 推三 阻四 **助-并** 我.**屬** 向 推脱-**現**

平白的支吾[4]望着我推託，（4a3-4）

3-21 simbe geli niyalma se-qi o-mbi-u?

你.**賓** 也 人 説-**條** 可以-**現-疑**

你也算説[5]是個人麽？（4a4）

第4條

4-1[A] age si atanggi wesi-ke-ngge，

阿哥 你 什麽時候 上升-**完-名**

---

1 一件々：注音本作“一件一件”。

2 是：三槐堂乙本、宏文閣本無此字。

3 的：劉東山本無此字。

4 支吾：劉東山本作“支支吾吾”。

5 説：劉東山本作“得”。

阿哥你是[1]幾時高升了[2]的，（4a5）

4-2 amba urgun kai，

大 喜慶 啊

大喜呀，（4a5）

4-3 bi oron inu baha-fi donji-ha-kv，

我 踪影 也 得到-順 聽-完-否

我總[3]連影兒也没得听見，（4a5-6）

4-4 donji-mbihe bi-qi，

聽-過 有-條

若是听見，（4a6）

4-5 urgun -i doro-i[4] aqa-na-me gene-qi aqa-mbihe，

喜慶 屬 禮儀-工 見面-去-并 去-條 應該-過

該當望[5]喜去來着，（4a6-4b1）

4-6 sarkv o-joro jakade，

知道.未-否 成爲-未 因爲

因爲不知道，（4b1）

4-7 tuttu urgun ara-me gene-he-kv，

因此 喜慶 告訴-并 去-完-否

故此没[6]有[7]去賀喜，（4b1）

---

1 是：劉東本無此字。

2 了：劉東山本無此字。

3 總：注音本、劉東山本無此字。

4 doroi：劉東山本作doro。

5 望：注音本、劉東山本作“賀”。

6 没：品經堂本作“未”。

7 有：劉東山本作“得”。

4-8 age ume ehe gvni-re,

阿哥 不要 壞 想-**未**

阿哥别要[1]不好思量，（4b2）

4-9 bireme youni waliya-me gama-reu[2]。

一律 全部 寬容-**并** 寬恕-**祈**

諸凡求祈容諒。（4b2）

4-10[B] age ainu uttu gisure-mbi,

阿哥 怎麽 這樣 説-**現**

阿哥怎麽這樣説，（4b2-3）

4-11 muse gemu sain guqu kai,

咱們 都 好 朋友 啊

咱們都是好朋友啊[3]，（4b3）

4-12 dere aqa-qi uthai waji-ha,

臉 見面-**條** 就 完結-**完**

見面就完了，（4b3-4）

4-13 urunakv untuhun doro be wesihule-fi aina-mbi,

必定 空虚 禮儀 **賓** 重視-**順** 做什麽-**現**

必定尚虚套礼[4]作什麽，（4b4）

4-14 guqu-se-i doro guqule-re-de,

朋友-**複**-**屬** 禮儀 交流-**未**-**位**

朋友們裏頭[5]相交之間，（4b4-5）

---

1 要：三槐堂乙本、宏文閣本、劉東山本無此字。

2 gamareu：品經堂本、注音本、劉東山本作gamarau。

3 啊：注音本、劉東山本無此字。

4 礼：劉東山本作“理”。

5 裏頭：三槐堂乙本、宏文閣本無此二字。

4-15 damu ishunde mujilen de tebu-me bi-qi,
只要 互相 心 **位** 裝載-**并** 有-**條**
只要彼此心裹盛[1]着,（4b5）

4-16 teni guqu -i doro dabala,
纔 朋友 **屬** 禮儀 罷了
纔是朋友的道理罷咧,（4b5-6）

4-17 tere durun[2] fiyanara-ra-ngge gemu holo kai,
那 樣子 説謊-**未**-**名** 都 虛假 啊
那樣奏[3]作的[4]都是假呀[5],（4b6）

4-18 ememu urse untuhun doro de,
或者 人們 空虛 禮儀 **位**
或有一等[6]人們[7]在虛套禮[8]上,（5a1）

4-19 udu dembei habqihiyan bi-qibe,
雖然 極爲 親熱 有-**讓**
雖然甚寔[9]响快,（5a1）

4-20 aikabade ini baru emu gvnin mujilen -i baita be hebde-ne-qi,
如果 他.**屬** 向 一 想法 心 **屬** 事情 **賓** 商量-去-**條**

---

1 盛：注音本、劉東山本作“想”。
2 i：永魁齋本、二酉堂本、三槐堂乙本、宏文閣本、品經堂本、劉東山本後有i。
3 奏：注音本、劉東山本作“做”。
4 的：劉東山本無此字。
5 呀：劉東山本無此字。
6 等：日常本後有“的”。
7 們：劉東山本無此字。
8 禮：品經堂本、劉東山本作“理”。
9 寔：注音本、劉東山本作“是”。

倘若望着[1]他去[2]商量一件心腹[3]的事兒，（5a2）

4-21　damu oilori deleri se-me jabu-mbi，

只是　上面　表面　**助-并**　回答-**現**

只是[4]浮面皮兒的[5]答應，（5a3）

4-22　tere gese-ngge oqi，

那個　樣子-**名**　若是

若像那樣的[6]，（5a3）

4-23　ai amtangga。

什麽　有趣

有什麽趣兒。（5a3-4）

第5條

5-1[A]　sikse si aibi-de gene-he bihe?

昨天　你　哪裏-**與**　去-**完**　**過**

昨日你往[7]那裏去來着?（5a5）

5-2　bi niyalma[8] takvra-fi simbe soli-me gana-bu-qi，

我　人　差遣-**順**　你.**賓**　邀請-**并**　去取-**使-條**

我使了人[9]去請你，（5a5-6）

1　着：劉東山本無此字。

2　去：三槐堂乙本、宏文閣本、劉東山本無此字。

3　腹：三槐堂乙本、宏文閣本作“復”。

4　是：劉東山本作“在”。

5　兒的：劉東山本作“上”。三槐堂乙本、宏文閣本無“的”。

6　的：劉東山本無此字。

7　往：三槐堂乙本、宏文閣本作“望”。

8　niyalma：三槐堂乙本、宏文閣本、劉東山本後有be。

9　人：三槐堂乙本、宏文閣本無此字。

5-3 sini bou-i niyalma, simbe bou-de akv gvwabsi gene-he se-he,

你.屬 家-屬 人 你.賓 家-位 否 別處 去-完 說-完

你的家人説你没在家往别處去了,(5a6-5b1)

5-4 bi simbe bodo-qi,

我 你.賓 計算-條

我算計着你,(5b1)

5-5 ainqi meni[1] bou-de ji-mbi dere se-me,

恐怕 我們.屬 家-與 來-現 吧 助-并

想[2]必[3]是往我們[4]家[5]來了罷,(5b1)

5-6 emu inenggi xun tuhe-tele[6] aliya-qi,

一 日子 太陽 垂下-至 等-條

等了一天直到日頭落[7],(5b2)

5-7 si umai ji-he-kv,

你 完全 來-完-否

你竟没有來,(5b2)

5-8 baibi emu inenggi aliya-ha,

白白 一 日子 等-完

白等了一日,(5b2-3)

5-9 gvwa emu baita de gene-ki se-qi,

其他 一 事情 與 去-祈 想-條

---

1 meni:劉東山本作mini。

2 想:劉東山本作“像”。

3 必:注音本、劉東山本無此字。

4 們:劉東山本無此字。

5 家:注音本後有“裏”。

6 tuhetele:品經堂本、劉東山本作dositala。

7 落:劉東山本作“入”。

別的一宗[1]事情[2]上[3]要去，（5b3）

5-10 geli simbe ji-derahv se-mbi,

又 你.賓 來-虛 助-現

又恐怕你來，（5b3-4）

5-11 absi gvnin baibu-ha[4] ni。

何其 心 必要-完 呢

狠糟[5]了心了呢。（5b4）

5-12[B] age sini ere uthai waka o-ho-bi,

阿哥 你.屬 這個 就 錯誤 成爲-完-現

阿哥你這就不是了，（5b4-5）

5-13 we ya de emu hexu haxu -i baita akv ni,

誰 誰 位 一 冗雜 冗雜 屬 事情 否 呢

誰[6]没[7]一[8]個冗雜的事兒[9]呢[10]，（5b5-6）

5-14 damu weri bou-de feliye-mbi-u?

只是 别人 家-與 行走-現-疑

只是往[11]人家行走麽?（5b6）

---

1 宗：劉東山本作“件”。

2 情：注音本、劉東山本無此字。

3 上：劉東山本後有“説”。

4 gvnin baibuha：此爲固定用法，意爲“用心了，費心了”。

5 糟：劉東山本“操”。

6 誰：劉東山本作“家”。

7 没：注音本、劉東山本後有“有”。

8 一：劉東山本無此字。

9 兒：劉東山本無此字。

10 呢：注音本無此字。

11 往：三槐堂乙本、宏文閣本後有“别”。

5-15 tere anggala mini beye xuntuhule[1] alban de ka-me jabdu-ra-kv bime,
那個 而且 我.屬 身體 整天 官員 位 當差-并 趕上-未-否 而且
况且我的[2]身子整日甲[3]應答差事[4]不得閑兒[5]，（5b6-6a1）

5-16 weri qisui baita de[6] dana-me gene se-qi,
別人 私人 事情 位 干涉-并 去.祈 助-條
再教[7]去[8]管別人家的[9]私事[10]，（6a1-2）

5-17 giyanakv xolo bi-u?
能有 閑暇 有-疑
也[11]能有工夫的[12]麽？（6a2）

第6條

6-1[A] bi sinde yandu-ha baita be,
我 你.與 委託-完 事情 賓
我煩你的事，（6a3）

6-2 si tede hendu-he-bi-u?
你 他.與 説-完-現-疑

---

1 xuntuhule：三槐堂乙本、宏文閣本、品經堂本、劉東山本作xuntuhuni。
2 的：三槐堂乙本、宏文閣本無此字。
3 甲：注音本、劉東山本作“間”。
4 事：劉東山本作“使”。
5 兒：劉東山本無此字。
6 baita de：三槐堂乙本、宏文閣本作baitade。
7 教：注音本、劉東山本作“叫”。
8 去：注音本、劉東山本無此字。
9 家的：劉東山本無此二字。
10 事：注音本、劉東山本後有“去”。
11 也：注音本、劉東山本無此字。
12 的：三槐堂乙本、宏文閣本、品經堂本、注音本、劉東山本無此字。

你合他説了麼?（6a3）

6-3 terei[1] gvnin be tuwa-qi o-mbi-u o-jora-kv-n?

他.屬 心思 賓 看-條 可以-現-疑 可以-現-否-疑

看他的[2]意思使得使不得?（6a3-4）

6-4[B] bi tede hendu-he-bi,

我 他.與 説-完-現

我已是[3]合他説了,（6a4）

6-5 ini hendu-re-ngge,

他.屬 説-未-名

他説的話[4],（6a4）

6-6 emu niyalma-i[5] baita oqi,

一 人-屬 事情 若是

若是一個人的事,（6a5）

6-7 kemuni ja bi-he,

還 容易 有-完

還容易來着,（6a5）

6-8 geren -i baita o-joro jakade umesi mangga,

衆人 屬 事情 成爲-未 因爲 非常 難

因爲[6]是衆人的事甚難,（6a5-6）

---

1 terei：三槐堂乙本、宏文閣本作tere。

2 的：劉東山本無此字。

3 已是：注音本、劉東山本無此二字。

4 話：劉東山本無此字。

5 niyalmai：劉東山本作niyalma -i。

6 爲：注音本、劉東山本無此字。

6-9 elheken -i oso， ume hahila-ra se-he。

慢慢 工 成爲.祈 不要 着急-未 説-完

説教[1]慢々[2]的别急了。（6a6）

6-10 bi geli ere baita be jiduji atanggi teni yargiyan[3] mejige

我 又 這個 事情 賓 到底 什麽時候 纔 確實 消息

baha-ra se-me inde fonji-qi，

得到-未 助-并 他.與 問-條

我又問他這個事情[4]到底幾時纔得實信，（6a6-6b2）

6-11 ini gisun，

他.屬 話

他的話，（6b2）

6-12 mejige baha-qi，

消息 得到-條

説是一得信，（6b2）

6-13 sinde bene-bu-qi uthai waji-ha，

你.與 送-使-條 就 完結-完

給你送去就完了，（6b2-3）

6-14 aiseme emdubei fonji-mbi se-he。

爲什麽 頻頻 問-現 助-完

不[5]必儘着問。（6b3）

---

1 教：注音本、劉東山本作“叫”。

2 慢々：注音本、劉東山本作“緩緩”。

3 yargiyan：劉東山本後有i。

4 情：劉東山本無此字。

5 不：品經堂本作“何”。

6-15 bi ini arbun be tuwa-qi,

我 他.**屬** 態度 **賓** 看-**條**

我看他的光景兒[1],（6b3-4）

6-16 inu baita be sarta-bu-re niyalma waka,

又 事情 **賓** 耽誤-**使**-**未** 人 不是

也不是誤事的人,（6b4）

6-17 si damu mujilen be sulakan[2] sinda,

你 只管 心 **賓** 輕鬆 放.**祈**

你只管把心放寬着,（6b4-5）

6-18 sini baita be mute-bu-qi uthai waji-ha,

你.**屬** 事情 **賓** 完成-**使**-**條** 就 完結-**完**

把你的事情[3]成就了就完了,（6b5）

6-19 ede ai labdu[4] kenehunje-re ba-bi。

這.**位** 什麼 多 懷疑-**未** 地方-有

這有什麼多疑[5]的去處。（6b5-6）

第7條

7-1[A] si naranggi mimbe aibi-de gene se-mbi,

你 到底 我.**賓** 哪裏-**與** 去.**祈** **助**-**現**

你到底是[6]教[7]我往那裏去,（7a1）

---

1 兒：注音本、劉東山本無此字。

2 sulakan：注音本、劉東山本後有i。

3 情：注音本、劉東山本無此字。

4 labdu：三槐堂乙本、宏文閣本、注音本、劉東山本無此詞。

5 多疑：注音本、劉東山本作“疑惑”。

6 是：劉東山本無此字。

7 教：三槐堂乙本、宏文閣本、注音本、劉東山本作“叫”。

7-2 gaitai uttu o-ki se-mbime,
突然 這樣 成爲-**祈** **助**-而且
忽然要[1]這們着[2],（7a1）

7-3 holkonde geli tuttu o-ki se-mbi,
忽然 又 那樣 成爲-**祈** **助**-**現**
忽[3]然又要[4]那們着[5],（7a2）

7-4 absi toktohon akv bai,
何其 定準 **否** 吧
好没個[6]定準罷[7],（7a2）

7-5 emu akdun gisun bi-qi,
一 忠信 話語 有-**條**
若有一句結實話,（7a3）

7-6 gvwa niyalma inu dahame yabu-re-de[8] ja se-qina。
其他 人 也 跟隨 施行-**未**-**位** 容易 **助**-**祈**
别人也容易隨着行。（7a3-4）

7-7[B] ere gese angga ubaxakv niyalma geli bi-ni,
這個 樣子 嘴 反復無常 人 也 有-呢
這樣口嘴反覆[9]的人也有呢,（7a4）

---

1 要：日常本作“又”。劉東山本無此字。
2 着：劉東山本作“説”。
3 忽：劉東山本作“猛”。
4 要：劉東山本無此字。
5 着：劉東山本作“説”。
6 個：劉東山本作“有”。
7 罷：注音本作“擺”。
8 yaburede：三槐堂乙本、宏文閣本、劉東山本作yabure de。
9 覆：注音本作“復”。

7-8 sini beye gene-ki se-he dabala,

你.屬 自己 去-祈 想-完 罷了

是你自己說要去罷咧，（7a4-5）

7-9 we simbe gene se-he,

誰 你.賓 去.祈 說-完

誰說教[1]你去來[2]，（7a5）

7-10 te bi-qibe[3] gene-ra-kv niyalma be,

現在 有-讓 去-未-否 人 賓

譬如今把不去的人，（7a5-6）

7-11 ergele-tei gene se-qi o-mbi-u?

强迫-極 去.祈 助-條 可以-現-疑

强[4]壓派着教[5]去使得麽？（7a6）

7-12 niyalma-i[6] hendu-re balame,

人-屬 說-未 雖然

可是人說的，（7a6）

7-13 niyalma be sa-ha-ngge getuken,

人 賓 知道-完-名 清楚

傍觀者清，（7b1）

7-14 beye-be sa-ha-ngge hvlhi se-he-ngge[7] kai,

自己-賓 知道-完-名 糊塗 助-完-名 啊

---

1 教：三槐堂乙本、宏文閣本、注音本、劉東山本作“叫”。

2 來：品經堂本後有“着”。

3 te biqibe：此爲固定用法，意爲“比如説”。

4 强：注音本、劉東山本無此字。

5 教：三槐堂乙本、宏文閣本、注音本、劉東山本作“叫”。

6 niyalmai：劉東山本作niyalma。

7 sehengge：注音本、劉東山本作sehe。

當局者迷啊，（7b1）

7-15 yaya baita de damu beye-i qihakv ba-be，

所有 事情 位 只是 自己-屬 不舒服 地方-賓

凡事只把己所不欲的去處，（7b2）

7-16 inu niyalma de ume isibu-re o-qi，

也 人 與 不要 達到-未 成爲-條

也別施之於人，（7b2-3）

7-17 ainqi o-jora-kv se-re ba uthai[1] akv dere。

或許 可以-未-否 助-未 地方 就 否 吧

想[2]必就[3]没了[4]使不得的去[5]處了[6]。（7b3）

第8條

8-1[A] mini emu baita，

我.屬 一 事情

我的[7]一件事情[8]，（7b4）

8-2 baibi yabu-qi o-jora-kv gese，

白白 施行-條 可以-未-否 樣子

白[9]像行不得，（7b4）

---

1 uthai：注音本、劉東山本無此詞。
2 想：劉東山本作“像”。
3 就：注音本、劉東山本無此字。
4 了：注音本、劉東山本作“有”。
5 不得的去：日常本作“得不去的”。
6 處：永魁齋本、三槐堂乙本、宏文閣本無此字。
7 的：劉東山本作“有”。
8 情：三槐堂乙本、宏文閣本、劉東山本無此字。
9 白：注音本作“只”。

8-3 age si gosi-qi,

阿哥 你 疼愛-**條**

阿哥你若是[1]疼愛，（7b4）

8-4 mini funde gene-fi gisure-me[2] mute-bu-he manggi,

我.**屬** 代替 去-**順** 說-**并** 完成-**使**-**完** 以後

替我去説成了，（7b5）

8-5 bi age -i ferguwequke gvnin be aina-ha se-me urgede-ra-kv,

我 阿哥 **屬** 非凡 心意 **賓** 怎麽做-**完** **助**-**并** 辜負-**未**-**否**

我断然不負了[3]阿哥的盛情，（7b5-6）

8-6 urunakv ujen[4] baili isibu-ki。

必定 完全 恩惠 送到-**祈**

必定報答[5]深恩。（7b6-8a1）

8-7[B] ere gemu an -i jergi baita kai,

這個 都 平常 **屬** 種類 事情 啊

這都是平常的事啊，（8a1）

8-8 sini beye gene-fi uthai[6] gisure-mbi dere,

你.**屬** 自己 去-**順** 就 說-**現** 罷了

你[7]自己去説就[8]罷咧，（8a1-2）

---

1 若是：劉東山本無此二字。

2 gisureme：注音本作gisurefi。

3 了：劉東山本無此字。

4 ujen：注音本作ujui。

5 答：三槐堂乙本、宏文閣本作“達”。

6 sini beye genefi uthai：注音本、劉東山本作si uthai beye genefi。

7 你：注音本、劉東山本後有“就”。

8 就：注音本、劉東山本無此字。

8-9 ede niyalma de ai bai-re ba-bi,

這.位 人 位 什麼 求-未 地方-有

這有什麼求人的去處，（8a2）

8-10 tuttu se-me,

那様 説-并

雖然[1]那様説，（8a2-3）

8-11 te doigonde gisure-ra-kv-qi[2] o-jora-kv,

現在 預先 説-未-否-條 可以-未-否

如今不可不預先説下，（8a3）

8-12 aikabade te mute-mbi se-me hendu-fi,

如果 現在 能够-現 助-并 説-順

倘或如今説了能得來，（8a3-4）

8-13 amaga inenggi mute-ra-kv o-ho-de aina-ra,

後來 日子 能够-未-否 成爲-完-位 怎麼做-未

日後不能的時候怎麼着，（8a4）

8-14 te mute-bu-ra-kv se-me hendu-qi[3],

現在 能够-使-未-否 助-并 説-條

如今若説成不來，（8a4-5）

8-15 amaga inenggi mute-bu-he-de geli aina-ra,

後來 日子 能够-使-未-否 又 怎麼做-未

日後成了的時候可又怎麼着，（8a5）

---

1 然：劉東山本作“其”。

2 gisurerakvqi：注音本、劉東山本作gisurerakv oqi。

3 henduqi：注音本作hendufi。

8-16 giyan be bodo-me o-ho-de,

道理 **賓** 籌算-**并** 成爲-**完**-**位**

論[1]起理來的時候[2]，（8a6）

8-17 bi esi mutere-i teile[3] faxxa-qi[4]。

我 當然 能力-**屬** 只有 努力-**條**

我自[5]然儘着量[6]兒吧嗐[7]。（8a6）

8-18 talu de[8]，sini baita be mute-bu-qi，

偶然 **位** 你.**屬** 事情 **賓** 實現-**使**-**條**

万一[9]若[10]能成你的事，（8b1）

8-19 si inu ume urgunje-re。

你 也 不要 歡喜-**未**

你也別喜歡。（8b1）

8-20 sini baita be mute-bu-ra-kv oqi，

你.**屬** 事情 **賓** 實現-**使**-**未**-**否** 若是

若不能成你的事，（8b2）

8-21 si inu ume usha-ra。

你 也 不要 發怒-**未**

你也別惱。（8b2）

---

1 論：注音本前有“若”。

2 的時候：注音本、劉東山本無此三字。

3 muterei teile：此爲固定形式，意爲“儘量，盡力”。

4 faxxaqi：注音本、劉東山本作faxxambi。

5 自：三槐堂乙本、宏文閣本無此字。

6 量：注音本、劉東山本作“力”。

7 吧嗐：注音本作“巴結”。劉東山本作“吧結”。

8 taru de：劉東山本作tarude。

9 一：劉東山本作“以”。

10 若：三槐堂乙本、宏文閣本無此字。

8-22 uttu ohode,

這樣 若

若[1]是這們樣的時候[2],（8b2-3）

8-23 bi teni sini funde gene-fi faxxa-qi o-mbi。

我 纔 你.**屬** 代替 去-**順** 努力-**條** 可以-**現**

我纔可以替你去吧喏[3]。（8b3）

第9條

9-1[A] bi age be tafula-ha-ngge,

我 阿哥 **賓** 勸諫-**完**-**名**

我勸阿哥的,（8b4）

9-2 simbe sain o-kini,

你.**賓** 好 成爲-**祈**

是教[4]你好,（8b4）

9-3 ehe taqi-rahv se-re gvnin,

壞 學-**虛** 助-**未** 心思

恐怕學壞[5]了的意思,（8b4）

9-4 giyan de aqana-ra gese oqi,

道理 **與** 相合-**未** 樣子 若是

若像[6]合乎理,（8b5）

---

1 若：注音本作"要"。

2 這們樣的時候：注音本作"這們着"。劉東山本作"這樣"。

3 吧喏：注音本作"巴結"。劉東山本作"吧結"。

4 教：注音本、劉東山本作"叫"。

5 壞：三槐堂乙本、宏文閣本作"懷"。

6 像：劉東山本作"是"。

9-5 si uthai dahame yabu。

你 就 順從 執行.**祈**

你就依着行。（8b5）

9-6 giyan de aqana-ra-kv oqi，

道理 **與** 相合-**未-否** 若是

若是[1]不合[2]理，（8b5-6）

9-7 uthai naka。

就 停止.**祈**

就罷。（8b6）

9-8 simbe ofi，

你.**賓** 因爲

因爲是你，（8b6）

9-9 bi teni uttu gisure-re dabala。

我 纔 這樣 説-**未** 罷了

我纔這樣説罷咧。（8b6-9a1）

9-10 gvwa de bi-he biqi，

别人 **位** 有-**完** 若是

若是[3]别人，（9a1）

9-11 bi inu ere gese[4] gisure-ra-kv bihe。

我 也 這 樣子 説-**未-否** 過

我也不這樣説[5]。（9a1-2）

---

1 是：劉東山本無此字。

2 合：劉東山本後有“乎”。

3 是：日常本作“失”。

4 ere gese：注音本、劉東山本作uttu。

5 説：品經堂本、劉東山本後有“來着”。

9-12[B] eqi ai,

正是 什麽

可不是什[1]麽,(9a2)

9-13 age si se-re-ngge gvnin sa-ha guqu ofi,

阿哥 你 説-**未**-**名** 心 知道-**完** 朋友 因爲

皆因阿哥你是知心的朋友,(9a2)

9-14 teni uttu tafula-ra dabala。

纔 這樣 勸諫-**未** 罷了

纔這樣勸罷咧。(9a2-3)

9-15 aikabade arsari guqu oqi[2],

如果 尋常 朋友 若是

倘若是平常些兒[3]的朋友,(9a3)

9-16 niyalma -i[4] endebuku be sa-ha manggi,

人 **屬** 過錯 **賓** 知道-**完** 以後

見了人的過失,(9a3-4)

9-17 tafula-ra-kv se-re anggala,

勸諫-**未**-**否** 助-**未** 而且

不但説不勸,(9a4)

9-18 hono basu-mbi-kai。

還 嘲笑-**現**-啊

還要笑話呢。(9a4-5)

---

1 什:注音本無此字。

2 oqi:注音本作ofi。

3 些兒:劉東山本無此二字。三槐堂乙本、宏文閣本、注音本作"兒"。

4 niyalma -i:三槐堂乙本、宏文閣本、注音本作niyalmai。

9-19 donji-qi tondo-i gisun xan de iqakv bi-qibe,

聽-條 公正-屬 話 耳朵 位 逆 有-讓

嘗[1]听見説忠言逆耳，（9a5）

9-20 yabun de tusa,

行爲 位 益處

有益於行[2]，（9a6）

9-21 sain okto angga de gosihon bi-qibe,

好 藥 嘴 位 苦 有-讓

良藥苦口[3]，（9a6）

9-22 nimeku de tusa se-he-bi。

病 位 益處 助-完-現

有益於病[4]。（9a6-9b1）

9-23 gemu age -i adali,

都 阿哥 屬 一樣

都[5]像阿哥，（9b1）

9-24 guquse de sain ningge,

朋友 位 好 人

合朋友們[6]好的，（9b1）

9-25 giyanakv udu bi。

能有 幾個 有

---

1 嘗：三槐堂乙本、宏文閣本、注音本、劉東山本作“常”。

2 有益於行：劉東山本作“于行有益”。

3 口：日常本無此字。

4 有益於病：劉東山本作“于病有益”。

5 都：日常本後有“都”。

6 們：注音本無此字。

能有幾個。（9b2）

第10條

10-1[A] erebe sain se-qi o-jora-kv,

這個.賓 好 説-條 可以-未-否

這個説不得好，（9b3）

10-2 ere-qi sain ningge ai yada-ra,

這個-從 好 東西 什麼 稀少-未

比這個好的有什麼缺少，（9b3）

10-3 ere-be sain se-ra-kv oqi,

這個-賓 好 説-未-否 若是

若把這個不肯説好[1]，（9b4）

10-4 geli ai gese-ngge be sain se-mbi。

又 什麼 樣子-名 賓 好 説-現

再説[2]什麼樣兒[3]的[4]好[5]。（9b4）

10-5[B] si umesi sain ningge be sabu-ha-kv ofi,

你 非常 好 東西 賓 看見-完-否 因爲

因爲你没有[6]看見着實好的，（9b5）

10-6 teni ere-be sain se-re dabala。

纔 這個-賓 好 説-未 罷了

1 不肯説好：注音本、劉東山本作“説不好”。
2 説：注音本、劉東山本作“把”。
3 兒：注音本、劉東山本無此字。
4 的：注音本、劉東山本後有“説”。
5 好：日常本後有“罷咧”。
6 因爲你没有：日常本作“倘若是”。

纔説這個好罷咧。（9b5-6）

10-7 ere-qi sain ningge be sabu-ha se-he-de,

這個-從 好 東西 賓 看見-完 助-完-位

倘若是[1]看見了[2]比這個好的[3]，（9b6）

10-8 geli tere-be sain se-mbime,

又 那個-賓 好 説-而且

又要説那個好，（9b6-10a1）

10-9 ere-be sain se-ra-kv kai。

這個-賓 好 説-未-否 啊

不肯説這个好了啊[4]。（10a1）

10-10 sain jaka se-re-ngge,

好 東西 説-未-名

説起[5]好東西來[6]，（10a1）

10-11 yaya qi enqu,

所有 從 別的

比是什麽另一个樣兒[7]，（10a1-2）

10-12 musei[8] teile sain se-re-ngge waka,

咱們.屬 只是 好 説-未-名 不是

不止咱們説好，（10a2）

---

1 是：三槐堂乙本、宏文閣本、注音本、劉東山本無此字。

2 了：注音本、劉東山本無此字。

3 纔説這個好罷咧，倘若是看見了比這個好的：日常本無此二句。

4 啊：劉東山本無此字。

5 説起：注音本作“若是”。

6 來：注音本、劉東山本無此字。

7 是什麽另一个樣兒：注音本、劉東山本作“别者另様”。

8 musei：劉東山本作muse。

10-13 niyalma tome sabu-fi buye-ra-kv-ngge akv,

人 每 看見-順 愛-未-否-名 否

人々看見没有不愛的，（10a2-3）

10-14 tere-be teni sain jaka se-qi o-joro dabala。

那-賓 纔 好 東西 説-條 可以-未 罷了

那纔可以説的[1]起是[2]好東西罷咧。（10a3）

10-15 sain ehe ningge be ilga-bu-ra-kv oqi,

好 壞 東西 賓 區别-使-未-否 若是

若不分别一个好歹，（10a4）

10-16 bireme gemu sain se-qi geli o-mbi-u?

一律 都 好 説-條 也 可以-現-疑

一概都説好也使得麽?（10a4-5）

第11條

11-1[A] bi ini gisun -i mudan be donji-qi,

我 他 話語 屬 音 賓 聽-條

我听他的話音兒，（10a6）

11-2 sinde aika jaka bai-ki se-re gese。

你.與 什麼 東西 求-祈 助-未 樣子

像要合你尋什麼東西。（10a6-10b1）

11-3[B] i minde ai jaka bai-ki se-re,

他 我.與 什麼 東西 求-祈 助-未

他要合我尋什麼東西，（10b1）

---

1 的：注音本、劉東山本作“得”。

2 是：劉東山本後有“個”。

11-4 minde umai bai-qi aqa-ra jaka akv kai。

我.與 完全 求-**條** 應該-**未** 東西 **否** 啊

我并没有可尋的東西啊[1]。（10b1-2）

11-5[A] gvni-qi sinde urunakv bi-sire jaka be，

想-**條** 你.**與** 必定 有-**未** 東西 **賓**

想來你必然有的東西，（10b2）

11-6 i teni bai-ki se-re dabala，

他 纔 求-**祈** 説-**未** 罷了

他纔説要尋罷咧，（10b2-3）

11-7 akv ekiyehun jaka be bai-re ai-bi，

否 缺少 東西 **賓** 求-**未** 什麽-有

没有缺少的東西尋什麽，（10b3）

11-8 damu i[2] emgeri sinde bai-ki se-he-be dahame，

但是 他 一次 你.與 求-**祈** 説-**完**-**賓** 順從

但只是他既然一遭説要合你尋，（10b4）

11-9 si uthai tede bu-qina。

你 就 他.**與** 給-**祈**

你就給他是呢[3]。（10b4-5）

11-10[B] ere uthai ferguwequke se-qina，

這 就 奇怪 **助**-**祈**

這就奇了，（10b5）

---

1 啊：注音本作“呀”。劉東山本無此字。

2 i：注音本作si。

3 是呢：注音本、劉東山本無此二字。

11-11 minde bi-sire-ngge oqi,

我.與 有-未-名 若是

我若是有的，（10b5）

11-12 inde bu-mbi[1] dere[2]。

他.與 給-現 吧

給他罷咧。（10b6）

11-13 minde umai akv ba-de,

我.與 完全 否 地方-未

我并没有，（10b6）

11-14 mimbe ai-be bu se-mbi,

我.賓 什麽-賓 給.祈 助-現

教[3]我給什麽，（10b6-11a1）

11-15 akvqi mimbe uda-fi inde bu se-mbi-u?

不然 我.賓 買-順 他.與 給.祈 助-現-疑

莫不是教[4]我買了[5]給他麽？（11a1）

11-16 ere ainahai[6] o-mbi-ni,

這 未必 可以-現-呢

這怎麽[7]使得呢，（11a1）

11-17 bi hono faqihiyaxa-me ne baba-de bai-re ba-de,

我 還 着急-并 現在 各處-位 求-未 地方-位

---

1 bumbi：注音本、劉東山本作bure。

2 dere：注音本、劉東山本作dabala。

3 教：注音本、劉東山本作“叫”。

4 教：注音本、劉東山本作“叫”。

5 了：劉東山本後有“來”。

6 ainahai：劉東山本作ainaha。

7 怎麽：注音本、劉東山本作“未必”。

我還着急現在各處裏尋，（11a2）

11-18 elemangga minde bai-mbi se-re-ngge，

反而 我.與 求-現 説-未-名

反倒[1]説[2]合我尋，（11a2-3）

11-19 jaqi kouli akv se-qina。

太 道理 否 助-祈

太没有[3]規矩罷。（11a3）

11-20 ishunde gilja-me gvni-qi，

互相 體諒-并 想-條

彼此若是[4]體諒[5]，（11a3）

11-21 teni guqu -i[6] doro dabala，

纔 朋友 屬 道理 罷了

纔是朋友的道禮[7]罷咧，（11a3-4）

11-22 damu niyalma be koro ara-fi，beye de[8] tusa ara-ki se-qi o-mbi-u?

只是 人 賓 怨恨 做-順 什麼 位 利益 做-祈 助-條 可以-現-疑

只要損人利己使[9]得麼?（11a4-5）

11-23 ere uthai ainahai o-mbi-ni。

這 就 未必 可以-現-呢

---

1 倒：注音本、劉東山本作“到”。

2 説：三槐堂乙本、宏文閣本無此字。

3 没有：注音本、劉東山本作“無”。

4 若是：注音本、劉東山本無此二字。

5 諒：劉東山本作“量”。

6 guqu -i：注音本、劉東山本作guqui。

7 禮：注音本、劉東山本、日常本作“理”。

8 beye de：三槐堂乙本、宏文閣本、注音本、劉東山本作beyede。

9 使：日常本後有“使”。

這就未必使得呢。（11a5）

11-24 mini gvnin-de oqi,

我.屬 心思-位 若是

若是[1]依我的主意，（11a5-6）

11-25 i sinde angga juwa-fi bai-ra-kv o-qi waji-ha,

他 你.與 嘴 開-順 求-未-否 成爲-條 完結-完

他不望着[2]你開口尋罷了，（11a6）

11-26 aikabade sini baru bai-me o-ho-de,

如果 你.屬 向 求-并 成爲-完-位

倘若是望着[3]你尋的時候，（11a6-11b1）

11-27 bisirei teile inde aqabu-me bu-qi,

所有 儘量 他.與 符合-并 給-條

儘所有的應付他，（11b1）

11-28 teni inu -i[4] gese。

纔 正確 屬 樣子

纔像是。（11b2）

第12條

12-1[A] giyan -i si ningge[5] oqi,

道理 屬 你 動詞 若是

若該當是你的，（11b3）

---

1 是：劉東山本無此字。

2 着：劉東山本無此字。

3 望着：注音本、劉東山本作“合”。

4 -i：注音本、劉東山本無此詞。

5 si ningge：注音本、劉東山本作siningge。

12-2 si urunakv baha-mbi[1],

你 必定 得-現

你必[2]然得，（11b3）

12-3 temxe-fi aina-mbi。

争-順 做什麽-現

争作什麽。（11b3）

12-4 temxe-qi uthai baha-ra,

争-條 就 得-未

若是[3]争[4]就得[5]，（11b4）

12-5 temxe-ra-kv o-qi uthai baha-ra-kv-n?

争-未-否 成爲-條 就 得到-未-否-疑

不争就不得麽?（11b4）

12-6 sini baha-ra giyan oqi,

你.屬 得到-未 道理 若是

你若是[6]該當得，（11b5）

12-7 uthai temxe-ra-kv seme inu baha-mbi。

就 争-未-否 即使 也 得到-現

總然[7]就不争也[8]得。（11b5）

---

1 bahambi：宏文閣本作bahama。
2 必：日常本後有“定”。
3 若是：劉東山本無此二字。
4 争：劉東山本後有“了”。
5 得：劉東山本作“麽”。
6 是：注音本、劉東山本無此字。
7 總然：注音本、劉東山本無此二字。
8 也：日常本作“能”。

12-8 sini baha-ra giyan waka oqi,

你.屬 得到-未 道理 不是 若是

你若是[1]不該當[2]得,(11b6)

12-9 udu temxe-he se-me inu baha-ra-kv。

雖然 争-完 助-并 也 得到-未-否

總然[3]争了也是[4]不得[5]。(11b6)

12-10 niyalma-i[6] hendu-re balame,

人-屬 説-未 雖然

可是人説的,(12a1)

12-11 anabu-ha niyalma alin be tuwakiya-mbi,

謙讓-完 人 山 賓 看守-現

讓人不是[7]痴,(12a1)

12-12 boxo-bu-ha niyalma bou-be[8] tuwakiya-mbi se-he-bi。

追趕-使-完 人 家-賓 看守-現 助-完-現

過後得便宜。(12a2)

12-13 mini gvnin de[9] oqi,

我.屬 心思 位 若是

若[10]依我的主意,(12a2-3)

---

1 是:注音本、劉東山本無此字。

2 當:劉東山本無此字。

3 然:三槐堂乙本、宏文閣本無此字。

4 是:三槐堂乙本、宏文閣本、注音本無此字。

5 得:日常本後有"的"。

6 niyalmai:劉東山本作niyalma。

7 是:劉東山本作"爲"。

8 boube:三槐堂乙本、宏文閣本、品經堂本、注音本、劉東山本作bou be。

9 gvnin de:劉東山本作gvninde。

10 若:注音本無此字。

12-14 oyombu-ra-kv bi-me baibi niyalma-i baru temxe-re anggala,

要緊-**未-否** 有-**并** 白白 人-**屬** 向 争-**未** 與其

與其没[1]要緊白向人争,（12a3）

12-15 hono emu dere ara-ra de isi-ra-kv,

還 一 臉面 做-**未** **與** 到達-**未-否**

還不如[2]作一[3]个情面,（12a4）

12-16 ai o-qibe,

什麽 成爲-**讓**

憑他怎麽着[4],（12a4）

12-17 ini qisui[5] emu doro giyan bi,

他.**屬** 任意 一 規則 道理 有

自然有一[6]个道理,（12a4-5）

12-18 inu niyalma -i[7] haqihiya-qi o-joro-ngge waka kai。

也 人 **屬** 催促-**條** 可以-**未-名** 不是 啊

可也不是人勉强來[8]得的[9]。（12a5-6）

第13條

13-1[A] si gai-ki se-qi uthai gaisu,

你 拿-**祈** 想-**條** 就 取.**祈**

---

1 没：三槐堂乙本、宏文閣本作“無”。

2 如：日常本作“好”。

3 一：劉東山本無此字。

4 着：注音本、劉東山本無此字。

5 ini qisui：此爲固定用法，意爲“自然而然”。

6 一：劉東山本無此字。

7 niyalma -i：三槐堂乙本、宏文閣本、注音本、劉東山本作niyalmai。

8 來：劉東山本無此字。

9 的：品經堂本後有“啊”。劉東山本作“呀”。

你若是要就拿起來，（12b1）

13-2 te gaija-ra-kv oqi,

現在 取-未-否 若是

若是如今[1]不要，（12b1）

13-3 gvwa gai-ha de,

别人 拿-完 位

别人要了的時候，（12b1-2）

13-4 sini dolo ume ehe gvni-re,

你.屬 心中 不要 壞 想-未

你心裹别不好思量，（12b2）

13-5 tere erin de[2] o-ho manggi,

那個 時候 位 成爲-完 以後

到了那時候，（12b2-3）

13-6 si aliya-me gvni-ha[3] se-me inu amqa-ra-kv o-mbi[4],

你 等-并 想-完 助-并 也 趕上-未-否 成爲-現

你後悔也不[5]及了，（12b3）

13-7 udu gai-ki se-he se-me inu baha-ra-kv kai。

即使 拿-祈 説-完 助-并 也 得到-未-否 啊

總然説要也不得呀[6]。（12b3-4）

1 若是如今：注音本、劉東山本作“如今若是”。

2 erin de：注音本、劉東山本作erinde。

3 aliyame gvniha：三槐堂乙本、宏文閣本作aliyaha。

4 ombi：注音本、劉東山本作oho。

5 不：三槐堂乙本、宏文閣本無此字。

6 呀：注音本無此字。

13-8[B] hvwanggiya-ra-kv,

妨礙-**未**-**否**

不妨事，（12b4）

13-9 ere emgeri mini-ngge o-ho kai,

這個 一次 我.**屬**-**名** 成爲-**完** 啊

這个[1]已經一遭[2]是我的了[3]，（12b4-5）

13-10 we ai gelhun akv[4] ji-fi, mini ejele-he jaka be gai-mbi,

誰 什麽 敢 **否** 來-**順** 我.**屬** 佔據-**完** 東西 **賓** 拿-**現**

誰敢來要我占下的東西，（12b5-6）

13-11 si hon haira-ra gese oqi,

你 非常 愛惜-**未** 樣子 若是

你若是[5]狠捨不得的[6]様兒，（12b6）

13-12 uthai jou bai[7],

就 算了 吧

就罷呀[8]，（12b6-13a1）

13-13 qihanggai bu-re oqi,

情願 給-**未** 若是

若是情願給，（13a1）

---

1 个：劉東山本無此字。

2 一遭：三槐堂乙本、宏文閣本、注音本、劉東山本無此二字。

3 了：品經堂本後有“啊”。

4 gelhun akv：此爲固定用法，雖有否定成分akv，但整體意思爲“敢”。

5 是：劉東山本無此字。

6 的：劉東山本無此字。

7 jou bai：劉東山本作joubai。

8 呀：劉東山本無此字。

13-14 gai-qi inu amtangga dere,

拿-條 也 有趣 吧

要着也有趣[1]兒罷咧[2]，（13a1）

13-15 umai qihakv ba-de,

完全 不舒服 地方-位

并不情愿，（13a2）

13-16 gai-ha se-me ai[3] amtangga。

拿-完 助-并 什麽 趣味

總然[4]要了[5]有什麽味兒。（13a2）

第14條

14-1[A] si tede hendu,

你 他.與 説.祈

你合他説，（13a3）

14-2 jiduji bu-mbi-u bu-ra-kv-n?

到底 給-現-疑 給-未-否-疑

到底給不給？（13a3）

14-3 bu-re gese oqi,

給-未 樣子 若是

若像个[6]給的[7]，（13a3）

1 趣：劉東山本作“味”。

2 罷咧：注音本、劉東山本無此二字。

3 ai：三槐堂乙本、宏文閣本無此詞。

4 總然：劉東山本無此二字。

5 了：劉東山本作“着”。

6 像个：注音本、劉東山本作“是説”。

7 的：注音本、劉東山本無此字。

14-4 niyalma inu baha-mbi[1] se-me ere-me gvni-mbi。

人 也 得到-現 助-并 希望-并 想-現

人也指望着想得。（13a3-4）

14-5 qananggi bu-mbi se-qi[2] bu-he-kv，

前天 給-現 説-條 給-完-否

前日説給没有給，（13a4）

14-6 sikse bu-mbi se-qi[3] geli bu-he-kv。

昨天 給-現 説-條 又 給-完-否

昨日説給又没有[4]給[5]。（13a5）

14-7 si bu-ra-kv oqi inu o-kini，

你 給-未-否 若是 也 成爲-祈

你若是[6]不給也罷，（13a5）

14-8 damu emu yargiyan -i[7] mejige isibu-qi，

只是 一 確實 屬 消息 送-條

只給一[8]个實在信，（13a6）

14-9 kemuni majige yebe。

還 稍微 好

也還好些。（13a6）

---

1 bahambi：三槐堂乙本、品經堂本、注音本、劉東山本作bahara。

2 seqi：注音本、劉東山本作seme。

3 seqi：注音本、劉東山本作seme。

4 有：劉東山本無此字。

5 給：日常本此後約1頁（13-5“那時候”—14-6“昨日説給又没有給”）的内容重複出現。

6 是：劉東山本無此字。

7 -i：注音本無此詞。

8 一：注音本無此字。

14-10 baibi enenggi qimari se-me anata-ra-ngge,
平白 今天 明天 **助-并** 推託-**未**-**名**
平白的今日明日的[1]推，（13a6-13b1）

14-11 qohome niyalma be eitere-re-ngge se-qina。
特意 人 **賓** 欺騙-**未**-**名** **助**-**讓**
竟是哄人[2]。（13b1-2）

14-12 bu-re bu-ra-kv de ai-bi,
給-**未** 給-**未**-**否** **位** 什麼-有
給不給何妨，（13b2）

14-13 emu kengse lasha[3] gisun bi-qi,
一 果斷 爽快 話語 有-**條**
若有一句剪决[4]話，（13b2）

14-14 niyalma inu gasa-ra ba akv。
人 也 抱怨-**未** 地方 否
人也没有報怨的去處。（13b3）

14-15 damu angga-i iqi gisure-he gojime,
只是 嘴-**屬** 順從 説-**完** 雖然
只顧信着嘴[5]説出來，（13b3-4）

14-16 amaga inenggi aqana-ra aqana-ra-kv ba-be inu majige bodo-ra-kv o-qi,
後來 日子 符合-**未** 符合-**未**-**否** 地方-**賓** 也 稍微 籌算-**未**-**否** 成爲-**條**

---

1 的：注音本、劉東山本無此字。

2 人：品經堂本後有“罷”。

3 lasha：注音本後有i。

4 剪决：注音本作“簡决”。劉東山本作“簡断”。

5 嘴：劉東山本後有“兒”。

也不算計一算計[1]日後應不應，（13b4-5）

14-17 ere-be geli akdun bi-sire niyalma se-qi o-mbi-u?

這-賓 又 忠信 有-未 人 説-條 可以-現-疑

這也稱得起[2]是[3]有信實的人麽？（13b6）

第15條

15-1[A] ere gemu siden -i baita，

这 都 公事 屬 事情

這都是公事，（13b6）

15-2 qisui baita de duibule-qi o-jora-kv。

私自 事情 與 比較-條 可以-未-否

比不得私事。（13b6）

15-3 qisui baita oqi，

私自 事情 若是

若是私事，（14a1）

15-4 kemuni ainame ainame o-qi o-joro[4]。

還 敷衍 敷衍 成爲-條 可以-未

還可以胡哩媽哩[5]使得。（14a1）

15-5 siden -i baita de oqi[6]，

公事 屬 事情 位 若是

1 一算計：劉東山本無此三字。

2 稱得起：注音本、劉東山本作“算得”。

3 是：劉東山本後有“個”。

4 ojoro：注音本作ombi。

5 哩媽哩：注音本作“里瑪里”，劉東山本作“里嗎里”，日常本作“哩嗎哩”。劉東山本後有“的”。

6 oqi：注音本、劉東山本無此詞。

若[1]在公事上，（14a1-2）

15-6 majige[2] gvnin de[3] tebu-ra-kv heulede-fi[4],

稍微 心思 **位** 留-**未**-**否** 怠慢-**順**

些[5]須不留心懈怠了，（14a2）

15-7 baita tuqi-ke manggi ja akv kai。

事情 出-**完** 以後 容易 **否** 啊

事情出來了不[6]輕啊。（14a2-3）

15-8 we ali-me gai-mbi,

誰 接受-**并** 取-**現**

誰肯[7]應承，（14a3）

15-9 si ali-me gai-mbi-u?

你 接受-**并** 取-**現**-**疑**

你應承啊[8]？（14a3-4）

15-10 bi ali-me gai-mbi-u?

我 接受-**并** 取-**現**-**疑**

我應承啊[9]？[10]（14a4）

15-11 eiqi sinde ala-ha-kv se-mbi-u?

或者 你.**與** 告訴-**完**-**否** 說-**現**-**疑**

---

1 若：注音本無此字。

2 majige：注音本、劉東山本前有aika。

3 gvnin de：劉東山本作gvninde。

4 heuledefi：注音本、劉東山本作heuledeqi。

5 些：注音本作“若是”。

6 不：三槐堂乙本、宏文閣本無此字。

7 肯：劉東山本無此字。

8 啊：劉東山本作“嗎”。

9 啊：劉東山本作“嗎”。

10 你應承啊，我應承啊：日常本無此二句。

或是説没有[1]告訴你啊[2]？（14a4）

15-12 eiqi simbe donji-ha-kv se-mbi-u?

或者 你.賓 聽-完-否 説-現-疑

或是説你没有[3]听見啊[4]？（14a5）

15-13 eiqi simbe donji-ra-kv se-mbi-u?

或者 你.賓 聽-未-否 説-現-疑

或是説你不肯听啊[5]？（14a5）

15-14 dekdeni hendu-he-ngge sain,

俗語 説-完-名 好

常言道的好，（14a6）

15-15 angga jalu axu,

嘴 滿 含.祈

滿口含，（14a6）

15-16 angga jalu ume[6] gisure-re se-he-bi。

嘴 滿 不要 説-未 説-完-現

莫要滿口言。（14a6-14b1）

15-17 oihorila-qi o-mbi-u?

輕視-條 可以-現-疑

若[7]輕慢使[8]得麼？（14b1）

---

1 有：三槐堂乙本、宏文閣本、劉東山本無此字。

2 啊：劉東山本作“麽”。

3 有：注音本、劉東山本無此字。

4 啊：劉東山本作“麽”。

5 啊：劉東山本作“麽”。

6 angga jalu ume：注音本、劉東山本作ume angga jalu。

7 若：注音本、劉東山本無此字。

8 使：注音本、劉東山本無此字。

第16條

16-1[A] suwe tede aqa-na-qi[1],

你們 他.與 見面-去-條

你們若是去見他[2]，（14b2）

16-2 mimbe guile-fi sasa yo-ki,

我.賓 約請-順 一起 去-祈

會着我一齊[3]兒走，（14b2）

16-3 bi bou-de suwembe aliya-ra。

我 家-位 你們.賓 等-未

我在家裏等着你們。（14b2-3）

16-4 saikan[4] eje,

好好 記住.祈

好生記着，（14b3）

16-5 mini ere jergi gisun be ume onggo-ro。

我.屬 這個 種類 話語 賓 不要 忘-未

别忘[5]了我這些話。（14b3-4）

16-6[B] be simbe guile-nji-qi o-jora-kv kai,

我們 你.賓 約請-來-條 可以-未-否 啊

我們[6]來會不得你啊[7]，（14b4）

---

1 aqanaqi：注音本作aqanafi。

2 去見他：日常本作“見他去”。

3 齊：劉東山本作“起”。

4 saikan：劉東山本後有i。

5 忘：三槐堂乙本、宏文閣本作“望”。

6 們：日常本無此字。

7 啊：劉東山本作“呀”。

16-7 sini bou te-he-ngge umesi goro,

你.屬 家 住-完-名 非常 遠

你家住的狠遠，（14b4-5）

16-8 geli sini bou-de isinji-tele ai erin o-mbi[1],

又 你.屬 家-與 到來-至 什麼 時候 成爲-現

及[2]再到你家來[3]可是什麼時候[4]，（14b5-6）

16-9 nememe meni gene-re be touka-bu-re de isina-ra-kv-n?

反倒 我們.屬 去-未 賓 耽擱-使-未 位 到達-未-否-疑

不[5]反倒[6]誤了我們去麽[7]?（14b6）

16-10 jai de[8] o-qi,

再 位 成爲-條

二則，（15a1）

16-11 meni gvnin de[9] inu mudali-me yabu-re be sengguwende-re-ngge waka,

我們.屬 心 位 也 拐彎-并 走-未 賓 畏懼-未-名 不是

我們的[10]心裏也不是怕繞着走[11]，（15a1-2）

16-12 damu si gene-ki se-mbime geli gene-ra-kv,

只是 你 去-祈 説-而且 又 去-未-否

---

1 ombi：三槐堂乙本、宏文閣本作oho。

2 及：注音本、劉東山本無此字。

3 來：注音本作“裏”。

4 候：劉東山本後有“了”。

5 不：劉東山本無此字。

6 倒：注音本、劉東山本作“到”。劉東山本後有“不”。

7 麽：日常本無此字。

8 jai de：劉東山本作jaide。

9 gvnin de：劉東山本作gvninde。

10 的：三槐堂乙本、宏文閣本、劉東山本無此字。

11 走：劉東山本後有“的”。

就只是你説要去又不去，（15a2）

16-13 gene-ra-kv bime geli gene-ki se-mbi，

去-未-否 而且 又 去-祈 説-現

不去又説要去，（15a3）

16-14 emdubei amasi julesi niyalma be akabu-mbi，

只顧 返回 往前 人 賓 爲難-現

儘着來回勒掯[1]人，（15a3-4）

16-15 umai toktoho gisun akv，

完全 確定 話語 否

竟[2]没[3]个一定的話，（15a4）

16-16 ere gese uxan faxan de we hami-re。

這 樣子 拉扯 紛亂 位 誰 忍耐-未

像[4]這樣拉々扯々的誰受得。（15a4-5）

第17條

17-1[A] i banitai uttu kai，

他 生來 這樣 啊

他生性是這樣啊[5]，（15a6）

17-2 adarame hala-me mute-mbi。

怎麼 改-并 能够-現

怎麼能改。（15a6）

---

1 掯：劉東山本作“肯”。

2 竟：注音本、劉東山本作“并”。

3 没：劉東山本後有“有”。

4 像：劉東山本無此字。

5 啊：劉東山本無此字。

17-3[B] ai geli,

什麽 又

豈有此理,(15a6)

17-4 banitai uttu oqi,

本性 這樣 若是

生性是[1]這樣,(15a6-15b1)

17-5 uthai hala-qi o-jora-kv ni-u?

就 改-條 可以-未-否 呢-疑

就改不得麽?(15b1)

17-6 enduringge niyalma se-me hono endebuku be dasa-ki se-re ba-de,

聖 人 助-并 還 過錯 賓 治理-祈 助-未 地方-位

聖人尚且還要修過,(15b1-2)

17-7 jergi niyalma be ai hendu-re,

等級 人 賓 什麽 説-未

何[2]况平常的[3]人,(15b2-3)

17-8 ini gvnin -i qihai yabu-re-ngge[4],

他.屬 心意 屬 任意 施行-未-名

所以他[5]任着[6]意兒行[7],(15b3)

17-9 teni usun taqi-fi,

纔 可憎 學-順

---

1 是:劉東山本無此字。

2 何:劉東山本作“或”。

3 的:三槐堂乙本、宏文閣本無此字。

4 yaburengge:注音本、劉東山本作yabure jakade。

5 他:注音本、劉東山本無此字。

6 着:劉東山本後有“他的”。

7 行:注音本作“走”。

纔學厭了，（15b3）

17-10 uthai[1] emu gete-ra-kv niyalma[2] kai，

就 一 醒-未-否 人 啊

就是[3]一[4]个不長進的人[5]啊[6]，（15b4）

17-11 damu beye-i sa-ha teile oqi，

只是 自己-屬 知道-完 唯獨 若是

若[7]只以[8]着自[9]己的見識，（15b4-5）

17-12 aide isina-mbi，

何處 到達-現

到得那裏，（15b5）

17-13 kemuni mangga urse de adana-fi[10]，

還 出衆 人們 位 加入-順

還是就了高人去，（15b5）

17-14 terei taqin fonjin be taqi-re，

他.屬 學 問 賓 學-未

學他的學問，（15b6）

---

1 uthai：注音本、劉東山本無此詞。

2 niyalma：注音本、劉東山本後有oho。

3 就是：注音本、劉東山本作“成了”。

4 一：劉東山本無此字。

5 人：注音本、劉東山本後有“了”。

6 啊：劉東山本無此字。

7 若：注音本、劉東山本無此字。

8 以：劉東山本作“依”。

9 自：宏文閣本作“日”。

10 adanafi：劉東山本作adanaqi。

17-15 terei yabun be alhvda-me yabu-me[1] o-ho-de,

他.**屬** 行爲 **賓** 效仿-**并** 施行-**并** 成爲-**完**-**位**

仿[2]他的品行的時候[3],（15b6-16a1）

17-16 teni hvwaxa-fi emu sain niyalma o-qi o-joro dabala。

纔 成長-**順** 一 好 人 成爲-**條** 可以-**未** 罷了

纔可以長成一个好人罷咧。（16a1-2）

17-17 uttu hvluri malari yabu-qi,

這樣 馬虎 潦草 施行-**條**

若是[4]這樣哈哩[5]哈賬的行,（16a2）

17-18 oyombu-re ai-bi。

必要-**未** 什麽-有

有何着要。（16a2）

第18條

18-1[A] lalanji sini yabu-ha baita se-mbime,

反復 你.**屬** 施行-**完** 事情 説-而且

拉累的説是你行的事,（16a3）

18-2 si ali-me gai-ra-kv-ngge,

你 接受-**并** 拿-**未**-**否**-**名**

你不肯應承,（16a3）

1 yabume：三槐堂乙本作yabure。

2 仿：注音本、劉東山本作“彷”。

3 的時候：注音本無此三字。劉東山本作“的”。

4 若是：劉東山本作“像”。

5 哩：注音本、劉東山本作“里”。

18-3 elemangga dalji akv[1] niyalma de anata-mbi,

反而 相關 否 人 與 推託-現

反推[2]不相干的人，（16a3-4）

18-4 yargiyan o-qibe taxan o-qibe,

真實 成爲-讓 虛假 成爲-讓

或真或假，（16a4）

18-5 dubentele dalda-qi o-jora-kv,

終究 隱瞞-條 可以-未-否

終久瞞不得，（16a5）

18-6 ini qisui tuqi-nji-mbi。

他.屬 任意 出-來-現

自然要出來。（16a5）

18-7 niyalma de anata-ha de,

人 與 推託-完 位

推給了人，（16a5-6）

18-8 uthai ukqa-qi o-mbi-u?

就 逃-條 可以-現-疑

就脱得麽？（16a6）

18-9 guwe-qi o-mbi-u?

脱免-條 成爲-現-疑

免得麽？（16a6）

18-10 te bi-qibe,

現在 有-讓

---

1 dalji akv：注音本、劉東山本作daljakv。

2 推：劉東山本後有“給”。

譬如今，（16a6-16b1）

18-11 si ali-me gaija-ra-kv oso nakv,

你 接受-并 拿-未-否 成爲.祈 以後

你既[1]不肯應承，（16b1）

18-12 hetu niyalma ji-fi sini yabu-ha baita mujangga se-he-de,

旁邊 人 來-順 你.屬 施行-完 事情 確實 助-完-位

傍人來説[2]是[3]你[4]果真[5]行的事情[6]，（16b1-2）

18-13 tere erin de[7] dosi-qi inu waka,

那個 時候 位 進入-條 也 不是

那[8]時候進也不是，（16b2-3）

18-14 bedere-qi inu waka,

後退-條 也 不是

退也不是，（16b3）

18-15 damu yasa gehun o-joro dabala,

只是 眼睛 大 成爲-未 罷了

只是大瞪着眼[9]罷咧，（16b3）

18-16 jai faksida-ki se-me[10] jabu-me mute-mbi-u?

再 巧辯-祈 助-并 回答-并 能够-現-疑

---

1 既：注音本、劉東山本無此字。

2 説：日常本後有“就”。

3 是：劉東山本無此字。

4 你：三槐堂乙本、宏文閣本無此字。

5 果真：注音本、劉東山本無此二字。

6 情：注音本無此字。劉東山本作“是真”。

7 erin de：注音本、劉東山本作edinde。

8 那：劉東山本前有“到了”。

9 眼：劉東山本後有“兒”。

10 seme：注音本、劉東山本作seqi。

再要巧辯答應得來麽?（16b3-4）

18-17 inemene emu yargiyan -i[1] ba-be tuqi-bu-fi gisure-qi，

索性 一 真實 屬 地方-賓 出-使-順 說-條

索性説出一[2]个實在去處，（16b4-5）

18-18 niyalma geli emu gilja-me gvni-re ba-bi。

人 也 一 原諒-并 考慮-未 地方-有

人也[3]有一[4]个體念處。（16b5）

18-19 erken terken -i se-re-ngge，

推三 阻四 工 說-未-名

支々吾々的説，（16b6）

18-20 inu baitakv kai。

也 無用 啊

也不中用啊。（16b6）

第19條

19-1[A] suwe terebe bai tuwa-ra de albatu dabala，

你們 他.賓 平白 看-未 位 粗俗 罷了

你們白看着[5]他村俗[6]罷咧，（17a1）

19-2 dolo umesi getuken ningge[7] kai。

心中 非常 明白 人 啊

---

1 -i：注音本、劉東山本無此詞。

2 一：劉東山本無此字。

3 人也：注音本作“人家另”。劉東山本作“人也另”。

4 一：劉東山本無此字。

5 着：劉東山本無此字。

6 俗：注音本、劉東山本作“粗”。

7 ningge：注音本無此詞。

心裏是[1]狠[2]明白的[3]啊[4]。（17a1-2）

19-3　waka o-qi　ai，

不是 成爲-條 什麼

可不是[5]什麽，（17a2）

19-4　bi imbe tuwa-qi inu emu giltukan yebken niyalma。

我 他.賓 看-條 也 一 優秀 英俊 人

我看他也是一[6]个秀氣敏捷[7]人。（17a2-3）

19-5　iqihiya-ha-ngge baita tome daqun，

處理-完-名 事情 每 敏捷

料理[8]的事々兒疾[9]快，（17a3）

19-6　gisure-he-ngge gisun tome mangga，

說-完-名 話語 每 貴重

所説的句々話兒高强，（17a3-4）

19-7　eiten haqin de mute-ra-kv se-re ba akv。

所有 種類 位 能够-未-否 助-未 地方 否

凡[10]百的[11]様兒上[12]無所不能。（17a4）

---

1 是：注音本、劉東山本無此字。

2 狠：劉東山本後有“以”。

3 的：注音本、日常本無此字。

4 啊：注音本作“呀”。

5 是：三槐堂乙本、宏文閣本無此字。

6 一：三槐堂乙本、宏文閣本無此字。

7 捷：三槐堂乙本、宏文閣本、劉東山本後有“的”。

8 料理：注音本、劉東山本作“所辦”。

9 疾：注音本、劉東山本作“急”。

10 凡：注音本、劉東山本無此字。

11 的：三槐堂乙本、宏文閣本、注音本、劉東山本無此字。

12 上：注音本、劉東山本無此字。

19-8 ere-be tuwa-me o-ho-de,

這個-賓 看-并 成爲-完-位

看起這个來，（17a4-5）

19-9 niyalma be[1] qira -i[2] tuwa-qi o-jora-kv,

人 賓 臉 屬 看-條 可以-未-否

人不可貌相，（17a5）

19-10 mederi muke be hiyase -i miyali-qi o-jora-kv se-he gisun，umai taxan akv kai。

海 水 賓 斗 工 測-條 可以-未-否 助-完 話語 完全 虛僞 否 啊

海水不可斗量的話竟[3]不虛啊。（17a5-17b1）

19-11 ede inu damu niyalma -i[4] faxxa-ra faxxa-ra-kv be hendu-re dabala,

這個 也 只是 人 屬 努力-未 努力-未-否 賓 説-未 罷了

這也只在乎[5]説[6]人肯吧啱[7]不肯吧啱[8]罷咧，（17b1-2）

19-12 faxxa-qi tetendere,

努力-條 既然

既[9]肯吧啱[10]，（17b2）

19-13 ai haqin -i mangga baita se-me mute-bu-ra-kv ni。

什麼 種類 屬 難 事情 助-并 能够-使-未-否 呢

1 be：劉東山本作i。

2 -i：劉東山本作be。

3 竟：劉東山本作“并”。

4 niyalma -i：注音本、劉東山本作niyalmai。

5 在乎：注音本、劉東山本無此二字。

6 説：三槐堂乙本、宏文閣本無此字。

7 啱：劉東山本作“結”。

8 啱：劉東山本作“結”。

9 既：劉東山本後有“是”。

10 啱：劉東山本作“結”。

什麼樣兒的[1]難事不[2]成呢。（17b2-3）

第20條

20-1[A] si tuba-qi baha-fi ukqa-ha se-re be donji-re jakade,

你 那裏-**從** 得到-**順** 逃離-**完** **助-未 賓** 聽-**未** 因爲

听見説你得脱離了那个去處，（17b4）

20-2 bi umesi sela-ha。

我 非常 暢快-**完**

我着實快活了。（17b4-5）

20-3 neneme donji-ha gisun,

先 聽-**完** 話語

先听見的話，（17b5）

20-4 hono buru bara bi-he,

還 朦朦 朧朧 有-**完**

還恍々[3]惚々的[4]來着，（17b5）

20-5 amala dur se-me gisure-re jakade,

後來 議論紛紛貌 **助-并** 説-**未** 時候

後頭乱烘々説的時候，（17b5-6）

20-6 bi teni akda-ha。

我 纔 信-**完**

我纔信了。（17b6）

---

1 的：劉東山本無此字。

2 成：劉東山本後有“能”。

3 恍々：劉東山本作“愰愰”。

4 的：劉東山本無此字。

20-7 yala sini ere gese hvturi-ngga niyalma,
果真 你.屬 這 樣子 福-名 人
果然像[1]你這[2]有福之人，（17b6-18a1）

20-8 ainaha se-me fengxen akv ba-de tuhene-ra-kv se-qina。
做什麼-完 助-并 幸福 否 地方-未 陷入-未-否 助-祈
断然不落那[3]無福之地。（18a1-2）

20-9 damu sini onggolo gvnin baha-bu-ha ba-be niyalma adarame baha-fi sa-ra,
只是 你.屬 先前 想法 得到-使-完 地方-賓 人 怎麼 得到-順 知道-未
但[4]是你預先得了主意人怎麼得[5]知道，（18a2-3）

20-10 hetu niyalma sini jalin oihori faqihiyaxa-mbihe。
旁邊 人 你.屬 因爲 偶然 着急-過
傍人爲你好不着急來着。（18a3）

20-11 ere gemu age si seibeni[6] guqu-se de habqihiyan ofi,
這個 都 阿哥 你 曾經 朋友-複 位 親熱 因爲
這皆因是阿[7]哥你[8]平素間合朋友們和鈔[9]，（18a4）

20-12 teni gemu uttu hing se-me gvnin de[10] tebu-re dabala。
纔 都 這樣 專心 助-并 心意 位 放置-未 罷了
纔都這樣誠心塾着罷咧。（18a4-5）

---

1 像：三槐堂乙本、宏文閣本、注音本、劉東山本無此字。
2 這：注音本、劉東山本後有“樣”。
3 那：三槐堂乙本、宏文閣本無此字。
4 但：劉東山本後有“只”。
5 麼得：劉東山本作“能”。
6 seibeni：注音本、劉東山本作an -i uquri。
7 阿：日常本作“啊”。
8 你：三槐堂乙本、宏文閣本無此字。
9 鈔：注音本、劉東山本作“抄”。
10 gvnin de：劉東山本作gvninde。

20-13 sain ba akv bi-he biqi,

好 地方 **否** 有-**完** 若是

若是没有好處來着[1],（18a5-6）

20-14 we ji-fi herse-mbihe-ni[2]。

誰 來-**順** 理睬-**過**-呢

誰肯來理呢。（18a6）

20-15 tere anggala baha-qi urgun se-qi o-jora-kv,

那個 而且 得到-**條** 喜慶 説-**條** 成爲-**未**-**否**

况且得之不謂喜,（18a6-18b1）

20-16 ufara-qi koro se-qi o-jora-kv,

錯過-**條** 可恨 説-**條** 成爲-**未**-**否**

失之不言虧,（18b1）

20-17 gemu meni meni teisu -i dorgi baita,

都 各自 各自 本分 **屬** 中間 事情

都是各自[3]分内的事,（18b1-2）

20-18 ini qisui emu tokto-ho giyan bi,

他.**屬** 自然 一 確定-**完** 道理 有

自然[4]有一定的理,（18b2）

20-19 ede ai ferguwe-re ba-bi。

這.**位** 什麽 驚奇-**未** 地方-有

這有什[5]麽称奇處。（18b3）

---

1 來着：注音本、劉東山本無此二字。

2 hersembiheni：注音本、劉東山本作hersembini。

3 各自：劉東山本後有“各自”。

4 然：三槐堂乙本、宏文閣本無此字。

5 什：日常本作“是”。

第21條

21-1[A] age -i ferguwequke gvnin be bi waqihiya-me sa-ha,
阿哥 **屬** 非凡 想法 **賓** 我 完成-**并** 知道-**完**
阿[1]哥的盛情我盡[2]都知道了[3]，（18b4）

21-2 ere durun -i mujilen akvmbu-ha be,
這 樣子 **屬** 心 竭盡-**完** **賓**
這樣的盡[4]心，（18b4-5）

21-3 bi hukxe-me gvni-ra-kv se-re doro bi-u?
我 感激-**并** 想-**未**-**否** 助-**未** 道理 有-**疑**
我不感念的理有麼?（18b5）

21-4 ne udu karula-me mute-ra-kv bi-qibe,
現在 即使 報答-**并** 能够-**未**-**否** 有-**讓**
現在雖然不能答報[5]，（18b5-6）

21-5 amaga inenggi urunakv kiqe-me[6] faxxa-me karula-mbi。
後來 日子 必定 勤勉-**并** 努力-**并** 報恩-**現**
日後必[7]然效力圖報。（18b6-19a1）

21-6 damu ne bi aise-re,
只是 現在 有 做什麼-**未**
但[8]是現在我説什麼，（19a1）

---

1 阿：日常本作“啊”。
2 盡：劉東山本作“竟”。
3 了：永魁齋本、二酉堂本、三槐堂乙本、宏文閣本無此字。
4 盡：劉東山本作“敬”。
5 答報：三槐堂乙本、宏文閣本作“報答”。
6 kiqeme：宏文閣本作kiqebe。
7 必：注音本、劉東山本作“自”。
8 但：劉東山本後有“只”。

21-7 mujilen de hada-hai eje-fi,

心 位 釘-持 記得-順

緊記在心裹，（19a1）

21-8 aina-ha se-me inu[1] onggo-ra-kv o-bu-ki。

做什麼-完 助-并 也 忘-未-否 成爲-使-祈

斷然也[2]不肯忘。（19a2）

21-9[B] age ainu uttu gisure-mbi,

阿哥 爲什麼 這樣 說-現

阿[3]哥怎麼這樣説，（19a2）

21-10 ya gemu guqu waka,

誰 都 朋友 不是

那个都不是朋友，（19a3）

21-11 inenggi se-qi mou-i abdaha qi hono fulu kai,

日子 說-條 樹-屬 葉子 從 還 多餘 啊

論日子比樹葉兒[4]還多呀[5]，（19a3）

21-12 niyalma se-me banji-fi ya ba-de uqara-bu-ra-kv be sa-mbi-ni[6],

人 助-并 生活-順 什麼 地方-位 遇見-使-未-否 賓 知道-現-呢

知道[7]人生何處不相逢呢[8]，（19a4）

1 inu：注音本、劉東山本無此詞。

2 也：劉東山本無此字。

3 阿：日常本作“啊”。

4 兒：劉東山本無此字。

5 呀：劉東山本無此字。

6 be sambini：注音本、劉東山本作ni。

7 知道：日常本作“知道個”。注音本、劉東山本無此二字。

8 呢：永魁齋本、二西堂本作“死”。

21-13 urunakv ser se-re[1] ba-qi aname,

必定 微小貌 **助-未** 地方-**條** 依次

必定按着些須的去處,（19a4-5）

21-14 youni gemu[2] karula-bu-re[3] be ere-me gvni-qi o-mbi-u?

全部 都 報恩-**使**-未 **賓** 希望-**并** 想-**條** 可以-**現**-**疑**

全[4]都指望想[5]報答使得麼?（19a5）

21-15 age si jaqi gvnin fulu,

阿哥 你 太 心思 多餘

阿哥你太心多,（19a6）

21-16 jaqi kimqikv bai。

太 細心 吧

特仔細了罷。（19a6）

第22條

22-1[A] si ai uttu elequn be sar-kv,

你 怎麼 這樣 滿足 **賓** 知道.**未**-**否**

你怎[6]這樣不知足,（19b1）

22-2 gemu sini adali oqi inu jou kai,

衆人 你.**屬** 一樣 若是 也 算了 啊

1 ser sere：宏文閣本作sere ser。

2 gemu：注音本、劉東山本無此詞。

3 karulabure：注音本、劉東山本作karulara。

4 全：注音本、劉東山本無此字。

5 想：日常本作“相”。注音本、劉東山本無此字。

6 怎：注音本、劉東山本後有“麽”。

若[1]都[2]像你也罷了啊，（19b1-2）

22-3 labdukan -i baha-ra-ngge komsokon -i baha-ra-de[3] isi-ra-kv,

稍多 **屬** 得到-**未**-**名** 略少 **屬** 得到-**未**-**位** 及-**未**-**否**

多得不如少得，（19b2）

22-4 komsokon -i baha-ra-ngge ne baha-ra-de[4] isi-ra-kv,

略少 **屬** 得到-**未**-**名** 現在 得到-**未**-**位** 及-**未**-**否**

少得不如現得，（19b3）

22-5 labdu memere-fi lalanji niyanggv-me mute-ra-kv o-qi,

多 拘泥-**順** 爛 嚼-**并** 能够-**未**-**否** 成爲-**條**

貪多嚼不爛，（19b3-4）

22-6 inu baitakv。

也 無用

也是無用[5]。（19b4）

22-7 damu dergi de duibule-qi isi-ra-kv bi-qibe,

只是 上面 **位** 比較-**條** 達到-**未**-**否** 有-**讓**

但是比上雖不足，（19b4-5）

22-8 fejergi de duibule-qi funqe-tele bi se-qi uthai waji-ha,

下面 **位** 比較-**條** 剩餘-**至** 有 **助**-**條** 就 完結-**完**

比下有餘就[6]罷[7]了，（19b5-6）

---

1 若：劉東山本無此字。

2 都：日常本無此字。

3 baharade：三槐堂乙本、宏文閣本、品經堂本、劉東山本作bahara de。

4 baharade：三槐堂乙本、宏文閣本、品經堂本、劉東山本作bahara de。

5 用：三槐堂乙本、宏文閣本後有“啊”。

6 就：日常本無此字。

7 罷：劉東山本作“完”。

22-9 urui julesi gene-re gojime,

只管 向前 去-未 雖然

只往[1]前去,(19b6-20a1)

22-10 amasi foro-fi tuwa-ra-kv o-qi o-mbi-u?

向後 朝向-順 看-未-否 成爲-條 可以-現-疑

不往[2]後看使得麽?(20a1)

第23條

23-1[A] si tere baita be majige[3] faxxa-qina,

你 那個 事情 賓 稍微 努力-祈

你把那个事吧嗐[4]一[5]吧嗐[6]是呢[7],(20a2)

23-2 ai uttu heulen。

怎麽 這樣 怠慢

怎[8]這樣懈怠[9]。(20a2)

23-3 tere baita de[10] holbo-bu-ha-ngge ujen amba,

那個 事情 位 關係-使-完-名 沉重 大

---

1 往:注音本作“望”。

2 往:注音本作“望”。

3 majige:三槐堂乙本、宏文閣本無此詞。

4 嗐:注音本作“結”。

5 一:三槐堂乙本、宏文閣本無此字。

6 嗐:注音本作“結”。

7 是呢:注音本、劉東山本無此二字。

8 怎:三槐堂乙本、宏文閣本、劉東山本後有“麽”。

9 怠:日常本後有“麽”。

10 de:注音本無此詞。

那个事[1]關係的[2]重大[3]，（20a2-3）

23-4 ambula narhvxa-qi aqa-mbi，

甚 辯別-**條** 應該-**現**

着實該當細緻[4]，（20a3）

23-5 balai niyalma de firge-mbu-qi o-jora-kv kai。

妄自 人 **與** 洩露-**使**-**條** 可以-**未**-**否** 啊

胡泄漏與人[5]使不得啊。（20a4）

23-6 baita se-re-ngge ai boljon，

事情 説-**未**-**名** 什麼 定準

論[6]事情什麼[7]定準[8]，（20a4-5）

23-7 doigomxo-ra-kv-ngge uthai waka se-qina。

預備-**未**-**否**-**名** 就 不是 説-**祈**

不預備隄防的[9]就[10]不是話[11]。（20a5）

---

1 事：三槐堂乙本、宏文閣本後有“情”。

2 的：日常本無此字。

3 大：日常本後有“的呢”。

4 緻：注音本作“致”。

5 漏與人：三槐堂乙本、宏文閣本無“與人”二字。注音本作“露于人”，劉東山本作“漏于人”。

6 論：注音本、劉東山本無此字。

7 什麼：注音本、劉東山本作“有何”。

8 準：日常本後有“呢”。

9 的：劉東山本無此字。

10 就：三槐堂乙本、宏文閣本無此字。

11 話：注音本、劉東山本後有“了”。

23-8 aikabade si olhoxo-ro[1] da-de geli olhoxo-ro[2],

如果 你 小心-未 原本-位 又 小心-未

倘若[3]你[4]小心上又小心，（20a5-6）

23-9 ginggule-re da-de geli ginggule-re,

謹慎-未 原本-位 又 謹慎-未

謹慎上又[5]謹慎，（20a6）

23-10 jai durun kemun qi jurqe-ra-kv,

再 規矩 規則 從 違背-未-否

再不錯規矩制度，（20b1）

23-11 tob se-re gvnin be jafa-fi yabu-me o-ho-de,

正確 助-未 心意 賓 拿-順 施行-并 成爲-完-位

拿着正主意行的時候，（20b1-2）

23-12 ainqi eiten baita de

或許 所有 事情 位

想[6]是諸凡[7]事兒[8]上，（20b2）

23-13 gemu doso-bu-mbi dere,

都 忍耐-使-現 吧

1 olhoxoro：永魁齋本、二酉堂本、三槐堂乙本、宏文閣本、注音本、劉東山本作olgoxoro。

2 olhoxoro：永魁齋本、二酉堂本、三槐堂乙本、宏文閣本、注音本、劉東山本作olgoxoro。

3 倘若：注音本作“若是”。

4 你：劉東山本作“是”。

5 又：劉東山本後有“加”。

6 想：劉東山本作“像”。

7 凡：注音本、劉東山本無此字。

8 兒：注音本、劉東山本無此字。

都奈[1]得住罷咧，（20b2）

23-14 ere bai mini sa-ha -i[2] teile sinde jombu-ha-ngge，

這 只是 我.**屬** 知道-**完** **工** 只有 你.**與** 提醒-**完**-**名**

這白是儘我所知提你，（20b2-3）

23-15 adarame iqihiya-me gama-qi aqa-ra ba-be，

怎麽 處理-**并** 拿-**條** 應該-**未** 地方-**賓**

該[3]怎樣[4]治[5]理的去處，（20b3-4）

23-16 sini lashala-ra de bi[6]。

你.**屬** 决斷-**未** **位** 在

在乎你决斷。（20b4）

第24條

24-1[A] yaya baita be emgeri waqihiya-bu-qi sain dabala，

所有 事情 賓 一次 完成-**使**-**條** 好 罷了

凡事一遭[7]完畢了好罷咧，（20b5）

24-2 juwede-re de isina-qi，

生二心-**未** **與** 到-**條**

若到二來々[8]，（20b5-6）

1 奈：品經堂本、劉東山本作“耐”。
2 -i：三槐堂乙本、宏文閣本、劉東山本無此詞。
3 該：日常本後有“當”。
4 怎樣：日常本作“怎麽樣兒”。
5 治：注音本、劉東山本作“辦”
6 de bi：三槐堂乙本、宏文閣本、劉東山本作debi。
7 遭：三槐堂乙本、宏文閣本、注音本、劉東山本後有“兒”。
8 來々：注音本、劉東山本作“次”。

24-3 ai sain ba banji-na-ra,
什麽 好 地方 生長-去-未
生出什麽好處來，（20b6）

24-4 baita xangga-fi jabqa-ra anggala,
事情 完成-順 責怪-未 與其
與[1]其埋怨於事畢，（20b6-21a1）

24-5 deribu-re onggolo olhoxo-ro[2] de isi-ra-kv。
開始-未 以前 小心-未 與 及-未-否
不如小心於起初。（21a1）

24-6 ere baita kemuni ijishvn se-qi[3] o-mbi,
這 事情 還 順當 助-條 可以-現
這个[4]事還可以[5]算順當，（21a1-2）

24-7 asuru murtashvn se-re ba akv,
甚 悖謬 助-未 地方 否
没有甚[6]扭[7]别的去處，（21a2）

24-8 la li[8] se-me waqihiya-qi o-mbi,
爽利 助-并 完成-條 可以-現

1 與：注音本作“于”。
2 olhoxoro：永魁齋本、二酉堂本、三槐堂乙本、宏文閣本、注音本、劉東山本作olgoxoro。
3 seqi：劉東山本無此詞。
4 个：注音本、劉東山本無此字。
5 可以：注音本、劉東山本無此二字。
6 甚：注音本、劉東山本作“什麽”，日常本作“甚麽”。
7 扭：日常本無此字。
8 la li：品經堂本、劉東山本作lali。

可以爽々俐[1]々[2]完得，（21a3）

24-9 ede ai dahvn dahvn -i fonji-re ba-bi。

這.**位** 什麼 再三 再三 **工** 問-**未** 地方-**有**

這有什麼再三再四問的去處。（21a3-4）

24-10[B] si sar-kv，

你 知道.**未-否**

你不知道，（21a4）

24-11 ere baita be urunakv juwede-re de isi-bu-mbi[3]。

這 事情 **賓** 必定 生二心-**未** **與** 到達-**使-現**

這个[4]事必定要[5]到二來々的[6]。（21a4）

24-12 adarame se-qi，

怎麼 説-**條**

怎麼説[7]，（21a5）

24-13 ere[8] amba muru[9] be tuwa-qi，

這個 大 模樣 **賓** 看-**條**

看這个[10]大模兒[11]，（21a5）

---

1 俐：品經堂本、注音本、劉東山本作“利”。

2 俐：劉東山本後有“的”。

3 isibumbi：注音本、劉東山本作isinambi。

4 个：注音本、劉東山本無此字。

5 定要：注音本、劉東山本無此二字。

6 來々的：注音本、劉東山本作“次”。

7 説：注音本、劉東山本後有“呢”。

8 ere：注音本無此詞。

9 amba muru：此爲固定用法，意爲“大概”。

10 這个：注音本、劉東山本作“起”。

11 模兒：注音本、劉東山本作“概”。

24-14 uthai umesi xadaquka baita,

就是 非常 勞神 事情

就是个狠勞神的事，（21a5-6）

24-15 aikabade da sekiyen be getukele-bu-ra-kv o-qi,

如果 原本 根源 **賓** 察明-**使**-**未**-**否** 成爲-**條**

倘如[1]不清楚了根源，（21a6）

24-16 amaga inenggi urunakv debke-bu-re de isina-mbi。

後來 日子 必定 反悔-**使**-**未** **與** 到達-**現**

日後必至翻騰起來。（21b1）

第25條

25-1[A] ememu urse uttu gisure-mbi,

有的 人們 這樣 說-**現**

或者這們樣說，（21b2）

25-2 ememu urse geli tuttu gisure-mbi,

有的 人們 又 那樣 說-**現**

或者又那們樣說，（21b2）

25-3 gvni-qi gemu taxan,

想-**條** 都 虛假

想來都是虛，（21b3）

25-4 ainahai yargiyan ni。

未必 真實 呢

未必是真呢。（21b3）

---

1 如：注音本、劉東山本作"若"。

25-5 te ya be akda-qi o-joro，

現在 誰 賓 相信-條 可以-未

如今可信那一个，（21b3-4）

25-6 ya be donji-qi o-joro，

誰 賓 聽-條 可以-未

可听那一个，（21b4）

25-7 elemangga mujilen farfa-bu-re jakade。

反而 心 打亂-被-未 因爲

反倒心發乱了[1]。（21b4-5）

25-8 ere baita -i[2] aisi jobolon mute-bu-re efuje-re ba-be，

這 事情 屬 利益 煩惱 能够-使-未 破壞-未 地方-賓

把這个事的[3]利害成破[4]，（21b5）

25-9 inu gemu tokto-bu-me mute-ra-kv o-ho-bi，

也 都 確定-使-并 能够-未-否 成爲-完-現

也都[5]定不來了，（21b6）

25-10 te absi o-ho-de sain jiye。

現在 怎麽 成爲-完-位 好 呀

如今可怎麽[6]様的好啊[7]。（21b6-22a1）

25-11 sar-kv se-me ara-ki se-qi，

知道.未-否 助-并 做-祈 助-條

---

1 心發乱了：注音本、劉東山本作“乱了心”。

2 baita -i：注音本、劉東山本作baitai。

3 的：劉東山本無此字。

4 破：劉東山本後有“的去處”。

5 都：日常本無此字。

6 麽：劉東山本無此字。

7 啊：劉東山本無此字。

若要装作不知道，（22a1）

25-12 yargiyan be taxan o-bu-qi o-jora-kv se-re anggala,

真實 賓 虛假 成爲-使-條 可以-未-否 助-未 而且

别説以真作假使不得[1]，（22a1-2）

25-13 taxan be yargiyan o-bu-qi inu o-jora-kv。

虛假 賓 真實 成爲-使-條 也 可以-未-否

以假作真也使不得[2]。（22a2）

25-14 uru be waka se-qi o-jora-kv se-re anggala,

正確 賓 錯誤 説-條 可以-未-否 説-未 而且

以是説非使不得，（22a3）

25-15 waka be uru se-qi inu o-jora-kv。

錯誤 賓 正確 説-條 也 可以-未-否

以非説是也使不得。（22a3-4）

25-16 eitereqibe,

總之

總而言之，（22a4）

25-17 urunakv uru waka yargiyan taxan -i ba-be,

必定 正確 錯誤 真實 虛假 屬 地方-賓

必定把是非真假之[3]處，（22a4-5）

25-18 tengkime sa-ha manggi,

深刻 知道-完 以後

知道切實了，（22a5）

---

1 得：日常本後有“麽”。

2 以假作真也使不得：日常本無此句。

3 之：劉東山本作“的去”。

25-19 teni o-joro dabala,

纔 可以-未 罷了

然後[1]纔可以[2]罷咧，（22a5）

25-20 nambu-hai[3] nambu-hai uthai hvlhida-me gisure-qi o-mbi-u?

拿獲-持 拿獲-持 就 糊塗-并 說-條 可以-現-疑

捞把住的[4]就胡里[5]胡塗的說[6]使得麼?（22a5-6）

第26條

26-1[A] si uthai aqa-ra be tuwa-me yabu,

你 就 適應-未 賓 看-并 施行.祈

你就酌量着行，（22b1）

26-2 jai ume daqila-ra。

再 不要 詢問-未

再別討示下。（22b1）

26-3 ere umesi iletu baita be dahame,

這個 非常 明顯 事情 賓 跟隨

這个既[7]是狠顯然的事，（22b1-2）

26-4 aina-ha se-me sirkede-me goida-bu-re de isina-ra-kv。

做什麼-完 助-并 連續-并 遲誤-使-未 與 以至於-未-否

---

1 然後：注音本、劉東山本無此二字。

2 以：注音本、劉東山本作“得”。

3 nambuhai：三槐堂乙本、劉東山本作nambuha。

4 住的：注音本無“的”。劉東山本作“着”。

5 里：永魁齋本、二酉堂本、三槐堂乙本、宏文閣本、日常本作“哩”。

6 說：劉東山本後有“也”。

7 既：注音本、劉東山本作“即”。

断不至于悠戀遲誤。（22b2-3）

26-5 aika giyalu jaka[1] -i ba bi-qi，

如果 裂縫 東西 屬 地方 有-條

若有什麽破綻空子之處，（22b3）

26-6 niyalma-i fiktu bai-re-de[2] gele-mbi-dere[3]，

人-屬 嫌隙 尋求-未-位 怕-現-吧

怕人尋因由兒[4]罷咧，（22b4）

26-7 ere gese haqin demun umai akv ba-de，

這個 樣子 種類 詭計 完全 否 地方-位

并没有這等異[5]樣條款，（22b4-5）

26-8 hou hiu se-me yabu-qi uthai waji-ha，

昂然 慷慨 助-并 施行-條 就 完結-完

慷々慨々的行就完了，（22b5）

26-9 ede geli ai tathvnja-ra ba-bi。

這.位 又 什麽 猶豫-未 地方-有

這有什麽猶[6]疑的去處。（22b5-6）

26-10 damu baita de teisule-he manggi，

只是 事情 與 遇見-完 以後

只是碰着[7]了[8]事情，（22b6）

---

1 jaka：永魁齋本作waka。

2 bairede：注音本、劉東山本作baide de。

3 gelembidere：注音本、劉東山本作gelere dabala。

4 兒：劉東山本無此字。

5 異：日常本無此字。

6 猶：注音本、劉東山本作“游”。

7 着：劉東山本作“見”。

8 了：三槐堂乙本、宏文閣本無此字。

26-11 foihori tuwa-ra-kv,

疏忽 看-**未-否**

不輕看[1],（23a1）

26-12 neneme emu jergi narhvxa-me gvninja-fi,

先 一 陣 辯別-**并** 思索-**順**

先細想一番,（23a1）

26-13 jai yabu-me o-ho-de,

再 施行-**并** 成爲-**完-位**

再行的時候,（23a1-2）

26-14 urui jabxaki[2] bi-sire dabala,

經常 便宜 有-**未** 罷了

定[3]有便益[4]的事兒[5]罷咧,（23a2）

26-15 ainahai ufara-ki[6] bi-ni。

未必 失誤-**祈** 有-呢

未必有吃虧的事兒[7]呢。（23a2-3）

第27條

27-1[A] ere jergi gisun,

這個 種類 話語

---

1 看：永魁齋本、二酉堂本、三槐堂乙本、宏文閣本、日常本後有“了”。

2 jabxaki：宏文閣本作jabxaqi。注音本、劉東山本作jabxan。

3 定：注音本作“只”。劉東山本作“必”。

4 益：劉東山本作“宜”。

5 的事兒：注音本、劉東山本無此三字。

6 ufaraki：注音本、劉東山本作ufarara ba。

7 事兒：注音本、劉東山本作“去處”。

這些話，（23a4）

27-2 gemu sini gvnin qi tuqi-nji-he-ngge-u?

都 你.**屬** 心 從 出-來-**完**-**名**-**疑**

都是從你心裏發出來的啊[1]？（23a4）

27-3 eiqi bai buhiye-me gisure-he-ngge-u?

或者 平白 猜-**并** 説-**完**-**名**-**疑**

或是白[2]猜彷[3]着説的啊[4]？（23a4-5）

27-4 sini ere gese xan be gida-fi honggon be hvlha-ra[5] baita be,

你.**屬** 這 樣子 耳朵 **賓** 壓-**順** 鈴 **賓** 偷盜-**未** 事情 **賓**

似你這樣掩耳偷鈴的事，（23a5-6）

27-5 yaya ba-de isina-fi inu yabu-me banji-na-ra-kv。

所有 地方-**與** 到達-**順** 也 行走-**并** 發生-**去**-**未**-**否**

不拘走[6]到那地方[7]也行不去[8]。（23a6-23b1）

27-6 si simbe ali-me mute-ra-kv se-qi,

你 你.**賓** 受-**并** 能够-**未**-**否** 説-**條**

你説你擔[9]當不來[10]，（23b1）

---

1 啊：劉東山本作“麼”。

2 白：日常本無此字。

3 彷：注音本作“防”。

4 啊：劉東山本無此字。

5 hvlhara：永魁齋本、二酉堂本、宏文閣本作hvlgara。

6 走：永魁齋本、二酉堂本、三槐堂乙本、宏文閣本、品經堂本、劉東山本、日常本無此字。

7 地方：注音本作“里”。劉東山本作“裏”。

8 去：日常本後有“呢”。

9 擔：注音本、劉東山本無此字。

10 來：三槐堂乙本、宏文閣本、注音本、劉東山本作“起”。

27-7 i sinqi geli ali-me mute-ra-kv kai。

他 你.從 又 受-并 能够-未-否 啊

他比你更擔[1]當不來[2]呀[3]。（23b1-2）

27-8 qananggi lalanji si[4] ali-me gaisu se-fi，

前天 反復 你 受-并 拿.祈 説-順

前日拉累[5]的説了教[6]你應承，（23b2）

27-9 enenggi jiu nakv uthai angga ubaliya-ka-ngge，

今天 來.祈 以後 就 嘴 變-完-名

今日一[7]到來就改變了嘴，（23b3）

27-10 erebe niyalma-i[8] waka se-me-u?

這個.賓 人-屬 不是 助-并-疑

這是人家的不是啊[9]?（23b3-4）

27-11 beye-i waka se-me-u?

自己-屬 不是 説-并-疑

是自己的不是啊[10]?（23b4）

27-12 ai o-qibe，

什麽 成爲-讓

憑他什麽，（23b4）

---

1 擔：注音本、劉東山本無此字。
2 來：注音本、劉東山本作“起”。
3 呀：三槐堂乙本、宏文閣本作“啊”。劉東山本無此字。
4 si：注音本、劉東山本作simbe。
5 拉累：注音本、劉東山本作“屡々”。
6 説了教：三槐堂乙本、宏文閣本無“説了”二字。注音本、劉東山本作“説叫”。
7 一：劉東山本無此字。
8 niyalmai：劉東山本作niyalma。
9 啊：劉東山本無此字。
10 啊：劉東山本無此字。

27-13 beye ali-fi yabu-re-ngge wesihun,

自己 受-順 走-未-名 尊貴

自己應承了走[1]的高，（23b4-5）

27-14 ere durun -i niyalma de ten gai-re-ngge,

這 樣子 工 人 位 實據 拿-未-名

這樣合人[2]討憑據的，（23b5）

27-15 hihan-akv bai。

稀罕-否 罷

不足[3]希罕罷[4]。（23b6）

第28條

28-1[A] asiha-ta majige fede,

青年-複 稍微 努力.祈

小夥子們上緊些，（24a1）

28-2 ere gese -i[5] sain nashvn be ufara-bu-ha manggi,

這 樣子 屬 好 機會 賓 錯過-使-完 以後

失去了這樣的[6]好際[7]會，（24a1）

28-3 jai ere uqaran be gvni-qi geli baha-mbi-u?

再 這 際遇 賓 想-條 又 得到-現-疑

1 走：注音本、劉東山本作“行”。

2 人：注音本、劉東山本後有“家”。

3 足：注音本、劉東山本無此字。

4 罷：注音本作“擺”。

5 -i：注音本、劉東山本無此詞。

6 的：劉東山本無此字。

7 際：品經堂本作“機”。

再想這際遇還得麼？（24a2）

28-4 erin forgon oyonggo se-qi,

時候 運氣 重要 説-**條**

時候兒説要緊，（24a2-3）

28-5 faxxa-ra-ngge inu oyonggo。

努力-**未-名** 也 重要

吧嗐[1]也要緊。（24a3）

28-6 bi simbe tuwa-qi,

我 你.**賓** 看-**條**

我看你，（24a3）

28-7 ememu fonde hon hahi,

有的 時候 甚 急迫

有一時太急，（24a3-4）

28-8 ememu fonde elehun daba-ha-bi。

有的 時候 安然 超過-**完-現**

有一時過於皮鬆。（24a4）

28-9[B] sini hendu-he ere jergi gisun inu bi-qibe,

你.**屬** 説-**完** 這 種類 話語 正確 有-**讓**

你説的這些話雖[2]是，（24a4-5）

28-10 si[3] damu emken be sa-ha gojime, juwe be sa-ra unde。

你 只是 一 **賓** 知道-**完** 雖然 二 **賓** 知道-**未** 尚未

1 吧嗐：注音本作“巴結”。

2 雖：日常本後有“然”。

3 si：二酉堂本作i。

你但知其一不知其二[1]。（24a5-6）

28-11 yaya baita ini qisui emu banji-na-ra doro bi，

所有 事情 他.**屬** 自然 一 生長-去-**未** 道理 有

凡事自然有一个造定的理，（24a6）

28-12 baha-ra giyan oqi，

得到-**未** 道理 若是

若是該得，（24b1）

28-13 gvnin akv ba-de kemuni uqara-bu-mbi，

心思 否 地方-**位** 還 遇見-**使**-**現**

無心處常硼着，（24b1）

28-14 baha-ra giyan waka oqi，

得到-**未** 道理 不是 若是

若是不該得，（24b1-2）

28-15 udu hvsun moho-tolo faxxa-ha se-me inu baitakv kai。

即使 力氣 窮盡-**至** 努力-**完** **助**-**并** 也 無用 啊

總然盡[2]力[3]吧嗞[4]了也無[5]用啊。（24b2-3）

第29條

29-1[A] age be baibi taka-ra adali，

阿哥 **賓** 平白 認識-**未** 一樣

---

1 二：日常本後有“呢”。

2 盡：三槐堂乙本、宏文閣本作“儘”。

3 力：劉東山本後有“兒”。

4 吧嗞：注音本作“巴結”。

5 無：注音本、劉東山本作“不中”。

白[1]像認得阿哥，（24b4）

29-2 yaka ba-de aqa-ha gese，

什麽 地方-**位** 見面-**完** 一樣

在那裏會過是[2]的，（24b4）

29-3 absi qira be taka-mbi。

何其 臉 **賓** 認識-**現**

好面善。（24b4-5）

29-4 enenggi jabxan de geli age be aqa-ha，

今天 幸運 **位** 又 阿哥 **賓** 見面-**完**

今日万幸又會見了阿哥，（24b5）

29-5 adarame baha-fi sini emgi emu ba-de bi-fi daruhai age-i[3] taqibu-re be donji-qi，

怎麽 得到-**順** 你.**屬** 一起 一 地方-**位** 在-**順** 經常 阿哥-**屬** 教導-**未** **賓** 聽-**條**

怎麽得同你在一處常々[4]領阿哥的教，（24b5-6）

29-6 tere yala mini kesi o-ho se-qina。

那 真是 我.**屬** 恩惠 成爲-**完** 助-**祈**

那真是我的造化了罷[5]。（25a1）

29-7 turgun adarame se-qi，

原因 怎麽 説-**條**

情由怎麽説[6]，（25a1）

---

1 白：注音本作“倒”。

2 是：注音本、劉東山本作“様”。

3 agei：注音本、劉東山本作age -i。

4 常々：宏文閣本作“常”。

5 罷：注音本、劉東山本無此字。

6 説：注音本、劉東山本後有“呢”。

29-8 sain urse de adana-qi,

好 人們 **與** 加入-**條**

就好人,(25a1-2)

29-9 ulhiyen ulhiyen -i sain de ibe-ne-mbi

逐漸 逐漸 **工** 好 **與** 前進-去-**現**

漸々進於好,(25a2)

29-10 ehe urse de daya-na-qi,

壞 人們 **與** 附和-去-**條**

歸壞[1]人,(25a2-3)

29-11 bi-he bi-hei ehe de uxa-bu-mbi se-re-ngge,

有-**完** 有-**持** 壞 **與** 拖累-**被**-**現** **助**-**未**-**名**

久而連累壞[2],(25a3)

29-12 tokto-ho leulen kai,

決定-**完** 言論 啊

乃是定論,(25a3-4)

29-13 niyalma-i sain ehe be urunakv inenggi goida-ha manggi, teni taka-mbi se-me-u?

人-**屬** 好 壞 **賓** 必定 日子 經過-**完** 以後 纔 認識-**現** **助**-**并**-**疑**

豈有[3]人的好歹必[4]定到[5]日久[6]纔認得麽?(25a4-5)

---

1 壞:三槐堂乙本、宏文閣本作"懷"。

2 壞:三槐堂乙本、宏文閣本作"懷"。

3 豈有:注音本、劉東山本無此二字。

4 必:宏文閣本無此字。

5 到:三槐堂乙本、宏文閣本無此字。

6 日久:劉東山本作"日子久了"。

29-14 dartai andande inu taka-bu-mbi-kai。

瞬間 頃刻 也 認識-被-現-啊

傾刻之間也認得出來的啊[1]。（25a5-6）

第30條

30-1[A] emgeri dule-ke baita be geli jono-fi aina-mbi，

一次 過去-完 事情 賓 又 提起-順 做什麽-現

一遭[2]過去了的事又提起來作什麽，（25b1）

30-2 jongko dari bi yertexe-mbime korso-mbi。

提起.祈 每次 我 羞愧-而且 怨恨-現

遭々[3]提起來我[4]愧而且恨。（25b1-2）

30-3 haha niyalma baita bi-qi，

男 人 事情 有-條

漢子[5]家有事，（25b2）

30-4 teng tang se-me yabu-re，

堅固貌 堅硬貌 助-并 走-未

响々喨[6]々的行走[7]，（25b2-3）

30-5 hou hiu se-me arbuxa-ra o-qi，

昂然貌 慷慨貌 助-并 行動-未 成爲-條

1 啊：劉東山本作“呀”。

2 遭：注音本、劉東山本後有“兒”。

3 遭々：注音本、劉東山本作“回回兒”。

4 我：注音本、劉東山本無此字。

5 子：劉東山本後有“人”。

6 喨：劉東山本作“亮”。

7 走：三槐堂乙本、宏文閣本、注音本、劉東山本無此字。

慷々慨々的動作，（25b3）

30-6 teni inu dabala。

纔 正確 罷了

纔是罷咧。（25b3）

30-7 niyalma-i afabu-ha be ali-me gaisu[1] manggi，

人-屬 委託-完 賓 受-并 拿.祈 以後

既已[2]受[3]人之[4]託[5]，（25b4）

30-8 geli niyalma-i baita be duhe-mbu-ra-kv bi-me，

又 人-屬 事情 賓 完結-使-未-否 有-并

又不終人之事，（25b4-5）

30-9 elemangga juwe siden-deri sain niyalma ara-me，

反而 二 中間-經 好 人 做-并

反從兩下裏作好人，（25b5）

30-10 damu beye-i waka be niyalma de guri-bu-ki se-mbi，

只是 自己-屬 不是 賓 人 與 遷移-使-祈 助-現

只要把自己的不是挪給[6]人，（25b6）

30-11 tuttu bime，enggiqi ba-de balai bardanggila-me，

那樣 而且 背後 地方-位 妄自 誇口-并

然而在背地裏胡誇口，（25b6-26a1）

---

1 gaisu：注音本、劉東山本作gaiha。

2 既已：注音本、劉東山本無此二字。

3 受：注音本、劉東山本後有“了”。

4 之：注音本、劉東山本作“的”。

5 託：注音本、劉東山本後有“付”。

6 給：三槐堂乙本、宏文閣本作“結”。

30-12 geren -i juleri baita be geli lashala-me mute-ra-kv,

衆人 屬 面前 事情 賓 又 決斷-并 能够-未-否

衆人的[1]面前又不能决断事，（26a1-2）

30-13 ere-be geli bengsen bi-sire niyalma se-qi o-mbi-u?

這個-賓 也 本事 有-未 人 説-條 可以-現-疑

這也称得起是有本事的人麽？（26a2）

第31條

31-1[A] qohome age -i elhe be fonji-me,

特意 阿哥 屬 平安 賓 問-并

特候長兄的安，（26a3）

31-2 deu bi ginggule-me jasi-ha,

弟弟 我 尊敬-并 寄信-完

弟謹寄信，（26a3）

31-3 age -i wesihun beye saiyvn?

阿哥 屬 高貴 身體 好.疑

兄長的貴體好麽？（26a3-4）

31-4 bou-i gubqi gemu saiyvn?

家-屬 全部 都 好.疑

閤家俱[2]好麽？（26a4）

31-5 age qi fakqa-ha qi[3] ebsi,

阿哥 從 離別-完 從 以來

1 的：注音本、劉東山本無此字。

2 閤家俱：注音本、劉東山本作“家里都”。

3 fakqaha qi：注音本、劉東山本作fakqahaqi。

自别兄長以來，（26a4-5）

31-6 elhe be fonji-me jasi-ki se-qi，

平安 賓 問-并 寄信-祈 想-條

欲要寄信候安，（26a5）

31-7 ildun -i niyalma be baha-ra-kv ofi，

方便 屬 人 賓 得到-未-否 因爲

因不得順便之人，（26a5-6）

31-8 tuttu baha-fi jasi-ha-kv bihe。

那様 得到-順 寄信-完-否 過

所以没得寄信。（26a6）

31-9 deu bi jing kidu-me gvni-me bi-sire-de，

弟弟 我 正在 想念-并 想-并 有-未-位

弟正在想念之間，（26a6-26b1）

31-10 holkonde age -i jasigan isinji-ha，

忽然 阿哥 屬 信 到來-完

忽然兄長的書信到來，（26b1-2）

31-11 bi yala alimbaharakv urgunje-mbime yertexe-mbi。

我 真是 不勝 歡喜-而且 羞愧-現

我真乃不勝歡喜又是慚愧。（26b2）

31-12 tuttu se-me，

那様 説-并

雖其那様説，（26b3）

31-13 muse ahvn deu -i beye，udu juwe ba-de giyalabu-ha bi-qibe，

咱們 兄 弟 屬 身體 雖然 二 地方-位 隔開-完 有-讓

咱[1]弟兄身[2]雖[3]相隔在[4]兩處，（26b3-4）

31-14 gvnin mujilen be umai giyalabu-ha ba akv。

心思 心情 **賓** 完全 隔開-**完** 地方 **否**

心情并無[5]相隔。（26b4）

31-15 uttu be dahame,

這様 **賓** 順從

既[6]是如此，（26b5）

31-16 ere-qi amasi[7] yaya ildun de,

這個-**從** 返回 所有 方便 **位**

今後凡係順便，（26b5）

31-17 age-i beye[8] elhe ba-be kemuni jasi-reu,

阿哥-**屬** 身體 平安 地方-**賓** 常常 寄信-**祈**

望乞常將兄長[9]身體平安之處寄來，（26b5-6）

31-18 deu bi sela-me donji-ki,

弟弟 我 暢快-**并** 聽-**祈**

弟欲樂聞[10]，（26b6）

---

1 咱：劉東山本後有“們”。

2 身：劉東山本後有“子”。

3 雖：劉東山本後有“然”。

4 在：注音本無此字。

5 無：三槐堂乙本、宏文閣本作“不”。劉東山本作“没”。

6 既：注音本作“即”。

7 amasi：三槐堂乙本、品經堂本作julesi。

8 agei beye：三槐堂乙本、宏文閣本、劉東山本作age -i beye。注音本作age beyei。

9 將兄長：日常本作“兄長將”。

10 聞：注音本、劉東山本作“問”。

31-19 jai meni beye-se[1] age-i[2] kesi de youni sain,

再 我們.屬 身體-複 阿哥-屬 恩惠 位 全 好

至於我等身體托賴兄長全好，（26b6-27a1）

31-20 ere-i jalin ginggule-me jasi-ha。

這個-屬 因爲 尊敬-并 寄信-完

爲此謹寄。（27a1）

第32條

32-1[A] ere uqurі suweni sefu kemuni ji-mbi-u akv-n?

這 時候 你們.屬 師傅 還 來-現-疑 否-疑

這一向你們師傅還來不來?（27a2）

32-2[B] ji-mbi,

來-現

來，（27a2）

32-3 emu inenggi de urunakv emu mudan ji-mbi,

一 日子 位 必定 一 次 來-現

一日必定來一次。（27a2-3）

32-4[A] tuttu oqi,

那樣 若是

若是那們着[3]，（27a3）

32-5 inenggi-dari ji-fi gemu suwende ai jergi gisun taqibu-mbi?

日子-每 來-順 都 你們.與 什麼 種類 話語 教導-現

1 beyese：三槐堂乙本作beye。

2 agei：三槐堂乙本、宏文閣本、劉東山本作age -i。

3 着：注音本作“樣”。

每日來了都教給你們[1]些什麽話?（27a3-4）

32-6[B] meni ere sefu -i taqibu-ha-ngge,

我們.屬 這個 師傅 屬 教導-完-名

我們這个師傅教的,（27a4）

32-7 gemu yasa-i juleri gisure-re an -i gisun,

都 眼睛-屬 前面 説-未 平常 屬 話語

都是眼面前説的尋常[2]話,（27a5）

32-8 jai fonji-re jabu-re muwa gisun,

再 問-未 回答-未 粗淺 話語

再問答的粗話,（27a5-6）

32-9 umai enqu haqin -i mangga gisun akv。

完全 其他 種類 屬 難 話語 否

并没有另樣兒的難話。（27a6）

32-10[A] age suweni ere taqi-ha-ngge umesi doro waka o-ho,

阿哥 你們.屬 這個 學-完-名 完全 道理 不是 成爲-完

阿哥你們這學的狠不是道理了,（27a6-27b1）

32-11 ainu tere-be syxu[3] bithe be giyangna-bu-ra-kv,

爲什麽 他-賓 四書 書 賓 講解-使-未-否

爲什麽不教[4]他講四書,（27b1-2）

32-12 ubaliyambu-re be taqi-ra-kv,

翻譯-未 賓 學-未-否

不學翻繹,（27b2）

---

1 們：劉東山本後有“一”。

2 常：劉東山本後有“的”。

3 syxu：三槐堂乙本、宏文閣本、品經堂本、劉東山本作duin。注音本後有i。

4 教：注音本、劉東山本作“叫”。

32-13 aniya hvsime ere jergi muwa gisun be taqi-fi aina-mbi?

年 整 這 種類 粗淺 話語 **賓** 學-**順** 做什麼-**現**

成年甲學這些粗話作什麼?（27b2-3）

32-14[B] age-i[1] hendu-he-ngge umesi inu,

阿哥-**屬** 説-**完**-**名** 完全 正確

阿哥説的狠是，（27b3-4）

32-15 taqibu-ha-ngge umesi giyangga,

教導-**完**-**名** 完全 有理

教導的狠有理，（27b4）

32-16 udu[2] tuttu se-he se-me,

雖然 那樣 説-**完** **助**-**并**

雖其那樣説，（27b4）

32-17 age[3] damu age[4] sini beye-be sa-ra dabala,

阿哥 只是 阿哥 你.**屬** 自己-**賓** 知道-**未** 罷了

阿哥[5]只知道阿哥[6]你自己罷咧，（27b5）

32-18 meni beye-be sar-kv kai。

我們.**屬** 身體-**賓** 知道.**未**-**否** 啊

不知道我們的身子啊。（27b5）

32-19 be aikabade gemu age -i adali ere gese su-re sektu bi-he biqi,

我們 倘若 都 阿哥 **屬** 一樣 這 樣子 解釋-**未** 伶俐 有-**完** 若是

---

1 agei：三槐堂乙本、宏文閣本作age -i。

2 udu：注音本、劉東山本無此詞。

3 age：注音本、劉東山本後有si。

4 age：注音本、劉東山本無此詞。

5 哥：注音本、劉東山本後有“你”。

6 阿哥：注音本、劉東山本無此二字。

我們倘若[1]都像阿哥這樣的[2]聰明伶俐，（27b6-28a1）

32-20 syxu[3] bithe be taqi-ki se-re anggala,

四書 書 賓 教-祈 説-未 而且

別説學四書，（28a1）

32-21 uthai sunja ging[4] geren zi -i bithe se-me,

就 五 經 諸 子 屬 書 助-并

就便是五經諸子，（28a1-2）

32-22 inu gemu hvla-qi aqa-mbi。

也 都 讀-條 應該-現

也都該當讀。（28a2）

32-23 meni beye-be jafa-fi,

我們.屬 身體-賓 拿-順

拿着我們的身子，（28a2-3）

32-24 age de duibule-qi geli o-mbi-u?

阿哥 與 比較-條 也 可以-現-疑

比阿哥也使得麽？（28a3）

32-25 meni taqi-ha-ngge inenggi qinggiya bi-me,

我們.屬 學-完-否 日子 淺薄 有-并

我們所學的日子淺，（28a3-4）

32-26 bahana-ha-ngge geli eden,

學會-完-名 又 少

會的又少，（28a4）

---

1 倘若：注音本作“若是”。

2 的：注音本、劉東山本無此字。

3 syxu：三槐堂乙本、宏文閣本、品經堂本、劉東山本作duin。注音本後有i。

4 ging：三槐堂乙本、宏文閣本、品經堂本、注音本、劉東山本作nomun。

32-27 uttu[1] bime angga modo,

這様 而且 嘴 遲鈍

然又[2]嘴遲鈍,（28a4）

32-28 emu siran -i sunja ninggun gisun bi-qi,

一 接續 屬 五 六 話語 有-條

一連若有五六句話[3],（28a5）

32-29 uthai gisure-me mute-ra-kv,

就 説-并 能够-未-否

就[4]説不來[5],（28a5）

32-30 aikabade gisure-me o-ho-de urui tanja-mbi。

倘若 説-并 成爲-完-位 經常 口吃-現

倘若[6]説一定打噔[7]兒。（28a6）

32-31 hendu-re balame,

説-未 雖然

可是説的,（28a6）

32-32 hono miqu-me bahana-ha-kv ba-de,

還 爬-并 學會-完-否 地方-位

還没有[8]會跑,（28a6-28b1）

---

1 uttu：注音本、劉東山本作tuttu。

2 又：劉東山本作“而”。

3 話：日常本作“説”。

4 就：日常本無此字。

5 來：日常本後有“了”。

6 若：注音本、劉東山本後有“是”。

7 噔：注音本作“登”。劉東山本作“蹬”。

8 有：日常本無此字。

32-33 uthai feliye-re be taqi-qi o-mbi-u?

就 行走-未 賓 學-條 可以-現-疑

就學[1]走麽?（28b1）

第33條

33-1[A] qananggi dobori majige xahvra-ra jakade,

前天 夜晚 稍微 着凉-未 因爲

前日夜裹略受了些凉,（28b2）

33-2 ere juwe inenggi beye umesi qihakv,

這 二 日子 身體 非常 不舒服

這兩日身子狠不受用,（28b2-3）

33-3 je-ke jaka singge-ra-kv bime,

吃-完 東西 消化 而且

吃的東西不消化,（28b3）

33-4 te-qibe ili-qibe elhe akv,

坐-讓 站-讓 平安 否

坐立也不安,（28b3-4）

33-5 beye-i gubqi hvsun akv,

身體-屬 全白 力量 否

渾身[2]無力,（28b4）

33-6 damu gvwaida-me dedu-ki se-mbi,

只是 歪靠-并 躺-祈 想-現

1 學：注音本、劉東山本後有“得”。

2 身：日常本後有“也”。

只是[1]要歪蒯倒着，（28b4-5）

33-7 sikse yamji eshun giyang ni[2] muke be fuifu-fi，

昨天 晚上 生 薑 屬 水 賓 熬-順

昨日晚上熬了些生薑湯，（28b5）

33-8 nei gai-me majige omi-re jakade，

汗 取-并 稍微 喝-未 因爲

呵[3]了些出[4]汗，（28b5-6）

33-9 enenggi beye teni[5] majige sulakan o-ho。

今天 身體 纔 稍微 輕鬆 成爲-完

今日身子纔略鬆寛[6]了些。（28b6-29a1）

33-10[B] eqi ai，

正是 什麽

可不是什[7]麽，（29a1）

33-11 ere uquri youni uttu jiye[8]，

這 時候 全都 這樣 呀

這一向都是這樣啊[9]，（29a1）

33-12 uthai mini beye ere udu inenggi -i[10] dolo，

就 我.屬 身體 這 幾 日子 屬 裏面

---

1 是：注音本、劉東山本無此字。

2 eshun giyang ni：品經堂本作eshun furgisui。注音本作furgisu i。劉東山本作furgisu。

3 呵：注音本、劉東山本作“喝”。

4 出：日常本無此字。注音本、劉東山本後有“了”。

5 teni：三槐堂乙本、宏文閣本無此詞。

6 寛：注音本、劉東山本作“散”。

7 什：注音本無此字。

8 jiye：注音本、劉東山本作kai。

9 啊：劉東山本無此字。

10 -i：三槐堂乙本、宏文閣本無此詞。

就是我的身子這幾日裹頭，（29a1-2）

33-13 inu asuru la li[1] akv,

也 甚 爽 快 否

也甚實不爽快，（29a2）

33-14 dolo qehun bime kuxun,

心裹 胸悶 而且 不舒服

心裹發[2]膨悶又嘈雜，（29a3）

33-15 je-qi omi-qi amtan baha-ra-kv,

吃-條 喝-條 味道 得到-未-否

飲食無[3]味，（29a3）

33-16 beye piu se-me,

身體 輕飄貌 助-并

身子虛飄飄[4]，（29a3-4）

33-17 bethe-i fejile kubun -i farsi be fehu-he adali,

脚-屬 下面 棉花 屬 塊 賓 踩-完 一様

脚底下踩[5]着綿[6]花瓜子是的[7]，（29a4）

33-18 elekei makta-bu-ha-kv bihe,

幾乎 拋-被-完-否 過

險些兒没有撩倒來着，（29a4-5）

---

1 la li：品經堂本、劉東山本作lali。

2 發：注音本、劉東山本無此字。

3 無：注音本、劉東山本作“不得”。

4 飄：永魁齋本、二酉堂本、三槐堂乙本、宏文閣本無此字。

5 踩：注音本、劉東山本作“踹”。

6 綿：三槐堂乙本、宏文閣本、注音本、劉東山本作“棉”。

7 是的：劉東山本作“一様”。

33-19 arga akv katunja-hai,

方法 否 忍耐-持

没法兒儘着[1]强扎挣着，（29a5）

33-20 arkan se-me dule-mbu-he[2],

剛好 助-并 通過-使-完

剛々兒的[3]好了，（29a5）

33-21 gvni-qi gemu ere aniya-i[4] erin forgon -i geri sukdun -i haran dere。

想-條 都 這 年-屬 時候 運氣 屬瘟疫 氣 屬 緣由 吧

想來都是今年[5]時氣的[6]過失罷。（29a6）

第34條

34-1[A] bi te umesi banji-re de mangga o-ho-bi,

我 現在 非常 生活-未 位 難 成爲-完-現

我如今狠[7]難過了，（29b1）

34-2 bou-i anggala geren bi-me,

家-屬 人口 衆多 有-并

家口衆，（29b1）

34-3 geli niyalma de edele-he bekdun bi,

又 人 與 欠-完 債務 有

---

1 儘着：注音本、劉東山本無此二字。

2 dulembuhe：注音本、劉東山本作duleke。

3 剛々兒的：三槐堂乙本、宏文閣本、注音本作“剛々的”。劉東山本作“將將”。

4 aniyai：劉東山本作aniya -i。

5 年：注音本、劉東山本後有“的”。

6 的：劉東山本無此字。

7 狠：劉東山本後有“以”。

又該[1]人的債負[2]，（29b2）

34-4 tuqi-bu-re ba labdu，

出-**使**-**未** 地方 多

出去的多，（29b2）

34-5 dosi-mbu-re[3] ba komso，

進入-**使**-**未** 地方 少

進來的少，（29b3）

34-6 geli hvda maiman akv，

又 生意 買賣 **否**

又没[4]有買賣生意，（29b3）

34-7 niyalma de ala-ha se-me，

人 與 告訴-**完** **助**-**并**

總告訴了人，（29b3-4）

34-8 inu gemu akda-ra-kv，

也 都 相信-**未**-**否**

也都不信，（29b4）

34-9 qe elemangga mimbe jortai tuttu ara-ha-ngge se-mbi。

他們 反而 我.**賓** 故意 那樣 做-**完**-**名** 說-**現**

他們[5]倒[6]説是[7]我故意裝作那們[8]樣的。（29b4-5）

---

1 該：注音本、劉東山本後有“下”。

2 負：注音本、劉東山本無此字。

3 dosimbure：注音本、劉東山本作dosinjire。

4 没：三槐堂乙本、宏文閣本作“無”。

5 們：日常本後有“就”。

6 倒：劉東山本作“反到”。

7 是：劉東山本無此字。

8 們：日常本無此字。

34-10[B] age si simbe banji-re-de[1] mangga se-qi,
阿哥 你 你.賓 生活-未-位 難 説-條
阿哥你説你[2]難過，（29b5）

34-11 mini ere beye-re omiholo-ro gosihon -i ba-be,
我.屬 這 發冷-未 餓-未 困苦 屬 地方-賓
我這[3]捱[4]冷受餓的苦處，（29b5-6）

34-12 we-de ala-na-ra。
誰-與 告訴-去-未
告訴誰去。（29b6）

34-13 te-i forgon juwan bou-i dorgi uyun bou-de,
現在-屬 時運 十 家-屬 裏面 九 家-位
如今的時候十家内[5]九家，（29b6-30a1）

34-14 gemu hesihete-me[6] inenggi be hetumbu-re dabala,
都 踉蹌-并 日子 賓 度日-未 罷了
都是打着晃[7]兒度日[8]罷咧，（30a1-2）

34-15 ya emu bou-de tuttu elgiyen tumin banji-mbi ni[9]。
誰 一 家-位 那様 豐富 富饒 生活-現 呢
那一家是那様豐富殷實過得呢。（30a2）

---

1 banjirede：注音本、劉東山本作banjire de。
2 難：日常本後有“的”。
3 這：劉東山本後有“様”。
4 捱：注音本、劉東山本作“挨”。
5 内：劉東山本後有“有”。
6 hesiheteme：注音本作hesihedeme。
7 晃：注音本、劉東山本作“幌”。
8 日：劉東山本後有“子”。
9 banjimbi ni：注音本、劉東山本作banjimbini。

34-16 niyalma-i[1] hendu-re balame,

人-屬 說-未 可是

可是人說的，（30a2-3）

34-17 bou tome guwan xi in[2] se-qi,

家 每 觀 世 音 助-條

家々觀世音，（30a3）

34-18 baba-de o mi to fo se-mbi-kai。

到處-位 阿 彌 陀 佛 助-現-啊

處々念彌陀[3]。（30a3-4）

第35條

35-1[A] age si kemuni faksida-fi aina-mbi?

阿哥 你 還 巧辯-順 做什麼-現

阿哥你還巧辯作什麼？（30a5）

35-2 urunakv angga aqa-bu-ki se-mbi-u?

必定 口 合適-使-祈 想-現-疑

必定要對口[4]麼？（30a5）

35-3 eiqibe sinde majige muru bi-fi,

總得 你.與 稍微 模樣 有-順

總是你[5]有些影兒，（30a6）

---

1 niyalmai：劉東山本作niyalma。

2 in：注音本、劉東山本作yen。

3 陀：劉東山本後有“啊”。

4 口：劉東山本作“嘴”。日常本後有“的”。

5 你：劉東山本後有“們”。

35-4 niyalma teni tuttu gisure-re dabala,

人 纔 那様 説-未 罷了

人纔那様説罷咧,（30a6-30b1）

35-5 tese ainu mini beye-be laida-ra- kv ni?

他們 爲什麽 我.屬 身體-賓 賴-未-否 呢

他們怎麽不賴我呢?（30b1）

35-6 yaya baita yabu-re-ngge[1],

凡是 事情 施行-未-名

大凡行[2]事,（30b1-2）

35-7 damu niyalma be dalda-qi o-joro dabala,

只是 人 賓 欺騙-條 可以-未 罷了

只可瞞得人罷咧,（30b2）

35-8 dergi abka be gida-qi o-jora-kv kai。

上 天 賓 瞞-條 可以-未-否 啊

瞞不得上天啊。（30b2-3）

35-9 dekdeni hendu-he-ngge,

俗語 説-完-名

俗語説的,（30b3）

35-10 jugvn de gisure-qi,

路 位 説-條

路上説話,（30b3-4）

35-11 orho -i dolo donji-re niyalma bi se-he-bi,

草 屬 裏面 聽-未 人 有 助-完-現

1 baita yaburengge：注音本、劉東山本作yabuha baita。

2 行：注音本、劉東山本後有“的”。

草裏有人听，（30b4）

35-12 edun da-ra-kv oqi,

風 吹-未-否 若是

風若[1]不刮，（30b4-5）

35-13 mou-i[2] abdaha geli axxa-mbi-u?

樹-屬 葉 又 動-現-疑

樹葉兒[3]也[4]動麽?（30b5）

第36條

36-1[A] age geli we-be anahvnja-ra?

阿哥 又 誰-賓 讓-未

阿哥再還讓誰?（30b6）

36-2 uthai tafa-fi dulimba-de te-ki,

就 上升-順 中間-位 坐-祈

就請上去在當中坐，（30b6）

36-3 qembe inu mende majige ba anabu,

他們.賓 也 我們.與 稍微 地方 讓.祈

教[5]他們也讓給我們[6]一点[7]地方兒[8]，（31a1）

---

1 若：劉東山本無此字。

2 moui：注音本作mou。

3 兒：日常本無此字。

4 也：日常本後有“不”。

5 教：注音本、劉東山本作“叫”。

6 們：三槐堂乙本、宏文閣本無此字。

7 点：日常本後有“兒”。

8 兒：注音本無此字。

36-4 be inu majige[1] te-mbi dere。

我們 也 稍微 坐-現 吧

我們也略[2]坐々兒[3]罷[4]。（31a1）

36-5[B] ere age-i[5] gisun inu，

這 阿哥-屬 話 是

這阿哥的話是，（31a2）

36-6 age si uthai qin -i te，

阿哥 你 就 正面 工 坐.祈

阿哥你就正坐，（31a2）

36-7 ere age be ada-me te-kini。

這 阿哥 賓 排列-并 坐-祈

教[6]這阿哥挨着坐罷。（31a2-3）

36-8[A] age si inu ume mara-ra，

阿哥 你 也 不要 推辭-未

阿哥你也別推辭，（31a3）

36-9 uthai ere age -i[7] sira-me te[8]。

就 這 阿哥 屬 連接-并 坐.祈

就接着這[9]阿哥坐。（31a3-4）

---

1 majige：注音本、劉東山本無此詞。

2 略：注音本、劉東山本無此字。

3 坐々兒：注音本、劉東山本作“坐下”。

4 罷：日常本後有“咧”。

5 agei：三槐堂乙本、宏文閣本作age -i。

6 教：注音本、劉東山本作“叫”。

7 age -i：注音本、劉東山本作agei。

8 te：注音本、劉東山本作teki。

9 這：日常本無此字。

36-10[B] bi uthai uttu bakqila-me te-ki,

我 就 這様 作對-**并** 坐-**祈**

我就這們對着坐，（31a4）

36-11 yaya demun -i teqe-ndu-fi je-ki bai,

凡是 樣子 **工** 對坐-互-**順** 吃-**祈** 吧

不拘怎麽樣的[1]大家坐下[2]吃罷，（31a4-5）

36-12 ere doro be aina-mbi?

這 禮 **賓** 做什麽-**現**

用這[3]禮行[4]作什麽？（31a5）

36-13 yengsi sarin geli[5] waka,

宴席 婚禮 又 不是

又不是喜慶筵席，（31a5-6）

36-14 ai-be dele wala se-mbi。

什麽-**賓** 上 下 説-**現**

什麽叫[6]作上頭下頭。（31a6）

第37條

37-1[A] age si hetu niyalma-i gisun be ume donji-re,

阿哥 你 旁邊 人-**賓** 話 **賓** 不要 聽-**未**

阿哥你别听傍人的話，（31b1）

---

1 怎麽様的：劉東山本作“怎様”。

2 下：劉東山本作“着”。

3 這：劉東山本後有“些”。

4 禮行：劉東山本作“理性”。

5 yengsi sarin geli：注音本、劉東山本作geli yengsi sarin。

6 叫：三槐堂乙本、宏文閣本作“教”。

37-2 i mimbe gisure-he se-qi,

他 我.賓 說-完 說-條

他說[1]我說了，（31b1-2）

37-3 uthai gisure-he o-kini,

就 說-完 成爲-祈

就算是說了罷，（31b2）

37-4 eiqi we-i juleri gisure-he bihe,

或者 誰-屬 前面 說-完 過

或是當着誰的面前說來着，（31b2-3）

37-5 inu emu siden bakqin bi-dere。

也 一 証 對手 有-吧

也要[2]有一个對証罷咧。（31b3）

37-6 tere aika mimbe niyalma be wa-ha se-qi,

他 如果 我.賓 人 賓 殺-完 說-條

他若說我殺了人，（31b3-4）

37-7 uthai mimbe niyalma be wa-ha se-mbi-u?

就 我.賓 人 賓 殺-完 說-現-疑

就說我殺了人了麼？（31b4）

37-8 age hon ume niyalma be sui akv adunggiya-ra,

阿哥 甚 不要 人 賓 罪 否 折磨-未

阿哥别太無辜[3]的挫磨人，（31b4-5）

1 說：注音本、劉東山本後有“是”。

2 要：注音本、劉東山本無此字。

3 辜：注音本、劉東山本作“故”。

37-9 uju-i ninggu-de genggiyen abka bi-kai。

頭-屬 上-位 晴 天 有-啊

頭上有青天啊。（31b5-6）

37-10 sakda-sa-i gisun hendu-re balame,

老人-複-屬 話 説-未 雖然

可是老人家説的話[1]，（31b6）

37-11 yasa-i sabu-ha-ngge be yargiyan se-mbi,

眼睛-屬 看見-完-名 賓 真實 説-現

眼見的是實，（31b6-32a1）

37-12 xan -i donji-ha-ngge be taxan se-mbi-kai。

耳朵 屬 聽-完-名 賓 虛僞 助-現-啊

耳听的是虚啊。（32a1）

第38話

38-1[A] erin forgon absi hvdun,

時間 季節 很 快

時候[2]好快，（32a2）

38-2 herqun akv de geli emu aniya o-fi,

感覺 否 位 又 一 年 成爲-順

不覺的又是一年[3]，（32a2）

38-3 aniya biya-de[4] isinji-ha,

年 月份-位 到來-完

---

1 話：劉東山本無此字。

2 候：注音本、劉東山本後有“兒”。

3 年：日常本後有“了”。

4 aniya biya：此爲固定用法，表“正月”。

到了正月裏來[1]了，（32a3）

38-4 abka-i kesi de geli emu se nonggi-ha，

天-屬 恩惠 位 又 一 歲 加-完

托賴老天爺又添了[2]一歲，（32a3）

38-5 yala xun biya homso makta-ra adali niyalma be sakda-bu-me xorgi-mbi se-qina。

誠然 日 月 梭 投-未 一樣 人 賓 老-使-并 催促-現 助-祈

果然是日月如梭催人老。（32a4-5）

38-6 bi asihan[3] -i fonde，

我 少年 屬 時候

我少年[4]的時候，（32a5）

38-7 inu aniya haqin -i uquri be buye-me ere-mbihe，

也 年 種類 屬 時候 賓 愛-并 盼望-過

也愛盼望年節來着，（32a5-6）

38-8 te se de o-fi，

現在 歲數 位 成爲-順

如今因[5]上了年紀，（32a6）

38-9 ere gese erehunje-re mujilen youni akv se-re anggala，

這個 一樣 盼望-位 心 完全 否 助-未 與其

---

1 來：注音本、劉東山本無此字。

2 了：三槐堂乙本、宏文閣本無此字。

3 asihan：永魁齋本、二酉堂本、三槐堂乙本、宏文閣本作asigan，注音本作se asigan，劉東山本作se asihan。

4 少年：注音本、劉東山本作“年少”。

5 因：劉東山本無此字。

不但說這樣盼望的心全都没了，（32a6-32b1）

38-10 damu haqin inenggi se-re gisun[1] be donji-ha de,

只是 種類 日子 助-未 話 賓 聽-完 位

只以[2]听見了人[3]説節令的話，（32b1）

38-11 uju gemu finta-mbi-kai。

頭 都 疼-現-啊

頭都是[4]疼啊。（32b2）

第39條

39-1[A] minde emu baita bi-fi,

我.與 一 事情 有-順

我有一件事，（32b3）

39-2 qohome age-de[5] yandu-me bai-me ji-he,

特意 阿哥-位 依賴-并 求-并 來-完

特煩懇[6]阿哥[7]來了，（32b3）

39-3 musei[8] fe guqule-he be gvniqi,

咱們.屬 古 交流-完 賓 想-條

1 gisun：注音本無此詞。

2 以：注音本作“一”。劉東山本無此字。

3 了人：三槐堂乙本、宏文閣本無“了”。劉東山本無此二字。

4 是：注音本、劉東山本無此字。

5 agede：三槐堂乙本、宏文閣本、品經堂本、注音本、劉東山本作age de。

6 懇：注音本、劉東山本作“求”。

7 哥：日常本後有“的”。

8 musei：劉東山本作muse。

若想着[1]咱們的[2]舊相友[3]，（32b3-4）

39-4 mini ere baita be,

我.屬 這 事情 賓

把我這个[4]事情[5]，（32b4）

39-5 urunakv tere louye de ula-me gisure-reu。

必定 那 老爺 位 傳-并 説-祈

望祈必定轉[6]向那位老爺説。（32b4-5）

39-6[B] je[7],

是

哦[8]，（32b5）

39-7 bi gene-fi mutere-i teile gisure-me tuwa-ki,

我 去-順 能力-屬 僅僅 説-并 看-祈

我去儘[9]量兒説着瞧，（32b5）

39-8 i daha-qi si inu ume urgunje-re,

他 跟隨-條 你 也 不要 歡喜-未

他若是依你也別[10]喜歡，（32b6）

39-9 i daha-ra-kv o-qi,

他 跟隨-未-條 成爲-條

1 着：注音本無此字。
2 的：劉東山本無此字。
3 友：注音本、劉東山本作“遇”。
4 个：劉東山本作“件”。
5 情：劉東山本無此字。
6 轉：三槐堂乙本、宏文閣本無此字。
7 je：注音本作ja。
8 哦：劉東山本作“是”。
9 儘：劉東山本後有“着”。
10 別：劉東山本後有“要”。

他若是不依，（32b6-33a1）

39-10 age[1] inu ume gasa-ra，

阿哥 也 不要 抱怨-**未**

阿哥[2]也別報怨，（33a1）

39-11 bi terei baru bai an -i guqule-mbi，

我 他.**屬** 向 平白 平常 **工** 交友-**現**

我合他白平常相友[3]，（33a1-2）

39-12 asuru gvli-ka ba akv，

甚 熟悉-**完** 地方 **否**

没甚[4]相厚處，（33a2）

39-13 ere baita be mute-bu-re mute-bu-ra-kv be，

這 事情 **賓** 成就-**使-未** 成就-**使-未**-否 **賓**

這个事成得來成不來，（33a2-3）

39-14 bi inu akdula-me mute-ra-kv kai。

我 也 保證-**并** 能够-**未-否** 啊

我也保定[5]不來[6]啊。（33a3）

第40條

40-1[A] mentuhun ahvn -i ginggule-me unggi-he bithe，

愚昧 哥哥 **屬** 謹慎-**并** 發送-**完** 書簡

---

1 age：劉東山本後有si。

2 哥：劉東山本後有“你”。

3 友：注音本作“遇”，劉東山本作“與”。

4 甚：日常本後有“麼”。

5 定：注音本、劉東山本無此字。

6 來：注音本、劉東山本作“住”。

愚兄謹發字帖，（33a4）

40-2 ere uquri simbe umai baha-fi sabu-ha-kv。

這 時候 你.賓 全然 得到-順 看見-完-否

這些時竟没得[1]看見你。（33a4-5）

40-3 erin hvdun geri fari o-fi，

時 迅快 恍 惚 成爲-順

因時[2]光[3]迅速恍惚間，（33a5）

40-4 uthai ududu aniya o-ho adali，

就 許多 年 成爲-完 一樣

就像幾年，（33a5-6）

40-5 beye sini wesihun bou-de tuwa-na-ki se-qi，

自己 你.屬 尊貴 家-與 看-去-祈 想-條

欲要親身到你尊府看望，（33a6）

40-6 geli baha-fi aqa-ra-kv ayou se-me gvni-mbi。

又 得到-順 見面-未-否 虚 助-并 想-現

想來[4]又恐不得會見。（33b1）

40-7 mergen deu sain niyalma be dahame，

聰明 弟弟 好 人 賓 既然

賢弟乃是善人，（33b1-2）

40-8 urunakv sain o-joro be，

必然 好 成爲-未 賓

必然吉利，（33b2）

---

1 得：劉東山本無此字。

2 時：注音本、劉東山本作“是”。

3 光：注音本、劉東山本後有“陰”。

4 來：注音本、劉東山本作“着”。

40-9 ai gisure-bu-re ba-bi?

什麽 説-**使**-**未** 地方-有

有何説處?（33b2）

40-10 qananggi si gosi-me,

前日 你 慈愛-**并**

前者[1]蒙你疼愛,（33b2-3）

40-11 sini baru gai-re jaka be,

你.**屬** 向 求-**未** 東西 **賓**

向你所要之物,（33b3）

40-12 minde bu-re se-he kai[2],

我.**與** 給-**未** 説-**完** 啊

已説給我,（33b3）

40-13 ertele ainu[3] benji-bu-he-kv?

至今 爲什麽 拿來-**使**-**完**-**否**

爲何[4]至今[5]没有[6]送來?（33b4）

40-14 ainqi wesihun bou-i niyalma jabdu-ra-kv aise,

想必 尊貴 家-**屬** 人 得閑-**未**-**否** 或是

想[7]是貴价不得閑空,（33b4-5）

40-15 simbe geli jobo-bu-me benji-bu-re anggala,

你.**賓** 又 勞煩-**使**-**并** 拿來-**使**-**未** 與其

1 者：三槐堂乙本、宏文閣本、劉東山本作“日”。

2 kai：注音本、劉東山本無此詞。

3 ainu：注音本、劉東山本作umai。

4 爲何：注音本、劉東山本無此二字。

5 今：注音本、劉東山本後有“并”。

6 有：注音本、劉東山本無此字。

7 想：劉東山本作“像”。

與其又勞你送來，（33b5）

40-16 bi qohome meni ajige haha jui be gana-bu-ha,

我 特意 我們.屬 小 男 孩子 賓 取去-使-完

我已[1]特令我們小廝去取，（33b5-6）

40-17 mergen deu hahila-me bu-fi unggi-re be,

聰明 弟弟 急忙-并 給-順 發送-未 賓

賢弟速々給發，（33b6-34a1）

40-18 ne bi duka-i beren de nike-fi ere-me tuwa-me[2] aliya-ha-bi,

現在 我 門-屬 欄框 位 依靠-順 望-并 看-并 等-完-現

我現倚門待望，（34a1）

40-19 bu-re bu-ra-kv be urunakv emu bithe ara-fi amasi unggi-reu。

給-未 給-未-否 賓 必定 一 書簡 寫-順 回 發送-祈

給與[3]不給望祈必寫一字發回。（34a2）

第41條

41-1[A] age si ya gvsa-ngge?

阿哥 你 哪 旗-名

阿哥你是那旗的?（34a3）

41-2[B] bi gulu suwayan ningge。

我 正 黃 者

我是正黃旗的。（34a3）

---

1 已：注音本、劉東山本無此字。

2 tuwame：注音本、劉東山本無此詞。

3 與：劉東山本無此字。

41-3[A] hontoho-ngge-u niru-ngge-u?

官領-**名**-**疑** 牛錄-**名**-**疑**

是渾托和的啊是牛录的啊?（34a3）

41-4[B] niru-ngge。

牛錄-**名**

牛录上的。（34a4）

41-5[A] we-i niru de bi[1]?

誰-**屬** 牛錄 **位** 有

在誰牛录上?（34a4）

41-6[B] qangxeu niru de bi[2]。

常壽 牛錄 **位** 有

在常[3]壽牛录上。（34a4）

41-7[A] hala ai?

姓 什麼

姓什麼?（34a4）

41-8[B] hala jeu。

姓 周

姓周。（34a5）

41-9[A] gebu ai?

名字 什麼

名子叫什麼?（34a5）

---

1 de bi：三槐堂乙本、宏文閣本、注音本、劉東山本作debi。

2 de bi：三槐堂乙本、宏文閣本、注音本、劉東山本作debi。

3 常：劉東山本作“長”。

41-10[B] gebu fengxengge。

名字 豊生哦

名子叫豊生哦[1]。（34a5）

41-11[A] we-i jui?

誰-屬 孩子

誰的兒子？（34a5）

41-12[B] uju jergi hiya gingguji[2] -i jui。

第一 等級 侍衛 京屋機 屬 孩子

頭等侍衛京屋機[3]的兒子。（34a5-6）

41-13[A] udu se o-ho?

幾 歲 成爲-完

幾歲了？（34a6）

41-14[B] juwan uyun se o-ho。

十 九 歲 成爲-完

十九歲了。（34a6）

41-15[A] ai aniya?

什麽 年

屬什麽的？（34a6）

41-16[B] muduri aniya。

龍 年

屬龍的。（34b1）

---

1 豊生哦：品經堂本作“豊生額”，注音本、劉東山本作“豊盛額”。

2 gingguji：三槐堂乙本作hingguji。

3 機：注音本、劉東山本作“吉”。

41-17[A] mukvn bi-u akv-n?

氏族 有-**疑** 否-**疑**

有户中没有？（34b1）

41-18[B] mukvn bi。

氏族 有

有户中。（34b1）

41-19[A] we-i mukvn?

誰-**屬** 氏族

誰的户中？（34b1）

41-20[B] jalan -i janggin bayantu -i mukvn。

参領 **屬** 章京 巴烟圖 **屬** 氏族

参領巴烟圖[1]的户中。（34b1-2）

41-21[A] ahvn deu-te gemu bi-u?

哥哥 弟弟-**複** 都 有-**疑**

弟兄[2]們都有麽？（34b2）

41-22[B] gemu bi。

都 有

都有。（34b2）

41-23[A] sini ahvn ai baita[3] de bi[4]?

你.**屬** 哥哥 什麽 工作 **位** 有

你[5]哥々在什麽差事上？（34b3）

---

1 圖：注音本、劉東山本作“兔”。

2 弟兄：三槐堂乙本、宏文閣本作“兄弟”。

3 baita：注音本、劉東山本作alban。

4 de bi：注音本、劉東山本作debi。

5 你：日常本後有“阿”。

41-24[B] mini age[1] ne lamun funggala。

我.屬 阿哥 現在 藍 翎子

我哥々[2]現在[3]是[4]藍翎[5]子。（34b3）

41-25[A] sini deu -i[6] se adarame?

你.屬 弟弟 屬 歲數 怎麽樣

你兄弟[7]什麽年紀[8]?（34b4）

41-26[B] teni ninggun se o-ho-bi[9] kemuni ajigen。

纔 六 歲 成爲-完-現 還 小

纔六歲了[10]還小呢[11]。（34b4）

41-27[A] banji-ha inenggi atanggi?

出生-完 日子 幾時

生日是幾時?（34b5）

41-28[B] aniya biya-i orin sunja de inu。

年 月份-屬 二十 五 位 是

是正月二十五日。（34b5）

1 age：劉東山本作ahvn。

2 哥々：宏文閣本作“哥”。

3 在：注音本、劉東山本無此字。

4 是：三槐堂乙本、宏文閣本無此字。

5 翎：注音本作“領”。

6 -i：注音本、劉東山本無此詞。

7 弟：注音本作“的”。

8 什麽年紀：劉東山本作“幾歲了”。

9 ohobi：劉東山本無此詞。

10 了：三槐堂乙本、宏文閣本、劉東山本、日常本無此字。

11 呢：劉東山本無此字。

41-29[A] sini bou aibi-de te-he-bi[1]?

你.**屬** 家 哪裏-**位** 住-**完**-**現**

你家在那裏住?（34b5-6）

41-30[B] gu leu -i juleri xun dekde-re ergi de te-he-bi。

鼓 樓 **屬** 前面 太陽 昇-**未** 方向 **位** 住-**完**-**現**

在鼓[2]楼前頭東邊住。（34b6-35a1）

41-31[A] qouha-i jurgan -i aisilakv hafan hvri[3] ama sinde ai o-mbi?

兵-**屬** 部 **屬** 員外 官人 呼哩 父親 你.**與** 什麼 成爲-**現**

兵部員外郎呼哩阿媽是你什麼?（35a1-2）

41-32[B] minde ahvn o-mbi。

我.**與** 哥哥 成爲-**現**

是我哥々。（35a2）

41-33[A] ini ama sinde ai o-mbi?

他.**屬** 父親 你.**與** 什麼 成爲-**現**

他父親是你什麼?（35a2）

41-34[B] minde eshen o-mbi。

我.**與** 叔叔 成爲-**現**

是我叔々。（35a2-3）

41-35[A] banji-ha esheng[4]?

生長-**完** 叔叔

親叔々麼?（35a3）

---

1 tehebi：注音本無此詞。

2 鼓：注音本、劉東山本作“古”。

3 hvri：注音本後有i。

4 esheng：劉東山本eshenggeu。

41-36[B] inu,

是

是，（35a3）

41-37 banji-ha eshen。

生長-完 叔叔

親叔々。（35a3）

41-38[A] si gabta-me niyamniya-me gemu[1] bahana-mbi-u?

你 射箭-并 騎射-并 都 領會-現-疑

你馬[2]步箭都會射麼?（35a3-4）

41-39[B] gabta-me bahana-mbi niyamniya-me bahana-ra-kv。

射箭-并 領會-現 騎射-并 領會-現-否

會射步箭不會射馬箭。（35a4）

41-40[A] si ainu niyamniya-ra be taqi-ra-kv?

你 爲什麼 騎射-未 賓 學-未-否

你爲什麼不學[3]馬箭[4]?（35a5）

41-41[B] morin akv ofi taqi-ha-kv。

馬 否 因爲 學-完-否

因爲没有馬不曾學。（35a5）

41-42[A] si beri tata-me tuwa。

你 弓 拉-并 看.祈

你拉々弓瞧。（35a6）

---

1 gemu：宏文閣本無此詞。

2 馬：日常本後有“箭”。

3 學：日常本作“射”。

4 箭：日常本後有“爲什不學”。

41-43[B] je,

是

哦,(35a6)

41-44 ara ere beri -i tebke be bi inu nei-me mute-ra-kv,

哎呀 這個 弓 **屬** 墊子 **賓** 我 也 開-**并** 能够-**未-否**

嗳[1]呀這个弓的墊子我也開不開,(35a6-35b1)

41-45 absi mangga na。

何其 硬 啊

好硬啊。(35b1)

41-46[A] tuttu oqi[2] beri be sinda,

那樣 若是 弓 **賓** 放.**祈**

若是[3]那們着[4]放下弓[5],(35b1-2)

41-47 dangse be hvla-me tuwa-ki。

檔案 **賓** 念-**并** 看-**祈**

念々檔子看。(35b2)

41-48[B] je。

是

哦。(35b2)

41-49[A] si udu aniya bithe hvla-ha?

你 幾 年 書 讀-**完**

---

1 嗳:注音本、劉東山本作“哎”。

2 oqi:三槐堂乙本、宏文閣本後有si。

3 若是:注音本無此二字。

4 着:注音本作“的”,劉東山本無此字。

5 放下弓:注音本、劉東山本作“把弓放下”。

你讀了幾年書[1]?（35b2-3）

41-50[B] ilan aniya hvla-ha。

三 年 讀-完

讀了三年了[2]。（35b3）

41-51[A] bithe giyangna-ha-u[3] akv-n?

書 講-完-疑 否-疑

講過書了[4]没有阿[5]?（35b3）

41-52[B] giyangna-ha。

講-完

開過講[6]了。（35b3）

41-53[A] yaya bithe be si gemu giyangna-me mute-mbi-u?

諸凡 書 賓 你 都 講-并 能够-現-疑

不拘什麽[7]書你都能講得來麽?（35b4）

41-54[B] mute-re ba inu bi,

能够-未 地方 也 有

能的去處也有,（35b4）

41-55 mute-ra-kv ba inu bi,

能够-未-否 地方 也 有

不能的去處也有,（35b5）

---

1 書：永魁齋本、二酉堂本、三槐堂乙本、宏文閣本、品經堂本、注音本、日常本後有“了”。

2 了：日常本無此字。

3 giyangnahau：永魁齋本、二酉堂本、宏文閣本、注音本作giyangnahou。

4 書了：注音本、劉東山本作“了書”。

5 阿：注音本、劉東山本無此字。

6 開過講：注音本、劉東山本作“講過”。

7 麽：三槐堂乙本、宏文閣本無此字。

41-56 aikabade narhvn somishvn ba oqi,

若是 細微 隱藏 地方 若是

倘若是細微之處，（35b5）

41-57 bi uthai mute-ra-kv。

我 就 能够-未-否

我就不能。（35b5-6）

41-58[A] si ya sefu -i taqikv de bithe hvla-mbi?

你 哪個 師傅 屬 學校 位 書 讀-現

你在那个師傅[1]的[2]學裹讀書?（35b6）

41-59[B] jou[3] sefu -i taqikv de[4] hvla-mbi。

趙 師傅 屬 學校 位 讀-現

在趙師傅[5]的[6]學裹念[7]。（36a1）

41-60[A] ere jou[8] sefu aibi-de te-he-bi?

這 趙 師傅 哪裹-位 住-完-現

這个趙師傅[9]在那裹住?（36a1）

41-61[B] mini te-he bou-i[10] duka-i bakqin de bi-sire,

我.屬 住-完 家-屬 門-屬 對面 位 有-未

---

1 傅：劉東山本作“付”。

2 的：注音本、劉東山本無此字。

3 jou：注音本、劉東山本jau。

4 de：劉東山本後有bithe。

5 傅：劉東山本作“付”。

6 的：劉東山本、日常本無此字。

7 念：劉東山本作“讀書”。

8 jou：注音本、劉東山本作jau。

9 傅：劉東山本作“付”。

10 boui：三槐堂乙本、宏文閣本、劉東山本作bou。

在我住的[1]房子對門，（36a2）

41-62 tere amba bou，

那 大 家

那个大房子，（36a2）

41-63 uthai ini bou kai。

就 他.屬 家 啊

就是他的[2]家呀[3]。（36a3）

41-64[A] jou[4] sefu -i qolo be ai ama[5] se-mbi?

趙 師傅 屬 號 賓 什麽 父親 說-現

趙師傅[6]的號兒[7]叫什麽字兒[8]？（36a3-4）

41-65[B] jouli[9] ama se-mbi。

拙哩 父親 說-現

叫作拙[10]哩阿媽[11]。（36a4）

41-66[A] ne ai-de bi[12]?

現在 什麽-位 在

1 的：劉東山本作“居”。
2 的：劉東山本無此字。
3 呀：三槐堂乙本、宏文閣本、劉東山本作“啊”。
4 jou：注音本、劉東山本作jau。
5 ama：劉東山本作liyama。
6 傅：劉東山本作“付”。
7 兒：注音本、劉東山本無此字。
8 字兒：劉東山本無此二字。
9 jouli：劉東山本作joli，注音本後有i。
10 拙：注音本、劉東山本作“卓”。
11 媽：日常本後有“的”。
12 aide bi：劉東山本作ai debi。

現在[1]什麼上頭[2]?（36a4）

41-67[B] daqi bithe-i yamun -i[3] ashan[4] -i bithe-i da de[5] bi-he，

原來 書-屬 衙門 屬 侍衛 屬 書-屬 原本 **位** 有-**完**

原是翰林院[6]的[7]學士來着，（36a4-5）

41-68 beye jadahala-ha[8] turgun de[9]，

身體 殘疾-**完** 理由 **位**

因爲身子有了[10]殘疾[11]，（36a5）

41-69 ashan[12] -i bithe-i da qi naka-ha。

侍衛 **屬** 書-**屬** 原本 **從** 辭-**完**

辭了學士了。（36a5-6）

41-70[A] bithe de antaka，

書 **位** 怎麼樣

書上頭[13]如何?（36a6）

41-71[B] sain，

好

好，（36a6）

---

1 在：注音本、劉東山本作“是”。

2 上頭：注音本、劉東山本無此二字。

3 -i：劉東山本無此詞。

4 ashan：永魁齋本、二酉堂本、品經堂本、注音本作asgan。

5 de：劉東山本無此詞。

6 院：永魁齋本、二酉堂本、三槐堂乙本、宏文閣本、品經堂本、日常本作“苑”。

7 的：三槐堂乙本、宏文閣本無此字。

8 jadahalaha：注音本、劉東山本作jadagalaha。

9 turgun de：三槐堂乙本、宏文閣本、品經堂本、注音本、劉東山本作turgunde。

10 有了：注音本、劉東山本無此二字。

11 疾：注音本後有“了”。

12 ashan：永魁齋本、二酉堂本、注音本作asgan。

13 頭：注音本、劉東山本無此字。

41-72 bakqin akv -i mangga,

對敵 否 屬 剛強

無對手的高强,（36a6-36b1）

41-73 bithe ubaliyambu-re giyangna-ra hergen ara-ra gabta-ra niyamniya-ra be,

書 翻譯-未 講-未 文字 寫-未 射箭-未 騎射-未 賓

翻繹講書寫字馬步弓[1]箭,（36b1-2）

41-74 bahana-ra-kv-ngge akv。

會-未-否-名 否

没有不會的。（36b2）

41-75[A] xabi-sa be kadala-ra-ngge inu qira-u?

徒弟-複 賓 管理-未-名 也 嚴緊-疑

管徒弟們也嚴[2]緊啊[3]?（36b2-3）

41-76[B] age ere ba-be ume jondo-ro,

阿哥 這 地方-賓 不要 提起-未

阿哥别提[4]這个[5],（36b3）

41-77 ajige juse damu ini jilgan be donji-ha de[6],

小 孩子.複 只是 他.屬 聲音 賓 聽-完 位

小孩子們只一听見他的声兒,（36b3-4）

41-78 fayangga gemu tuhe-mbi se-qina[7]。

魂 都 吊-現 助-祈

---

1 弓：注音本、劉東山本無此字。

2 嚴：注音本、劉東山本無此字。

3 啊：注音本、劉東山本作“嗎”。

4 提：三槐堂乙本、宏文閣本後有“起”。

5 个：劉東山本作“一件”。

6 donjiha de：三槐堂乙本、宏文閣本作donjihade。

7 seqina：注音本、劉東山本無此詞。

魂都吊。（36b4）

41-79[A] si inu tede gele-mbi-u?

你 也 他.與 怕-現-疑

你也怕他麼?（36b4-5）

41-80[B] ara ere ai gisun?

哎呀 這 什麼 話

嗳[1]呀這是什麼話?（36b5）

41-81 sefu se-re-ngge uthai ama -i adali kai,

師傅 助-未-名 就 父親 屬 一樣 啊

師傅[2]就是父親一樣啊,（36b5-6）

41-82 sefu de gele-ra-kv oqi,

師傅 位 怕-未-否 若是

若[3]不怕師傅[4],（36b6）

41-83 geli we de gele-mbi-ni。

又 誰 位 怕-現-呢

還怕誰呢[5]。（36b6）

41-84[A] terei bou-i[6] banji-re-ngge antaka?

他.屬 家-屬 生活-未-名 怎麼樣

他家過的如何?（36b6-37a1）

---

1 嗳：注音本、劉東山本作“哎”。

2 傅：劉東山本作“付”。

3 若：注音本、劉東山本無此字。

4 傅：劉東山本作“付”。

5 呢：三槐堂乙本、宏文閣本無此字。

6 boui：品經堂本作bou。

41-85[B] inu damu fe bi-he hethe be tuwakiya-me banji-re dabala,

也 只是 舊 有-**完** 財產 **賓** 看守-**并** 生活-**未** 罷了

也只是[1]守着舊有的產業過罷咧，（37a1-2）

41-86 ereqi tulgiyen -i enqu geli[2] baha-ra ba bi-sire be bi sar-kv。

這.**從** 以外 他 另外 又 得到-**未** 地方 有-**未** **賓** 我 知道.**未-否**

除此之外他另有所得的去處我不知道。（37a2-3）

41-87[A] ne ini jakade bithe hvla-ra xabi-sa udu bi?

現在 他.**屬** 跟前 書 念-**未** 徒弟-**複** 幾 有

現在他跟前念書的徒弟有多少？（37a3）

41-88[B] ne bi-sire-ngge ainqi tanggv isi-me bi。

現在 有-**未-名** 想必 一百 到達-**并** **現**

現在[3]有的想[4]是勾[5]着一百[6]。（37a3-4）

41-89[A] si dule-ke aniya de[7] inu simne-mbihe-u akv-n[8]?

你 過-**完** 年 **位** 也 考-**過-疑** **否-疑**

你舊[9]年也考來着没有啊[10]？（37a4-5）

41-90[B] simne-he bihe,

考-**完** **過**

考來着，（37a5）

---

1 是：三槐堂乙本、宏文閣本無此字。

2 geli：三槐堂乙本作gelou、宏文閣本作belou。

3 在：日常本後有“的”。

4 想：劉東山本作“像”。日常本無此字。

5 勾：注音本、劉東山本作“彀”。

6 百：永魁齋本、二酉堂本、三槐堂乙本、宏文閣本、品經堂本、日常本後有“了”。

7 de：劉東山本無此詞。

8 simnembiheu akvn：三槐堂乙本、宏文閣本作simnembi amgvn。

9 舊：注音本、劉東山本作“去”。

10 啊：注音本、劉東山本無此字。

41-91 hvla-ra-ngge ara-ra-ngge gemu eden o-joro jakade,

念-**未**-**名** 寫-**未**-**名** 都 缺 成爲-**未** 因爲

因爲念的寫的都差池[1]，（37a5-6）

41-92 gebu gai-ha-kv bihe-kai[2]。

名字 那-**完**-**否** **過**-啊

没拿[3]名子啊[4]。（37a6）

41-93[A] dule turgun uttu bi-he-ni,

原來 理由 這様 有-**完**-呢

原來情由是這様來着呢，（37a6-37b1）

41-94 bi teike[5] sinde utala gisun fonji-ha-ngge,

我 剛纔 你.**與** 好多 話 問-**完**-**名**

我方纔問你的這[6]許多[7]話，（37b1）

41-95 gemu sini bengsen be qende-he-ngge[8],

都 你.**屬** 本事 **賓** 試-**完**-**名**

都是試探你的本事的[9]，（37b1-2）

41-96 tuwa-qi sini taqi-ha-ngge kemuni o-mbi,

看-**條** 你.**屬** 學-**完**-**名** 還是 可以-**現**

看你所學的還去[10]得，（37b2）

1 池：注音本、劉東山本作“遲”。

2 bihekai：三槐堂乙本、宏文閣本作bihe kai。注音本、劉東山本無此詞。

3 拿：注音本、劉東山本作“取”。

4 啊：注音本、劉東山本無此字。

5 teike：注音本、劉東山本作jakan。

6 這：日常本後有“個”。

7 多：日常本後有“的”。

8 qendehengge：注音本、劉東山本作qenderengge。

9 的：三槐堂乙本、宏文閣本作“啊”。

10 去：劉東山本作“使”。

41-97 bi qimari amba-sa de[1] ala-fi,

我 明天 大人-複 位 告訴-順

我明日告訴了大人們，（37b3）

41-98 urunakv sini gebu be isibu-ki。

必然 你.屬 名字 賓 送-祈

必定送你的名子。（37b3）

41-99 eiqi dasa-me simne-bu-re,

或是 改-并 考-使-未

或是教[2]從[3]考，（37b4）

41-100 eiqi uthai baitala-ra be,

或是 就 使用-未 賓

或是即用，（37b4）

41-101 gemu boljo-qi o-jora-kv。

都 約定-條 可以-未-否

都定不得。（37b4-5）

41-102 ere udu inenggi -i[4] dolo,

這 幾 日子 屬 裏面

這幾日裏頭，（37b5）

41-103 sini gabta-ra niyamniya-ra ba-be,

你.屬 射箭-未 騎射-未 地方-賓

把你的馬步箭，（37b5-6）

---

1 de：三槐堂乙本、宏文閣本無此詞。

2 教：注音本、劉東山本作“叫”。

3 從：劉東山本作“重”。

4 -i：注音本、劉東山本無此詞。

41-104 kemuni an -i urebu,

還是 常常 工 練習.祈

還是照舊的[1]演習,(37b6)

41-105 hvla-ra ara-ra ba-be,

念-未 寫-未 地方-賓

念的寫的去處,(37b6)

41-106 inu an -i taqi,

也 常常 工 學.祈

也是[2]照舊學,(37b6-38a1)

41-107 bou-de bisu,

家-位 在.祈

在家裏,(38a1)

41-108 gvwa ba-de ume gene-re,

另外 地方-與 不要 去-未

别往别處去,(38a1)

41-109 selgiye-re be tuwa-me,

傳-未 賓 看-并

瞧着傳去,(38a1-2)

41-110 deye-re gese feksi-hei[3] jiu,

飛-未 一樣 跑-持 來.祈

如飛的[4]跑了來,(38a2)

---

1 的:注音本、劉東山本無此字。

2 是:注音本、劉東山本無此字。

3 feksihei:劉東山本作sujuhei。

4 的:劉東山本無此字。

41-111 ume touka-bu-re。

别 遲誤-**使**-**未**

别誤下[1]。（38a2）

41-112[B] je sa-ha。

是 知道-**完**

哦知道了。（38a2）

第42條

42-1[A] age si absi gene-mbi?

阿哥 你 哪裏 去-**現**

阿哥你[2]那[3]去？（38a3）

42-2[B] gvwa ba-de majige baita bi-fi gene-mbi。

另外 地方-**位** 稍微 事情 有-**順** 去-**現**

往[4]别處有些[5]事情去。（38a3）

42-3[A] age yabu taka meni[6] bou-de dari。

阿哥 走.**祈** 暫且 我.**屬** 家-**位** 路過.**祈**

阿哥[7]走且順便到我們[8]家裏。（38a3-4）

42-4[B] jou bai,

算了 吧

---

1 下：注音本、劉東山本作“了”。

2 你：劉東山本後有“往”。

3 那：注音本、劉東山本後有“里”。

4 往：注音本、劉東山本無此字。

5 些：注音本作“点兒”，劉東山本作“點”。

6 meni：劉東山本作mini。

7 阿哥：宏文閣本無此二字。

8 們：注音本、劉東山本無此字。

罷呀[1]，（38a4）

42-5 bi enenggi emu ekxe-re baita bi-fi xolo baha-ra-kv,

我 今天 一 忙-未 事情 有-順 空閑 得到-未-否

我今日有一宗[2]緊事情不得工夫，（38a4-5）

42-6 enqu inenggi jai dari-ki bai。

另外 日子 再 路過-祈 呀

另日再到去罷。（38a5）

42-7[A] age si nenehe-qi mujilen ambula gvwaliya-ka-bi,

阿哥 你 先前-從 心 甚 變-完-現

阿哥你比先心大變了，（38a6）

42-8 muse da-qi ishunde targaqun akv gisure-me,

咱們 原來-從 彼此 忌諱 否 説-并

咱們原是彼此説話没有忌較，（38a6-38b1）

42-9 ton akv yabu-mbihe-ngge kai,

次數 否 走-過-名 啊

行走没有遍数兒[3]來着[4]的啊[5]，（38b1）

42-10 si utala inenggi mini duka de umai enggele-nji-ra-kv bi-me,

你 許多 日子 我.屬 門 與 全然 來臨-來-未-否 有-并

你許多的[6]日[7]子竟不登[8]我的門，（38b1-2）

---

1 呀：注音本作“咧”。

2 宗：劉東山本作“種”。

3 兒：劉東山本無此字。

4 着：劉東山本無此字。

5 啊：注音本作“呀”。

6 的：注音本無此字。

7 日：三槐堂乙本、宏文閣本作“日々”。

8 登：劉東山本作“蹬”。

42-11 aqa-fi geli uttu anduhvri duyen o-ho-ngge,

見-順 又 這樣 疏淡 冷淡 成爲-完-名

見了又這樣冷淡，（38b2-3）

42-12 we simbe aina-ha ni-u?

誰 你.賓 做什麽-完 呢-疑

誰把你怎麽樣了呢麽[1]？（38b3）

42-13[B] si sar-kv,

你 知道.未-否

你不知道，（38b3）

42-14 bi ji-dera-kv-ngge waka,

我 來-未-否-名 不是

我不是[2]不來，（38b4）

42-15 damu bou-i joboshvn -i[3] turgun de[4],

只是 家-屬 艱難 屬 理由 位

只爲家[5]艱難的緣故，（38b4）

42-16 inenggi-dari ekxe-me,

日子-每 忙-并

每日忙，（38b5）

42-17 umai xolo baha-ra-kv ba-de

全然 空閑 得到-未-否 地方-位

竟不得工夫，（38b5）

1 呢麽：品經堂本、注音本作“麽”，劉東山本無此二字。

2 我不是：注音本、劉東山本作“非是我”。

3 -i：注音本、劉東山本無此詞。

4 turgun de：三槐堂乙本、宏文閣本、注音本、劉東山本作turgunde。

5 家：劉東山本後有“裏”。

42-18 mimbe se-me aina-ra?

我.賓 助-并 做什麼-未

教[1]我怎麼樣？（38b5-6）

42-19[A] age si bou-i joboshvn -i jalin waka,

阿哥 你 家-屬 艱難 屬 理由 不是

阿哥你不是爲家艱難，（38b6）

42-20 ainqi aisi be ujele-me sain guqu be aldangga o-bu-me,

想必 利益 賓 尊重-并 好 朋友 賓 疏遠 成爲-使-并

想[2]是重利疏遠好朋友[3]，（38b6-39a1）

42-21 mimbe tulgiyen gvni-mbi dere。

我.賓 另外 想-現 吧

外道着我[4]罷咧[5]。（39a1-2）

42-22[B] age sini ere ai gisun se-re-ngge?

阿哥 你.屬 這 什麼 話 説-未-名

阿哥你説的這是什麼話？（39a2）

42-23 musei guqule-he-ngge,

咱們.屬 交往-完-名

咱們的相與[6]，（39a2）

42-24 gvwa de duibule-qi o-mbi-u?

另外 與 對比-條 可以-現-疑

1 教：注音本、劉東山本作“叫”。

2 想：劉東山本作“像”。

3 好朋友：三槐堂乙本、宏文閣本無此三字。

4 外道着我：三槐堂乙本、宏文閣本作“外道有利”，注音本、劉東山本作“外想着我”。

5 咧：注音本、劉東山本無此字。

6 與：注音本作“于”，劉東山本作“遇”。

比得别人麽？（39a3）

42-25 si ainu ere gese gisun tuqi-mbi?

你 爲什麽 這 様子 話 出-現

你怎麽[1]發出這様話來？（39a3）

42-26 je je waji-ha，

是 是 完結-完

遮々完了，（39a4）

42-27 enenggi mini baita be uthai touka-bu-qi，

今天 我.屬 事情 賓 即使 遲誤-使-條

今日我[2]的事就便誤，（39a4）

42-28 touka-bu-kini，

遲誤-使-祈

誤去罷，（39a5）

42-29 bi gene-re be naka-fi[3]，

我 去-未 賓 中止-順

我止住去，（39a5）

42-30 age-i[4] bou-de dari-na-ki，

阿哥-屬 家-與 路過-去-祈

到阿哥家裏，（39a5）

42-31 bi eiqi gene-ra-kv o-ho-de，

我 如果 去-未-否 成爲-完-位

---

1 怎麽：注音本、劉東山本作“爲何”。

2 我：三槐堂乙本、宏文閣本作“成”。

3 nakafi：宏文閣本作nakafu。

4 agei：劉東山本作age i。

我若是不去了[1]，（39a5-6）

42-32 si geli[2] mimbe wakala-mbi-u[3]?

你 又 我.賓 責怪-現-疑

你還怪我麽?（39a6）

42-33[A] age uttu o-qi，

阿哥 這樣 成爲-條

阿哥若[4]這樣，（39a6）

42-34 teni guqu -i doro，

纔 朋友 屬 道理

纔是朋友的道理，（39b1）

42-35 daxose aba?

大小子 哪裏

大小子在那裏呢[5]?（39b1）

42-36 morin gaisu。

馬 接取.祈

接馬。（39b1）

42-37[Q] je。

是

哦。（39b1）

42-38[A] ere morin be amargi hvwa de gama-fi hvwaita，

這 馬 賓 後面 院子 位 拿去-順 拴.祈

---

1 了：劉東山本無此字。

2 geli：注音本、劉東山本作kemuni。

3 wakalambiu：注音本、劉東山本作wakaxambiu。

4 若：三槐堂乙本、宏文閣本、劉東山本後有“是”。

5 呢：注音本、劉東山本無此字。

把這个馬拿到後院子裏拴着，（39b1-2）

42-39 duka-i jaka-de ume hvwaita-ra,

門-屬 旁邊-位 不要 拴-未

別拴在門口兒[1]，（39b2-3）

42-40 ehe urse de guwelke,

不好 人們 位 擔心.祈

仔細壞[2]人們[3]，（39b3）

42-41 julhv be burgiyen de lakiya,

扯手 賓 鞍轎 位 挂.祈

扯[4]手掛在鞍喬[5]子上，（39b3-4）

42-42 tohoma be inu hete。

鞍韂 賓 也 撩.祈

鞊[6]也[7]撩起來。（39b4）

42-43[Q] je。

是

哦。（39b4）

42-44[A] age yabu,

阿哥 走.祈

阿哥走，（39b4）

1 兒：三槐堂乙本、宏文閣本無此字。

2 壞：三槐堂乙本、宏文閣本作“懷”。

3 們：注音本無此字。

4 扯：永魁齋本、二酉堂本、日常本作“扯勒”，三槐堂乙本、宏文閣本作“把扯勒”。

5 喬：劉東山本作“轎”。

6 鞊：劉東山本作“韂”。

7 也：日常本作“子”。

42-45 dosi-ki,

進入-祈

請[1]進去，（39b4）

42-46 age nagan[2] de tafa。

阿哥 炕 位 上去.祈

阿哥上炕去。（39b4-5）

42-47[B] bi tafa-ki。

我 上去-祈

我上去[3]。（39b5）

42-48[A] age ergi de sain。

阿哥 這邊 位 好

阿哥這邊好。（39b5）

42-49[B] uba-de inu sain。

這裏-位 也 好

這裏也好。（39b5-6）

42-50[A] jai majige wesi。

再 稍微 升.祈

再略往[4]上升些[5]。（39b6）

42-51[B] uthai uttu o-ho-de umesi iqangga。

就 這樣 成爲-完-位 很 舒服

就是這樣狠舒服。（39b6-40a1）

---

1 請：注音本、劉東山本無此字。

2 nagan：三槐堂乙本作nahan。

3 哦，阿哥走，請進去，阿哥上炕去，我上去：日常本無此内容。

4 略往：注音本、劉東山本無此二字。

5 些：注音本後有“兒”。

42-52[A] daxose aba?

大小子 哪裏

大小子在那裏呢[1]?(40a1)

42-53 si tule aina-mbi?

你 外面 做什麽-現

你在外頭作[2]什麽呢?(40a1)

42-54[Q] bi uba-de morin hvwaita-me bi。

我 這裏-位 馬 拴-并 現

我在這裏拴馬呢。(40a1-2)

42-55[A] ere waburu morin be hvwaita-fi ji-qi waji-ha,

這 該死的 馬 賓 拴-順 來-條 完結-完

這个砍頭的拴上馬來罷了,(40a2)

42-56 emdubei hvwaita-mbi-u?

只管 拴-現-疑

儘着拴麽?(40a3)

42-57 buqe-he aha geli bi-ni,

死-完 奴僕 也 有-呢

死奴才也有呢,(40a3)

42-58 hvdun dambagu tebu-fi benju,

快 烟 裝-順 送來.祈

快裝烟送來,(40a3-4)

1 呢:注音本、劉東山本無此字。

2 作:宏文閣本無此字。

42-59 si jai[1] dosi-fi hendu,

你 再 進入-順 說.祈

你再進去[2]說，（40a4）

42-60 qai be halukan[3] wenje-fi benju se,

茶 賓 温熱 加熱-順 送來.祈 助.祈

教[4]把茶熱[5]的温々[6]的送來，（40a4-5）

42-61 sun be labdukan -i sinda,

奶 賓 多些 工 放.祈

奶[7]子多々的[8]着上[9]，（40a5）

42-62 tumikan oso hon ume genggiyen o-joro。

濃厚些 成爲.祈 太 不要 清澄 成爲-未

稠々的别太清了。（40a5-6）

42-63[Q] je。

是

哦。（40a6）

42-64[A] taitai[10] beye saiyvn?

太太 身體 好.疑

太々身體好麼?（40a6）

---

1 jai：宏文閣本無此詞。

2 去：日常本作“來”。

3 halukan：注音本、劉東山本後有i。

4 教：注音本、劉東山本作“叫”。

5 熱：劉東山本作“温”。

6 温々：劉東山本作“熱熱”。

7 奶：注音本、劉東山本此前有“把”。

8 多々的：注音本、劉東山本作“多”。

9 上：注音本、劉東山本作“些”。

10 taitai：注音本後有i。

42-65[B] sain。

好

好。（40a6）

42-66[A] axa saiyvn?

嫂子 好.疑

嫂子好麽?（40b1）

42-67[B] sain。

好

好。（40b1）

42-68[A] juse gemu saiyvn?

孩子.複 都 好.疑

孩子們都好麽?（40b1）

42-69[B] sain。

好

好。（40b1）

42-70[A] ara daxose aba?

哎呀 大小子 哪裏

嗳[1]呀大小子在那裏呢[2]?（40b1-2）

42-71 qai[3] ainu benji-ra-kv?

茶 爲什麽 送來-未-否

茶[4]怎麽[5]不送來?（40b2）

---

1 嗳：注音本、劉東山本作“哎”。

2 呢：注音本、劉東山本無此字。

3 qai：注音本、劉東山本後有be。

4 茶：注音本、劉東山本此前有“把”。

5 麽：注音本、劉東山本無此字。

42-72[Q] gaji-ha。

拿來-完

拿來了。（40b2）

42-73[A] age uthai gaisu。

阿哥 就 拿.祈

阿哥就拿罷。（40b2）

42-74[B] age si inu gaisu。

阿哥 你 也 拿.祈

阿哥你也拿[1]。（40b3）

42-75[A] ai geli，

什麼 又

豈敢[2]，（40b3）

42-76 age si nene。

阿哥 你 先.祈

阿哥你先來[3]。（40b3）

42-77[B] bi uthai neneme gai-ki，

我 就 先 取-祈

我就先拿咧[4]，（40b3-4）

42-78 age bi hengkile-ra-kv kai。

阿哥 我 叩頭-未-否 啊

阿哥我不磕頭了啊。（40b4）

---

1 拿：日常本後有“來”。

2 豈敢：注音本、劉東山本作“豈有此理”。

3 來：劉東山本作“拿”，品經堂本無此字。

4 咧：劉東山本作“了”。

42-79[A] ai geli,

什麽 又

豈有此理，（40b4）

42-80 emu moro untuhun qai de geli[1] hengkile-mbi se-re-ngge ai gisun?

一 碗 空 茶 **位** 又 叩頭-**現** 説-**未**-**名** 什麽 話

一碗空茶也[2]説磕頭的[3]是什麽話[4]?（40b4-5）

42-81 age bi geli donji-qi si taqikv de dosi-fi bithe hvla-mbi se-re, yargiyvn?

阿哥 我 又 聽-**條** 你 學校 **位** 進入-**順** 書 讀-**現** **助**-**未** 真實.**疑**

阿哥我又听見説你進學讀書是真麽?（40b5-6）

42-82[B] inu ya[5],

是 啊

是啊[6]，（40b6-41a1）

42-83 meni niru-i janggin mimbe aqa-ha dari[7],

我們.**屬** 牛録-**屬** 章京 我們.**賓** 見面-**完** 每

我們的[8]牛录章京遭々見了我，（41a1）

42-84 uthai baita de yabu yabu se-me hendu-mbi,

就 公事 **位** 走.**祈** 走.**祈** **助**-**并** 説-**現**

就説當差事罷當差事罷，（41a1-2）

---

1 geli：宏文閣本無此詞。

2 也：劉東山本無此字。

3 的：注音本、劉東山本無此字。

4 話：日常本作“説”。

5 ya：注音本、劉東山本無此詞。

6 啊：注音本、劉東山本無此字。

7 aqaha dari：注音本、劉東山本作aqahadari。

8 的：注音本、劉東山本無此字。

42-85 bi gvni-qi manju bithe be,

我 想-條 滿洲 書 賓

我想滿洲書,(41a2)

42-86 emu[1] udu hergen taka-ra gojime,

一 幾 文字 認識-未 雖然

雖認得幾個字兒[2],(41a2-3)

42-87 gisun se-qi oron sar-kv,

話 助-條 完全 知道.未-否

若説是[3]話[4]總不知道,(41a3)

42-88 jai emu[5] udu biya-i bithe hvla-fi,

再 一 幾 月份-屬 書 念-順

再念幾個月的書,(41a3-4)

42-89 baita de dosi-qi,

公事 位 進入-條

上差事去,(41a4)

42-90 inu goida-bu-mbi se-re ba akv,

也 遲誤-使-現 助-未 地方 否

也没有[6]遲誤的去處[7],(41a4-5)

42-91 tuttu ofi dule-ke biya-i juwan ilan de,

這様 因此 通過-完 月份-屬 十 三 位

1 emu:注音本、劉東山本無此詞。

2 兒:劉東山本無此字。

3 是:劉東山本無此字。

4 話:三槐堂乙本、宏文閣本無此字。

5 emu:注音本、劉東山本無此詞。

6 有:日常本後有“没”。

7 没有遲悮的去處:注音本、劉東山本作“不算遲”。

所以上月十三日，（41a5）

42-92 geli taqikv de dos-ika se-qina[1],

又 學校 位 進入-完 助-祈

又上了學了，（41a5-6）

42-93 si adarame baha-fi donji-ha?

你 爲什麽 得到-順 聽-完

你怎麽得听見了[2]?（41a6）

42-94[A] qananggi jouli[3] ama age,

前日 拙哩 父親 阿哥

是[4]前日拙哩[5]阿媽阿哥，（41b1）

42-95 mini bou-de ji-fi,

我.屬 家-與 來-順

來我家裏，（41b1）

42-96 bi tede simbe fonji-ha bihe,

我 他.與 你.賓 問-完 過

我望他問你來着，（41b1-2）

42-97 i minde ala-ra jakade,

他 我.與 告訴-未 因爲

他告訴我的時候，（41b2）

42-98 bi teni sa-ha。

我 纔 知道-完

---

1 seqina：注音本、劉東山本無此詞。

2 了：劉東山本作“的”。

3 jouli：注音本後有i。

4 是：劉東山本無此字。

5 拙哩：注音本作“卓里”，劉東山本作“卓哩”。

我纔知道了。（41b2）

42-99[B] age sinde aika[1] manju bithe bi-qi，

阿哥 你.與 什麼 滿洲 書 有-條

阿哥你若[2]有什麼[3]滿洲書，（41b2-3）

42-100 emu[4] udu debtelin juwen bu-reu，

一 幾 卷 借債 給-祈

懇乞[5]借與[6]幾本，（41b3-4）

42-101 bi doula-fi hvla-ki，

我 抄寫-順 念-祈

我抄了念，（41b4）

42-102 waji-ha manggi uthai sinde amasi benji-re。

完結-完 之後 就 你.與 往後 送來-未

完了就與[7]你送回[8]來。（41b4-5）

42-103[A] minde bithe akv，

我.與 書 否

我没[9]有書，（41b5）

42-104 bi guqu-se de bai-me tuwa-ki，

我 朋友-複 位 求-并 看-祈

---

1 aika：注音本無此詞。
2 若：注音本無此字。
3 什麼：注音本、劉東山本無此二字。
4 emu：注音本、劉東山本無此詞。
5 懇乞：品經堂本、日常本作“懇求”，劉東山本作“求祈”，注音本無此二字。
6 與：注音本作“于”。劉東山本無此字。
7 與：注音本作“于”。
8 回：劉東山本無此字。
9 没：三槐堂乙本、宏文閣本作“無”。

我合朋友們尋着瞧，（41b5）

42-105 baha-qi[1] niyalma be takvra-fi sini jakade[2] bene-bu-re。

得-**條** 人 **賓** 派遣-**順** 你.**屬** 跟前 送去-**使**-**未**

若是[3]得[4]使人送到[5]你跟前[6]去。（41b6）

42-106[B]ere uthai age mimbe gosi-ha kai。

這 就 阿哥 我.**賓** 慈愛-**完** 啊

這就是阿哥疼[7]我了啊。（41b6-42a1）

42-107[A]ai gisun se-re-ngge?

什麽 話 説-**未**-**名**

説的是什麽話？（42a1）

42-108 age si uttu sithv-me bithe hvla-ki se-mbime，

阿哥 你 這樣 專心-**并** 書 念-**祈** 想-并且

阿哥你這樣上緊要[8]讀書，（42a1-2）

42-109 bi emu[9] udu debtelin bithe be bai-fi sinde doula-bu-ra-kv se-re doro bi-u?

我 一 幾 卷 書 **賓** 求-**順** 你.**與** 抄寫-**使**-**未**-**否** **助**-**未** 道理 有-**疑**

我連幾本書不尋給你抄的理有麽？（42a2-3）

42-110[B]je je waji-ha，

是 是 完結-**完**

---

1 bahaqi：注音本、劉東山本作baha manggi。

2 sini jakade：注音本、劉東山本作sinde。

3 若是：注音本、劉東山本無此二字。

4 得：注音本、劉東山本後有“了”。

5 到：注音本作“于”，劉東山本作“與”。

6 跟前：注音本、劉東山本無此二字。

7 疼：劉東山本後有“愛”。

8 要：劉東山本無此字。

9 emu：注音本、劉東山本無此字。

遮々完了，（42a3）

42-111 bi inu gvwa de bai-ra-kv kai。

我 也 另外 **與** 求-**未-否** 啊

我也不合别人尋了啊[1]。（42a3-4）

42-112[A] age gvwa de ume bai-re，

阿哥 另外 **與** 不要 求-**未**

阿哥别合别人尋，（42a4）

42-113 bi bai-fi sinde bene-bu-re se-he kai。

我 求-**順** 你.**與** 送去-**使-未** 説-**完** 啊

我已是説了[2]尋了給你送去。（42a4-5）

42-114[B] inu，

是

是，（42a5）

42-115 age bi gene-ki。

阿哥 我 去-**祈**

阿哥我去咧[3]。（42a5）

42-116[A] buda je-fi gene，

飯 吃-**順** 去.**祈**

吃了飯去，（42a5）

42-117 si ai uttu ekxe-mbi?

你 怎麽 這様 忙-**現**

---

1 啊：宏文閣本無此字。

2 已是説了：劉東山本作“説”。

3 咧：劉東山本作“了”。

你怎麼這們[1]忙？（42a5-6）

42-118 buda dagila-bu-me uthai baha-mbi kai[2]。

飯 準備-**使-并** 就 得到-**現** 啊

飯收什[3]着[4]就得啊。（42a6）

42-119[B] jou bai，

罷了 吧

罷呀[5]，（42a6）

42-120 minde yargiyan -i ekxe-re baita bi，

我.**與** 真實 **工** 忙-**未** 公事 有

我當真的有忙事情[6]，（42b1）

42-121 emu guqu mimbe baita hebde-mbi se-me，

一 朋友 我.**賓** 事情 商量-**現** **助-并**

是[7]一个朋友教[8]我商量事，（42b1-2）

42-122 i bou-de aliya-ha-bi。

他 家-**位** 等-**完-現**

他在家裏等着呢。（42b2）

42-123 bi gene-ra-kv o-ho-de，

我 去-**未-否** 成爲-**完-位**

---

1 們：劉東山本作“樣”。

2 bahambi kai：注音本、劉東山本作bahambikai。

3 什：注音本、劉東山本作“拾”。

4 着：劉東山本無此字。

5 呀：劉東山本作“咧”。

6 情：劉東山本無此字。

7 是：注音本、劉東山本無此字。

8 教：注音本作“叫”，劉東山本作“説合”。

我若[1]不去了的時候[2]，（42b2）

42-124 tere mimbe jabqa-ra-kv-n?

他 我.賓 埋怨-未-否-疑

他不埋怨我麽?（42b2-3）

42-125[A]mujangga-u[3]?

果然-疑

果然的[4]麽?（42b3）

42-126[B]ai geli,

什麽 又

豈有此理，（42b3）

42-127 ede geli ai holto-ro ba-bi?

這裏 又 什麽 撒謊-未 地方-有

這有什麽撒謊的去處?（42b3）

42-128[A]unenggi[5] o-qi bi simbe bi-bu-ra-kv,

真實 成爲-條 我 你.賓 留-使-未-否

若是真果的[6]我不留着你，（42b4）

42-129 damu age ji-fi untuhun te-he kai,

只是 阿哥 來-順 空閑 坐-完 啊

但是阿哥來了空坐了啊，（42b4-5）

---

1 若：注音本、劉東山本後有“是”。

2 了的時候：注音本、劉東山本無此四字。

3 mujanggau：注音本、劉東山本作yargiyvn。

4 果然的：注音本、劉東山本作“真”。

5 unenggi：三槐堂乙本、宏文閣本後有uttu。

6 真果的：三槐堂乙本、宏文閣本、品經堂本作“果真的”，注音本、劉東山本作“真”。

42-130 jai jiu。

再 來.祈

再來罷[1]。（42b5）

42-131[B] age si inu dosi-ki bai，

阿哥 你 也 進入-祈 吧

阿哥你也請[2]進去罷[3]，（42b5）

42-132 emu juwe inenggi o-ho manggi，

一 二 日子 成爲-完 之後

過一兩日，（42b5-6）

42-133 bi geli age be tuwa-nji-ki。

我 又 阿哥 賓 看-來-祈

我還來瞧阿哥。（42b6）

第43條

43-1[A] age saiyvn?

阿哥 好.疑

阿哥好麽?（43a1）

43-2[B] sain。

好

好[4]。（43a1）

43-3[A] age sini beye inu saiyvn?

阿哥 你.屬 身體 也 好.疑

1 罷：注音本、劉東山本作“呀”。

2 請：注音本、劉東山本無此字。

3 罷：注音本作“擺”。

4 好：二酉堂本、宏文閣本無此字。

阿哥你的身体也好麽?（43a1）

43-4[B] sain。

好

好。（43a1）

43-5[A] ere uquri si aibi-de bi-he?

這 時候 你 哪裏-**位** 有-**完**

這一向你在那裏來着?（43a1-2）

43-6 umai simbe sabu-ha-kv。

全然 你.**賓** 看見-**完**-**否**

竟没見你。（43a2）

43-7[B] bi jing age be tuwa-nji-ki se-mbihe,

我 正好 阿哥 **賓** 看-來-**祈** **助**-**過**

我原[1]正要來瞧阿哥來着[2],（43a2-3）

43-8 gaitai emu ajige baita de uxa-bu-re jakade,

突然 一 小 事情 **位** 連累-**被**-**未** 因爲

忽然被一件小事兒[3]拉扯住[4],（43a3-4）

43-9 tuttu baha-fi ji-he-kv。

那樣 得到-**順** 來-**完**-**否**

故此没得來。（43a4）

43-10 qananggi arkan se-me baita teni waji-ha,

前日 勉强 **助**-**并** 事情 纔 完結-**完**

---

1 原：注音本、劉東山本無此字。

2 着：日常本作“這裏”。

3 兒：注音本、劉東山本無此字。

4 住：永魁齋本、二酉堂本、三槐堂乙本、宏文閣本、劉東山本、日常本後有“了”。

前日將々兒的[1]事情纔完了，（43a4-5）

43-11 sikse xolo baha-fi,

昨天 空閑 得到-順

昨日得了工夫，（43a5）

43-12 ji-ki se-he bi-qi,

來-祈 説-完 有-條

將[2]説要來，（43a5）

43-13 geli aga-me deribu-he。

又 下雨-并 開始-完

又下起雨來了。（43a5）

43-14 age sini[3] sa-ra-ngge,

阿哥 你.屬 知道-未-名

阿哥你是[4]知道的，（43a6）

43-15 minde iudan[5] jangqi gemu akv,

我.與 雨衣 褂子 都 否

我雨衣毡褂[6]子[7]都没有，（43a6）

43-16 morin inu akv,

馬 也 否

馬也没有，（43a6-43b1）

---

1 的：注音本、劉東山本無此字。

2 將：劉東山本無此字。

3 sini：品經堂本、注音本、劉東山本作si。

4 是：注音本、劉東山本無此字。

5 iudan：永魁齋本作yodan，注音本、劉東山本作nemerku。

6 褂：永魁齋本、二酉堂本作“袓”。

7 子：劉東山本無此字。

43-17 jugvn[1] geli lifagan[2],

路　又　泥濘

路兒[3]又濘[4]，（43b1）

43-18 tuttu ofi,

那樣　因此

因其[5]那們着[6]，（43b1）

43-19 bi[7] geli baha-fi ji-he-kv。

我　又　得到-順　來-完-否

我[8]又没得來。（43b1）

43-20 enenggi galkan[9] o-joro jakade,

今天　晴　成爲-未　因爲

因爲[10]今日天[11]晴了，（43b2）

43-21 bi yafahala-me[12],

我　步行-并

我步行，（43b2）

43-22 qohome age be tuwa-nji-me ji-he。

特意　阿哥　賓　看-來-并　來-完

1 jugvn：劉東山本後有de。

2 lifagan：劉東山本作lifahan。

3 兒：注音本、劉東山本作“上”。

4 濘：注音本、劉東山本作“爛泥”。

5 其：注音本、劉東山本作“是”。

6 着：注音本、劉東山本無此字。

7 bi：注音本、劉東山本無此詞。

8 我：注音本、劉東山本無此字。

9 galkan：劉東山本galgan。

10 因爲：注音本、劉東山本無此二字。

11 天：注音本、劉東山本無此字。

12 yafahalame：三槐堂乙本、宏文閣本作yafagalame。

特來瞧阿哥來了。（43b2-3）

43-23[A] ara uttu goro de,

哎呀 這様 遠 位

嗳喲[1]這様[2]遠[3]，（43b3）

43-24 mini jalin age-i beye-be suila-bu-ha-ngge,

我.屬 爲了 阿哥-屬 身體-賓 辛苦-使-完-名

爲我勞動阿哥的駕，（43b3-4）

43-25 bi adarame ali-me mute-mbi?

我 爲什麽 接受-并 能够-現

我如何當得起？（43b4）

43-26 yala bi hukxe-he se-me waji-ra-kv。

誠然 我 感激-完 助-并 完結-未-否

真々的我感之不盡。（43b4-5）

43-27[B] ai geli。

什麽 又

豈敢。（43b5）

43-28[A] age bi bou-de emhun te-he-de jing umesi alixa-mbihe,

阿哥 我 家-位 單獨 坐-完-位 正好 很 煩悶-過

阿哥我在家裏獨[4]坐[5]正狠[6]悶的慌[7]來着，（43b5-6）

1 嗳喲：注音本、劉東山本作“哎呀”。
2 様：注音本、劉東山本作“們”。
3 遠：注音本後有“的”。
4 獨：三槐堂乙本、宏文閣本無此字。
5 坐：三槐堂乙本、宏文閣本後有“着”。
6 狠：劉東山本後有“以”。
7 的慌：三槐堂乙本、宏文閣本無“的”，東山本無此二字。

43-29 sini beye ji-he-ngge tob se-me mini gvnin de[1] aqana-ha,

你.**屬** 身體 來-**完**-**名** 正好 **助**-**并** 我.**屬** 主意 **位** 相合-**完**

尊駕[2]來的正合了[3]我的主意，（43b6）

43-30 tuttu bi-me age be kidu-ha gvnin be,

那様 有-**并** 阿哥 **賓** 想念-**完** 心 **賓**

然而想念阿哥的心，（44a1）

43-31 inu baha-fi sela-bu-ha,

也 得到-**順** 快活-**使**-**完**

也得快活了，（44a1）

43-32 muse ahvn deu enenggi dere aqa-ha be dahame,

咱們 兄 弟 今天 臉 見面-**完** **賓** 既然

咱們弟兄今日既是會見面了[4]，（44a2）

43-33 untuhusaka simbe unggi-re kouli akv,

空空 你.**賓** 回去-**未** 規矩 **否**

没有空々教[5]你去的規矩，（44a2-3）

43-34 emu hvntahan -i[6] nitan nure be dagila-fi,

一 杯 **屬** 淡 酒 **賓** 準備-**順**

收什一杯薄酒，（44a3-4）

43-35 muse juwe nofi bakqila-me omi-qa-me,

咱們 二 人 相對-**并** 喝-**齊**-**并**

---

1 gvnin de：三槐堂乙本、宏文閣本、注音本、劉東山本作gvninde。

2 尊駕：注音本、劉東山本作“你”。

3 了：劉東山本無此字。

4 面了：劉東山本作“了面”。

5 教：注音本作“叫”，劉東山本作“的叫”。

6 -i：注音本、劉東山本無此詞。

咱們二人對飲，（44a4）

43-36 majige leule-me te-qe-ki。

稍微 談論-并 坐-齊-祈

坐着叙談一叙談。（44a4）

43-37[B] age si mimbe uttu gosi-ki se-re be dahame,

阿哥 你 我.賓 這樣 慈愛-祈 助-未 賓 既然

阿哥你既然這樣要疼愛我，（44a5）

43-38 bi mara-mbi se-re[1] ba inu[2] akv,

我 推辭-現 助-未 地方 也 否

我也没[3]推辞的去處[4]，（44a5-6）

43-39 urunakv age-i gvnin de aqa-bu-ki,

必定 阿哥-屬 心 位 符合-使-祈

必定湊[5]合阿哥的意思，（44a6）

43-40 damu turgun akv de jobo-bu-ha-ngge,

只是 理由 否 位 煩勞-使-完-名

只是無故騷[6]擾，（44a6-44b1）

43-41 giyan de aqa-ra-kv。

道理 位 符合-未-否

不合理。（44b1）

---

1 marambi sere：注音本、劉東山本作marara。

2 inu：注音本、劉東山本無此詞。

3 也没：注音本、劉東山本作“不”。

4 的去處：注音本、劉東山本無此字。

5 湊：注音本、劉東山本無此字。

6 騷：注音本、劉東山本作“搔”。

43-42[A] ai geli,

什麽 又

豈敢,(44b1)

43-43 kesitu aba?

磕詩兔 哪裏

磕詩[1]兔在那裏呢[2]?(44b1-2)

43-44 nure anju dagila-bu-fi benju se。

酒 菜肴 準備-**使-順** 來.**祈** 助.**祈**

説教[3]收什酒菜送來。(44b2)

43-45[Q] je。

是

哦。(44b2)

43-46[A] kesitu si ere falan be ainu eri-ra-kv?

磕詩兔 你 這 屋内地面 **賓** 爲什麽 打掃-**未-否**

磕詩[4]兔這个地你[5]怎麽不掃?(44b2-3)

43-47 dere be inu dasihiya-ra-kv,

桌子 **賓** 也 撣-**未-否**

桌[6]子也不禪[7],(44b3)

---

1 磕詩:注音本作"克十",劉東山本作"克什"。

2 呢:注音本、劉東山本無此字。

3 教:注音本、劉東山本作"叫",日常本後有"我"。

4 磕詩:注音本作"克十",劉東山本作"克什"。

5 你:劉東山本無此字。

6 桌:劉東山本作"棹"。

7 禪:注音本、劉東山本作"担"。

43-48 si baibi bou-de bi-fi aina-mbihe jiye[1]?

你 白白地 家-**位** 有-**順** 做什麽-**過** 啊

你白々的在家裏作什麽來着啊[2]?（44b3-4）

43-49[Q] bi aifini eri-he bihe,

我 早就 打掃-**完** 過

我早已掃了[3]來着,（44b4）

43-50 edun da-hai umai naka-ra-kv,

風 刮-**持** 全然 停止-**未**-**否**

風儘着刮竟不住,（44b5）

43-51 jai uqe de geli liyanse[4] lakiya-ha-kv ba-de[5],

再 房門 **位** 又 簾子 挂-**完**-**否** 地方-**位**

再房門上又没掛着[6]簾子,（44b5-6）

43-52 ainu[7] uttu nantuhun akv ni[8]?

爲什麽 這樣 臟 **否** 呢

爲什麽不[9]這樣[10]臟呢[11]?（44b6）

43-53[A] ere doro sar-kv waburu aha geli bi-ni,

這 道理 知道.**未**-**否** 該死的 奴僕 又 有-**呢**

---

1 jiye：注音本、劉東山本無此詞。

2 啊：注音本、劉東山本無此字。

3 了：劉東山本無此字。

4 liyanse：三槐堂乙本、宏文閣本、品經堂本、注音本、劉東山本作hida。

5 bade：注音本、劉東山本作ofi。

6 着：注音本、劉東山本無此字。

7 ainu：注音本、劉東山本無此詞。

8 akv ni：注音本、劉東山本作oho。

9 爲什麽不：注音本、劉東山本作“是”。品經堂本作“爲甚麽不”。

10 樣：注音本、劉東山本作“們”。

11 呢：注音本、劉東山本作“了”。

這个不知道理[1]砍頭的[2]奴才也有呢，（44b6-45a1）

43-54 kemuni tabsita-ki[3] se-mbi-u?

還 强辯-**祈** 想-**現-疑**

還要强嘴麽?（45a1）

43-55 hasa nure be tuwa-na。

快 酒 **賓** 看-去.**祈**

快着瞧[4]酒去罷。（45a1）

43-56[Q] je。

是

哦。（45a2）

43-57[A] age muse ere xolo de，

阿哥 我們 這 空閑 **位**

阿哥咱們稱着這个工夫，（45a2）

43-58 neneme dere be hvwa de guri-bu-fi te-ki bai，

先 桌子 **賓** 院子 **位** 挪-**使-順** 坐-**祈** 吧

先把桌子挪在院子裏去[5]坐着罷，（45a2-3）

43-59 ere bou-i dolo umesi halhvn kai。

這 家-**屬** 裏面 很 熱 啊

這屋裏狠熱呀。（45a3）

43-60[B] umesi inu，

很 是

---

1 道理：注音本、劉東山本作“礼的”。

2 的：注音本無此字。

3 tabsitaki：注音本、劉東山本作tabsidaki。

4 着瞧：注音本、劉東山本作“看”。

5 去：注音本、劉東山本無此字。

狠是，（45a3）

43-61 muse tule guribuqi,

咱們 外面 挪-使-條

咱們若往[1]外挪，（45a4）

43-62 tere hvwaise[2] mou-i[3] fejile sain,

那 槐樹 樹-屬 下面 好

那[4]槐樹底下好，（45a4）

43-63 tuba-de sebderile-me te-qi iqangga。

那裏-位 乘涼-并 坐-條 舒服

那裏乘[5]陰凉兒坐着舒服。（45a4-5）

43-64[A] tuba ehe,

那裏 不好

那裏不好，（45a5）

43-65 mou de bi-sire umiyaha labdu emdubei tuhe-mbi,

樹 位 有-未 蟲子 多 頻頻 掉-現

樹上的虫子多不住的吊，（45a5-6）

43-66 amargi hvwa-i sihin -i fejile sain de isi-ra-kv。

後面 院子-屬 房檐 屬 下面 好 位 至於-未-否

不如後院子[6]房簷底下好。（45a6-45b1）

---

1 往：注音本作“望”。

2 hvwaise：三槐堂乙本、宏文閣本、品經堂本、劉東山本作hohonggo，注音本作singgeri xan i。

3 moui：三槐堂乙本、宏文閣本、注音本作mou -i。

4 那：劉東山本後有“個”。

5 乘：注音本作“称”。

6 子：劉東山本後有“裏”。

43-67[B] tuttu oqi uthai amargi hvwa de o-kini,

那樣 若是 就 後面 院子 位 可以-祈

若是那們着就是後院裏[1]罷，（45b1）

43-68 eitereqibe hvwa -i dolo bou-i dorgi-qi serguwen。

總之 院子 屬 中間 家-屬 裏面-從 涼快

總而言之院[2]裏比屋裏凉快。（45b2）

43-69[A] esi,

當然

自然的[3]，（45b2）

43-70 tere anggala bou hafirahvn,

那 與其 家 窄

况且屋子[4]窄，（45b3）

43-71 niyalma geli geren oqi[5],

人 又 多 若是

人又多，（45b3）

43-72 te-hei uju liyeliyexe-me mujilen farfa-bu-mbi se-qina,

坐-持 頭 眩-并 心 亂-使-現 説-祈

坐久了頭[6]眩心乱，（45b3-4）

43-73 bi banitai halhvn de inu[7] hami-ra-kv,

我 性格 熱 位 也 忍受-未-否

1 裏：劉東山本作“子”。

2 院：注音本、劉東山本後有“子”。

3 的：注音本、劉東山本無此字。

4 子：注音本無此字。

5 oqi：品經堂本作ofi。

6 况且屋子窄，人又多，坐久了頭：宏文閣本無。

7 banitai halhvn de inu：注音本、劉東山本作banitai inu halhvn de。

我生來的[1]也受不[2]得熱，（45b4-5）

43-74 age te niyengniyeri dube-i forgon de,

阿哥 現在 春天 末尾-屬 時候 位

阿哥今當春末的時候，（45b5）

43-75 tumen jaka gemu fulhure-fi,

一萬 東西 都 發生-順

萬物都發生了，（45b5-6）

43-76 jing alin de sargaxa-ra muke be tuwa-ra sain erin,

正好 山 位 游覽-未 水 賓 看-未 好 時候

正是游山看水的[3]好時節[4]，（45b6-46a1）

43-77 mini ere ajige bithe-i bou-i hvwa,

我.屬 道 小 書-屬 家-屬 院子

我這个[5]小書房院子，（46a1）

43-78 udu gebungge yafan ferguwequke ba waka bi-qibe,

雖然 有名 庭園 出奇 地方 不是 有-讓

雖然不是名園[6]勝境[7]，（46a1-2）

43-79 inu alin weji qi enqu akv,

也 山 林 從 異樣 否

也不亞如山林，（46a2-3）

---

1 的：三槐堂乙本、宏文閣本無此字。

2 受不：日常本作“不受用”。

3 的：三槐堂乙本、宏文閣本無此字。

4 節：三槐堂乙本、宏文閣本作“候”。

5 个：三槐堂乙本、宏文閣本無此字。

6 園：注音本作“院”。

7 境：三槐堂乙本、宏文閣本作“景”。

43-80 tob se-me musei jergi urse-i somi-me te-re ba kai。

正 **助-并** 咱們.**屬** 種類 人們-**屬** 隱藏-**并** 住-**未** 地方 啊

正是吾輩隱居之處啊[1]。（46a3）

43-81[B] eqi ai。

正是 什麽

可不是什[2]麽。（46a4）

43-82[A] ara emdubei sula gisun be[3] leule-re-de，

哎呀 只管 空閑 話語 **賓** 議論-**未-位**

噯呀[4]儘[5]着叙談閑話，（46a4）

43-83 nure darabu-re-be[6] gemu onggo-ho，

酒 讓-**未-賓** 都 忘-**完**

讓[7]酒都忘記[8]了，（46a4-5）

43-84 daxose nure tebu，

大小子 酒 倒.**祈**

大小子斟上酒，（46a5）

43-85 age si emu hvntahan omi。

阿哥 你 一 杯 喝.**祈**

阿哥你呵一鍾。（46a5）

---

1 啊：三槐堂乙本、宏文閣本、劉東山本無此字。

2 什：注音本、劉東山本無此字。

3 be：三槐堂乙本、宏文閣本無此詞。

4 噯呀：注音本作“哎呀”，劉東山本作“哎啊”。

5 儘：宏文閣本作“俚”。

6 daraburebe：注音本、劉東山本作darabure be。

7 讓：注音本、劉東山本此前有“把”。

8 記：三槐堂乙本、宏文閣本無此字。

43-86[B] bi omi-ha,

我 喝-完

我呵過了，（46a6）

43-87 ere nure umesi hatan nimequke,

這 酒 很 烈 厲害

這个酒狠釄[1]利害，（46a6）

43-88 bi damu emu hvntahan omi-re jakade uthai sokto-mbi-kai[2]。

我 只是 一 杯 喝-未 因爲 就 醉-現-啊

我只呵了一鍾就醉咧[3]。（46a6-46b1）

43-89[A] absi se-re-ngge?

哪裏 説-未-名

説的是那裏話？（46b1）

43-90 teni hvntahan be tukiye-me,

纔 杯子 賓 拿上-并

纔舉鍾子[4]，（46b2）

43-91 hono angga de gama-ra unde de,

還 嘴 位 拿去-未 尚未 位

還未沾唇，（46b2）

43-92 uthai soktoho se-re doro geli[5] bi-u?

就 醉-完 助-未 道理 又 有-疑

---

1 釄：注音本作“醃”，劉東山本作“酦”，品經堂本後有“的”。

2 soktombikai：注音本、劉東山本作soktoho kai。

3 咧：品經堂本、劉東山本作“了”。

4 子：日常本作“了”。

5 geli：注音本、劉東山本無此詞。

就説醉了的裏[1]也[2]有麽?（46b3）

43-93 si jaqi holto-ro-ngge[3] mangga。

你 甚 説謊-**未-名** 巧妙

你特[4]撒謊的利害[5]。（46b3-4）

43-94[B] mini holto-ro-ngge waka,

我.**屬** 説謊-**未-名** 不是

我[6]不是[7]撒謊,（46b4）

43-95 bi da-qi omi-me bahana-ra-kv bihe,

我 原來-**從** 喝-**并** 學會-**未-否** 過

我原本不會飲酒[8],（46b4）

43-96 age ere durun -i mimbe gosi-me ofi,

阿哥 這 樣子 **屬** 我.**賓** 慈愛-**并** 因此

因爲[9]阿哥這樣的[10]疼愛我,（46b5）

43-97 teni emu hvntahan omi-re[11] dabala。

纔 一 杯 喝-**未** 罷了

---

1 裹：永魁齋本、二酉堂本、三槐堂乙本、宏文閣本、注音本、劉東山本、日常本作“理”。

2 也：注音本、劉東山本無此字。

3 holtorongge：劉東山本holtoro。

4 特：注音本後有“会”，劉東山本作“會”。

5 的利害：注音本、劉東山本無此三字。

6 我：注音本、劉東山本此前有“非”。

7 不是：注音本、劉東山本無此二字。

8 酒：品經堂本作“來着”。

9 因爲：注音本作“只爲”，劉東山本作“只因”。

10 的：注音本、劉東山本無此字。

11 omire：注音本、劉東山本作omiha。

纔呵[1]一鍾罷咧[2]。（46b5-6）

43-98 gvwa ba-de bi-qi[3],

另外 地方-位 有-條

若在[4]别處，（46b6）

43-99 aina-ha se-me omi-ra-kv,

做什麽-完 助-并 喝-未-否

斷然不呵，（46b6）

43-100 age aika akda-ra-kv oqi,

阿哥 如果 相信-未-否 若是

阿哥倘若[5]不信，（46b6-47a1）

43-101 bou-i urse de fonji-qi ende-reu[6]。

家-屬 人們 與 問-條 確認-祈

問家[7]人們便知。（47a1）

43-102[A] sini gisun be bi gemu akda-ra-kv,

你.屬 話 賓 我 都 相信-未-否

你的話我都不信，（47a1-2）

43-103 omi-me bahana-ra bahana-ra-kv be bi inu da-ra-kv,

喝-并 學會-未 可以-未-否 賓 我 也 管-未-否

會呵不會呵我也不管，（47a2-3）

---

1 呵：注音本、劉東山本後有“了”。

2 罷咧：注音本、劉東山本無此二字。

3 biqi：注音本、劉東山本作oqi。

4 在：注音本、劉東山本作“是”。

5 倘若：注音本、劉東山本作“若是”。

6 endereu：注音本、劉東山本作enderakv kai。

7 家：三槐堂乙本、宏文閣本後有“裏”。

43-104 si damu mini ilan hvntahan nure be omi-me waji-ha manggi,

你 只是 我.屬 三 杯 酒 賓 喝-并 完結-完 之後

你只飲完了我的[1]三杯酒，（47a3-4）

43-105 bi simbe guwebu-re。

我 你.賓 寬免-未

我饒了你。（47a4）

43-106 nure se-qi horon -i okto geli[2] waka，

酒 助-條 毒 屬 藥 又 不是

酒又不是毒藥，（47a4-5）

43-107 oktolo-me wa-ra de gele-mbi se-me-u[3]?

用藥-并 殺-未 位 怕-現 助-并-疑

難道[4]怕藥殺了麽?（47a5）

43-108[B]je je waji-ha，

是 是 完結-完

遮々完了，（47a5-6）

43-109 ede ai-bi，

這裏 什麽-有

這有何妨，（47a6）

43-110 ere ilan hvntahan nure de，

這 三 杯 酒 位

這三鍾[5]酒，（47a6）

1 的：劉東山本作“這”。

2 seqi horon -i okto geli：注音本、劉東山本作seqi geli horon -i okto。

3 gelembi semeu：注音本、劉東山本作gelembiu。

4 難道：注音本、劉東山本無此二字。

5 鍾：注音本、劉東山本作“杯”。

43-111 uthai sokto-me buqe-qi inu o-kini,

就 醉-并 死-條 也 成爲-祈

就便醉死也罷，（47a6-47b1）

43-112 bi omi-ki,

我 喝-祈

我呵，（47b1）

43-113 age si tuwa,

阿哥 你 看.祈

阿哥你瞧[1]，（47b1）

43-114 gemu omi-me waqihiya-ha,

都 喝-并 完成-完

都呵乾過[2]了，（47b1-2）

43-115 tule inu yamji-ha,

外面 也 晚-完

外頭也晚了，（47b2）

43-116 bi gene-ki bai。

我 去-祈 吧

我去罷。（47b2）

43-117[A] age uba-de emu dobori dedu-fi,

阿哥 這裏-位 一 晚上 睡-順

阿哥在這裏睡[3]一夜[4]，（47b2-3）

---

1 瞧：劉東山本作“看”。

2 過：注音本、劉東山本無此字。

3 睡：劉東山本作“過”。

4 一夜：日常本作“夜麽”。

43-118 qimari jai gene-qina[1]。

明天 再 去-祈

明日再去罷[2]。（47b3）

43-119[B] jou bai，

算了 吧

罷呀，（47b3）

43-120 qimari bou-de baita bi，

明天 家-位 事情 有

明日家裏有事，（47b4）

43-121 gene-ra-kv o-qi o-jora-kv，

去-未-否 成爲-條 可以-未-否

不去使不得，（47b4）

43-122 uttu waka bi-he bi-qi，

這樣 不是 有-完 有-條

若不[3]是這樣，（47b4-5）

43-123 uthai sini bou-de emu dobori inde-mbihe，

就 你.屬 家-位 一 晚上 住宿-過

就在你家過一夜，（47b5）

43-124 age sinde[4] aika xolo baha-fi[5]，

阿哥 你.與 如果 空閑 得到-順

1 geneqina：注音本、劉東山本作geneki。

2 罷：注音本、劉東山本無此字。

3 若不：宏文閣本無此二字。

4 sinde：三槐堂乙本、宏文閣本si。

5 bahafi：注音本、劉東山本bahaqi。

阿哥你倘或[1]得了工夫，（47b6）

43-125 inu meni bou-de emu mari gene-qina。

也 我.屬 家-與 一 次 去-祈

也往我們家裏去一遭兒是呢[2]。（47b6-48a1）

43-126[A]urunakv gene-mbi。

必定 去-現

必定去。（48a1）

43-127[B]je baniha kai。

是 謝謝 啊

遮生受了啊。（48a1）

43-128[A]ai geli，

什麼 又

豈敢，（48a1）

43-129 ai je-ke-ni[3] baniha bu-mbi[4]，

什麼 吃-完-呢 謝謝 給-現

吃了什麼了呢[5]道生受，（48a1-2）

43-130 je age[6] untuhun gene-he[7]。

是 阿哥 空空 去-完

---

1 倘或：注音本、劉東山本作“若是”。

2 是呢：注音本、劉東山本無此二字。

3 jekeni：注音本、劉東山本後有geli。

4 bumbi：注音本、劉東山本sembi。

5 了呢：注音本、劉東山本作“又”。

6 age：注音本、劉東山本後有si。

7 genehe：注音本、劉東山本後有kai。

遮阿哥[1]空去了[2]。（48a2）

第44條

44-1Q tule emu niyalma bi-fi[3] duka hula-mbi。

外面 一 人 有-順 門 叫-現

外頭有一个人叫門。（48a3）

44-2A weqi?

誰

是誰?（48a3）

44-3Q bi taka-ra-kv。

我 認識-未-否

我不認的[4]。（48a3）

44-4A eljitu si tuqi-fi tuwa-na。

二吉兔 你 出-順 看-去.祈

二吉兔你出去瞧。（48a3-4）

44-5Q je,

是

哦,（48a4）

44-6 tule emu niyalma morin de yalu-fi,

外面 一 人 馬 位 騎-順

外頭一个人騎在馬上説,（48a4）

---

1 哥：注音本、劉東山本後有“你”。

2 了：注音本、劉東山本後有“啊”。

3 bifi：三槐堂乙本、宏文閣本無此詞。

4 的：品經堂本、注音本、劉東山本作“得”。

44-7 age be bai-me aika[1] gisun ala-nji-ha se-mbi。

阿哥 **賓** 找-**并** 什麼 話 告訴-來-**完** 説-**現**

找阿哥告訴什麼話來了。（48a5）

44-8[A] ai ala-ra be si fonji-ha-kv-n?

什麼 告訴-**未** **賓** 你 問-**完**-**否**-**疑**

告訴什麼你没問麽?（48a5-6）

44-9[Q] bi fonji-ha bihe,

我 問-**完** 過

我問來着，（48a6）

44-10 i age be aqa-ha manggi teni ala-mbi se-he。

他 阿哥 **賓** 見面-**完** 之後 纔 告訴-**現** 説-**完**

他説見了阿哥纔告訴。（48a6-48b1）

44-11[A] tuttu o-qi,

這樣 成爲-**條**

若是那們着[2]，（48b1）

44-12 mini beye[3] gene-fi tuwa-na-ki。

我.**屬** 自身 去-**順** 看-去-**祈**

我親自[4]去看。（48b1）

44-13 ara age si ji-he-u?

哎呀 阿哥 你 來-**完**-**疑**

嗳[5]呀阿哥你來了麽?（48b1-2）

---

1 aika：注音本、劉東山本作ai。

2 們着：劉東山本作“樣”。

3 mini beye：注音本、劉東山本作bi。

4 親自：注音本、劉東山本無此二字。

5 嗳：注音本作“哎”。

44-14 aibi-qi ji-he bihe[1]?

哪裏-從 來-完 過

從那裏來着[2]?(48b2)

44-15 beye-i[3] gubqi gemu buraki qanggi,

身體-屬 全部 都 塵埃 盡是

渾身都是灰土,(48b2-3)

44-16 age bou-de dosi-ki。

阿哥 家-位 進入-祈

阿哥請進家裏去。(48b3)

44-17[B] jou bai[4] bi dosi-ra-kv,

算了 吧 我 進入-未-否

罷呀我不進去,(48b3)

44-18 sinde gisun ala-fi uthai yo-mbi。

你.與 話語 告訴-順 就 走-現

告訴了[5]你話就走。(48b4)

44-19[A] ainu uttu ekxe-mbi?

爲什麽 這樣 忙-現

怎麽這們[6]忙?(48b4)

44-20[B] gvwa ba-de emu guqu bi-fi mimbe aliya-ha-bi,

另外 地方-位 一 朋友 有-順 我.賓 等-完-現

1 jihe bihe:注音本、劉東山本作jihengge。

2 着:注音本、劉東山本作“的”。

3 beyei:注音本、劉東山本作beye。

4 jou bai:劉東山本作joubai。

5 了:日常本無此字。

6 們:劉東山本作“樣”。

别處有一个朋友等着我呢，（48b5）

44-21 xolo jabdu-ra-kv。

空閑 得到-**未-否**

不得工夫。（48b5）

44-22[A] ai geli，

什麽 又

豈有此理，（48b6）

44-23 uthai gvwa ba-de guqu bi-he se-me[1]，

即使 另外 地方-**未** 朋友 有-**完** **助-并**

就是别處有[2]朋友[3]，（48b6）

44-24 taka mini bou-de dartai dosi-fi emu hvntahan genggiyen qai omi-fi jai

暫且 我.**屬** 家-**位** 頃刻 進入-**順** 一 杯 清 茶 喝-**順** 再

gene-kini[4]，

去-**祈**

暫時[5]進我家裏去[6]呵[7]一鍾[8]清茶再去罷[9]，（48b6-49a2）

44-25 sini dolo adarame?

你.**屬** 心 如何

你心下如何[10]？（49a2）

---

1 bihe seme：注音本、劉東山本作bikini。

2 有：劉東山本後有"個"。

3 友：注音本後有"罷"，劉東山本作"也罷"。

4 genekini：注音本、劉東山本作geneki。

5 時：注音本、劉東山本作"且"。

6 裏去：劉東山本無此二字。

7 呵：劉東山本作"吃"。

8 鍾：注音本作"盃"，劉東山本作"杯"。

9 罷：注音本、劉東山本無此字。

10 如何：注音本作"何如"。

44-26[B] bi dosi-ki se-qi,

我 進入-祈 想-條

我若是要進去，（49a2）

44-27 aifini uthai dosi-mbi-kai[1],

早已 就 進入-現-啊

早已就進去咧[2]，（49a2-3）

44-28 geli sini anahvnja-ra be aliya-mbi-u?

又 你.屬 讓-未 賓 等-現-疑

還[3]等着[4]你讓麽?（49a3）

44-29 tere anggala age ere durun -i mimbe kundule-qi,

那 與其 阿哥 這 樣子 工 我.賓 尊敬-條

况且阿哥這樣的[5]敬我，（49a3-4）

44-30 bi emu doro giyan be inu sar-kv mujangga-u?

我 一 道理 規矩 賓 也 知道.未-否 果然-疑

果然[6]我連一[7]个道理也不曉得[8]麽?（49a4-5）

44-31 jabdu-ra-kv-ngge yargiyan。

得閑-未-否-名 真實

不得工夫是真。（49a5）

---

1 dosimbikai：注音本、劉東山本作dosika kai。

2 咧：注音本作“了呀”，劉東山本作“了”。

3 還：注音本、劉東山本作“又”。

4 着：注音本、劉東山本無此字。

5 的：劉東山本無此字。

6 果然：注音本、劉東山本無此二字。

7 一：劉東山本無此字。

8 曉得：注音本、劉東山本作“知道”。

44-32[A] age si enenggi aikabade mini bou-de dosi-ra-kv o-qi,

阿哥 你 今天 如果 我.**屬** 家-**位** 進入-**未**-**否** 成爲-**條**

阿哥你今日倘若不進我[1]家裏去，（49a5-6）

44-33 bi yargiyan -i simbe usha-mbi。

我 真實 **工** 你.**賓** 恨-**現**

我實々的惱你。（49a6-49b1）

44-34[B] bi taka sinde fonji-ki[2],

我 暫且 你.**與** 問-**祈**

我且問[3]你，（49b1）

44-35 si urunakv mimbe dosi-mbu-fi,

你 必定 我.**賓** 進入-**使**-**順**

你必定教[4]我進去，（49b1）

44-36 minde ai jaka ule-bu-ki se-mbi?

我.**與** 什麽 東西 吃-**使**-**祈** 想-**現**

要[5]給我什麽東西吃？（49b2）

44-37[A] yada-ra bou kai,

貧窮-**未** 家 啊

窮人家呀，（49b2）

44-38 ai sain jaka bi?

什麽 好 東西 有

有什麽好東西？（49b2-3）

---

1 我：三槐堂乙本、宏文閣本後有“們”。

2 fonjiki：三槐堂乙本、宏文閣本作fonjimbi，注音本、劉東山本作fonji。

3 問：三槐堂乙本、宏文閣本後有“二”。

4 教：注音本、劉東山本作“叫”。

5 要：劉東山本無此字。

44-39 emu moro untuhun buda dagila-fi,

一 碗 空 飯 準備-**順**

收什一碗空飯，（49b3）

44-40 sinde ule-bu-re dabala,

你.**與** 吃-**使-未** 罷了

與[1]你吃罷咧，（49b3）

44-41 ereqi tulgiyen[2] gvwa jaka akv kai。

這.**從** 以外 另外 東西 **否** 啊

除此之外[3]没有[4]别的東西啊[5]。（49b4）

44-42[B] sini bou-de aika migan yali niungniyaha yali bi-qi,

你.**屬** 家-**位** 如果 小豬 肉 鵝 肉 有-**條**

你家裏[6]若有什麽[7]小猪子肉[8]鵝肉，（49b4-5）

44-43 bi dosi-fi je-ki,

我 進入-**順** 吃-**祈**

我進去吃，（49b5）

44-44 akv o-qi bi dosi-ra-kv,

否 成爲-**條** 我 進入-**未-否**

若是没有我不進去，（49b5-6）

---

1 與：注音本、劉東山本作“給”。

2 tulgiyen：劉東山本後有umai。

3 外：劉東山本後有“并”。

4 有：劉東山本無此字。

5 啊：劉東山本無此字。

6 裏：劉東山本無此字。

7 什麽：注音本、劉東山本無此二字。

8 肉：三槐堂乙本、宏文閣本無此字。

44-45 bi ajigan qi untuhun buda be je-me taqi-ha-kv。

我 幼小 從 空 飯 賓 吃-并 習慣-完-否

我自幼兒[1]没有吃慣空飯。（49b6）

44-46[A] age si damu dosi-qina，

阿哥 你 只是 進入-祈

阿哥你只管進去是呢[2]，（50a1）

44-47 untuhun buda-i[3] teile sinde ule-bu-re kouli geli bi-u?

空 飯-屬 僅僅 你.與 吃-使-未 道理 又 有-疑

寡空飯給你吃的規矩也[4]有麽?（50a1-2）

44-48 uthai migan yali niungniyaha yali je-ki se-qi，

即使 小豬 肉 鵝 肉 吃-祈 想-條

就便要吃[5]小猪子[6]鵝肉，（50a2）

44-49 inu umesi ja，

也 很 容易

也狠容易，（50a3）

44-50 asuru mangga ba akv kai，

太 難 地方 否 啊

没甚難處啊[7]，（50a3）

44-51 bou-de beleni bi-sire-ngge。

家-位 現成 有-未-名

1 兒：三槐堂乙本、宏文閣本無此字。

2 是呢：注音本、劉東山本無此二字，日常本無“是”字。

3 budai：三槐堂乙本、宏文閣本作buda i，劉東山本作buda。

4 也：劉東山本無此字。

5 吃：三槐堂乙本、宏文閣本無此字。

6 子：品經堂本、注音本、劉東山本後有“肉”。

7 啊：劉東山本無此字。

家裏現成有的。（50a3-4）

44-52[B] tuttu o-qi,

這樣 成爲-條

若是那們着[1]，（50a4）

44-53 si neneme dosi。

你 先 進入.祈

你先進去。（50a4）

44-54[A] ai geli,

什麽 又

豈敢[2]，（50a4）

44-55 mini bou kai,

我.屬 家 啊

是我家呀[3]，（50a4-5）

44-56 bi nende-qi o-mbi-u?

我 領先-條 可以-現-疑

我在頭裏[4]使得麽？（50a5）

44-57 eljitu aba?

二吉兔 哪裏

二吉兔在[5]那裏呢[6]？（50a5）

1 們着：劉東山本作“樣”。

2 敢：劉東山本作“有此理”。

3 呀：劉東山本無此字。

4 在頭裏：注音本、劉東山本作“先走”。

5 在：劉東山本無此字。

6 呢：劉東山本無此字。

44-58 nagan de sektefun sekte,

炕 位 褥子 鋪.祈

炕上鋪坐褥，（50a5-6）

44-59 fileku de yaha nonggi,

火盆 位 炭 添加.祈

火盆裏[1]添上炭，（50a6）

44-60 sun qai aqa-bu,

奶 茶 相合-使.祈

對奶子茶，（50a6）

44-61 dambagu tebu-fi benju。

烟 裝-順 送來.祈

装烟送來。（50a6-50b1）

44-62[Q] je。

是

哦。（50b1）

44-63[B] sakda mafa bou-de bi-u?

老 祖父 家-位 有-疑

老太爺在家裏[2]麼?（50b1）

44-64[A] bou-de akv。

家-位 否

没有[3]在家。（50b1）

1 裏：劉東山本無此字。

2 裏：劉東山本無此字。

3 有：三槐堂乙本、宏文閣本、注音本、劉東山本無此字。

44-65[B] absi gene-he?

哪裏 去-**完**

往[1]那[2]去了?（50b1）

44-66[A] emu guqu -i bou-de enenggi mete-mbi se-me yali je-me gene-he。

一 朋友 **屬** 家-**位** 今天 還願-**現** **助-并** 肉 吃-**并** 去-**完**

是[3]一个朋友家今日還愿吃肉去了。（50b2）

44-67[B] uttu be dahame[4],

這樣 **賓** 既然

既是[5]如此,（50b3）

44-68 mafa amasi[6] ji-he manggi,

祖父 往後 來-**完** 之後

太爺回來了,（50b3）

44-69 si mini funde sain se-me fonji。

你 我.**屬** 代替 好 **助-并** 問.**祈**

你替我問好。（50b3-4）

44-70[A] inu,

是

是,（50b4）

44-71 age muse taka sula gisun be bargiya,

阿哥 咱們 暫且 空閑 話語 **賓** 收拾.**祈**

---

1 往：注音本無此字。

2 那：劉東山本後有“里”，日常本後有“裹”。

3 是：注音本、劉東山本無此字。

4 be dahame：注音本、劉東山本作oqi。

5 既是：注音本、劉東山本無此二字。

6 amasi：三槐堂乙本、宏文閣本無此詞。

阿哥咱們且把閑話收起來，（50b4）

44-72 si arki omi-mbi-u nure omi-mbi-u?

你 燒酒 喝-現-疑 黄酒 喝-現-疑

你呵燒酒啊[1]呵黄酒啊[2]？（50b5）

44-73[B] yaya o-kini gemu sain kai,

所有 成爲-祈 都 好 啊

不拘什麼罷[3]都好啊[4]，（50b5-6）

44-74 buda bouha be inu hahila-me dagila-bu,

飯 菜 賓 也 快-并 準備-使.祈

也[5]把飯菜[6]教[7]快着收什，（50b6）

44-75 bi kemuni aliya-hai je-ki se-mbi-kai。

我 還 等-持 吃-祈 助-現-啊

我還等着要[8]吃[9]。（50b6-51a1）

44-76[A] nure anju be neneme benju,

酒 肴 賓 先 送來.祈

先送酒菜來，（51a1）

44-77 hahila se,

趕緊.祈 助.祈

---

1 啊：劉東山本作“是”。

2 啊：劉東山本無此字。

3 罷：注音本、劉東山本無此字。

4 啊：注音本作“呀”，劉東山本無此字。

5 也：注音本、劉東山本無此字。

6 菜：注音本、劉東山本後有“也”。

7 教：注音本、劉東山本作“叫”。

8 要：日常本後有“只”。

9 吃：劉東山本後有“呢”。

說教急[1]着，（51a1）

44-78 age si wesihun te。

阿哥 你 上面 坐.祈

阿哥你上坐。（51a2）

44-79[B] uba-de sain[2]。

這裏-位 好

這裏好[3]。（51a2）

44-80[A] tuba-i nahan[4] niu-me xahvrun de[5] te-qi o-jora-kv，

那裏-屬 炕 徹骨-并 冷 位 坐-條 可以-未-否

那裏的[6]炕冰骨頭[7]凉坐不得，（51a2-3）

44-81 qasi majige guri。

往那邊 稍微 挪.祈

往那們挪一挪。（51a3）

44-82[B] qeni qihai teqe-kini，

他們.屬 隨便 對着坐-祈

由着[8]他們坐着去[9]罷，（51a3-4）

44-83 ume da-ra，

不要 管-未

---

1 教急：注音本、劉東山本作“叫快”。

2 ubade sain：注音本、劉東山本無此二詞。

3 這裏好：注音本、劉東山本無此三字。

4 nahan：注音本、劉東山本作nagan。

5 de：永魁齋本、二酉堂本、三槐堂乙本、宏文閣本無此詞。

6 的：劉東山本無此字。

7 頭：注音本、劉東山本無此字。

8 着：劉東山本作“在”。

9 着去：劉東山本無此二字。

别要[1]管，（51a4）

44-84 age si dosi-fi bouha be majige haqihiya-qina,

阿哥 你 進入-順 菜 賓 稍微 催促-祈

阿哥你進去催一催[2]菜罷[3]，（51a4）

44-85 eiqi buju-he-ngge[4] qola-ha-ngge be,

或者 煮-完-名 炒-完-名 賓

或是煮的[5]炒的，（51a5）

44-86 ya belen -i[6] o-qi,

哪個 現成 屬 成爲-條

那个若是現成，（51a5）

44-87 hvdun gaji-fi mende ule-bu-mbi dere,

快 拿來-順 我們.與 吃-使-現 吧

快拿來給我們吃罷咧，（51a6）

44-88 asara-fi suweni bou-de elheken -i beye-i[7] je-ki se-me-u?

收藏-順 你們.屬 家-位 慢慢 工 自身-工 吃-祈 想-并-疑

收着你們家裏慢々的自己吃麼[8]？（51a6-51b1）

44-89[A] age ekisaka te,

阿哥 悄悄地 坐.祈

---

1 要：劉東山本無此字。

2 催一催：三槐堂乙本、宏文閣本作“摧一摧”，劉東山本作“催催”。

3 罷：注音本、劉東山本作“去”。

4 bujuhengge：三槐堂乙本、宏文閣本作bujuhangge。劉東山本後有eiqi。

5 的：劉東山本後有“或是”。

6 belen -i：三槐堂乙本、宏文閣本、品經堂本、注音本、劉東山本作beleni。

7 beyei：注音本、劉東山本作beye。

8 麼：劉東山本作“嗎”。

阿哥悄默声的坐着罷[1]，（51b1）

44-90 balai ume[2] gisure-re,

妄 不要 説-**未**

别[3]胡説，（51b1-2）

44-91 uttu oilohon balama o-ho-de,

這様 輕浮 狂妄 成爲-**完-位**

這[4]様輕狂了的時候[5]，（51b2）

44-92 weri[6] de basu-bu-rahv。

别人 **與** 笑話-**被-虚**

仔細别[7]人家[8]笑話[9]。（51b2-3）

44-93 eljitu nure tebu。

二吉兔 酒 裝.**祈**

二吉兔斟上[10]酒。（51b3）

44-94 ere emu hvntahan nure,

這 一 杯 酒

這一鍾[11]酒，（51b3）

---

1 罷：注音本、劉東山本無此字。

2 balai ume：注音本、劉東山本作ume balai。

3 别：劉東山本後有“要”。

4 這：注音本此前有“若”。

5 了的時候：注音本、劉東山本無此四字。

6 weri：永魁齋本、二酉堂本、三槐堂乙本、宏文閣本作gvwa。

7 仔細别：注音本、劉東山本作“不怕”。

8 家：注音本、劉東山本無此字。

9 話：注音本、劉東山本後有“麼”。

10 上：注音本無此字。

11 鍾：注音本作“盃”，劉東山本作“杯”。

44-95 bi simbe kundule-he-ngge[1],

我 你.賓 尊敬-完-名

是我敬你的，（51b3-4）

44-96 si urunakv waqihiya-me omi。

你 必定 完成-并 喝.祈

你必定[2]呵乾。（51b4）

44-97[B] ai geli，

什麽 又

豈有此理，（51b4）

44-98 si damu mimbe taka-mbi-u?

你 只是 我.賓 認識-現-疑

你只認得我麽?（51b5）

44-99 inu gvwa age-se de kundule-qina，

也 另外 阿哥-複 位 尊敬-祈

也敬[3]别的阿哥們是呢[4]，（51b5）

44-100 mimbe ume haqihiya-ra，

我.賓 不要 催促-未

别緊讓[5]我[6]，（51b6）

44-101 bi se-re-ngge omi-hai sokto-ro de isina-ra-kv o-qi，

我 助-未-名 喝-持 醉-未 位 至於-未-否 成爲-條

---

1 kundulehengge：永魁齋本、二酉堂本、三槐堂乙本、宏文閣本、注音本、劉東山本作 kundulerengge。

2 定：劉東山本後有“要”。

3 敬：注音本後有“敬”，劉東山本作“一敬”。

4 是呢：注音本、劉東山本無此二字。

5 緊讓：注音本、劉東山本作“催”。

6 也敬别的阿哥們是呢，别緊讓我：日常本無此二句。

inu naka-ra-kv se-re niyalma kai。

也 停止-未-否 助-未 人 啊

我是[1]不呵[2]到醉也不歇手的[3]人啊。（51b6-52a1）

44-102[A]geren age-se suwe inu udu hvntahan omi-qina，

衆 阿哥-複 你們 也 幾 杯 喝-祈

衆位阿哥們[4]你們[5]也呵幾鍾是呢，（52a1-2）

44-103 ainu gemu uttu antahaxa-ra mangga ni?

爲什麽 都 這樣 做客-未 擅長 呢

怎麽都會[6]這樣作客呢[7]?（52a2-3）

44-104 si se-re-ngge boigoji[8] niyalma kai，

你 助-未-名 主 人 啊

你是主人家呀[9]，（52a3）

44-105 si je-tera-kv o-qi，

你 吃-未-否 成爲-條

你若不吃，（52a3-4）

44-106 antaha inu omi-ra-kv se-qina。

客 也 喝-未-否 説-祈

客也不飲[10]。（52a4）

---

1 是：劉東山本作“若”。
2 呵：三槐堂乙本、宏文閣本無此字。
3 的：劉東山本無此字。
4 們：注音本無此字。
5 你們：劉東山本無此二字。
6 會：劉東山本無此字。
7 呢：注音本無此字。
8 boigoji：三槐堂乙本、宏文閣本作boihoji。
9 呀：日常本作“呢”。劉東山本無此字。
10 飲：劉東山本後有“啊”。

44-107[B]bi ainu je-tera-kv?

我 爲什麼 吃-未-否

我爲什麼不吃?（52a4-5）

44-108 esi je-qi[1]。

自然 吃-條

自然的[2]吃。（52a5）

44-109[A]suwe emgeri ji-he be dahame,

你們 已經 來-完 賓 既然

你們既是來了,（52a5）

44-110 giyan -i je-tere ba-de o-qi uthai ebi-tele jefu,

道理 工 吃-未 地方-位 成爲-條 就 飽-至 吃.祈

該當吃的去處就往飽裏吃,（52a5-6）

44-111 omi-qi aqa-ra ba-de o-qi uthai sokto-tolo omi,

喝-條 應該-未 地方-位 成爲-條 就 醉-至 喝.祈

該當呵的去處就往醉裏呵,（52a6-52b1）

44-112 teni[3] inu dabala,

纔 是 罷了

纔[4]是罷咧,（52b1）

44-113 ere gese goqishvda-me bai te-fi,

這 樣子 謙遜-并 平白 坐-順

這樣謙々遜々的白[5]坐着,（52b1-2）

---

1 jeqi：注音本、劉東山本作jembi。

2 的：注音本、劉東山本無此字。

3 teni：注音本、劉東山本此前有uttu oqi。

4 纔：注音本、劉東山本此前有“如此”。

5 白：日常本無此字。

44-114 darabu-ha se-me[1] umai omi-ra-kv,

讓酒-完 助-并 全然 喝-未-否

讓着竟不呵,(52b2)

44-115 inu sabkala-ra-kv-ngge,

也 用筷子夾-未-否-名

也不動筯[2]兒,(52b2-3)

44-116 ainqi mini nure hatan akv-n,

想必 我.屬 酒 烈 否-疑

想[3]是我的酒不釅[4],(52b3)

44-117 sogi bouha amtangga akv-n aise。

蔬菜 菜肴 美味 否-疑 吧

菜没有[5]味麽[6]。(52b3-4)

44-118[B] be age sini darabu-re be bai-bu-ra-kv,

我們 阿哥 你.屬 讓酒-未 賓 求-使-未-否

我們不用阿哥[7]你讓,(52b4)

44-119 gemu uba-de je-mbi omi-mbi kai。

都 這裏-位 吃-現 喝-現 啊

都在這裏吃呢[8]呵呢啊[9]。(52b5)

---

1 seme:三槐堂乙本、宏文閣本無此詞。

2 筯:注音本作“快”,劉東山本作“筷”。

3 想:劉東山本作“像”。

4 釅:注音本作“醃”,劉東山本作“醎”。

5 有:劉東山本無此字。

6 麽:三槐堂乙本、宏文閣本作“兒”。

7 阿哥:三槐堂乙本、宏文閣本作“你讓”。

8 呢:劉東山本無此字。

9 啊:劉東山本無此字。

44-120[A]eljitu aba,

二吉兔 哪裏

二吉兔在那裏呢[1],（52b5）

44-121 morin dahala-ra urse de nure omi-bu buda ule-bu。

馬 跟隨-未 人們 與 酒 喝-使.祈 飯 吃-使.祈

給跟馬的人們酒呵飯吃。（52b5-6）

44-122[B]ajaja[2] meni bou-i niyalma de ume nure omi-bu-re,

哎呀 我們.屬 家-屬 人 與 不要 酒 喝-使-未

嗳[3]呀々别給我們[4]家[5]人酒呵,（52b6-53a1）

44-123 qe gemu omi-me bahana-ra-kv,

他們 都 喝-并 學會-未-否

他們都不[6]會呵,（53a1）

44-124 tumen de emgeri sokto-ho se-he-de,

一万 位 一次 醉-完 助-完-位

万一呵[7]醉了,（53a1-2）

44-125 adarame membe dahala-bu-mbi?

怎樣 我們.賓 跟隨-使-現

怎麽跟我們?（53a2）

---

1 呢：注音本、劉東山本無此字。

2 ajaja：注音本作ayaya。

3 嗳：注音本、劉東山本作“哎”。

4 們：注音本後有“的”。

5 家：注音本後有“下”。

6 不：日常本無此字。

7 呵：注音本、劉東山本無此字。

44-126[A]suwe mujilen sinda[1] hvwanggiya-ra-kv,

你們 心 放.祈 妨礙-未-否

你們放心[2]不妨事[3],(53a2-3)

44-127 bi damu qembe labdu omi-bu-ra-kv o-qi uthai waji-ha,

我 只是 他們.賓 多 喝-使-未-否 成爲-條 就 完結-完

我只不教[4]他們多呵就完[5]了,(53a3-4)

44-128 age si seibeni[6] da-qi nure omi-re mangga niyalma bi-he kai,

阿哥 你 先前 原來-從 酒 喝-未 善於 人 有-完 啊

阿哥你向日[7]原是善飲[8]的人來着啊[9],(53a4-5)

44-129 enenggi aina-ha ni?

今天 做什麼-完 呢

今日怎麼了[10]呢?(53a5)

44-130 umai omi-ra-kv。

全然 喝-未-否

竟不呵。(53a5)

44-131[B]si sar-kv,

你 知道.未-否

你不知道,(53a5)

---

1 suwe mujilen sinda:劉東山本無此三詞。

2 你們放心:劉東山本無此四字,日常本後有“不放心”。

3 不妨事:注音本、劉東山本作“無妨”。

4 教:注音本、劉東山本作“叫”。

5 完:日常本作“是”。

6 seibeni:注音本、劉東山本無此詞。

7 向日:注音本、劉東山本無此二字。

8 飲:劉東山本後有“酒”。

9 啊:劉東山本無此字。

10 了:劉東山本無此字。

44-132 bi neneme majige omi-ha-bi,

我 先 稍微 喝-完-現

我先呵了些，（53a6）

44-133 akv bi-he bi-qi,

否 有-完 有-條

若不然，（53a6）

44-134 uthai mimbe emu inenggi xun tuhe-tele omi-bu-ha se-me,

即使 我.賓 一 日子 太陽 落-至 喝-使-完 助-并

就便教[1]我呵一日[2]到日頭落[3]，（53a6-53b1）

44-135 bi inu eimede-ra-kv,

我 也 厭煩-未-否

我也不嫌[4]厭煩，（53b1）

44-136 buda jc-mbi se-qi,

飯 吃-現 助-條

若論吃飯，（53b2）

44-137 bi yargiyan -i sinde isi-ra-kv,

我 真實 工 你.與 至於-未-否

我實在不如[5]你，（53b2）

44-138 nure omi-ki se-qi,

酒 喝-祈 想-條

1 教：注音本、劉東山本作“叫”，三槐堂乙本、宏文閣本無此字。
2 呵一日：劉東山本作“一日喝”。
3 日頭落：注音本、劉東山本作“晚”。
4 嫌：劉東山本無此字。
5 如：注音本、劉東山本作“及”。

若要[1]呵酒，（53b2-3）

44-139 si minqi qingkai eberi。

你 我.從 遠 弱

你比我不及遠了。（53b3）

44-140[A]tuttu se-he se-me，

那樣 說-完 助-并

雖其那樣說，（53b3）

44-141 si tere durun -i omi-qi，

你 那 樣子 工 喝-條

你若是那樣的[2]呵，（53b3-4）

44-142 buda je-tere be touka-mbi se-re anggala，

飯 吃-未 賓 遲誤-現 助-未 與其

不但說耽誤飯食，（53b4）

44-143 amaga inenggi se de o-ho manggi，

後 日子 歲數 位 成爲-完 之後

日後上了年紀，（53b4）

44-144 urunakv tede kokira-bu-mbi，

必定 那.與 傷損-被-現

必然受他的傷損，（53b5）

44-145 bi simbe tafula-ha-ngge gemu sain gisun，

我 你.賓 勸-完-名 都 好 話

我勸你的都是好話，（53b6）

---

1 要：劉東山本作“論”。

2 的：注音本、劉東山本無此字。

44-146 akda-mbi-u[1] akda-ra-kv be[2] sini qiha o-kini。

相信-現-疑 相信-未-否 賓 你.屬 隨便 成爲-祈

信不信[3]任憑你去[4]。(53b6-54a1)

44-147[B]ere gemu age mimbe gosi-ha-ngge[5],

這 都 阿哥 我.賓 慈愛-完-名

這都是阿哥疼愛我的[6],(54a1)

44-148 teni uttu jombu-re dabala,

纔 這樣 提起-未 罷了

纔[7]這樣提罷咧,(54a1-2)

44-149 gosi-ra-kv bi-qi,

慈愛-未-否 有-條

若不疼愛,(54a2)

44-150 aina-ha se-me ere gese gosihon[8] gisun -i[9] tafula-ra-kv,

做什麼-完 助-并 這個 一樣 苦 話語 工 勸-未-否

斷然不這樣苦言相勸,(54a2-3)

44-151 damu bi seibeni omi-me taqi-ha,

只是 我 素日 喝-并 慣-完

1 akdambiu:注音本、劉東山本作akdara。

2 be:注音本作gemu、劉東山本作be gemu。

3 信:注音本、劉東山本後有“都”。

4 去:注音本、劉東山本無此字。

5 gosihangge:永魁齋本、二酉堂本、三槐堂乙本、宏文閣本作gosirengge,注音本、劉東山本作gosime ofi。

6 的:三槐堂乙本、宏文閣本、注音本、劉東山本無此字。

7 纔:注音本後有“是”。

8 goshihon:注音本作gosihvn。

9 gisun -i:劉東山本作-i gisun。

但只[1]是我素日呵慣了[2]，（54a3）

44-152 emu erin de[3] targa-me mute-ra-kv o-jorahv[4]。

一 時 位 戒-并 能够-未-否 成爲-虚

恐怕[5]一時忌不住。（54a4）

44-153[A]tuttu waka，

那様 不是

不是那們着[6]，（54a4）

44-154 si daba-me omi-ra-kv o-qi， uthai sain，

你 越過-并 喝-未-否 成爲-條 就 好

你若[7]不過餘呵就好，（54a5）

44-155 hon targa-ha de nememe ehe o-mbi，

太 戒-完 位 反倒 不好 成爲-現

太戒了反倒[8]不好，（54a5-6）

44-156 bi geli sinde fonji-ki[9]，

我 又 你.與 問-祈

我再[10]問你，（54a6）

44-157 si nure omi-ha jai inenggi erde ili-ha manggi fuyakiya-mbi-u akv-n?

你 酒 喝-完 第二 日子 早上 起來-完 之後 乾噦-現-疑 否-疑

1 只：劉東山本無此字。

2 了：宏文閣本無此字。

3 erin de：注音本、劉東山本作erinde。

4 ojorahv：注音本、劉東山本無此詞。

5 恐怕：三槐堂乙本、宏文閣本作“怕怕”，注音本、劉東山本無此二字。

6 們着：劉東山本作“様”。

7 若：劉東山本作“只”。

8 倒：劉東山本作“到”。

9 fonjiki：注音本、劉東山本作fonjire。

10 再：劉東山本作“又”，日常本作“在”。

你呵了酒的[1]第二日清早起來乾噦[2]不乾噦[3]？（54a6-54b1）

44-158[B] fuyakiya-ha-ngge tuwa-ra ba akv。

乾噦-完-名 看-未 地方 否

乾噦[4]惡心[5]的看不得。（54b1-2）

44-159[A] tuttu o-qi，

那樣 成爲-條

若是那們着[6]，（54b2）

44-160 ere uthai nure -i haran dere。

這 就 酒 屬 緣故 吧

這就是酒之故[7]。（54b2-3）

第45條

45-1[A] age si ere baili qashvla-ha niyalma be jono-ra-kv oqi，

阿哥 你 這 恩情 違背-完 人 賓 提起-未-否 若是

阿哥你若不提起這[8]背恩的人來，（54b4）

45-2 bi inu fanqa-ra-kv bihe，

我 也 生氣-未-否 過

---

1 的：劉東山本無此字。

2 噦：注音本、劉東山本作“嘔”。

3 噦：注音本、劉東山本作“嘔”。

4 噦：注音本、劉東山本作“嘔”。

5 惡心：劉東山本無此二字。

6 們着：劉東山本作“樣”。

7 故：永魁齋本、二酉堂本、三槐堂乙本、宏文閣本、品經堂本、注音本、日常本後有“耳”。

8 這：劉東山本後有“個”。

我也不氣[1]，（54b4-5）

45-3 si emgeri jono-ho-de,

你 一次 提起-完-位

你一遭[2]提起來，（54b5）

45-4 mini ki[3] uthai wesihun jolho-fi bilga sibu-ha-bi,

我.屬 氣 就 上 噴-順 嗓子 堵-完-現

我的氣就往上[4]涌堵[5]縢子了[6]，（54b5-6）

45-5 tere udu aniya de,

那 幾 年 位

那幾年上[7]，（54b6-55a1）

45-6 i[8] meni bou-i duka-i bokson be gemu feshele-bu-me[9] mana-bu-ha bihe,

他 我們.屬 家 屬 門-屬 門坎 賓 都 踢-使-并 破-使-完 過

他把我們家[10]的門坎子都踢破了來着，（55a1-2）

45-7 etu-re-ngge akv oqi,

穿-未-名 否 若是

若是没了[11]穿的，（55a2）

---

1 氣：品經堂本、劉東山本後有“來着”。
2 遭：劉東山本後有“兒”。
3 ki：品經堂本、劉東山本作jili。
4 往上：三槐堂乙本、宏文閣本無此二字。
5 堵：注音本、劉東山本後有“住”。
6 了：注音本、劉東山本無此字。
7 上：注音本、劉東山本無此字。
8 i：劉東山本無此詞。
9 feshelebume：劉東山本作fesheleme。
10 家：注音本、日常本後有“裹”。
11 了：品經堂本作“有”。

45-8 mini beye qi su-fi inde etu-bu-mbi,

我.屬 身體 從 脱-順 他.與 穿-使-現

從我身上脱[1]給他穿，（55a2-3）

45-9 baitala-ra-ngge akv oqi,

使用-未-名 否 若是

若是没了[2]用的，（55a3）

45-10 mini menggun jiha[3] be gama-fi baitala-mbi,

我.屬 銀子 錢 賓 拿去-順 使用-現

拿我的銀錢去使唤[4]，（55a3-4）

45-11 je-tere-ngge akv oqi,

吃-未-名 否 若是

若是没了吃的，（55a4）

45-12 amba fulhv de bele[5] tebu-fi meihere-fi gama-mbi,

大 袋子 位 米 裝-順 背-順 拿去-現

大口袋装上米背了去，（55a4-5）

45-13 aika emu moho-ho baita tuqi-ke-de[6],

如果 一 窮乏-完 事情 出-完-位

倘若出來[7]一件困乏的事情[8]，（55a5-6）

---

1 脱：品經堂本後有“了”。

2 了：劉東山本作“有”。

3 menggun jiha：劉東山本作jiha menggun。

4 唤：劉東山本作“用”，注音本無此字。

5 bele：注音本無此詞。

6 tuqikede：劉東山本作tuqike de。

7 來：劉東山本作“了”。

8 情：劉東山本作“兒”。

45-14 uthai mini jakade ji-fi giuhoxo-me bai-mbi,

就 我.屬 跟前 來-順 討要-并 求-現

就往[1]我根[2]前來[3]哀求，（55a6）

45-15 age si mimbe umesi sa-ra-ngge kai,

阿哥 你 我.賓 非常 知道-未-名 啊

阿哥你是[4]最[5]知道我的啊[6]，（55a6-55b1）

45-16 ini tere bai-re-de[7],

他.屬 那 求-未-位

他那求的上頭，（55b1）

45-17 mini mujilen geli nitara-fi,

我.屬 心 又 緩和-順

我的心又[8]回了，（55b1-2）

45-18 udu akv bi-qibe,

雖然 否 有-讓

雖然没有，（55b2）

45-19 inu guqu-se de[9] juwen gai-fi inde aqa-bu-me bu-mbi,

也 朋友-複 位 借債 取-順 他.與 相合-使-并 給-現

也合朋友們借[10]來應付他，（55b2-3）

1 往：劉東山本作“來”。

2 根：注音本、劉東山本作“跟”。

3 來：劉東山本無此字。

4 是：劉東山本無此字。

5 最：宏文閣本無此字。

6 啊：三槐堂乙本、宏文閣本、劉東山本無此字。

7 bairede：三槐堂乙本、宏文閣本作baire de。

8 又：三槐堂乙本、宏文閣本作“就”。

9 guquse de：劉東山本作guqusede。

10 借：劉東山本後有“了”。

45-20 yala mini ai jaka be,

誠然 我.屬 什麼 東西 賓

真乃我的什麼東西，（55b3）

45-21 i je-ke-kv,

他 吃-完-否

他没吃過，（55b4）

45-22 ai jaka be -i gama-ha-kv?

什麼 東西 賓 他 拿去-完-否

什麼東西他没拿去[1]？（55b4）

45-23 damu mini doko yali be faita-fi inde ulebu-he-kv bihe se-re dabala。

只是 我.屬 裏面 肉 賓 割-順 他.與 給吃-完-否 過 助-未 罷了

就只是[2]我[3]腿班裏的肉没[4]割給他吃罷咧。（55b4-5）

第46條

46-1[A] ere uquri absi kumungge,

這 時候 很 熱鬧

這一向好熱鬧，（55b6）

46-2 hangsi inenggi o-joro jakade,

清明節 日子 成爲-未 因爲

因爲是清明日子[5]，（55b6）

1 去：三槐堂乙本、宏文閣本作“過”，劉東山本作“去過”。

2 就只是：劉東山本作“只”。

3 我：劉東山本後有“的”。

4 没：注音本、劉東山本後有“有”。

5 日子：注音本、劉東山本無此二字。

46-3 hoton qi waliya-ra niyalma ton akv-ngge tuqi-ke[1],

城 從 供養-未 人 數 否-名 出-完

上墳的人從城裏出來[2]了个[3]没数兒的[4]，（56a1）

46-4 tuwa-qi sejen kiyou morin lose[5] umai lakqa-ra-kv yabu-mbi,

看-條 車 轎 馬 騾 全然 斷絶-未-否 行走-現

觀看[6]車轎騾馬竟是[7]不斷的走，（56a1-2）

46-5 buda dobo-ro nure hisala-ra-ngge inu bi,

飯 供-未 酒 祭奠-未-名 也 有

也有供飯奠酒的，（56a2-3）

46-6 boihon nongg-ire houxan jiha deiji-re-ngge inu bi,

土 添-未 紙 錢 燒-未-名 也 有

也有添土焚化錢[8]紙的，（56a3-4）

46-7 eifu -i oyo be tebeliye-fi songgo-ro-ngge songgo-qo-mbi,

墳 屬 頂 賓 抱-順 哭-未-名 哭-齊-現

抱着墳頭哭的一齊哭，（56a4）

46-8 mou-i fejile borho-me te-qe-fi omi-re-ngge omi-qa-mbi,

樹-屬 下面 團聚-并 坐-齊-順 喝-未-名 喝-齊-現

樹下團坐飲的大家飲，（56a5）

---

1 hoton qi waliyara niyalma ton akvngge tuqike：注音本、劉東山本作waliyara niyalma hoton qi tuqikengge ton akv。

2 來：劉東山本作“去”。

3 了个：注音本、劉東山本作“的”。

4 的：三槐堂乙本、宏文閣本、注音本、劉東山本無此字。

5 lose：三槐堂乙本、宏文閣本、品經堂本、注音本、劉東山本作lorin。

6 觀看：注音本、劉東山本作“只見”。

7 竟是：注音本無“是”，劉東山本無此二字。

8 焚化錢：注音本、劉東山本作“燒”。

46-9 yala gasa-ra niyalma be sabu-qi mujilen efuje-mbi,
誠然 悲嘆-未 人 賓 看-條 心 疼-現
真乃是[1]見了哭的人傷心，（56a5-6）

46-10 sebjele-re niyalma be sabu-qi injeku banji-mbi se-qina,
歡樂-未 人 賓 看-條 笑話 生長-現 助-祈
見了樂的人長笑[2]，（56a6-56b1）

46-11 ere-be tuwa-me o-ho-de,
這個-賓 看-并 成爲-完-位
看起這个來，（56b1）

46-12 jalan -i urse-i[3] juse omosi be uji-ha-ngge,
世 屬 人們-屬 孩子.複 孫子.複 賓 養-完-名
世上的人們[4]養子孫，（56b1-2）

46-13 gemu tanggv aniya -i[5] amaga baita -i[6] jalin kai。
都 一百 年 屬 以後 事情 屬 爲了 啊
都爲的是百年[7]後的事情[8]啊。（56b2-3）

第47條

47-1[A] age si absi toktohon akv,
阿哥 你 真 定準 否

1 是：劉東山本無此字。
2 笑：品經堂本後有“罷”。
3 ursei：注音本、劉東山本作urse。
4 們：注音本、劉東山本無此字。
5 aniya -i：三槐堂乙本、宏文閣本、劉東山本作aniyai。
6 baita -i：三槐堂乙本、宏文閣本、注音本、劉東山本作baitai。
7 年：注音本、劉東山本後有“之”。
8 情：注音本、劉東山本無此字。

阿哥你好没定準，（56b4）

47-2 qananggi ji-mbi se-me ainu ji-he-kv?

前日 來-現 説-并 爲什麽 來-完-否

前日説來爲什麽没[1]來?（56b4-5）

47-3 qananggi de[2] jabdu-ha-kv o-kini,

前日 位 得閑-完-否 成爲-祈

前日没[3]得工夫罷了，（56b5）

47-4 sikse geli aina-ha?

昨天 又 做什麽-完

昨日又怎麽了?（56b5）

47-5 giyan -i ji-qi aqa-ra-ngge[4] kai,

道理 屬 來-條 應該-未-名 啊

理該來的啊[5]，（56b6）

47-6 ainu geli ji-dera-kv ni?

爲什麽 又 來-未-否 呢

怎麽又不來[6]?（56b6）

47-7 enenggi oqi qimari se-mbi,

今天 若是 明天 説-現

今日説明日，（56b6-57a1）

---

1 什麽没：劉東山本作“何不”。

2 de：注音本無此詞。

3 没：劉東山本作“不”。

4 aqarangge：注音本作aqambi，劉東山本作aqambikai。

5 的啊：注音本、劉東山本作“呀”。

6 來：永魁齋本、二酉堂本、三槐堂乙本、宏文閣本、品經堂本、注音本、劉東山本、日常本後有“呢”。

47-8 qimari o-ho-de[1] qoro be anata-mbi,

明天 成爲-**完**-**位** 後天 **賓** 推辭-**現**

明日[2]推後日，（57a1）

47-9 enenggi qimari se-hei,

今天 明天 說-**持**

只管[3]儘着說今日明日[4]的[5]，（57a1-2）

47-10 inenggi-dari niyalma be eitere-mbi-u?

日子-每 人 **賓** 欺騙-**現**-**疑**

每日[6]哄人麽[7]？（57a2）

47-11 age si[8] o-jora-kv kai,

阿哥 你 可以-**未**-**否** 啊

阿哥你[9]使不的啊[10]，（57a2-3）

47-12 ereqi amasi[11],

這.**從** 以後

自今以[12]後，（57a3）

---

1 ohode：劉東山本後有geli。

2 日：劉東山本後有"又"。

3 只管：注音本、劉東山本無此二字。

4 日：宏文閣本無此字。

5 的：注音本、劉東山本無此字。

6 日：劉東山本後有"的"。

7 麽：劉東山本無此字。

8 si：注音本、劉東山本後有uttu oqi。

9 你：注音本後有"若是如此"，注音本作"若是這樣"。

10 的啊：品經堂本作"得啊"，注音本、劉東山本作"得呀"。

11 amasi：宏文閣本、品經堂本作julesi。

12 自今以：注音本作"從今"，劉東山本作"從此以"。

47-13 jai uttu ume[1],

再 這様 不要

再别這様[2]，（57a3）

47-14 holto-qi inu damu emgeri juwenggeri oqi o-joro dabala,

説謊-條 也 只是 一次 兩次 若是 可以-未 罷了

若是[3]撒謊也[4]只可一次兩次的[5]罷咧，（57a3-4）

47-15 daruhai holoto-qi,

常常 説謊-條

若常々的撒謊，（57a4）

47-16 jai geli sini gisun be akda-ra niyalma bi-u?

再 有 你.屬 話語 賓 相信-未 人 有-疑

再還信你[6]話的[7]人有麽？（57a5）

第48條

48-1[A] suwe tere niyalma be ambaki se-qi,

你們 那 人 賓 傲慢 説-條

你們若説那个人大道，（57a6）

48-2 yargiyen -i terebe muri-bu-ha-bi,

真是 工 他.賓 委屈-使-完-現

1 uttu ume：注音本、劉東山本作ume uttu ojoro。

2 様：三槐堂乙本、宏文閣本後有“啊”。

3 若是：劉東山本無此二字。

4 也：劉東山本無此字。

5 的：注音本、劉東山本無此字。

6 你：注音本、劉東山本後有“的”。

7 的：劉東山本無此字。

真々的冤[1]屈了[2]他[3]，（57a6）

48-3 umesi emu uju-i uju jergi nomhon niyalma,

很 一 第一-屬 第一 種類 老實 人

狠是一个頭等頭的老實人，（57b1）

48-4 uthai niyalma-i juleri se-me inu weihuken[4] gisure-ra-kv,

就 人-屬 前面 助-并 也 輕 説-未-否

就是人[5]前也不肯輕言，（57b1-2）

48-5 emu gisun bi-qi teni emu gisun be gisure-mbi,

一 話語 有-條 纔 一 話語 賓 説-現

有一句纔説一句，（57b2-3）

48-6 ini banin uthai tuttu[6],

他.屬 性格 就 那樣

他的情性[7]就是那樣，（57b3）

48-7 imbe sar-kv urse oqi,

他.賓 知道.現-否 人們 若是

若是[8]不知道他的人們[9]，（57b3-4）

48-8 terebe durun ara-mbi se-mbi,

他.賓 樣子 做-現 説-現

---

1 冤：劉東山本作“委”。

2 了：劉東山本無此字。

3 他：永魁齋本、二酉堂本、三槐堂乙本、宏文閣本、品經堂本、注音本、劉東山本、日常本後有“了”。

4 weihuken：永魁齋本、二酉堂本、宏文閣本、注音本、劉東山本後有i。

5 人：劉東山本後有“面”。

6 tuttu：三槐堂乙本、宏文閣本作uttu。

7 情性：三槐堂乙本、宏文閣本、注音本、劉東山本作“性情”，品經堂本作“生性”。

8 是：劉東山本無此字。

9 們：注音本無此字。

說他是揑款，（57b4）

48-9 suwe terei emgi emu ba-de bi-he-kv ofi，

你們 他.**屬** 一起 一 地方-**位** 有-**完-否** 因爲

因爲你們没有同[1]他在一處來着[2]，（57b4-5）

48-10 terei yabun faxxan[3] be sar-kv dabala，

他.**屬** 行爲 業績 **賓** 知道.**現-否** 罷了

不知[4]他爲人動作罷咧，（57b5-6）

48-11 bi ini baru feliye-me yabu-ha bihe be dahame，

我 他.**屬** 向 走-**并** 行走-**完** **過** **賓** 既然

我是與[5]他行走過的，（57b6）

48-12 ini banin be sa-mbi se-re anggala，

他.**屬** 性格 **賓** 知道-**現** **助-未** 不僅

不但知道他的屬[6]性，（57b6-58a1）

48-13 banji-re we-re ba-be suwaliya-me youni gemu tengkime sa-mbi-kai。

生活-**未** 教化-**未** 地方-**賓** 混合-**并** 全部 都 明確 知道-**現**-啊

連過活的去處全[7]都知道的真確啊。（58a1-2）

第49條

49-1[A] age si inu largin bai，

阿哥 你 也 繁雜 吧

---

1 同：注音本、劉東山本作“合”。

2 來着：注音本、劉東山本無此二字。

3 faxxan：永魁齋本、二酉堂本、宏文閣本、注音本、劉東山本作axxan。

4 知：劉東山本後有“道”。

5 與：注音本、劉東山本作“于”。

6 屬：注音本、劉東山本作“秉”。

7 全：劉東山本無此字。

阿哥你[1]也煩瑣罷[2]，（58a3）

49-2 ere-be bu-qi si inu gai-ra-kv,

這個-賓 給-條 你 也 取-未-否

給這个你也不要，（58a3）

49-3 tere-be bu-qi si inu ehe se-mbi,

那個-賓 給-條 你 也 不好 説-現

給那个你也説不好，（58a3-4）

49-4 ambakan ningge be bene-qi,

大些 東西 賓 送-條

送大些兒[3]的去，（58a4）

49-5 si geli amba o-ho se-mbi,

你 又 大 成爲-完 説-現

你又説大[4]，（58a4-5）

49-6 ajigesi ningge be benji-qi,

小些 東西 賓 拿來-條

送小些兒[5]的來，（58a5）

49-7 si geli jaqi ajigen[6] o-ho se-mbi,

你 又 太 小 成爲-完 説-現

你又説太小了，（58a5-6）

---

1 你：注音本後有“特”。

2 瑣罷：劉東山本作“絮罷”，注音本作“絮擺”。

3 兒：三槐堂乙本、宏文閣本、劉東山本無此字。

4 大：永魁齋本、二酉堂本、三槐堂乙本、宏文閣本、注音本、劉東山本、日常本後有“了”。

5 兒：劉東山本無此字。

6 ajigen：注音本、劉東山本作ajige。

49-8 uttu de inu waka,

這樣 位 也 不是

這們着也不是,（58a6）

49-9 tuttu de inu waka,

那樣 位 也 不是

那們着也不是,（58a6-58b1）

49-10 maka ai gese-ngge be,

不知 什麽 様子-名 賓

不知什麽樣的,（58b1）

49-11 teni age -i gvnin de[1] aqa-bu-mbi,

纔 阿哥 屬 意思 位 符合-使-現

纔合阿哥的主意,（58b1-2）

49-12 si urunakv tere emu adali-ngge be gai-ki se-qi,

你 必然 那 一 一樣-名 賓 要-祈 想-條

你必定要像那一樣的,（58b2）

49-13 niyalma be aibi-de baihana-bu-re?

人 賓 哪裏-位 尋找-使-未

教[2]人往那裏去尋[3]?（58b3）

第50條

50-1[A] age si absi mentuhun jiye,

阿哥 你 何其 愚昧 啊

1 gvnin de：三槐堂乙本、宏文閣本、注音本、劉東山本作gvninde。

2 教：注音本、劉東山本作“叫”。

3 去尋：注音本、劉東山本作“尋去”。

阿哥你好愚啊[1]，（58b4）

50-2 sinde jiha bi-qi,

你.與 錢 有-條

你若有錢，（58b4）

50-3 jiha jafa-fi niyalma be dangna-mbi,

錢 拿-順 人 賓 代替-現

拿錢擋人，（58b4-5）

50-4 jiha akv oqi,

錢 否 若是

若是無錢，（58b5）

50-5 sain gisun -i neqihiye-me bai-me gisure-mbi,

好 話 工 平撫-并 求-并 説-現

用好言撫濟懇[2]求着説，（58b5-6）

50-6 uttu oqi,

這樣 若是

若是[3]如此，（58b6）

50-7 teni inu dabala,

纔 是 罷了

纔是罷咧，（58b6）

50-8 niyalma-i der se-re xeyen menggun be juwen gaji-fi,

人-屬 雪白貌 助-未 白 銀子 賓 借債 拿來-順

1 啊：劉東山本作“呀”。

2 濟懇：注音本作“濟”，劉東山本作“慰”。

3 若是：劉東山本無此二字。

借了人的白[1]花々的銀[2]子來[3]，（58b6-59a1）

50-9 beye madagan be youni touda-me bu-ra-kv bi-me,

本身 利益 **賓** 全然 歸還-**并** 給-**未**-**否** 有-**并**

本利全不還給，（59a1-2）

50-10 elemangga weri xorgi-me gai-re be wakala-qi[4],

反倒 別人 催促-**并** 取-**未** **賓** 責怪-**條**

反倒[5]嗔[6]怪人家[7]催討，（59a2）

50-11 ere geli o-mbi-u?

這 又 可以-**現**-**疑**

這也使得麽?（59a3）

50-12 ere uthai gvnin te-bu-hei juwen gama-fi,

這 就 心 留-**使**-**持** 借債 拿去-**順**

這就是盛着[8]心借了去，（59a3）

50-13 touda-me bu-ra-kv o-ki se-re niyalma kai,

歸還-**并** 給-**未**-**否** 成爲-**祈** 想-**未** 人 啊

要[9]不還給[10]的人啊，（59a4）

---

1 白：二西堂本無此字。

2 銀：日常本作“錢”。

3 來：注音本、劉東山本無此字。

4 wakalaqi：品經堂本、注音本、劉東山本作wakaxaqi。

5 倒：劉東山本作“到”。

6 嗔：注音本、劉東山本無此字。

7 家：劉東山本無此字。

8 盛着：注音本、劉東山本作“存”。

9 要：注音本、劉東山本無此字。

10 給：劉東山本無此字。

50-14 aikabade gemu uttu etuhuxe-re guwangguxa-ra[1] oqi,

如果 都 這樣 逞强-未 做無法-未 若是

倘若都是[2]這樣以[3]强賭光棍,（59a4-5）

50-15 jai we geli gelhun akv bekdun sinda-ra,

再 誰 又 怕 否 債務 放-未

再誰還[4]敢放債,（59a5-6）

50-16 suwe emu ergi de[5] o-qi menggun be baitala-ki se-re jalin,

你們 一 方面 位 成爲-條 銀子 賓 使用-祈 想-未 爲了

你們一邊是爲要[6]使銀子[7],（59a6）

50-17 emu ergi de[8] o-qi, madagan be baha-ki se-re turgun,

一 方面 位 成爲-條 利益 賓 得到-祈 助-未 理由

一邊是爲要[9]得利錢,（59b1）

50-18 sui akv meni akdula-ra niyalma be uxa-bu-fi aina-mbi?

罪 否 我們.屬 保證-未 人 賓 拉-使-順 做什麽-現

無辜[10]的拉扯我們[11]保人作什麽?（59b1-2）

50-19 ere emken inu mimbe hvla-mbi,

這 一人 也 我.賓 叫-現

---

1 guwangguxara：劉東山本作laihvxara。
2 都是：劉東山本作“是都”。
3 以：劉東山本作“依”。
4 還：宏文閣本無此字。
5 ergi de：劉東山本作ergide。
6 要：劉東山本無此字。
7 爲要使銀子：三槐堂乙本作“爲要銀使”，宏文閣本作“銀子”。
8 ergi de：三槐堂乙本、宏文閣本、劉東山本作ergide。
9 爲要：三槐堂乙本、宏文閣本無“要”字，注音本、劉東山本作“圖”。
10 辜：劉東山本作“故”。
11 們：注音本無此字。

這一[1]个也叫[2]我，（59b2-3）

50-20 tere emken inu mimbe bai-mbi,

那 一人 也 我.**賓** 求-**現**

那一[3]个也尋我，（59b3）

50-21 daqi suwembe akdula-ha-ngge,

原來 你們.**賓** 保證-**完**-**名**

原保了你們，（59b3-4）

50-22 sain mujilen bi-he[4] dabala,

好 心 有-**完** 罷了

是好心來着罷咧[5]，（59b4）

50-23 we aika suweni je-tere omi-re[6] be ali-me gai-ha-bi-u[7]?

誰 什麼 你們.**屬** 吃-**未** 喝-**未** **賓** 接受-**并** 取-**完**-**現**-**疑**

誰接了你們的什麼[8]吃呵了[9]麽?（59b4-5）

第51條

51-1[A] age si ai uttu gisun fulu?

阿哥 你 爲什麼 這樣 話 多餘

阿哥你怎[10]這樣話多?（59b6）

---

1 一：宏文閣本無此字。
2 叫：三槐堂乙本、宏文閣本作“教”。
3 一：宏文閣本無此字。
4 bihe：劉東山本後有sere。
5 罷咧：三槐堂乙本、宏文閣本無此二字。
6 jetere omire：劉東山本omire jetere。
7 gaihabiu：注音本、劉東山本gaiha babiu。
8 的什麽：劉東山本無此三字。
9 了：注音本、劉東山本無此字。
10 怎：注音本後有“麽”。

51-2 ji-he-dari angga-i dolori biyadar se-me balai iqi gisure-mbi,
來-**完**-每 口-**屬** 裏面 滔滔不絶貌 **助-并** 妄自 順從 説-**現**
遭々兒來了嘴裏瓜答々[1]的乱説，（59b6-60a1）

51-3 si inu majige eimede-ra-kv-n?
你 也 稍微 厭煩-**未-否-疑**
你也[2]不嫌[3]煩些兒[4]麼？（60a1）

51-4 angga inu xada-ra-kv-n?
口 也 疲勞-**未-否-疑**
嘴也不害乏麼[5]？（60a2）

51-5 gisure-he-ngge kemuni tere udu fe gisun -i[6] teile bi-me,
説-**未-名** 還是 那 幾個 舊 話 **屬** 僅僅 有-**并**
説的還是寡[7]那幾句舊話，（60a2-3）

51-6 emdubei ali-me we-de donji-bu-mbi,
只管 接受-**并** 誰-**與** 聽-**使-現**
儘着告訴給誰听，（60a3）

51-7 sakda ahvn si mini gisun be sijirhvn se-me ume wakala-ra[8],
老 哥哥 你 我.**屬** 話 **賓** 直言 **助-并** 不要 責怪-**未**
老長兄你别怪我的話直，（60a3-4）

1 答々：宏文閣本作“答”。
2 也：注音本、劉東山本後有“一点兒”。
3 嫌：劉東山本作“厭”，注音本後有“厭”。
4 些兒：三槐堂乙本、宏文閣本無“兒”字，注音本、劉東山本無此二字。
5 嘴也不害乏麽：劉東山本作“嘴也不乏麽”，注音本無此句。
6 -i：劉東山本無此詞。
7 寡：注音本、劉東山本無此字。
8 wakalara：注音本、劉東山本作wakaxara。

51-8 sini beye sere-bu-ra-kv dabala,

你.屬 自身 知覺-**使**-**未**-**否** 罷了

你自己不覺[1]罷咧，（60a4-5）

51-9 hetu niyalma-i[2] donji-re-de[3],

旁邊 人-**屬** 聽-**未**-**位**

傍人听着[4]，（60a5）

51-10 gisun majige yeye -i[5] gese,

話 稍微 粘黏 **工** 一樣

話似絮叨些，（60a5-6）

51-11 si ere se-de[6] uthai uttu oibo-ko oqi,

你 這 歲數-**位** 就 這樣 悖晦-**完** 若是

你這个年紀上就這樣老悖回了[7]，（60a6）

51-12 se[8] baru o-ho manggi,

歲數 向 成爲-**完** 之後

上了年紀之後[9]，（60b1）

51-13 adarame bou boigon be jafa-me baita be iqihiya-qi o-mbi?

怎麽樣 家 財産 **賓** 拿-**并** 事情 **賓** 處理-**條** 可以-**現**

---

1 覺：注音本、劉東山本後有“得”。

2 niyalmai：注音本niyalma。

3 donjirede：劉東山本作donjire de。

4 傍人听着……可怎麽執掌家業料理事：日常本無此内容。

5 -i：注音本、劉東山本無此詞。

6 sede：劉東山本作se de。

7 老悖回了：劉東山本作“悖誨”。

8 se：注音本後有i。

9 之後：劉東山本作“時候”。

可[1]怎麽[2]執[3]掌家業料理事[4]？（60b1-2）

以上話條，俱係口頭言語，可謂極淺近者矣。然古今書内，多用直解粗説引蒙者，蓋以直解粗説，爲文之精義，雅俗共曉，學者易進。故此卷亦效其意，一爲初學熟口，一爲對讀次卷虛字，使知用法也。高明之士，勿因淺近哂之，須諒開蒙難透之苦耳。

清文啓蒙卷之二終

manju nikan hergen -i qing wen ki meng bithe ujui debtelin
滿洲 漢 字 **屬** 清 文 啓 蒙 書 三.**序** 卷

滿漢字清文啓蒙卷之三（1a1）

長白 舞格 壽平 著述

錢塘 程明遠 佩和 校梓（1a2-3）

manju bithe-i gisun de aisila-ra mudan -i hergen
滿洲 書-**屬** 話語 **位** 輔助-**未** 韵 **屬** 文字

清文助語虛字（1a4）

1-1 de 時候字，又地方字，處字，往字，又給字，與字，又裹頭字，上頭字，在字，於字，乃轉下申明語，單用聯用俱可，如云：（1a5-6）

1-2 tuwa-ra de[時候字] ja gojime，yabu-re de[時候字] mangga[5]。
看-**未** **位** 容易 雖然 做-**未** **位** 難

---

1 可：劉東山本無此字。

2 麽：劉東山本無此字。

3 執：注音本作“様”，劉東山本作“能”。

4 事：劉東山本後有“務呢”。

5 mangga：宏文閣本作angga。

看時容易作時難。（1a6-b1）

1-3 ambasa teike gene-re de [時候字] ala-ha。

大臣.**複** 剛纔 去-**未** **位** 告訴-**完**

大人們方纔去的時候告訴了。（1b1-2）

1-4 si aibi-de[往字処字] gene-mbi。

你 哪裏-**與** 去-**現**

往那裏去。（1b2）

1-5 giyangnan sujeu de [地方字] gene-mbi。

江南 蘇州 **與** 去-**現**

江南蘇州去。（1b2-3）

1-6 tere niyalma de[與字] hendu-he。

那個 人 **位** 説-**完**

説與那个人了。（1b3）

1-7 ere niyalma de[給字] bu-he。

這個 人 **與** 給-**完**

給與這个人了。（1b3-4）

1-8 aisin menggun o-qi，guise de[裏頭字] tebu-mbi。bele jeku o-qi，

金 銀 成爲-**條** 櫃子 位 放置-**現** 米 穀物 成爲-**條**

cang de[裏頭字] asara-mbi。

倉 **位** 儲存-**現**

金銀貯櫃，粮米收倉。（1b4-5）

1-9 fi houxan behe yuwan be dere de[上頭字] sinda。

筆 紙 墨 硯 **賓** 桌子 **位** 放.**祈**

筆紙墨硯放在桌上。（1b6）

1-10 abka de[上頭字] deye-re gasha bi，na de[上頭字] feksi-re gurgu bi。

天 位 飛-未 鳥 有 地 位 跑-未 野獸 有

天上有飛禽，地下有走獸。（2a1-2）

1-11 baita be kiqe-re-ngge niyalma de [在字] bi-qibe，

事情 賓 計劃-未-名 人 位 有-讓

mute-bu-re-ngge abka de[在字] bi-kai。

成就-使-未-名 天 位 在-啊

謀事在人，成事在天。（2a2-3）

1-12 minde[於字] gisun bi-fi sinde[於字] fonji-ki se-mbi。

我.與 話語 有-順 你.與 問-祈 說-現

我有話要問你。（2a3-4）

1-13 凡遇genembi，olhombi[1]，aisilambi，xangnambi，amuran等字之上，必用de字，凡如de，be，-i，ni，kai，qi等虛字，不可提寫在行首，若係實解，或作漢話用者，方可提起寫得。（2a5-b1）

2-1 jakade 當時字，彼時字，較de字詞義實在，乃承上起下語，此上必用ra，re，ro等字，實解根前，如云：（2b2-3）

2-2 ahvn deu baha-fi aqa-ra jakade [當時字]，alimbaharakv urgunje-he。

兄 弟 得到-順 見面-未 時候 不勝 歡喜-完

弟兄[2]得會，不勝歡喜。（2b3-4）

3-1 sere jakade 說的當時字，乃轉下語，如云：

3-2 uttu tutu se-re jakade[說的當時字]，geren gemu teni sa-ha。

這樣 那樣 說-未 時候 衆人 都 纔 知道-完

如此這般說的時候，衆人纔都知道了。（2b5-6）

---

1 olhombi：宏文閣本作olhobi。

2 弟兄：宏文閣本作“兄弟”。

4-1 ki sere jakade 欲要的當時字，乃引下語，如云[1]：（3a1）

4-2 ini sefu teni yabu-ki se-re[2] jakade[欲要的當時字]，xabi-sa umai
他.**屬** 師傅 纔 走-**祈** 説-**未** 時候 徒弟-**複** 完全

aliya-ra-kv neneme uthai gene-he。
等候-**未**-**否** 先 就 去-**完**

他師傅纔説要走，徒弟們并不候，先就去了。（3a1-3）

5-1 ojoro jakade 可以的當時字，因爲的時候字，如云：（3a4）

5-2 ajigen qi kadala-ra bargiyata-ra niyalma akv o-joro
幼小 **從** 管理-**未** 收回-**未** 人 否 可以-**未**

jakade [因爲的時候字]，damu sula baisin yabu-re de amuran。
因爲 只是 閑 閑暇 走-**未** **位** 喜好

自幼無人拘管，只好閑曠。（3a4-6）

6-1 bisire jakade 在的當時字，有的當時字，如云：（3b1）

6-2 sini beye tuba-de bi-sire jakade[在的當時字]，bi teni baha-fi ukqa-ha。
你.**屬** 身體 那裏-**位** 在-**未** 時候 我 纔 得到-**順** 脱離-**完**

有你親身在那裏，我纔得脱了。（3b1-2）

7-1 bisirede 在的時候字，有的時候字，如云：（3b3）

7-2 ama-i bi-sire-de[在的時候字] tere-i gvnin be tuwa-mbi。
父親-**屬** 在-**未**-**位** 那-**屬** 想法 **賓** 看-**現**

父在觀其志。（3b3-4）

8-1 serede 説的時候字，乃轉下語，如云[3]：（3b5）

1 如云：宏文閣本無此二字。

2 sere：宏文閣本後再有一sere。

3 如云：宏文閣本無此二字。

8-2 eiqi uttu se-re-de daha-mbi-u[說的時候字][1]? tuttu se-re-de daha-mbi-u?

或者 這樣 說-**未-位** 依從-**現-疑** 那樣 說-**未-位** 依從-**現-疑**

或是依這樣說，依那樣說啊？（3b5-6）

9-1 ki serede 欲要的時候字，乃引下語，如云：（4a1）

9-2 sakda ahvn -i uttu aisila-me wehiye-me ulin bu-ki

老 兄長 **屬** 這樣 幫助-**并** 扶助-**并** 財産 給-**祈**

se-re-de[欲要的時候字]，ai gelhvn akv[2] ali-me gai-ra-kv。

助-未-位 怎麽 敢 **否** 接受-**并** 拿-**未-否**

老兄如此扶持，欲贈資財，怎敢不受。（4a1-3）

10-1 ohode 了的時候字，乃擬度事後，結上起下語，如云[3]：（4a4）

10-2 baita uttu de isinji-ha be dahame[4]，adarame o-ho-de [了的時候字] sain。

事情 這樣 **與** 到達-**完** **賓** 跟隨 怎麽 成爲-**完-位** 好

事已至此，怎麽樣了好。（4a4-5）

10-3 sere ohode 說了的時候字。（4a6）

10-4 ki sere ohode 欲要了的時候字。（4a6）

10-5 bisire ohode 在了的時候字，有了的時候字。（4b1）

10-6 seme ohode 雖說了的時候字，總然了的時候字。（4b1）

10-7 ki seme ohode 欲要了的時候字。（4b2）

10-8 ojoro ohode 可以了的時候字，因爲了的時候字。（4b2）

10-9 jaqi ohode 動不動兒 的時候字。（4b3）

11-1 sehede 說了的時候字，倘若時候字，乃設言事後有變，引下之語，如云：（4b4-5）

---

1 說的時候字：宏文閣本無此旁譯。

2 gelhun akv：此爲固定用法，雖有否定成分akv，但整體意思爲“敢”。

3 如云：宏文閣本無此二字。

4 be dahame：二詞聯用意爲“因爲”。

11-2 talu de aika uttu se-he-de[倘若時候字] ainara。

偶然 **位** 如果 這樣 **助-完-位** 怎麼樣

万一倘或如此怎麽樣。（4b5）

11-3 ki sehede 欲要了的時候字。（4b6）

12-1 bihede 有来着的時候字，在来着的時候字，倘若時候字，乃設言如此，起下另 結語，如云：（5a1-2）

12-2 saikan jaka bi-he-de [有来着的時候字]，eiqi asara-mbi-u?

好 東西 有-**完-位** 或者 儲存-**現-疑**

eiqi sain hvde be bai-fi unqa-mbi-u?

或者 好 價格 **賓** 求-**順** 賣-**現-疑**

有了好東西或是收着，或是尋好價兒賣？（5a1-3）

13-1 dade 上頭又字，兼且字，更且字，一根裏字，此下必用geli字，實解根子上，如云：（5a4-5）

13-2 olgoxo-ro da-de[上頭又字] geli olgoxo-ro[1]，

小心-**未** 原本-**位** 又 小心-**未**

ginggule-re da-de geli ginggule-re。

謹慎-**未** 原本-**位** 又 謹慎-**未**

小心上又小心，謹慎上又謹慎。（5a5-6）

13-3 tere dade 那上頭又字，兼且字，更且字，在句首用。（5b1）

13-4 ninggude 上頭字。（5b1）

14-1 ede 這上頭字，與此字，於此字，如云[2]：（5b2）

14-2 ede[這上頭字[3]] ai-bi。

這.**位** 什麼-有

---

1 olgoxoro：宏文閣本作olhoxoro。

2 如云：宏文閣本無此二字。

3 字：宏文閣本無此字。

道有何妨。（5b2）

15-1 tede 那上頭字，與他字，於彼字，如云：（5b3）

15-2 tede[那上頭字] hvwanggiya-ra-kv。

那.位 妨礙-未-否

那不妨事。（5b3）

16-1 aide 何以得字，什麽上頭字，如云：（5b4）

16-2 aide[什麽上頭字] baha-fi sa-ha。

爲什麽 得到-順 知道-完

何以得知。（5b4）

17-1 deu 麽字，乎字，歟字，乃de字作疑問詞，在字尾聯用，實解兄弟之弟，如云[1]：（5b5-6）

17-2 fuzi tere gurun de isina-ha-de，urunakv tere-i dasan be donji-re-ngge，

夫子 那個 國家 與 到達-完-位 必定 那個-屬 政治 賓 聽-未-名

bai-re-de-u[上頭麽字]？eiqi ala-ra-de-u[與的麽字]？

求-未-位-疑 或者 告訴-未-位-疑

夫子至於是邦也，必聞其政，求之歟？抑與之歟？（5b6-6a2）

18-1 be 把字，將字，也字，又以字，用字，又使字，令字，教字，聯用單用俱可，實解我們[2]，魚食，鳥食，牛車轅頭橫木，如云：（6a3-4）

18-2 tere-be[把字] gai-fi gene。

那個-賓 拿-順 去.祈

將他領了去。（6a4）

---

1 如云：宏文閣本無此二字。

2 我們：宏文閣本將此二字置於下文“牛車轅頭横木”之後。

18-3 tere be[1] [將字] gaju。

那個 賓 拿來.祈

把那个拿来。（6a5）

18-4 siyang se-re-ngge uji-re be[也字]，hiyou se-re-ngge taqibu-re be[也字]，

庠 助-未-名 養-未 賓 校 助-未-名 教導-未 賓

siui se-re-ngge gabtabu-re be [也字]。

序 助-未-名 射-未 賓

庠者養也，校者教也，序者射也。（6a5-6）

18-5 ai be[以字] fulehe da o-bu-mbi。

什麼賓 根 本 成爲-使-現

以何作根本。（6b1）

18-6 ai-be[用字] temgetu o-bu-mbi。

什麼-賓 憑據 成爲-使-現

以何爲憑據。（6b1-2）

18-7 sefu simbe[令字] gene se-he。

師傅 你.賓 去.祈 説-完

師傅説了教你去。（6b2-3）

18-8 imbe[使字] ji-ki-ni。

他.賓 來-祈-呢

教他来罷。（6b3）

凡遇ai hendure，dahame等虚字之上，必用be字，凡如-i，ni，de，me，qi，fi等虚字之下，不可用be字。（6b4-5）

18-9 mimbe 把我，教我。（6b6）

1 tere be：宏文閣本作terebe。

18-10 membe 將我們，令我們。（6b6）

18-11 suwembe 把你們，教你們。（7a1）

18-12 qembe 將他們，使他們。（7a1）

18-13 sehebe 將説了的。（7a2）

18-14 henduhe be 把説了的，之謂也。（7a2）

19-1 beu 麼字，乎字，歟字，乃be字作質問疑詞，如云：（7a3）

19-2 geren niyalma-i[1] dorgi fala-qi aqa-ra-ngge we-be-u[把麼字]?

眾多 人-屬 裏面 懲罰-條 適合-未-名 誰-賓-疑

衆人之中該罰的，把誰呀？（7a3-4）

20-1 -i 的字，之字，又以字，用字，此-i字，亦有聯寫在第一頭字尾，念作第二頭字[2]音者，與單用義同，如云：（7a5-6）

20-2 niyalma -i[的字] ama eniye，beye -i[之字] ama eniye -i adali。

人 屬 父 母 自已 屬 父 母 屬 一様

人之父母，已之父母。（7a6-b1）

20-3 bi sain mujilen -i[以字] niyalma be tuwa-ra o-qi，niyalma urunakv

我 好 心 工 人 賓 對待-未 成爲-條 人 必定

sain mujilen -i[用字] mimbe tuwa-mbi。

好 心 工 我.賓 對待-現

我以好心待人，人必以好心待我。（7b1-3）

20-4 erdemu -i [以字] beye-be dasa-mbi。

德 工 身體-賓 修養-現

以德修身。（7b3）

20-5 -i字聯寫体式，（7b3-4）

1 niyalmai：宏文閣本作niyalma -i。

2 頭字：宏文閣本作“字頭”。

20-6　niyalma-i[聯式]　ama　eniye[1]，beye-i[聯式]　ama　eniye-i[聯式]
人-屬　父　母　自分-屬　父　母-屬
adali。（7b4）
一樣

20-7　凡遇emgi，baru，jalin，adali，gese，teile，qala，qiha，ebsihe，gubqi，qanggi等字之上，必用-i字，或當用ni字，如ere gese。tere gese等句，乃係成語，不在此例。（7b5-8a1）

20-8　凡遇kan，kon，ken，qin，qun qun，giyan giyan，giyan fiyan，siran siran，dahin dahin，dahvn dahvn，ulhiyen ulhiyen等[2]虛字之下，必用i字，乃一定之詞也。（8a2-4）

21-1　ni　的字，之字，又以字，用字，又呢字，哉字，乃驚嘆想像語氣，實解標的點字，如云：（8a5-6）

21-2　ba wang ni [的字] baturu，kungming ni[之字] erdemu，qen ping ni[的字]
霸　王　屬　勇猛　孔明　屬　才能　陳　平　屬
mergen，jeu gung ni[之字] dorolon。
智慧　周　公　屬　禮儀
霸王之勇，孔明之才，陳平之智，周公之禮。（8a6-b1）

21-3　ai-ni[用字]　karula-mbi。
什麼-工　報答-現
以何答報。（8b1-2）

21-4　ere　ai　turgun　ni [呢字]。
這　什麼　原因　呢
這是什麼緣故呢。（8b2）

1　eniye：宏文閣本作eniyei。

2　等：宏文閣本作“乃”。

21-5 ere gese baita geli bi-ni[呢字]。

這 樣子 事情 也 有-呢

這樣事也有呢。（8b2-3）

21-6 dule i bi-he-ni[呢字]。

原來 他 有-完-呢

原来是他呢。（8b3）

21-7 sini 你的。（8b4）

21-8 mini 我的。（8b4）

21-9 ini 他的。（8b5）

21-10 meni 我們的。（8b5）

21-11 suweni 你們的。（8b6）

21-12 qeni 他們的。（8b6）

21-13 aini 用什麼，以何。（9a1）

21-14 ainaha ni 怎麼了呢，未必呢。（9a1）

21-15 bini 有呢，在呢。（9a2）

21-16 biheni 来着呢，曾有呢，曾在[1]呢。（9a2）

22-1 niu 呢麼字，乃呢字作揣度斟問語，在句尾用，如云：（9a3）

22-2 ere sain akv ni-u[呢麼字]?

這個 好 否 呢-疑

這豈不好呢麼?（9a3-4）

22-3 ainahai tuttu ni-u[呢麼字]?

未必 那樣 呢-疑

未必是那樣的呢麼?（9a4）

---

1 在：宏文閣本作“有”。

23-1 ga，go，ge 此三字俱是，的字，者字，有字，乃生成已成之詞，在字尾聯用，如云：（9a5-6）

23-2 gosin。 gosingga[有字的字]。

仁 仁.名

仁。 仁者，有仁愛的。（9a6）

23-3 jurgan。 jurgangga[有字者字]。

義 義.名

義。 有義氣的。（9a6-b1）

23-4 horon。 horonggo[有字者字]。

威力 威力.名

威，毒。有威的，有毒的。（9b1）

23-5 bodon。 bodo-ho-nggo[有字者字]。

計劃 計劃-完-名

算計。 有算計的。（9b1-2）

23-6 erdemu。 erdemu-ngge[有字的字]。

才能 才能-名

才德。 有才德的。（9b2）

23-7 dere。 dere-ngge[有字者字]。

名譽 名譽-名

臉面。 有臉面的。（9b3）

23-8 ningge，ingge 此二字俱是，的字，上一字聯用單用俱可，下一字聯用。（9b4）

23-9 miningge 是我的。（9b5）

23-10 siningge 是你的。（9b5）

23-11 iningge 是他的。（9b6）

23-12 qeningge[1] 是他們的。（9b6）

23-13 ereingge 是這个的。（10a1）

23-14 tereingge 是那个的，是他的。（10a1）

24-1 kai 哉字，也字，啊字口氣，乃將然已然，自信决意之詞，如云：（10a2）

24-2 fuzi hendu-me fonji-ha-ngge amban[2] kai[哉字]。

夫子 説-并 問-完-名 大 啊

子曰，大哉問。（10a2-3）

24-3 umesi sain kai[啊字]。

非常 好 啊

最好啊。（10a3）

24-4 ere-i adali jaka unqa-ra-ngge inu bi-kai [啊字]。

這個-屬 樣子 東西 賣-未-名 也 有-啊

似這樣東西賣的也有啊。（10a3-4）

24-5 nikai 呢啊字，上必用dule字照應。（10a5）

24-6 bikai 有啊，在啊[3]。（10a5）

25-1 me 着字，在字尾聯用，乃結上接下，將然未然之語，句中或有連用幾me字者，義并同，總皆斷煞不得，如云：（10a6-b1）

25-2 yabu-me[着字] tuwa-ra dabala。

走-并 看-未 罷了

走着瞧罷咧。（10b1）

---

1 qeningge：宏文閣本作qeingge。

2 amban：宏文閣本作amba。

3 在啊：二酉堂本作“一在”。宏文閣本無此二字。

25-3 gisure-me[着字] tuwa。

說-并 看.祈

説着看。（10b2）

25-4 amaga inenggi urunakv mujilen akvmbu-me[着字] kiqe-me[着字]

後 日子 必定 心 盡力-并 勤奮-并

faxxa-me[着字] karula-me mute-mbi。

努力-并 報答-并 能够-現

日後必能盡心効力圖報。（10b2-3）

25-5 yabu-me[着字] mute-ra-kv。

走-并 能够-未-否

不能行。（10b4）

25-6 凡遇mutembi字之上，必用me字。（10b4）

26-1 ome 作字，爲字，可字，在句中單用，與句尾用ombi字同，如云：（10b5-6）

26-2 uttu o-me[作字可字] inu mute-ra-kv bi-me，tuttu o-me[作字可字] inu

這樣 成爲-并 也 能够-未-否 有-并 那樣 成爲-并 也

mute-ra-kv。

能够-未-否

這樣也不能，那樣也不能。（10b6-11a1）

26-3 hafan o-me [爲字] mure-mbi。

官 成爲-并 能够-現

能作官。（11a1）

27-1 bime 又字，而字，在句中單用聯用俱可，如云：（11a2）

27-2 bayan bime[又字] wesihun。

富裕 而且 尊貴

富而貴。（11a2-3）

27-3 taqi-mbime erindari ure-bu-qi， inu urgun waka-u?

學-而且 總是 熟練-使-條 也 高興 不是-疑

學而時習之，不亦悦乎？（11a3-4）

27-4 yadahvn bime fusihvn。

貧困 而且 貧賤

貧而賤。（11a4）

28-1 bimbime 又有字，在句中用，如云：（11a5）

28-2 menggun jiha bi-mbime[又有字]，geli horon hvsun[1] bi。

銀子 錢 有-而且 又 勢力 權力 有

又有銀錢，又有勢力。（11a5-6）

28-3 ombime 可又，爲又。（11b1）

28-4 sembime 説又。（11b1）

28-5 ki sembime 欲又。（11b2）

28-6 genehe bime 去了又，既去了又。（11b2）

28-7 uttu bime 然而，這様又。（11b3）

28-8 tuttu bime 然而，那様又。（11b3）

29-1 seme 説字，雖説字，雖然字，總然字，在句中單用，如云：（11b4）

29-2 i gene-he seme[雖説字] inu baita de tusa ara-ra ba akv。

他 去-完 雖然 也 事情 位 益處 作-未 地方 否

他總然去了，也無濟於事。（11b5）

1 hvsun：宏文閣本作bi。

29-3 simbe kiqebe olhoba[1] baita de umesi sain se-me[説字] akdula-ha。

你.**賓** 謹慎 小心 事情 **位** 非常 好 説-**并** 相信-**完**

保你勤慎小心，辦事甚好。（11b6-12a1）

29-4 udu tuttu se-he seme[雖然字]。

即使 那様 説-**完** 雖然

雖然那様説。（12a1）

29-5 ki seme 欲要，（12a2）

29-6 oki seme 欲爲，要作，（12a2）

29-7 sehe seme 雖然説了，總然説了，（12a3）

29-8 ki sehe seme 雖説要。（12a3）

30-1 bihe seme 雖有来着字，雖在来着字，總有来着字，總在来着字，如云：（12a4）

30-2 singgeri -i unqehen de you banji-ha -i adali，

老鼠 **屬** 尾巴 位 瘡 生長-**完** **屬** 一様

niyaki bi-he seme[總然有来着字] giyanakv udu。

膿 有-**完** 雖然 能有 多少

耗子尾巴上長瘡，有膿也不多。（12a5-6）

30-3 uttu seme 然雖[2]，雖然如此。（12b1）

30-4 tuttu seme 然雖[3]，雖然那様。（12b1）

31-1 ki 欲字，要字意，又讓人請字意，在字尾聯用，亦可直煞住，語甚虚活，若此字之下有se字，乃實在欲字要字也，如云：（12b2-3）

---

1 olhoba：永魁齋本作olgoba。

2 然雖：宏文閣本作“雖然”。

3 然雖：宏文閣本作“雖然”。

31-2 bi qihanggai uba-de bi-ki[欲字意][1]。

我 情願 這裏-位 在-祈

我願意在這裏。（12b3-4）

31-3 bi gene-ki[要字][2] se-mbi。

我 去-祈 想-現

我要去。（12b4）

31-4 ere bithe be bi hvla-ki[欲字意][3]。

這個 書 賓 我 讀-祈

這个書我念。（12b4-5）

31-5 si ere bithe be hvla-ki[欲字][4] se-mbi-u?

你 這個 書 賓 讀-祈 想-現-疑

你要念這个書麽?（12b5-6）

31-6 age wesihun te-ki[請字][5]。

阿哥 尊貴 坐-祈

長兄請上坐。（12b6）

31-7 morin yalu-ki[請字][6]。

馬 騎-祈

請騎馬。（12b6）

32-1 oki 欲爲字，要作字，如云：（13a1）

---

1 欲字意：宏文閣本無此三字。

2 要字：宏文閣本無此二字。

3 欲字意：宏文閣本無此三字。

4 欲字：宏文閣本無此二字。

5 請字：宏文閣本無此二字。

6 請字：宏文閣本無此二字。

bi uttu o-ki[要作字][1]。

我 這樣 成爲-祈

我欲如此。(13a1)

32-2 biki 欲在。(13a2)

32-3 seki 要説。(13a2)

32-4 teki 請坐，又欲坐，欲居住。(13a3)

32-5 jeki 請吃，又欲吃。(13a3)

32-6 yaluki 請騎，又欲騎。(13a4)

32-7 omiki 請飲，又欲飲。(13a4)

33-1 qi 如字，若字，則字，又自字，從字，由字，又第字，又離字，又比字，又是字，在字尾聯用，乃結上起下，未然之語，如云：(13a5-6)

33-2 ere niyalma gisure-ra-kv-qi[如字若字] waji-ha，gisure-qi[如字若字][2]

這個 人 説-未-否-條 完結-完 説-條

urunakv aqana-mbi。

必定 符合-現

夫人不言，言必有中。(13a6-b1)

33-3 gene-qi[如字則字[3]] uthai gene-mbi se-me hendu，

去-條 就 去-現 助-并 説.祈

gene-ra-kv o-qi[如字則字[4]] uthai gene-ra-kv se-me hendu。

去-未-否 成爲-條 就 去-未-否 助-并 説.祈

若去就説去，若不去就説不去。(13b1-3)

---

1 要作字：宏文閣本無此三字。

2 如字若字：宏文閣本無此四字。

3 則字：永魁齋本作“若字”。

4 則字：宏文閣本作“若字”。

33-4 ere-qi[自字] amasi。
這-從 以後
自今以後。（13b3-4）

33-5 da-qi[從字由字] dube-de isi-tala。
源頭-從 末端-與 到達-至
從頭至尾。（13b4）

33-6 si udu-qi[第字] de bi。
你 幾-序 位 在
你在第幾个上。（13b4-5）

33-7 bi jakvqi[第字] de bi。
我 八.序 位 在
我在第八个上。（13b5）

33-8 uba-qi[離字] goro akv。
這裏-從 遠 否
離此不遠。（13b5-6）

33-9 ama eniye qi[離字] fakqa-fi，bou-qi[離字] alja-fi。 inenggi goida-ha。
父 母 從 離別-順 家-從 離開-順 日子 長久-完
辭别父母，離家日久。（13b6-14a1）

33-10 i minqi[比字] se ahvn。
他 我.從 年 年長
他比我年長。（14a1-2）

33-11 sinqi[比字] mangga。
君.從 强
比你高强。（14a2）

33-12 ya-qi[是字] neneme ji-he bihe。

誰-**從** 先 來-**完** **過**

是那一个先来着。（14a2-3）

33-13 tuba-de bi-he-ngge gemu[1] we-qi[是字]。

哪裏-**位** 有-**完**-**名** 都 誰-**從**

在那裏有来着的，都是誰。（14a3）

33-14 凡遇ombi，ojoro，ojorongge，ojorakv，tetendere，aqambi，tulgiyen等字之上，必用qi字，此一定之詞也。（14a4-5）

33-15 bahaqi 倘得，如得。（14a6）

33-16 oqi 若是，如若，則字。（14a6）

33-17 uttu oqi 然則，若是如此。（14b1）

33-18 tuttu oqi 然則，若是那樣。（14b1）

33-19 emu de oqi 一則，第一来。（14b2）

33-20 jai de oqi 二則，第二来。（14b2）

33-21 seqi 若說，如說。（14b3）

33-22 ki seqi 若要，如欲。（14b3）

34-1 biqi 如有字，若在字，又將字，如云：（14b4）

34-2 sinde aika sain bithe bi-qi[如有字]，minde emu udu debtelin be

你.**與** 如果 好 書 有-**條** 我.**與** 一 幾 卷 **賓**

juwen bu-fi hvla-ki。

借貸 給-**順** 讀-**祈**

你若有什麽好書，借與我幾本念。（14b4-6）

34-3 antaha tuwa-ra niyalma be soli-me gaji-fi te-he bi-qi[將字]，

客人 對待-**未** 人 **賓** 邀請-**并** 拿來-**順** 坐-**完** 有-**條**

1 gemu：宏文閣本無此詞。

antaha inu isinji-ha。

客人 也 到來-完

陪的人將請来坐下，客也到来了。（14b6-15a2）

34-4 uba-de bi-qi[若在字]，tuba-qi sain。

這裏-位 在-條 那裏-從 好

若在此處，比那裏好。（15a2）

35-1 sehe biqi 將説了字，如云：（15a3）

35-2 ba umesi ganiungga，imbe teni se-he bi-qi[將説了字]，uthai ji-he。

地方 非常 怪異 他.賓 纔 説-完 有-條 就 來-完

地方兒狠邪，纔將説着他，就来了。（15a3-4）

35-3 ki sehe biqi 將欲，將要。（15a5）

36-1 bihe biqi 若有来着字，若在来着字，倘曾字，乃設言已前事務之詞，此下必用 bihe字應之，如云：（15a1-b1）

36-2 tuttu akv bi-he bi-qi[倘曾字]，adarame[1] baha-fi uttu de o-mbihe。

那樣 否 有-完 有-條 怎麼 得到-順 這樣 位 成爲-過

若不那樣来着，何以得這樣。（15b1-2）

36-3 eiqi 或字，抑字，

36-4 aiqi 是什麼，

36-5 akvqi 若不，莫不是，

36-6 embiqi 或者是，

36-7 donjiqi 听見，聞之，此下必用sere，sehe，sembi等字應之。（15a6-15b5）

37-1 deri 自字，從字，由字，在字尾用之，比qi字詞義實在，乃實解起字也。（15b6）

1 adarame：宏文閣本無此詞。

37-2 morin deri 由馬上。（16a1）

37-3 giyamun deri 由驛站。（16a1）

37-4 dorgideri 從中，自裏頭。（16a2）

37-5 sidenderi 自其間。（16a2）

37-6 jakaderi 從縫子裏。（16a3）

37-7 tulergideri 自外邊。（16a3）

38-1 aikabade 倘若字，倘或字，設或字，在句首用，此下必用hade，hede，ohode， de，qi，oqi等字應之，如云：（16a4-5）

38-2 aikabade[倘或字] baita tuttu o-ho-de aina-qi o-joro。

如果 事情 那樣 成爲-完-位 怎麽做-條 成爲-未

倘或事到其間，怎麽處。（16a4-16a6）

39-1 aika 什麽字，倘或怎麽字，如云：（16b1）

39-2 aika[什麽字] jaka bi-u?

什麽 東西 有-疑

有什麽東西麽?（16b1）

39-3 aika[倘或怎麽字] baita tuqi-ke se-he-de，ja akv kai。

如果 事情 出-完 助-完-位 輕易 否 啊

倘或事出来了，不輕啊。（16b2）

40-1 fi 上半句的了字，又因字意，在字尾聯用，乃結上接下，將然已然，詞義[1]未斷之語，句中亦有連用幾fi字者，義并同，總爲半句，斷煞不得，如云：（16b3-5）

40-2 buda je-fi[了字] hvdun jiu。

飯 吃-順 快 來.祈

吃了飯快来。（16b5）

---

1 義：宏文閣本後有“意”。

40-3 ala-fi[了字] jai gene-kini。
告訴-順 再 去-祈
告訴了再去罷。（16b5-6）

40-4 gene-fi[了字] uthai ji-mbi。
去-順 就 來-現
去了就来。（16b6）

40-5 gisure-fi[了字] tuwa。
說-順 看.祈
説了看。（16b6-17a1）

40-6 bi bou-de isina-fi[了字] majige teye-fi[了字] buda je-fi[了字] dere obo-fi[了字] jai ji-ki。
我 家-與 到達-順 稍微 休息-順 飯 吃-順 臉 洗-順 再 來-祈
我到了家裏去，歇一歇，吃了飯，洗了臉，再来。（17a1-2）

41-1 ofi 因爲了字，因而字，如云：（17a3）

41-2 si emu tob se-re niyalma ofi[因爲字]，bi teni uttu tafula-ra dabala。
你 一 正直 助-未 人 因爲 我 纔 這樣 勸諫-未 罷了
因爲你是一个正道的人，我纔這樣勸罷咧。（17a3-4）

41-3 uttu ofi 所以，故此，因此，因爲這樣。（17a5）

41-4 tuttu ofi 所以，是故，因爲那樣。（17a5）

42-1 bifi 有了字，在了字，如云[1]：（17a6）

42-2 si bou-de bi-fi[在了字] aina-mbihe。
你 家-位 在-順 做什麼-過
你在家裏，作什麼来着。（17a6）

1 如云：宏文閣本無此二字。

43-1 sefi 說了字，說畢字，如云：（17b1）

43-2 qananggi bu-mbi se-fi[說了字] bu-he-kv，sikse bu-mbi

前天 給-現 說-順 給-完-否 昨天 給-現

se-fi[說了字] geli bu-he-kv。

說-順 又 給-完-否

前日說了給，没有給，昨日說了給，又没有給。（17b1-2）

43-3 ki sefi 因欲，因要。（17b3）

44-1 pi 與fi字詞義稍同，乃形容事物太甚之語，在字尾聯用。（17b4）

44-2 meifen sampi 直伸着脖子，（17b5）

44-3 angga juwampi 大張着口，（17b5）

44-4 wempi 化開了，（17b6）

44-5 hvwaliyampi 和氣了，（17b6）

44-6 qolgoropi 超然出衆了，（18a1）

44-7 jalumpi 遍滿了，（18a1）

44-8 yumpi 沈湎貪進去了，（18a2）

44-9 jompi 提起了。（18a2）

45-1 ka，ha，ko，ho，ke，he 此六字俱是，了字，矣字，也字，在字尾聯用，乃已然之詞，句中亦有解作之字，的字者，俱随上字押韵用之，如上用a下用ha，上用e下用he，上用o下用ho，上用ha下用ka[1]，上用ge下用ke，上用fo下用ko。[2]（18a3-6）

45-2 ala-mbi。ala-ha[了字]。

告訴-現 告訴-完

告訴。 告訴了。（18a6）

---

1 上用ha下用ka：宏文閣本無此句。

2 ko：永魁齋本、宏文閣本後有“如云”二字。

45-3 ere-mbi。 ere-he[了字]。

希望-現 希望-完

指望。 指望着了。（18b1）

45-4 obo-mbi。obo-ho[了字]。

洗-現 洗-完

洗。 洗了。（18b1）

45-5 hafu-mbi。hafu-ka[了字]。

通曉-現 通曉-完

通達。 通達了。（18b1-2）

45-6 gere-mbi。gere-ke[了字]。

天亮-現 天亮-完

天亮。 天亮了。（18b2）

45-7 fodoro-mbi。fodoro-ko[了字]。

毛倒捲-現 毛倒捲-完

毛倒捲。 毛倒捲了。（18b2-3）

45-8 yalu-ha[的字] morin。

騎-完 馬

騎的馬。（18b3）

45-9 folo-ho[的字] bithe。

刻-完 書

刻的書。（18b3-4）

45-10 gene-he[的字] niyalma。

去-完 人

去的人。（18b4）

45-11 凡遇manggi字之上，必用ka，ha，ko，ho，ke，he等字。（18b5）

46-1 oho 了字，爲了字，作了字，如云：（18b6）

46-2 sini tere baita，absi o-ho [了字]。

你.**屬** 那個 事情 怎麼 成爲-**完**

你的那个事情，怎麽樣了。（18b6-19a1）

46-3 hafan o-ho[爲了字] niyalma。

官 成爲-**完** 人

作了官的人。（18b6-19a1）

47-1 bihe 有来着字，在来着字，原曾字，乃追述語，此上必用daqi字照應，如云：（19a2-3）

47-2 da-qi emu umesi sain niyalma bi-he [原曾字]。

原本-**從** 一 非常 好 人 有-**完**

原是一个最好的人来着。（19a3）

48-1 bihe bihei 久而久之字，如云：（19a4）

48-2 ehe urse de daya-na-qi，bi-he bi-hei[久而久之字]，ehe de uxa-bu-mbi。

壞 人們 **與** 附和-**去**-**條** 有-**完** 有-**持** 壞 **與** 連累-**被**-**現**

歸壞人，久而帶累壞。（19a4-5）

48-3 ombihe 可以来着，使得来着。（19a6）

48-4 bimbihe 曾有来着，曾在来着。（19a6）

48-5 sembihe 説来着，曾説。（19b1）

48-6 ki sembihe 欲要来着，曾欲。（19b1）

48-7 sehe bihe 曾經説来，説了来着。（19b2）

48-8 ki sehe bihe 曾説欲要[1]。（19b2）

---

1 sehe bihe，ki sehe bihe：宏文閣本無此二句。

49-1 sehe 說了字，稱說字，乃述他人之詞，如云：（19b3）

49-2 sini bou-i niyalma-i ala-nji-ha-ngge，simbe tokso de
你.屬 家-屬 人-屬 告訴-來-完-名 你.賓 屯 與
gene-he se-he[說了字]。
去-完 說-完
你家人来告訴，說你往屯裹去了。（19b3-5）

49-3 i ai se-he[說了字]。
他 什麼 說-完
他怎麼說了。（19b5）

49-4 ki sehe 說了欲要。（19b6）

49-5 waka 不是，非字。（19b6）

50-1 kau，hau，kou，hou，keu，heu 此六字俱是，了麼字，乎字，歟字，乃上六字作已然疑詞，在字尾聯用，如云：（20a1-2）

50-2 ere waka-u[了麼字]?
這個 不是-疑
這不是了麼？（20a2）

50-3 si hafan o-ho-u[了麼字]?
你 官 成爲-完-疑
你做了官了麼？（20a2-3）

50-4 i tuba-de bi-he-u[了麼字]?
他 那裹-位 在-完-疑
他在那裹来着麼[1]？（20a3）

51-1 kangge，hangge，kongge，hongge，kengge，hengge 此六字俱是，

---

1 着麼：宏文閣本無此二字。

了的字，者字，所以字，也者字，乃已然語，在字尾聯用，如云：（20a4-5）

51-2 we-i ara-ha-ngge[了的字]?

誰-屬 寫-完-名

誰 寫 了 的?（20a5-6）

51-3 sonjo-ho-ngge[了的字]。

選-完-名

挑 選 了 的。（20a6）

51-4 minde bu-he-ngge[了的字]。

我.與 給-完-名

給 了 我 的。（20a6）

51-5 ohongge 了的，爲了的，作了的。（20b1）

51-6 bihengge 曾經的，有来着的，在来着的。（20b1）

51-7 sehengge 説了的，所謂者。（20b2）

51-8 ki sehengge 欲要了的。（20b2）

52-1 kanggeu，hanggeu，konggeu，honggeu，kenggeu，henggeu 此六字俱是，了的麽字，者乎字，者歟字，乃上六字作已然疑詞，在字尾聯用。（20b3-4）

52-2 ohonggeu 了的麽，做了的麽，爲了的麽。（20b5）

52-3 bihenggeu 曾經的麽，有来在来着的麽。（20b5）

52-4 sehenggeu 説了的麽。（20b6）

52-5 ki sehenggeu 欲要了的麽。（20b6）

53-1 bi 在句首用，是我字，在句尾用，是現在現有字，乃已然之詞，如云：（21a1）

53-2 bi[我字] nure omi-me bahana-ra-kv。

我 酒 喝-并 能够-未-否

我不會飲酒。（21a1-2）

53-3 ne aibi-de bi[在字有字]？

現在 什麼地方-位 在

現在何處？（21a2）

53-4 jime bi 現在来到。（21a3）

53-5 jifi bi 現在来了。（21a3）

53-6 aibi 何妨，何傷，有什麼。（21a4）

53-7 ai gisurebure babi 有何説處。（21a4）

54-1 kabi，habi，kobi，hobi[1]，kebi，hebi 此六字俱是，已了字，矣字，也字，乃一事已畢，用此煞尾，另叙别情，已然之語，如云：（21a5-6）

54-2 baha-u？ ba-ha。 baha-bi[已了字]。

得到.完-疑 得到.完 得到.完-現

得了麽？ 得了。 已是得了。（21a6-b1）

54-3 hafan o-ho-u？ hafan o-ho。 hafan o-ho-bi[已了字]。

官 成爲-完-疑 官 成爲-完 官 成爲-完-現

做了官了麽？ 作了官了。 已做了官了。（21b1-2）

54-4 gene-he-u？ gene-he。 gene-he-bi[已了字]。

去-完-疑 去-完 去-完-現

去了麽？ 去了。 已是去了。（21b2-3）

---

1 kobi，hobi：宏文閣本作hobi，kobi。

54-5 eiten baita youni waji-ha-bi[已了字]。

所有 事情 全部 完結-**完**-**現**

諸事俱已全畢。（21b3）

54-6 ohobi 已了，做了，爲了，（21b4）

54-7 ombihebi 可以来着，使得来着，（21b4）

54-8 sembihebi 説来着，曾言，（21b5）

54-9 sehebi 説了字，乃追述前人他人，煞尾之詞，上必用henduhengge字。（21b5）

55-1 bihebi 有了来着字，在了来着字，原曾字，乃追述往事，煞尾之語，如云：（21b6-22a1）

55-2 kungfuzi aikabade nemgiyen nesuken gungnequke

孔夫子 如果 温和 温良 恭敬

kemungge anahvnja-ra erdemu akv bi-qi，aide geren

節儉 謙讓-**未** 道德 **否** 有-**條** 怎麼 衆多

gurun -i dasan be baha-fi donji-mbihe-bi[原曾字]。

國家 **屬** 政事 **賓** 得到-**順** 聽-**過**-**現**

孔夫子，若無温良恭儉讓之德，何以得聞列國之政事。（22a1-3）

55-3 bimbihebi 原有了来着，原在了来着。（22a4）

56-1 ra，re，ro 此三字俱在字尾聯用，乃結上接下，未然之語，亦可煞尾用，比mbi[1]字，語氣輕活，句中亦有解作之字，的字者，俱随上字，押韵用之，如上用a下用ra。上用e下用re。上用o下用ro。如云：（22a5-b2）

---

1 mbi：宏文閣本作ombi。

56-2 bi urunakv ana-mbi。 bi uthai ana-ra。

我 必定 推-現 我 就 推-未

我必定推。 我就推呀。（22b2）

56-3 bi urunakv eri-mbi。 bi uthai eri-re。

我 必定 掃-現 我 就 掃-未

我必然掃。 我就掃啊。（22b3）

56-4 bi urunakv obo-no-mbi[1]。 bi uthai obo-no-ro。

我 必定 洗-去-現 我 就 洗-去-未

我必定去洗。 我就去洗啊。（22b4-5）

56-5 bithe hvla-ra[的字] niyalma。

書 讀-未 人

讀書的人。（22b5）

56-6 jugvn yabu-re[的字] niyalma。

道路 走-未 人

行路之人。（22b5-6）

56-7 baitala-qi o-joro[之字] erdemu。

使用-條 可以-未 才能

堪用之才。（22b6）

56-8 凡遇jakade，anggala，onggolo，dabala，ayou，unde等字之上，必用ra，re，ro等字，凡遇ume字之下，必用ra，re，ro等字應之，如age ume，jai uttu ume等句，乃係急口成語，不在此例，是一定之詞也。（23a1-4）

56-9 ojoro 使得，可字，作字，爲字。（23a5）

---

1 obonombi：宏文閣本作obonoro。

56-10 ainaqi ojoro 奈何，可怎麼着。（23a5）

56-11 absi ojoro 怎麼處。（23a6）

56-12 bisire 有字，有的，在字，在的。（23a6）

57-1 sere 說字，聞說字，乃述他人之語，實解白蚱，如云：（23b1）

bi donji-qi tulergi urse gemu uttu se-re[聞說字]。

我 聽-條 外面 人們 都 這樣 說-未

我听得外邊的人們，都是這樣說。（23b2）

57-2 ki sere 欲要。（23b3）

58-1 reu，rou[1] 此二字俱是，麽字，乎字，歟字，懇乞字，求祈字，望祈字意，在字尾聯用，如云：（23b4-5）

58-2 waliya-me gama-rau[祈字]。

寬容-并 處置-祈

望乞容諒。（23b5）

58-3 onqodo-me guwebu-reu[懇字]。

寬恕-并 饒恕-祈

望祈寬恕。（23b5-6）

58-4 bu-fi unggi-reu[祈字]。

給-順 差遣-祈

懇祈給發。（23b6）

58-5 yabu-bu-qi o-jorou[懇字]。

施行-使-條 可以-祈

可否施行。（23b6-24a1）

58-6 donji-qi o-jorou[乞字]。

聽-條 可以-祈

1 rou：宏文閣本作rau。

可得聞乎。（24a1）

59-1 rangge，rengge，rongge 此三字俱是，的字，者字，所以字，也者字，乃未然之語，比-i，ni字詞義俱不相同，在字尾聯用，如云：（24a2-3）

59-2 ji-dere-ngge[者字] aina-ha niyalma?

來-**未**-**名** 做什麼-**完** 人

来者是何人？（24a3-4）

59-3 niyamniya-ra-ngge[的字] gabta-ra-ngge[的字] gemu sain。

騎射-**未**-**名** 步射-**未**-**名** 都 好

馬步射的俱好。（24a4-5）

59-4 wesi-re forgoxo-ro-ngge[的字] umesi hvdun。

上升-**未** 轉換-**未**-**名** 非常 快

升轉的甚快。（24a5）

59-5 ojorongge 可以的，使得的，作者，爲者。（24a6）

59-6 bisirengge 有的，在者。（24a6）

60-1 serengge 説的字，乃字，説的是字，所謂者字，也者字，如云[1]：（24b1）

60-2 hiyouxun deuqin se-re-ngge[也者字]，tere gosin be yabu-re fulehe dere。

孝 悌 **助**-**未**-**名** 那個 仁 **賓** 施行-**未** 根本 吧

孝弟也者，其爲仁之本歟。（24b2-3）

60-3 menggun jiha se-re-ngge[乃字] ergen be uji-re sekiyen[2]。

銀子 錢 **助**-**未**-**名** 生命 **賓** 養-**未** 根源

銀錢乃養命根源。（24b3）

---

1 如云：宏文閣本無此二字

2 sekiyen：宏文閣本作fulehe。

60-4 ki serengge 欲要的。（24b4）

60-5 absi serengge 説的是那裏話，怎麼説。（24b4）

61-1 ranggeu，renggeu，ronggeu 此三字俱是，的麼字，者乎字，者歟字[1]，乃上rangge， rengge，rongge三字作未然疑詞，在字尾聯用。（24b5-6）

62-1 mbi 在字尾聯用，乃將然未然，煞尾之語，比ra，re，ro等字，詞義實在，如云：（25a1-2）

62-2 we tuba-de gene-re? bi gene-mbi。

誰 那裏-**與** 去-**未** 我 去-**現**

誰往那裏去啊? 我去。（25a2）

62-3 i enenggi ji-mbi-u ji-dera-kv-n? urunakv ji-mbi。

他 今天 來-**現-疑** 來-**未-否-疑** 必定 來-**現**

他今日来不来呀? 必然来。（25a-3）

63-1 ombi 可以字，使得字，作字，爲字，如上有qi字是可字，上用de字是爲字，乃煞尾之語，如云：（24a4-5）

63-2 ere baita yabu-qi o-mbi[可以字]。

這個 事情 施行-**條** 可以-**現**

此 事 可 行。（24a5）

63-3 doigonde sa-qi o-mbi [可以字]。

預先 知道-**條** 可以-**現**

可 以 前 知。（24a6）

63-4 ere niyalma sinde ai o-mbi[爲字作字]。

這個 人 你.**與** 什麼 成爲-**現**

---

1 字：宏文閣本無此字。

此人是[1]你什麼？（25a6-b1）

63-5 minde ahvn o-mbi[爲字作字]。

我.與 兄長 成爲-現

是我哥々。（25b1）

64-1 seqi ombi 可謂字，稱得字，如云：（25b2）

64-2 udu ambula bayan akv bi-qibe，inu elgiyen wenjehun bou

雖然 非常 富貴 否 有-讓 也 豐富 富裕 家

se-qi o-mbi[稱得字[2]]。

說-條 可以-現

雖不甚富，亦可謂殷實之家。（25b3-4）

64-3 tondo nomhon niyalma se-qi o-mbi[可謂字]。

正直 老實 人 說-條 可以-現

稱得起是忠直老實人。（25b2-4）

65-1 sembi 說字，謂字，称字，叫作字，如云：（25b5）

65-2 ini qolo be ai ama se-mbi[称字]？

他.屬 號 賓 什麼老爺 說-現

他的號兒叫作什麼？（25b5-6）

65-3 bireme gemu terebe sain se-mbi[說字]。

所有 都 他.賓 好 說-現

一概都說他好。（25b6）

65-4 ki sembi 欲要。（26a1）

65-5 bimbi 在字，存字。（26a1）

---

1 是：宏文閣本作“事”。

2 稱得字：宏文閣本作“可謂字”。

66-1 mbiu，biu 此二字俱是，麽字，乎字，歟字，又啊字口氣，俱係[1]問疑詞，在字尾聯用，大凡an，en，in，au，eu，iu二頭之字[2]，用在字尾[3]，多係疑問之語，如云：（26a2-4）

66-2 ere gese kouli geli bi-u[有麽字]?

這個 樣子 規則 也 有-**疑**

這 樣 規 矩 也 有 麽？（26a4）

66-3 suwe gemu gene-mbi-u[麽字]?

你們 都 去-**現**-**疑**

你 們 都 去 麽？（26a4-5）

66-4 qe kemuni ji-mbi-u[麽字]?

他們 還 來-**現**-**疑**

他 們 還 来 麽？（26a5）

66-5 biu 有麽，在麽。（26a6）

66-6 ombiu 可以麽，使得麽，去得麽。（26a6）

66-7 sembiu 說麽。（26b1）

66-8 ki sembiu 欲要麽。（26b1）

66-9 semeu 説麽，豈謂。（26b2）

66-10 waka semeu 説不是麽。（26b2）

66-11 ki semeu 欲要麽，（26b3）

66-12 oihoriu 了得麽，何等的麽。（26b3）

67-1 rakv 不字，在字尾聯用，如云：（26b4）

---

1 係：永魁齋本後有“詰”，宏文閣本後有“結”。

2 二頭之字：宏文閣本作“二字之頭”。

3 用在字尾：宏文閣本作“在字尾尾”。

67-2 si gene-qina。 bi gene-ra-kv[不字][1]。

你 去-祈 我 去-未-否

你去罷。 我不去。（26b4-5）

67-3 si je-mbi-u akv-n? bi je-tera-kv[不字][2]。

你 吃-現-疑 否-疑 我 吃-未-否

你吃不吃啊？ 我不吃。（26b5）

67-4 ojorakv 不可，使不得，此上必用qi字。（26b6）

67-5 bisirakv 不在。（26b6）

67-6 serakv 不説。（27a1）

67-7 ki serakv 不欲。（27a1）

68-1 rakvn 不麽字，乃rakv作疑問語，在字尾聯用。（27a2）

68-2 ojorakvn 不可麽，使不得麽，此上必用qi字。（27a3）

68-3 bisirakvn 不在麽。（27a3）

68-4 serakvn 不説麽。（27a4）

68-5 ki serakvn 不欲麽。（27a4）

69-1 rakvngge 不的字，在字尾聯用。（27a5）

69-2 ojorakvngge 不可者，使不得的，此上必用qi字。（27a6）

69-3 bisirakvngge 不在的。（27a6）

69-4 serakvngge 不説的。（27b1）

69-5 ki serakvngge 不欲要的。（27b1）

70-1 rakvnggeu 不的麽字，在字尾聯用。（27b2）

70-2 ojorakvnggeu 不可的麽，使不得的[3]麽，此上必用qi字，（27b3）

---

1 不字：宏文閣本無此二字。

2 不字：宏文閣本無此二字。

3 的：宏文閣本無此字。

70-3 bisirakvnggeu 不在的麼，（27b3）

70-4 serakvnggeu 不說的麼，（27b4）

70-5 ki serakvnggeu 不欲要的麼。（27b4）

71-1 kakv，hakv，kekv，hekv 此四字俱是，未字，不曾字，没有字，在字尾聯用，此四[1]kv字之上，俱要添一阿字念，如云：（27b5-6）

71-2 dosi-ka bihe-u？ dosi-ka-kv[未字]。

進入-**完** **過**-**疑** 進入-**完**-**否**

進去来着麽？ 没有進去。（27b6-28a1）

71-3 ji-he-u？ ji-he-kv[没有字]。

來-**完**-**疑** 來-**完**-**否**

来了麽？ 不曾来。（28a1-2）

71-4 taqi-mbihe-u？ bi taqi-ha-kv[未字][2]。

學-**過**-**疑** 我 學-**完**-**否**

學来着麽？ 我没學過。（28a2）

71-5 ohakv 未依從，没依從，（28a3）

71-6 bihekv 没有来着，不曾在来着，（28a3）

71-7 sehekv 未說，没有說，（28a4）

71-8 ki sehekv 未欲，（28a4）

71-9 akv 無字，不字，没有，（28a5）

71-10 akvngge akv 無不，（28a5）

71-11 ba akv 無所有，無處，（28a6）

71-12 serakvngge akv 無不說，没有不說的，（28a6）

71-13 sabuhakv 未見，没有看見，（28b1）

---

1 四：宏文閣本後有“字”。

2 未字：宏文閣本無此二字。

71-14 tuqikekv 未出，没有出来。（28b1）

72-1 kakvn，hakvn，kekvn，hekvn 此四字俱是，没有麽字，不曾麽字，乃上四字作疑問語，在字尾聯用，此四kvn字之上，俱要添一阿字念。（28b2-3）

72-2 galakakvn 没[1]晴麽。（28b4）

72-3 ohakvn 没依麽。（28b4）

72-4 gerekekvn 没亮麽。（28b5）

72-5 bihekvn 不曾来着麽，没有来着麽，没在来着麽。（28b5）

72-6 sehekvn 没説麽。（28b6）

72-7 akvn 没有麽，不麽。（28b6）

72-8 saiyvn 好麽。（29a1）

72-9 yargiyvn 真麽，實麽。（29a1）

73-1 kakvngge，hakvngge，kekvngge，hekvngge 此四字俱是，没有了的字，不曾的字，在字尾聯用，此四kvng字之上，俱要加一阿字念。（29a2-3）

73-2 ohakvngge 未依的。（29a4）

73-3 bihekvngge 没有来着的，未在来着的。（29a4）

73-4 sehekvngge 未説的。（29a5）

73-5 ki sehekvngge 未欲者。（29a5）

74-1 kakvnggeu，hakvnggeu，kekvnggeu，hekvnggeu 此四字俱是，没有了的麽字，不曾了的麽字，在字尾聯用，同上俱必加一阿字念。（29a6-29b1）

75-1 gala，gele 此二字俱是，猶未字，尚未字，在字尾聯用，與unde de義同。（29b2）

1 没：宏文閣本後有“有”。

75-2 wajinggala 未完之間。（29b3）

75-3 jabdunggala 措手不及。（29b3）

75-4 afanggala 預先發作。（29b4）

75-5 tuqinggele 未出之間。（29b4）

76-1 doigonde 預先字，未先字，未曾頭裹字，在句首用。（29b5）

76-2 doigonde isinaha 預先到了。（29b6）

76-3 doigonde belhehe 預先准備了。（29b6）

77-1 onggolo 預先字，未先字，未曾頭裹字，在句尾用。（30a1）

77-2 jurara onggolo 起身頭裹，頭起身。（30a2）

77-3 isinjire onggolo 到来的頭裹，頭来到。（30a2）

78-1 na，ne，nu，ya 此四字俱是，啊字口頭声氣，在句尾用，乃將然已然，信而微疑質[1]問之語，比an，en，in，au，eu，iu二頭字義實在。（30a3-4）

78-2 bina 有啊，在啊。（30a5）

78-3 wakalarakv na 不嗔怪啊。（30a5）

78-4 generakv ne 不去啊。（30a6）

78-5 gisurerakv nu 不説啊。（30a6）

78-6 ojorakv nu 使不得啊。（30b1）

78-7 inu ya 是啊。（30b1）

79-1 kini 由其罷字，任憑他罷字，又教令使令他人意，在字尾聯用，如云：（30b2）

79-2 ji-ki se-qi uthai ji-kini[由其罷字令其字][2]。

來-祈 想-條 就 來-祈

1 疑質：宏文閣本作“質疑”。

2 由其罷字令其字：宏文閣本無此七字。

若要来就来罷。（30b2-3）

79-3 yaya demun -i o-qi o-kini[任憑他罷字][1]。

凡是 習慣 **屬** 成爲-**條** 可以-**祈**

不拘怎麽樣的罷。（30b3-4）

79-4 sini qiha o-kini[由其罷字][2]。

你.**屬** 自由 成爲-**祈**

任憑你罷。（30b4）

79-5 okini 由其作罷爲罷。（30b5）

79-6 bikini 有去罷，存着罷。（30b5）

79-7 genekini 由其去罷，令其去罷。（30b6）

79-8 yabukini 由其走罷，教他走罷。（30b6）

80-1 qina 是呢字，罷字，在字尾聯用，乃使令他人之詞，此字向尊長言説不得，（31a1）

80-2 biqina 存着是呢，有着罷。（31a2）

80-3 seqina 説是呢，可説是呢，説罷。（31a2）

80-4 jeqina 吃是呢，吃罷。（31a3）

80-5 geneqina 去是呢，去罷。（31a3）

80-6 teqina 坐是呢，坐着罷。（31a4）

80-7 henduqina 説是呢，説罷。（31a4）

81-1 nu，so，su，fu 此四字俱是[3]，使令教令他人之語，因清話内有一二字之句，即就本話煞尾者，故以此在字尾聯用，如云：（31a5-6）

---

1 任憑他罷字：宏文閣本無此五字。

2 由其罷字：宏文閣本無此四字。

3 俱是：宏文閣本無此二字。

81-2 terebe tuqi-nu[教字使字]。

他.賓 出-去.祈

令他出去。（31a6-b1）

81-3 sini qiha oso[令字]。

你.屬 任意 成爲.祈

由你作。（31b1）

81-4 age si te-fi buda jefu[教字令字]。

阿哥 你 坐-順 飯 吃.祈

阿哥你坐下吃飯。（31b1-2）

81-5 si uba-de bisu[使字令字]，bi gene-re。

你 這裏-位 在.祈 我 去-未

你在這裏我去。（31b2）

81-6 wasinu 令下去。（31b3）

81-7 wesinu 令上去。（31b3）

81-8 gaisu 令人拿取，領要。（31b4）

81-9 baisu 令人求，令人找尋。（31b4）

82-1 ju 令人[1]往前来字，在字尾聯用，與jiu字義同。（31b5）

82-2 isinju 令人到来。（31b6）

82-3 jekenju 令人吃来。（31b6）

82-4 ebsi jiu 往這們来。（32a1）

82-5 ubade jiu 往這裏来。（32a1）

83-1 sa，se，si，ta，te 此五字俱是，們字，等字，輩字，在字尾聯用，實解sa字，令人知道，se字，人歲数，馬口齒，令人説，又解

1 人：宏文閣本作“往”。

作子字。si字，你，小夾空兒。te字，如今，令人坐，令人住居[1]，如云：（32a2-4）

83-2 amban。 ambasa[們字]。
大臣 大臣.複
大人，大臣。大人們，大臣們。（32a4-5）

83-3 irgen。 irgese[們字]。
民 民.複
民。 民等。（32a5）

83-4 haha。 haha-si[們字]。
男 男-複
男人。 男人們。（32a5-6）

83-5 ahvn。 ahvta[們字]。
兄 兄.複
兄長。 兄長們。（32a6）

83-6 deu。 deu-te[們字]。
弟弟 弟弟-複
弟。 弟們。（32a6-b1）

83-7 q'ise[子字]。 mase[子字]。
池子 麻子
池子。 麻子。（32b1）

83-8 dangse[子字]。 hvse[子字]。
檔案 翻子
檔册，檔子。 翻子。（32b1）

1 住居：宏文閣本作“居住”。

84-1 hori，hvri[1]，huri 此三字俱是，衆多形貌之詞，在字尾聯用。（32b2）

84-2 gonggohori 衆人無聊閑坐。（32b3）

84-3 bultahvri 全々叠暴露出。（32b3）

84-4 lakdahvri 齊々往下垂着。（32b4）

84-5 kubsuhuri 衆形粗大，諸物粗大。（32b4）

85-1 la，le 此二字俱是，凡所字，凡是字，乃指凡已經過事物之詞，在字尾聯用，此la字之上，必添一阿字念，le字之上，必添一厄字念，如云：（32b5-33a1）

85-2 donji-ha。 donji-ha-la[凡是字]。

聽-**完** 聽-**完**-所有

听見了。 凡所聞見。（33a1）

85-3 isina-ha。 isina-ha-la[凡是字]。

到達-**完** 到達-**完**-所有

到去了。 凡所到去[2]。（33a1-2）

85-4 bi-sire。 bi-sire-le[凡是字]。

有-**未** 有-**未**-所有

有，在。 凡所有，凡所在。（33a2）

85-5 dule-ke。 dule-ke-le[凡是字]。

過去-**完** 過去-**完**-所有

過去了。 凡所過。（33a2-3）

85-6 donji-ha-la[凡所字] urse urgunje-ra-kv-ngge akv。

聽-**完**-所有 人們 喜悦-**未**-**否**-**名** **否**

---

1 hori，hvri：宏文閣本作hvri，hori。

2 去：宏文閣本後有“了”。

聞者莫不喜悦。（33a3-4）

85-7 amba qouha dule-ke-le[凡所字] ba -i bata urse o-qi，
大 軍隊 經過-完-所有 地方 屬 敵人 人們 成爲-條
daha-nji-ra-kv-ngge akv。
投降-來-未-否-名 否
大兵所過之處敵人，無不投順。（33a4-5）

86-1 ta，te，to 此三字俱是，每字，各字，在字尾聯用，如云：（33a6）

86-2 niyalma tome boso ilan-ta[各字][1]，kubun em-te[各字][2] gin。
人 每 布 三-各 棉花 一-各 斤
ulgiyan yali juwan ilan-ta[每字][3] yan，ufa juwe-te[每字][4] gin baha。
猪 肉 十 三-各 兩 麵 二-各 斤 得.完
每人各得布三疋，綿一斤，猪肉十三兩，麵二斤。（33a6-33b2）

86-3 gvsita 每各三十。（33b3）

86-4 susaita 每各五十。（33b3）

86-5 uyunjute 每个[5]九十。（33b4）

86-6 tofohoto 每各十五。（33b4）

87-1 mudan，mari 此二字俱是，次字，遍字，遭字，回字，盪字，在句中單用，實解mudan字，音韵，彎子，搓的彎條餑々，mari字[6]，令

1 各字：宏文閣本無此二字。
2 各字：宏文閣本無此二字。
3 每字：宏文閣本無此二字。
4 每字：宏文閣本無此二字。
5 个：宏文閣本作“各”。
6 字：宏文閣本無此字。

人折回，如云：（34b5-34a1）

87-2 si udu mudan[次字] gabta-ha niyamniya-ha。

你 幾 次 射箭-**完** 騎射-**完**

你射了幾回馬箭步箭。（34a1）

87-3 bi emu mari [遭字] gabta-ha，ilan mudan[回字] niyamniya-ha。

我 一 次 射箭-**完** 三 次 騎射-**完**

我射了一回步箭，三盪馬箭。（34a2-3）

87-4 ere bithe be bi sunja mudan[次字] urebu-he。

這 書 **賓** 我 五 次 温習-**完**

這个書，我温過五遍了。（34a3）

88-1 dari 每字，遭々字，在字尾聯用，乃重上字之詞，如云：（34a4）

88-2 bi mudan-dari[每字] gene-he-de gemu imbe uqara-bu-ha bihe。

我 次-每 去-**完-位** 都 他.**賓** 遇見-**使-完** 過

我遭々去，都碰見他来着。（34a4-5）

88-3 inenggidari 每日，日々。（34a6）

88-4 erindari 每時，時々。（34a6）

89-1 geri 次字，遭字，遍字，在字尾聯用。（34b1）

89-2 emgeri 一次，一遭。（34b2）

89-3 juwenggeri 二次，兩遭。（34b2）

89-4 ilanggeri 三次，三遭。（34b3）

89-5 duinggeri 四次，四遍。（34b3）

89-6 emtenggeri 各一次，各一遍。（34b4）

89-7 emu udunggeri 幾遍，数次。（34b4）

90-1 tome 每字，在句中單用，乃重上字之詞。（34b5）

90-2 niyalma tome 每人，人々。（34b6）

90-3 haqin tome 每樣，樣々。（34b6）

91-1 jiya，jiye 此二字俱是，啊字，乃口頭声氣，未然之詞，在字尾協上字韵用之，如云：（35a1-2）

91-2 ere sain jiya[啊字口氣][1]。

這 好 啊

這个好啊。（35a2）

91-3 muse uthai yabu-me jiye[啊字口氣][2]。

咱們 就 走-并 啊

咱們就走啊。（35a2-3）

91-4 absi sain jiye[啊字口氣][3]。

多麽 好 啊

狠好啊。（35a3）

92-1 hai，hoi，hei 此三字俱是，只管字，儘着字，不止字，在字尾聯用，乃不停住[4]長往之詞，如云：（34a4-5）

92-2 yabu-hai[不止字] akvna-ha-bi。

走-持 到盡頭-完-現

走到盡頭了。（35a5）

92-3 dengjan dabu-hai[不止字] gere-mbu-he。

燈盞 點火-持 亮-使-完

秉燭達旦。（35a6）

92-4 golo-hoi[只管字] gete-he。

驚嚇-持 醒-完

---

1 啊字口氣：宏文閣本無此四字。

2 啊字口氣：宏文閣本無此四字。

3 啊字口氣：宏文閣本無此四字。

4 住：宏文閣本無此字。

驚 醒 了。（35a6）

92-5 feksi-hei[不止字] jiu。

跑-持 来.祈

跑 了 来。（35b1）

92-6 te-hei[儘着字] aliya-ha-bi。

坐-持 等-完-現

坐 候。（35b1）

92-7 ohoi 不止[1]，作不止。（35b2）

92-8 bihei 儘着有，只管在。（35b2）

92-9 sehei 只管説，正説未止。（35b3）

92-10 ki sehei 正欲未止。（35b3）

93-1 hai，tai，tei 此三字俱是，些須不留，極盡之詞，在字尾聯用，如云：（35b4-5）

93-2 inu waka be bodo-ra-kv， nambu-hai[極盡意] nambu-hai[2]

正確 錯誤 賓 籌算-未-否 掌握-極 掌握-極

uthai gisure-mbi。

就 説-現

不 論 是 不 是，撓 把 住 的 就 説。（35b5-6）

93-3 ejen be weile-re-de[3] beye-be waliya-tai[極盡意] o-me mute-re。

君主 賓 事-未-位 身体-賓 抛棄-極 成爲-并 能够-未

事 君 能 致 其 身。（35b6-36a1）

---

1 不止：永魁齋本、二酉堂本、宏文閣本作“了不止”。

2 nambuha nambuhai：永魁齋本作nambuhai nambuhai。

3 weilerede：宏文閣本作weilere de。

93-4 buqe-tei[極盡意] daha-ra-kv。

死-極 跟隨-未-否

抵死不從。（36a1-2）

93-5 ergele-tei[極盡意] gama-ha。

强迫-極 拿去-完

立逼着拿去了。（36a2）

93-6 yaksi-tai[極盡意] o-bu-ha。

關-極 成爲-使-完

弄的閉口無言。（36a2）

93-7 baha bahai[1] 只以得的不思即行。（36a3）

93-8 nambuha nambuhai[2] 只以摀着逢着的[3]不思即行。（36a3）

93-9 farxatai 奮力拚。（36a4）

93-10 waliyatai 盡棄捨。（36a4）

93-11 yaksitai 緊閉難開。（36a5）

93-12 buqetei 抵死，往死裹的。（36a5）

93-13 ergeletei 强押派，立逼着。（36a6）

93-14 biretei 普遍，普裹一概。（36a6）

94-1 bai 在句首用，是閑常白字，在句尾用，是罷呀字，乃口頭声氣之詞，如云：（36b1-2）

si aina-me ji-he? bai[白字] ji-mbi。

你 做什麽-并 來-完 平白 來-現

你作什麽来了？白来。（36b2）

---

1 baha bahai：永魁齋本作bahai bahai。

2 nambuha nambuhai：永魁齋本作nambuhai nambuhai。

3 的：宏文閣本無此字。

94-2 age sini beye de[1] ne aika hafan bi-u?

阿哥 你.屬 身体 位 現在 什麼 官 有-疑

阿哥你身上，現有什麼官職麼?（36b2-4）

94-3 hafan akv, bai[白字] niyalma。

官 否 白 人

没官職，是个白人。（36b4）

94-4 age meni bou-de dari-fi qai omi-fi jai gene-qina。

阿哥 我們.屬 家-位 路過-順 茶 喝-順 再 去-祈

阿哥到我們家，呵了茶再去罷。（36b5）

94-5 jou bai[罷呀字]。

罷 吧

罷呀。（36b6）

94-6 ubade suwembe baitala-ra ba akv be dahame,

這裏 你們.賓 用-未 地方 否 賓 既然

gemu gene bai[罷呀字]。

都 去.祈 吧

這裏没有用你們的去[2]處，都去罷呀。（36b6-37a1）

95-1 baibi 平白的字，白々的字，在句首用，如云：（37a2）

95-2 baibi[平白的字] tere-be jono-fi aina-mbi。

平白 那-賓 提起-順 做什麼-現

平白的提他作什麼。（37a2-3）

95-3 baibi[平白的字] aise-me gisure-mbi。

平白 做什麼-并 説-現

---

1 beye de：宏文閣本作beyede。

2 去：宏文閣本無此字。

平白的説什麽。（37a3-4）

95-4 baibi[白々的字] jiha be eitere-bu-fi gama-bu-ha。
平白 錢 賓 欺騙-被-順 拿去-被-完
白々的被他哄了錢去。（37a4）

96-1 qun 事字意，在字尾聯用。（37a5）

96-2 akaqun 傷心事。（37a6）

96-3 gvtuqun 玷辱事，玷累事。（37a6）

96-4 basuqun 話杷兒[1]，耻笑事。（37b1）

96-5 targaqun 戒忌事。（37b1）

96-6 suilaqun 勞苦事。（37b2）

96-7 joboqun[2] 愁苦事。（37b2）

97-1 hon，hvn，hun 此三字俱是，形貌形狀景況[3]之詞，在字尾聯用。（37b3）

97-2 morohon 眼圓睜貌。（37b4）

97-3 godohon 直竪々貌。（37b4）

97-4 bultahvn 叠暴露出狀。（37b5）

97-5 subuhvn 半醉微醒貌。（37b5）

97-6 debsehun 眼皮下垂塌撒貌。（37b6）

97-7 gekdehun 骨瘦如柴形。（37b66）

98-1 qibe 雖字意，又雖或字，此上若有udu字照應，乃實在雖然字，在字尾聯用，如云：（38a1-2）

---

1 兒：宏文閣本作“況”

2 basuqun，targaqun，suilaqun，joboqun：宏文閣本的順序爲suilaqun，targaqun，basuqun，joboqun。

3 況：宏文閣本作“兒”。

98-2 te-qibe[雖或字] ili-qibe[雖或字] gemu elhe akv。
坐-讓 站-讓 都 平安 否
坐立俱是[1]不安。（38a2-3）

98-3 dere de dahaqa-qibe[雖字意]， dolori yebele-ra-kv。
臉 位 逢迎-讓 心裏 喜悦-未-否
面上随從，心中不悦。（38a3）

98-4 oqibe 雖可，雖爲，雖則，雖或。（38a4）

98-5 ai oqibe 憑他什麽，不拘什麽。（38a4）

98-6 absi oqibe 憑他怎麽。（38a5）

98-7 biqibe 雖有，雖在，雖或。（38a5）

98-8 atanggi biqibe 終久。（38a6）

98-9 tuttu biqibe 雖那樣，故雖。（38a6）

98-10 te biqibe 今雖，今夫，即或，現今，譬如今。（38b1）

98-11 eiqibe 憑他怎樣，或是怎麽。（38b1）

98-12 seqibe 雖説。（38b2）

98-13 ki seqibe 雖欲。（38b2）

99-1 udu 雖字，若下有qibe字應之，是雖然字，下有seme字應之，是雖然説字，下有sehe seme字應之，是雖然説了字，在句首用，實解幾个，若干，多少，如云：（38b3-5）

99-2 udu[雖然字] menggun jiha bi-qibe， haira-me baitala-ra-kv。
雖然 銀子 錢 有-讓 愛惜-并 使用-未-否
雖有銀錢，捨不得用。（38b5-6）

99-3 i qihakv be dahame， udu[雖然説字] gisure-he se-me inu daha-ra-kv。
他不舒服 賓 既然 雖然 説-完 助-并 也 跟隨-未-否

1 俱是：宏文閣本無此二字。

他既不願意，雖然説了，也是不依。（38b6-39a1）

99-4 udu[雖然説了字] taqi-ha-kv se-he se-me，bi urnakv taqi-ha-bi se-mbi。

雖然 學-完-否 説-完 助-并 我 必定 學-完-現 説-現

雖曰未學，吾必謂之學矣。（38b2-39a3）

100-1 gojime 雖而字，雖又字，雖亦字，又不過如是而已之詞，在句中用，如云：（39a4-5）

100-2 si damu emken be sa-ha gojime[雖又字]，juwe be sa-ra unde。

你 只 一 賓 知道-完 雖然 二 賓 知道-未 尚未

爾但知其一，未知其二。（39a5-6）

100-3 baturu gojime[雖而字] bodohon akv。

勇敢 雖然 計劃 否

勇而無謀。（39a6）

100-4 qira be taka-ra gojime[雖亦字]，mujilen be sar-kv。

臉 賓 認識-未 雖然 心 賓 知道.未-否

知面不知心。（39b1）

101-1 eitereme 憑管怎麼字，乃只管儘力之詞，在句首用，實解欺哄，如云：（39b2-3）

101-2 eitereme[憑管怎麼字] gisure-he se-me oron herse-ra-kv。

儘管 説-完 助-并 全然 理睬-未-否

憑管怎麼説，總是不理。（39b3）

102-1 eitereqibe 總而言之字，大抵字，大凡字，在句首用，實解雖欺哄，如云：（39b4-5）

102-2 eitereqibe[大抵字] gemu inu。

總之 都 是

總[1]其皆是。（39b5）

102-3 eitereqibe[大抵字] sain bi-me geli tusa baha-mbi。

總之 好 有-**并** 又 利益 得到-**現**

總而言之，又好又得便益。（39b5-6）

103-1 tala，tele，tolo 此三字俱是，至字，到字，在字尾聯用，如云：（40a1）

103-2 jing erin o-ho-bi，geli sini bou-de isina-tala[至到字]。

正 時候 成爲-**完**-**現** 又 你.**屬** 家-**與** 到達-**至**

baita be touka-bu-ra-kv-n?

事情 **賓** 遲延-**使**-**未**-**否**-**疑**

正是時候了，再到你家去，不誤了事情[2]麽？（40a1-3）

103-3 qembe hendu-tele[至到字] yala uthai ji-he-ni[3]。

他們.**賓** 説-**至** 果然 就 來-**完**-呢

正纔説他們，果然就来了呢[4]。（40a3-4）

103-4 wajitala 至於完畢。（40a5）

103-5 isitala 至於。（40a5）

103-6 bitele 至於有。（40a6）

103-7 setele 説至，説到。（40a6）

103-8 otolo 至於。（40b1）

103-9 mohotolo 至於窮盡。（40b1）

104-1 rahv，ayou 此二字俱是，恐其字，恐怕字，ayou在句尾單用，上必用ra，re，ro等字，rahv在字尾聯用，如云：（40b2-3）

---

1 總：宏文閣本無此字。

2 情：宏文閣本無此字。

3 jiheni：宏文閣本作jihe。

4 呢：宏文閣本無此字。

104-2 ama eme damu nime-rahv[恐其字] se-me jobo-mbi。

父 母 但 患病-虛 助-并 擔心-現

父母唯其疾之憂。（40b3-4）

104-3 damu sain niyalma ji-dera-kv[1] o-jorahv[恐其字]，ehe niyalma geli

但 好 人 來-未-否 成爲-虛 坏 人 又

ji-dere ayou[恐怕字] se-mbi。

來-未 虛 助-現

惟恐[2]好人不来，壞人再来。（40b4-6）

104-4 ojorahv 恐其可以。（41a1）

104-5 ojoro ayou 恐其可以。（41a1）

104-6 bisirahv 恐其有，恐其在。（41a2）

104-7 bisire ayou 恐其有，恐其在。（41a2）

104-8 serahv 恐其説。（41a3）

104-9 ki serahv 恐欲。（41a3）

105-1 kan，kon，ken，si，liyan，shvn，shun 此七字俱是微字，略字，些字，又重上字之詞，在字尾聯用，如云：（41a4-5）

105-2 hvdun。 hvdu-kan[微字]。

快 快-略

快。 略快些。（41a5-6）

105-3 labdu。 labdu-kan[微字]。

多 多-略

多。 略多些。（41a6）

---

1 jiderakv：宏文閣本作jiderahv。

2 惟恐：宏文閣本作“恐怕”。

105-4 komso。 komso-kon[微字]。

少 少-略

少。 少々的[1]。(41a6)

105-5 foholon。 foholo-kon[略字]。

短 短-略

短。 短些。(41b1)

105-6 elhe。 elhe-ken[略字]。

慢 慢-略

緩慢。慢々的，緩慢些。(41b1)

105-7 sektu。 sektu-ken[略字]。

伶俐 伶俐-略

伶透。略伶透。(41b2)

105-8 ajige。 ajige-si[些字]。

小 小-略

小。 小些的。(41b2)

105-9 amba。 ambaka-si[些字]。

大 大-略

大。 大些的。(41b3)

105-10 adali。 adali-liyan[微字]。

像 像-略

像，一樣。略像，微似。(41b3-4)

105-11 exen。 exeme-liyan[略字]。

斜 斜-略

斜。 微斜不正。(41b4)

---

1 少々的：宏文閣本作“略少些”。

105-12 yamji。 yamji-shvn[些字]。

晚 晚-略

晚晌。 傍晚些。（41b4）

105-13 aibimbi。 aibi-shvn[微字]。

腫 腫-略

腫。 微腫。（41b5）

105-14 siderembi。 sidere-shun[微字]。

絆 絆-略

拴絆馬。 足微拘絆。（41b5-6）

105-15 nenggelembi。 nenggere-shun[微字]。

支擱 支擱-略

支擱支撐。 略支擱支撐。（41b6）

106-1 jaka，saka 此二字俱是將字，纔字，又重上字之詞，在句尾用，實解jaka字，物件，縫字，saka字，鮓，膾，jaka saka字，容々易々。（42a1-2）

106-2 sabume jaka 一見，將看見。（42a3）

106-3 teni jaka 纔將，適纔。（42a3）

106-4 isiname jaka 纔將到。（42a4）

106-5 geneme saka 臨將去。（42a4）

106-6 banjime saka 纔生下。（42a5）

106-7 sebkesaka 罕見，新近纔。（42a5）

106-8 hoqikon saka 好々兒的。（42a6）

106-9 golmin saka 長々的。（42a66）

107-1 unggi，bonggi，gonggi，tuwanggi 此四字俱是，遣使之詞，在句中用。（42b1）

107-2 unggimbi 遣去，發去。（42b2）

107-3 bonggimbi 使人去送。（42b2）

107-4 gonggimbi 使人去取。（42b3）

107-5 tuwanggimbi 使人去看。（42b3）

108-1 be dahame 如上用ka，ha，ko，ho，ke，he等字，是既然字，既已字，乃隨上直下，已然之語，如上用ra，re，ro等字是，既是字，乃係隨上直下，未然之詞，在句尾用，如云：（42b4-6）

108-2 suwe emgeri meni bou-de isinji-ha be dahame[既已字]，
你們 已經 我們.屬 家-與 到來-完 賓 既然
untuhun saka unggi-re kouli bi-u?
空 將 差遣-未 道理 有-疑
你們既然到了我們家裏来，空々的打發去的規矩有麽?（42b6-43a2）

108-3 gene-ki se-re be dahame[既是字]，uthai yo-ki dere。
去-祈 想-未 賓 既然 就 走-祈 吧
既是說要去，就走罷。（43a2-43a3）

109-1 tetendere 既字，在句[1]尾用，乃設言未然之語，此上必用qi字，如云：（43a4）

109-2 si bu-qi tetendere[既字]，bi hukxe-me gvni-ha se-me waji-ra-kv。
你 給-條 既然 我 感激-并 想-完 助-并 盡-未-否
你既肯給，我感念不盡。（43a4-6）

109-3 ji-qi tetendere[既字]，belhe-qi aqa-mbi。
來-條 既然 準備-條 應該-現
既来，該當預備。（43a6）

1 句：宏文閣本作“字”。

110-1 manggi 了之後字，而后字，既而字，此上必用ka，ha，ko，ho，ke，he等字，在句尾用，乃設言已然，承上起下之詞，如云：（43b1-2）

110-2 xolo baha manggi[了之後字] teni tuwa-na-mbi。

空閑 得到.完 之後 纔 看-去-現

得了工夫纔去看。（43b2-3）

110-3 baita mute-bu-he manggi[了之後字]，ujele-me baniha ara-me bu-ki。

事情 完成-使-完 之後 尊重-并 感謝 造-并 給-祈

事成之後，重々相謝。（43b3-4）

110-4 niyalma-i yandu-ha be ali-me gaisu manggi[既而字]，geli weri -i baita

人-屬 依托-完 賓 接受-并 取.祈 之後 又 别人 屬 事情

be duhe-mbu-ra-kv。

賓 終結-使-未-否

既已受人囑託，又不終人之事。（43b4-6）

110-5 oho manggi 了之後，作了之後。（44a1）

110-6 bihe manggi 有来着之後，在来着之後。（44a1）

110-7 sehe manggi 説了之後。（44a2）

110-8 ki sehe manggi 欲要之後。（44a2）

110-9 oso manggi 既而，既令作之後。（44a3）

110-10 se manggi 既説教令之後。（44a3）

111-1 nakv 既而字，在字中用，如云：（44a4）

111-2 qananggi simbe ali-me gaisu se-fi，enenggi jiu nakv[既而字[1]]，

前日 你.賓 接受-并 取.祈 説-順 今天 來 既然

---

1 既而字：宏文閣本作“既而来字”。

si geli angga ubaliya-fi ali-me gai-ra-kv se-mbi。

你 又 口 改變-順 接受-并 取-未-否 説-現

前日説了令你應承，今日教了来，你又改变了嘴説不應承。（44a4-6）

111-3 oso nakv 既而，既令作。（44b1）

111-4 se nakv 既説教令。（44b1）

112-1 quka，quke 此二字俱是，可字，堪字，在字尾聯用。（44b2）

112-2 olgoquka 可畏。（44b3）

112-3 gelequke 可怕，利害。（44b3）

113-1 qukangga，qukengge 此二字俱是，可的字，堪可的字，在字尾聯用。（44b4）

113-2 fanqaqukangga 可氣的。（44b5）

113-3 ferguwequkengge 可奇的。（44b5）

114-1 teile 止字，獨字，寡字，單是字，偏字，儘字，在句中用，此上必用-i字，如有不用-i字者，乃係成語，不在此例，如云：（44b6-45a1）

114-2 ini beye-i teile[止字] tuba-de bi-mbi。

他.屬 自己-屬 只是 那裏-位 在-現

寡他自己在那裏。（45a1-2）

114-3 ere baita be bi mute-re-i teile[儘字] sini jalin gisure-me tuwa-ki。

這 事情 賓 我 成就-未-工 只是 你.屬 爲了 説-并 看-祈

這个事我儘着量兒，爲你説着看。（45a2-3）

114-4 ere teile 止此，寡這个。（45a3）

114-5 mini teile 獨是我。（45a3）

114-6 muterei teile 儘能，儘量。（45a4）

114-7 bisirei teile 儘其所有。（45a4）

114-8 saha -i teile 儘其所知。（45a6）

114-9 enenggi teile 偏是今日。（45a6）

115-1 ebsihe 儘字，在句中用，此上必用-i字，如云：（45b1）

115-2 aikabade jurgan giyan de baha-qi aqa-ra ulin waka o-qi，
如果 義 理 **位** 得到-**條** 應該-**未** 財產 不是 成爲-**條**
niyalma udu ai haqin -i hvsun -i ebsihe[儘字] kiqe-me bai-ha se-me
人 雖然 什麽 種類 **屬** 力量 **屬** 儘力 努力-**并** 求-**完** 助-**并**
gemu baitakv。
都 無用
倘或不是義理上，該得的財帛，人總然怎麽樣的，儘着力量謀求。都是不中用。（45b1-4）

116-1 dule 原来字，在句首用，此下必用ni，nikai等字應之，如云：（45b5）

116-2 dule[原来字] si uba-de bi-fi niyalma-i baru gisure-mbi ni。
原來 你 這裏-**位** 有-**順** 人-**屬** 向 說-**現** 呢
原来是你，在這裏合人説話呢。（45b5-46a1）

116-3 dule[原来字] uttu ni-kai。
原來 這樣 呢-啊
原来是這樣呢啊。（46a1）

117-1 ainqi 想是字，想必字，情敢字，盖字，在句首用，此下必用dere字應之，如云：（46a2-3）

117-2 ainqi[想必字] baitala-qi o-mbi dere。
想必 使用-**條** 可以-**現** 吧
想是用得罷。（46a3）

117-3 ere gese-ngge o-qi, ainqi[盖字] bi-dere。

這 樣子-**名** 成爲-**條** 想必 有-吧

若像這个樣兒的，想必有罷。（46a3-4）

118-1 aise 想是字，想必字，情敢字，乃想當然，煞尾之詞，與ainqi字義同，如云：

（46a5-6）

118-2 ji-mbi aise[想是字]。

來-**現** 想必

想必来。（46a6）

118-3 gene-he aise[情敢字]。

去-**完** 想必

想是去了。（46a6）

119-1 dere 想是罷字，使得罷字，耳字，乃想是這樣罷猜度之語，在句尾單用聯用俱可，此上必用ainqi字照應，亦有不用者，乃省文之意耳，實解方，面，臉，桌子，如云：（46b1-3）

119-2 ainqi julge-i doro uthai uttu dere[想是罷字]。

想必 古代-**屬** 禮 就 這様 吧

想必古禮，就是這樣罷。（46b3-4）

119-3 waka dere[想是罷字]。

不是 吧

想必不是罷。（46b4）

120-1 ombidere 想是可以罷，想是使得罷。（46b5）

120-2 bidere 想是有罷，想是在罷。（46b5）

120-3 sembidere 想是説罷。（46b6）

120-4 ki sembidere 想是欲要罷。（46b6）

121-1 dabala 罷咧字，乃不過是這樣罷咧決定之詞，在句尾用，此上必用ra，re，ro等字，如有不用者，乃係成語，如云：（47a1-2）

121-2 sini beye gene-ki se-re dabala[罷咧字]，we simbe gene se-he。

你.屬 自己 去-祈 想-未 罷了 誰 你.賓 去.祈 説-完

是你自己説要去罷咧，誰説了[1]教你去。（47a2-3）

121-3 sain dabala[罷咧字][2]。

好 罷了

好罷咧。（47a3）

122-1 wajiha 完了字，罷了字，在句尾用，此上必用qi字照應，實解完畢了，如云：（47a4-5）

122-2 minde bu-qi uthai waji-ha[完了字]。

我.與 給-條 就 終了-完

給我就罷了。（47a5）

123-1 hono 還字，尚且字，猶且字，在句首用，此下必用bade，ai hendure，mujanggo，biu，ombiu等字應之，如云：（47a6-47b1）

123-2 hono[還字尚且字] miqu-me bahana-ha-kv ba-de，

還 爬-并 學會-完-否 地方-位

uthai feliye-re be taqi-mbi-u?

就 走-未 賓 學-現-疑

還没會爬，就學走麽？（47b1-2）

124-1 bade 還字，尚且字，猶且字，又還已字，猶已字，在句尾用，此上必用hono字照應，實解地方上，如云：（47b3-4）

---

1 了：宏文閣本無此字。

2 罷咧字：宏文閣本無此三字。

124-2 bi hono ai gelhun akv gene-ra-kv se-re ba-de[還字],

我 還 什麼 怕 否 去-未-否 助-未 地方-位

simbe ai hendu-re。

你.賓 什麼 説-未

我還不敢説不去，何况你。（47b4-5）

124-3 amba niyalma hono olgo-ro ba-de[猶且字]，buya juse gele-ra-kv se-re

大 人 還 怕-未 地方-位 小 孩子.複 怕-未-否 助-未

doro bi-u?

理由 有-疑

大人尚且畏懼，小孩子們不怕的理有麽？（47b5-48a1）

124-4 sokto-ho ba-de[還已字]。

醉-完 地方-位

猶已醉着。（48a1）

124-5 gene-he ba-de[猶已字]。

去-完 地方-位

猶已去了。（48a1）

125-1 ai hendure 何况字，而况字，莫説字，别説字，説什麽字，在句尾用，此上必用be字，如云：（48a2-3）

125-2 enduringge niyalma se-me hono kiqe-me taqi-ki se-re ba-de,

聖 人 助-并 還 努力-并 學-祈 想-未 地方-位

arsari niyalma be ai hendu-re[何况字][1]。

普通 人 賓 什麼 説-未

聖人尚欲勤學，何况尋常[2]之人。（48a3-4）

---

1 何况字：宏文閣本無此三字。

2 常：宏文閣本此後有“平等”二字。

126-1 anggala 與其字，不但字，不惟字，强如字，在句尾用，此上必用ra，re，ro等字，此下必用isirakv字應之，實解家口，如云：（48a5-6）

126-2 uttu yabu-qi， gebu algin de ehe o-joro anggala[1][與其字]，
這樣 施行-條 名 聲 位 不好 成爲-未 與其
yabu-ra-kv de isi-ra-kv。
施行-未-否 與 及-未-否
這樣的行，强如名声不好，不如不行。（48a6-48b2）

126-3 baita xangga-fi jabqa-ra anggala[强如字]，
事情 完成-順 責怪-未 與其
deribu-re onggolo olgoxo-ro de isi-ra-kv。
開始-未 以前 小心-未 與 及-未-否
與其埋怨於事後，不如小心於起初。（48b2-4）

127-1 tere anggala 況且字，不獨那樣字，不但那樣字，强如那樣字，在句首用。（48b5）

128-1 sere anggala 不但説字，且莫説字，且别説字，在句尾用，如云：（48b6）

128-2 taxan be yargiyan obu-qi o-jora-kv se-re anggala[且莫説字]，
虛假 賓 真實 作爲-條 可以-未-否 助-未 與其
yargiyan be taxan obu-qi inu o-jora-kv。
真實 賓 虛假 作爲-條 也 可以-未-否
不但説以虛作實使不得，以實作虛也使不得。（48b6-49a2）

---

1 anggala：永魁齋本有旁譯作“與其字”。

128-3 arsari guqu-se o-qi, endebuku be sa-ha manggi,

普通 朋友-**複** 成爲-**條** 過失 **賓** 知道-**完** 之後

tafula-ra-kv se-re anggala[且别説字], nememe basu-mbi-kai。

諫勸-**未-否** **助-未** 與其 反倒 笑-**現**-啊

若是平常朋友們，知道了過失，不但説不勸，反倒笑話。（49a3-4）

129-1 na，ne，no 此三字俱是，去字，又生出字，長成字，在字中協上字韵聯用，如云：（49a5-6）

129-2 ala-mbi。 ala-na-mbi[去字]。

告訴-**現** 告訴-去-**現**

告訴。 去告訴。（49a6）

129-3 soli-mbi。 soli-na-mbi[去字]。

邀請-**現** 邀請-去-**現**

請。 去請。（49a6）

129-4 simne-mbi。 simne-ne-mbi[去字]。

考-**現** 考-去-**現**

考。 去考。（49b1）

129-5 ebixe-mbi。 ebixe-ne-mbi[去字]。

洗澡-**現** 洗澡-去-**現**

洗澡。 去洗澡。（49b1）

129-6 boxo-mbi。 boxo-no-mbi[去字]。

催-**現** 催-去-**現**

催。 去催。（49b2）

129-7 okdo-mbi。 okdo-no-mbi[去字]。

迎接-**現** 迎接-去-**現**

迎 接。　　去 迎 接。（49b2）

129-8 banji-mbi。 banji-na-mbi[生字去字[1]]。

生長-現　　　生長-去-現

生 長，過 活。生 出，去 過 活。（49b3）

129-9 umiyaha。 umiyaha-na-mbi[生字]。

蟲子　　　生蟲-去-現

虫 子。　　生 虫 子。（49b3-4）

129-10 suihe。 suihe-ne-mbi[長字]。

麥穗　　　長麥穗-去-現

穗 子。 長 穗 子。（49b4）

129-11 eifun。 eifune-mbi[長字]。

斑疹　　　長斑疹-去-現

鬼 飯 疙 答。長 鬼 飯 疙 答。（49b4-5）

129-12 hoho。 hoho-no-mbi[長字]。

豆角　　　長豆角-去-現

豆 角，又 一 嘟 嚕 子。 長 豆 角，長 嘟 嚕 子。（49b5-6）

129-13 bira-i golo。 golo-no-ho[成字]。

河-屬 道　　　形成道路-去-完

河 道。　　中 流 未 凍 成 了 河 道。（49b6）

130-1 ji 来字，在字中聯用，如云：（50a1）

fonji-mbi。 fonji-nji-mbi[来字]。

問-現　　　問-來-現

問。　　来 問。（50a1）

---

1 去字：宏文閣本無此二字。

130-2 taqi-mbi。 taqi-nji-mbi[来字]。

學-現 學-來-現

學。 来學。（50a1-2）

131-1 nu，du，qa，qe，qo 此五字俱是，相字，共字，衆字，彼此字，大家字，一齊字，在字中協上字[1]韵聯用，此上必用ishunde，gemu，geren等字照應，亦有不用者義并同，如[2]云：（50a3-5）

131-2 basu-mbi。 basu-nu-mbi[相字]。

耻笑-現 耻笑-互-現

耻笑。 一齊耻笑。（50a5）

131-3 tanta-mbi。 tanta-nu-mbi[相字]。

打-現 打-互-現

打。 相打。（50a6）

131-4 kiqe-mbi。 kiqe-du-mbi[相字]。

努力-現 努力-互-現

勤勉。 互相勤勉。（50a6）

131-5 aisila-mbi。 aisila-ndu-mbi[相字]。

幫助-現 幫助-互-現

帮助。 相帮相助。（50b1）

131-6 omi-mbi。 omi-qa-mbi[相字]。

喝-現 喝-齊-現

呵。飲。 共飲。（50b1-2）

131-7 ili-mbi。 ili-qa-mbi[相字]。

站-現 站-齊-現

1 字：宏文閣本無此字。

2 如：宏文閣本無此字。

站立。　大家站立。（50b2）

131-8 efi-mbi。　efi-qe-mbi[相字]。

玩-現　　　玩-齊-現

頑要。　大家頑要。（50b2-3）

131-9 inje-mbi。　inje-qe-mbi[相字]。

笑-現　　　笑-齊-現

笑。　　一齊笑。（50b3）

131-10 songgo-mbi。　songgo-qo-mbi[相字]。

哭-現　　　哭-齊-現

哭。　　共哭。（50b3）

132-1 bu 在句[1]中聯用，如上有be字照應，是轉諭使令，教令字，如上有de字照應，是被他人字，實解令人給，如云：（50b4-5）

132-2 terebe baita iqihiya-bu-me gene[轉諭教令字]。

他.賓　事情　處理-使-并　去.祈

教他料理事去。（50b5-6）

132-3 tede emu jergi dangsi-bu-ha[2][被他人字]。

他.與　一　陣　責怪-被-完

被他数落了一場。（50b6）

132-4 凡遇清話字尾，無聯虛字者，是當面使令之詞，如又無de，be二字，只有bu字者，亦與有de，be二字者義并同，今如當面令人云[3]：（51a1-2）

---

1 句：宏文閣本作“字”。

2 dangsibuha：宏文閣本作dangxabuha。

3 云：宏文閣本作“去”。

132-5 si gene[面令]。

你 去.祈

你 去 罷。（51a2-3）

132-6 如轉諭令人云：

terebe gene-bu[轉令]。

他.賓 去-使.祈

令 他 去。（51a3）

132-7 如當面令人云：

si yabu[面令][1]。

你 走.祈

你 走 罷。（51a3-4）

132-8 如轉諭令人云：

terebe yabu-bu[轉令]。

他.賓 走-使.祈

教 他 走。（51a4）

132-9 如無de，be二字云：

gisure-bu-mbi[被字轉令]。

説-使/被-現

被 人 説，又 令 他 説。（51a4-5）

132-10 tanta-bu-mbi[被字轉令]。

打-使/被-現

被 人 打，又 教 人 打。（51a5）

133-1 xa，xe，xo，mi，qe，ja，je，jo 此八字俱是，頻々不一，不止，

---

1 面令：宏文閣本無此二字。

不定之意，又微々之意，在字中協上字韵聯用，如云：（51a6-51b1）

133-2 xasihala-mbi。 xasiha-xa-mbi[頻々]。
掌嘴-現 掌嘴-常-現
掌嘴。 乱掌嘴。（51b1-2）

133-3 nara-mbi。 nara-xa-mbi[頻々]。
貪戀-現 貪戀-常-現
貪戀。 戀々不捨。（51b2）

133-4 sefere-mbi。 sefer-xe-mbi[頻々]。
抓-現 抓-常-現
把攥。 乱攥。（51b3）

133-5 hengkile-mbi。 hengki-xe-mbi[頻々]。
叩頭-現 叩頭-常-現
磕頭。 連叩。（51b3）

133-6 xoforo-mbi。 xofor-xo-mbi[1][頻々]。
撮-現 撮-常-現
撓。 乱撓。（51b4）

133-7 doholon。 doho-xo-mbi[微々]。
瘸 瘸-常-現
瘸。 微瘸。（51b4）

133-8 feku-mbi。 feku-qe-mbi[頻々]。
跳-現 跳-常-現
跳。 乱跳躍，又心跳。（51b5）

---

1 xoforxombi：宏文閣本作xoforoxombi。

133-9 durge-mbi。 durge-qe-mbi[頻々]。

震動-現 震動-常-現

震動。 震動不止，又病人身顫。（51b5-6）

133-10 aqa-mbi。 aqam-ja-mbi[微々]。

集合-現 集合-常-現

合。 凑合。（51b6）

133-11 gvni-mbi。 gvnin-ja-mbi[頻々]。

想-現 想-常-現

思想。 尋思，沈音[1]。（51b6-52a1）

133-12 guri-mbi。 gurin-je-mbi[不定]。

移動-現 移動-常-現

挪移。 挪移不定。（52a1）

133-13 ere-mbi。 erehun-je-mbi[微々]。

希望-現 希望-常-現

指望。 盼望不休。（52a1-2）

133-14 goro。 goro-mi-me[不止] yabu-mbi。

遠 遠-常-并 走-現

遠。遠行。（52a2）

133-15 golo-mbi。 golohon-jo-mbi[頻々]。

吃驚-現 吃驚-常-現

驚怕。 驚乍。（52a2-3）

134-1 xa，xe，ta，da，te，de，do，tu，la，le，lo，mi，je，ra，re，ro，niye，kiya，giya，kiye，hiya，hiye 此二十二字，俱是行爲動

1 音：宏文閣本作“思”。

用，力做開展之意，在字中協上字韵聯用，如云：（52a4-6）

134-2 hitahvn。 hitahvxa-mbi[動用]。

指甲 用指甲壓-現

指 甲。指 甲 壓。（52a6-52b1）

134-3 mangga。 manggaxa-mbi[行爲]。

難 爲難-現

難。 作 難。（52b1）

134-4 buleku。 bulekuxe-mbi[動用]。

鏡子 照鏡子-現

鏡 子。 照 鏡 子。（52b1-2）

134-5 etuhun。 etuhuxe-mbi[行爲]。

强壯 逞强-現

强 壮。 以 强，用 强。（52b2）

134-6 ana-mbi。 anata-mbi[行爲][1]。

推-現 推讓-現

推。推 託。（52b2-3）

134-7 suwaliya-mbi。 suwaliyata-mbi[力做]。

混合-現 混雜-現

摻 和。 摻 雜 摻 混。（52b3）

134-8 aquhiyan gisun。 aquhiyada-mbi[行爲]。

讒 話 説讒言-現

讒 言。用 讒 言 臟 訟。（52b4）

1 行爲：宏文閣本無此二字。

134-9 jili。 jilida-mbi[行爲]。

怒 發怒-現

怒，性氣。動怒，使性氣。（52b4-5）

134-10 niyeqe-mbi。 niyeqete-mbi[力做]。

補-現 占補-現

補。 占補。（52b5）

134-11 eruwen。 eruwede-mbi[動用]。

鑽 鑽研-現

鑽。 以鑽々之。（52b5-6）

134-12 qeku。 qekude-mbi[力做]。

鞦韆 打鞦韆-現

鞦韆。打鞦韆。（52b6）

134-13 yobo。 yobodo-mbi[行爲]。

玩笑 開玩笑-現

耍趣兒。取笑戲耍。（52b6-53a1）

134-14 oshon。 oshodo-mbi[行爲]。

暴虐 行暴虐-現

暴虐。暴虐行凶。（53a1）

134-15 ulin。 ulintu-mbi[動用]。

財產 行賄-現

財帛。行賄。（53a2）

134-16 kimun。 kimuntu-mbi[行爲]。

仇 報仇-現

仇。 挾仇。（53a2）

134-17 aba。 abala-mbi[行爲]。

圍 打圍-現

圍獵。行圍。（53a2-3）

134-18 sadun。 sadula-mbi[行爲]。

親家 作親家-現

親家。作親家。（53a3）

134-19 suhe。 suhele-mbi[動用]。

斧 用斧子剁-現

斧子。斧子剁。（53a3-4）

134-20 erun。 erule-mbi[動用]。

刑具 行刑-現

刑具。動刑。（53a4）

134-21 oron。 orolo-mbi[行爲]。

空缺 頂缺-現

缺，窩兒。頂缺，頂窩兒。（53a4-5）

134-22 longto。 longtolo-mbi[動用]。

籠頭 套籠頭-現

籠頭。套籠頭。（53a5）

134-23 ture。 turemi-mbi[力做]。

靴靿子 上靴靿子-現

靴靿子。鞝靿子。（53a6）

134-24 doko。 dokomi-mbi[力做]。

裏子 吊裏子-現

裏子。吊裏子。（53a6）

134-25 urgun。 urgunje-mbi[行爲][1]。

喜慶 喜歡-現

喜。 喜 歡。（53b1）

134-26 sidehun。 sidehunje-mbi[力做]。

門閂 插門閂-現

門 閂，橕 子，空 檔 兒。 插 空 兒。（53b1-2）

134-27 idu。 idura-mbi[行爲]。

班次 輪班-現

班 次。輪 流，輪 班。（53b2）

134-28 manju。 manjura-mbi[行爲]。

滿洲 説滿語-現

滿 洲。 説 清 話，滿 洲 様 行 事。（53b2-3）

134-29 gisun。 gisure-mbi[行爲]。

話 説話-現

話。 説 話。（53b3）

134-30 dutu。 duture-mbi[行爲]。

聾子 裝聾子-現

聾 子。 裝 聾，又 錯 听。（53b3-4）

134-31 gohon。 gohoro-mbi[開展]。

鈎子 鈎捲-現

鈎 子。 毛 稍 鈎 捲。（53b4）

134-32 monggo。 monggoro-mbi[行爲]。

蒙古 説蒙語-現

番 人。 説 番 語，番 人 様 行 事。（53b5）

---

1 行爲：宏文閣本無此二字。

134-33 ebe-mbi。 ebeniye-mbi[力做]。

泡-現 浸泡-現

泡着。 浸泡。（53b5-6）

134-34 aliya-mbi。 aliyakiya-mbi[行爲]。

等-現 慢走-現

等候。 且等且走。（53b6）

134-35 jalu-mbi。 jalukiya-mbi[開展]。

滿-現 充滿-現

滿之。足滿。（53b6-54a1）

134-36 bodo-mbi。 bodonggiya-mbi[行爲]。

想-現 自言自語-現

謀算。 自言自語算計。（54a1）

134-37 sesula-mbi。 sesukiye-mbi[開展]。

吃驚-現 打冷戰-現

吃驚。 打冷戰。（54a2）

134-38 dasi-mbi。 dasihiya-mbi[力做]。

遮蓋-現 撣除-現

蒙盖。 撢拂灰塵。（54a2-3）

134-39 neqin。 neqihiye-mbi[行爲力做]。

平 平整-現

平。 安慰平撫，又地面撤平。（54a3）

135-1 je，jo 此二字，俱是自行損壞之意，在字中聯用，如云[1]。（53a4）

---

1 如云：宏文閣本無此二字。

135-2 efule-mbi。 efuje-mbi[自壞]。

破壞-現 壞-現

拆 毁。 自 敗，自 壞。（53a4-5）

135-3 sendele-mbi。 sendeje-mbi[自損]。

掘開-現 決口-現

刨 決 口 子。 自 決 口[1]，自 崩 豁 子。（53a5-6）

135-4 fondolo-mbi。 fondojo-mbi[自破]。

穿透-現 自行穿透-現

撞 透。 自 破 透。（54a6）

136-1 ai 讚歎声，又什麽。（54b1）

137-1 ai uttu 怎這樣，怎麽這們。（54b1）

138-1 ai haqin -i 總是怎樣的。（54b2）

139-1 ai yadara 豈少，何少，什麽缺少的。（54b2）

140-1 gelhun akv 不敢。（54b3）

141-1 ai gelhun akv 怎敢，豈敢。（54b3）

142-1 ai geli 豈有此理，豈敢，好説。（54b4）

143-1 kouli akv 無例，無規矩，無考較。（54b4）

144-1 ai ganaha 何涉，作什麽去[2]。（54b5）

145-1 ai gaqiha[3] 何恃，作什麽来。（54b5）

146-1 ai alban ni 有何要緊呢，什麽要緊呢。（54b6）

147-1 alban halan akv 没要緊。（54b6）

1 口：宏文閣本此後有“子”。

2 去：宏文閣本無此字。

3 gaqiha：永魁齋本、二酉堂本、宏文閣本作gajiha。

148-1 ai baita 何用[1]，又什麽事。（55a1）

149-1 ai yokto 什麽意思，怎好意思。（55a1）

150-1 waka oqi ai 不是々什麽。（55a2）

151-1 ainara 怎了，又怎麽樣的，乃求人口氣。（55a2）

152-1 eiqi ainara 可怎麽樣，無可奈何。（55a3）

153-1 ainambi 作什麽，怎麽，怎麽着。（55a3）

154-1 ainaqi ojoro 怎麽處。（55a4）

155-1 yaburakv ainaha 怎麽了不走。（55a4）

156-1 ainahai 未必，此下必用ni字應之。（55a5）

157-1 ainahani 未必呢，又怎麽了呢。（55a5）

158-1 ainaha seme 斷然。（55a6）

159-1 ainame[2] okini 不拘怎麽罷。（55a6）

160-1 ainambahafi 何得，怎麽得。（55b1）

161-1 aikanaha sehede 倘曾怎樣的時候。（55b1）

162-1 aisembi 怎麽説。（55b2）

163-1 aiseme 何必，何足論，不必。（55b2）

164-1 aiserengge 説的是什麽。（55b3）

165-1 ainu 爲何，爲什麽，怎麽。（55b3）

166-1 antaka 何如，如何。（55b4）

167-1 jiduji 到底，畢竟，究竟。（55b4）

168-1 naranggi 到底，畢竟，究竟。（55b5）

169-1 urui 執意，一定。（55b5）

170-1 emdubei 頻々，不住的儘着。（55b6）

---

1 何用：宏文閣本作“有何要”。

2 ainame：宏文閣本作ainaha。

171-1 qibtui 連二連三的[1]，三思。（55b6）

172-1 daruhai 常々的，時常，常班。（56a1）

173-1 yaya 大凡，凡是，不拘什麽。（56a1）

174-1 eiten 一切，諸凡。（56a2）

175-1 umai 全然，竟字，并字。（56a2）

176-1 ineku 仍舊，原舊，還是。（56a3）

177-1 takasu 且住，且暫着。（56a3）

178-1 unde de 正早哩，尚未之間[2]。（56a4）

179-1 dahvn dahvn -i 再三，累々的。（56a4）

180-1 alimbaharakv[3] 不勝，當不起。（56a5）

181-1 esi 自然的，已在的，此下必用qi字應之。（56a5）

182-1 eqi 正是，可不是。（56a6）

183-1 eqi ai 可不是什麽。（56a6）

184-1 eqi ainara 可怎麽呢。（56b1）

185-1 ememu 或者。（56b1）

186-1 ememu niyalma 或者人。（56b2）

187-1 ememu urse 或者人們。（56b2）

188-1 ememungge 或者的。（56b3）

189-1 emembihede 倘或之間。（56b3）

190-1 ele 更字。（56b4）

191-1 elemangga 越發，反倒。（56b4）

192-1 nememe 愈加，益加。（56b5）

---

1 的：宏文閣本無此字。

2 尚未之間：宏文閣本作“還是”。

3 alambaharakv：永魁齋本、二酉堂本、宏文閣本作alimbaharakv。

193-1 elei 幾乎，險些，差一点，此下必用bihe字應之。（56b5）

194-1 elekei 幾々乎[1]，險些，差一点，此下必用bihe字應之。（56b6）

195-1 arkan 恰好，將々兒。（56b6）

196-1 maka 不識否，不知是不是。（57a1）

197-1 aimaka 莫非，不知是什麼。（57a1）

198-1 yamaka 不知是那个。（57a2）

199-1 eke 那个，乃忘[2]記思憶語。（57a2）

200-1 weke 那个誰，乃呼喚下人語。（57a3）

201-1 yaka 是那一个，有那一个。（57a3）

202-1 yaqi 是那个，又自那个。（57a4）

203-1 weqi 是誰，又自誰。（57a4）

204-1 we ya 誰那个。（57a5）

205-1 yaya we 憑他誰。（57a5）

206-1 weri 他人，别人家。（57a6）

207-1 geli 又字，再字，還字。（57a6）

208-1 geliu 還麽。（57b1）

209-1 yala 果真，果然，真個，正是那，又想話声氣。（57b1）

210-1 yalake 果真啊，誠然。（57b2）

211-1 yala oho 果真了。（57b2）

212-1 enteke 這樣。（57b3）

213-1 tenteke 那樣。（57b3）

214-1 tuttu waka 不然，非然，不是那們着。（57b4）

215-1 tuttu akv oqi 若不那樣，若不然。（57b4）

---

1 幾々乎：宏文閣本作“幾乎”。

2 忘：宏文閣本作“志”。

216-1 absi 怎麽着，又稱好奇之語[1]。（57b5）

217-1 absi oho 怎麽樣了。（57b5）

218-1 absi genembi 往那去。（57b6）

219-1 absi sain 狠好，甚妙。（57b6）

220-1 absi hojo 好極。（58a1）

221-1 ake 猛被觸疼的声[2]。（58a1）

222-1 ara 猛然想起噯呀的声，又驚怕驚訝的声。（58a2）

223-1 are 受疼捱忍不過的声，又痛哭疼忍不過的声。（58a2）

224-1 ekembi 奪弄，弄誦。（58a3）

225-1 ondombi 胡作造，愚弄，胡幹。（58a3）

226-1 hendure balama 可是説的，在句首用。（58a4）

227-1 sere balama 可是説的，在句尾用。（58a4）

228-1 dekdeni gisun 常言，俗語，諺語[3]，此下必用sembi，sehebi，sere balama。（58a5）

229-1 dekdeni henduhengge 常言道，俗語説的，諺云，同上亦用三字在下應[4]之。（58a5）

230-1 niyalmai henduhengge 可是人説的，此下必用sere balama字應之。（58a6）

231-1 waka seqina 不是話。（58a6）

232-1 lalanji 拉累的，再三，又碎爛，又乏極身稀軟。（58b1）

233-1 ume 休要，别要，莫要，此下必用ra，re，ro等字應之。（58b1）

---

1 又稱好奇之語：宏文閣本無此句。

2 的声：宏文閣本無此二字。

3 語：宏文閣本無此字。

4 應：宏文閣本作“用”。

234-1 aba 問在那裏，何在，又圍獵。（58b2）

235-1 eri 這裏呢，這不是麽，又[1]令人掃。（58b2）

236-1 manggiqi 大破着，就便難，既這樣，manggai oqi同上。（58b3）

237-1 umainahakv 并不曾怎麽着。（58b3）

238-1 umainaqi ojorakv 不得已，無可奈何。（58b4）

239-1 esi seqi ojorakv 不得已。（58b4）

240-1 umainame muterakv 不能怎麽樣。（58b5）

241-1 gese gese -i 同是一樣的[2]。（58b5）

242-1 heturi 傍外另外的小事物。（58b6）

243-1 gamambi 處事，裁奪，又拿去。（58b6）

244-1 goiquka 拐碍着了，又説着了。（59a1）

245-1 nokai ja 狠容易。（59a1）

246-1 nikedembi 能着，支持着。（59a2）

247-1 je se 教他哼一哼兒。（59a2）

248-1 je sehe manggi 哼一哼的時候。（59a3）

249-1 ne je 現在。（59a3）

250-1 en jen -i bahabi[3] 現成得了。（59a4）

251-1 aqun de qaqun 兩下俱各有是有非，又偏遇其人不快，偏々又偏々。（59a4）

252-1 yertequn tuwaha 見騷了。（59a5）

253-1 halai 怪性。（59a5）

254-1 halai enqu 怪性各别。（59a6）

---

1 又：宏文閣本無此字。

2 的：宏文閣本無此字。

3 bahabi：宏文閣本作bahambi。

255-1 gisun hese 言々語々。（59a6）

256-1 angga senqehe 口舌是非。（59b1）

257-1 angga aqambi 對質。（59b1）

258-1 kanagan arambi 推故，推託。（59b2）

259-1 ten gaimbi 討憑據，lan gaimbi同上。（59b2）

260-1 mahala lakiyambi 掛拐，下牢靠。（59b3）

261-1 dere tokome 睹着面。（59b3）

262-1 emu qimari 一朝。（59b4）

263-1 yamaka inenggi 有朝一日。（59b4）

264-1 ja akv 非輕，不輕，不易。（59b5）

265-1 mangga taqihabi 學高了，學精了。（59b5）

266-1 endembiu，endereu 試問便知。（59b6）

267-1 enderakv 如見如聞，不問先知。（59b6）

268-1 heni akv 一点没有。（60a1）

269-1 hen tan -i akv 此[1]須無有。（60a1）

270-1 jaka xolo 一[2]点的小空兒[3]。（60a2）

271-1 hala haqin 諸各樣兒。（60a2）

272-1 fusi 腔調兒，樣喪子，又[4]令人剃。（60a3）

273-1 ajabume gisurembi 開端打頭説。（60a3）

274-1 balai iqi 胡鬧混来。（60a4）

---

1 些：三槐堂别本第61葉作“此”。此次依據的三槐堂底本卷三末尾兩葉的版心葉數以“五十九”和“六一”的方式體現，但其他的三槐堂本有“五十九”“六十”、“五十九”“六十”“六一”的情况（詳參竹越孝2016：321），内容只有個别字的不同，故此處將其他三槐堂本暫列爲“三槐堂别本”，以示用字區别，下同。

2 一：三槐堂别本第61葉無此字。

3 兒：宏文閣本無此字。

4 又：宏文閣本無此字。

275-1 kesi akv oho 命到無常了，又不幸了。（60a4）

276-1 oihori biheu 何等[1]的来着[2]，了得的来着麽，追嘆語。（60a5）

277-1 emu anan -i gamambi 按着次序。（60a5）

278-1 garmaji 古董[3]噶故貨，噶兒馬兒的[4]，噶兒古棄的。（60a6）

279-1 oron akv 一總没有[5]。（60a6）

280-1 gosiha jergi okini 權作疼愛。（60b1）

281-1 amu mangga 好睡。（60b1）

282-1 sadun hala 外姓[6]。（60b2）

283-1 a fa sere onggolo 預先發作。（60b2）

284-1 amtan bahambi 得意。（60b3）

285-1 ai ai 各樣，各件。（60b3）

286-1 baitakv bade 没要緊處。（60b4）

287-1 farhvdaha 尋了拙智，行的昏了。（60b4）

清文啓蒙卷之三終

manju nikan hergen -i qing wen ki meng bithe, duiqi debtelin
滿洲 漢 字 屬 清 文 啓 蒙 書 四.序 卷

滿漢字清文啓蒙卷之四（1a1）

長白 舞格 壽平 著述

錢塘 程明遠 佩和 校梓（1a2-3）

---

1 等：二酉堂本、三槐堂别本第60葉作“守”

2 着：宏文閣本此後有“又”。

3 董：三槐堂别本第60葉作“重”。

4 的：宏文閣本無此字。

5 一總没有：三槐堂别本第60葉無此後内容。

6 姓：宏文閣本作“性”。

1-1 ○adalixa-ra manju hergen be ilgabu-ha-ngge

相似-**未** 滿洲 文字 **賓** 辯別-**完**-**名**

清字辯似（1a4）

1-2 點圈字[1]辯似 aga雨 aha僕人，奴才（1a5）

1-3 boigon產業 boihon土（1a6）

1-4 haga魚刺，骨頭 haha男子，漢子（1b1）

1-5 turga肥瘦之瘦 turha片金帽頂月子，又胭脂片子（1b2）

1-6 tasga令爆炒栗子豆子之炒 tasha虎，寅時之寅（1b3）

1-7 managa包裹小兒的挖單械子 manaha殘破了，殘盡了（1b4）

1-8 amga令人睡覺 amha岳丈，又公々（1b5）

1-9 xurga大旋風圈，又風攪雪 xurha二年的野豬（1b6）

1-10 dargvwan鋤土的搶子 darhvwan戥秤[2]杆子，又竹木竿子（2a1）

1-11 ogo碓窩，擂臼子，磨眼[3]，又鐵眼板 oho膈肢窩，又了字（2a2）

1-12 dogo瞎子 doho石灰（2a3）

1-13 音同字辯似 menggun銀子 monggon項下咽喉（2a4）

1-14 ulhv蘆葦 ulhu灰鼠銀鼠之鼠（2a5）

1-15 sukv肉皮子，又粗毛皮張 suku蓬蒿，又車輪草（2a6）

1-16 temen駱駝 temun車軸（2b1）

1-17 niuhon淺綠色，甲乙之乙 niuhun青黄色，又青膁之青（2b2）

1-18 jilha花蕊花心 gilha無風晴明好天（2b3）

1-19 suihon解錐 suihun單耳環[4]，丁香子（2b4）

---

1 字：宏文閣本作“子”。

2 秤：宏文閣本後有“的”

3 磨眼：宏文閣本無此二字。

4 環：宏文閣本作“鐶”。

1-20 budun庸儒[1]鬆軟 butvn罈子（2b5）

1-21 burgin事物紛擾之間，正當其時，又風一陣々burgiyen皮衣面，甲面，又鞍判官頭，又吝嗇。（2b6）

1-22 ulin財帛 uliyen樺皮桶子（3a1）

1-23 uhvme以剜刀剜掏 uhume嬸母，又包裹（3a2）

1-24 tome每人之每 tomo令人棲止存身[2]（3a3）

1-25 ilmen綱墜角子 ilmun han閻王（3a4）

1-26 gungge有功勞的 guwengge鳥鳴叫喚的，又响的（3a5）

1-27 some拋洒，又瞎射 somo祖宗杆子（3a6）

1-28 jebele撒袋 je bele小米子（3b1）

1-29 siri鯉魚崽[3]，又令擰水，擠鼻涕，又令窕 hiri心寒，睡熟，忘[4]死（3b2）

1-30 fengse盆子 fungse粉子，粉麵（3b3）

1-31 fonde彼時候 funde代[5]替（3b4）

1-32 fungkv木頭墩子 fungku毛巾（3b5）

1-33 musi炒麵，又滑石 muhi牛樣頭，又達呼眉子（3b6）

1-34 kvru奶餅子 kuru平地崗子處（4a1）

1-35 sirga獐子，又銀合色馬 hirha火石，又衣長令裁截（4a2）

1-36 maqi秋稍的鈎子鐵 maki旗纓子（4a3）

1-37 ome可字，作字，爲字 omo水池子（4a4）

1-38 ungke傾覆，令倒合扣 wengke教化開了（4a5）

1 儒：宏文閣本作“懦”。

2 身：宏文閣本後有“子”。

3 崽：宏文閣本作“思”。

4 忘：宏文閣本無此字。

5 代：宏文閣本作“我”。

1-39 suqi牲口胎，又者是解釋 suki欲解釋（4a6）

1-40 hoki伙黨 huweki肥田，又眉毛重（4b1）

1-41 dabqi吊角眼 dabki船帮木，又令[1]帮貼，又令催馬（4b2）

1-42 qasi往前那邊此[2] qahi造次，急迫（4b3）

1-43 yaqi是那一个[3] yaki箭罩子（4b4）

1-44 juwedere生二心，又事反復二致 jou dere想是止了罷（4b5）

1-45 hasi茄子 hahi緊疾（4b6）

1-46 indembi住宿 yendembi興隆，興起，又火旺起（5a1）

1-47 hasiba護瞻，遮護 hahiba辦事疾快，又急性人（5a2）

1-48 jilgambi鳥鳴叫喚 gilhambi火燒着燼，又物消散完盡（5a3）

1-49 gombi言語返悔 guwembi免過，又禽鳥啼鳴，又物声响（5a4）

1-50 kerqimbi刀劃解脅條 kerkimbi犬怒吠不止（5a5）

1-51 fembi胡説，又以長杷鐮刀芟草 fombi臉村，手脚村（5a6）

1-52 sirambi接續，承繼 hiramni睨視，斜瞅（5b1）

1-53 jombi以鍘刀鍘草 juwembi運送，搬運（5b2）

1-54 urhvmbi馬眼尖眼岔躲閃 urhumbi偏歪（5b3）

1-55 dasime蒙苫，掩蓋 dahime複再（5b4）

1-56 niyaqi若是朽爛 niyaki鼻涕，又膿（5b5）

1-57 sisin食腸大的人 sihin房檐，又鉄老鸛嘴，鐙鑷[4]環[5]，又樹頭周蔭（5b6）

1-58 ungge野沙葱 wengge教化的（6a1）

---

1 令：宏文閣本後有“人”。

2 此：宏文閣本作“些”。

3 個：宏文閣本作“個”。

4 鑷：宏文閣本作“鉺”。

5 環：宏文閣本作“環”。

1-59 kaqi若是擋圍 kaki衣服窄，又性緊，又酒暴氣（6a2）

1-60 hvru竹口琴 huru龜盖，鱉殼，又鳥脊背，又手背（6a3）

1-61 oha依允了 ouha花鯽魚（6a4）

1-62 dombi禽鳥落下 doumbi過河，渡水（6a5）

1-63 ori琉璃素珠 ouri精神之精（6a6）

1-64 dosi令人進入，又物入深 dousi貪心（6b1）

1-65 jolimbi以箭頭櫱划之 joulimbi贖（6b2）

1-66 jun爐灶，又血道，又珠兒綫 juwen借（6b3）

1-67 ton数目，数兒 tun海島（6b4）

1-68 so不祥之兆，又村皮月亶子，又令抛洒 suwe你們（6b5）

1-69 jing正值，適當 ging經書，又更鼓（6b6）

1-70 xo令[1]刮去毛，又令刷馬 xuwe一直的，又睡熟（7a1）

1-71 fe新舊之舊 fo撈冰的兜子，又喂小兒的乳食（7a2）

1-72 son房椽子，又帳房椽子 sun牲口的乳（7a3）

1-73 gin秤，又斤兩之斤 giyen染藍的靛花（7a4）

1-74 ben材質本事 bon冰鑹，鉄鑹（7a5）

1-75 o與ogo同，又會意應声 we誰，何人（7a6）

1-76 sin金鬥，關東鬥 hin小服[2]膁肥箭子骨（7b1）

1-77 jo醋心漾酸 jou令停止，又詔書 juwe二（7b2）

1-78 on遠近路程 un豬窩，又草窩 wen弓箭扣子，又教化之化（7b3）

1-79 fen四方糕塊 fon彼時候 fun原形原身之原，分厘分寸之分，胭粉之粉（7b4）

1-80 醒誤字辯似 ai hala何苦 hala ai姓什麽（7b5）

1 令：宏文閣本後有“人”。

2 服：宏文閣本作“腿”。

1-81 hala u姓吴 uhala卵胞（7b6）

1-82 narahvnjambi戀々不舍 narhvnjambi慳嗇吝細（8a1）

1-83 siraqa柞木皮内的糟黄，染黄皮用 sira qai熬的黑茶葉（8a2）

1-84 oshon殘虐，酷苛，狠毒 osohon月小身小之小（8a3）

1-85 yangsarakv不鋤地，不耘田 yangselarakv不彩飾，不修飾（8a4）

1-86 kvwaqarambi挖槽子 hvwaqarambi睡覺打呼（8a5）

1-87 enqu另，異 onqo寬窄之寬，又心寬之寬（8a6）

1-88 esike足勾了 esihe魚鱗（8b1）

1-89 erhe青蛙，田雞 erihe素珠，又掃了（8b2）

1-90 berge絆划子 berhe弦馬子，又淌眼疵水（8b3）

1-91 belge粒兒 belhe令人預備（8b4）

1-92 hasaha剪子 hashan籬笆柵子（8b5）

1-93 sarhv碗架子擱板 salhv犁[1]上挽鈎[2]（8b6）

2-1 ○adalixa-ra manju gisun be su-he-ngge
相似-**未** 滿洲 話語 **賓** 解釋-**完**-**名**
清 語 解 似（9a1）

2-2 壽語解似 jalfun萬壽長壽之壽 jalgan壽命，壽数（9a2）

2-3 恩語解似 kesi恩典，造化，又幸賴 baili恩德恩惠（9a3）

2-4 字語解似 bithe書，又文字，又文武之文 hergen字，又官爵官銜[3]，又肉紋理（9a4）

2-5 氣語解似 ergen呼吸之氣，又性命 sukdun天時人物之氣（9a5）

---

1 犁：宏文閣本作“梨”。

2 鈎：宏文閣本作“勾”。

3 官銜：宏文閣本無此二字。

2-6 火語解似 yaha爐灶[1]柴炭之火 tuwa火，陰火陽火總稱，又令人看（9a6）

2-7 比較語解似 meljembi比較勝負 duibulembi比方，對比着（9b1）

2-8 傢伙[2]語解似 tetun裝盛的器皿，又棺材 agvra使的器物，又器械（9b2）

2-9 歇息語解似 teyembi歇息，歇着 ergembi安息，養息（9b3）

2-10 狹窄語解似 hafirahvn地方狹窄，又狹迫 isheliyen寬窄之窄（9b4）

2-11 悄言語解似 jendu低言悄語 xuxunggiyambi耳邊嘍[3]喳説（9b5）

2-12 抗抵語解似 eljembi抗拒 sujambi支頂拄着 qambi搭支，馬嘴硬刁，箭跐起（9b6）

2-13 响動語解似 asuki声息，响声，動星見[4] urkin声勢，大响動（10a1）

2-14 收起語解似 asarambi收藏，收放 bargiyambi收取，接收[5]（10a2）

2-15 幽暗語解似 butu暗昧，暗處 somishvn幽秘，幽藏（10a3）

2-16 淫佚語解似 hayan淫浪，淫邪 dufe久戀荒淫，盤桓無度（10a4）

2-17 撿拾語解似 tomsombi撿收，又撿骨殖 tunggiyembi拾起（10a5）

2-18 動摇語解似 axxambi活動 aqinggiyambi摇動（10a6）

2-19 儉省語解似 malhvxambi儉省，節省 hibaqarambi淡泊省用（10b1）

2-20 門户語解似 duka大門，院門 uqe户，房門（10b2）

1 灶：宏文閣本作“皂”。
2 夥：宏文閣本作“火”。
3 嘍：宏文閣本作“喽”。
4 見：宏文閣本作“兒”。
5 收：宏文閣本作“取”。

2-21　不和語解似 hvwaliyasun akv不和氣，不平和[1]　aquhvn akv不合[2]睦，對不來（10b3）

2-22　裙裳語解似 hvsigan婦女的裙子　dusihi男戰裙，皮裙，甲裙（10b4）

2-23　焚燒語解似 deijimbi焚燒　xolombi燒肉（10b5）

2-24　把柄語解似 jafakv拿手把[3]子　fesin長杆把[4]子（10b6）

2-25　是語解似 uru是非之是　inu答應是之是，又亦字（11a1）

2-26　巡查語解似 giyarimbi巡查　kederembi來往巡邏（11a2）

2-27　荒地語解似 xunehe usin長荒了的田　waliyaha usin棄荒了的田（11a3）

2-28　重夾語解似 jibsimbi重套着　jursulembi重夾着（11a4）

2-29　瘢點語解似 mersen瘢点　berten瘢痕（11a5）

2-30　疵疚語解似 iqihi瑕玷，贓点　giyalu疵疚，殘病裂子（11a6）

2-31　眼花語解似 yasa derike眼老[5]昏花了　yasa ilhanaha看花了，眼離了（11b1）

2-32　搭[6]連語解似 daliyan被套，褥套　dabargan稍馬子（11b2）

2-33　瞭哨語解似 karan高處瞭望　karun哨探兵（11b3）

2-34　送往語解似 benembi送去　fudembi接送陪送之送（11b4）

2-35　酒饌語解似 anju葷菜　saikv酒菜，小吃兒（11b5）

1　不和氣，不平和：宏文閣本無此六字。

2　合：宏文閣本作“和”。

3　把：宏文閣本作“杷”。

4　把：宏文閣本作“杷”。

5　眼老：宏文閣本作“老眼”。

6　搭：宏文閣本作“褡”。

2-36 肴[1]饌與解似 bouha肴饌碗菜 sogi菜之總稱，又種的菜（11b6）

2-37 護庇語解似 haxambi護贍，周圍苫，又囤米，刷鍋[2] harxambi護短，偏護（12a1）

2-38 另外語解似 tulgiyen除此另外，又心外道想 enqulembi另行，與人異别（12a2）

2-39 粗糙語解似 muwa人物粗糙，又粗糙之粗 suse造做的潦草，又和泥的草（12a3）

2-40 枉徒然語解似mekele枉然 untuhuri空々徒然（12a4）

2-41 改换語解似 halambi改换，更改，又水燙 hvlaxambi兑换（12a5）

2-42 涉水語解似 olombi人涉水蕩水 omilambi騎着牲口蕩哨（12a6）

2-43 着實加緊語解似 nixa着實，加厚，重載實裝 fita拴執緊々的（12b1）

2-44 克落語解似 gejurembi克扣小取，又苦害 giyatarambi暗裏侵食克漏（12b2）

2-45 欺瞞語解似 daldambi掩瞞 gidambi窩藏隐瞞，又壓按，又用印，又低頭，戰敗，醃菜，大敬小酒，鳥伏蛋（12b3）

2-46 脱離語解似 uksalambi摘脱，解脱，鬆開 ukqambi脱離，脱免（12b4）

2-47 白色語解似 xanggiyan白色，又火烟 xeyen雪白，白净 suru白馬之白（12b5）

2-48 雇工錢語解似 turigen租錢，又雇工[3]錢 basa手工錢（12b6）

---

1 肴：宏文閣本作“看”。

2 苫，又囤米，刷鍋：宏文閣本無此六字。

3 工：宏文閣本無此字。

2-49 尾巴語解似 unqehe人物後尾[1]，禽獸尾巴，又字尾巴撇兒 uqa宰的牲口後座子尾巴（13a1）

2-50 匾語解似 halfiyan圓匾之匾 kapahvn爬塌匾矮（13a2）

2-51 父親語解似 ama父親 jeje爹々老子之稱（13a3）

2-52 叔父語解似 eqike叔々，係呼叫用 eshen叔々，係称説用（13a4）

2-53 嬸母語解似 oke嬸子，係呼叫用 uhume嬸子係称説用，又包裹[2]（13a5）

2-54 勞苦語解似 suilambi勞苦 jobombi艱難，愁苦（13a3）

2-55 撐架語解似 nenggelebumbi物下支撑支墊 saksalibumbi物相支蓬，又箭落樹（13b1）

2-56 抹墻語解似 ilbambi以抹子抹墻 qifambi以灰泥墁墻（13b2）

2-57 刊刻語解似 folombi雕刻 qolimbi雕琢鑿刻[3]（13b3）

2-58 爪打語解似 dasihimbi鷹鳥爪擊打樁 tusihiyalambi猛獸以爪抓打（13b4）

2-59 荒模語解似 muwaxambi糙做，粗々大概 muruxembi傍模，荒模兒做（13b5）

2-60 米穀語解似 jeku五穀糧米，又田苗 fisihe黄米穀子（13b6）

2-61 奶乳語解似 huhun人之乳 sun牲口奶子（14a1）

2-62 籍貫語解似 da susu原籍，本家 tesu ba本地，本處（14a2）

2-63 鉄鎖語解似 youse鎖頭 sele futa鉄鎖子（14a3）

2-64 穰[4]核語解似 use種子，子兒，又蟣子 faha穰子，仁子，核子，又

1 後尾：宏文閣本作“尾巴”。

2 又包裹：宏文閣本無此三字。

3 鑿刻：宏文閣本無此二字。

4 穰：宏文閣本作“穰”。

眼珠，令摔[1]，水乾了（14a4）

2-65 上去語解似 wesimbi升上，高升 tafambi往上々，登上。（14a5）

2-66 下來語解似 wasimbi降下，又瘦損 ebumbi下來（14a6）

2-67 涵容語解似 baktambumbi容量包涵 yondombi物内容放得下（14b1）

2-68 選拔語解似 sonjombi揀選，挑擇 silimbi選拔精鋭（14b2）

2-69 减退語解似 eberembumbi損减，又令衰弱 ekiyembumbi减少，又令缺。（14b3）

2-70 苦語解似 gosihon痛苦，又味苦 sui罪苦，孽苦，又令和泥，和麵，研墨（14b4）

2-71 口吹語解似 fiqambi吹哨子，吹弹之吹 fulgiyembi口吹風吹之吹（14b5）

2-72 訪尋語解似 werexembi訪問 fujurulambi訪尋（14b6）

2-73 存在語解似 bimbi存在 taksimbi存亡之存，存住（15a1）

2-74 後日語解似 qoro後日，後兒 amaga inenggi日後（15a2）

2-75 情願語解似 buyembi愛 qihangga願意，情願（15a3）

2-76 痊癒語解似 yebe病少愈，略好些 duleke痊癒了，又過去了，又大[2]着了（15a4）

2-77 閑暇語解似 xolo閑暇工夫 jabdumbi有工夫，趕得上（15a5）

2-78 冗[3]湎語解似 yumbi酒色志邪貪進去 irumbi貪邪沉溺，又沉底（15a6）

2-79 利益語解似 tusa便益，方便 aisi利益 madagan利錢（15b1-2）

---

1 令摔：宏文閣本作無此二字。

2 大：宏文閣本作“火”。

3 冗：宏文閣本作“沉”。

2-80 一半語解似 dulin凡事物分中一半 hontoho半拉，半个，整物之半，又管領下 dulgan不滿的一半（15b2-3）

2-81 衣領語解似 ulhun領窩子，又被襠，刀呑口 monggon hvsikv綿夾領，風領，又盔圍脖 monggorokv鑲沿領袖之領（15b4-5）

2-82 懶惰語解似 banuhvn懶惰，滑懶 holen怠慢，散懶，懈怠 bambi疲倦懶怠，又鼠盜洞（15b5-6）

2-83 毛髮語解似 funiyehe頭髮，又牲口毛 funggala禽鳥羽毛翎[1]子（16a1）

2-84 dethe翅翎，又箭翎（16a2）

2-85 母親語解似 eniye母親，係乎[2]叫用 eme母親，係書詞中称說用 aja媽□娘之稱[3]（16a2-3）

2-86 哥々語解似 ahvn長兄[4]，係称說用年長之長 age長兄[5]，哥々，係呼叫用，又公子之称 agu長兄，叟，係書詞中称說用（16a4-5）

2-87 饑餓語解似 urumbi饑餓 yadahvxambi發餓 omiholombi挨餓（16a5-6）

2-88 心意語解似 mujilen心意之心 gvnin主意，情意[6]，心思，志向 niyaman心肺之心，凡物中心，又双親，親戚之親（16b1-2）

2-89 能幹語解似 muten才能 enqehe鑽謀能幹 mergen賢才，智能，又善獵攬生（16b2-3）

2-90 費用語解似 faqambi花費 mamgiyambi奢花 baitalambi支用，使用

1 翎：宏文閣本後有“管”。
2 乎：宏文閣本作“呼”。
3 娘之稱：宏文閣本無此三字。
4 長兄：宏文閣本作“兄長”。
5 長兄：宏文閣本作“兄長”。
6 意：宏文閣本作“思”。

（16b4-5）

2-91　顔色語解似 boqo物之顔色，又氣色　qira面色，又嚴緊，鬆緊之緊，又馬嘴硬　fiyan容顔，又馬毛片，又胭脂（16b5-6）

2-92　種植語解似 tarimbi耕種　tebumbi栽種，又裝盛，令坐，令居又作黄洒[1]　usembi下種子（17a1-2）

2-93　吊掛語解似 lakiyambi懸掛吊起　monggolimbi脖頂[2]帶掛　ashambi腰間朖[3]前佩帶，掖掛（17a2-3）

2-94　元寶語錁錠語解似 yuwambou金銀元寶　xoge金銀錁錠　suhe紙元寶錁錠，又斧子，書注解，婦人小產，又脱衣解帶（17a4-5）

2-95　領頭語解似ujulambi第一爲首，領頭　turulambi倡率爲首，領頭　dalambi作頭目爲首，領頭，又以托々量（17a5-6）

2-96　牲口語解似 ulha牲口，畜生，總称　ujima家内喂養的雞犬六畜牲口總称　gurgu走獸，野牲口（17a1-2）

2-97　激發語解似 nukimbi用話激怒　nukqimbi激烈火性　huwekiyembi激發鼓興[4]，又慣[5]逞（17a2-3）

2-98　氣味與解似 wa氣味，又令殺　amtan口味　amtan simten滋味（17a4-5）

2-99　彎曲語解似 mudangga有彎曲的　gohonggo有彎鉤的　gahvngga有鉤娄頭峭彎的（17a5-6）

2-100　芽子語解似 argan大芽子，又獠牙　arsun發生的芽[6]子　fulhuren初生

1　洒：宏文閣本作“酒”。
2　頂：宏文閣本作“項”。
3　朖：宏文閣本作“胸”。
4　興：宏文閣本作“動”。
5　慣：宏文閣本作“貫”。
6　芽：宏文閣本作“牙”。

萌芽，又發旺，事開萌（18a1-2）

2-101 孝喪語解似 jobolon憂喪總称，又禍患[1] sinagan喪制，孝喪 sinahi孝衣（18a2-3）

2-102 誇獎[2]語解似 saixambi誇好 maktambi称頌，称揚，誇獎[3]，又撩擲，又放鷹之放，又撩蹶子 kiyakiyambi咂嘴称贊（18a4-5）

2-103 口嚐語解似 amtalambi嚐滋味 tamixambi叭打嘴嚐 angga isimbi讓人嚐（18a5-6）

2-104 皮膚傷破語解似 niltajambi皮肉擦破 niyelejembi皮肉碾破 niunggajambi皮肉磕傷（18b1-2）

2-105 利害語解似 nimequke利害可疼 gelequke利害可怕 nukaquka言語戳心利害，又扎剌[4]（18b2-3）

2-106 半途語解似 andala半途，半路兒 aldasi中止，半途而廢 unduri沿途，遁[5]路兒（18b4-5）

2-107 污穢語解似 hoilambi沾污 nantuhvrambi贓污 langsedambi不乾净，腌贓，又乱撒村言（18b5-6）

2-108 慰撫語解似 neqihiyembi勸慰平撫，又地面撒平 torombumbi以好言暖[6]撫安[7]慰 tohorombumbi安定撫恤（19a1-2）

2-109 捆束語解似 baksan捆子，把子，一攢一隊 fulmiyen一束，捲子，又行李 bonrhon[8]大攢堆，又人圍的圈子（19a2-3）

1 禍患：宏文閣本作“患禍”。
2 獎：宏文閣本作“將”。
3 獎：宏文閣本作“將”。
4 剌：宏文閣本作“刺”。
5 遁：宏文閣本作“随”。
6 暖：宏文閣本無此字。
7 安：宏文閣本無此字。
8 bonrhon：宏文閣本作borhon。

2-110 堆壘[1]語解似 muhaliyambi堆積 boktalimbi堆堆子 sahambi重疊，垛壘[2]，又砌墻之砌（19a4-5）

2-111 方纔語解似 teni然後，方始 tenike纔將 teike方纔（19a5-6）

2-112 股分語解似 ubu股分，又加倍[3]之倍[4] ufuhi全分，全料 yohi全副，全部（19b1-2）

2-113 背處語解似 anggiqi背後，背地裏 daniyan背風處，有遮蔽之處 dalda背噶拉，背眼處，又無人[5]背道，又令[6]掩瞞（19b2-3）

2-114 花兒語解似 ilha草木之花，又作的花[7] alha花牛[8]馬之花，花達，花彩，又閃緞 qargilakv花炮之花（19b4-5）

2-115 退縮語解似 bederqembi[9]退縮 sosorombi倒退，又爬耙子 tuhaxambi畏縮，又走獨木橋（19b5-6）

2-116 言説語解似 hendumbi説道 gisurembi説話 sembi称謂[10]（20a1-2）

2-117 洗滌語解似 obombi水洗之洗 silgiyambi漱口，又摇晃瀁洗 ebixembi沐浴，洗澡（20a2-3）

2-118 舒展語解似 sitarambi舒開 saniyambi伸開，又寬限之寬 sarambi展開，張開，打開（20a4-5）

2-119 鈎子語解似 dehe撓鈎，釣魚鈎，又算上 watan倒鬚子鈎 gohon凡物彎鈎，又帶鈎，車鈎心（20a5-6）

---

1 壘：宏文閣本作“纍”。

2 壘：宏文閣本作“纍”。

3 倍：宏文閣本作“分”。

4 倍：宏文閣本作“分”。

5 人：宏文閣本無此字。

6 令：宏文閣本前有“人”。

7 花：宏文閣本無此字。

8 牛：宏文閣本無此字。

9 bederqembi：宏文閣本作bedereqembi。

10 謂：宏文閣本作“説”。

2-120 囫圇齊全語解似 gulhun齊全整的 muyahvn囫圇完全 yongkiyambi全備，齊全 youni全都（20b1-2）

2-121 平常語解似 juken平常，又將能將勾 jergi平等，又品級，等次 en尋常，照常，照舊 arsari中等（20b3-4）

2-122 損壞語解似 hvwajambi破壞 manambi物舊殘破，又殘盡 efujembi自損壞，又敗壞 kokirambi受傷，虧損（20b5-6）

2-123 喘氣語解似 hejembi發喘，又織補衣服，下聘 fodombi張嘴大喘 hetexembi抖肩喘，又逢迎誦[1]貌 ergen gaimbi呼吸抽氣（21a1-2）

2-124 道理語解似 doro道理之道 doro yoso道禮[2]，禮體 dorolon行的禮貌禮節之禮 giyan天理之理，又理[3]該，理當（21a3-4）

2-125 叉子語解似 xaka軍器鉄叉，又魚叉 faka支頂的木[4]叉子 hente草叉子 xolon肉籤肉叉子，又竹籤子（21a5-6）

2-126 忍耐語解似 jendembi心憐忍 tebqimbi忍行忍作之忍 kirimbi忍耐 dosombi捱忍，耐得住（21b1-2）

2-127 仿效語解似 alhvdambi仿學 dursukilembi仿效形像 songkolombi仿效行迹 doron -i songkoi照依樣子摸子[5]（21b3-4）

2-128 寒冷語解似 xahvrun寒凉，又物凉 xahvrambi受寒，着凉，又熱物令凉 beikuwen冷 beyembi害冷（21b5-6）

2-129 逢遇語解似 uqarambi逢着，遇見 tunggalambi撞見 teisulembi遇合，又恰合着 karqambi對面當的[6]碰見（22a1-2）

1 逢迎誦：宏文閣本作“迎逢諂”。
2 禮：宏文閣本作“理”。
3 理：宏文閣本無此字。
4 木：宏文閣本作無此字。
5 摸子：宏文閣本無此二字。
6 的：宏文閣本作“胸”。

2-130 發憤語解似 kiqembi勤勉，用心，又謀望 sithvmbi上心發憤 girkvmbi勵志專心 fede令人加緊用力吧喏（22a3-4）

2-131 外頭語解似 tule門外之外 tuleri外頭，外面 tulergi外邊 tulesi向外，翻朝外（22a5-6）

2-132 腫脹語解似 aibimbi腫起 hukxembi大腫，又頭頂[1]，感戴，培土，籠鷹 kuhe膨脹了 madambi鼓脹，又茲生利息（22b1-2）

2-133 變化語解似 kvbulimbi變化，又篆寫 ubliyambi更變，又翻身，翻船之翻 gvwaliyambi改常，改變，又發昏 ubxambi翻轉，又造反[2]（22b3-4）

2-134 引導語解似 yarumbi前引 yarhvdambi率引，又捧馬之捧 yarkiyambi引誘，誆引 godembi局弄勾引（22b5-6）

2-135 足勾語解似 elehe心足了 tesuhe滿足了 esike吃飽勾了 isika勾用了，又將及，將致[3]（23a1-2）

2-136 陷害語解似 belembi誣賴陷害 tuhebumbi陷落，坑陷，又令倒下，墜落，定罪 ebderembi傷害，賊害 daxurambi禍害，傷人（23a3-4）

2-137 急躁[4]語解似 faqihiyaxambi發急，着急 fosokiyambi急躁[5] faihaqambi愁悶焦躁 fathaxambi咆躁，煩躁（23a5-6）

2-138 風流語解似 ailungga打扮的俏皮風流 yebqungge好看可愛的風流 ildamungga行動標致風流 haihvngga身軟嬝娜風流，又物和軟（23b1-2）

1 頂：宏文閣本無此字。
2 反：宏文閣本作“化”。
3 致：宏文閣本作“至”。
4 躁：宏文閣本作“噪”。
5 躁：宏文閣本作“噪”。

2-139 熱鬧語解似 kumungge吹打的熱閑[1] simengge興頭熱鬧，人多不冷清熱鬧 amtangga有趣味的熱鬧，又有香味[2] wenjehun家道興騰熱鬧（23b3-4）

2-140 羞愧語解似[3] girumbi害羞，害騷 yertembi慚愧，自愧 soroqombi羞愧難見，又沾不得手的疼 duksembi羞的臉紅（23b5-6）

2-141 事務語解似 baita事 baita sita事務 weile活計事，又罪，又令事奉 weilen工程造辦處（24a1-2）

2-142 發熱語解似 halhvn熱 halukan温暖 bulukan略温々的 wenjembi身子發熱，又燙酒熱茶之熱 gilaqambi煩躁發燒（24a3-4）

2-143 鑲沿語解似[4] kubumbi包鑲 bitumbi沿坐條，沿墻子 hayembi圈沿邊 jilbimbi沿牙綫（24a5-6）

2-144 神主祭位語解似 weqeku家祀神主，神位 vren神像，塑像，牌位 weqeku soko神祇，諸神 weqen祭祀的壇場 jukten同上（24b1-2）

2-145 量制語解似 kemnembi制量，尺量，又較量用 miyalimbi量米，量之總称 qelembi五尺竿子，比量，有歇後倒乏 futalambi繩子拉量，又以繩拴之（24b3-4）

2-146 一連語解似 nurhvmbi連々，一連 emu siran -i 一連的 urkuji接連不斷 ikiri一連串，又双生（24b5-6）

2-147 帶子語解似 umiyesun繫腰帶 uxe鞋帶，腿帶，凡小帶，又皮條 telgin褲帶 subehe孝帶，頭髮繩，又樹稍（25a1-2）

2-148 屈折語解似 oyombi盤撅彎[5]之 matambi煨烤彎之 bukdambi屈折，

1 閑：宏文閣本作“鬧”。

2 又有香味：宏文閣本無此四字。

3 似：宏文閣本無此四字。

4 似：宏文閣本無此四字。

5 彎：宏文閣本前有“變”字。

折叠 tuyambi屈按，又手脚屈觸（25a3-4）

2-149 後頭語解似 amargi後邊，又比 amala後頭，後面，随後 amasi退後，向後，往後，以後 amagan將來日後，後世之後（25a5-6）

2-150 邊界語解似 jeqen疆界，邊境 aqan -i ba接壤，交界 biregen木邊疆界 jase邊外，邊塞，邊寨之邊（25b1-2）

2-151 杵搗語解[1] niuhumbi碓搗，築墻之築 henqembi小杵擂搗，又鏇鍋 qongkixambi大杵舂搗，又鳥啄食 hungkimbi搥攤（25b3-4）

2-152 滲透語解似 simembi浸潤滲入 semembi点々 蔭[2]濕 senembi潮濕蔭開，墨蔭開 biljambi油蔭開（25b5-6）

2-153 勸讓語解似 anahvnjambi謙讓 anabumbi讓給，儘讓，又輸，又令推[3] darabumbi勸酒，讓酒 goqishvdambi謙遜（26a1-2）

2-154 催趕語解似 haqihiyambi上緊催逼，又勸逼 boxombi催，又趕攆[4] baxambi同上 xorgimbi催趲，又鑽，箭中一處，水衝瀼 amqambi從後追 fargambi從後趕（26a3-4）

2-155 浮水語解似 selbimbi人浮水，又划槳 niyerembi鴨鵝禽鳥浮水 fontumbi牲口浮水，又冒闖 wardambi狗刨兒浮水，又匼刂土（26a5-6）

2-156 地方語解似 na天地之地 ba處地方又里数 usin田地 falan屋内地，又里巷，又場院 hvwa院子地（26b1-3）

2-157 蹄爪語解似fatha牲口蹄子 wagan蹄碗子，又袖口 bethe人物的脚腿子 wasiha禽鳥爪子 oxoho龍虎之爪（26b3-5）

---

1 解：宏文閣本後有“似”。

2 蔭：宏文閣本作“陰”。

3 推：宏文閣本作“催”。

4 攆：宏文閣本作“攢”。

2-158 皮子語解似 furdehe細毛皮張 sukv粗毛皮張 ilgin去毛皮，生剝皮 otho[1]菓木的硬皮，硬殼子 uriha嫩皮，軟薄[2]皮（26b6-27a2）

2-159 黑青色語解似 sahaliyan黑色，烏黑 yaqin元青，皂青色 saharaka物舊黑了 fongsoko熏黑了 yamjiha天晚黑了 kara黑狗馬之黑（27a2-4）

2-160 道路强途語解似 jugvn道路 tala荒郊野道，又令抄家，煎攤 yen fugvn[3]蚰蜒小道，山路 on遠近路程 dedun歇站宿處（27a5-b1）

2-161 諂奉語解似 haldabaxambi諂諛 kuturqembi趨奉 aqabumbi迎合奉承，又令見，調合 sihexembi諂媚逢迩，又猫狗摇頭攏尾 saixakvxambi奉承討好（27b1-3）

2-162 遲誤語解似 goidabumbi久遲被誤 elhexembi遲緩 toukabumbi擔擱被誤，又消遣 sartabumbi被耽誤，又消遣 sitabumbi被誤事（27b4-6）

2-163 推托語解似 siltambi規避推諉 anatambi不管推諉 kanagan arambi借端推故 anagan arambi假借名色推託[4] anakv arambi借此推椿（27b6-28a2）

2-164 下頭語解似 fejergi下邊 fejile下頭，下面 wala下首 fusihvn以下之下，又卑賤，下賤 wasihvn往下，卑下（28a3-5）

2-165 斷折語解似 lakqambi繩索斷，又缺乏斷絶 bijambi損折，又鋭氣折之折 bilambi撅折，又限定 mokqombi折兩節 moksolombi撅斷（28a5-b1）

---

1 otho：宏文閣本作enonho。

2 薄：宏文閣本作“簿”。

3 fugvn：宏文閣本作jugvn。

4 託：宏文閣本作“故”。

2-166 正直語解似 tondo正直，忠直 sijirhvn鯁直 sijihvn直挺々 godohon跪立直竪々，又身高直 sehehuri排列直竪高出（28b2-4）

2-167 遥遠語解似 goro遠近之遠，又紫檀 goroki遠處 sangka輩数遠，又去遠，又日舒長 aldangga疎遠 malhvn路似近覺遠見走又省儉（28b4-6）

2-168 戲要語解似 efimbi頑要，頑戲 jobodombi[1]取笑鬭趣 injekuxembi取笑声 niubombi故意要戲打趣 yekerxembi敲着[2]邊暢快譏刺（29a1-3）

2-169 縷綹語解似 haqa一綹兒，一撚兒 hiya一小閽兒 sefere一掐兒 hergitu一纘子，一軸子（29a3-5）

2-170 澆奠語解似 hisalambi祭奠茶酒 qaqumbi澆天祭地 hithembi手指筋子沾酒滴奠 hungkerembi傾灌，又雨直傾，馬貫跑，傾心 suitambi澆水，澆酒（29a6-b2）

2-171 讒毀語解似 aquhiyadambi讒言，贓訟 ehequmbi毀謗，背後[3]說不好 xusihiyembi調唆 oforodombi 窩調惑反 jakanabumbi反間計離間（29b2-4）

2-172 出汗語解似 nei gaimbi發汗 nei tuqike汗出來了 taran waliyaha出大汗，又出洗屍汗 xebtehe汗濕透了，又水[4]濕透了 mudan傷寒病後得汗（29b5-30a1）

2-173 上頭語解似 dergi上邊，又東，又皇上 dele上頭，上面，又皇上 deleri浮上，又事不關心，又越上妄爲 wesihun以上之上，又尊貴 ninggude頂尖上頭（30a1-3）

1 jobodombi：宏文閣本作yobodombi。
2 着：宏文閣本無此字。
3 後：宏文閣本無此字。
4 水：宏文閣本無此字。

2-174 懼怕語解似 gelembi害怕 olhombi畏懼 golombi驚怕 sengguwembi畏憚，躞怕 isembi怕懼不敢，知怕懼改過（30a4-6）

2-175 填塞語解似 fihembi填，又挨擠 simbi塞，又行賄，補缺 jukimbi墊 sihelembi塞止，又攔阻 butulembi掩堵封閉（30a6-b2）

2-176 奇怪語解似 ganiu怪異 ferguwequke可奇，非常，靈妙 aldungga奇怪 faijuma古怪蹊蹺 feqiki奇異之詞（30b3-5）

2-177 磨研語解似 nikembi磨光之磨 lekembi磨刀之磨 niurombumbi錚磨鉄器 hujurembi以小磨々之 moselambi以大磨々之（30b5-31a1）

2-178 怨責語解似 dangsimbi呲槓数説 beqembi責備数説 jabqambi埋怨人[1]，又自悔怨又蚊蠓叮咬 wakalambi嗔怪不是，又糸 gasambi報怨，恨怨，又煩恼哭（31a2-4）

2-179 完盡語解似 wajiha完畢了 xanggaha完成了 waqihiyaha盡完了，完結了 mohoho盡頭了，窮了 duhembuhe終盡了（31a4-6）

2-180 豪强語解似 kiyangkiyan英雄，豪强 etenggi强梁，强盛 etuhun强壯 kiyangdu逞强，好勝 eru强壮不怯乏 mangga高强，剛硬，又價貴，又難（31b1-3）

2-181 輕忽語解似 heuledembi怠慢，懈怠 oihorilambi輕慢忽略[2] foihorilambi苟且草率忽略 dulemxembi忽略，過去 weihukelembi輕慢 fusihvlambi輕賤（31b4-6）

2-182 犯惹語解似 neqimbi犯罪之犯，又干犯，招惹 nungnembi招害人，又招惹 tajirambi小兒啕氣招惹 felehudembi冒瀆，冒犯，觸犯 latunambi近犯又挨近，又去姦淫 suqunambi去侵犯騷擾，上冲犯，又去討（32a1-3）

1 人：宏文閣本無此字。

2 忽略：宏文閣本作“怠忽”

2-183 行走語解似 yabumbi行事之行，又行走 yombi走去 feliyembi走，步履 yafagalambi步下走 oksombi邁步，又馬搭憨步走 oksonjombi小兒學邁步（32a4-6）

2-184 奸詐詭譎[1]語解似 jalingga奸狡 koimali虛詐謊詐 argangga好弄法子人 hutungge鬼詐人 toitonggo鬼計多端人 koitonggo怪樣多的人（32b1-3）

2-185 片塊語解似 fen四方糕塊 farsi片子塊 biha小片子肉 delhe田地片段 justan條子塊 dalgan园圃子，疙荅塊（32b4-6）

2-186 疙荅泡子語解似 buturi熱疙荅，粉酒刺 qilqin肉核子，奶核子，又馬槽口疙荅，凡疙荅俱是 bungjan胳膊的蝦蟆啃嘟子 fuka打的疙荅，又物泡子，清字圈泡，城甕圈，墻鼓肚子 busahe燎漿泡 hofun雨水泡子（33a1-3）

2-187 偏斜語解似 urhu偏 exen斜 waiku歪 hari弓稍歪，尾巴歪，跑的歪，令烙燙 keike偏心，刻薄 miusihon心邪，又物歪斜（33a3-6）

2-188 最甚語解似 umesi至甚，最狠 asuru最甚，狠 dembei最極，狠 mujakv着實，狠 hon已甚，狠 jaqi太甚，太過，頗覺（33b1-3）

2-189 爛碎語解似 niyambi糟爛，朽爛 ubambi霉污，又魚糟，肉壞 lalaji oho稀軟了，又碎爛了 xaxun akv稀爛碎的 meijembi粉碎 nijarambi研碎（33b3-6）

2-190 猶疑語解似 kenehunjembi疑惑 tathvnjambi猶疑不定 jequhunjembi猶疑不安 hvlimbumbi被惑 乱 迷惑 buhiyembi猜忌，嫌疑 tubixembi猜方，猜略 tulbimbi揆度，預略（34a1-4）

2-191 過失語解似 endebuku過失 ufaraqun失誤事 taxarabun錯失處

---

1 詭譎：宏文閣本無此二字。

qalabun差錯處　jabqaqun埋怨的事　wakalan嗔怪不是處　haran緣故過失，此之故耳之故（34a4-b1）

2-192 惱怒語解似 ushambi心裏暗惱，含慍　fuqembi fuhiyembi面上惱　jili banjimbi動怒，發怒　jilidambi使性氣　fuhun凶暴怒色　fohodombi惱怒　fanqambi生氣（34b2-5）

2-193 矜誇語解似 bardanggi誇口，落嘴人　demesi驕傲矜誇人　kvwasa言過其實，誇詐人　tukiyeqeku称美[1]誇張人　kangsanggi過於誇大人　kukduri虛誇人　geuge誇飾壞人（34b5-35a2）

2-194 削片語解[2] giyambi刀削片　kargimbi削截，剪下　argiyambi削去，又削退　asihiyambi削割　abtalambi收什[3]花樹删枝梗，折枝　biyombi片去浮油[4]，凡標刮浮上俱是　gvwaxxambi片肉片子（35a3-6）

2-195 軟弱語解似 uhuken軟硬柔軟之軟　uyan鬆軟，又稀飯之稀　niyeren單薄，軟弱　budun庸懦無濟　eberi不及　yadalinggv虛弱　niyeniyehun面軟，婆心，姑息（35a6-b3）

2-196 碎小語解似 buya碎小，又小氣，小人小孩之小　ajige大小之小　ajigen小々的　ajida一小点兒　aqigan幼小　asikan略小　asihan少年　jingjan身量最小不堪（35b4-36a1）

2-197 分散語解似 dendembi分取之分　faksalambi兩下分開　delhembi分家產之分　banjibumbi分排，又維[5]纂，造生　salambi散給　samsimbi四散，流散　faqambi作别散去，又絲絨散乱　fakqambi辞别，離

---

1 美：宏文閣本作“羡”。

2 解：宏文閣本後有“似”。

3 什：宏文閣本作“拾”。

4 油：宏文閣本無此字。

5 維：宏文閣本作“編”。

别[1]，又物開裂　hokombi離去，又休妻之休，又下班之下　aljambi離此至彼之離，又變面色口許（36a2-6）

2-198 綻裂語解似 fudejembi衣服綻裂　sendejembi崩的豁子，又河决開口　gakarambi物裂開口　fusejembi瘡迸裂，又薄處透破　jakarambi離開縫，又病少緩，又順着沿边　jakanambi墻壁裂縫　fiyerenembi裂開大縫子　fiyentehejembi瓷器破紋　siqambi物驚破紋，又声震耳（36a6-b4）

2-199 光明語解似 elden日光，火光，又物光亮　genggiyen清亮明亮又素緞　gehun明亮，又明々的，又眼直瞪着　bolgo潔净，清潔，清廉之清　ginqihiyan鮮明，光潔，乾净　nilhvn物滑溜，又水泥滑處　nilgiyan玉光潤，又髮美亮　iletu顯然，顯明，昭著，又小兒大方　getuken明白，清楚（36b5-37a3）

2-200 剪裁截斷語解似 girimbi裁齊邊　hasalambi以剪子剪裁　faitambi刀切割，又裁衣之裁，罰俸之罰　meitembi刀截斷，裁去　meilembi刀解開　meyelembi截成段　lashalambi弄斷，又斷事之斷[2]　kengselembi弄斷，又行事剪决（37a3-b1）

2-201 淺淡語解似 miqihiyan深淺之淺　qinggiya淺近，褊淺又路不見走覺近　nitan味淡薄　gelfiyen顔色淡　fundehun天色慘淡，又清淡　bunquhvn日色慘淡，夾陰天，又半温水　biyargiyan月色慘淡　biyahvn物色白淡　biyabiyahvn面色慘淡，又物色[3]白淡（37b1-5）

2-202 憎惡語解似 ubiyambi憎惡　eimembi厭煩，厭膩　hatambi憎嫌，

1 别：宏文閣本無此字。

2 斷事之斷：宏文閣本作“断之”。

3 色：宏文閣本無此字。

又湛刀刃子　seshembi厭煩，膩煩又洒[1]簿麵，抖衣　jeksimbi心懷畏懼憎厭　usurxembi酸文可厭不受用[2]　niyekdequke利害可嫌可厭　usun酸文可厭人[3]　seshun假道學討厭人　jekxun口苦可畏厭之人　ibiyaburu討人嫌的，厭物　ekxun可憎惡之人，又黃酒糟　ubiyada最[4]可惡可厭之人（37b1-38a6）

2-203　吆喝喊叫語解似 esukiyembi斷喝　esunggiyembi怒声斷喝　surambi作買賣吆喝　hvlambi讀，念，又呼喚叫人，又雞鳴　niyelembi言奉誦，又碾壓[5]　surembi喊叫　kaijambi納喊　ahvrambi行圍吆喝牲口　inqambi馬叫喚　murambi牲口叫喚，又哨鹿　guwendembi禽鳥叫喚（38a6-b5）

2-204　邊傍語解似 ergi左邊右邊四邊之邊　ebele這一邊　ebergi這一邊，赦後之後　qala那一邊，又已前　qargi那一邊，又已前　bajargi河那邊　bajila河那邊　buten天涯，又山邊，又衣邊子[6]　xala衣邊角，又地斜邊　delbin帽沿，帽邊　genqehen路邊綫，又刀背　dalin邊岸　qikin凡物邊沿　jerin器物邊楞，又鉄砧子　dalba一傍　asgan侍側，左右傍側（38b6-39b1）

2-205　纏挽語解似 hvsimbi纏裹　halgimbi盤挽（39b2）

2-206　勻撙語解似 jalgiyambi撙勻，通融　ibkambi撙緊撙短之撙（39b3）

2-207　擰扭語解似 sirimbi擰水，擠[7]鼻涕，究問　murimbi擰掐擰扭之擰，

1　洒：宏文閣本作“酒”。
2　不受用：宏文閣本作“人”。
3　niyekdequke利害可嫌可厭 usun酸文可厭人：宏文閣本無此部分。
4　最：宏文閣本後有“是”。
5　壓：宏文閣本作“厭”。
6　又山邊，又衣邊子：宏文閣本無此部分。
7　擠：宏文閣本作“濟”。

又執拗（39b4）

2-208 收驚語解似 xabargan gidambi米碗子，收驚 golohon gaimbi以水收驚（39b5）

2-209 草節語解似 sihiya牲口吃剩的草節子 dangxan草介，草頭，又綫頭子（39b6）

2-210 階級語解似 terki台堦子 tafukv tangka江蹽蹬[1]，梯子蹬[2]（40a1）

2-211 庶幾語解似 hamika將近了，將及了 isika將至了，將及了，又勾了，撏拔了（40a2）

2-212 緣子語解似 xentu匾緣子 gvran圓緣子，荷包繫，又公狍子（40a3）

2-213 造做語解似 weilembi造做，作活，又事奉 arambi做，又寫，又委署，又假揑飾（40a4）

2-214 座位語解似 sourin大位 teku座兒（40a5）

2-215 對頭語解似 bata敵人，仇敵，仇家 bakqin對頭，對手，對子（40a6）

2-216 因爲語解似 jalin爲此之爲 turgunde因此緣故（40b1）

2-217 拿獲語解似 nambumbi被拿住，遭獲 jafambi擒拿，又手拿着，御車，交納，化骨殖，圈柵墻圈（40b2）

2-218 親熱語解似 haji親愛，又荒年 habqihiyan待人親熱响快（40b3）

2-219 第二語解似 jaqin第二个的 jai次二，再又（40b4）

2-220 處作語解似 gamara處事裁處，又拿去[3] obure作之，爲之，以爲，當作（40b5）

---

1 蹬：宏文閣本作“橙”。

2 蹬：宏文閣本作“橙”。

3 又拿去：宏文閣本無此三字。

2-221 生活語解似 weijuhe蘇醒活了 banjiha生了，養了，又嫡親的（40b6）

2-222 各自語解似 meni meni我們各自 teisu teisu本人各自（41a1）

2-223 屬下語解似 harangga所管屬下 aiman外夷部落（41a2）

2-224 縫隙語解似 fiyeren大縫子，山縫 jaka小縫子，又墻壁縫，又物件（41a3）

2-225 翎管語解似 kitala翎毛的翎管子 sixa侍衛戴翎管子，又腰鈴，酒稍子（41a4）

2-226 羹湯語解似 sile煮肉空湯 xasihan做的羹湯，菜羹（41a5）

2-227 窩巢語解似 yeru巖穴，大獸洞穴 feye凡鳥獸虫蟻窩巢，又青傷（41a6）

2-228 强嘴語解似 giyangnakvxambi頂嘴，强嘴 tabsitambi狂言搶嘴（41b1） kame gisurembi搶着説，又衆相圍言（41b1-2）

2-229 陡險語解似 hailashvn陡險之處 haksan險峻陡直，又險惡，金黄色 jequhuri行的危險，又疑而未定（41b2-3）

2-230 空虚語解似 kumdu空虚，虚心之虚 untuhun空無 funtuhun空曠（41b4-5）

2-231 争競語解似 temxembi争競 nemxembi争添，争加 namarambi争而又争[1]添加（41b5-6）

2-232 惱恨語解似 seyembi惱恨 korsombi愧恨 korombi自悔恨（42a1-2）

2-233 還又語解似 hono尚且還要 kemuni仍還，還是 geli又，還，再（42a2-3）

2-234 急快語解似 hahi緊急 hvdun疾快 dadun敏捷，又刀快 hasa催令疾

1 争：宏文閣本無此字。

速（42a4-5）

2-235 鄉屯語解似 gaxan鄉村 tokso屯莊 falga里巷，鄉黨，同鄉里，又風一陣々（42a5-6）

2-236 灰塵語解似 fulenggi火灰 buraki塵土，灰塵 fongsonggi吊埸灰 toron盪起的征塵，又傷痕印，脚踪（42b1-2）

2-237 苫盖語解似 elbembi罩覆，又護苫，苫草 dasimbi苫盖，掩盖 dalimbi遮蓋，又遮擋，又烘趕 buheliyembi蒙上 burimbi繃上，又吊皮襖（42b3-4）

2-238 差事語解似 elqin欽差，使臣 alban官事，交官，官私之官 takvran差使 xulehen征的斂賦，攢收的錢粮（42b5-6）

2-239 時候語解似 erin時辰，時候 uquri時際，這一向 fon彼時候 nashvn時際，際會（43a1-2）

2-240 壅淤旱住語解似furgibumbi土泥屯淤 hanggabumbi壅塞旱住不動，又亢旱 hvfubumbi船淤淺旱住 hangnambi以銲藥銲之（43a3-4）

2-241 盹睡語解似 amgambi睡覺 dedumbi睡卧，倘下，又值夜 amu gaimbi打一个盹 amu xaburambi打盹

2-242 根本語解似 fulehe根本之跟，足[1]草木之根 da根本之本，原始，又頭目首領，一根一托[2] ujan凡物兩頭之頭，又地頭 hede瘡根，又餘根基，凡餘根俱是（43b1-2）

2-243 擾亂語解似 burgimbi紛々荒乱，擾乱，乱營 qurgimbi紛々乱言，乱哄[3] qoqarambi妄動胡吵鬧，混乍庙 faquhvrambi作乱，又心内發乱。（43a3-4）

1 足：宏文閣本作“凡”。

2 一根一托：宏文閣本無此四字。

3 哄：宏文閣本後有“々説”。

2-244 口袋語解似 fulhv口袋 sumala小口袋 jumanggi搭包，囊袋，挎袋，草紙袋 sunta鷹食袋（43b5-6）

2-245 熟慣語解似 ildumbi熟便 ilimbaha熟慣 urembi生熟習熟又熟，又心傷透 taqimbi學慣，又習學（44a1-2）

2-246 重復語解似 dahvme從復 dasame更復，又修治，改治 dahime再復 dabtambi重復說，又折打銅鉄（44a3-4）

2-247 豁口語解似 qontoho小豁[1]子 futuhu倒的墻豁子，又田未[2]不長處 onqoko豁唇子 angga口子，又口嘴（44a5-6） kamni隘口，窄口子，關口之口（44a5-b1）

2-248 窟窿眼語解似 yasa眼子，又眼日[3] sen扎的耳眼，又小碎眼子 sangga窟窿 unggala窟窿膛，又耳洞，樹孔 unggin凡器物安把[4]的窟窿（44b1-3）

2-249 提說語解似 jompi[5]因提起 jongko提起來了，又胎動 jonombi提起 jondombi不住提說 jombumbi提補於人，又令鍘草（44b4-6）

2-250 生長養育語解似 mutumbi長 banjimbi生，又過活[6] hetumbumbi度日度命之度，過冬之過 ujimbi養活，豢養 hvwaxambi養育，長成，出息（44b6-45a2）

2-251 傾頹語解似 naihvmbi歪倒 haihambi歪倒 haidarambi歪蒯着 laifarambi没精神軟倒，又花草軟倒 tuhembi倒落，吊失（45a3-5）

2-252 暴躁語解似 hatan性暴，又酒釅 furu凶暴，又口瘡，樹木旁叉，令

1 豁：宏文閣本後有“口”。
2 未：宏文閣本作“禾”。
3 日：宏文閣本作“目”。
4 把：宏文閣本作“耙”。
5 jompi：宏文閣本作jombi。
6 活：宏文閣本無此字。

切肉遜[1] hakqin疾暴人 doksin暴戾，暴烈，又馬劣蹶 dabduri孟浪疾暴 akjuhiyan浮躁，又物脆（45a5-b1）

2-253 悔負語解似 aliyambi後悔，又等候 gombi返悔 bufaliyambi改口 aifumbi爽信負約 urgedembi虧負，辜負 qashvlambi背叛，背負（45b2-4）

2-254 奔跑語解似 sujumbi人跑 gardambi人大步疾走，小顛跑 surtembi衆奔跑，又奔競 feksimbi馬跑，牲口跑 katarambi馬小顛 xodombi游闖閑走，又馬大顛，網兜抄魚（45b5-46a1）

2-255 衆多語解似 labdu多少之多 geren衆多，衆人 fulu餘多，强勝 kejine許多，又良久，好一會[2]，好半日 ambula盛多，又甚實 elgiyen廣多（46a2-4）

2-256 拙鈍語解似 moqo愚拙蠢犇 modo口拙遲鈍 lata行事遲鈍，又馬疲慢[3] moyo行事遲鈍，又刀鈍，又水痘[4]兒 laju身腨犇蠢犇，又駁[5]子累墜 mufuyen魯鈍（46a5-b1）

2-257 嘔吐語解似 oksimbi吐出 fudambi往上倒翻嘔吐 fuyambi憎惡發乾噦 fuyakiyambi乾噦，乾嘔 ohorxombi惡心，欲吐 eyerxembi惡心流吃水，又厭惡（46b2-4）

2-258 留下語解似 bibumbi存留，令在 tutambi垂留，遺留[6]又落後，存後 werimbi留下 sulabumbi留剩，又令閑着（46b5-6）

2-259 脱失語解似 multulembi禿嚕脱開 turibumbi失手脱失，又令僱，令

1 遜：宏文閣本作“絲”。

2 會：宏文閣本作“令”。

3 又馬疲慢：宏文閣本無此四字。

4 痘：宏文閣本作“豆”。

5 駁：宏文閣本作“馱”。

6 遺留：宏文閣本將此二字置於末尾。

租（47a1）

2-260 盤子語解似 fan或方或圓的木盤子 alikv盤子總称（47a2）

2-261 熬煮語解似 bujumbi水煮 fuifumbi煎熬（47a3）

2-262 挽袖語解似 ulhi hetembi捲起袖子 gala sidahiyambi恼怒擄袖舒手（47a4）

2-263 能着語解似 nikedembi支持[1]能着 ainame ainame苟且，胡里馬里的（47a5）

2-264 執拗語解似 murikv執拗牛心人 memereku固執人，死搬樁人（47a6）

2-265 擅自語解似 ini qisui擅自，私自，又自然而然的[2] ini qihai由其他，以任他，任其自然（47b1）

2-266 生虫語解似 werenembi虫吃樹，物内虫[3]蛀 umiyahanambi生虫，長虫（47a2）

2-267 屯舊語解似 fe新舊之舊 fereke屯舊了，又声震耳，頭暈心忙（47a3）

2-268 絮叨語解似 yeye話絮叨，又粘，又蛆 dalhvn話瑣碎，又粘痰之粘（47a4）

2-269 煩数語解似 dalhi煩数，煩絮不止 sirke纏綿，悠戀不休（47a5）

2-270 配合語解似 teisu合分量，又本分 teherembi相配，相稱，相當，相等（47a6）

2-271 筏子語解似 ada船筏子 fase木排筏子，又天平的法馬（48a1）

2-272 抖毛語解似 isihimbi鳥獸抖毛，又抖，摇頭 suksurembi鳥抖散摘

1 持：宏文閣本作“特”。

2 的：宏文閣本無此字。

3 虫：宏文閣本作“生”。

毛，又鷹打樁（48a2）

2-273 透通語解似 hafukiyambi通達透徹 fondojombi物破透穿（48a3）

2-274 兩岔語解似 faju丫[1]巴兒，又手虎口 fasilan兩岔子，又岔故事（48a4）

2-275 節段語解似 meyen一節，一段，一排 jalan兵隊排列[2]，行列[3]，又世代，輩数，墻一堵，骨節，竹節（48a5）

2-276 疼痛語解似 nimembi害疼，又害病 fintambi疼痛甚，又痛[4]心（48a6）

2-277 頂子語解似 jingse朝帽頂子，車轎銅錫頂子，旗杆頂子 oyo房頂，帽上頂，車轎蓬頂，凡物頂蓋，又福胙[5]祭肉，又令煨撅（48b1）

2-278 容近語解似 halbumbi容留，容納 halanambi近前去，又去更換（48b2）

2-279 稠濃語解似 tumin稠濃，味厚，色深，來往勤 fahala稠濃，色黑紫（48b3）

2-280 積年語解似 gista老積年，又筋頭子 silkan歷練精透人，又無枝長葉硬木（48b4）

2-281 綁[6]縛語解似 hvwaitambi拴繫 huthumbi綁縛（48b5）

2-282 獵捕語解似 butambi拿捕，捉拿，又掙錢 buthaxambi打拄，捕獵（48b6）

2-283 游曠語解似 guwanglambi閑散曠 sargaxambi saraxambi游玩

1 丫：宏文閣本無此字。
2 列：宏文閣本作“烈”。
3 行列：宏文閣本無此二字。
4 痛：宏文閣本作“疼”。
5 胙：宏文閣本作“胙”。
6 綁：宏文閣本作“綁”。

（49a1）

2-284 遷調語解似 forgoxombi調遷，調轉 teudenjembi遷換，調換（49a2）

2-285 潮濕語解似 derbehun潮滷 usihin水濕（49a3）

2-286 變臉語解似 qira aljambi變顏色 eherembi反目變臉（49a4）

2-287 遺失語解似 melebumbi遺漏，遺落，令飲馬 waliyabumbi丟失，又令抛棄，又令土墳（49a5）

2-288 傳遞語解似 ulandumbi相傳授 ulan ulan -i傳遞，一灣倒一灣（49a6）

2-289 不舒服語解似 iqakv不如意 kuxun不舒服，又碍眼，心内嘈雜（49b1）

2-290 興起語解似 yendembi興隆，興起，又火旺 mukdembi興騰，興起，又昇騰，鳥飛騰（49b2）

2-291 起發語解似 deribumbi初起，作起 dekdembi生起，往土[1]起，又漂浮（49b3）

2-292 挫磨語解似 akabumbi勒掯，又令傷心 adunggiyambi作踐，挫磨，折挫 monjirambi揉搓 bukdaxambi揉按，揉折，又壓揉盤馬（49b4-5）

2-293 旗旛語解似 gvsa八旗旗下人之旗 tu大纛[2]，坐纛旗 kiru小旗子 fangse幡，又紡絲（49b6-50a1）

2-294 間隔語解似 giyalambi隔斷，間隔 jalambi間息，間止 huwejembi安牌插，安屏障 hashalambi柵籬笆（50a2-3）

2-295 舟船語解似 quwan船 weihu舟，小划子船 jaha渡江船，尖頭

1 土：宏文閣本作“上”。

2 纛：宏文閣本後有“旀”。

小划子船 nimaxakv小漁船，撥船（50a4-5）

2-296 誠實語解似 unenggi誠實 yargiyan真實 mujangga果然，果真 yala真乃，真[1]個，正是那，又想話声氣（50a6-b1）

2-297 乾涸語解似 olhoho濕物乾了，畏怕了 faha水乾了，又核子，仁子，穰子，眼珠，令摔 kataha物乾硬透了 sengseke陽乾了，半乾了（50b2-3）

2-298 樣制語解似 durun式樣，模子 tuwakv榜樣，看樣 kemu制子，定制 kouli例，規矩（50b4-5）

2-299 結連語解似 falimbi交結，結連，拴結 holbombi連繫一處，又匹配，婚配 mampimbi打疙苔，拴扣子 sirambi接續，承繼（50b6-51a1）

2-300 烟語解似 xanggiyan火烟，又白色 dambagu吃的烟 fangxakv熏的烟 xanggiyakv號火烽烟，又蠨[2]烟（51a2-3）

2-301 先前語解似 nenehe先前，前朝先人之先 neneme先後之先 nenden居先，爲先，打頭佔先之先 julergi前邊，又南 juleri前頭，前面 julesi往前，向前，朝前，以前（51a4-6）

2-302 摻混語解似 uqumbi拌上 kvthvmbi fumerembi混攪 suwaliyambi摻上，又并連，又連累 aqabumbi調[3]合，對上，又令會見，奏合奉承 barambi摻混一處，又以湯水泡飯 suimbi和泥和麵之和，研磨之研（51b1-3）

---

1 真：宏文閣本作“直”。

2 蠨：宏文閣本作“蚊”。

3 調：宏文閣本作“語”。

2-303 拆[1]毀語解似 efulembi拆[2]毀，毀壞[3] fudelembi拆[4]衣服 garlambi拆[5]開 garmimbi零拆[6]開 subkelembi折絨披子 debkelembi拆[7]繩子

2-304 加增語解似 nemselembi多加，外加，復添 nonggimbi增添加增 nemembi愈加，又更甚，又串米（52a1-2）

2-305 大方語解似ambaki大樣，大道 ambalinggv氣概大，動作大方 fujurungga丰雅[8]大方，一貌堂々，又舊家風（52a2-3）

2-306 順當語解似 ijishvn事順，和順 iqangga如意，舒服，順當，又美味順口 dahashvn順從，随順（52a4-5）

2-307 劃破語解似 fuselembi豁破瘡癤 jisumbi刀劃割[9]皮子 seqimbi刀豁破開，又犁豁地（52a5-6）

2-308 摟扒語解似 hederembi耙子摟草 hexurembi一概摟取，又扒草 heperembi一概總摟，又老胡塗，乱醉如泥（52b1-2）

2-309 坡子語解似 meifehe山坡，一墁坡 eneshun偏坡 fiyelfe陡坡平處（52b2-3）

2-310 提繫語解似 sorbo帽提繫 babun筐提繫，桶梁，箱環，鞦根皮條 sengke鐘鈕，鈕鼻，繩提繫（52b4-5）

2-311 摔奪語解似 isihidambi摔奪人，乱抖 dushutembi摔奪人，又乱頙[10]扯 seshetembi摔奪人，又乱洒，馬摇晃腦袋（52b5-6）

---

1 拆：宏文閣本作“折”。

2 拆：宏文閣本作“折”。

3 毀壞：宏文閣本作“折懷”。

4 拆：宏文閣本作“折”。

5 拆：宏文閣本作“折”。

6 拆：宏文閣本作“折”。

7 拆：宏文閣本作“折”。

8 雅：宏文閣本作“彩”。

9 割：宏文閣本後有“破”。

10 頙：宏文閣本作“頓”。

2-312 溝濠語解似 yohoron山溝，溝之總稱　sibkvri城頭水溝眼　ko陰溝　ulan大濠，又傳道之傳（53a1-2）

2-313 抽拔拉扯語解似 dabgimbi耕苗拔草　goqimbi抽拔，抽撤，又榨酒，虹出，馬吊膁，行衣盪子，水落，吹笙，胡琴　isimbi撏拔，又致興，又勾用　sibimbi拔系之拔，又攄箭幹　uxambi人拽，又牲口拉　tatambi拉，扯，抽，掣，又下營下店之下（53a3-5）

2-314 抽縮語解似 ikvmbi抽縮　goqimbumbi抽々的歪扭，手脚抽搐，又抽提　gohorombi毛稍鈎　fodorombi毛倒捲　miuxorombi直物歪扭彎曲　bokirshvn身体手脚拘攣　hotorombi一頭翹起　hiyotorombi兩頭翹（53a6-b3）

2-315 合并關閉語解似 kamnimbi并口，合縫　kamqimbi兼并一處，合并　adambi并排一處，挨并，排并，陪列，排着打圍　kaba并蒂，雙棒兒　mimimbi閉　yaksimbi關閉（53b4-6）

2-316 哄騙語解似 eiterembi哄騙　hoxxombi 豗騙　hvbixambi圈套哄，弄圈套　holtombi撒謊，假冒[1]　holo真假之假，又山圈子，地壠溝，瓦壠溝　nandambi口要白騙　taxan虛實之虛（54a1-4）

2-317 剥揭語解似 kokolimbi剥脱衣服　kvwalambi剥揭物皮　hvwalambi打破，剖開，又撕破　hvwakiyambi剥皮殼子　kolambi揭瓦，又剥整皮之剥　ilambi掀揭，又花開放　ilembi揭麻又舌頭吮（54a4-b1）

2-318 縫納語解似 ifimbi ufimbi以針縫　ulembi直針縫　sisembi粗綳縫住　sijimbi倒扣針縫　filembi折叠着縫　nemkimbi鎖邊子　uxembi納底子，又實行盪子　sabsimbi實納，又打馬鬃，又針扎刺　xeulembi扎

1　假冒：宏文閣本無此二字。

繡，刺綉　wangnambi鞋上扎花　hadambi鞝靴鞋[1]，釘鈕絆，又釘[2]火厥[3]子之釘。（54b2-55a1）

2-319 稠密語解似 fisin物細密[4]稠密，又人厚道，又精肉之精　jira痘稠密，又草木稠密，又生子稠密　luku皮毛[5]厚密，又草木稠密，又花毛虫（55a1-2）

2-320 声音語解似 jilgan聲兒　mudan音韵，又灣子，遭次，手搓彎條餑々　uran山音，甕声，後音（55a2-3）

2-321 贊嘆語解似 nasambi贊歎　qibsimbi嗟嘆，咂嘴嘆不止　sejilembi嘆息，長歎氣（55a4-5）

2-322 火烤語解似 filembi人烤火　fiyakvmbi炙烤肉物（55a6）

2-323 臭氣語解似 wahvn臭氣　warukabi物壞有臭味（55b1）

2-324 酸味語解似 juxuhun酸　juxekebi物壞有酸味（55b2）

2-325 控淋語解似 sekiyembi滴瀝淋水　sukiyambi器物倒控乾（55b3）

2-326 潑洒語解似 sombi手洒　sisambi水潑撒出（55b4）

2-327 樹林語解似 bujan平川的樹林子　weji山野遮天蔽日的密樹林[6]（55b5）

2-328 口啃語解似 gedumbi口啃　kemkembi牲口狗伸嘴啃咬（55b6）

2-329 髪毛稀短語解似 sibkari人頭髮稀短　sihete牲口尾子稀短（56a1）

2-330 渾濁語解似 dungki人糊塗渾　duranggi[7]水[8]渾，又酒上貪昏（56a2）

---

1 靴鞋：宏文閣本作“鞋靴”。

2 釘：宏文閣本作“丁”。

3 火厥：宏文閣本作“橛”。

4 密：宏文閣本無此字。

5 皮毛：宏文閣本作“毛皮”。

6 林：宏文閣本後有“子”。

7 duranggi：宏文閣本後有de。

8 水：宏文閣本無此字。

2-331 撰落語解似 yahi尅落的外撰兒 ferhe gidambi挑好的留後手（56a3）

2-332 巧言語解似 angga faksi口巧 anggalinggv善説佞口（56a4）

2-333 前胸語解似 tulu牲口馬的前胸 tunggen人胸叉，又牲口的胸叉子（56a5）

2-334 樓閣語解似 takto樓房 leuse城門樓子（56a6）

2-335 慌忙語解似 ebuhu sabuhv慌々張々 ekxeme saksime急々忙々（56b1）

2-336 辱磨語解似 dere efulembi破臉村説 derakvlambi辱罵，給没臉（56b2）

2-337 未終語解似 wajima末了 dubeheri未[1]尾，又物儘稍頭（56b3）

2-338 一色語解似 buljin物純色不雜 gulu一色素，又正黄旗之正，人本色朴實（56b4）

2-339 回嗔語解似 nitarambi怒氣消，又意淡 gunirembi怒氣少解，性子回，又馬肚[2]帶鬆，綁的繩鬆，又箭吐信子（56b5）

2-340 乘陰凉語解似 sebderilembi乘陰 serguwexembi乘凉（56b6）

2-341 吸磕語解似 mukvmbi口吸氣，吸水 usihiyembi ukiyembi吃粥面抽呵（57a1）

2-342 疲乏語解似 xadambi身乏，力乏 qukumbi疲困勞乏（57a2）

2-343 糞屎語解似 hamu人糞 kaka小兒奶屎 fajan禽鳥牲口糞 xoxon鷹鷂屎，又婦女髮纂抓髻（57a3-4）

2-344 醒了語解似 getehe睁眼醒了 sulahan歇睡睏過去了 sureke睏睡醒了 subuha酒醒了，又毒解了，令人解釋 suruke勸醒了 aituha蘇醒了，緩過來了（57a5-b1）

---

1 未：宏文閣本作“末”。

2 肚：宏文閣本作“吐”。

2-345 哼々語解似 nidumbi病痛呻吟哼々 mujimbi悲咽哼々不出，病痛重哼々不出 gingsimbi低声哼々哭，又念書哼[1]，狗哼々（57b2-3）

2-346 過去語解似 tulimbi過了日期之過 dulembi走過去，又病痓痾，又火着[2] dulimbi星夜，連夜，過夜，搭夜作（57b3-4）

2-347 抓橈語解似 waxambi撓癢々，抓癢々 wasihalambi指甲抓，又鳥爪子抓 xoforombi手撓，又鷹抓物（57b5-6）

2-348 雲子語解似 tugi素珠的背雲，又雲霧之雲 kvthvri靴鞋帳房的雲子 bangtu鐙雲子，又斗[3]拱的雲頭（57b6-58a1）

2-349 挾迫[4]語解似 xerimbi挾制，嚇詐 hafirambi逼迫着窄，又挾拿，又夾牙縫，鉗子夾之夾 ergelembi强押派，又膀腕疼痛挎着（58a2-3）

2-350 牽連語解似 guqihiyerembi扳伴，扳扯 uxabumbi被牽扯連累，又令拉拽 holbobumbi干連，關係，又令匹配，拴繫（58a3-4）

2-351 開々語解似 neimbi開々 milarambi大開々，又閃開，馬跑消開 sumbi解開，又脱衣，解帶，又開銷（58a5-6）

2-352 柳木語解似 fodoho柳樹，柳木 burga柳條子 fodo跳神的柳枝子，又墳花（58a6-b1）

2-353 急忙語解似 hargi湍水緊疾，又芥菜 turgen水緊疾，又馬疾快，病緊，痛緊 ekxembi急忙（58b2-3）

2-354 跳躍語解似 fekumbi跳起，跳下 godombi魚迸跳 miyehudembi牲口撒欢迸跳（58b3-4）

---

1 哼：宏文閣本後有“々”。

2 又火着：宏文閣本無此三字。

3 斗：宏文閣本作“十”。

4 迫：宏文閣本作“拍”。

2-355 稀踈語解似 seri凡事物稀少　semehun布帛粗稀　nirga皮張毛稀薄　gargiyan枝葉稀踈　sargiyan絪[1]眼稀，又草木稀踈（58b5-59a1）

2-356 不肖語解似 geterakv，不長進，又不醒　gusherakv不成氣　fujurakv行止鄙陋不正道　dursuki akv不肖，不像模樣，没人樣　dekjirakv没出息，又生意家道不起發，又火着不起（59a1-3）

2-357 擊打語解似 tatambi凡打人打物之打　forimbi敲擊[2]，擊[3]鼓鑼，撞鐘，擊[4]磬之擊[5]　toksimbi敲梆，敲門，敲木器之敲　jokjambi捶打　tongkimbi鑿打，戳打　tvmbi打造又板子捶，連枷打，打鼓，拍扎板（59a4-6）

2-358 憂悶語解似 alixambi發悶，納悶　gingkambi心焦悶　gusuqumbi心悶躁　joboxombi憂愁（59b1-2）

2-359 瘦損語解似 narakabi稱人面色清減了　wasikabi瘦損了，又降下來了　maquhabi[6]憔悴大瘦了　turgalaha瘠瘦了（59b3-4）

2-360 異樣語解似 demun異端，行的怪樣事　enqu haqin另一樣，又別樣（59b5）

2-361 馬駒語解似 dahan大馬駒子　unahan驢馬小駒子（59b6）

2-362 譫語解似 basunggiyambi説睡語　febgiyembi譫語，不[7]罵人説夢話（60a1）

---

1 絪：宏文閣本作“綱”。

2 擊：宏文閣本作“繫”。

3 擊：宏文閣本作“繫”。

4 擊：宏文閣本作“繫”。

5 擊：宏文閣本作“繫”。

6 maquhabi：宏文閣本作maqukabi。

7 不：宏文閣本作“又”。

2-363　滑蹽語[1]解似 nisumbi蹓[2]滑蹽頑　nilhvdambi地滑蹽（60a2）

2-364　圜圓語解似 muheliyen方圓之圓　muhaliyan圓弹，丸子，毬子，圓子兒，又圓堆（60a3）

2-365　管着語解似 kadalambi轄管　dambi照管，又救護，火着，刮風刀砍入（60a4）

清文啓蒙卷之四終

1　語：宏文閣本無此字。

2　蹓：宏文閣本作“蹽”。

卷二漢文詞彙索引

北京大學中國語言學研究中心

国家出版基金项目
NATIONAL PUBLICATION FOUNDATION

早期北京話珍稀文獻集成

主編 劉雲

清代滿漢合璧文獻萃編

漢文主編 劉雲 陳曉

滿文主編 王碩 [日]竹越孝

清文啓蒙

卷二

[清]舞格 編著

[日]竹越孝 陳曉 校注

北京大學出版社
PEKING UNIVERSITY PRESS

影印本

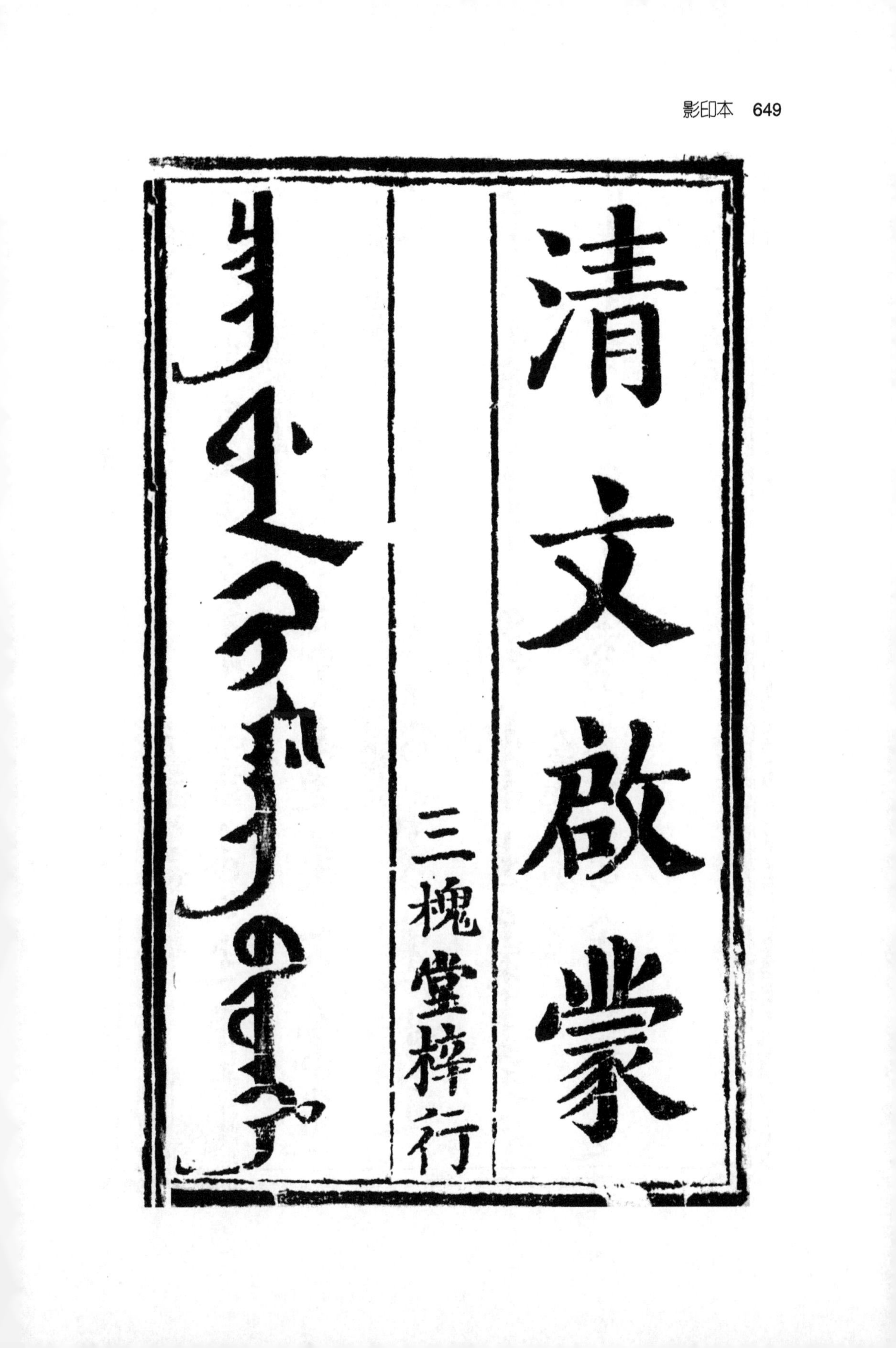

清文啓蒙

三槐堂梓行

由淺入深

行遠自邇之寓意焉

然開蒙循序

雖甚淺近

其所註釋漢語

以課家塾者也

清文啟蒙一書

乃吾友壽平先生著述

序

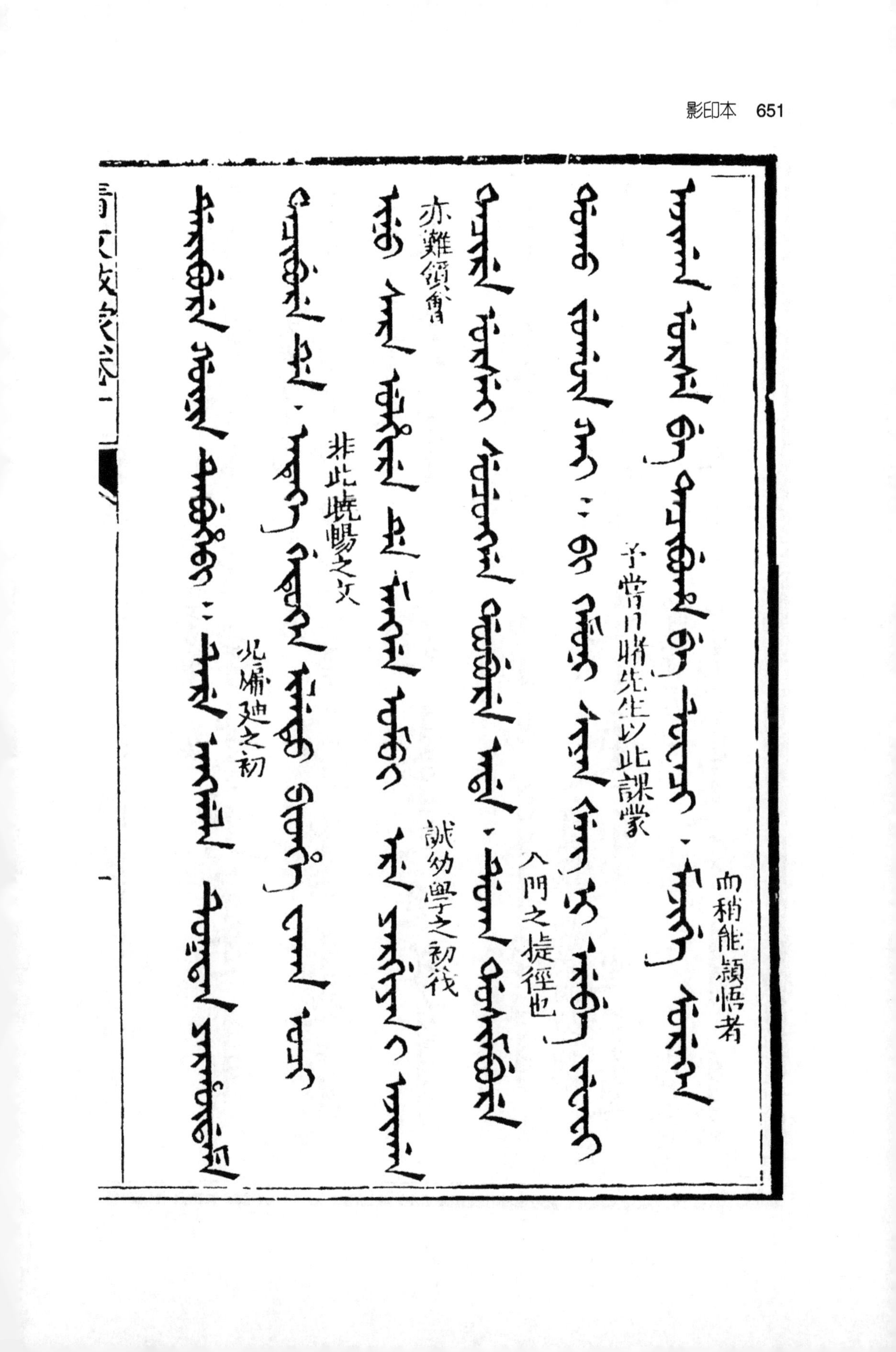

而稍能領悟者

予嘗日聆先生以此課蒙

入門之捷徑也

誠幼學之初筏

亦難領會

非此曉暢之文

况牖廸之初

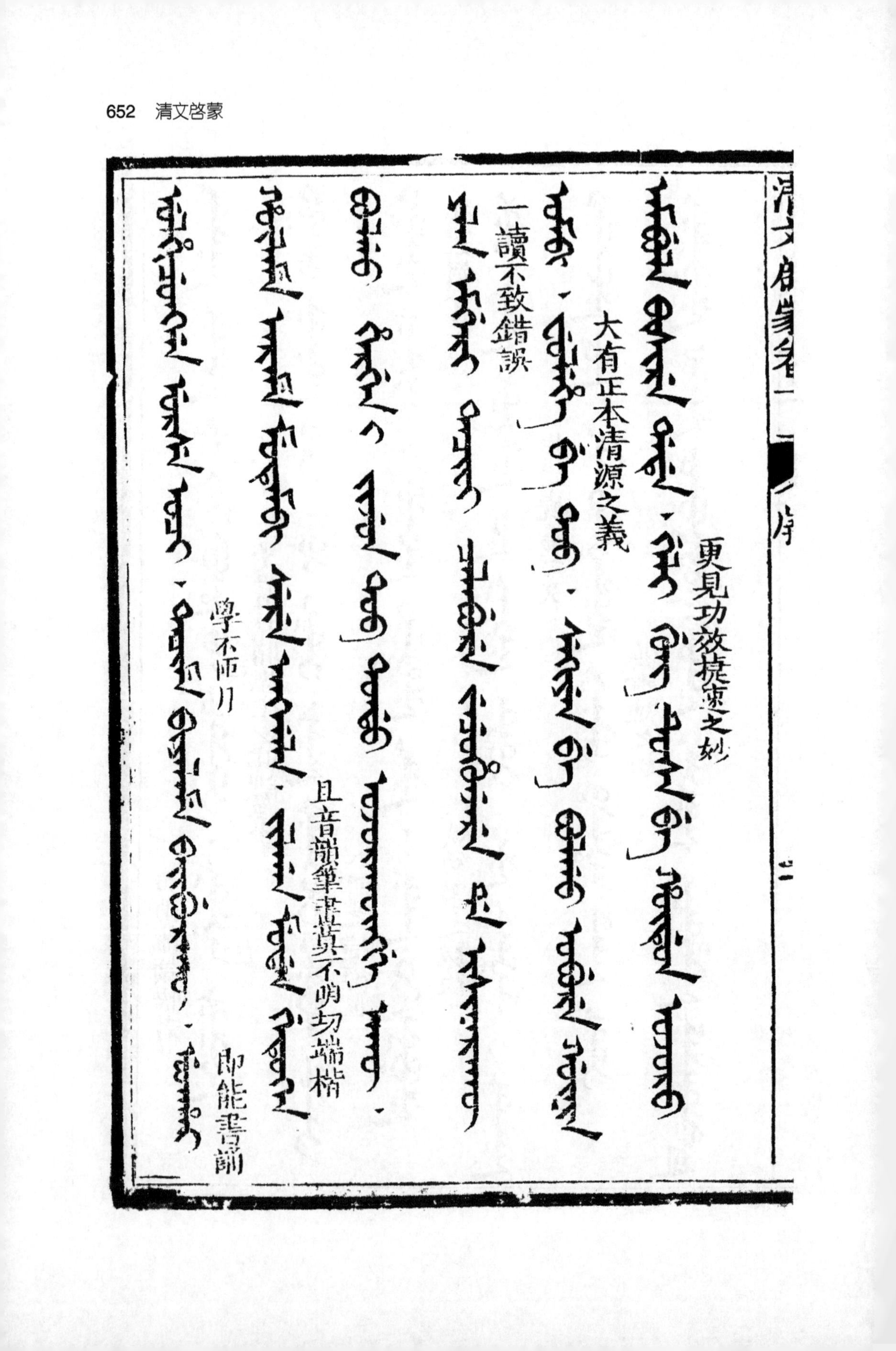

更見功效捷速之妙

大有正本清源之義

一讀不致錯誤

且音韻筆畫莫不明切端楷

學不兩月

即能書誦

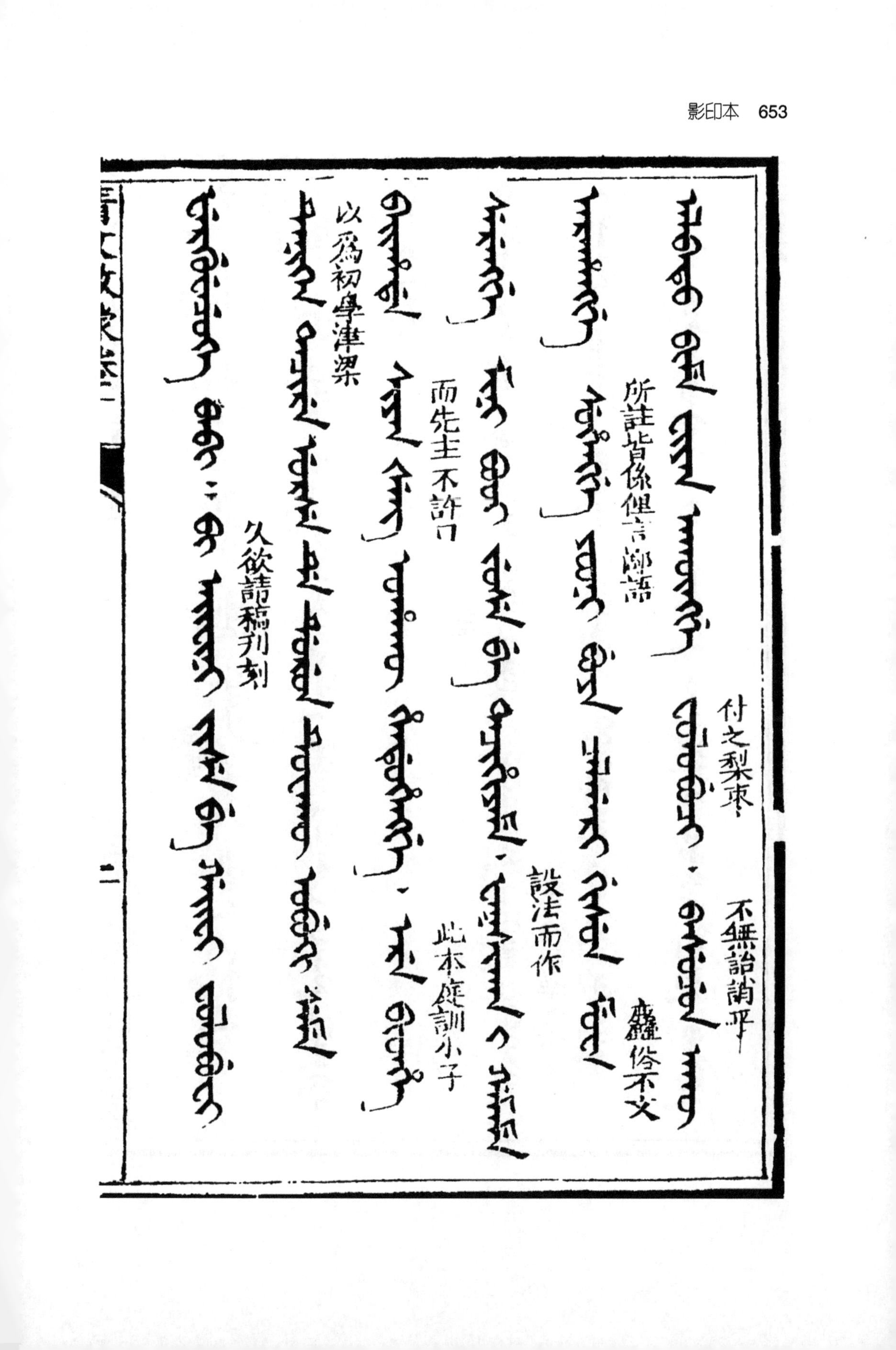

久欲請稿刊刻

以為初學津梁

而先主不許刊

此本庭訓小子

設法而作

所註皆係俚言鄉語

鄙俗不文

付之梨棗

不無詒誚平

作忠堂主人 程明遠題

雍正庚戌孟春之朔月

大有裨益云

始獲校梓 其於初學之士

予力請再三

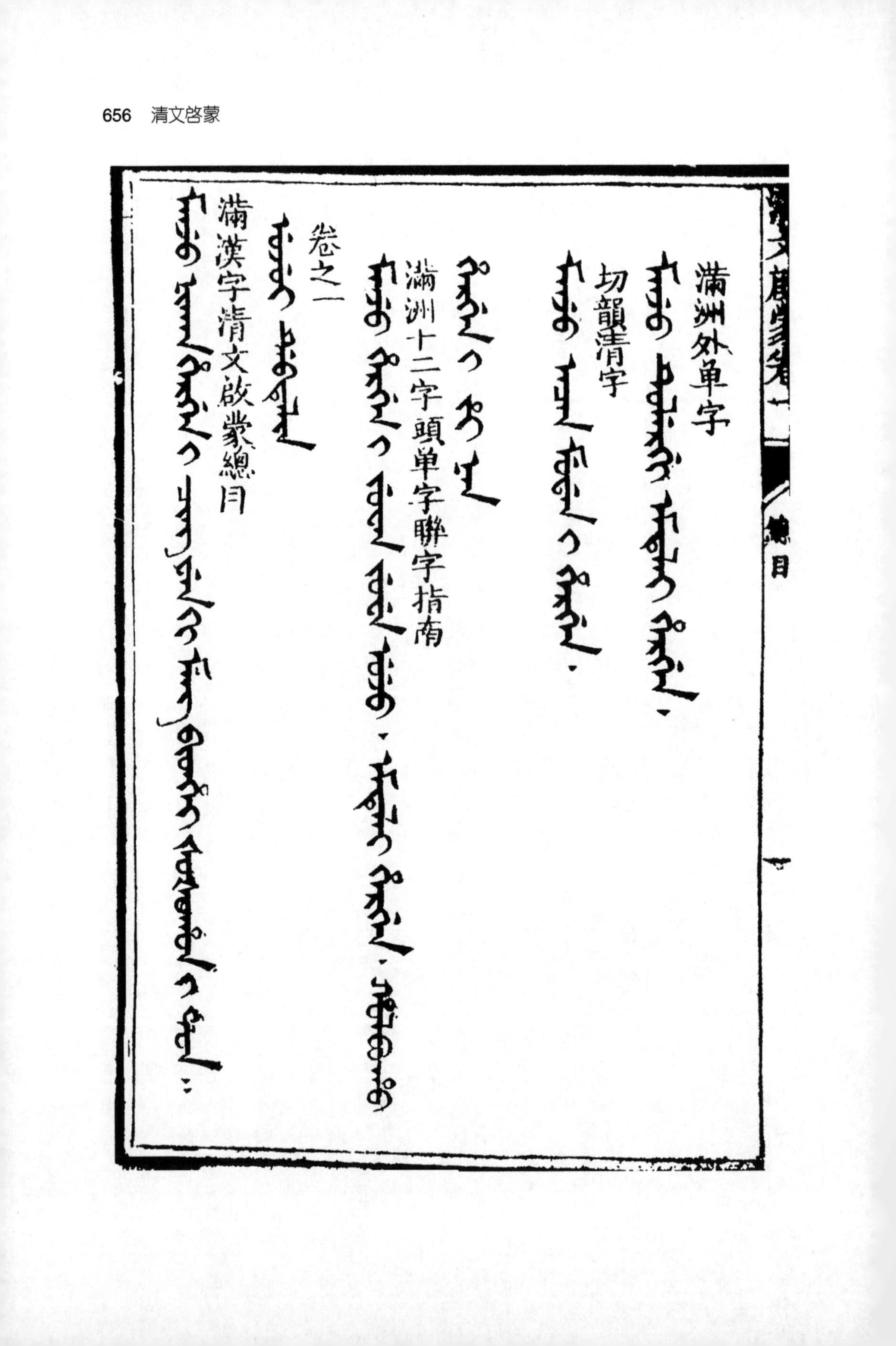

滿漢字清文啟蒙總目

卷之一

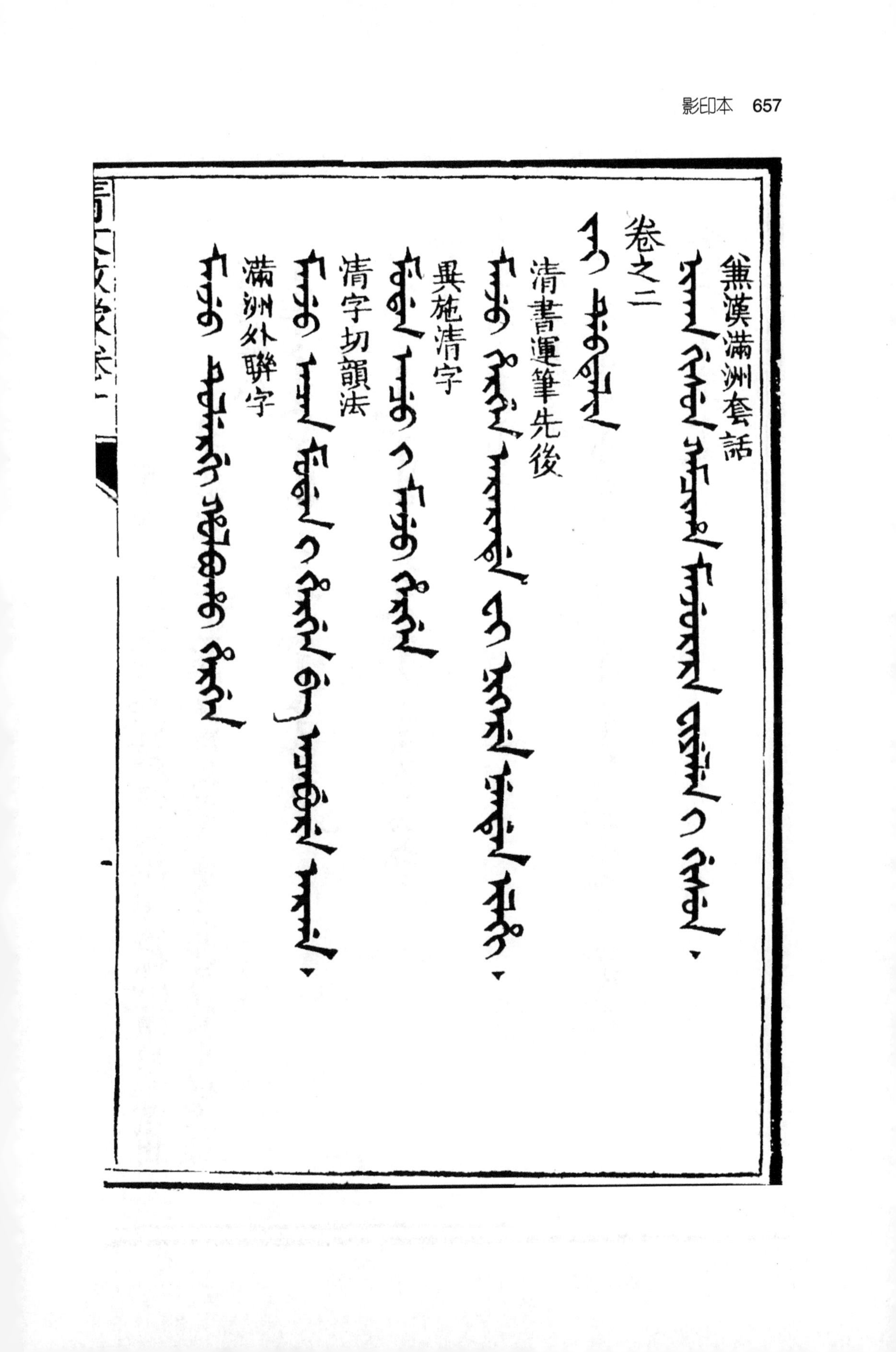

兼漢滿洲套話

卷之二

清書運筆先後

異施清字

清字切韻法

滿洲外聯字

練法兼漢清文義彙直解清文語類捷録必讀数種續出

此書行後尚有初學滿漢繙譯木要馬步弓箭中射準頭

清語解似

清字辨似

卷之四

清文助語虛字

卷之三

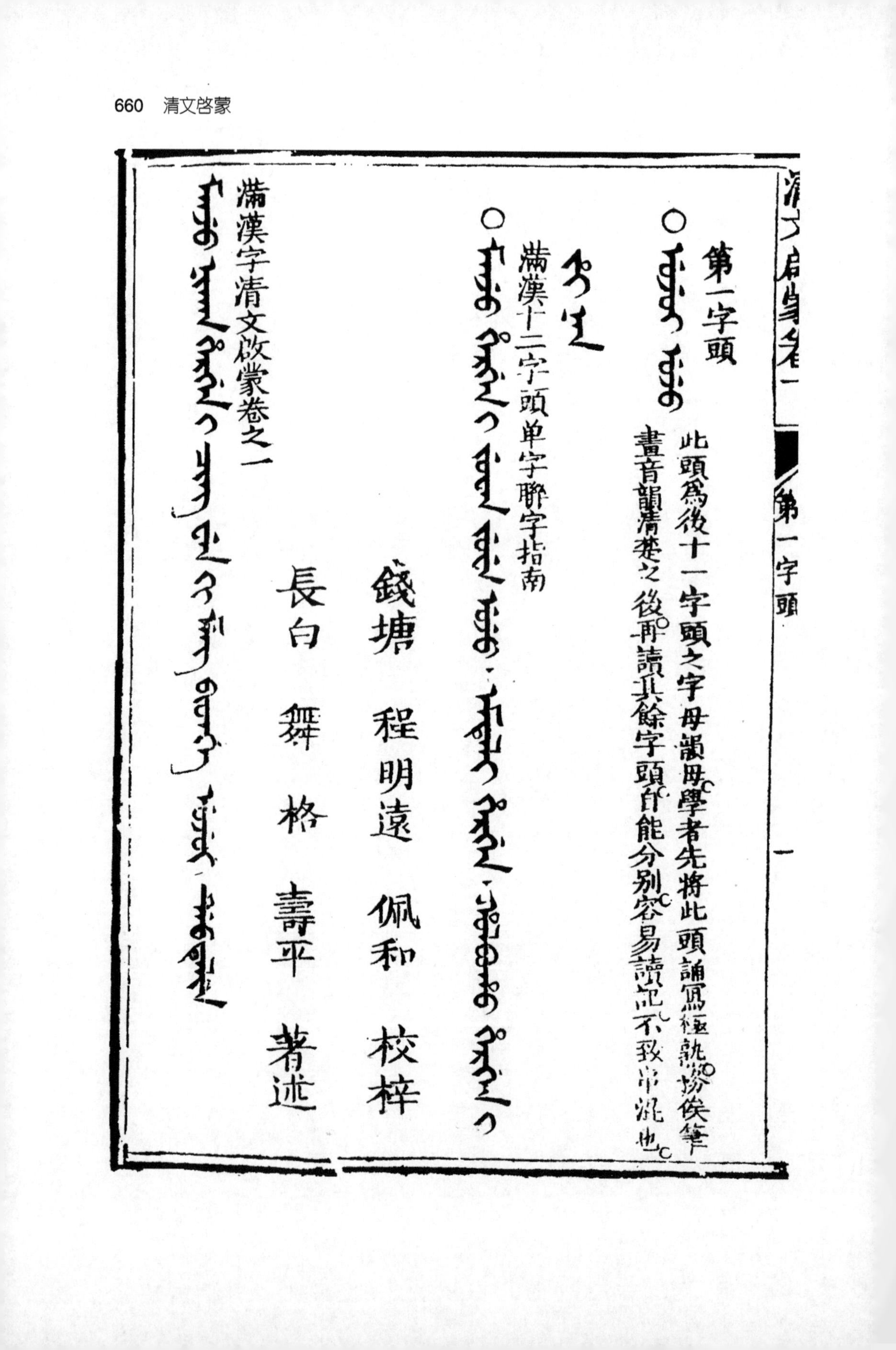

第一字頭

此頭爲後十一字頭之字母韻母。學者先將此頭誦寫極熟。俟筆畫音韻清楚之後。再讀其餘字頭。自能分別。容易讀記。不致舛混也。

滿漢十二字頭單字聯字指南

錢塘 程明遠 佩和 校梓

長白 舞格 壽平 著述

滿漢字清文啓蒙卷之一

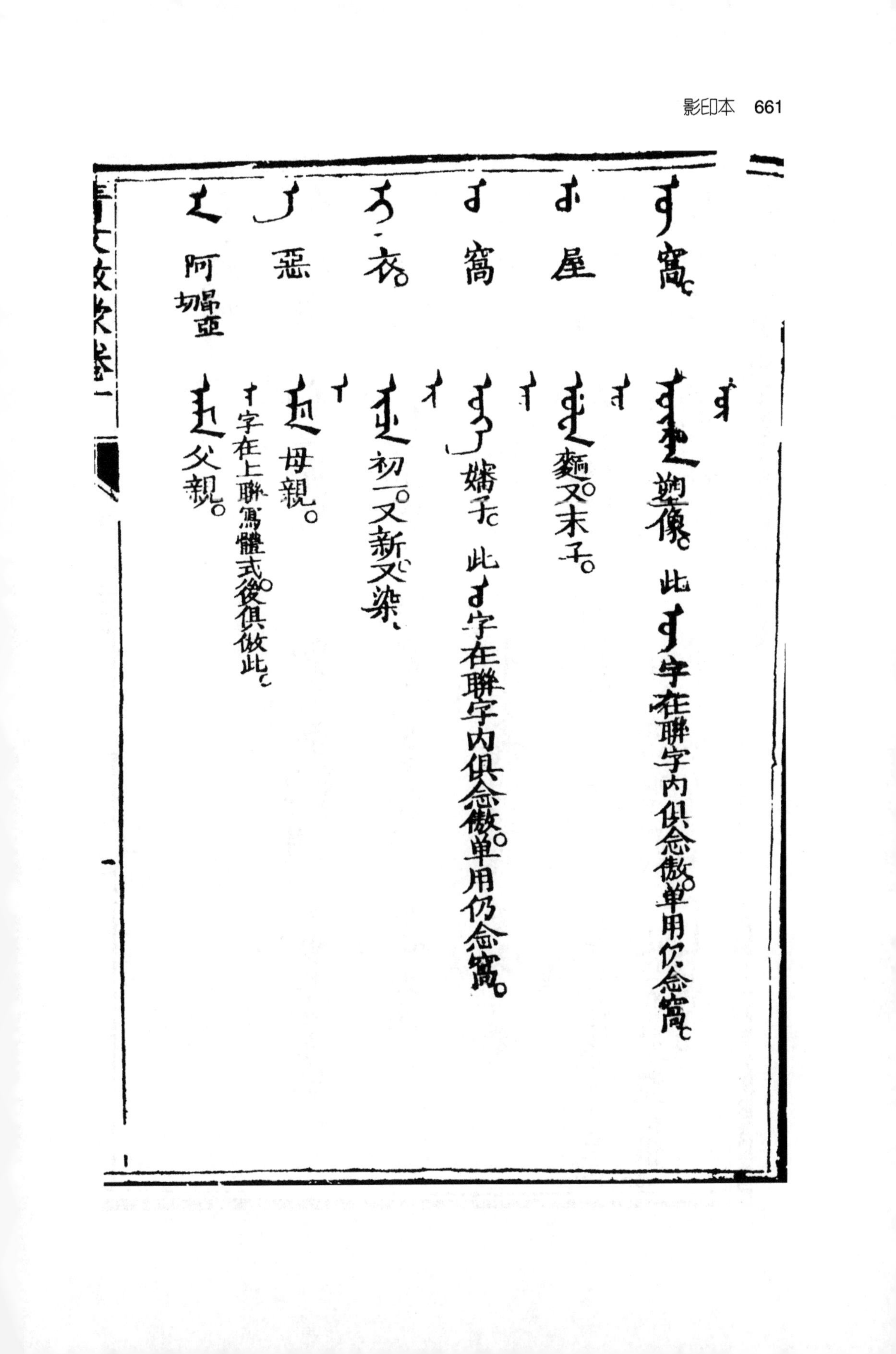

窩。

塑像。此〔滿文〕字在聯字内俱念傲。单用仍念窩。

屋

麵。又末子。

窩

婿子。此〔滿文〕字在聯字内俱念傲。单用仍念窩。

衣。

初一。又新。又染。

惡

母親。

〔滿文〕字在上聯寫體式。後俱倣此。

阿 噶亞切

父親。

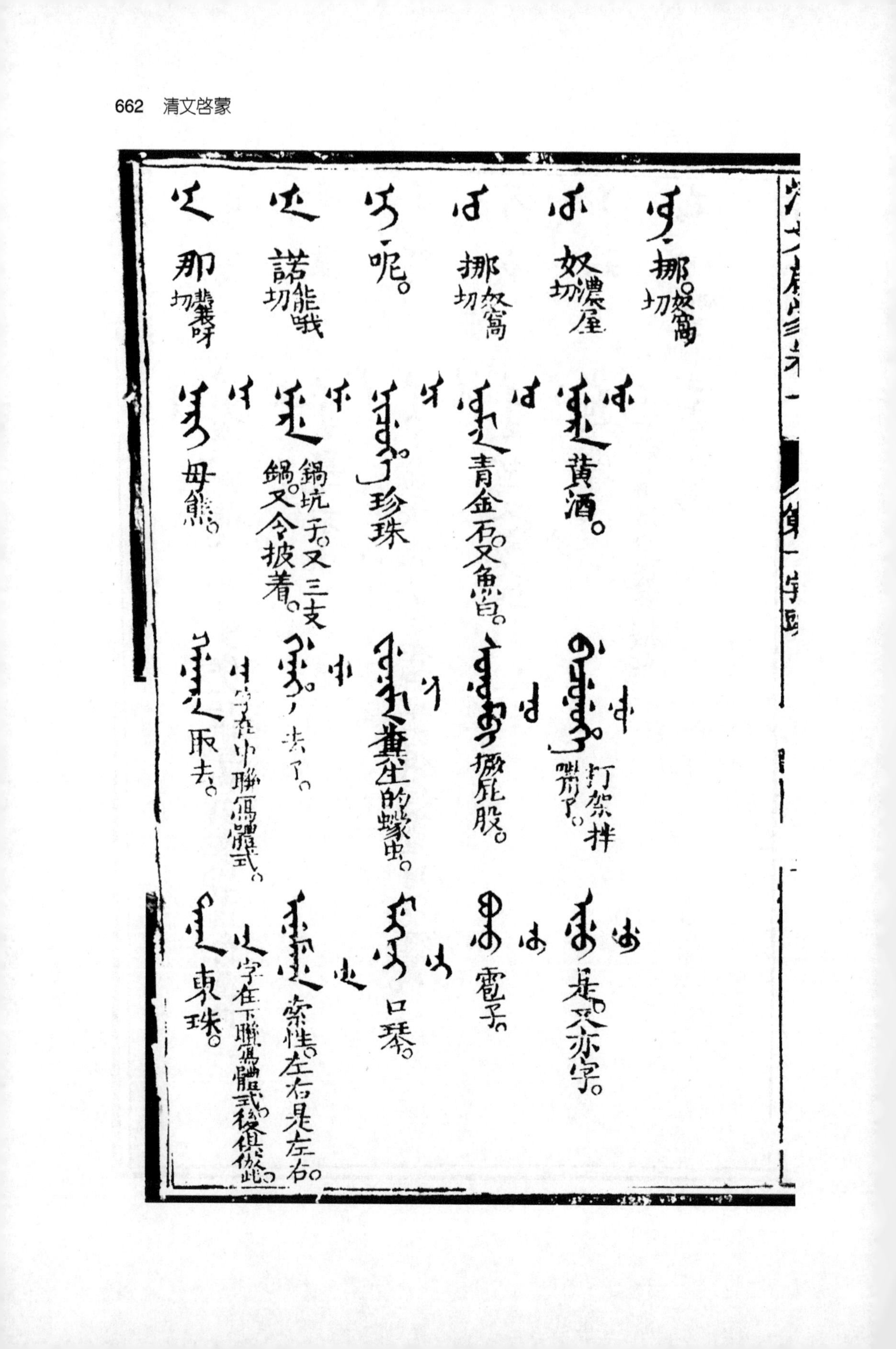

挪。奴窩切
奴濃屋切
挪奴窩切
呢。
諾能哦切
那囊呀切

黃酒。
青金石。又魚白。
珍珠
鍋坑子。又三支鍋。又令披着。
母熊。

打架拌嘴了。
擦屁股。
糞上生的蠓虫。
去了。
字在中聯寫體式。
取去。

是。又亦字。
雹子。
口琴。
祭牲。左右是左右。
字在下聯寫體式。後俱倣此。
東珠。

豁

郭

顆 空窩切

哈 夯呀切

噶 剛呀切

喀 康呀切

老蒼。

呂韈

呫。

瞎子。

石灰。

淤沙。沙漠。

蝦蟇蝌斗子。

瞞頭套的衣服。

雞。

姥。

仰望。

挑杆子。

雨。

奴才

手。

衣服窄狹。又酒暴氣。

裂開了。

東西物件。又縫子。

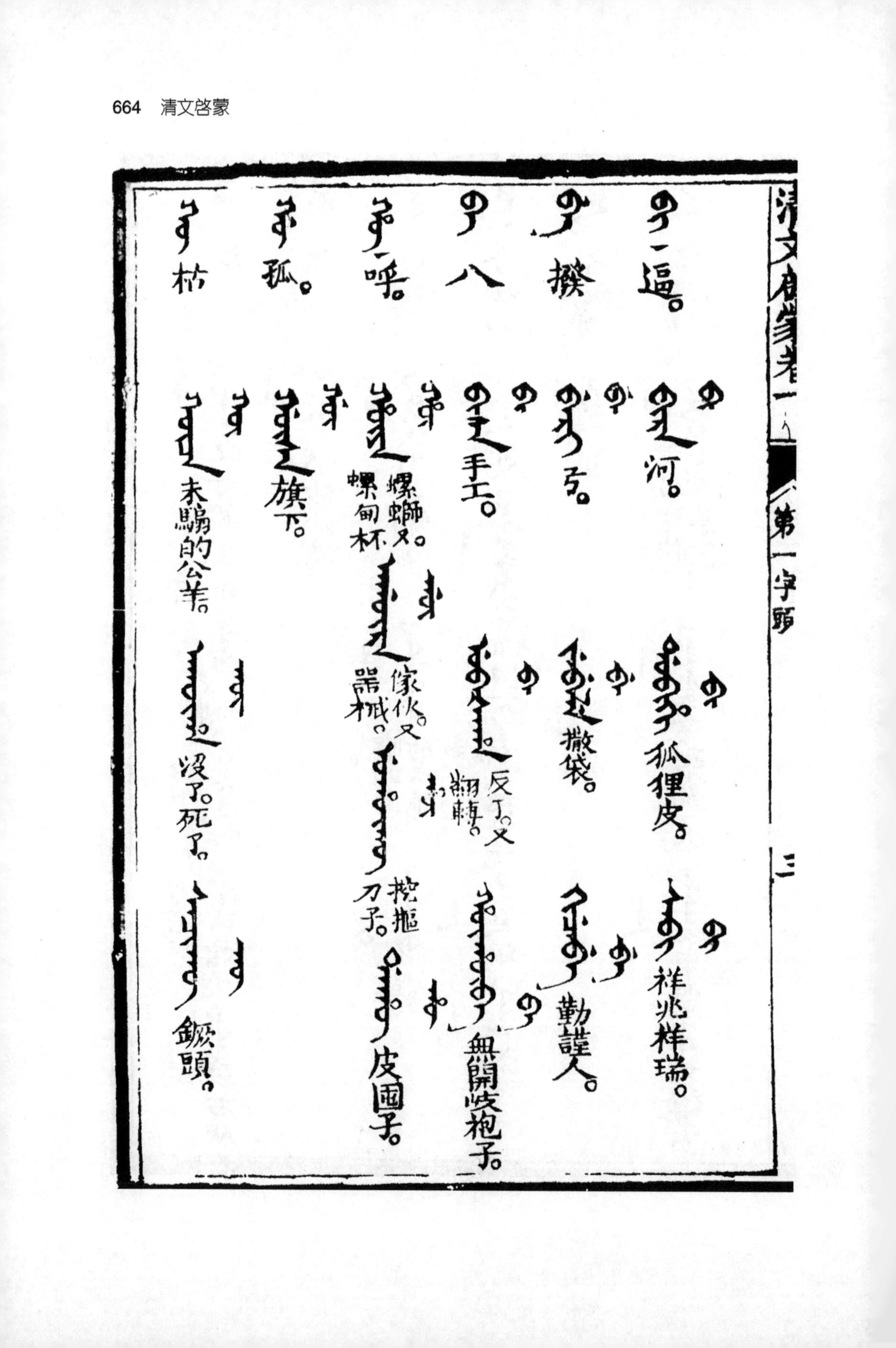

逼。 河。 狐狸皮。 祥兆。祥瑞。

撥 弓。 撒袋。 勤謹人。

八 手工。 反了。又翻轉。 無開衩袍子。

呼。 螺螄。又螺甸杯。 傢伙。又器械。 撥拖刀子。 皮囤子。

孤。 旗下。

枯 未騸的公羊。 沒了。死了。 鐝頭。

批。

批判了。

封條封子

鍘刀床子。

坡

馬嘴飄揚。

老胡塗了。又亂醉如泥了。又一槩摟取。

藺唇。

八潘猩砳切

脾骨尾。

壓匾了。

蝦米。

撥。

不

鏡子

看見了。

鞋。

撥

醜。

洗臉盆。

棺材。

西。 篩籮篩子。 少嫩 若子

此字在聯字中兩下連俱念詩在單字首念詩西俱可單用仍念西。

塞 僧噎切 鐵。 知怕懼貌 一樣相同。

薩 傘。又式件子。又知道。 剪子 眼睛。

坡。

鋪 鋪子。 手鬆無力。 小裡紅菓。

坺 大簸籮。 粗胖。

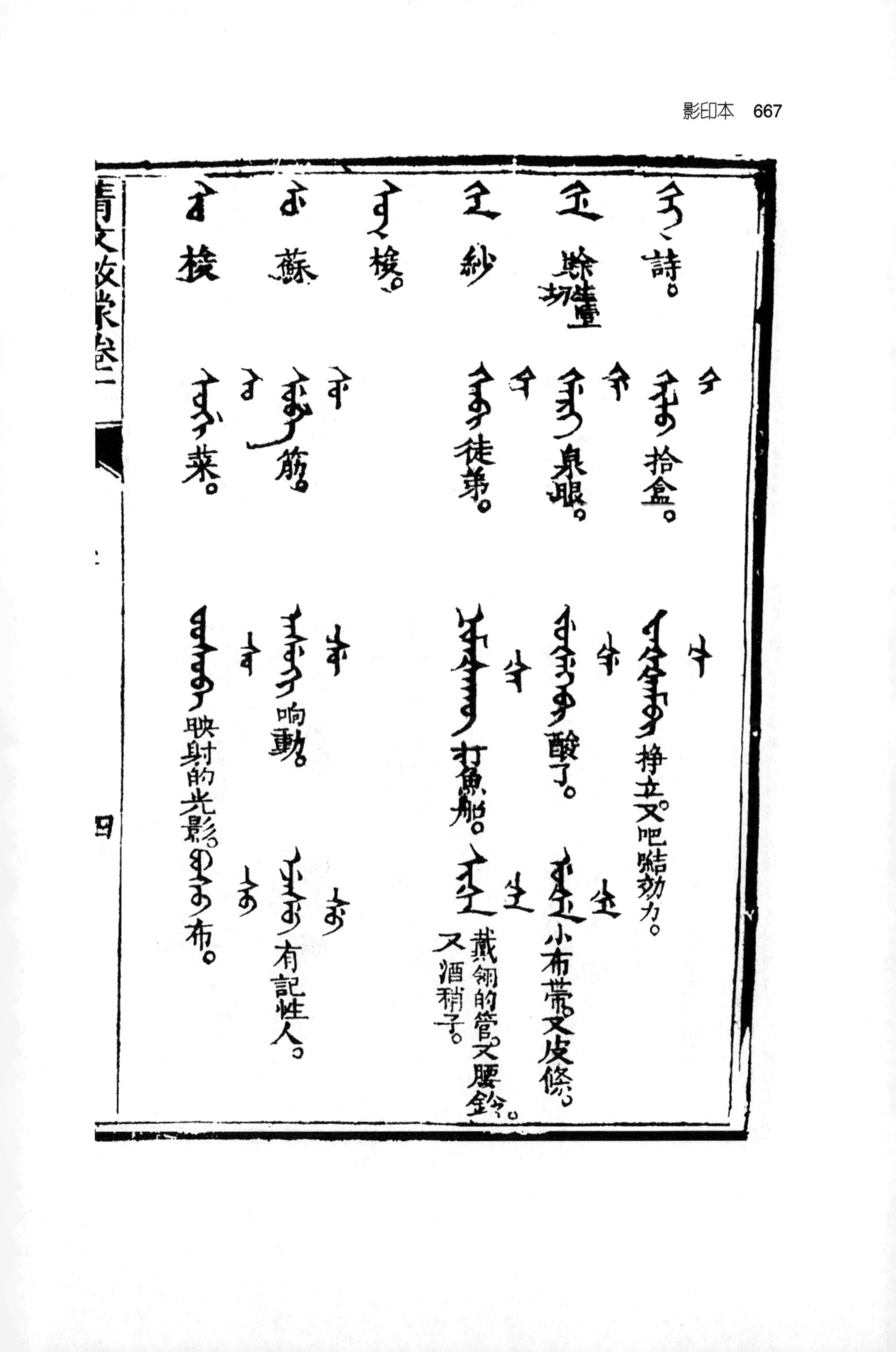

詩。

賒[illegible]切

紗

梭。

蘇

捘

拾盒。

泉眼。

徒弟。

筋

菜。

挣立又吧結勁力。

酸了。

打魚船。

响動。

映射的光影。

小布帶又皮條。

戴翎的管又腰鈴又酒稍子。

有記性人。

布。

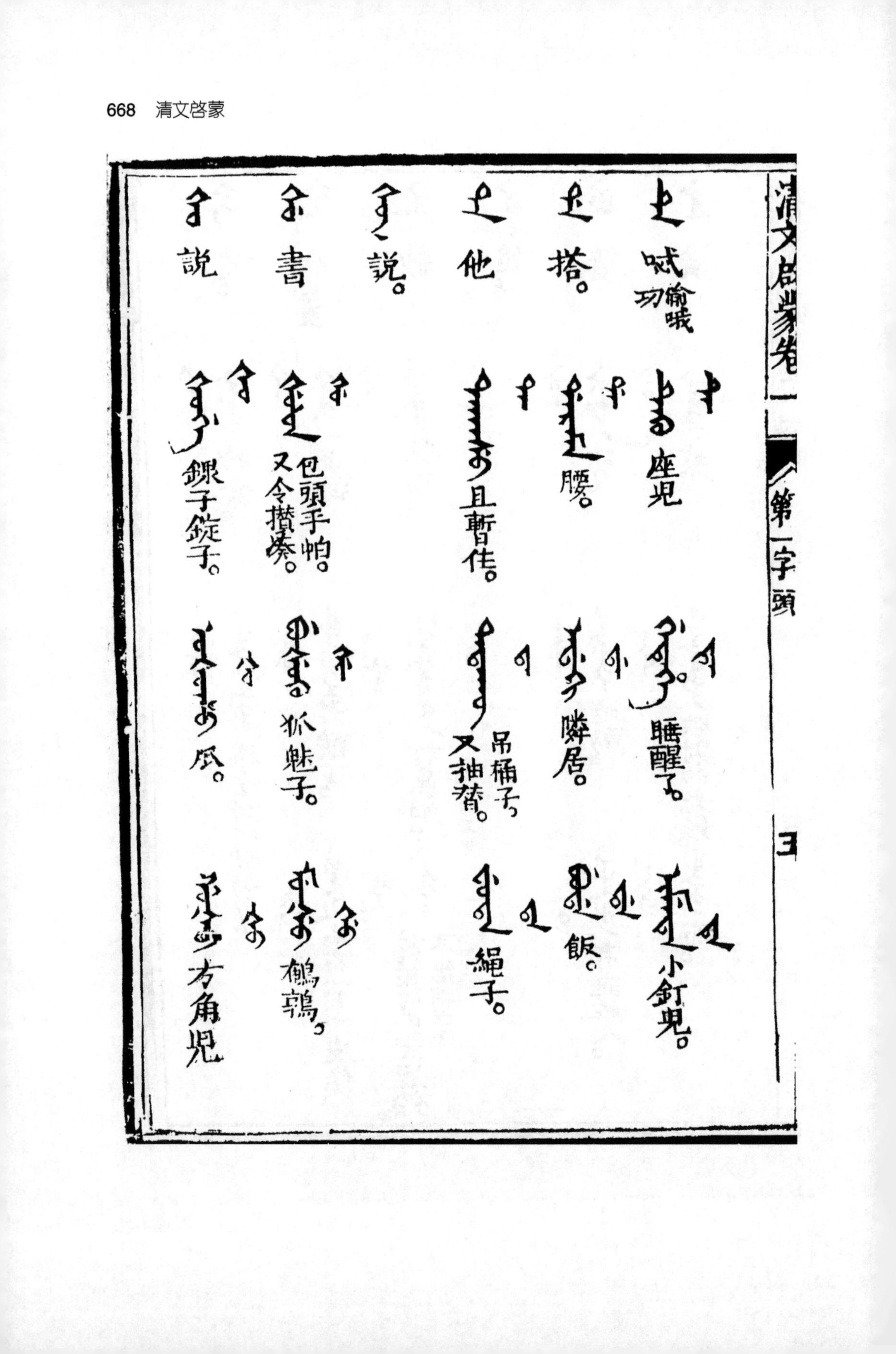

忒 偷哦切

搭。

他

説。

書

説

座兒

腰。

且暫住。

包頭手帕。又令攢湊。

錁子錠子。

睡醒了。

隣居。

吊桶子。又抽脊。

狐魅子。

瓜。

小釘兒。

飯。

縄子。

鵰鶚。

方角兒

秃
靴靿子
螃蟹
龍子

多
疼
柳樹
口拙遲鈍

脫
窩鋪
才智心計
禿子又葫蘆

低
殿
菩提子

梯
題目
破蓆片子
公熊

得 登哦切
四十
毛斑點斑紋
餘根底盤

嚕龍屋切

無頭墩子箭。

軟炭兒。

鬍子。

囉龍窩切

腰刀。

黄鼠狼。

母鹿又魍魎鬼。

哩陵衣切

陷泥。

噎食病。

一樣相同。

勒婁娥切

磨刀石又條子餑餑。

害怕了。

米。

拉

小兒尿褯又遮箭綿簾又補衣。

暢快了。

媒人

同上字

都。

腸子。

龍。

荷包又甲襠。

打糕的榔頭又連枷。

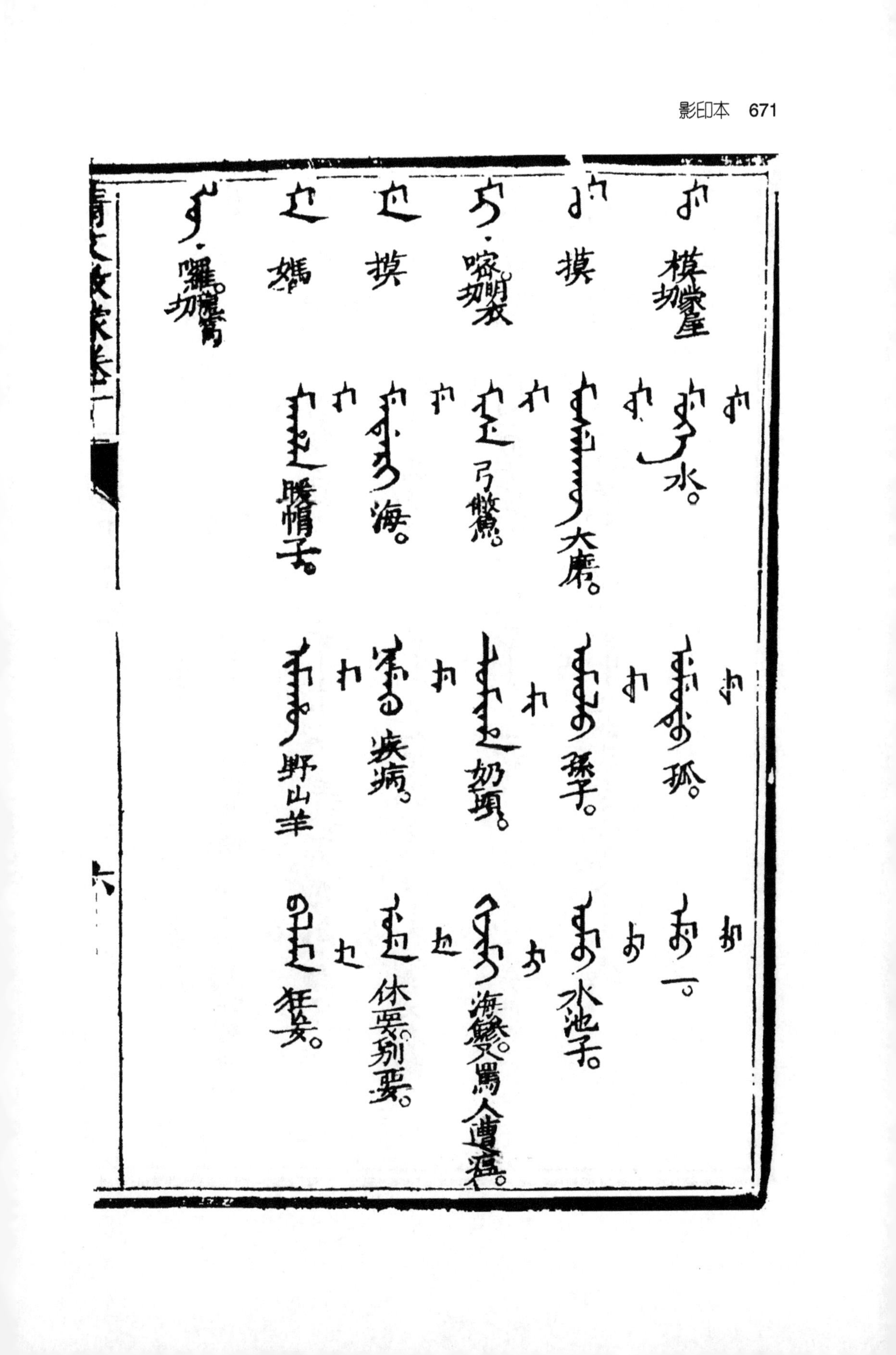

模蒙屋切
摸
嗼明衣切
摸
媽
囉嬤窩切

水。
大磨。
弓鰾。
海。
暖帽子。

孤。
孫子。
奶頭。
疾病。
野山羊

一。
水池子。
海鰻。又罵人遭瘟。
休要。別要。
狂妄。

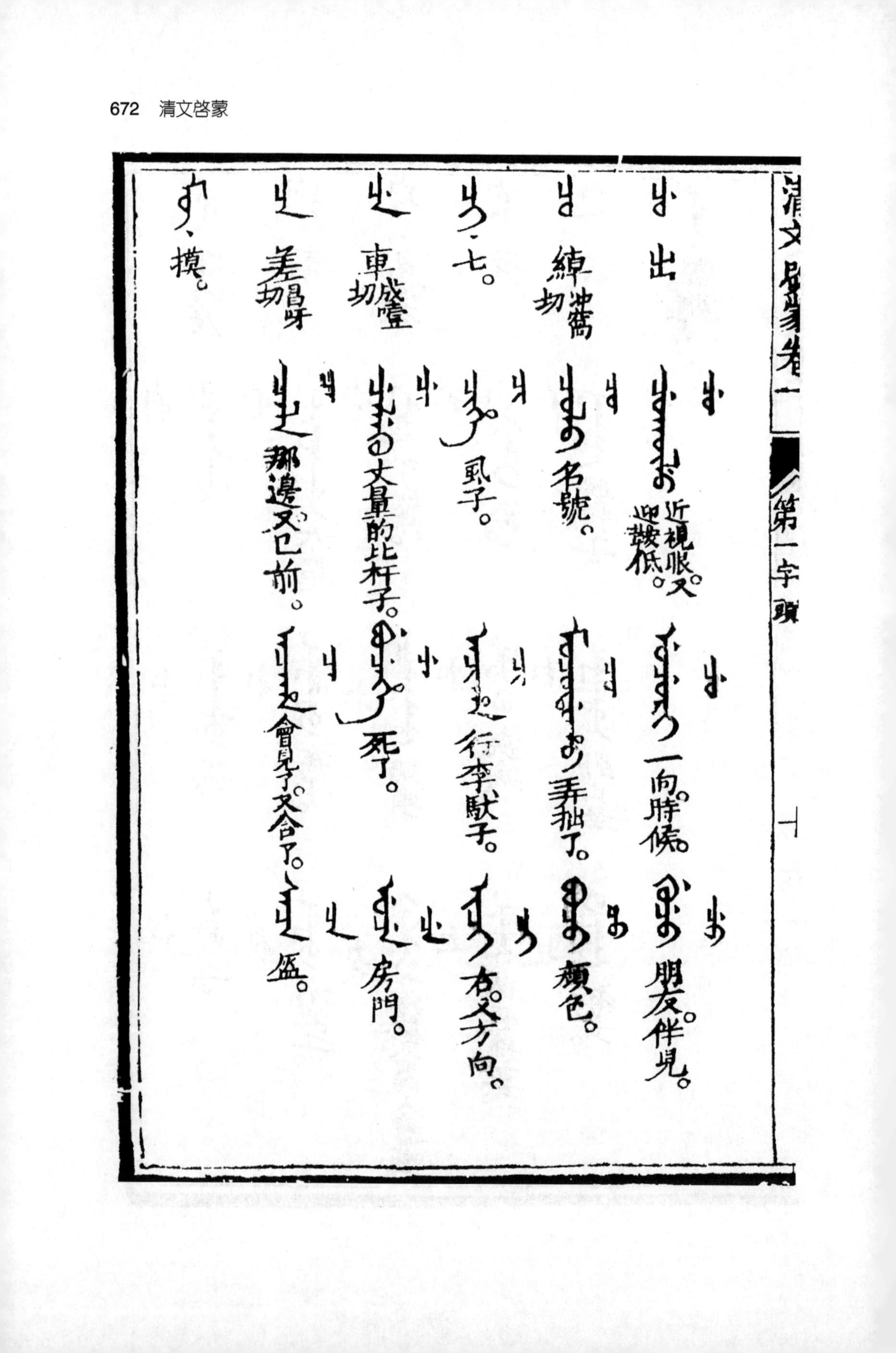

出　近視眼。又迎撥低。　一向時候。　朋友伴兒。

綽窩切　名號。　弄拙了。　顏色。

七。　風子。　行李馱子。　右。又方向。

車額切　文章的比杆子。　死了。　房門。

差鴨切　那邊。又已前。　會見了。又合了。　盔。

摸。

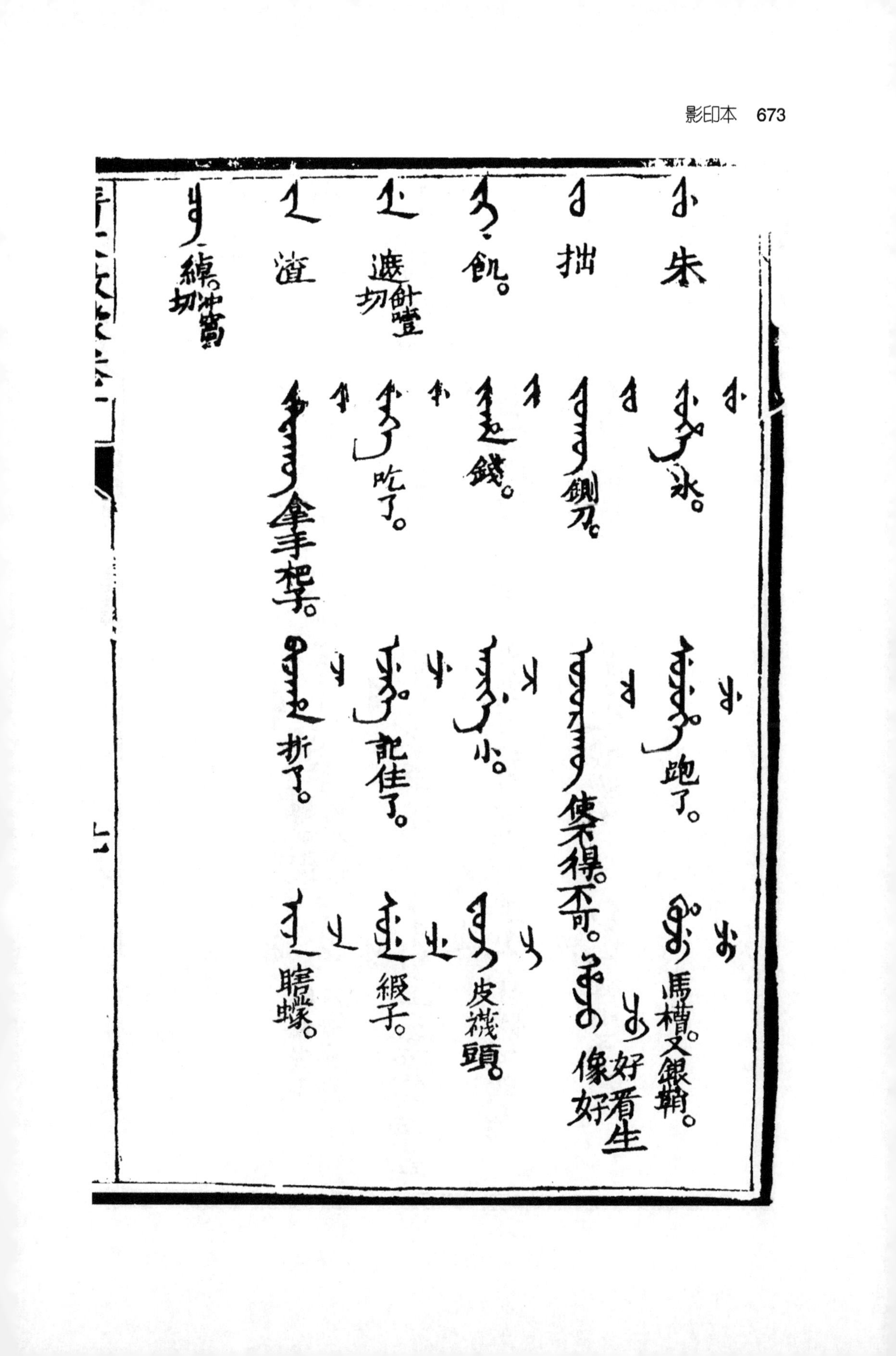

朱
冰。
跑了。
馬槽。又銀鞘。

拙
鍘刀。
使不得。不可。
好看生 像好

飢。
錢。
小。
皮襪頭。

遮針㗟切
吃了。
記住了。
緞子。

渣
拿手把子。
折了。
瞎蠓。

綽。中齒切

哟。雍窩切

淤

哟 雍窩切

噫。

呀

抛。

旱澇饑荒。

蛋黃兒

跑那子牙猪

箭罩子。

轉遞來給人。

李子。

發恨了。

酸奶子。

綠松兒石。又海燕魚。

上項子。凡物項蓋

身體。又自己。

碎小。又小氣。

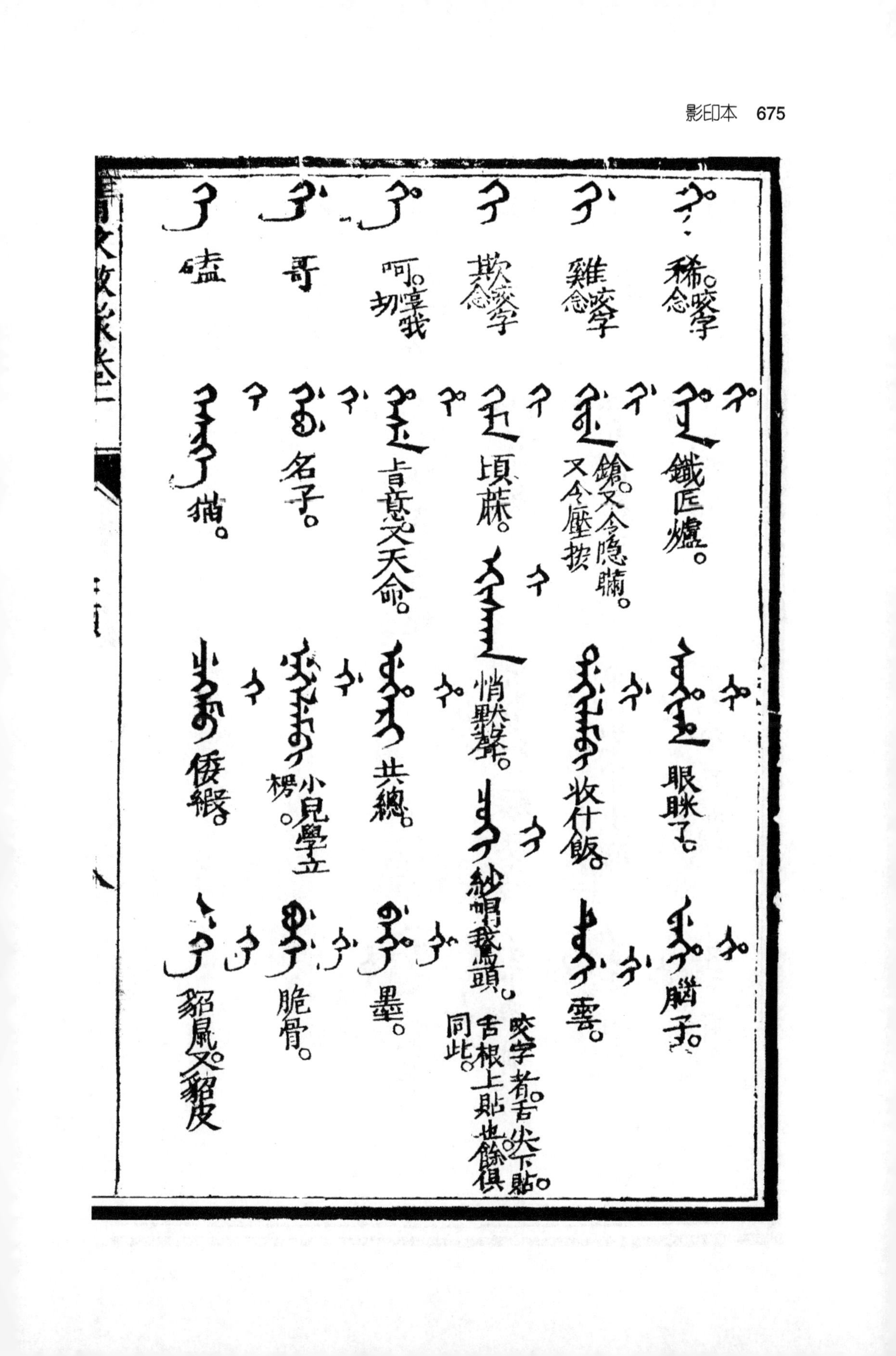

稀。咳字念

雞。咳字念

欺。咳字念

呵。喀哦切

哥

磕

鐵匠爐。

鎗。又令隱瞞。又令壓按

頃蘇。

悄默聲。

旨意又天命。

名子。

猫。

眼眯了。

收什飯。

紗帽鵞頭。

咬字者舌尖下貼。舌根上貼也。餘俱同此。

共總。

小兒學立楞。

倭緞。

腦子。

雲。

墨。

脆骨。

貂鼠又貂皮

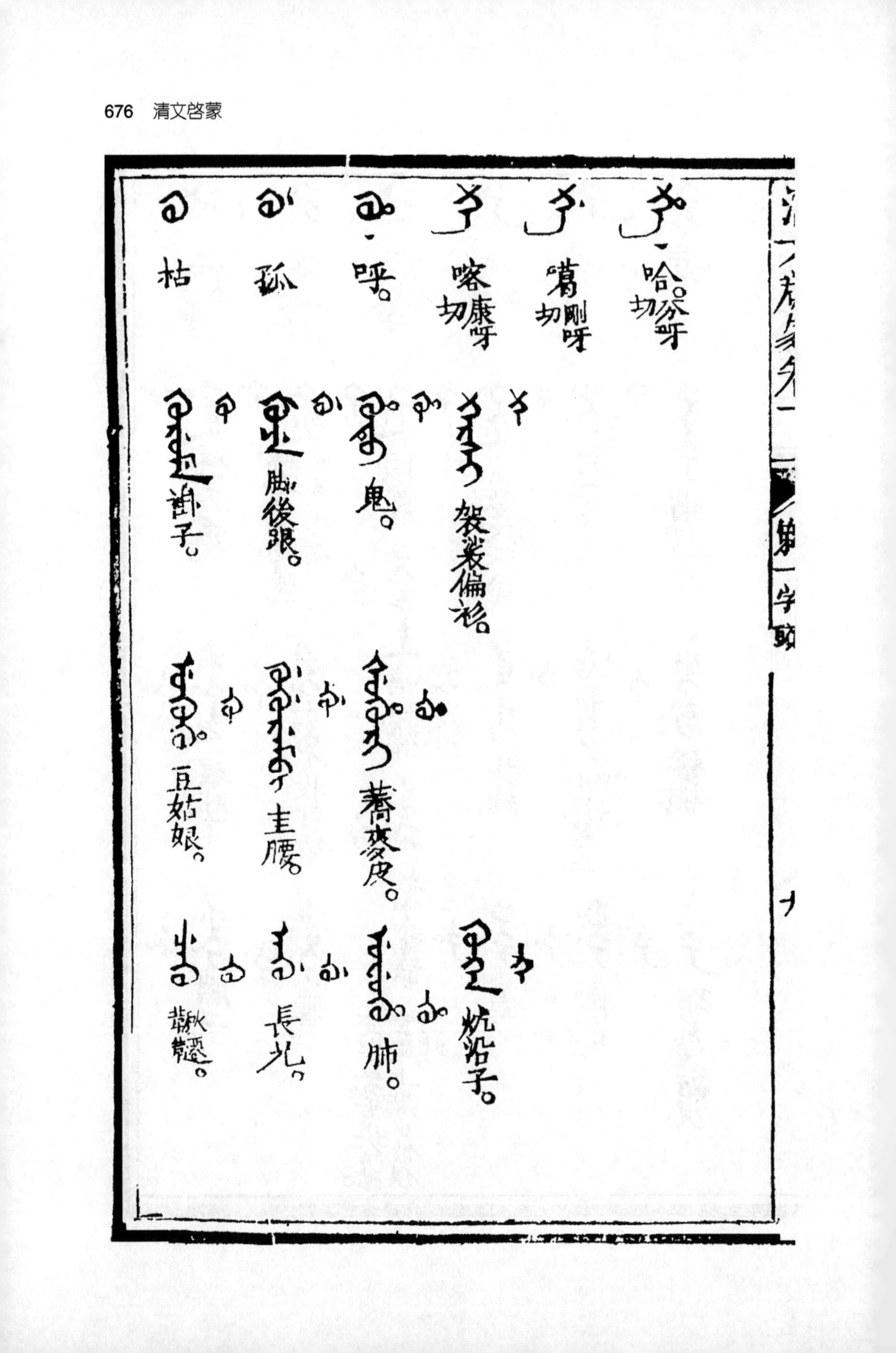

哈。奚呀切

噶剛呀切

喀康呀切

呼。

孤

枯

袈裟偏衫

鬼。

脚後跟。

鞘子。

蕎麥皮。

圭腰。

豆姑娘。

炕沿子。

肺。

長兆。

鍬钁。

哩。陵衣切滚舌念

勒。婁哦切滚舌念

拉滚舌念

豁。

郭

顆空窩切

掃帚。

松子兒。

聰明。

月影灰。

容顏。又嚴緊。又馬嚼硬。

滚舌者。舌尖上貼用氣吹動舌尖也。餘俱同此。

無妻光棍漢。

沙菓子。

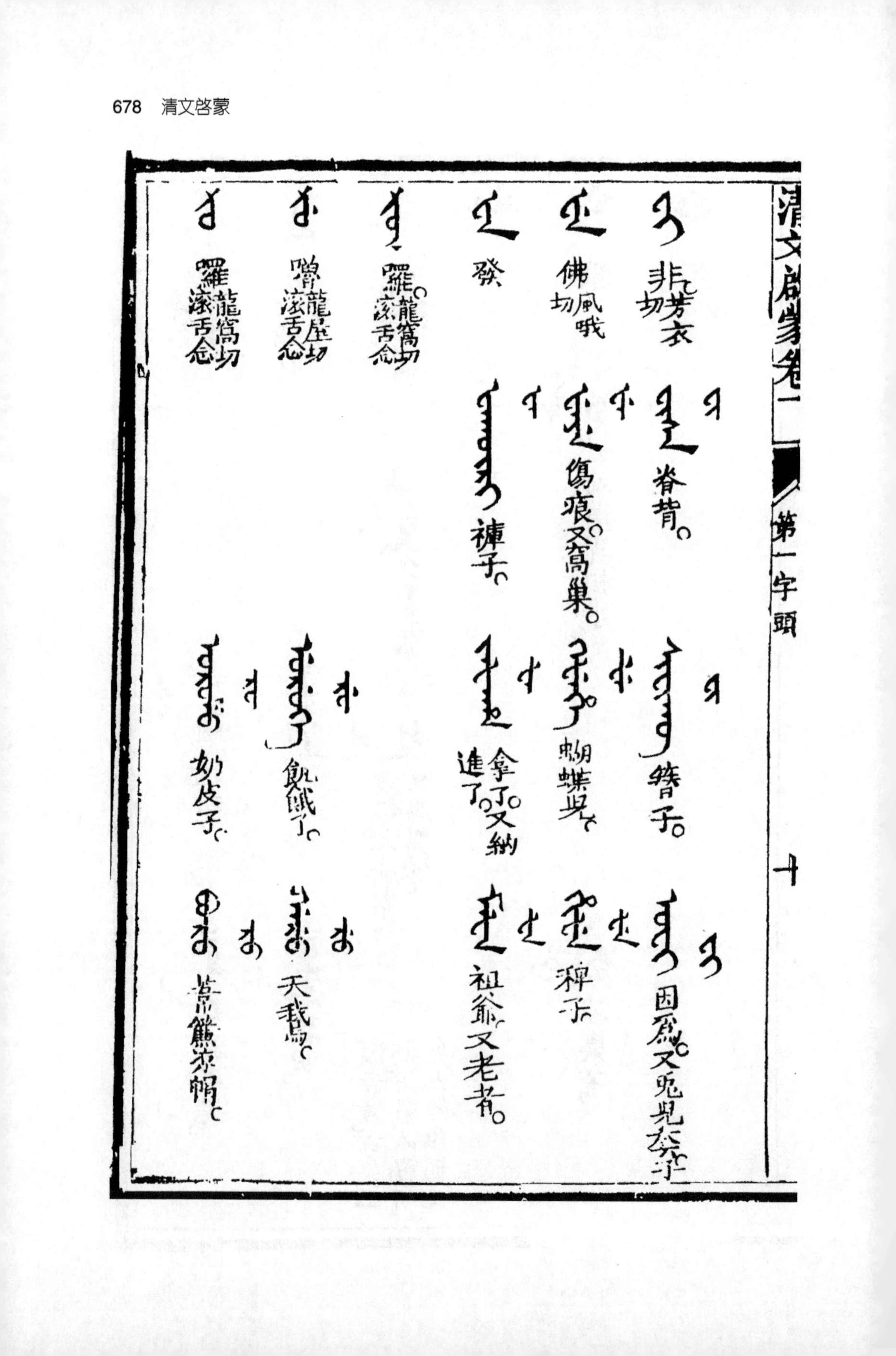

非芳衣切

佛風哦切

發

囉龍窩切滚舌念

嚕龍屋切滚舌念

羅龍窩切滚舌念

脊背。

傷痕。又窩巢。

褲子。

簪子。

蝴蝶兒。

拿了。又納進了。

餓了。

奶皮子。

因爲。又兎兒奔子

稗子。

祖爺。又老者。

天鵝。

[illegible]熊凉帽。

擦 倉牙切

窩

石頭

鑽打了

一直

窪

罵人該殺砍頭的

別人又其餘別者

佛 風窩切

夫

佛

通達了又透了

豆腐

佛 風窩切

氈襪

鼻子又山嘴

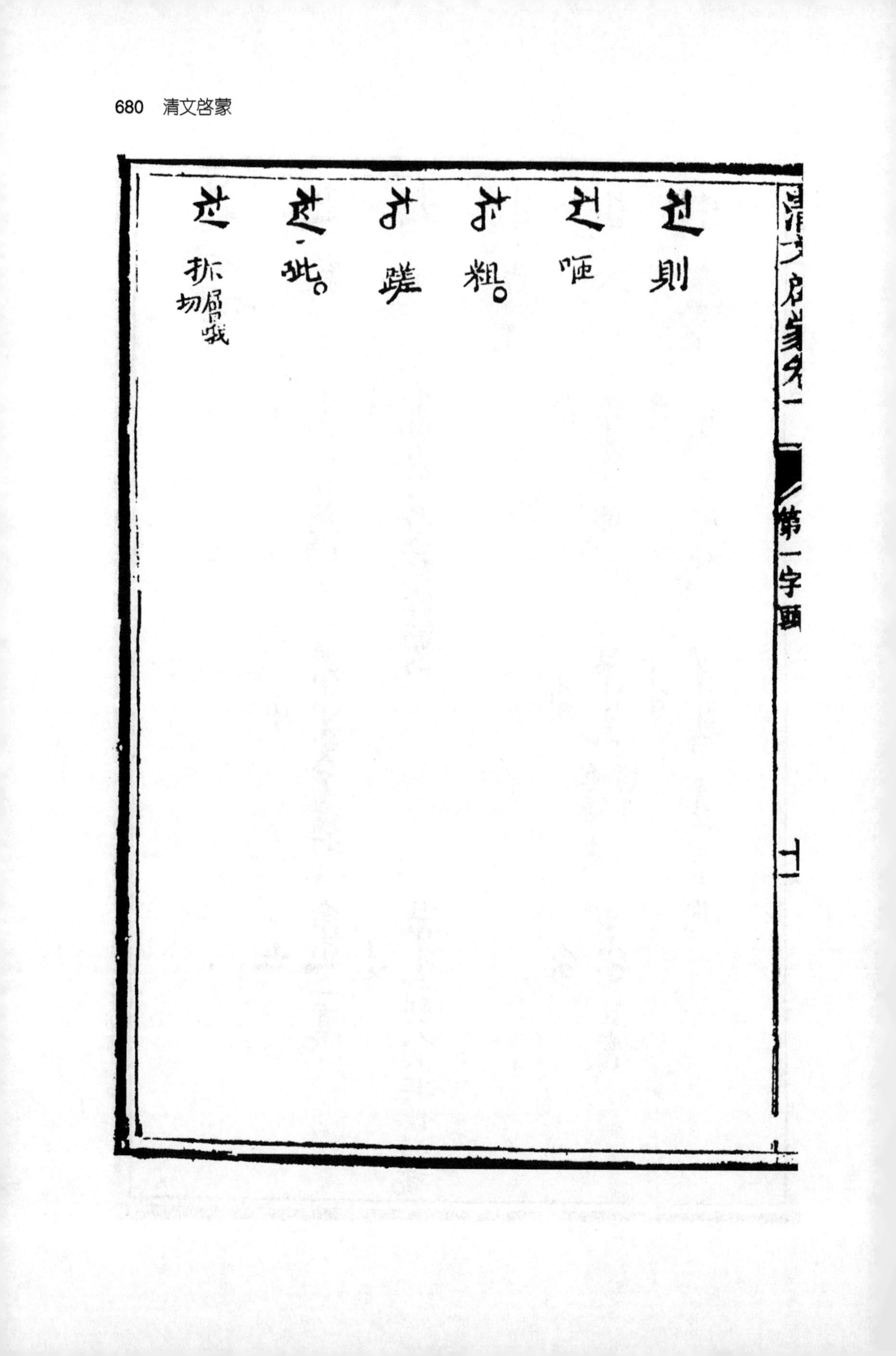

則

咂

粗。

蹉

雌。

抓昏哦切

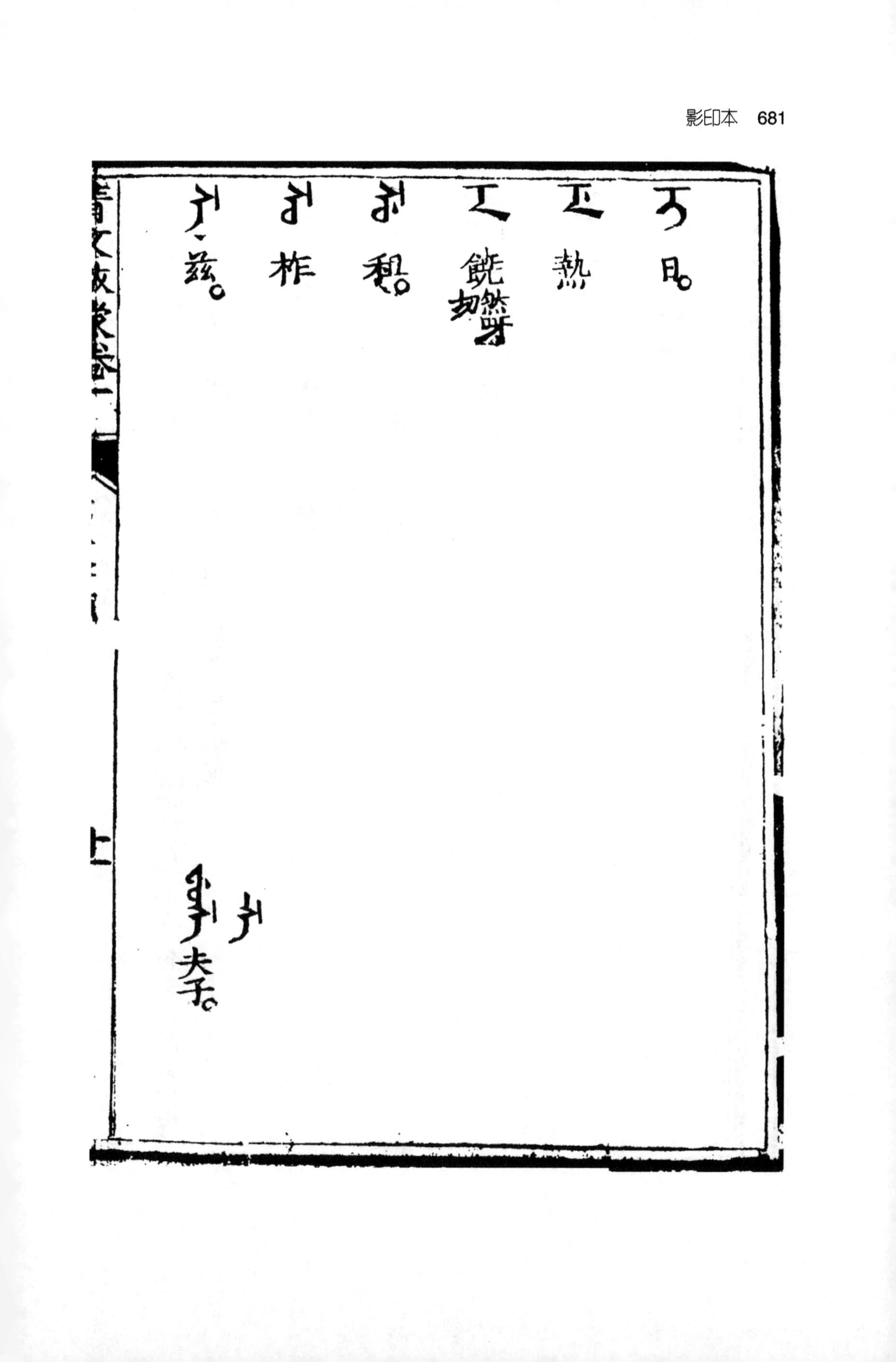

ᡰᡳ 日。

ᡰᡝ 熱

ᡰᠠ 饒 然鴉切

ᡯᡝ 稆。

ᡯᠠ 柞

ᡯᡳ 兹。

ᡯᡳ ᡶᡠᡯᡳ 夫子。

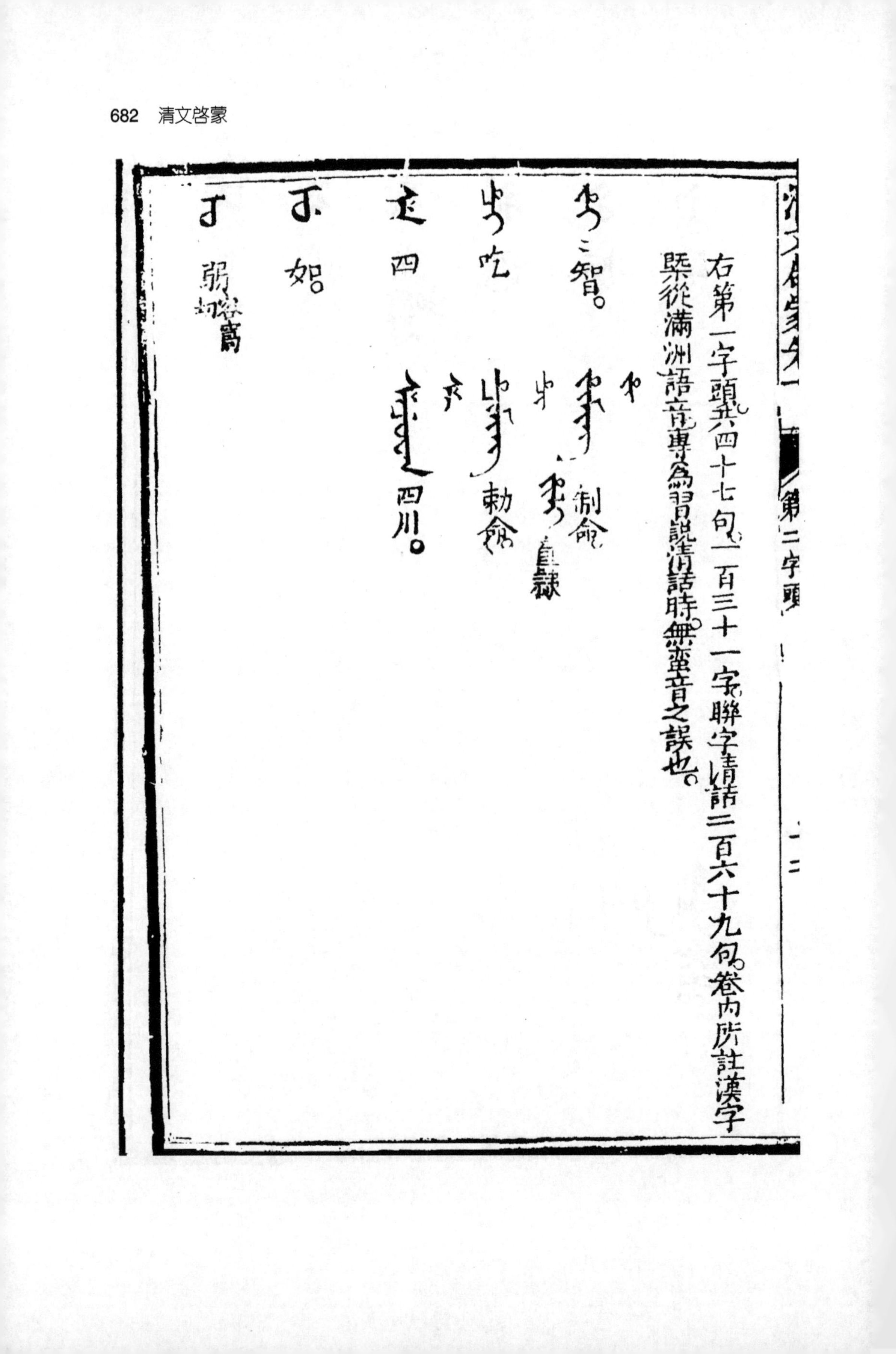

右第一字頭共四十七句一百三十一字聯字清語二百六十九句卷内所註漢字槩從滿洲語音專為習說清話時無蠻音之誤也。

智。 制命 [illegible]錄

吃 勅命

四 四川。

如

弱切窩

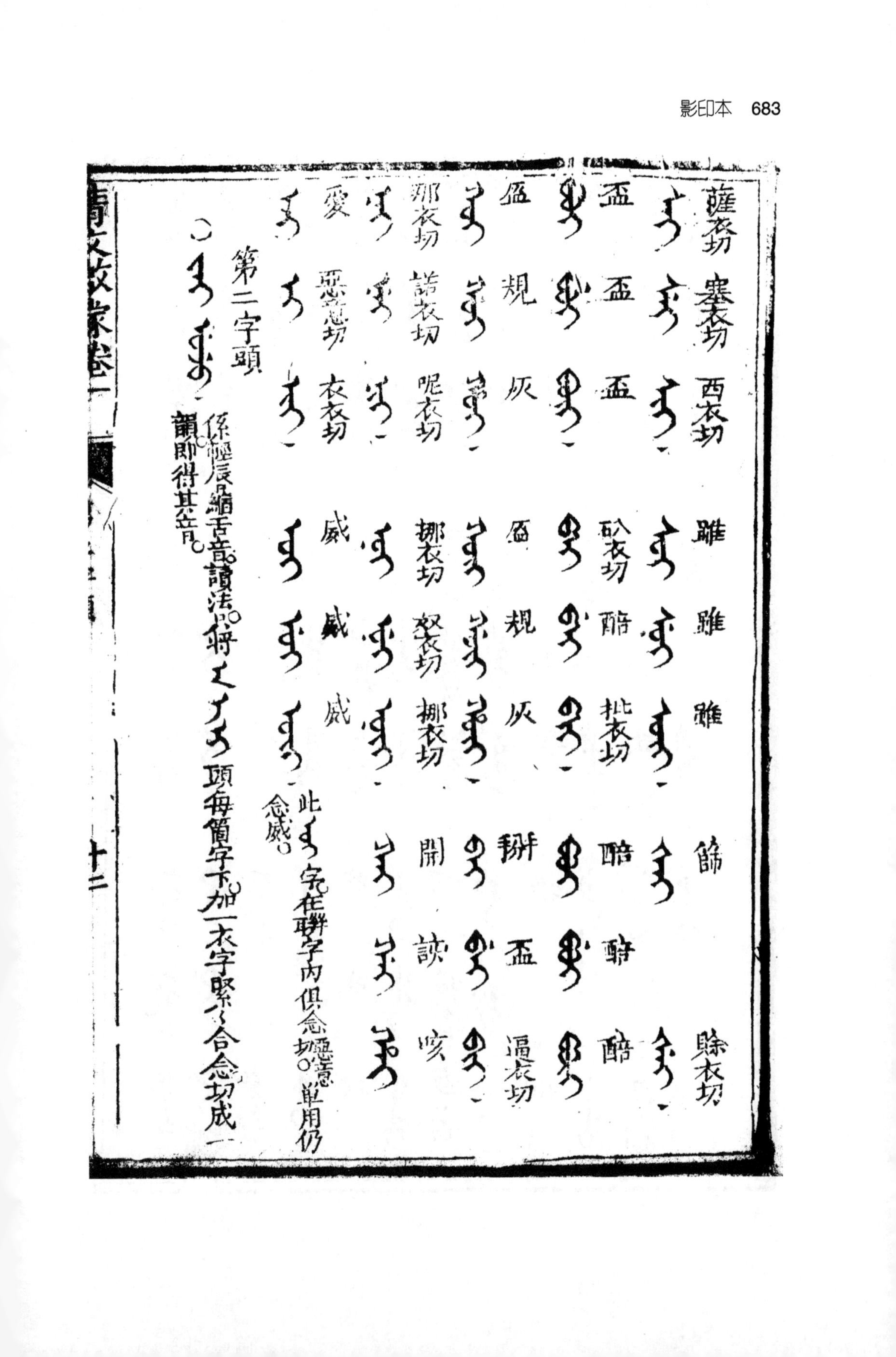

薩衣切 塞衣切 西衣切 雖 雖 雖 篩 賒衣切

孟 孟 孟 砑衣切 醅 批衣切 醅 醅 醅

偪 規 灰 偪 規 灰 掰 孟 逼衣切

那衣切 諾衣切 呢衣切 挪衣切 努衣切 挪衣切 開 詼 咳

愛 惡衣切 衣衣切 威 威 威

此字在聯字内俱念惡意切。單用仍念威。

第二字頭

係輕唇縮舌音。讀法只將頭每箇字下加一衣字緊緊合念切成一韻即得其音。

喲衣切 淤衣切 喲衣切 磕衣切 哥衣切 呵衣切 撒衣切 雞衣切 稀衣切 此句要字念

齋 遮衣切 飢衣切 追 追 追 呀衣切 壹衣切

摸衣切 模衣切 摸衣切 欽 車衣切 七衣切 吹 吹 吹

拉衣切 勒衣切 哩衣切 囉衣切 嚕衣切 囉衣切 媽衣切 摸衣切 嗦衣切

梯衣切 低衣切 推 堆 推 堆

說衣切 書衣切 說衣切 胎 獃 忒衣切 得衣切

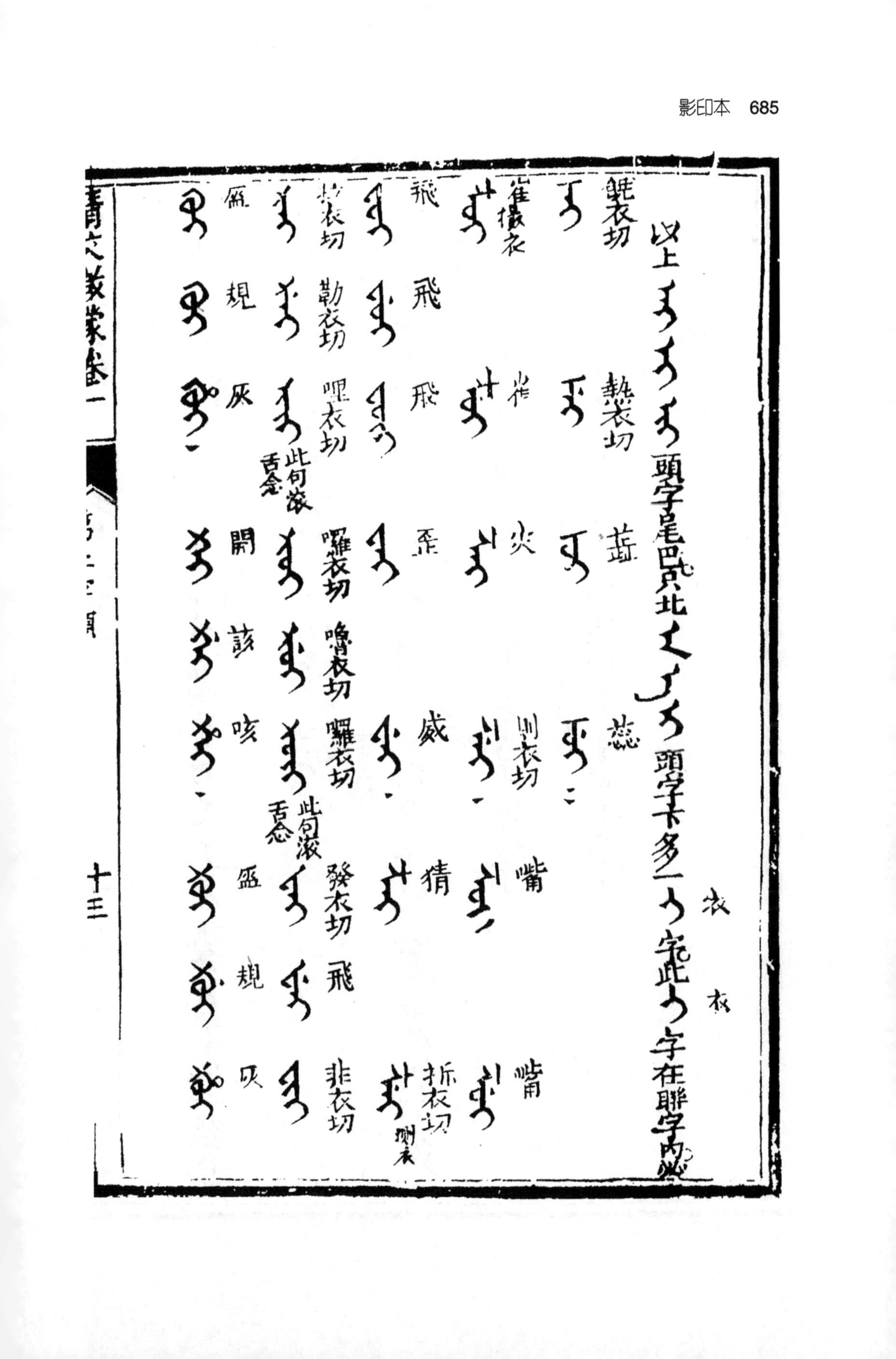

衣 衣

以上 頭字尾巴與北 頭字卡多一 字此 字在聯字內必

魹衣切 爇衣切 蕋 蕊

雀撮衣 雀 炎 則衣切 嘴 嘴

飛 飛 飛 丕 威 猜 拆衣切 猜衣

𠲜衣切 勒衣切 哩衣切 此句滚舌念 囉衣切 嚕衣切 囉衣切 此句滚舌念 發衣切 飛 非衣切

㕑 規 灰 開 該 咳 盔 規 灰

第三字頭

○ᠠᡵ ᡝᡵ、係滚舌嘟嚕尔音。讀法只將ᠠ ᡝ ᡳ頭每箇字下。添一嘟嚕音尔。緊 連念即是。

字頭共四十六句。一百二十四字。聯字清話三句

如ᠣ（窩）字下加ᡳ（衣）字是ᠣᡳ（威）字。聯寫ᠣᡳᠯᠣ浮面。餘字聯法同此。右第二

如ᡝ（惡）字下加ᡳ（衣）字是ᡝᡳ（惡亦切）字。聯寫ᡝᡳᠮᡝᡩᡝ厭煩了。

如ᠠ（阿）字下加ᡳ（衣）字是ᠠᡳ（愛）字。聯寫ᠠᡳᠨᠠᡥᠠ（愛那哈）怎麼了。

變體寫作ᡳ（衣）式。

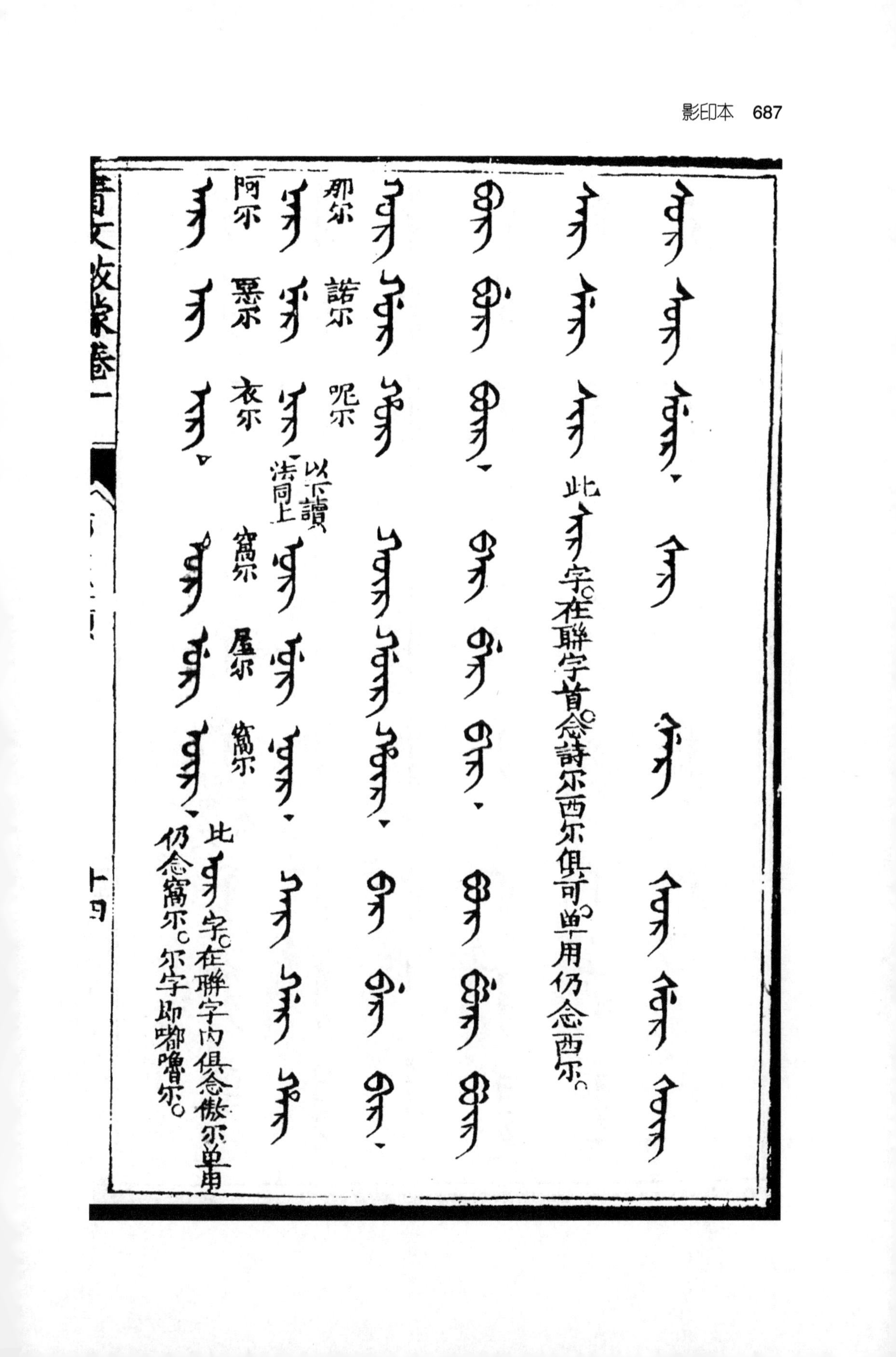

此[Manchu]字。在聯字首。念詩尔西尔俱可。單用仍念西尔。

那尔 諾尔 呢尔

以下讀法同上

阿尔 嚜尔 衣尔 窩尔 屋尔 窩尔

此[Manchu]字。在聯字內俱念傲尔。單用仍念窩尔。尔字即嘟嚕尔。

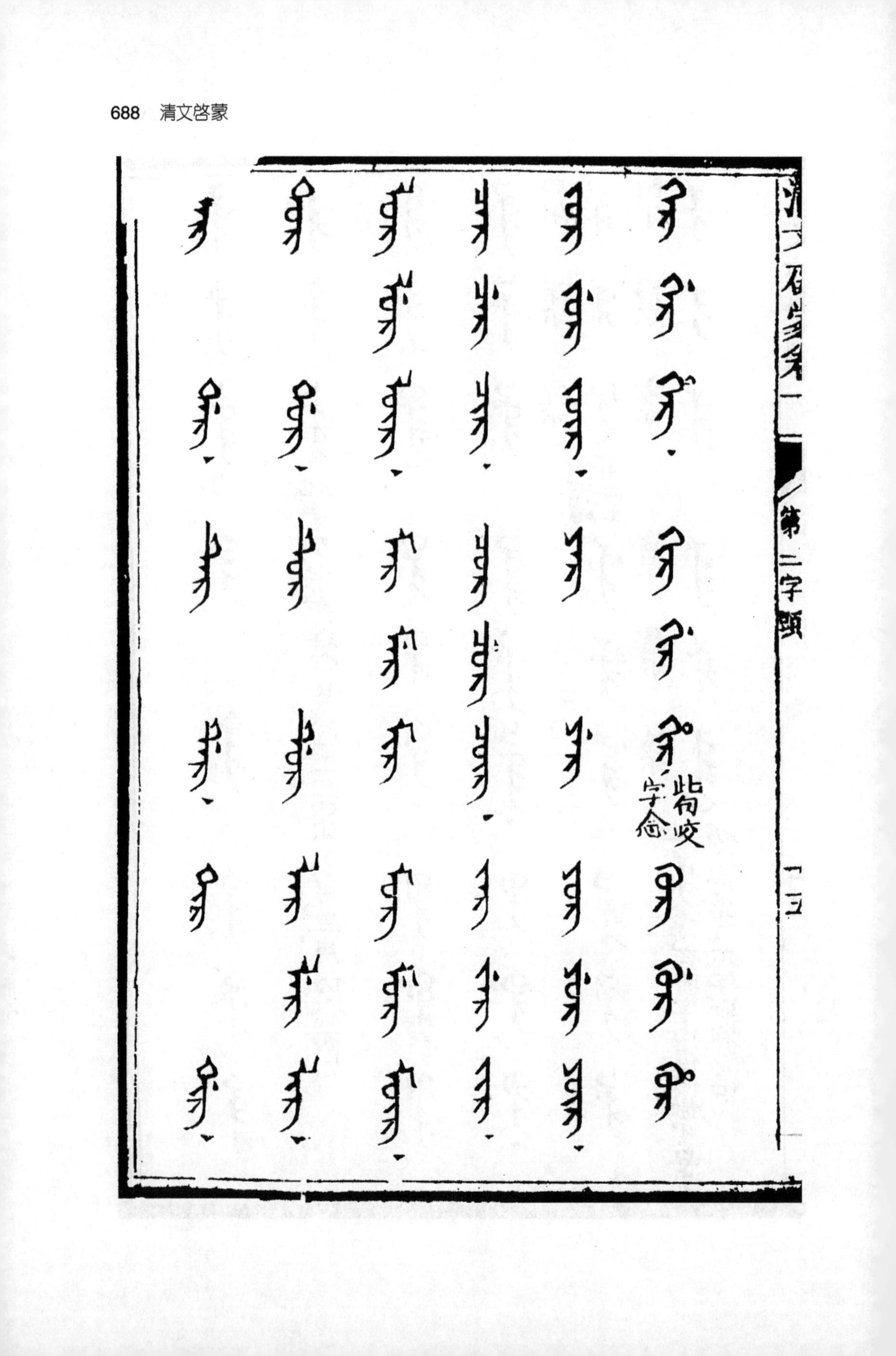

齿咬字念

如ᠠ阿字下加ᡵ尔字是ᠠᡵ阿尔字。聯寫ᠠᡵᡴᡳ阿尔欺燒酒。

ᡵ尔字在聯字內必變體寫作ᡵ尔式。

以上ᠠᡵ ᠠᡵ ᠠᡵ頭字尾巴只比ᠠ ᠠ頭字下多一ᡵ尔字。此ᡵ尔

[Manchu] [Manchu]

[Manchu] [Manchu] [Manchu] 呰奴 滚舌 [Manchu] [Manchu] [Manchu] [Manchu] [Manchu] [Manchu]

[Manchu] [Manchu] [Manchu] [Manchu] [Manchu] [Manchu] [Manchu] [Manchu] [Manchu] 呰奴 滚舌

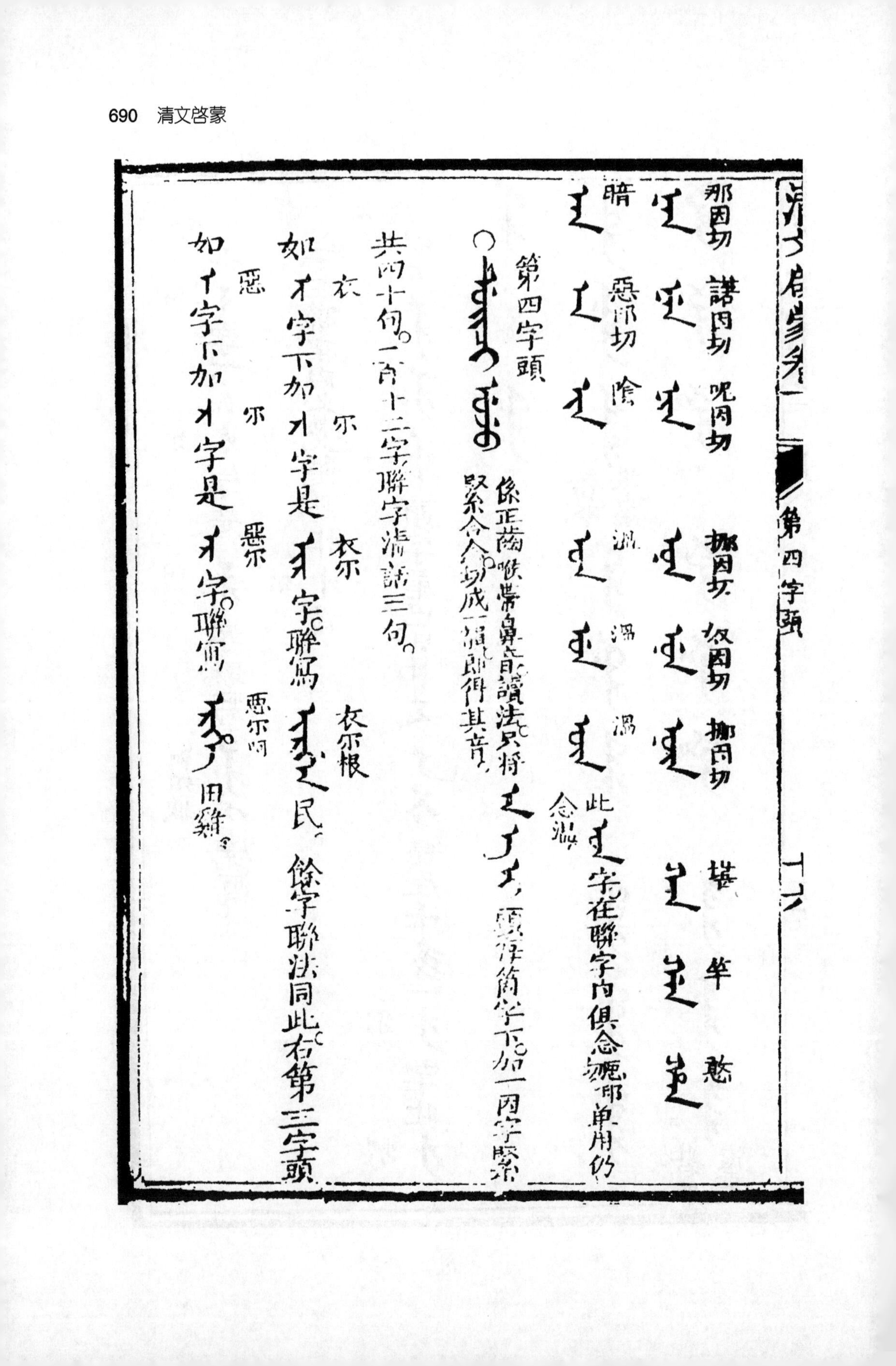

那因切 諾因切 呢因切 挪因切 努因切 挪因切 堪 笨 憨

暗 惡昂切 陰 溫 溫 溫

此字在聯字內俱念惡那單用仍念溫

○ 係正齒喉带鼻音讀法。只將頭字下加一因字，緊緊合念切成一個，即得其音。

第四字頭

共兩十句。一百十二字。聯字清話三句。

衣 尔 衣尔 衣尔根

如字下加字是字。聯寫民。餘字聯法同此。右第三字頭

惡 尔 惡尔 惡尔阿

如字下加字是字。聯寫田雞。

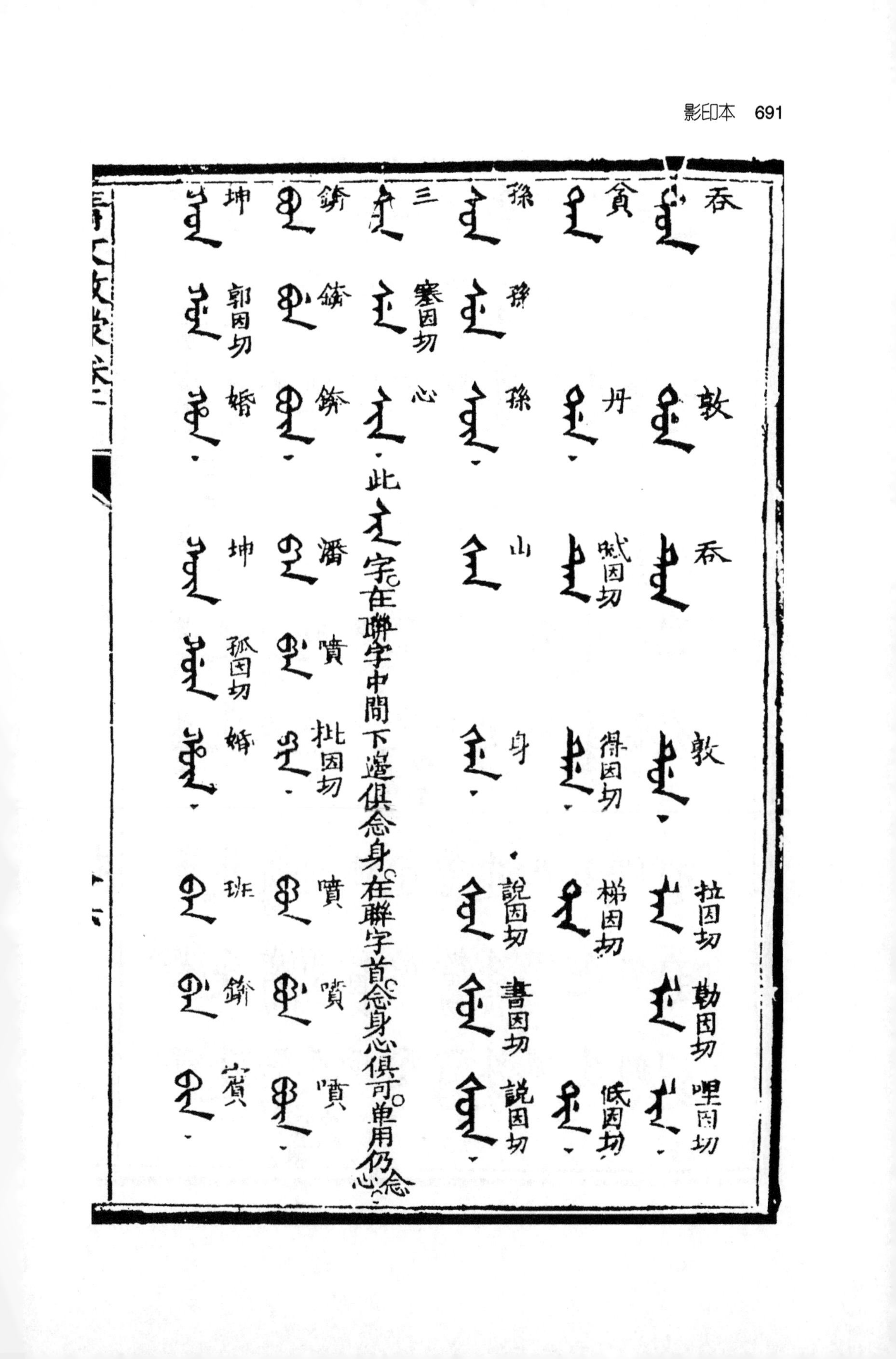

吞　敦　吞　敦　拉因切　勒因切　哩因切

貪　丹　忒因切　得因切　梯因切　低因切

孫　孫　孫　山　身　說因切　書因切　說因切

三　塞因切　心

此字在聯字中間下邊俱念身在聯字首念身心俱可単用仍念心

錛　錛　錛　潘　噴　批因切　噴　噴　噴

坤　郭因切　婚　坤　孤因切　婚　玭　錛　賓

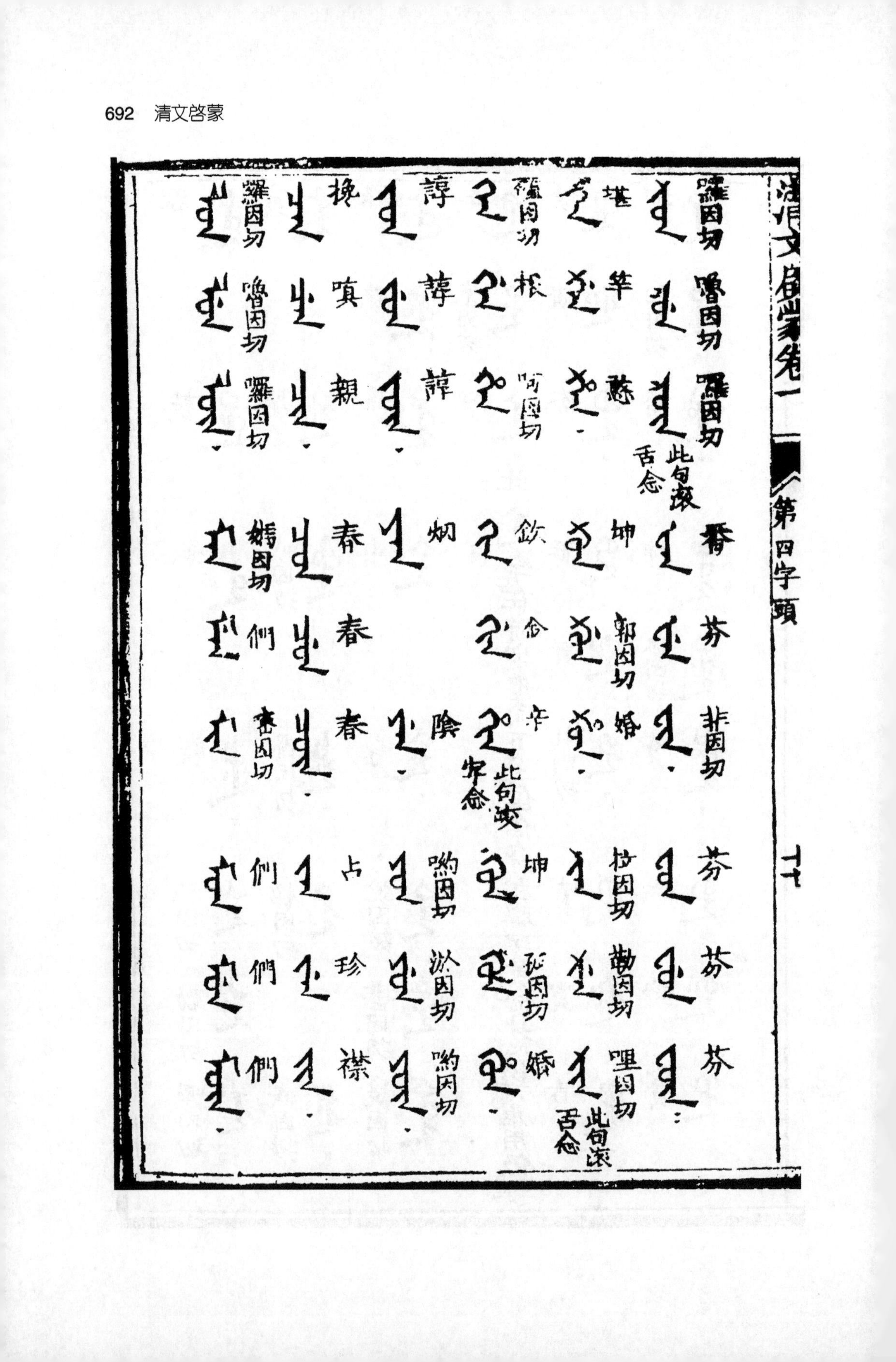

囉因切 嚕因切 囉因切 此句滾舌念 番 芬 非因切 芬 芬 芬

堪 竿 懇 坤 郭因切 婚 拉因切 勒因切 哩因切 此句滾舌念

囉因切 根 呵因切 欽 侖 辛 此句咬字念 坤 砭因切 婚

諄 諄 諄 炯 陰 喲因切 淤因切 喲因切

搀 嗔 親 春 春 春 占 珍 襟

囉因切 嚕因切 囉因切 嬉因切 們 審因切 們 們 們

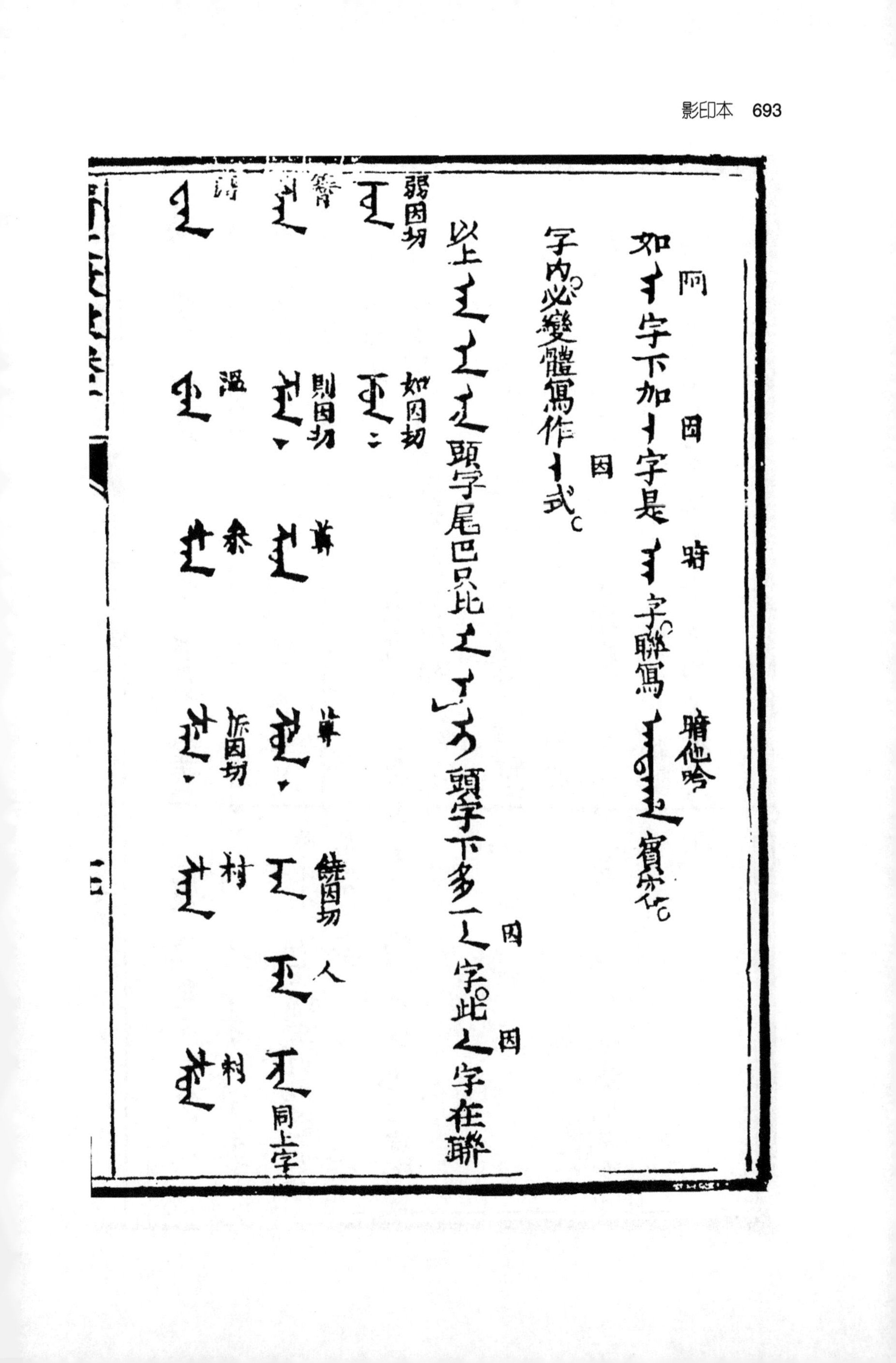

如　字下加　字是　字聯寫　實你

字內必變體寫作　式

以上　　　頭字尾巴只此　　　頭字下多一　字此　字在聯

弱因切　如因切　二

　　則因切　　　饒因切　人　同上字

詩　溫　參　　䜣因切　村　枓

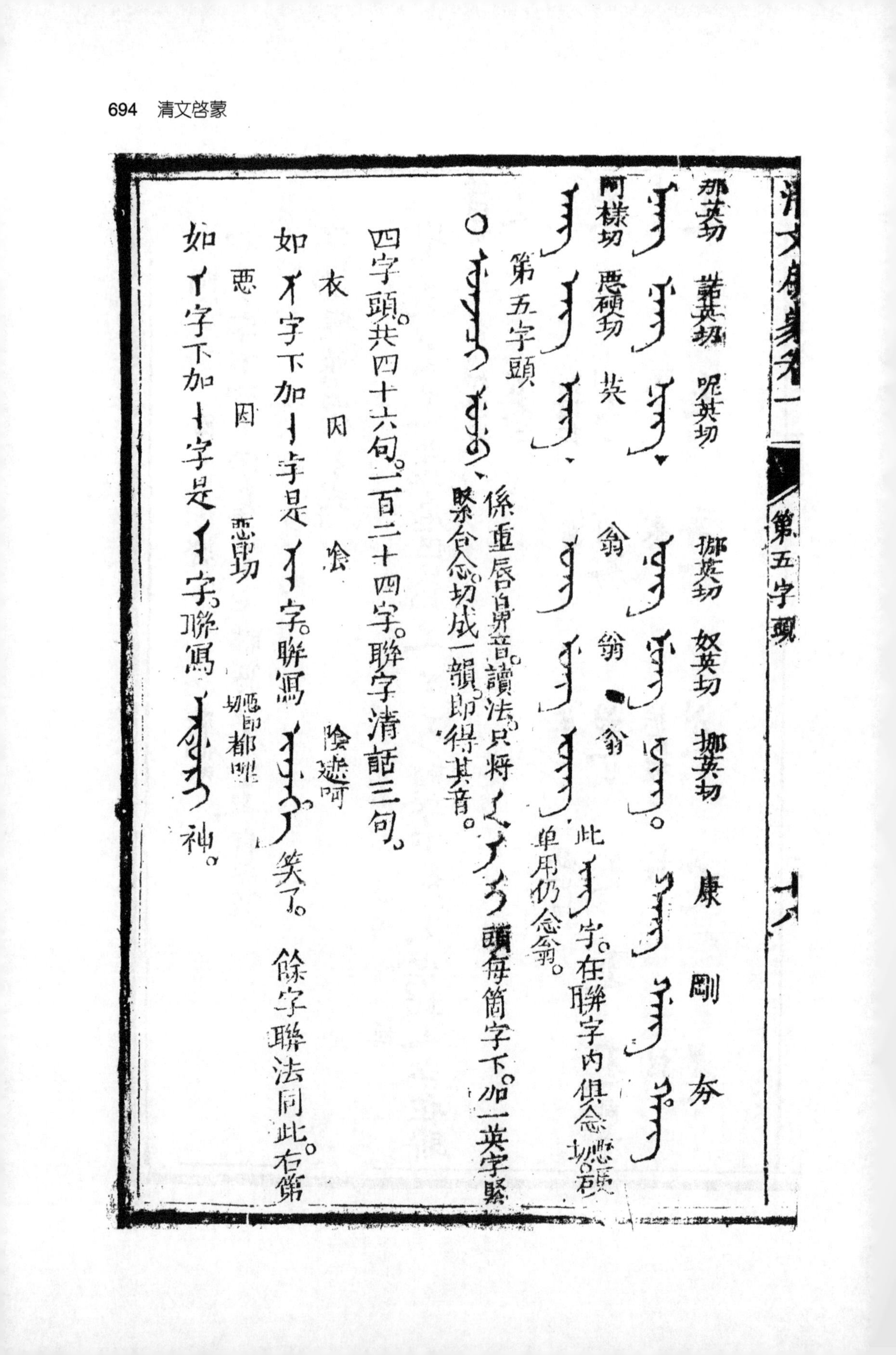

那英切 諾英切 呢英切 娜英切 奴英切 挪英切 康 剛 夯

阿樣切 惡硬切 英 翁 翁 翁

此字。在聯字內俱念惡硬切

單用仍念翁。

第五字頭

係重唇音。讀法。只將字頭每箇字下。加一英字緊合念切成一韻。即得其音。

四字頭。共四十六句。一百二十四字。聯字清話三句。

衣 因 陰 陰遮呵

如字下加字是字。聯寫笑了。 餘字聯法同此。右第

惡 因 惡印切 惡印切都哩

如字下加字是字。聯寫神。

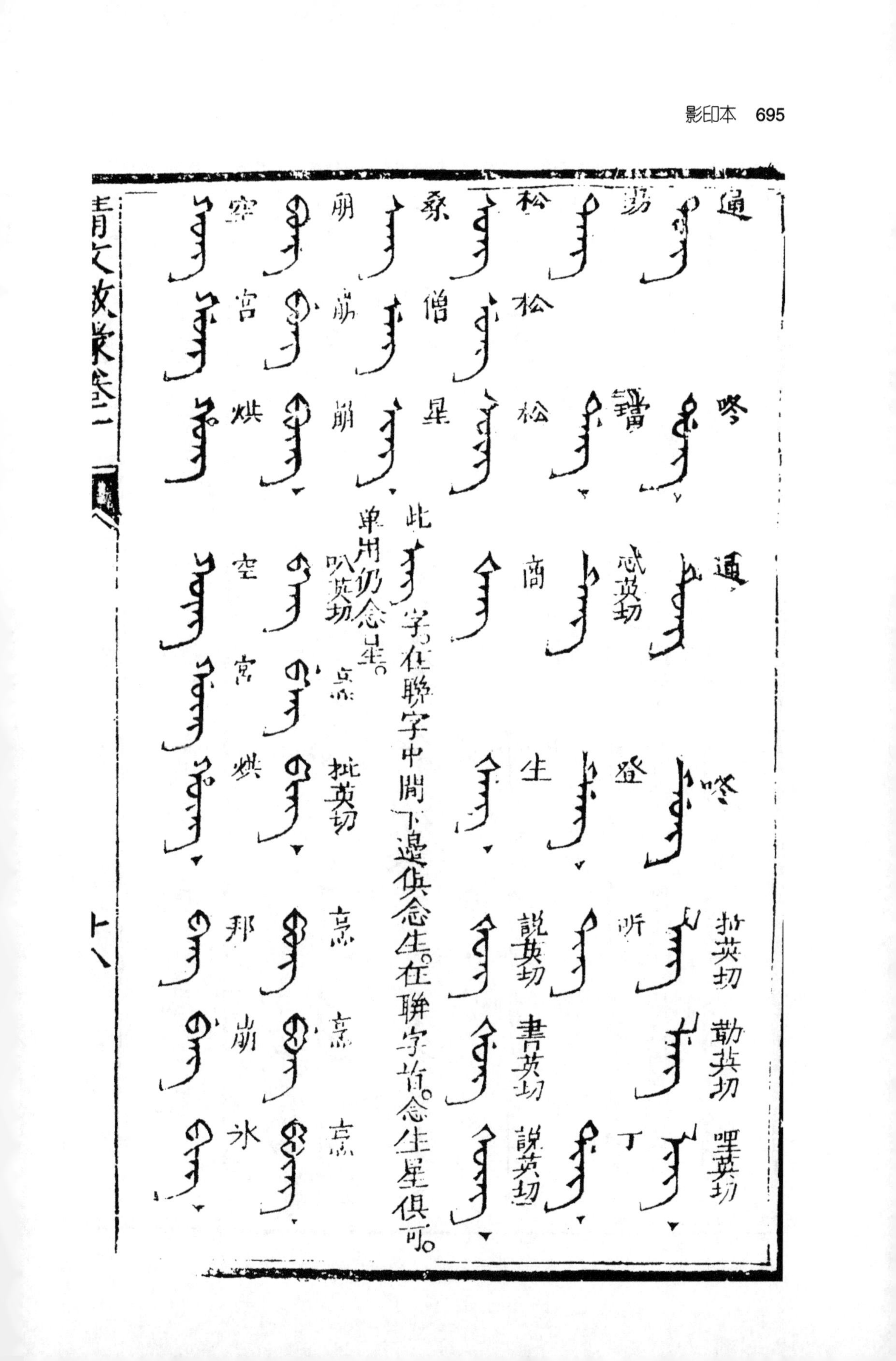

通 咚 通 咚 特英切 勒英切 黑英切

謗 鐺 忒英切 登 听 丁

松 松 松 商 生 說英切 書英切 說英切

桑 僧 星

此字。在聯字中間下邊俱念生。在聯字首。念生星俱可。單用仍念星。

朋 崩 崩 叭英切 烹 批英切 烹 烹 烹

空 宫 烘 空 宫 烘 邦 崩 冰

囉英切 嚕英切 囉英切 方 風 非英切 風 風 風

康 剛 夯 此句滾舌念 窣 宮 烘 拉英切 勒英切 哩英切 此句滾舌念

抗 庚 哼 鄉 經 興 空 宮 烘

中 中 中 央 英 此句咬字念 雍 雍 雍

昌 稱 清 冲 冲 冲 窄 征 精

囉英切 嚕英切 囉英切 姝 摸英切 穆英切 摸英切 模英切 摸英切

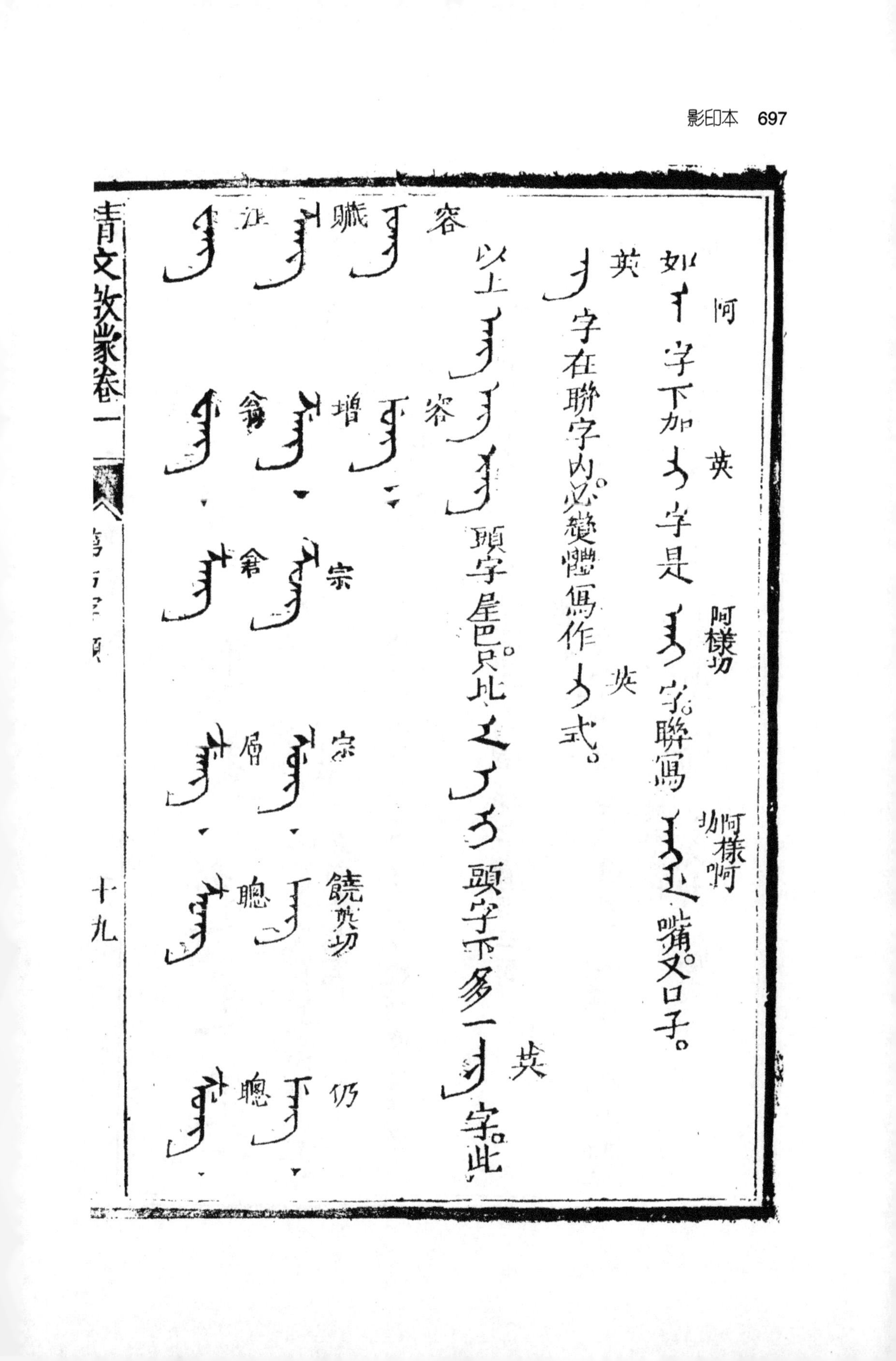

阿 英 阿㨾切 阿㨾啊切

如字下加字是字。聯寫嘴叉口子。

英 英

字在聯字內必變體寫作式。

英

以上頭字是巴只比頭字下多一字。此

容 賍 莊 宋

容 增 鎗

宗 倉

宗 層

饒䆆切 聰

仍 聰

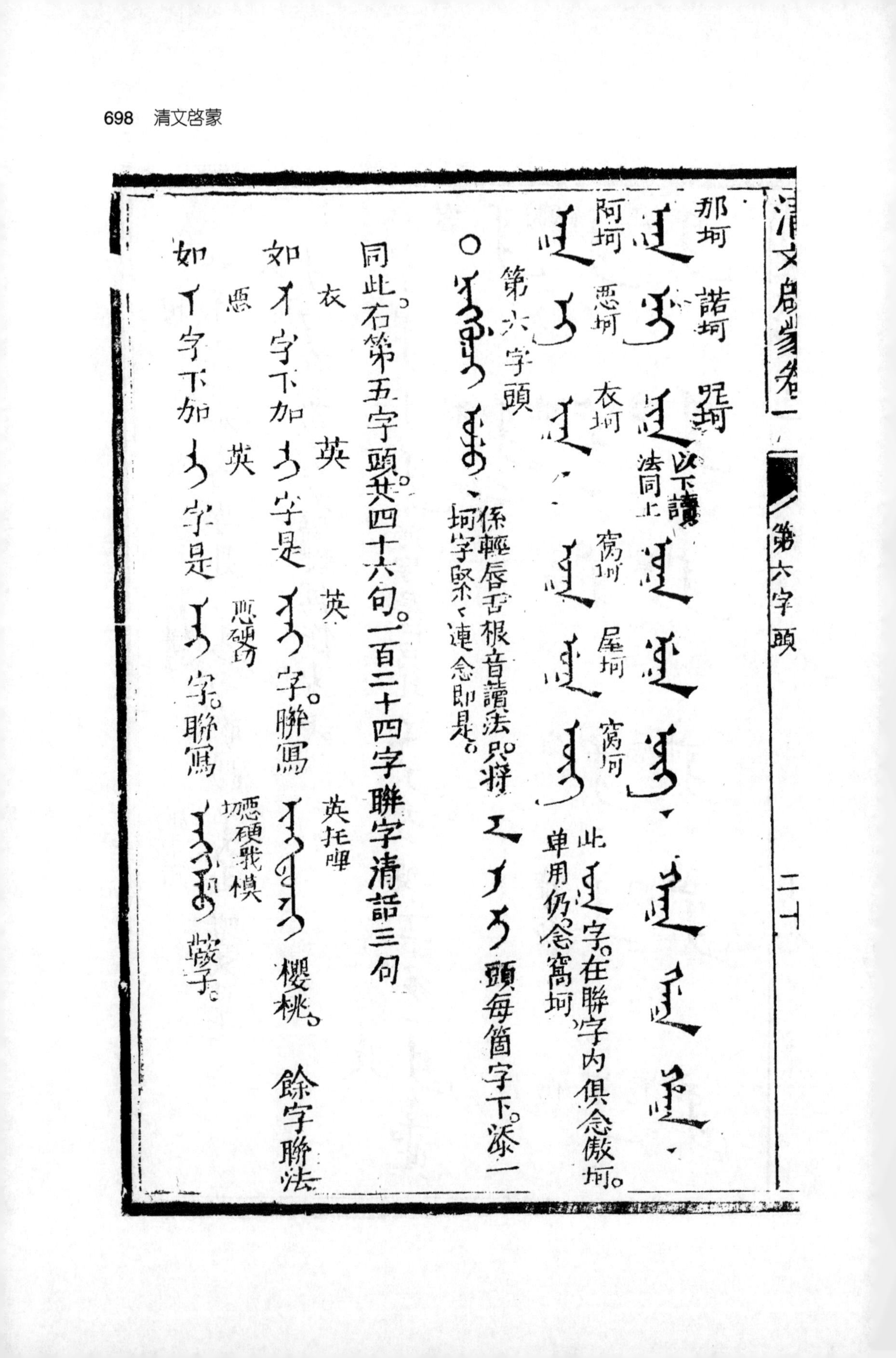

那坷 諾坷 𠸄坷 以下讀法同上

阿坷 惡坷 衣坷 窩坷 屋坷 窩坷 此字在聯字内俱念傲坷。單用仍念窩坷。

第六字頭

○ 、係輕唇舌根音讀法只將 頭每箇字下添一坷字緊緊連念即是。

同此右第五字頭共四十六句一百二十四字聯字清語三句

如 字下加 字是 字。聯寫 櫻桃。 餘字聯法

衣 英 英 英托啤

如 字下加 字是 字。聯寫 蠓子。

惡 英 惡磞 𡎺惡硬莪模

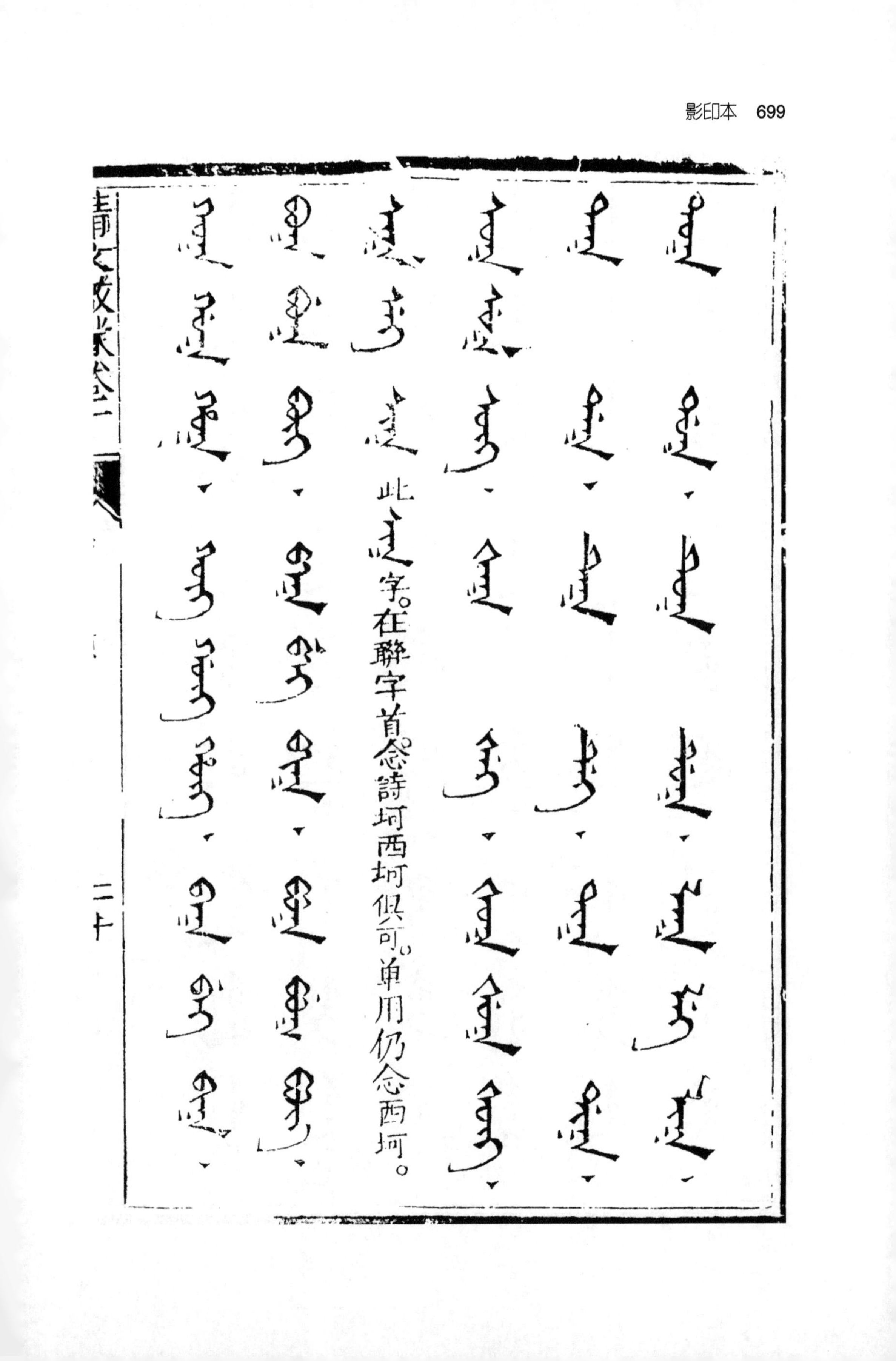

此[Manchu]字。在聯字首念詩坷西坷俱可。单用仍念西坷。

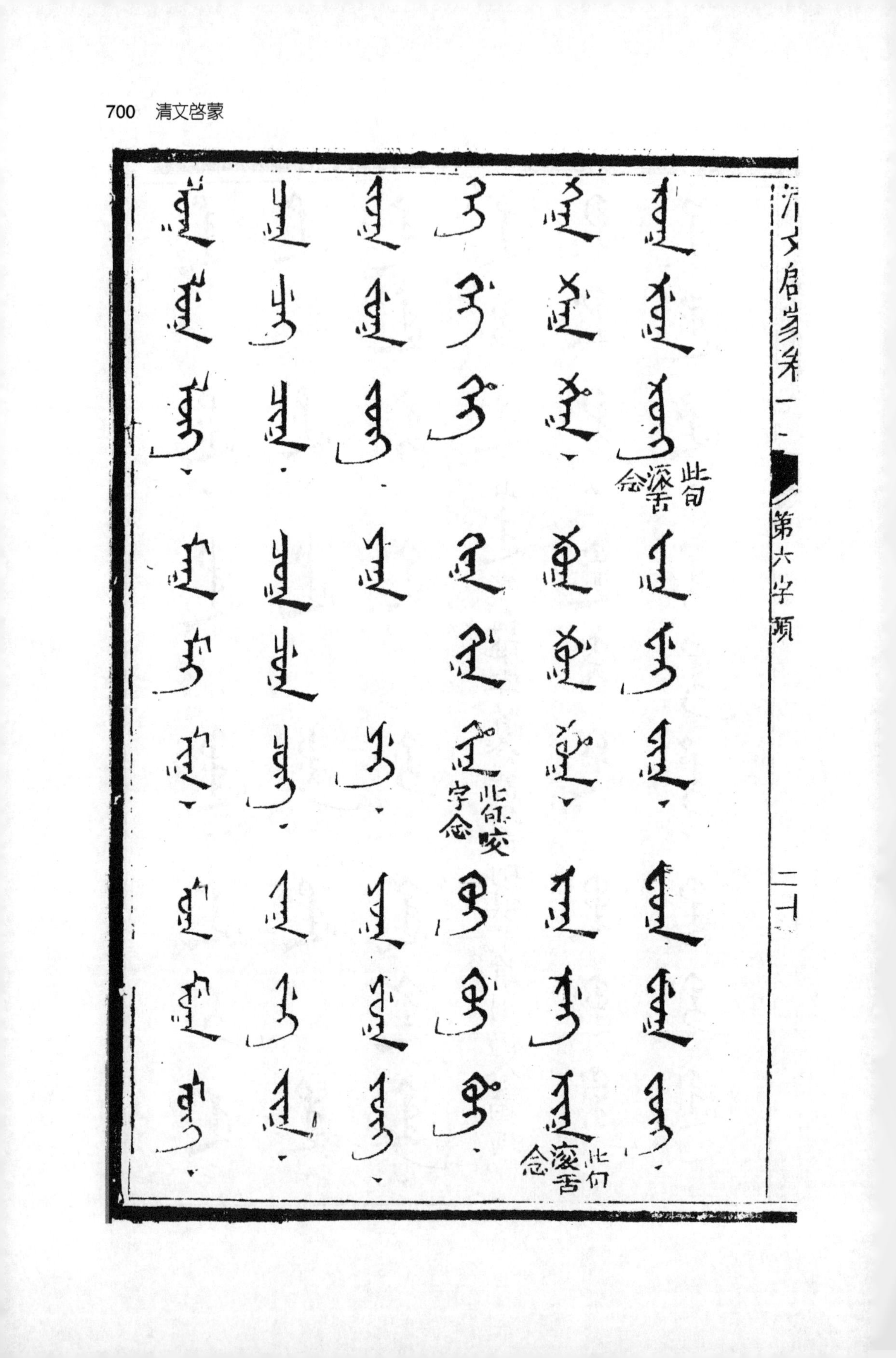

第六字头

此句滚舌念

此句咬字念

此句滚舌念

ᡝᡴᡨᡝᡵᡧᡝᠮᠪᡳ（惡坷忒嗏喀）膩胸豪橫。

如ᡝ（惡）字下加ᡴ（坷）字是ᡝᡴ（惡坷）字聯寫ᡝᡴᡧᡝᠮᠪᡳ（惡坷𠲿嘧）急忙。ᡝᡴᠴᡳᠨ（惡坷勤）河崖山崖

如ᠠ（阿）字下加ᡴ（坷）字是ᠠᡴ（阿坷）字聯寫ᠠᡴᡩᡠᠨ（阿坷敦）信實又堅固

此ᡴ（坷）ᡴ（坷）字在聯字內必變體寫作ᡴ（坷）式。

以上ᡝ ᡝᡴ ᡝᡴ頭字尾巴只比ᡝ ᡳ ᡝ頭字下多一ᡴ（坷）ᡴ（坷）字。

ᡝᡴ ᡝᡴ

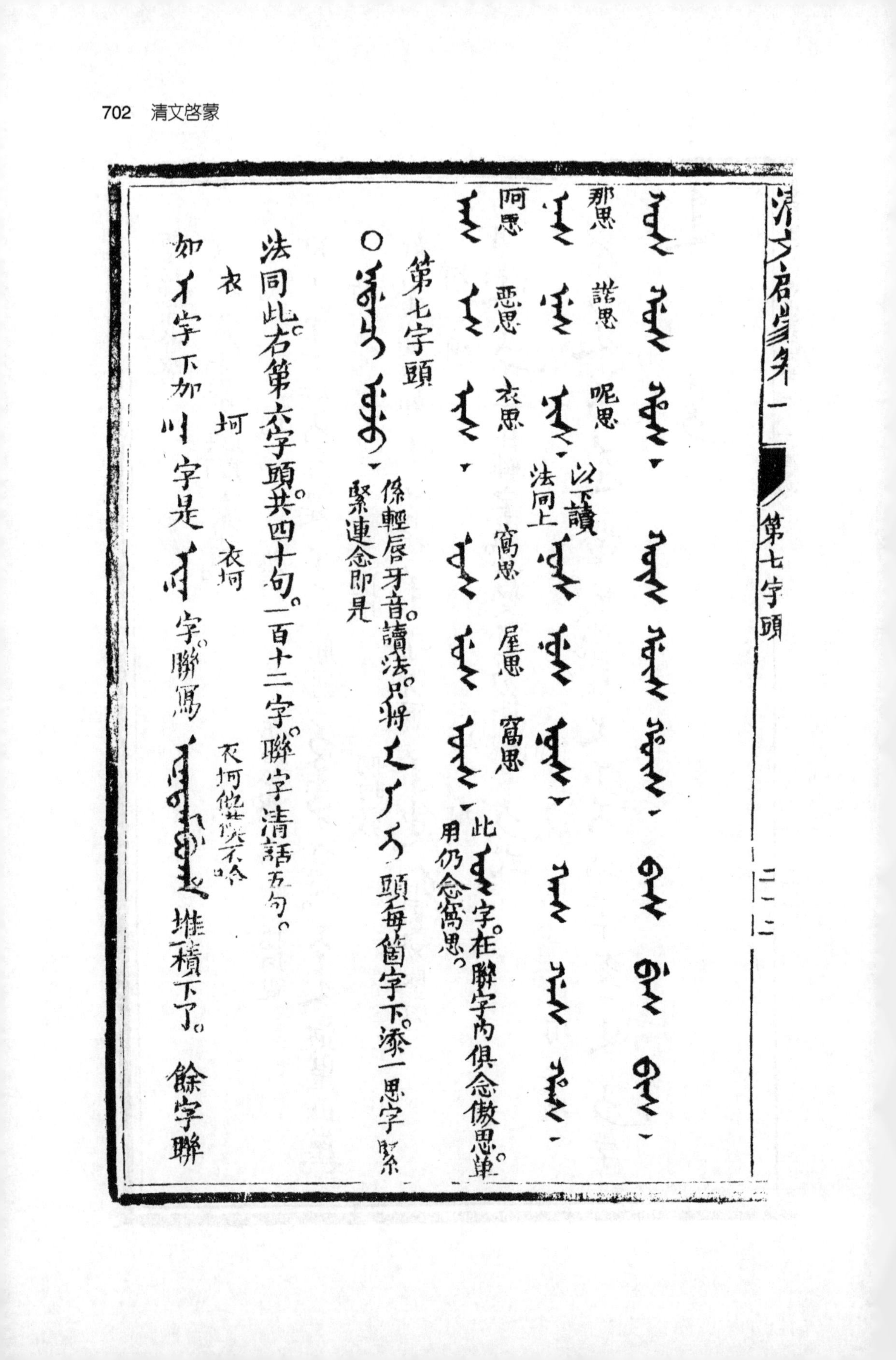

那思 諾思 呢思 以下讀法同上

阿思 厄思 衣思 窩思 屋思 窩思

此字在聯字內俱念傲思單用仍念窩思。

第七字頭

○ 係輕唇牙音。讀法只將頭每個字下添一思字緊連念即是

法同此右第六字頭共四十句。一百十二字。聯字清語五句。

衣 坷 衣坷 衣坷做挨不念哈

如字下加字是字。聯寫堆積下了。餘字聯

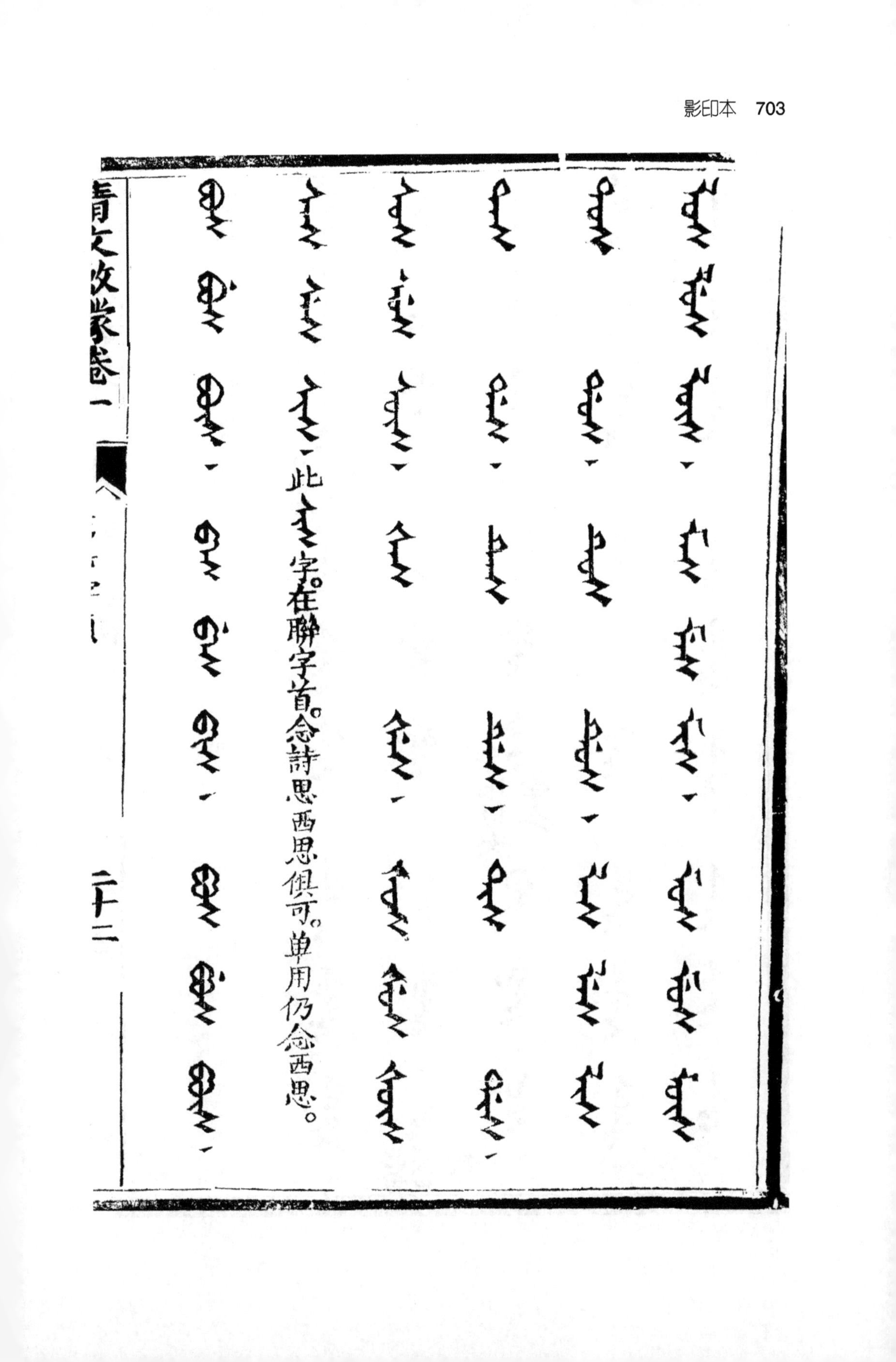

此　字。在聯字首。念詩思西思俱可。单用仍念西思。

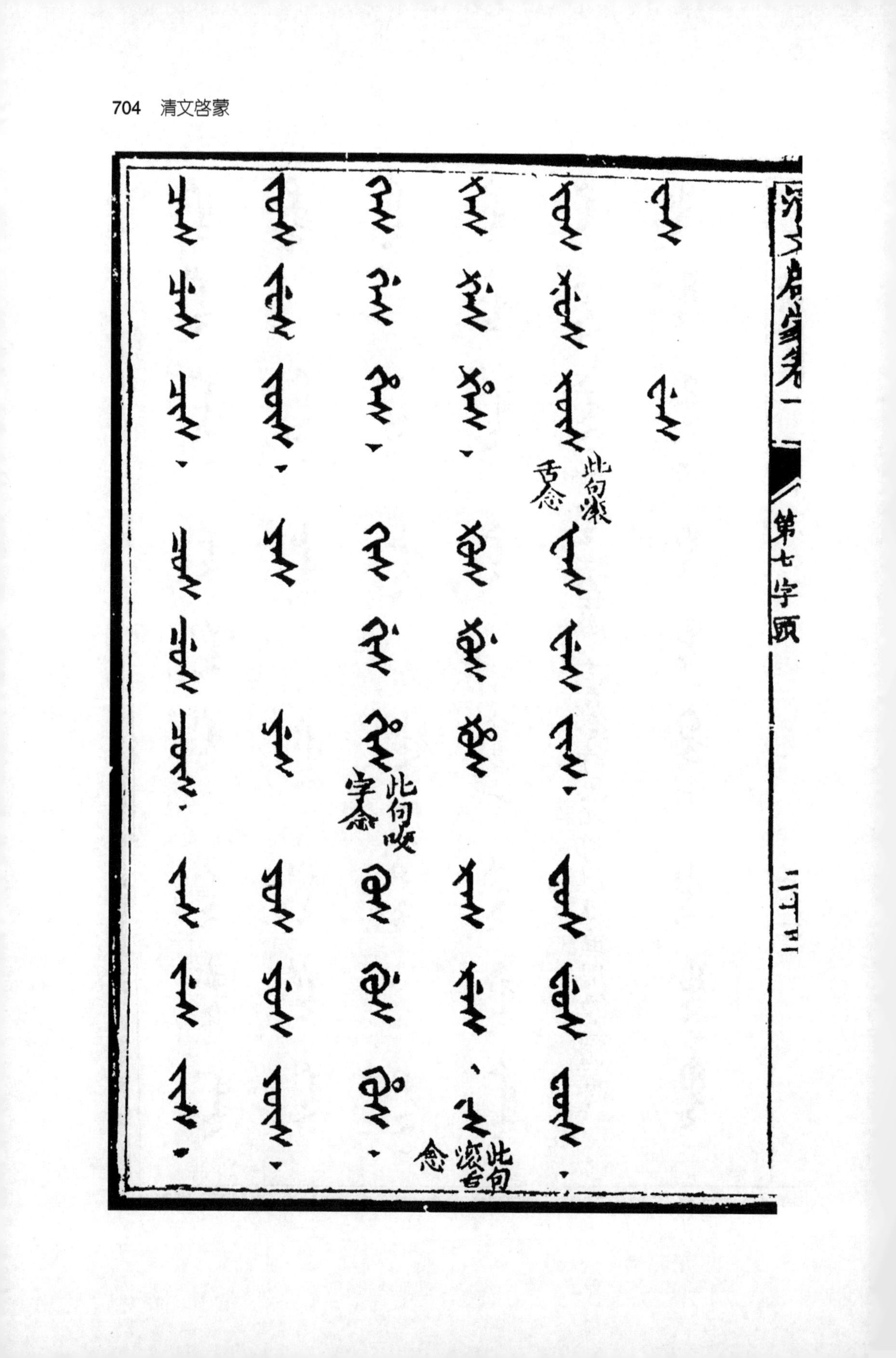

此句咬字念

此句滚舌念

此句滚舌念

法同此。右第七字頭共四十句。一百十二字。聯字清話三句。

如ᡳ(衣)字下加ᠰ(思)字是ᡳᠰ(衣思)字。聯寫ᡳᠰᡥᡠᠨᡩᡝ(衣思婚得)互相彼此。餘字聯

如ᡝ(厄)字下加ᠰ(思)字是ᡝᠰ(厄思)字。聯寫ᡝᠰᡥᡝᠨ(厄思痕)叔。

如ᠠ(阿)字下加ᠰ(思)字是ᠠᠰ(阿思)字。聯寫ᠠᠰᡥᠠ(阿思哈)翅膀。又傍掛佩帶。

此ᠰ(思)字在聯字內。必變體寫作ᠰ(思)式。

如ᠠᠰ ᡝᠰ ᡳᠰ頭字尾巴。比ᠠ ᡝ ᡳ頭字下多一ᠰ(思)字。

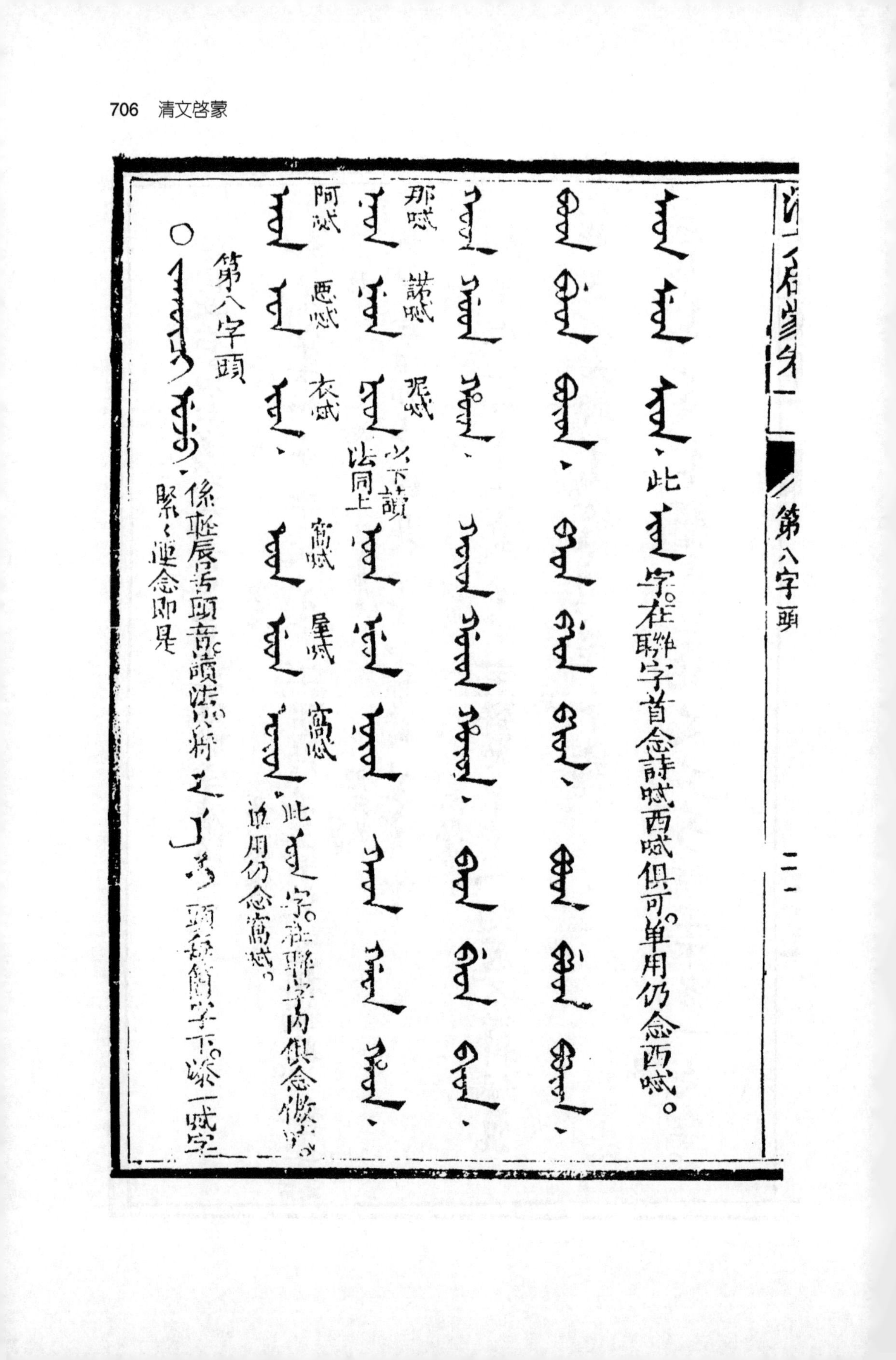

此字在聯字首念詩嗞西嗞俱可单用仍念西嗞。

那嗞 諾嗞 泥嗞 此下讀法同上

阿嗞 惡嗞 衣嗞 窩嗞 屋嗞 窩嗞

此字在聯字內俱念傚嗞，单用仍念窩嗞。

第八字頭

○ 係啞唇舌頭音讀法只將頭每個字下添一嗞字緊緊連念即是

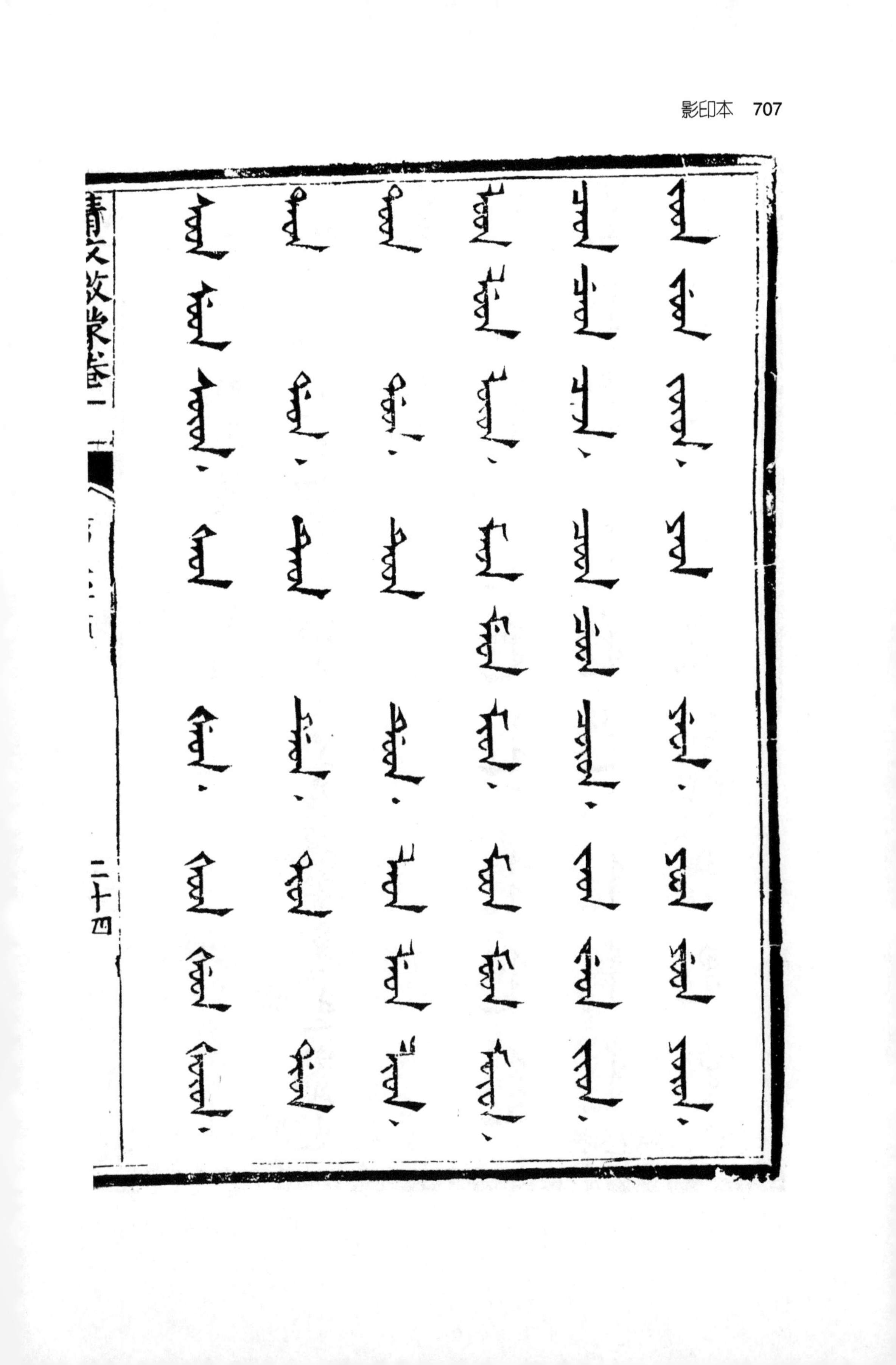

字在聯字內必變體寫作式。

以上頭字尾巴頭字下多一字此

此句滾舌念

此句咬字念

此句滾舌念

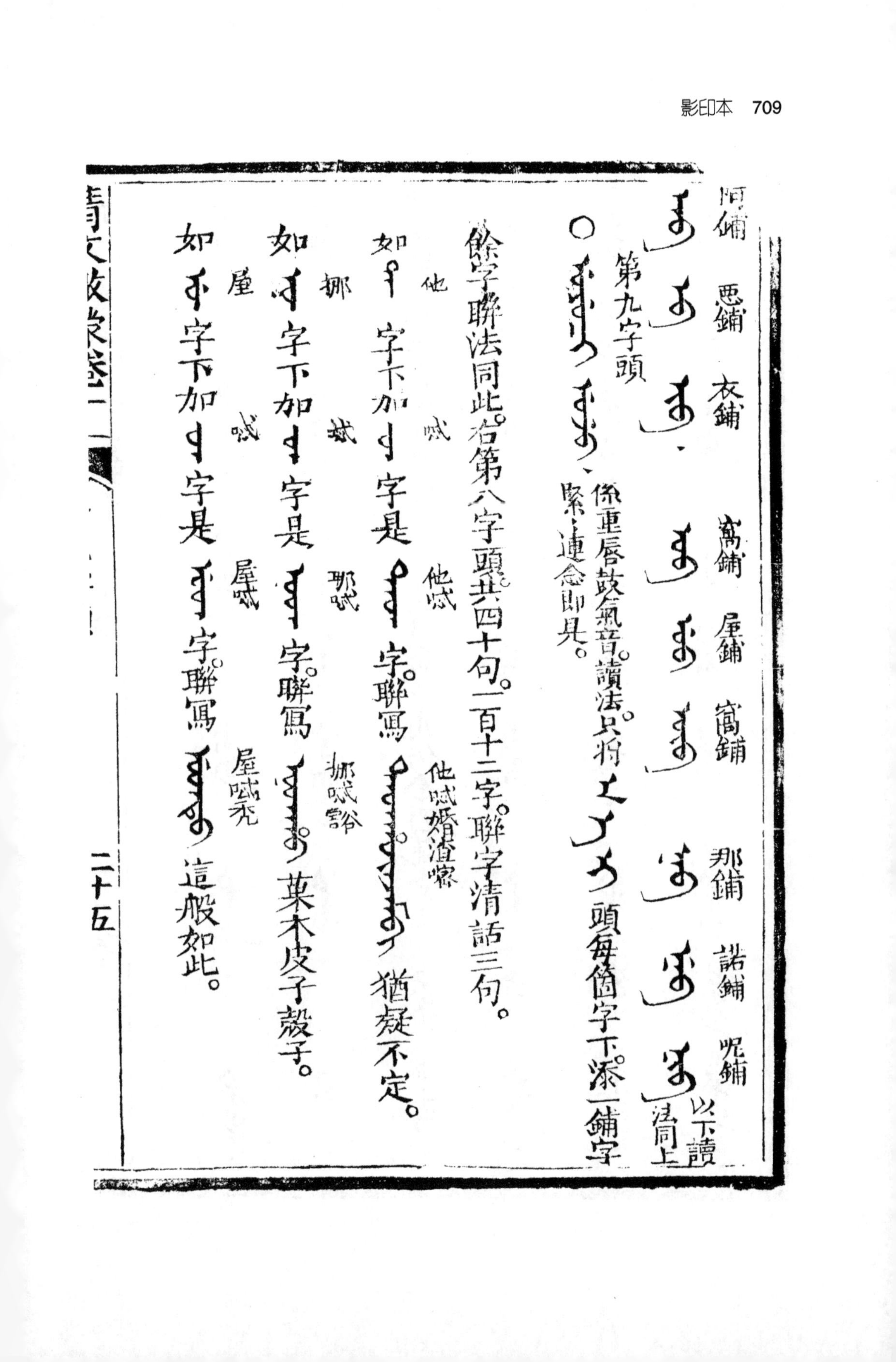

阿鋪 厄鋪 衣鋪 窩鋪 屋鋪 窩鋪 那鋪 諾鋪 呢鋪 以下讀法同上

第九字頭

○ 係重唇鼓氣音。讀法只將 頭每箇字下添一鋪字緊連念即是。

餘字聯法同此。右第八字頭共四十句。一百十二字。聯字清話三句。

如 他 字下加 呶 字是 他呶 字。聯寫 他呶婚渣嚓 猶疑不定。

如 挪 字下加 呶 字是 挪呶 字。聯寫 挪呶嗐谷 菓木皮子殼子。

如 屋 字下加 呶 字是 屋呶 字。聯寫 屋呶兀 這般如此。

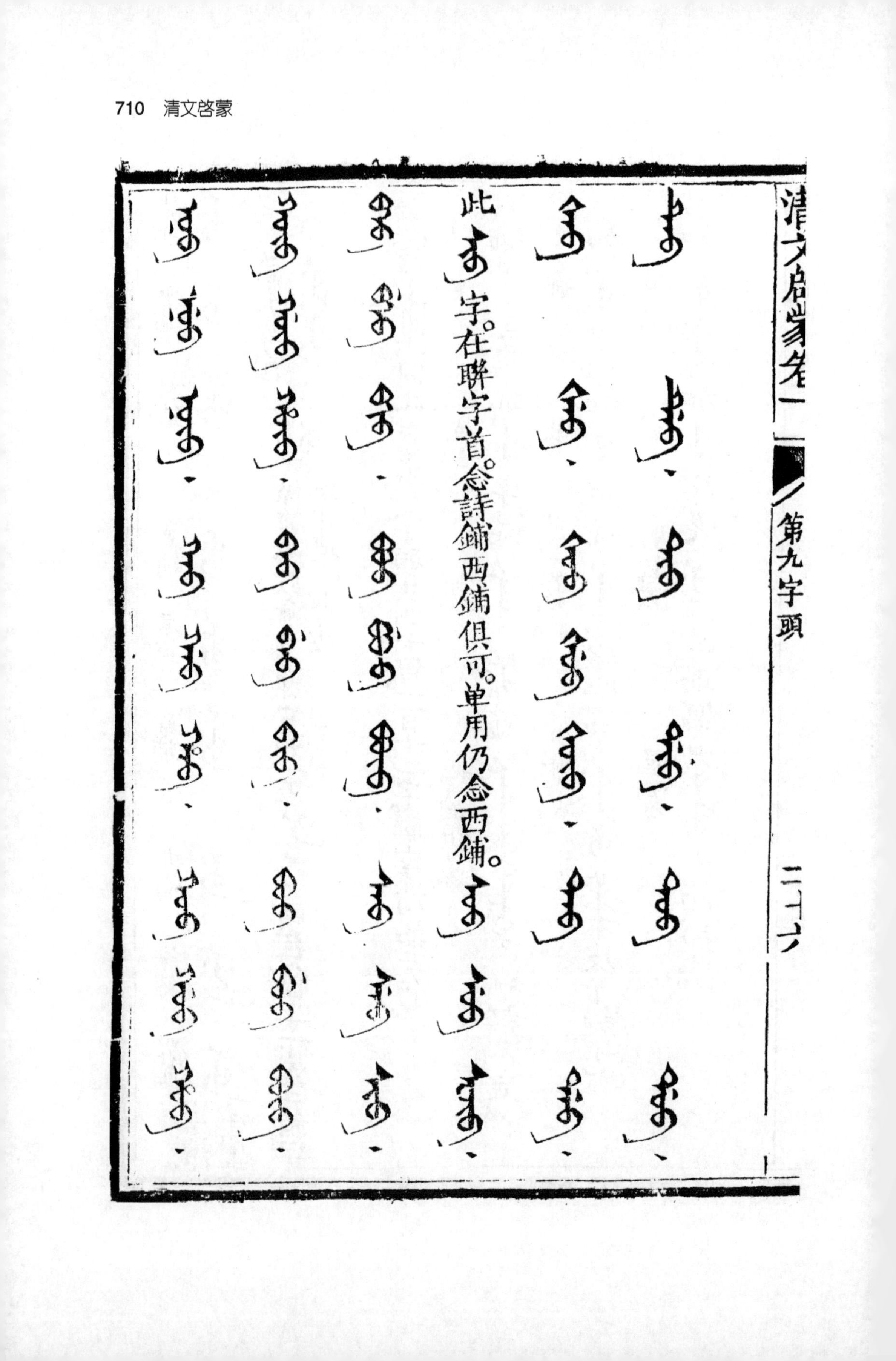

此字。在联字首。念詩鋪西鋪俱可。单用仍念西鋪。

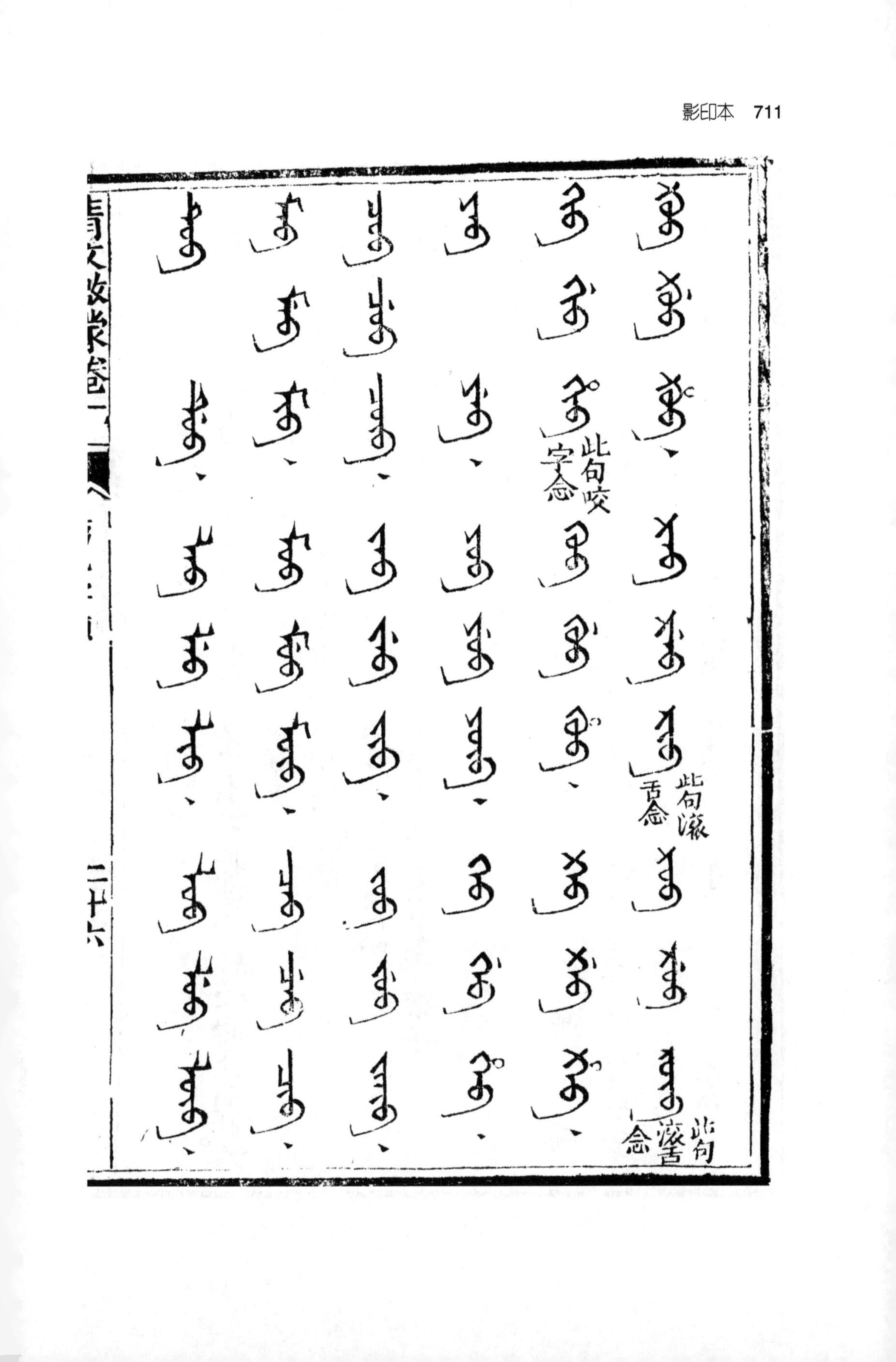

此句咬字念

此句滾舌念

此句滾舌念

如 ᡳ（衣）字下加 ᠪ（鋪）字是 ᡳᠪ（衣鋪）字。聯寫 ᡳᠪᡴᠠᠴᠠ（衣鋪喀嚓）收撙。餘字聯法同此。右

如 ᡝ（惡）字下加 ᠪ（鋪）字是 ᡝᠪ（惡鋪）字。聯寫 ᡝᠪᠴᡳ（惡鋪七）肋條。

如 ᠠ（阿）字下加 ᠪ（鋪）字是 ᠠᠪ（阿鋪）字。聯寫 ᠠᠪᡴᠠ（阿鋪喀）天。ᠠᠪᡩᠠᡥᠠ（阿鋪搭哈）葉子。

字在聯字內必變体寫作 ᠪ（鋪）式。

以上 ᠠᠪ ᡝᠪ ᡳᠪ 頭字尾巴。只此 ᡝ ᠠ ᠣ 頭字下多一 ᠪ（鋪）字。此 ᠪ（鋪）

ᠠᠪ ᡝᠪ ᡳᠪ ᠣᠪ ᡠᠪ ᡡᠪ ᠣᠪ ᡡᠪ

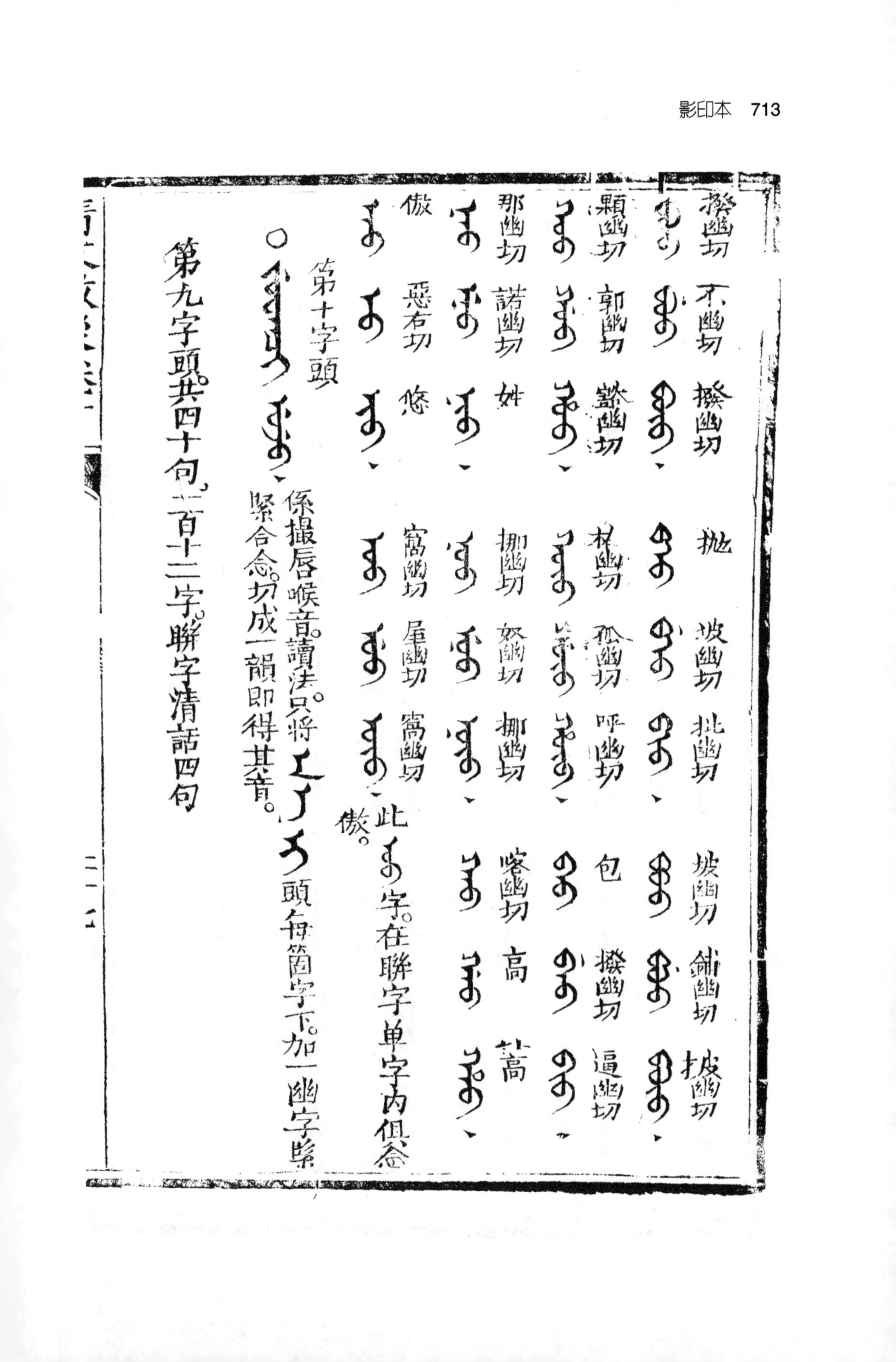

擯幽切 不幽切 擯幽切 拋 坡幽切 批幽切 坡幽切 鋪幽切 坡幽切

顛幽切 郭幽切 谿幽切 林幽切 孤幽切 呼幽切 包 擯幽切 逼幽切

那幽切 諾幽切 姌 挪幽切 奴幽切 挪幽切 喀幽切 高 篙

傲 惡右切 悠 窩幽切 屋幽切 窩幽切

此字。在聯字單字內俱念傲。

第十字頭

係撮脣喉音。讀法。只將頭每箇字下。加一幽字緊合念。切成一韻即得其音。

第九字頭共四十句。一百十二字。聯字清話四句

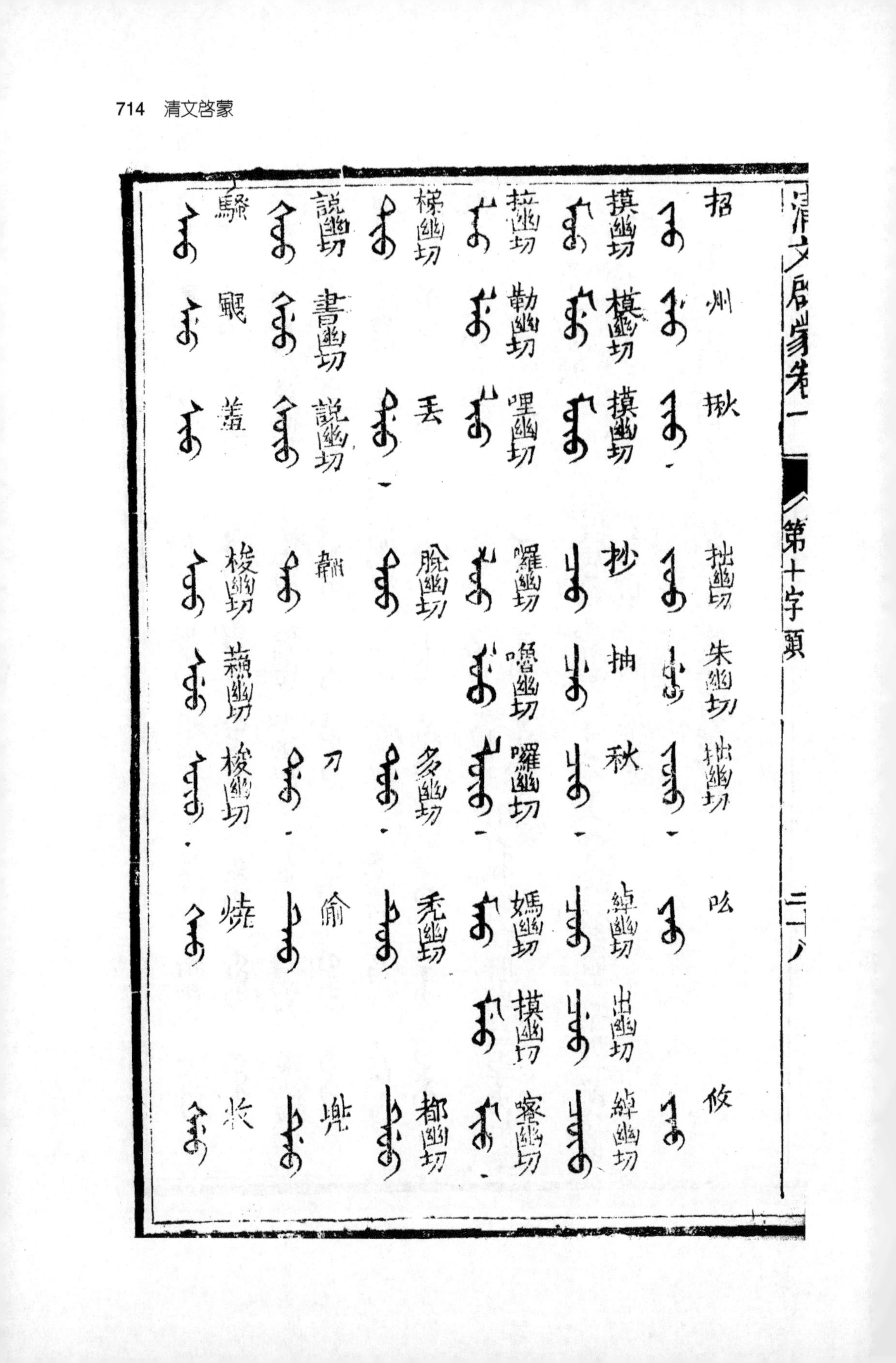

招 州 楸 拙幽切 朱幽切 拙幽切 吆 攸

摸幽切 模幽切 摸幽切 抄 抽 秋 綽幽切 出幽切 綽幽切

㩳幽切 勒幽切 哩幽切 囉幽切 嚕幽切 囉幽切 嫣幽切 摸幽切 喀幽切

㯟幽切 丟 脫幽切 多幽切 禿幽切 都幽切

說幽切 書幽切 說幽切 韝 刀 偷 兜

騷 鰓 蓋 梭幽切 蘇幽切 梭幽切 燒 收

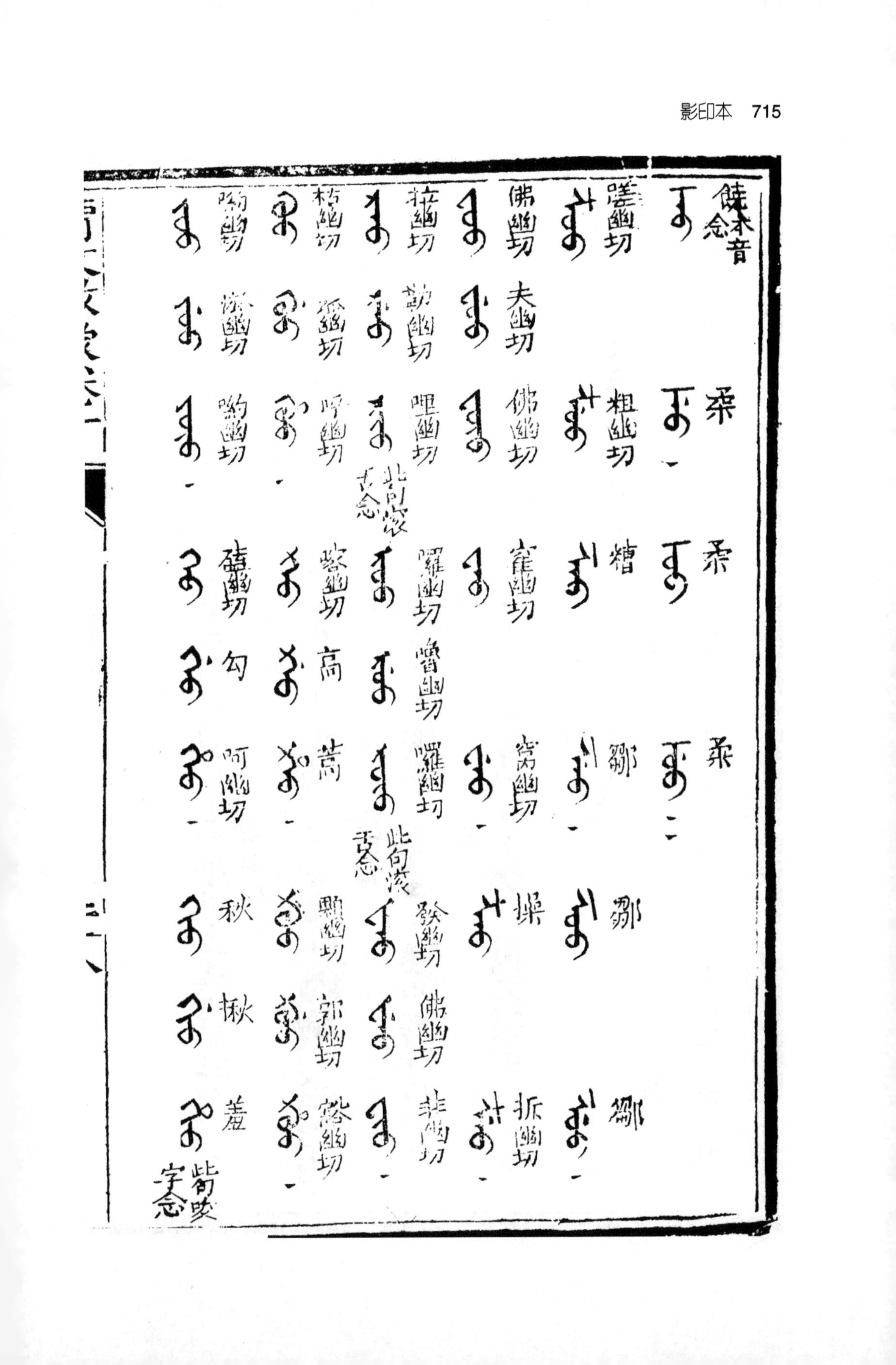

餘音本念

柔

柔

柔

嗟幽切

粗幽切

糟

鄒

鄒

鄒

佛幽切

夫幽切

佛幽切

雀幽切

窩幽切

搡

拆幽切

拉幽切

勒幽切

哩幽切

此句滚舌念

囉幽切

魯幽切

囉幽切

此句滚舌念

發幽切

佛幽切

非幽切

枯幽切

鎝幽切

呼幽切

喀幽切

高

蒿

颽幽切

郭幽切

豁幽切

呦幽切

嗡幽切

呦幽切

齉幽切

勾

阿幽切

秋

揪

羞

此句咬字念

法同此。右第十字頭。共四十六句一百二十四字聯字清話三句。

如 ᠯᡝ 勒 字下加 ᠣ 幽 字是 ᠯᡝᠣ 勒幽切 字。聯寫 ᠯᡝᠣᠯᡝᠨ 勒幽切 勒㗊 論。餘字聯塞

如 ᠰᡝ 塞 字下加 ᠣ 幽 字是 ᠰᡝᠣ 塞幽 字。聯寫 ᠰᡝᠣᠯᡝᡴᡠ 塞幽勒枯 多慮人。

如 ᠨᡝ 呢 字下加 ᠣ 幽 字是 ᠨᡝᠣ 妞 字。聯寫 ᠨᡝᠣᡥᡝ 妞呵 狼又狼皮。

此 ᠣ 幽 字在聯字內。必變體寫作 ᠣ 幽 式。

以上 [Manchu] [Manchu] [Manchu] 頭字尾巴只此 [Manchu] [Manchu] [Manchu] 頭字下多一 ᠣ 幽 字。

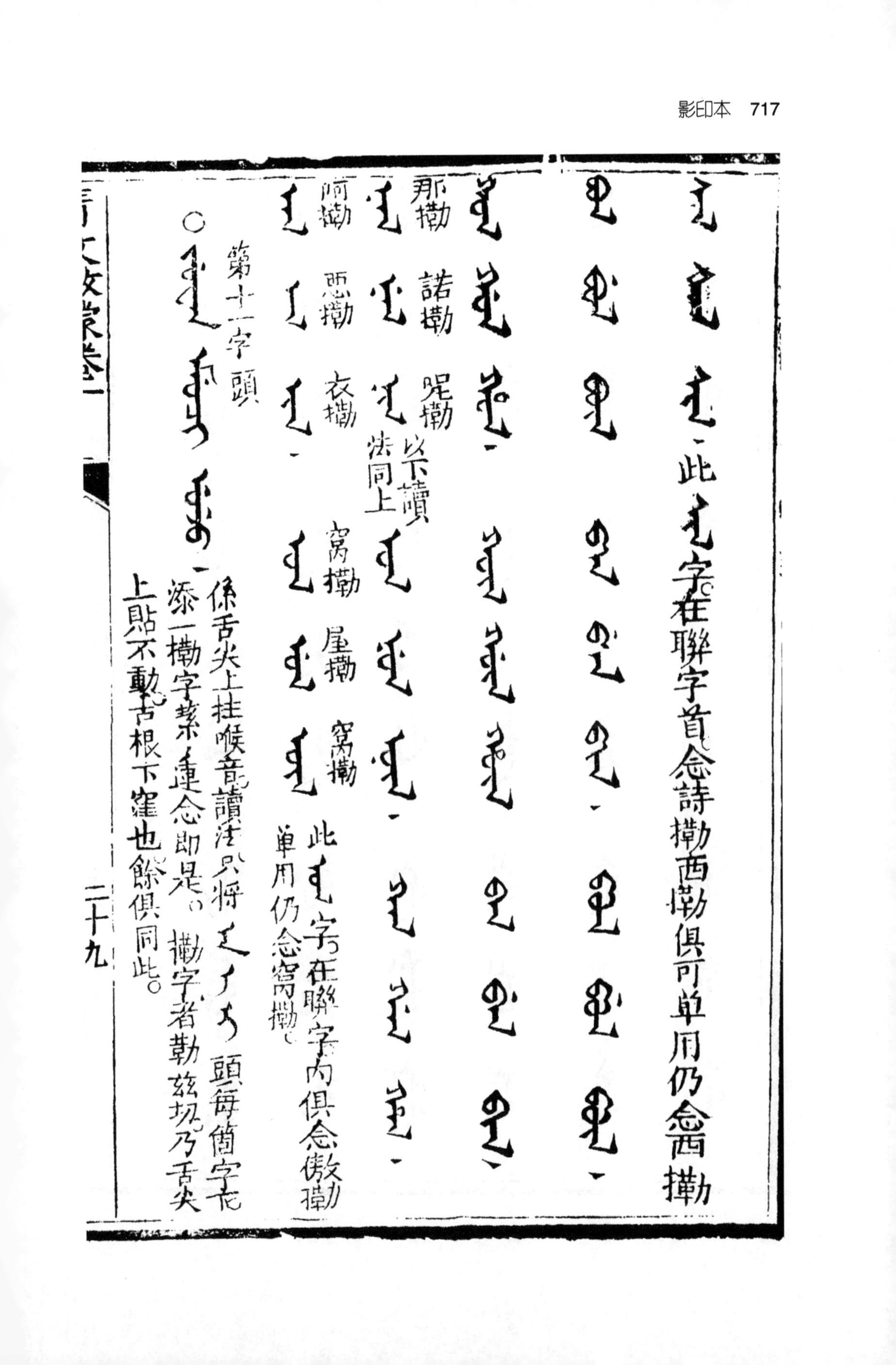

此字在聯字首念詩⿰扌勤西⿰扌勤俱可单用仍念畵⿰扌勤

那⿰扌勤 諾⿰扌勤 呢⿰扌勤 以下讀法同上

阿⿰扌勤 悪⿰扌勤 衣⿰扌勤 窩⿰扌勤 星⿰扌勤 窩⿰扌勤

此字在聯字內俱念傚⿰扌勤单用仍念窩⿰扌勤

第十一字頭

○

係舌尖上挂喉音讀法只將頭每個字尾添一⿰扌勤字棻連念即是。⿰扌勤字者勒兹切乃舌尖上貼不動舌根下窪也餘俱同此。

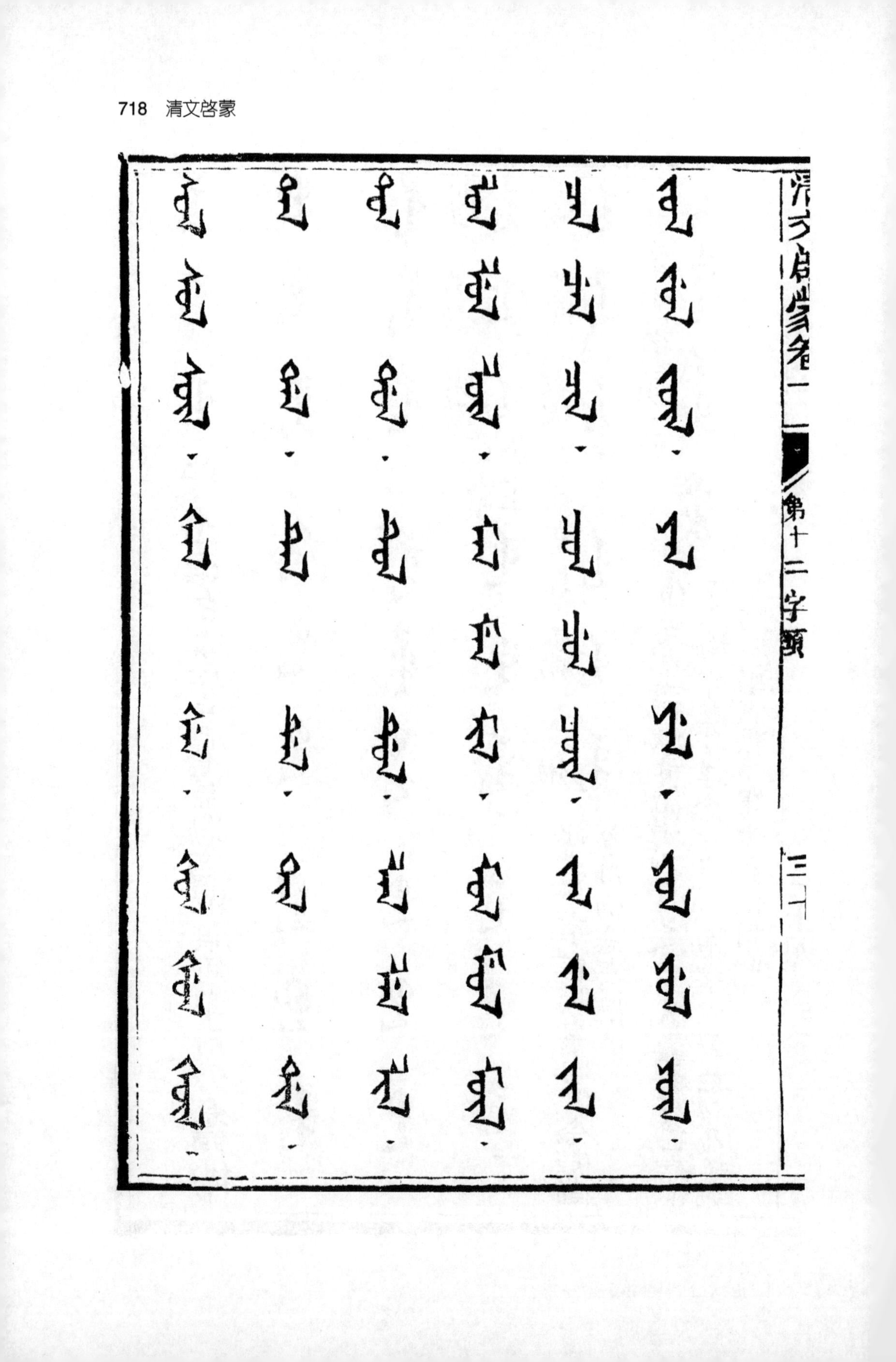

嘞

字在聯字内必變體寫作　式

嘞

以上　　頭字尾巴只比　　頭字下多一　字此

嘞

此句滚舌念

此句咬字念

此句滚舌念

ᠠᠮ 阿模 ᡝᠮ 惡模 ᡳᠮ 衣模 ᠣᠮ 窩模 ᡠᠮ 屋模 ᡡᠮ 窩模

此 ᡡᠮ 字。在聯字内俱念傲模。單用仍念窩模。

第十二字頭

[illegible] 係重唇合口音。讀法只將 ᠠ ᡝ ᡳ 頭每箇字下。添一模字。緊緊連念即是。

餘字聯法同此。右第十二字頭共四十句。一百十二字。聯字清話三句。

如 ᡳ 衣 字下加 ᠯ 嘞 字是 ᡳᠯ 衣嘞 字。聯寫 ᡳᠯᡩᠠᠮᡠ 衣嘞榙模 風流標致。又伶俐瀟撒。

如 ᡝ 惡 字下加 ᠯ 嘞 字是 ᡝᠯ 惡嘞 字。聯寫 ᡝᠯᠪᡳᡥᡝ 惡嘞渦呵 貍貉。又貉子皮。又招募。

如 ᠠ 阿 字下加 ᠯ 嘞 字是 ᠠᠯ 阿嘞 字。聯寫 ᠠᠯᠪᠠᠨ 阿嘞班 官差。又官物之官。

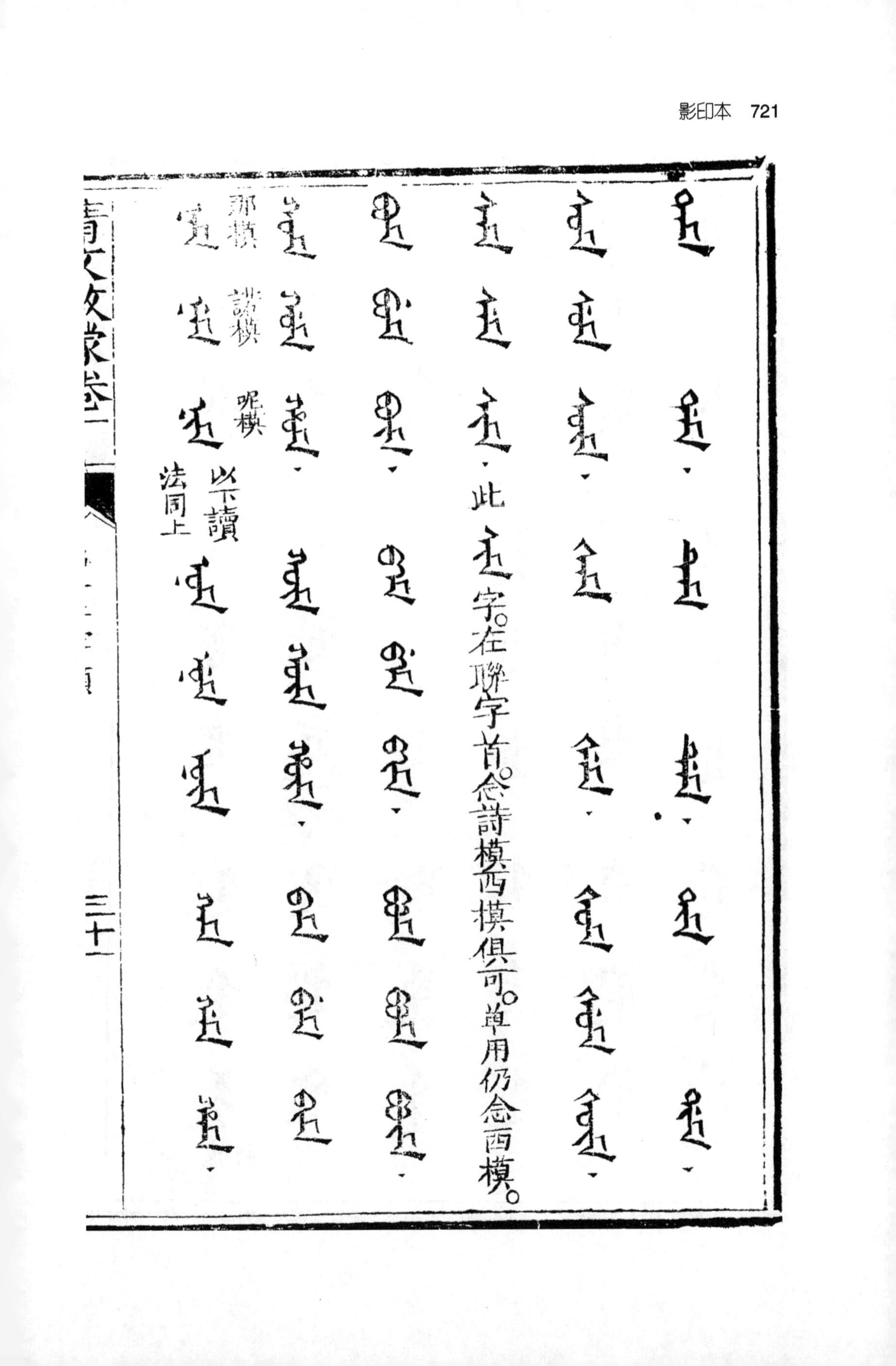

此字。在聯字首。念詩模西模俱可。单用仍念西模。

那模 諾模 呢模

以下讀法同上

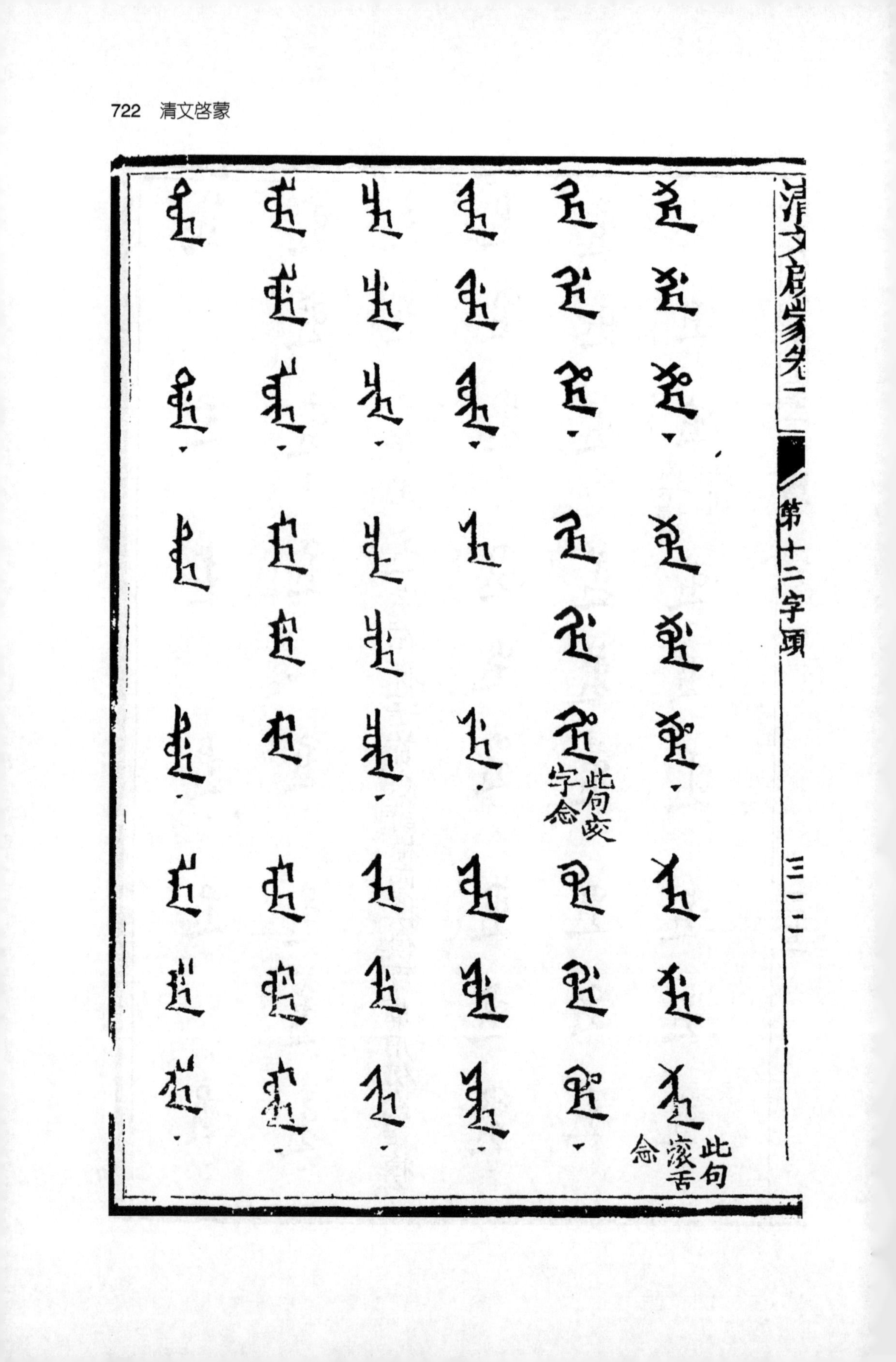

第十二字頭

此句咬字念

此句滚舌念

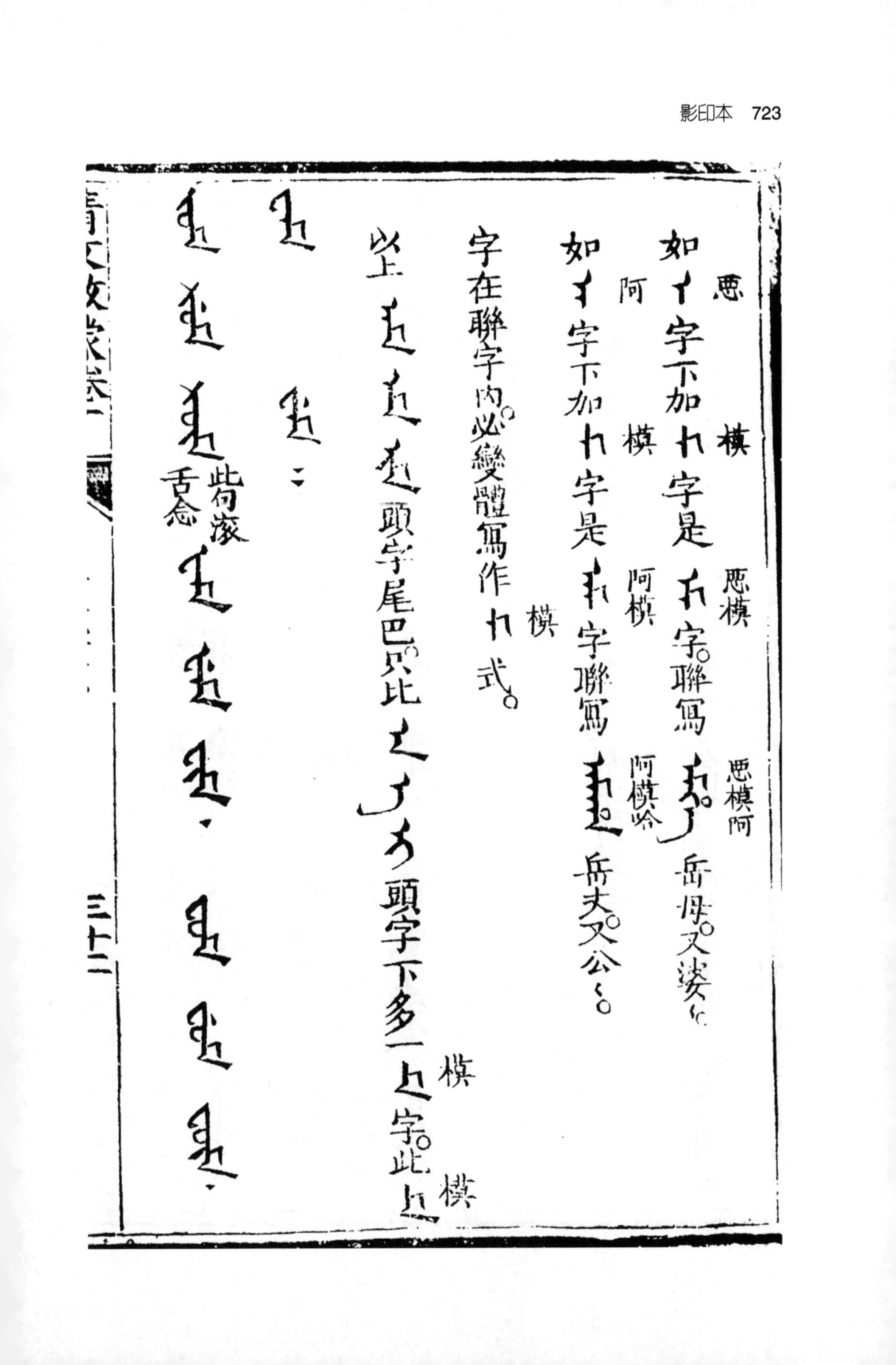

如 ᡝ 字下加 ᠮ 字是 ᡝᠮ 字。聯寫 ᡝᠮᡝ 岳母。又婆。

如 ᠠ 字下加 ᠮ 字是 ᠠᠮ 字。聯寫 ᠠᠮᠠ 岳丈。又公。

字在聯字內。必變體寫作 ᠮ 式。

豎 頭字尾巴。比 頭字下多一 字。此

二

背滾舌念

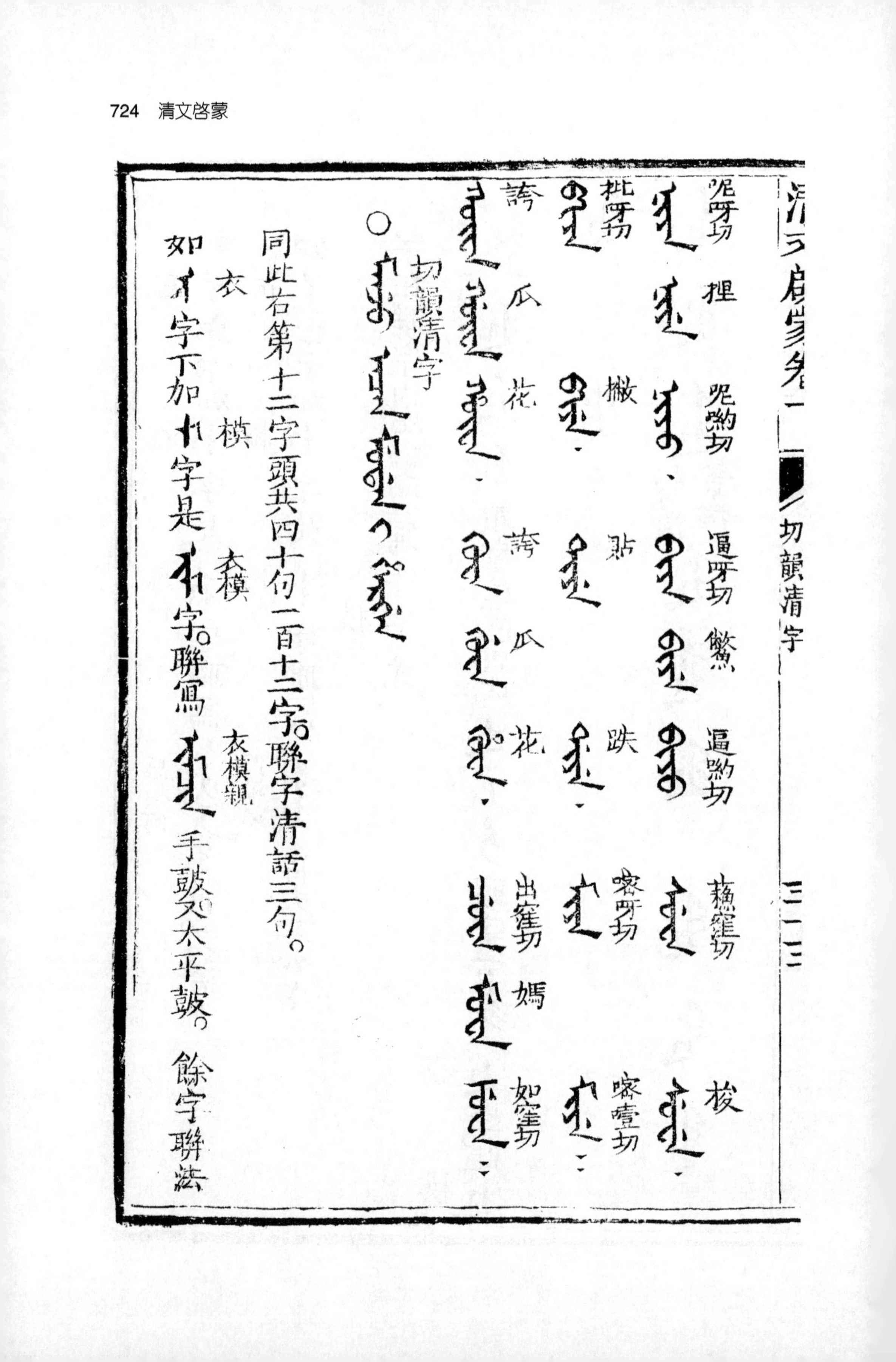

呢呀切 捏 呢喲切 逼呀切 鱉 逼喲切 蘓窪切 梭

批呀切 撇 貼 跌 喀呀切 喀壹切

誇 瓜 花 誇 瓜 花 出窪切 媽 如窪切

切韻清字

○

同此右第十二字頭共四十句一百十二字。聯字清話三句。

衣 模 衣模 衣模覩

如 字下加 字是 字。聯寫 手鼓。又太平鼓。 餘字聯法

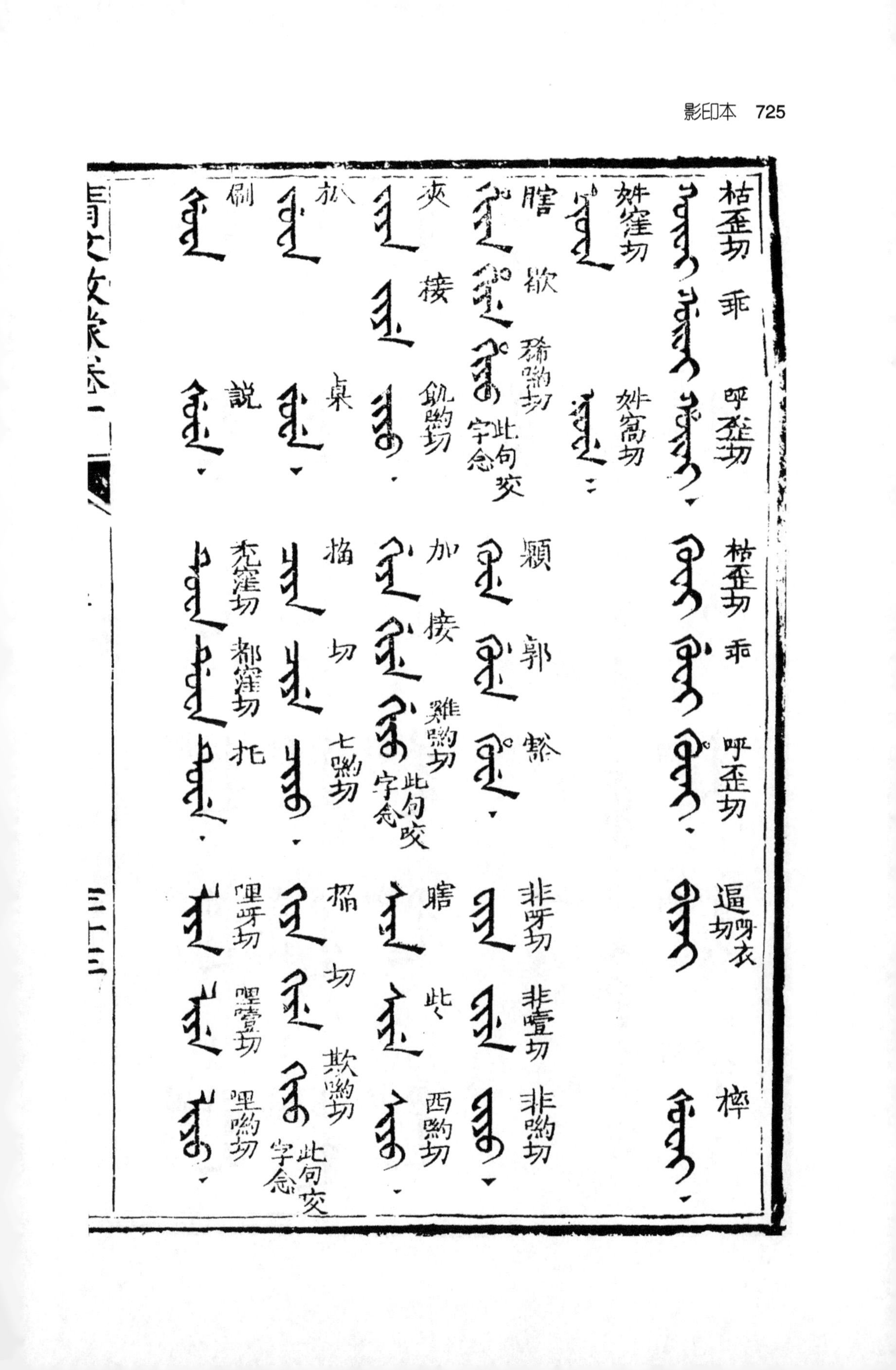

枯歪切 乖 呼歪切
姅窪切 姅窩切
膪 欻 豨喲切 此句交字念
夾 接 飢喲切
扲 桌
刷 說

枯歪切 乖 呼歪切
顆 郭 豁
加 撯 雞喲切 此句咬字念
掐 切 七喲切
禿窪切 都窪切 托

逼衣切 呀 椊
非呀切 非噎切 非喲切
瞎 些 西喲切
掐 切 欺喲切 此句交字念
哩呀切 哩噎切 哩喲切

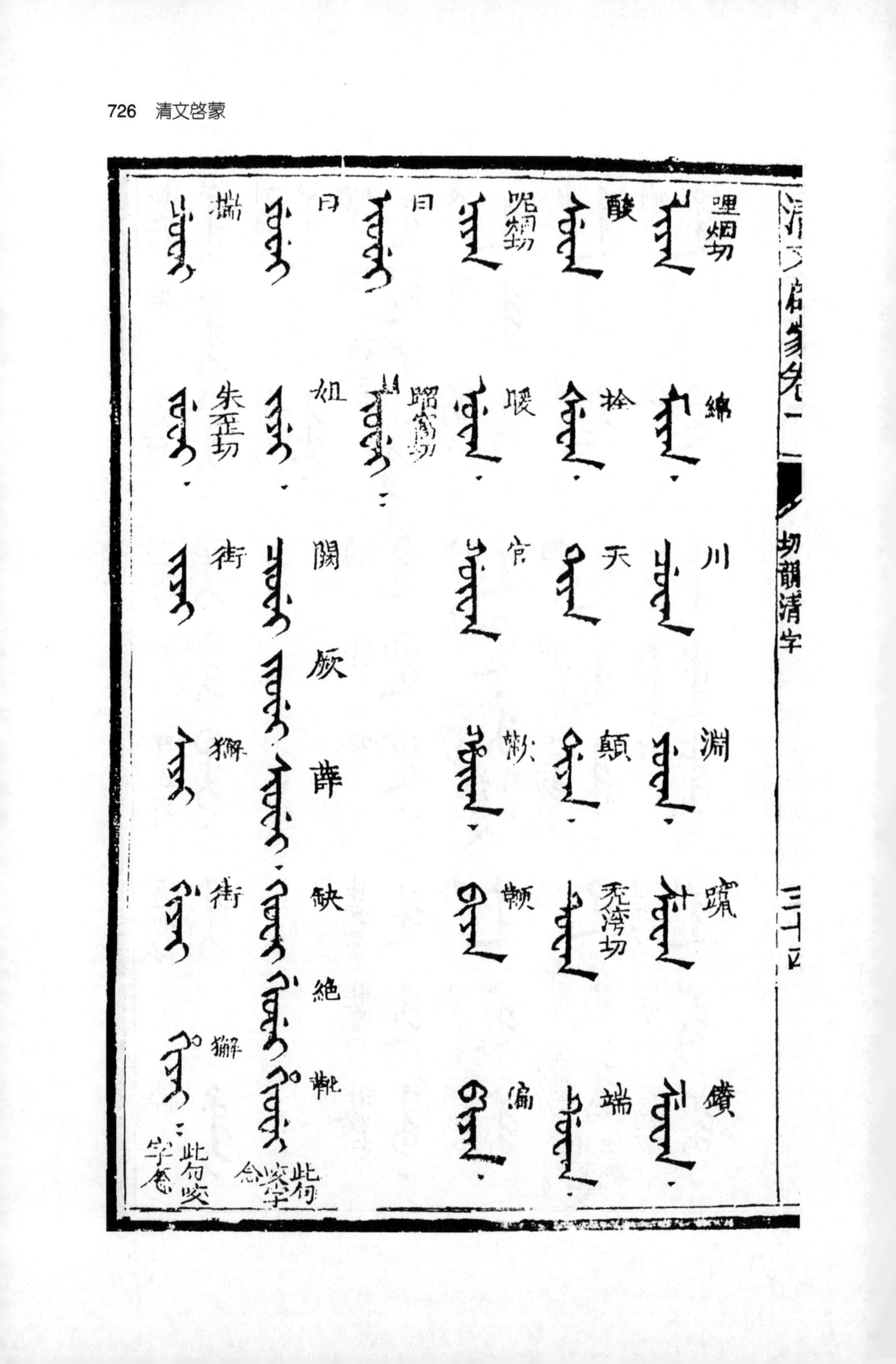

哩烟切 綿 川 淵 躥 鑽

酸 拴 天 顛 禿灣切 端

喝拘切 暖 官 㰵 㰸 㴻

曰 嘧窩切

曰 姐 闕 厥 薛 缺 絶 靴 此句咬字念

㩉 朱歪切 街 獬 街 獬 此句咬字念

蹓灣切 蹓温切

群 窘 勲 此句咬字念

群 軍 巡

群 軍 勲 此句咬字念

非烟切 非除切 寬 官 孤温切

群 軍 巡

鸞 倫 專 諄

欽 衾 此句咬字念

泉 捐 宣 圏 捐 宣 此句咬字念

軟 淵 千 火 仙

鉛 堅 掀 此句咬字念

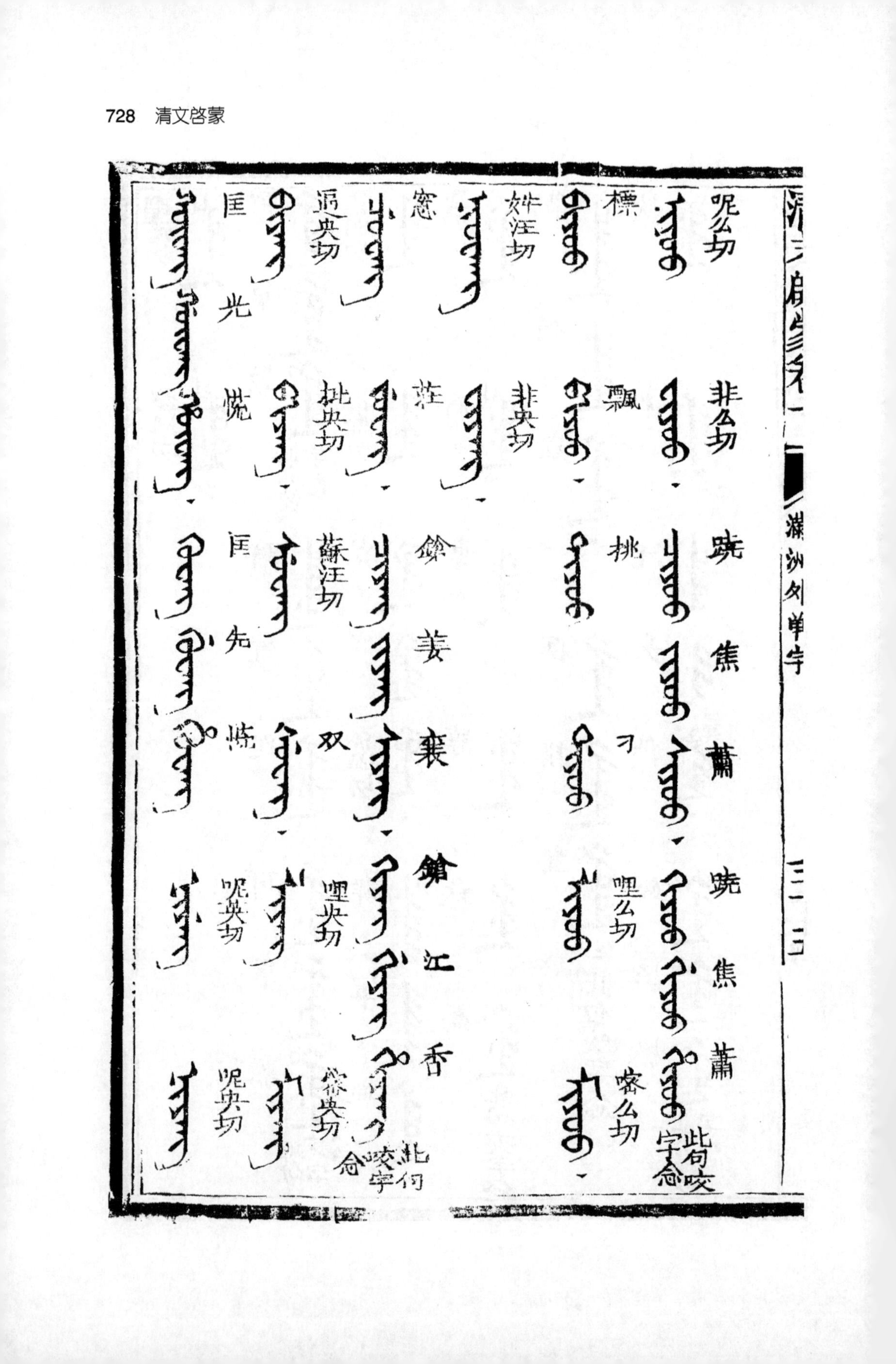

呢幺切 非幺切 晓 焦 蕭 晓 焦 蕭 此句字念咬

標 飄 挑 刁 哩幺切 喀幺切

奸汪切 非央切

窻 莊 饒 姜 襄 鎗 江 香 此句字念咬

泥央切 批央切 蘇汪切 双 哩央切 答央切

匡 光 恍 匡 先 㤢 呢央切 呢央切

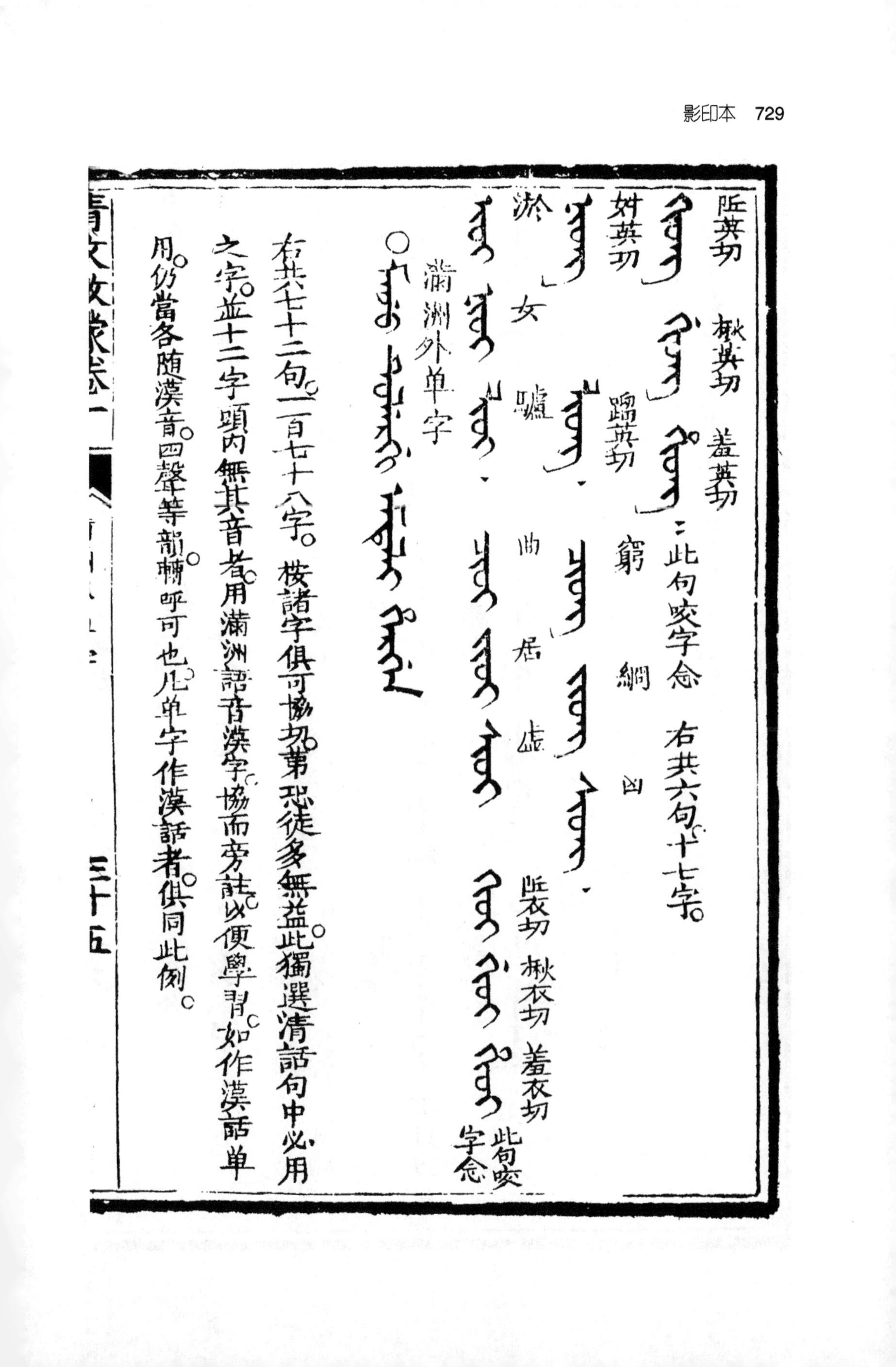

阡英切 楸英切 羞英切 此句咬字念

右共六句，十七字。

妍英切 蹈英切 窮 綱 凶

淤 女 嚧 曲 居 虛 阡衣切 楸衣切 羞衣切 此句咬字念

滿洲外单字

右共七十二句，一百七十八字。按諸字俱可協切，第恐徒多無益，此獨選清話句中必用之字，並十二字頭內無其音者，用滿洲語音漢字協而旁註，以便學習。如作漢話单用，仍當各隨漢音、四聲等韻輔呼可也。凡单字作漢話者，俱同此例。

佛英哦 舊的。

威英哦 誰的。

阿詩沙喀 活動。

瓜英哦 別人的。

雖英啊 遭孽的。又孽障冤家。

齋英哦 第二箇的。

妳汪啊渣喀切 磕傷皮肉。

妳英妳切 蹭出來。又翅大翎

呀稱英哦 那地方的。

安七 想是。

該音都喀 相取相要。

妳翁妳喀切 鵞。

薩衣音切 吉。善好。

獃音 干戈刀兵。

堆音 四。

滿洲外聯字

○

呢喲坷梭切　水內青苔絨。

托喀　罵。

抬模入切　小海螵。

薩衣喀切　口咬。

諾衣喀切　開閉。

酸詩說喀　誰哄。

妳撒呼喀　躍馬縱開馬。

多喀　擺渡過河。

諾幽喀切　流落飄流。

雖喀　和泥和麵又研墨。

該喀　領取討要。

瓜詩沙喀　肉跳又片肉。

妳撒們欵噎　赤身裸體

嘞幽喀切　舞耍。

妳喀　冰涼渣骨。

乖喀　巾。又著。

除喀　花裝又裁剪。

都喀　拍打。又捶打

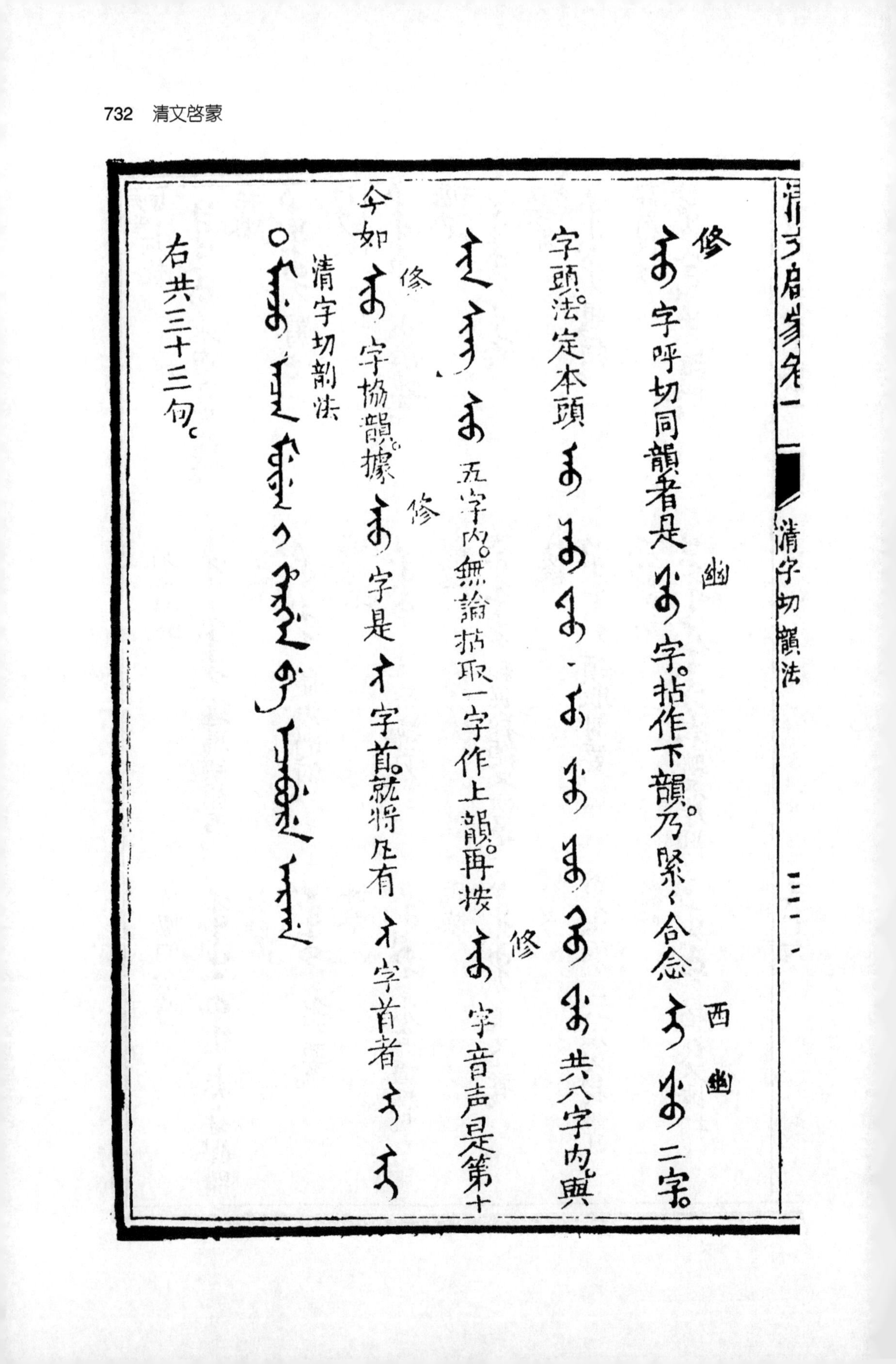

修 ᠰᡳᡠ 字呼切同韻者是 幽 ᡳᠣ 字。拈作下韻。乃緊緊合念 西 ᠰᡳ 幽 ᡳᠣ 二字。

字頭法。定本頭 [illegible] [illegible] [illegible] [illegible] [illegible] [illegible] [illegible] [illegible] 共八字內。與 [illegible] [illegible] [illegible] 五字內。無論拈取一字作上韻。再挨 修 ᠰᡳᡠ 字音声是第十

今如 修 ᠰᡳᡠ 字協韻。據 修 ᠰᡳᡠ 字是 [illegible] 字首。就將凡有 [illegible] 字首者 [illegible] [illegible]

清字切韻法

[illegible] [illegible] [illegible] [illegible] [illegible] [illegible] [illegible]

右共三十三句。

二字。即成字音声。

與（鍾）字呼切同韵者是（翁）字。拈作下韻乃緊〻合念（朱）（翁）

字頭法定本頭共八字內。

五字內。無論拈取一字作上韻再按（鍾）字音声是第五

今如（修）字協韻。據（鍾）字是字首就将凡有字首者

即成字音声。

今如ᡤᡠᡳ歸字協韻。據ᡤᡠᡳ歸字是ᡤ字首。就將凡有ᡤ字首者ᡤᠣ ᡤᡠᡳ
ᡨᠠᠨ貪字音聲。
字呼切同韻者是ᠶᠠᠨ烟字。拈作下韻。乃緊緊合念ᡨᠠ他ᠶᠠᠨ烟二字。即成
字頭法定本頭ᡨᠠ ᡨᡝ ᡨᡳ・ᡨᠣ ᡨᡠ ᡨᡡ ᡨᡠᡳ ᡨᡝᡳ共八字內與ᡨᠠᠨ貪
ᡨᠠᠨ ᡨᡝᠨ ᡨᡳᠨ五字內。無論拈取一字作上韻。再按ᡨᠠᠨ貪字音聲是第四
今如ᡨᠠᠨ貪字協韻據ᡨᠠᠨ貪字是ᡨ字首。就將凡有ᡨ字首者ᡨᠠ ᡨᡝ

[满文]（薩）[满文]（薩）[满文]五字內。無論拈取一字作上韻。再按[满文]（薩）字音声是第

今如協韻[满文]字。據[满文]字是[满文]字首。就將凡有[满文]字首者[满文][满文]

二字。即成[满文]（歸）字音声。

與[满文]（歸）字呼切同韻者是[满文]（威）字。拈作下韻。乃緊緊合念[满文]（孤）[满文]（威）

字頭。法定本頭[满文][满文][满文]、[满文][满文][满文][满文][满文]共八字內。

[满文][满文][满文]五字內。無論拈取一字作上韻。再按[满文]（歸）字音声是第二

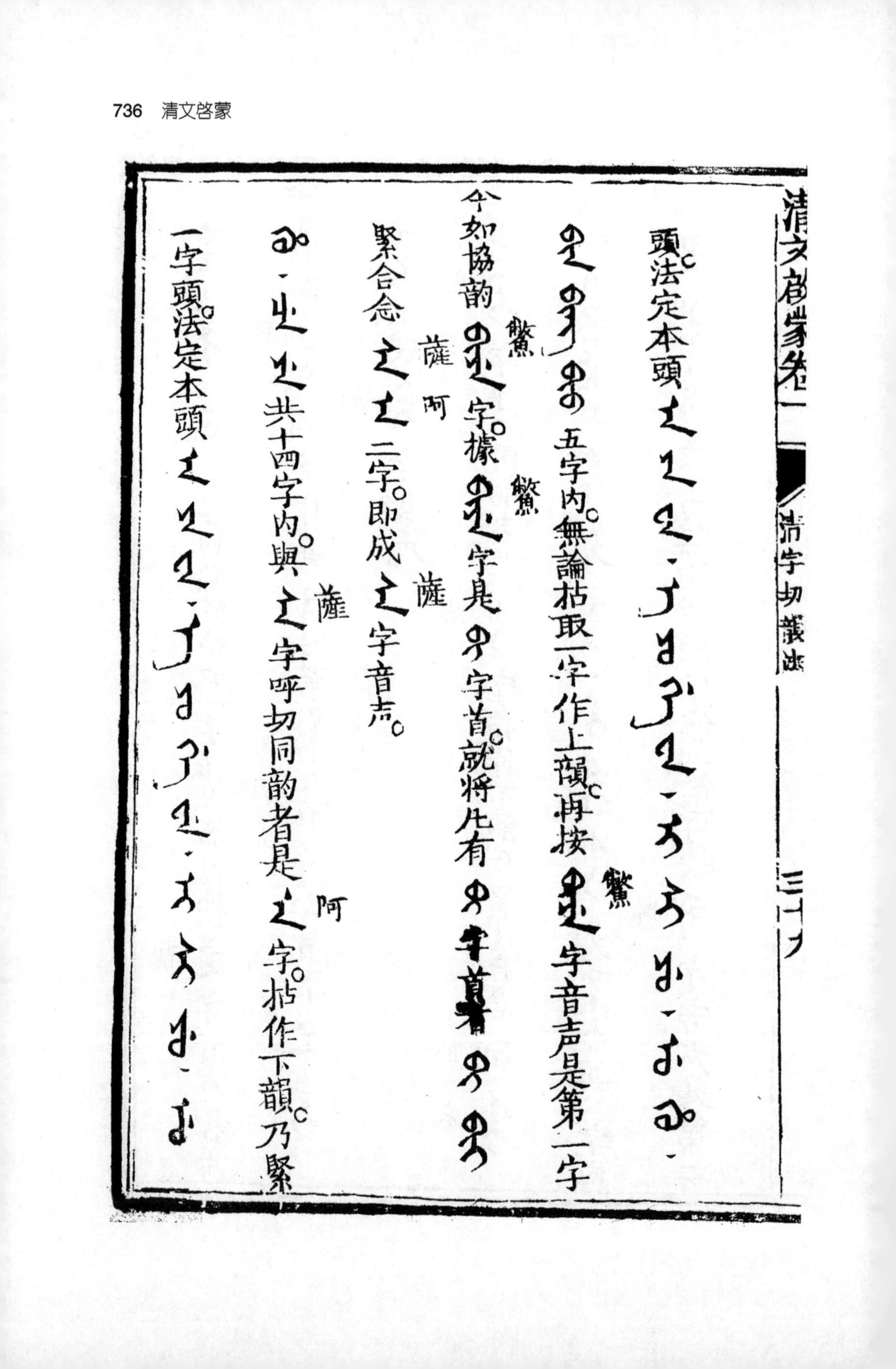

頭法。定本頭[滿文]五字內。無論拈取一字作上頟。再按[滿文]（鰲）字音声是第一字今如協韻[滿文]（鰲）字。據[滿文]（鰲）字是[滿文]字首。就将先有[滿文]（鏖）（阿）緊合念[滿文]二字。即成[滿文]（鏖）字音声。[滿文]共十四字內。與[滿文]（鏖）字呼切同韻者是[滿文]（阿）字。拈作下韻。乃緊一字頭法。定本頭[滿文]

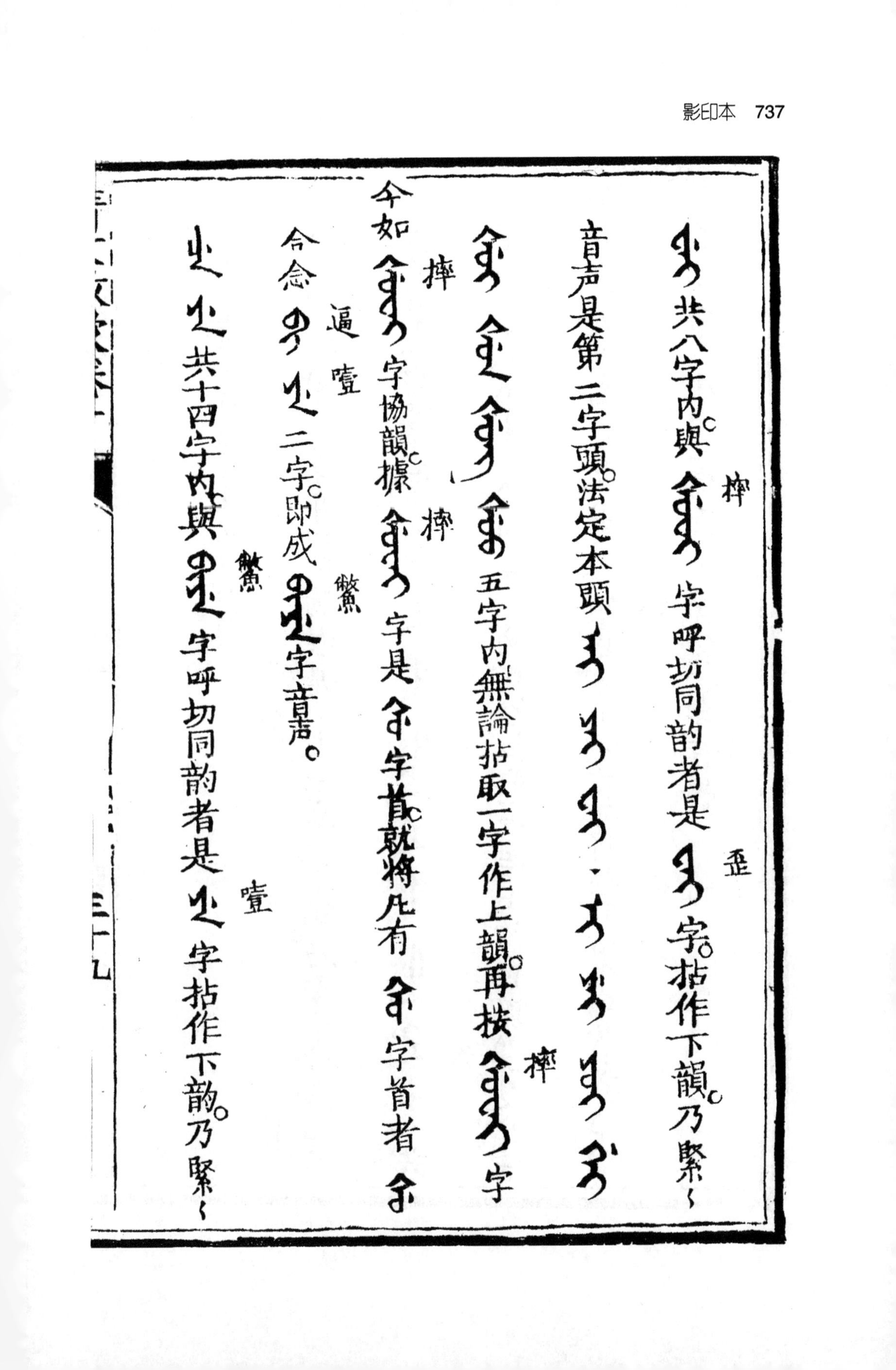

共八字內與字呼切同韻者是字拈作下韻乃緊～

音声是第二字頭法定本頭

五字內無論拈取一字作上韻再挨字

今如字協韻據字是字首就將凡有字首者

合念二字即成字音声

共十四字內與字呼切同韻者是字拈作下韻乃緊～

ᠶᠠᠨ（烟）二字即成 ᡨᡳᠶᠠᠨ（天）字音聲。八字內與 ᡨᡳᠶᠠᠨ（天）字呼切同韻者是 ᠶᠠᠨ（烟）字。拈作下韻。乃緊緊合念 ᡨᡳ（梯）聲是第四字頭。法定本頭 [满文] [满文] [满文] [满文] [满文] [满文] [满文] [满文] 共 [满文] [满文] [满文] [满文] 五字內。無論拈取一字作上韻。再按 ᡨᡳᠶᠠᠨ（天）字音今如 ᡨᡳᠶᠠᠨ（天）字協韻。據 ᡨᡳᠶᠠᠨ（天）字是 ᡨᡳ 字首。就將凡有 ᡨᡳ 字首者 [满文] 合念 [满文]（著）[满文]（歪）二字。即成 [满文]（摔）字音聲。

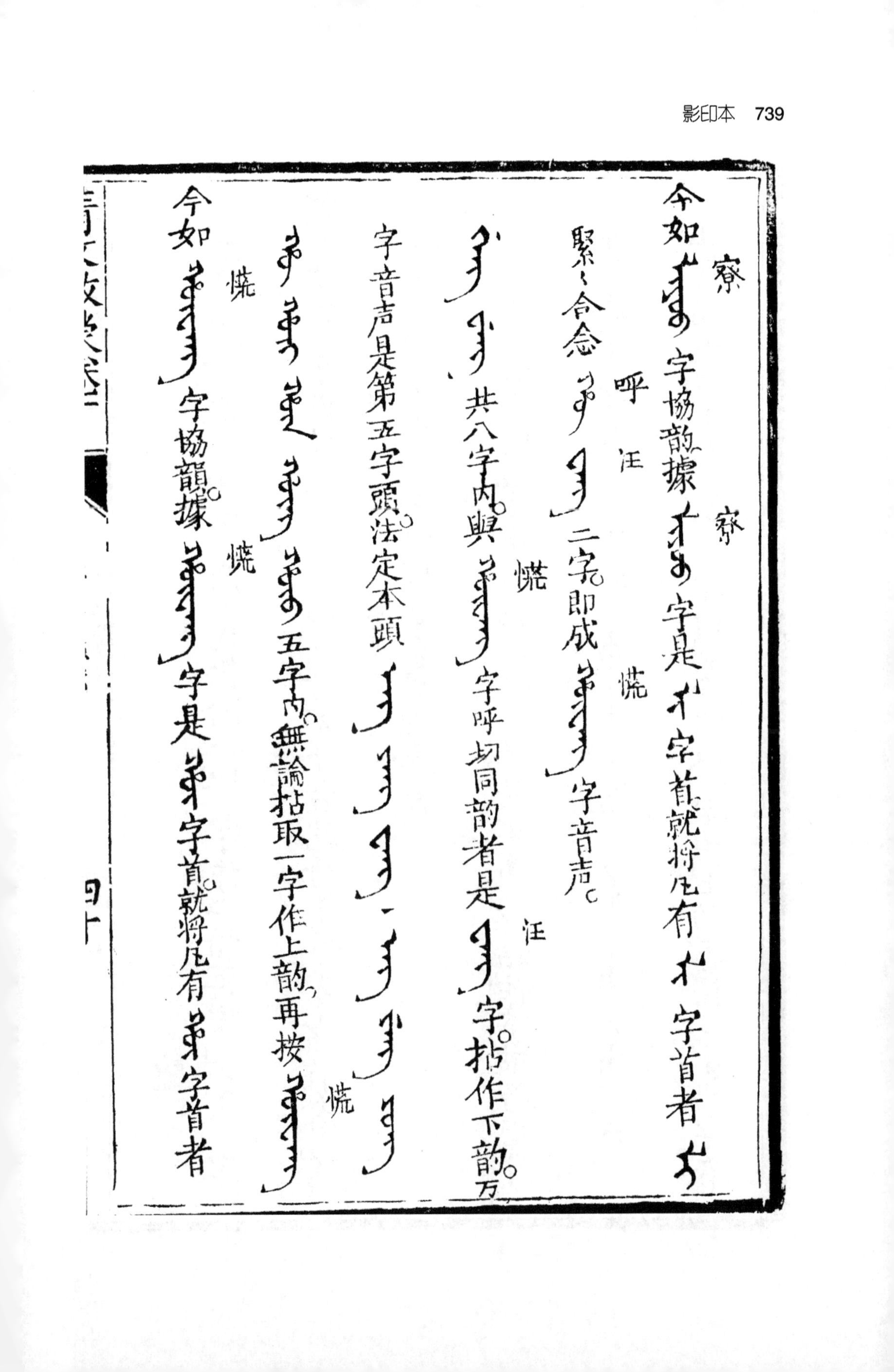

今如 察 字協韻據 察 字是 字首就將凡有 字首者

緊緊合念 呼 汪 二字即成 慌 字音聲。

共八字內與 慌 字呼切同韻者是 汪 字俱作下韻。

字音聲是第五字頭法定本頭

五字內無論拈取一字作上韻再接 慌 字

今如 慌 字協韻據 慌 字是 字首就將凡有 字首者

[满文][满文][满文][满文]五字內無論拈取一字作上韻。再按[满文]（驢）字本如[满文]（驢）字協韻。據[满文]（驢）字是[满文]字首。就將凡有[满文]字首者[满文]合念[满文]（哩）[满文]（么）二字。即成[满文]（寮）字音聲。

[满文]共八字內。與[满文]（寮）字呼切同韻者是[满文]（么）字。拈作下韻。乃緊聲。是第十字頭。法定本頭[满文][满文][满文][满文][满文][满文]五字內。無論拈取一字作上韻。再按[满文]（寮）字音

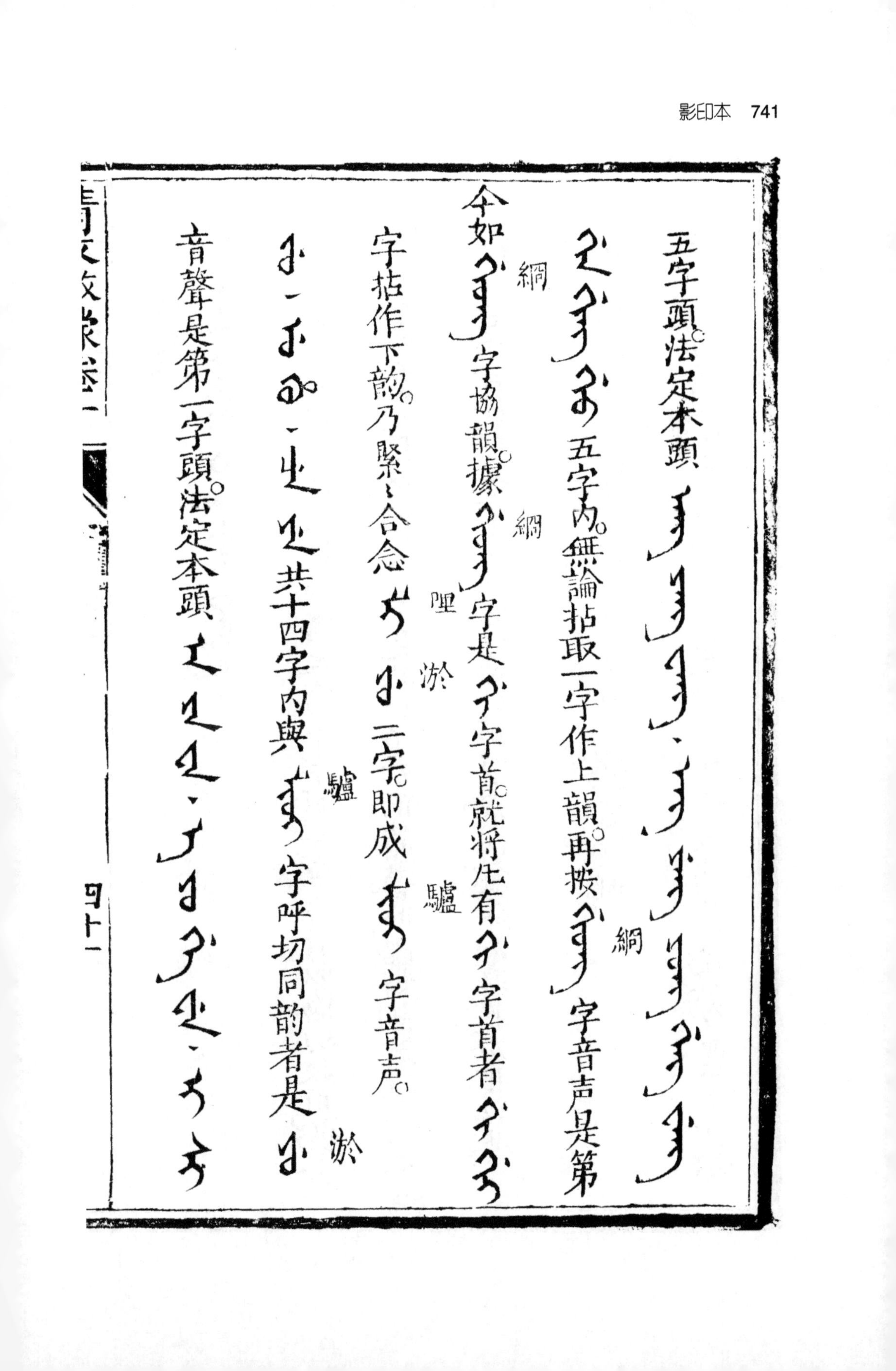

五字頭法定本頭

五字內無論拈取一字作上韻再挼（綱）字音声是第

今如（綱）字協韻據（綱）字是字首就將生有字首者

字拈作下韻乃緊緊合念（哩）（淤）二字即成（驢）字音声

共十四字內與（驢）字呼切同韻者是（淤）

音聲是第一字頭法定本頭

異施清字

○[Manchu]

按十二字頭內。惟第一第二第四第五第十字頭是單音。可以協切取用。餘者七箇字頭。係雙音重複。俱不入韻。是訣因予幼而讀書時。酷好調聲押韻。每值難叶之字。若於聲牙不得其音。嘗以此法叶之。似覺鏗鏘瀏亮。捷於他法也。

[Manchu]雞 [Manchu]雍 二字。即成[Manchu]綱 字音聲。餘皆準此。

共八字內。與[Manchu]綱 字呼切同韻者是[Manchu]雍 字。指作下韻。乃緊緊合念

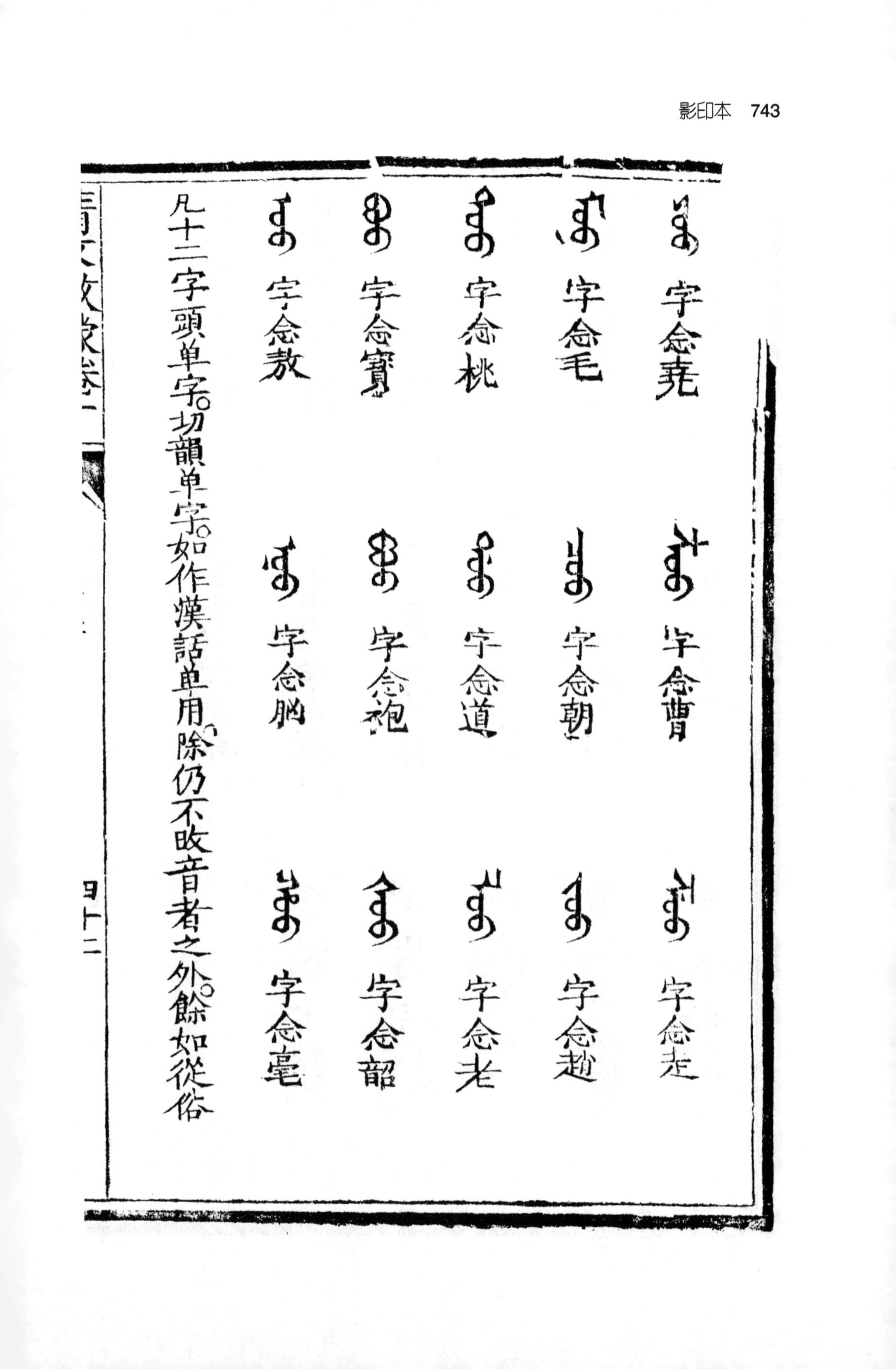

字念堯　字念曹　字念走

字念毛　字念朝　字念趙

字念桃　字念道　字念老

字念寶　字念袍　字念韶

字念敖　字念腦　字念毫

凡十二字頭单字。切韻单字。如作漢話単用。除仍不改音者之外。餘如從俗

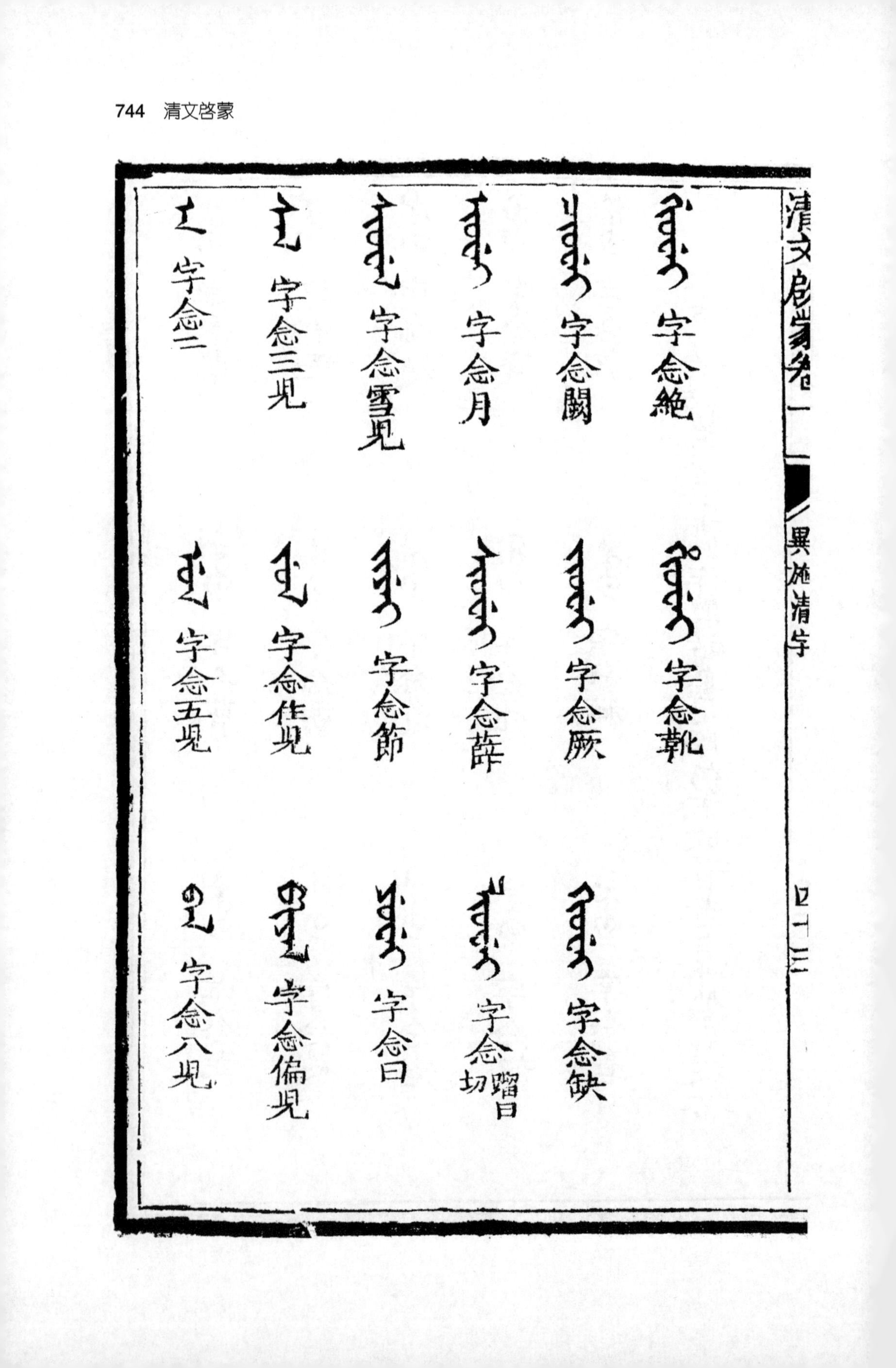

字念絶

字念闕

字念月

字念雪兒

字念三兒

字念二

字念靴

字念厥

字念薛

字念節

字念佳兒

字念五兒

字念缺

字念蹜日切

字念曰

字念偏兒

字念八兒

字俱念溫　字俱念陰

字念噎　字念安　字念息

字念哦　字念衣　字念呀

字俱念窩　字俱念屋

凡聯字內在　頭字下。聯寫　字俱念啊。

右共三十二字。若在聯字內。或係清話內。不可照此讀念。

聯寫不得。只可单寫在下隨用。

[满文] [满文] [满文] 頭兒字下。有聯寫小ㄱ字者。與单寫義同。別者頭兒字下。

衣。獨是 [满文] [满文] [满文] 頭兒字下。不可用此小ㄱ字。只用大 [满文] 字。再

尔小ㄱ字。若隨在 [满文] [满文] [满文] 頭兒字下念呢。如隨在別者頭兒字下俱念

以上各字。若在別者頭兒字下相聯。不可照此讀念

[满文] 字念烱

[满文]·[满文] [满文] 此三字。亦有仍照本音讀者。

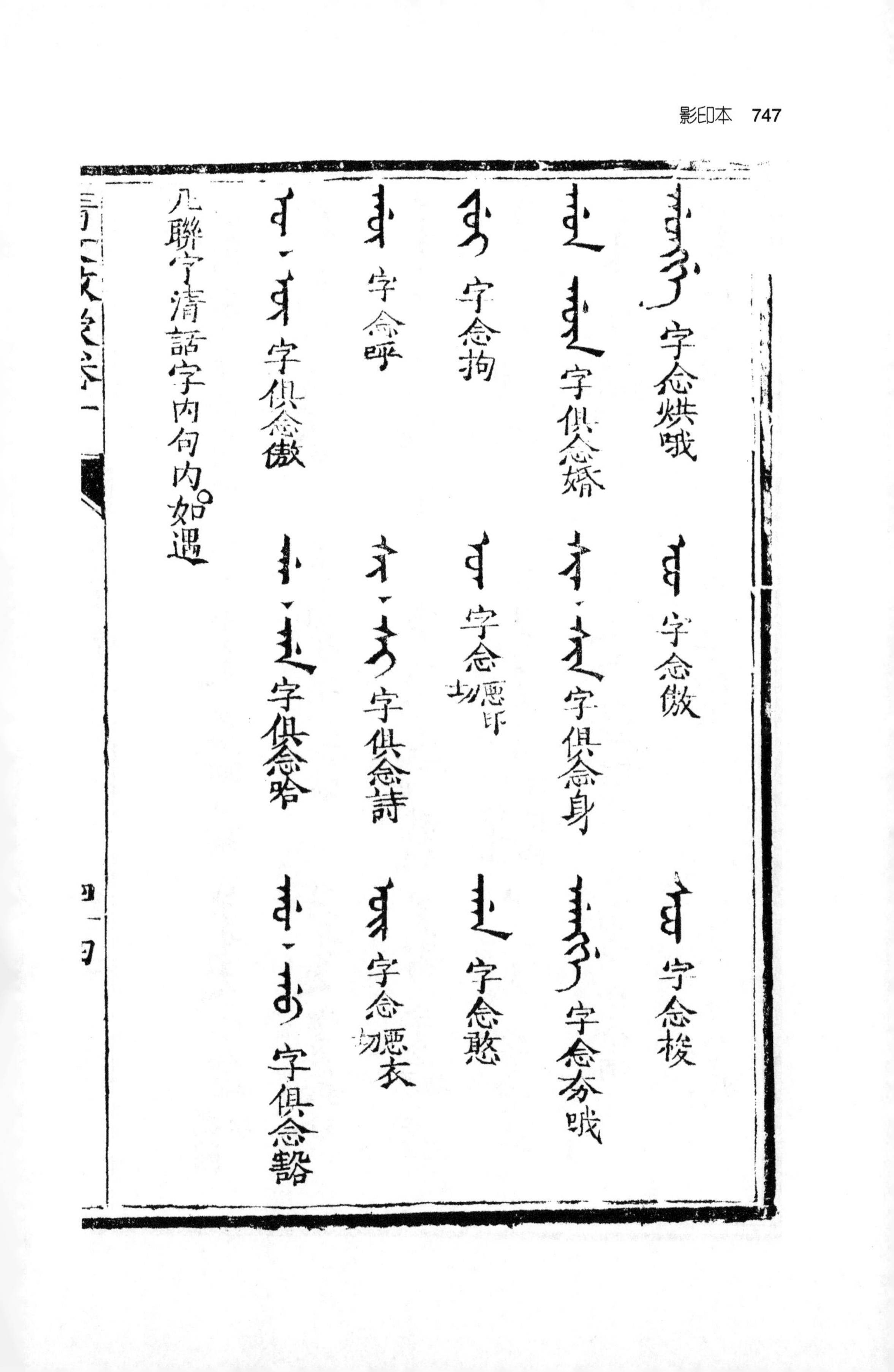

字念烘哦

字念傲

字念梭

字俱念婚

字俱念身

字念夯哦

字念拘

字念惡叶切

字念憨

字念呼

字俱念詩

字念惡衣切

字俱念傲

字俱念哈

字俱念豁

凡聯字清話字內句內如遇

字念乖不喀

字念乖出榕

字念乖嫣因切

字念薩衣雍切

字念乖喀

字念乖哈

字念惡意齶哩切

字念惡意撥顆切

字念惡意羅切

字念呀衣矣切

字念荒呀拉枯

字念安七

字念非喲切

字念阿空

字念炯哩

字念牢

字念宋

字念欺喲切

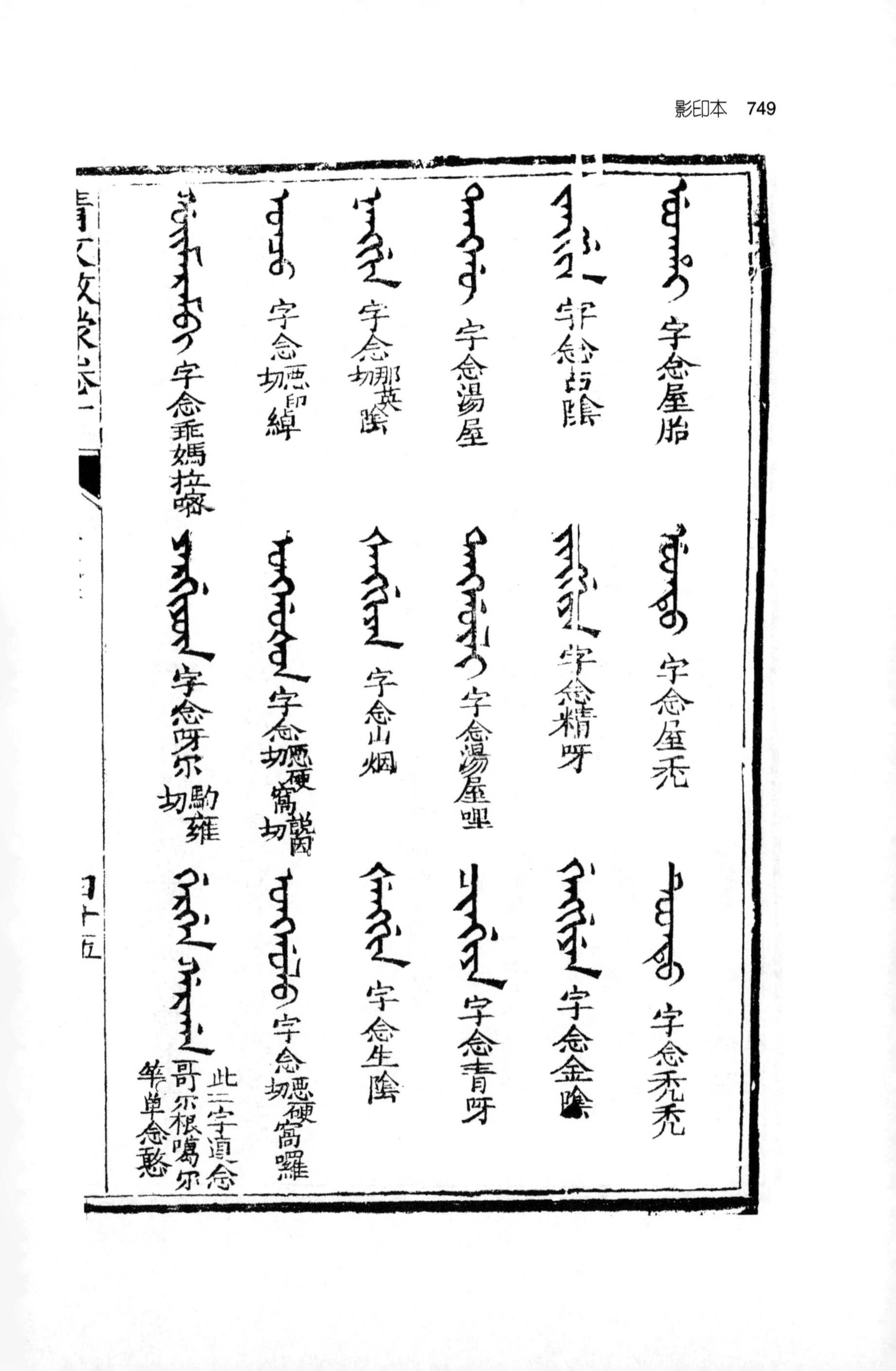

字念屋胎

字念屋禿

字念禿禿

字念舌陰

字念精呀

字念金陰

字念湯屋

字念湯屋嗶

字念青呀

字念那英切陰

字念山烟

字念生陰

字念西印切綿

字念惡硬切窩[illegible]切

字念惡硬切窩囉

字念乖媽拉嚓

字念呀尔駒切雜

哥尔根噶尔

此二字直念筆单念憨

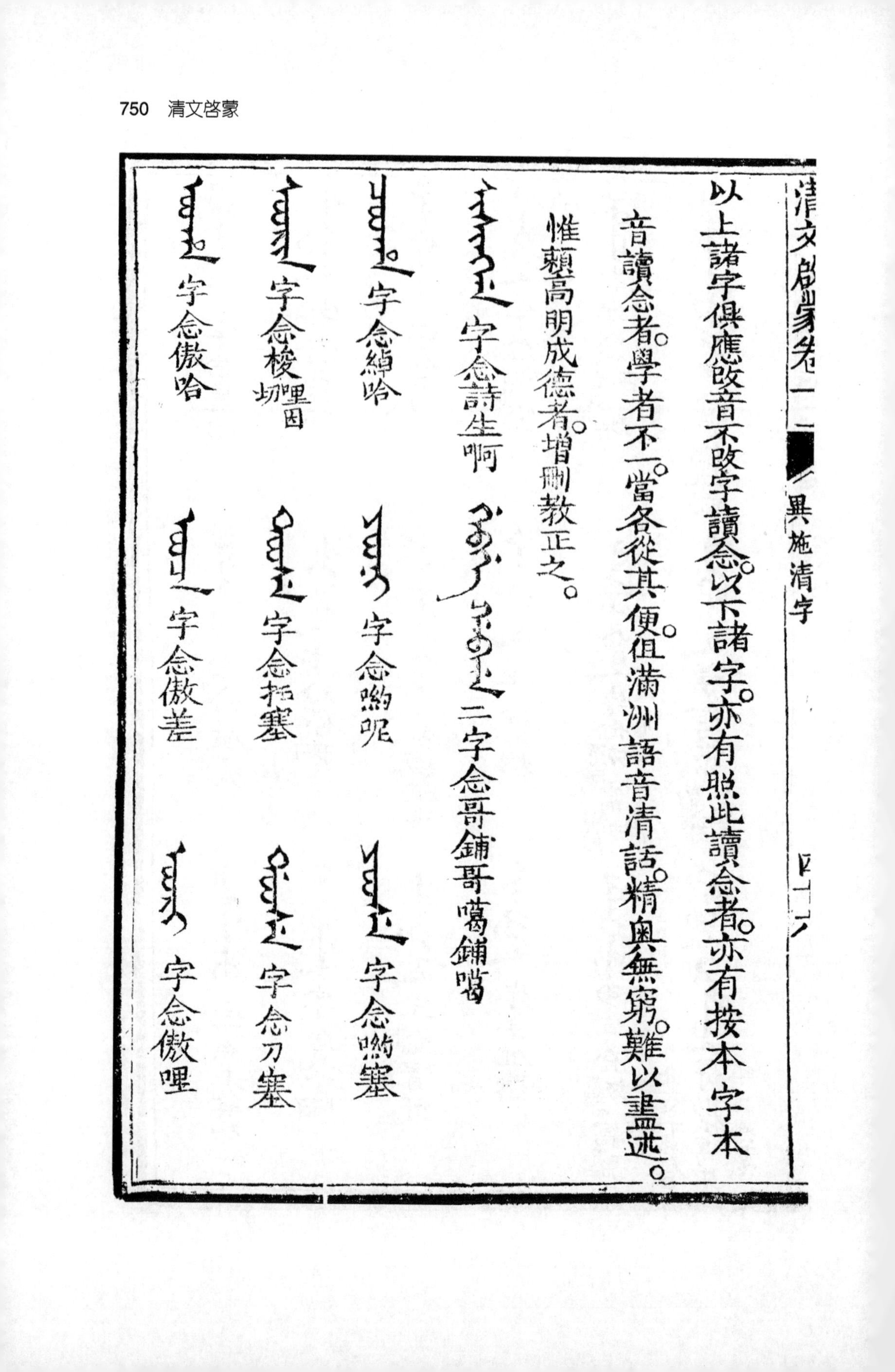

以上諸字俱應改音不改字讀念。以下諸字。亦有照此讀念者。亦有按本字本音讀念者。學者不一。當各從其便。但滿洲語音清話。精奧無窮。難以盡述。惟賴高明成德者增刪教正之。

字念詩生啊

二字念哥鋪哥噶鋪喈

字念綽哈

字念喲呢

字念喲塞

字念梭哩囡切

字念拓塞

字念刀塞

字念傲哈

字念傲差

字念傲哩

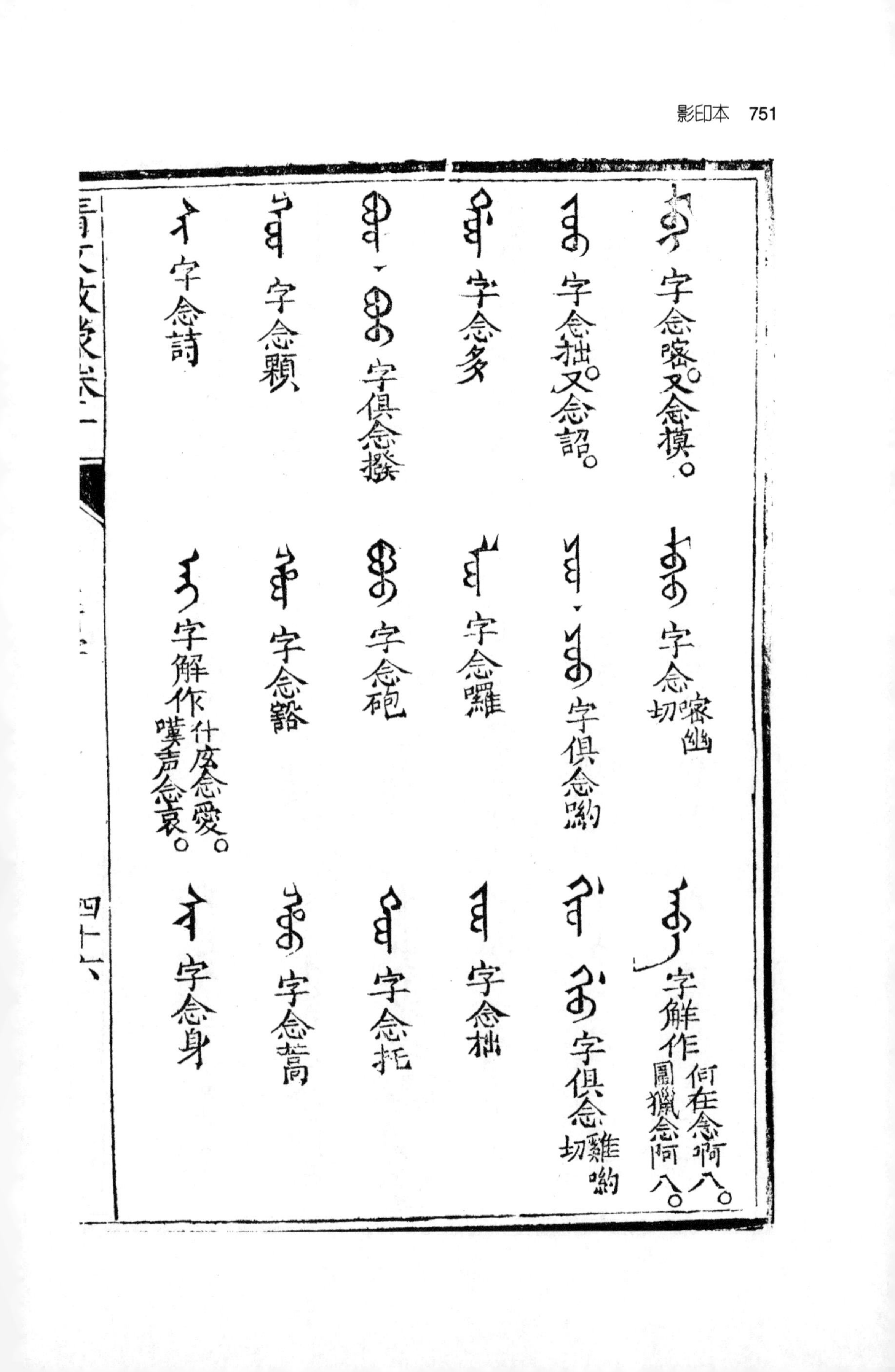

字念喀。又念摸。

字念喀幽切

字解作何在念阿八。圍獵念阿八。

字念拙。又念詔。

字俱念喲

字俱念雞喲切

字念多

字念囉

字念柮

字俱念撥

字念砲

字念托

字念顆

字念豁

字念蒿

字念詩

字解作什麽念愛。嘆声念哀。

字念身

字念傲飢拉枯

字念悪摸

字念悪摸詩

字念悪意切非噎切喀

字念悪意切非噎切枯

字念悪勤呢

字念悪意切欺薩喀

字念悪缺婚

字念悪意切呵遏

字念悪吃磕

字念悪出媽哩

字念悪飢哥

字念阿喲

字念悪意切逼喀遏

字念悪意切逼呵

字念阿吃哈

字念阿差拉

字念倭呀拉

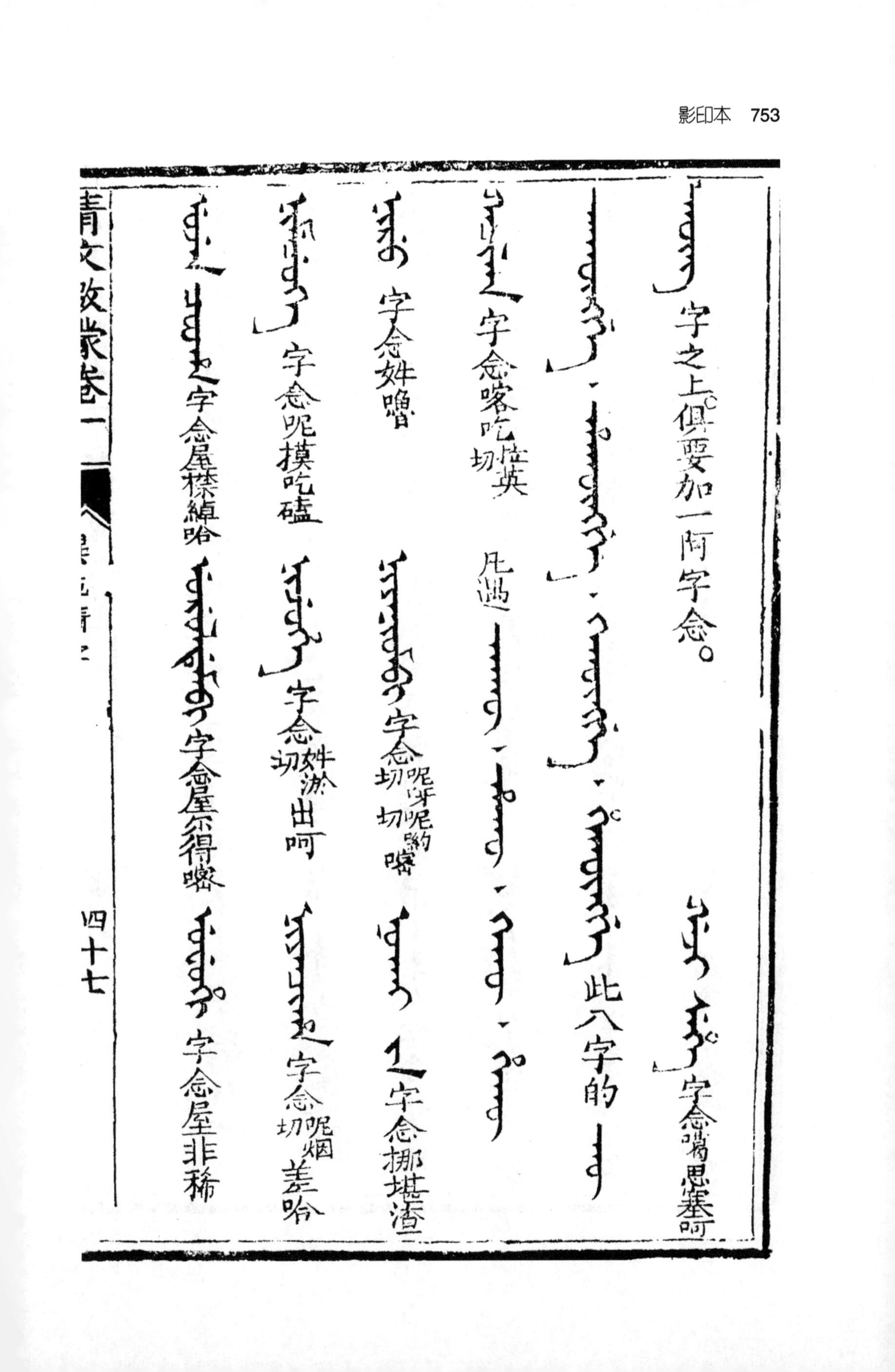

字之上俱要加一阿字念。

字念喝思塞呵

此八字的

字念喀吃英切

凡遇

字念姅嚕

字念呢呀切呢喲切喀

字念挪堪渣

字念呢摸吃磕

字念姅淤切出呵

字念呢烟切差哈

字念屋襟綽哈

字念屋尔得喀

字念屋非稀

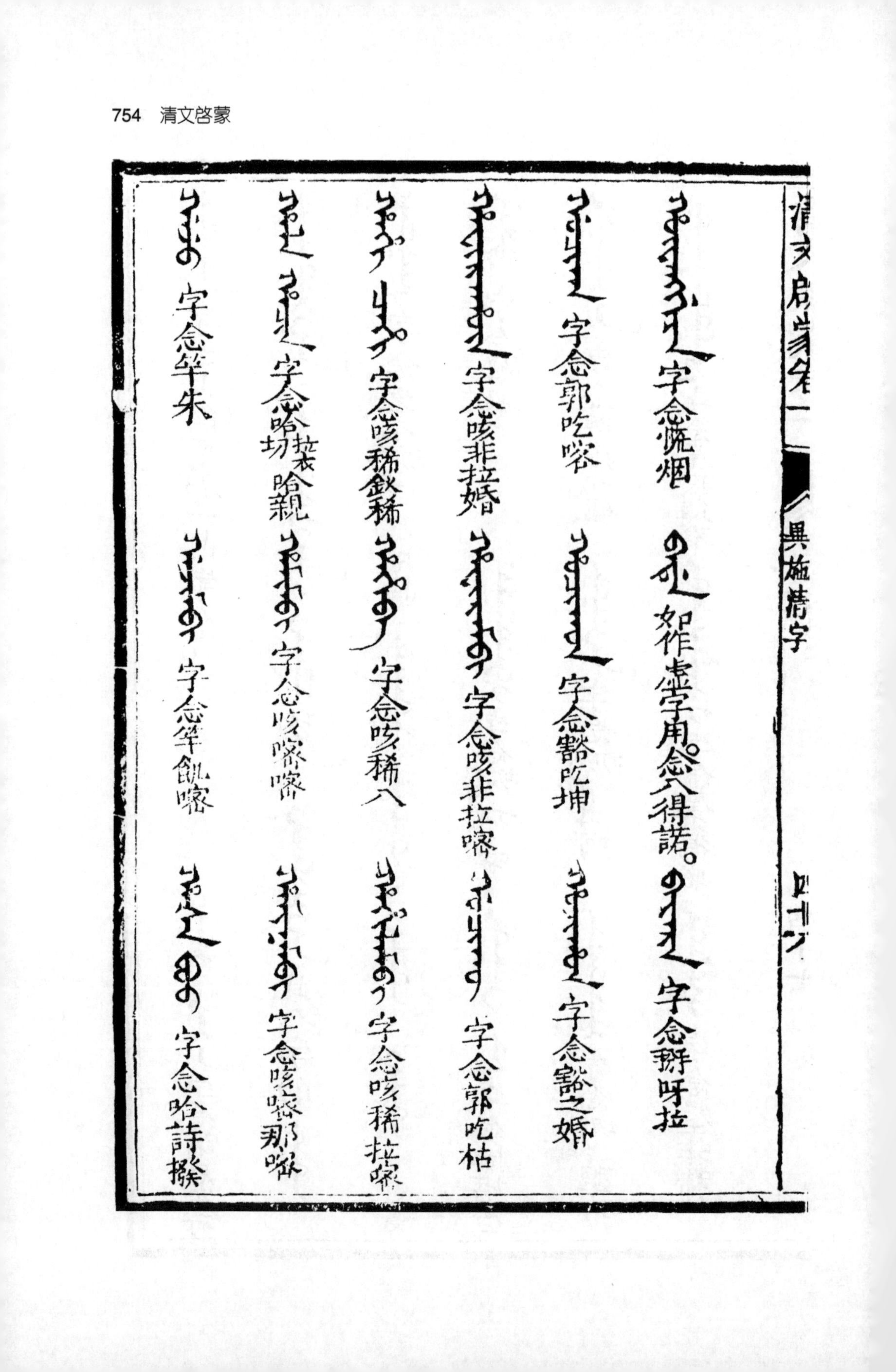

字念慌烟

如作虛字用念得諾。

字念掰呀拉

字念郭吃喀

字念豁吃坤

字念豁之婚

字念咳非拉婚

字念咳非拉喀

字念郭吃枯

字念咳稀欽稀

字念咳稀八

字念咳稀拉嚓

字念略拉衣切哈親

字念咳喀嚓

字念咳喀那嗽

字念竿朱

字念竿餓喀

字念哈詩撥

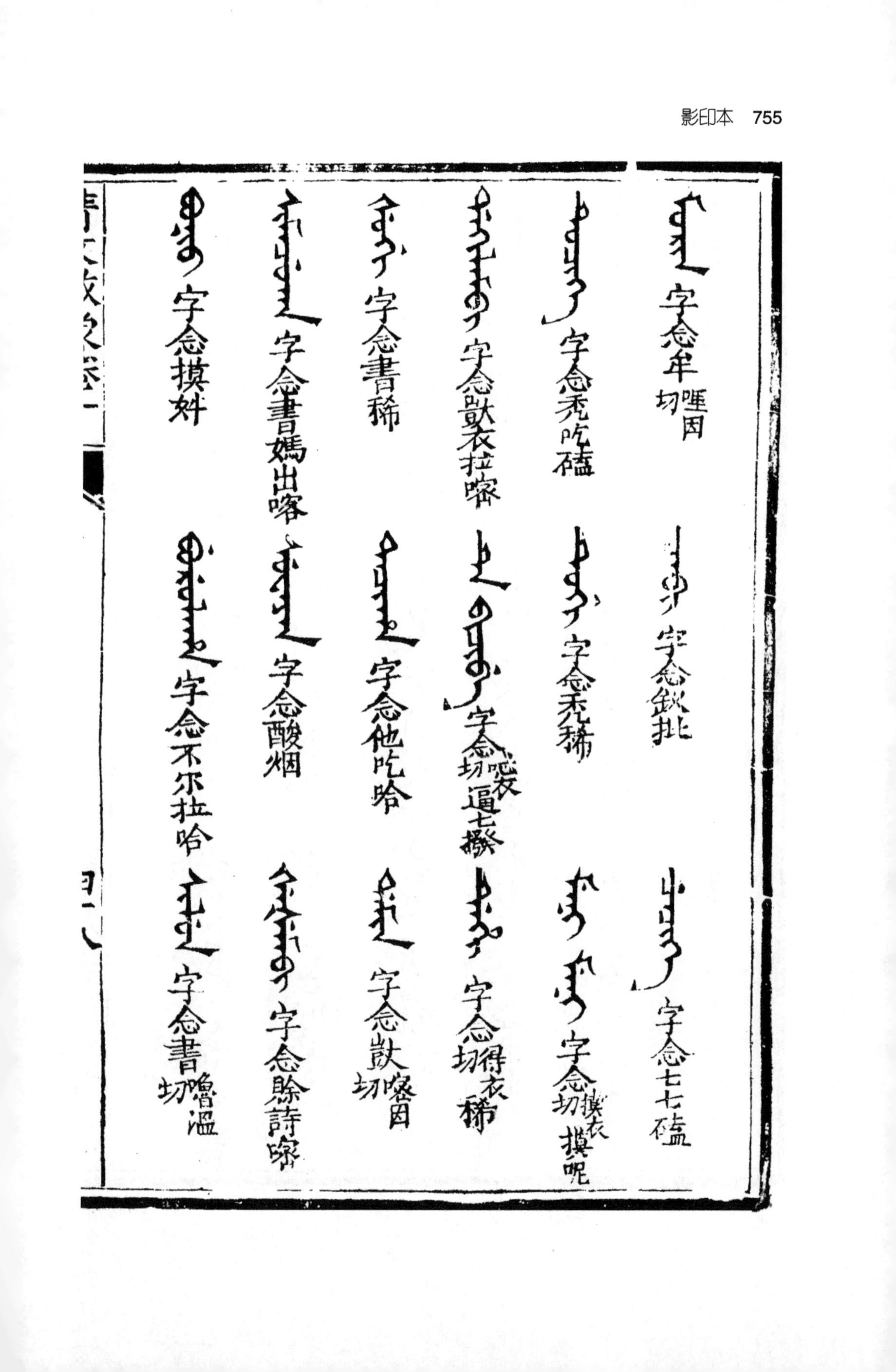

字念牟 唓因切

字念欽批

字念七七磕

字念秃吃磕

字念秃稀

字念 揆衣切 揆呢

字念歎衣拉喀

字念 嗳衣切 逼七撥

字念 得衣切 稀

字念書稀

字念他吃哈

字念歎 喀因切

字念書嫣出喀

字念酸烟

字念睬詩喀

字念摸歟

字念不尔拉哈

字念書 嚕温切

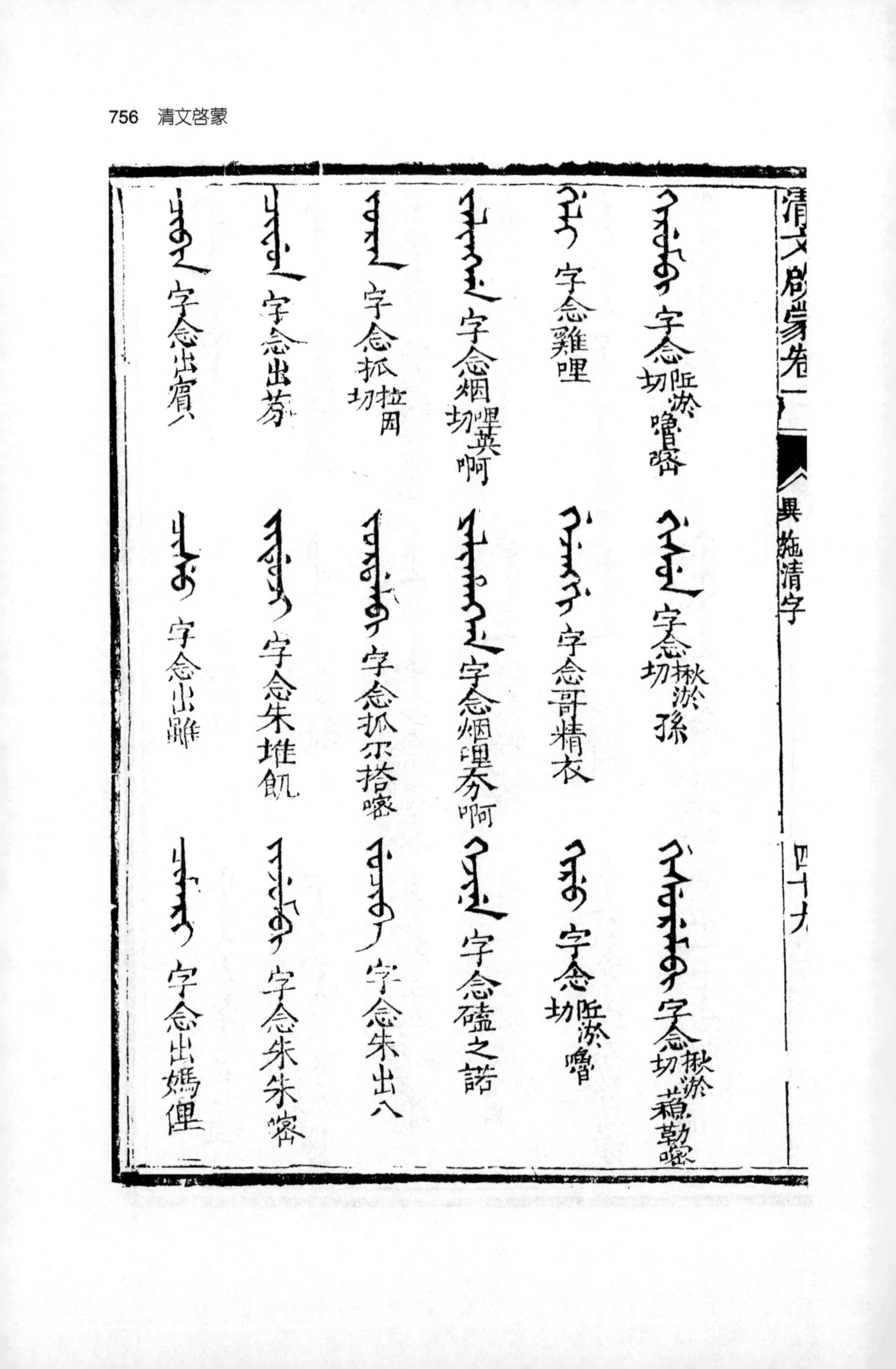

字念阡淤切嚕嗒

字念楸淤切孫

字念楸淤切藾勒嚓

字念雞哩

字念哥精衣

字念阡淤切嚕

字念烟哩英切啊

字念烟哩夯啊

字念磕之諾

字念抓拉因切

字念抓尔搭喀

字念朱出八

字念出夯

字念朱堆飢

字念朱朱喀

字念出賓

字念出雖

字念出嫣俚

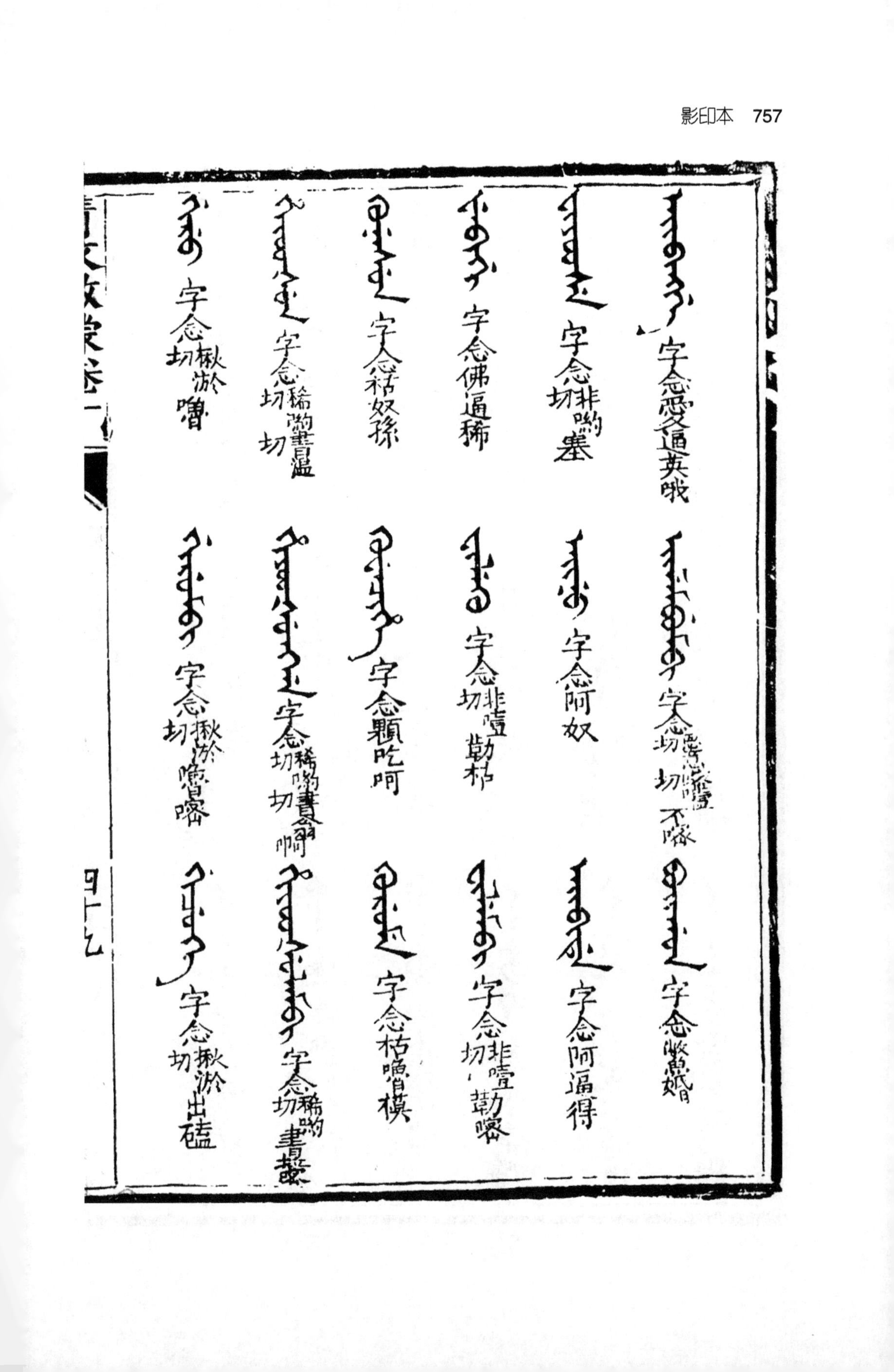

字念惡夂遍英哦

字念嘿嗞嚕切 切 不喀

字念嗞嫩婚

字念非喲切 塞

字念阿奴

字念阿逼得

字念佛遍稀

字念非嗑切 勒柿

字念非嗑切 勒喀

字念秳奴孫

字念顆吃呵

字念枯嚕模

字念稀喲切 書温切

字念稀喲切 書翁切 啊

字念稀喲切 書蘊

字念楸淤切 嚕

字念楸淤切 嚕喀

字念楸淤切 出磕

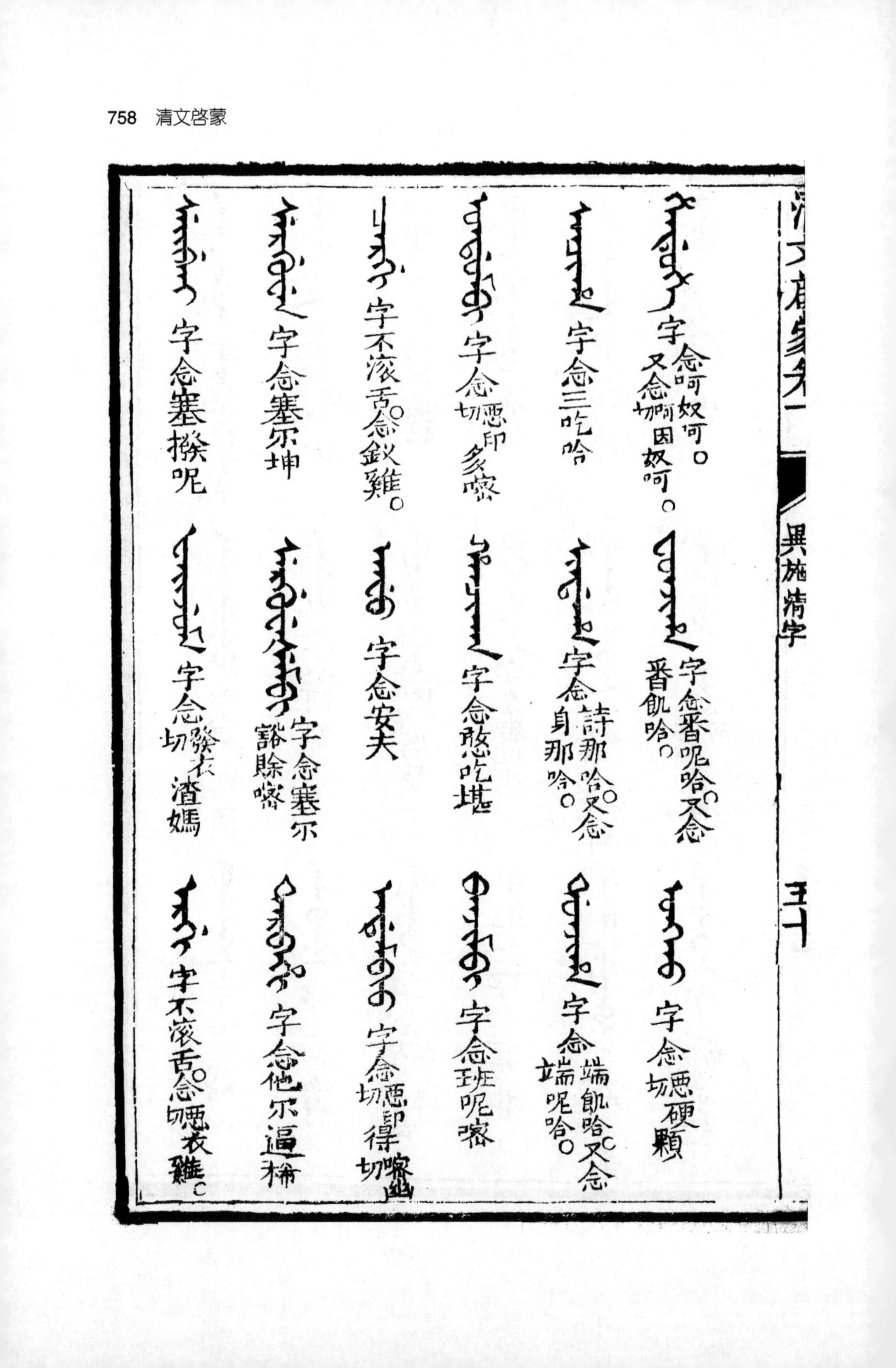

字念訶奴訶。又念切呵因奴呵。

字念三吃哈

字念切惡印多喀

字不滚舌。念欽雞。

字念塞尔坤

字念塞搽呢

字念番呢哈。又念番飢哈。

字念詩那哈。又念身那哈。

字念憨吃堪

字念安夫

字念塞尔谿賒喀

字念切發衣渣嫣

字念切惡硬顆

字念端飢哈。又念端呢哈。

字念班呢喀

字念切惡印得切喀幽

字念他尔逼稀

字不滚舌。念切惡衣雞。

字念不垧喊切哩因

字念揆貼呵

字念逼貼呵

字念雞確切屋飢

字念雞雒切屋勤喀

字念惡垧詩喀

字念游洼切搯喀

字念京陰

字念雞雒切温

字念嫣烟切衣。又念那烟切衣。

字念㭸啊七

字念挽衣

字念僧哦喀

字念僧思得喀

字念多摸

字念姘翁切温

字念姘翁切屋得

念姓洼切啊渣喀

字念多詩搭喀

字念多拉因切

字念多喀

字念托喀不喀

字念托搭喀

字念多詩

字念撥拜

字念托喀

字念托喀哈

字念顛哩

字念戳山

字念撥哈

字念呢喲切模青溫切

字念呢喲切囉模不喀

字念娃涉切烟

字念呢喲切堪

字念呢喲切撥喀

字念呢喲切囉多喀

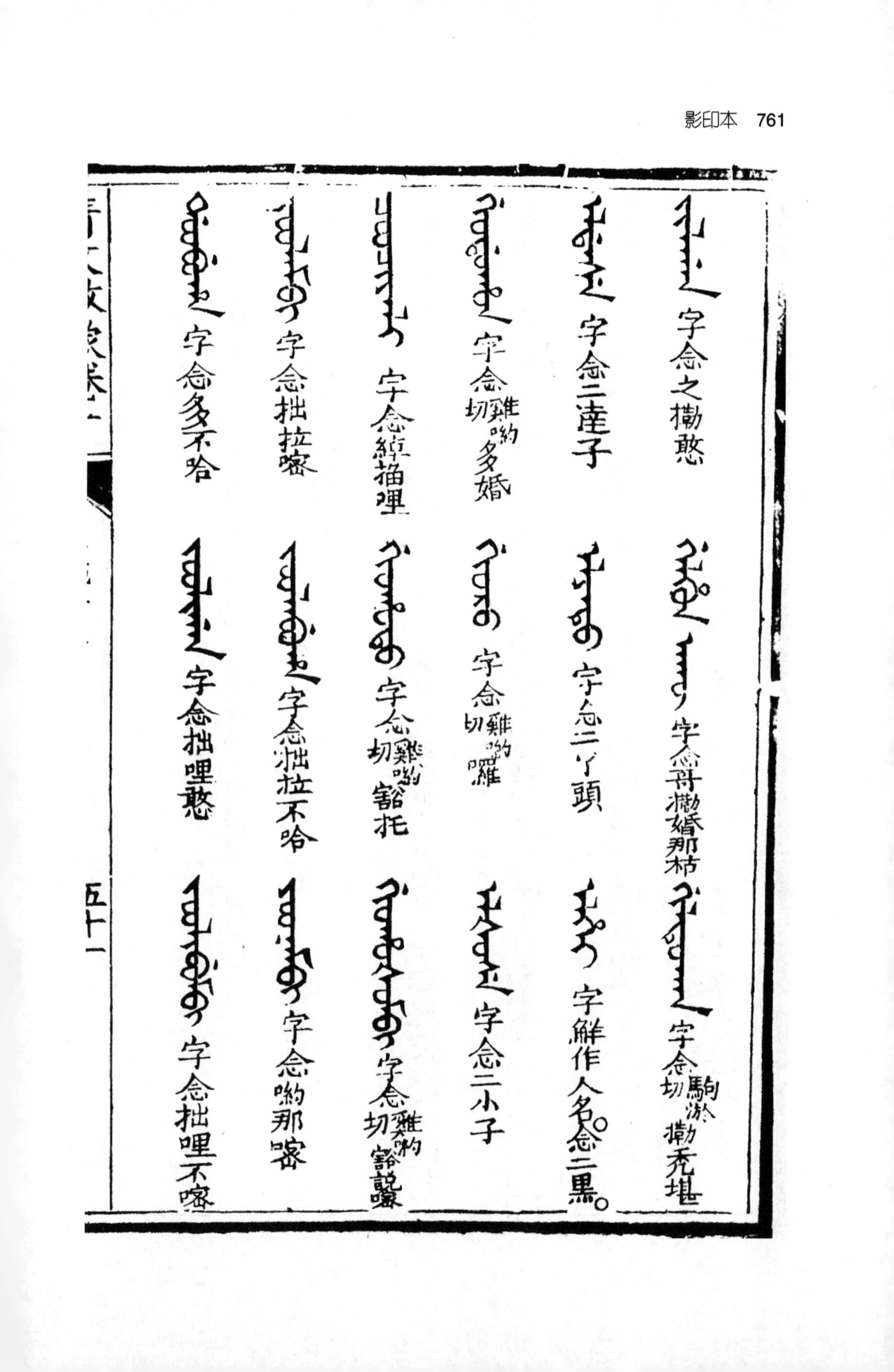

字念之撒憨

字念哥撒婚那枯

字念切駒渀撒禿堪

字念二達子

字念二丫頭

字解作人名念二黑。

字念切雞喲多婚

字念切雞喲囉

字念二小子

字念縩揺哩

字念切雞喲鎔托

字念切雞喲鎔謖

字念拙拉喀

字念拙拉不哈

字念喲那喀

字念多不哈

字念拙哩憨

字念拙哩不喀

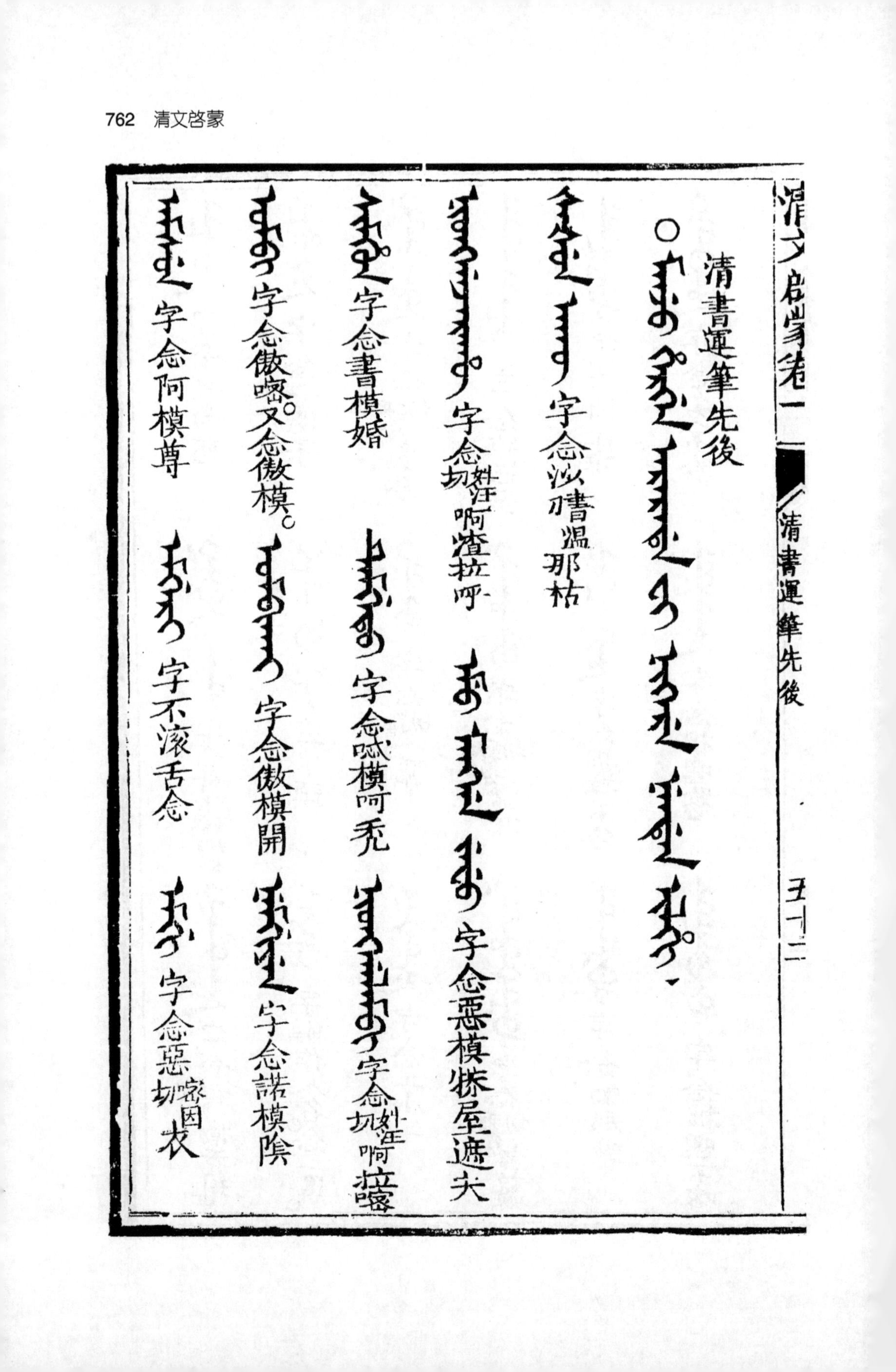

清書運筆先後

○

字念泓嘈漚那枯

字念切姓啊渣拉呼

字念惡模楪屋遮夫

字念書模婚

字念呔模呵禿

字念切姓啊嗒

字念傲喀。又念傲模。

字念傲模開

字念諾模侯

字念阿模尊

字不滚舌念

字念惡切嘁因衣

書□字先寫□次寫□次寫□。○如書□字先寫□次寫□次寫□。○如書□字先寫□次寫□次寫□次寫□ ○如書□字先寫□次寫□次寫□。○如書□字先寫□次寫□。○如書□字先寫□次寫□次寫□。○凡書□字先寫□次寫□次寫□次寫□次寫□。○如書□字

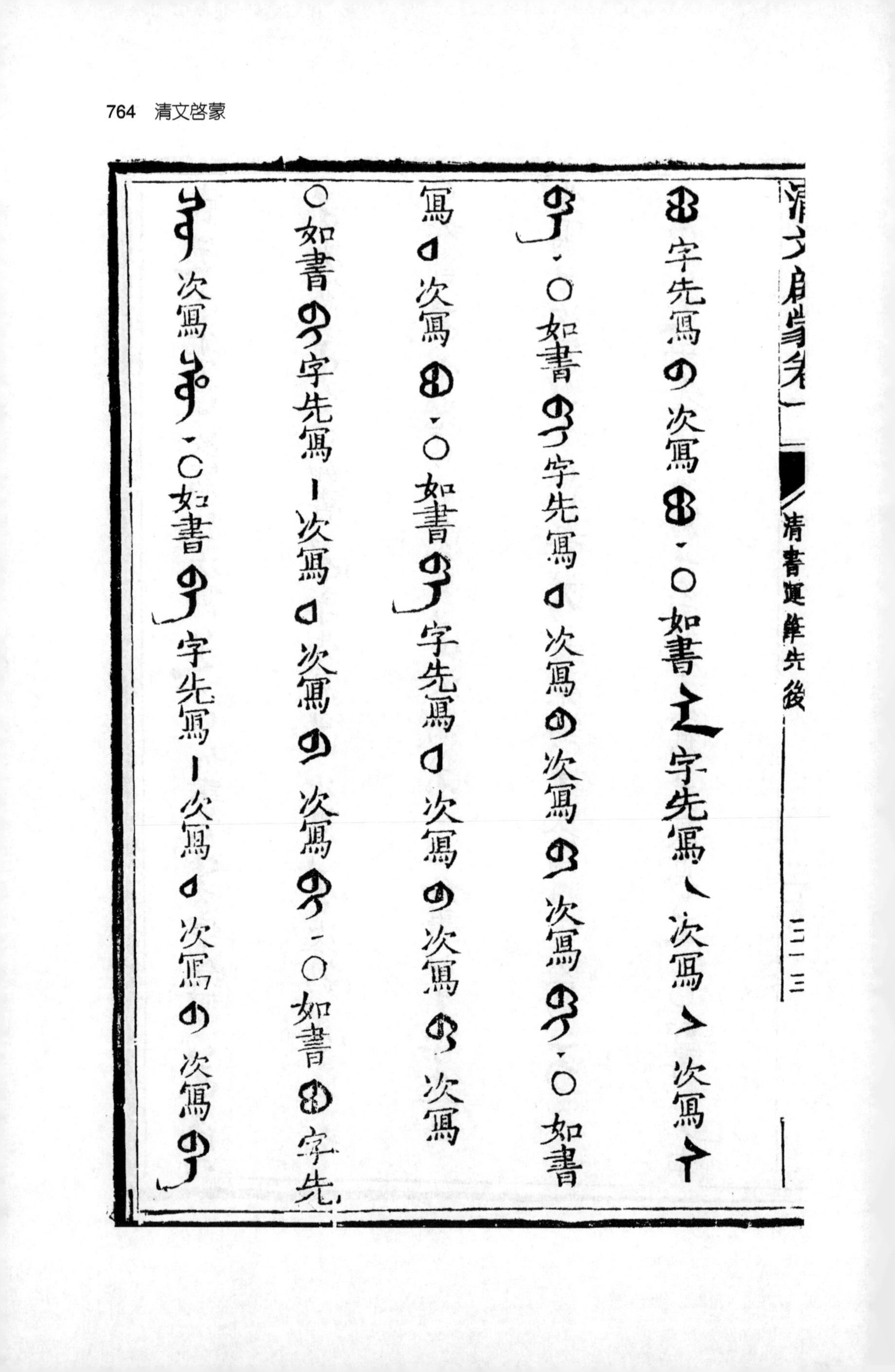

字先寫 次寫 ·○如書 字先寫 次寫 次寫

·○如書 字先寫 次寫 次寫 次寫 ·○如書

寫 次寫 ·○如書 字先寫 次寫 次寫 次寫

○如書 字先寫 次寫 次寫 次寫 ·○如書 字先

次寫 ·○如書 字先寫 次寫 次寫 次寫

□字先寫丨次寫□次寫□・○如書□字先寫ノ次寫

□次寫□・○如書□字先寫丨次寫□次寫□・○如書

次寫□・○如書□字先寫□次寫□・○如書□字先寫

□次寫□次寫□・○如書□字先寫丨次寫□次寫□

次寫□・○如書□字先寫□次寫□・○如書□字先寫

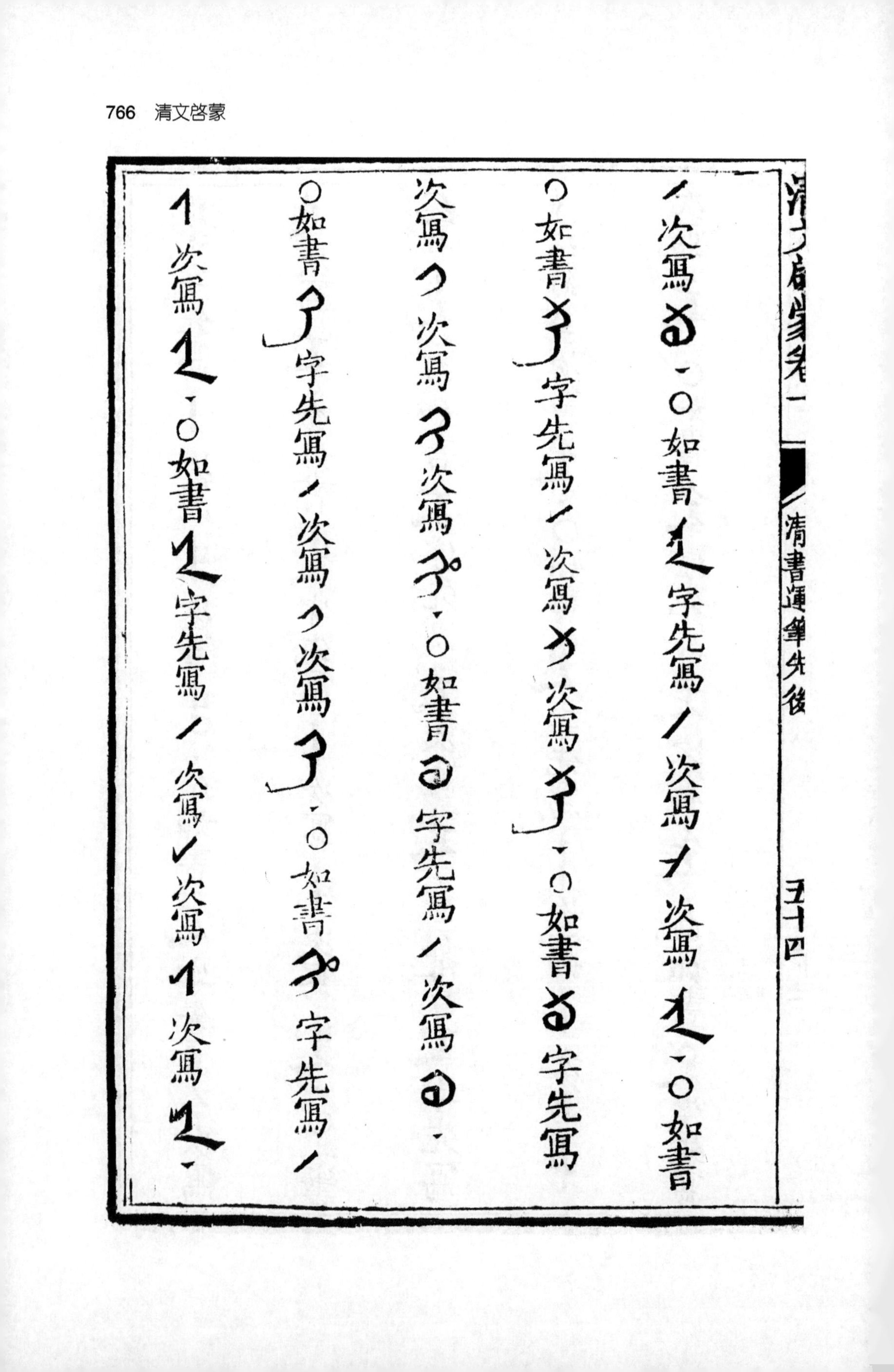

ノ次寫[满文]、○如書[满文]字先寫ノ次寫[满文]次寫[满文]、○如書

○如書[满文]字先寫ノ次寫[满文]次寫[满文]、○如書[满文]字先寫

次寫[满文]次寫[满文]次寫[满文]、○如書[满文]字先寫ノ次寫[满文]、

○如書[满文]字先寫ノ次寫[满文]次寫[满文]、○如書[满文]字先寫ノ

[满文]次寫[满文]、○如書[满文]字先寫ノ次寫[满文]次寫[满文]次寫[满文]、

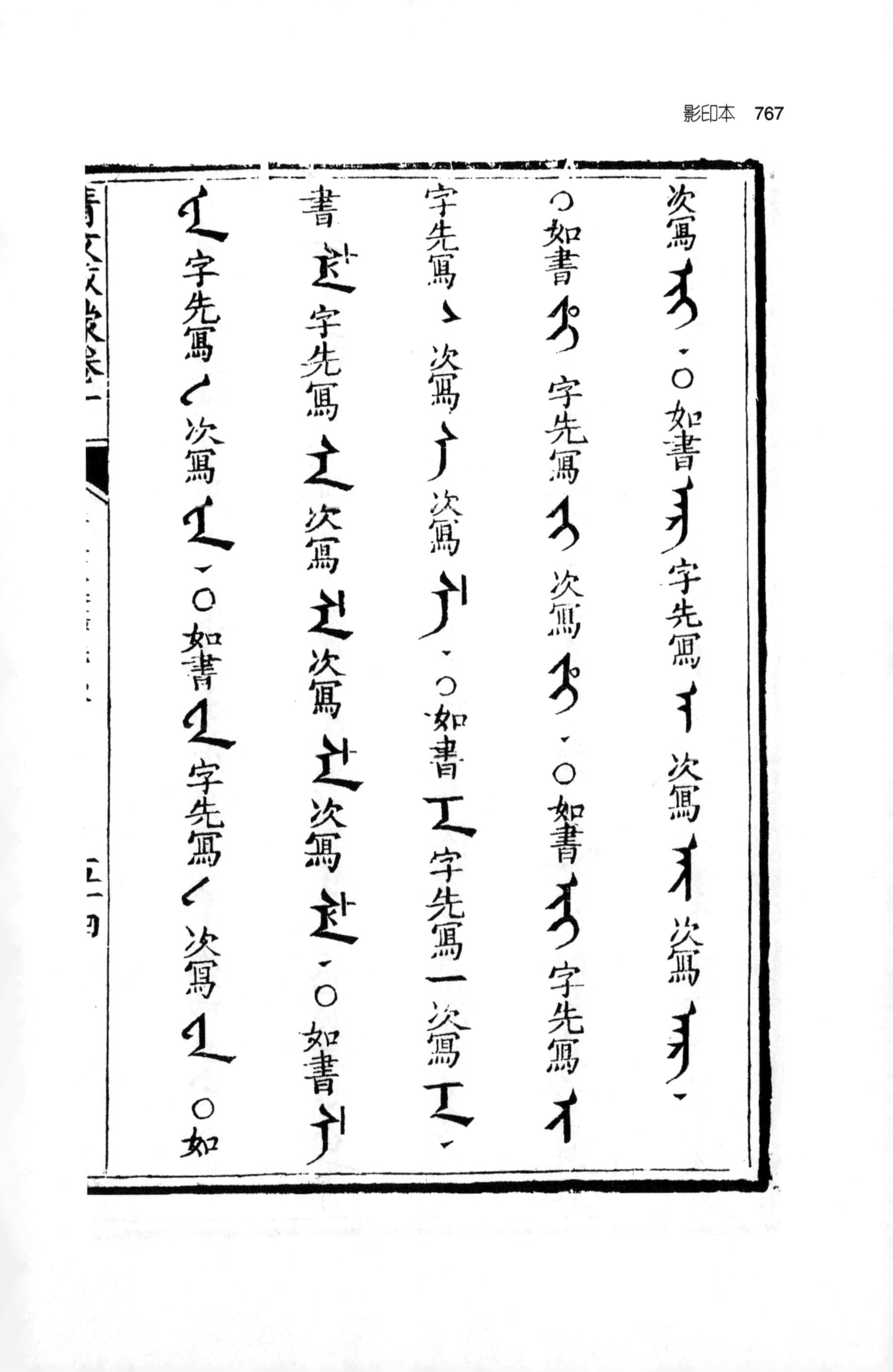

次寫[illegible]、○如書[illegible]字先寫[illegible]次寫[illegible]次寫[illegible]、

○如書[illegible]字先寫[illegible]次寫[illegible]、○如書[illegible]字先寫[illegible]

字先寫[illegible]次寫[illegible]次寫[illegible]、○如書[illegible]字先寫一次寫[illegible]、

書[illegible]字先寫[illegible]次寫[illegible]次寫[illegible]次寫[illegible]、○如書[illegible]

[illegible]字先寫[illegible]次寫[illegible]、○如書[illegible]字先寫[illegible]次寫[illegible]○如

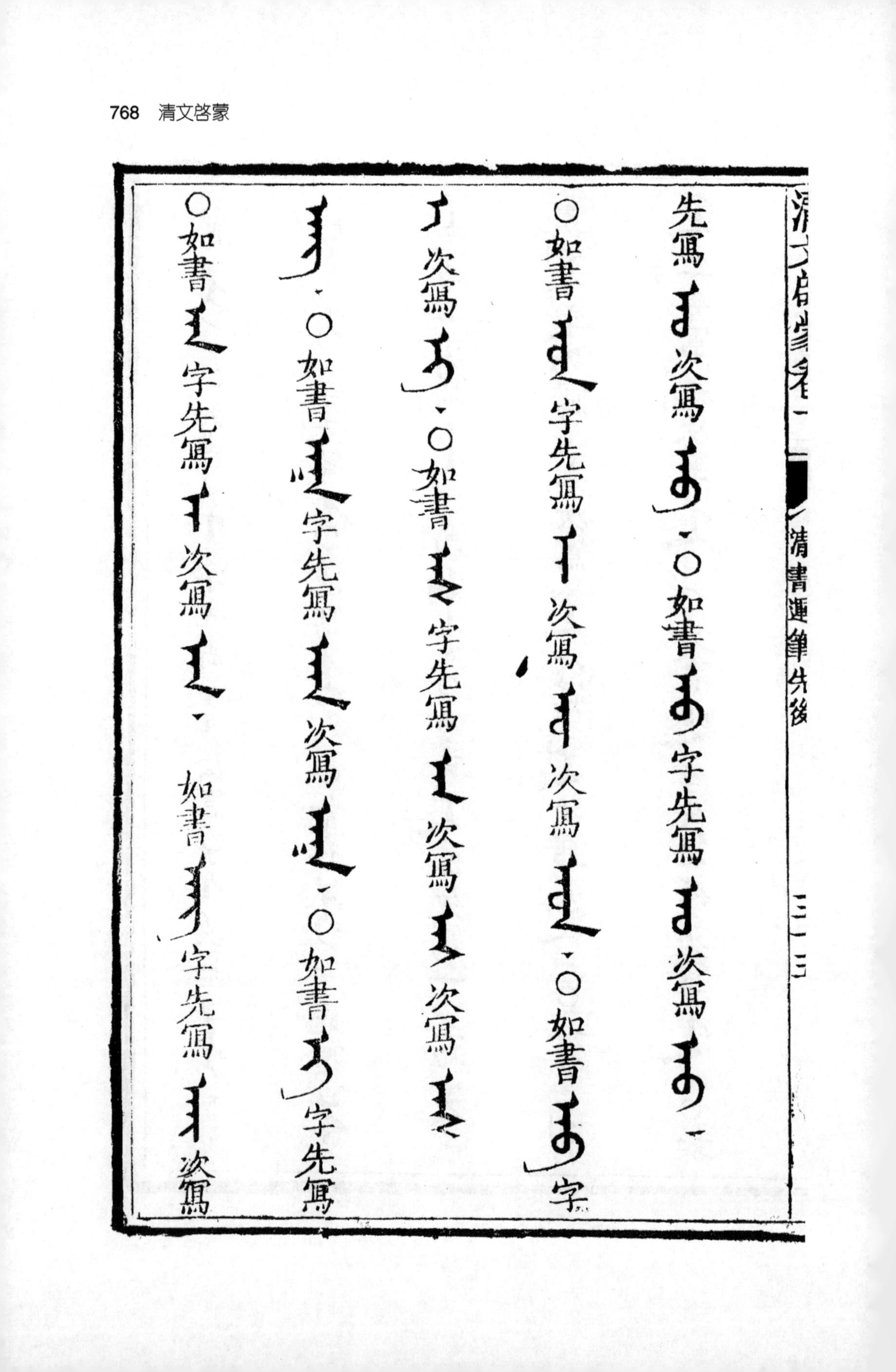

先寫　次寫　。○如書　字先寫　次寫　。

○如書　字先寫　次寫　次寫　。○如書　字

次寫　。○如書　字先寫　次寫　次寫

。○如書　字先寫　次寫　。○如書　字先寫

○如書　字先寫　次寫　。如書　字先寫　次寫

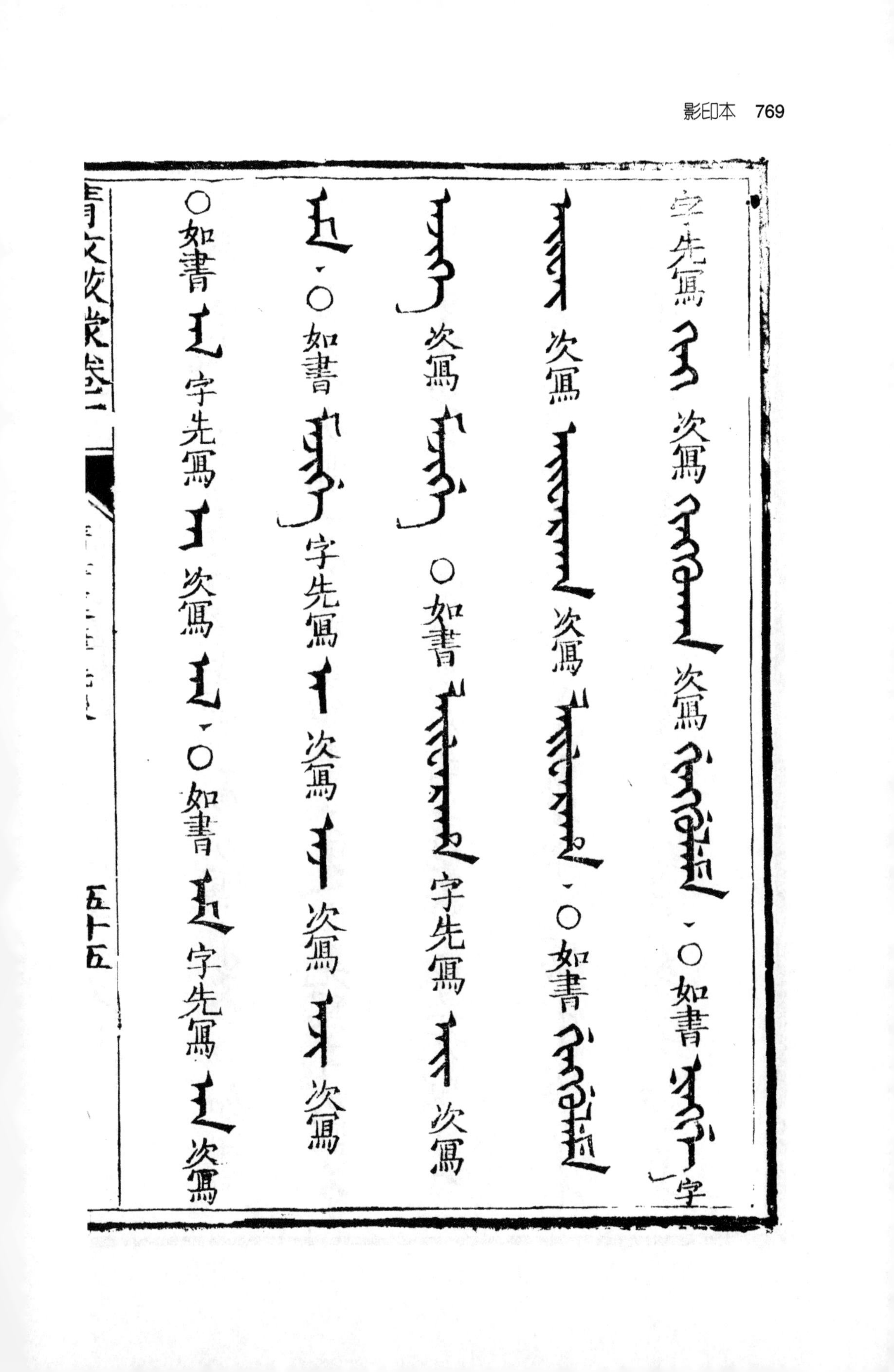

字先寫　次寫　次寫　次寫　。○如書　字

次寫　次寫　。○如書

次寫　次寫　。○如書　字先寫　次寫

。○如書　字先寫　次寫　次寫　次寫

。○如書　字先寫　次寫　。○如書　字先寫　次寫

清書運筆先後

次寫 ○ 如書 字先寫 次寫 ○ 如書

次寫 次寫 ○ 如書 字先寫 次寫

次寫 次寫 ○ 如書 字先寫

次寫 次寫 ○ 如書 字先寫 次寫

先寫 次寫 次寫 ○ 如書 字先寫

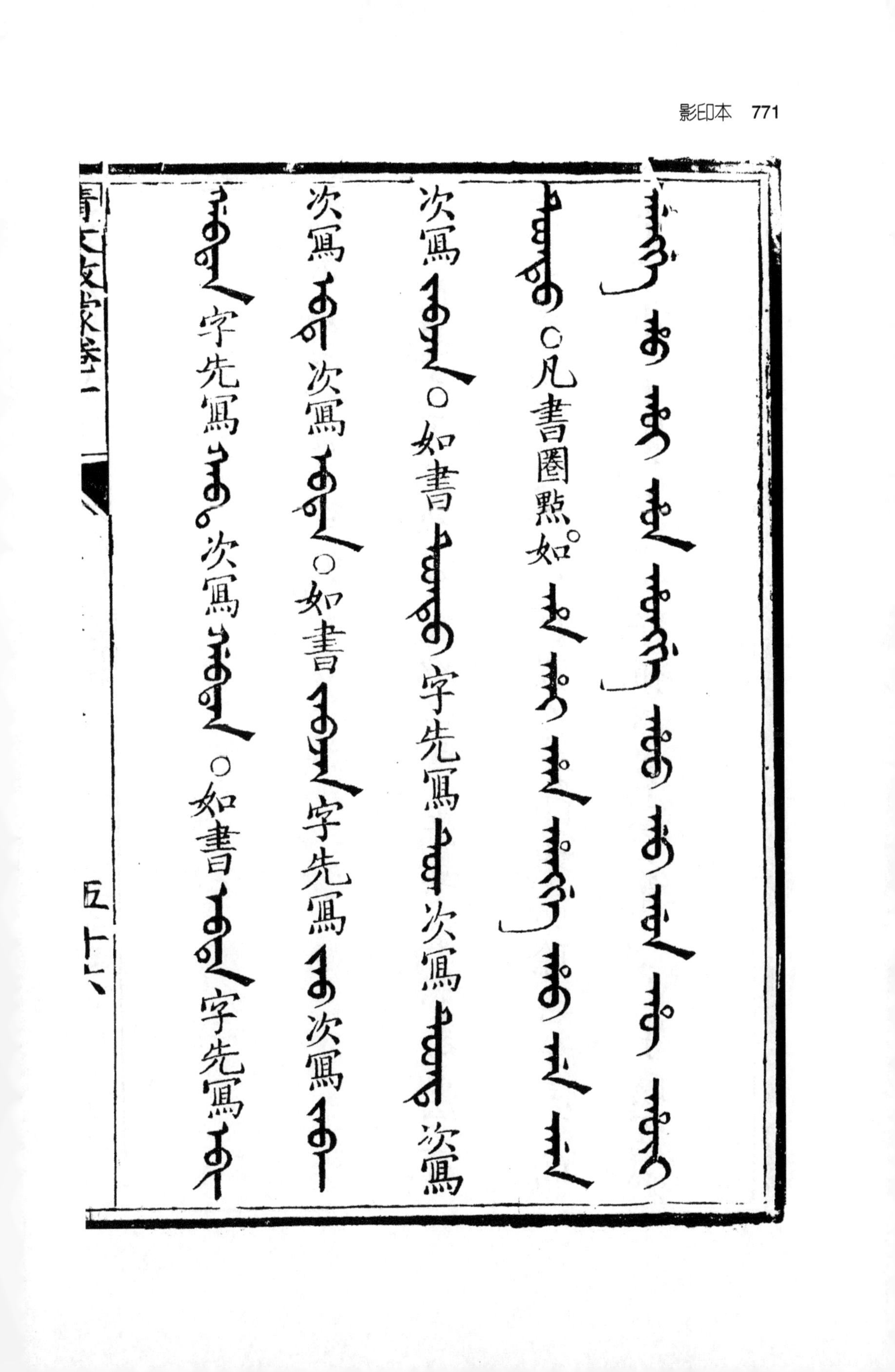

[illegible]字先寫[illegible]次寫[illegible]○如書[illegible]字先寫[illegible]

次寫[illegible]次寫[illegible]○如書[illegible]字先寫[illegible]次寫[illegible]

次寫[illegible]○如書[illegible]字先寫[illegible]次寫[illegible]次寫

[illegible]○凡書圈點○如[illegible]

[illegible]

類推。舉一可貫百矣。

两個阿兒之下。圈點方是。以上運筆。字雖無幾。法可作式樣。乃是两個阿兒。今如下筆。必除去字的

共二十字。俱係字首。此字聯寫必

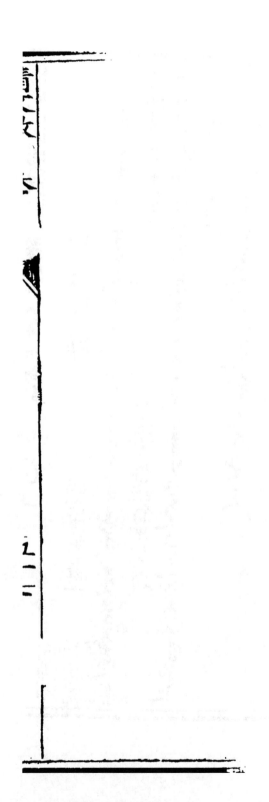

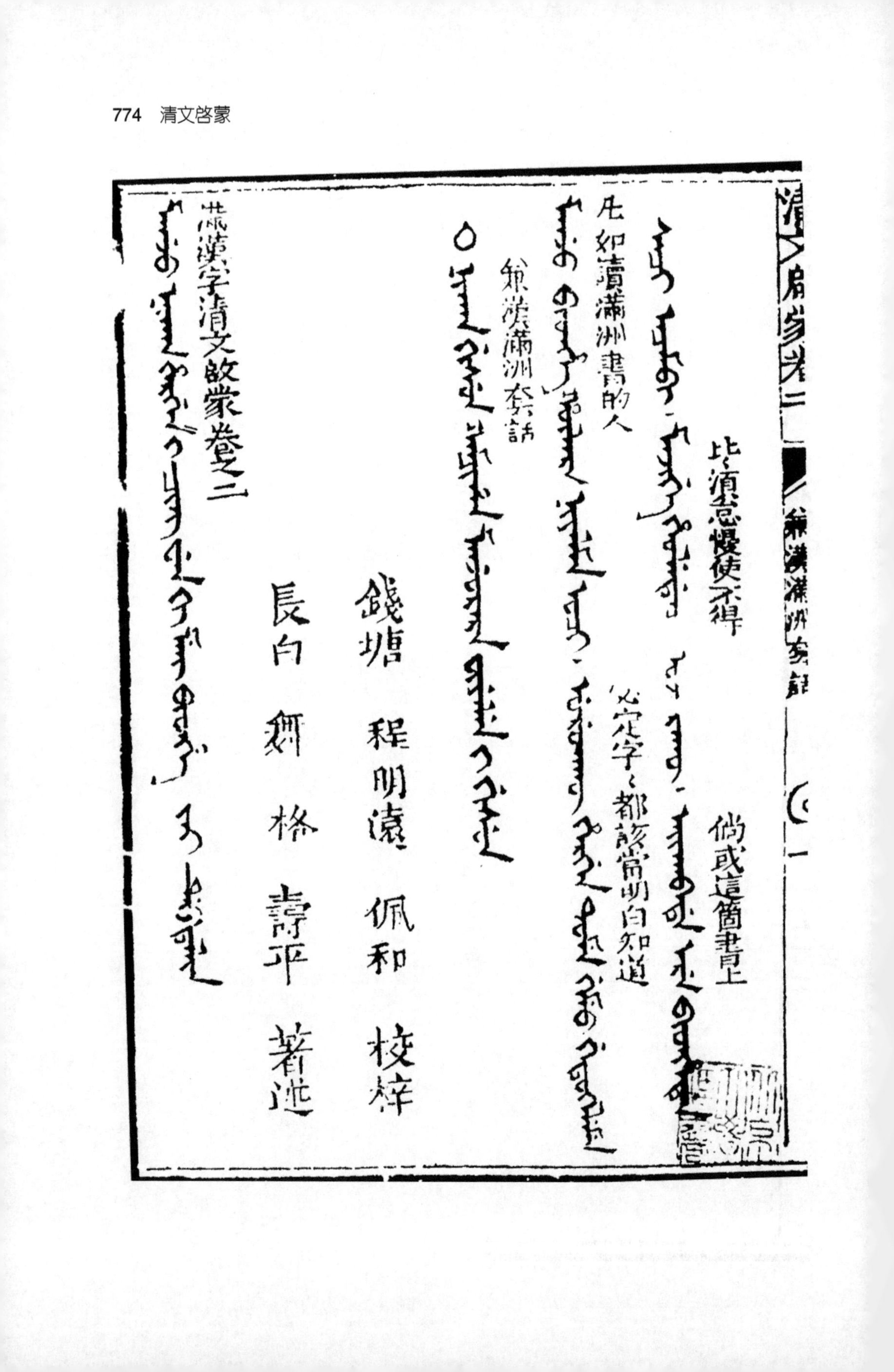

此須急慢使不得

倘或這箇書上

必定字字都該當明白知道

先知道滿洲書的人

兼漢滿洲套話

錢塘 程明遠 佩和 校梓

長白 舞格 壽平 著述

滿漢字清文啟蒙卷之二

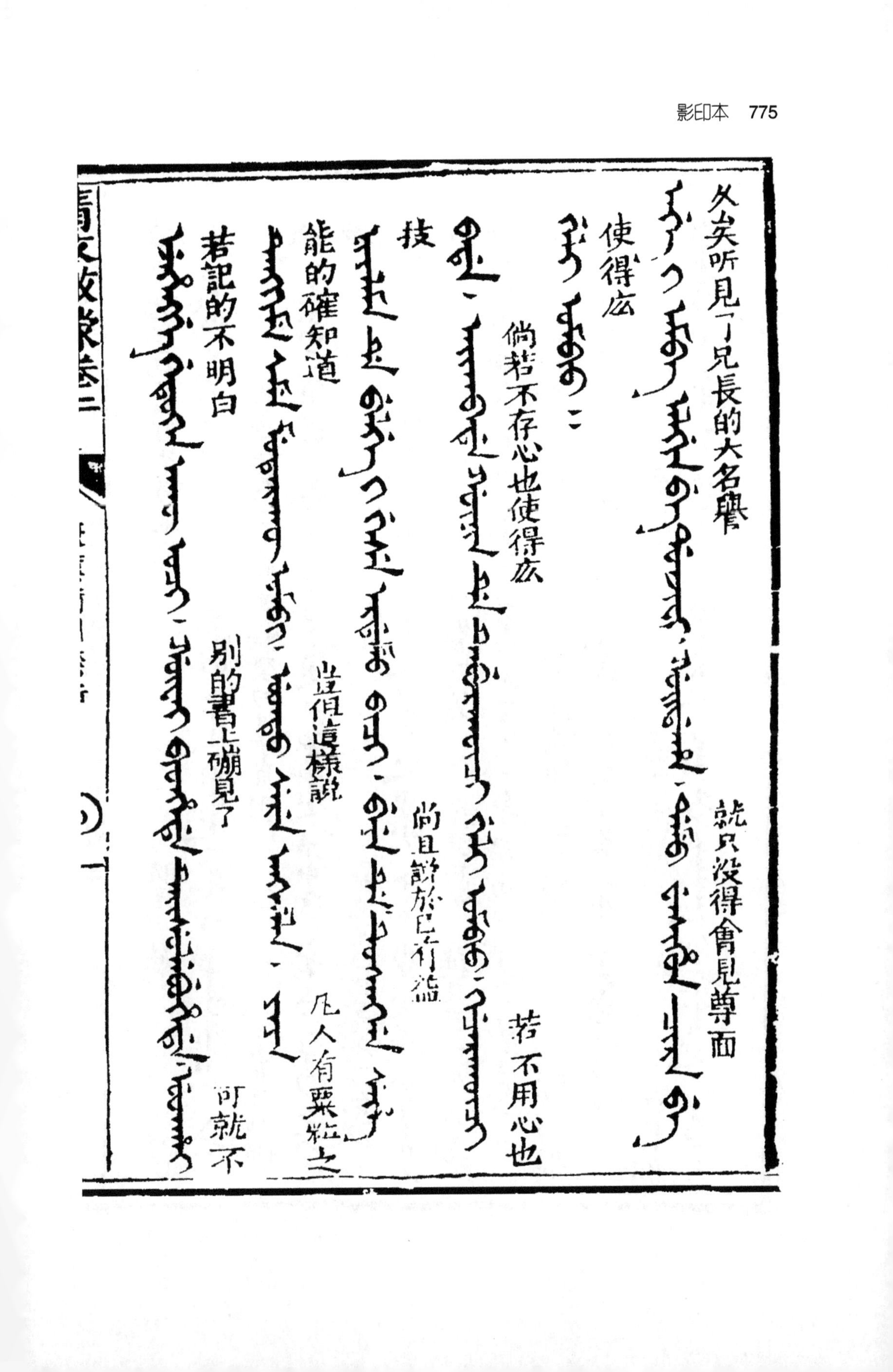

久矣听見了兄長的大名譽　就只沒得會見尊面

使得広　若不用心也

倘若不存心也使得広　尚且説於巳有益

技　凡人有粟粒之

能的確知道　豈但這樣説

若記的不明白　別的書上碰見了　可就不

我只恐怕兄長你不肯来罷咧　既是肯来　我還

只是走長了教啊哥厭煩的日子有啊　豈有此理

教去　果然不往你家行走的広

是　自然還要行走　我還想着要往兄長的根前領

若是不棄想念　求祈往我家行走一行走　你說的狠

今日萬幸　既然一遭認識了　兄長你

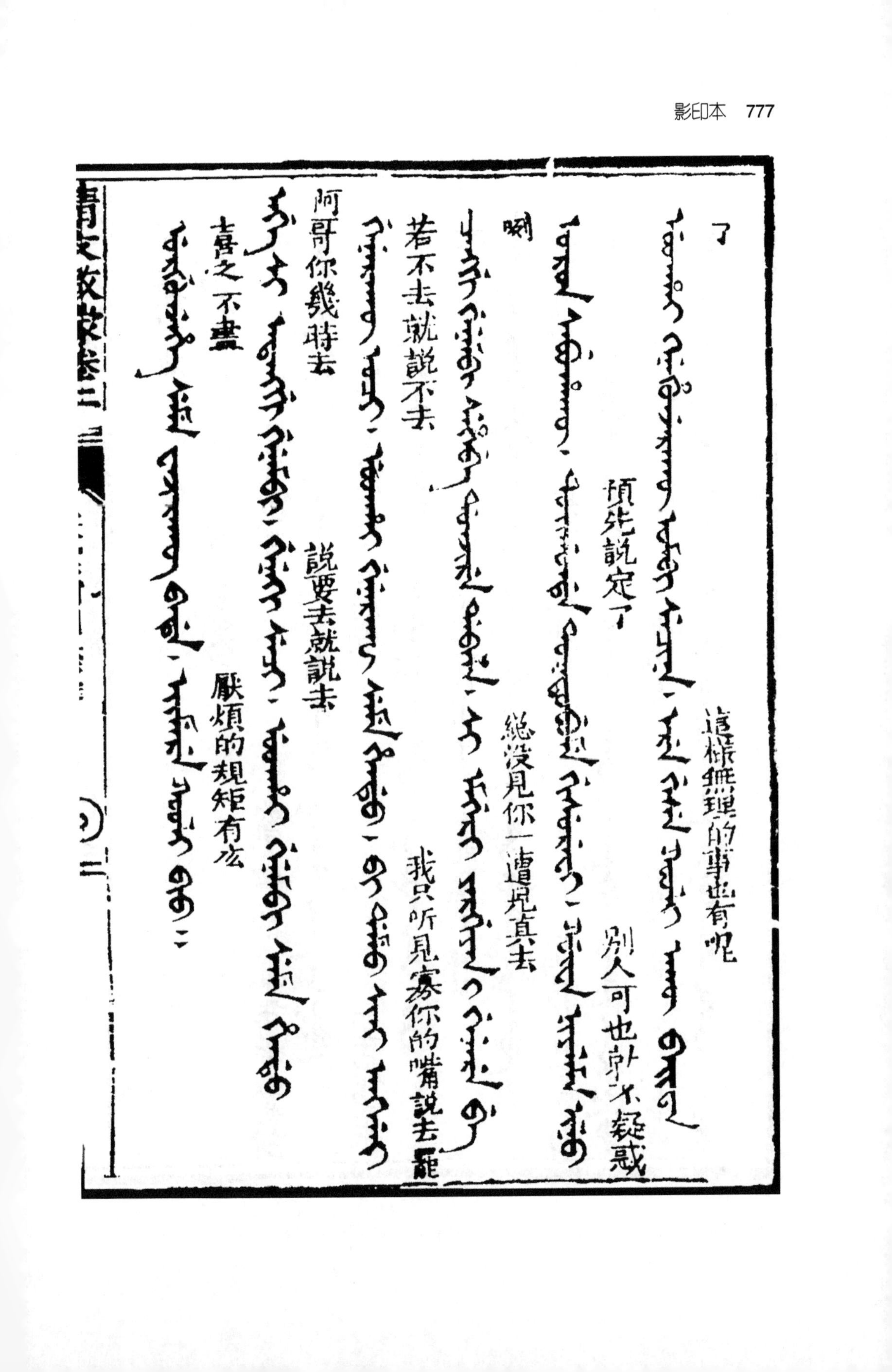

了

這樣無理的事也有呢

須先說定了

別人可也就不疑惑

咧

總沒見你一遭兒真去

若不去就說不去

我只听見窮你的嘴說去罷

阿哥你幾時去

說要去就說去

喜之不盡

厭煩的規矩有麽

你也使得麽

着 這時候纔來 絮叨的 盡情都教告訴

都合他說完畢了來的啊 你在那裡来

裡 把這一件事情 併連懇求的緣故

着我罷咧 必定告訴你作什麽 况且我前日到了那

我若是要去 也由着我 若是不去 也由

這箇事情除了你之外　別人斷然也不知道

你若是果然知道的明白　求祈就告訴我知曉

我實實的不知道啊　若是知道就告訴你罷咱的

並不知道　教我告訴什麽　莫不是教我胡編派了告訴

麽　總是你們也得听的見的啊

何必呢　罷是呢　我看别人　若問你一件事

若是听見

該當望喜去来着

阿哥你是幾時高陞了的

大喜呀

我總連影兒也沒得听見

你也筭說是箇人麽

說沒听見

平白的支吾望着我推話

我若是問你一件事情的時候

你就說不知道

情

你就從頭至尾

一件〻的告訴

的道理罷咧

那樣湊作的都是假呀

頭相交之間

只要彼此心裡誠着

總是朋友

必定尚虛套礼作什麼

朋友們裡

咱們都是好朋友啊

見面就完了

阿哥別要不好思量

諸凡求祈容諒

阿哥怎麼這樣說

因為不知道

故此沒有去賀喜

你的家人説你没在家往别處去了

昨日你往那裡去來着　我使了人去請你

只是浮面皮兒的答應　若像那樣的　有什麽趣兒

倘若望着他去商量一件心腹的事兒

或有一等人倆在虛套裡上　雖然嘴兒响快

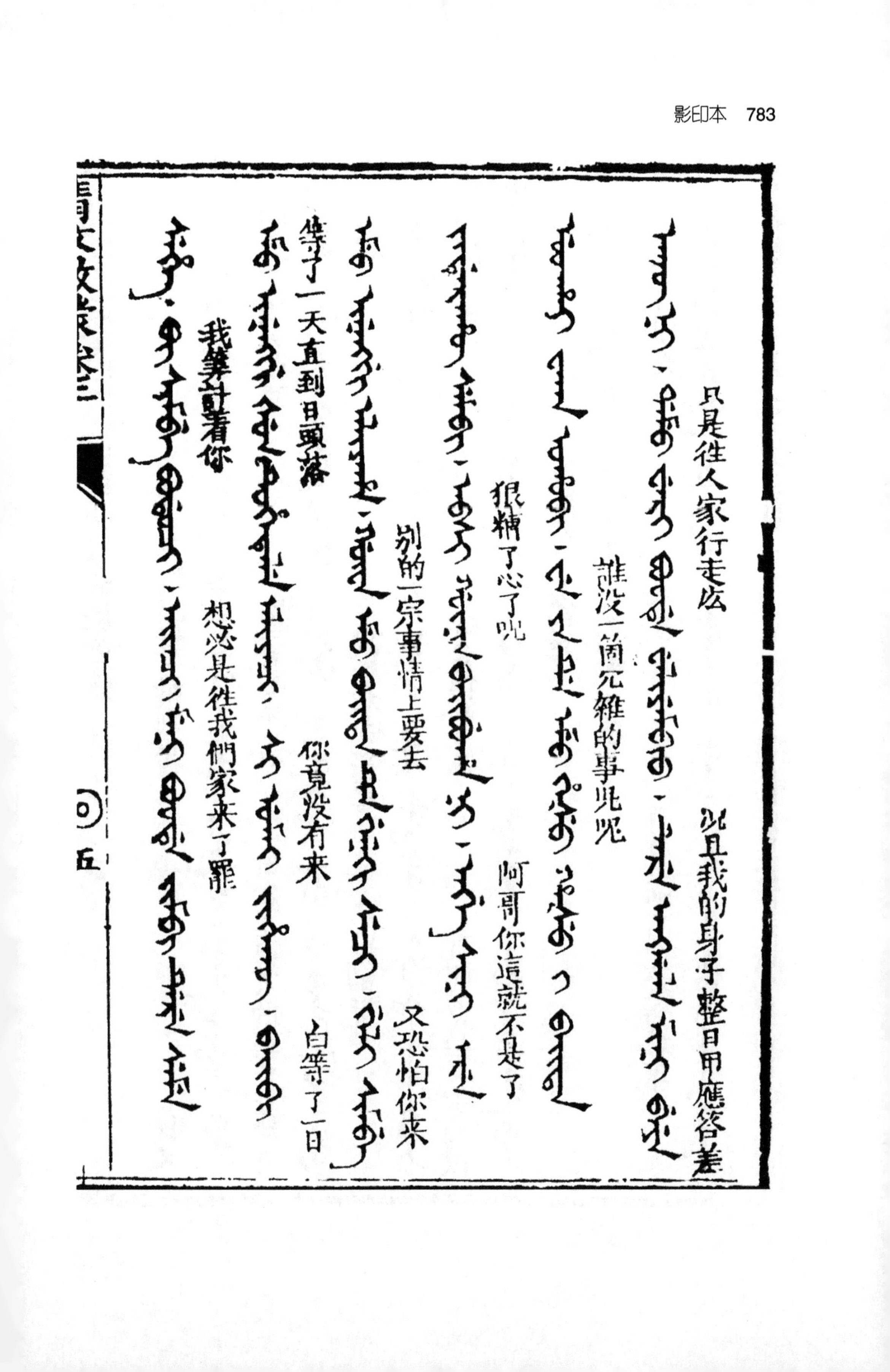

只是往人家行走麽　況且我的身子整日甲應答差

誰沒一箇冗雜的事兒呢

狠精了心了呢　阿哥你這就不是了

別的一宗事情上要去　又恐怕你來

等了一天直到日頭落　你竟沒有來　白等了一日

我算計着你　想必是往我們家來了罷

說教慢〻的别急了
我又

若是一箇人的事
還容易冰着
因為是衆人的事甚難

不得
我也是合他說了
他說的話

我煩你的事
你合他說了麽
看他的意思使得使

也能有工夫麽

事不得明兒
再教去管别人家的私事

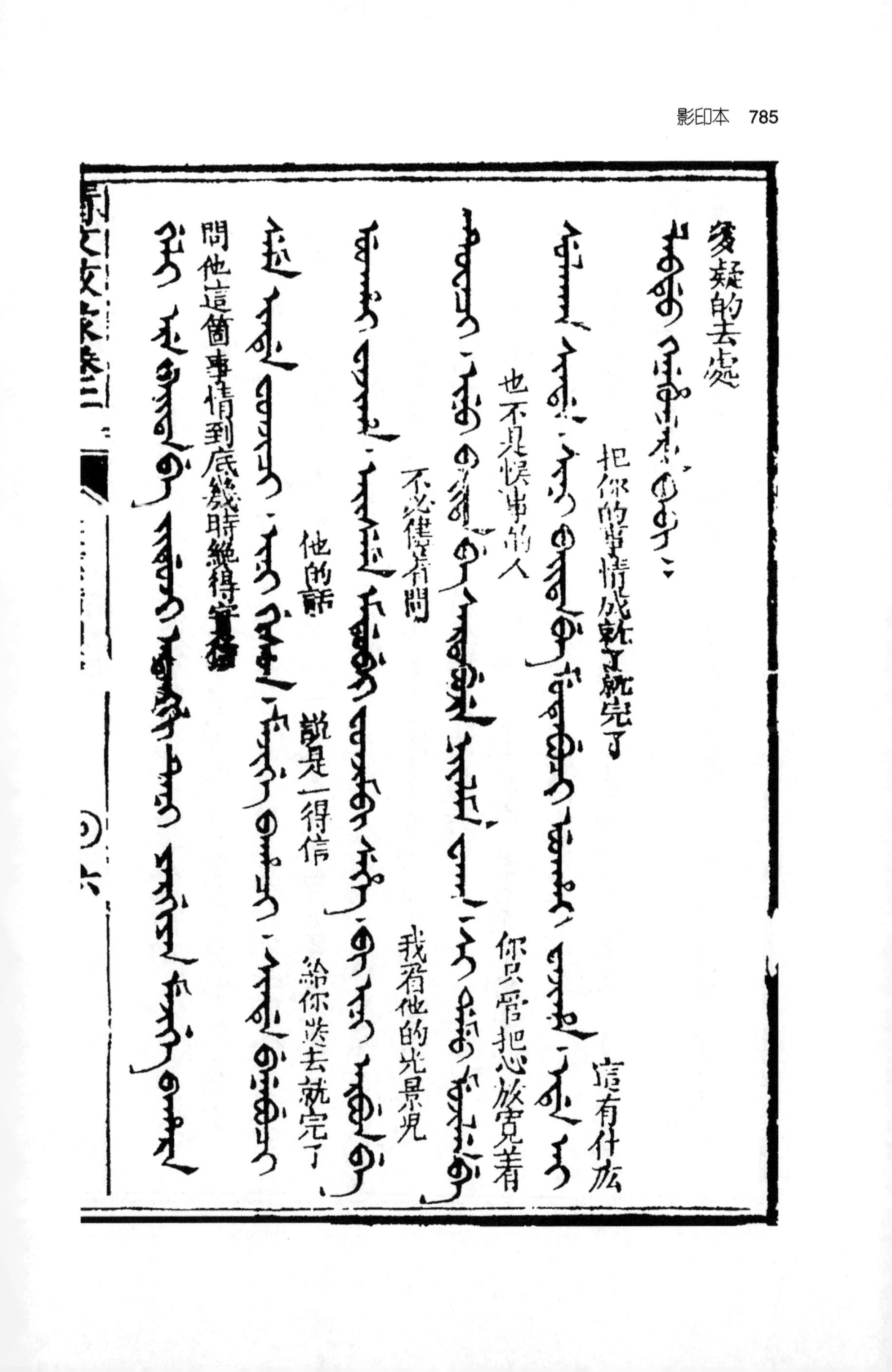

多疑的去處

這有什麽

把你的事情成就了就完了

你只管把心放寬着

也不是誤事的人

我看他的光景兒

不必儘着問

他的話

就是一得信

給你送去就完了

問他這箇事情到底幾時纔得實信

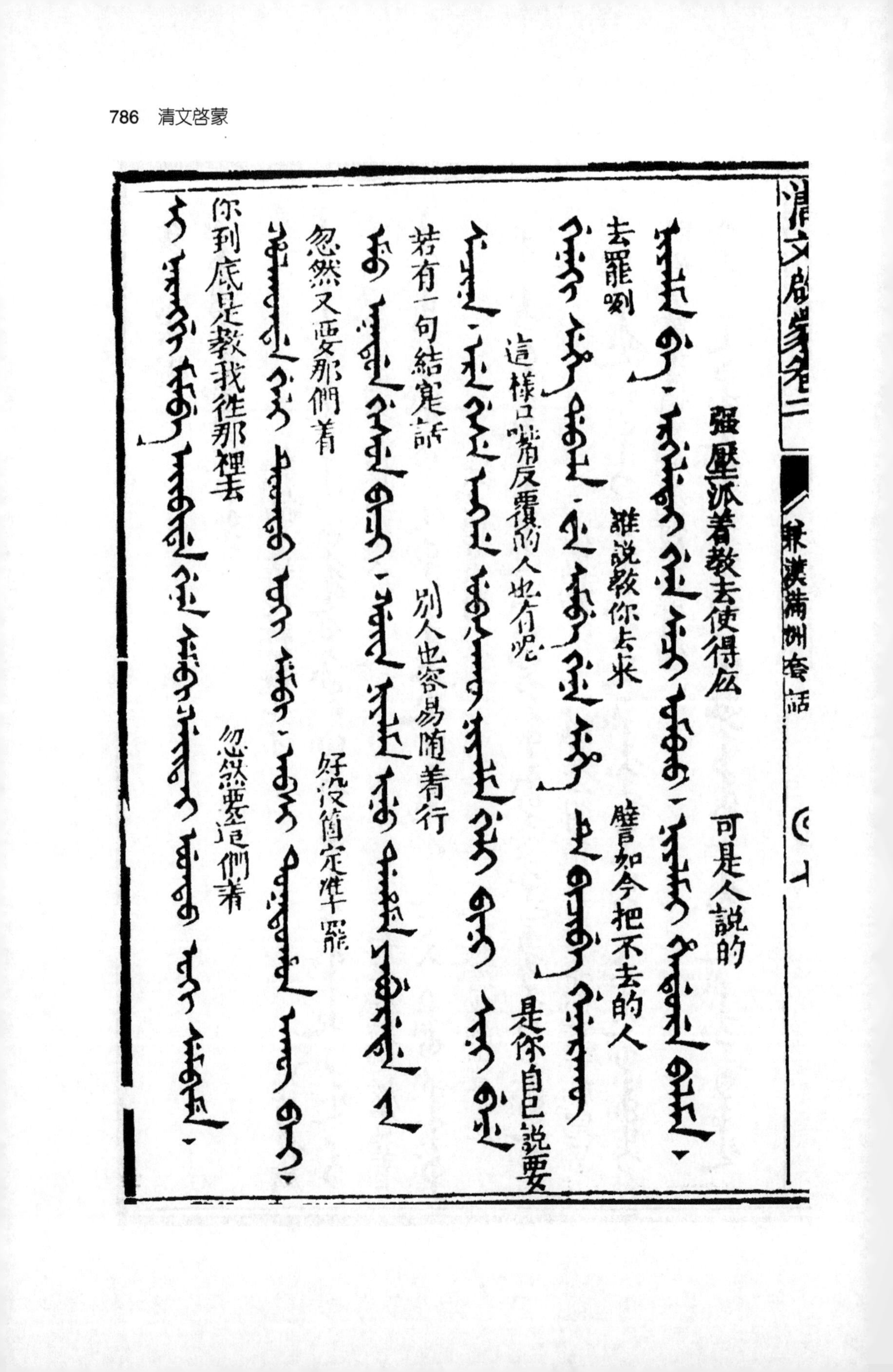

强壓派着教去使得麽　可是人說的

去罷咧　誰說教你去來　譬如今把不去的人

這樣口嘴反覆的人也有呢　是你自己說要

若有一句結寔話　別人也容易隨着行

忽然又要那們着　好沒箇定準罷

你到底是教我往那裡去　忽然要這們着

成情　必定報答深恩

替我去說成了　我斷然不負了阿哥的

我的一件事情　白像行不得　阿哥你若是疼愛

想必就沒了使不得的去處了

凡事見把己所不欲的去處　也別施之於人

傍觀者清　當局者迷啊

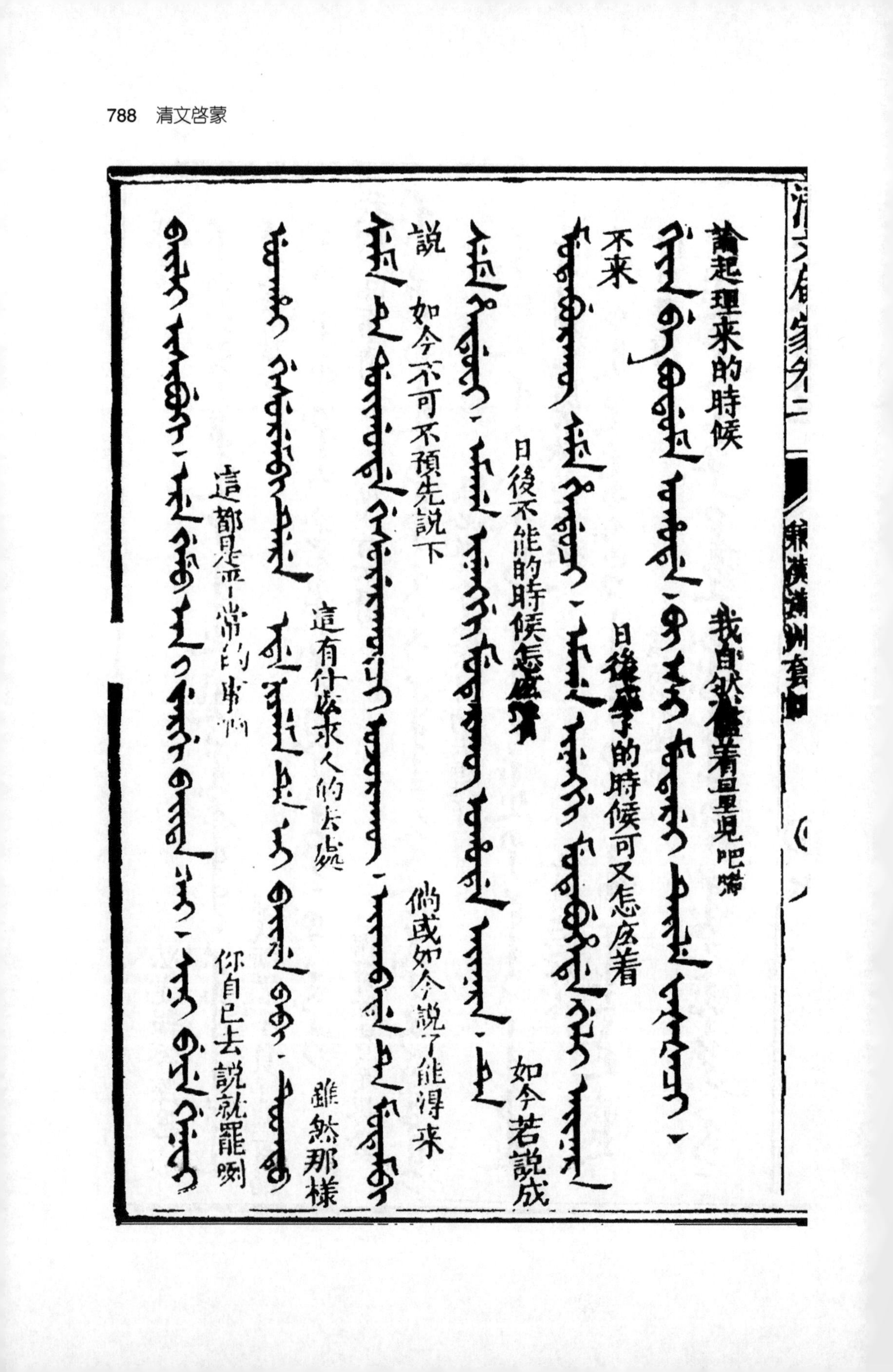

論起理來的時候 我自然儘着量兒吧咧

不來 日後爭的時候可又怎麽着

日後不能的時候怎麽樣 如今若說成

說 如今不可不預先說下 倘或如今說了能得來

這有什麽求人的去處 雖然那樣

這都是平常的事啊 你自己去說就罷咧

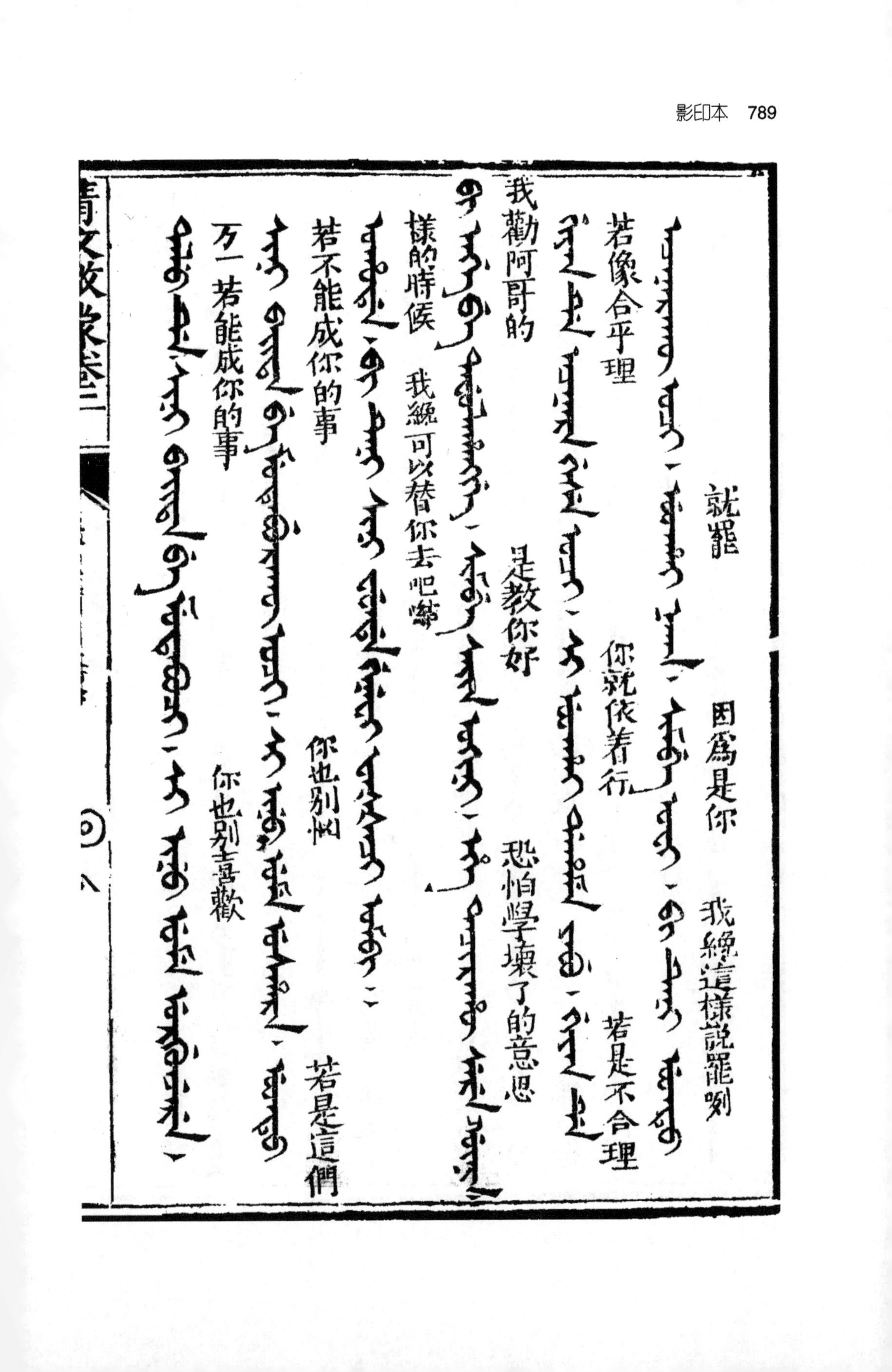

万一若能成你的事 你也别喜歡

若不能成你的事 你也别悶 若是這們

樣的時候 我纔可以替你去吧嘞

我勸阿哥的 是教你好 恐怕學壞了的意思

若像合平理 你就依着行 若是不合理

就罷 因為是你 我纔這樣說罷咧

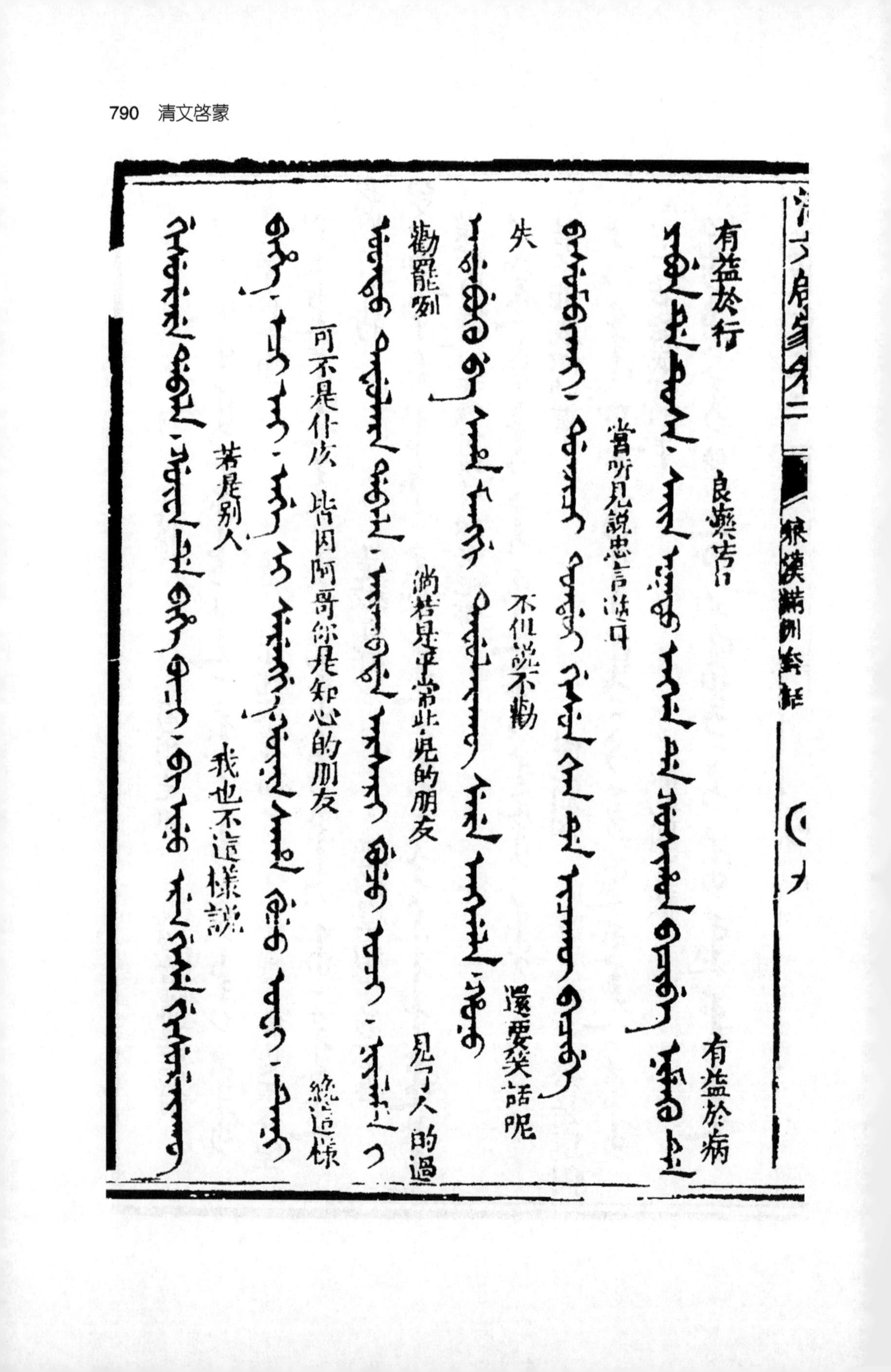

有益於行

良藥苦口

有益於病

嘗聽見說忠言逆耳

失

不但說不勸

還要笑話呢

勸罷咧

倘若是平常些兒的朋友

見了人的過

可不是什麽

皆因阿哥你是知心的朋友

纔這樣

若是別人

我也不這樣說

倘若是若見了比這箇好的

又要說那箇好

因爲你沒有看見着實好的

纔說這箇好罷咧

若把這箇不肯說好

再說什麽樣兒的好

這箇說不得好

比這箇好的有什麽缺少

能有幾箇

都像阿哥

合朋友們好的

我所他的話音見 像要合你尋什麽東西

若不分別一个好歹 一槩都說好也使得麽

那纔可以說的起是好東西罷咧

麽另一个樣兒 不止咱們說好 人人看見沒有不愛的

不肯說這个好了啊 說起好東西来 比是什

給他罷咧
我並沒有
教我給什麽
這就奇了
我若是有的
但只是他既然一遭說要合你尋
你就給他是呢
說要尋罷咧
沒有缺少的東西尋什麽
想來你必然有的東西
他纔
他要合我尋什麽東西
我並沒有可尋的東西啊

意

他不望着你睭尸尋罷了　倘若是望

這就未必使得呢　若是依我的主

朋友的道禮罷咧　只要損人利己使得麽

太没有規矩罷　彼此若是體諒　總是

我還着急現在各處裡尋　反倒說人哩尋

真不是教我買了給他麽　這怎麽使得呢

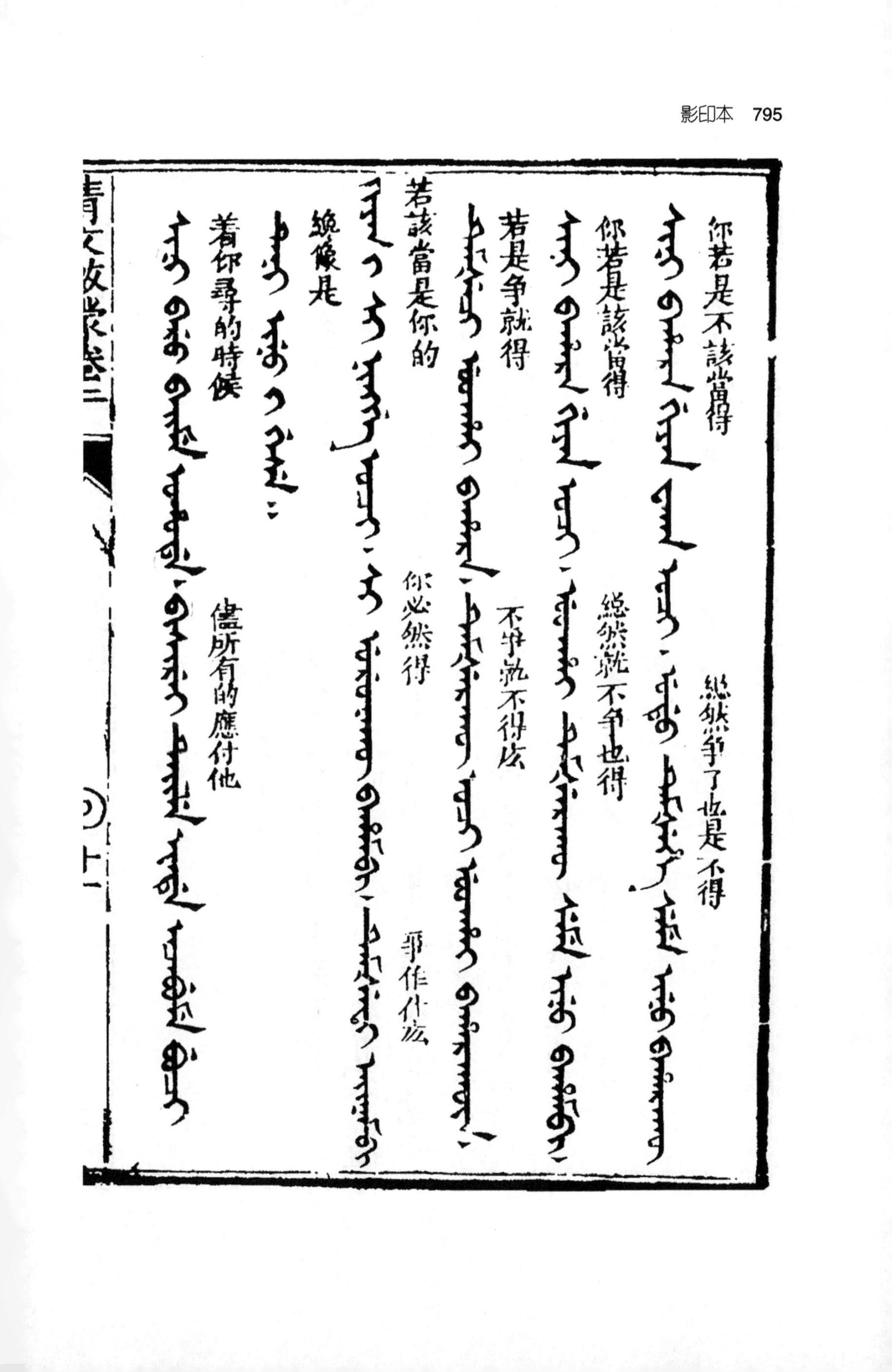

你若是不該當得 總然爭了也是不得

你若是該當得 總然就不爭也得

若是爭就得 不爭就不得麼

若該當是你的 你必然得 爭作什麼

纔像是

着你尋的時候 儘所有的應付他

可也不是人勉強來得的

還不如作一个情面

憑他怎麽着 自然有一个道理

與其沒要緊白向人爭

過後得便宜 若依我的主意

可是人說的 讓人不是痴

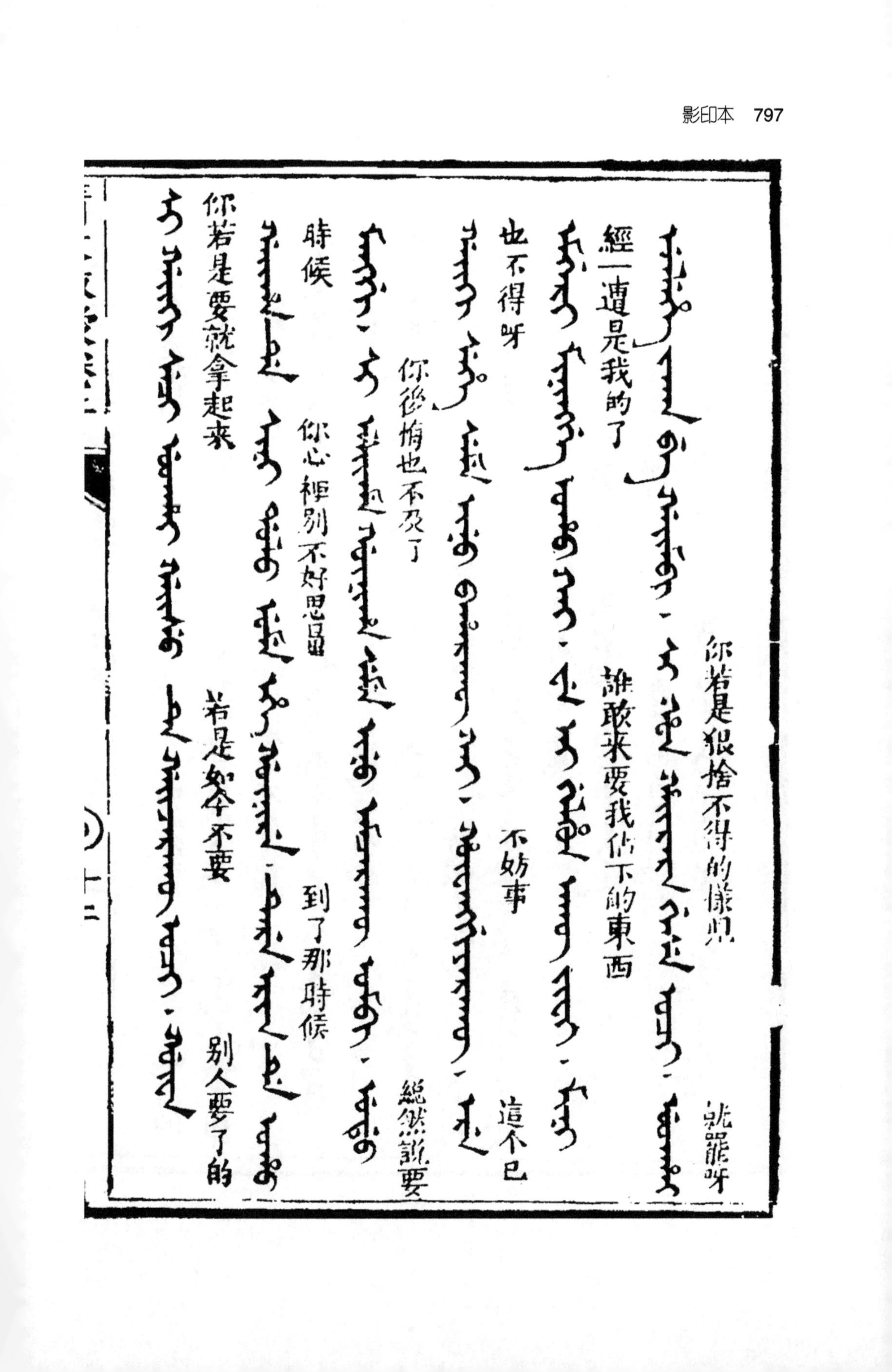

你若是很捨不得的様兒

就罷呀

經一遭是我的了

誰敢來要我佔下的東西

也不得呀

不妨事

這个巴

你後悔也不及了

總然說要

時候

你心裡別不好思量

到了那時候

你若是要就拿起來

若是如今不要

別人要了的

只給一个寔在信 也還好些、 平白的

昨日說給又沒有給 你若是不給也罷

望着想得 前日說給沒有給

你合他說 到底給不給 若像个給的 人也指

並不情愿 總然要了有什么味兒

若是情願給 要着也有趣些咧

這都是公事 比不得私事

這也稱得起是有信實的人麽

也不算計一算計日後應不應

人也沒有報怨的去處 只顧信着嘴說出來

給不給何妨 若有一句剪決話

个明日的推 竟是哄人

常言道的好

滿口含

莫要滿口言

或是說你沒有听見啊

或是說你不肯听啊

我應承啊

或是說沒有告訴你啊

了不輕啊

誰肯應承

你應承啊

些須不留心懈心了

事情出來

若是私事

還可以胡哩嗎哩使得

若在公事上

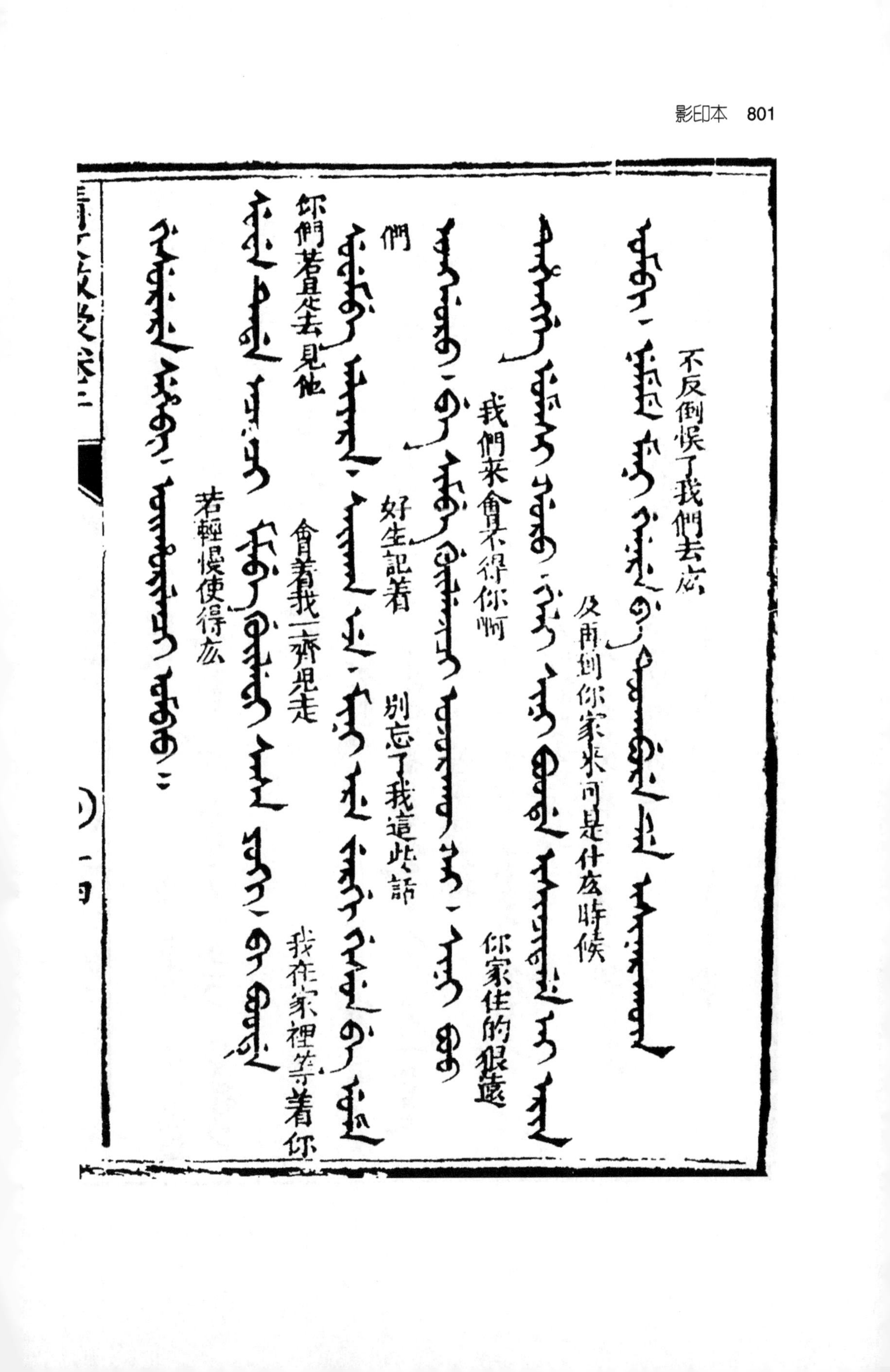

不反倒悞了我們去麽

及再到你家來可是什麽時候

我們来會不得你啊

你家住的狠遠

們

好生記着

別忘了我這些話

你們若是去見他

會着我一齊兒走

我在家裡等着你

若輕慢使得麽

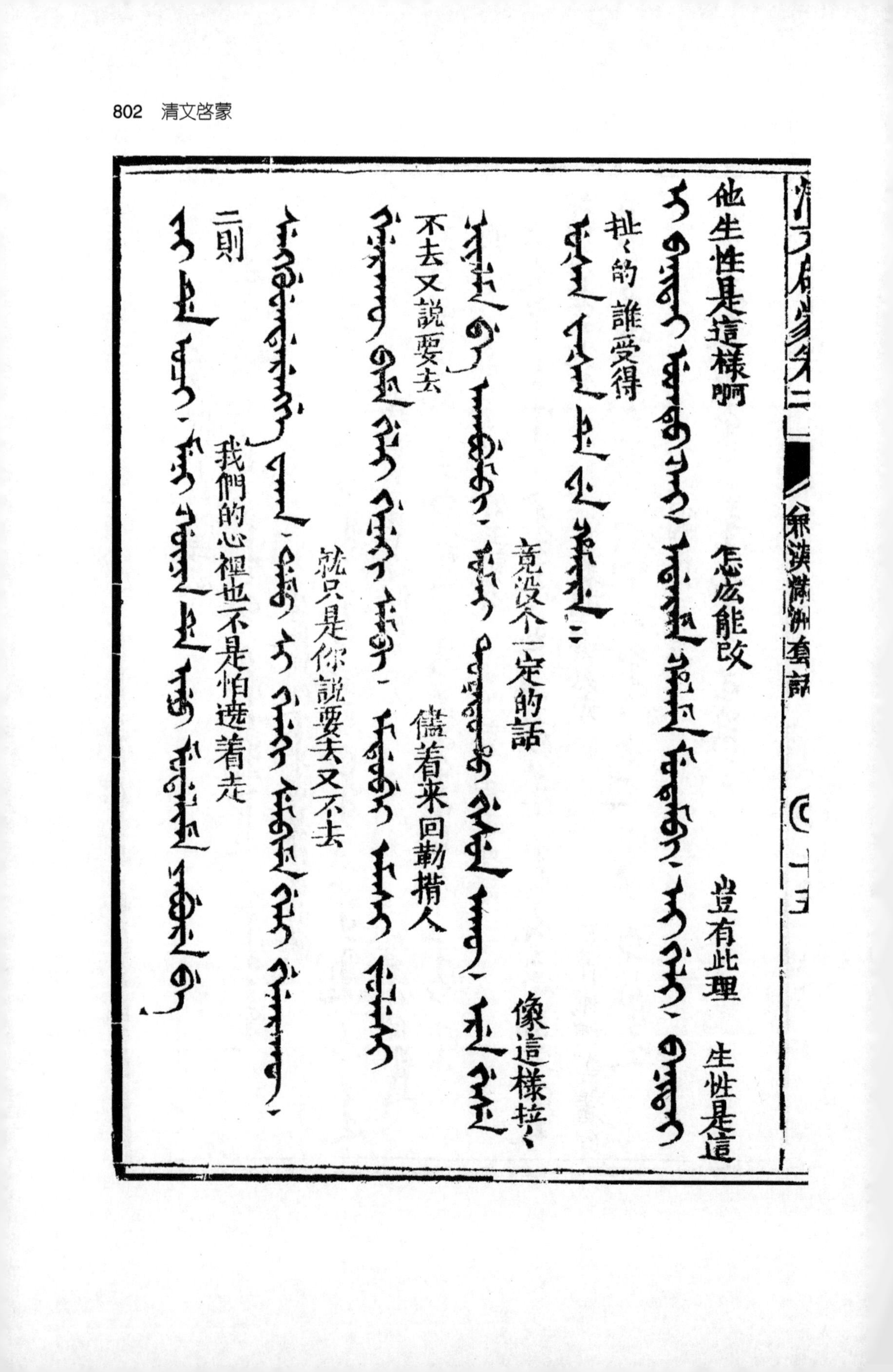

他生性是這樣啊 怎麽能改 豈有此理 生性是這

扯ㄑ的誰受得

竟沒不一定的話 像這樣拉ㄑ

不去又說要去 儘着來回勒措人

就只是你說要去又不去

二則

我們的心裡也不是怕遞着走

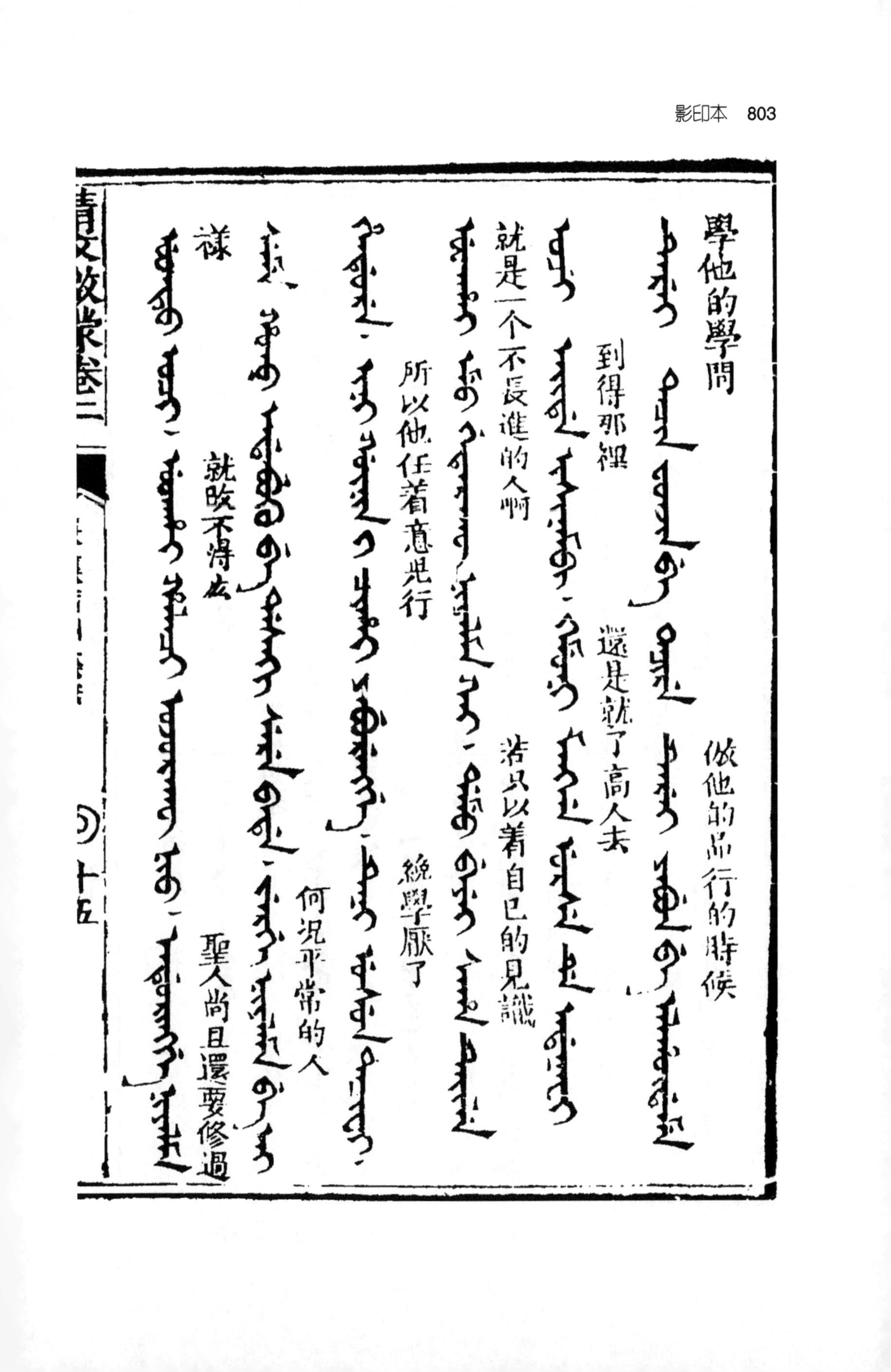

學他的學問

倣他的品行的時候

到得那裡

還是就了高人去

就是一个不長進的人啊

若只以着自已的見識

所以他任着意兒行

纔學厭了

何況平常的人

謀

就畋不得麽

聖人尚且還要修過

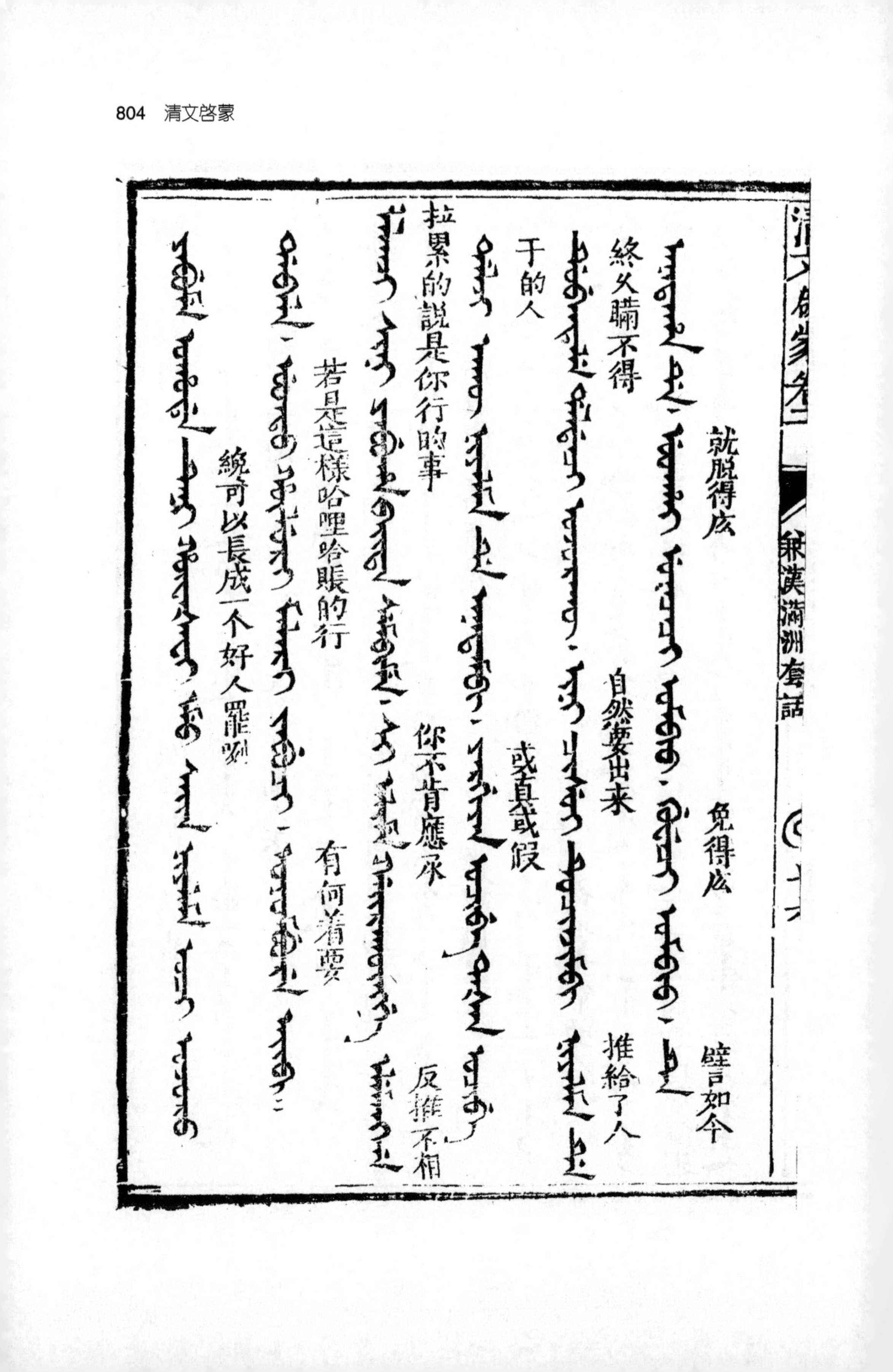

就脫得麽 免得麽 譬如今

終久瞞不得 自然要出來 推給了人

于的人 或真或假

拉累的說是你行的事 你不肯應承 反推不相

若是這樣哈哩哈賬的行 有何着要

纔可以長成一个好人罷咧

支〻吾〻的說

也不中用啊

人也有一个體念處

巧辯答應得来么

索性說出一个實在去處

退也不是

只是大瞪着眼罷咧

再要

事情

那時候進也不是

你既不肯應承

傍人来說是你果真行的

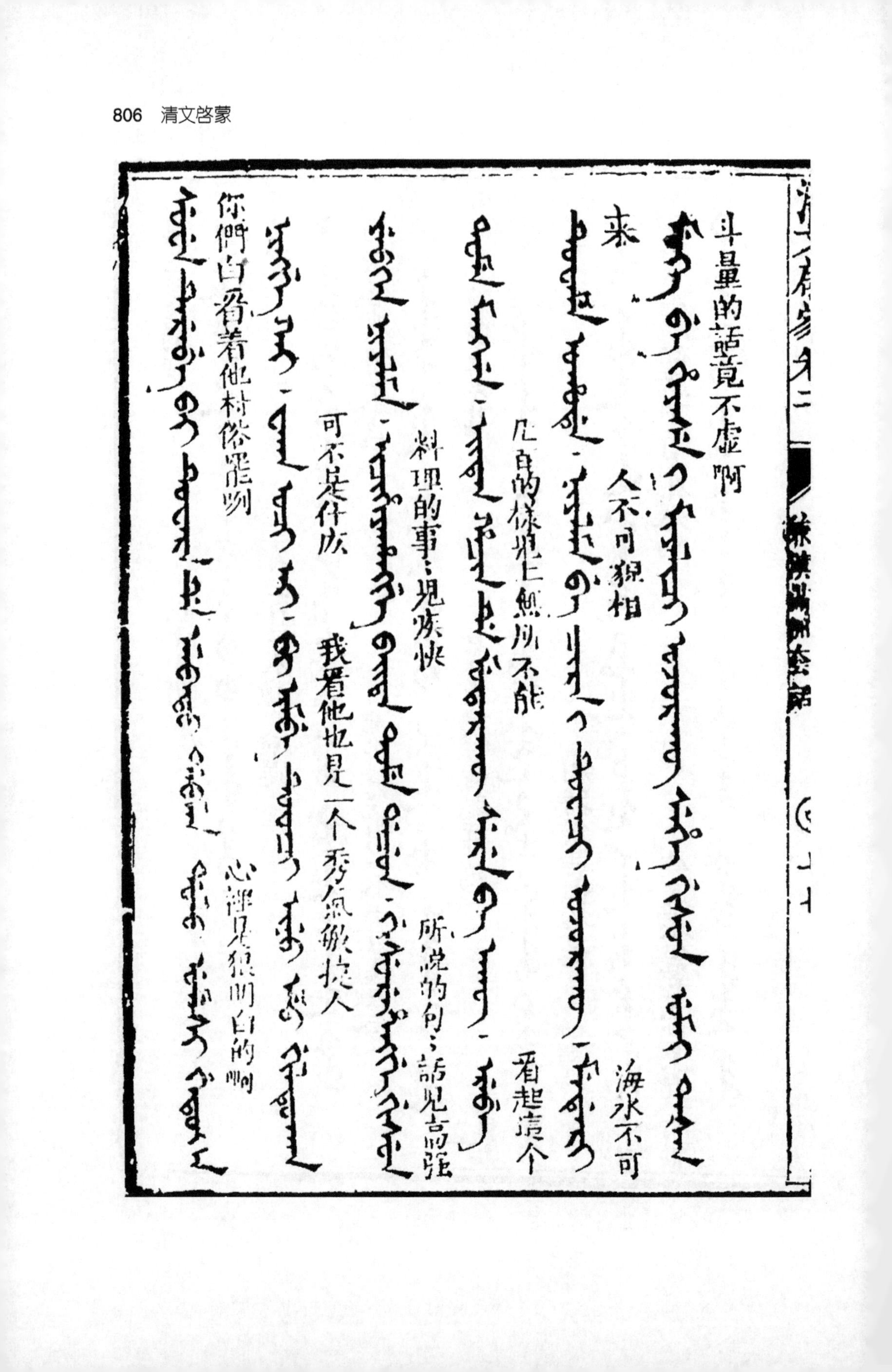

斗量的話竟不虛啊

來 人不可貌相 海水不可

凡自鳴的條兒上無所不能 看起這个

料理的事；兒疾快 所說的句；話兒高强

可不是什麽 我看他也是一个秀氣敏捷人

你們白看着他村俗罷咧 心裡是很明白的啊

時候

我纔信了

果然像你這有福之人

先听見的話

還恍恍惚惚的来着

後頭乱烘烘説的

听見説你得脱離了那个去處

我若實快活了

既肯吧咱

什庅樣兒的難事不成呢

這也只在乎説个肯吧咱不肯吧咱罷咧

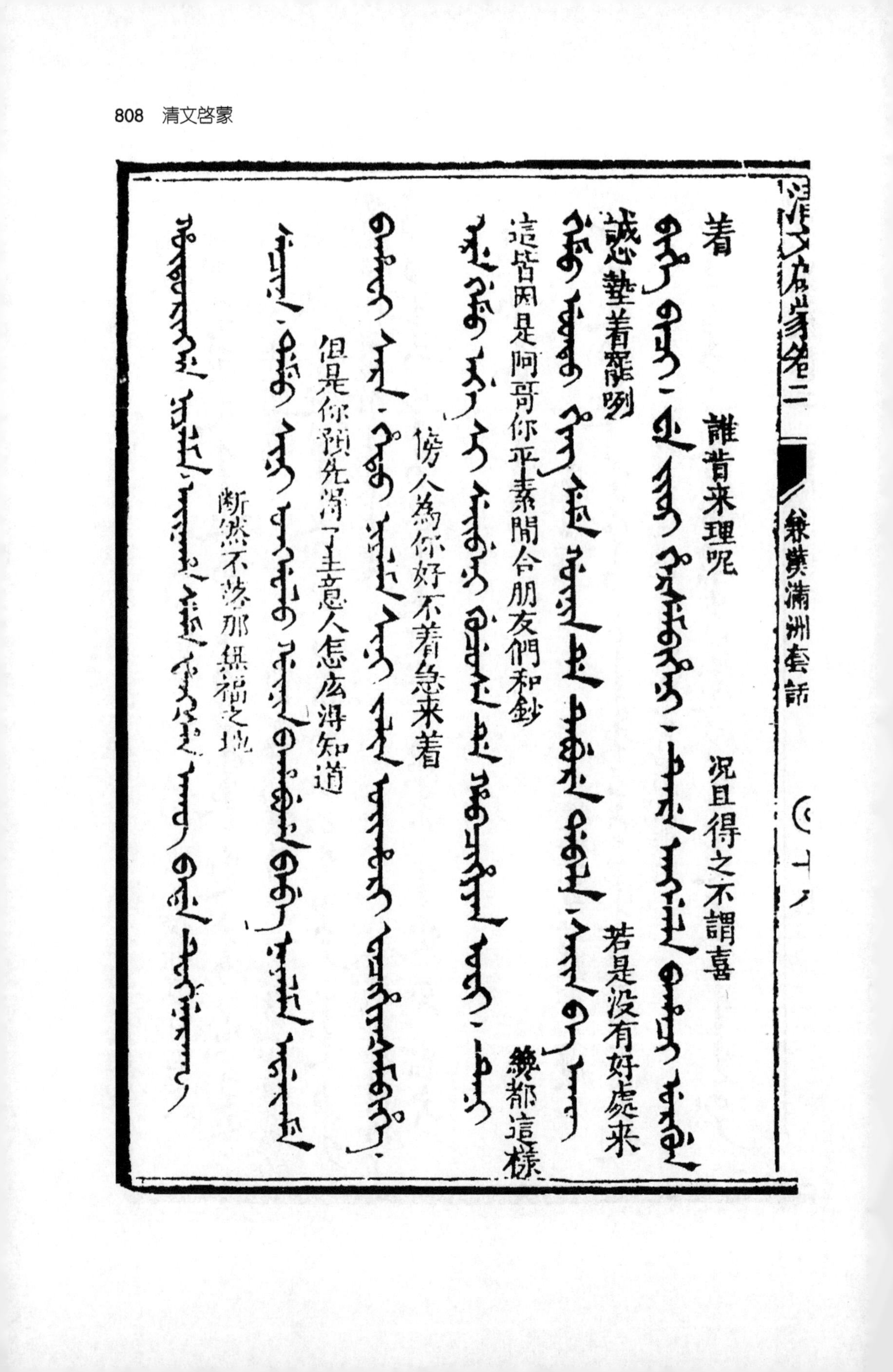

着

誰背來理呢

況且得之不謂喜

誠慤塾着罷咧

若是沒有好處來

這皆因是阿哥你平素間合朋友們和鈔

纔都這樣

傍人為你好不着急來着

但是你預先得了主意人怎麼得知道

斷然不落那無福之地

不能答報 日後必然効力圖報

我不感念的理有麽 現在雖然

阿哥的盛情我盡都知道了 這樣的盡心

這有什麽稱奇處

的事 自然有一定的理

失之不言厲 都是各自分内

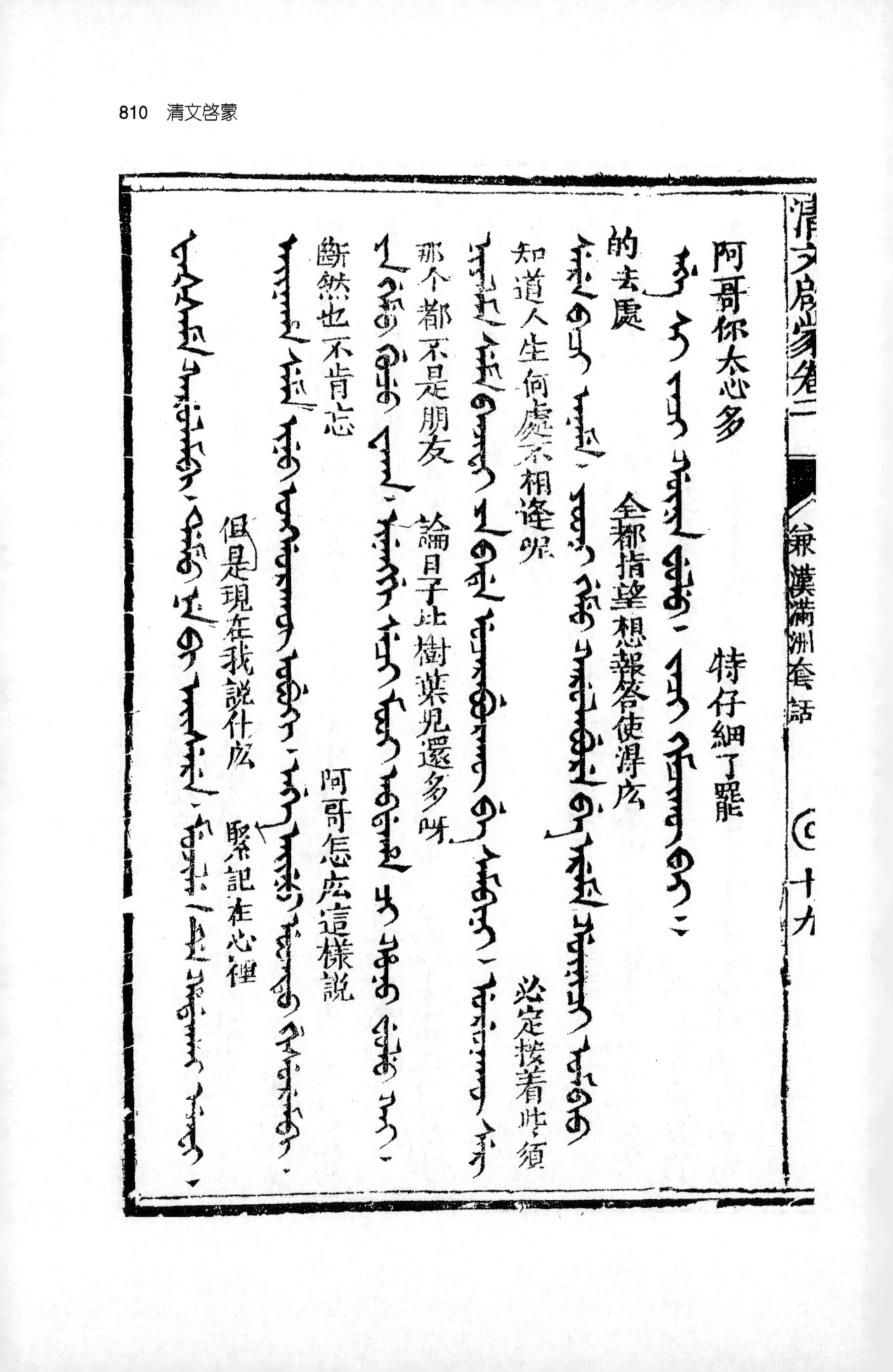

阿哥你太心多　特仔細了罷

的去處　全都指望想報荅使得麽

知道人生何處不相逢呢　必定接着些須

那个都不是朋友　論日子比樹葉兒還多呀

斷然也不肯忘　阿哥怎麽這樣說

但是現在我說什麽　緊記在心裡

你怎這樣不知足

若都像你也罷了啊

多得不如少得

少得不如現得

貪多嚼不爛

也是無用

但是比上雖

不足

比下有餘就罷了

只往前去

不從從着使得麼

你把那个事吧咭一吧嗤茬罷

怎這樣懈怠

那个事

關係的重大

着寔該當細緻

胡渋瀰與人使不得啊

論事情什麼定準

不預備隄防的就不是話

倘若你小心上又

小心

謹慎上又謹慎

生出什麽好處来

與其埋怨於事畢

凡事一遭完畢了好罷咧

若到二来

在乎你決斷

儘我所知提你

該怎樣治理的去處

想是諸凡事上

都奈得住罷咧

這白是

再不錯規矩制度

拿着正主意行的時候

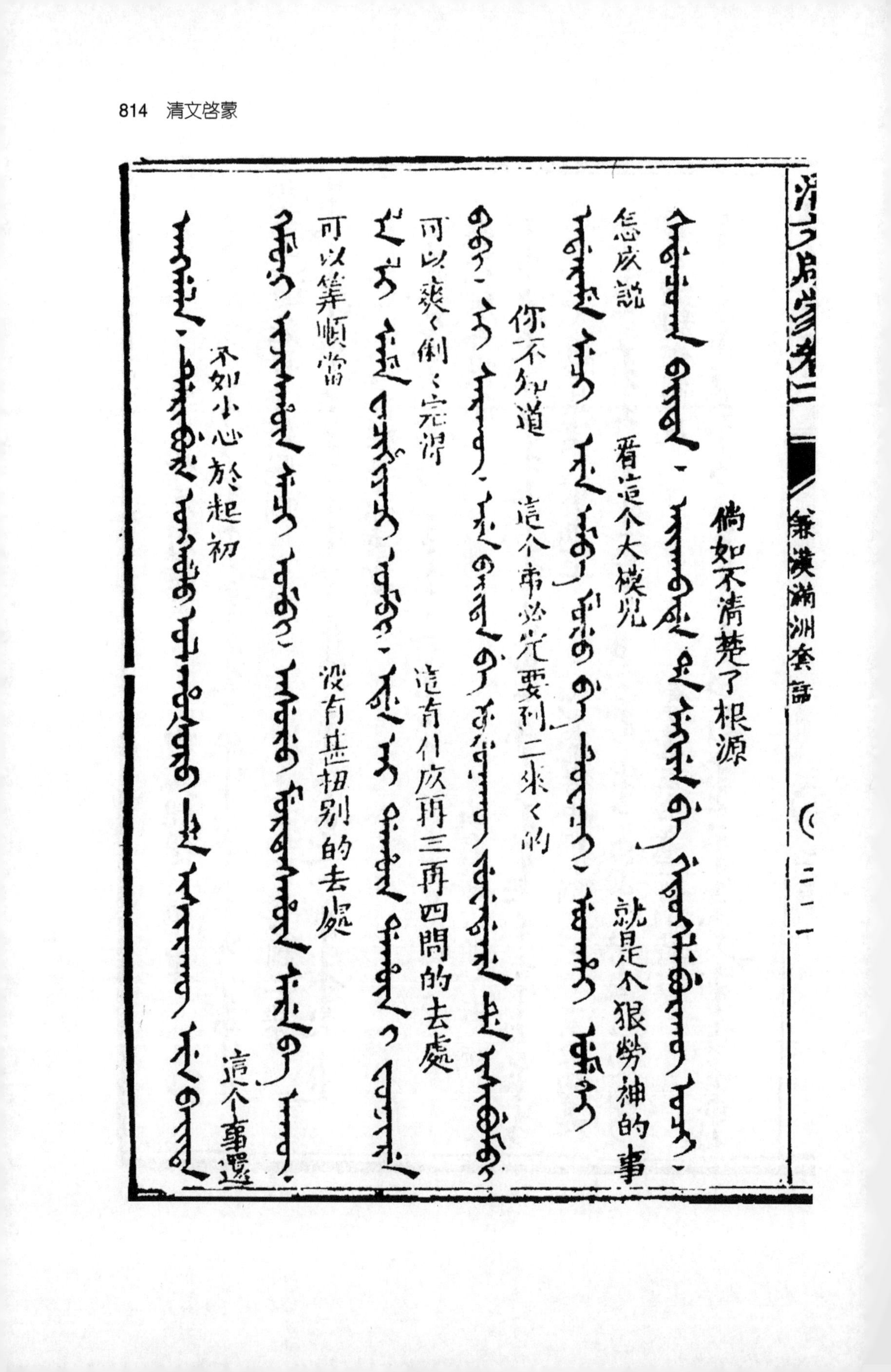

倘如不清楚了根源

怎麽說

看這个大槪兒

就是个狠劳神的事

你不知道

這个事必先要列二条〻的

可以爽〻俐〻完得

這有什麽再三再四問的去處

可以算順當

沒有甚扭别的去處

不如小心於起初

這个事還

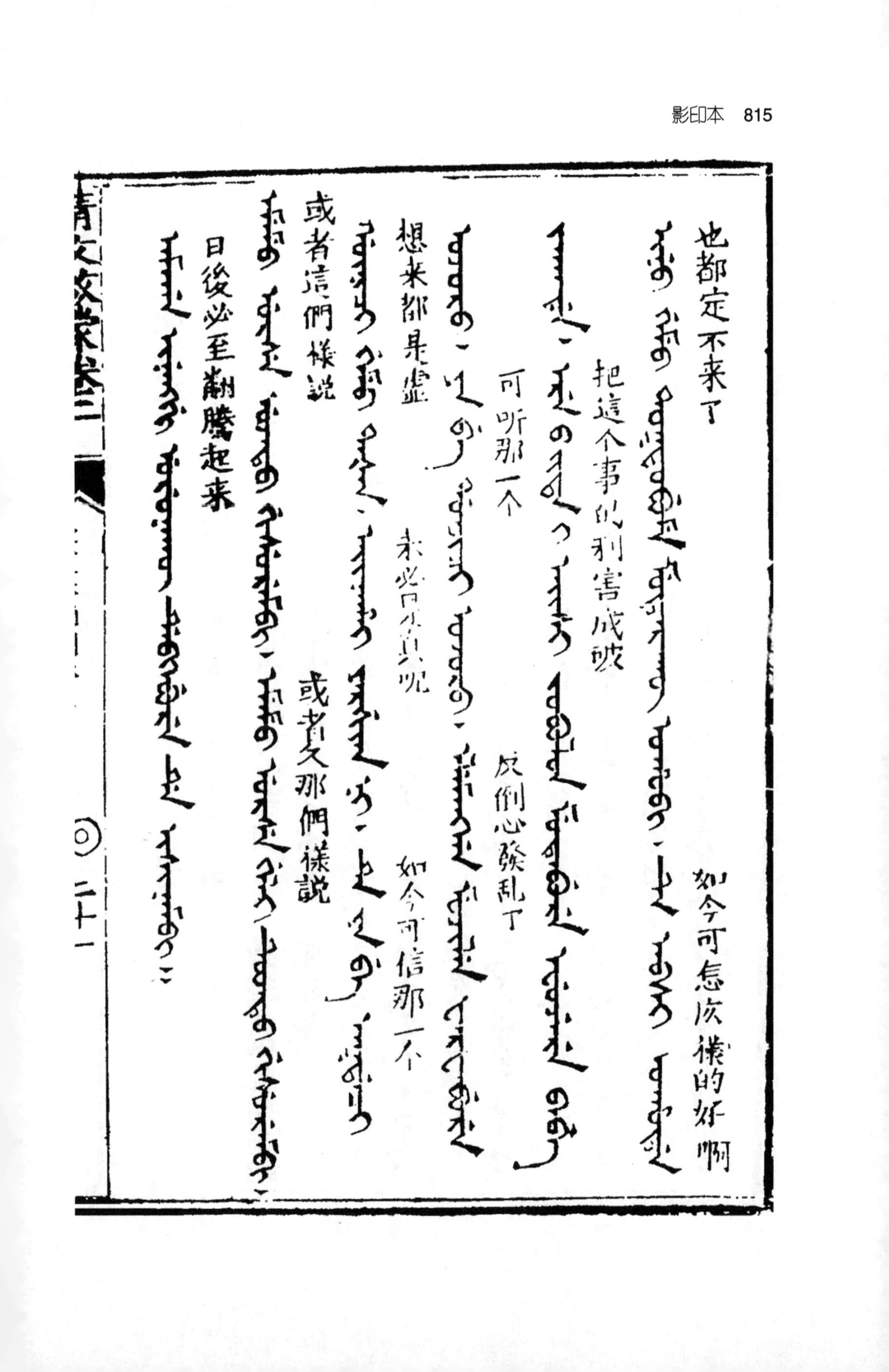

也都定不来了

如今可怎麽樣的好啊

把這个事的利害成破

可听那一个

反倒心發亂了

想来都是虚

未必不真呢

如今可信那一个

或者這們樣說

或者又那們樣說

日後必至斠騰起来

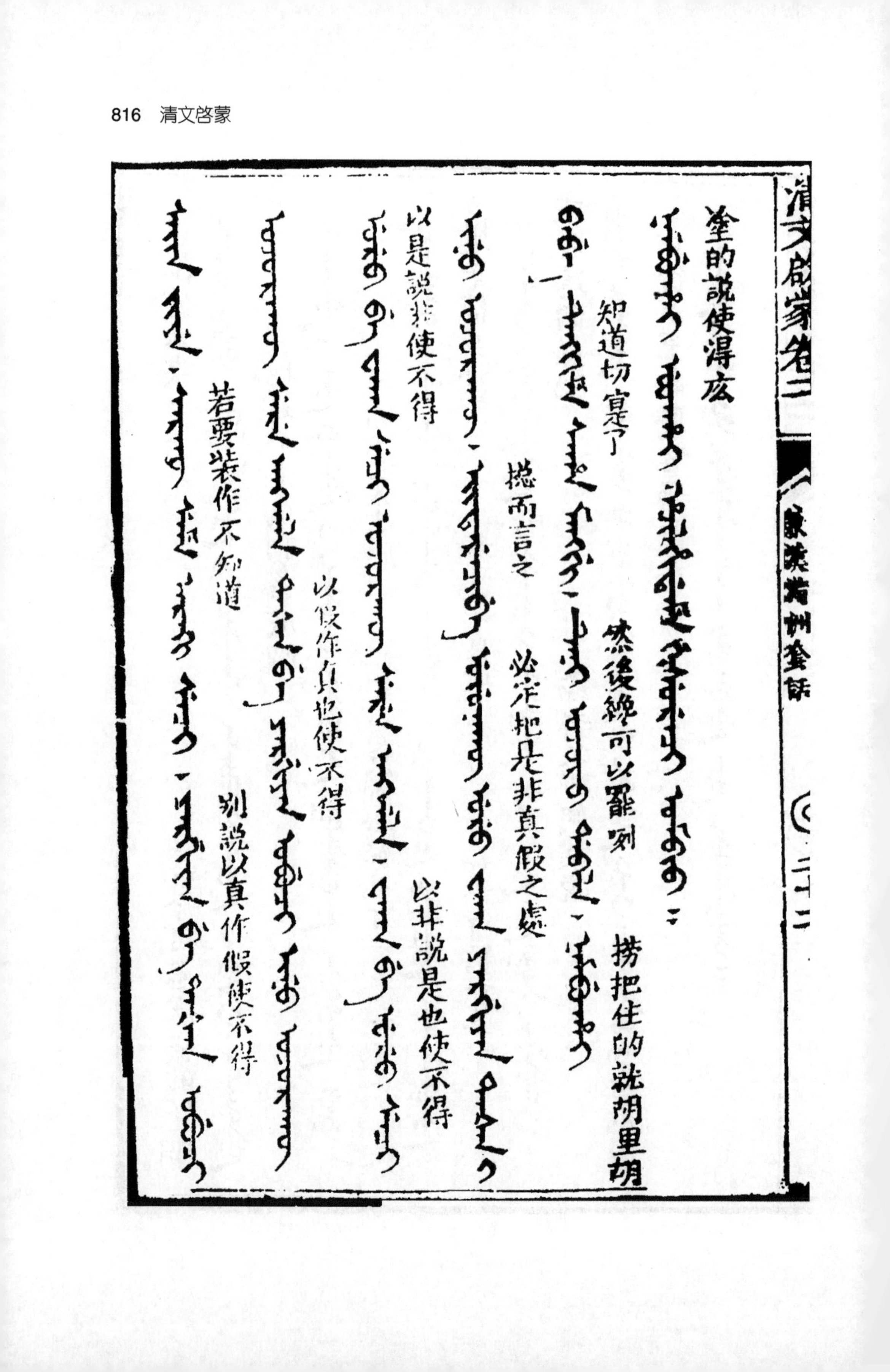

塗的說使得麽

知道切寔了

然後纔可以罷咧

撈把住的就胡里胡

揔而言之

必定把是非真假之處

以是說非使不得

以非說是也使不得

以假作真也使不得

若要裝作不知道

別說以真作假使不得

什麽猶疑的去處　只是碍着了事情　這有

慷慷慨慨的行就完了

怕人尋因由兒罷咧　並沒有這等異樣條款

若有什麽破綻空子之處

狠顯然的事　斷不至于悠戀遲悞

你就酌量着行　再别討示下　這个既是

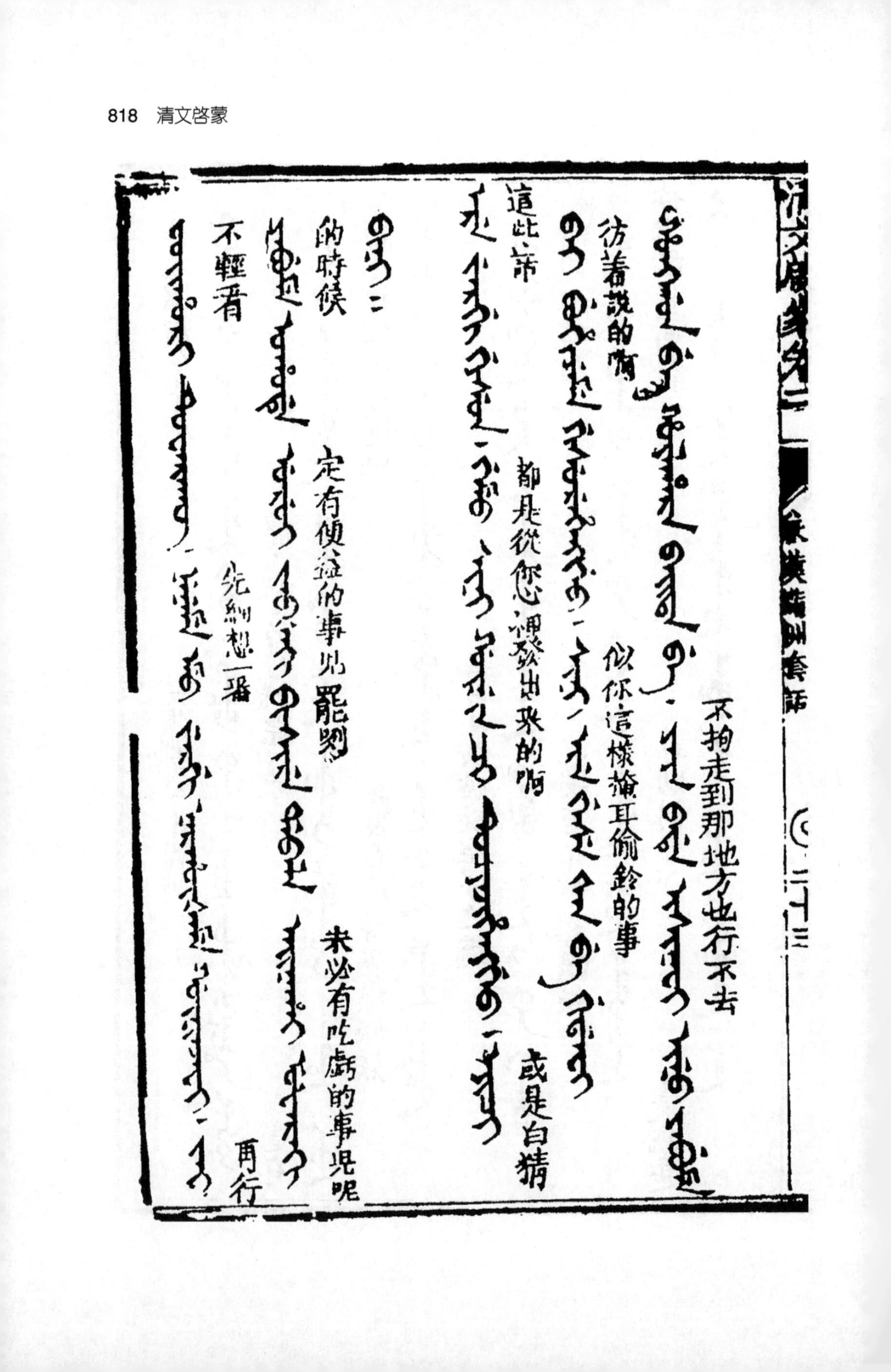

不拘走到那地方也行不去

彷着說的啊

似你這樣揜耳偷鈴的事

這些話

都是從您裡發出來的啊

或是白猜

的時候

定有俾益的事也罷咧

未必有吃虧的事兒呢

不輕看

先細想一番

再行

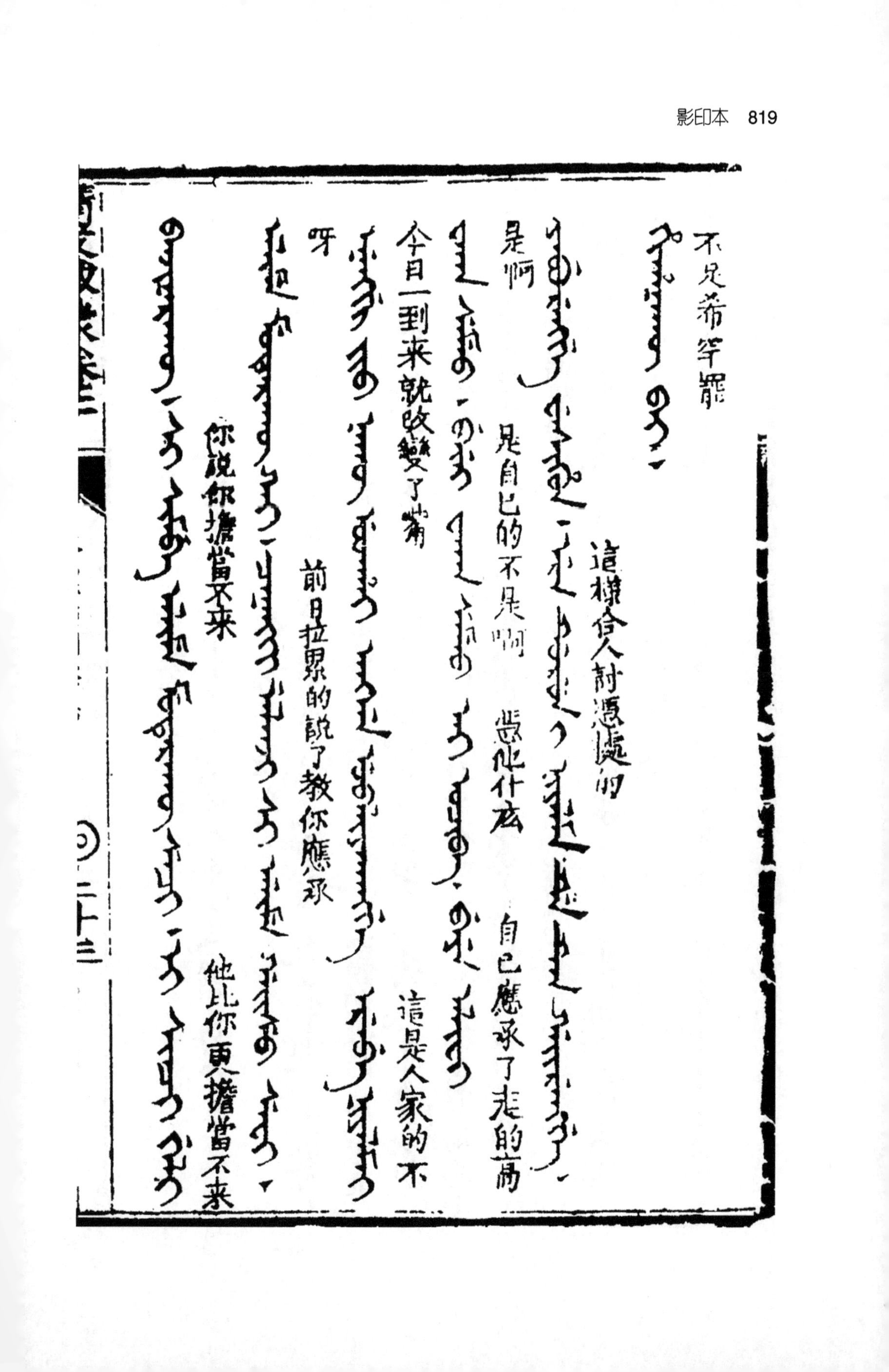

你說你擔當不來

他比你更擔當不來呀

前日拉累的說了教你應承

這是人家的不是啊

今日一到來就改變了啊

是自己的不是啊

豈非什麼

自己應承了走的局

這樣合人討厭處的

不足希罕罷

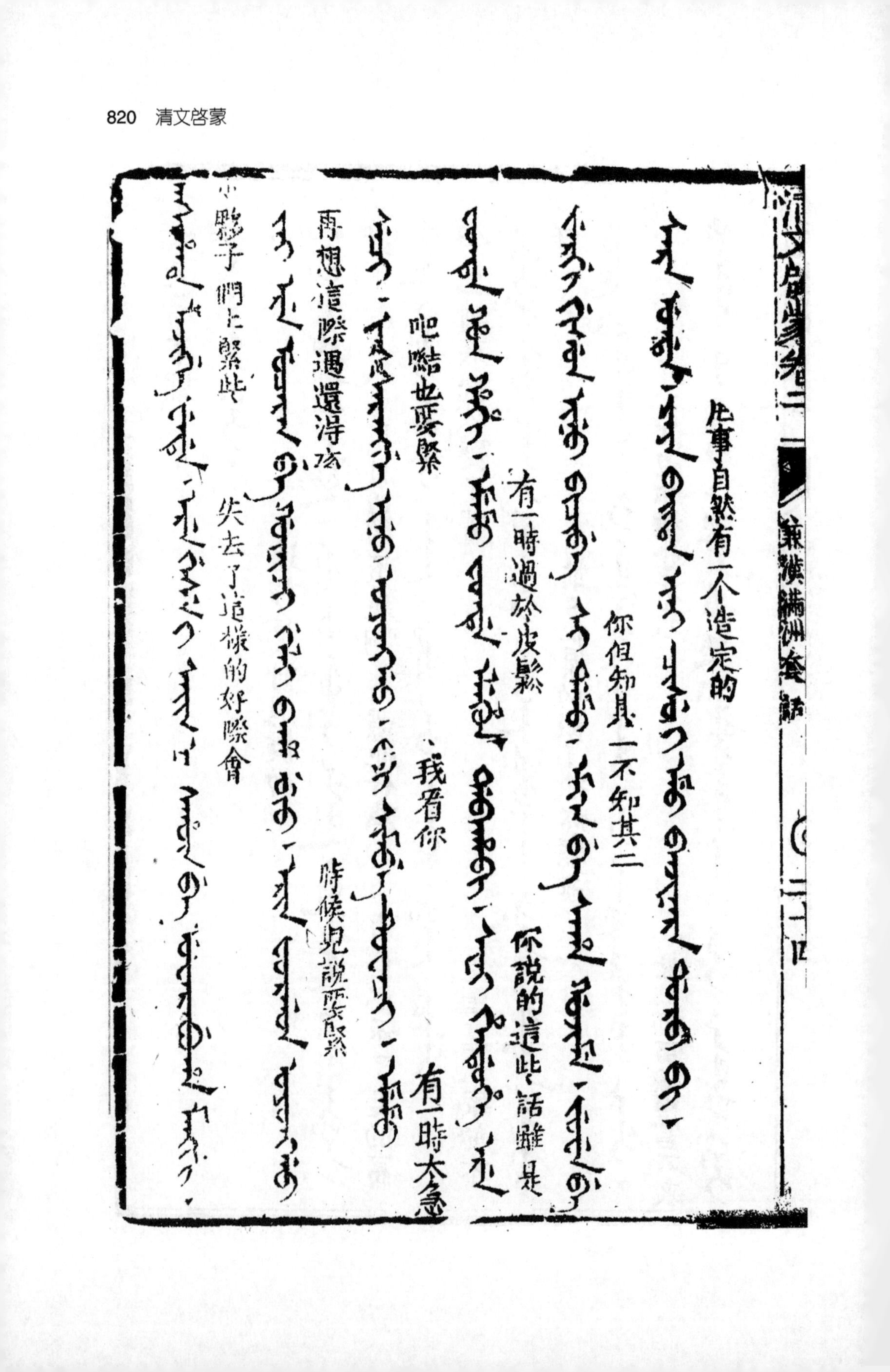

凡事自然有一個造定的

你但知其一不知其二

有一時過於皮鬆

你說的這些話雖是

吧嗒也要緊

我看你

有一時太急

再想這際遇還淂來

時候兒說要緊

小孫子們上緊些

失去了這樣的好際會

處常々瞧阿哥的教

怎么得同你在一

今日万幸又會見了阿哥

白像認得阿哥

在那裡會過是的

好面善

得

總然盡力吧咱們也無用啊

若是該得

無心處常磞着

若是不該

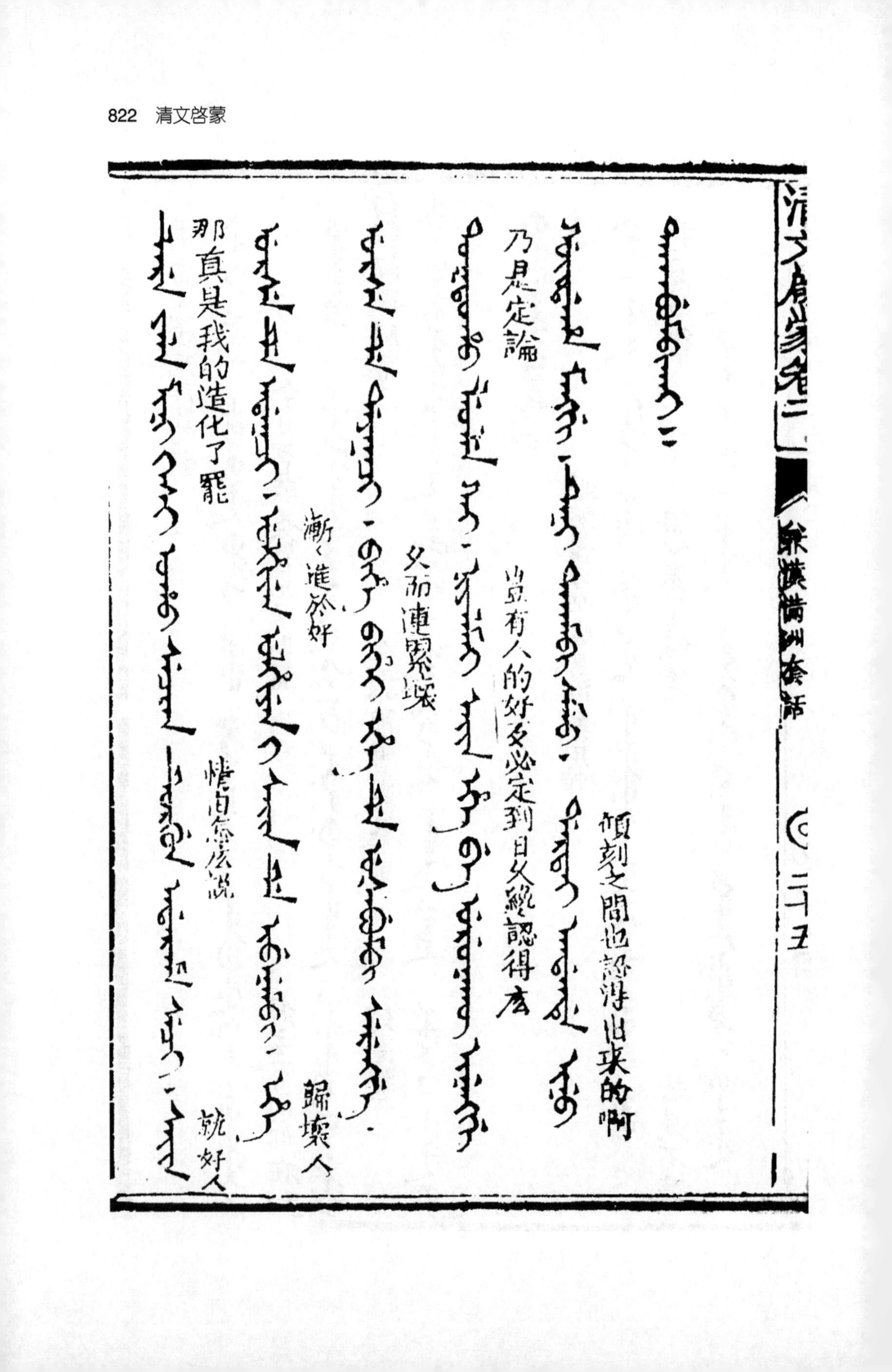

傾刻之間也認得出來的啊

乃是定論

豈有人的好歹必定到日久纔認得麽

久而漸累壞

漸漸進於好

歸壞人

那真是我的造化了罷

惟有怎麽説

就好人

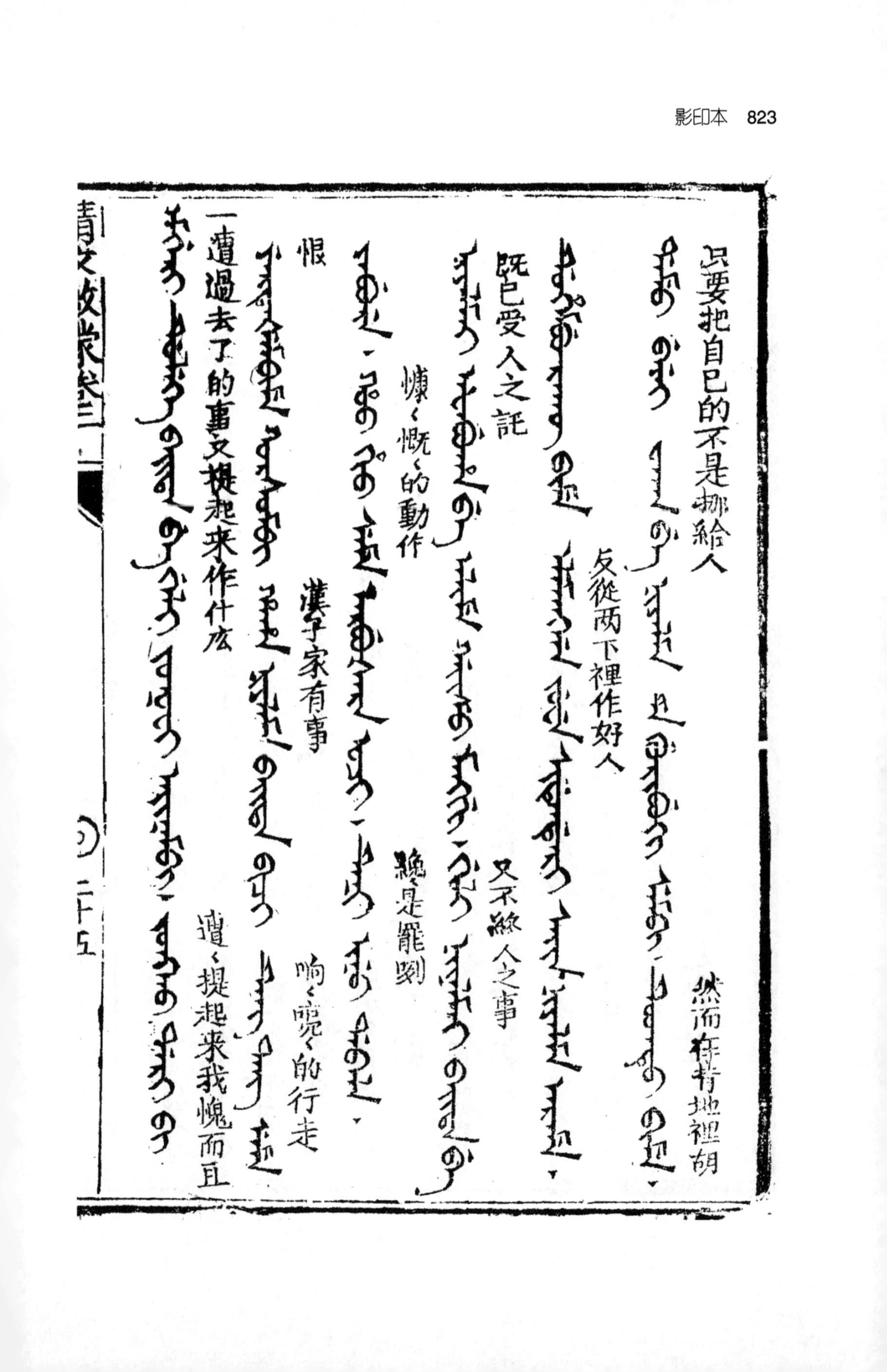

只要把自己的不是挪給人

反從兩下裡作好人

然而在背地裡胡

既已受人之託

又不給人之事

慷々慨々的動作

總是罷咧

恨

漢子家有事

响々亮々的行走

一遭過去了的事又提起來作什麽

遭々提起來我愧而且

人

所以沒得寄信

弟正

欲要寄信候安

因不得順便之

體好麼

閤家俱好麼

自別兄長以來

特候長兄的安

弟謹寄信

兄長的貴

這也称得起是有本事的人麼

誇口

衆人的面前又不能決斷事

身體平安之處寄來 弟欲聽聞 至於我等身

既是如此 今後凡係順便 望乞常將兄長

心情並無相隔

雖其那樣說 咱弟兄身雖相隔在兩處

我真乃不勝歡喜又是慚愧

在想念之間 忽然兄長的書信到來

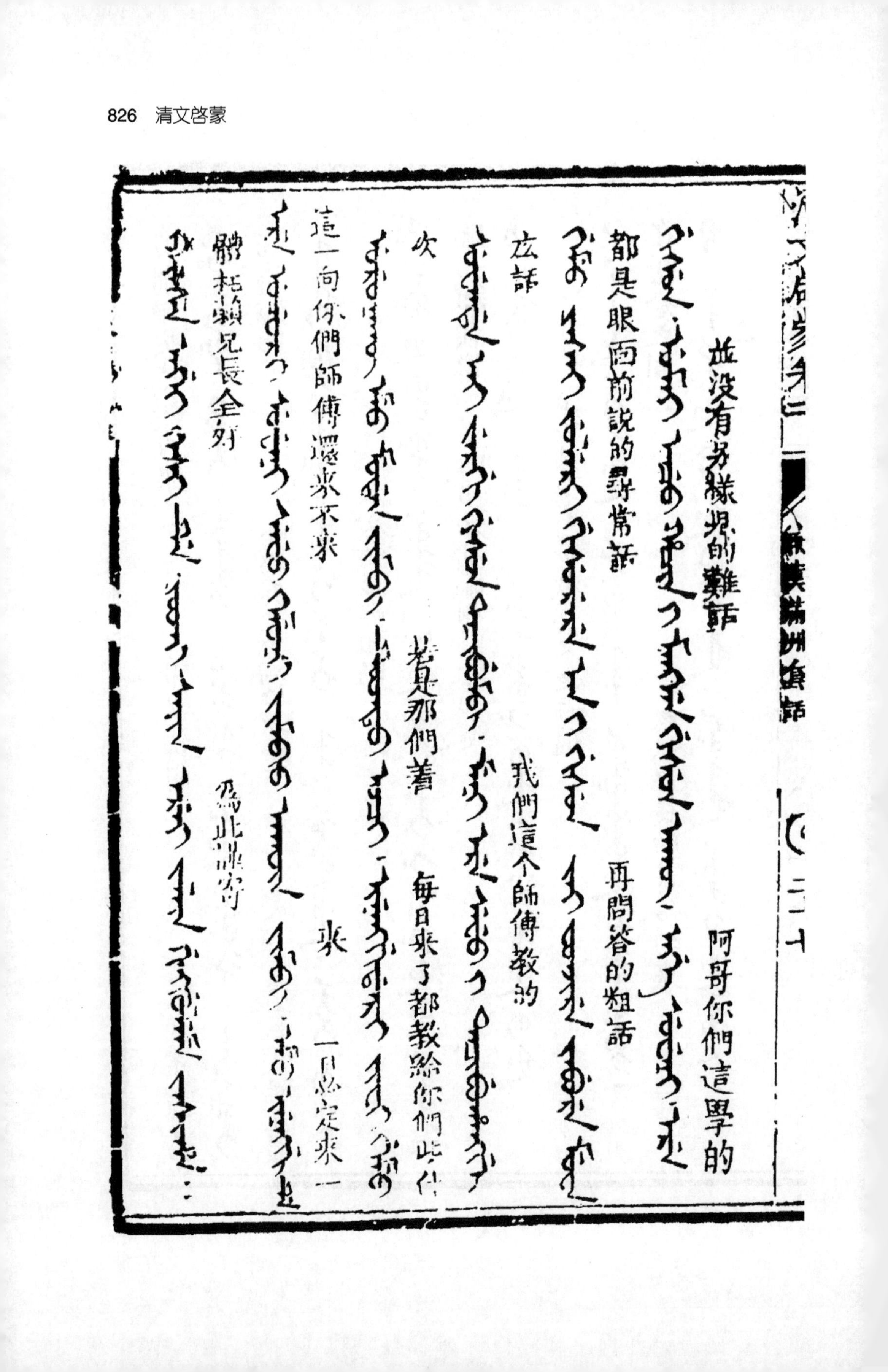

並沒有另樣兒的難話

阿哥你們這學的

都是眼面前說的尋常話

再問答的粗話

広話

我們這个師傅教的

次

着是那們着

每日來了都教給你們些什

這一向你們師傅還來不來

來

一日必定來一

髒括賴兒長全好

爲此課寄

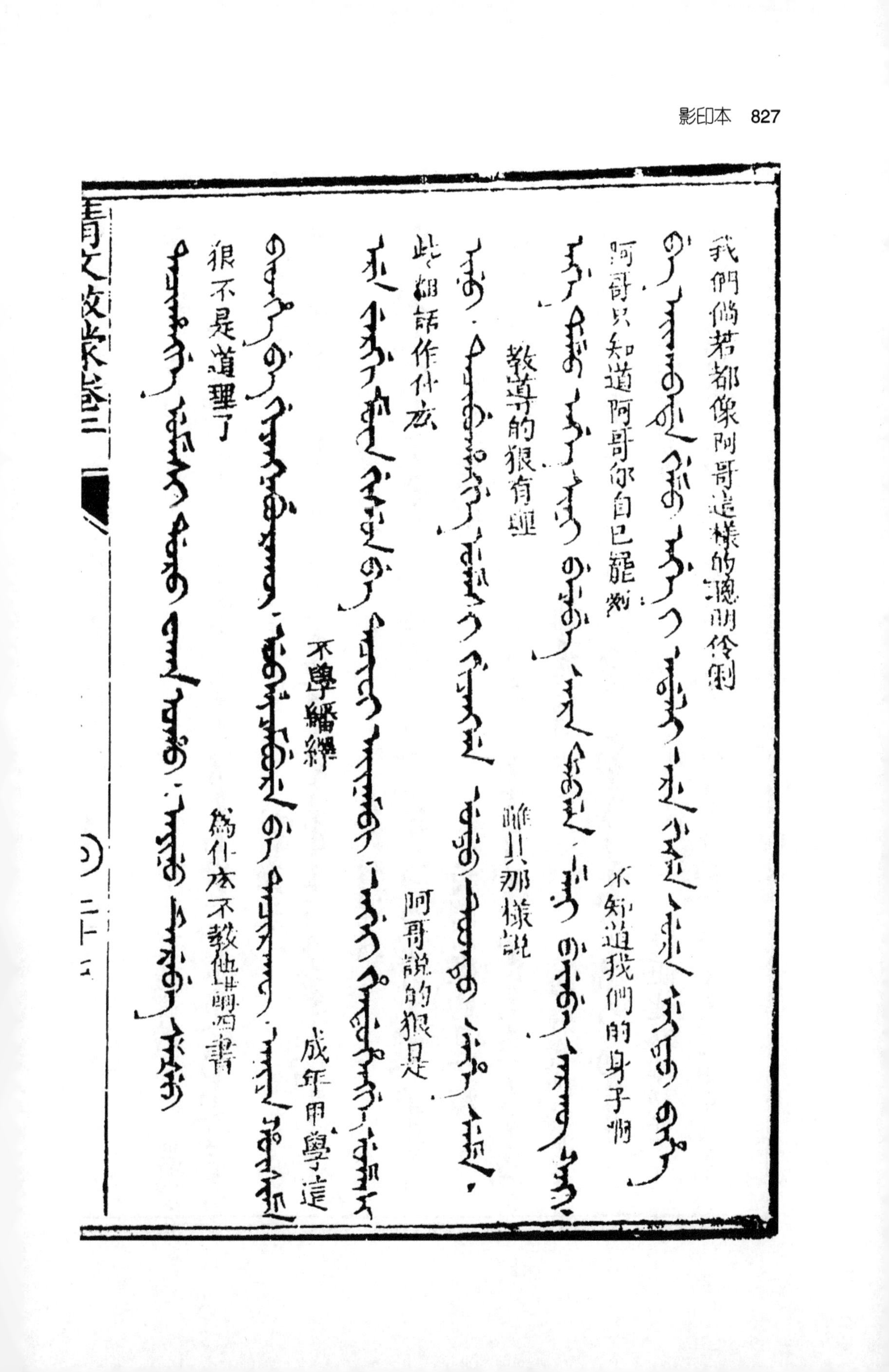

狠不是道理了

為什庅不教他讀讀書

不學繙繹

成年用學這

此ㄑ翻話作什庅

阿哥說的狠是

教導的狠有趣

誰只那樣說

阿哥只知道阿哥你自已罷咧

不知道我們的身子們

我們倘若都像阿哥這樣的聰明伶俐

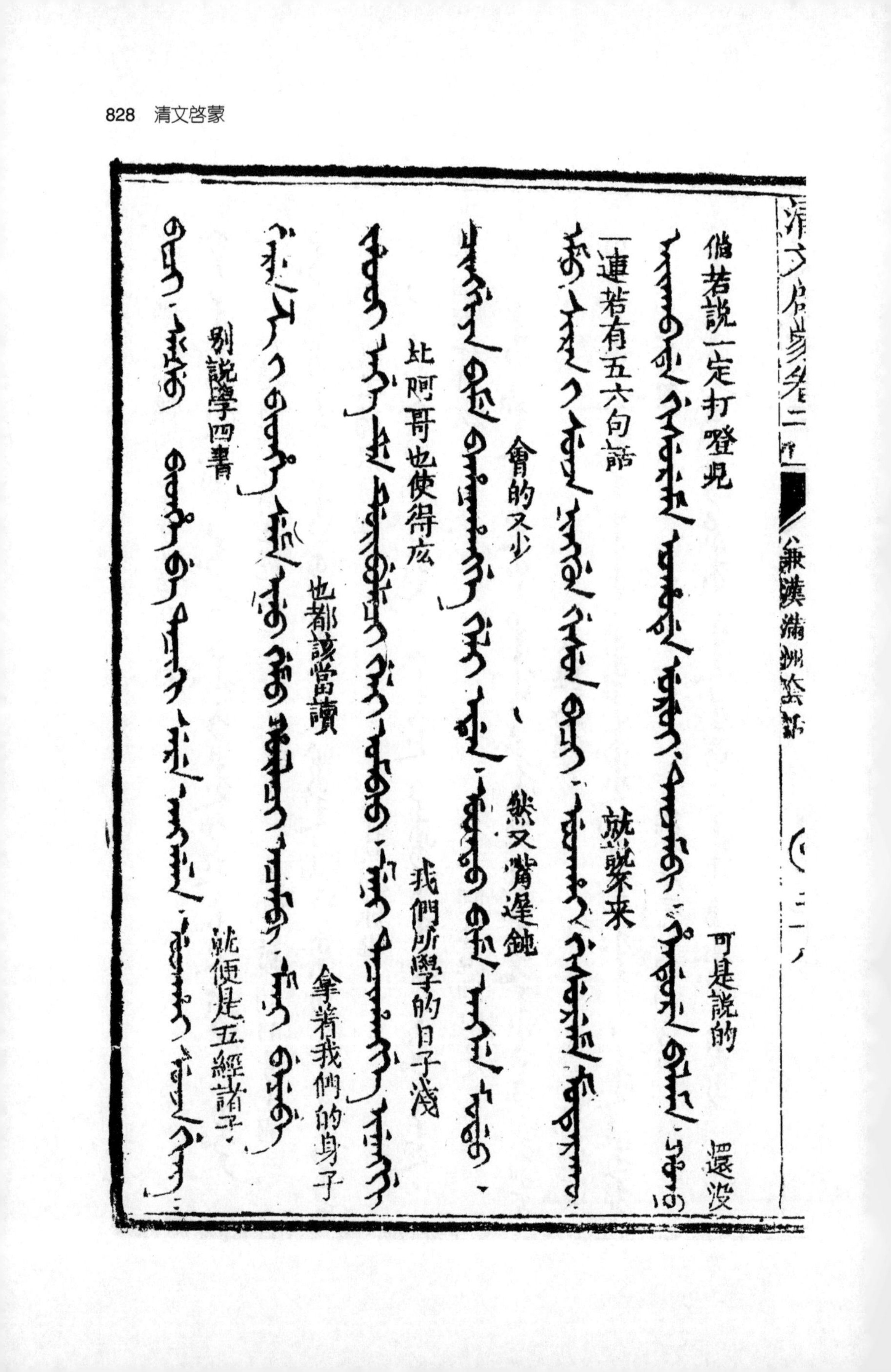

倘若說一定打磴兒 可是說的 還沒

一連若有五六句話 就緊來

會的又少 然又嘴遲鈍

比阿哥也使得庅 我們所學的日子淺

也都該當讀 拿着我們的身子

別說學四書 就便是五經諸子

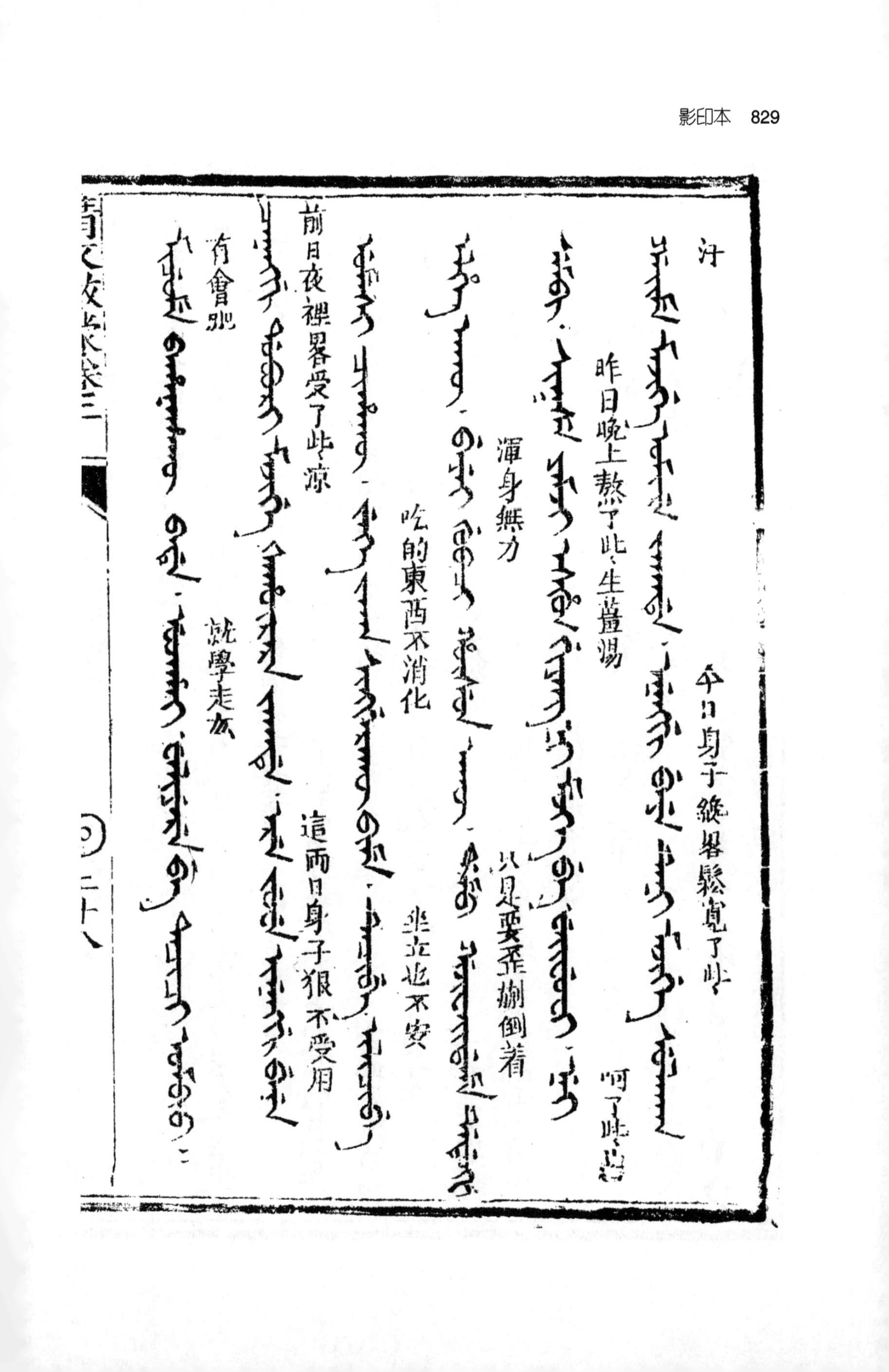

汗

今日身子纔畧鬆寬了些

昨日晚上熬了些生薑湯

呵了些出

渾身無力

只是要歪㴊倒着

吃的東西不消化

坐立也不安

前日夜裡畧受了些涼

這兩日身子狠不受用

有會兒

就學走灰

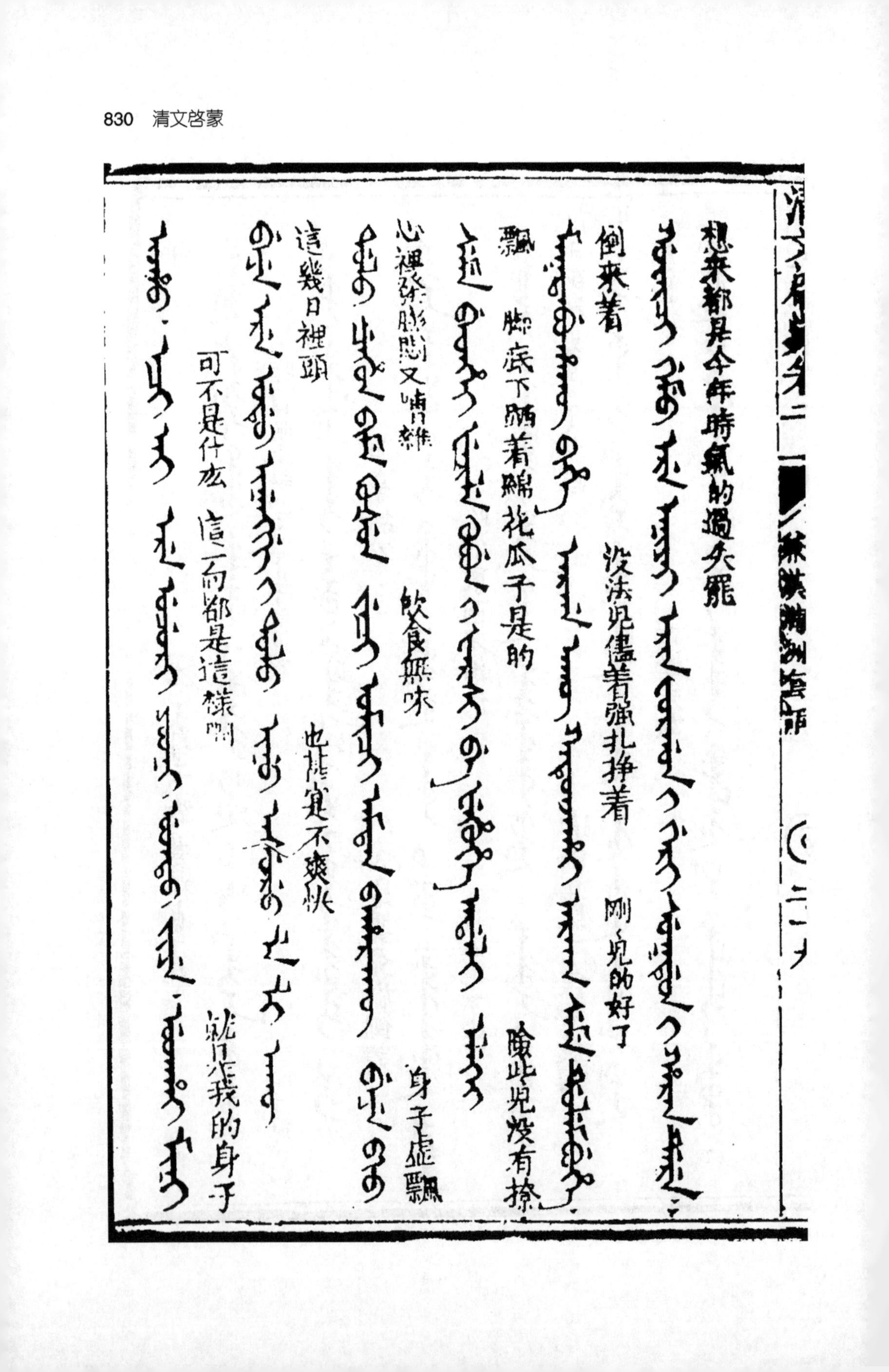

想来都是今年時氣的過失罷

倒來着　沒法兒儘着強扎挣着　剛〻兒的好了

飄　脚底下踹着綿花瓜子是的　險些兒沒有捺

心裡發〻脹〻悶〻又嘈〻雜〻　飲食無味　身子虛飄

這幾日裡頭　也很覺不爽快　就指着我的身子

可不是什麼　這一向都是這樣們

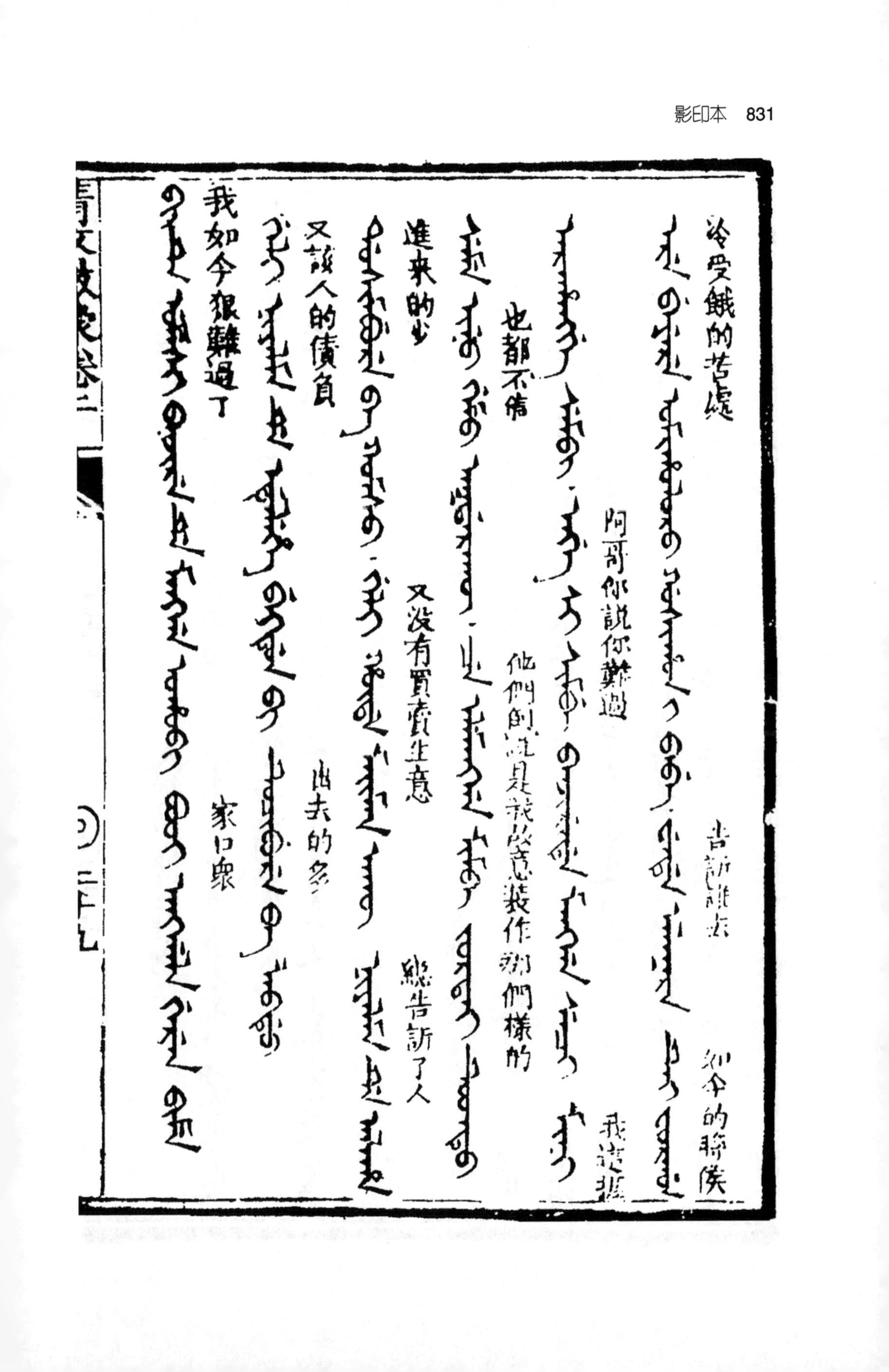

冷受餓的苦處 告訴誰去 如今的時候

阿哥你說你難過 我這樣

也都不備 他們倒說是我故意裝作那們樣的

進來的少 又沒有買賣生意 總告訴了人

又該人的債負 出去的多

我如今狠難過了 家口衆

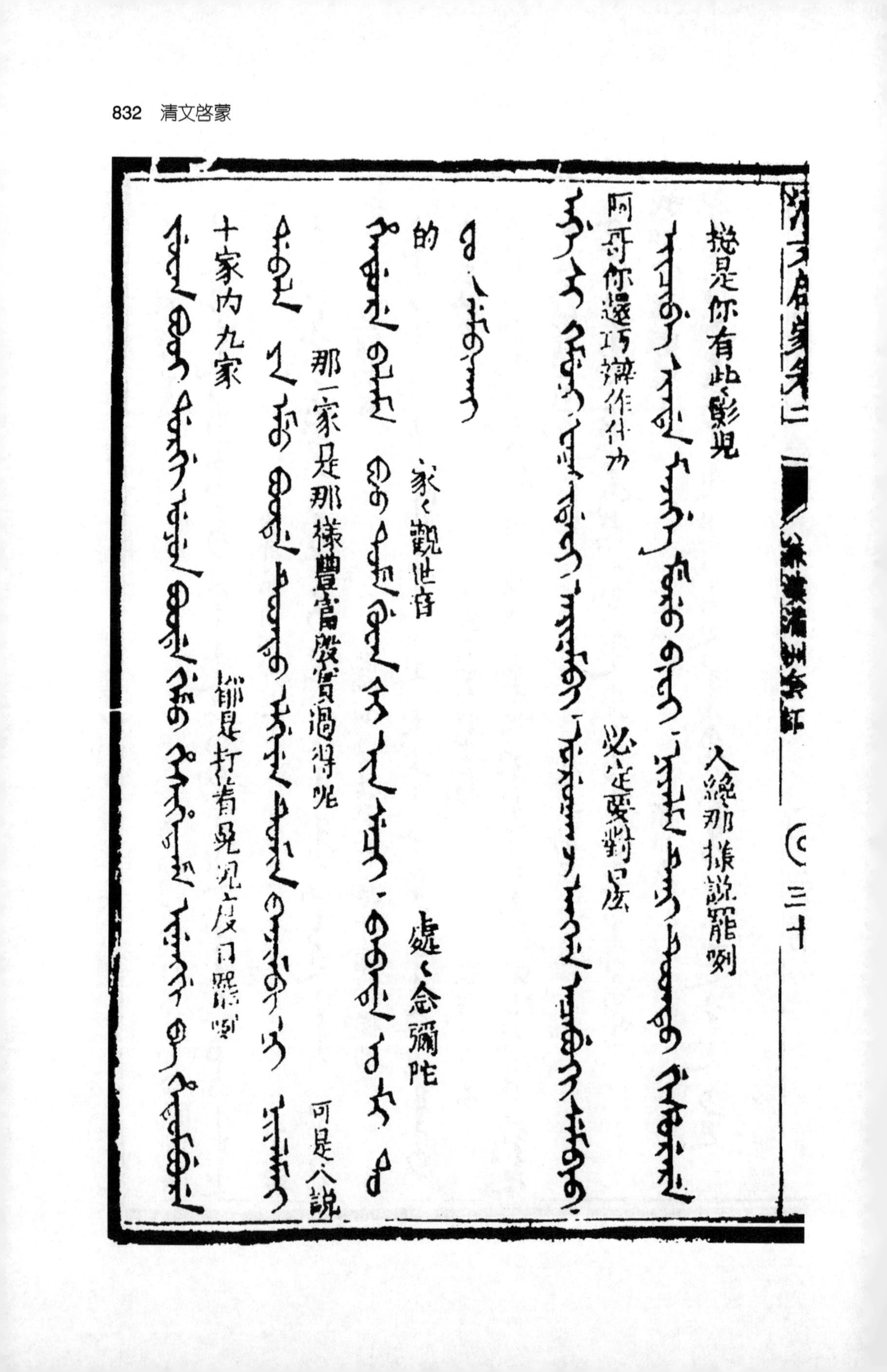

揔是你有些影兒　人總那樣說罷咧

阿哥你還巧辯作什麼　必定要對口麽

的

家々觀世音　處々念彌陀

那一家是那樣豐富殷實過得呢　可是人說

十家內九家　都是打着晃兒度日罷咧

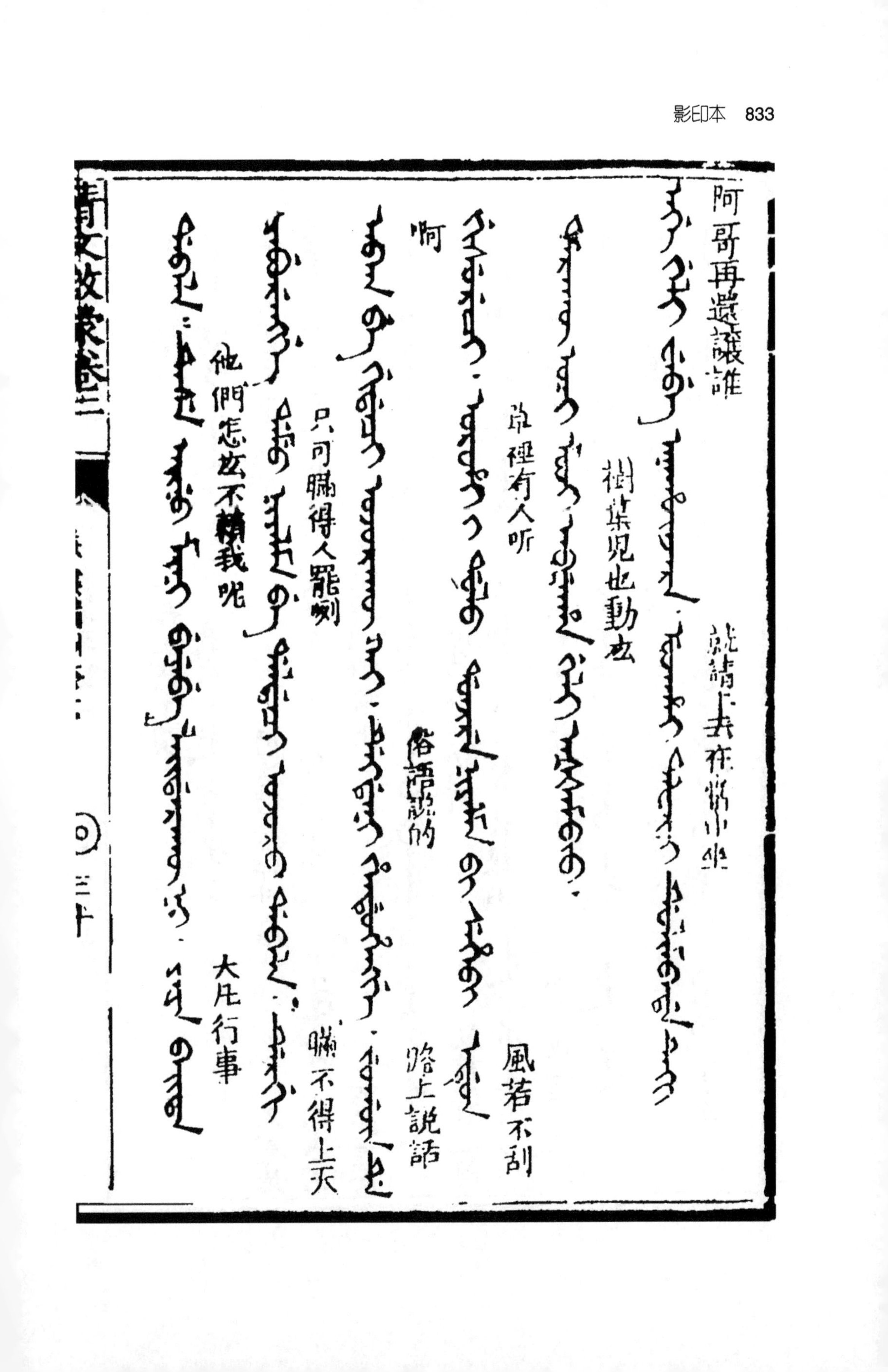

阿哥再遜讓誰 就請上去在炕小坐

樹葉兒也動么

牆裡有人听 風若不刮

啊 俗語說的 路上說話

只可瞞得人罷咧 瞞不得上天

他們怎么不瞞我呢 大凡行事

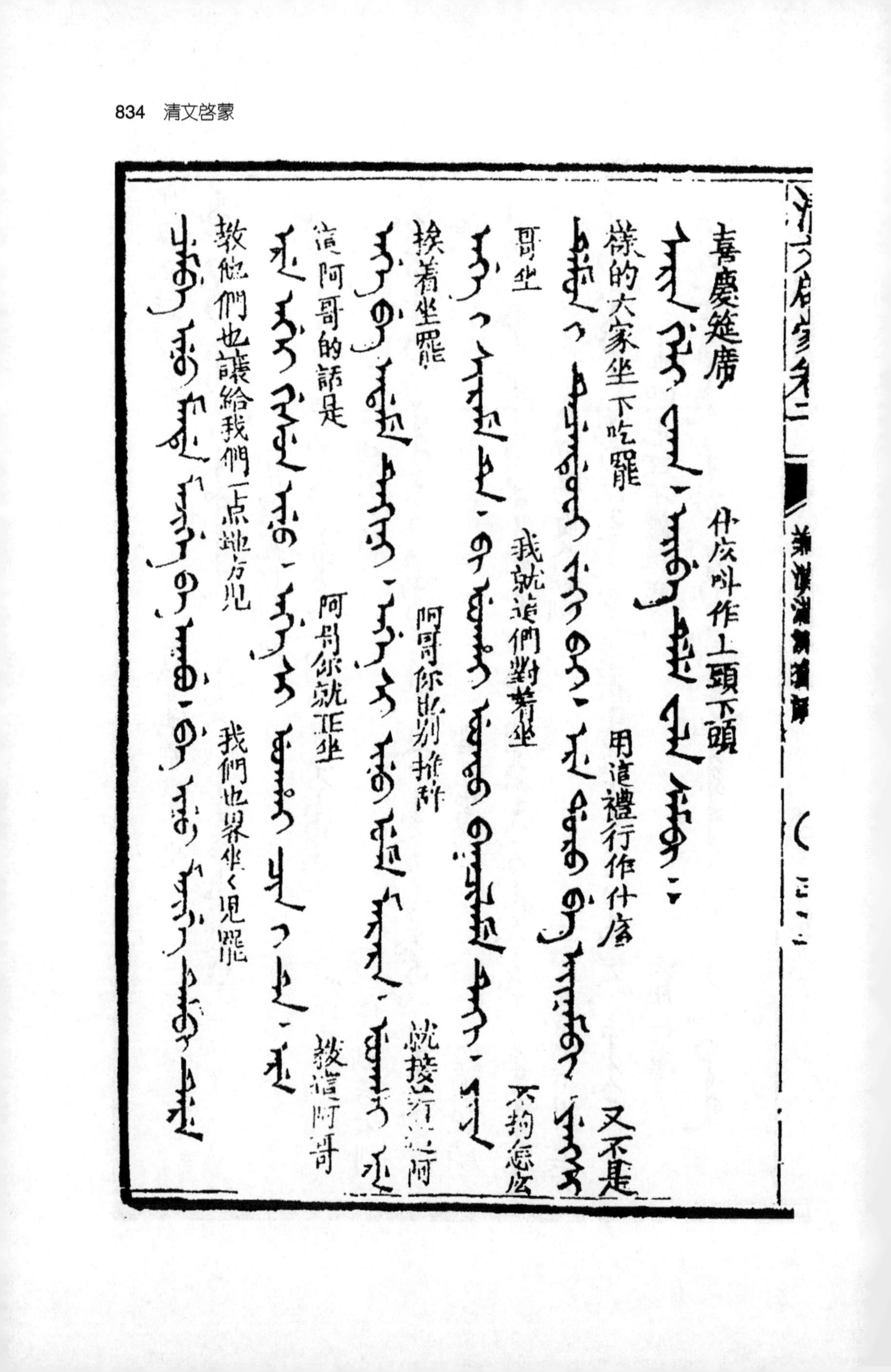

喜慶筵席　什麽叫作上頭下頭

様的大家坐下吃罷　用這禮行作什麽　又不是

哥坐　我就這們對著坐　不拘怎麽

換着坐罷　阿哥你別推辭　就接着這阿

這阿哥的話是　阿哥你就正坐　教這阿哥

教他們也讓給我們一点地方儿　我們也畧坐坐兒罷

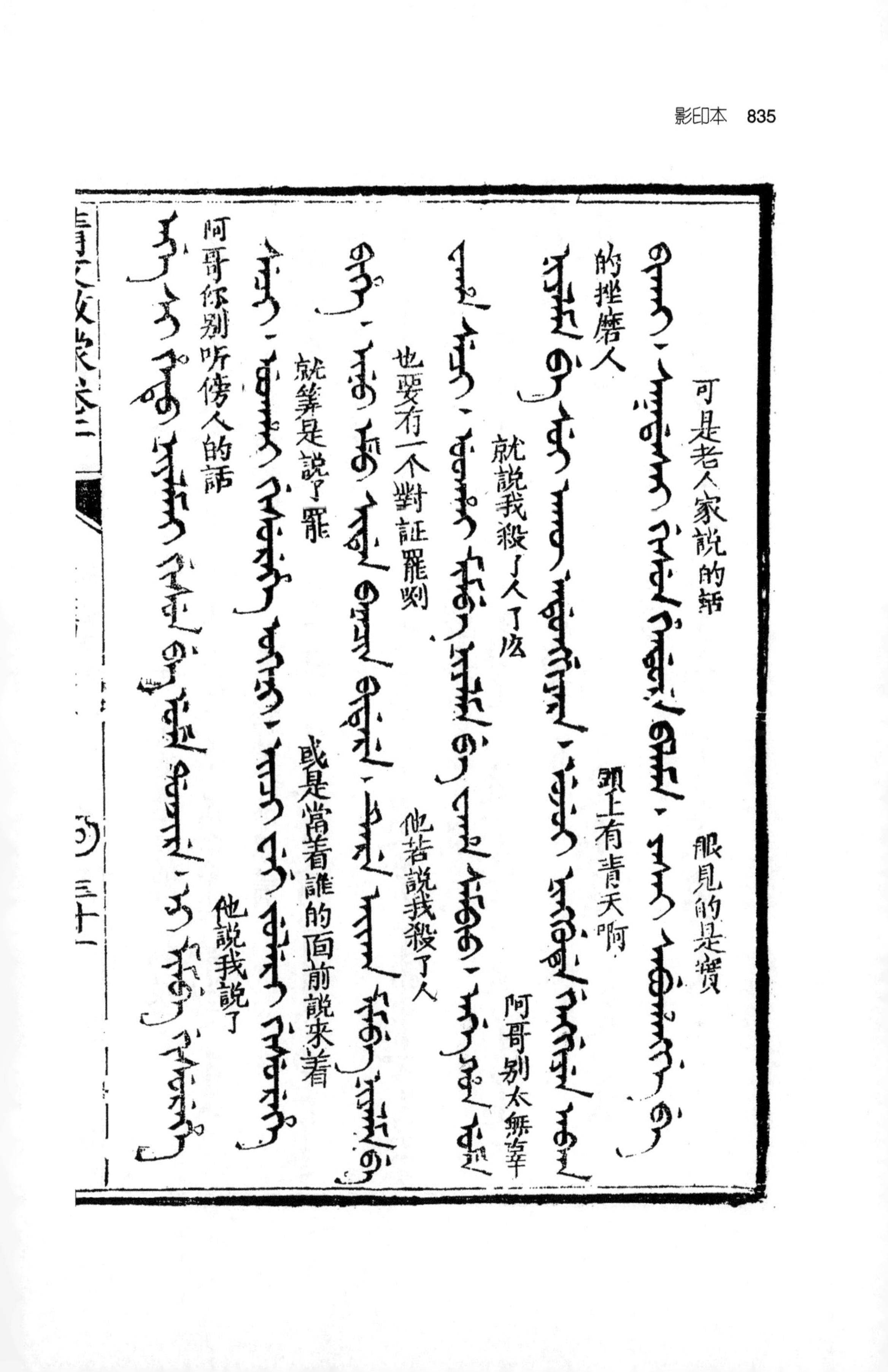

可是老人家說的話 眼見的是實

的挫磨人 頭上有青天啊

就說我殺了人了麼 阿哥別太無辜

也要有一个對証罷咧 他若說我殺了人

就筭是說了罷 或是當着誰的面前說來着

阿哥你別听傍人的話 他說我說了

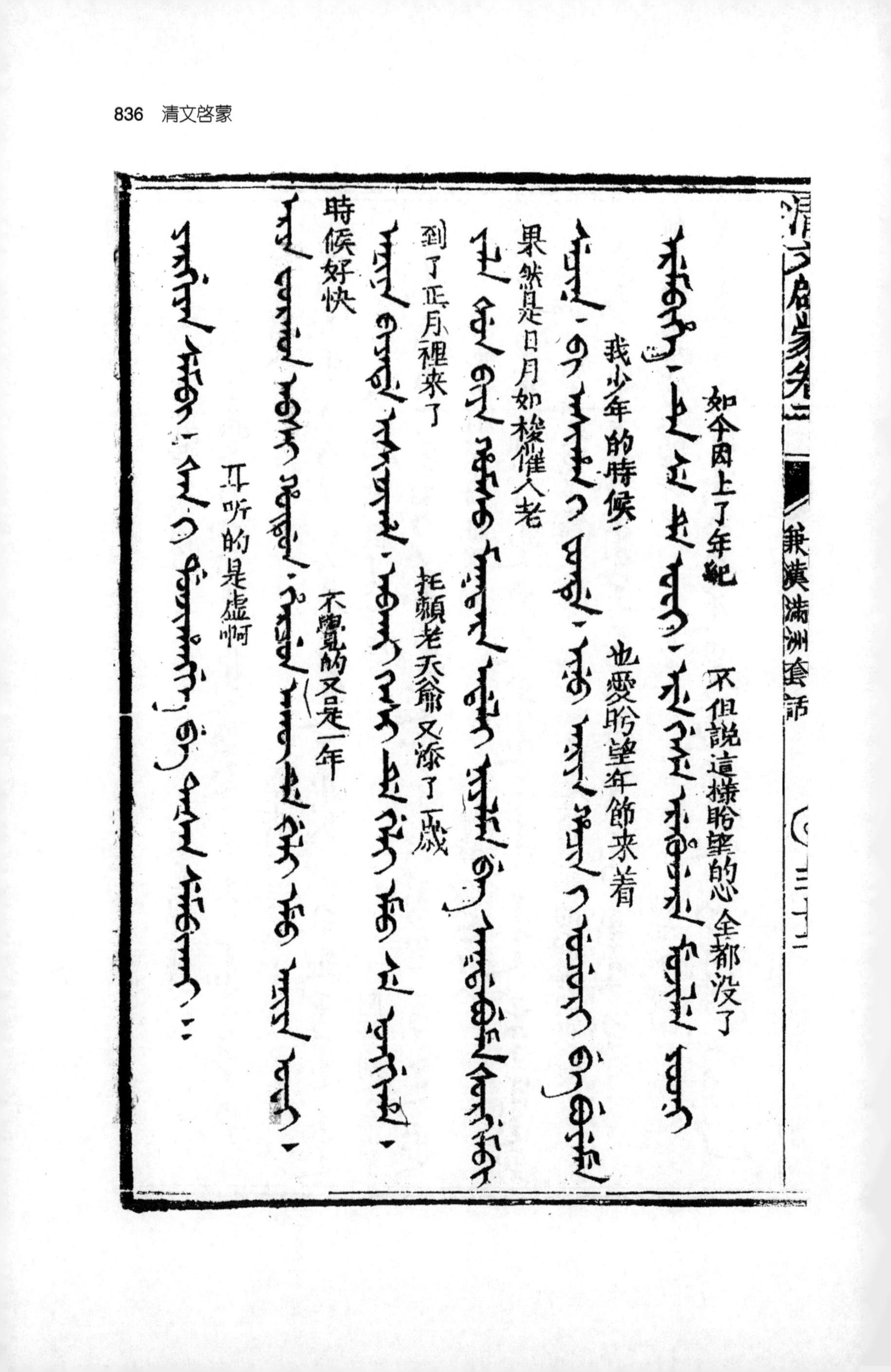

如今因上了年紀　不但說這樣盼望的心全都沒了

我少年的時候　也愛盼望年節來着

果然是日月如梭催人老

到了正月裡來了　托賴老天爺又添了一歲

時候好快　不覺的又是一年

耳听的是虛啊

他若是依你也別喜歡　他若是不依

說　哦　我去儘量兒說着瞧

們的舊相交　把我這個事情　望祈必定轉向那位老爺

我有一件事　特煩懇阿哥來了　若想着咱

頭都是疼啊

只是所見了人說節令的話

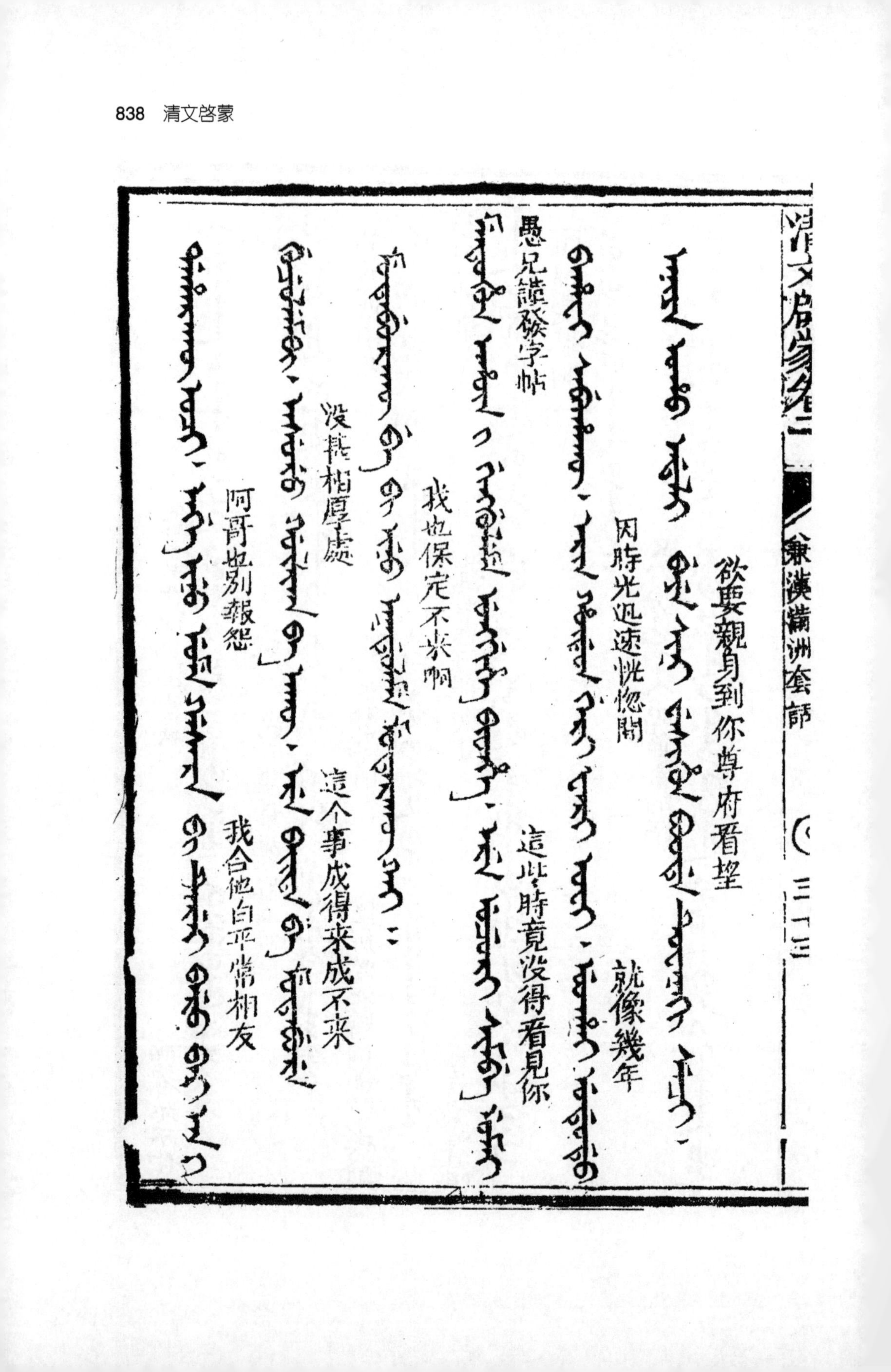

欲要親身到你尊府看望

因時光迅速恍惚間

就像幾年

這些時竟沒得看見你

愚兄謹發字帖

我也保定不來啊

沒甚相厚處

這个事成得來成不來

阿哥也別報怨

我合他白平常相友

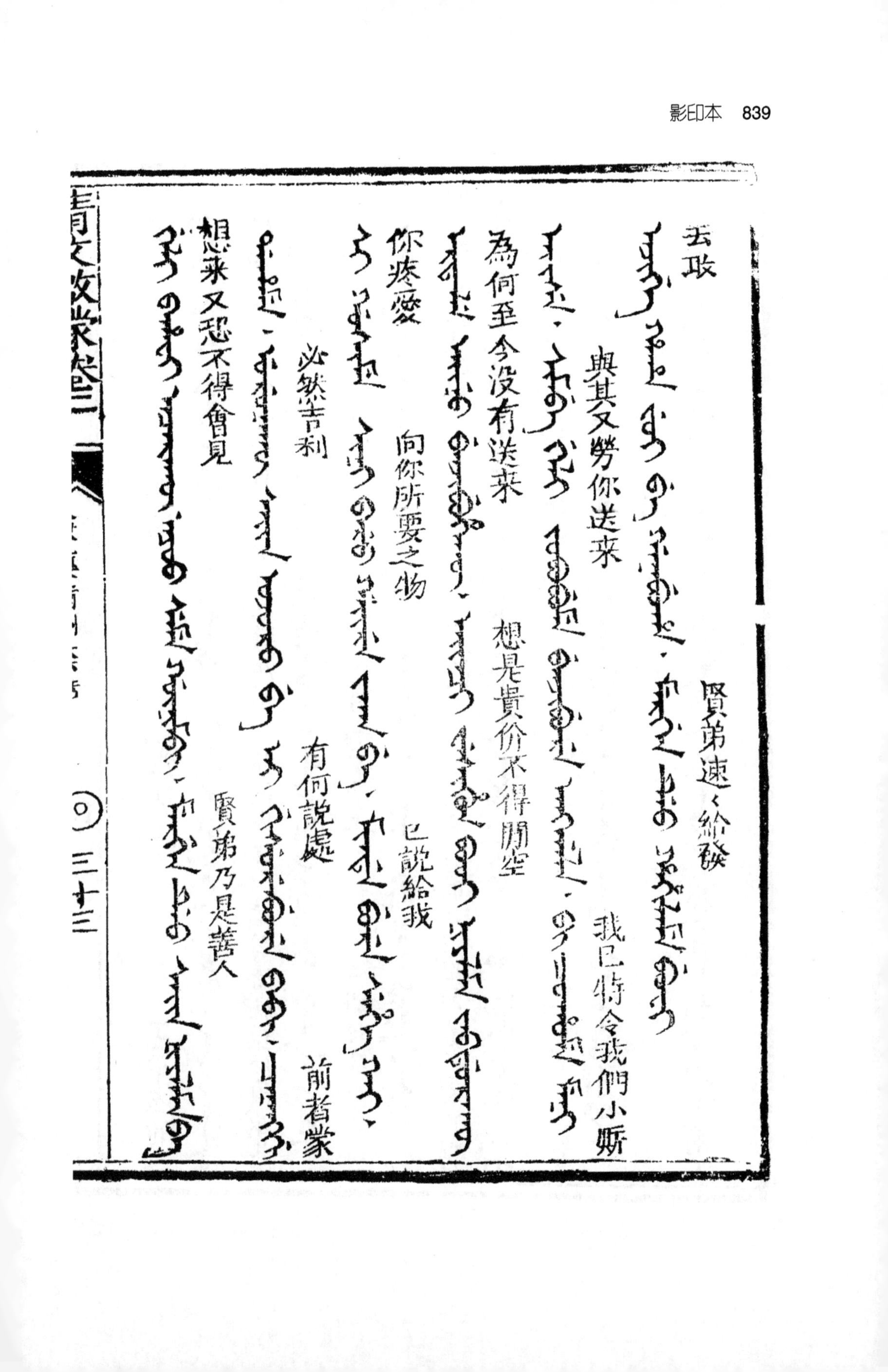

去取

賢弟速〻給發

與其又勞你送來

我已特令我們小厮

為何至今沒有送來

想是貴价不得閒空

你疼愛

向你所要之物

已說給我

必然吉利

有何說處

前者蒙

想來又恐不得會見

賢弟乃是善人

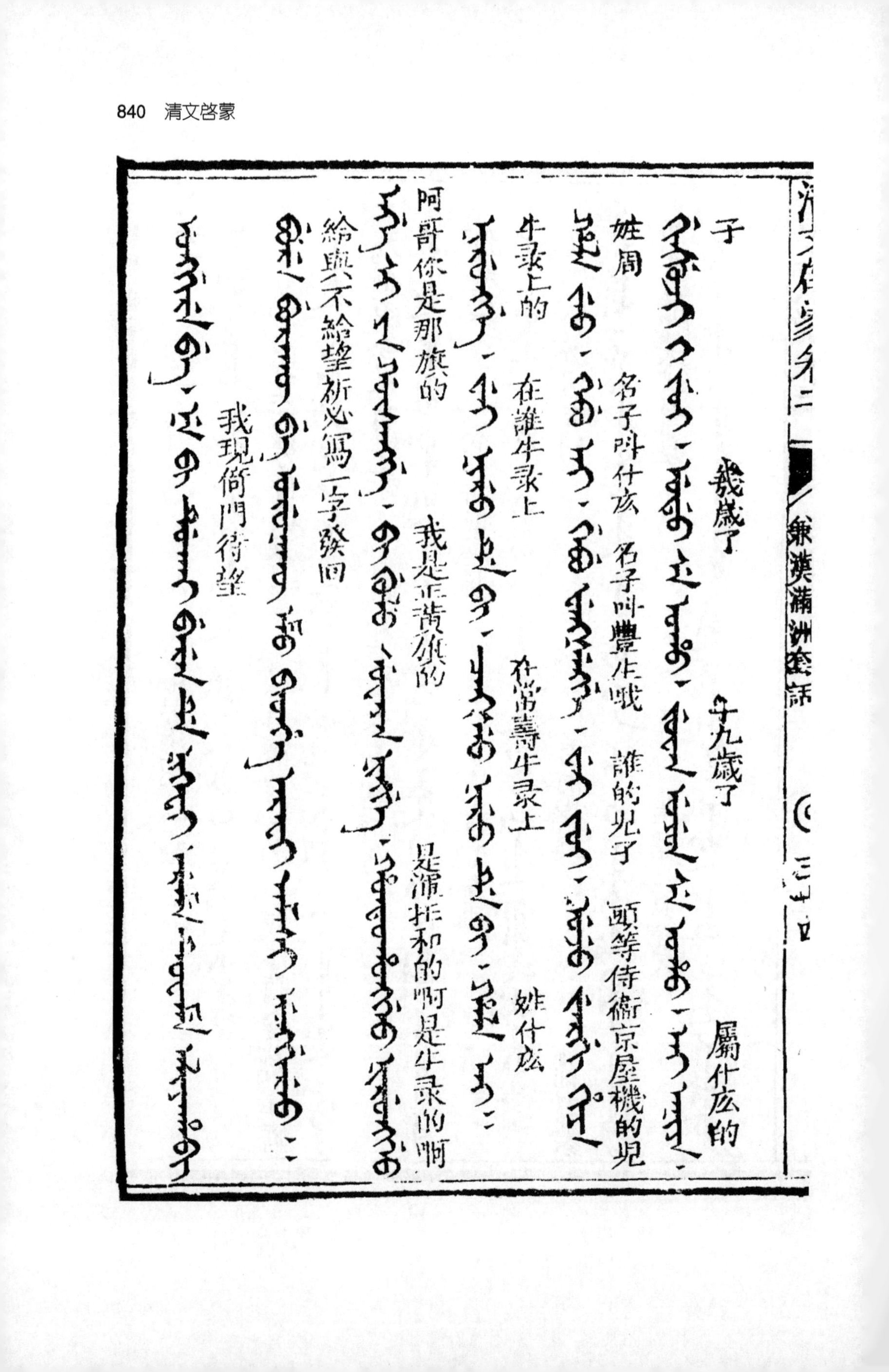

子 幾歲了 十九歲了 屬什麽的

姓周 名子叫什麽 名子叫豐年哦 誰的兒子 頭等侍衛京屋機的兒

牛彔上的 在誰牛彔上 在常壽牛彔上 姓什麽

阿哥你是那旗的 我是正黃旗的 是滿拒和的啊是牛彔的啊

給與不給望祈必寫一字發回 我現倚門待望

裡住 在鼓樓前頭東邊住

生日是幾時 是正月二十五日 你家在那

你兄弟什麽年紀 纔六歲了還小呢

你哥々在什麽差事上 我哥々現在是藍翎子

烟闔的户中 弟兄們都有麽 都有

屬龍的 有户中没有 有户中 誰的户中 參領巴

兵部員外郎呼哩阿媽是你什庅

是我哥〻

他父親是你什庅

是我叔〻

親叔〻庅

是

親叔〻

你馬步箭都

會射庅

會射步箭不會射馬箭

你為什庅不學馬箭

因為沒有馬不曾學

你摔〻看瞧

哦

曖呀這个刀的鞘子我也開不開

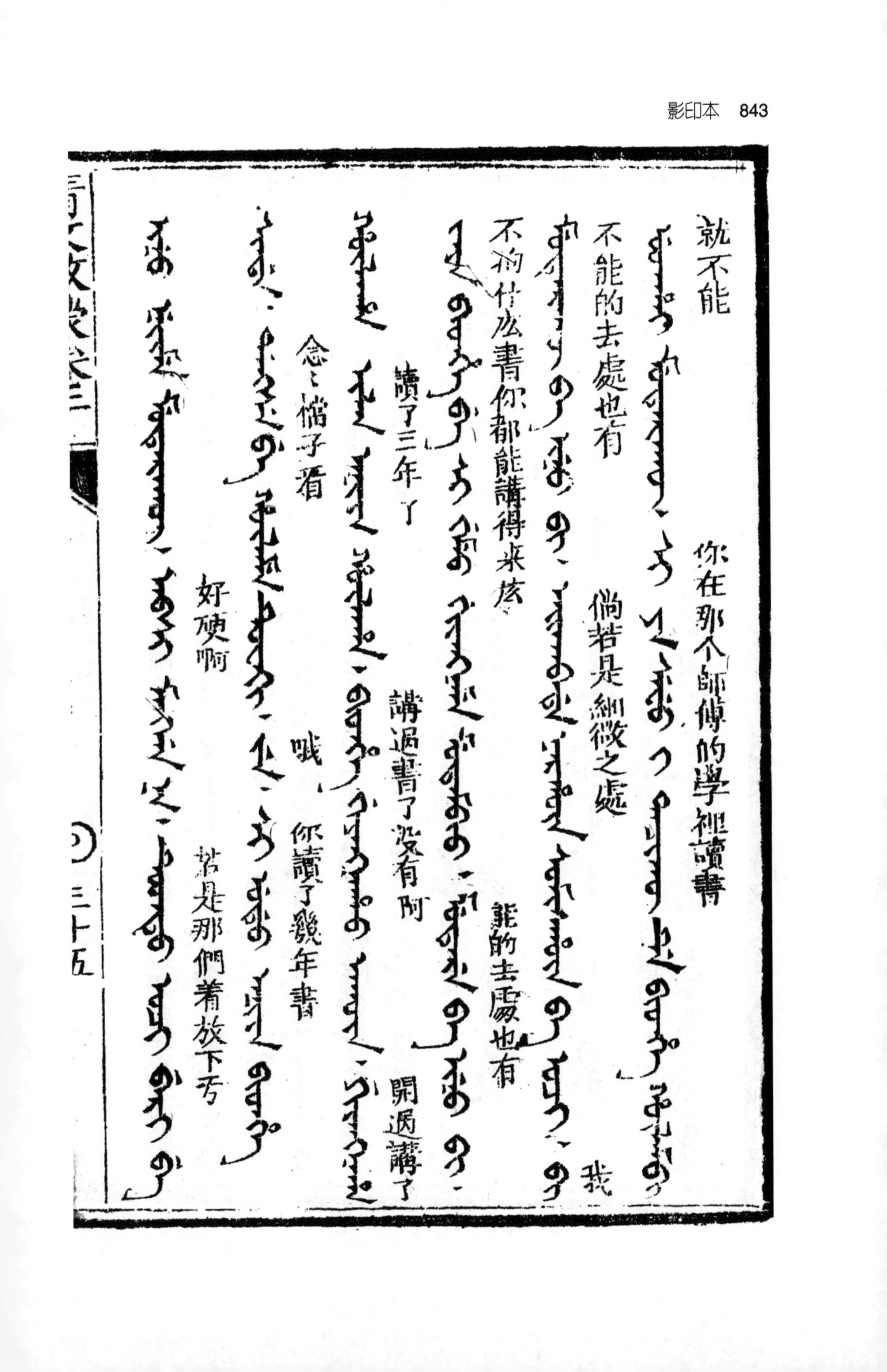

就不能
你在那个師傅的學裡讀書

不能的去處也有
倘若是細微之處
我

不拘什么書你都能講得来咳
能的去處也有

讀了三年了
講過書了没有啊
開過講了

念ゝ偺子看
哦
你讀了幾年書

好硬啊
若是那們着放下歹

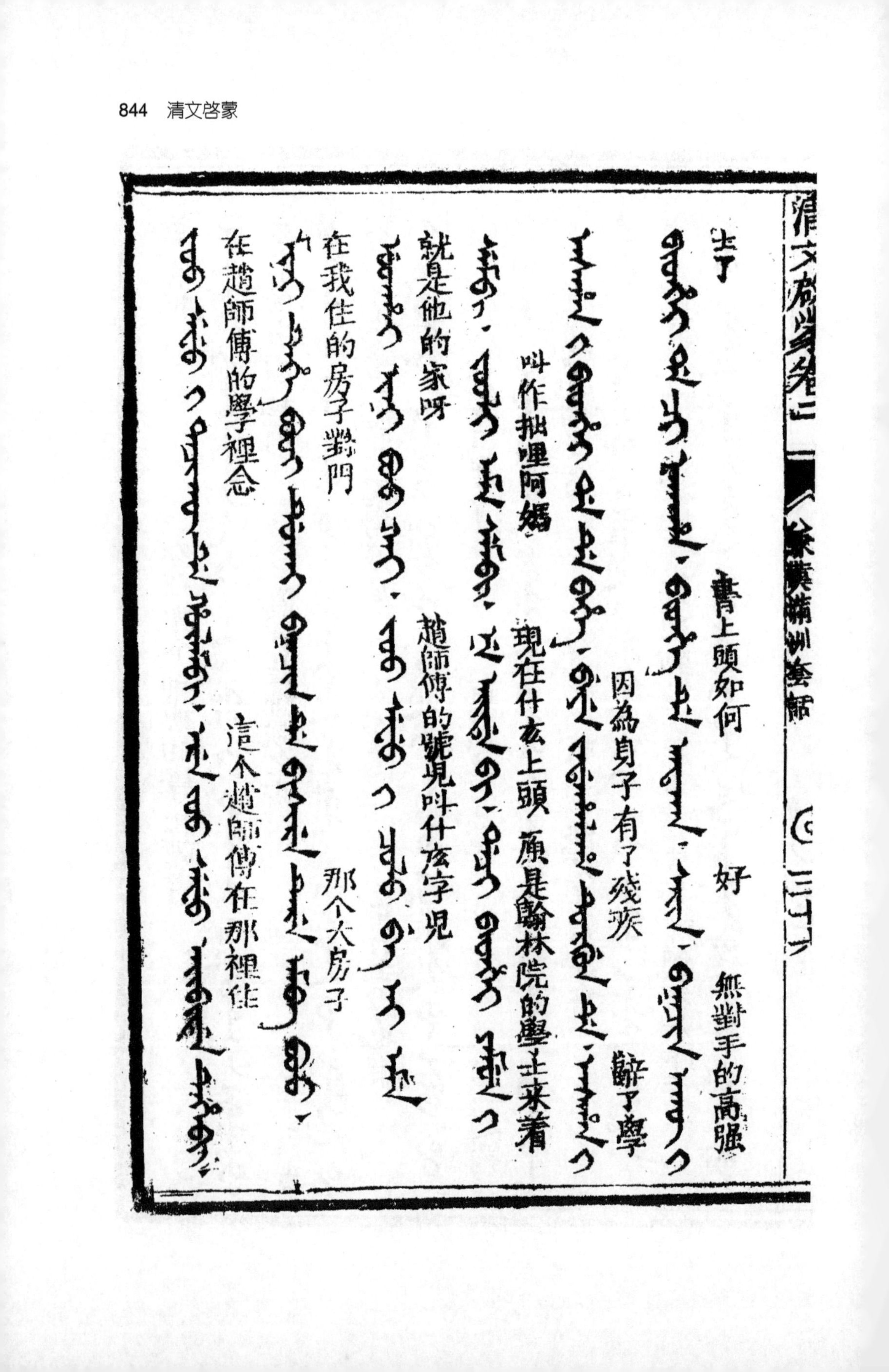

去了

書上頭如何　好　無對手的高强

因為身子有了殘疾　辭了學

叫作拙哩阿媽　現在什麼上頭　原是翰林院的學士來着

就是他的家呀　趙師傅的號兒叫什麼字兒

在我住的房子對門　那个大房子

在趙師傅的學裡念　這个趙師傅在那裡住

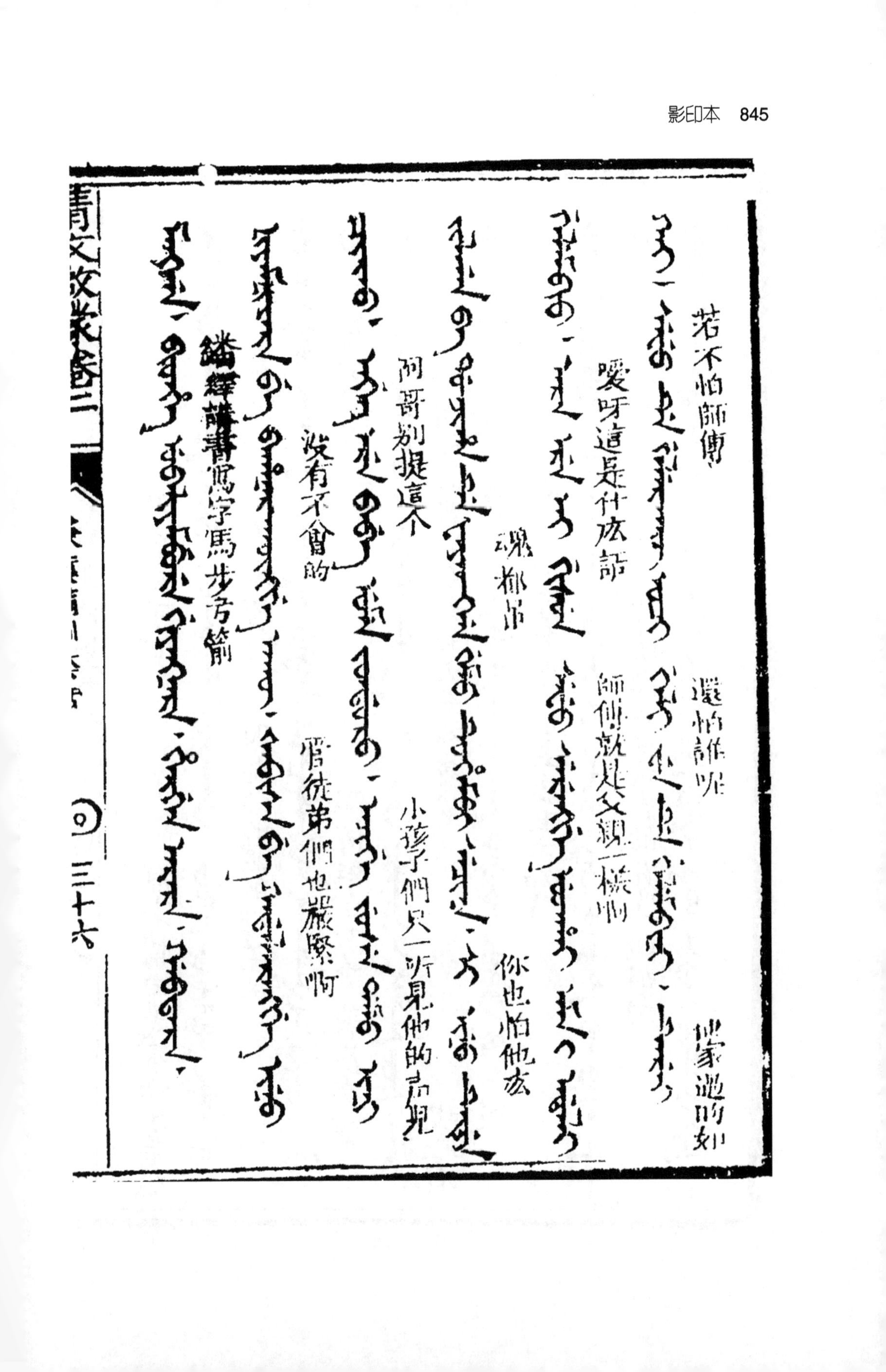

若不怕師傅 還怕誰呢 懞家過的如

噯呀這是什麽話 師傅就是父親一樣啊

魂都吊 你也怕他麽

阿哥别提這个 小孩子們只一聽見他的声兒

没有不會的 管徒弟們也嚴緊啊

繙譯讀書寫字馬步弓箭

没拿名子啊

原來情由是這様來着呢

考來着

因為念的寫的都差池

的想是勾着一百

你舊年也考來着没有啊

現在他跟前念書的徒弟有多少

現在有

除此之外他另有所得的去處我不知道

何

也只是守着祖有的産業過罷咧

還是照舊的溫習

念的寫的去處

也是

這幾日裡頭

把你的馬步箭

或是教從考

或是即用

都定不得

我明日告訴了大人們

必定送你的名字

本事的

看你所學的還去得

我方纔問你的這許多話

都是試探你的

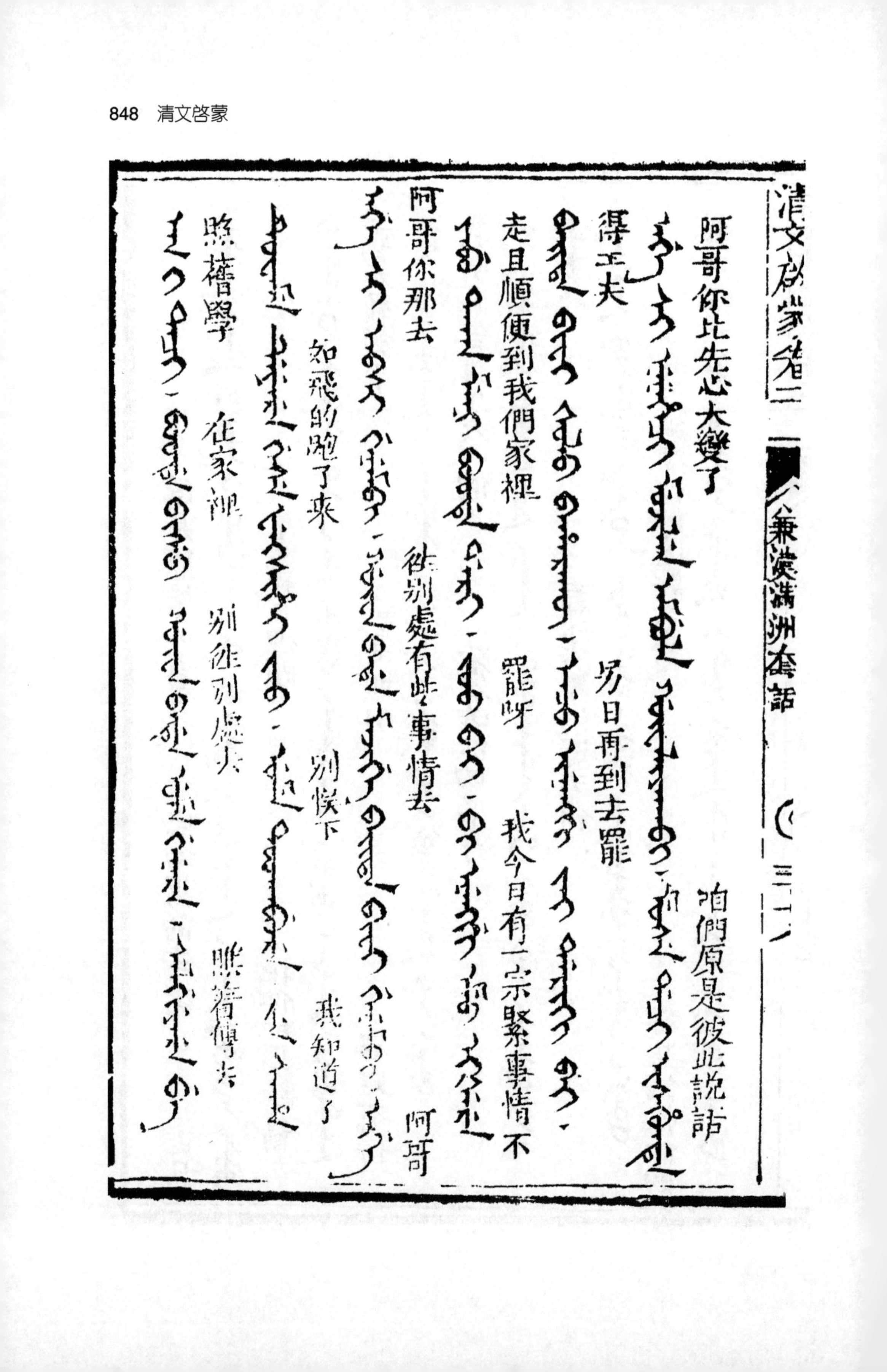

阿哥你比先忒大變了

咱們原是彼此說話

走且順便到我們家裡

罷呀

我今日有一宗緊事情不

得工夫

另日再到去罷

阿哥你那去

往別處有些事情去

阿哥

如飛的跑了來

別慌下

我知道了

照舊學

在家裡

別往別處去

照着傳去

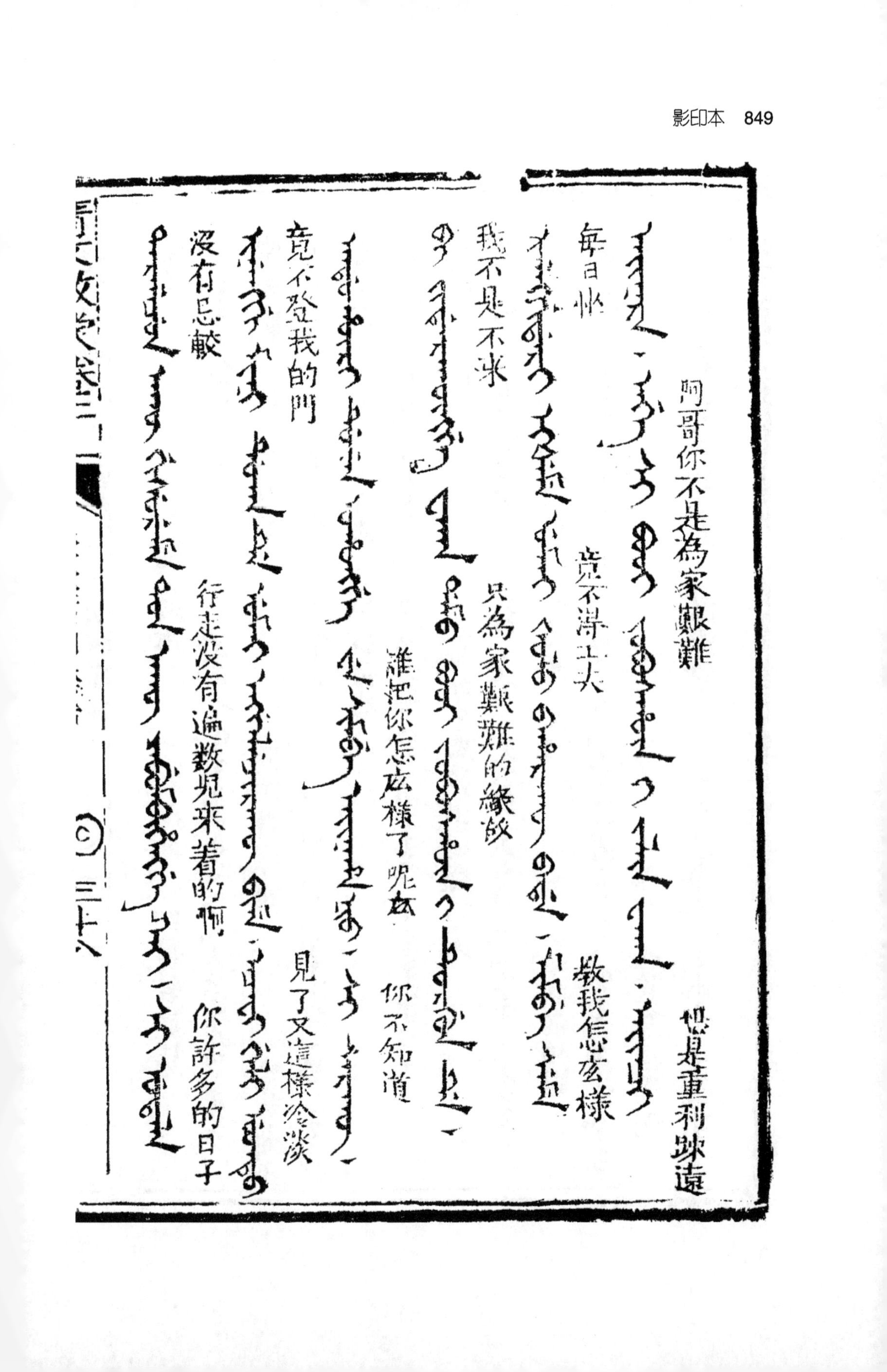

阿哥你不是為家艱難

想是重利疎遠

每日忙

竟不得工夫

教我怎么樣

我不是不來

只為家艱難的緣故

誰把你怎么樣了呢么

你不知道

竟不登我的門

見了又這樣冷淡

沒有忌較

行走沒有遍數兒來着的啊

你許多的日子

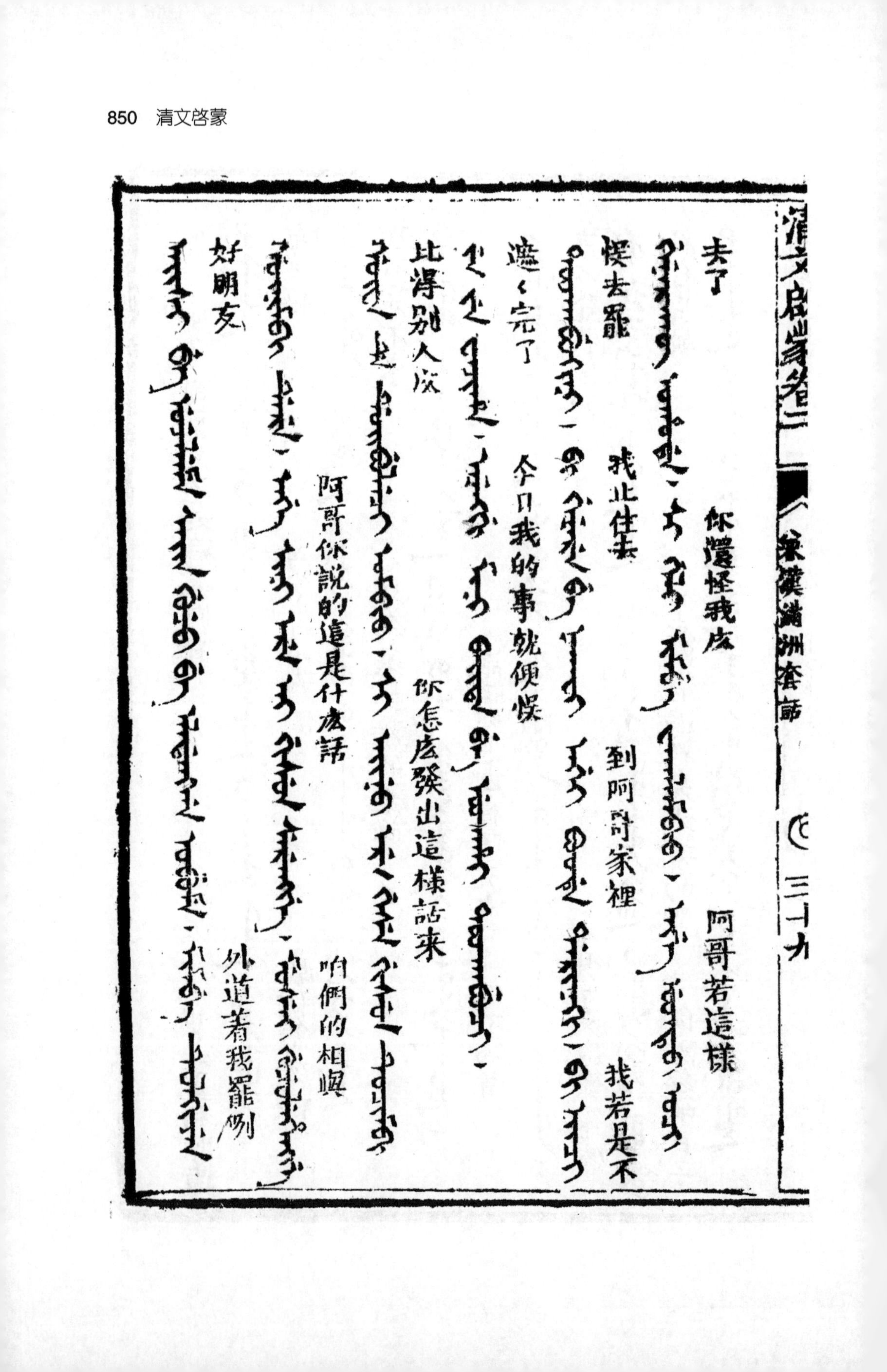

去了 你還怪我麽 阿哥若這樣

悞去罷 我也住去 到阿哥家裡 我若是不

遲遲完了 今日我的事就便悞

比得別人麽 你怎麽發出這樣話來

阿哥你說的這是什麽話 咱們的相與

好朋友 外道着我罷咧

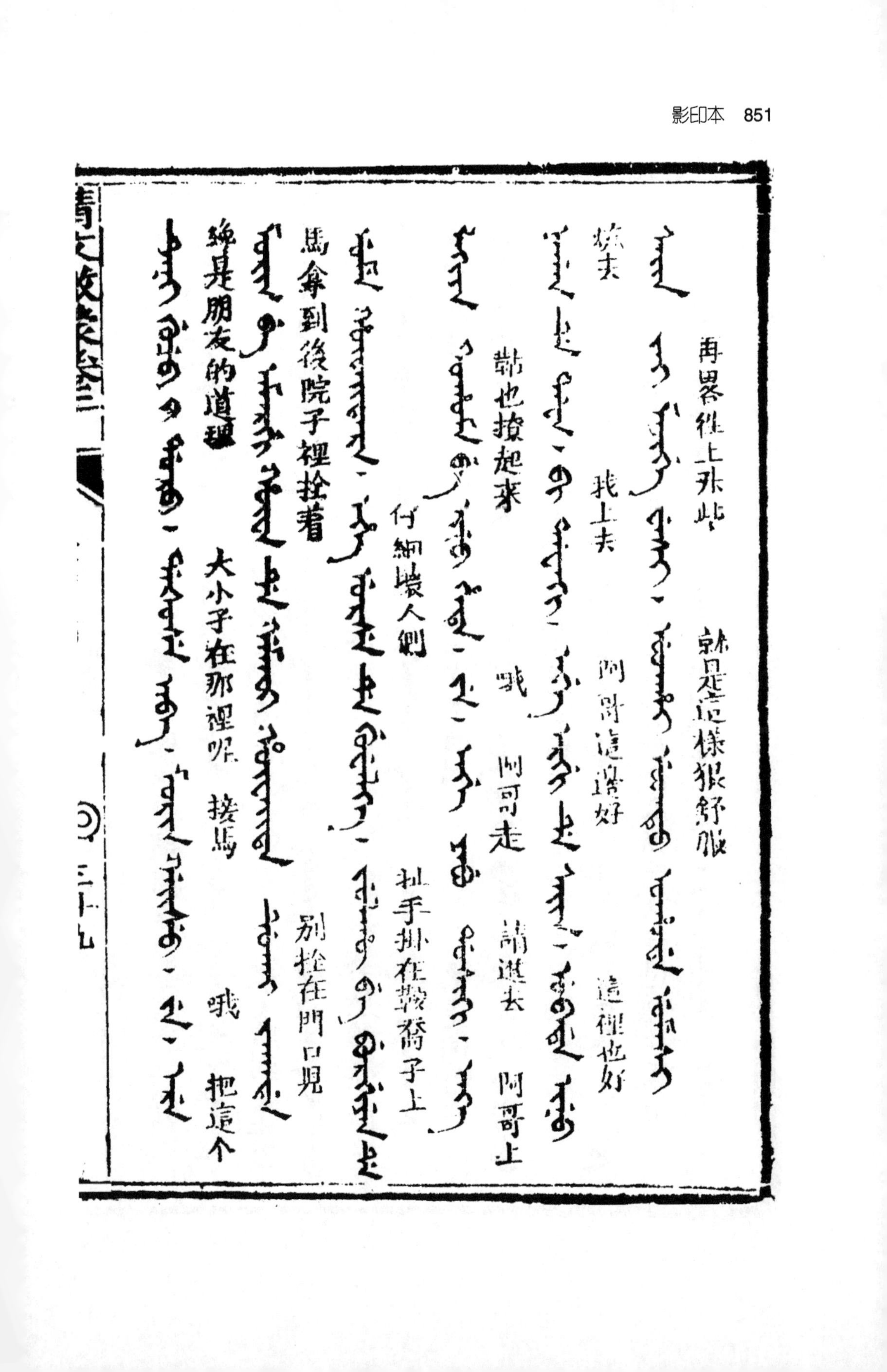

再畧往上挪些　就是這樣狠舒服

攙扶　我上去　阿哥這裡好　這裡也好

靴也撩起來　哦　阿哥走　請進去　阿哥上

仔細壞人側　扯手掛在鞍鞽子上

馬牽到後院子裡拴着　別拴在門口兒

總是朋友的道理　大小子在那裡呢　接馬　哦　把這个

我　太〻身體好麼　好

奶子多〻的着上　稠〻的別太清了

你再進去說　教把茶熱〻的溫〻的送來

儘着拴麼　奴才也有呢　快裝烟送來

這个砍頭的拴上馬來罷了

大小子在那裡呢　你在外頭作什麼呢　我在這裡拴馬呢

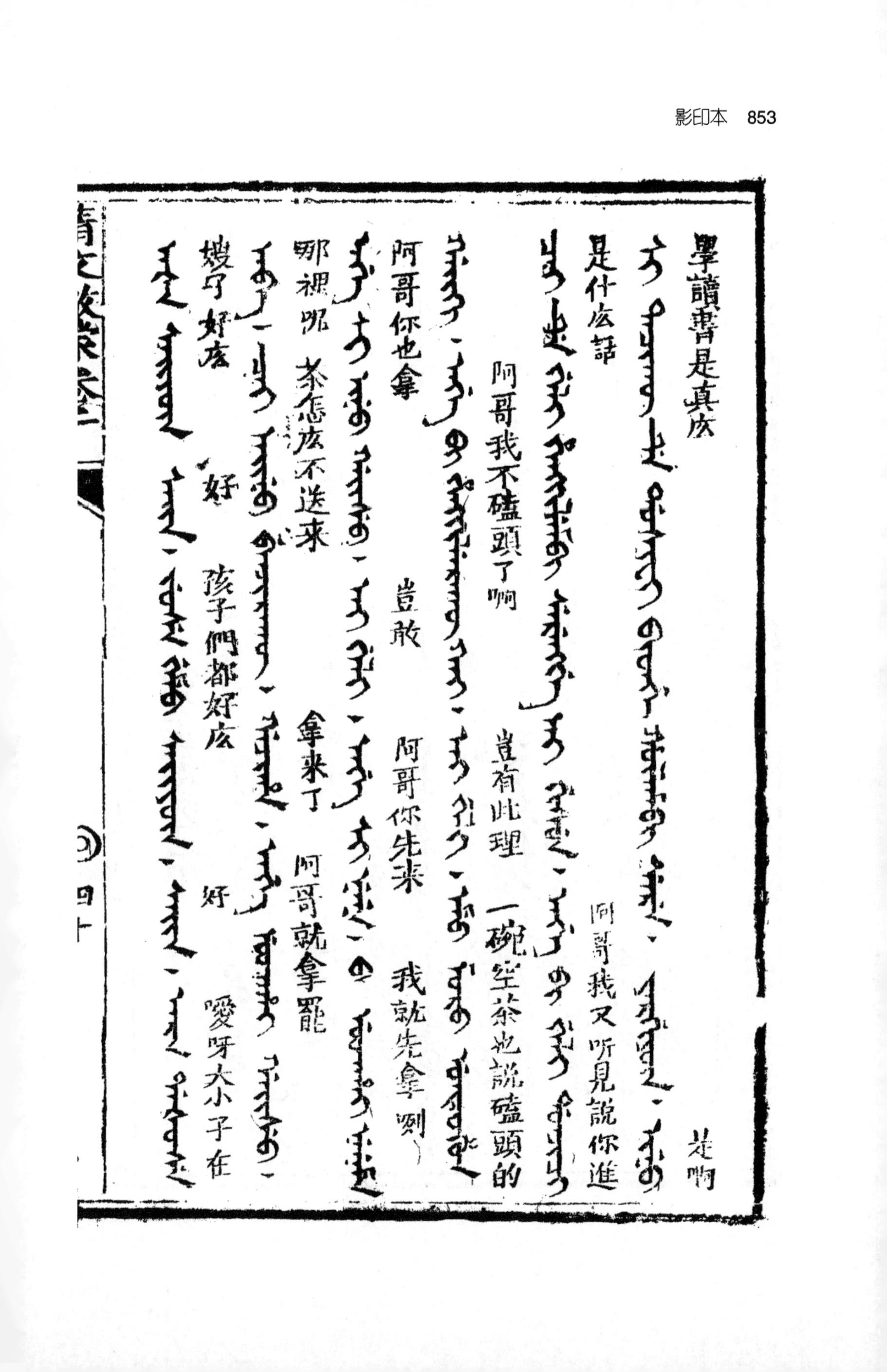

學讀書是真麽

是啊

是什麽話

阿哥我又听見說你進

阿哥我不磕頭了啊

豈有此理 一碗空茶也說磕頭的

阿哥你也拿

豈敢

阿哥你先來

我就先拿咧

哪裡呢 茶怎麽不送來

拿來了

阿哥就拿罷

嫂子好麽

好

孩子們都好麽

好

嗳呀大小子在

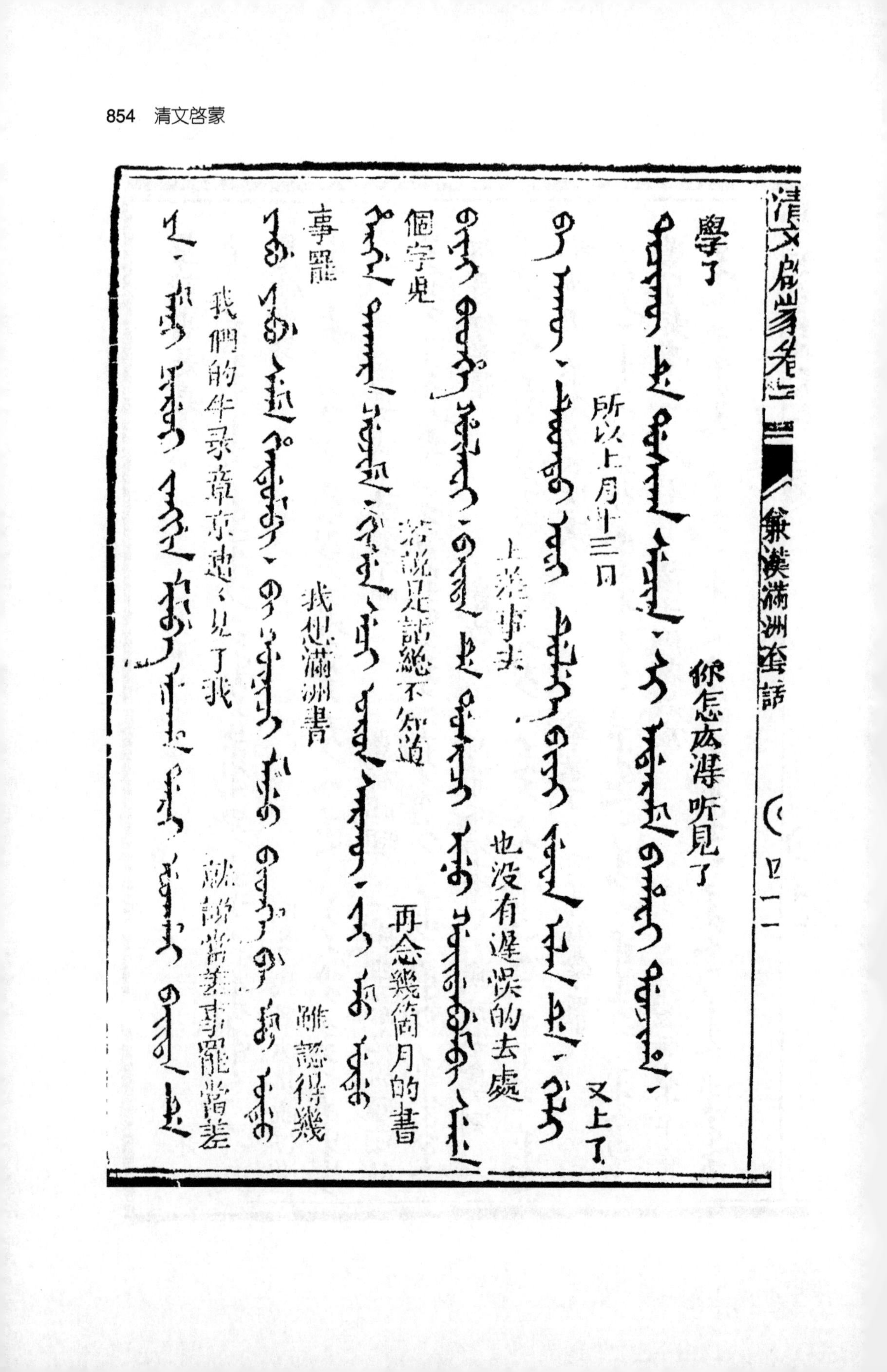

學了 你怎麽得聽見了

所以上月十三日 又上了

上學去 也沒有遲誤的去處

個字兒 若說是話總不知道 再念幾箇月的書

事罷 我想滿洲書 雖認得幾

我們的牛彔章京遇見了我 就說當差事罷當差

若是得使人送到你跟前去
這就是阿哥

我沒行書
我合朋友們尋着瞧

我抄了念
完了就與你送回來

你若有什麽滿洲書
懇乞借與幾本

他告訴我的時候
我纔知道了
阿哥

是前日拙喇阿媽阿哥
來我家裡
我望他問你來着

疼我了啊

說的是什麽話

阿哥你這樣上緊要讀書

我連幾本書呆尋給你抄的理有麽

遍遍完了

我也不

合別人尋了啊

阿哥別合別人尋

我已是說了尋

了給你送去

是

阿哥我去㖿

吃了飯去

你

怎麽這們些

飯收什着就得啊

罷呀

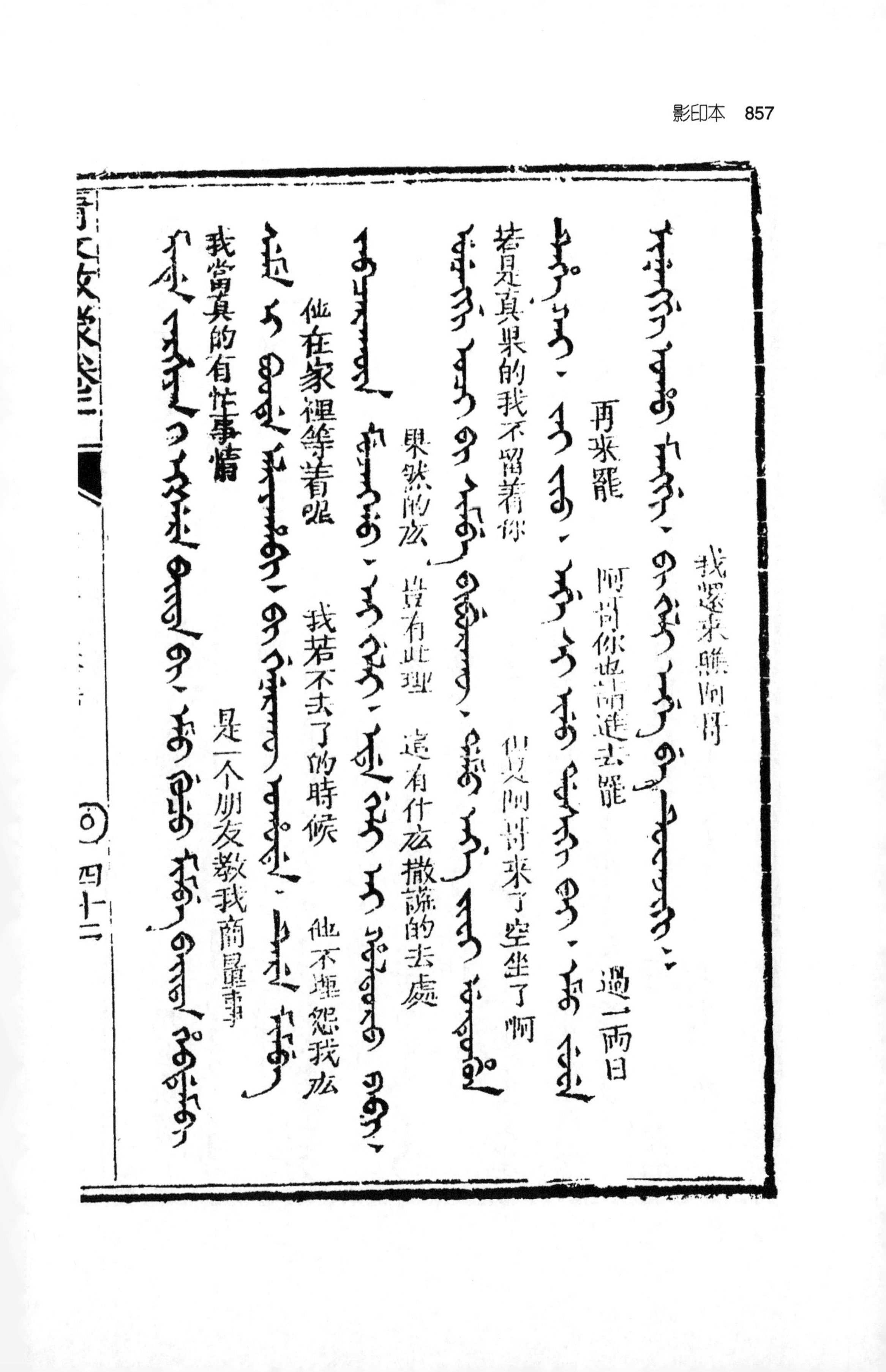

我當真的有件事情
是一个朋友教我商量事
他在家裡等着呢
我若不去了的時候
他不埋怨我麼
果然的麼
豈有此理
這有什麼撒謊的去處
若是真果的我不留着你
偺又阿哥来了空坐了啊
阿哥你也請進去罷
再來罷
過一兩日
我還來瞧阿哥

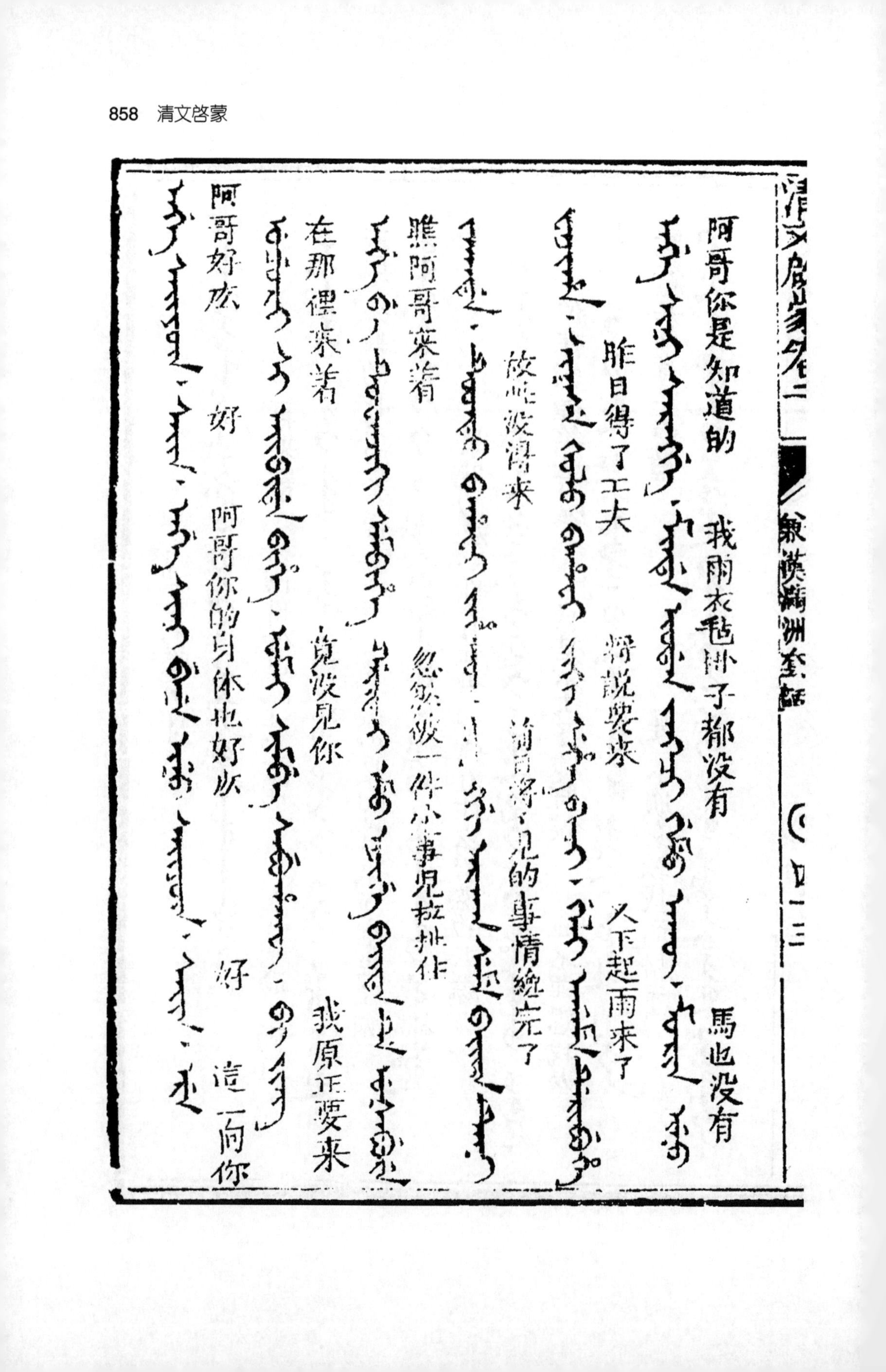

阿哥好麽 好 阿哥你的身体也好麽 好 這一向你在那裡來着 竟沒見你 我原正要來瞧阿哥來着 忽然被一件小事兒拉扯住 故此沒得來 適纔將將兒的事情纔完了 昨日得了工夫 將說要來 又下起雨來了 阿哥你是知道的 我雨衣氊掛子都沒有 馬也沒有

尊駕來的正合了我的主意

豈敢

阿哥我在家裡獨坐正狠悶的慌來着

我如何當得起

真真的我感之不盡

費納這樣遠

為我勞動阿哥的駕

因為今日天晴了

我步行

特來瞧阿哥來了

路兒又濘

閃其那們着

我又沒得來

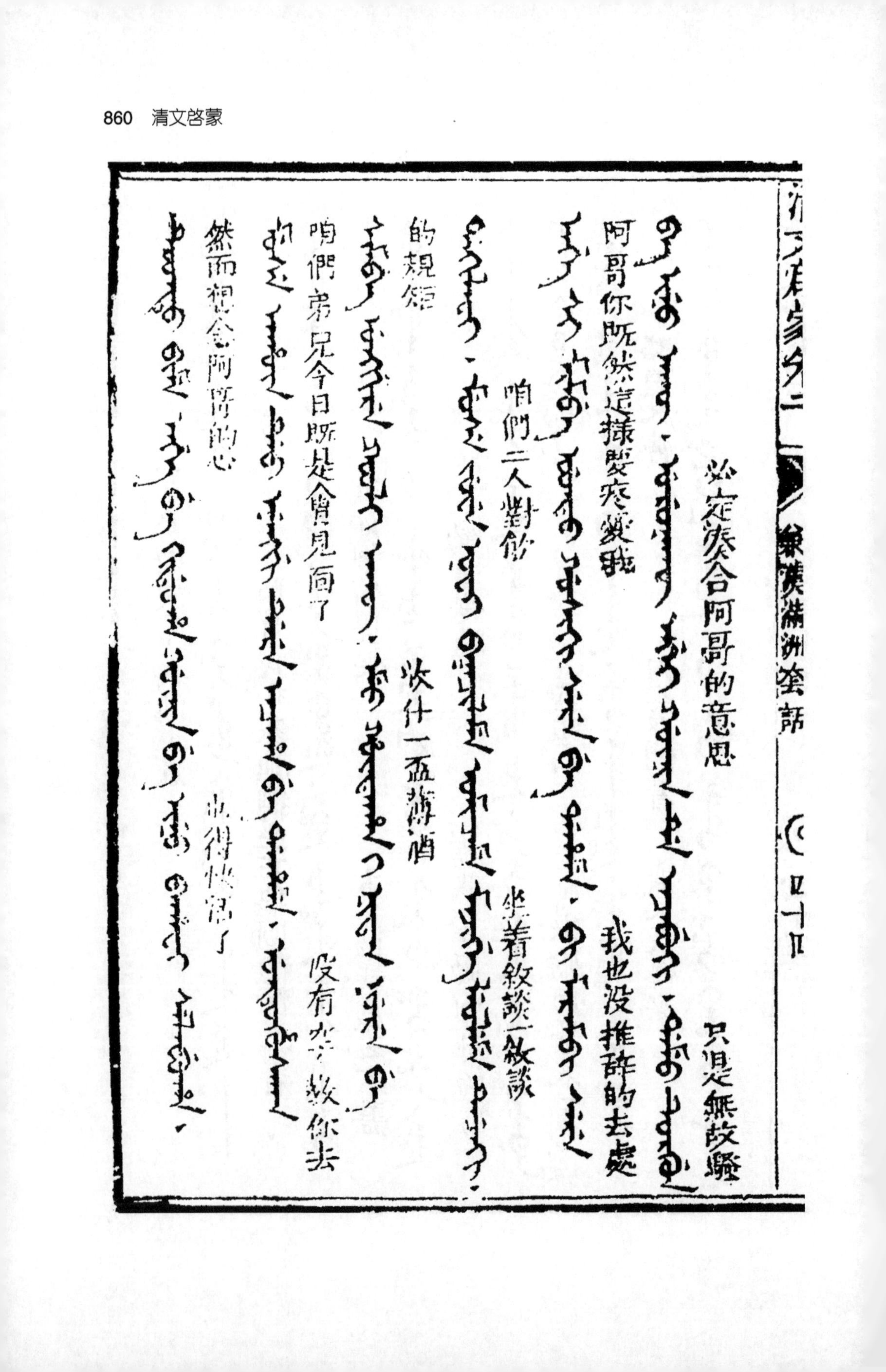

必定湊合阿哥的意思 只是無故騷擾

阿哥你既然這樣愛疼 我也沒推辭的去處

咱們二人對飲 坐着敘談一敘談

的規矩 吹什一盃淡酒

咱們弟兄今日既是會見而了 沒有空放你去

然而湊合阿哥的心 也得快活了

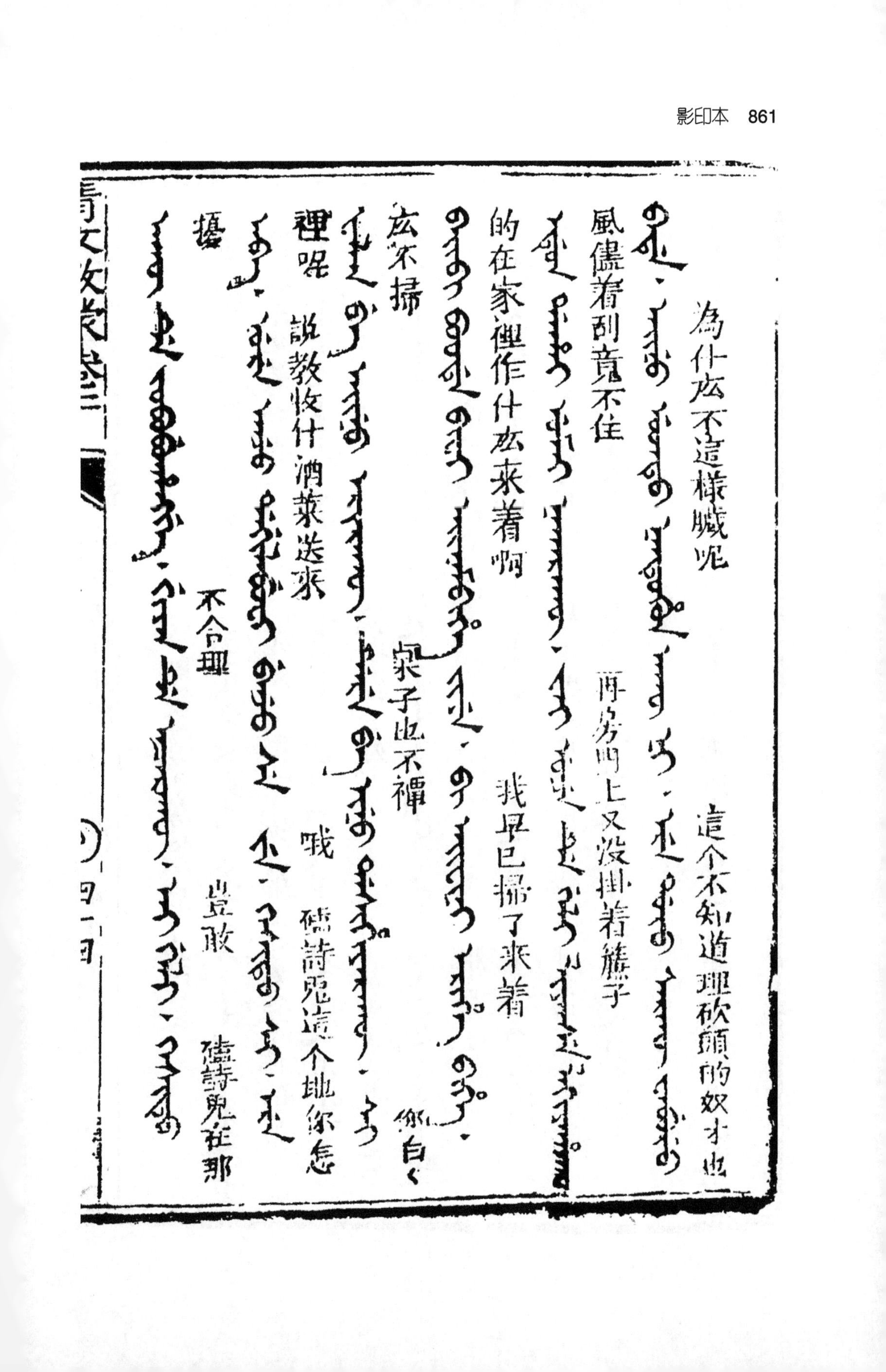

為什么不這樣贜呢
這个不知道理砍頭的奴才也

風儫着刮竟不住
再者門上又没掛着簾子

的在家裡作什么來着啊
我早已掃了來着

么不掃
桌子也不禪
你白白

裡呢
說教收什灑蒗送來
哦
儘時兒這个地你怎

擾
不合理
豈敢
儘時兒在那

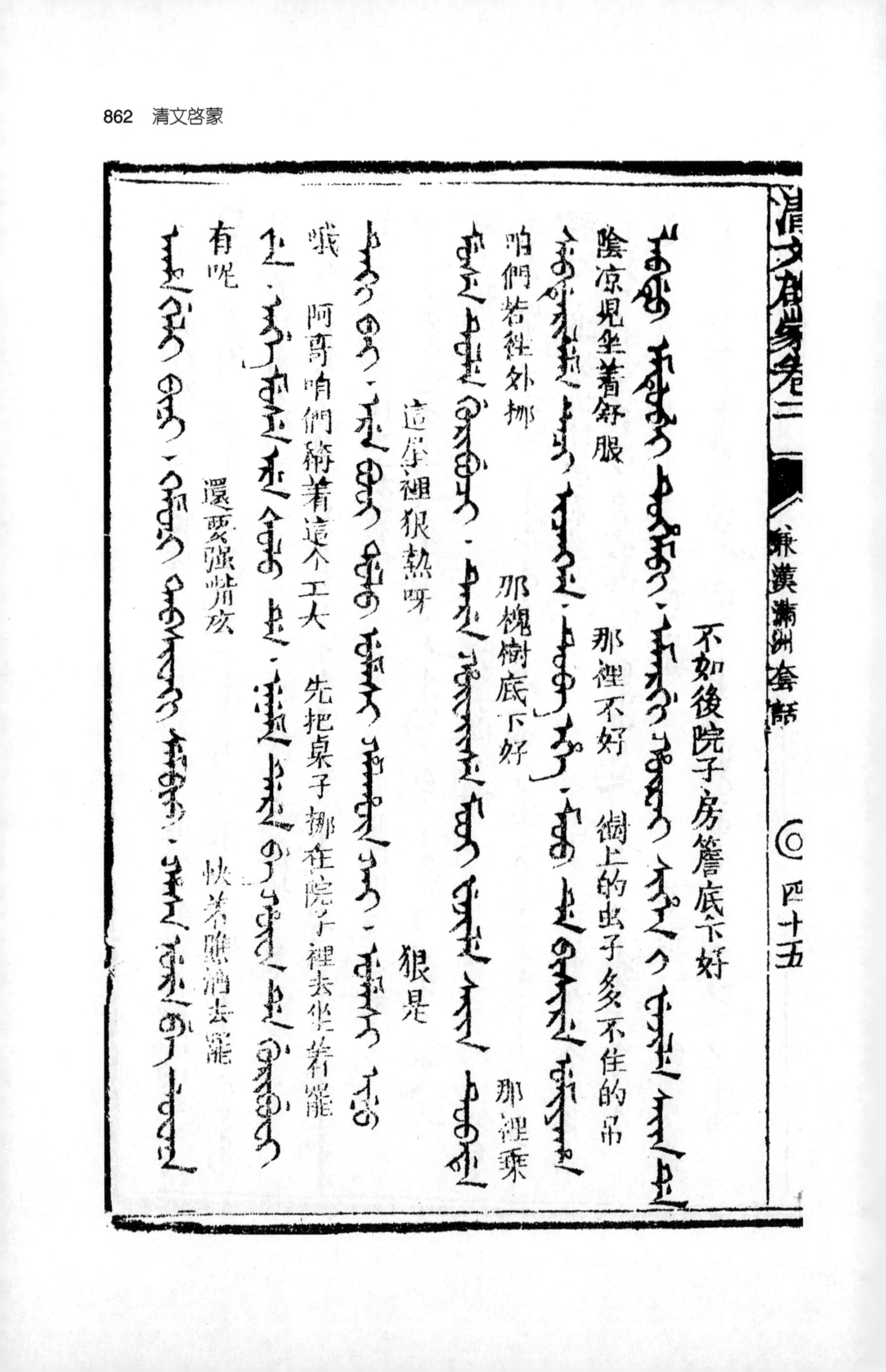

不如後院子房簷底下好

陰涼兒坐着舒服 那裡不好 樹上的虫子多不住的吊

咱們若往外挪 那槐樹底下好 那裡乘

這屋裡狠熱呀 狠是

哦 阿哥咱們趁着這个工夫 先把桌子挪在院子裡去坐着罷

有呢 還要強些呢 快着瞧酒去罷

發生了　正是透出着水的好時節

阿哥今當春末的時候　萬物都

眩心亂　我生來的也受不得熱

況且屋子窄　人又多　坐久了頭

總而言之院裡比屋裡涼快　自然的

若是那們着就是後院裡罷

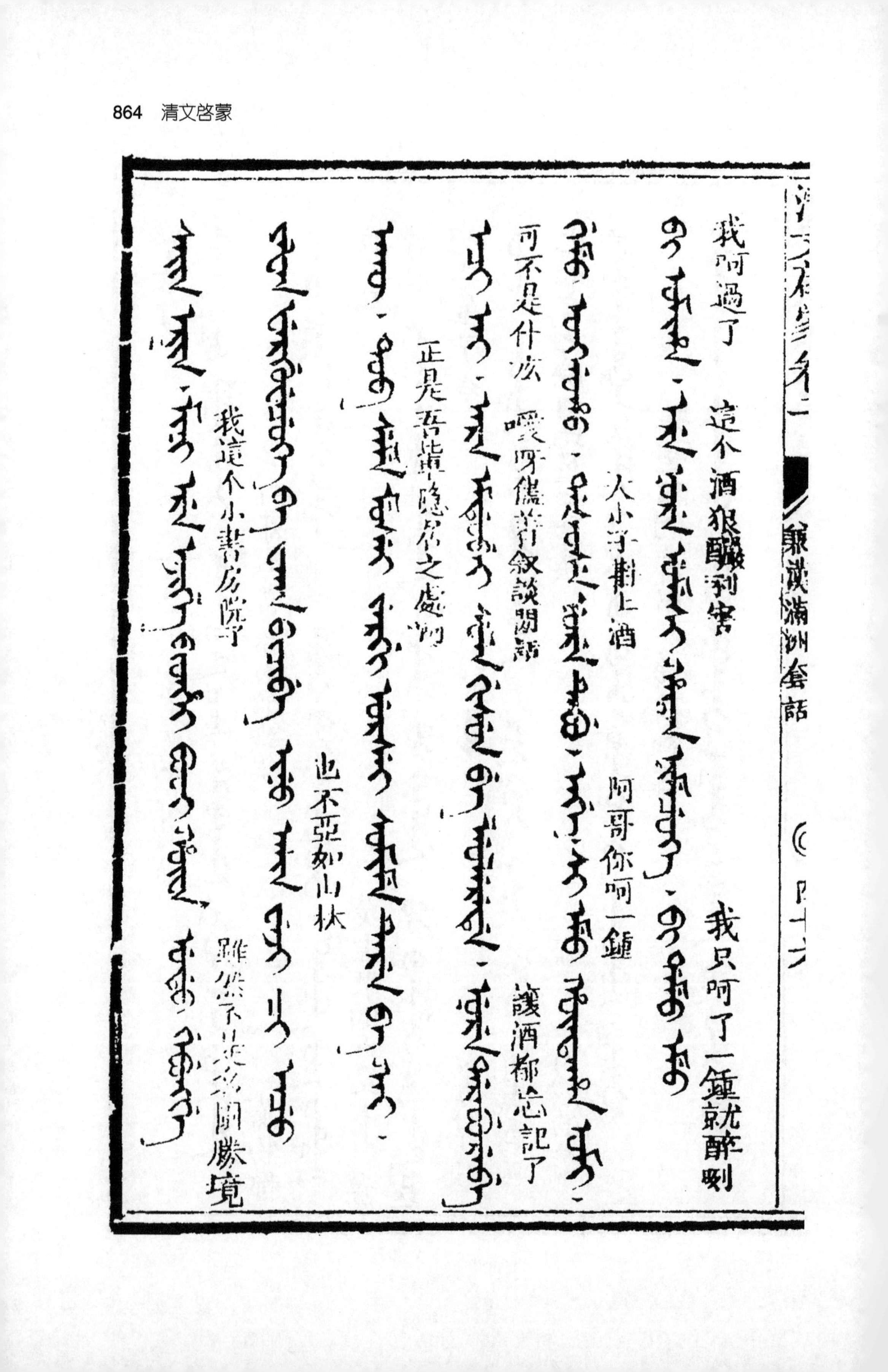

我阿過了 這个酒狠釅利害 我只呵了一鍾就醉咧

大小子斟上酒 阿哥你呵一鍾

可不是什麽 嘤呀儘着叙説胡話 讓酒都忘記了

正是吾輩隱居之處咧 也不亞如山林

我這个小書房院子 雖然不是名園勝境

若在別處 斷然不 阿哥

因為阿哥這樣的眷愛我 纔阿一鍾罷咧

我不是撒謊 我原本不會飲酒

就說醉了的裡也有咧 你特撒謊的利害

纔與鍾子 還未沾唇 說的是那裡話

這有何妨 這三鍾酒 就便醉死也罷

難道怕藥殺了你 遽遽完了

我饒了你 酒又不是毒藥

你只飲完了我的三盃酒

話我都不信 會呵不會呵我也不管

倘若不信 問家人們便知 你的

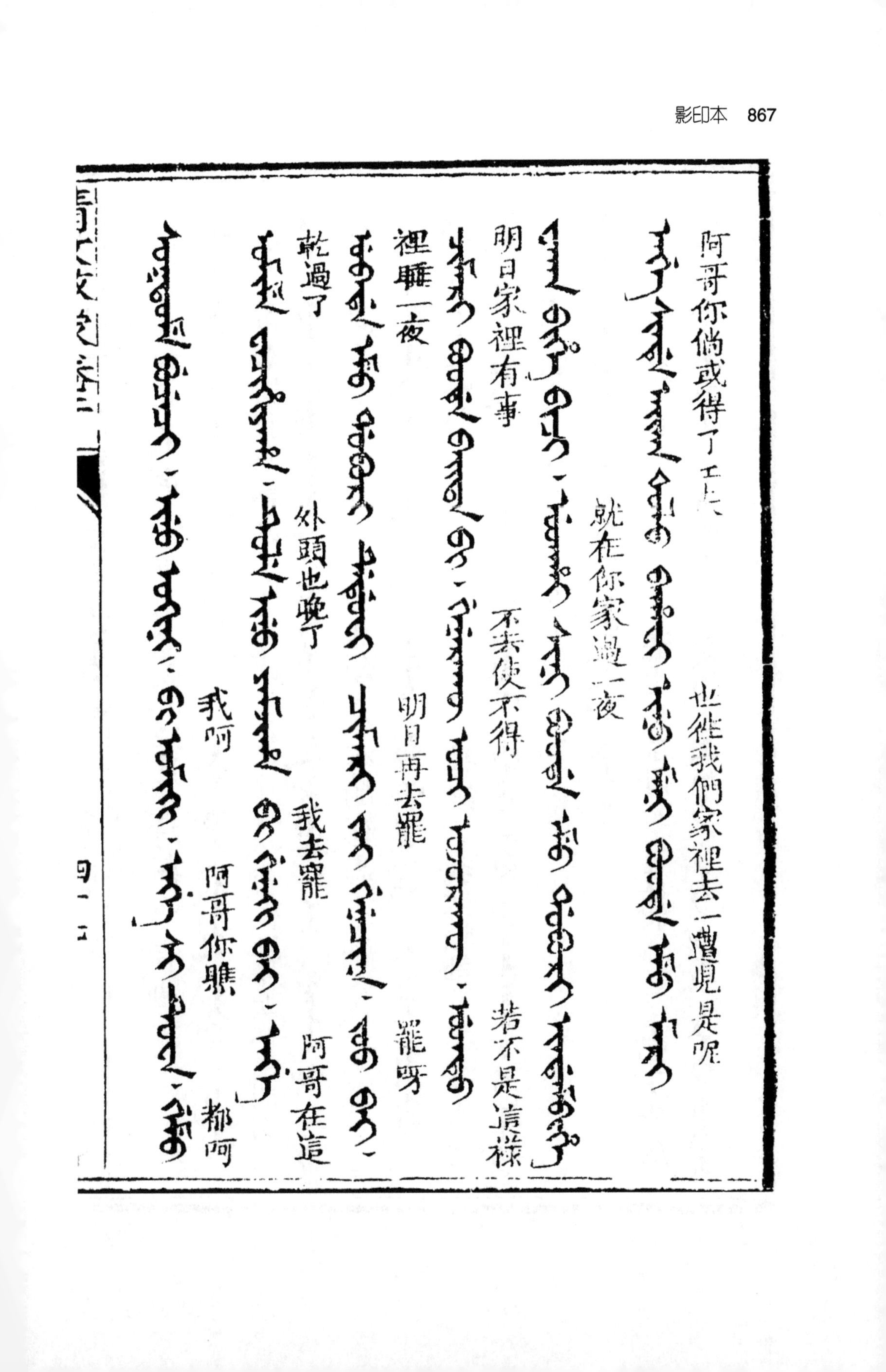

阿哥你倘或得了工夫 也往我們家裡去一遭兒是呢

就在你家過一夜

明日家裡有事 不去使不得 若不是這樣

裡睡一夜 明日再去罷 罷呀

乾過了 外頭也晚了 我去罷 阿哥在這

我呵 阿哥你聽 都呵

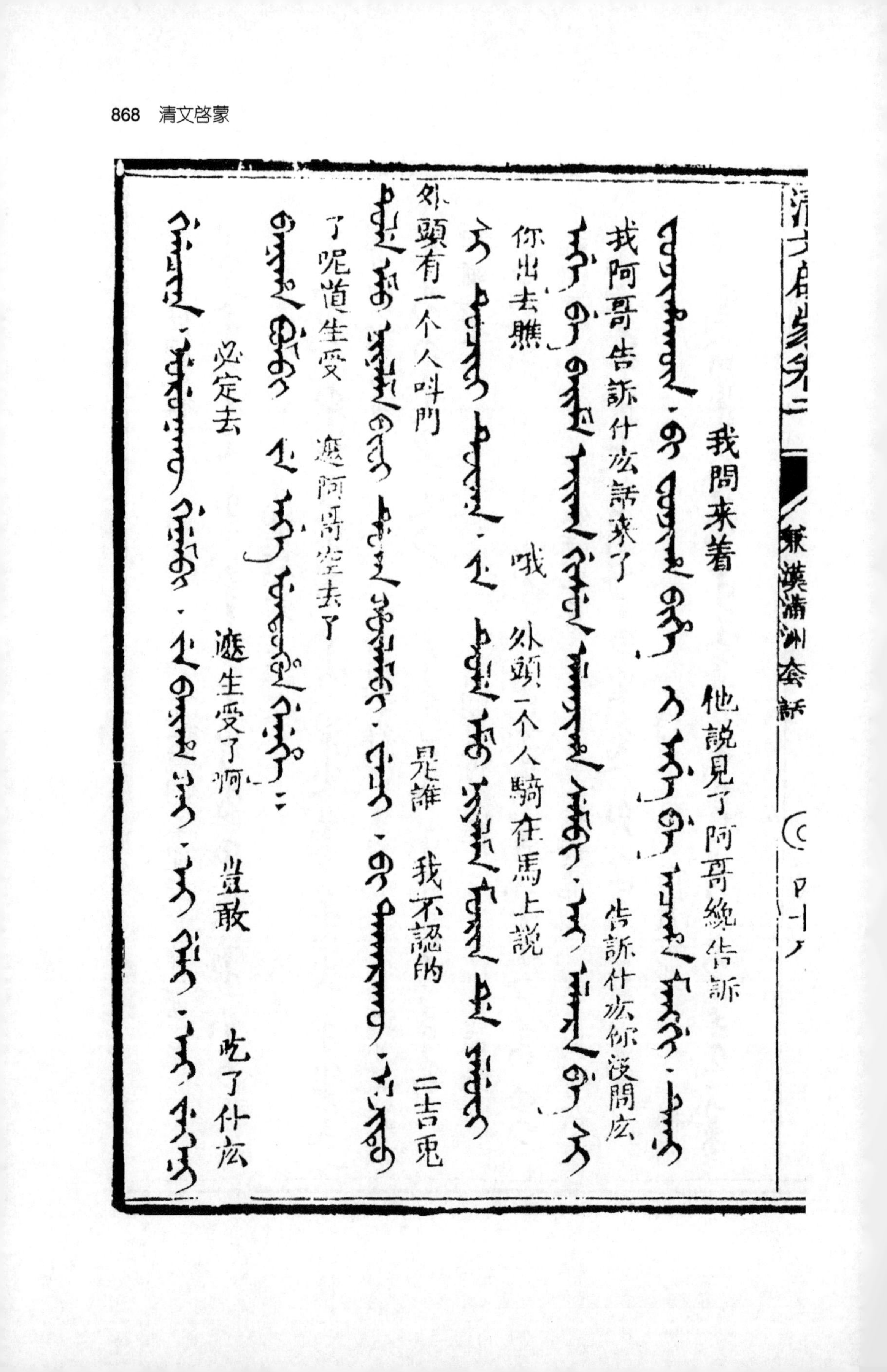

我問来着　他說見了阿哥緫告訴

我阿哥告訴什庅話來了　告訴什庅你沒問庅

你出去瞧　哦　外頭一个人騎在馬上說

外頭有一个人叫門　是誰　我不認的　二吉兎

了呢道生受　遮阿哥空去了

必定去　遮生受了啊　豈敢　吃了什庅

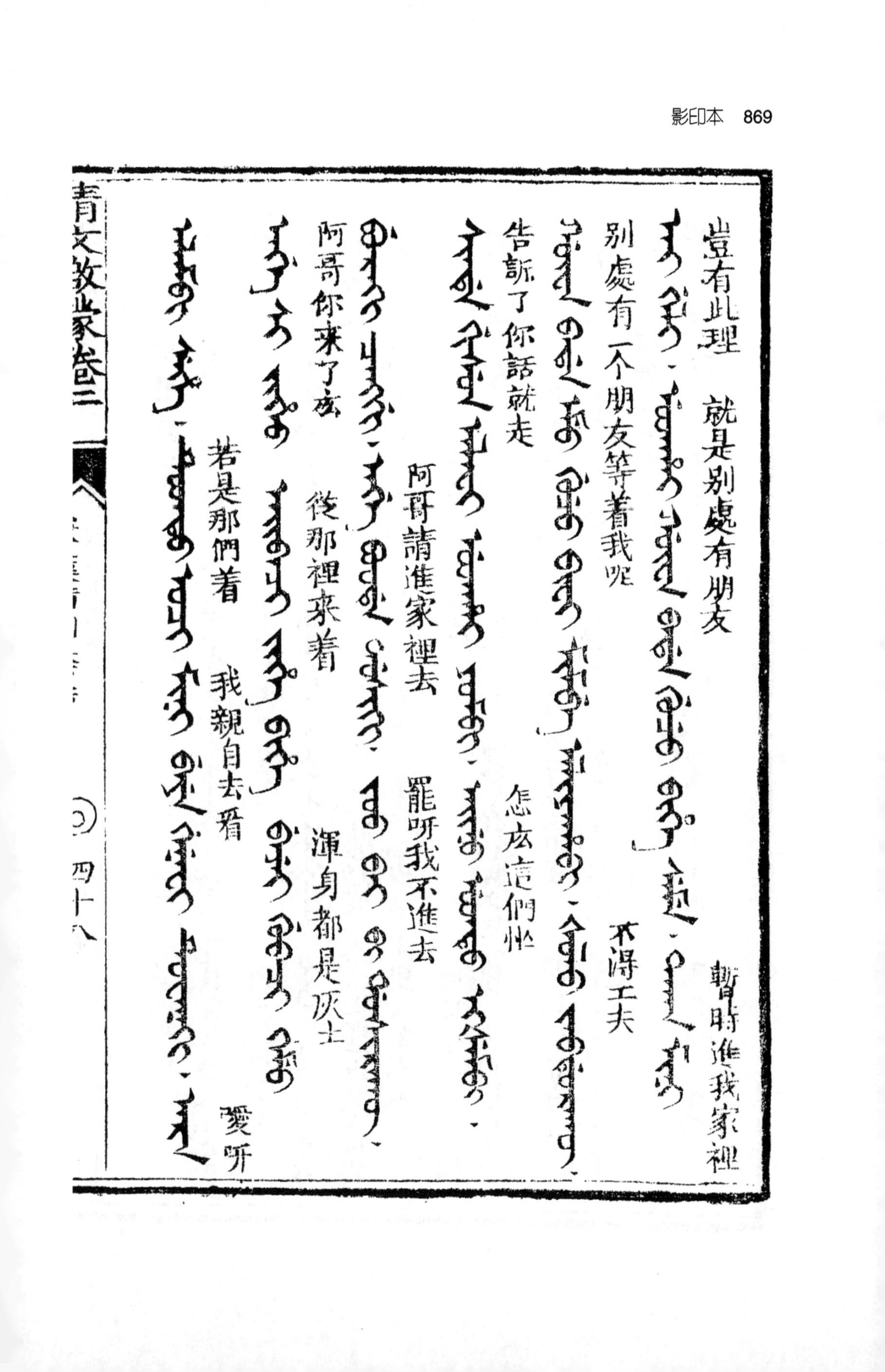

豈有此理 就是別處有朋友 暫時進我家裡

別處有一个朋友等着我呢 不得工夫

告訴了你話就走 怎麽這們忙

阿哥請進家裡去 罷呀我不進去

阿哥你來了麽 從那裡來着 渾身都是灰土

若是那們着 我親自去看 罷呀

倘若不進我家裡去　我實實的惱你

麽　不得工夫是真　阿哥你今日

的潑我　果然我連一个道理也不曉得

還等着你讓麽　况且阿哥這樣

你心下如何　我若是要進去　早已就進去咧

去啊一鍾清茶而去罷

我不進去

我自幼兒沒有吃慣空飯

若是沒有

鵝肉

我進去吃

除此之外沒有別的東西啊

你家裡若有什麼小豬子肉

收什一碗空飯

與你吃罷咧

要給我什麼東西吃

窮人家呀

有什麼好東西

我且問你

你必定教我進去

火盆裡添上炭 對奶子茶 裝烟送來

家呀 我在頭裡使得麼 二吉兒在那裡呢 炕上鋪坐褥

若是那們着 你先進去 豈敢 是我

也狠容易 沒甚難處啊 家裡現成有的

就便要吃小猪子燒肉

阿哥你只管進去坐呢 寡空飯給你吃的規矩也有麼

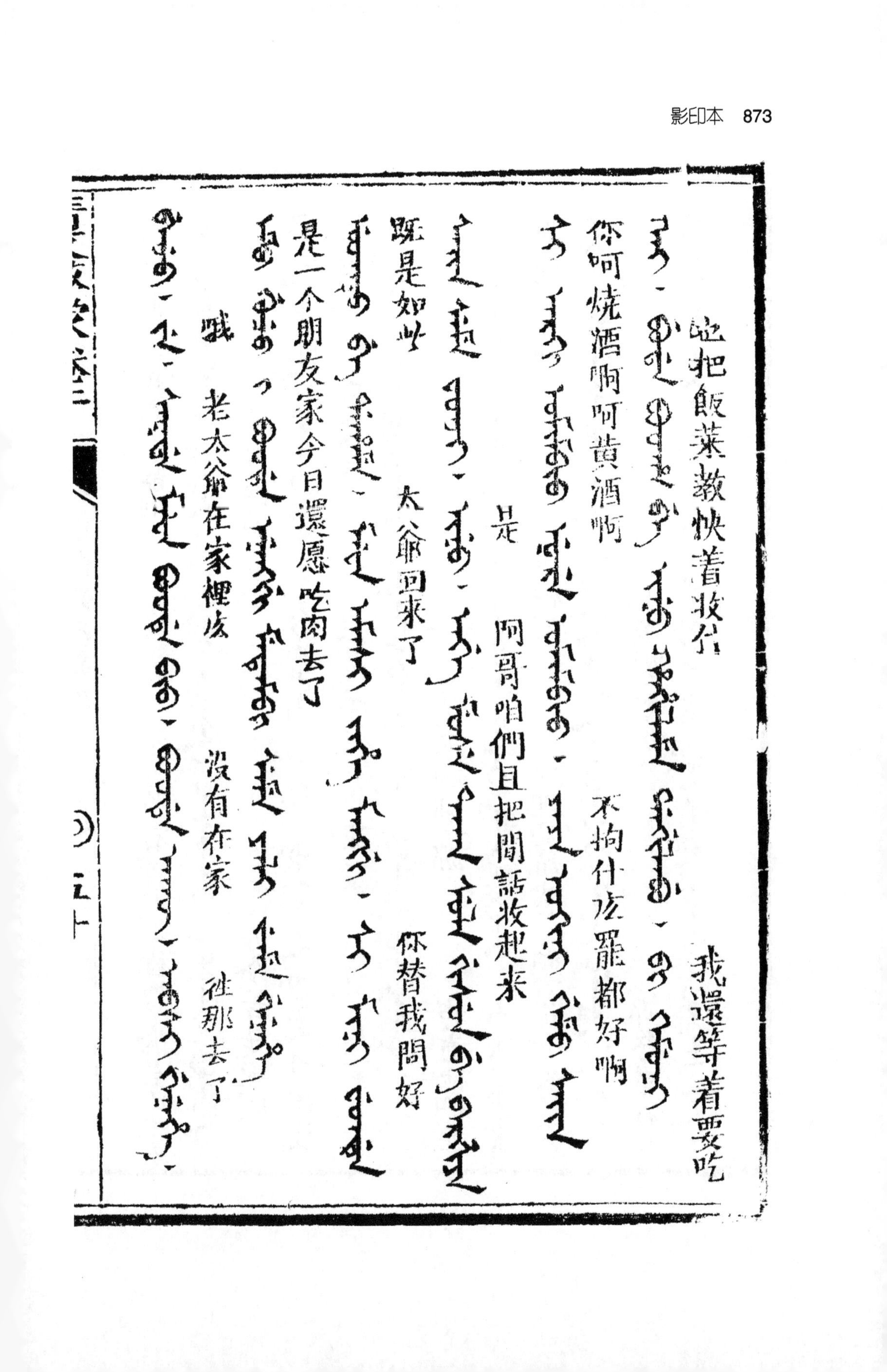

趁把飯菜教快着妝兮 我還等着要吃

你呵燒酒啊呵黃酒啊 不拘什麽罷都好啊

是 阿哥咱們且把閒話妝起來

既是如此 太爺回來了 你替我問好

是一个朋友家今日還愿吃肉去了

哦 老太爺在家裡麽 沒有在家 往那去了

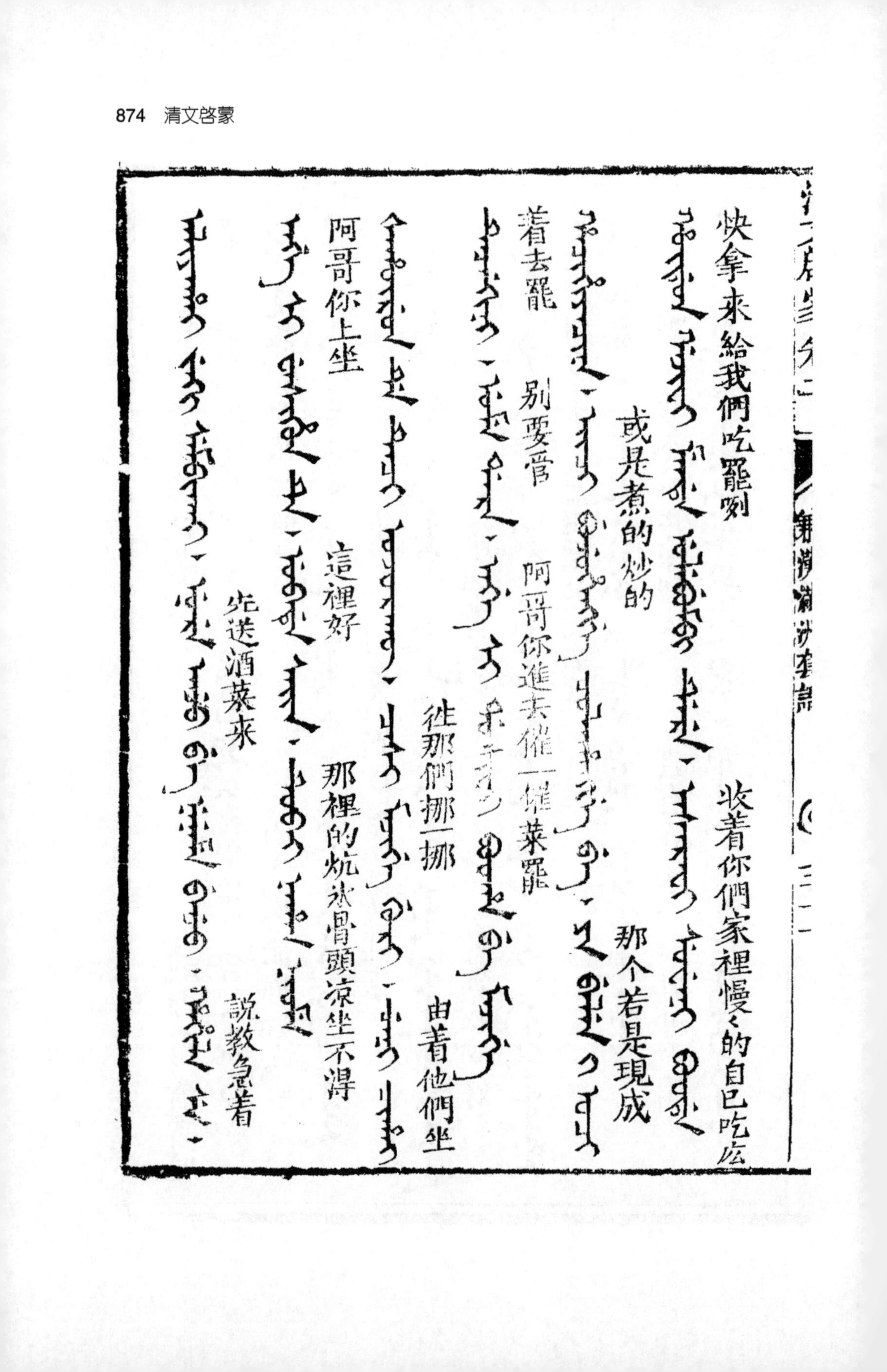

快拿來給我們吃罷咧　收着你們家裡慢〻的自巳吃庅

或是煮的炒的　那个若是現成

着去罷　別要管　阿哥你進去催一催來罷

阿哥你上坐　這裡好　徃那們挪一挪　那裡的炕沿骨頭凉坐不得　由着他們坐

先送酒菜來　說教急着

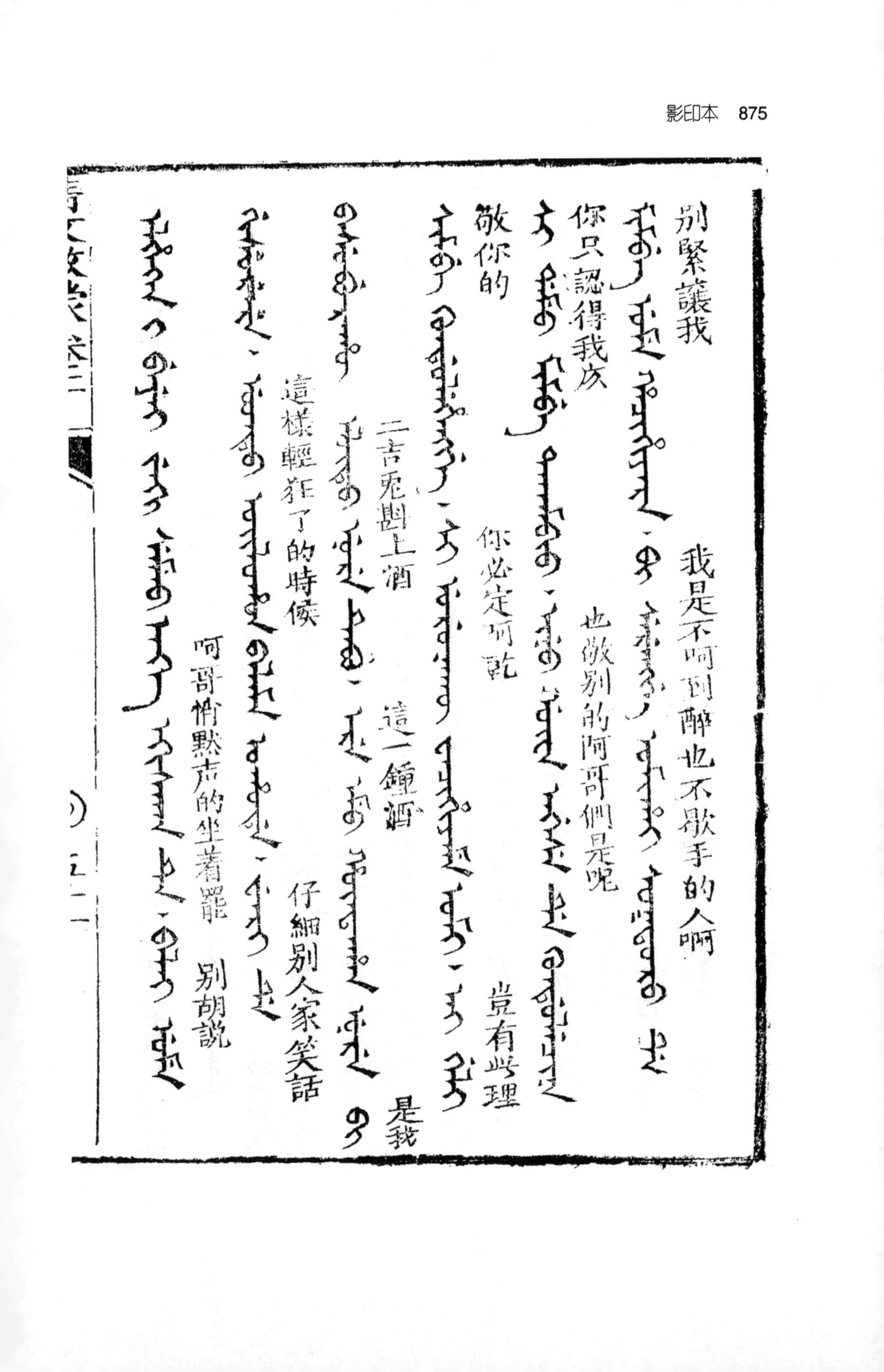

別緊讓我　我是不喝到醉也不歇手的人啊

你只認得我麼　也敬別的阿哥們是呢

敬你的　你必定喝乾　豈有此理

二吉兎斟上酒　這一鍾酒　是我

這樣輕狂了的時候　仔細別人家笑話

阿哥悄默声的坐着罷　別胡說

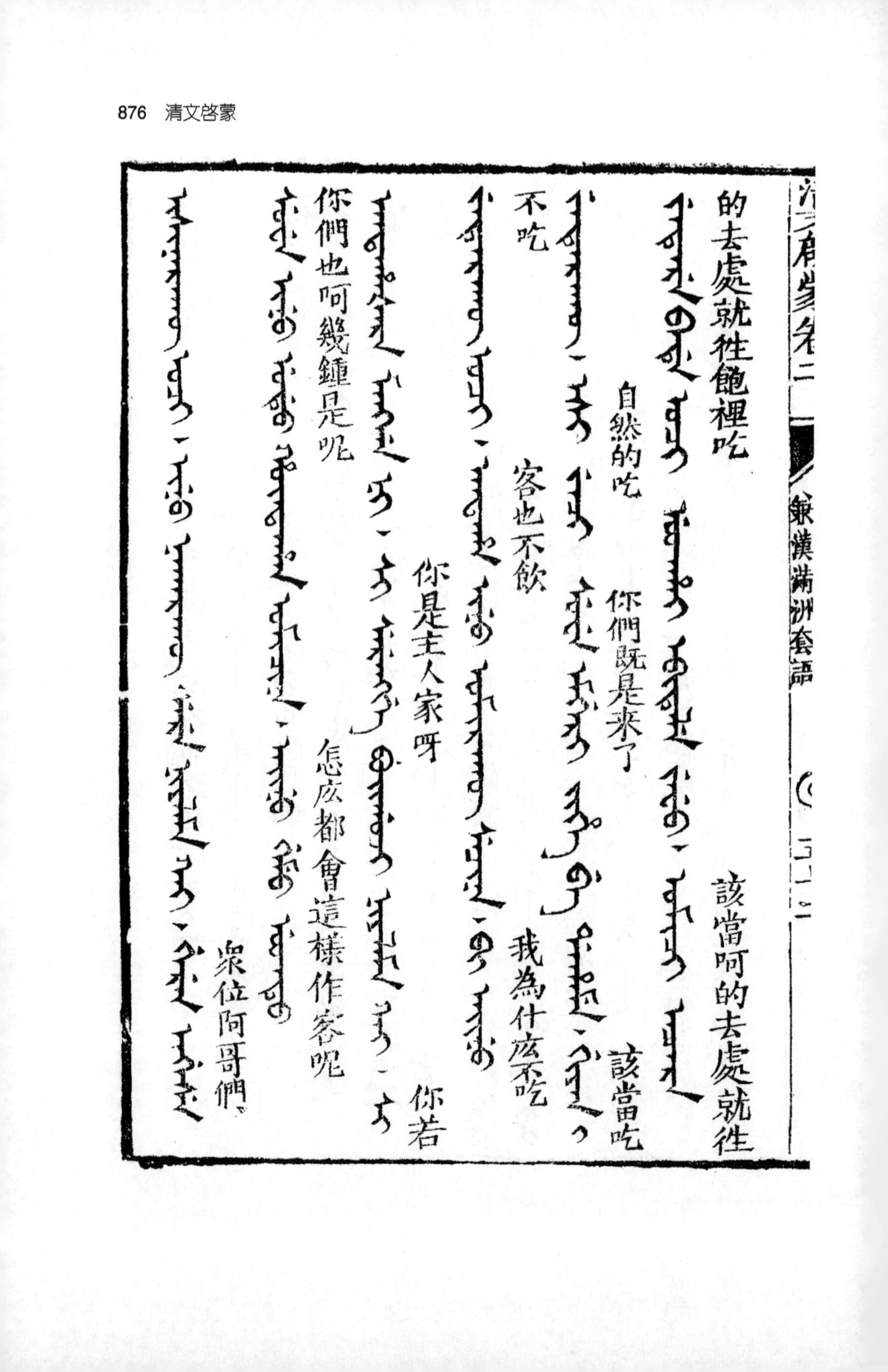

該當呵的去處就往

的去處就往飽裡吃

自然的吃

你們既是來了

該當吃

不吃

客也不飲

我為什庅不吃

你是主人家呀

你若

你們也呵幾鍾是呢

怎庅都會這樣作客呢

衆位阿哥們、

酒呵飯吃

噯呀々別給我們家人酒呵

都在這裡吃呢呵呢啊

二吉兒在那裡呢

給跟馬的人們

我們不用阿哥你讓

動筋兒

想是我的酒不釅

菜沒有味庅

謙々遜々的白坐着

讓着竟不呵

也不

醉裡呵

纔是罷到

這樣

他們都不會呵

万一呵醉了

怎庅跟我們

你們放心不妨事

我只不教他們多呵就完了

阿哥你向日原是善飲的人來着啊

今日怎庅了呢

竟不呵

你不知道

我先呵了些

若不然

就便教我呵一日到

我勸你的都是好話 信不信任憑你去

日後上了年紀 必然受他的傷損

那樣的呵 不但誤躭悞飯食

你比我不及遠了 雖其那樣說 你若是

若論吃飯 我實在不如你 若要呵酒

日頭落 我也不嫌厭煩

我再問你

你喝了酒的第二日

你若不過餘喝就好

太狠了反倒不好

恐怕一時忌不住

不是那們着

但只是我素日喝慣了

罷咧

若不疼愛

斷然不這樣苦言相勸

這都是阿哥疼愛我的

纔這樣提

湯堵膝子了 那纔在上

不氣 你一遭提起來 我的氣就往上

阿哥你若不提起這背恩的人來 我也

看不得 若是那們着 這就是酒之故

清早起來乾噦不乾噦 乾噦惡心的

就往我根前來哀求 阿哥

丁去

倘若出來一件困乏的事情

若是沒了吃的 大口袋裝上來背

若是沒了用的 拿我的銀錢去使喚

若是沒了穿的 從我身上脫給他穿

他把我們家的門坎子都踢破了來着

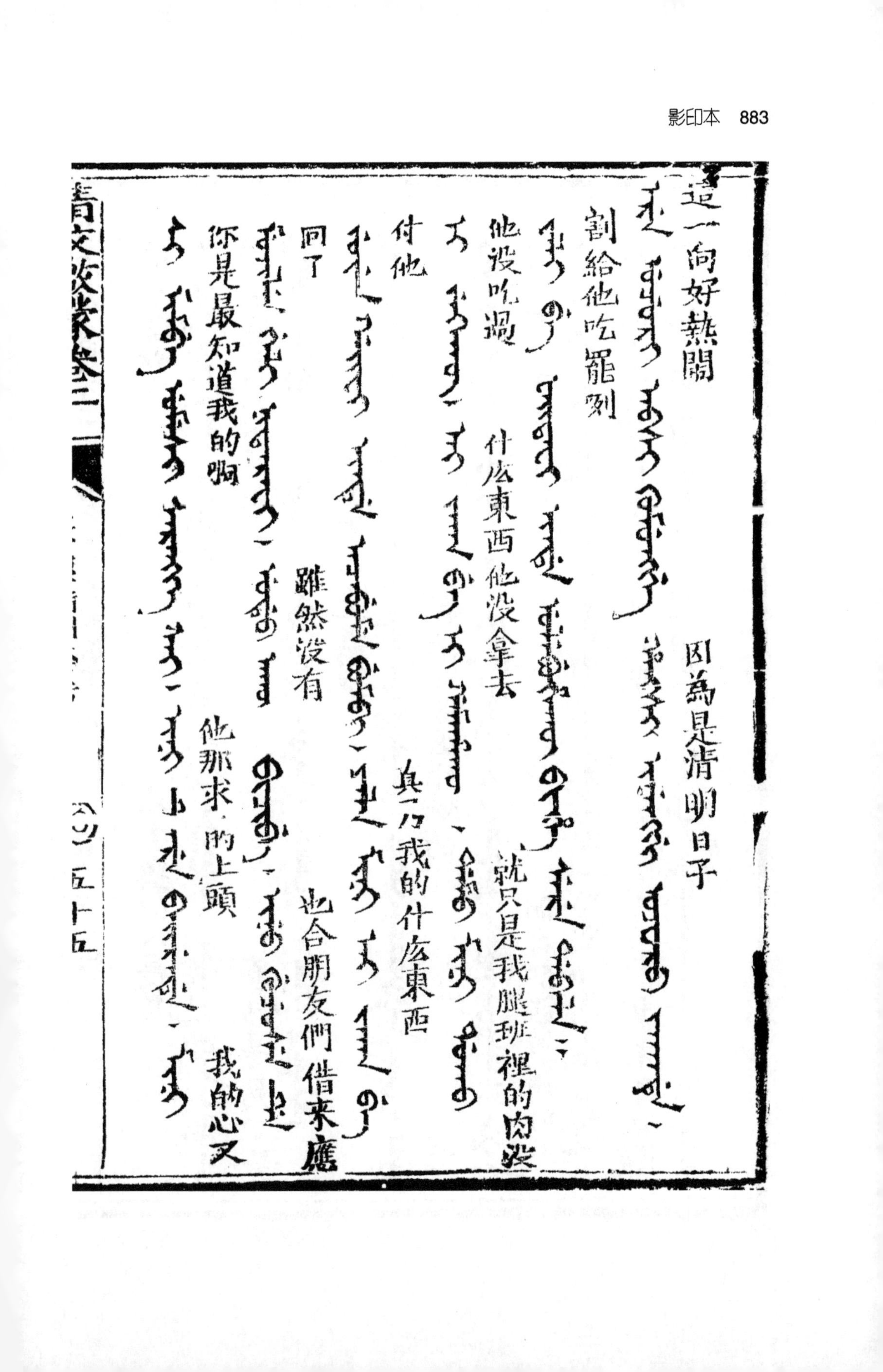

這一向好熱鬧
因爲是清明日子
剖給他吃罷咧
就只是我腿班裡的肉沒
他沒吃過
什庅東西他沒拿去
付他
與了我的什庅東西
回了
雖然沒有
也合朋友們借來應
你是最知道我的啊
他那來的上頭
我的心又

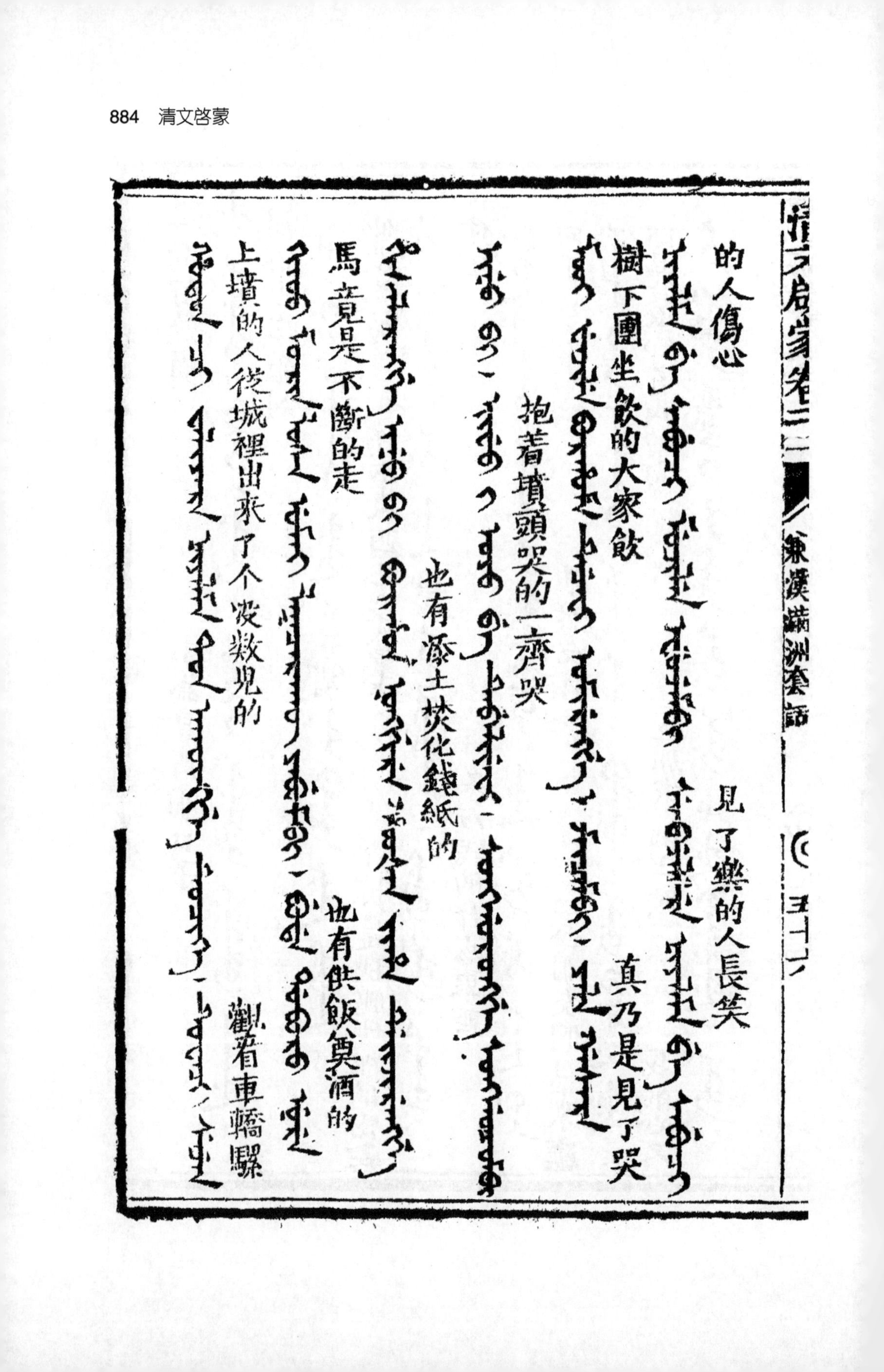

的人傷心

見了樂的人長笑

樹下團坐飲的大家飲

真乃是見了哭

抱着墳頭哭的一齊哭

也有添土焚化錢紙的

馬竟是不斷的走

也有供飯奠酒的

上墳的人從城裡出來了个波數兒的

攔着車轎騾

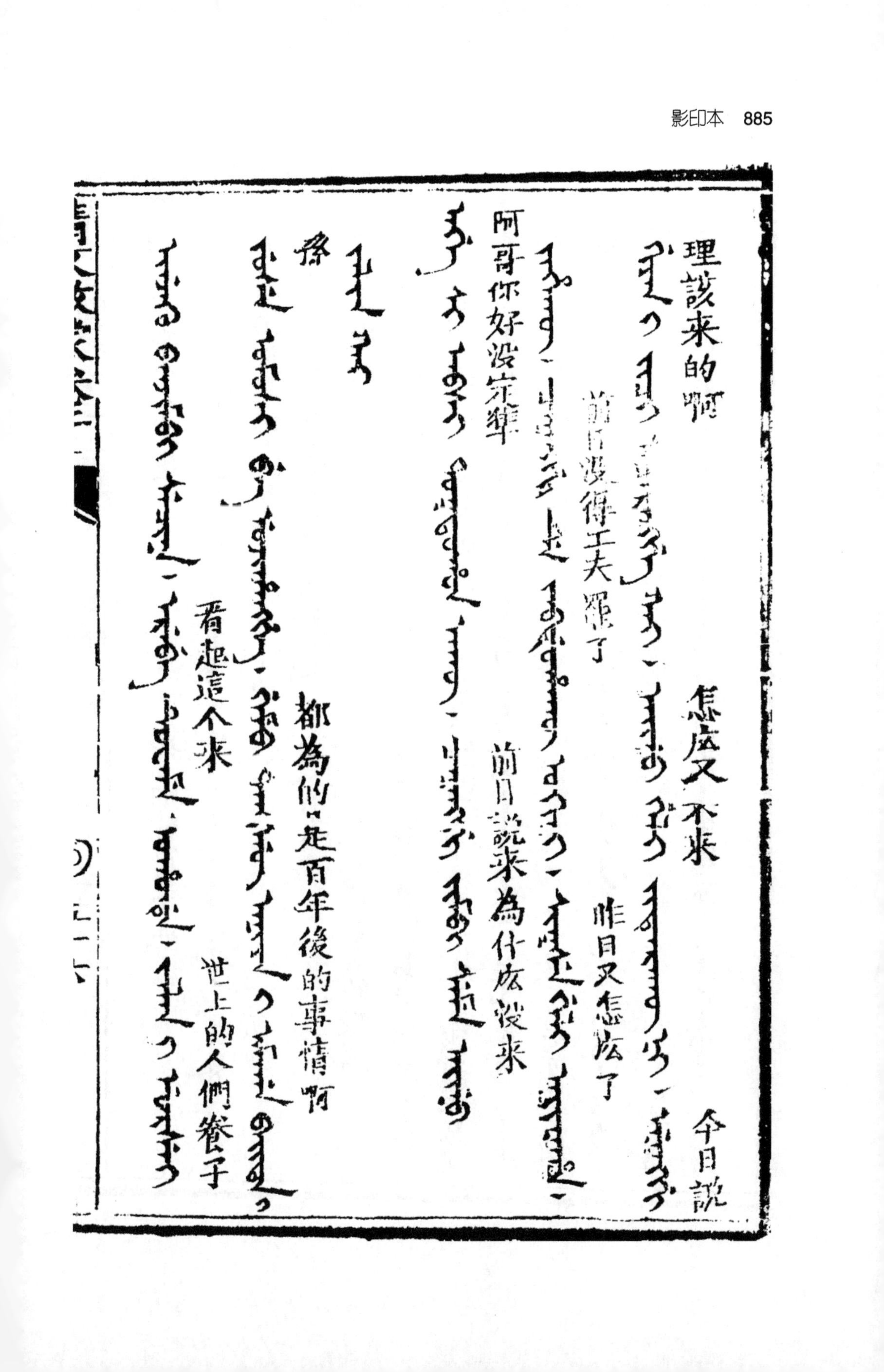

理該來的啊 怎麽又不來 今日說

前日沒得工夫罷了 昨日又怎麽了

阿哥你好沒定準 前日說來為什麽沒來

係

都為的是百年後的事情啊

看起這个來 世上的人們養子

你們若說那个人大道

真〻的寃屈了他

再還信你話的人有麽

一次兩次的罷咧

若常〻的撒謊

不的啊

自今以後

再别這樣

若是撒謊也只可

着說今日明日的

每日哄人麽

阿哥你使

明日

明日推後日

只管儘

很是一个頭等頭的老實人
就是人前也不肯輕
言
有一句纔說一句
他的情性就是那樣
若是不
知道他的人們
說他是挺欵
因為你們沒
有同他在一處來着
不知他為人動作罷咧
我是與他行走過的
不但知道

這們着也不是

那們着也不

送小些兒的來

你又說太小了

也說不好

送大些兒的去

你又說大

阿哥你也煩瑣罷

給這个你也不要

給那个你

他的屬性

連過活的去處全都知道的真確啊

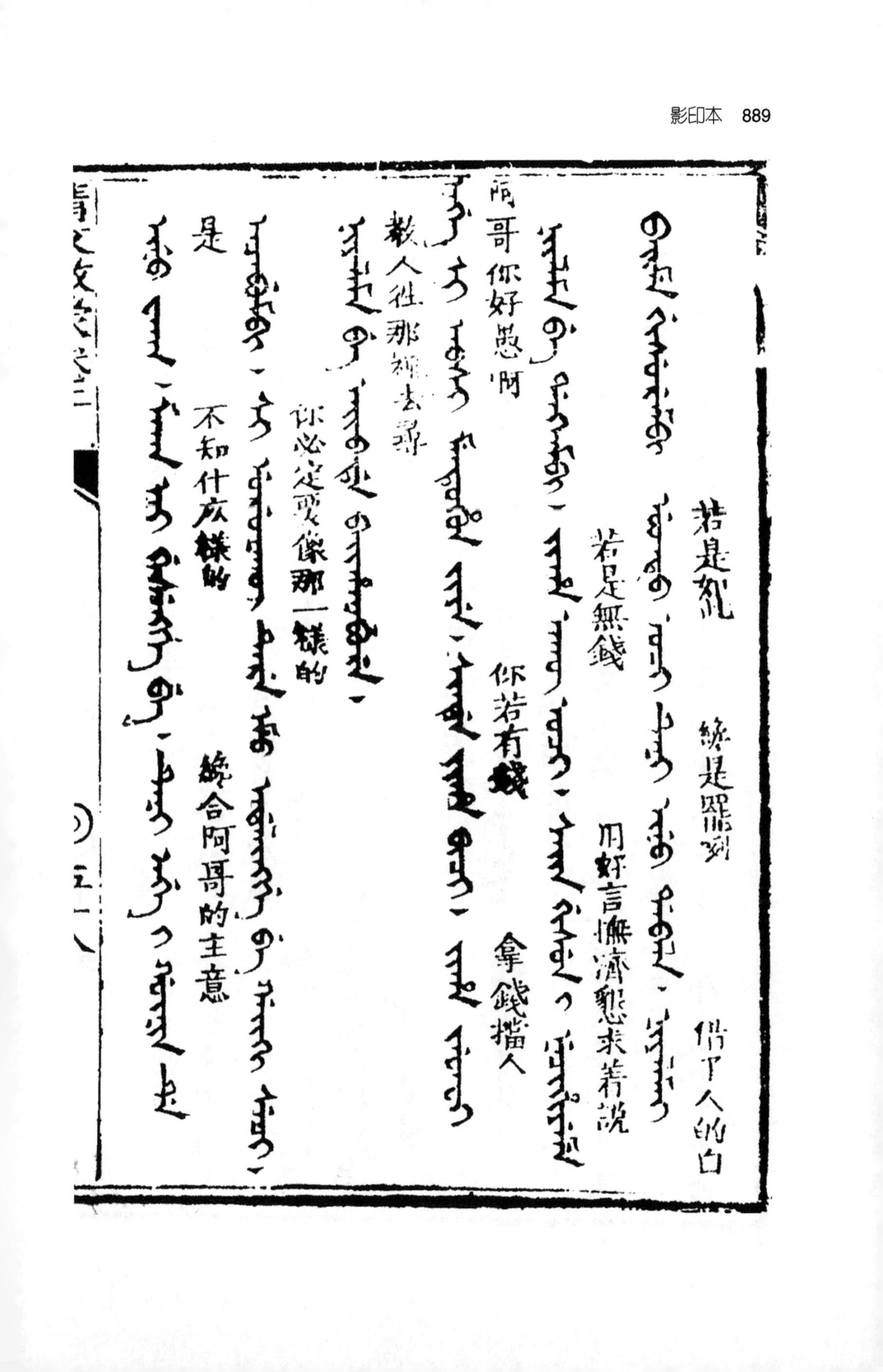

是

不知什麽樣的

纔合阿哥的主意

你必定要像那一樣的

教人徃那裡去哪

阿哥你好愚啊

你若有錢

拿錢揩人

若是無錢

用好言撫濟懇求着說

若是說

纔是罷咧

借了人的白

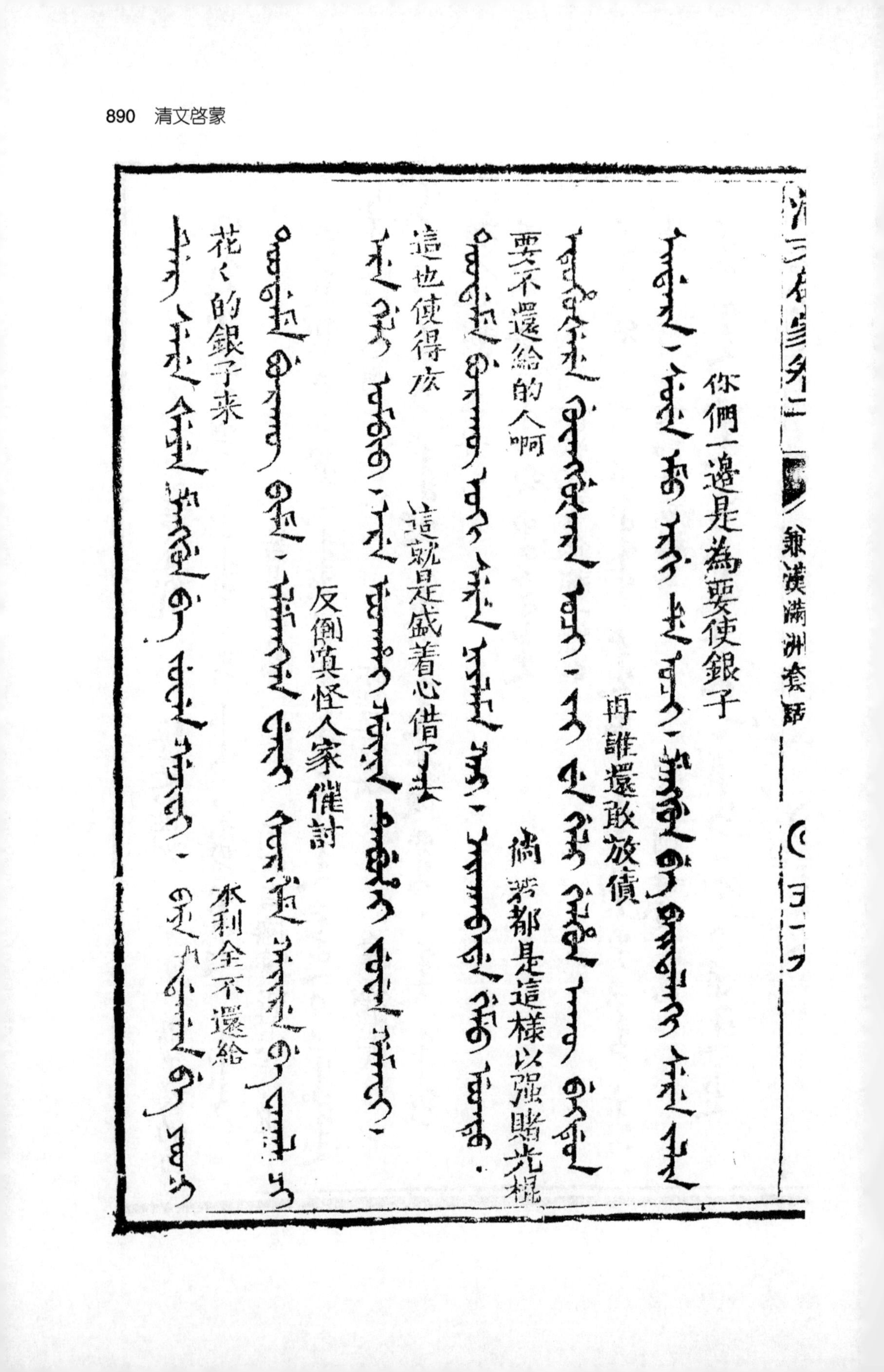

你們一邊是為要使銀子

再誰還敢放債

要不還給的人啊

倘若都是這樣以强賭光棍

這也使得麽

這就是歹着心借了去

反倒嗔怪人家催討

花〻的銀子來

本利全不還給

阿哥你怎這樣話多 遭〻兒來了嘴裡瓜答〻的乱說了麽

是好心來着罷咧 誰接了你們的什麽吃呵

那一个也尋我 原保了你們

扯我們保人作什麽 這一个也叫我

一邊是為要得利錢 無辜的拉

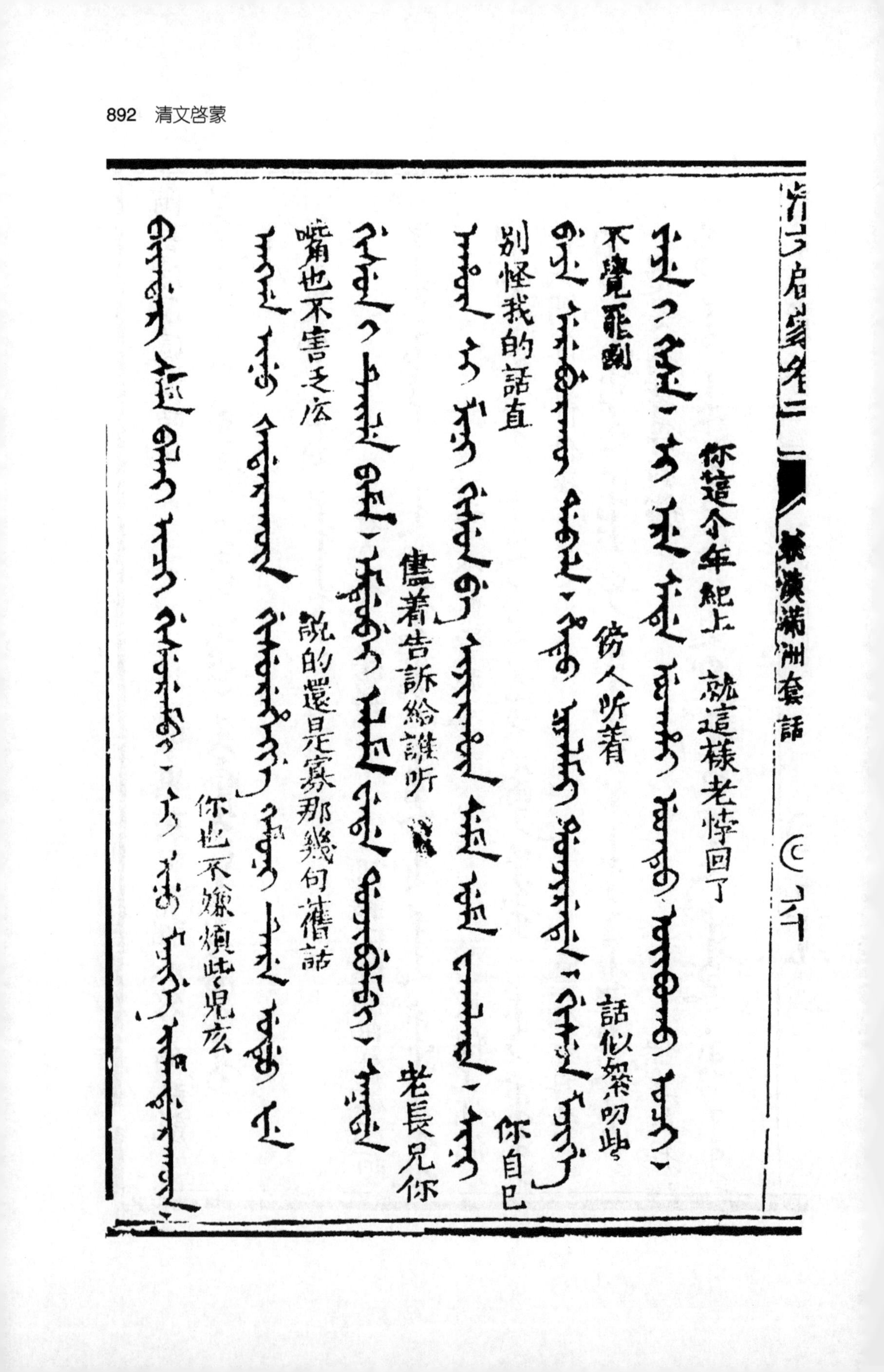

你這个年紀上 就這樣老悖回了

不覺罷亂 傍人听着 話似絮叨些

別怪我的話直 你自己

儘着告訴給誰听 老長兄你

嘴也不害羞麽 說的還是寡那幾句舊話

你也不嫌煩些兒麽

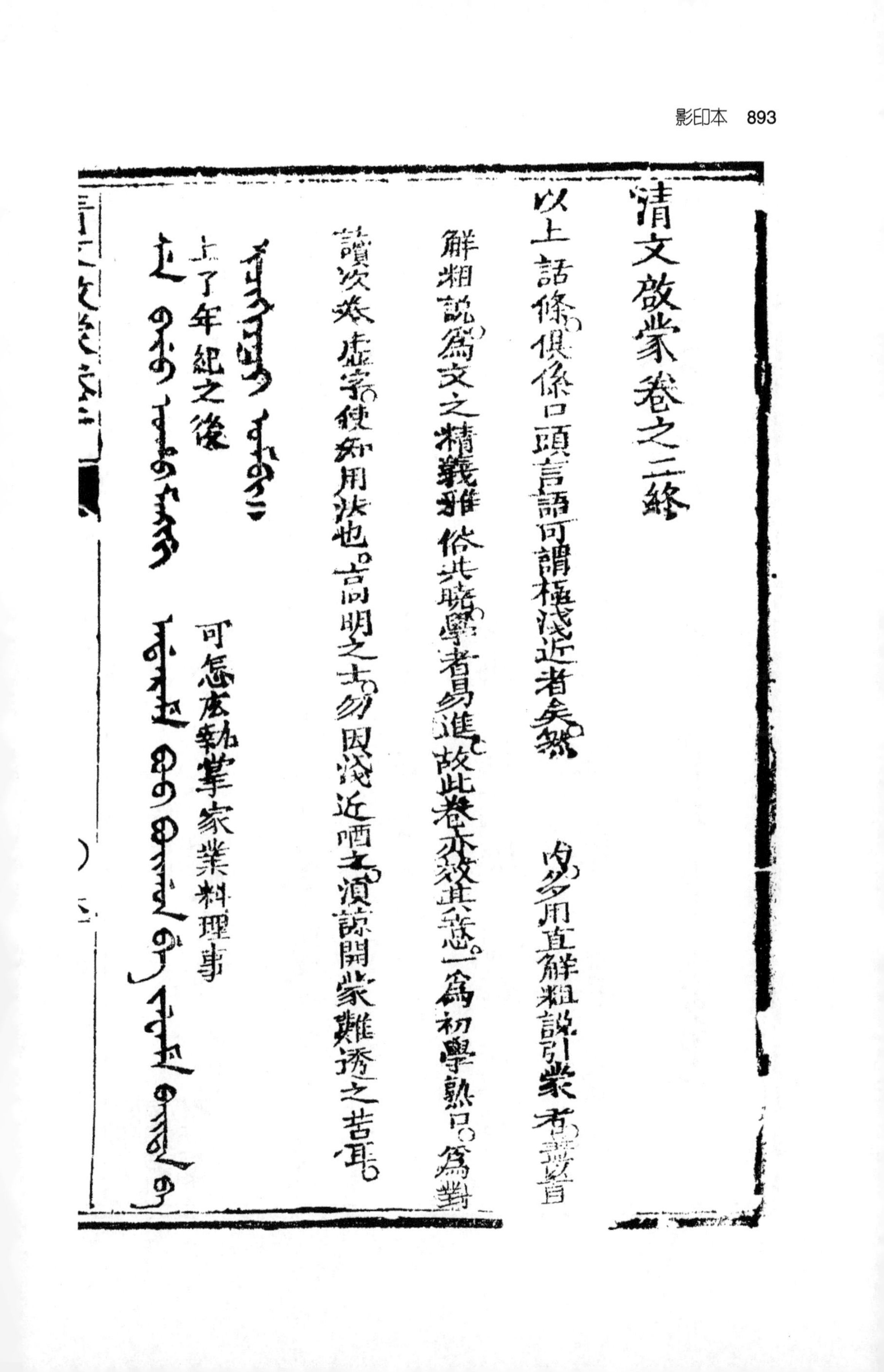

清文啟蒙卷之二終

以上話條。俱係口頭言語可謂極淺近者矣。然內。多用直解粗說引蒙者。講習解粗說為文之精義雅俗共曉。學者易進。故此卷亦發其意。一為初學熟口。為對讀次第虛字。使知用法也。高明之士。勿因淺近哂之。須諒開蒙難透之苦耳。

上了年紀之後

可怎麼勒掌家業料理事

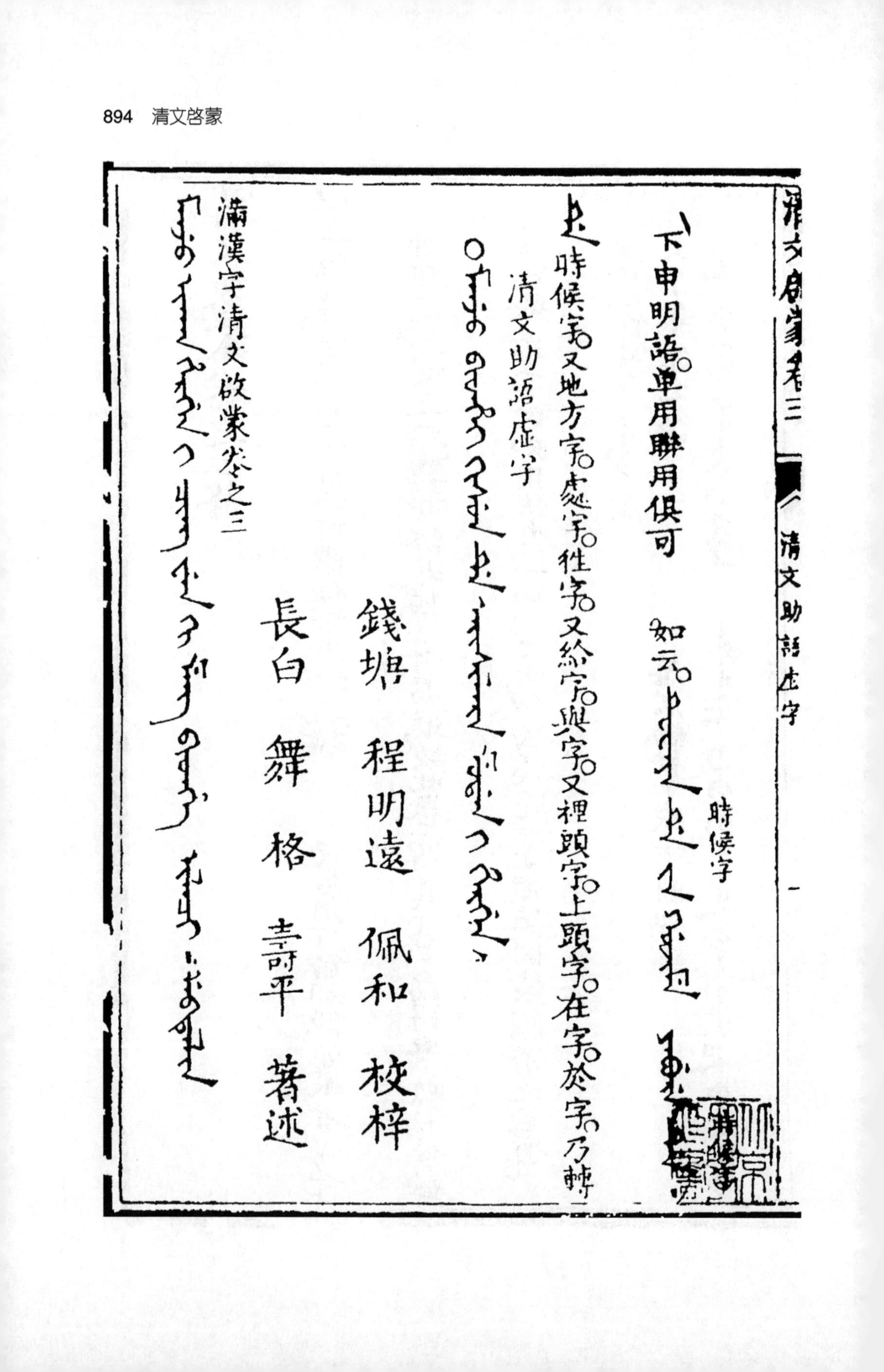

下申明語。單用聯用俱可

如云。時候字

時候字。又地方字。處字。往字。又給字。與字。又裡頭字。上頭字。在字。於字。乃轉

清文助語虛字

錢塘 程明遠 佩和 校梓

長白 舞格 壽平 著述

滿漢字清文啟蒙卷之三

上頭字

筆紙墨硯放在桌上。

裡頭字

金銀貯櫃粮米收倉。

裡頭字

給字

給與這個人了。

與字

江南蘇州去。

說與那個人了。

去的時候告訴了。

往字 処字

往那裡去。

地方字

看時容易作時難。

時候字

大人們方纔

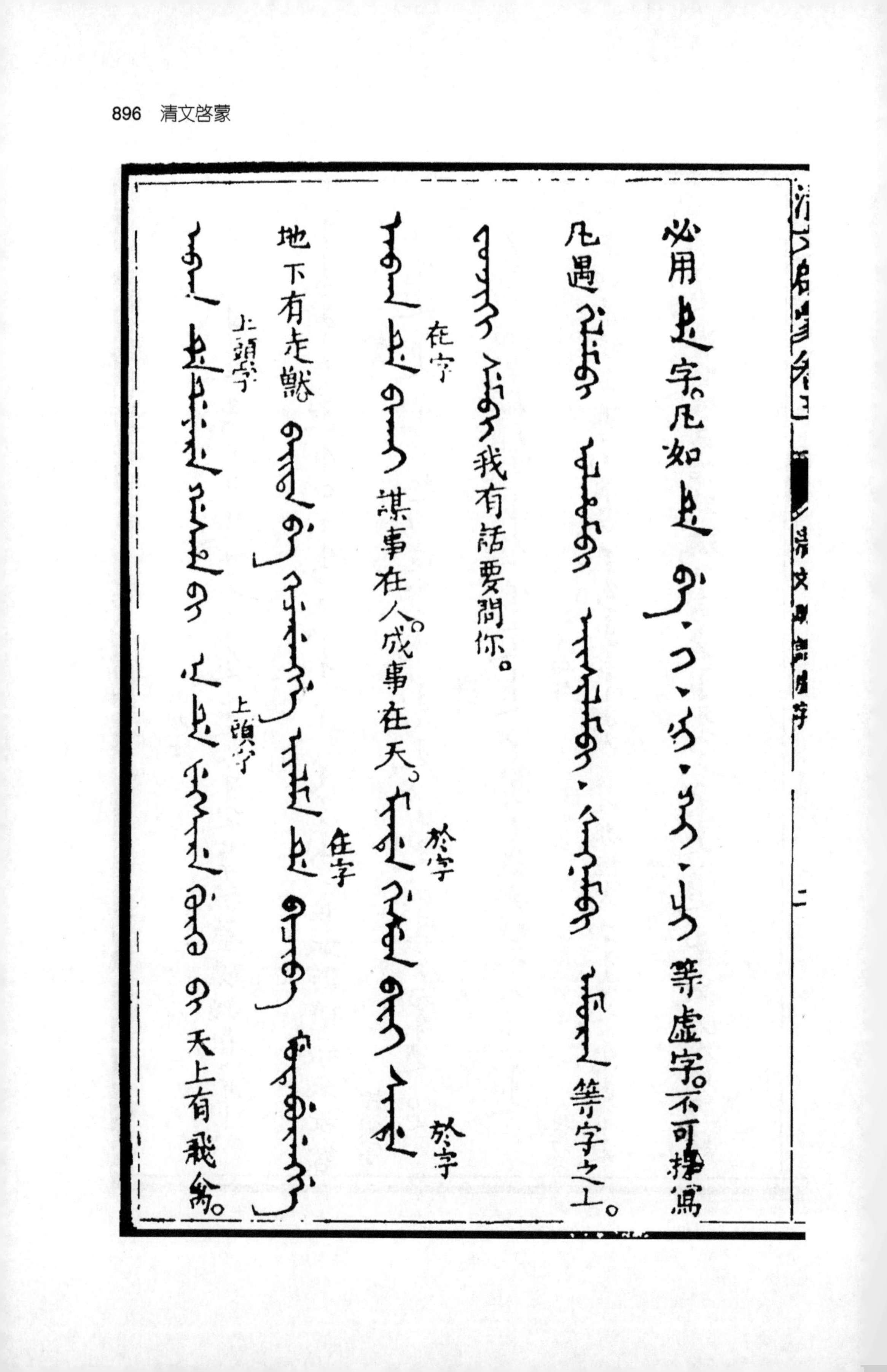

必用字。凡如等虛字。不可擡寫

凡遇等字之上。

我有話要問你。

在字 謀事在人。成事在天。於字 於字

地下有走獸 上頭字 在字 上頭字 天上有飛鳥。

時字

如此這般說的時候眾人纔都知道了

說的當

說的當時字。乃轉下語。

知云。

當時字

弟兄得會。不勝歡喜。

等字。實解根前。

知云

當時字。彼時字。較

字詞義實在。乃承上起下語。此上必用

在行首。若係實解。或作漢話用者。方可提起寫得。

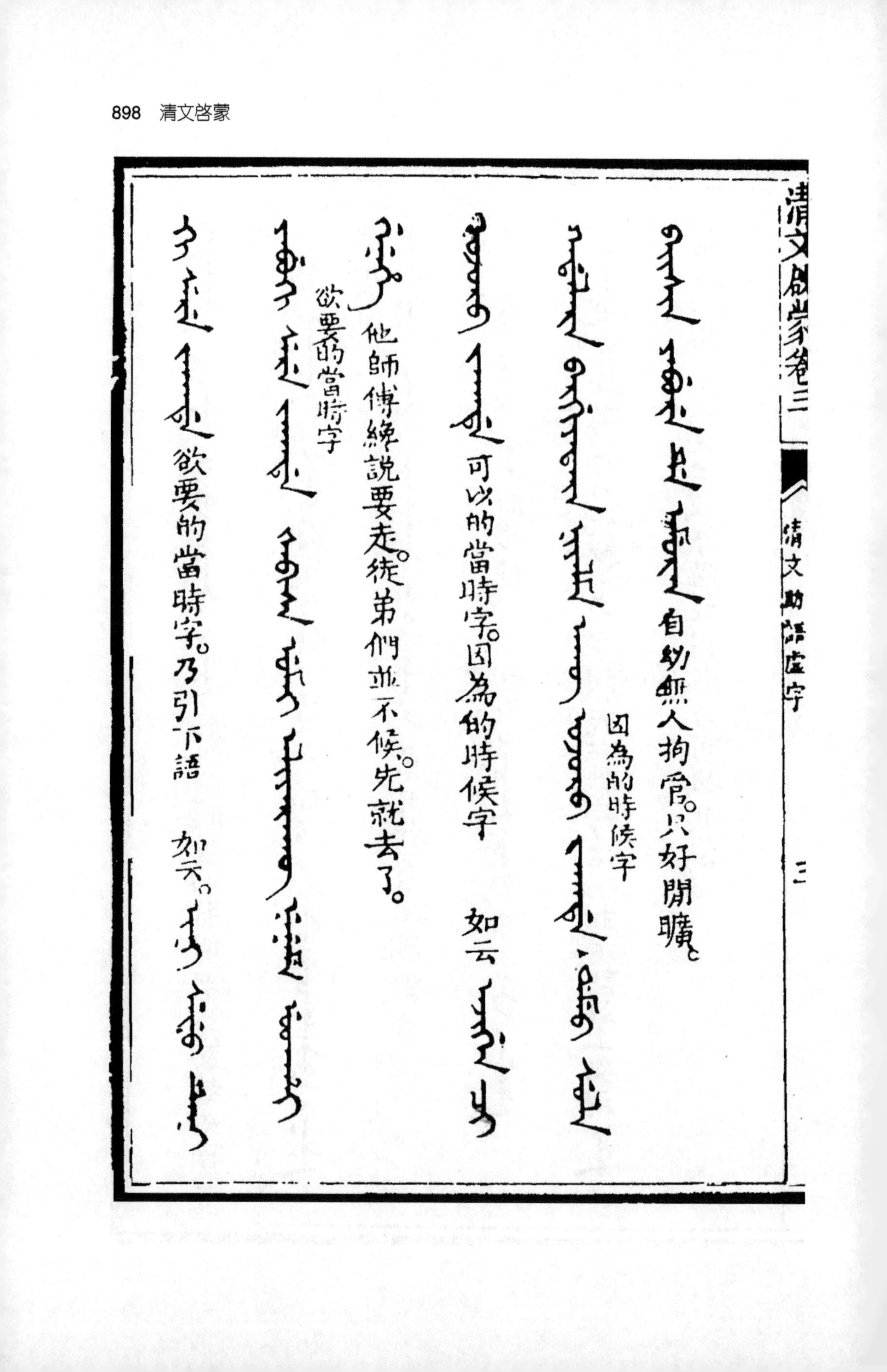

自幼無人拘管。只好閒曠。

因為的時候字

可以的當時字。因為的時候字 如云

欲要的當時字

他師傅總說要走。徒弟們並不候。先就去了。

欲要的當時字。乃引下語 如云。

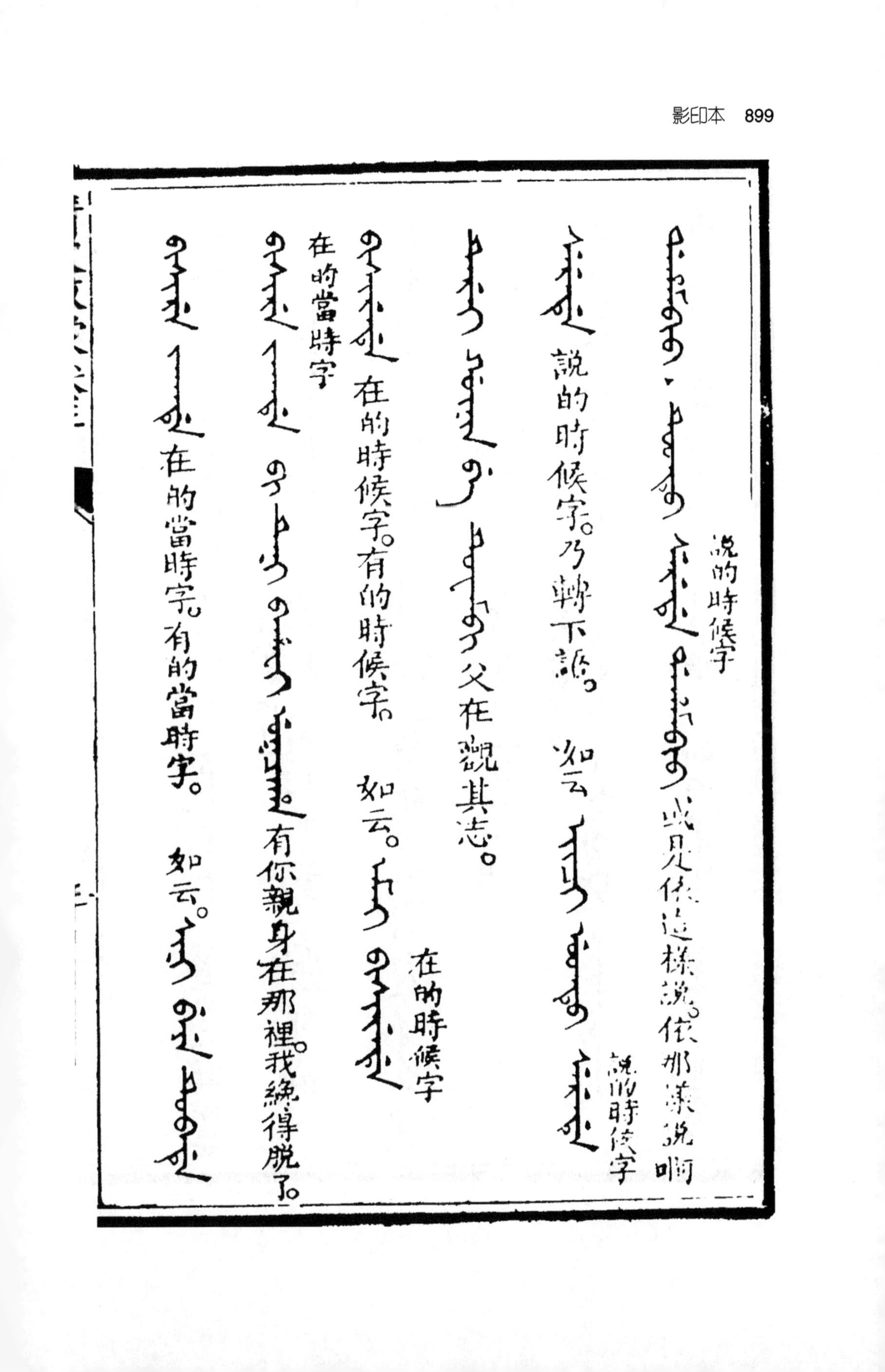

說的時候字

或是依這樣說。依那樣說啊

說的時候字

說的時候字。乃轉下語。

如云

父在觀其志。

在的時候字。有的時候字

如云。

在的時候字

在的當時字

有你親身在那裡。我纔得脫了。

在的當時字。有的當時字。

如云。

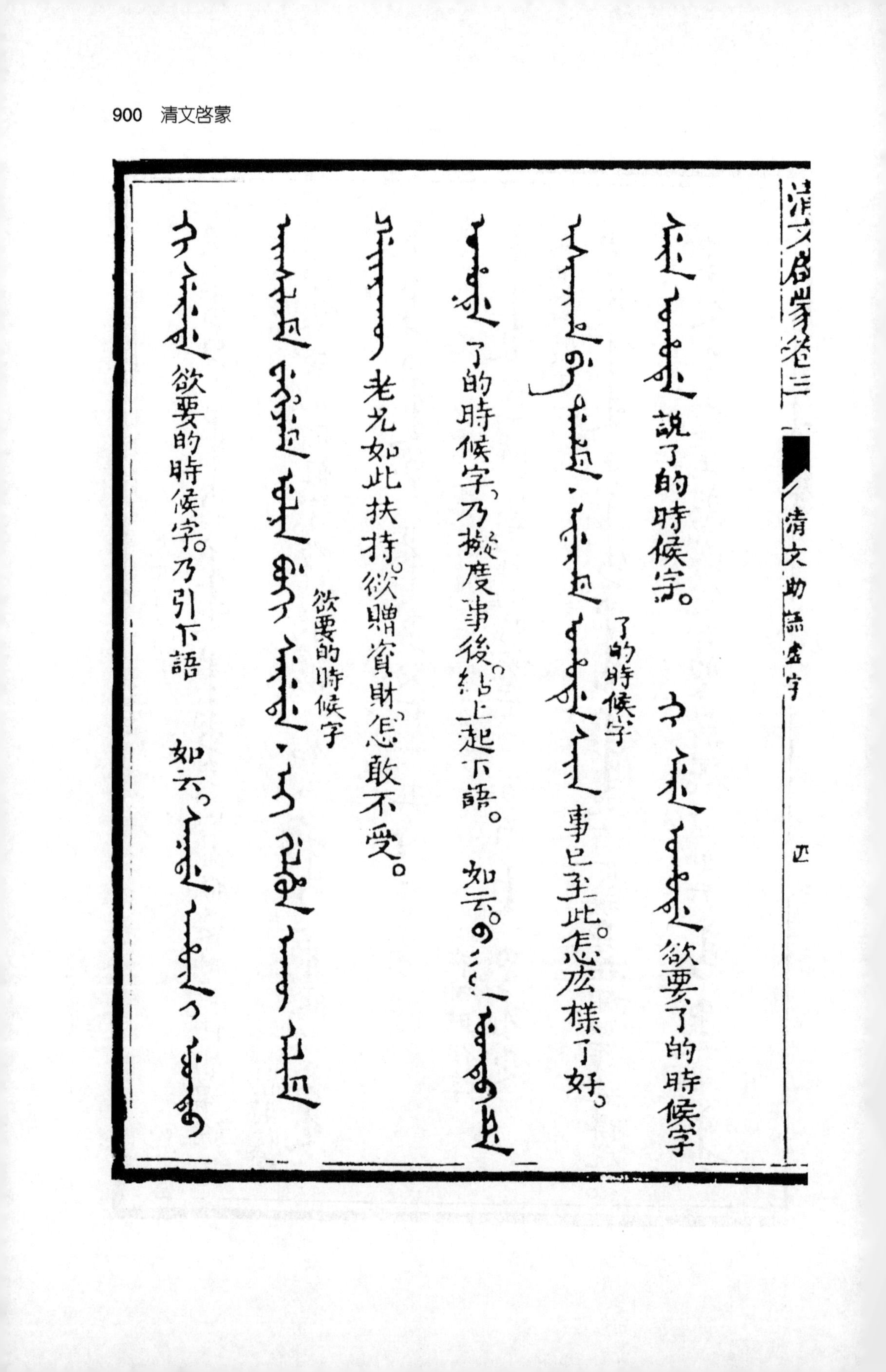

說了的時候字。

欲要了的時候字

了的時候字

事已至此怎麼樣了好。

了的時候字。乃擬度事後。結上起下語。如云。

老兄如此扶持。欲贈資財。怎敢不受。

欲要的時候字

欲要的時候字。乃引下語

如云。

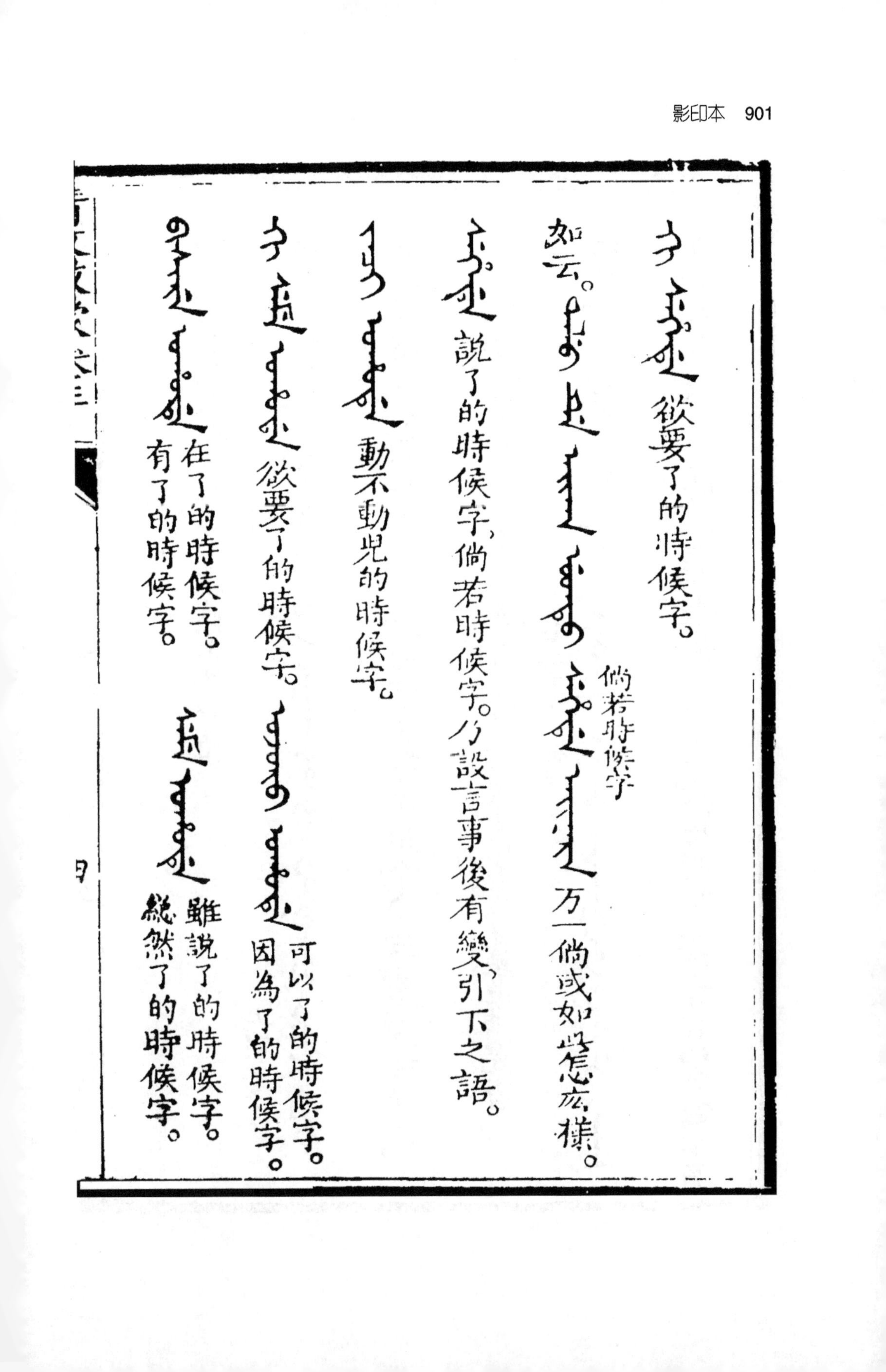

欲要了的時候字。

如云。萬一倘或如此怎麽様。倘若時候字

說了的時候字，倘若時候字。乃設言事後有變引下之語。

動不動兒的時候字。

欲要了的時候字。

可以了的時候字。因為了的時候字。

在了的時候字。有了的時候字。

雖說了的時候字。總然了的時候字。

ᡤᡳᠩᡤᡠᠯᡝ 小心上又小心謹慎上又謹慎

如云。ᠣᠯᡥᠣᡧᠣᡵᠣ ᡩᠠᡩᡝ（上頭又字）ᡤᡝᠯᡳ ᠣᠯᡥᠣᡧᠣ、ᡤᡳᠩᡤᡠᠯᡝᡵᡝ ᡩᠠᡩᡝ（上頭又字）ᡤᡝᠯᡳ

ᡩᠠᡩᡝ 上頭又字。兼且字。更且字。一根裡字。此下必用 ᡤᡝᠯᡳ 字。實解根子上。

ᠰᠠᡳᠨ ᠵᠠᡴᠠ ᠪᡳᡥᡝᡩᡝ（有来着的時候字）有了好東西或是收着或是尋好價兒賣。

結語。如云。ᠰᠠᡳᠨ ᠵᠠᡴᠠ ᠪᡳᡥᡝᡩᡝ ᡝᡳᠴᡳ ᠠᠰᠠᡵᠠ、ᡝᡳᠴᡳ ᠰᠠᡳᠨ ᡥᡡᡩᠠ ᠪᠠᡳᠮᡝ

ᠪᡳᡥᡝᡩᡝ 有来着的時候字。在来着的時候字。倘若時候字。乃設言如此。起下另

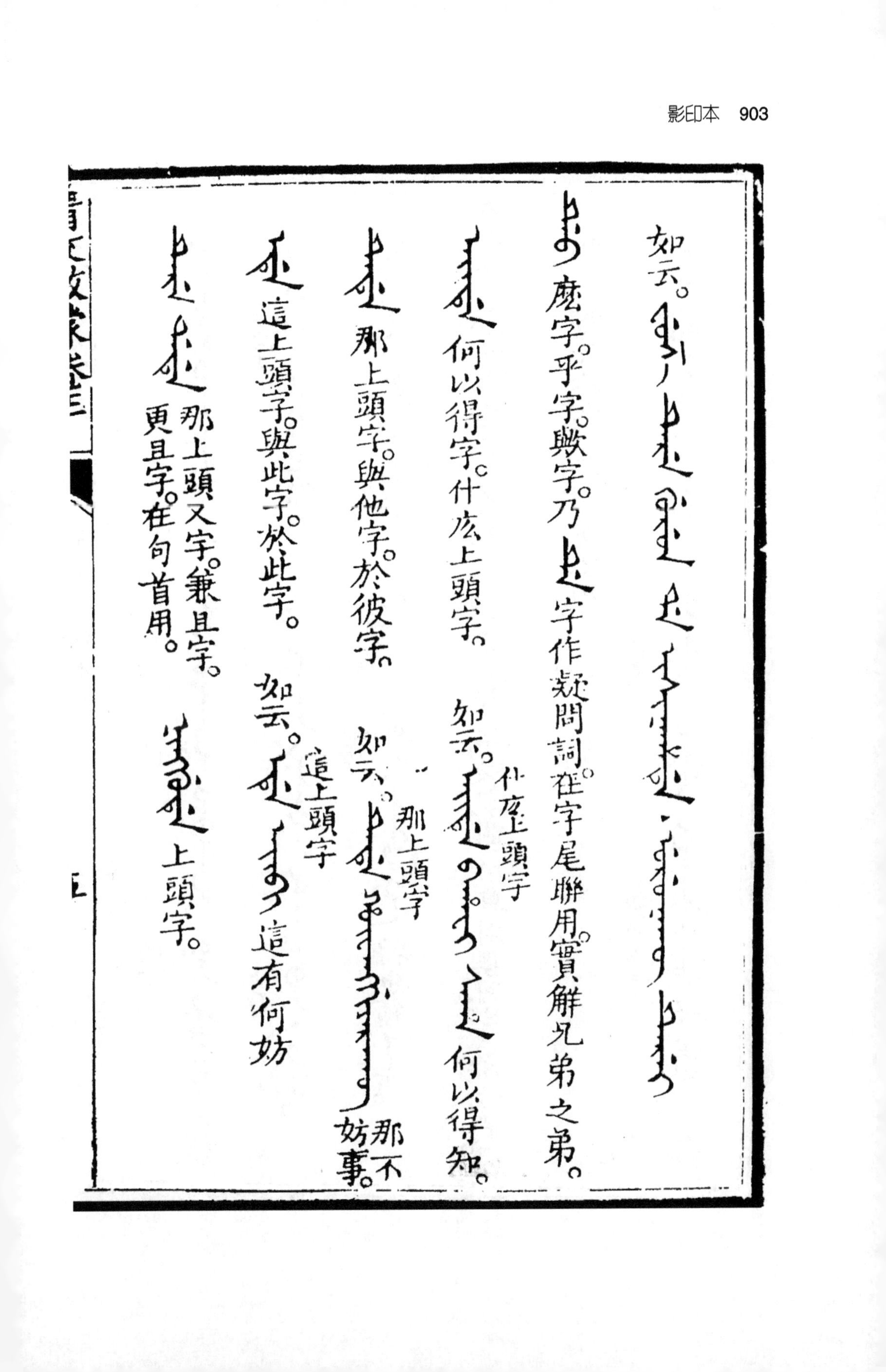

如云。

麽字。平字。歟字。乃字作疑問詞在字尾聯用實解兄弟之弟。

何以得字。什麽上頭字。

如云。什麽上頭字何以得知。

那上頭字。與他字。於彼字。

如云。那上頭字那不妨事。

這上頭字。與此字。於此字。

如云。這上頭字這有何妨

那上頭又字。兼且字。更且字。在句首用。

上頭字。

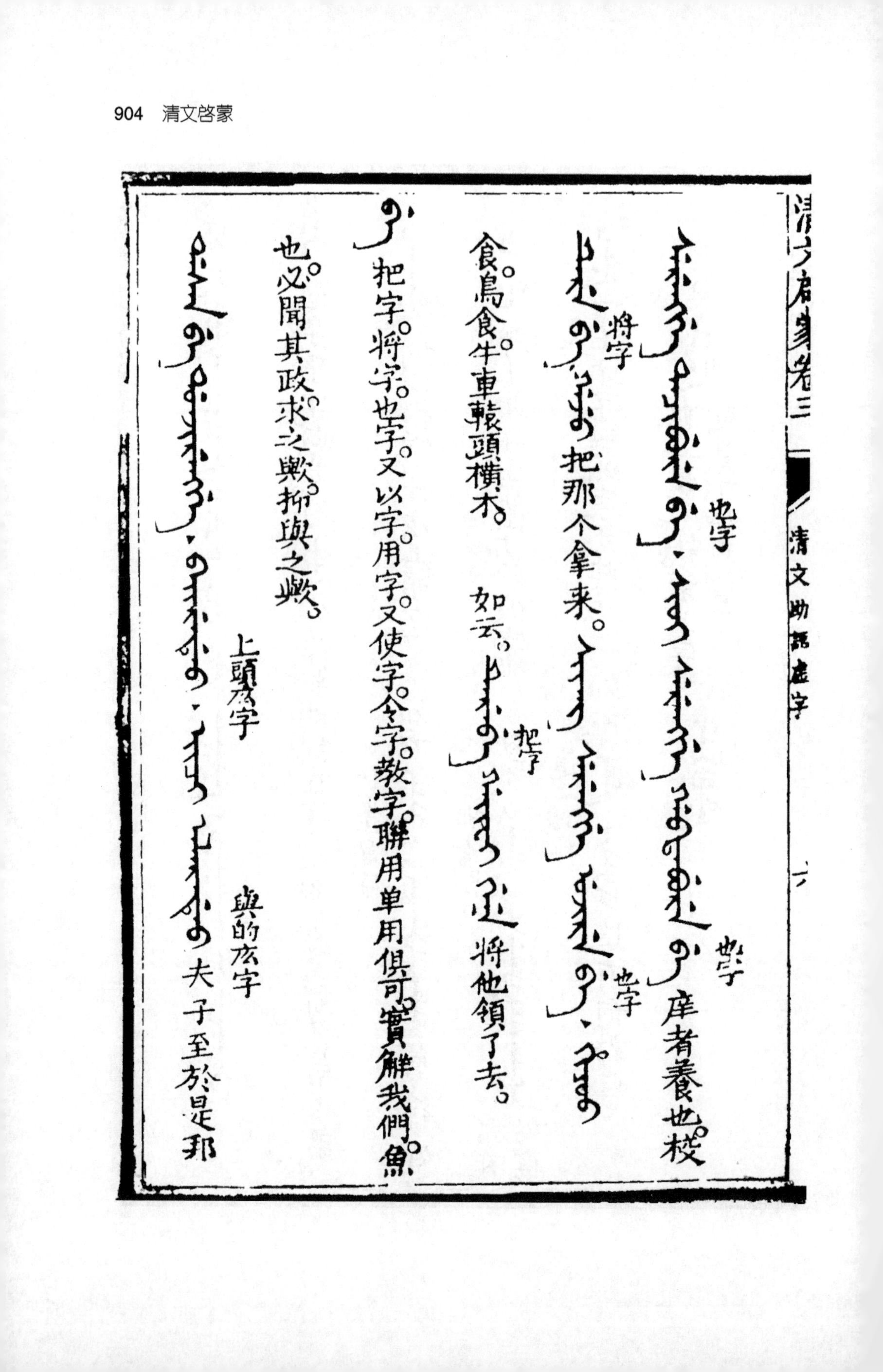

也字 也字

庠者養也。校

將字 也字

把那个拿来。

食。鳥食。牛車轅頭横木。

如云。

把字

將他領了去。

把字。將字。也字。又以字。用字。又使字。令字。教字。聯用单用俱可實解我們無

也。必聞其政。求之歟。抑與之歟。

上頭広字 與的広字

夫子至於是邦

ᠮᡳᠮᠪᡝ 把我。教我。ᠮᡝᠮᠪᡝ 將我們 令我們

ᡩᡝ · ᡩᡝ ᠴᡳ · ᡳ 等虛字之下。不可用 ᠪᡝ 字。

凡遇 ᡨᠠᠴᡳᠪᡠᠮᠪᡳ ᠪᡠᠮᠪᡳ 等虛字之上必用 ᠪᡝ 字。如 ᠰᡳ

你去。ᡨᠠᠴᡳᠪᡠ 使字 ᠵᡳᡴᡳᠨᡳ 教他來罷。

ᡨᠠᠴᡳᡵᡝ ᠪᡝ ᠠᡳ ᠪᡝ ᡨᡝᠮᡤᡝᡨᡠ ᠣᠪᡠᠮᠪᡳ 以何為憑據。ᠰᡝᡶᡠ ᡥᡝᠨᡩᡠᠮᡝ 令字 ᡨᠠᠴᡳᠪᡠ ᡥᡝᠨᡩᡠᠮᡝ 師傅說了教

者教也。序者射也。ᠰᡝᠮᠪᡳ 學 ᡨᠠᠴᡳᡵᡝ ᡩᡝ ᠠᡳ ᠪᡝ ᡩᠠ ᠣᠪᡠᠮᠪᡳ 以何作根本。ᡨᠠᠴᡳᡵᡝ 學

與單用義同

如云。 的字 之字

的字之字。又以字。用字。此字。亦有聯寫在第一頭。字尾念作第二頭字音者。

把麼字 衆人之中該罰的。把誰呢。

麼字。乎字。歟字。乃字作質問疑詞。

如云。

將說了的。

把說了的之謂也。

把你們。教你們。

將他們 使他們。

[满文] [满文] [满文] [满文]等字之上。必用ᡳ字。或當用

凡遇[满文] [满文] [满文] [满文] [满文] [满文]

聯寫体式。[满文] 聯式 [满文] [满文] [满文] 聯式 [满文] [满文] 聯式 [满文]

待人。人必以好心待我。[满文] 以字 [满文] [满文] 以德修身。ᡳ字

[满文] [满文] [满文] [满文] [满文] 用字 [满文] 学 [满文]我以好心

[满文] 人之父母。己之父母。[满文] [满文] [满文] [满文] [满文] [满文]

如云。[illegible] 的字 [illegible] 之字 [illegible] 的字 [illegible]

[illegible] 的字。之字。又以字。用字。又呢字。哉字。乃驚嘆想像語氣實解標的點字。

字之下。必用 [illegible] 字。乃一定之詞也。

[illegible] 等虛

先遇 [illegible]

[illegible] 字。如 [illegible] 等句。乃係成語。不在此例。

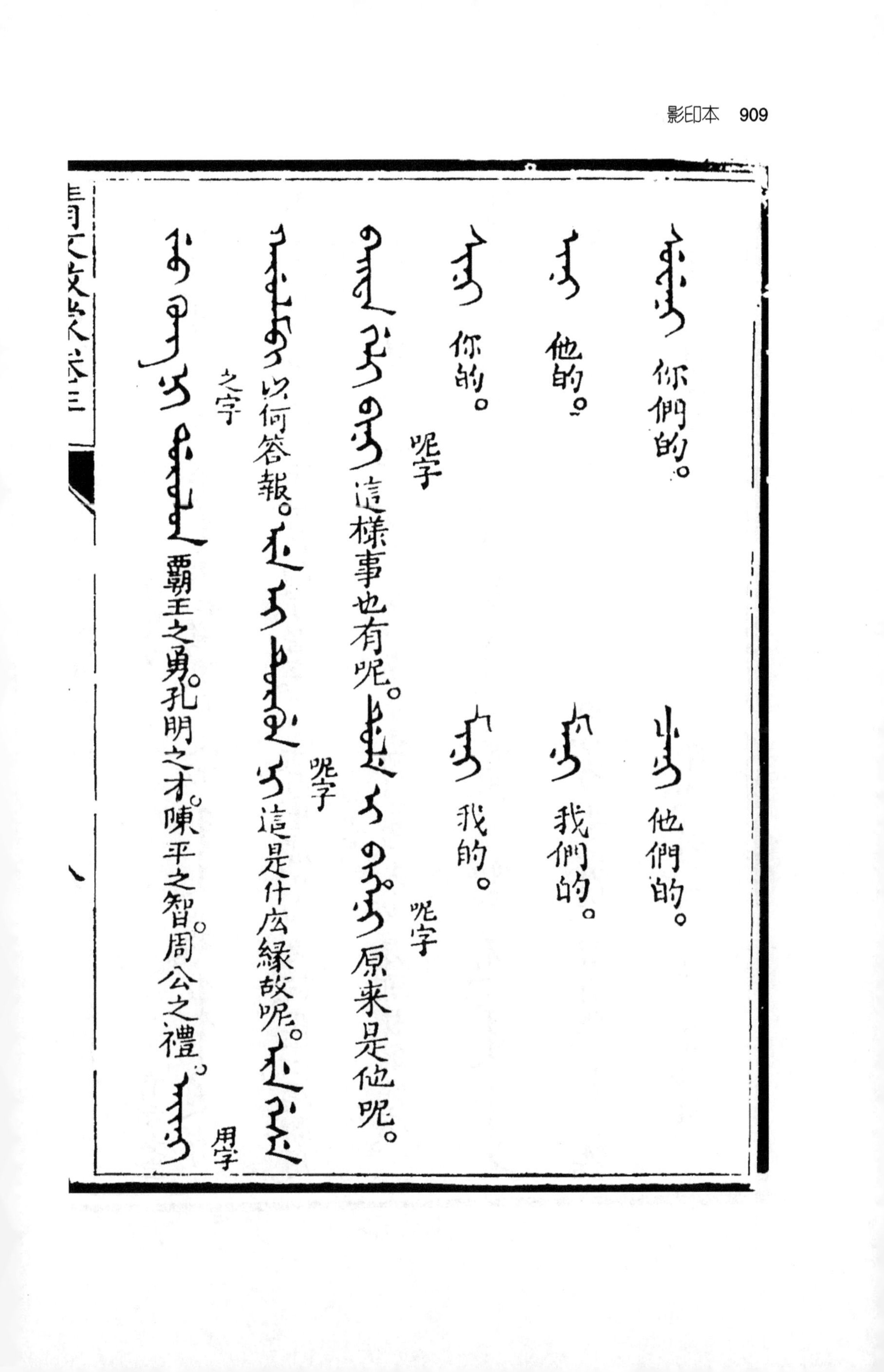

你們的。他們的。

他的。我們的。

你的。我的。

這樣事也有呢。（呢字）原来是他呢。（呢字）

以何荅報。這是什庅緣故呢。（呢字）

（之字）覇王之勇。孔明之才。陳平之智。周公之禮。（用字）

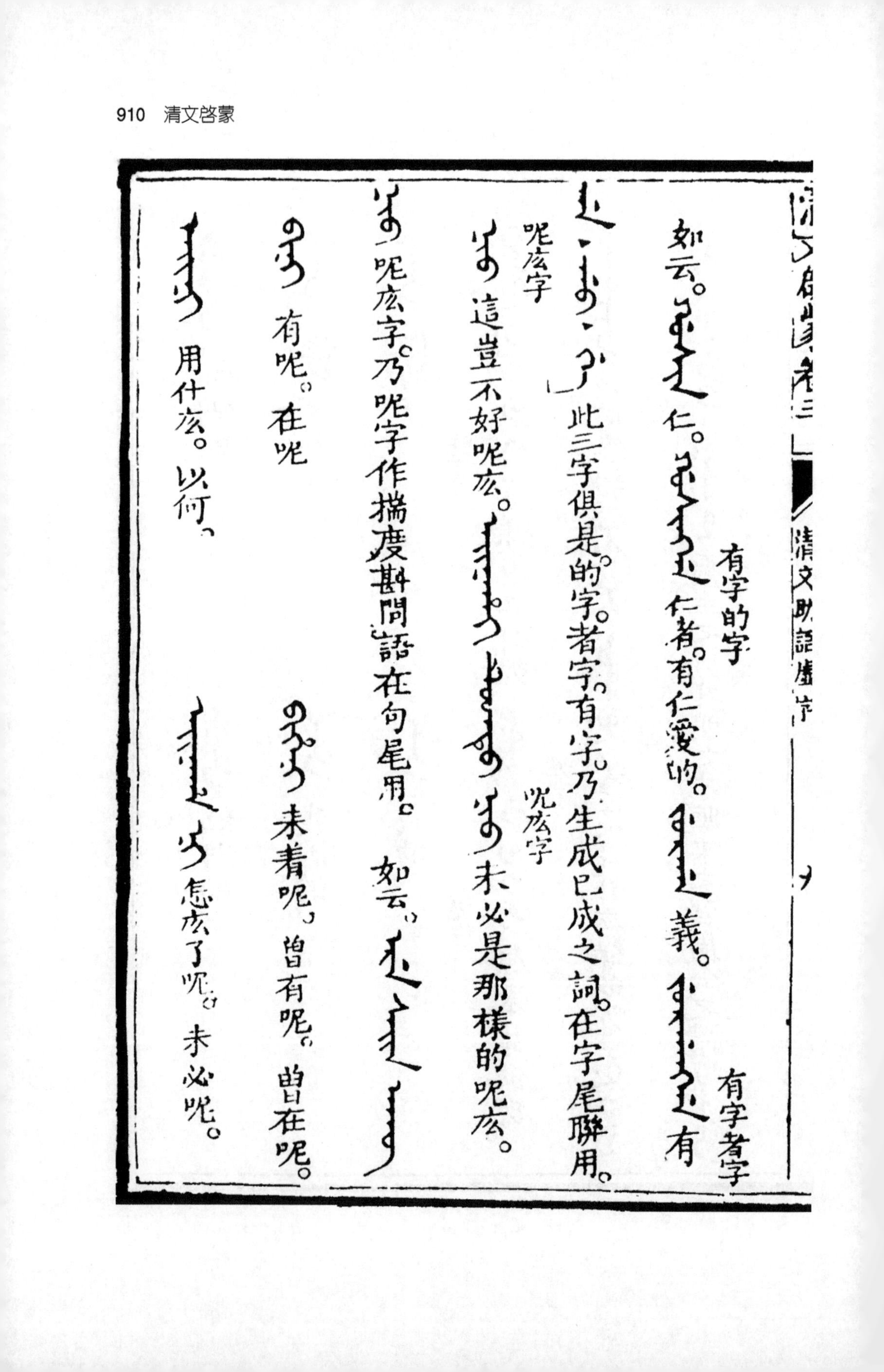

如云。仁。有字的字 仁者。有仁愛的。義。有字者字 有

此三字俱是的字。者字。有字。乃生成已成之詞。在字尾聯用。

呢麼字 這豈不好呢麼。呢麼字 未必是那樣的呢麼。

呢麼字。乃呢字作揣度斟問語在句尾用。如云。

有呢。在呢 未着呢。曾有呢。曾在呢。

用什麼。以何。怎麼了呢。未必呢。

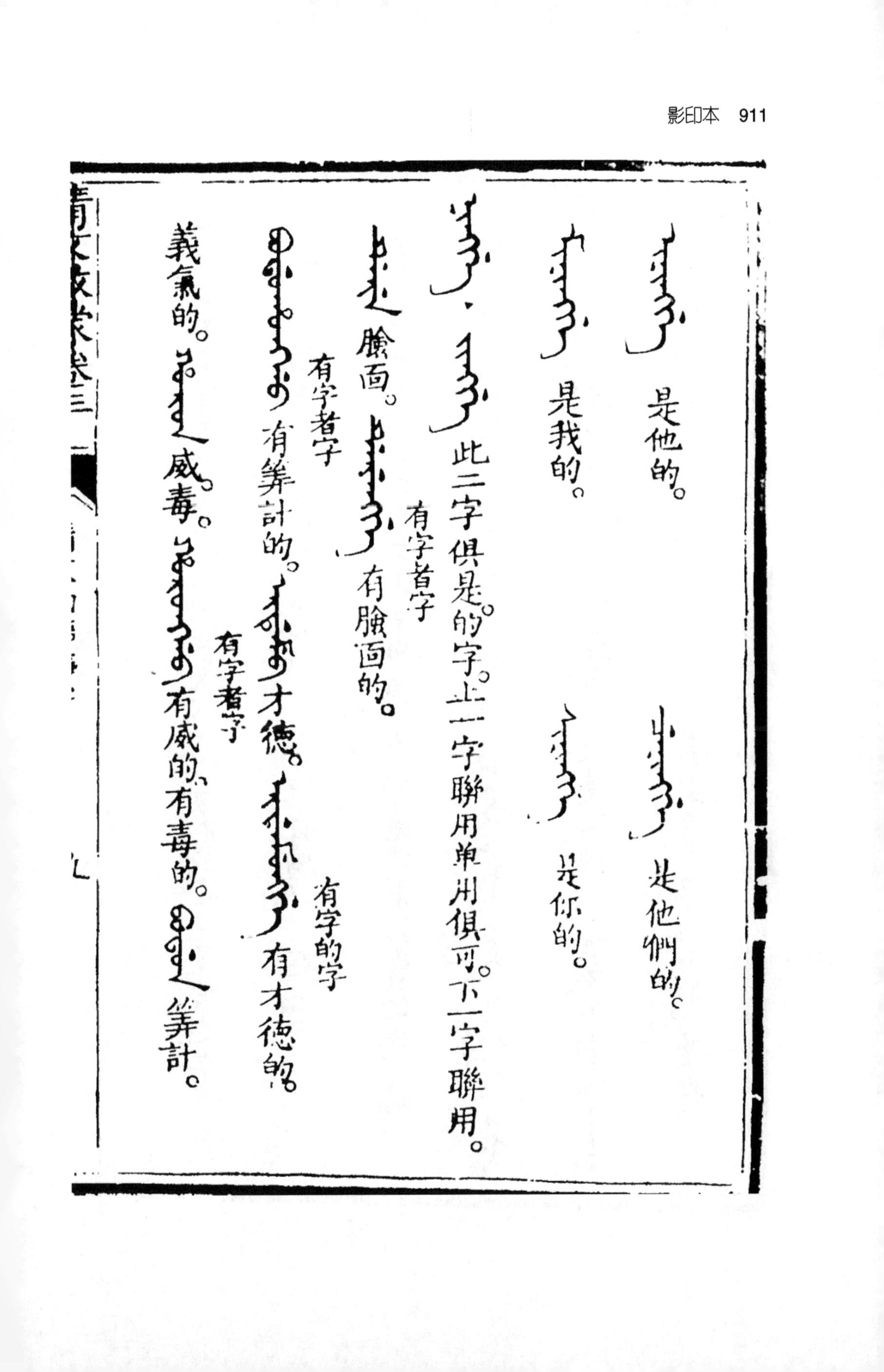

是他的。

是他們的。

是我的。

是你的。

此三字俱是的字。上一字聯用單用俱可。下一字聯用。

臉面。

有字者字

有臉面的。

有字者字

有筭計的。

才德。

有字的字

有才德的。

義氣的。

威毒。

有字者字

有威的、有毒的。

筭計。

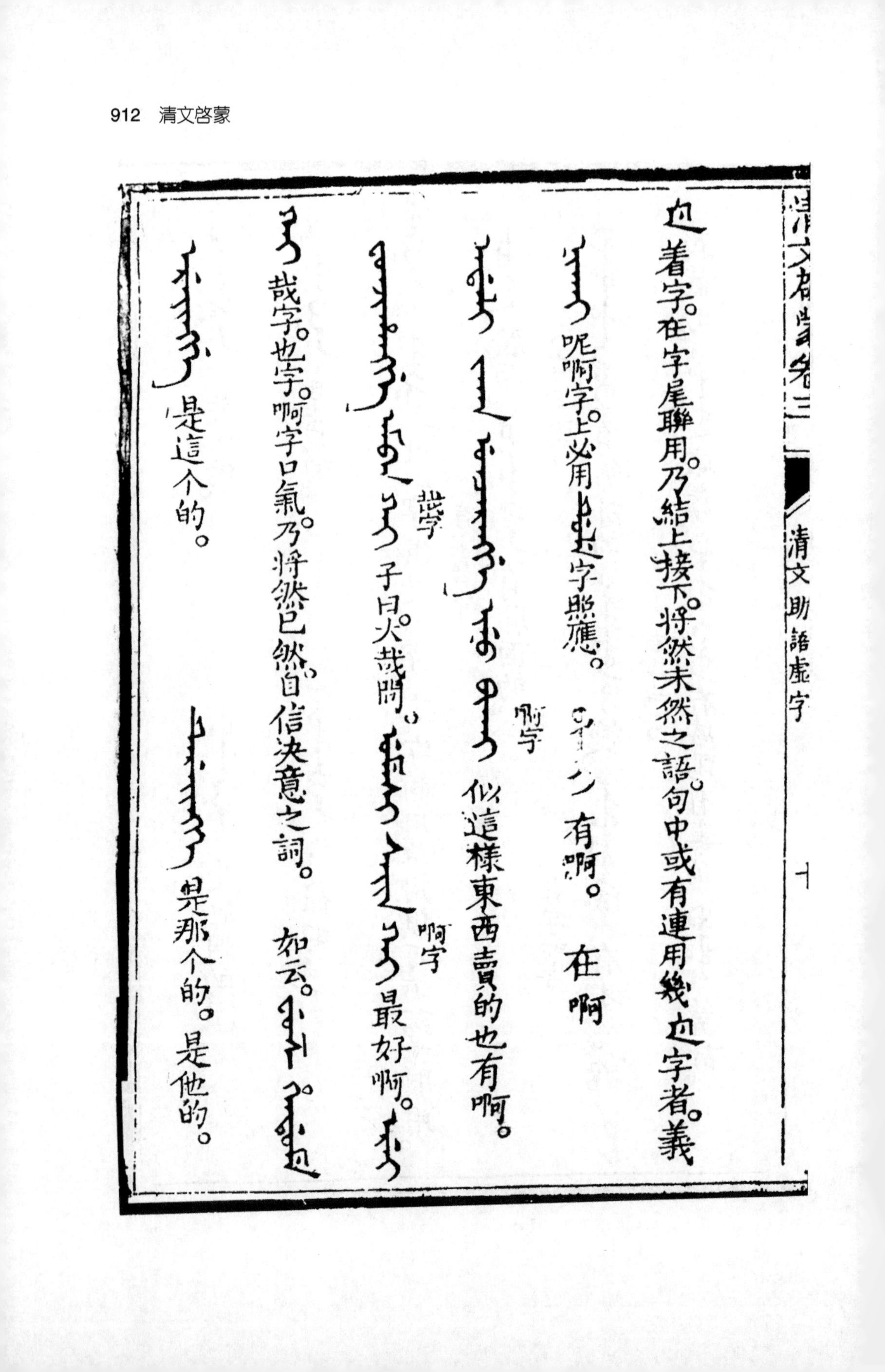

着字。在字尾聯用。乃結上接下。將然未然之語。句中或有連用幾字者。義

呢啊字。上必用字照應。

有啊。在啊

啊字

似這樣東西賣的也有啊。

嘆

子曰。大哉問。

啊字

最好啊。

哉字。也字。啊字口氣。乃將然已然。自信決意之詞。

如云。

是這个的。

是那个的。是他的。

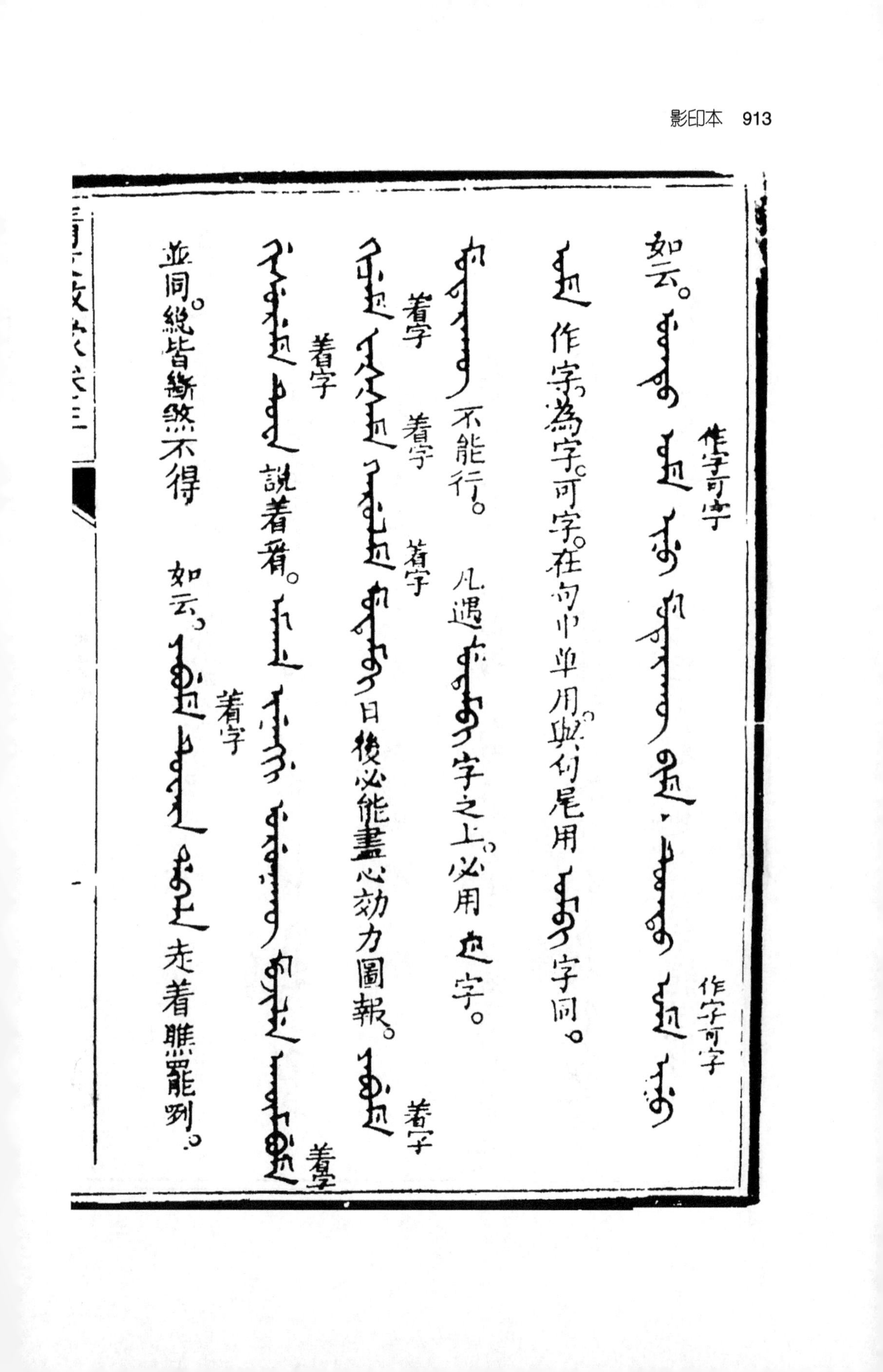

如云。
作字可字
作字可字

作字，爲字。可字。在句中单用與句尾用字同。

着字
不能行。凡遇字之上，必用字。

着字
着字
着字

日後必能盡心効力圖報。
着字

着字
說着看。
着字

並同。總皆斷然不得
如云。
着字
走着瞧罷咧。

ᠵᡳᡥᠠ ᠵᡳᡥᠠ ᠪᡳ 又有銀錢。又有勢力。

ᠪᡳᠮᡝ 又有字。在句中用。如云。ᡨᠠᠴᡳᠮᡝ ᡝᡵᡳᠨ ᠪᡳᠮᡝ（又有字）ᠠᡴᡡ

不亦悅乎。ᠶᠠᡩᠠᡥᡡᠨ ᠪᡳᠮᡝ（又字）ᡶᡝᠰᡳᠯᡝᠨ 貧而賤。

貧。ᠪᠠᠶᠠᠨ ᠪᡳᠮᡝ（而字）ᡨᠠᠴᡳᠮᠪᡳ ᡝᡵᡳᠨᡩᠠᡵᡳ ᡠᡵᡝᠪᡠᠮᠪᡳ ᡨᠠᠴᡳᠮᠪᡳᠮᡝ ᠣᠴᡳ 學而時習之。

ᠪᡳᠮᡝ 又字。而字。在句中單用聯用俱可。如云。ᠪᡳᠮᡝ ᠪᡳᠮᡝ（又字）ᠪᠠᠶᠠᠨ 富而

ᡨᡠᡨᡝᡵᡝ 這様也不能。那様也不能。ᡨᡠᠪᡳᠮᡝ ᠪᡳᠮᡝ（為字）ᡥᠠᡶᠠᠨ ᠣᠮᠪᡳ 能做官。

說字 係你勸

他捻然去了。也無濟於事。

說字。雖說字。雖然字。捻然字。在句中单用。如云。

雖說字

然而。這樣又。

然而。那樣又。

欲又。

去了又。既去了又。

可又。為又。

說又。

来着字

耗子尾巴上長瘡。有膿也不多。

搃然有

如云。

雖有来着字。雖在来着字。總有来着字。總在来着字。

雖然說了。總然說了。

雖說要。

欲要。

欲為。要作。

慎小心辦事甚好。

雖然字

雖然那樣說。

個書麼。

欲字意

這個書我念。

請字

長牙請走。

欲字

你要念這

請字

請騎馬。

欲字意

我願意在這裡

要字

我要去。

字之下有

字乃實在欲字要字也。

如云

欲字要字意又讓人請字意在字尾聯用亦可直煞住語甚虛活若既

然雖。雖然說。

然雖。雖然那樣。

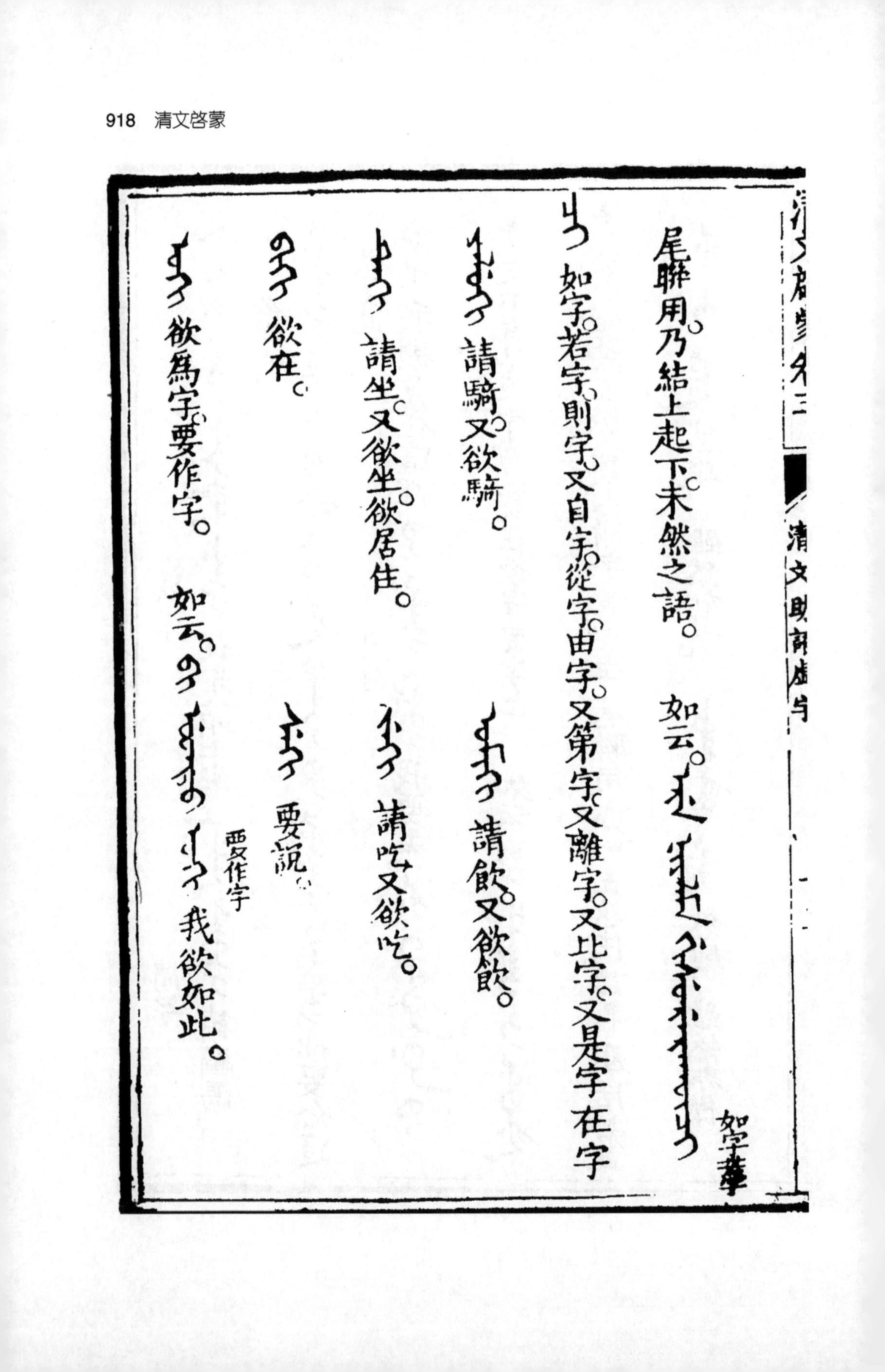

尾聯用乃結上起下未然之語。 如云。

如字華

如字。若字。則字。又自字。從字。由字。又第字。又離字。又比字。又是字 在字

請騎又欲騎。 請飲又欲飲。

請坐又欲坐欲居住。 請吃又欲吃。

欲在。 要說。

要作字

欲爲字要作字。 如云。 我欲如此。

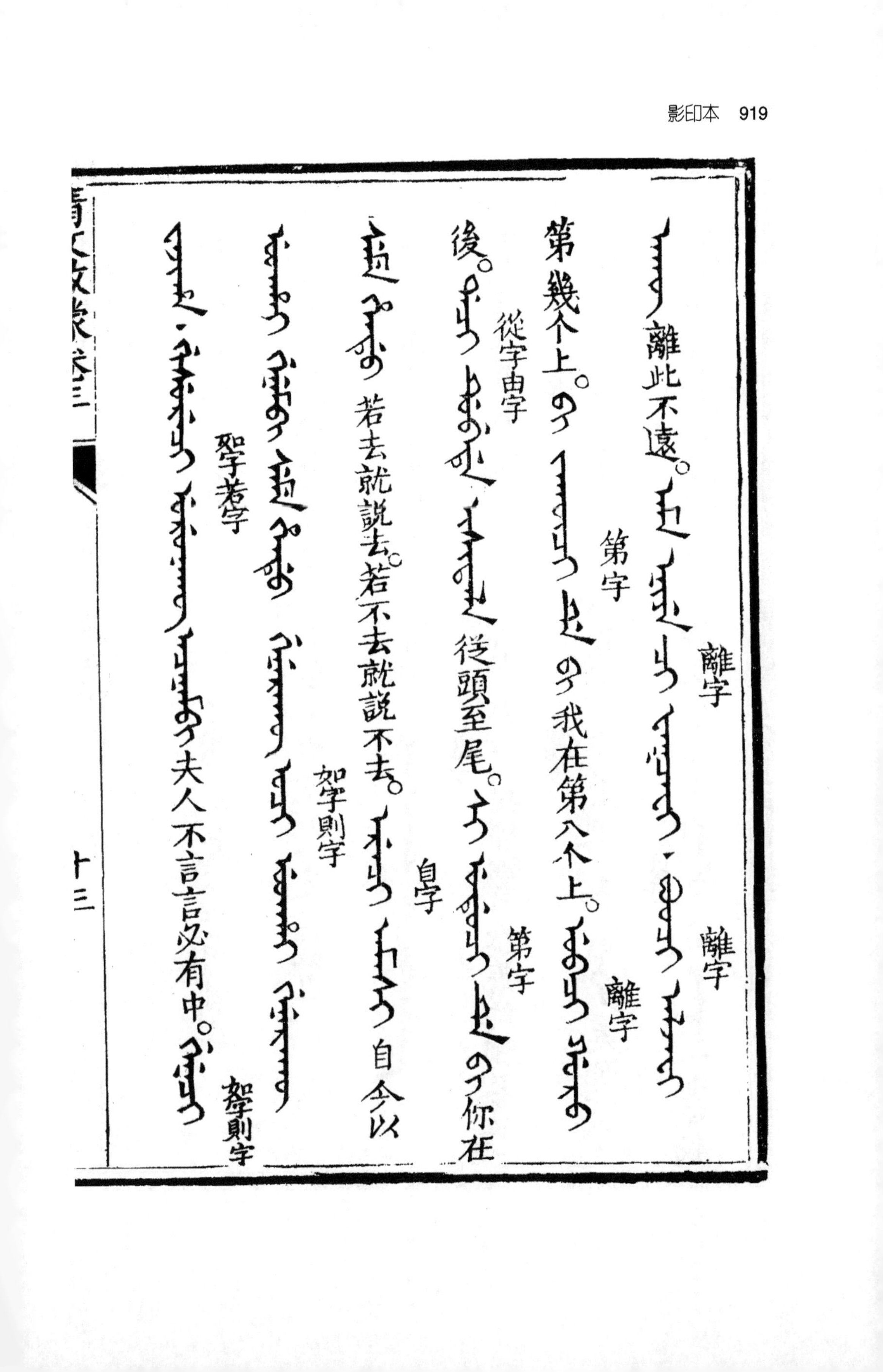

離此不遠。

離字　離字

第幾个上。　我在第八个上。

第字　離字

後。　從頭至尾。　你在

從字由字　第字　自字

若去就說去。若不去就說不去。　自今以

孥字則字

孥字若字

夫人不言言必有中。

孥字則字

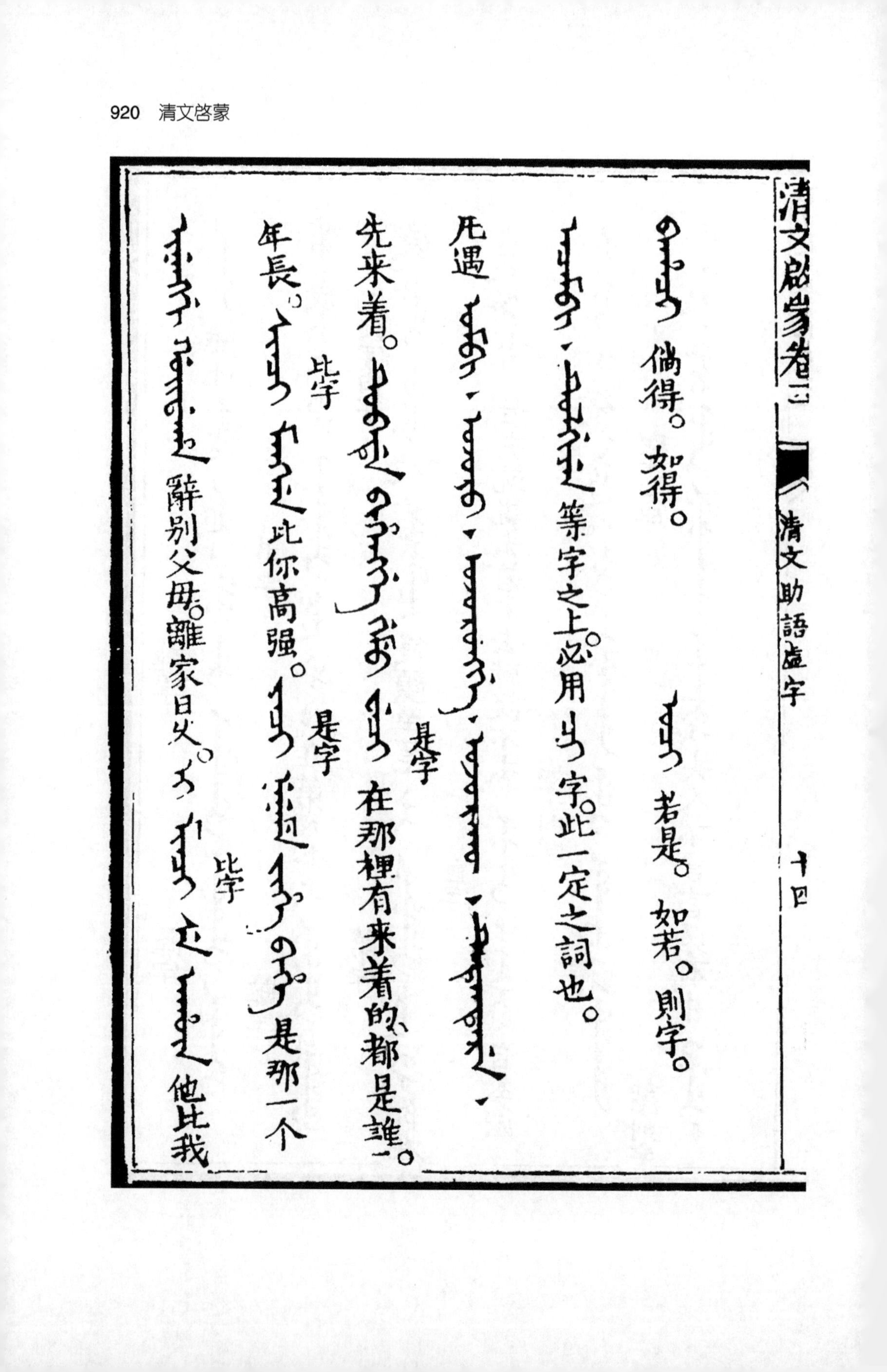

[illegible] 倘得。如得。[illegible] 若是。如若。則字。

[illegible] [illegible] 等字之上必用 [illegible] 字。此一定之詞也。

凡遇 [illegible] [illegible] [illegible] [illegible] [illegible] [illegible] 是字

先来着。[illegible] [illegible] [illegible] [illegible] 在那裡有来着的都是誰。

年長。[illegible] [illegible] 比字 此你高强。[illegible] 是字 [illegible] [illegible] [illegible] 是那一个

[illegible] [illegible] [illegible] 辭别父母。離家日久。[illegible] [illegible] 比字 [illegible] [illegible] 他比我

有什庅好書。借與我幾本念。

如有字

你若

如有字。若在字又將字。

如云。

若說。如說。

若要。如欲。

一則。第一來。

二則。第二來。

然則。若是如此。

然則。若是那樣。

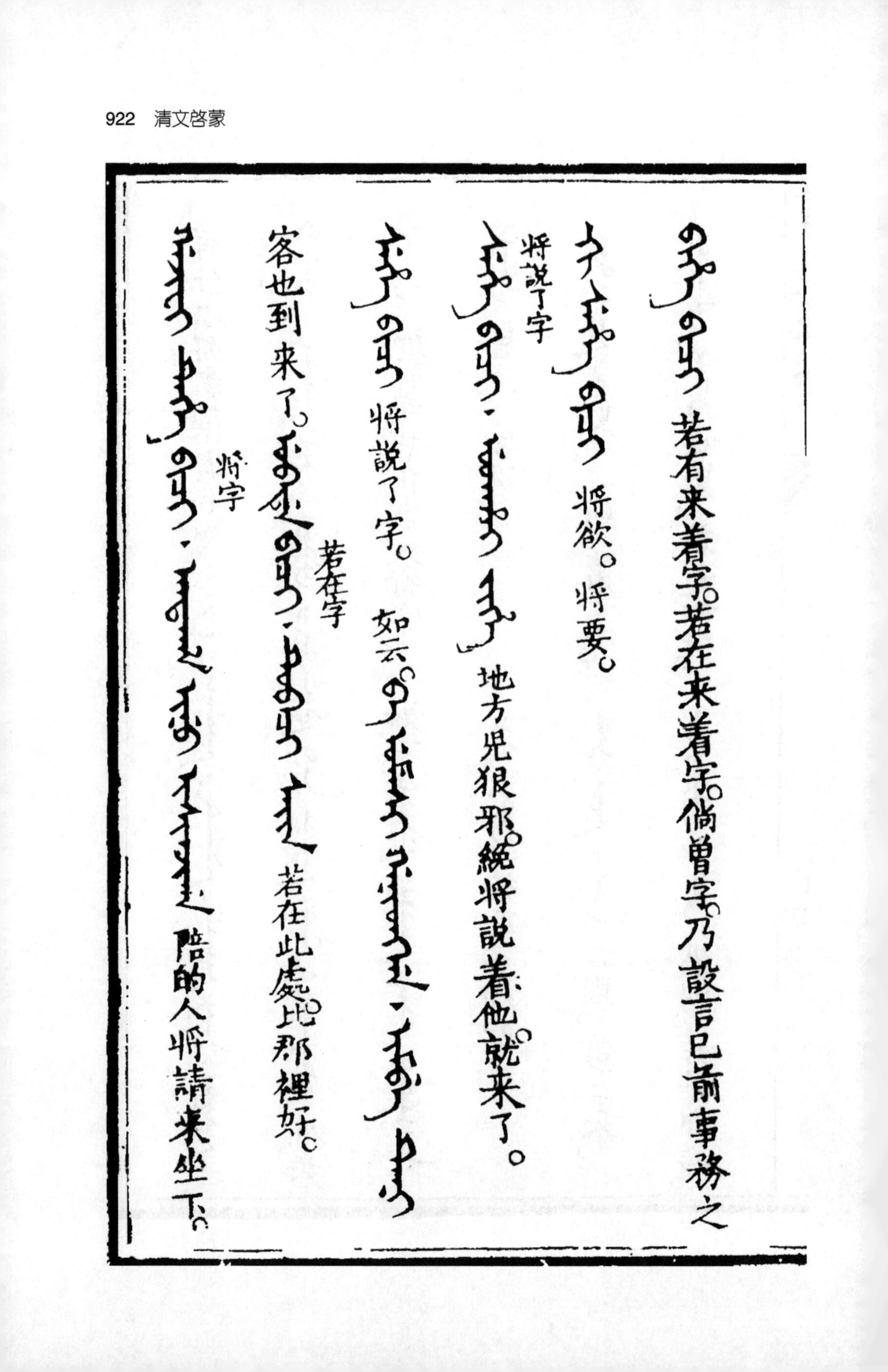

若有来着字。若在来着字。倘曾字。乃設言已前事務之

将欲。将要。

将說了字

地方兒狠邪。纔将說着他就来了。

将說了字。

如云。

客也到来了。

若在字

若在此處比那裡好。

将字

陪的人将請来坐下。

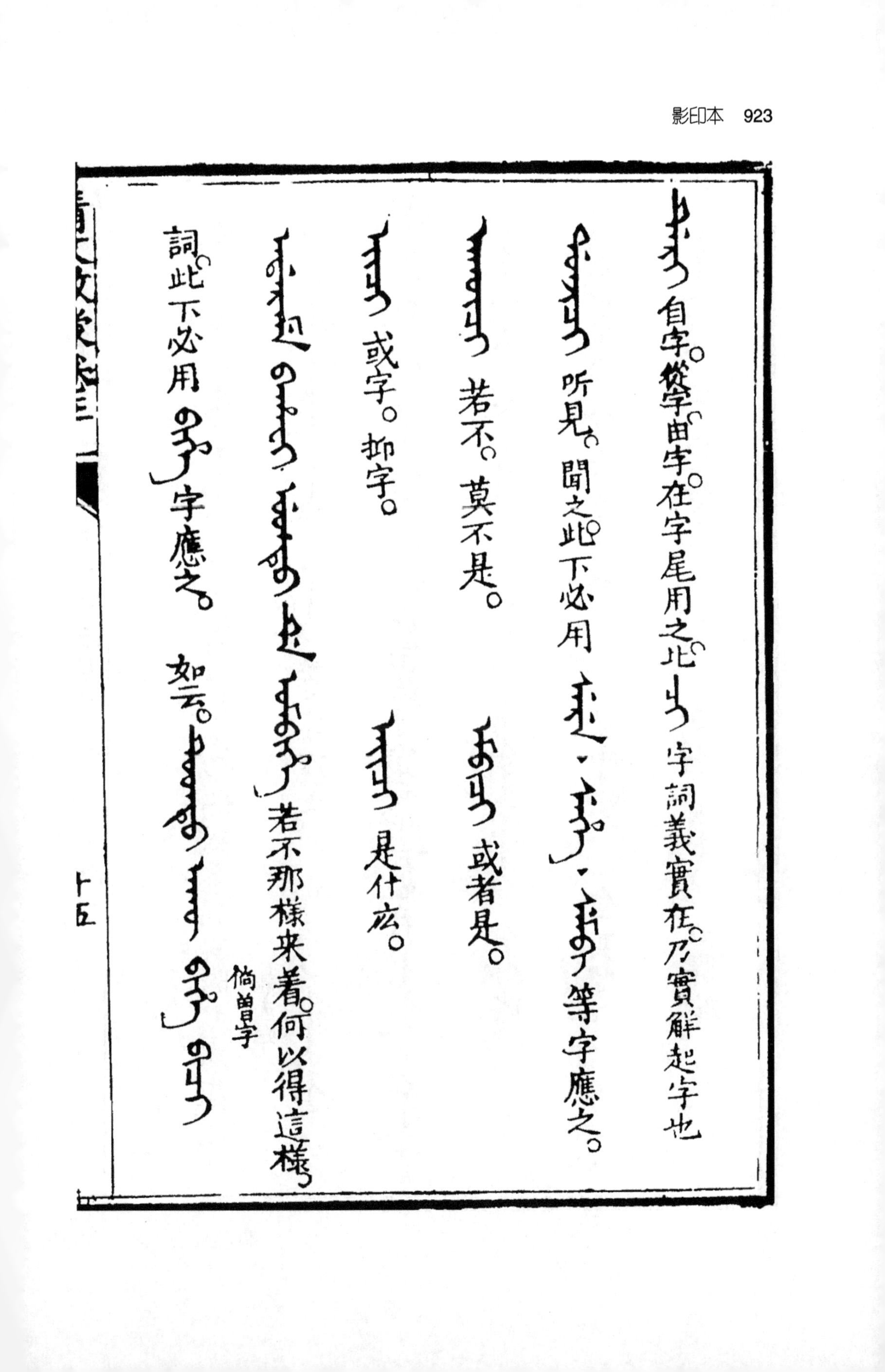

[Manchu] 自字。從字。由字。在字尾用之。比 [Manchu] 字詞義實在。乃實解起字也

[Manchu] 听見。聞之。此下必用 [Manchu]、[Manchu]、[Manchu] 等字應之。

[Manchu] 若不。莫不是。 [Manchu] 或者是。

[Manchu] 或字。抑字。 [Manchu] 是什庅。

[Manchu] [Manchu] [Manchu] [Manchu] [Manchu] 若不那樣來着。何以得這樣 倘字

詞。此下必用 [Manchu] 字應之。 如云。 [Manchu] [Manchu] [Manchu] [Manchu]

清文啓蒙三 十五

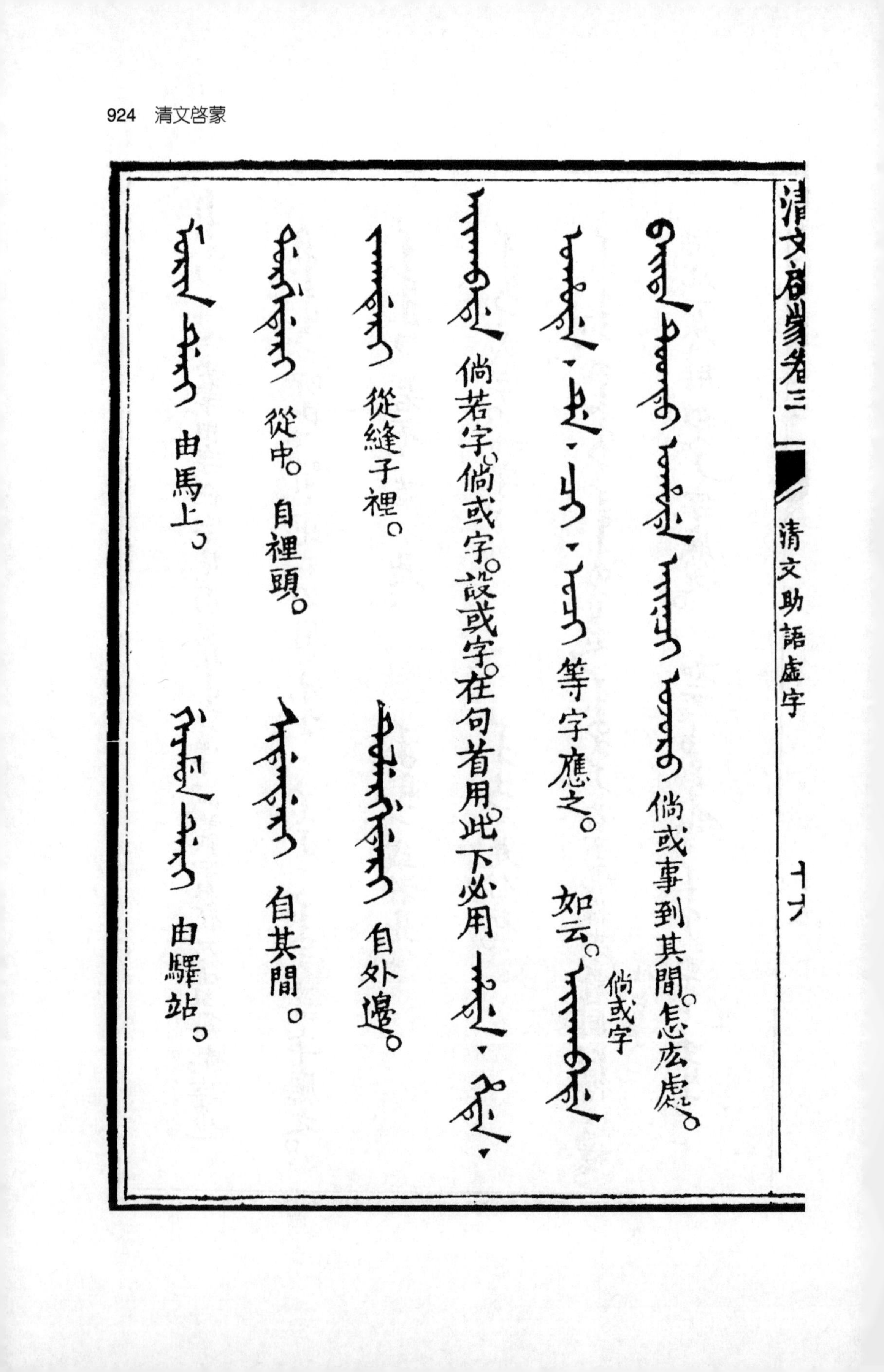

倘或事到其間。怎麽處。倘或字

等字應之。如云。

倘若字。倘或字。設或字。在句首用此下必用

從縫子裡。自外邊。

從中。自裡頭。自其間。

由馬上。由驛站。

告訴了再去罷。ᡤᡝᠨᡝᡶᡳ（了字）ᡠᡨᡥᠠᡳ ᠵᡳᠣ 去了就來。[illegible]（了字）[illegible]

如云。ᠪᡠᡩᠠ ᠵᡝᡶᡳ（了字）ᡥᡡᡩᡠᠨ ᠵᡳᠣ 吃了飯快來。ᡨᡝᡶᡳ（了字）ᡳᠯᡳᡶᡳ

斷之語句亦有連用幾 ᡶᡳ 字者。義並同。總為半句。斷煞不得。

ᡶᡳ 上半句的了字。又因字意在字尾聯用。乃結上接下。將然已然詞義未

ᠠᡳᡴᠠᠪᠠᡩᡝ（倘或怎庅字）ᠪᠠᡳᡨᠠ ᡨᡠᠴᡳᡴᡝ ᡩᡝ ᠵᠠ ᠠᡴᡡ 倘或事出來了不輕阿。

ᠠᡳᡴᠠ 什庅字。倘或怎庅字。如云。ᠠᡳᡴᠠ（什庅字）ᠠᡳ ᠵᠠᡴᠠ 有什庅東西庅。

 十六

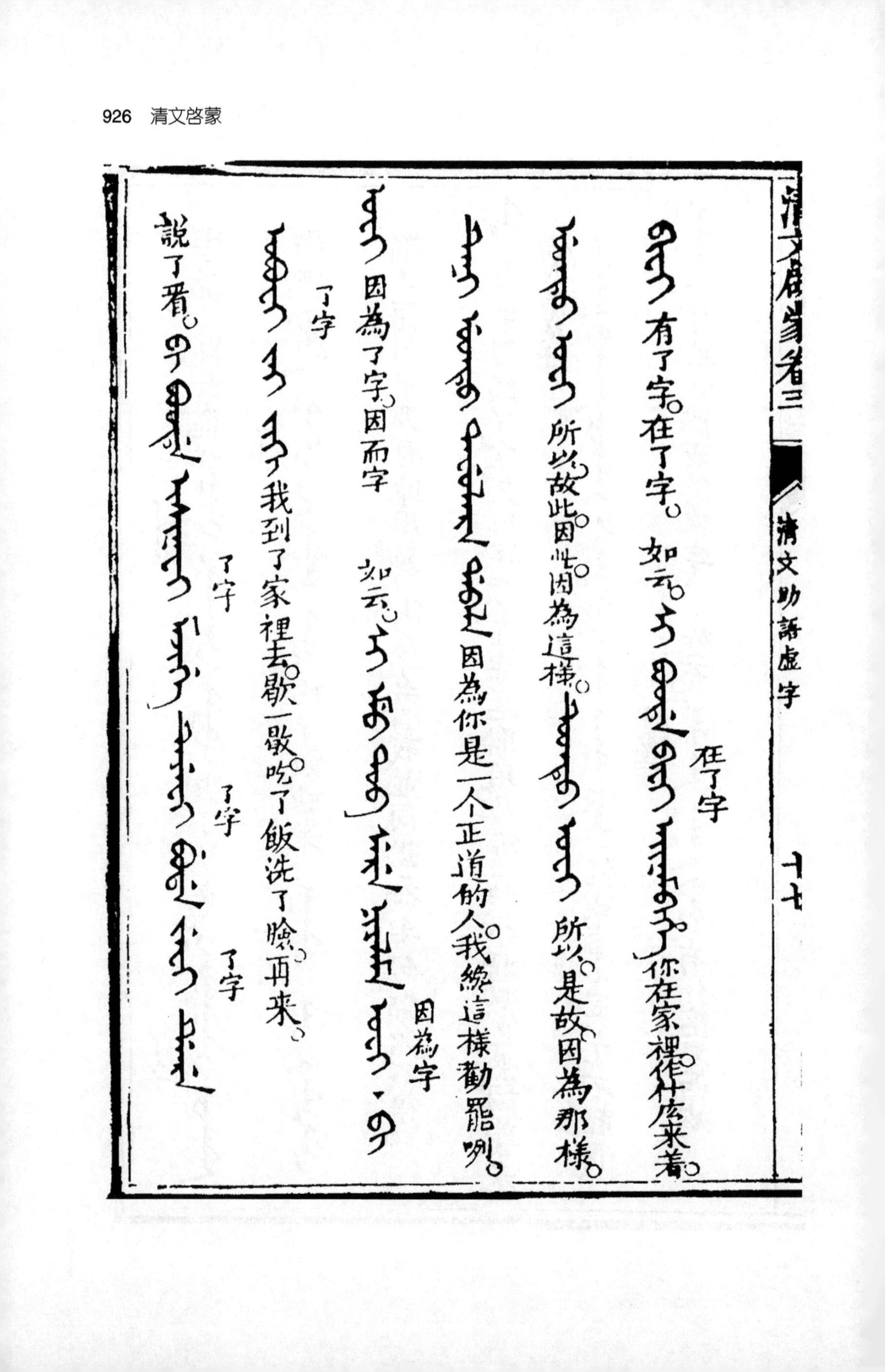

有了字。在了字。如云 在了字 你在家裡作什麽来着。

所以故此因此因為這樣。所以是故因為那樣。

因為你是一个正道的人。我總這樣勸罷咧。

因為了字。因而字 如云 因為字

了字 我到了家裡去。歇一歇。吃了飯洗了臉再来。

說了看。了字 了字 了字

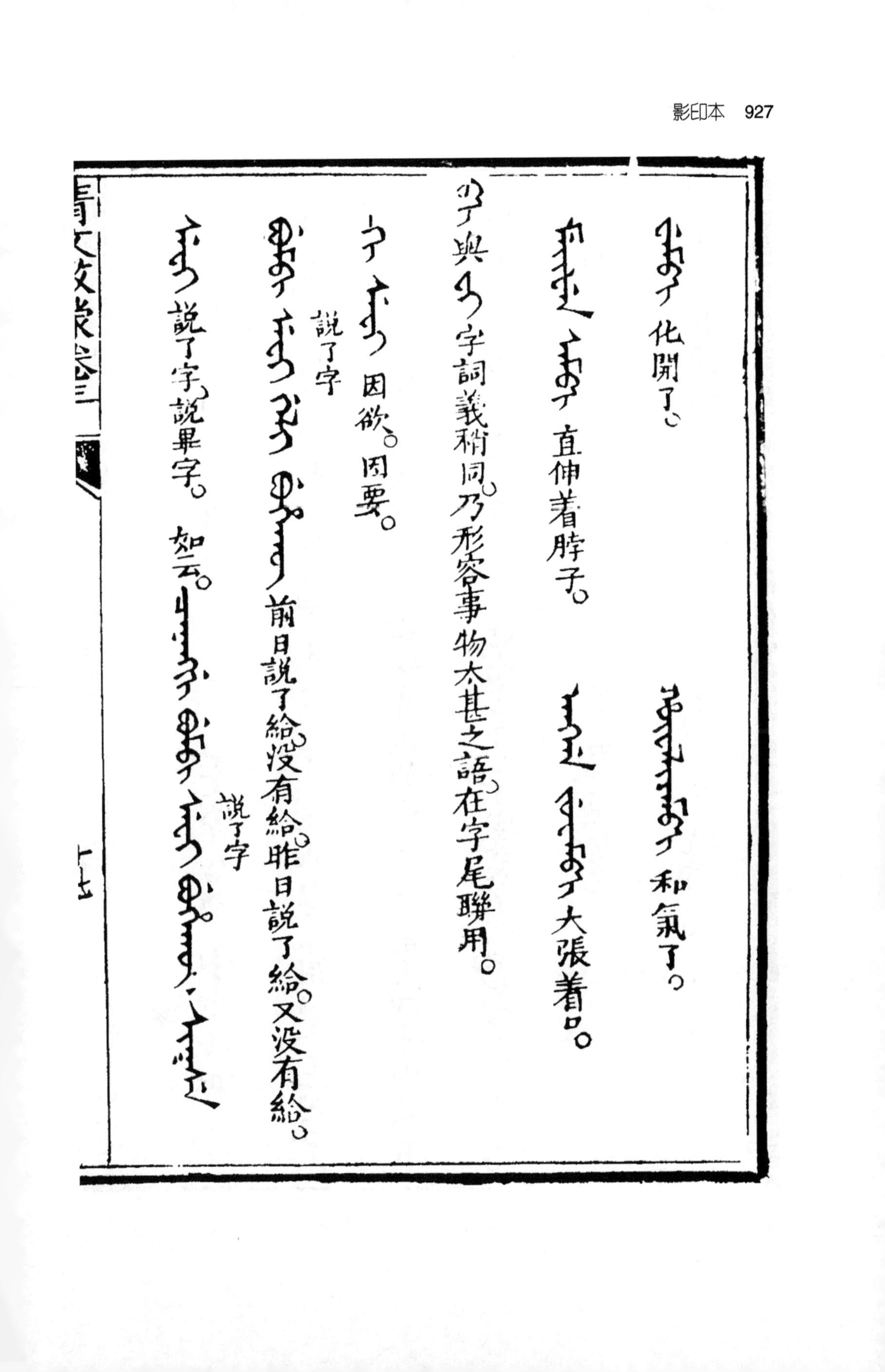

化開了。和氣了。

直伸着脖子。大張着口。

與字詞義稍同。乃形容事物太甚之語。在字尾聯用。

因欲。因要。

說了字

前日說了給沒有給。昨日說了給。又沒有給。

說了字

說了字。說畢字。如云。

下用 [Manchu] 上用 [Manchu] 下用 [Manchu]

用 [Manchu] 上用 [Manchu] 下用 [Manchu] 上用 [Manchu] 下用 [Manchu] 上用 [Manchu] 下用 [Manchu] 上用 [Manchu]

了字

[Manchu] 告訴。[Manchu] 告訴了。乃已然之詞。句中亦有解作之字的字者。俱隨上字押韻用之。如上用 [Manchu] 下

[Manchu]、[Manchu]、[Manchu]、[Manchu]、[Manchu]、[Manchu] 此六字俱是了字。矣字。也字。在字尾聯用。

[Manchu] 沉湎貪進去了 [Manchu] 提起了。

[Manchu] 超然出衆了。[Manchu] 溢滿了。

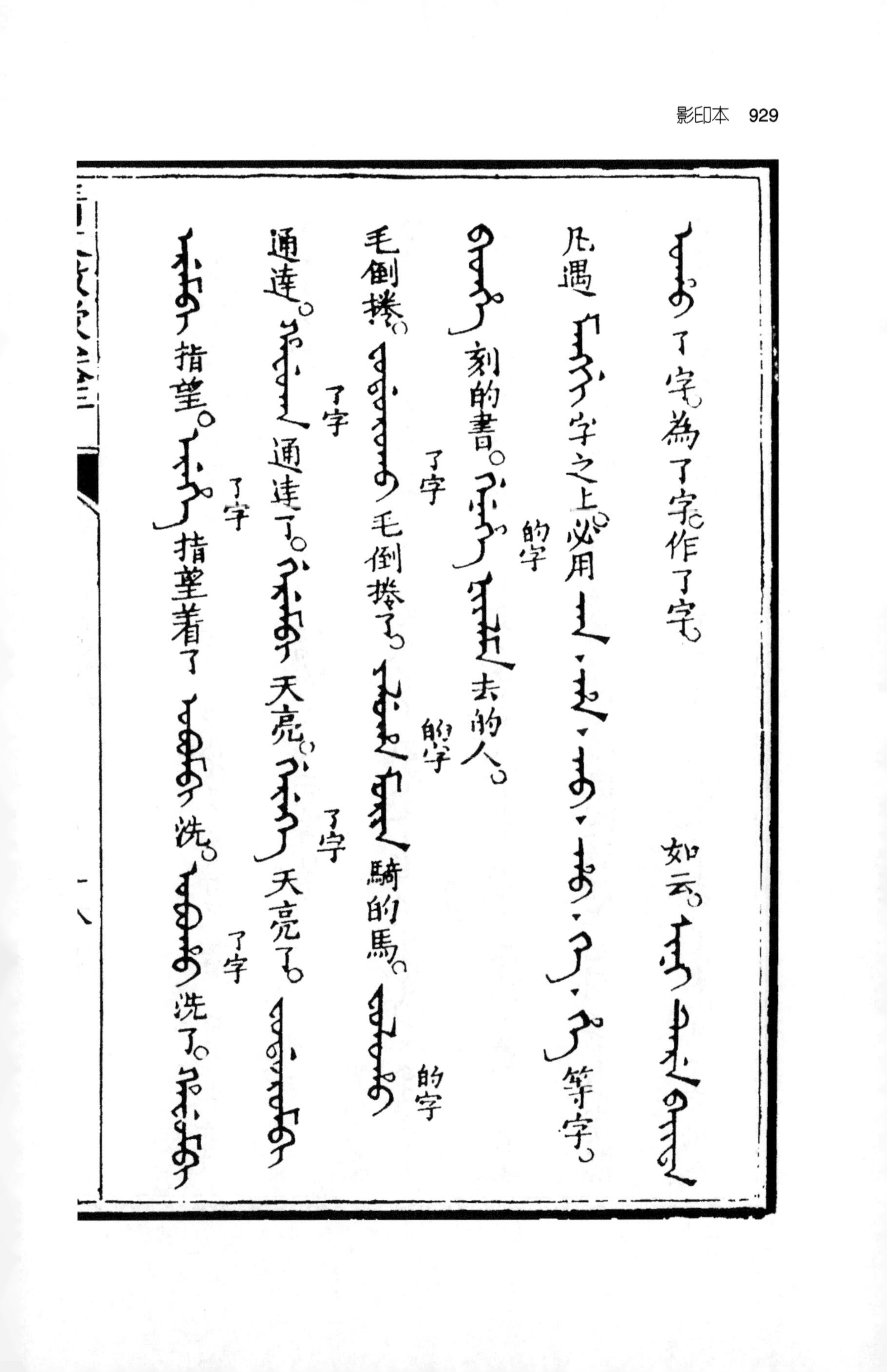

了字為了字作了字 如云。 等字。
凡遇 字之上必用
刻的書。 的字 去的人。
毛倒撲。 了字 毛倒撲了 的字 騎的馬。 的字
通達。 了字 通達了。 天亮。 了字 天亮了
指望。 了字 指望着了 洗。 了字 洗了。

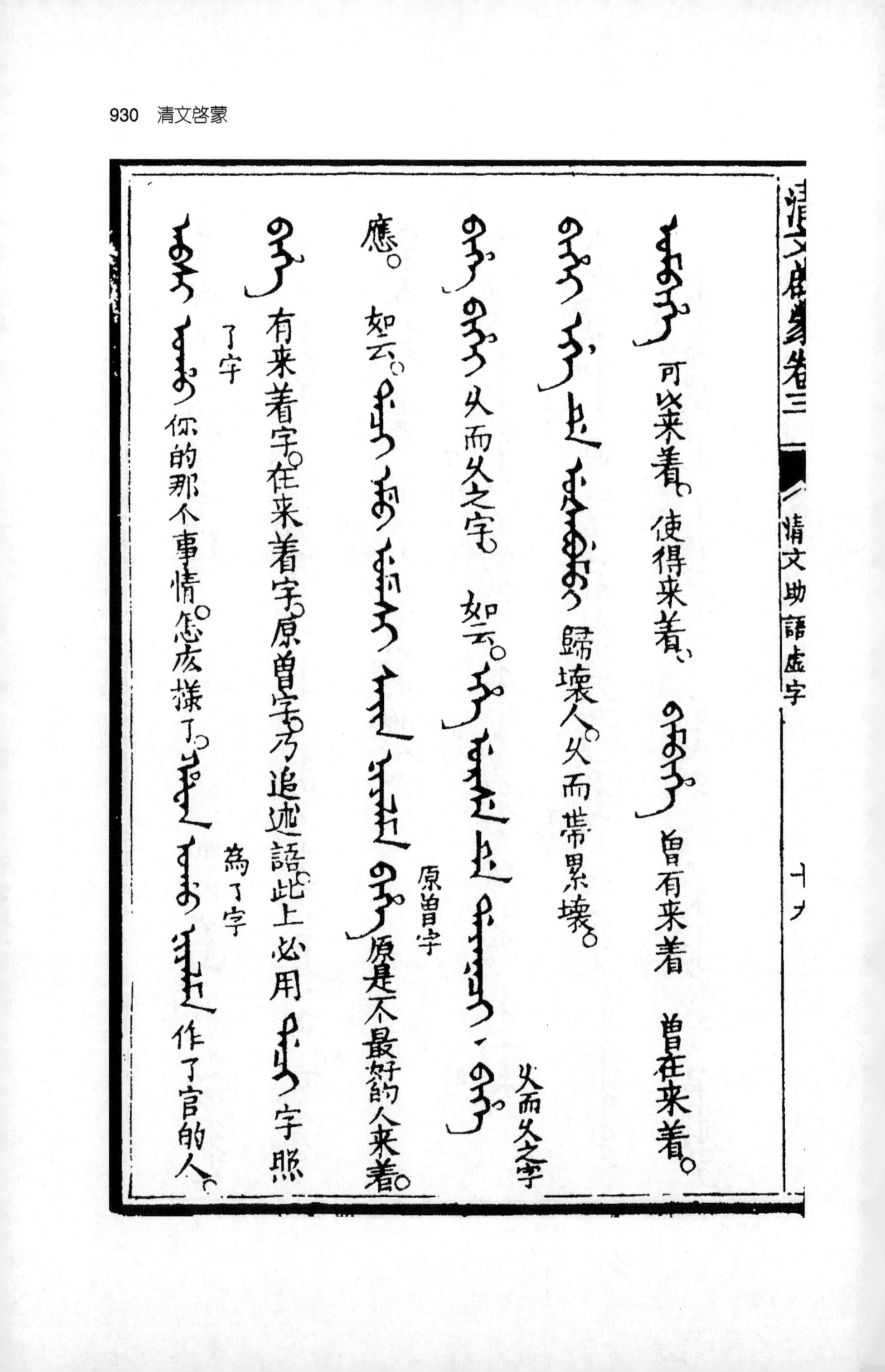

可以來着。使得來着。曾有來着 曾在來着。

歸壞人。久而帶累壞。

久而久之字 如云。久而久之字

應。如云。原曾字 原是不最好的人來着。

有來着字。在來着字。原曾字乃追述語。此上必用 字照

了字 你的那个事情怎庅様了。為了字 作了官的人。

說了欲要。
不是。非字。

往屯裡去了。
說了字
他怎麽說了。

說了字
你家人来告訴說你

說了字。稱說字。乃述他人之詞。
如云。

曾經說来。說了来着。
曾說欲要。

說来着。曾說。
欲要来着。曾欲。

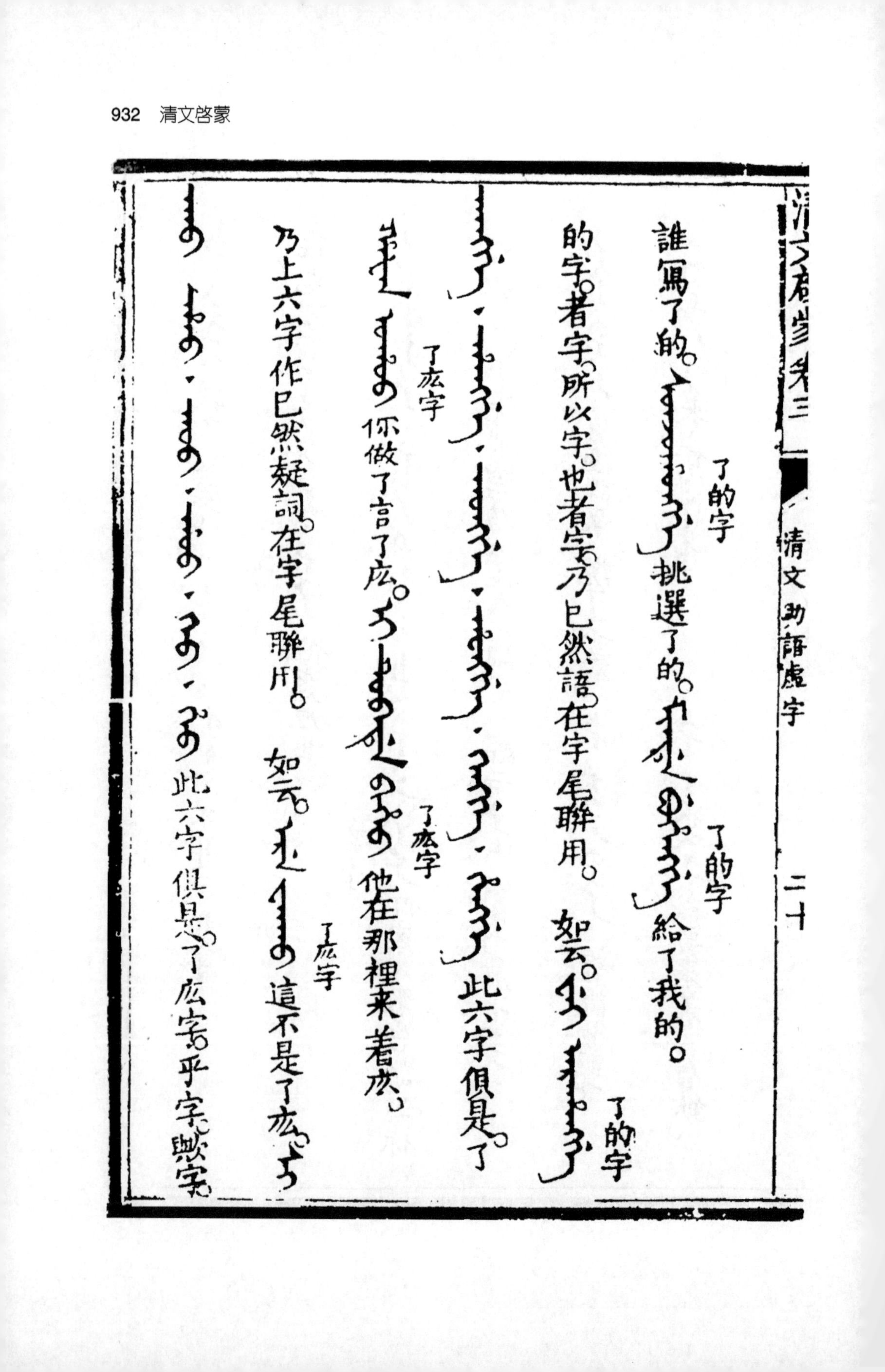

誰寫了的。（了的字）挑選了的。（了的字）給了我的。

的字。者字。所以字。也者字。乃已然語在字尾聯用。如云。（了的字）

此六字俱是了

（了麼字）

你做了言了麼。（了麼字）他在那裡来着麼。

乃上六字作已然疑詞在字尾聯用。如云。（了麼字）這不是了麼。

此六字俱是了麼字。平字。與字

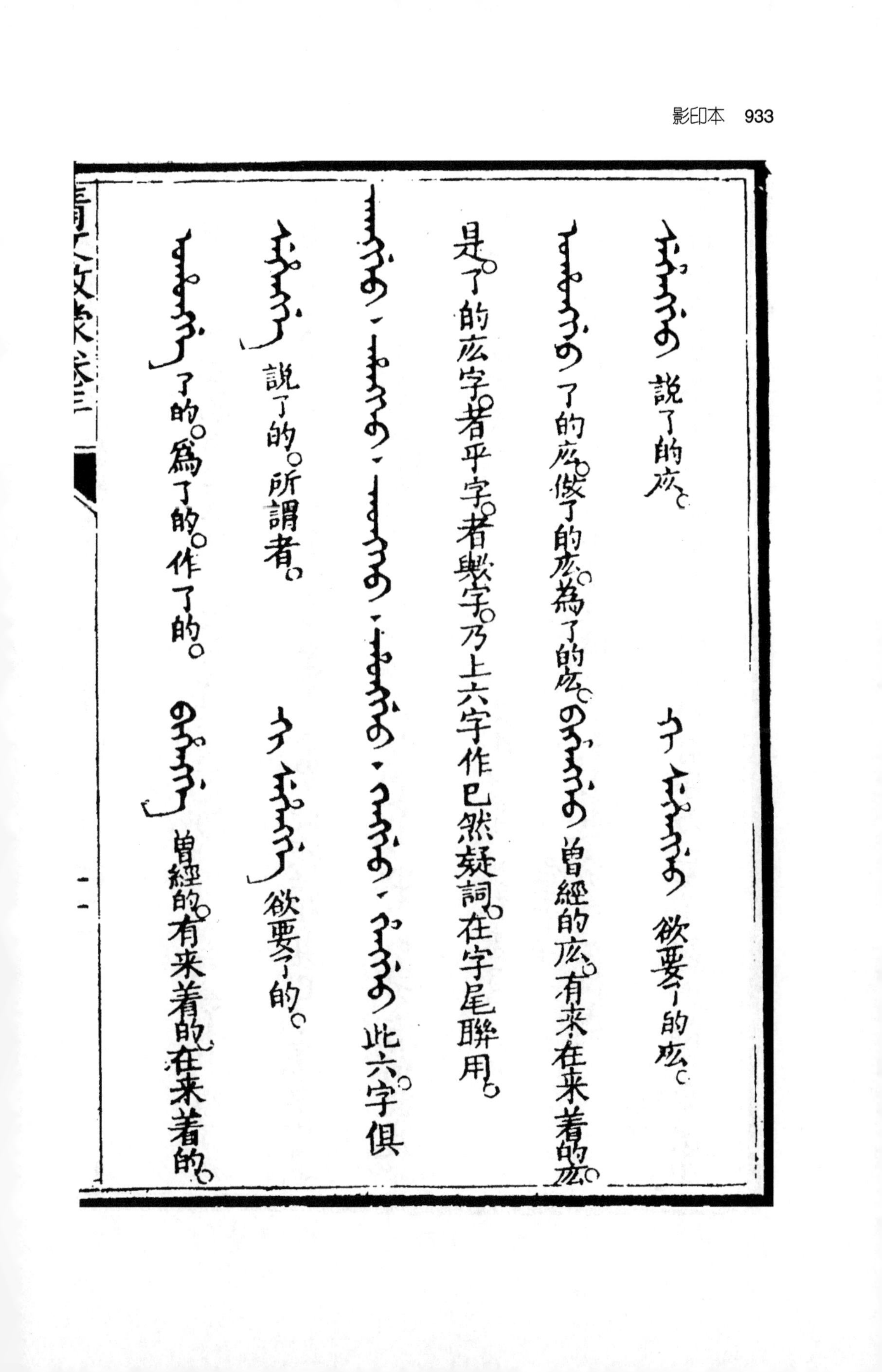

說了的庅。

欲要的庅。

了的庅。做了的庅。為了的庅。

曾經的庅。有來在來着的庅。

是了的庅字者。乎字者。與字。乃上六字作巳然疑詞。在字尾聯用。

此六字俱

說了的。所謂者。

欲要的。

了的。為了的。作了的。

曾經的。有來着的。在來着的。

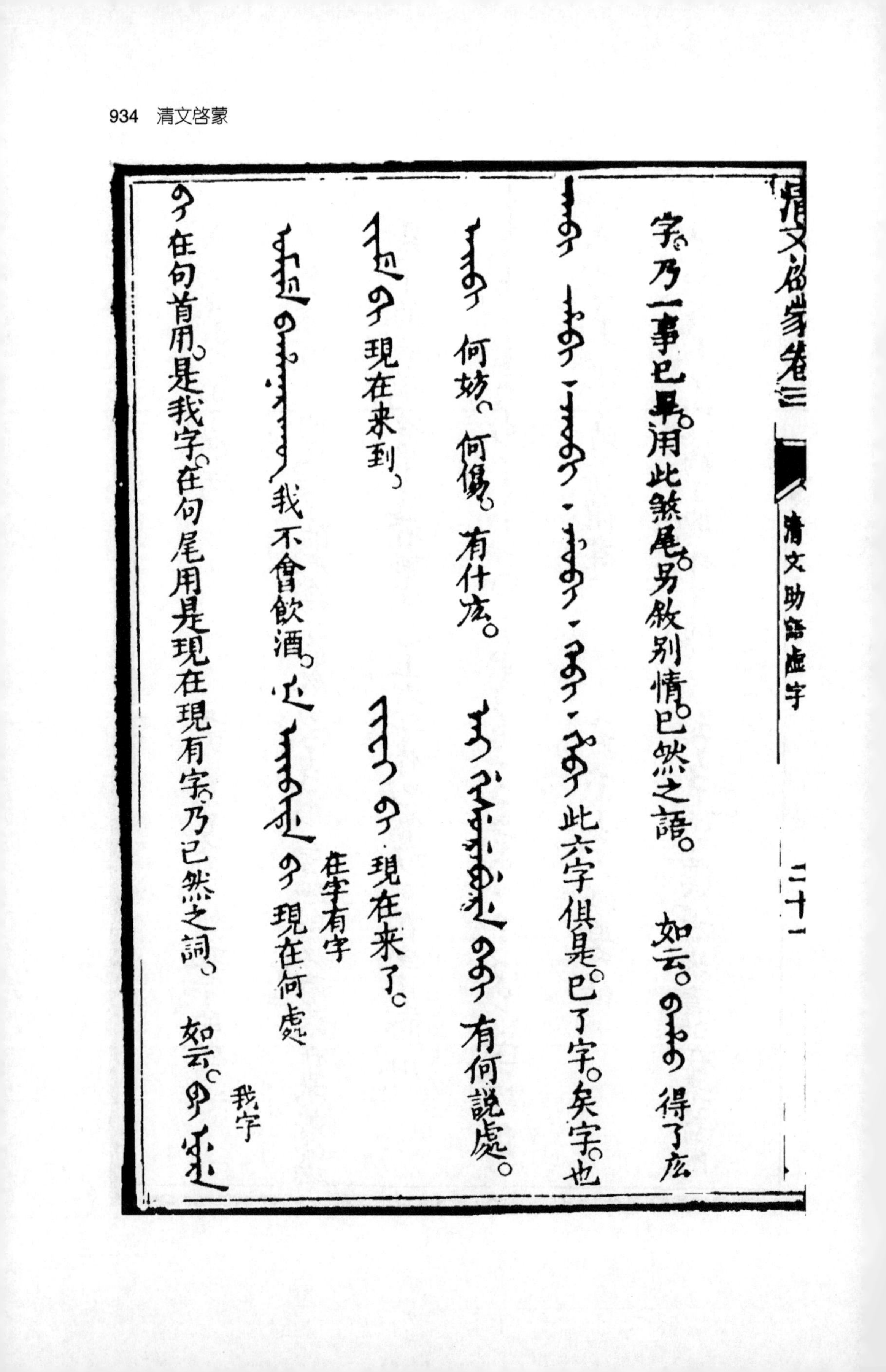

字。乃一事已畢。用此煞尾。另敘別情。已然之語。 如云。 得了麼

此六字俱是。已了字。矣字。也

何妨。何傷。有什麼。 有何說處。

現在來到。 現在來了。

我不會飲酒。 現在何處 在字有字

在句首用。是我字。在句尾用是現在現有字。乃已然之詞。 如云。 我字

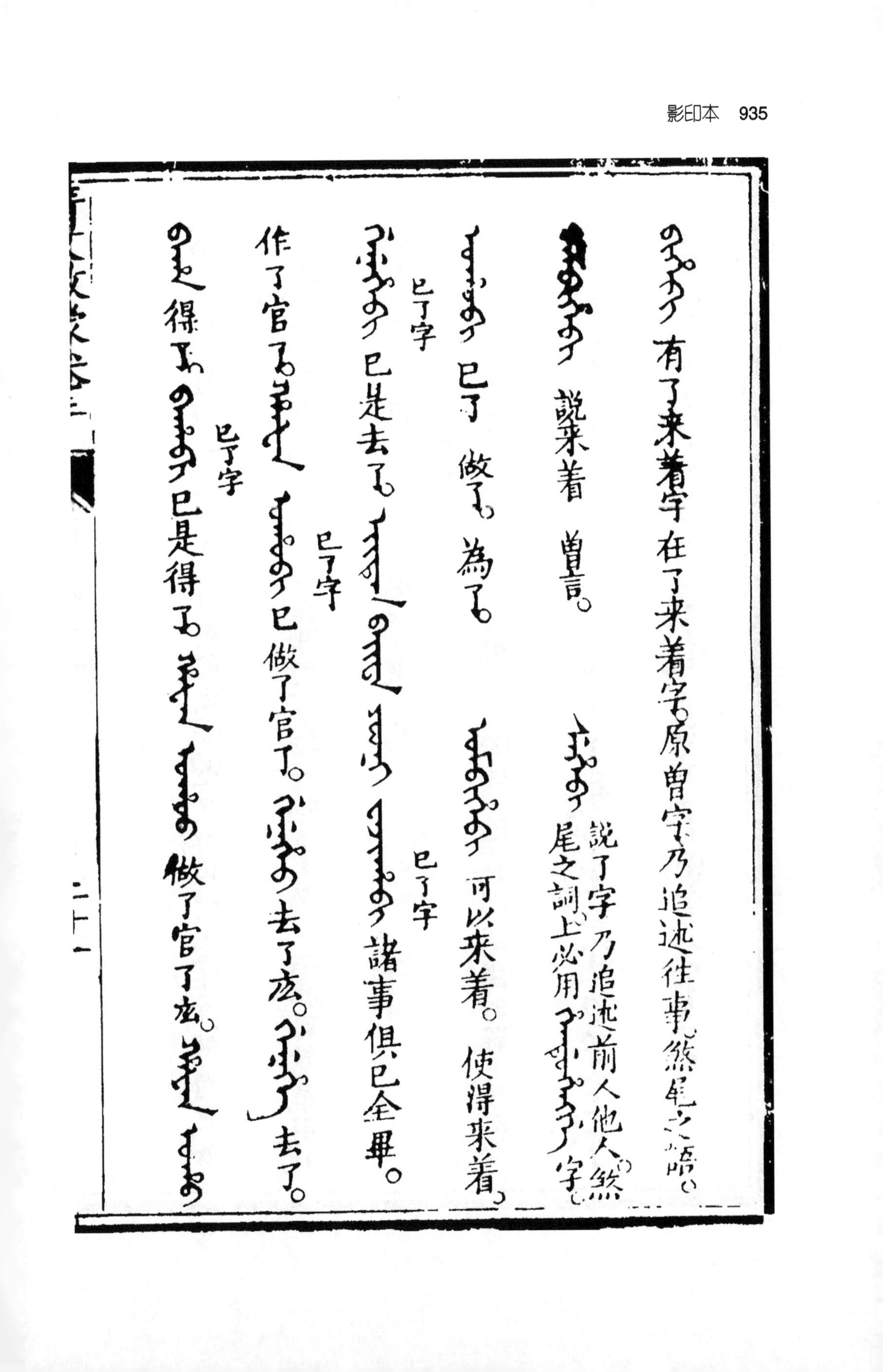

有了来着字 在了来着字 原曾字乃追述往事煞尾之語。

說来着 曾言。 說了字乃追述前人他人煞尾之詞上必用 字

已了 做了 為了 可以来着。 使得来着。

已了字 已是去了 已了字 諸事俱已全畢。

作了官了 已了字 已做了官了。 去了么。 去了。

得了 已了字 已是得了 做了官了么。

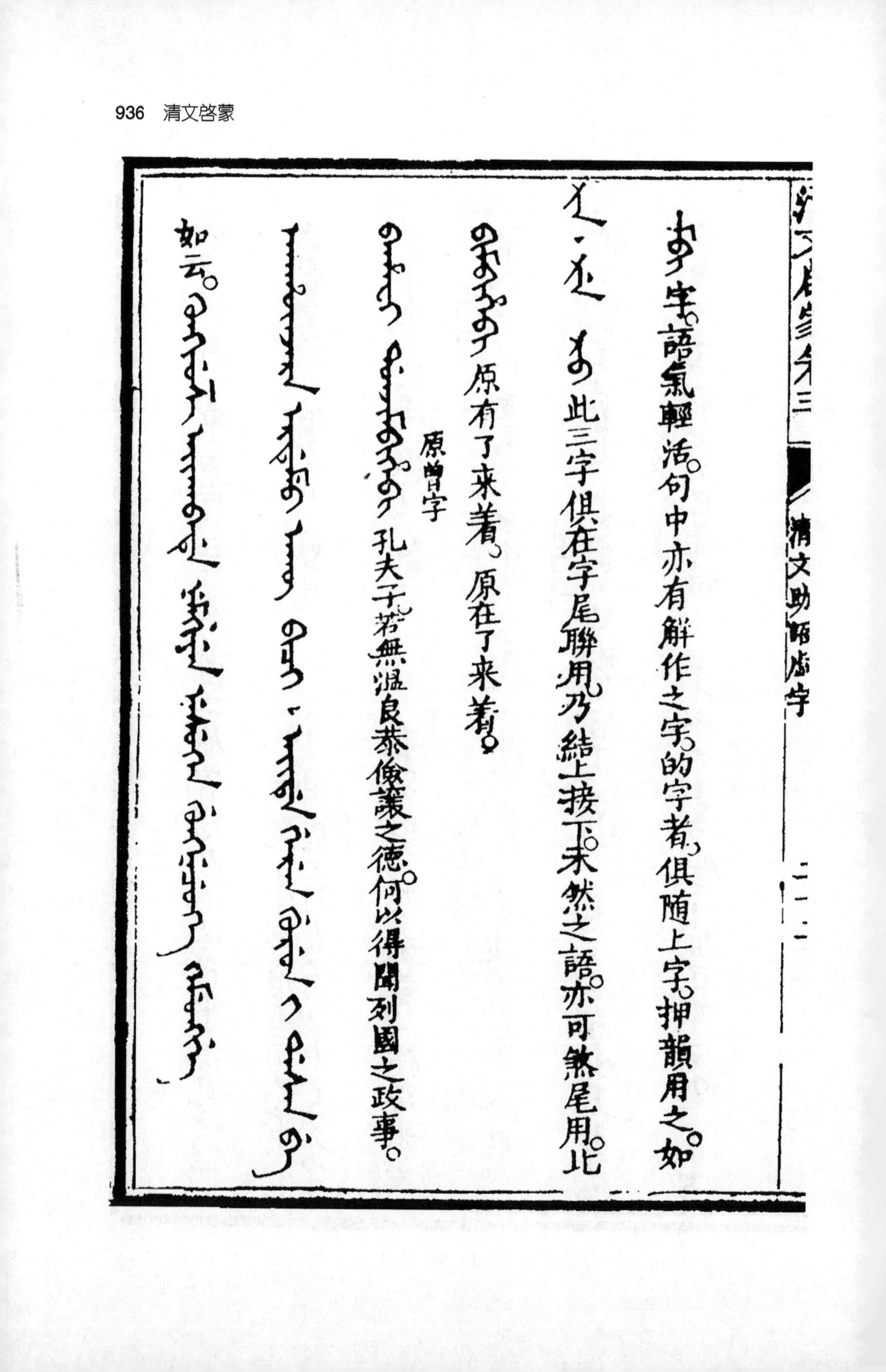

[illegible]字語氣輕活。句中亦有解作之字的字者。俱隨上字押韻用之。如

[illegible] [illegible] [illegible] 此三字俱在字尾聯用。乃結上接下未然之語。亦可煞尾用。此

[illegible]原有了來着。原在了來着。

[illegible] 原曾字

[illegible] 孔夫子若無溫良恭儉讓之德。何以得聞列國之政事。

[illegible]

如云。[illegible]

人。之字 堪用之才。

啊。的字 讀書的人。的字 行路之

我必定去洗。我就去洗

我必然掃。我就掃啊。

如云。我必定推。我就推呀。

上用 下用 上用 下用 上用 下用

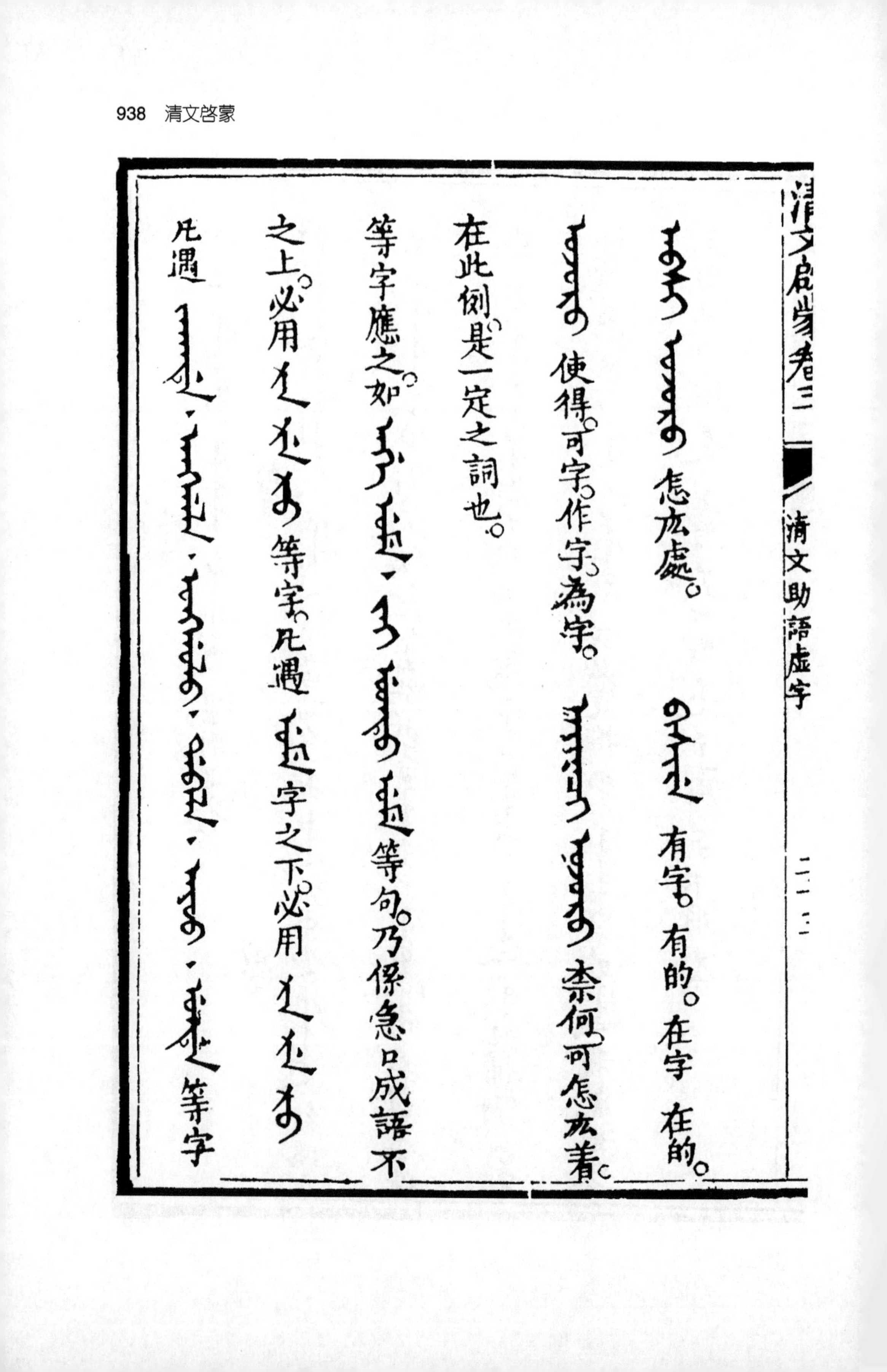

[illegible] [illegible] 怎麼處。 ᠪᡳᠰᡳᡵᡝ 有字 有的。在字 在的。

[illegible] 使得。可字。作字。為字。 [illegible] [illegible] 奈何可怎麼着。

在此例是一定之詞也。

等字應之如 [illegible] [illegible] [illegible] [illegible] [illegible] 等句。乃係急口成語不

之上。必用 [illegible] [illegible] [illegible] 等字。凡遇 [illegible] 字之下。必用 [illegible] [illegible] [illegible]

凡遇 [illegible] [illegible] [illegible] [illegible] [illegible] [illegible] 等字

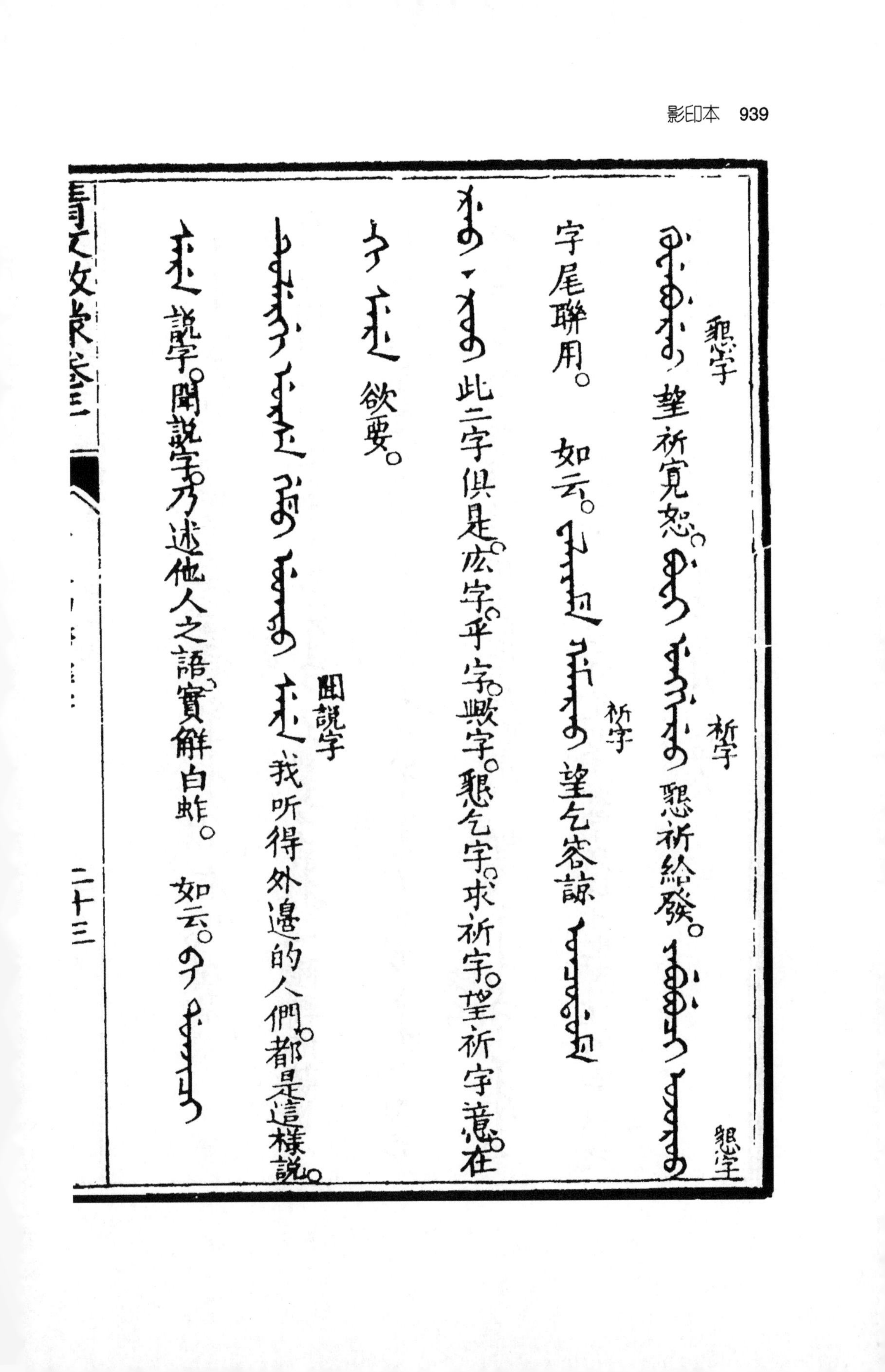

懇字 望祈寬恕。 祈字 懇祈給發。 懇字

字尾聯用。 如云。 祈字 望乞容諒

此二字俱是宏字。平字。嘆字。懇乞字。求祈字。望祈字意在

欲要。

聞說字 我听得外邊的人們都是這樣說。

說字。聞說字。乃述他人之語。實解白蚱。 如云。

[满文] 可以的。使得的。作者。為者。[满文] 有的。在者。

射的俱好。[满文] [满文]（的字）[满文] [满文] 陞轉的甚快。

[满文] 来者是何人。[满文]（的字）[满文]（的字）[满文] [满文] 馬步

語。此[满文] [满文]字詞義俱不相同。在字尾聯用。如云。[满文]（者字）[满文]

[满文]・[满文]・[满文] 此三字俱是的字。者字。所以字。也者字。乃未然之

可否施行。[满文] [满文]（乞字）可得聞乎。

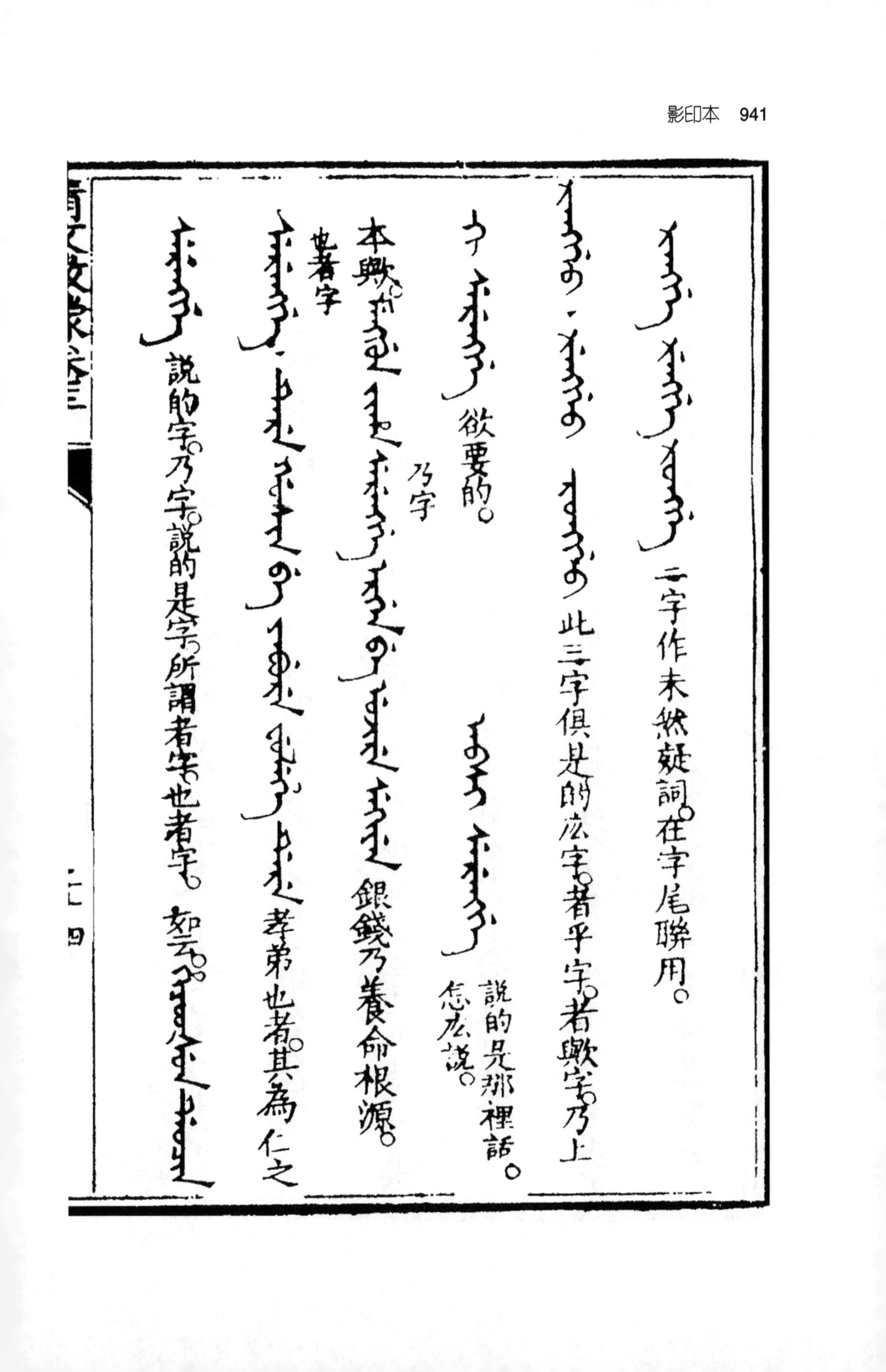

二字作未然疑詞。在字尾聯用。

此三字俱是的麽字。者乎字。者歟字。乃上

欲要的。

說的是那裡話。怎麽說。

本歟

乃字

也者字

銀錢乃養命根源。

孝弟也者。其為仁之

說的字。乃字。說的是字。所謂者字。也者字。

如云。

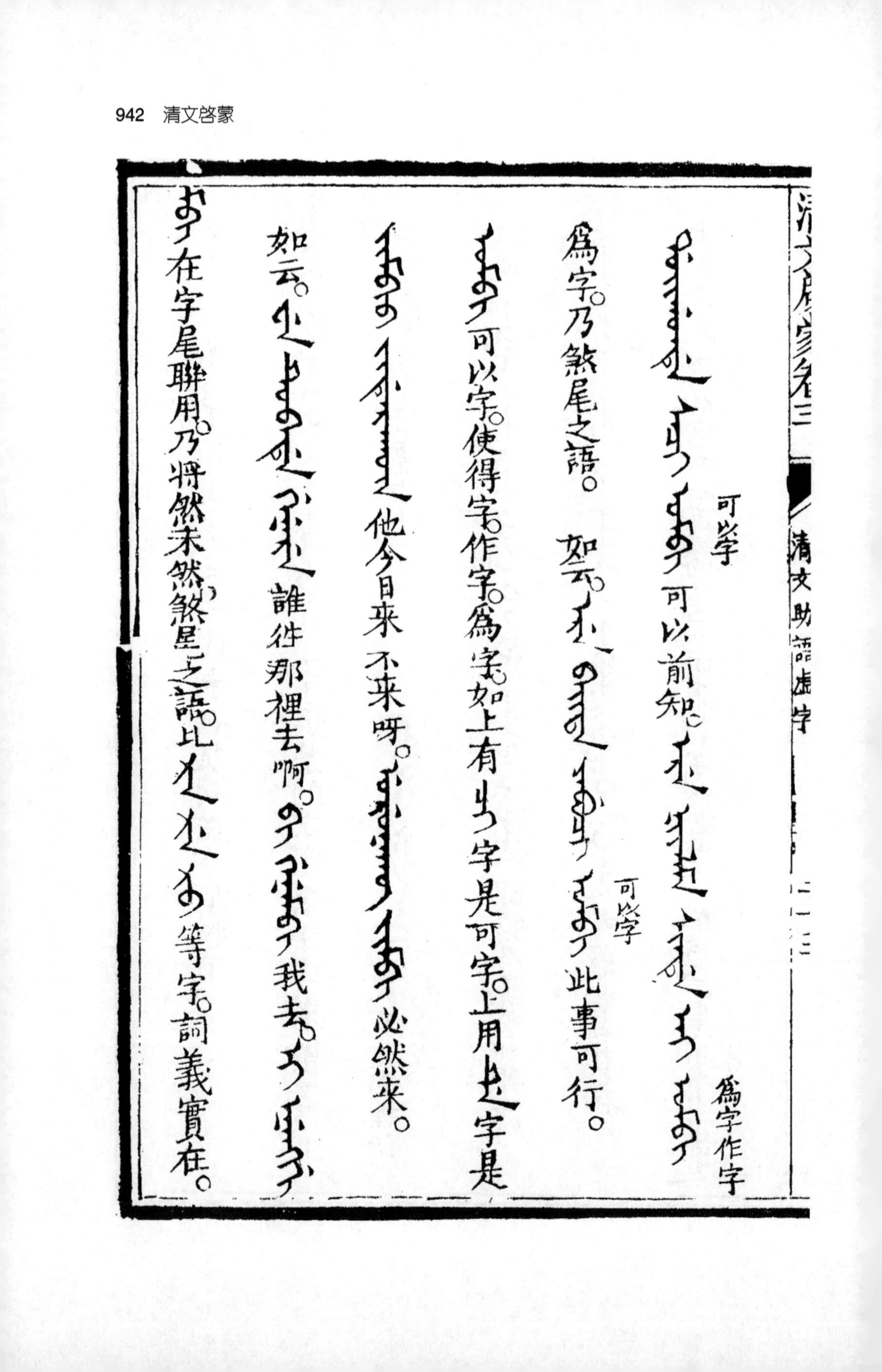

可以前知。（可學）（爲字作字）爲字。乃煞尾之語。如云。（可學）此事可行。可以字。使得字。作字。爲字。如上有字是可字。上用字是他今日来不来呀。必然来。如云。誰往那裡去啊。我去。在字尾聯用。乃將然未然煞尾之語。比等字。詞義實在。

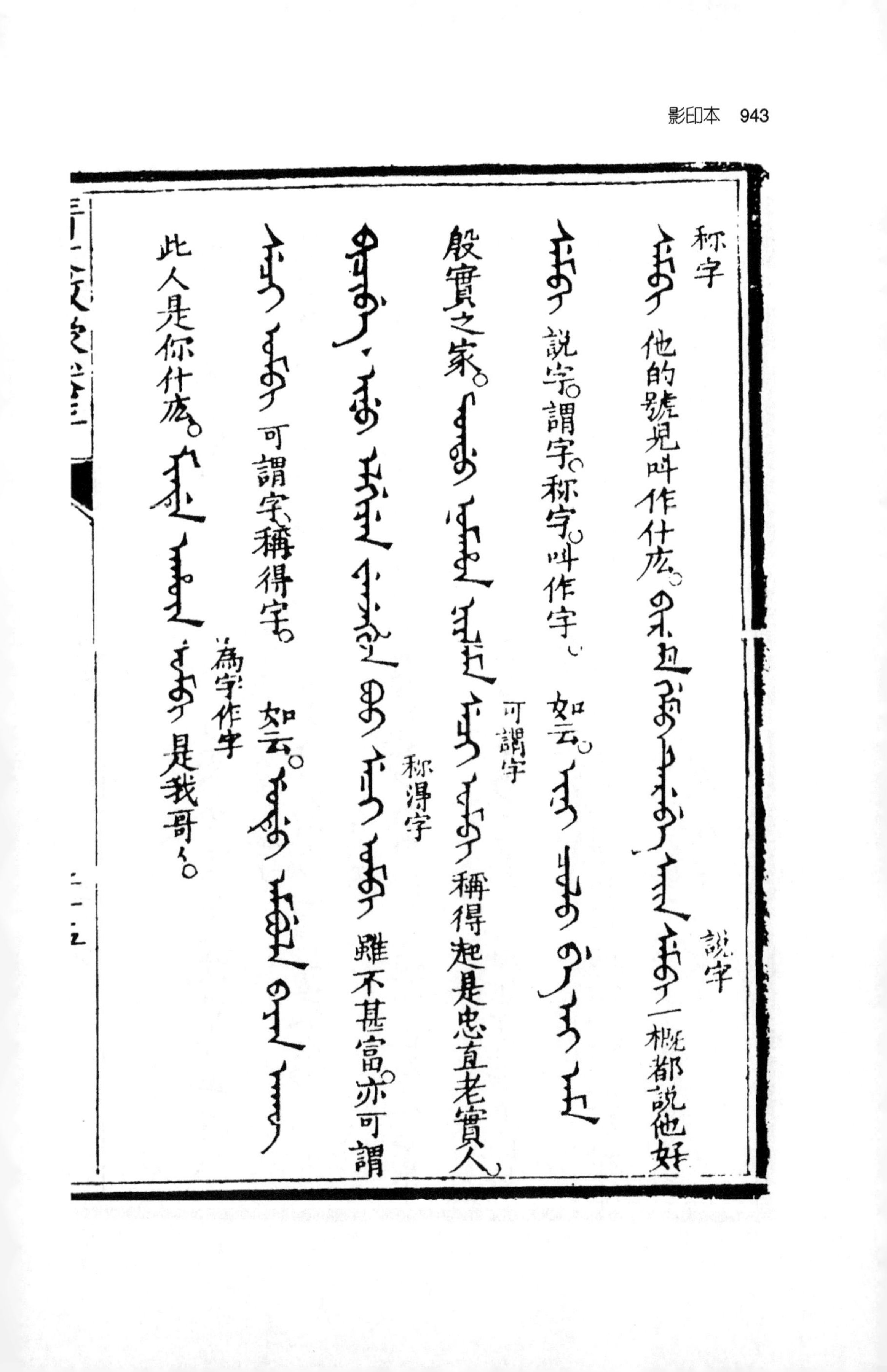

称字

他的號兒叫作什麼。

說字

一概都說他好

說字。謂字。稱字。叫作字。

如云。

殷實之家。

可謂字

稱得起是忠直老實人。

稱得字

雖不甚富。亦可謂

可謂字。稱得字。

如云。

此人是你什麼。

爲字作字

是我哥哥。

ᠪᡳᠣ 有麽。在麽。 ᠣᠮᠪᡳᠣ 可以麽。使得麽。去得麽。

ᠰᡠᠸᡝ ᡤᡝᠮᡠ ᡤᡝᠨᡝᠮᠪᡳᠣ 麽字 你們都去麽。 ᠴᡝ ᡤᡝᠯᡳ ᠵᡳᠮᠪᡳᠣ 麽字 他們還來麽。

問之語。加云。 ᡝᡵᡝ ᡤᡝᠰᡝ ᡴᠣᠣᠯᡳ ᡳᠨᡠ ᠪᡳᠣ 有麽字 這樣規矩也有麽。

字尾聯用。大凡 …… 二頭之字。用在字尾。多係疑

ᠣᠮᠪᡳᠣ、ᠪᡳᠣ 此二字俱是麽字平 字。媞字。又帶字口氣。俱係 問疑詞。在

欲要。 ᠪᡳᠣ 在字。存字。

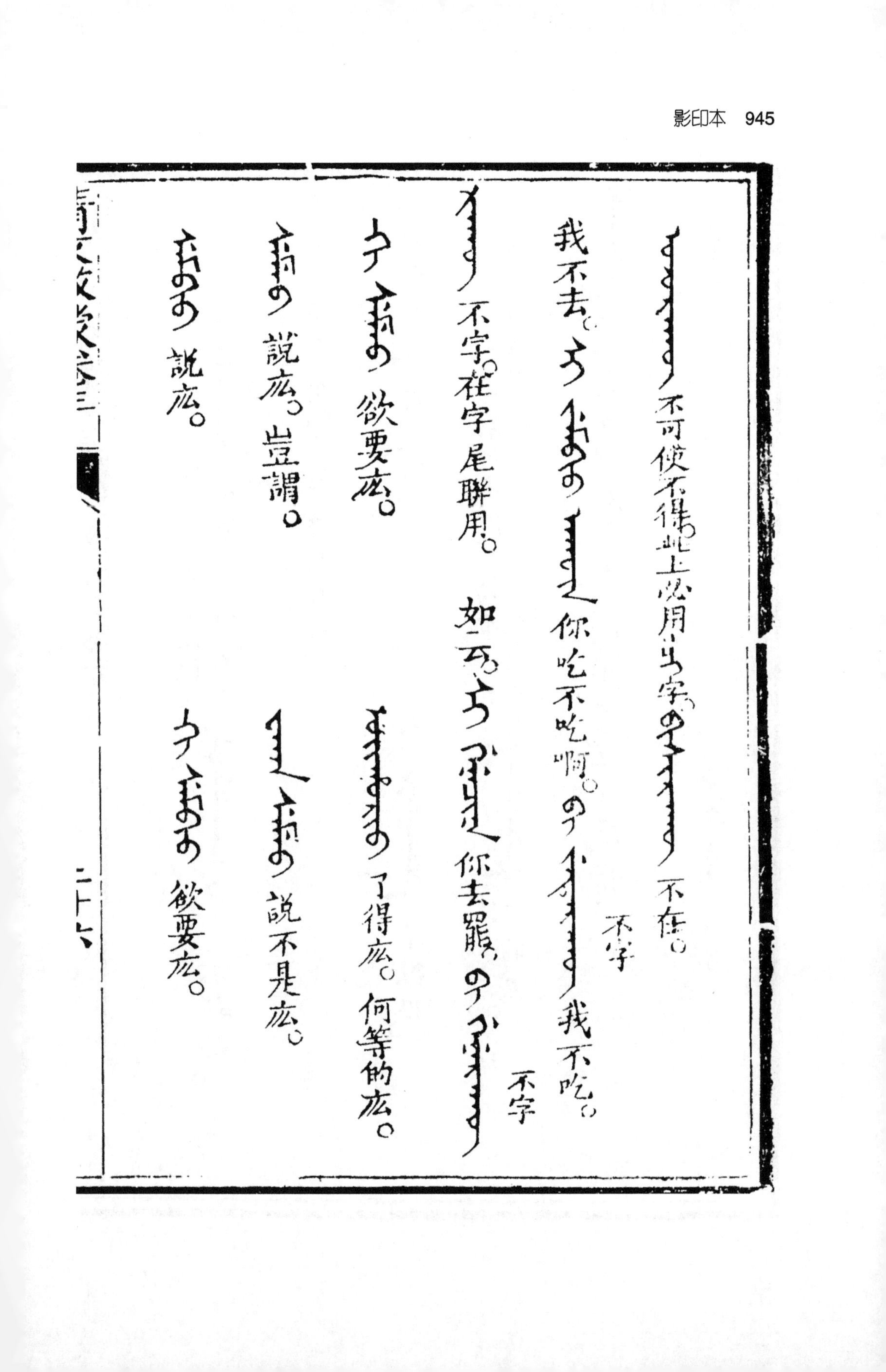

不可使不得。此上必用字。不在。

我不去。你吃不吃啊。我不吃。

不字

不字。在字尾聯用。如云。你去罷。

不字

欲要麼。了得麼。何等的麼。

說麼。豈謂。說不是麼。

說麼。欲要麼。

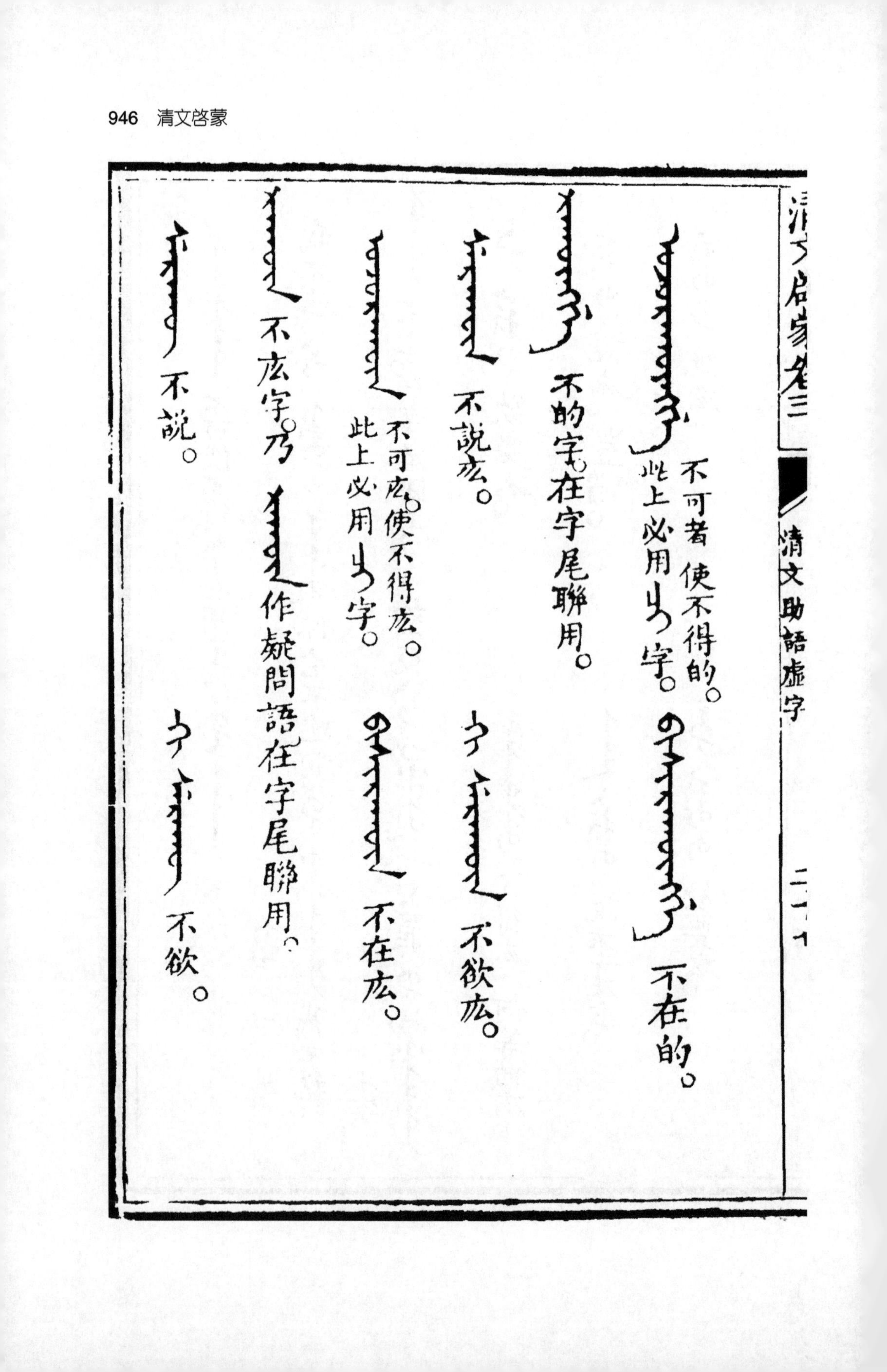

不可者 使不得的。此上必用ᠴᡳ字。

不在的。

不的字。在字尾聯用。

不說呢。

不欲呢。

不可呢。使不得呢。此上必用ᠴᡳ字。

不在呢。

不呢字。乃 作疑問語在字尾聯用。

不說。

不欲。

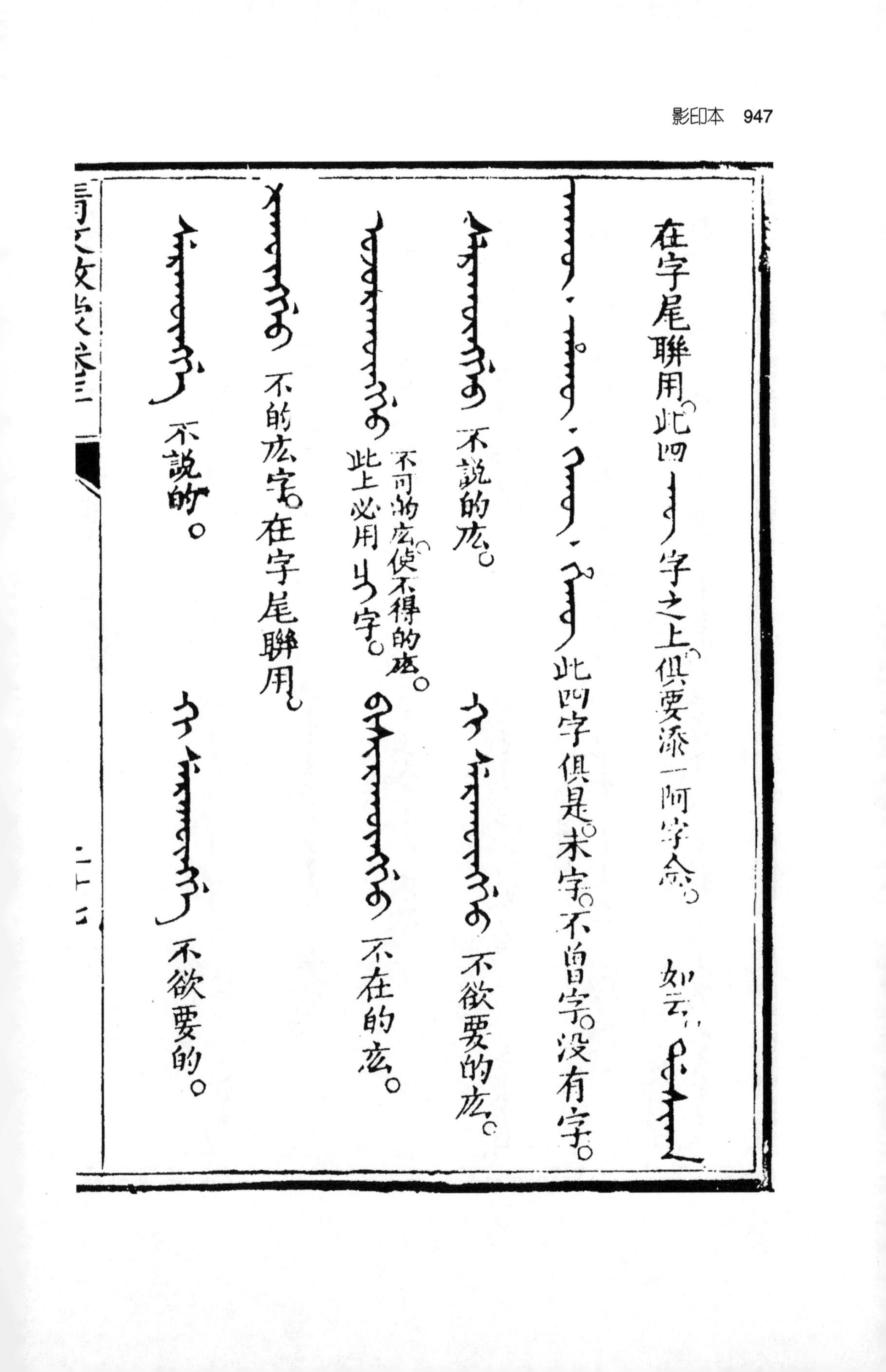

在字尾聯用此四字之上俱要添一阿字念。如云

此四字俱是未字。不曾字。没有字。

不說的亦。不欲要的亦。

不可以亦使不得的亦。此上必用字。不在的亦。

不的亦字。在字尾聯用。

不說的。不欲要的。

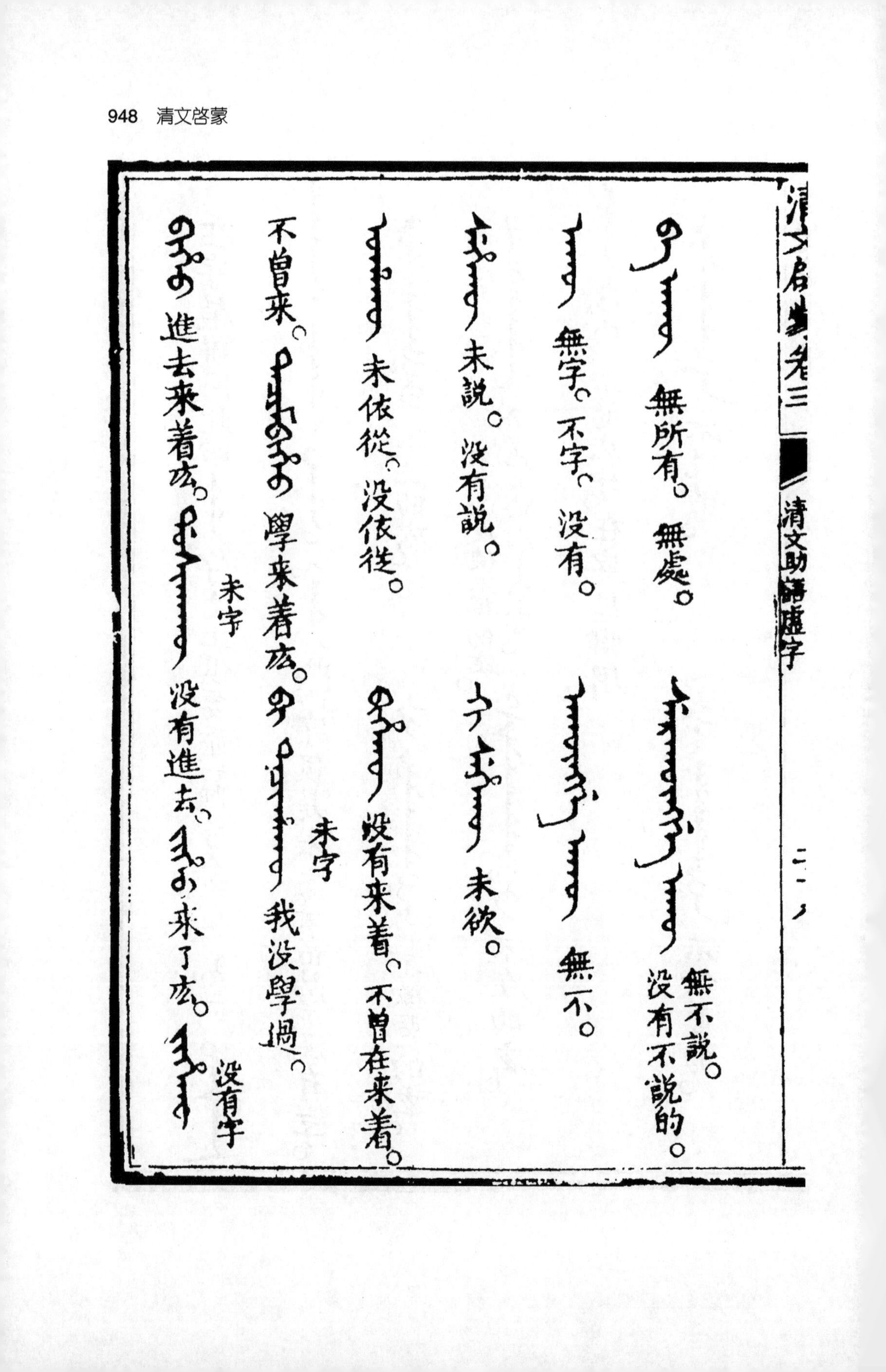

無所有。無處。

無不說。沒有不說的。

無字。不字。沒有。

無不。

未說。沒有說。

未欲。

未依從。沒依從。

沒有來着。不曾在來着。

不曾來。

學來着㕥。

我沒學過。

未字

進去來着㕥。

未字

沒有進去。

來了㕥。

沒有字

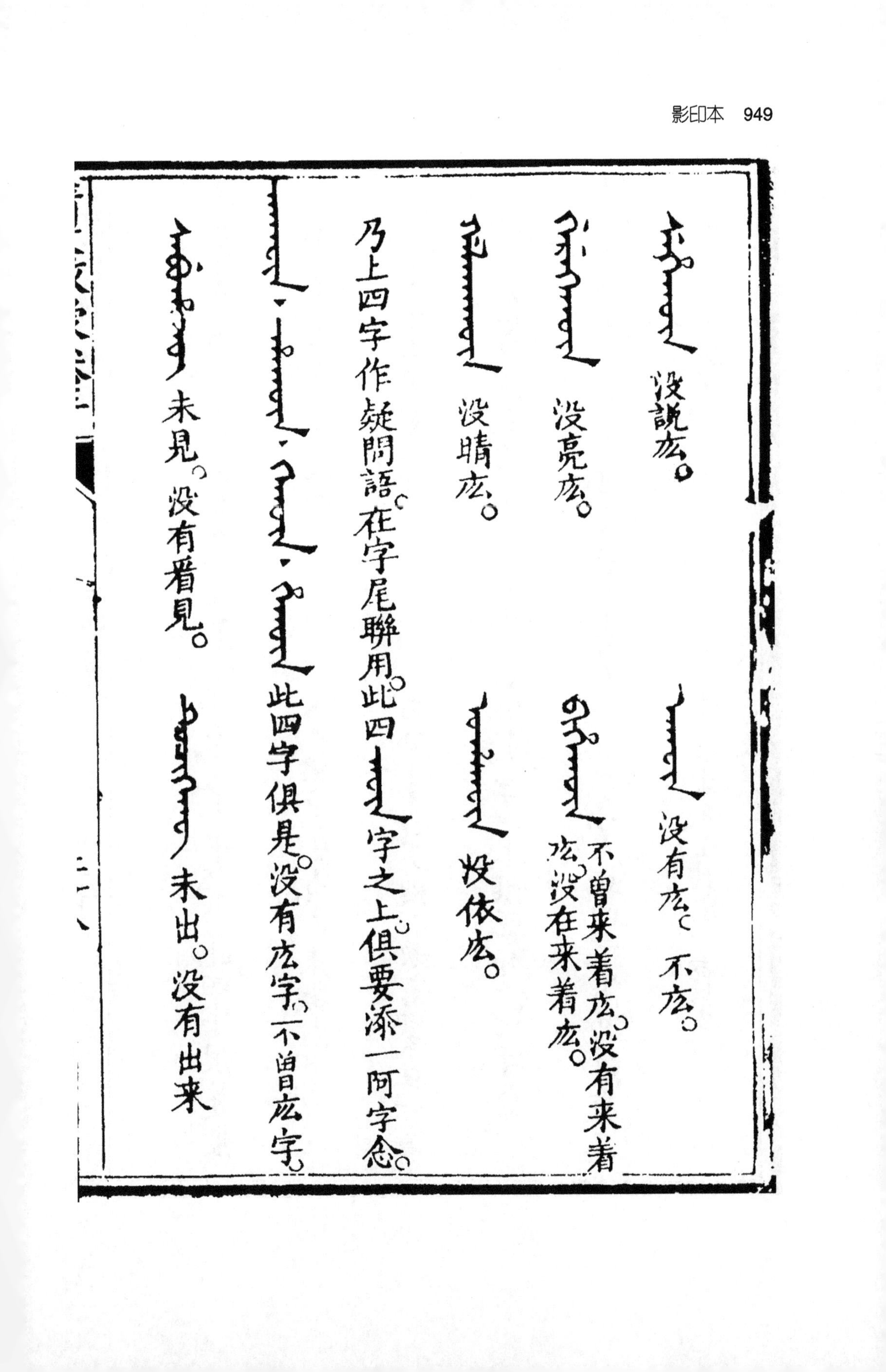

没説庅。

没有庅。　不庅。

没亮庅。

不曾来着庅。没有来着庅。没在来着庅。

没晴庅。

没依庅。

乃上四字作疑問語。在字尾聯用。此四字之上。俱要添一阿字念。

此四字俱是。没有庅字。不曾庅字。

未見。没有看見。

未出。没有出来

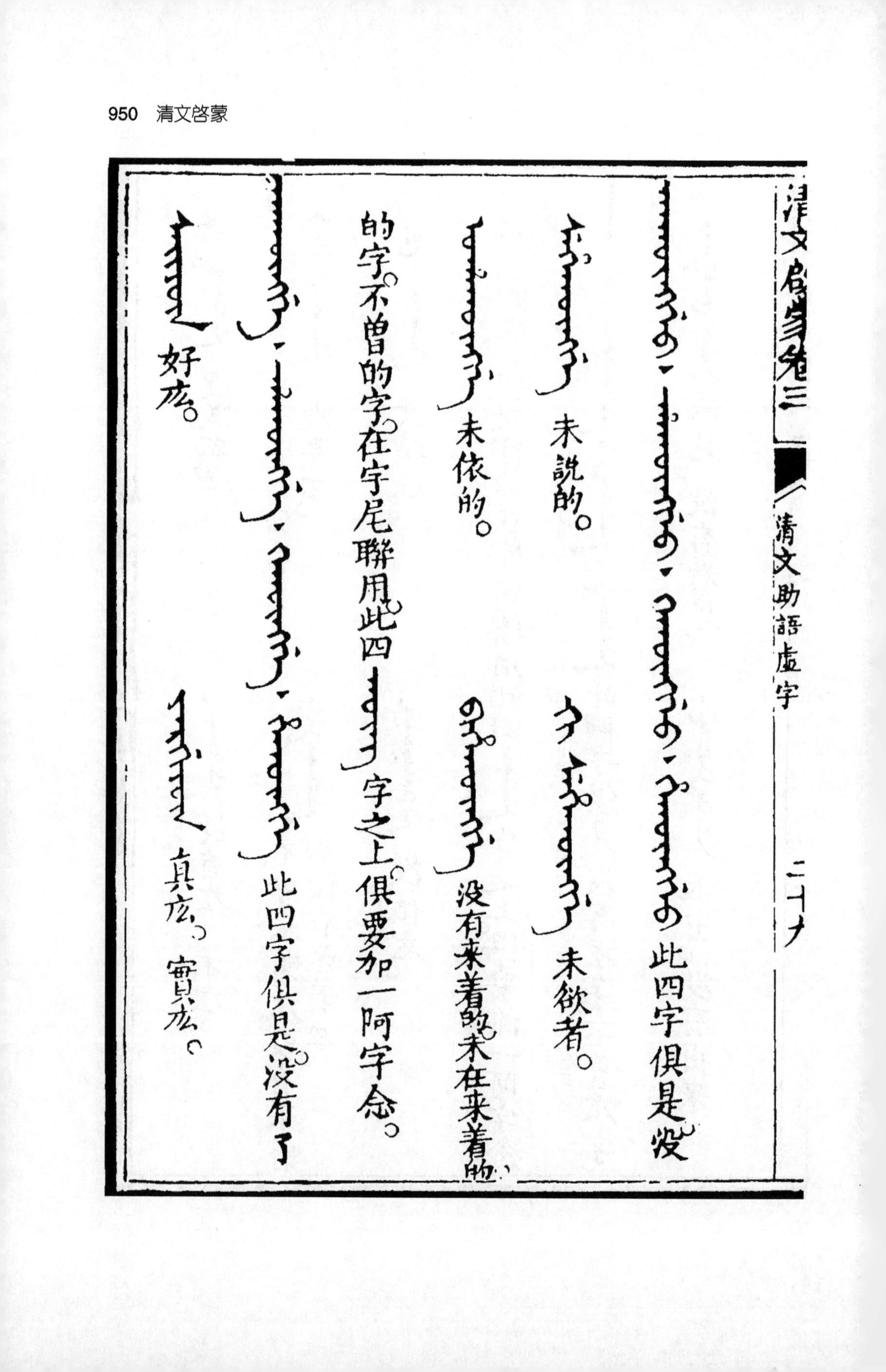

此四字俱是沒

未說的。

未欲者。

未依的。

沒有來着的未在來着的。

的字不曾的字在字尾聯用此四字之上俱要加一阿字念。

此四字俱是沒有了

好庅。

真庅。實庅。

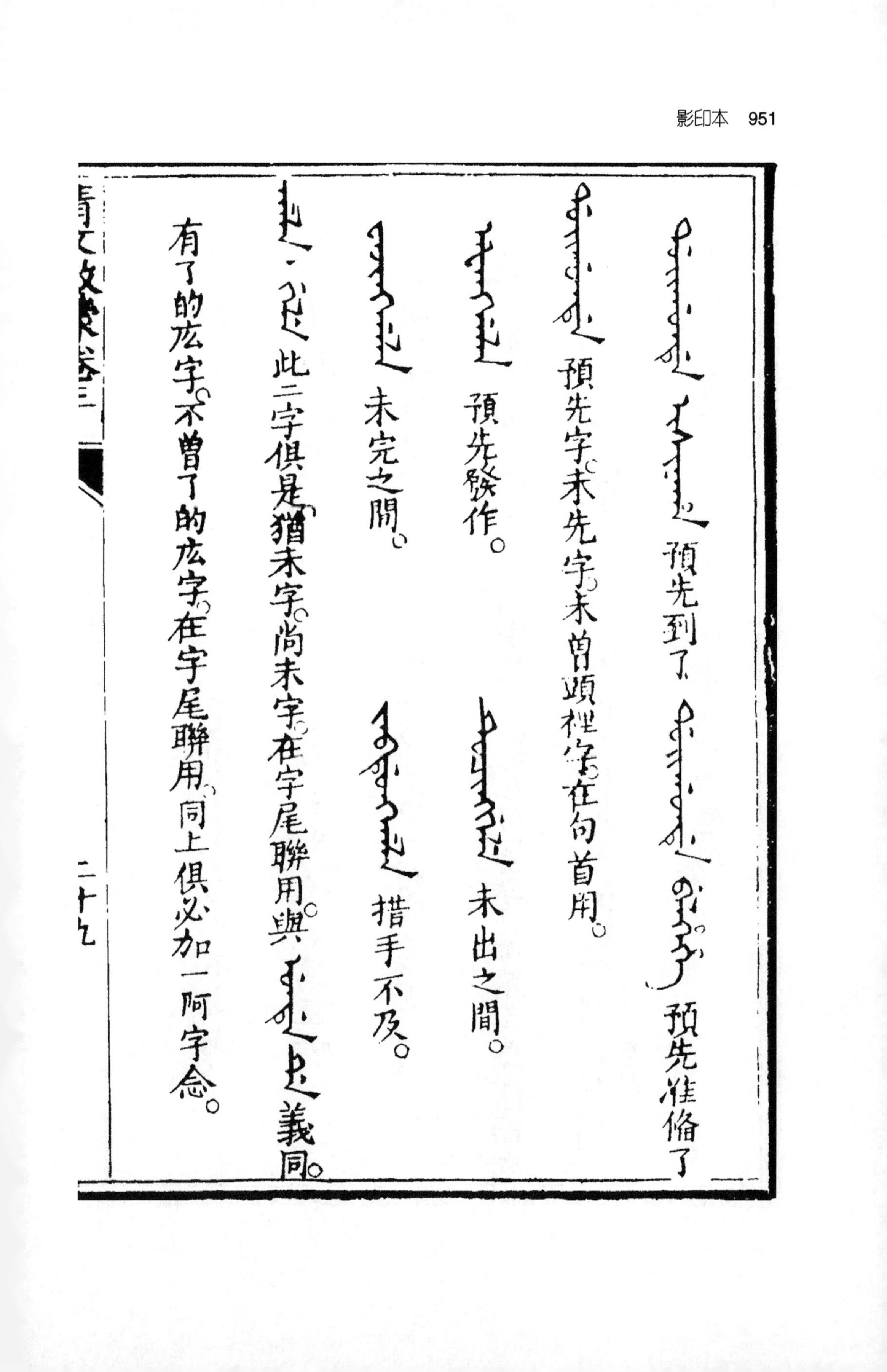

預先到了

預先准備了

預先字未先字未曾頭裡字在句首用。

預先發作。

未出之間。

未完之間。

措手不及。

此二字俱是猶未字尚未字在字尾聯用與

義同。

有了的厷字不曾了的厷字在字尾聯用同上俱必加一阿字念。

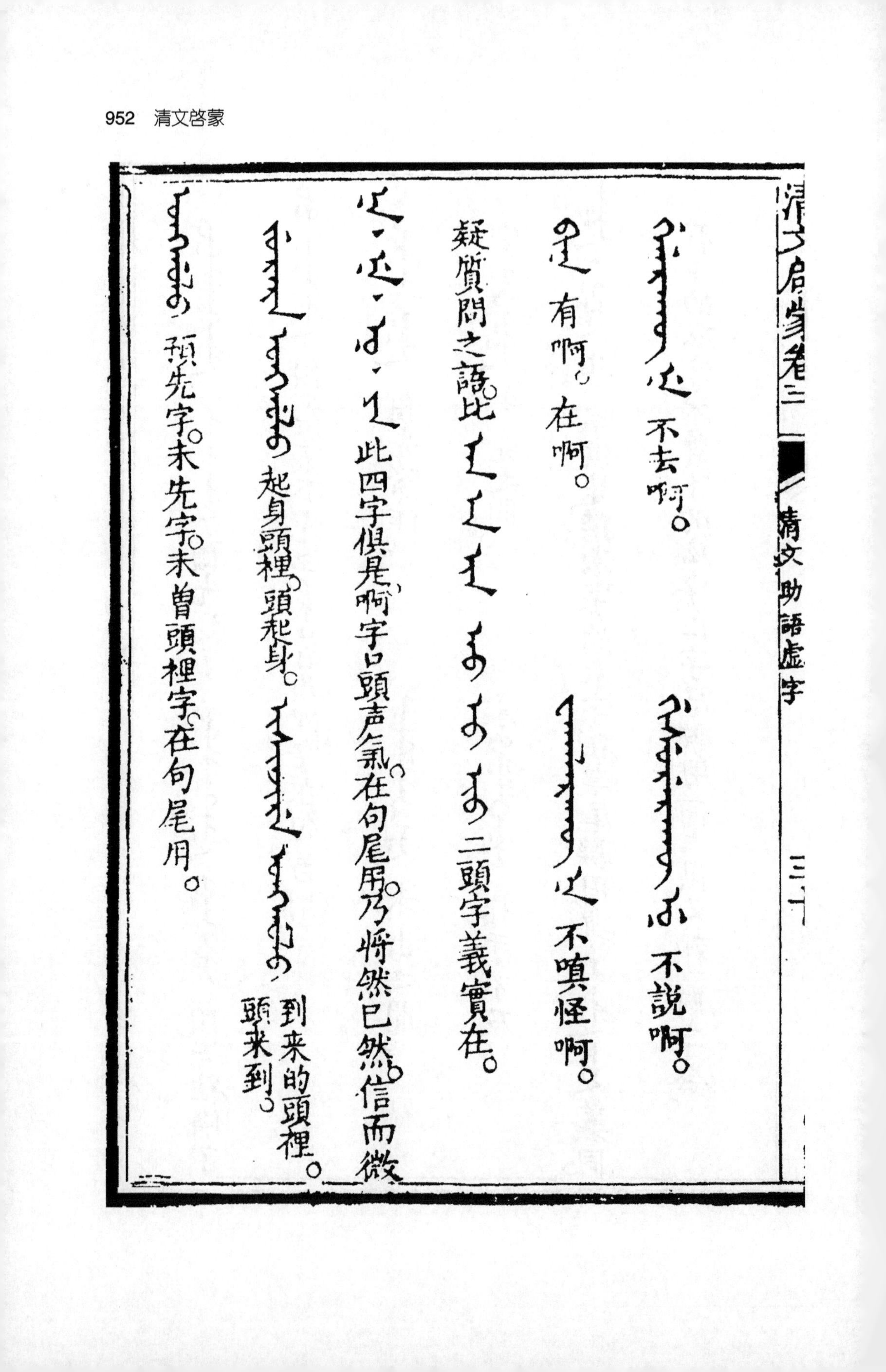

不去啊。

不說啊。

有啊。在啊。

不嗔怪啊。

疑質問之語。此

二頭字義實在。

此四字俱是啊字口頭声氣。在句尾用。乃將然已然信而微

起身頭裡。頭起身。

到来的頭裡。頭来到。

預先字。未先字。未曾頭裡字。在句尾用。

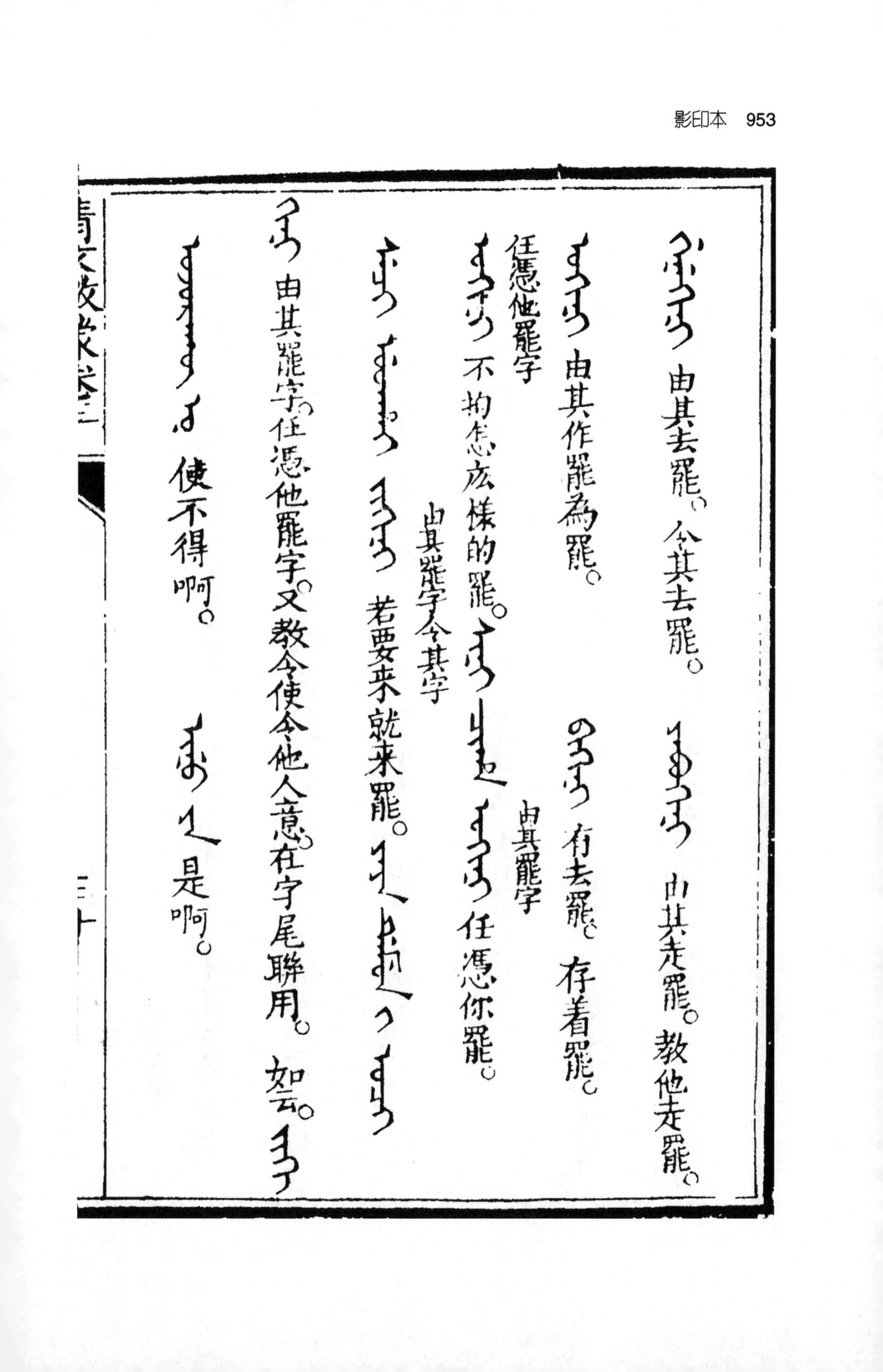

由其去罷。令其去罷。

由其走罷。教他走罷。

由其作罷為罷。

由其罷字 有去罷。存着罷。

任憑他罷字 不拘怎麽樣的罷。

由其罷字 任憑你罷。

由其罷字令其字 若要來就來罷。

由其罷字。任憑他罷字。又教令使令他人意在字尾聯用。如云。

使不得啊。

是啊。

即就本話煞尾者。故以此在字尾聯用。如云。(Manchu) 令他出 (Manchu) 教字使字

(Manchu) (Manchu) (Manchu) (Manchu) 此四字俱是使令教令他人之語。因清語內有一二字之句。

(Manchu) 坐是呢。坐着罷。 (Manchu) 說是呢。說罷。

(Manchu) 吃是呢。吃罷。 (Manchu) 去是呢。去罷。

(Manchu) 存着是呢。有着罷。 (Manchu) 說是呢。可說是呢。說罷。

(Manchu) 是呢字。罷字。在字尾聯用。乃使令他人之詞。此字向尊長言說不得。

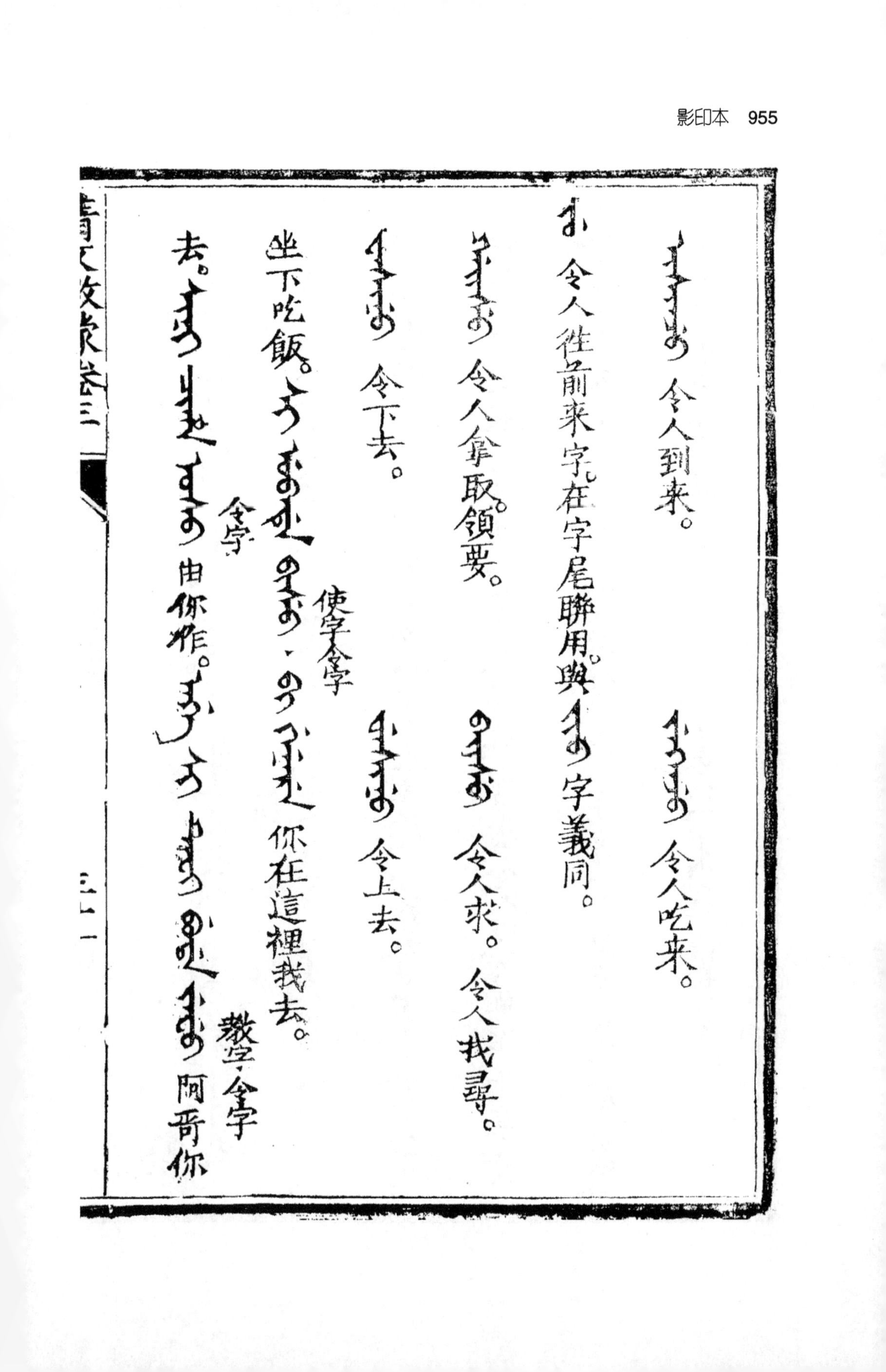

令人到來。 令人吃來。

令人往前來字，在字尾聯用，與 字義同。

令人拿取領要。 令人求。 令人找尋。

令下去。 令上去。

坐下吃飯。 使字令字 你在這裡我去。

令字 教字令字

去。 由你作。 阿哥你

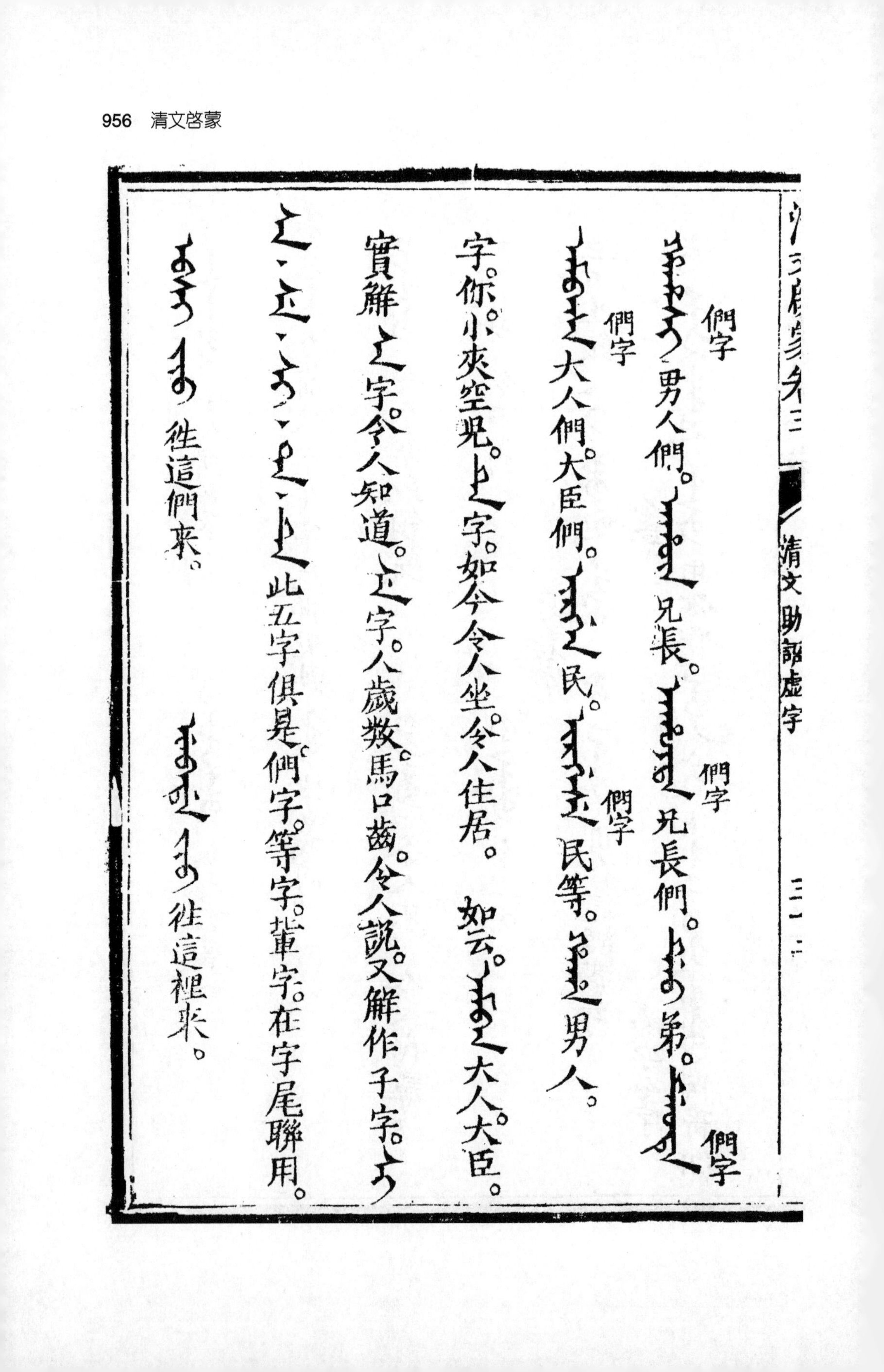

們字 男人們。兄長。們字 兄長們。弟。們字

們字 大人們。大臣們。民。們字 民等。男人。

字。你小夾空兒。字。如今令人坐。令人住居。 如云。大人。大臣。

實解 字。令人知道。字。人歲數。馬口齒。令人說。又解作子字。

、、、、此五字俱是們字。等字。輩字。在字尾聯用。

往這們來。 往這裡來。

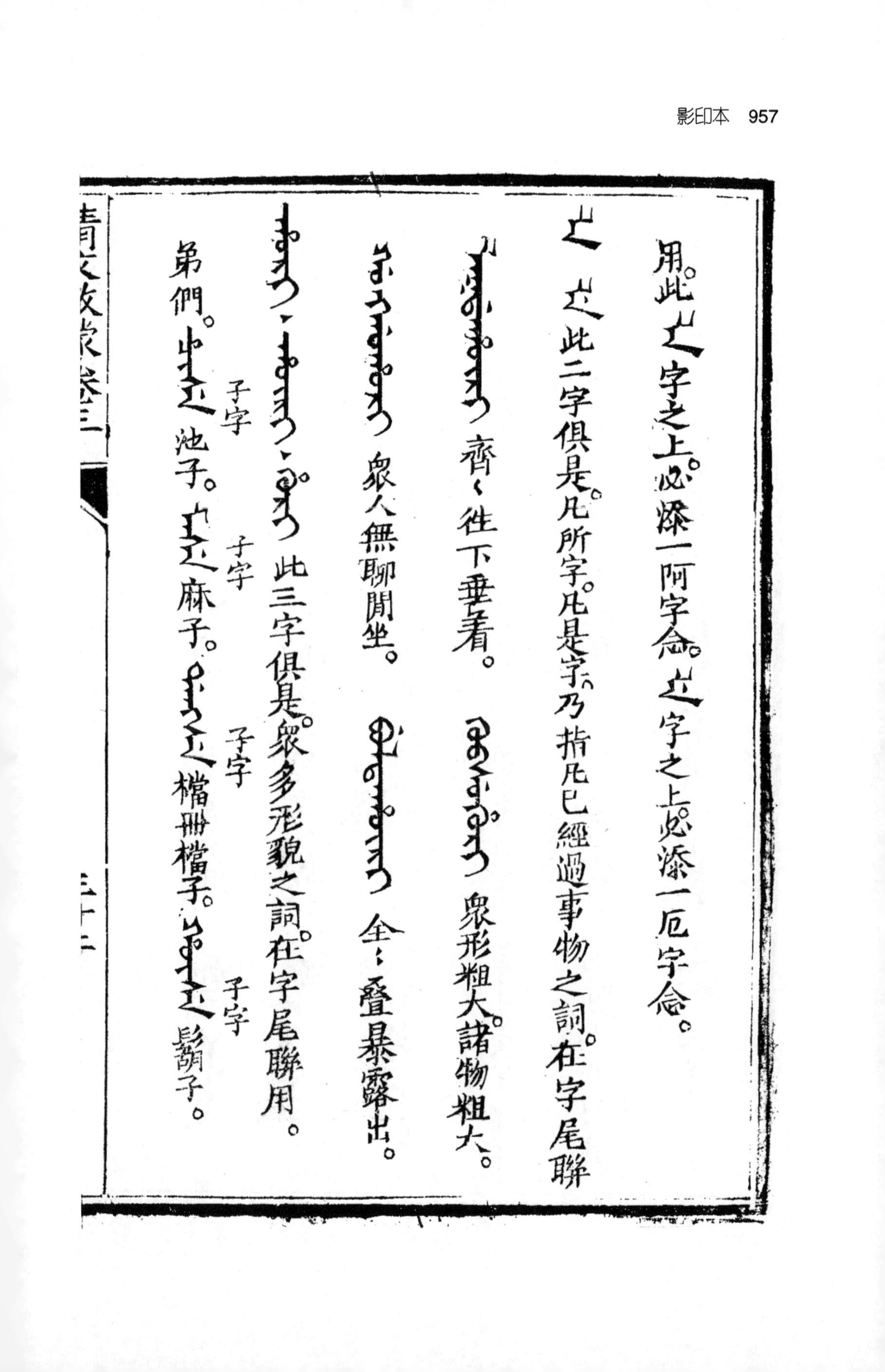

用。此字之上必添一阿字念。字之上必添一厄字念。

此二字俱是凡所字凡是字乃指凡已經過事物之詞在字尾聯用。

齊〻往下垂着。衆形粗大諸物粗大。

衆人無聊閒坐。全〻叠暴露出。

此三字俱是衆多形貌之詞在字尾聯用。

弟們。池子。子字 麻子。子字 檔冊檔子。子字 鬍子。子字

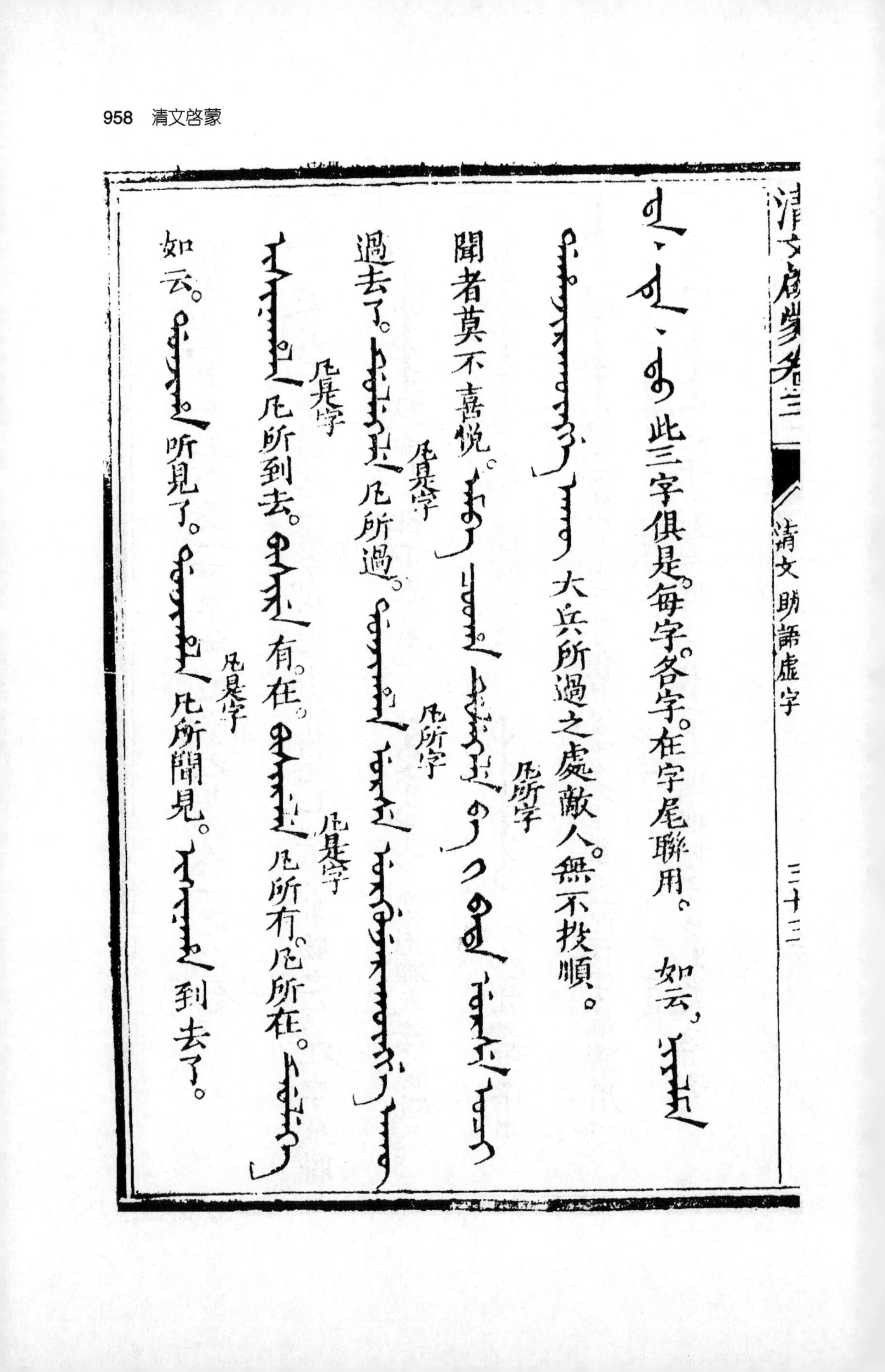

此三字俱是每字各字在字尾聯用。 如云。

大兵所過之處敵人無不投順。

聞者莫不喜悅。 凡是字 凡所字

過去了。 凡是字 凡所過。 凡所字

凡是字 凡所到去。 有在。 凡是字 凡所有凡所在。

如云。 所見了。 凡是字 凡所聞見。 到去了。

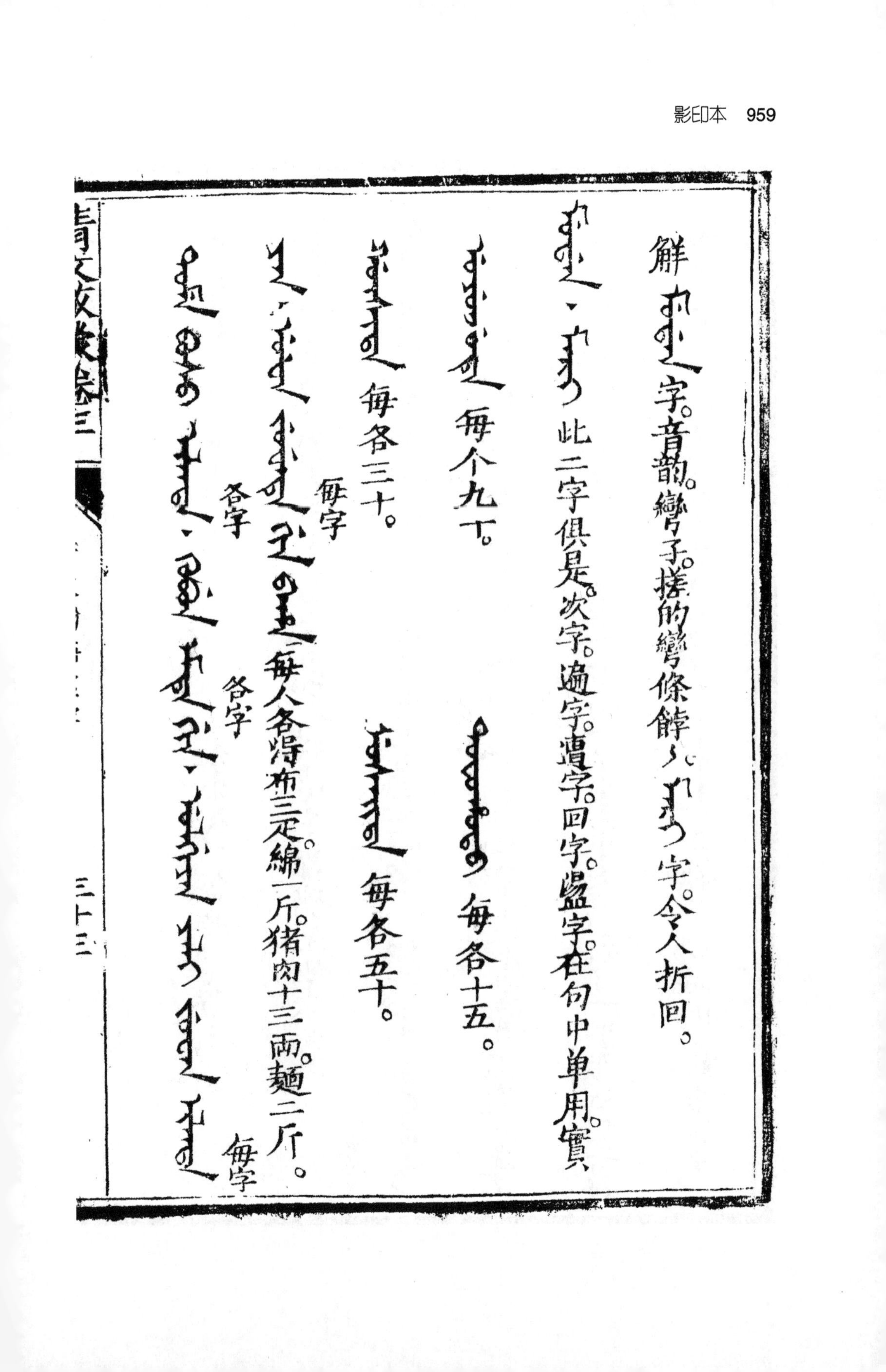

解 字。音韻。彎子。搓的彎條餑餑 字。令人折回。

此二字俱是。次字。遍字。遭字。回字。盪字。在句中单用實

每个九个。 每各十五。

每各三十。 每各五十。

每字 每人各得布三疋。綿一斤。猪肉十三兩。麵二斤。

各字 各字 每字

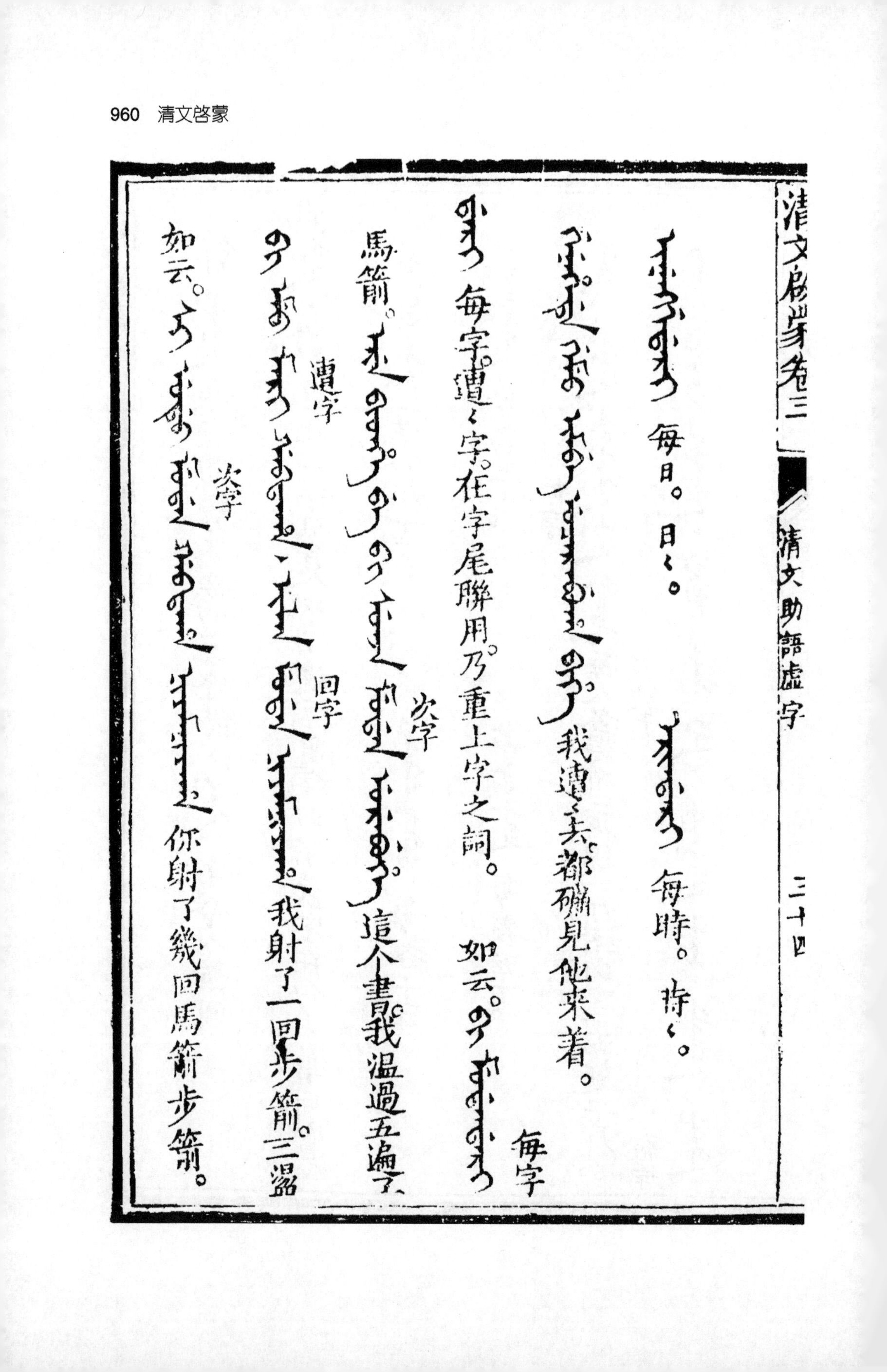

每日。日々。 每時。時々。

我遭々去。都瞧見他来着。

每字遭々字。在字尾聯用。乃重上字之詞。如云。 每字

馬箭。 遭字 次字 這個書。我温過五遍了。

回字 我射了一回步箭。三遛

如云。 次字 你射了幾回馬箭步箭。

ᠨᡳᠶᠠᠯᠮᠠ ᡨᠣᠮᡝ 每人。人人。

ᡥᠠᠴᡳᠨ ᡨᠣᠮᡝ 每樣。樣樣。

ᡨᠣᠮᡝ 每字。在句中单用。乃重上字之詞。

ᡝᠮᡨᡝ ᠮᡠᡩᠠᠨ 各一次。各一遍。

ᡠᡩᡠ ᠮᡠᡩᠠᠨ 幾遍。數次。

ᡳᠯᠠᠨ ᠮᡠᡩᠠᠨ 三次。三遭。

ᡩᡠᡳᠨ ᠮᡠᡩᠠᠨ 四次。四遍。

ᡝᠮᡠ ᠮᡠᡩᠠᠨ 一次。一遭。

ᠵᡠᠸᡝ ᠮᡠᡩᠠᠨ 二次。兩遭。

ᠮᡠᡩᠠᠨ 次字。遭字。遍字。在字尾聯用。

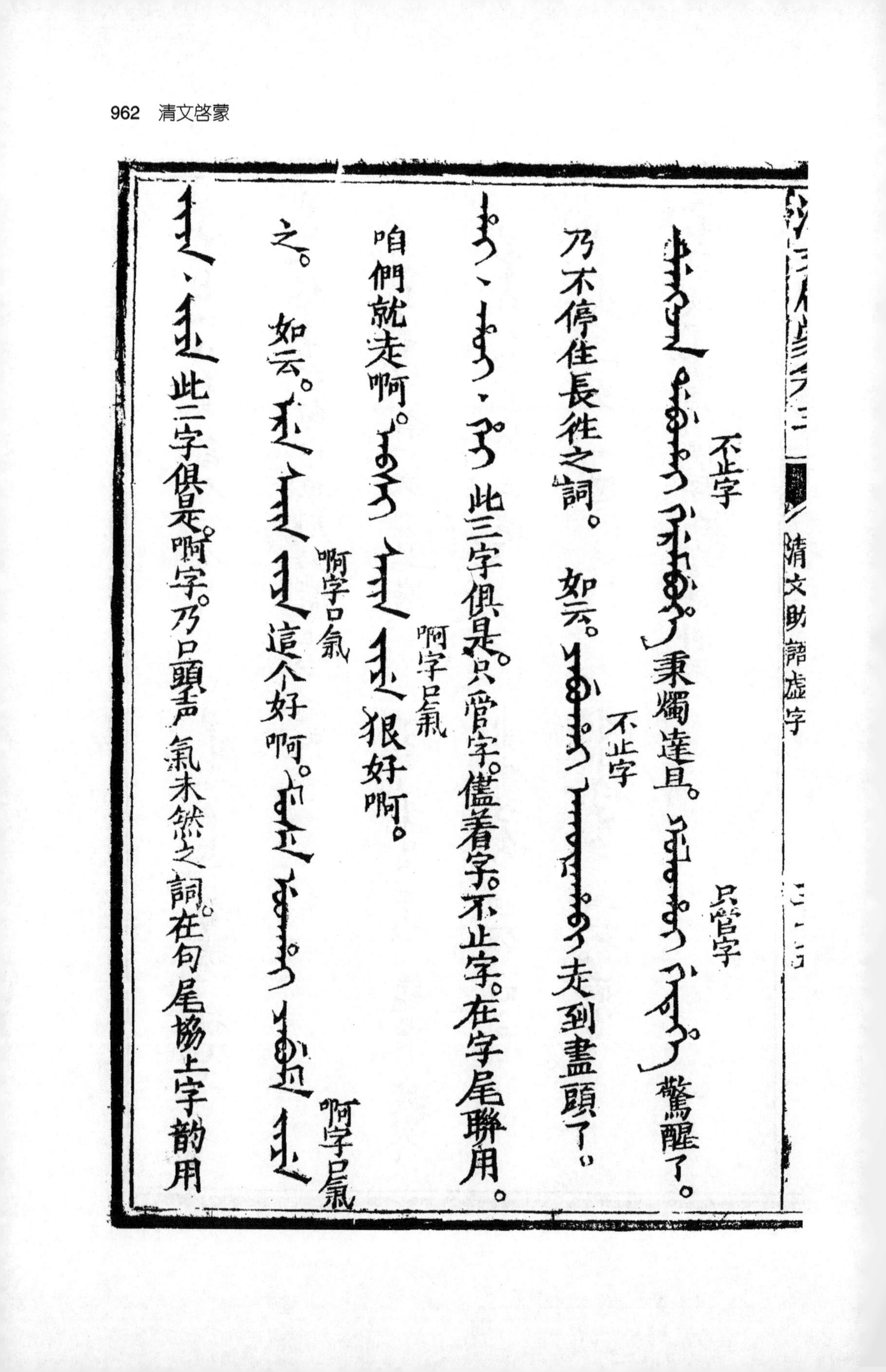

不止字 秉燭達旦。只管字 驚醒了。

乃不停住長往之詞。如云。不止字 走到盡頭了。

此三字俱是只管字。儘着字。不止字。在字尾聯用。

咱們就走啊。啊字口氣 狠好啊。

之。如云。啊字口氣 這个好啊。啊字口氣

此二字俱是啊字。乃口頭声氣未然之詞。在句尾協上字韵用不論是不是挽把住的就說。

極盡意

如云。

此三字俱是些須不留極盡之詞。在字尾聯用。

只管說。正說未止。

正欲未止。

不止。作不止。

儘着有。只管在。

不止字

儘着字

跑了來

坐候。

强押派。立逼着。普遍。普裡一槩。

緊閉難開。抵死。往死裡的。

奮力掙。盡棄捨。

只以得的不思即行。只以摳着逢着的不思即行。

從。極盡意 立逼着拿去了。極盡意 弄的閉口無言。

極盡意 事君能致其身。極盡意 抵死不

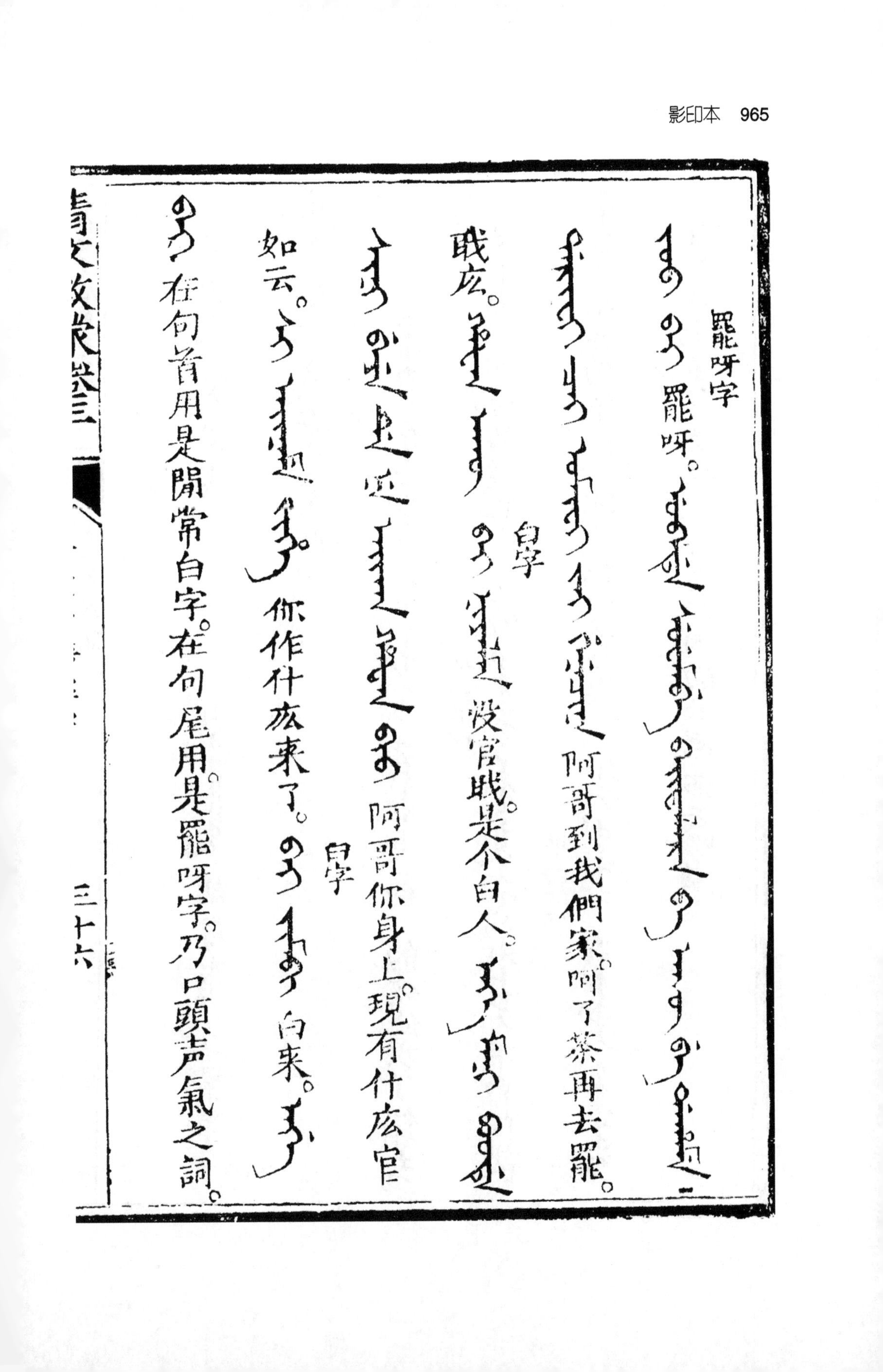

在句首用是閒常白字。在句尾用是罷呀字。乃口頭声氣之詞如云。

你作什麼來了。（白字）白來。

阿哥你身上現有什麼官戥麼。

（白字）沒官戥是个白人。

阿哥到我們家喝了茶再去罷。

（罷呀字）罷呀。

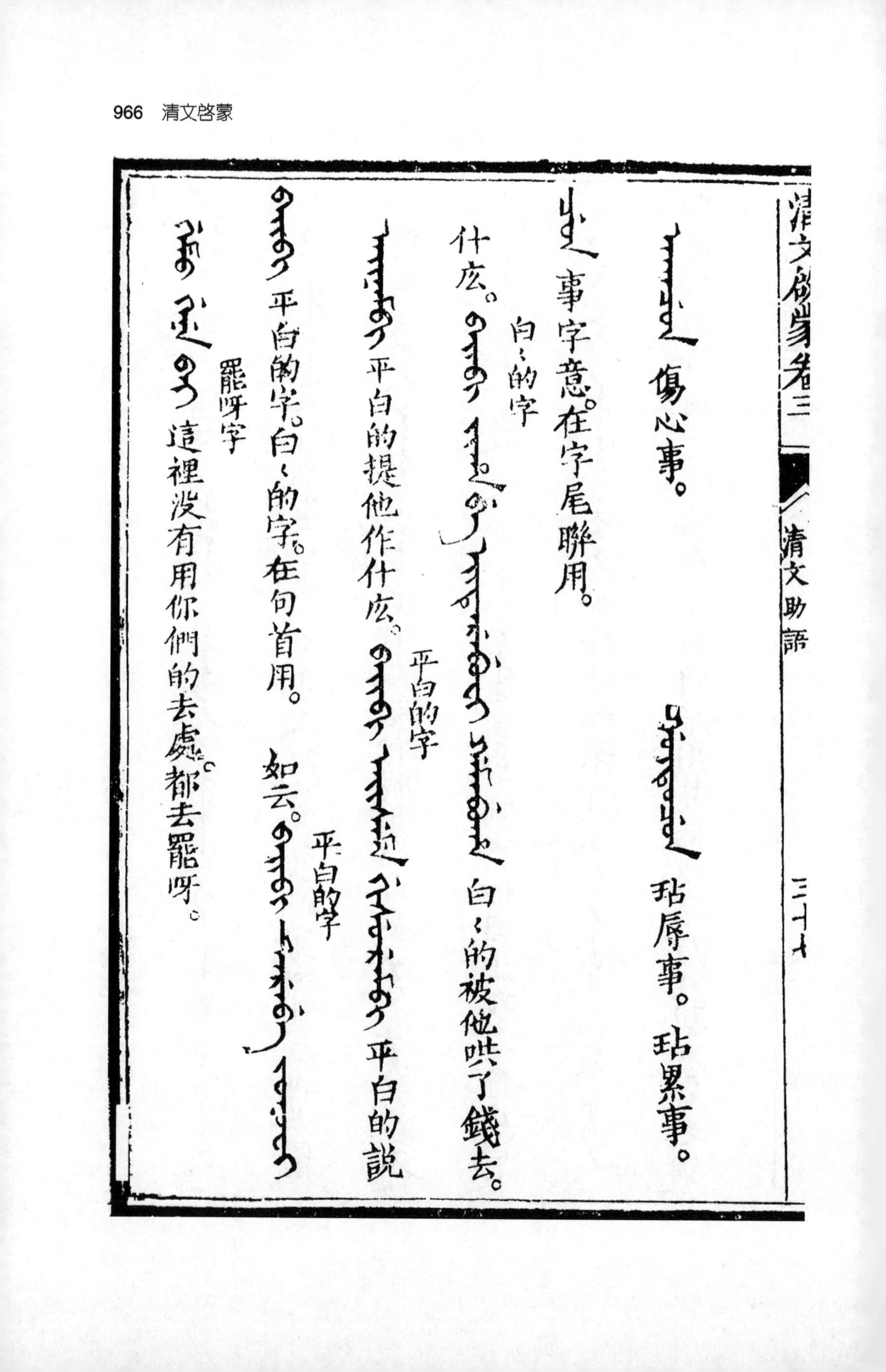

傷心事。 玷辱事。玷累事。

事字意。在字尾聯用。

什麽。 （白々的字） 白々的被他哄了錢去。

平白的提他作什麽。 （平白的字） 平白的說

平白的字。白々的字。在句首用。如云。 （平白的字）

（罷呀字） 這裡沒有用你們的去處。都去罷呀。

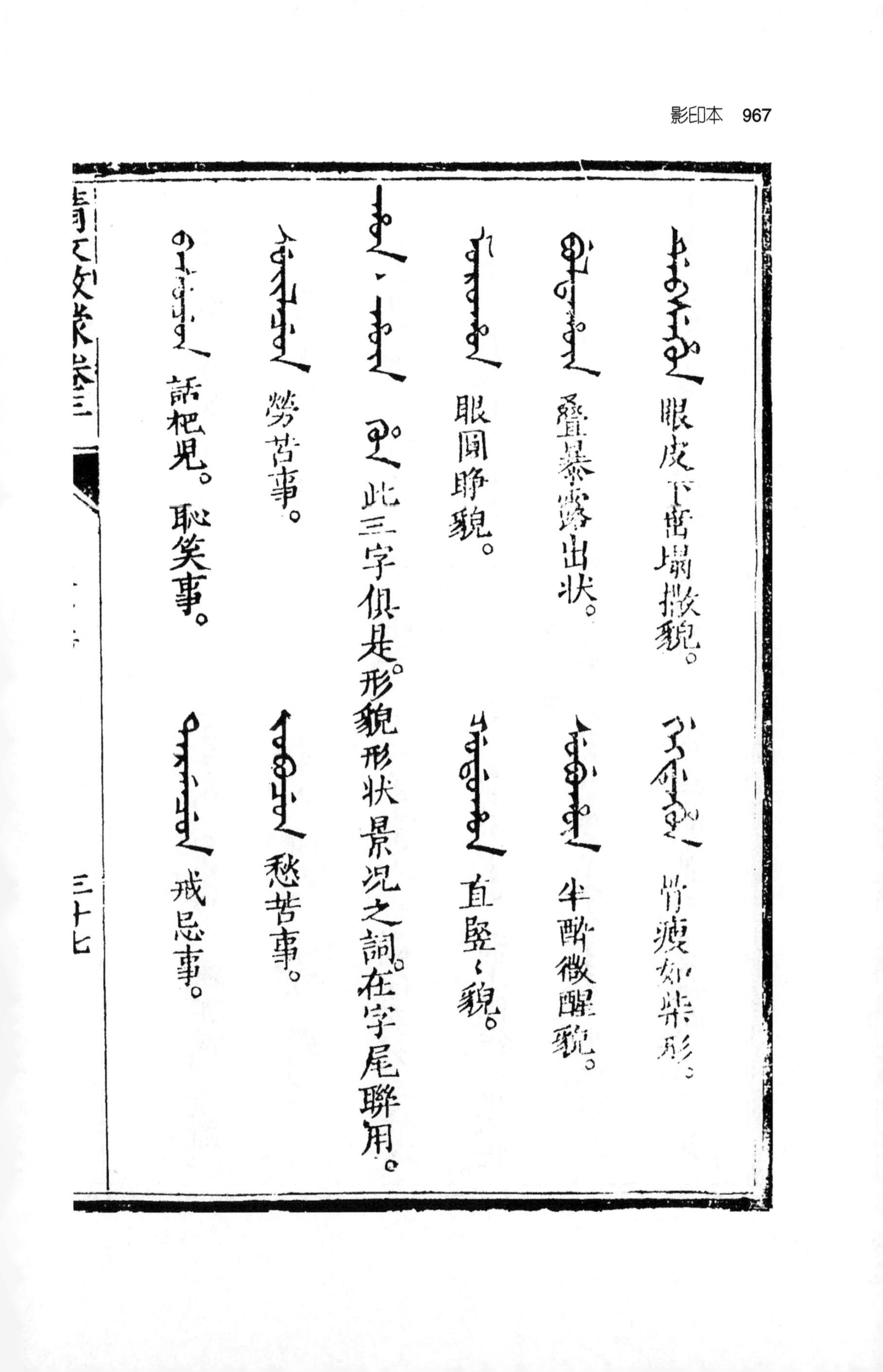

眼皮下耷塌撒貌。

骨瘦如柴形。

疊暴露出狀。

半酣微醒貌。

眼圓睜貌。

直竪〻貌。

此三字俱是形貌形狀景況之詞在字尾聯用。

勞苦事。

愁苦事。

話把兒。恥笑事。

戒忌事。

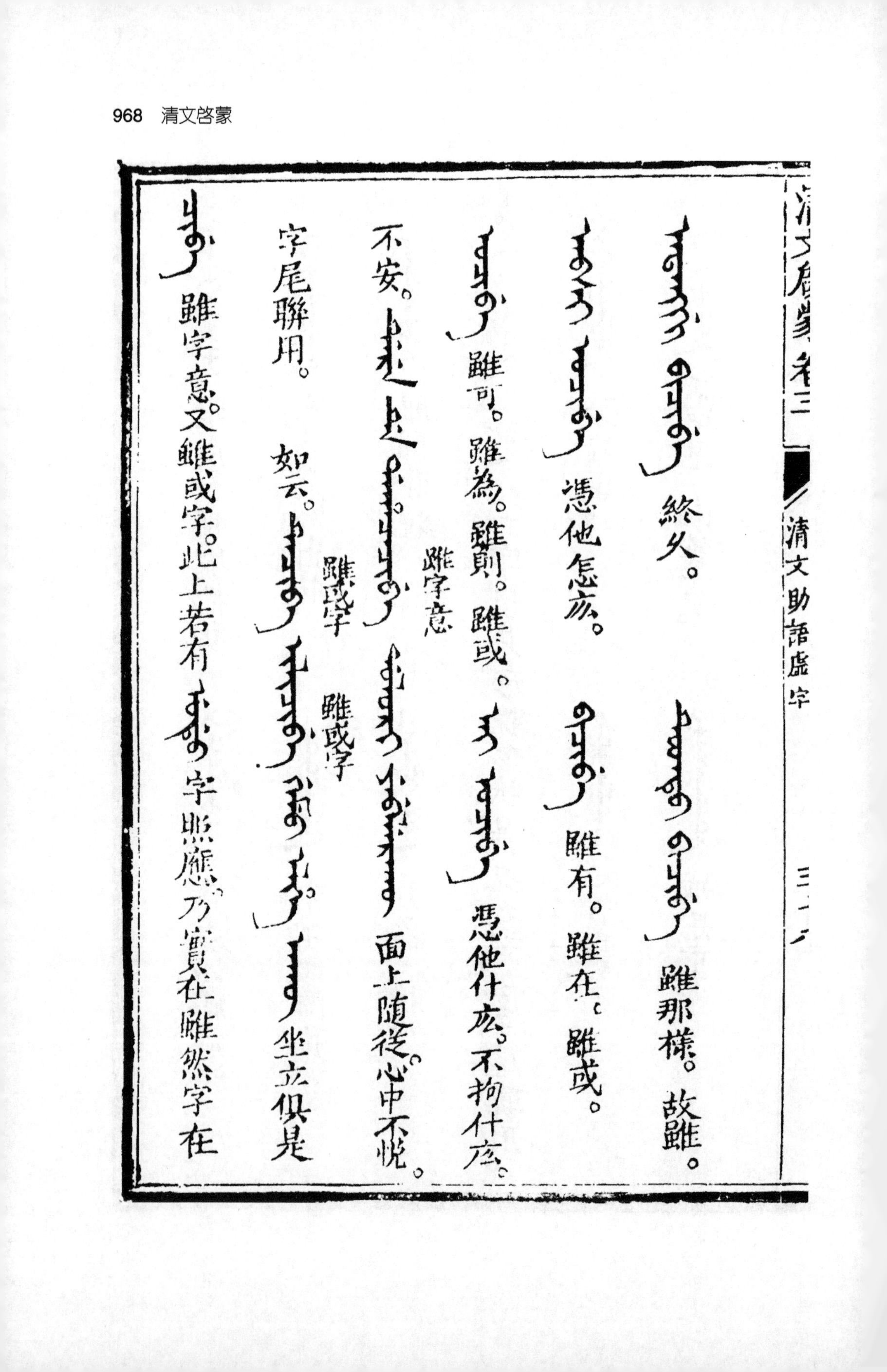

終久。雖那樣。故雖。

憑他怎麽。雖有。雖在。雖或。

雖可。雖為。雖則。雖或。憑他什麽。不拘什麽。

不安。雖字意 面上隨從。心中不悅。

字尾聯用。如云。雖或字 雖或字 坐立俱是

雖字意。又雖或字。此上若有字照應。乃實在雖然字在

雖有銀錢。捨不得用。

幾个。若干。多少。　如云。

雖然字

然說字。下有

字應之。是雖然說了字。在句首用。實解

雖字。若下有

字應之。是雖然字。下有

字應之。是雖

雖說。

雖欲

今雖。今夫即或。

現今。譬如今。

憑他怎樣。　或是怎麽。

但知其一。未知其二。[Manchu] 勇而無謀。

如云。[Manchu] 雖而字 [Manchu] 雖又字 [Manchu] 爾

[Manchu] 雖而字。雖又字。雖亦字。又不過如是而已之詞。在句中用。

未學。吾必謂之學矣。

雖然說了字

[Manchu] 雖曰

雖然說字

[Manchu] 他既不願意雖然說了。也是不依。

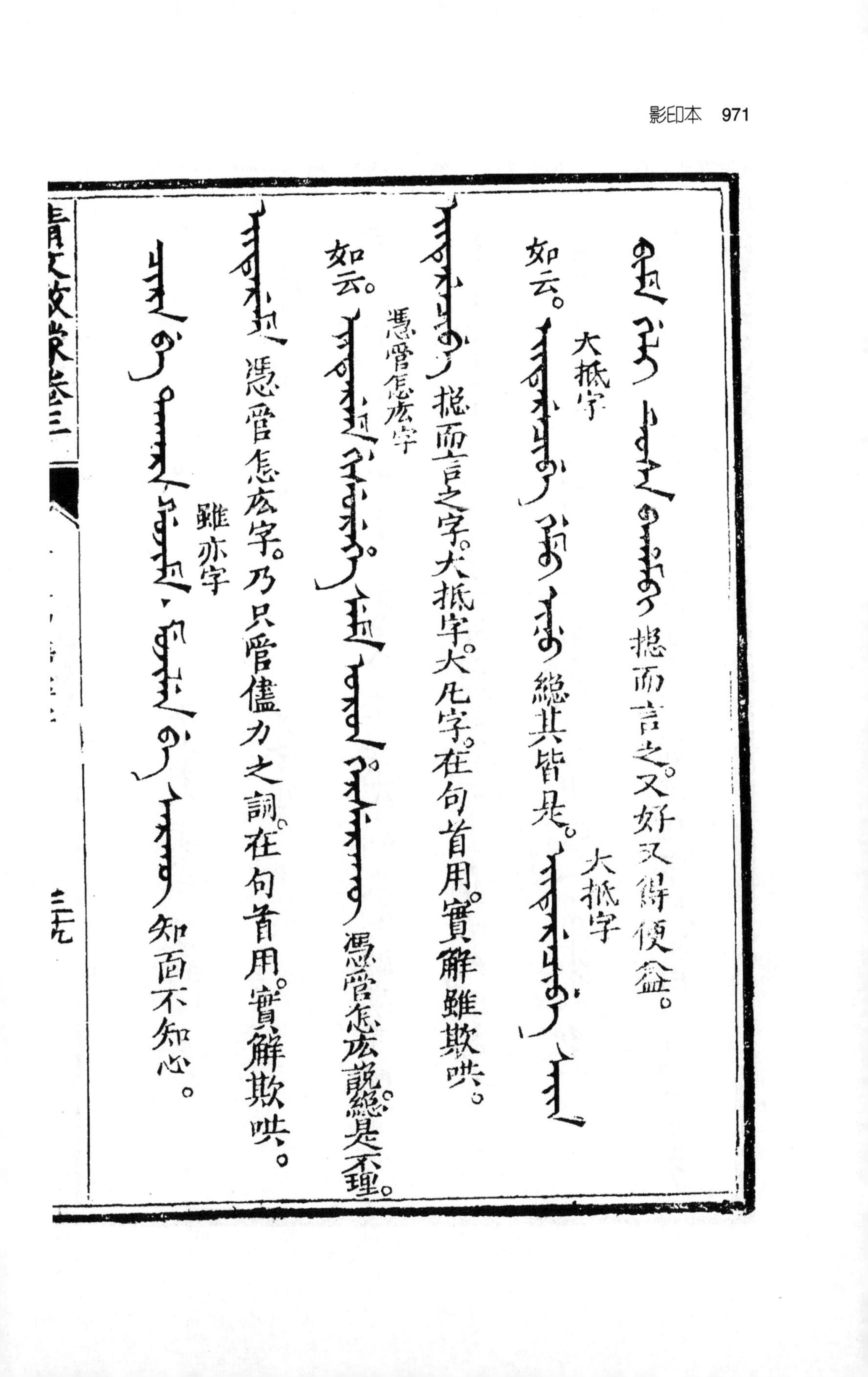

揔而言之。又好又得便益。

如云。

大抵字

總其皆是。

大抵字

揔而言之字。大抵字。大凡字。在句首用。實解雖欺哄。

如云。

憑管怎麽字

憑管怎麽說。總是不理。

憑管怎麽字。乃只管儘力之詞。在句首用。實解欺哄。

雖亦字

知面不知心。

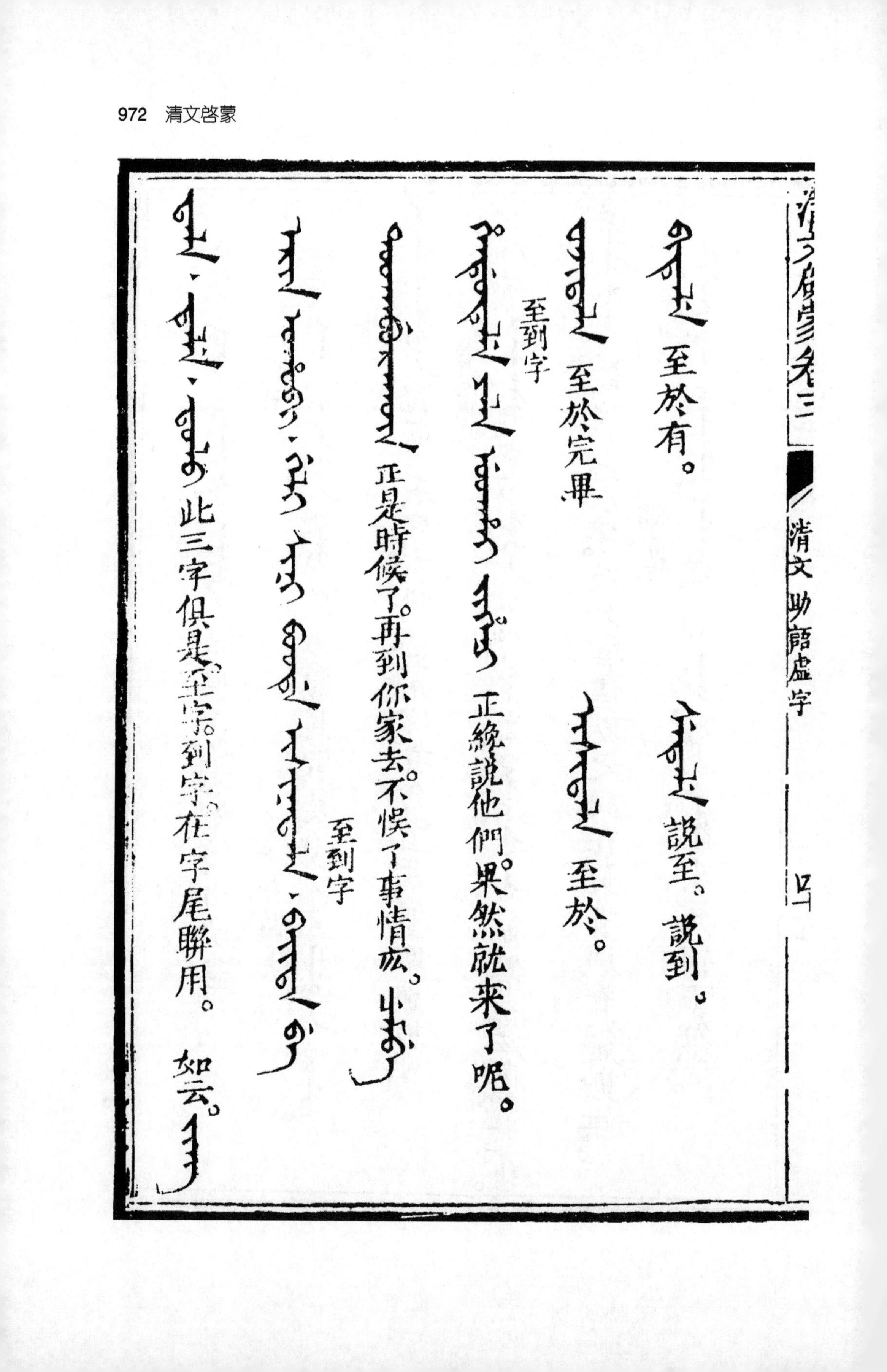

至於有。

說至。說到。

至於完畢

至於。

至到字

正纔說他們。果然就來了呢。

正是時候了。再到你家去。不悞了事情麽。

至到字

此三字俱是至字。到字。在字尾聯用。如云。

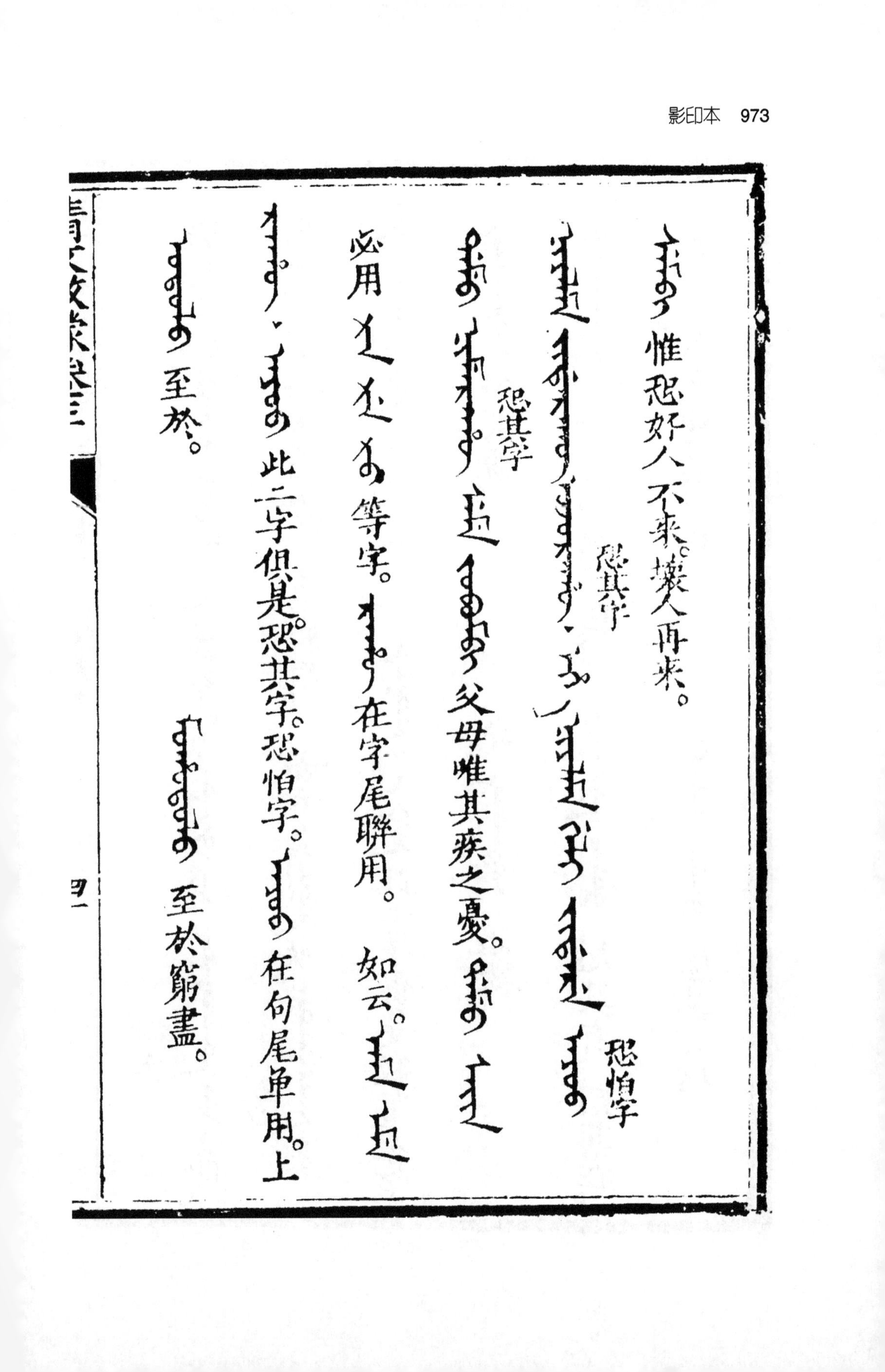

惟恐好人不來。壞人再來。

父母惟其疾之憂。

必用等字。在字尾聯用。如云。

此二字俱是恐其字。恐怕字。在句尾單用。上

至於。

至於窮盡。

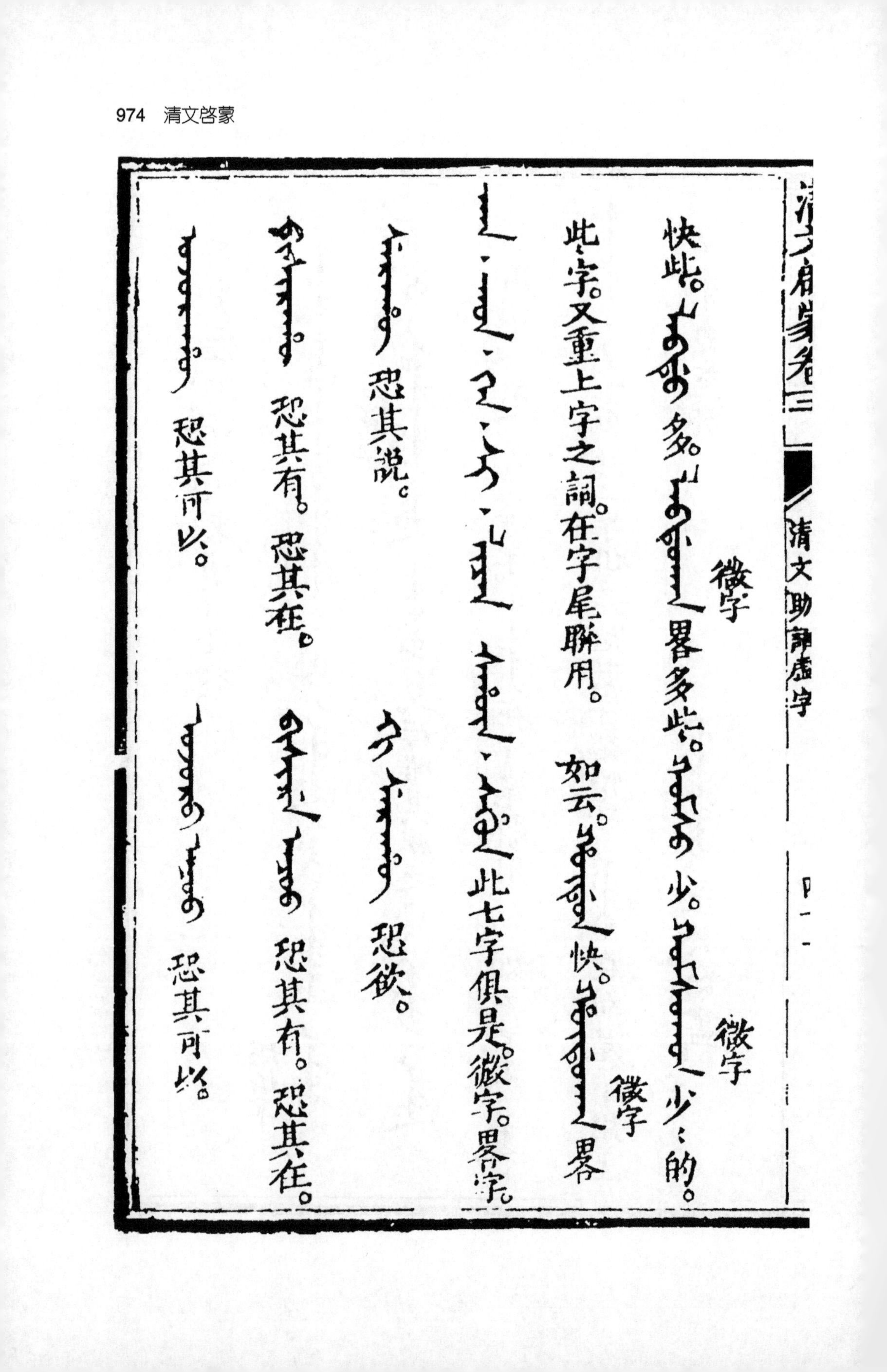

快些。多。微字 畧多些。少。微字 少少的。

此字又重上字之詞。在字尾聯用。如云。快。微字 畧

此七字俱是微字。畧字。

恐其說。恐欲。

恐其有。恐其在。恐其有。恐其在。

恐其可以。恐其可以。

微拘絆。 支攔支撑。 微字 畧支攔支撑。
腫。 微字 微腫。 拴絆馬。 微字 足
似。 斜。 畧字 微斜不正。 晚晌。 此字 傍晚些。
大。 此字 大些的。 像一様。 微字 畧像微
伶透。 畧字 畧伶透。 小。 此字 小些的。
短。 畧字 短些。 緩慢。 畧字 慢慢的緩慢些。

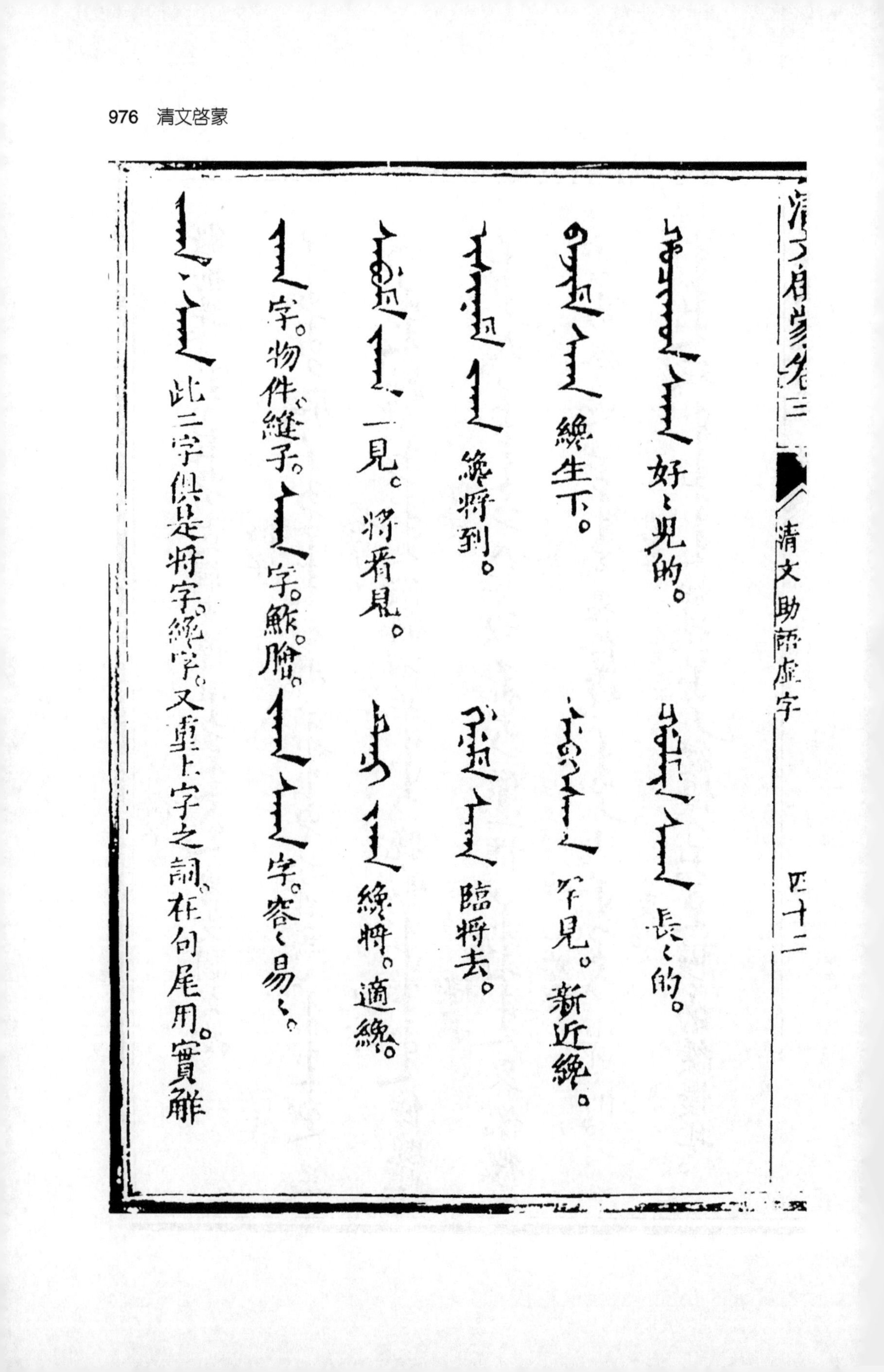

…… 好好兒的。　…… 長長的。

…… 纔生下。　…… 乍見。新近纔。

…… 纔將到。　…… 臨將去。

…… 一見。將看見。　…… 纔將。適纔。

…… 字。物件。縫子。　…… 字。鮓膾。　…… …… 字。容容易易。

…… …… 此二字俱是將字。纔字。又整上字之詞。在句尾用。實解

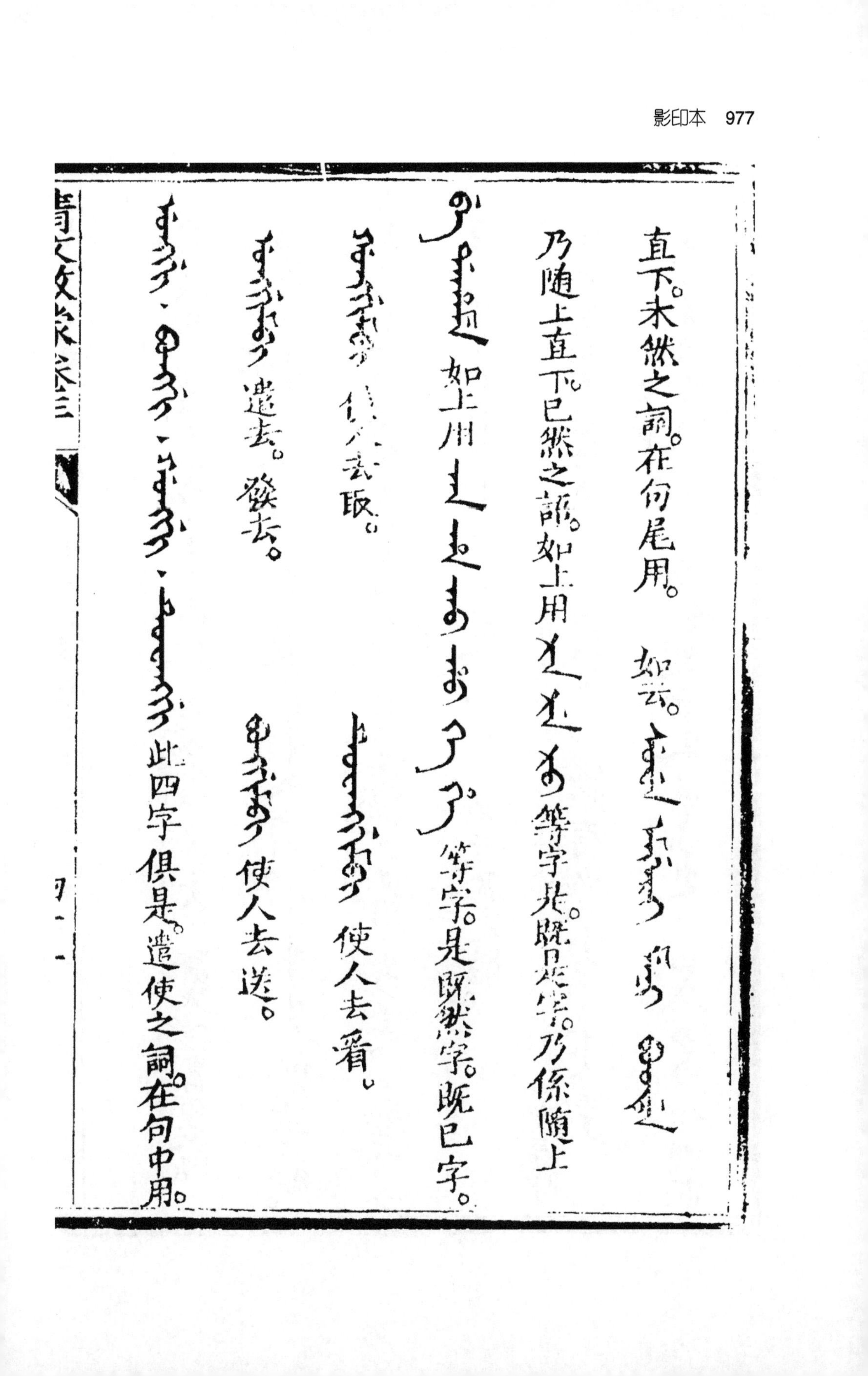

直下。未然之詞。在句尾用。 如云。[illegible] [illegible] [illegible] [illegible]

乃隨上直下已然之語。如上用 [illegible] [illegible] [illegible] 等字是。既是字。乃係隨上

[illegible] 如上用 [illegible] [illegible] [illegible] [illegible] [illegible] [illegible] 等字是既然字。既已字。

[illegible] 使人去瞧。 [illegible] 使人去看。

[illegible] 遣去。發去。 [illegible] 使人去送。

[illegible]、[illegible]、[illegible]、[illegible] 此四字俱是遣使之詞。在句中用。

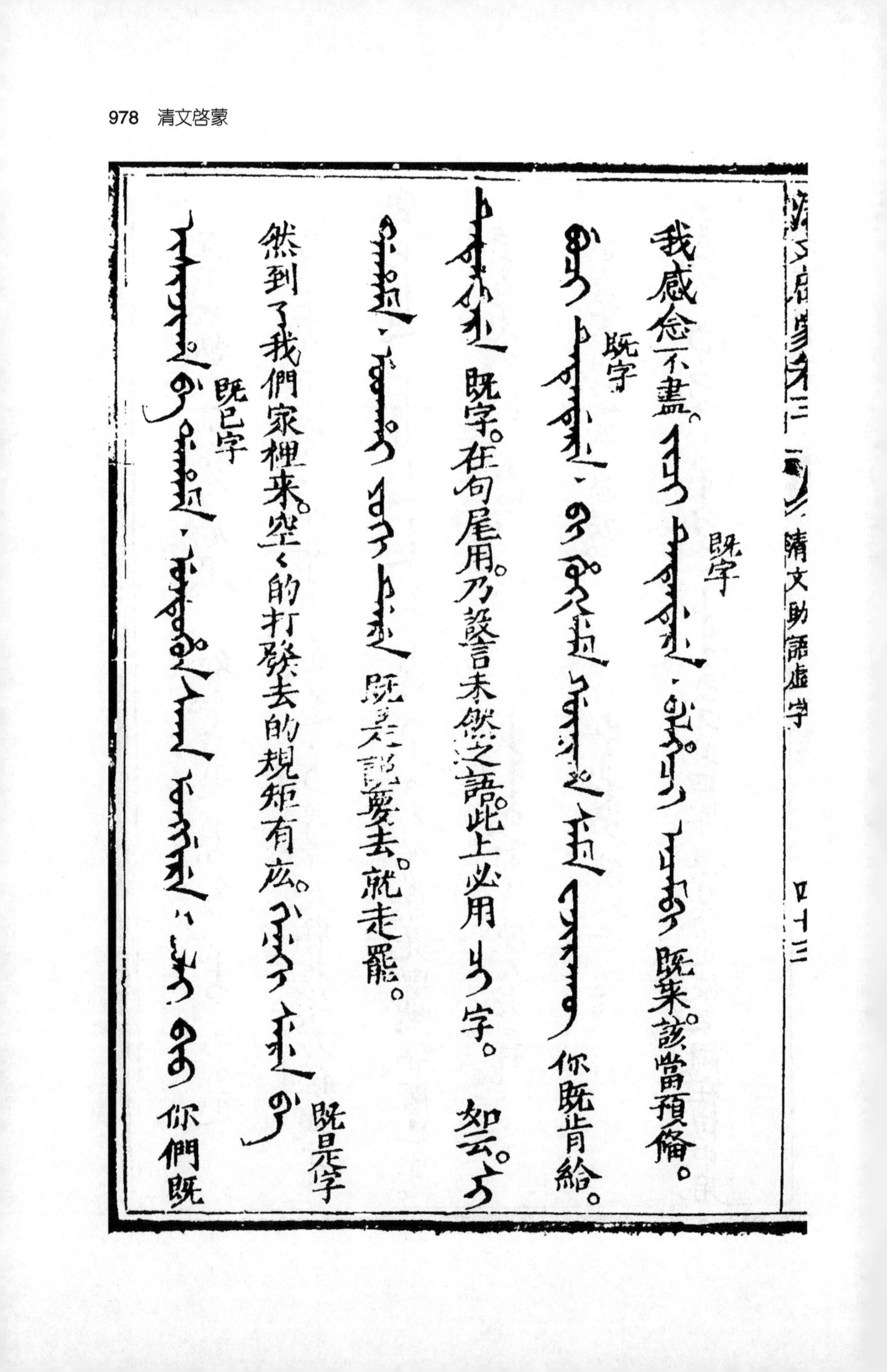

我感念不盡。

既字

既来該當預備。

既字

你既肯給。

既字。在句尾用。乃設言未然之語。此上必用字。

既說要去。就走罷。

然到了我們家裡来。空空的打發去的規矩有麽。

既是字

既已字

你們既

既已受人囑託。又不終人之事。

既而學

了之後字

事成之後。重々相謝。

了之後字

得了工夫纔去看。

等字。在句尾用。乃設言已然。承上起下之詞。　如云。

了之後字。而后字。既而学。此上必用

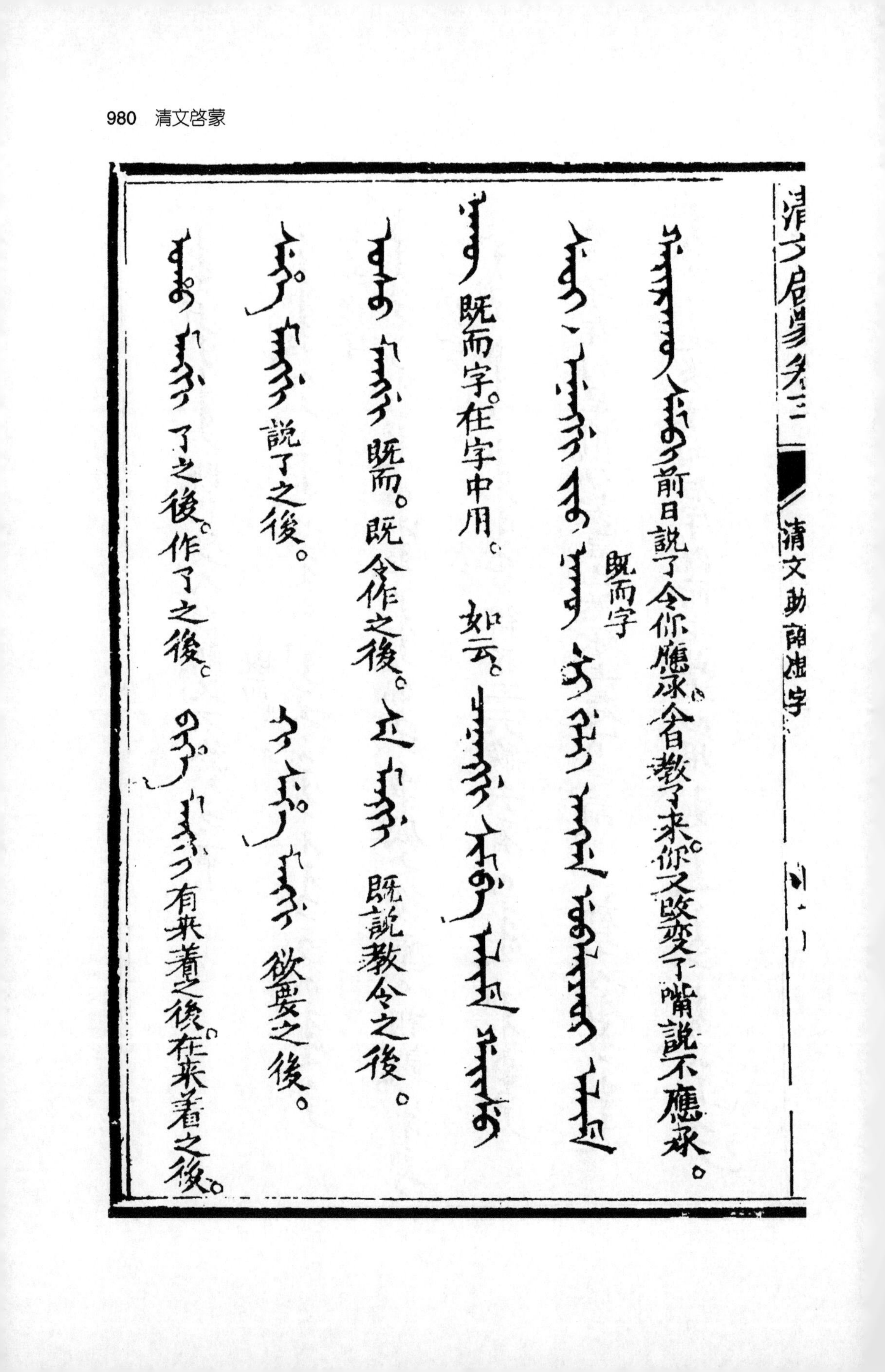

前日說了令你應承。今日教了來。你又改變了嘴說不應承。

既而字

既而字。在字中用。如云。

既而。既令作之後。

既說教令之後。

說了之後。

欲要之後。

了之後。作了之後。

有來着之後。在來着之後。

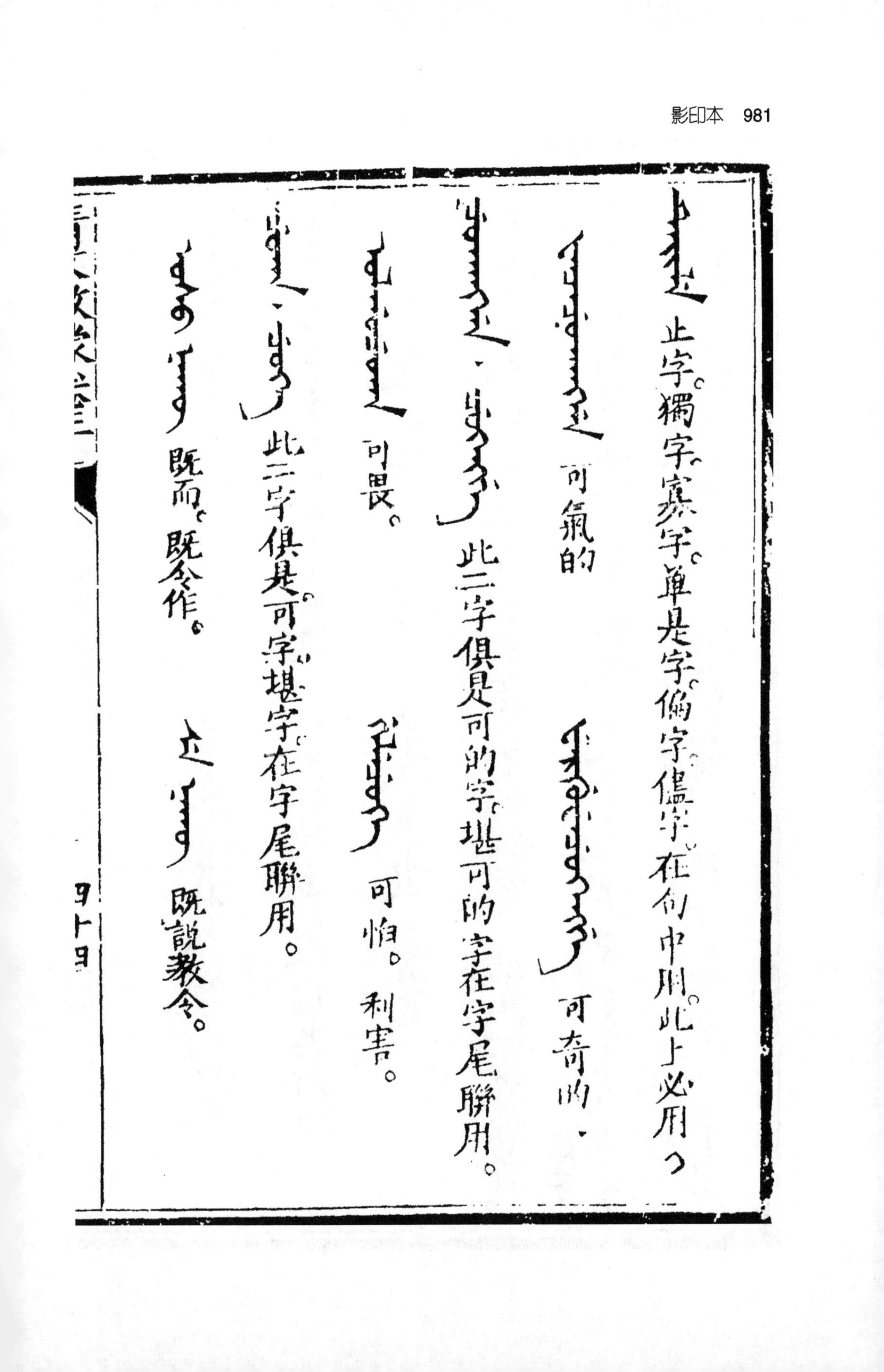

止字。獨字。寡字。單是字。偏字。儘字。在句中用。此上必用ᡳ

可氣的

可奇的。

此二字俱是可的字。堪可的字在字尾聯用。

可畏。

可怕。利害。

此二字俱是可字。堪字。在字尾聯用。

既而。既令作。

既說教令。

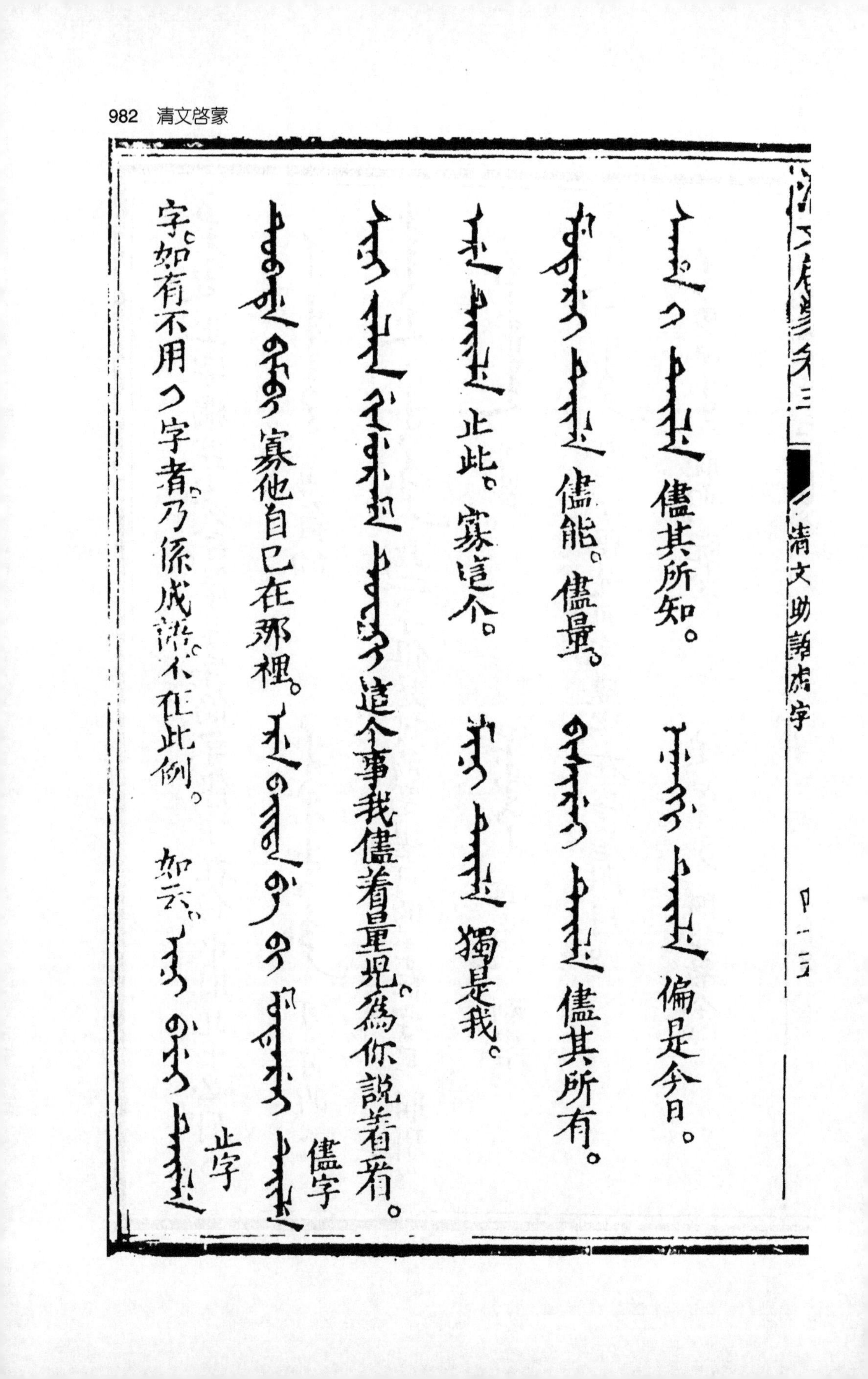

儘其所知。 徧是合。

儘能。儘量。 儘其所有。

止此。寡這个。 獨是我。

這个事我儘着量兒為你說着看。 儘字

寡他自己在那裡。 止字

字如有不用[illegible]字者。乃係成語。不在此例。 如云

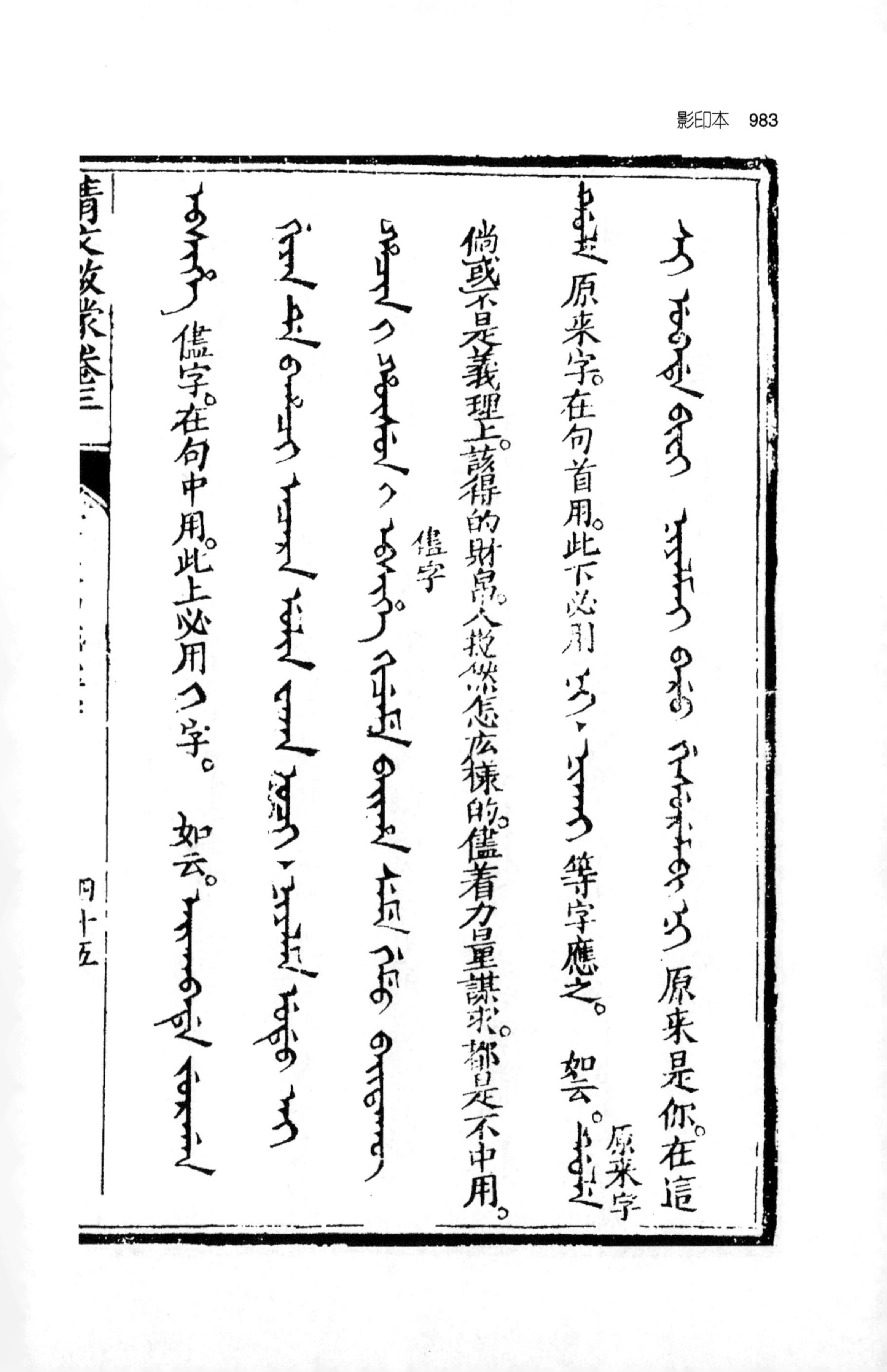

[满文] 原来是你在這

[满文] 原来字在句首用此下必用 [满文]、[满文] 等字應之。如云 [满文] 原来字

倘或不是義理上該得的財帛、人按然怎麽樣的儘着力量謀求、都是不中用。

[满文] 儘字 [满文]

[满文]

[满文] 儘字在句中用此上必用 [满文] 字。如云 [满文]

如云。 想是字 想必来。 情敢字 想是去了。

想是字。想必字。情敢字。乃想當然。煞尾之詞。與 字義同。

蓋字 若像這个樣兒的。想必有罷。

之。如云。 想必字 想是用得罷。

想是字。想必字。情敢字。蓋字。在句首用。此下必用 字應

裡合人說話呢。 原来字 原來是這樣呢啊。

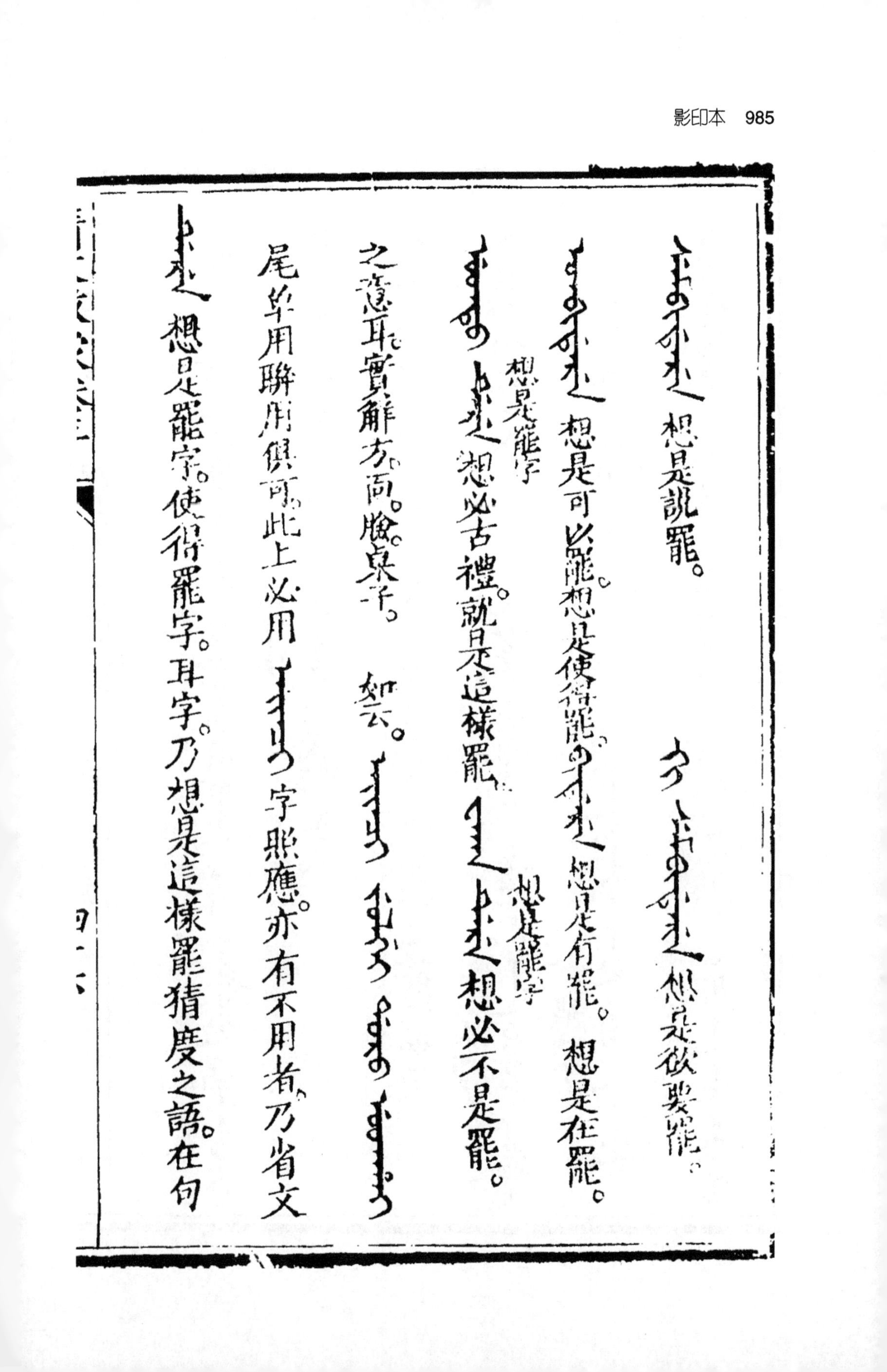

想是說罷。　想是欲要罷。

想是可以罷。想是使得罷。　想是有罷。想是在罷。

（想是罷字）想必古禮。就是這樣罷。　（想是罷字）想必不是罷。

之意耳。實解方面。臉。桌子。　如云。

尾皆用聯用俱可此上必用　字照應。亦有不用者。乃省文

想是罷字。使得罷字。耳字。乃想是這樣罷猜度之語。在句

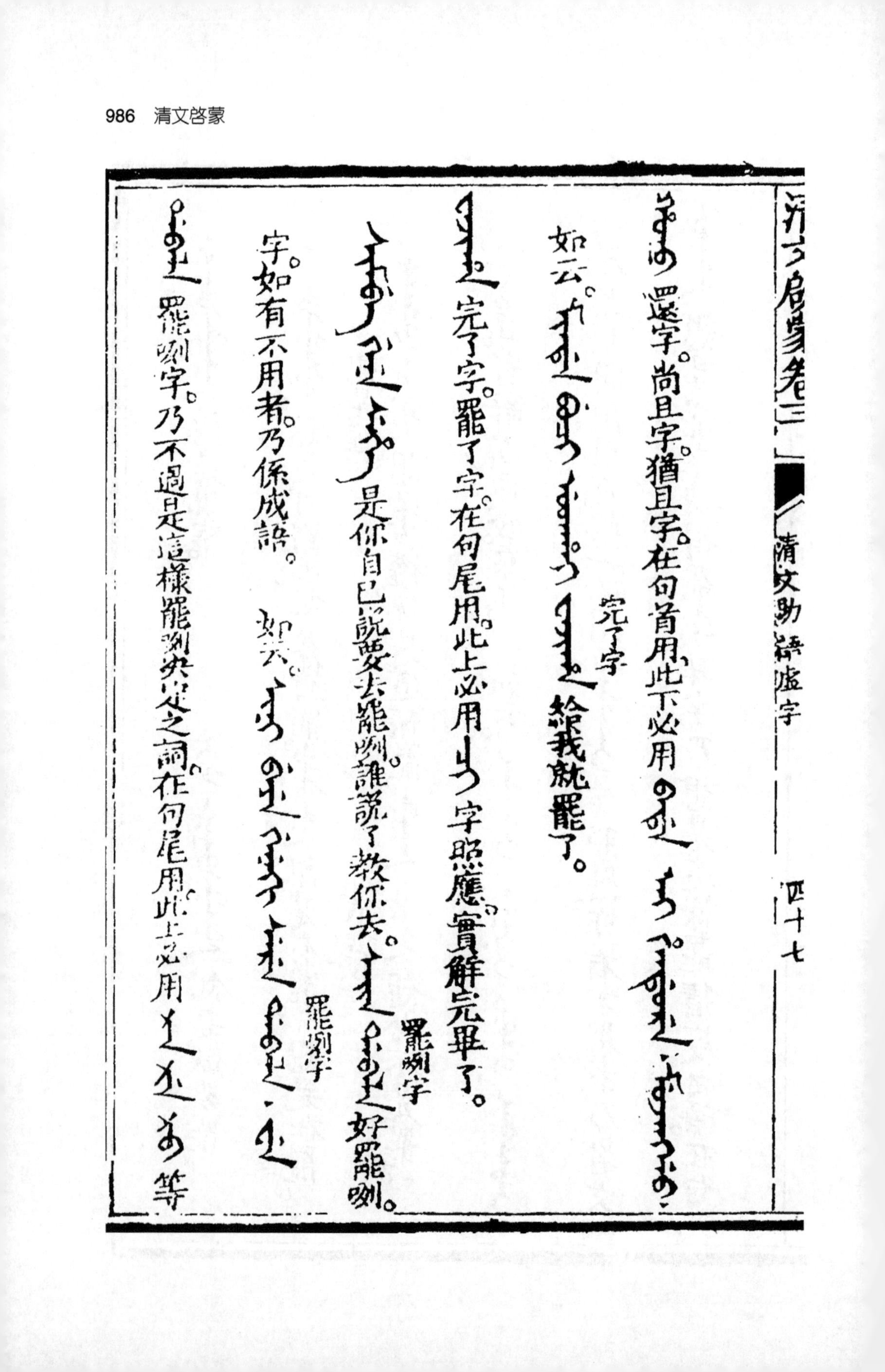

還是字。尚且字。猶且字。在句首用。此下必用字

如云。完了字 給我就罷了。

完了字。罷了字。在句尾用。此上必用字。照應實解。完畢了。

是你自己說要去罷咧。誰說了教你去。罷咧字 好罷咧。

字。如有不用者。乃係成語。

如云。罷咧字

罷咧字。乃不過是這樣罷咧決定之詞。在句尾用。此上必用等

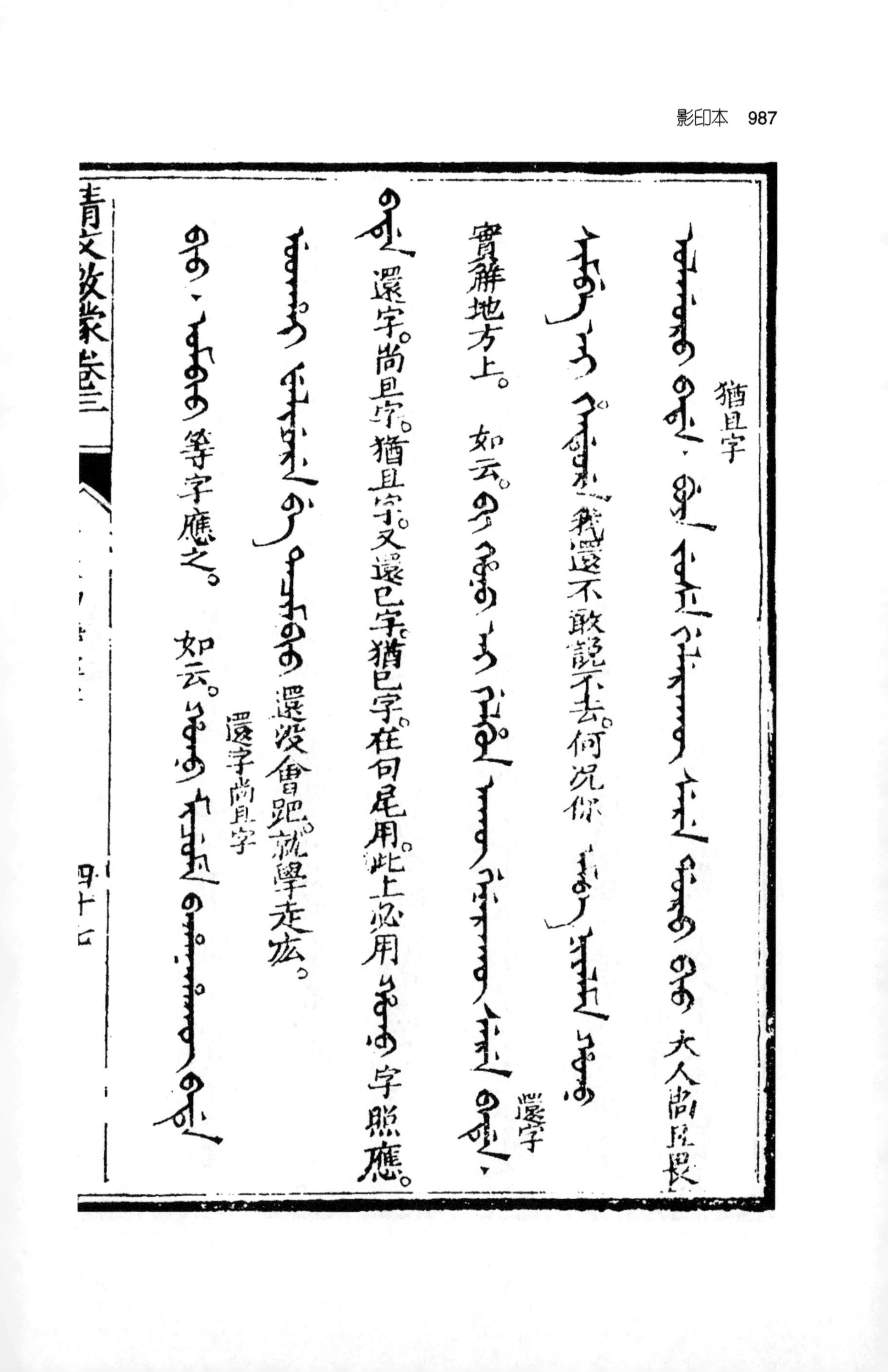

猶且字

大人尚且畏

我還不敢說去。何況你

實稱地方上。如云。

還字

還字。尚且字。猶且字。又還巴字。猶巴字。在句尾用。此上必用 字照應。

還沒會跑。就學走麽。

還字尚且字

等字應之。如云。

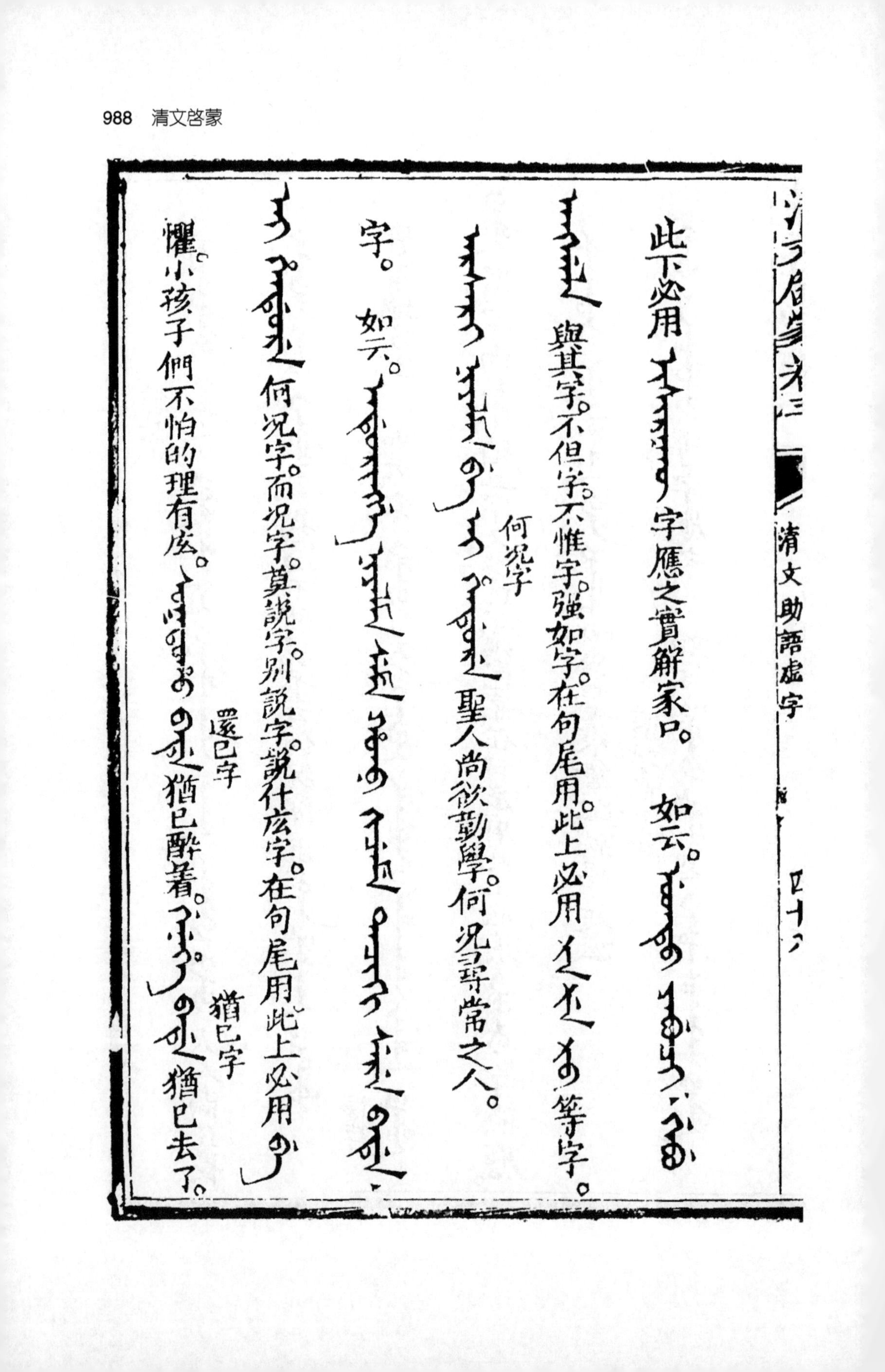

此下必用字應之實解家口。 如云。

與其字。不但字。不惟字。強如字。在句尾用。此上必用等字。

何况字

聖人尚欲勤學。何况尋常之人。

字。 如云。

何况字。而况字。莫說字。別說字。說什麼字。在句尾用。此上必用

懼。小孩子們不怕的理有麼。

還已字

猶已醉着。

猶已字

猶已去了。

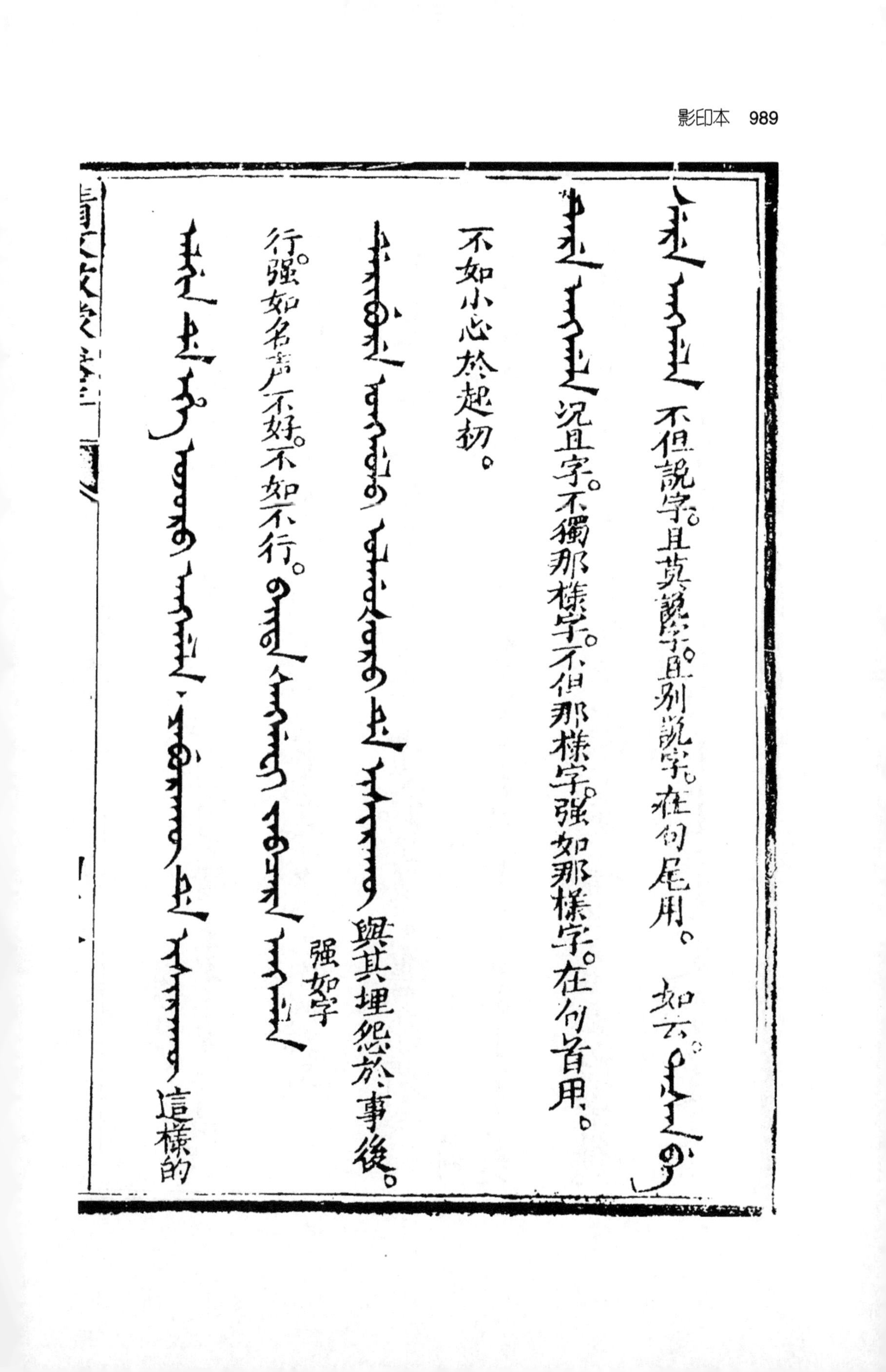

不但說字。且莫說字。別說字。在句尾用。

如云。

況且字。不獨那樣字。不但那樣字。強如那樣字。在句首用。

不如小心於起初。

與其埋怨於事後。

行。強如名声不好。不如不行。

強如字

這樣的

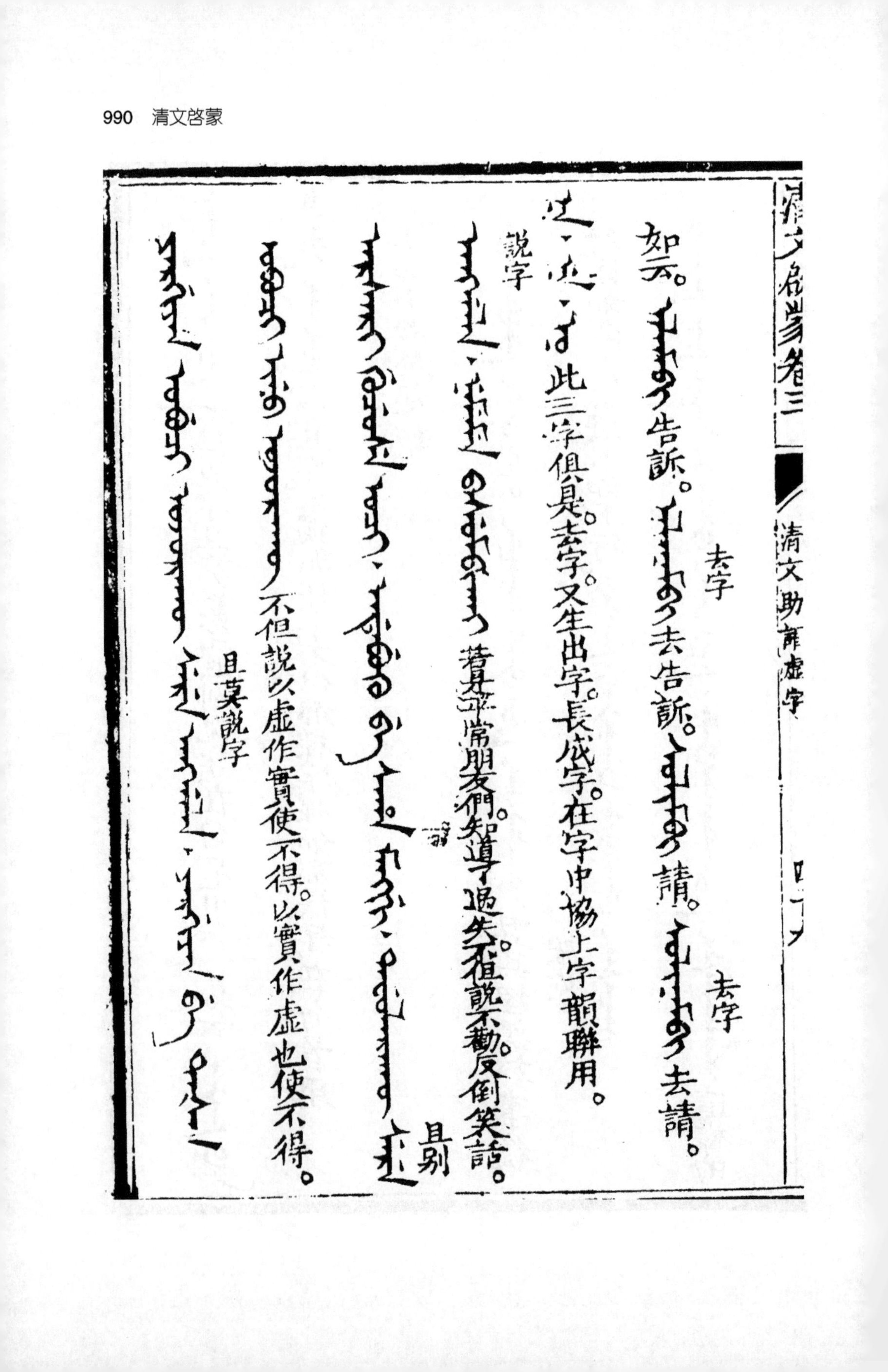

知會。alambi 告訴。alanambi 去字 去告訴。solimbi 請。solinambi 去字 去請。

na ne no 此三字俱是去字。又生出字。長成字。在字中協上字韻聯用。

說字

若是平常朋友們知道過失。不但說不勸。反倒笑話。

別

不但說以虛作實使不得。以實作虛也使不得。

且莫說字

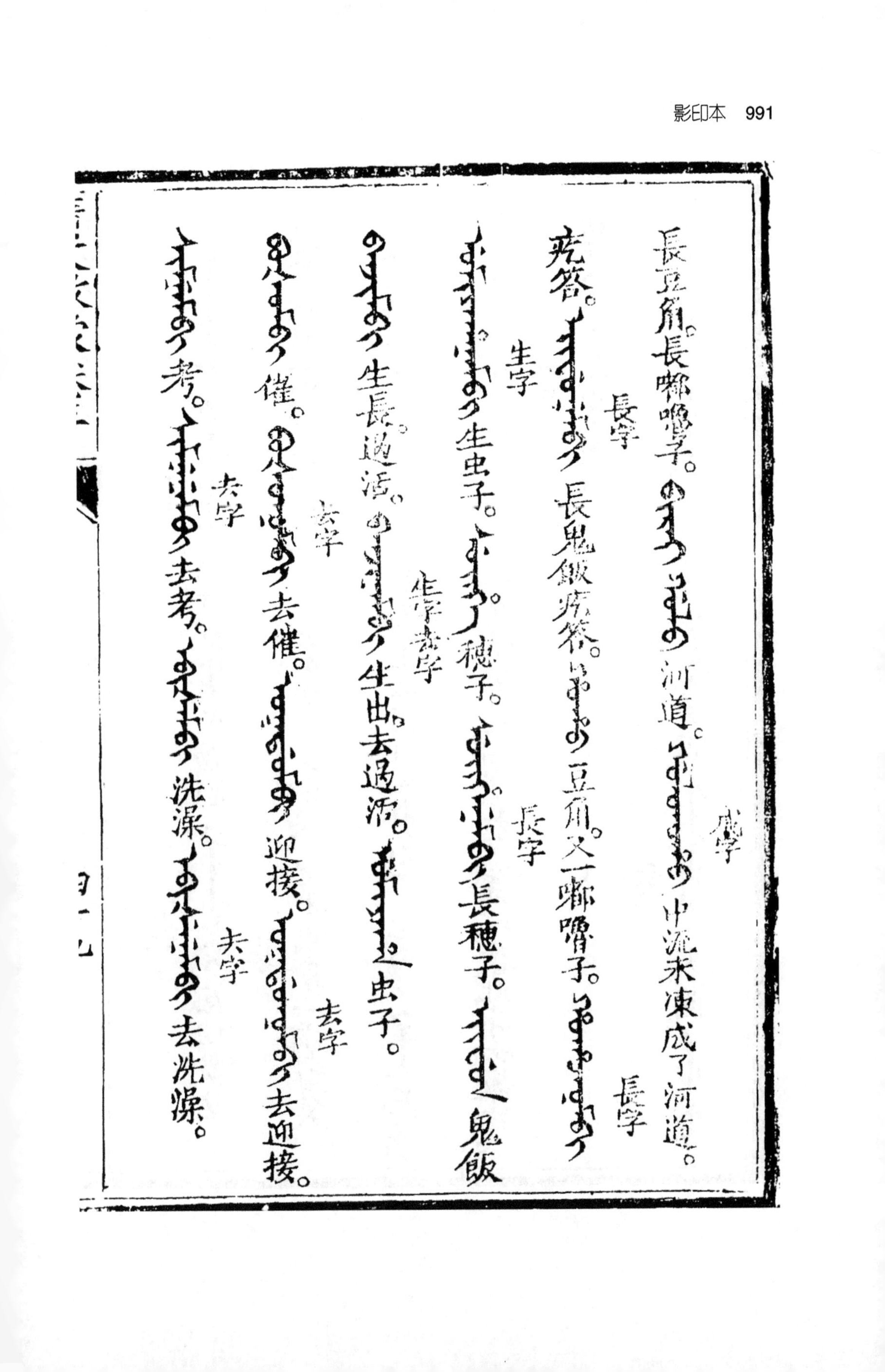

長豆角。長嘟嚕子。河道。冲泥水凍成了河道。

成字 長字 長字

疙瘩。長鬼飯疙瘩。豆角又一嘟嚕子。

生字 長字

生虫子。穗子。長穗子。鬼飯

生長過活。生出去過活。虫子。

去字 生字去字 去字

催。去催。迎接。去迎接。

去字 去字

考。去考。洗澡。去洗澡。

ᡨᠠᠨᡨᠠᠮᠪᡳ 打。ᡨᠠᠨᡨᠠᠨᡠᠮᠪᡳ 相字 相打。ᡥᡡᠸᡝᡴᡳᠶᡝᠮᠪᡳ 勸勉。ᡥᡡᠸᡝᡴᡳᠶᡝᠨᡩᡠᠮᠪᡳ 相字 互相勸勉。

照應。亦有不用者義並同。如云。ᡳᠨᠵᡝᠮᠪᡳ 恥笑。ᡳᠨᠵᡝᠴᡝᠮᠪᡳ 相字 一齊恥笑。

一齊字。在字中協上字韵聯用。此上必用 [illegible] 等字

ᠨᡠ᠂ ᠨᡩᡠ᠂ ᠴᠠ᠂ ᠴᡝ᠂ ᠴᠣ 此五字俱是相字。共字。衆字。彼此字。大家字。

學。ᡨᠠᠴᡳᠨᠵᡳᠮᠪᡳ 来字 来學。

ᠨᠵᡳ 来字。在字中聯用、如云。ᡶᠣᠨᠵᡳᠮᠪᡳ 問。ᡶᠣᠨᠵᡳᠨᠵᡳᠮᠪᡳ 来字 来問。ᡨᠠᠴᡳᠮᠪᡳ

他料理事去。被他撒落了一場。（被他人字）

是被他人字。實解令人給。如云。教（轉諭教令字）

⑧在字中聯用。如上有字照應。是轉諭使令教令字。如上有字照應。

須要。笑。（相字）一齊笑。哭。（相字）共哭。

共飲。站立。（相字）大家站立。須要。（相字）大家

幫助。（相字）相幫相助。呵飲。（相字）

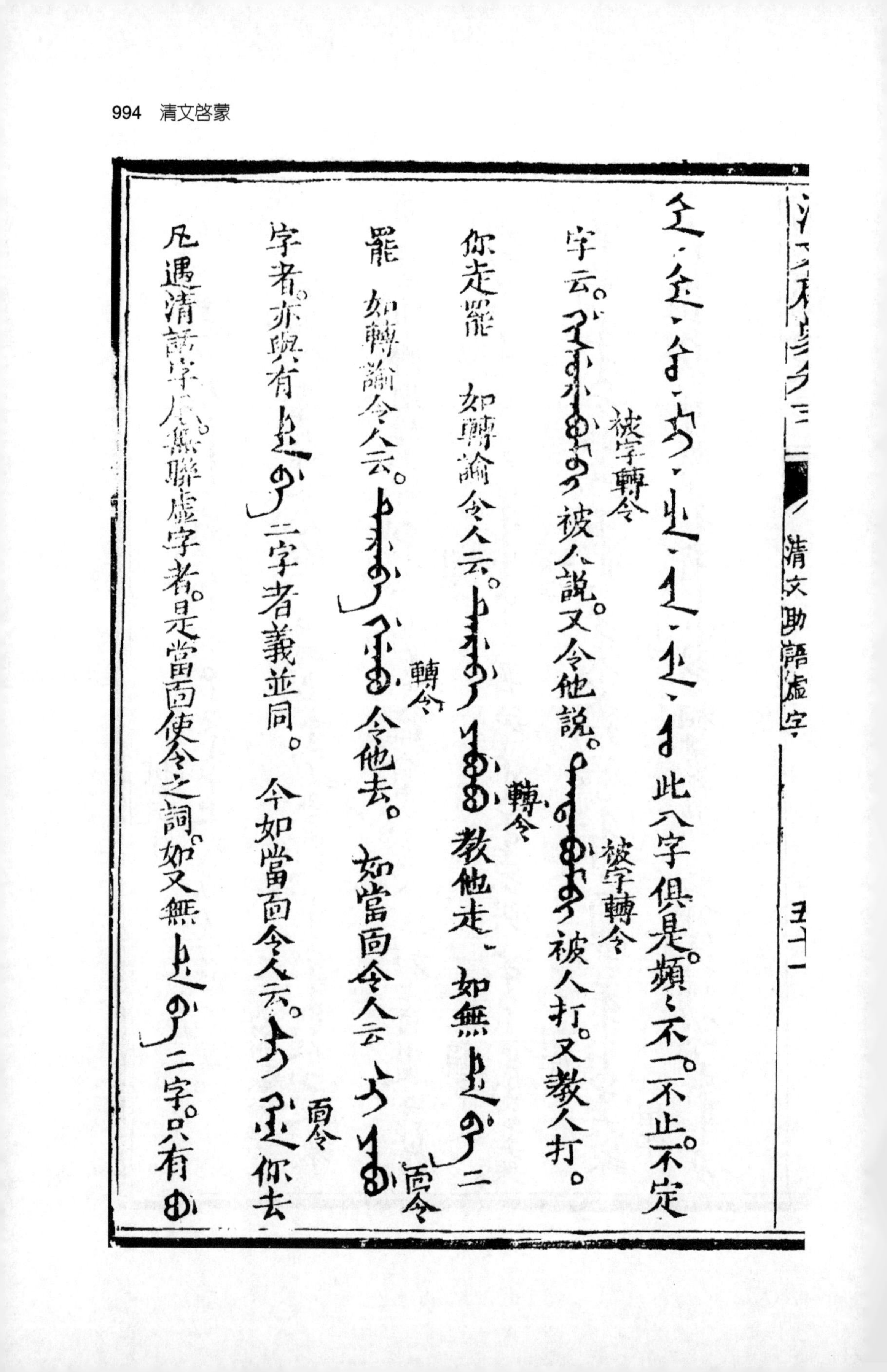

此八字俱是頻頻不一不止不定

字云。被字轉令 被人說。又令他說。被字轉令 被人打。又教人打。

你走罷 如轉諭令人云。轉令 教他走。如無 二

罷 如轉諭令人云。轉令 令他去。如當面令人云 面令

字者。亦與有 二字者義並同。 令如當面令人云。面令 你去

凡遇清話字尾無聯虛字者。是當面使令之詞。如又無 二字。只有

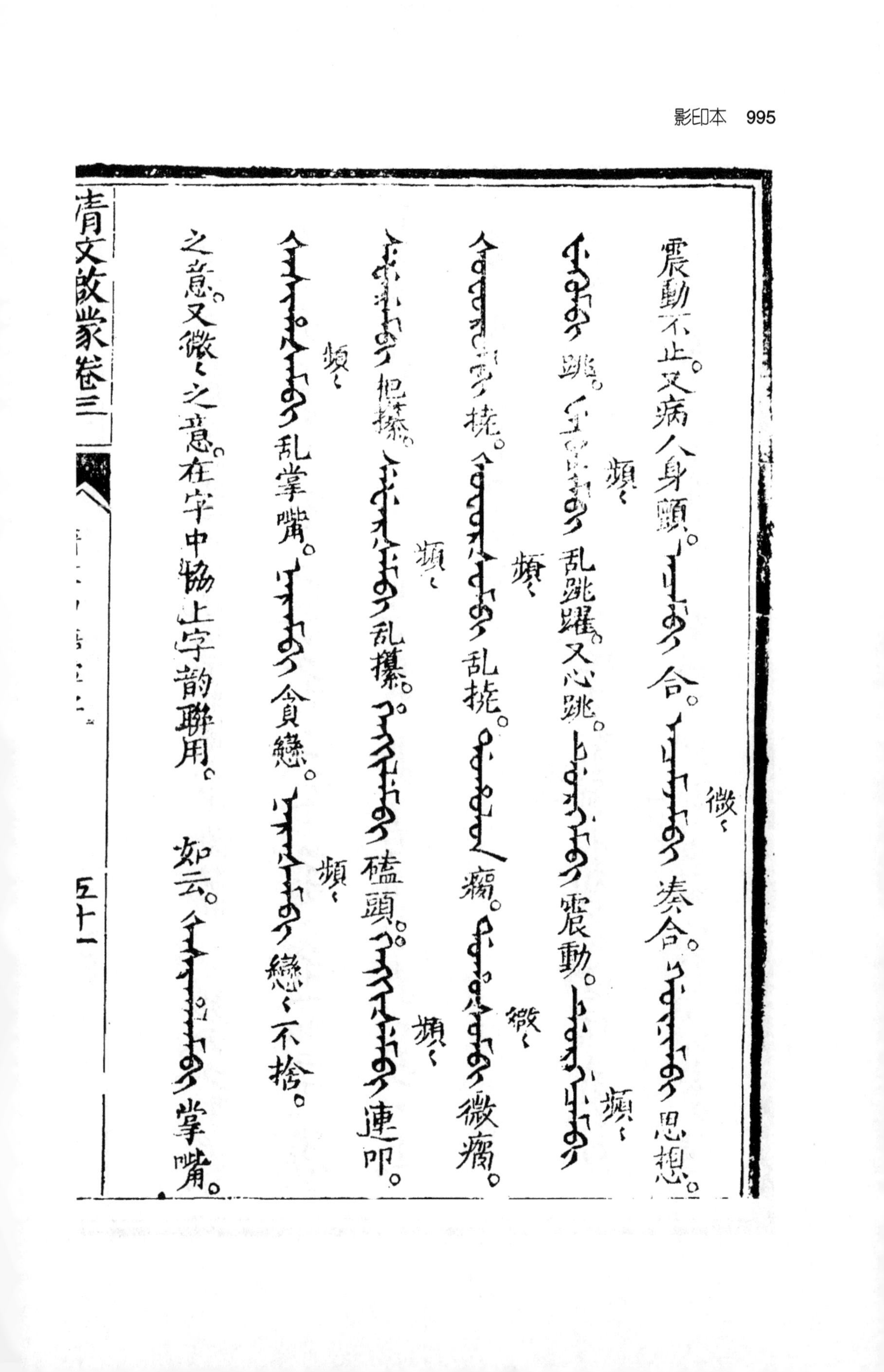

震動不止。又病人身顫。合。（微）湊合。思想。

跳。（頻）亂跳躍。又心跳。震動。（頻）

撓。（頻）亂撓。癢。（微）微癢。

把攥。（頻）亂攥。磕頭。（頻）連叩。

（頻）乱掌嘴。貪戀。（頻）戀戀不捨。

之意。又微微之意。在字中協上字韻聯用。如云。掌嘴。

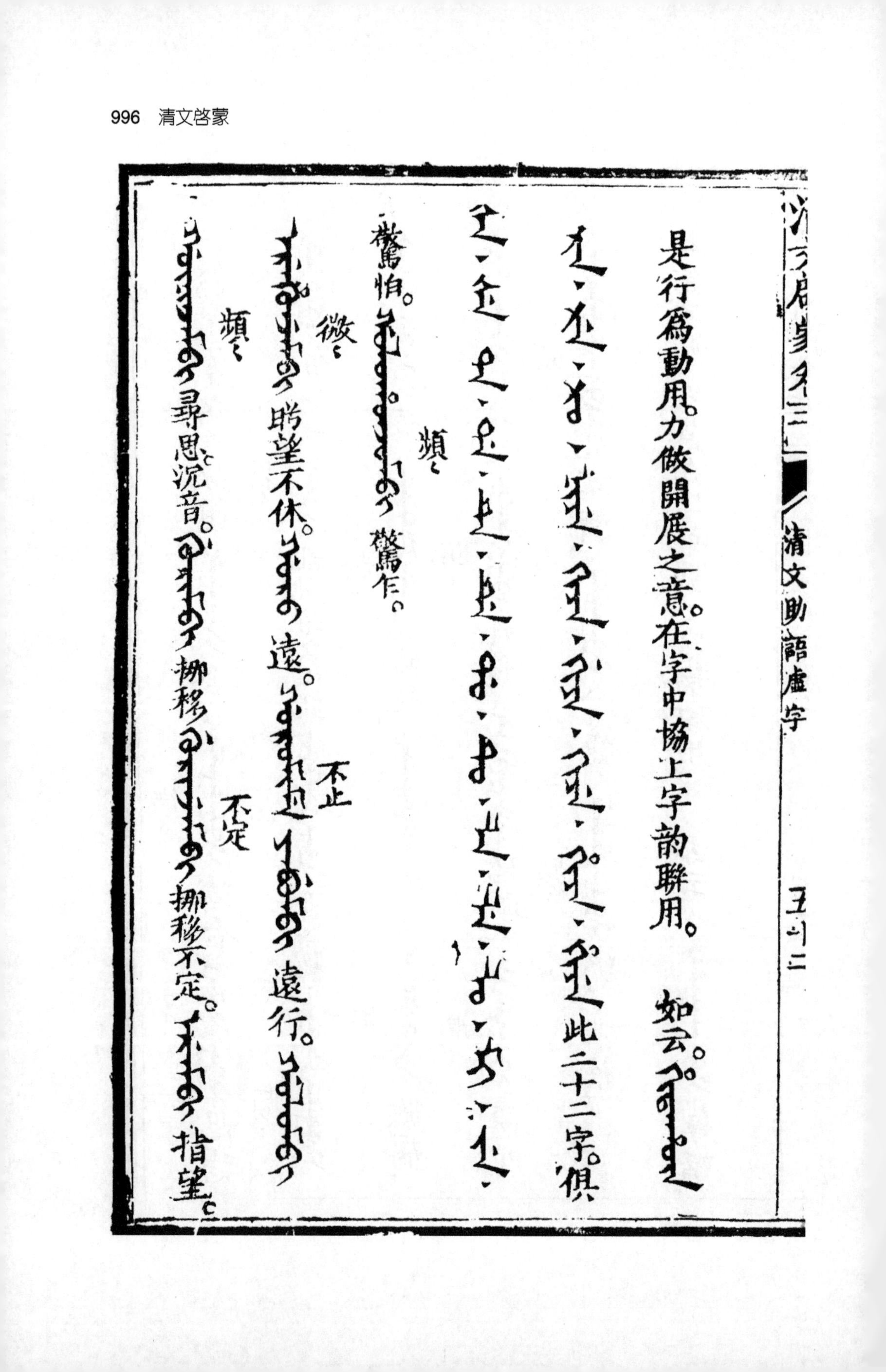

是行爲動用力做開展之意。在字中協上字韻聯用。如云。

此二十二字。俱

頻

驚怕。驚乍。

微

盼望不休。遠。不止 遠行。

頻

不定

尋思沉音。挪移。挪移不定。指望。

動用 以鑽子鑽之。撒歡。力做 打撒歡。耍趣兒。

行為 動怒。使性氣。補。力做 占補。鑽。

讒言。行為 用讒言贓訟。怒。性氣。

推。行為 推託。摻和。力做 摻雜摻混。

子。動用 照鏡子。强壯。行為 以强。用强。

指甲。動用 指甲壓。難。行為 作難。鏡

靴鞦子。 力做 鞝鞦子。 裹子。 力做 吊裡子。

行為 頂缺頂窩兒。 籠頭。 動用 套籠頭。

動用 斧子砍。 刑具。 動用 動刑。 缺窩兒。

獵。 行為 行圍。 親家。 行為 作親家。 斧子。

財帛。 動用 行賄。 仇。 行為 挾仇。 圍

行為 取笑戲耍。 暴虐。 行為 暴虐行兇。

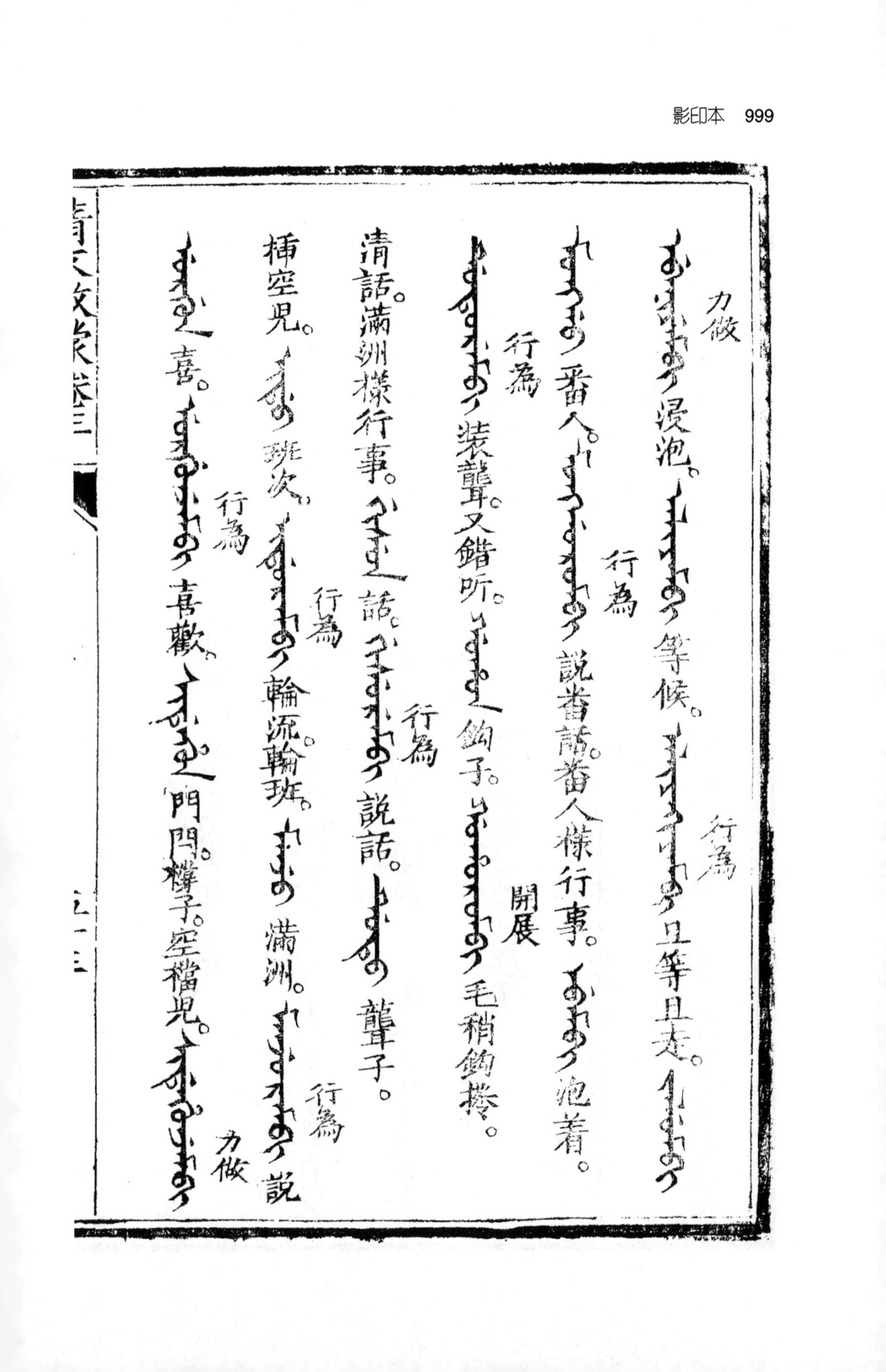

力做 浸泡。行為 等候。行為 且等且走。

番人。行為 說番話番人樣行事。泡着。

行為 裝聾又錯听。鉤子。開展 毛稍鈎搭。

清話。滿洲樣行事。話。行為 說話。聾子。

補空兒。挨次。行為 輪流輪班。滿洲。行為 說

喜。行為 喜歡。門閂欄子。空檔兒。力做

口。自崩豁子。撞透。（自破）自破透。

折毁。（自壊）自敗自壊。倒决口子。（自損）自决

此二字。俱是自行損壊之意。在字中聯用。如云。

撣拂灰塵。平。（行為力做）安慰平撫。又地面撤平。

吃驚。（開展）打冷戰。蒙盖。（力作）

满之。（開展）足满。謀筭。（行為）自言自語筭計。

有何要緊呢。什麽要緊呢。

沒要緊。

何涉。作什麽去。

何悖。作什麽來。

豈有此理。豈敢。好說。

無例。無規矩。無考較。

不敢。

怎敢。豈敢。

總是怎樣的。

豈少。何少。什麽缺少的。

讃歎声。又什麽。

怎這樣。怎麽這們。

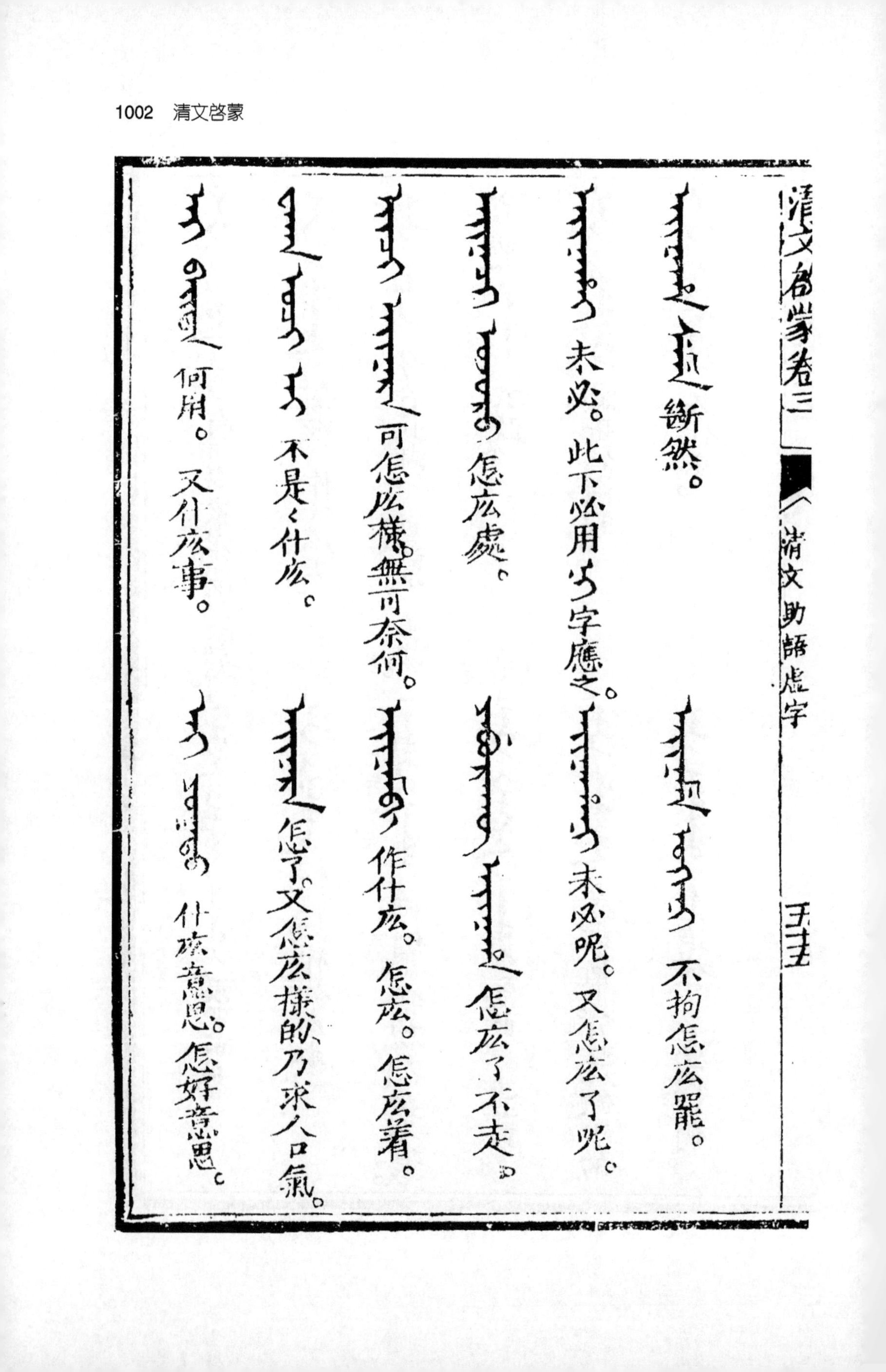

斷然。

不拘怎麽罷。

未必。此下必用字應之。

未必呢。又怎麽了呢。

怎麽處。

怎麽了不走。

可怎麽樣。無可奈何。

作什麽。怎麽。怎麽着。

不是々什麽。

怎了。又怎麽樣的、乃求人口氣。

何用。又什麽事。

什麽意思。怎好意思。

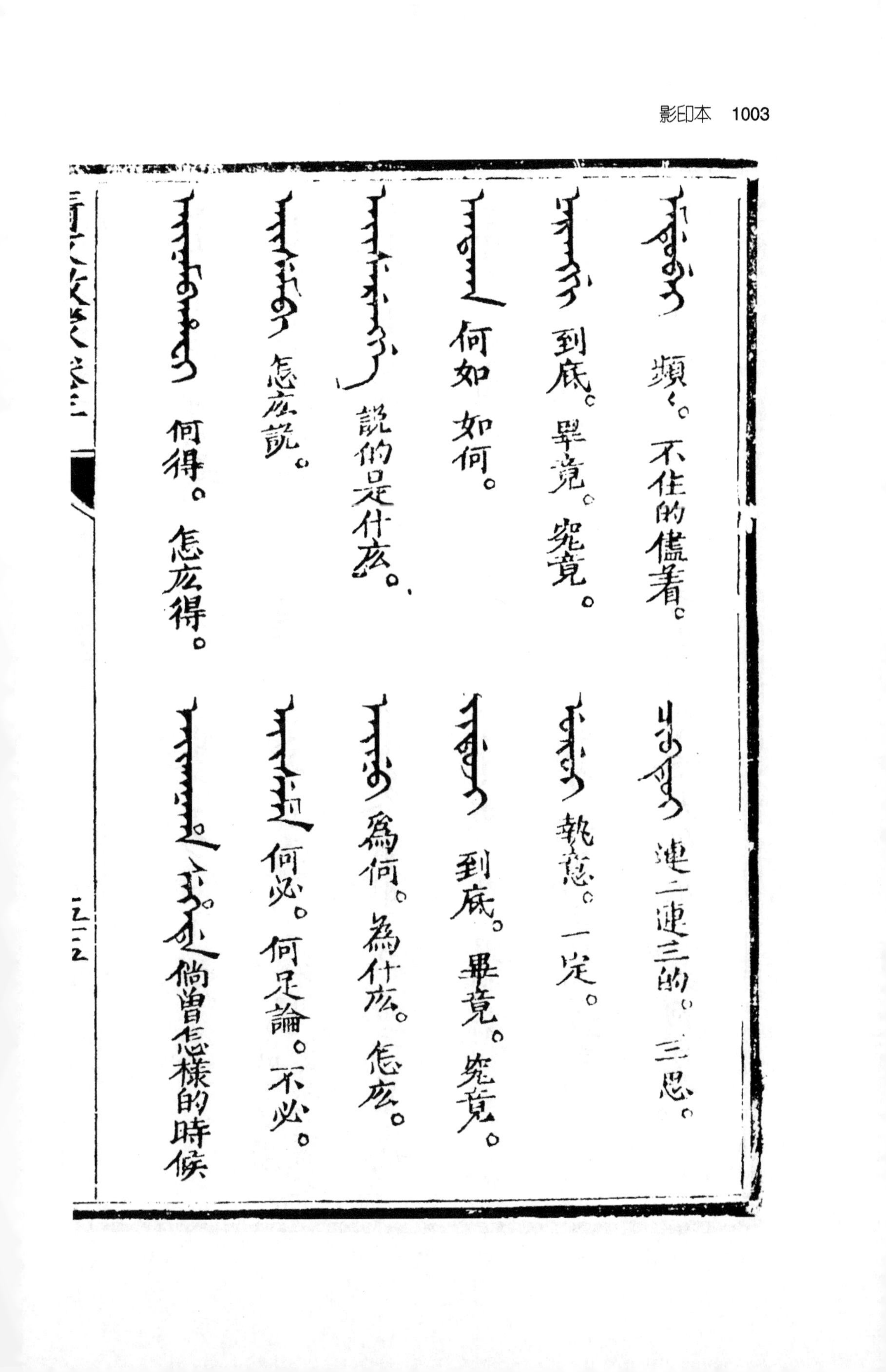

頻頻。不住的儘着。

到底。畢竟。究竟。

何如　如何。

說的是什麽。

怎麽說。

何得。怎麽得。

連二連三的。三思。

執意。一定。

到底。畢竟。究竟。

爲何。爲什麽。怎麽。

何必。何足論。不必。

倘曾怎樣的時候

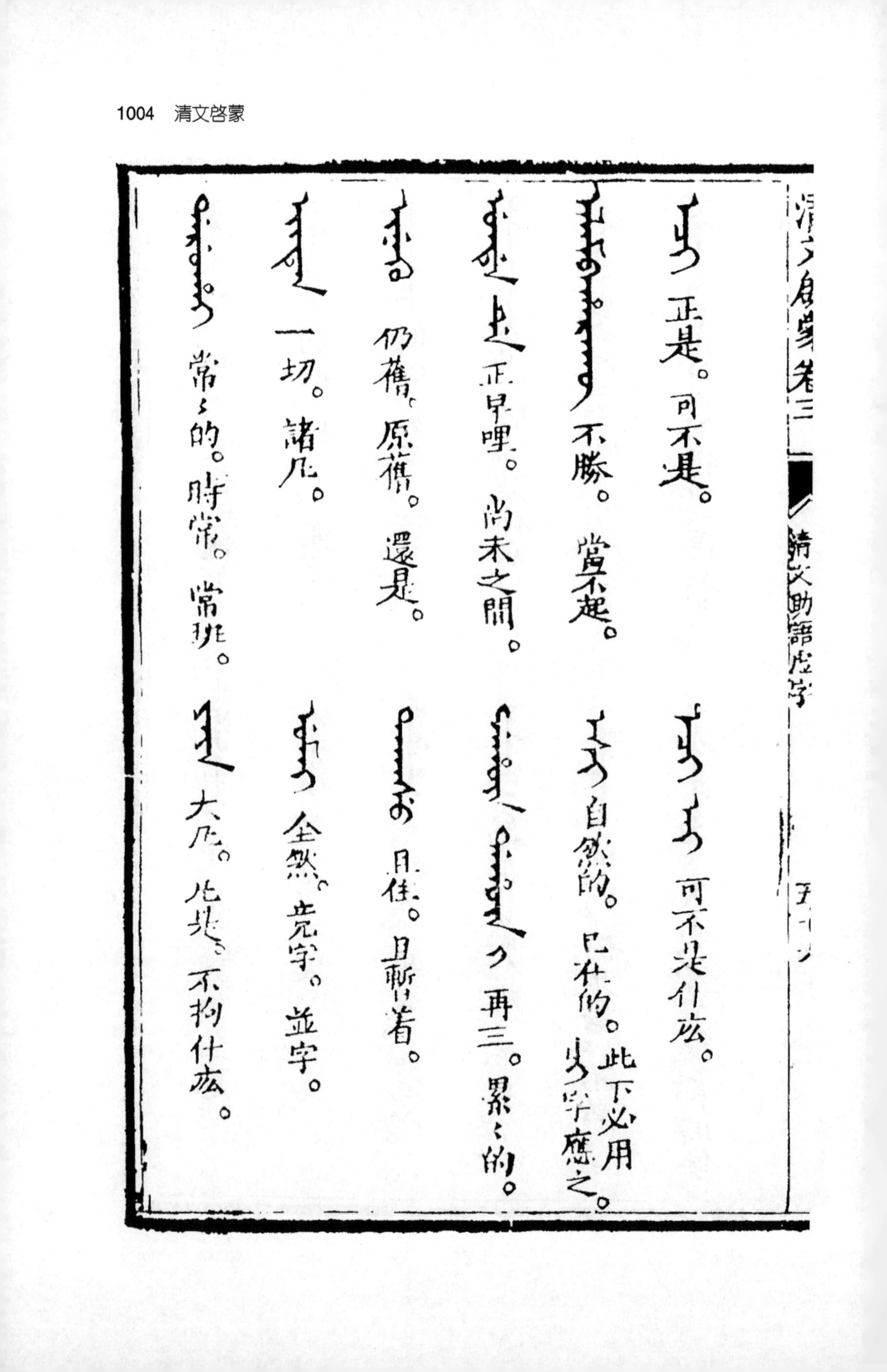

正是。可不是。

不勝。當不起。

正早哩。尚未之間。

仍舊。原舊。還是。

一切。諸凡。

常常的。時常。常班。

可不是什麼。

自然的。已在的。此下必用[illegible]字應之。

再三。累累的。

且住。且暫着。

全然。竟字。並字。

大凡。凡是。不拘什麼。

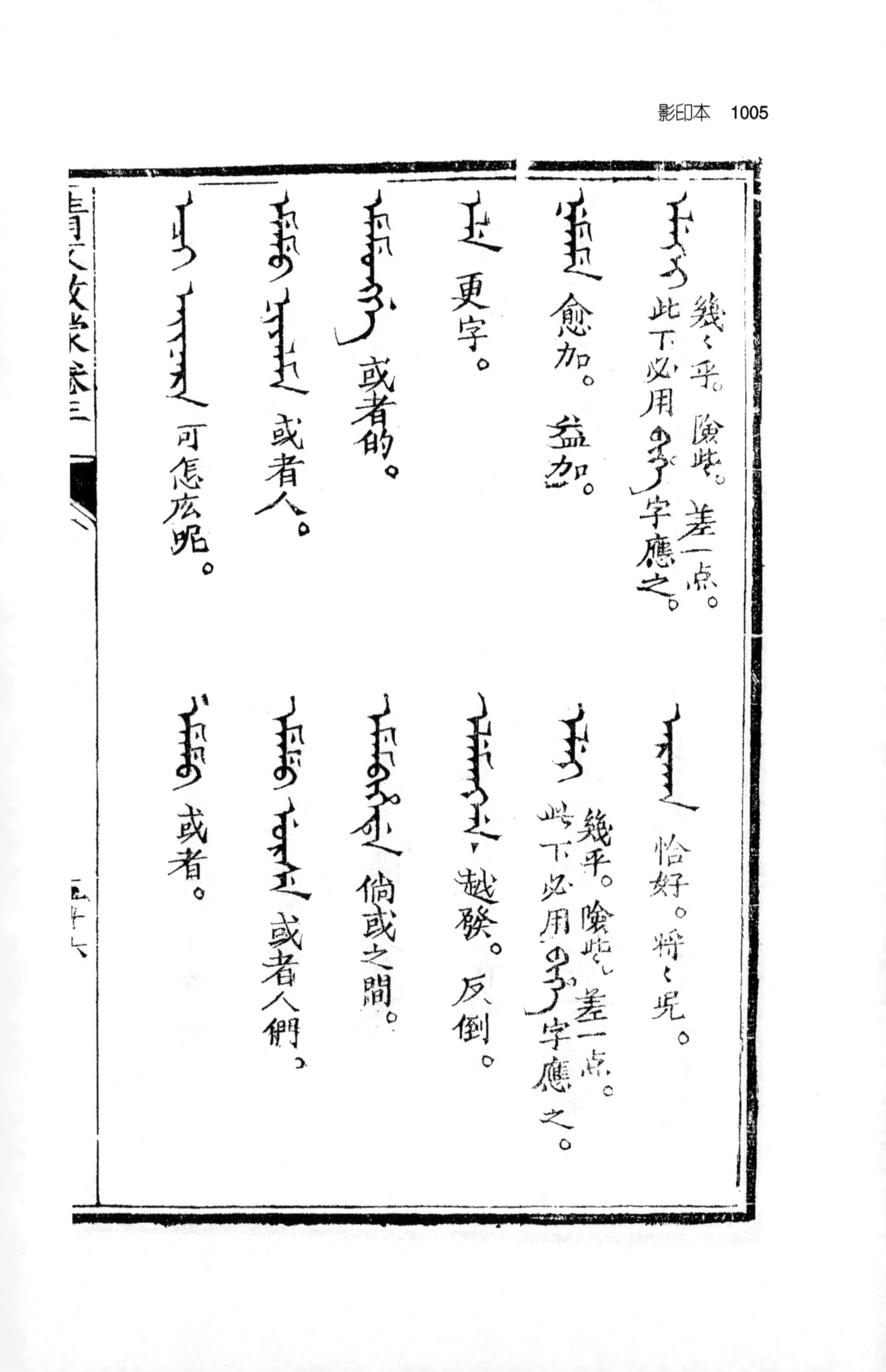

幾〻乎。險些。差一点。此下必用字應之。

愈加。益加。

更字。

或者的。

或者人。

可怎麽呢。

恰好。將〻兒。

幾乎。險些。差一点。此下必用字應之。

越發。反倒。

倘或之間。

或者人們。

或者。

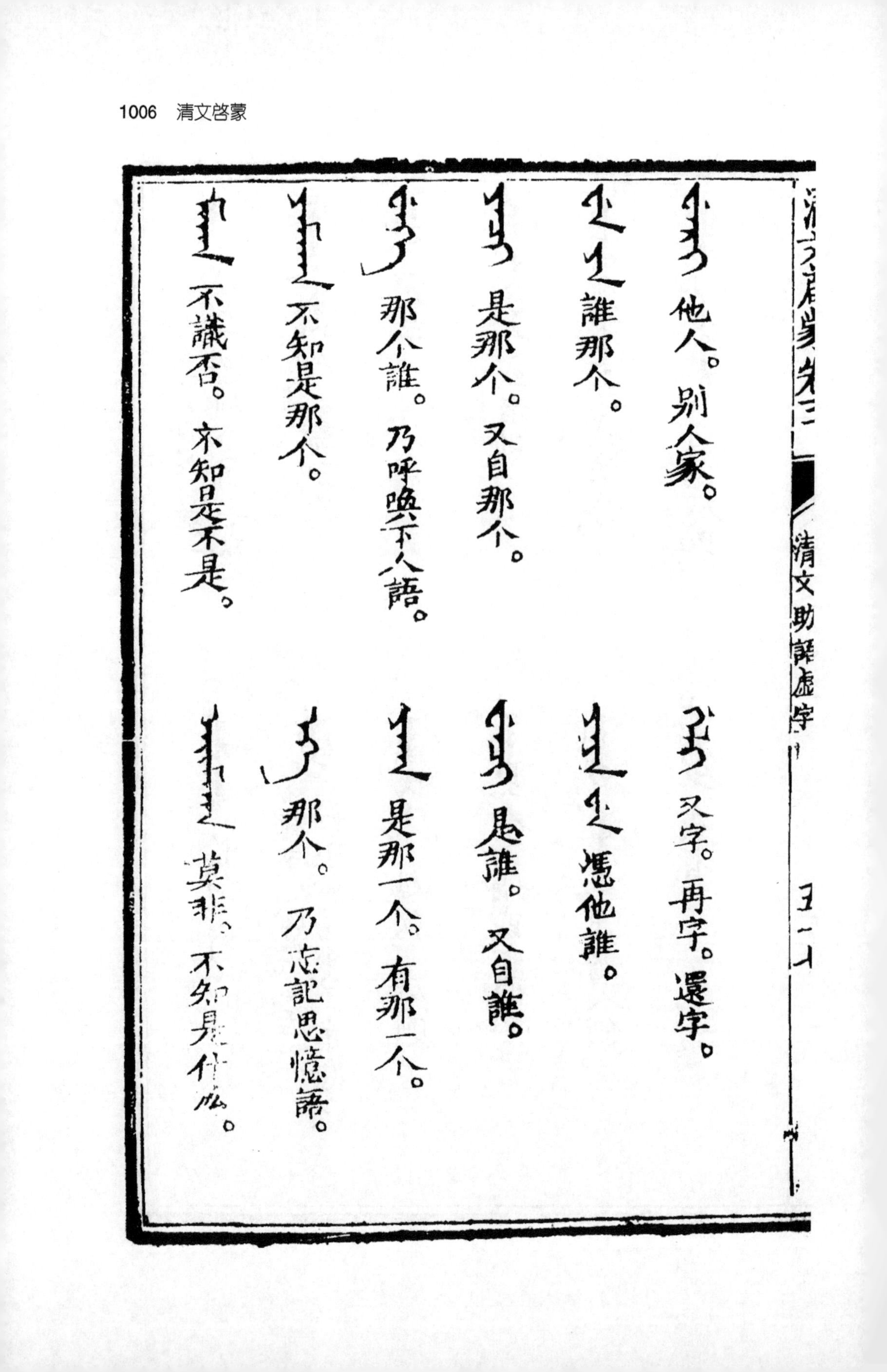

他人。別人家。

誰那个。

是那个。又自那个。

那个誰。乃呼喚下人語。

不知是那个。

不識否。亦不知是不是。

又字。再字。還字。

憑他誰。

是誰。又自誰。

是那一个。有那一个。

那个。乃忘記思憶語。

莫非。不知是什麽。

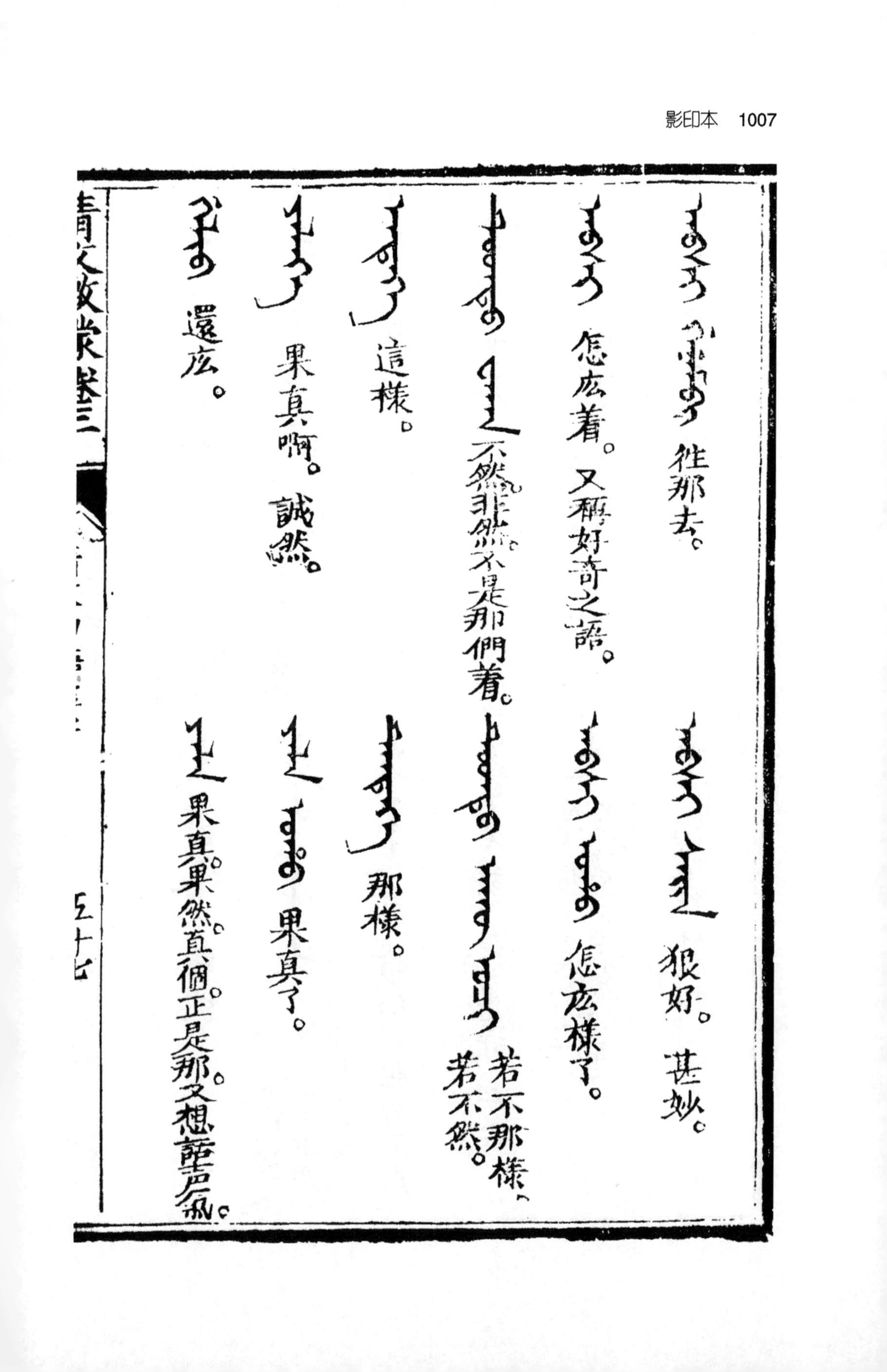

往那去。

狠好。甚妙。

怎庅着。又稱好奇之語。

怎庅樣了。

不然。非然。不是那們着。

若不那樣。若不然。

這樣。

那樣。

果真啊。誠然。

果真了。

還庅。

果真。果然。直個。正是那。又想語聲氣。

可是人說的。此下必用字應之。

不是話。

常言俗語諺語。此下必用

常言道俗語說的。諺云同上亦用字在下應之。

可是說的。在句首用。

可是說的。在句尾用。

奪弄。弄誦。

胡作造。愚弄。胡幹。

猛然想起嗳呀的声。又驚怕驚訝的声。

受疼捱忍不過的声。又痛哭疼忍不過的声。

好極。

猛被觸疼的声。

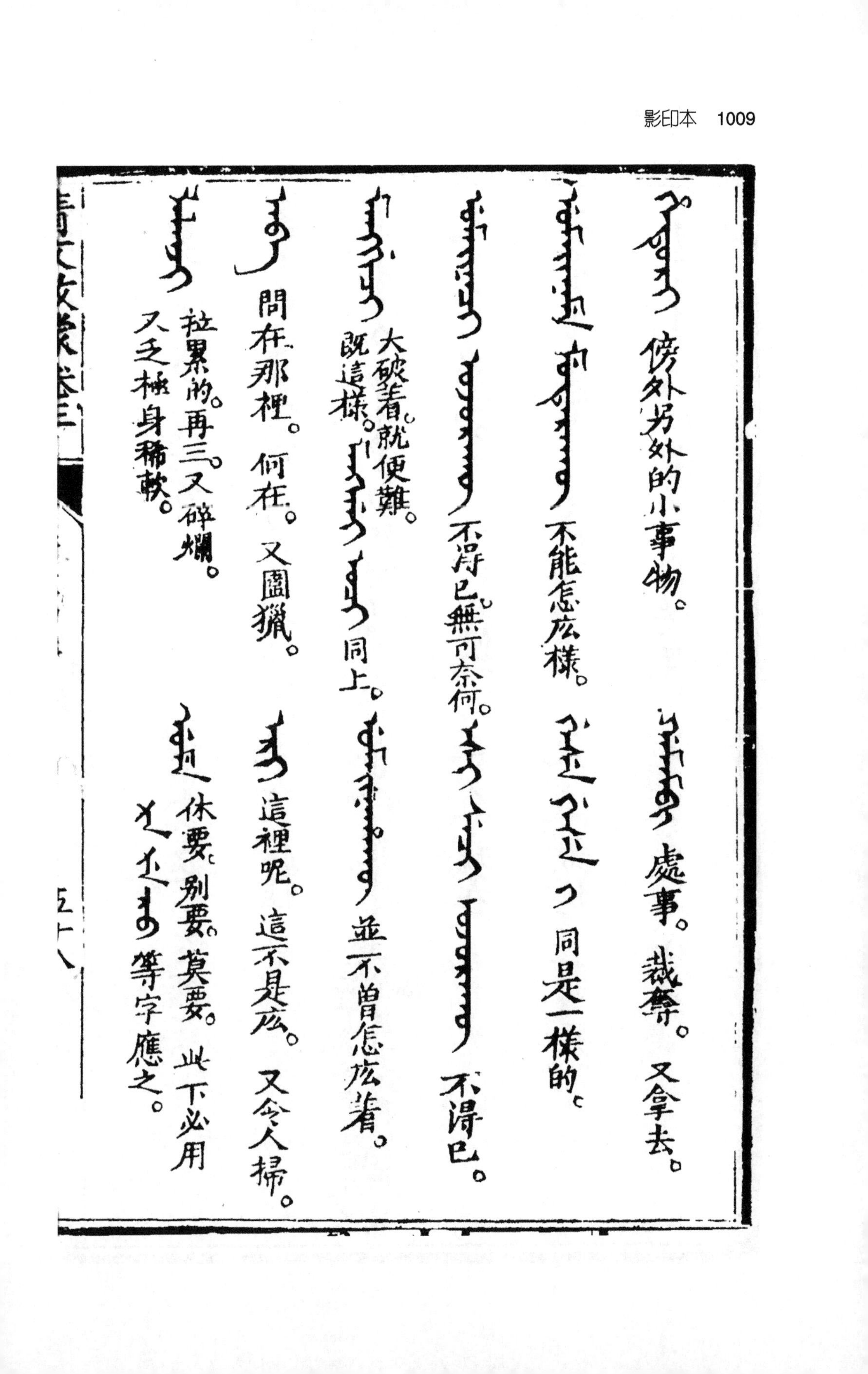

傍外另外的小事物。

處事。裁奪。又拿去。

不能怎麽樣。

同是一樣的。

不得已無可奈何。

不得已。

大破着就便難。旣這樣。

同上。

並不曾怎麽着。

問在那裡。何在。又圍獵。

這裡呢。這不是麽。又令人掃。

拉累的。再三。又碎爛。又乏極身稀軟。

休要。別要。莫要。此下必用

等字應之。

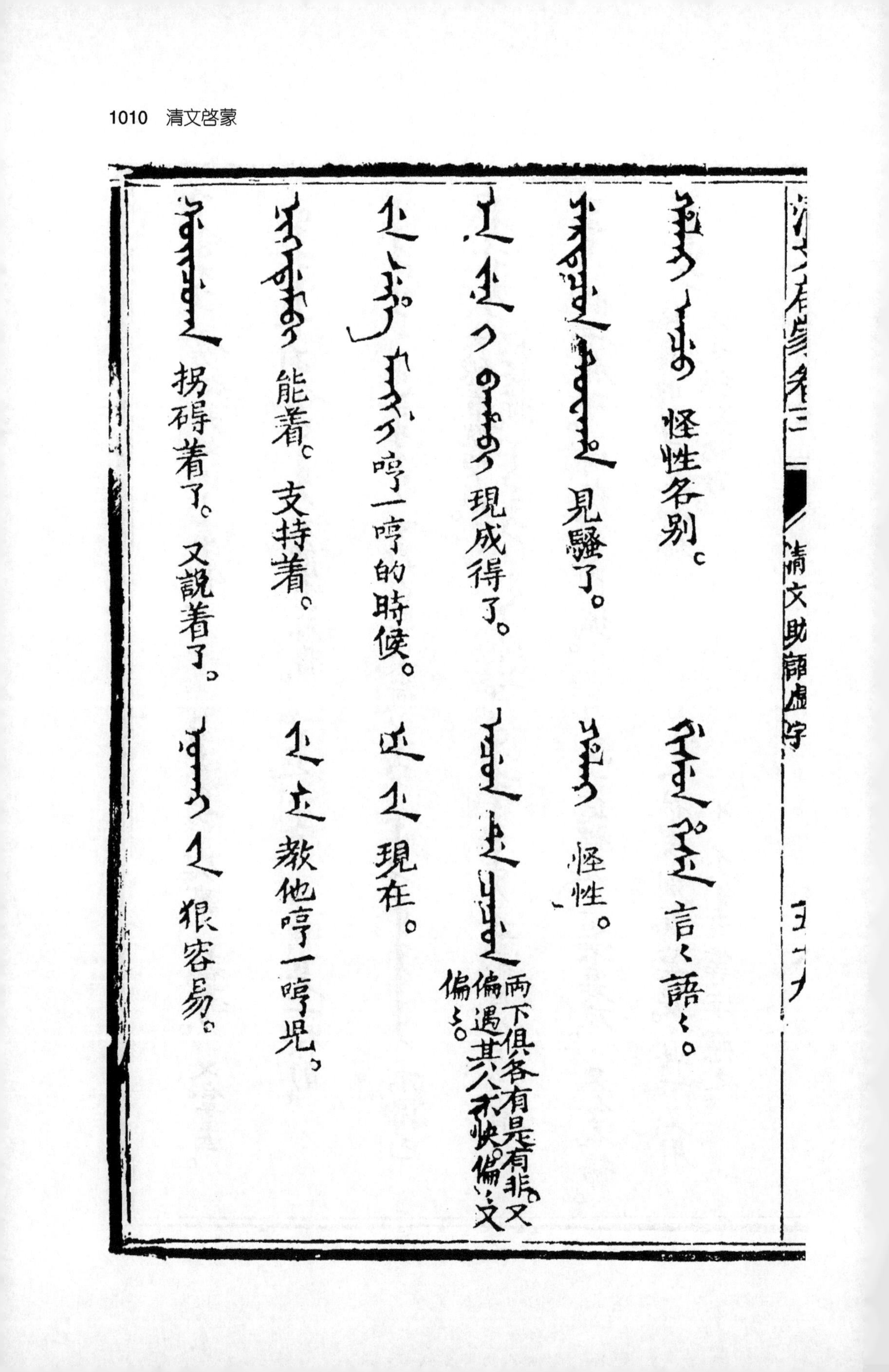

怪性各別。

見騷了。

現成得了。

哼一哼的時候。

能着。支持着。

拐碍着了。又說着了。

言〻語〻。

怪性。

兩下俱各有是有非。又偏遇其人不快。偏〻又偏〻。

現在。

教他哼一哼兒。

狠容易。

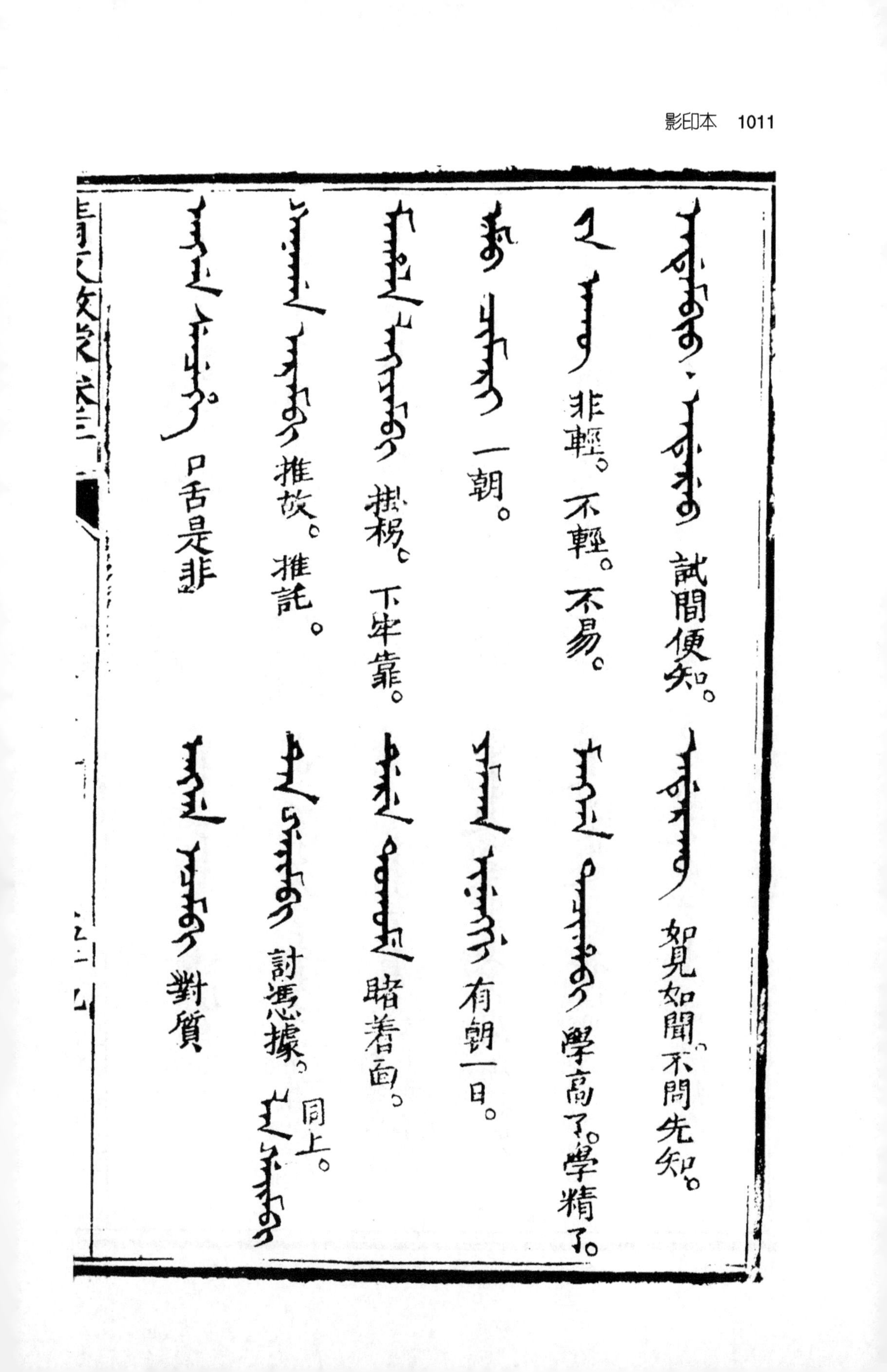

口舌是非

對質

推故。推託。

討憑據。

同上。

掛搊。下牢靠。

睹着面。

一朝。

有朝一日。

非輕。不輕。不易。

學高了。學精了。

試問便知。

如見如聞不問先知。

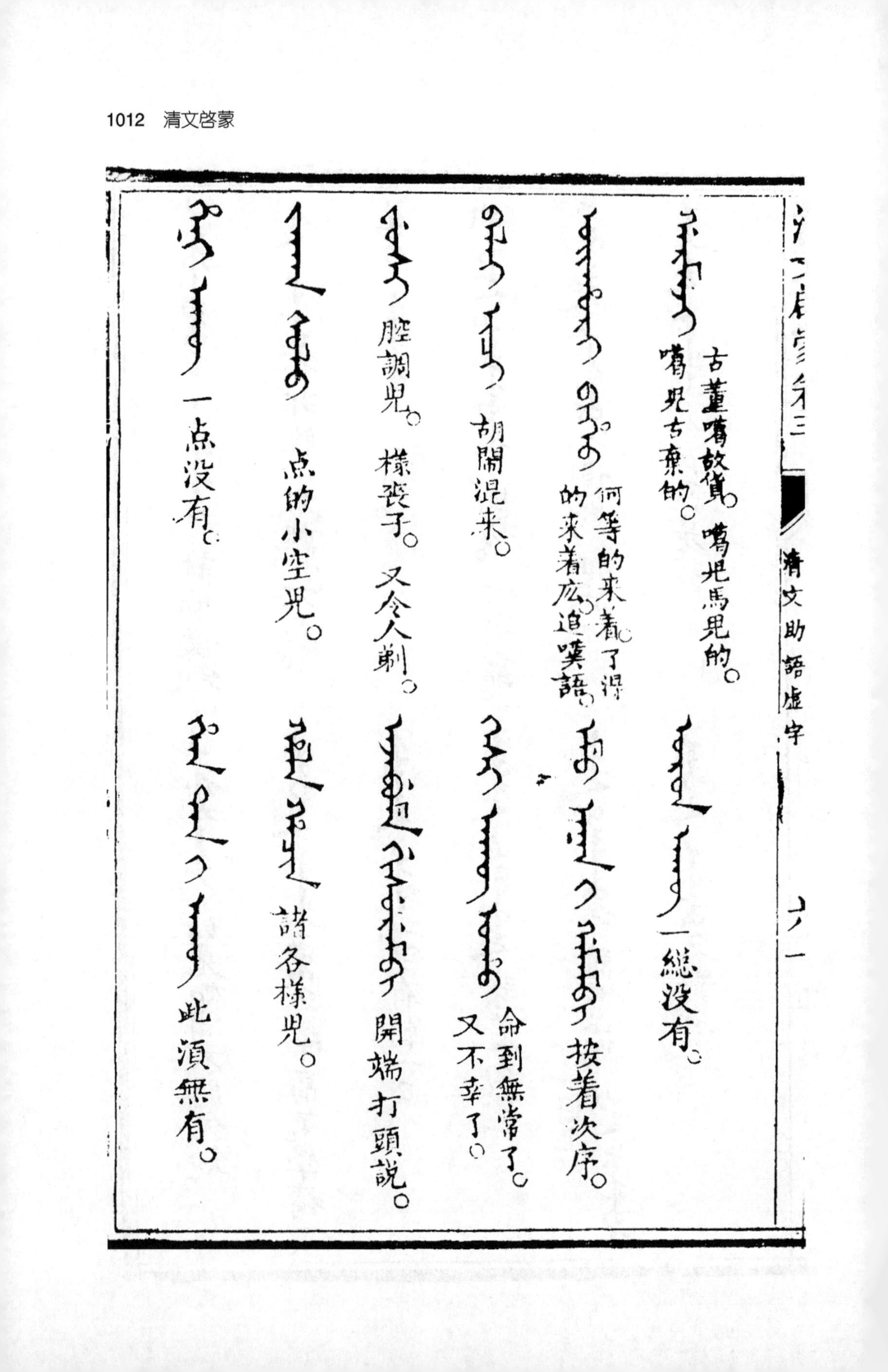

古董嘈故貨。嘈兒馬兒的。嘈兒古董的。

何等的来着。了得的来着麽。追嘆語。

胡鬧混来。

腔調兒。樣張子。又令人剃。

点的小空兒。

一点沒有。

一総沒有。

按着次序。

命到無常了。又不幸了。

開端打頭說。

諸各樣兒。

此須無有。

清文啟蒙卷之三終

ᠣᠶᠣᠩᡤᠣ ᠠᡴᡡ 没要緊處。

ᠮᡝᠨᡨᡠᡥᡠᠯᡝᠮᡝ 尋了拙智。行的昏了。

ᡤᡡᠨᡳᠨ ᡩᡝ ᠠᠴᠠᡥᠠ 得意。

ᡥᠠᠴᡳᠨ ᡥᠠᠴᡳᠨ 各樣。各件。

ᡝᠨᠴᡠ ᡥᠠᠯᠠ 外姓。

ᠨᡝᠨᡝᠮᡝ ᡩᠣᠰᡳ ᡶᡠᠯᡝᡥᡠᠨ 預先發作。

ᡤᠣᠰᡳᠮᡝ ᡨᡠᠸᠠᠮᡝ 權作疼愛。

ᠰᠠᡳᠨ ᠠᠮᡤᠠᡥᠠ 好睡。

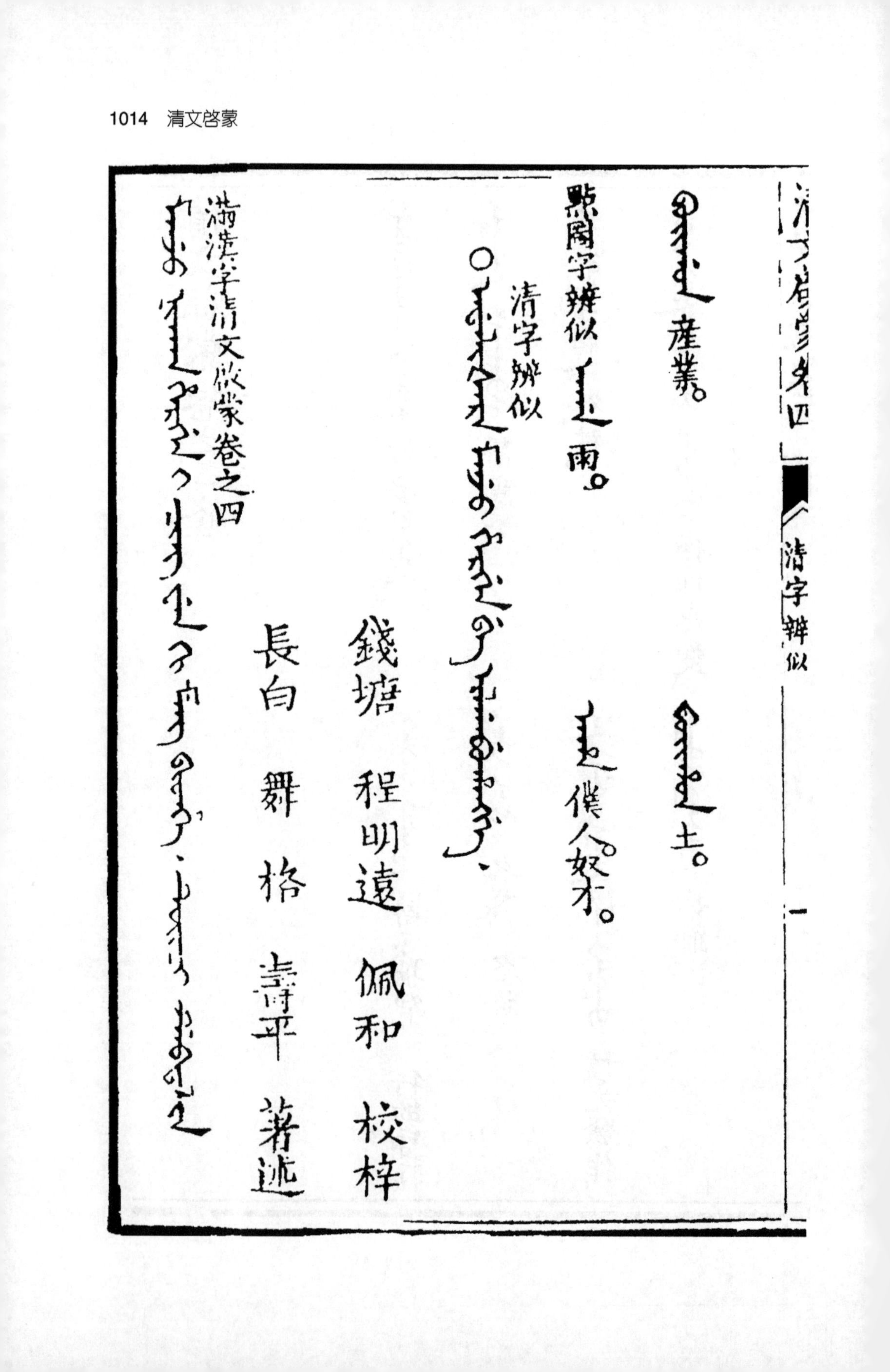

産業。土。

點圈字辨似 雨。僕人奴才。

清字辨似

○

錢塘 程明遠 佩和 校梓

長白 舞格 壽平 著述

滿漢字清文啓蒙卷之四

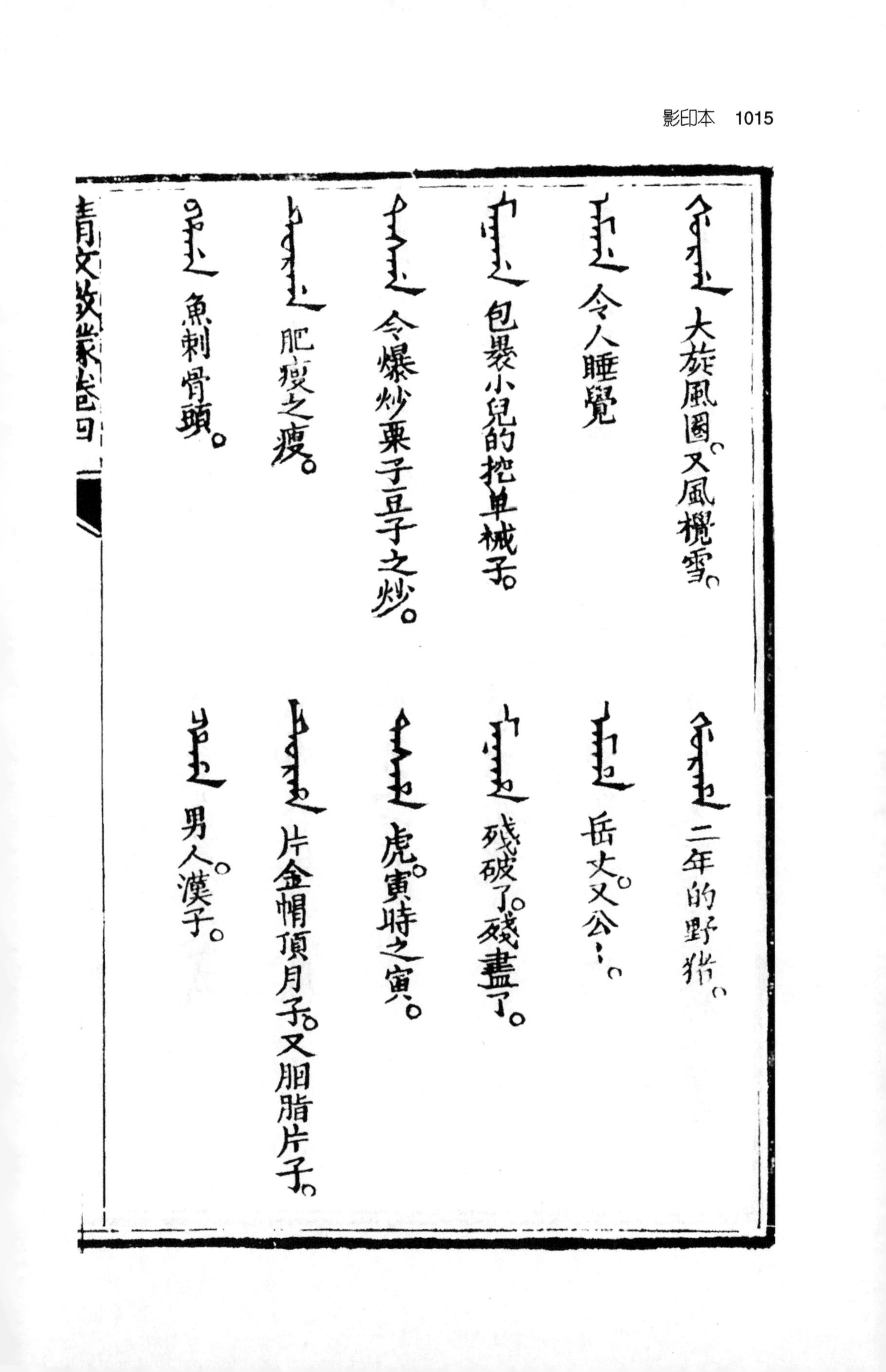

大旋風圈。又風攪雪。

令人睡覺

包裹小兒的挖单械子。

令爆炒栗子豆子之炒。

肥瘦之瘦。

魚刺骨頭。

二年的野猪。

岳丈。又公:。

殘破了。殘盡了。

虎。寅時之寅。

片金帽頂月子。又胭脂片子。

男人。漢子。

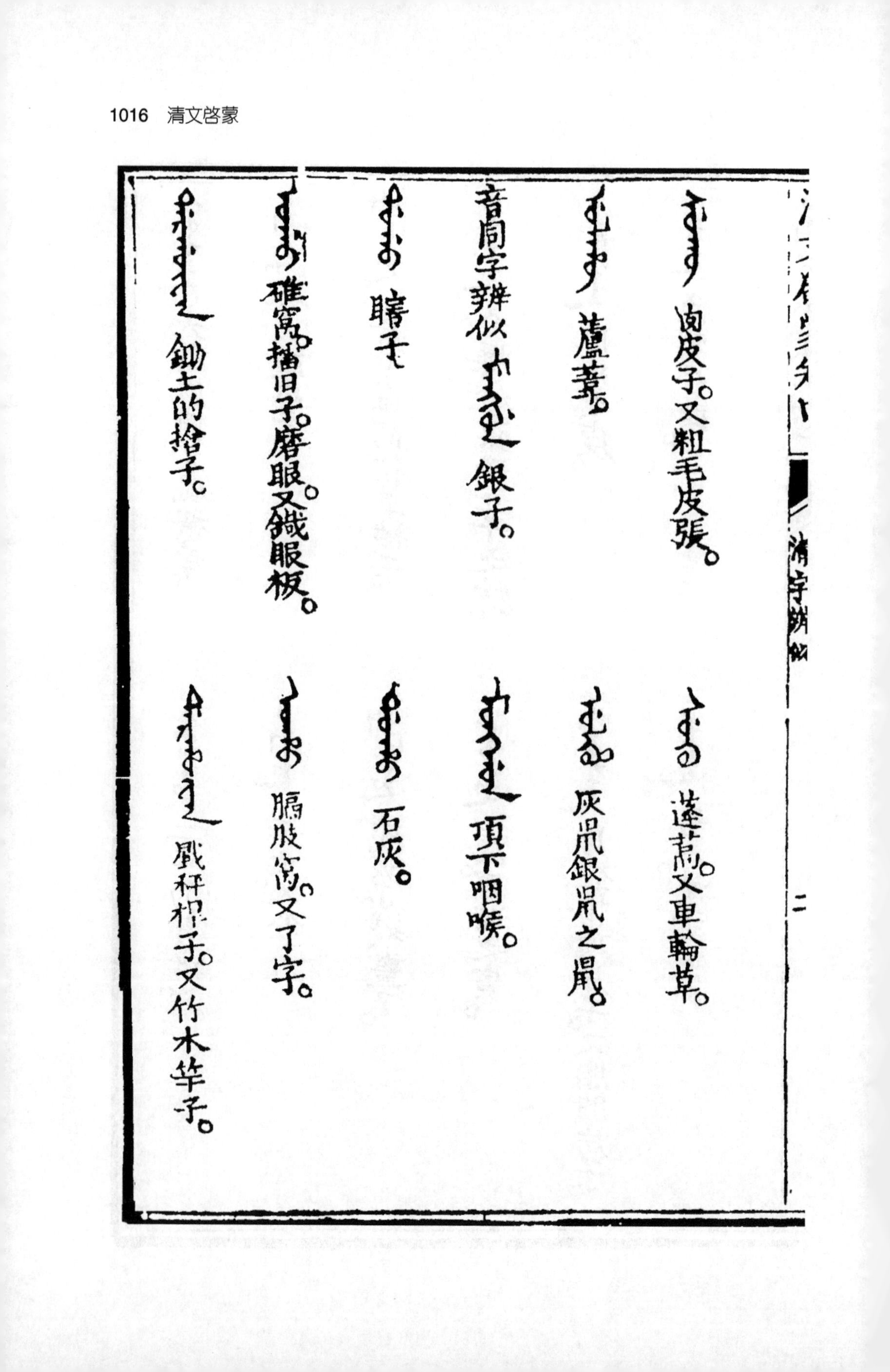

肉皮子。又粗毛皮張。

蘆葦。

音同字辨似

銀子。

睛毛

碓窩。擂臼子。磨眼。又鐵眼板。

鋤土的搶子。

蓬蒿。又車輪草。

灰鼠銀鼠之鼠。

項下咽喉。

石灰。

膈肢窩。又了字。

戥秤桿子。又竹木竿子。

事物紛擾之間。正當其時。又亂嚷。

皮衣面。甲面。又裝判官頭。又吝嗇。

庸儒鬆軟

錘子。

觧錐。

单耳環。丁香子。

花蕊花心。

無風晴明好天。

淺綠色。甲乙之乙。

青黄色。又青臁之青。

駱駝。

車軸。

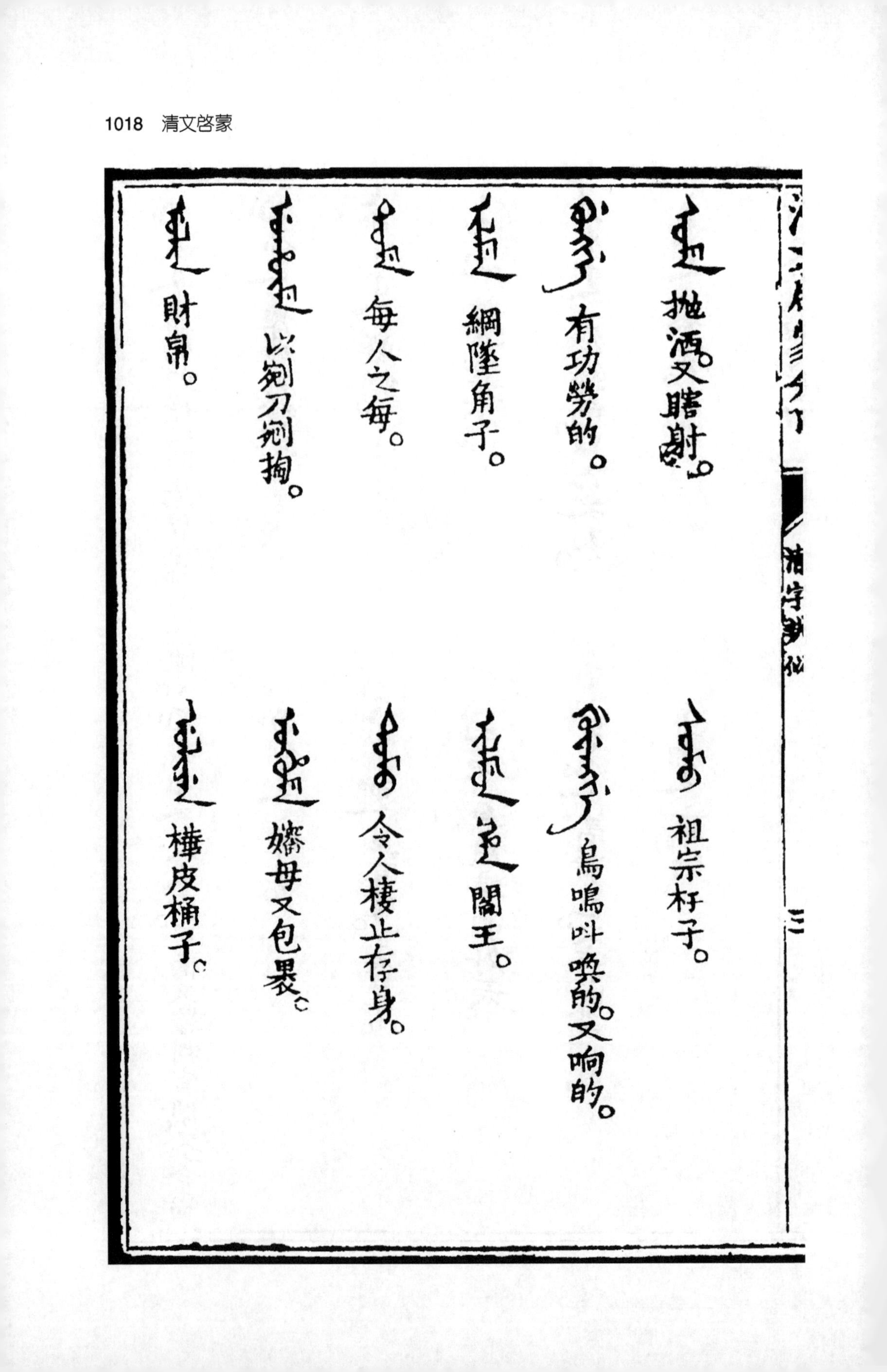

抛洒又賭射。

有功勞的。

網墜角子。

每人之每。

以劍刀劍掏。

財帛。

祖宗杆子。

烏鳴叫喚的。又响的。

閻王。

令人棲止存身。

孃母又包裹。

樺皮桶子。

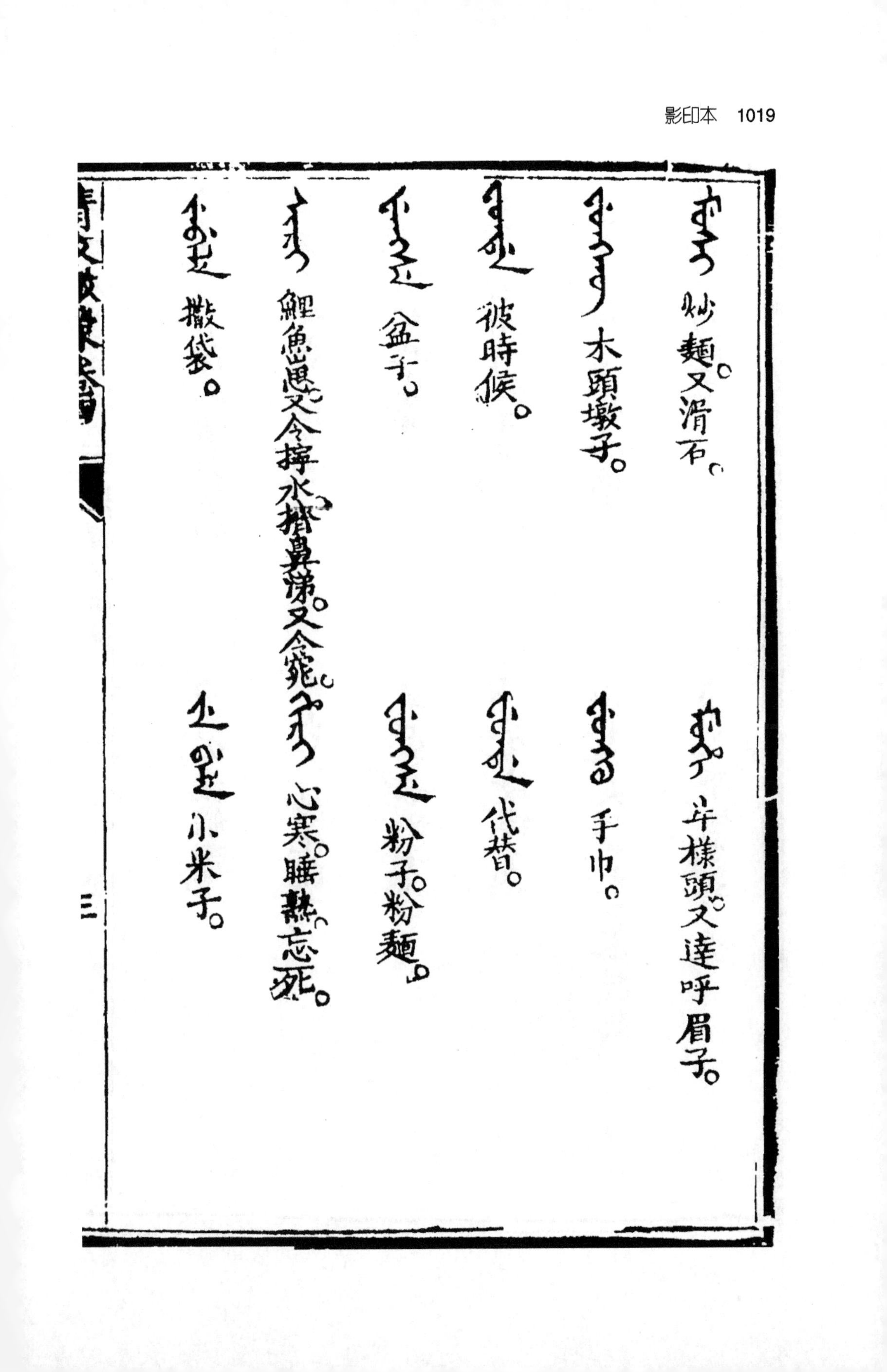

炒麵。又滑石。

牟樣頭。又達呼眉子。

木頭墩子。

手巾。

彼時候。

代替。

盆子。

粉子。粉麵。

鯉魚。又令擤水。擤鼻涕。又令竄。

心寒。睡熟忘死。

撒袋。

小米子。

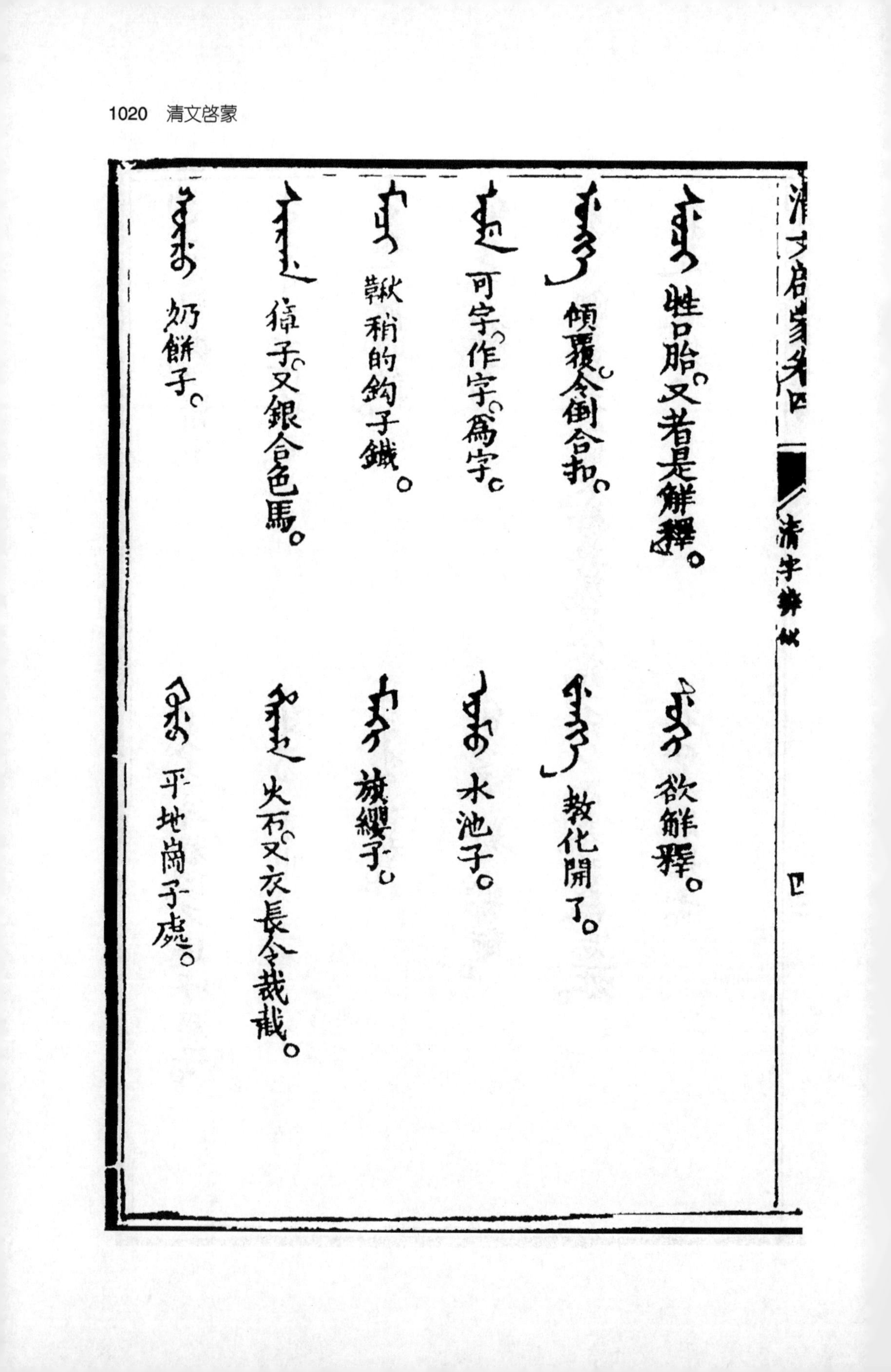

牲口胎又者是解釋。

欲解釋。

傾覆令倒合扣。

教化開了。

可字作字爲字。

水池子。

鍬稍的鈎子鐵。

旗纓子。

犢子又銀合色馬。

火石又衣長令裁截。

奶餅子。

平地崗子處。

蔫了。

生二心。又事反覆二致。

是那一个。

往前那邊些。

吊角眼。

夥黨。

緊疾。

想是止了罷。

箭罩子。

造次急迫。

船帮木。又令帮貼。又令催馬。

肥田。又眉毛重。

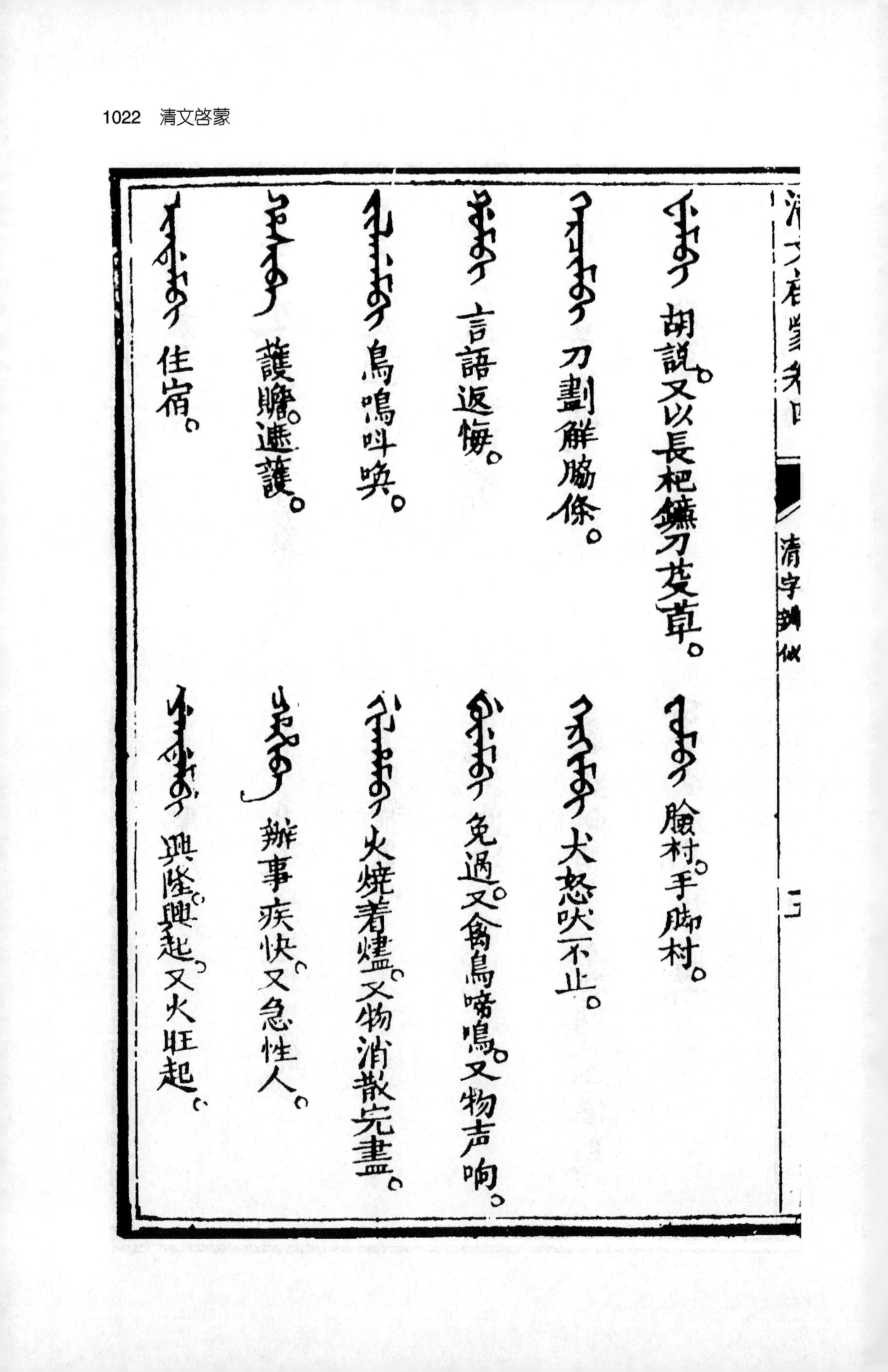

胡說。又以長杷鐮刀芟草。

刀劃觧脇條。

言語返悔。

鳥鳴叫喚。

護膽。遮護。

住宿。

臉村。手脚村。

犬怒吠不止。

免過。又禽鳥啼鳴。又物声响。

火燒着燼。又物消散完盡。

辦事疾快。又急性人。

興隆興起。又火旺起。

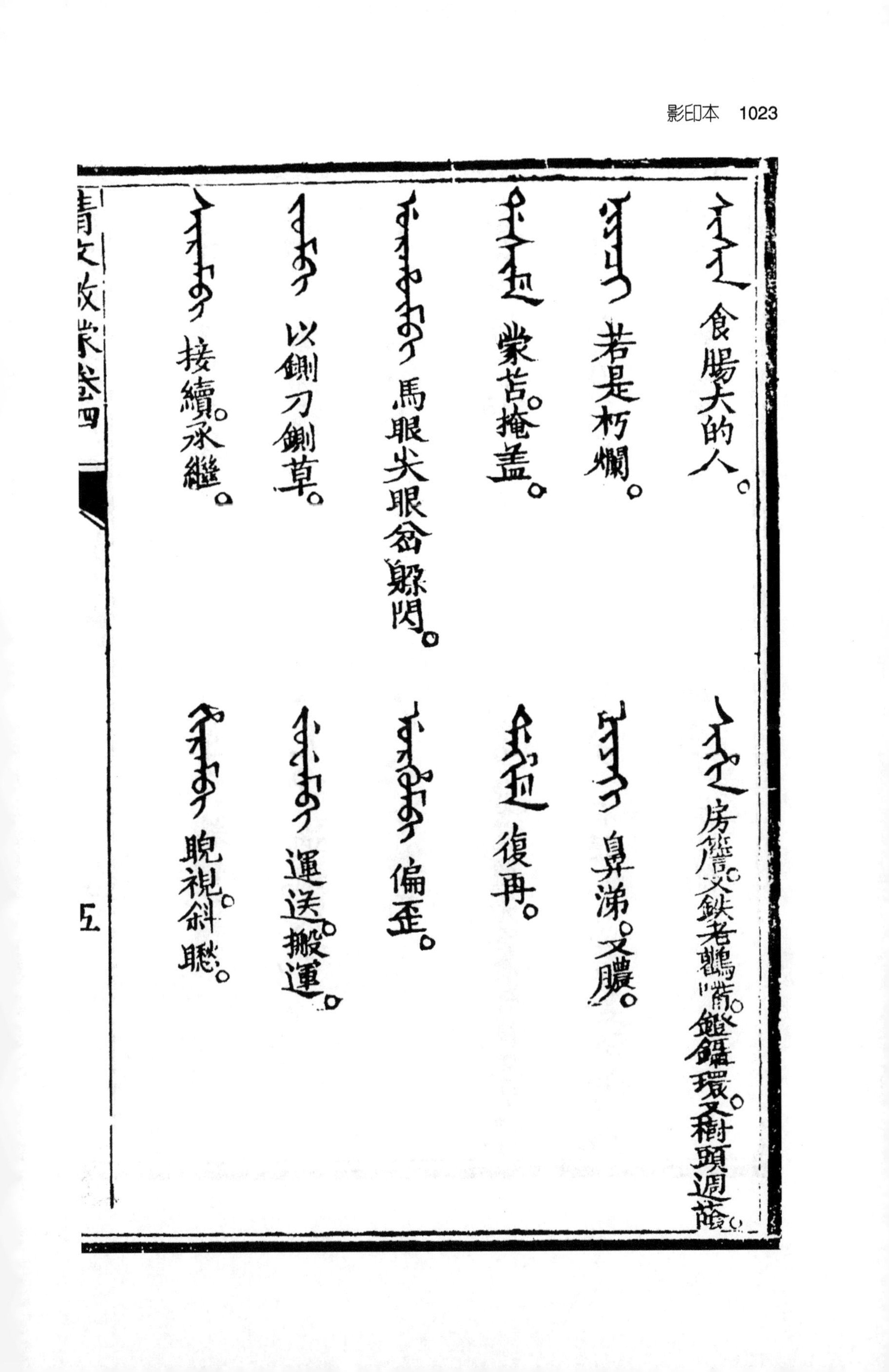

食腸大的人。

若是朽爛。

蒙苫。掩蓋。

馬眼尖眼岔躲閃。

以鍘刀鍘草。

接續。承繼。

房簷。又鐵老鸛嘴。鐙鑷環。又樹頭週蔭。

鼻涕。又膿。

復再。

偏歪。

運送。搬運。

睨視。斜瞅。

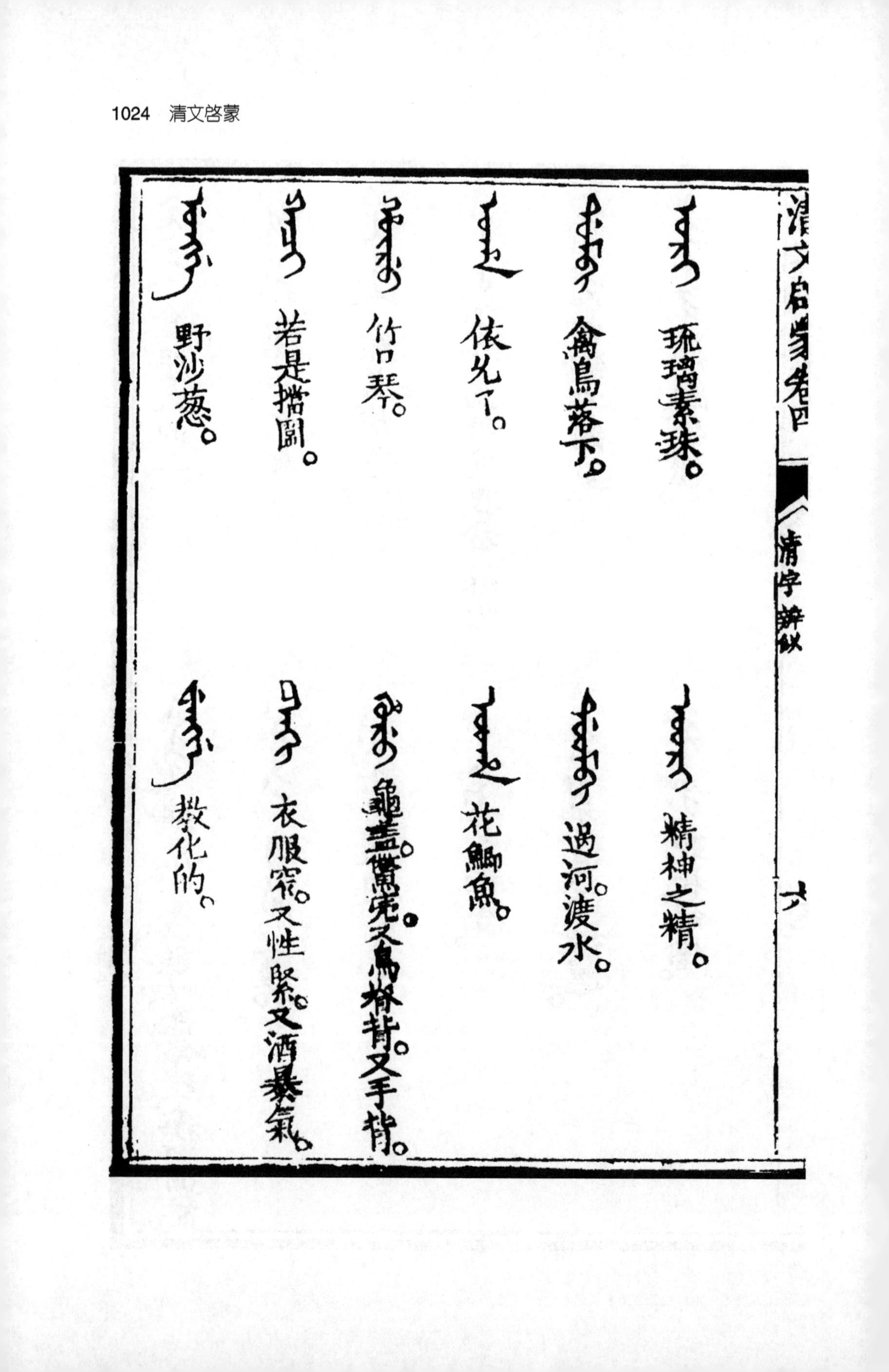

琉璃素珠。

精神之精。

禽鳥落下。

過河。渡水。

依允了。

花鯽魚。

竹口琴。

龜蓋。鱉兜。又鳥脊背。又手背。

若是擋阻。

衣服窄。又性緊。又酒暴氣。

野沙葱。

教化的。

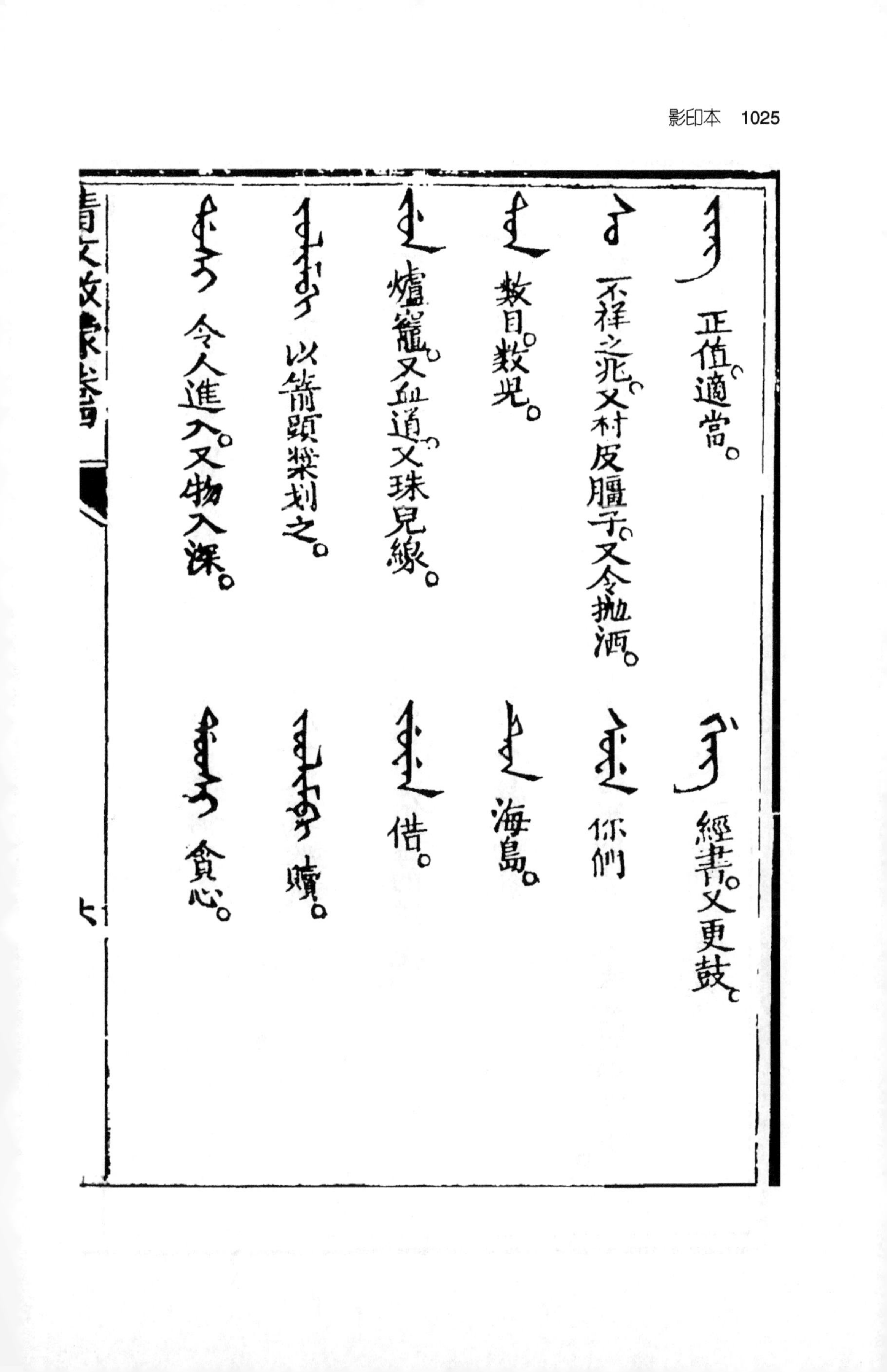

正值。適當。

經書。又更鼓。

不祥之兆。又村反膈子。又令抛洒。

你們

数目。数兒。

海島。

爐竈。又血道。又珠兒線。

借。

以箭頭槊划之。

贖。

令人進入。又物入深。

貪心。

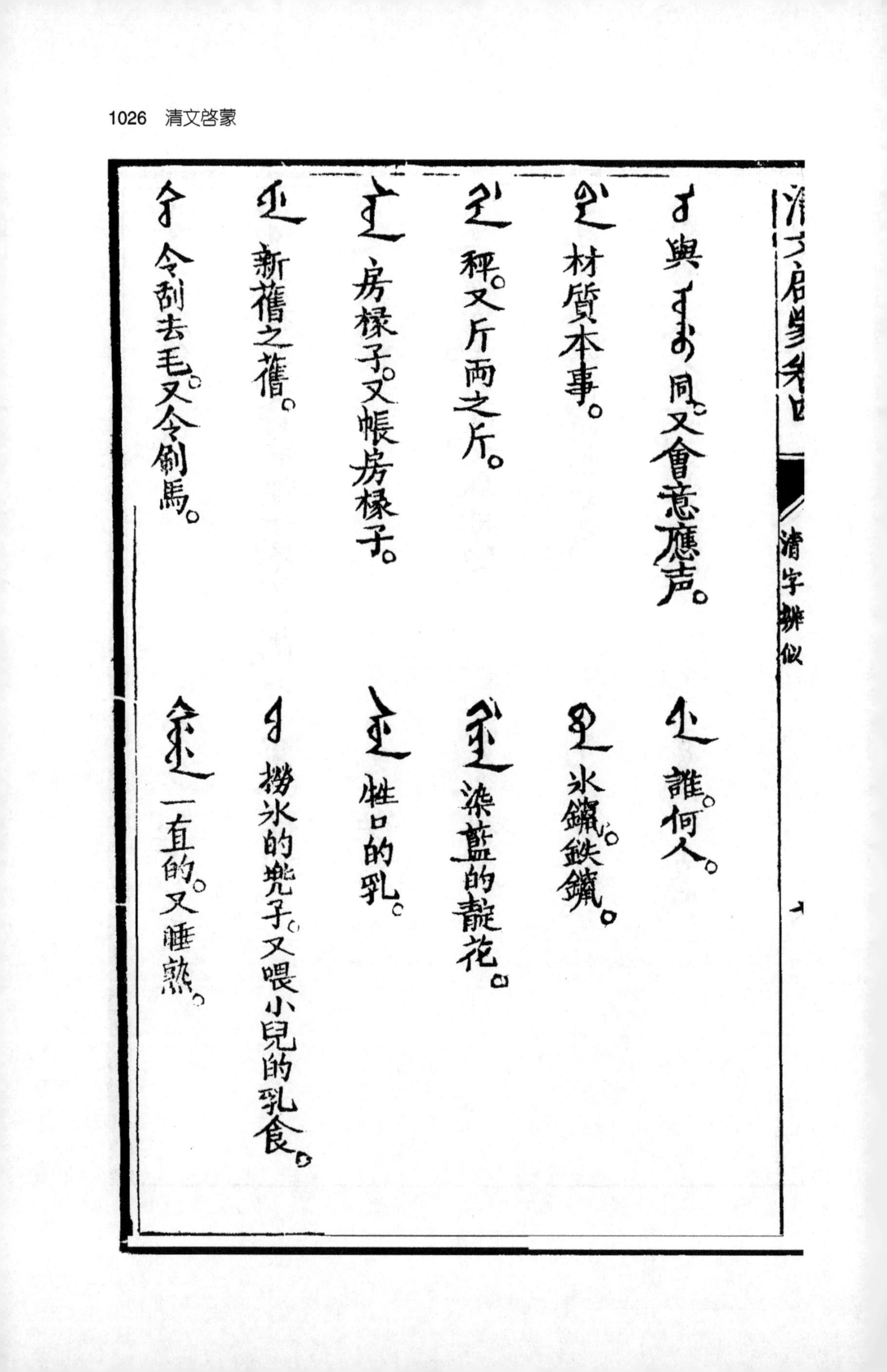

與　同。又會意應声。

誰。何人。

材質本事。

冰鑹。鉄鑹。

秤。又斤兩之斤。

染藍的靛花。

房椽子。又帳房椽子。

牲口的乳。

新舊之舊。

撈冰的兜子。又喂小兒的乳食。

令刮去毛。又令鍘馬。

一直的。又睡熟。

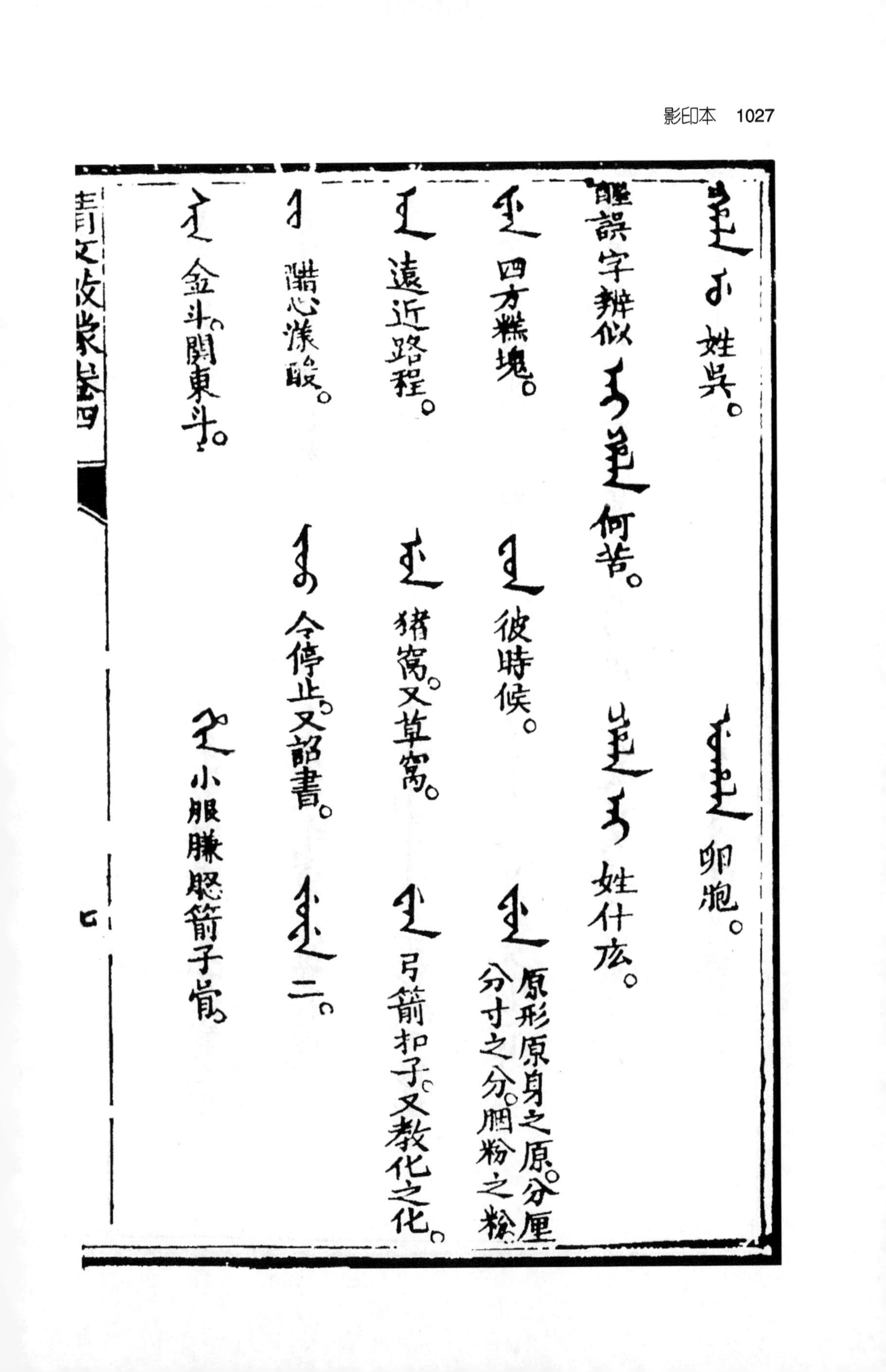

姓吳。

卵泡。

醒誤字辨似

何苦。

姓什庅。

四方糕塊。

彼時候。

原形原身之原。分釐分寸之分。胭粉之粉。

遠近路程。

猪窩。又草窩。

弓箭扣子。又教化之化。

嘈心漾酸。

令停止。又部書。

二。

金斗。闗東斗。

小腿臁脛箭子骨

另選。

寬窄之寬。又心寬之寬。

挖槽子。

睡覺打呼。

不鋤地。不耘田。

不彩飾。不修飾。

殘虐。酷苛狠毒。

月小身小之小。

柞木皮内的糖黄。染黄皮用。

熬的黑茶葉。

戀〻不捨。

慳嗇吝細。

碗架子擱板。

犁上挽鈎。

剪子。

籬笆柵子。

粒兒。

令人預備。

絆划子。

絃馬子。又淌眼疵水。

青蛙。田雞。

素珠。又掃了。

足勾了。

魚鱗。

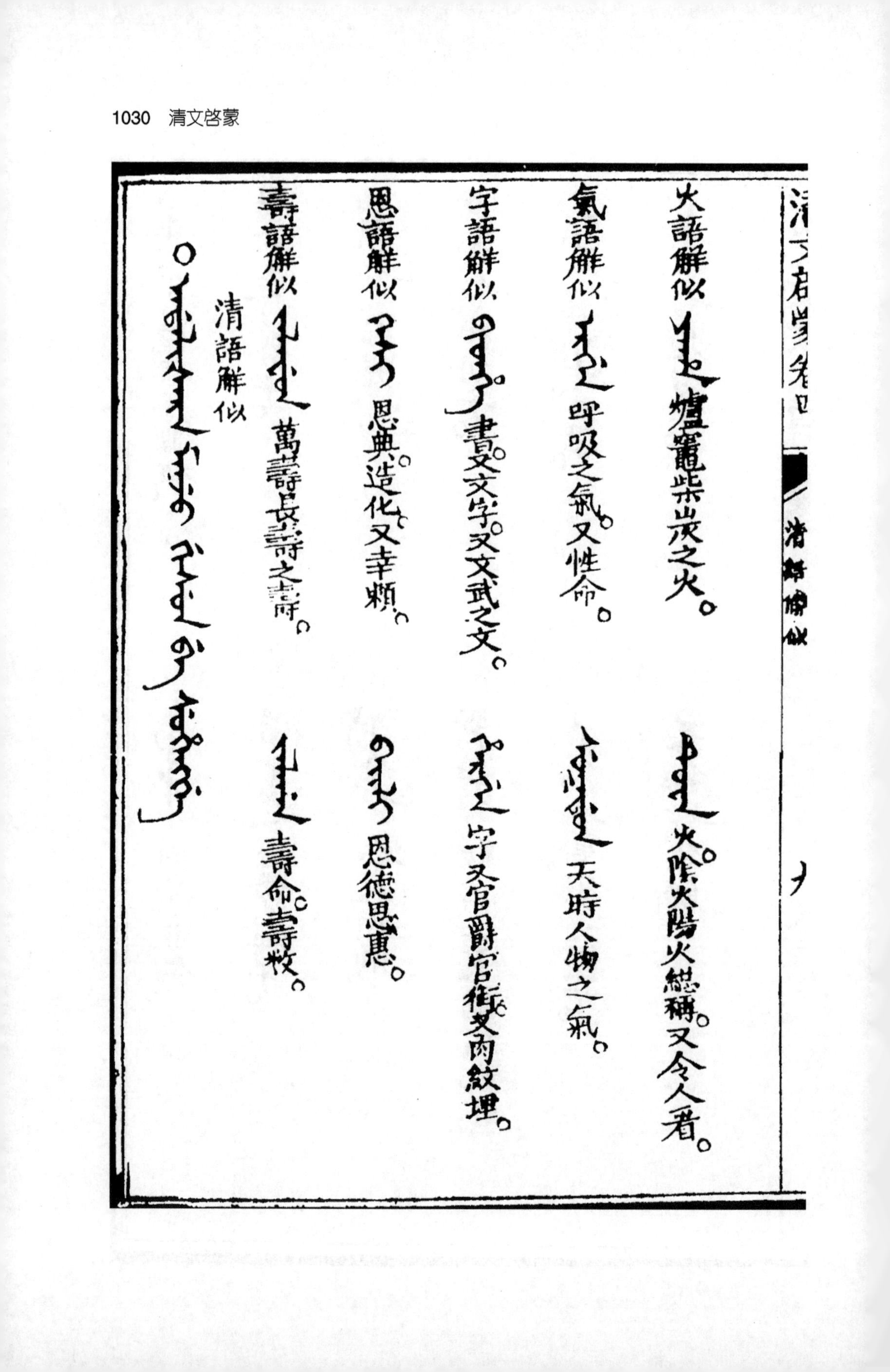

火語解似 爐竈柴炭之火。 火。陰火陽火總稱。又令人看。

氣語解似 呼吸之氣。又性命。 天時人物之氣。

字語解似 書。又文字。又文武之文。 字。又官爵官銜。又肉紋理。

恩語解似 恩典。造化。又幸頼。 恩德恩惠。

壽語解似 萬壽長壽之壽。 壽命。壽數。

清語解似

○

抗抵語解似 抗拒。 支頂挂着。 撐支馬嘴硬刁。箭踫起。

悄言語解似 低言悄語。 耳邊嘍喳說。

狹窄語解似 地方狹窄。又狹迫。 寬窄之窄。

歇息語解似 歇息歇着。 安息養息。

傢伙語解似 裝盛的器皿又棺材。 使的器物。又器械。

比較語解似 比較勝負。 北方。對比着。

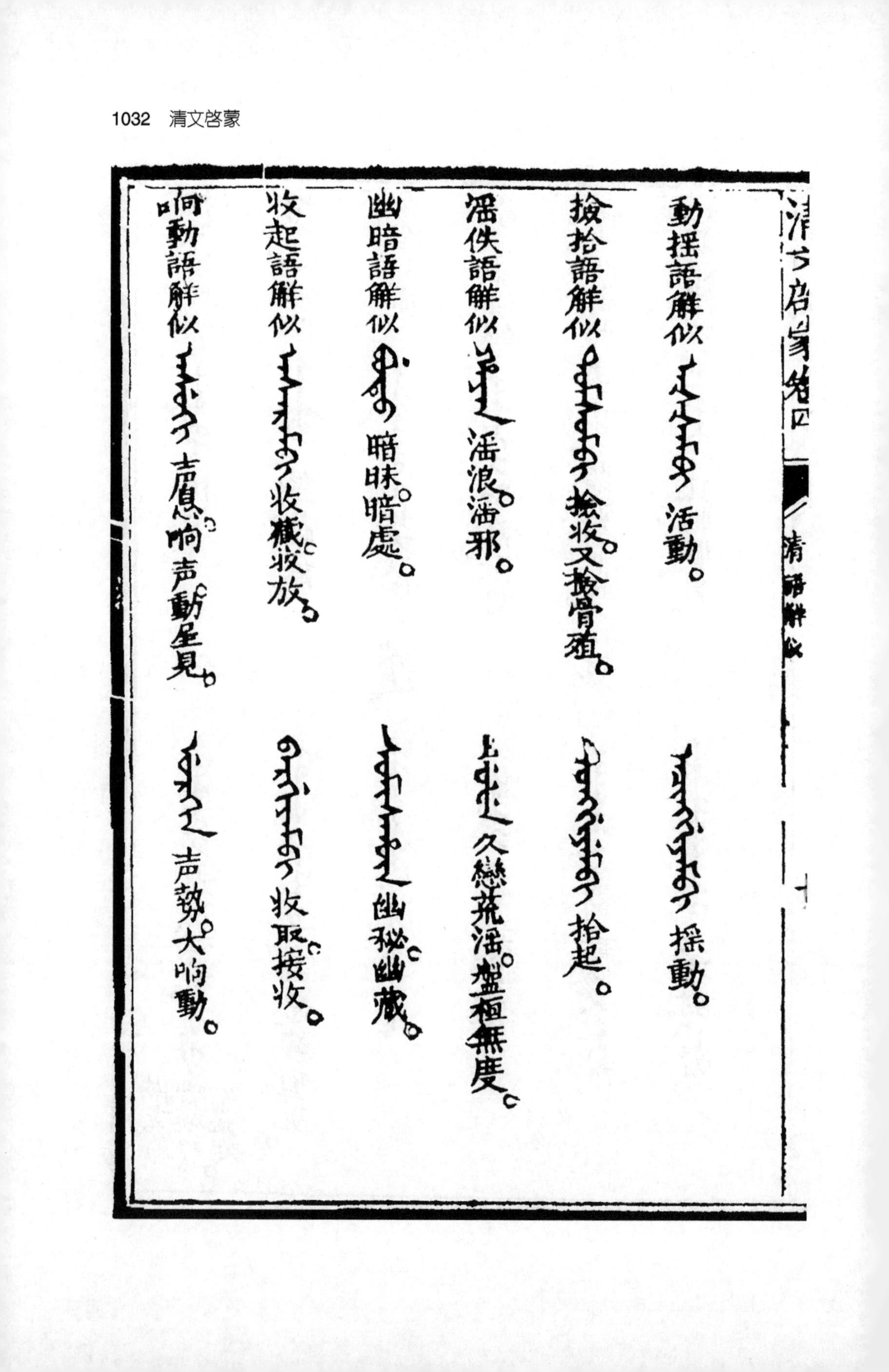

動摇語解似　活動。　摇動。

撿拾語解似　撿收。又撿骨殖。　拾起。

淫佚語解似　淫浪。淫邪。　久戀荒淫。盤桓無度。

幽暗語解似　暗昧。暗處。　幽秘。幽藏。

收起語解似　收藏。收放。　收取。接收。

响動語解似　声息。响声。動星見。　声勢。大响動。

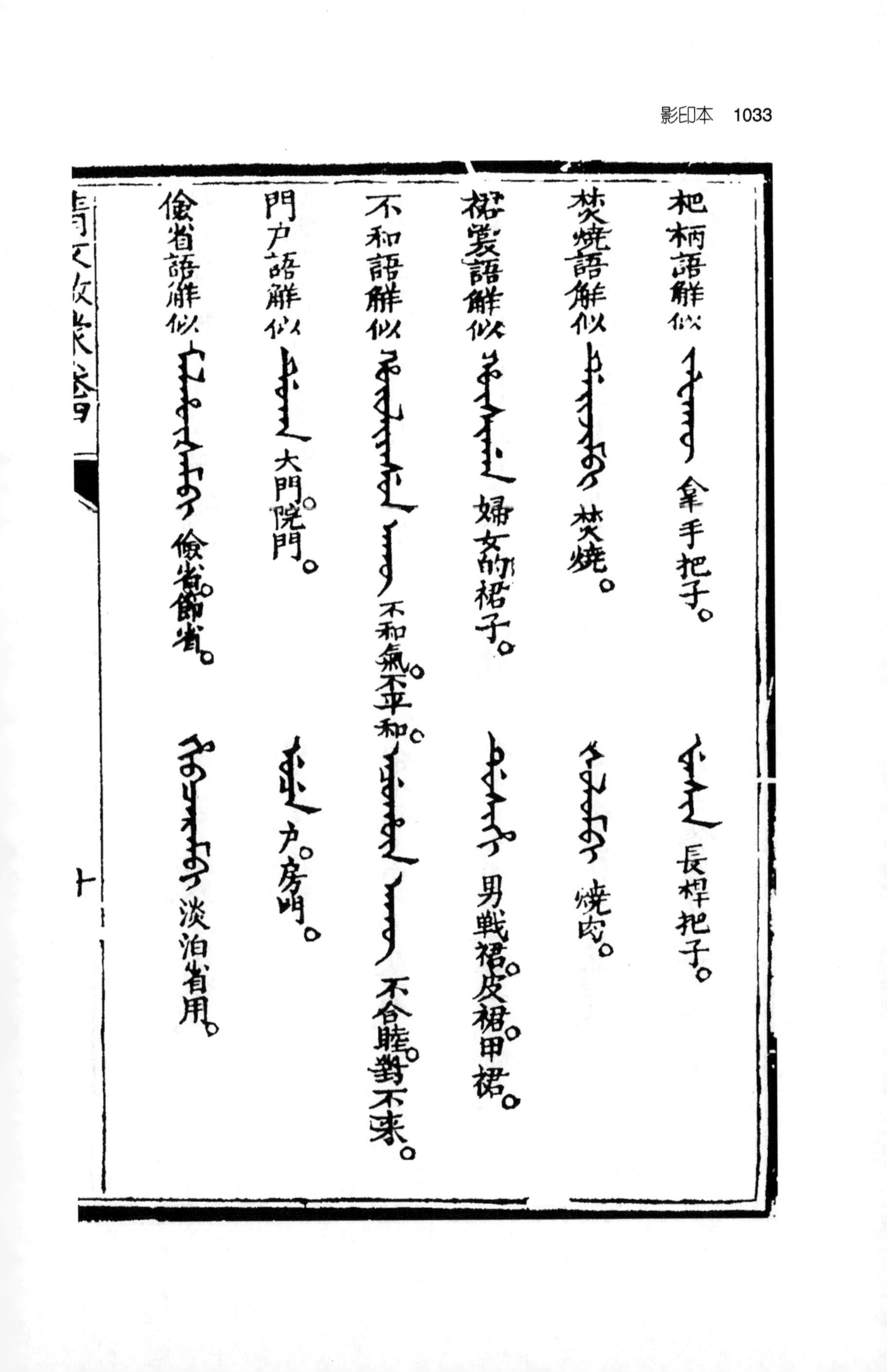

杷柄語解似 傘手把子。 長桿把子。

焚燒語解似 焚燒。 燒肉。

裙裳語解似 婦女的裙子。 男戰裙。皮裙甲裙。

不和語解似 不和氣。不平和。 不合睦。對不來。

門戶語解似 大門。院門。 戶。房門。

儉省語解似 儉省。節省。 淡泊省用。

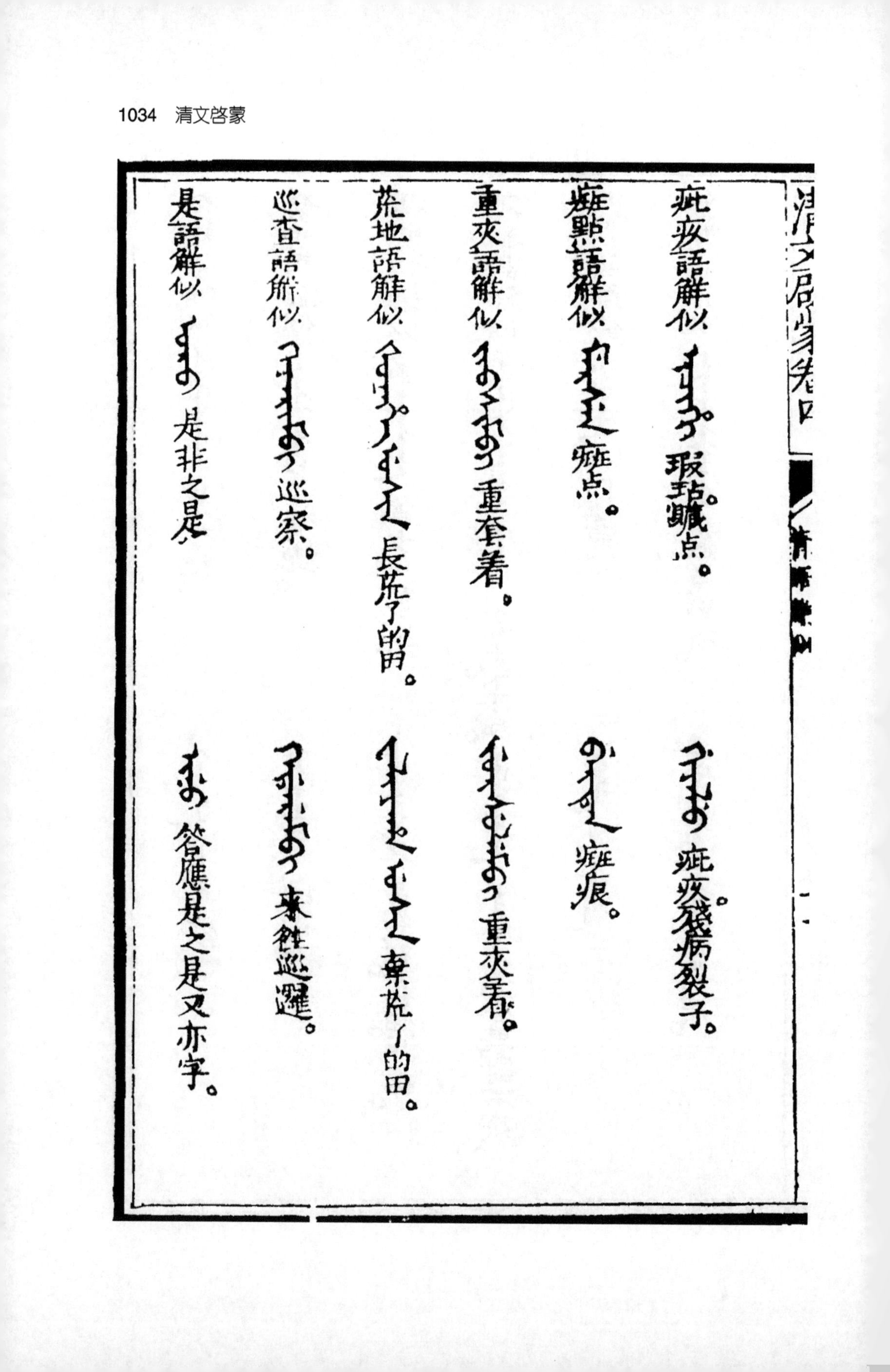

疵疚語解似

瑕玷。瓓点。

疵疚。殘病裂子。

癍點語解似

癍点。

癍痕。

重夾語解似

重套着。

重夾着。

荒地語解似

長荒了的。

棄荒了的田。

巡查語解似

巡察。

來往巡邏。

是語解似

是非之是。

答應是之是又亦字。

肴饌語解似 餚饌碗菜。

酒饌語解似 葷菜。

送往語解似 送去

瞭哨語解似 高處瞭望。

搭連語解似 被套褥套。

眼花語解似 眼老昏花了。

菜之總名又種的菜。

酒菜。小吃兒。

接送陪送之送。

哨探兵。

稍馬子。

看花了。眼離了。

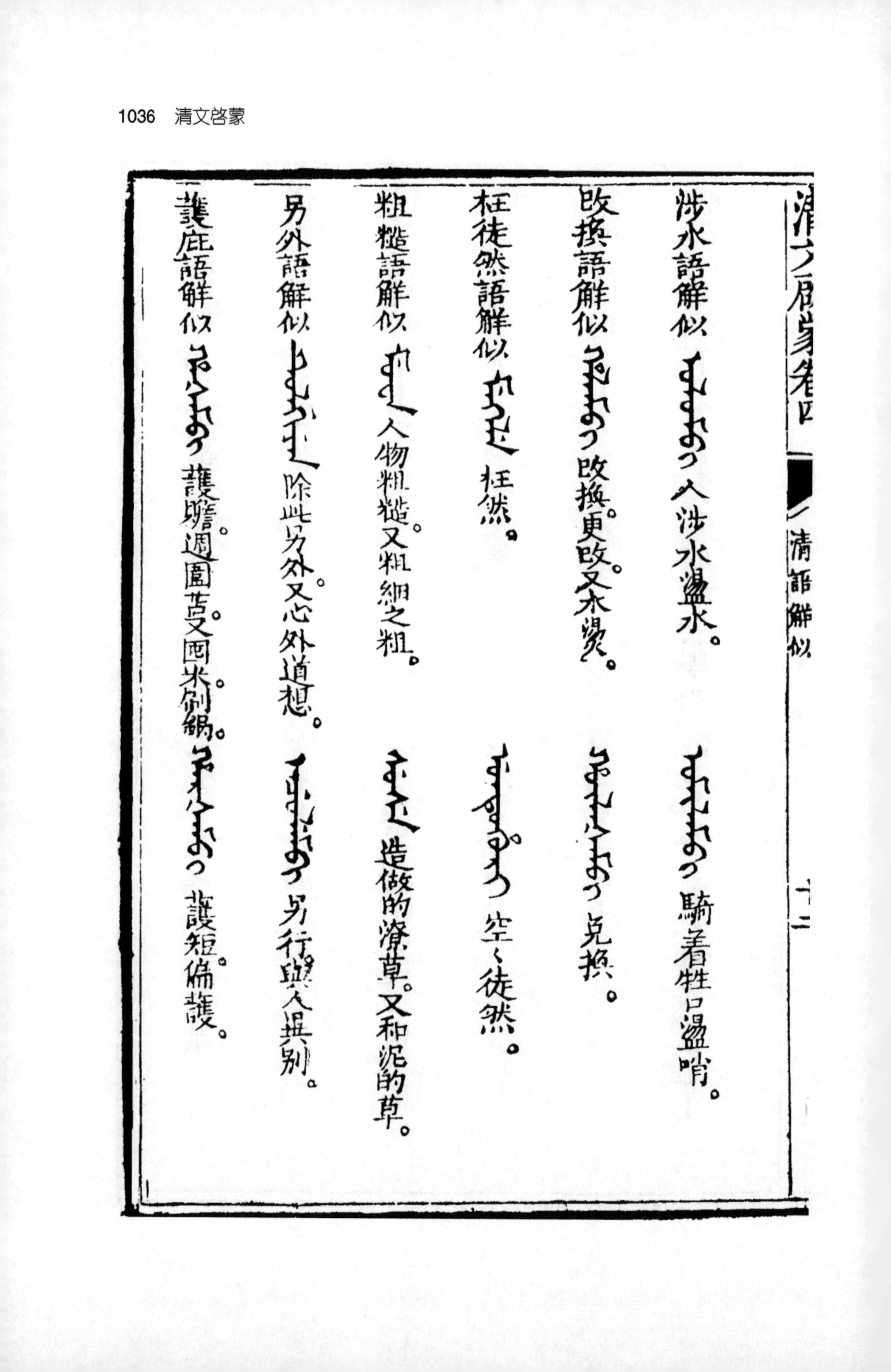

涉水語解似 人涉水過水。 騎着牲口過哨。

改換語解似 改換更改又水湧。 兑換。

枉徒然語解似 枉然。 空空徒然。

粗糙語解似 人物粗糙又粗細之粗。 造做的潦草。又和泥的草。

另外語解似 除此另外又心外道想。 另行與人異別。

護庇語解似 護墻。週圍苫。又囤米。刷鍋。 護短偏護。

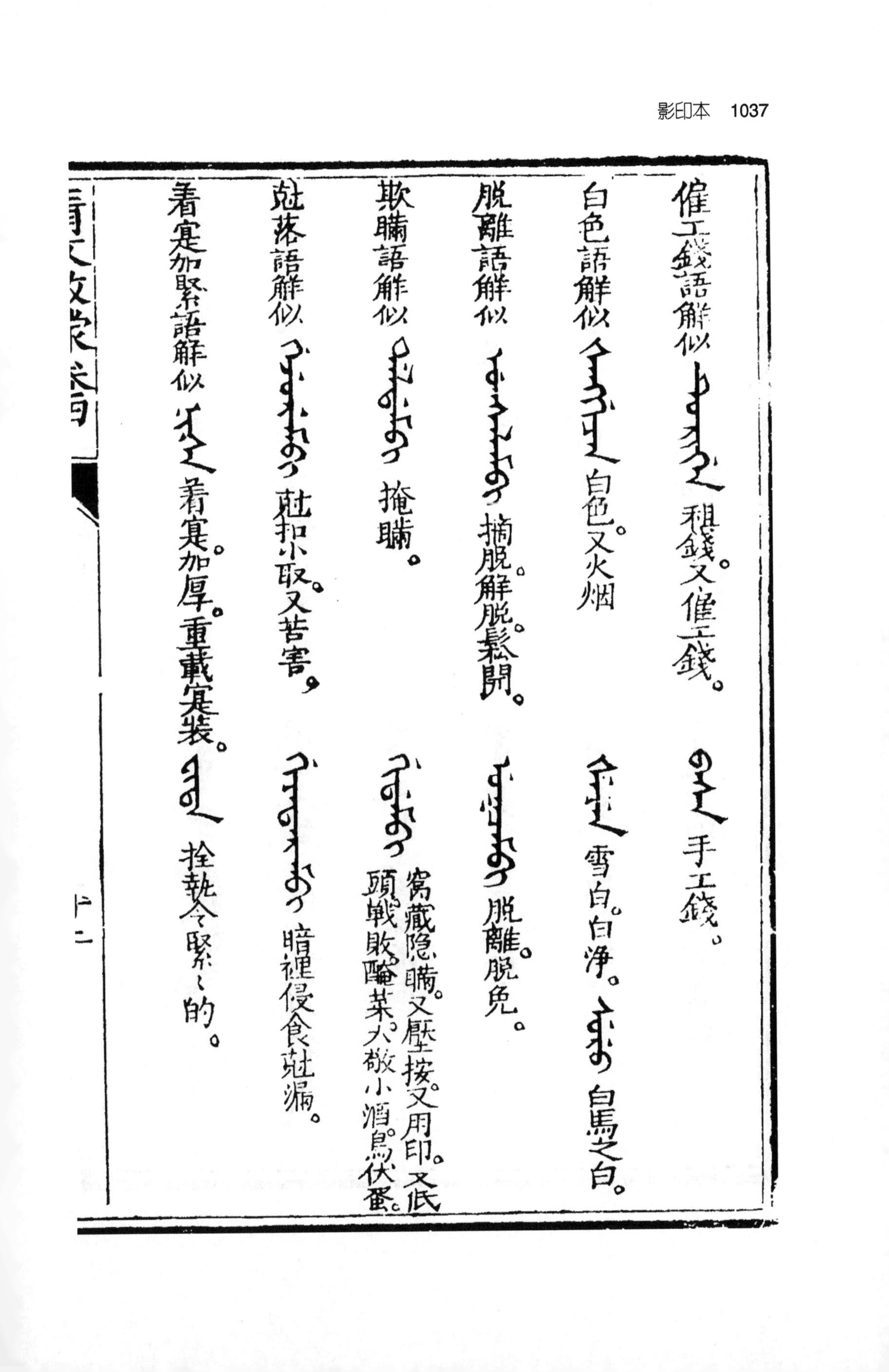

僱工錢語解似 租錢又僱工錢。

手工錢。

白色語解似 白色。又火烟

雪白。白淨。 白馬之白。

脫離語解似 摘脫。解脫。鬆開。

脫離。脫免。

欺瞞語解似 掩瞞。

窩藏隱瞞。又壓按。又用印。又低頭戰敗。醃菜。大敬小酒。鳥伏蛋。

跕落語解似 跕扣小取。又苦害。

暗裡侵食跕漏。

着寔加緊語解似 着寔加厚。重載寔裝。

拴執。令緊緊的。

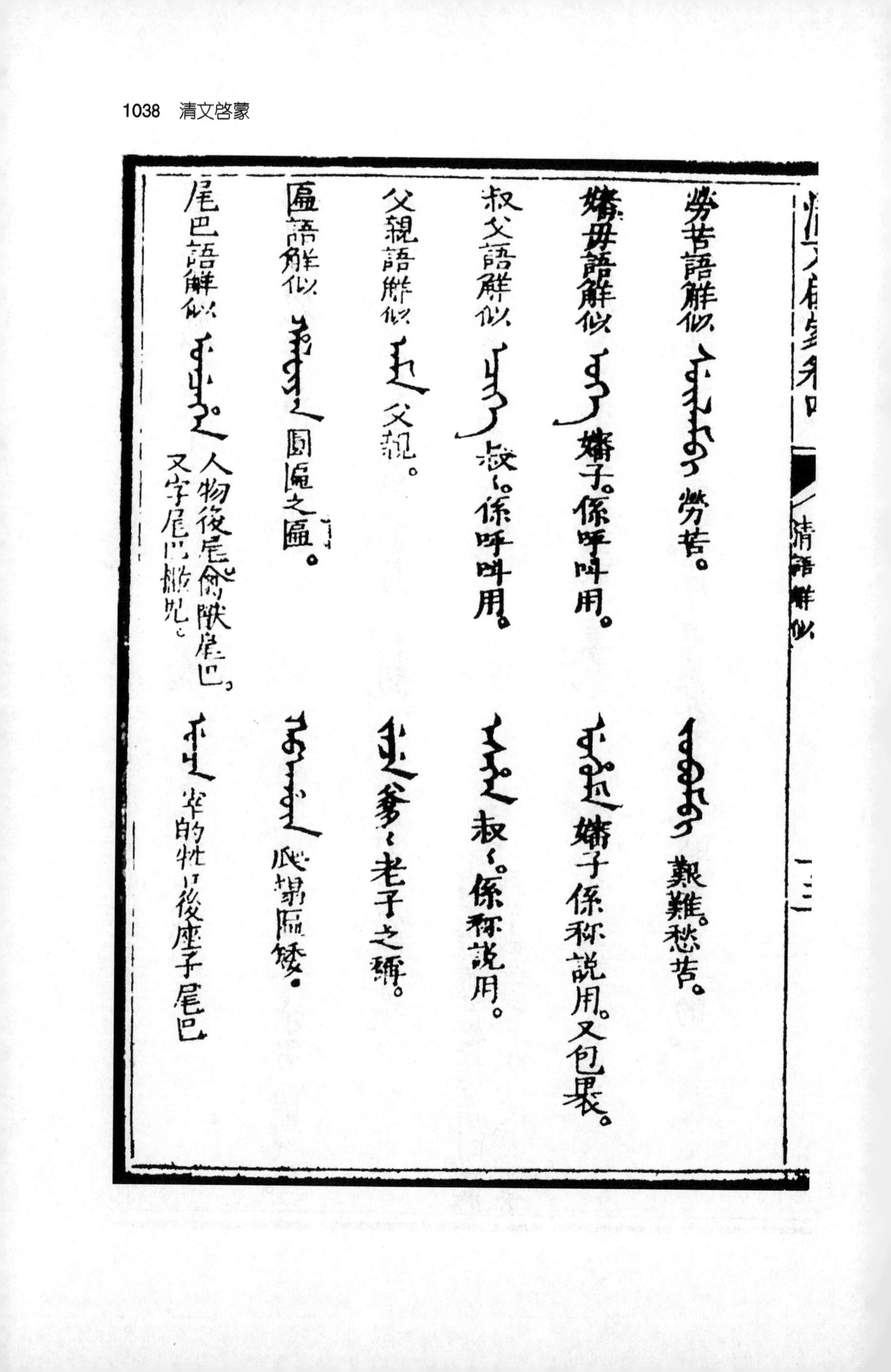

勞苦語解似 勞苦。

艱難。愁苦。

嬸母語解似 嬸子。係呼叫用。

嬸子係称說用。又包裹。

叔父語解似 叔叔。係呼叫用。

叔叔。係称說用。

父親語解似 父親。

爹爹。老子之称。

匾語解似 圓匾之匾。

低塌匾矮。

尾巴語解似 人物後尾稍尾巴。又字尾巴撇兒。

牟的牲口後座子尾巴

米穀語解似 五穀粮米。又田苗。 黄米穀子

荒模語解似 糙做。粗、大槩。 傍模荒模兒做。

爪打語解似 鷹鳥爪擊打樁。 猛獸以爪抓打。

刊刻語解似 雕刻。 雕琢鑿刻。

抹墻語解似 以抹子抹墻。 以灰泥墁墻。

撑架語解似 物下支撑支墊 物相支逢。又箭落樹。

下来語解似 ᠸᠠᠰᡳᠮᠪᡳ 降下。又瘦損。 ᡝᠪᡠᠮᠪᡳ 下來。

上去語解似 ᡨᠠᡶᠠᠮᠪᡳ 陞上。高陞。 ᡨᠠᡶᡠᠮᠪᡳ 往上。登上。

種核語解似 ᡠᠰᡝ 種子。子兒。又蟣子。 ᡶᠠᡥᠠ 種子。仁子。核子。又眼珠。令擰。水乾了。

鉄鎖語解似 ᠶᠣᠣᠰᡝ 鎖頭。 ᠰᡝᠯᡝ ᠶᠣᠣᠰᡝ 鉄鎖子。

籍貫語解似 ᡩᠠ ᡩᠠ 原籍。本家。 ᡩᠠ ᠪᠠ 本地。本處。

奶乳語解似 ᡥᡠᡥᡠᠨ 人之乳。 ᠰᡠᠨ 牲口奶子。

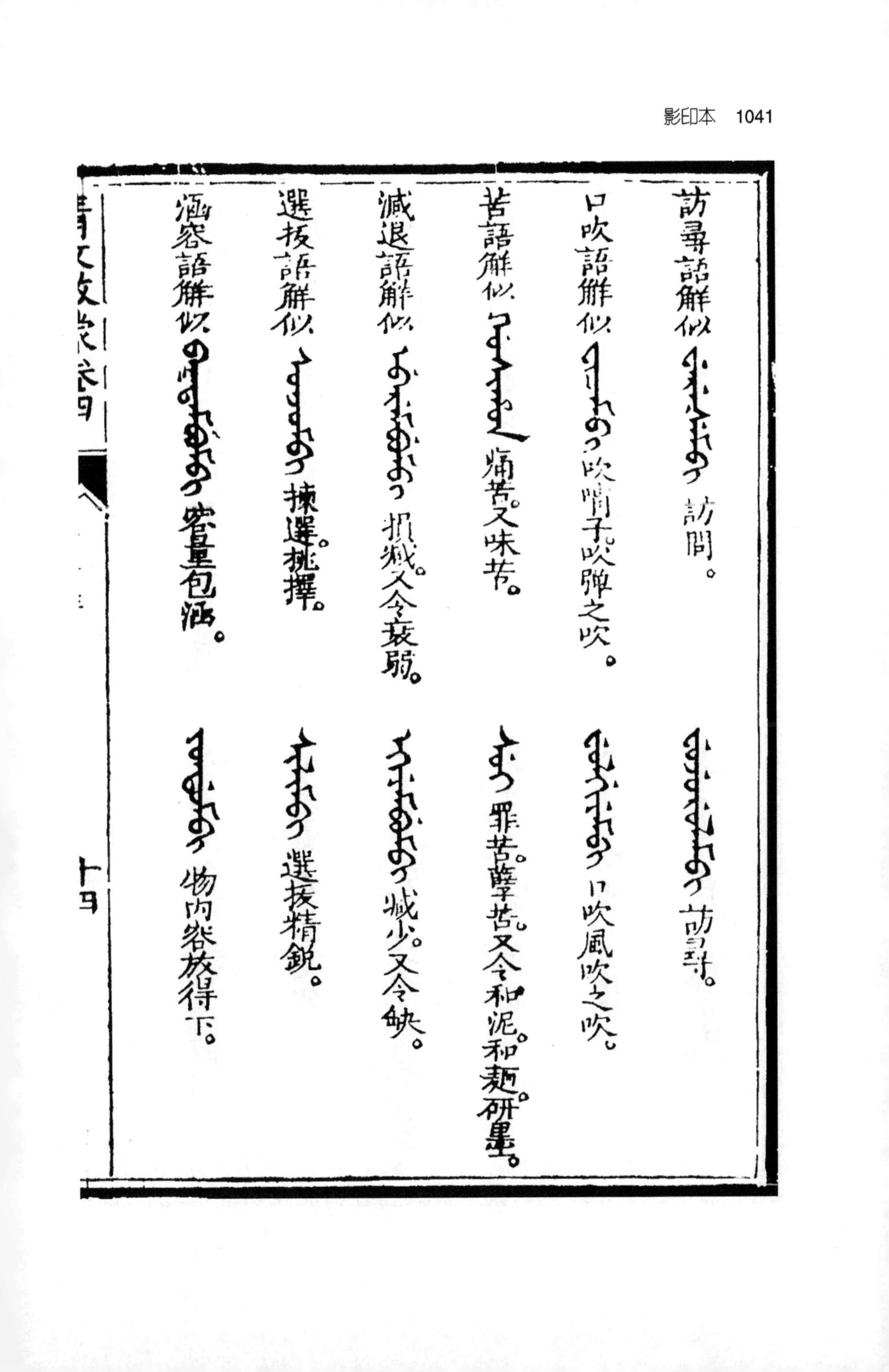

訪尋語解似 訪問。

訪尋。

口吹語解似 吹哨子吹彈之吹。

口吹風吹之吹。

苦語解似 痛苦。又味苦。

罪苦。孽苦。又令和泥。和麪。研墨。

減退語解似 損減。又令衰弱。

減少。又令缺。

選拔語解似 揀選。挑擇。

選拔精銳。

涵容語解似 容量包涵。

物內容放得下。

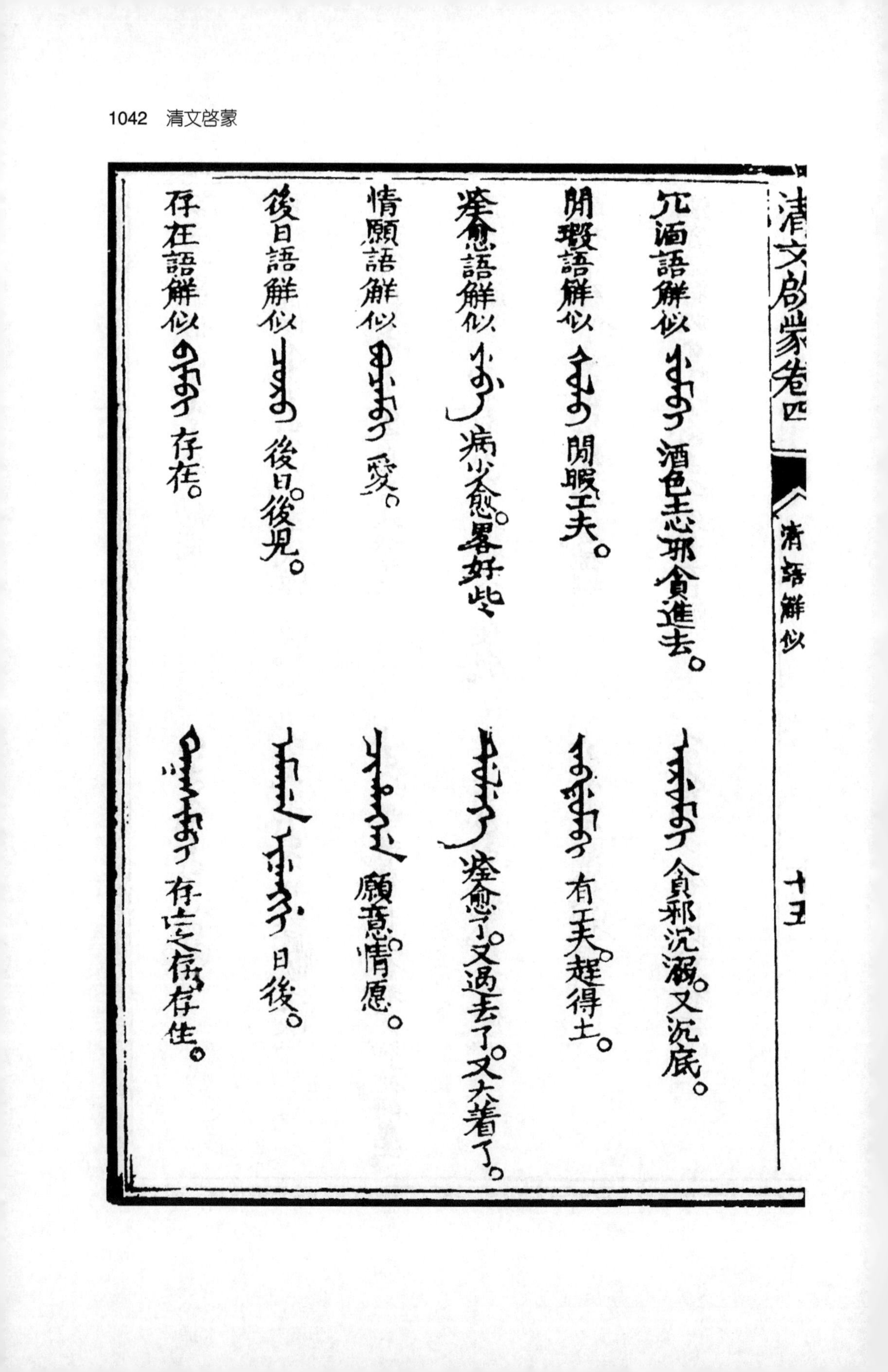

沉湎語解似 酒色忘恋邪貪進去。 貪邪沉溺。又沉底。

閒暇語解似 閒暇工夫。 有工夫趕得上。

痊愈語解似 病少愈。畧好些。 痊愈了。又過去了。又大着了。

情願語解似 愛。 願意情愿。

後日語解似 後日後見。 日後。

存在語解似 存在。 存亡之存存住。

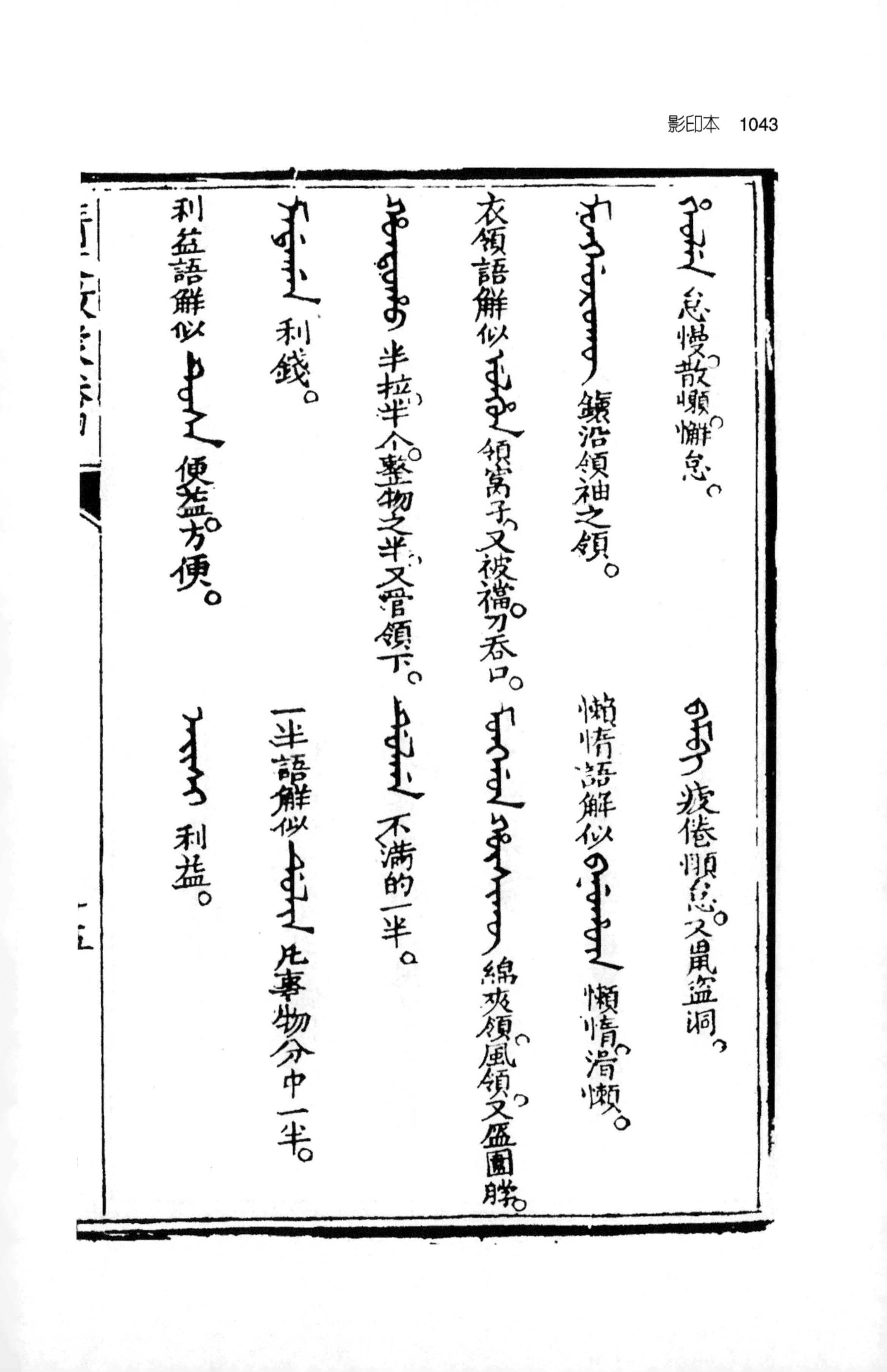

怠慢。散懶。懈怠。

鑲沿領袖之領。

衣領語解似 領窩子。又被襠刀吞口。

半拉。半个。整物之半。又管領下。

利錢。

利益語解似 便益。方便。

疲倦。懶怠。又鼠盜洞。

懶惰語解似 懶惰。滑懶。

綿夾領。風領。又盔圍脖。

不滿的一半。

一半語解似 凡事物分中一半。

利益。

ᠶᡠᠶᡠᠮᠪᡳ 發餓。

ᠣᠮᡳᡥᠣᠯᠣᠮᠪᡳ 挨餓。

ᠠᡥᡡᠨ 長兄。叟。係書詞中称說用。

饑餓語解似

ᠣᠮᡳᡥᠣᠨ 饑餓。

哥〻語解似

ᠠᡥᡡᠩᡤᠠ 長兄。係称說年長之長。

ᠠᡤᡝ 長兄哥〻。係呼叫用。又公子之称。

ᡝᠮᡝ 母親。係書詞中称說用。

ᡝᠨᡳᠶᡝ 媽〻娘之稱。

ᡩᡝᡨᡥᡝ 翅翎。又箭翎。

母親語解似

ᡝᠨᡳᠶᡝ 母親。係呼叫用。

毛髮語解似

ᡶᡠᠨᡳᠶᡝᡥᡝ 頭髮。又牲口毛。

ᡶᡠᠩᡤᠠᡥᠠ 禽鳥羽毛翎子。

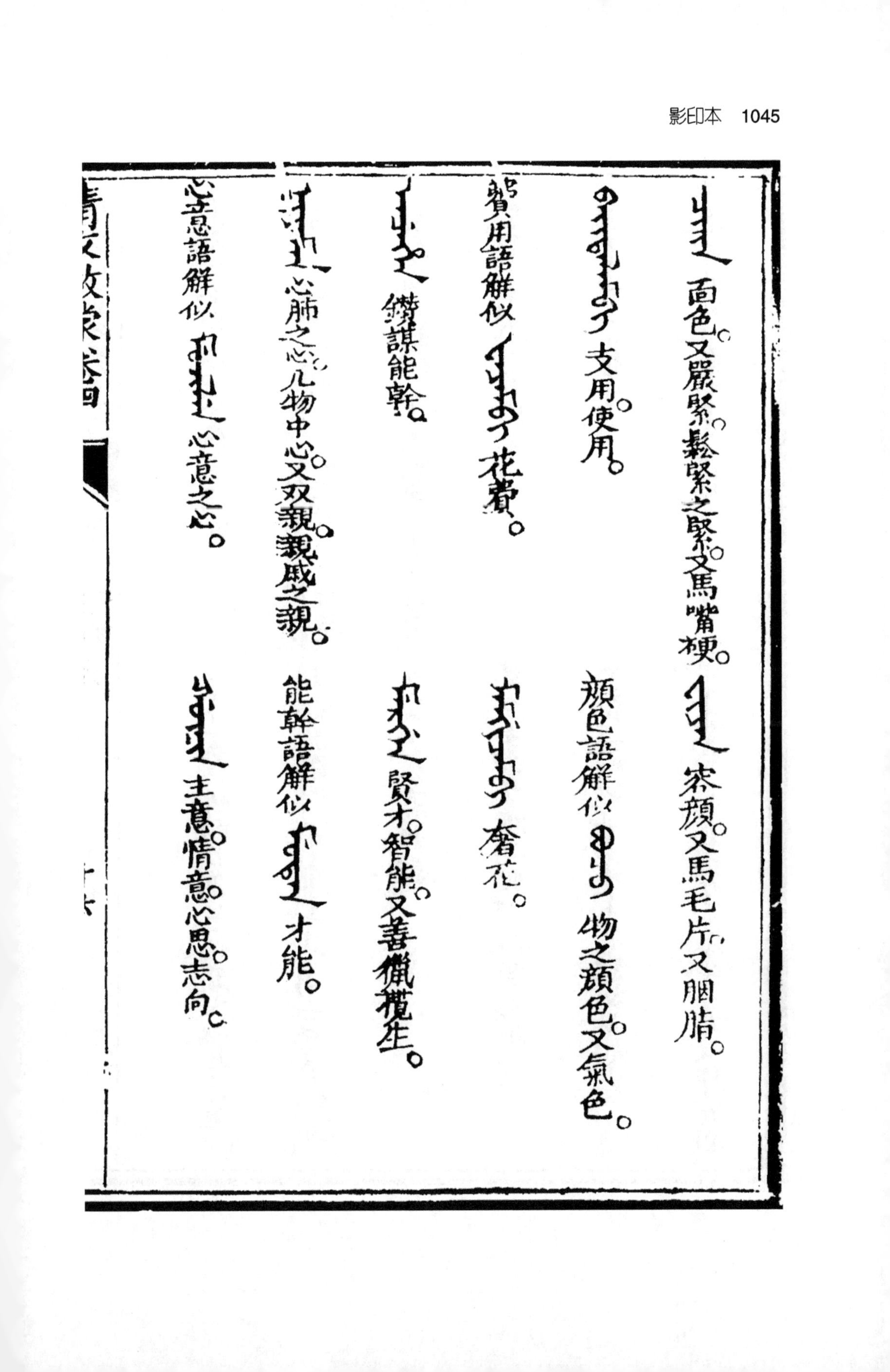

面色。又嚴緊。鬆緊之緊。又馬嘴硬。

支用。使用。

費用語解似 花費。

鑽謀能幹。

心肺之心。凡物中心。又双親。親戚之親。

心意語解似 心意之心。

容顏。又馬毛片。又胭脂。

顏色語解似 物之顏色。又氣色。

奢花。

賢才。智能。又善攬生。

能幹語解似 才能。

主意。情意。心思。志向。

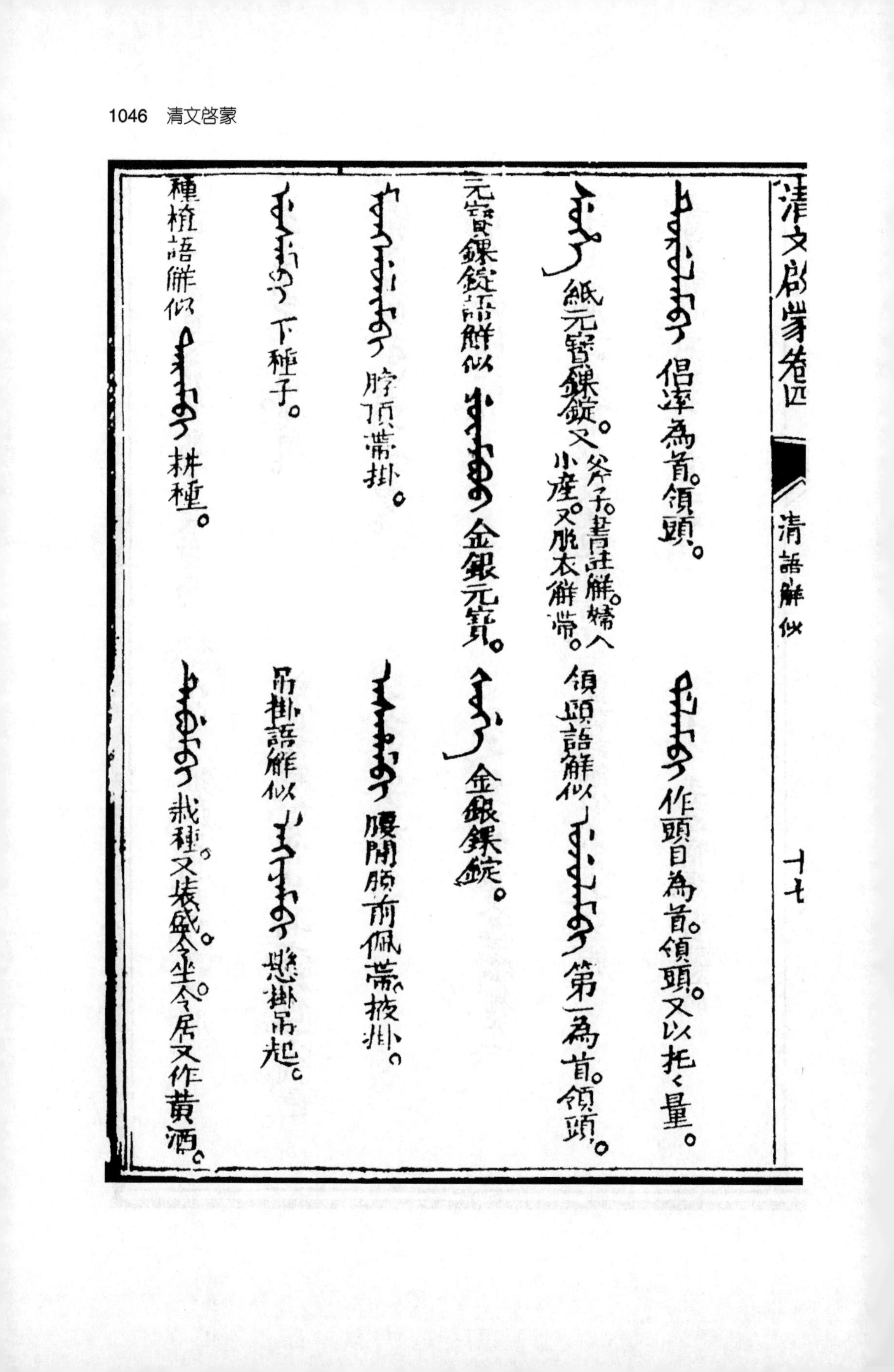

倡率為首。領頭。

作頭目為首。領頭。又以托々量。

紙元寶錁錠。又斧子。舊註解。婦人小產。又脫衣解帶。

領頭語解似

第一為首。領頭。

元寶錁錠語解似

金銀元寶。

金銀錁錠。

脖項帶掛。

腰間臍前佩帶披掛。

下種子。

吊掛語解似

懸掛吊起。

種植語解似

耕種。

栽種。又裝盛。令坐。令居。又作黃酒。

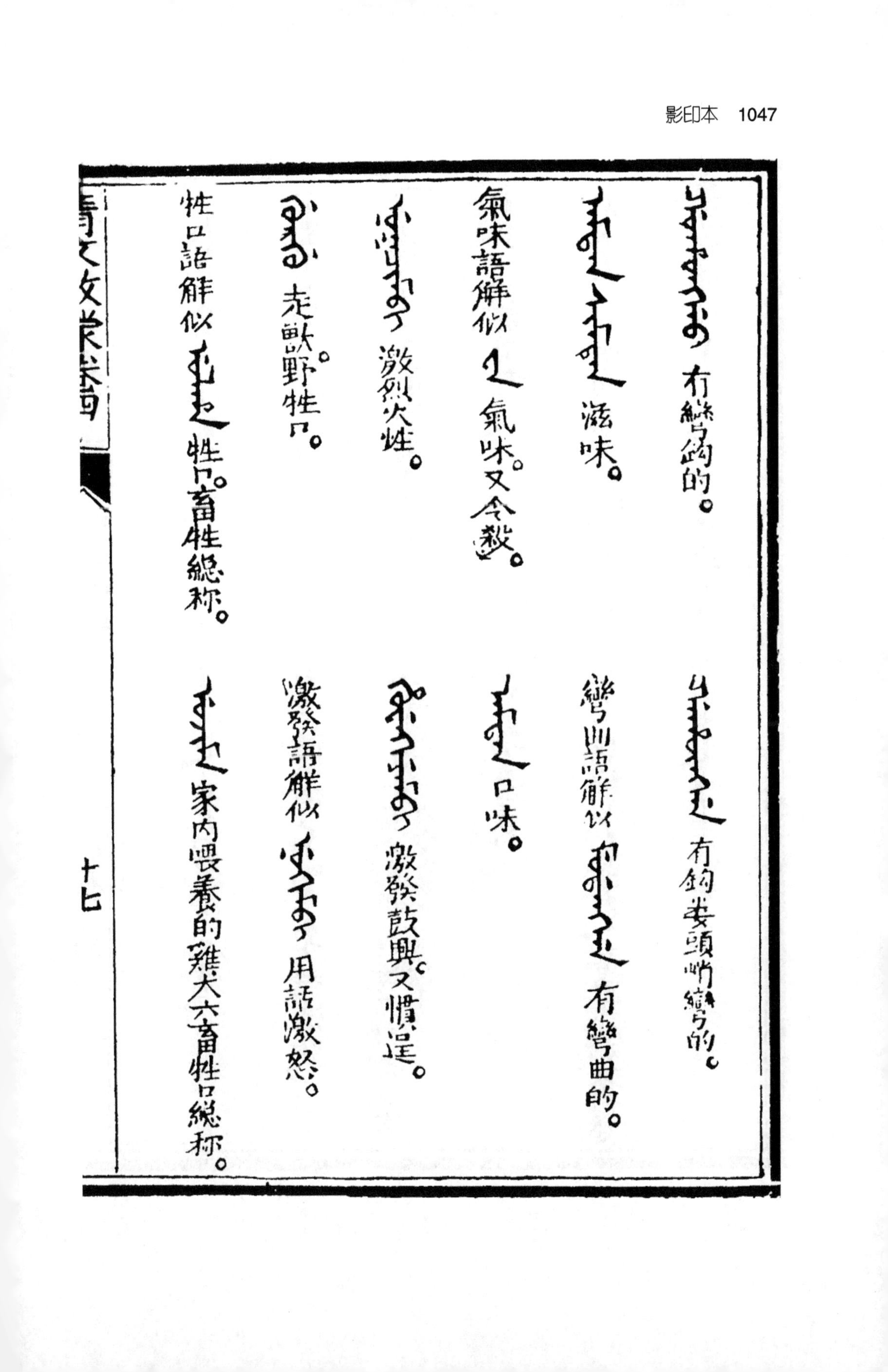

有彎鈎的。

滋味。

氣味語解似 氣味。又令齅。

激烈火性。

走獸野牲口。

牲口語解似 牲口。畜牲總称。

有鈎並頭些彎的。

彎曲語解似 有彎曲的。

口味。

激發鼓興。又慣逞。

激發語解似 用話激怒。

家内喂養的雞犬六畜牲口總称。

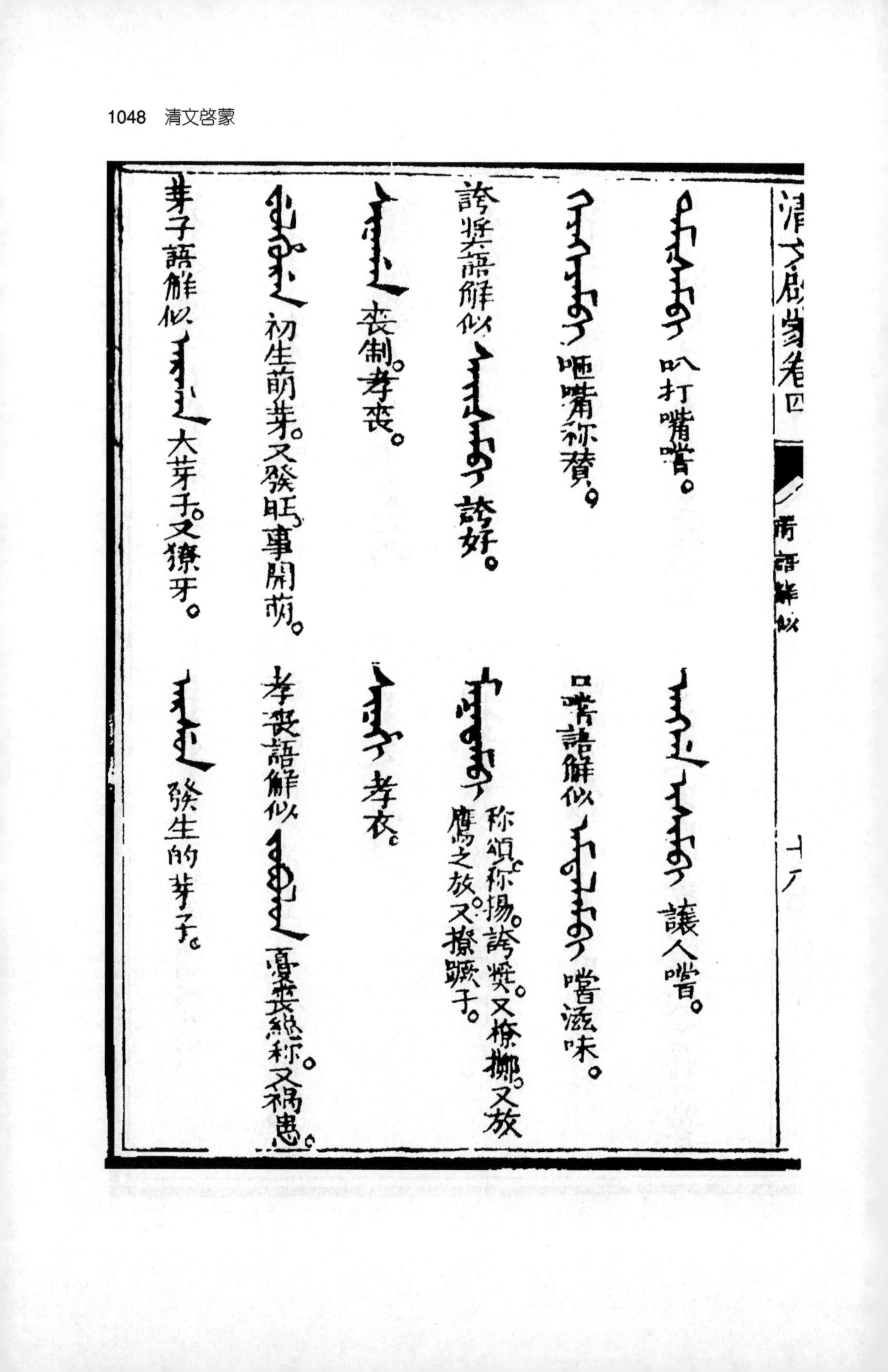

叭打嘴嚐。

讓人嚐。

咂嘴稱賛。

嚐語解似

嚐滋味。

誇奬語解似

誇奬。

稱頌稱揚。誇奬。又撩擲。又放鷹之放。又撩蹶子。

喪制。孝喪。

孝衣。

初生萌芽。又發旺。事開萌。

孝喪語解似

憂喪總稱。又禍患。

芽子語解似

大芽子。又獠牙。

發生的芽子。

贓汚。

不乾淨腌臢。又乱撒村言。

沿途。道路兒。

汚穢語觧似 沾汚。

半途語觧似 半途。半路兒。

中止。半途而廢

利害可怕。

言語戳心利害。又扎刺。

皮肉磕傷。

利害語觧似 利害可疼。

皮膚傷破語觧似 皮肉擦破。

皮肉磞破。

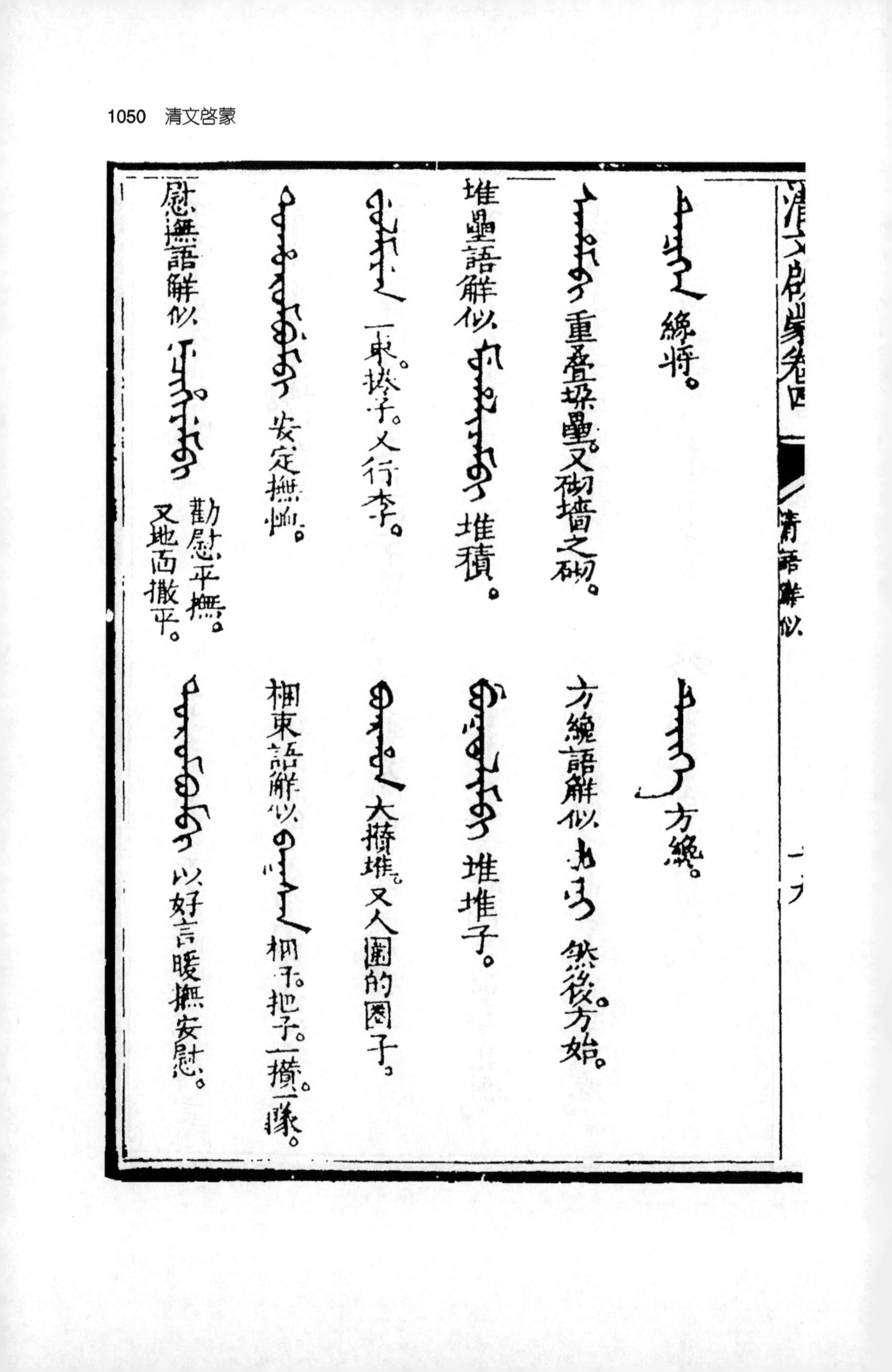

綿將。

重疊垛壘。又砌牆之砌。

堆壘語解似 堆積。

一束捲子。又行李。

安定撫恤。

慰撫語解似 勸慰平撫。又地面撤平。

方纔。

方纔語解似 然後方始。

堆堆子。

大擠堆。又人圍的圈子。

梱束語解似 梱子把子。一擠一撮。

以好言暖撫安慰。

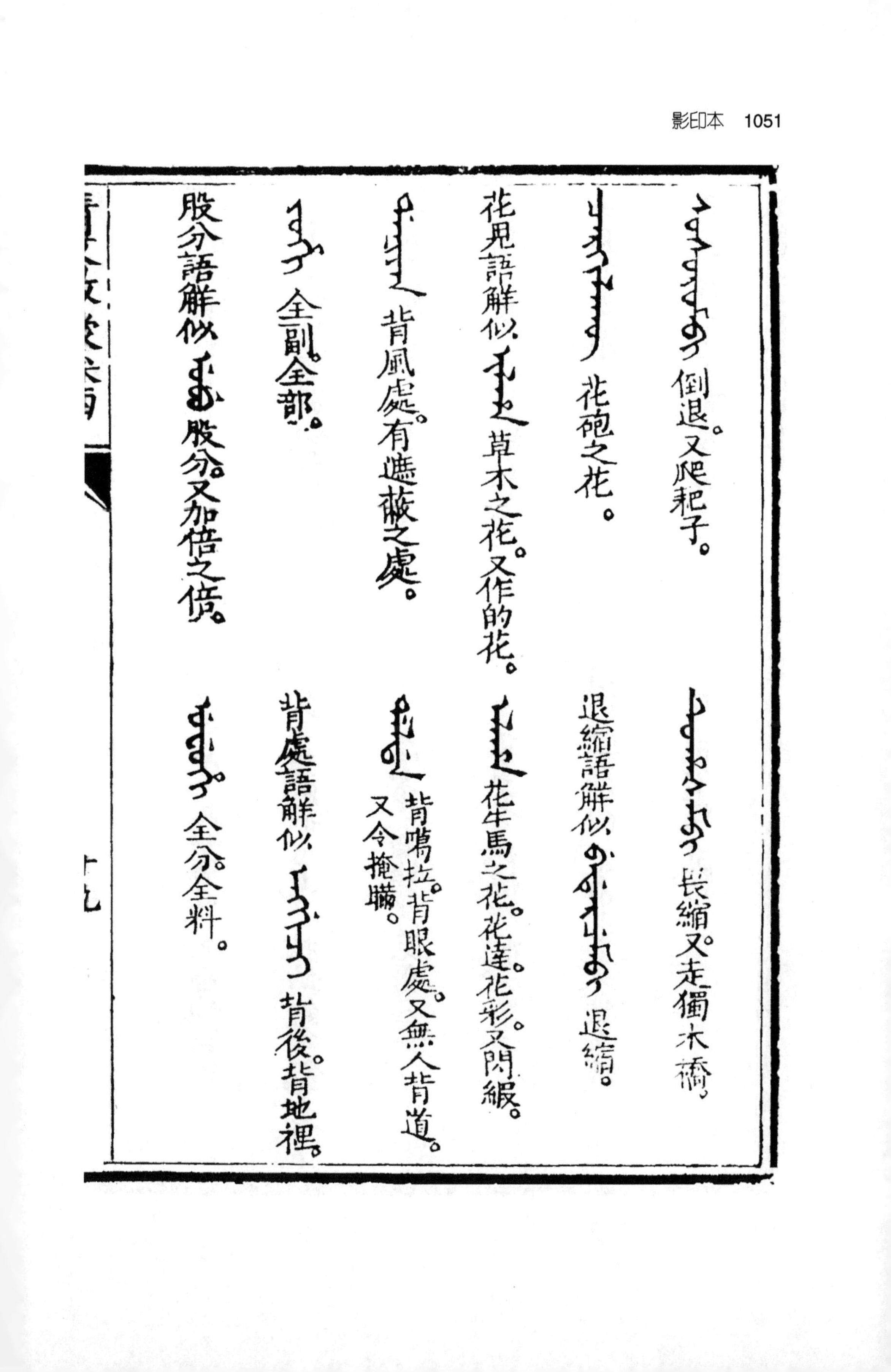

倒退。又爬耙子。

長縮。又走獨木橋。

花砲之花。

退縮語解似 退縮。

花見語解似 草木之花。又作的花。

花牛馬之花。花漣。花彩。又閃緞。

背風處。有遮蔽之處。

背鳴拉。背眼處。又無人背道。又令掩瞞。

全副。全部。

背處語解似 背後。背地裡。

股分語解似 股分。又加倍之倍。

全分。全料。

倒鬚子鉤。

凡物彎鉤。又帶鉤。車鉤心。

展開。張開。打開。

鉤子語解似　撓鉤。釣魚鉤。又算上。

舒展語解似　舒開。

伸開。又寬限之寬。

嗽口。又搖晃潒洗。

沐浴。洗澡。

稱謂。

洗滌語解似　水洗之洗。

言說語解似　說道。

說話。

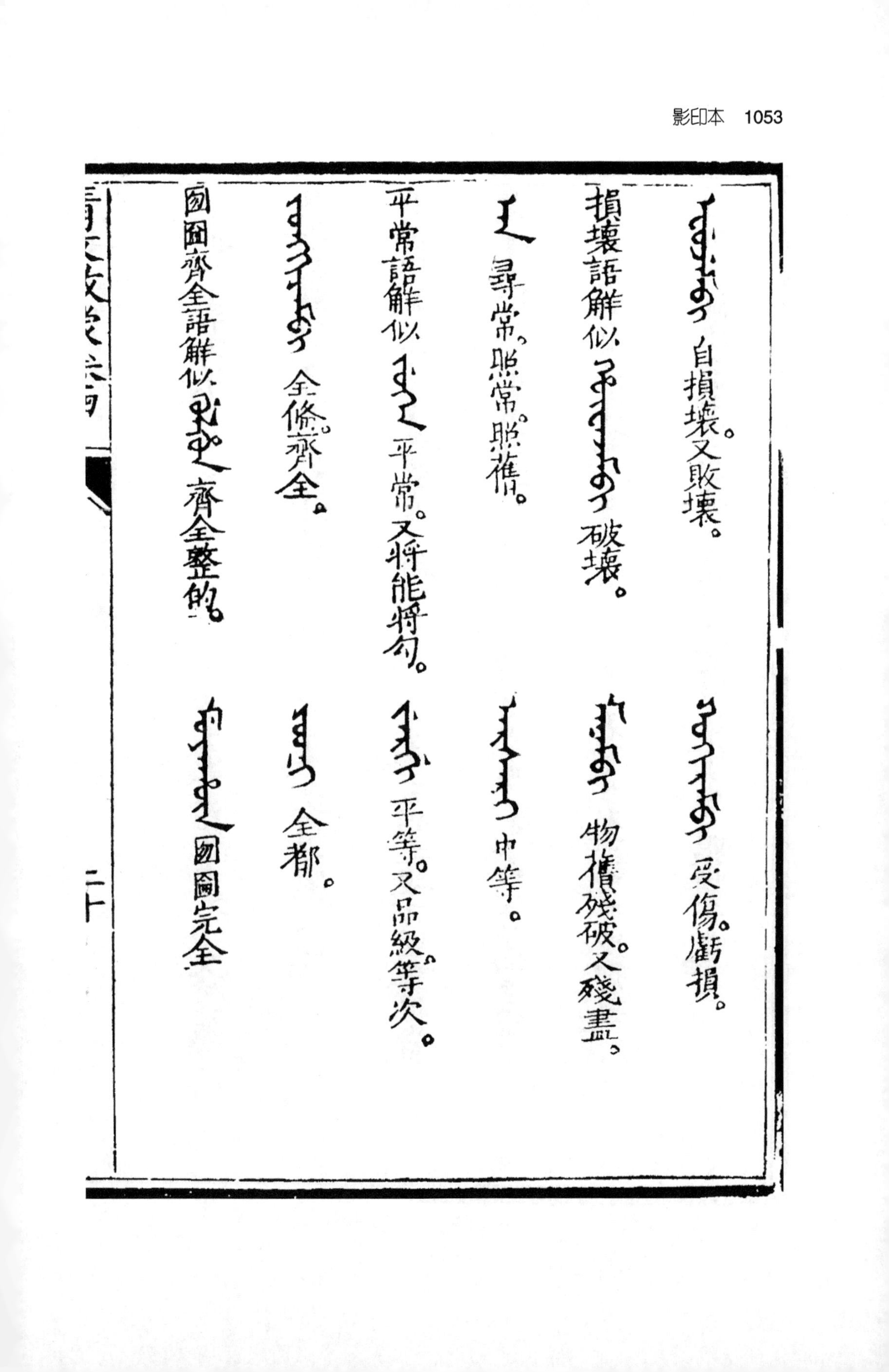

自損壞。又敗壞。

損壞語解似 破壞。

尋常。照常。照舊。

平常語解似 平常。又將能將勾。

全條。齊全。

囫圇齊全語解似 齊全整的。

受傷。虧損。

物舊殘破。又殘盡。

中等。

平等。又品級等次。

全都。

囫圇完全

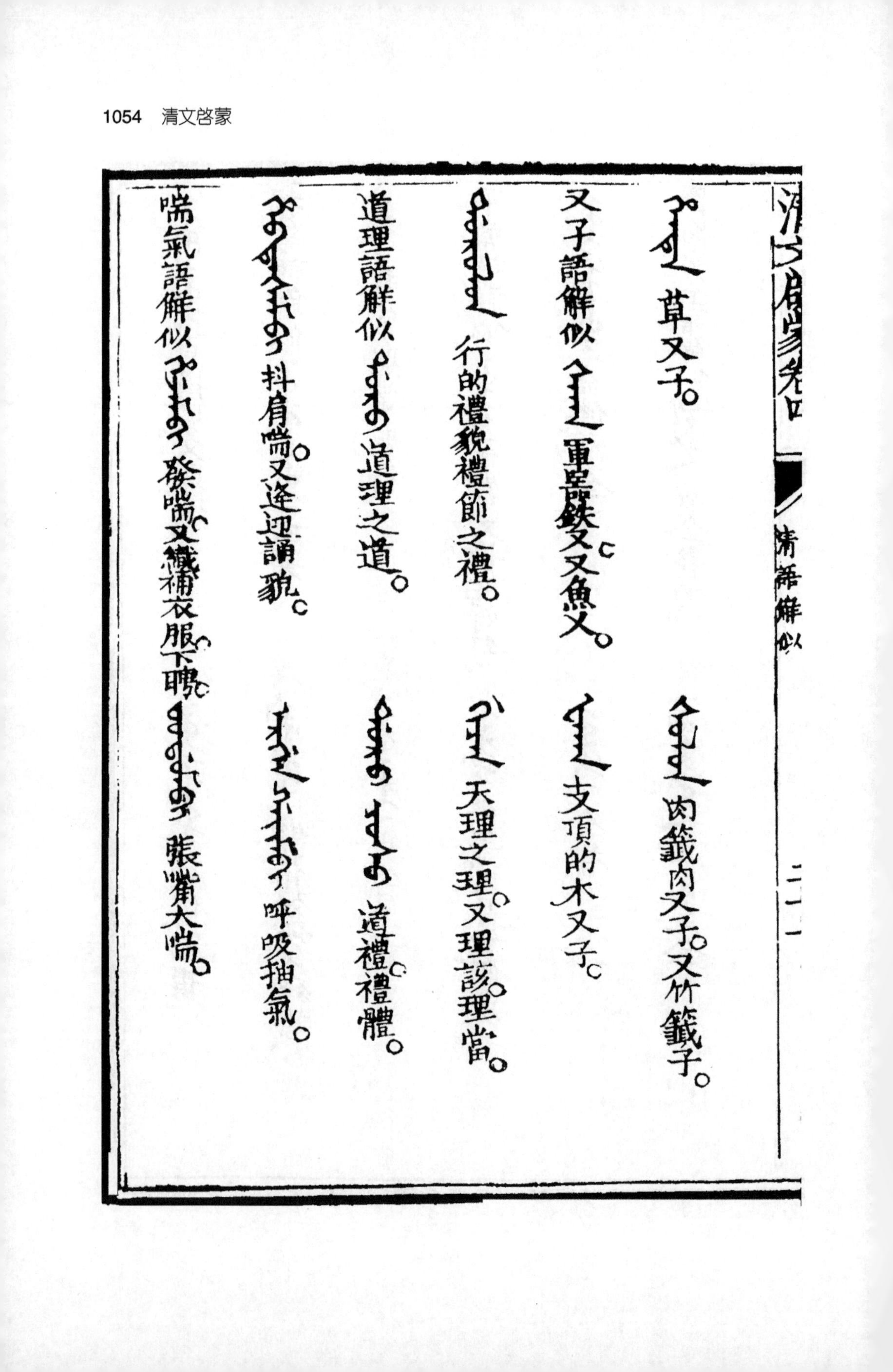

草叉子。

肉籤肉叉子。又竹籤子。

叉子語解似 軍器鏜叉又魚叉。

支項的木叉子。

行的禮貌禮節之禮。

天理之理。又理該理當。

道理語解似 道理之道。

道禮禮體。

抖肩喘。又逢迎諂貌。

呼吸抽氣。

喘氣語解似 發喘。又襯補衣服下脚。

張嘴大喘。

冷。

寒冷語解似 寒凉又物凉。

傚效行跡。

傚效語解似 傚學。

忍耐。

忍耐語解似 心憐忍。

害冷。

受寒着凉。又熱物令凉。

照依樣子摸着。

傚效形像。

捱忍耐的住。

忍行忍作之忍。

外邊。

向外翻朝外。

外頭語解似

門外之外。

外頭外面。

勵志專心。

令人加緊用力吧嗐。

發憤語解似

勤勉用心。又講整。

上志發憤。

遇合。又恰合着。

對面當的硼見。

逢遇語解似

逢着遇見。

撞見。

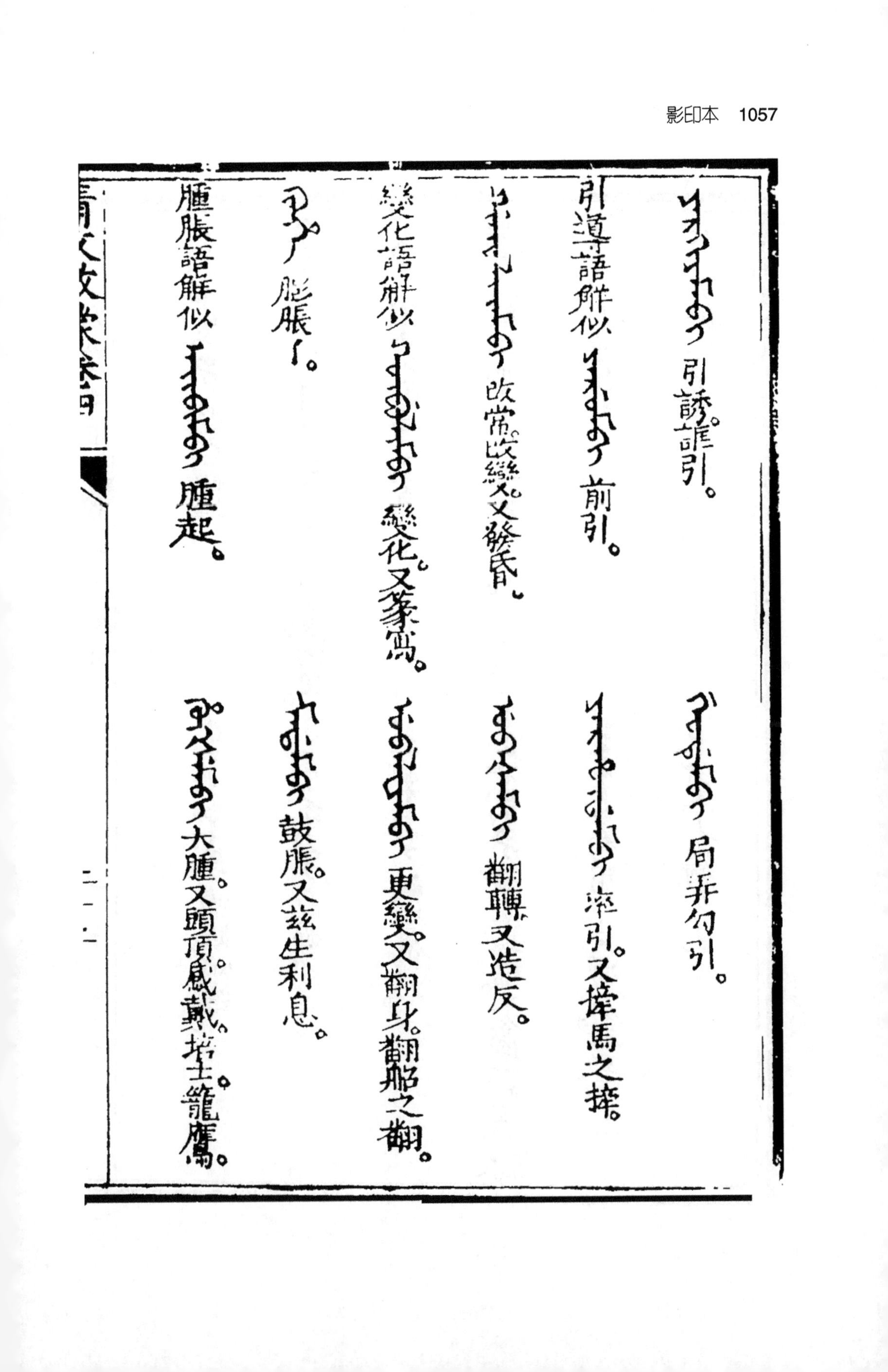

引誘。誆引。

引導語解似　前引。

改常。改變。又發昏。

變化語解似　變化。又篆寫。

膨脹了。

腫脹語解似　腫起。

局弄勾引。

牽引。又撺馬之撺。

翻轉。又造反。

更變。又翻身。翻船之翻。

鼓脹。又滋生利息。

大腫。又頭頂感戴。培土。籠膺。

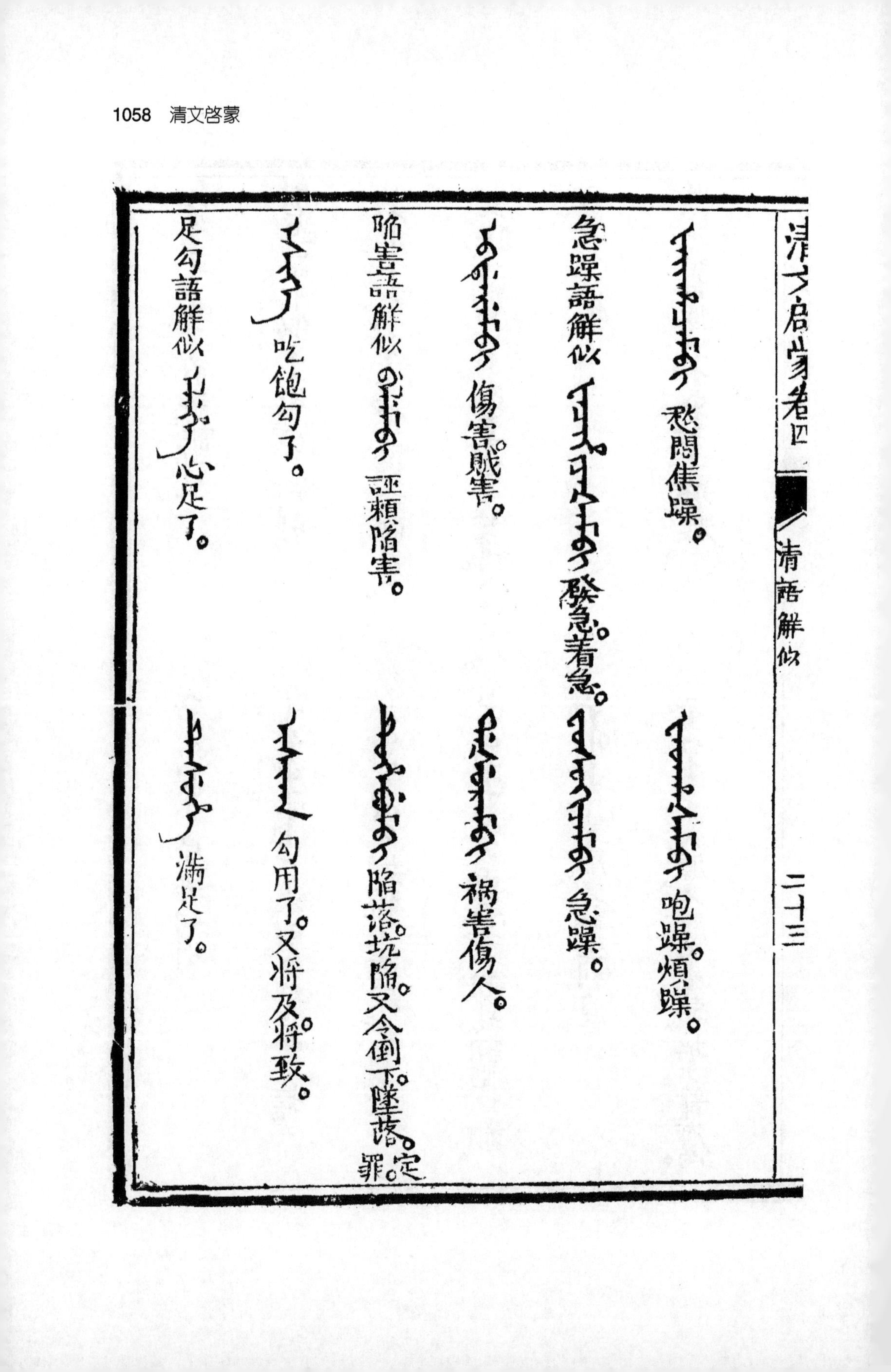

愁悶焦躁。

咆躁。煩躁。

急躁語解似

發急。着急。

急躁。

傷害。賊害。

禍害傷人。

陷害語解似

誣賴陷害。

陷落。坑陷。又令倒下。墜落。定罪。

吃飽勾了。

勾用了。又將及。將致。

足勾語解似

心足了。

滿足了。

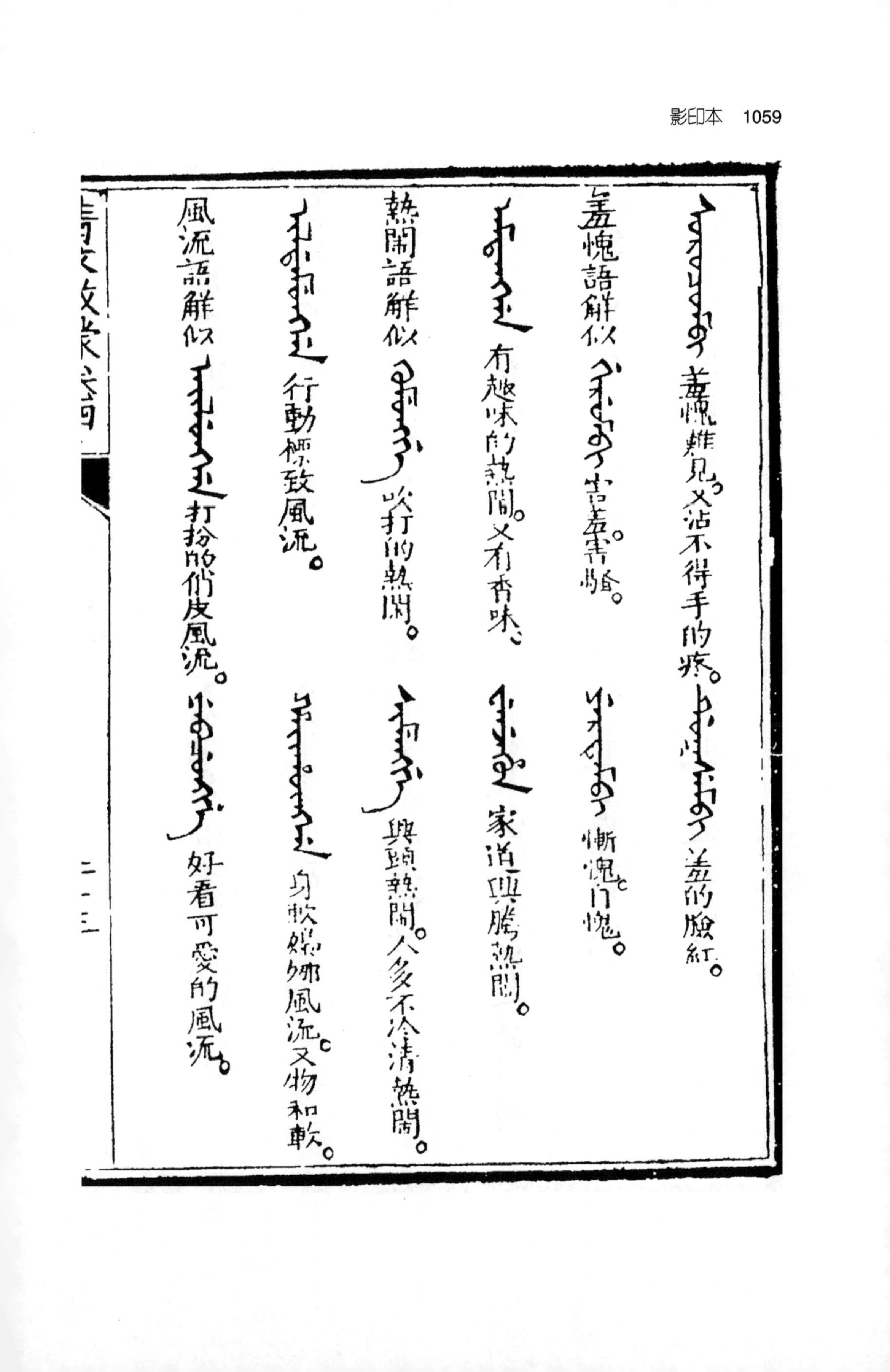

羞愧難見。又沾不得手的疼。

羞的臉紅。

羞愧語解似

害羞害臊。

慚愧。可愧。

有趣味的熱鬧。又有香味。

家道興騰熱鬧。

熱鬧語解似

吹打的熱鬧。

興頭熱鬧。人多不冷清熱鬧。

行動標致風流。

身軟嫋娜風流。又物和軟。

風流語解似

打扮的俏皮風流。

好看可愛的風流。

圈沿邊。

沿牙線。

鑲沿語解似

包鑲。

沿坐條。沿墻子。

身子發熱。又湯酒熱茶之熱。

煩躁發燒。

發熱語解似

熱。

溫暖。

畧溫〻的。

活計事。又罪。又令事奉。

工程造辦處。

事務語解似

事。

事務。

接連不斷。

一連串。又双生。

連語解似

連上。一連。

一連的。

五尺竿子比量。又肷後倒之。

繩子拉量。又以繩拴之。

量制語解似

制量尺量。又較量用。

量米。量之總稱。

神祇。諸神。

祭祀的壇場。

同上。

神主祭位語解似

家祀神主。神位。

神像。塑像。牌位。

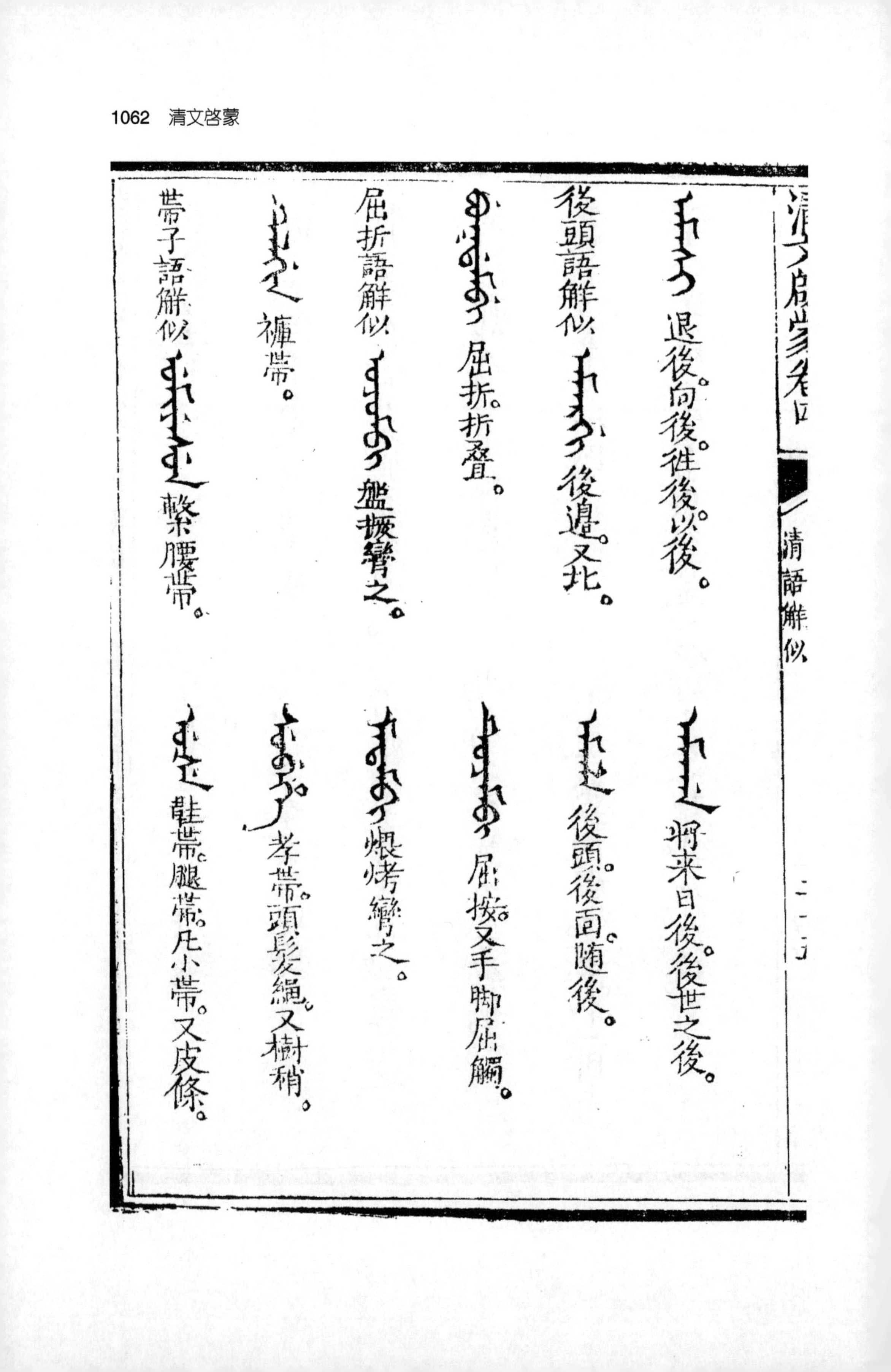

退後。向後。往後。以後。

將來日後。後世之後。

後頭語解似

後邊。又北。

後頭。後面。隨後。

屈折。折疊。

屈拨。又手脚屈觸。

屈折語解似

盤撅彎之。

煨烤彎之。

褲帶。

孝帶。頭髮繩。又樹稍。

帶子語解似

繫腰帶。

鞋帶。腿帶。凡小帶。又皮條。

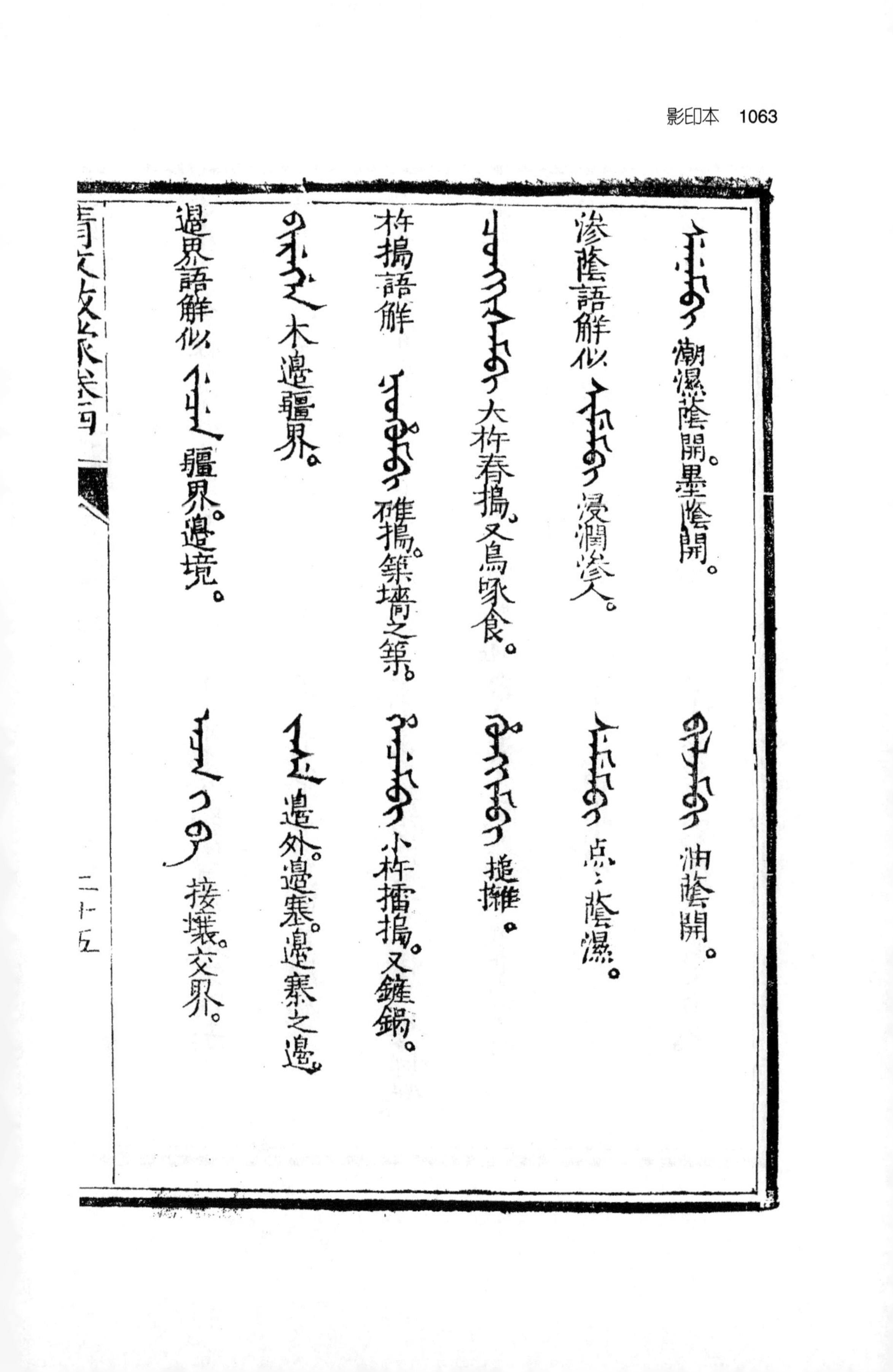

潮濕蔭開。墨陰開。

滲蔭語解似 浸潤滲入。

大杵舂搗。又鳥啄食。

杵搗語解 碓搗。築墻之築。

木邊疆界。

邊界語解似 疆界。邊境。

油蔭開。

点点蔭濕。

搥攤。

小杵擂搗。又鏇鍋。

邊外。邊塞。邊寨之邊。

接壤。交界。

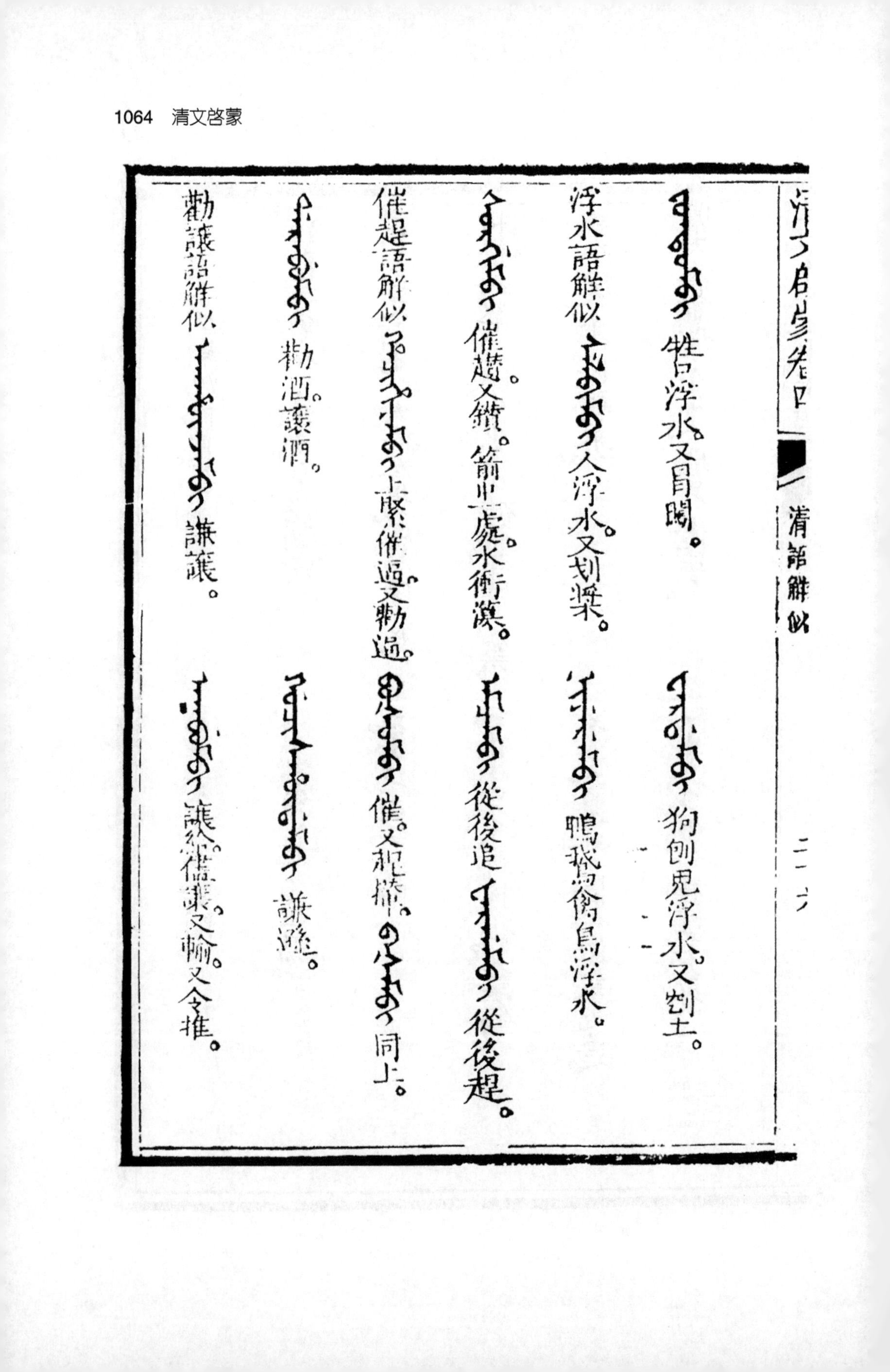

牲口浮水又冒闖。

狗刨兒浮水又刨土。

浮水語解似

人浮水又划槳。

鴨鵝等禽鳥浮水。

催趲又鑽。箭中處水衝激。

從後追

從後趕。

催趕語解似

上緊催逼又勒逼。

催。又衪搾。

同上。

勸酒。讓酒。

謙遜。

勸讓語解似

謙讓。

讓坐。推讓。又輸。又令推。

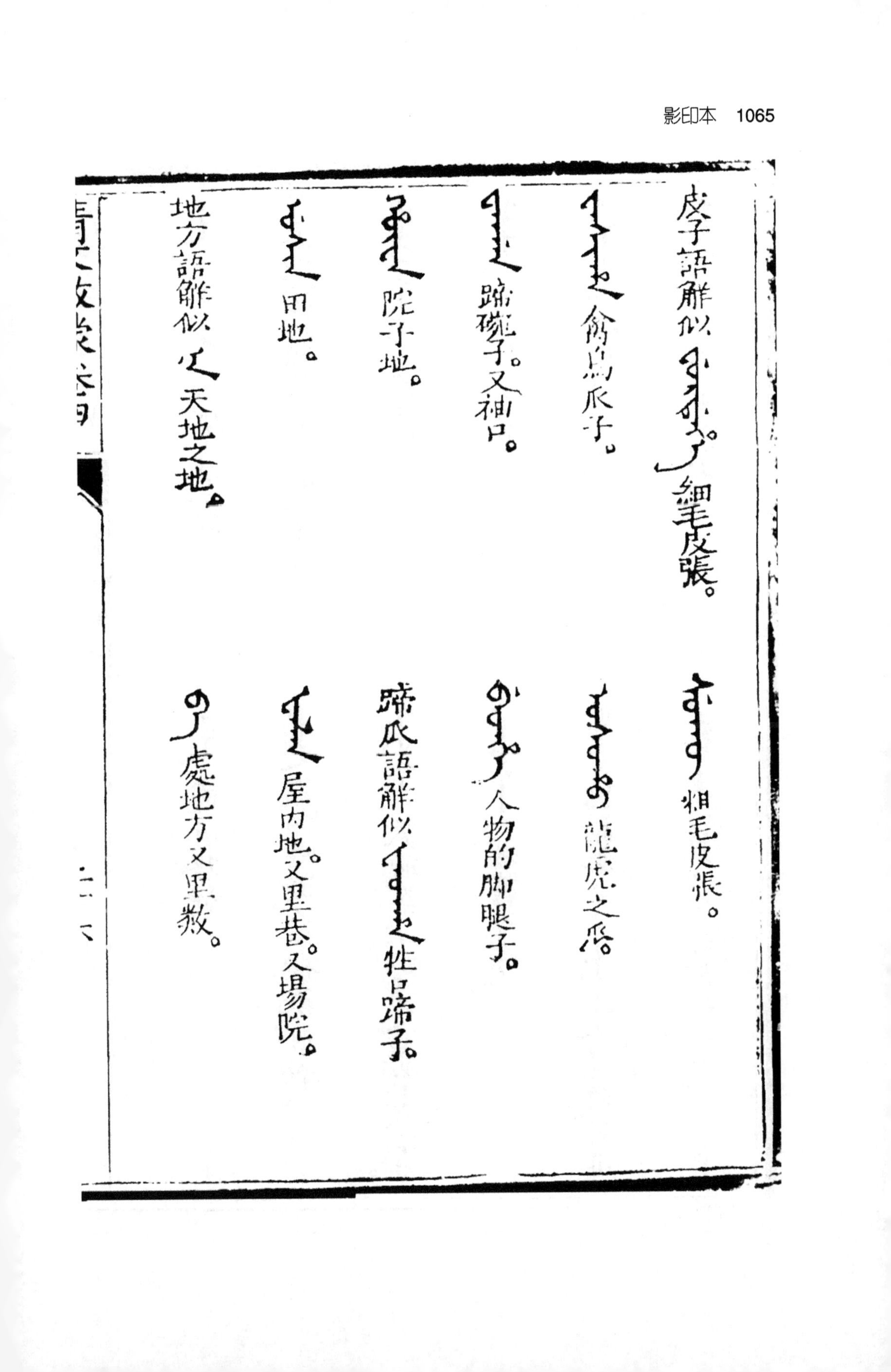

皮子語解似　細毛皮張。

　飛禽爪子。

　蹄碴子。又袖口。

　院子地。

　田地。

地方語解似　天地之地。

　粗毛皮張。

　龍虎之爪

　人物的脚腿子。

蹄爪語解似　牲口蹄子。

　屋内地。又里巷。又場院。

　處地方又里數。

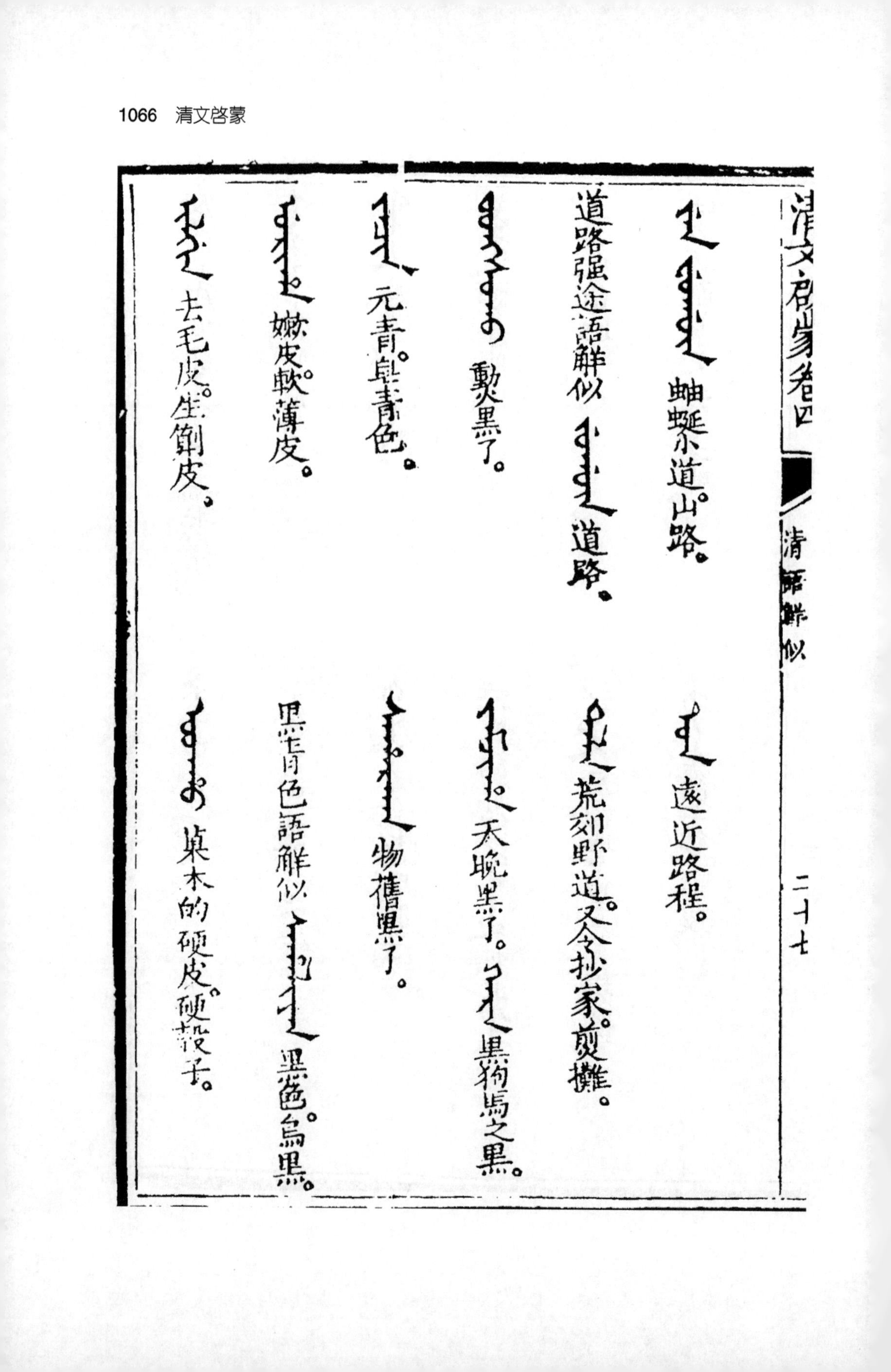

蚰蜒道山路。

遠近路程。

道路強途語解似 道路。

荒郊野道。又今抄家。剪攤。

黦黑了。

天晚黑了。黑狗馬之黑。

元青。皂青色。

物舊黑了。

嫩皮。軟薄皮。

黑青色語解似 黑色。烏黑。

去毛皮。生飼皮。

樹木的硬皮。硬殼子。

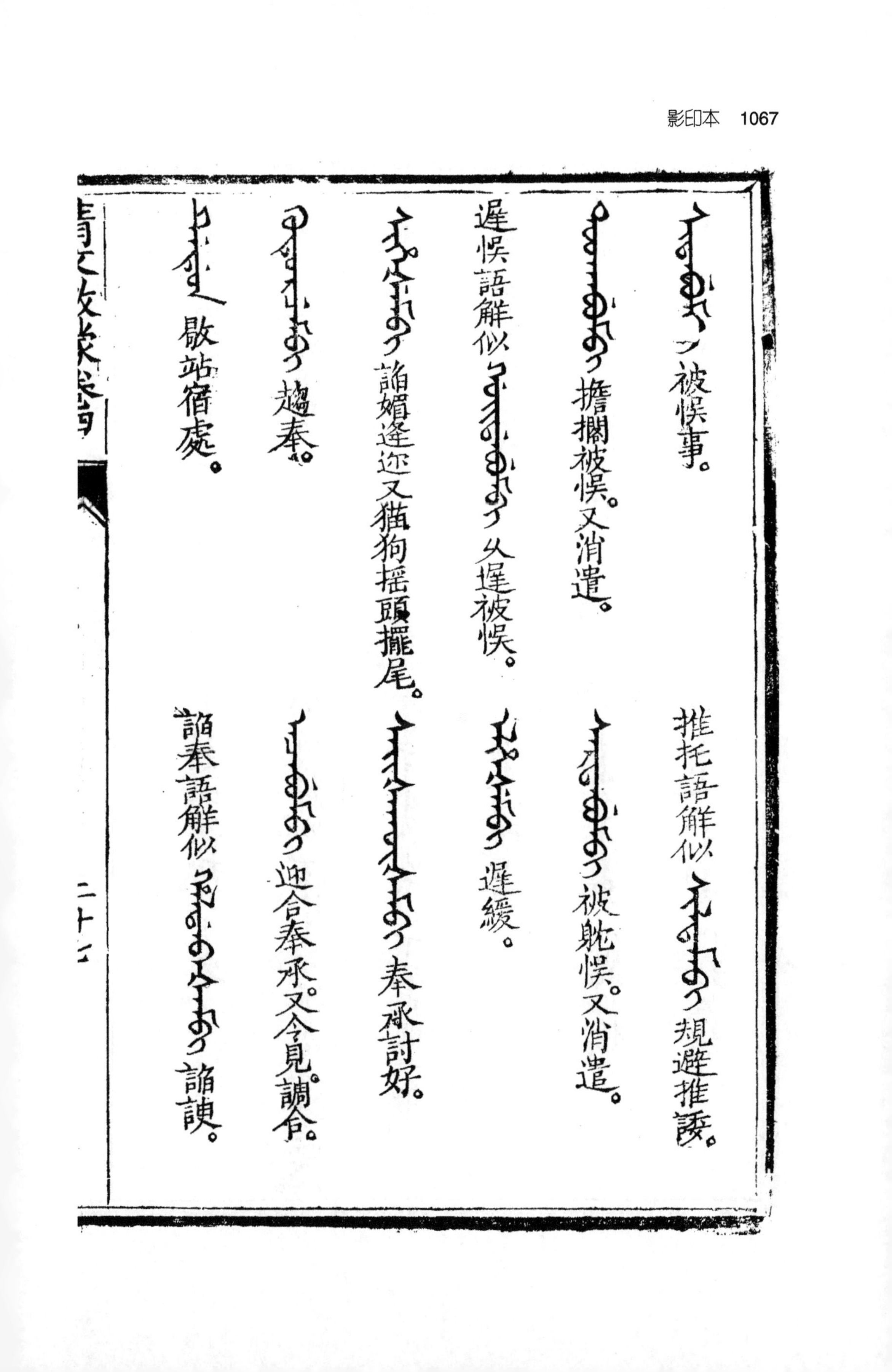

被悞事。

擔擱被悞。又消遣。

遲悞語解似 久遲被悞。

諂媚逢迎又猫狗摇頭擺尾。

趨奉。

敬站宿處。

推托語解似 規避推諉。

被躭悞。又消遣。

遲緩。

奉承討好。

迎合奉承。又令見調合。

諂奉語解似 諂諛。

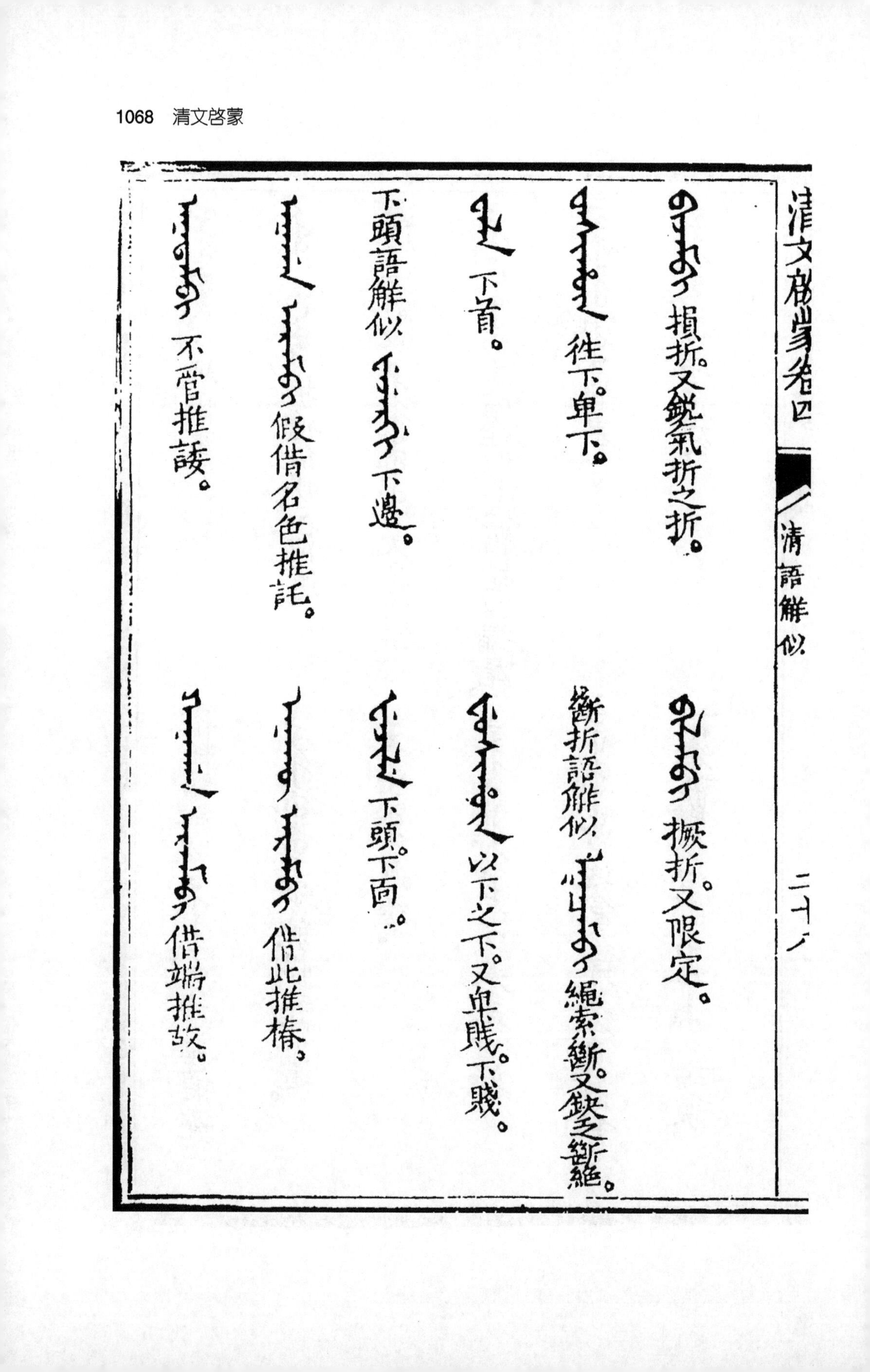

損折。又銳氣折之折。

撅折。又限定。

往下。卑下。

斷折語解似

繩索斷。又缺乏之斷絶。

下首。

以下之下。又卑賤。下賤。

下頭語解似

下邊。

下頭。下面。

假借名色推託。

借此推椿。

不管推諉。

借端推故。

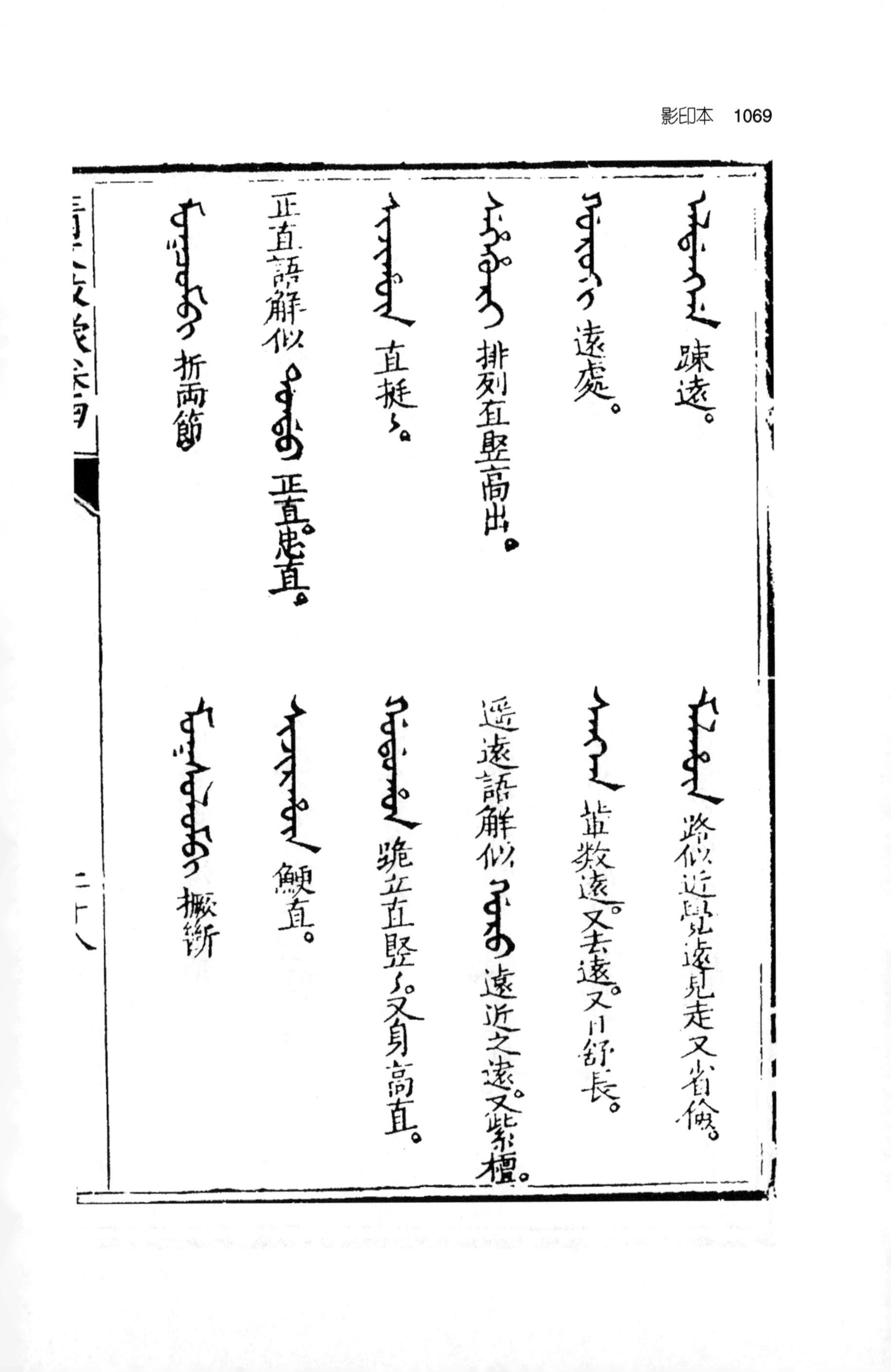

踈遠。

遠處。

排列在豎高出。

直挺挺。

正直語解似 正直忠直。

折兩節

路似近些遠見走又省儉。

歲數遠。又去遠。又日舒長。

遥遠語解似 遠近之遠。又紫檀。

跪立直豎豎。又身高直。

鯁直。

撅斷

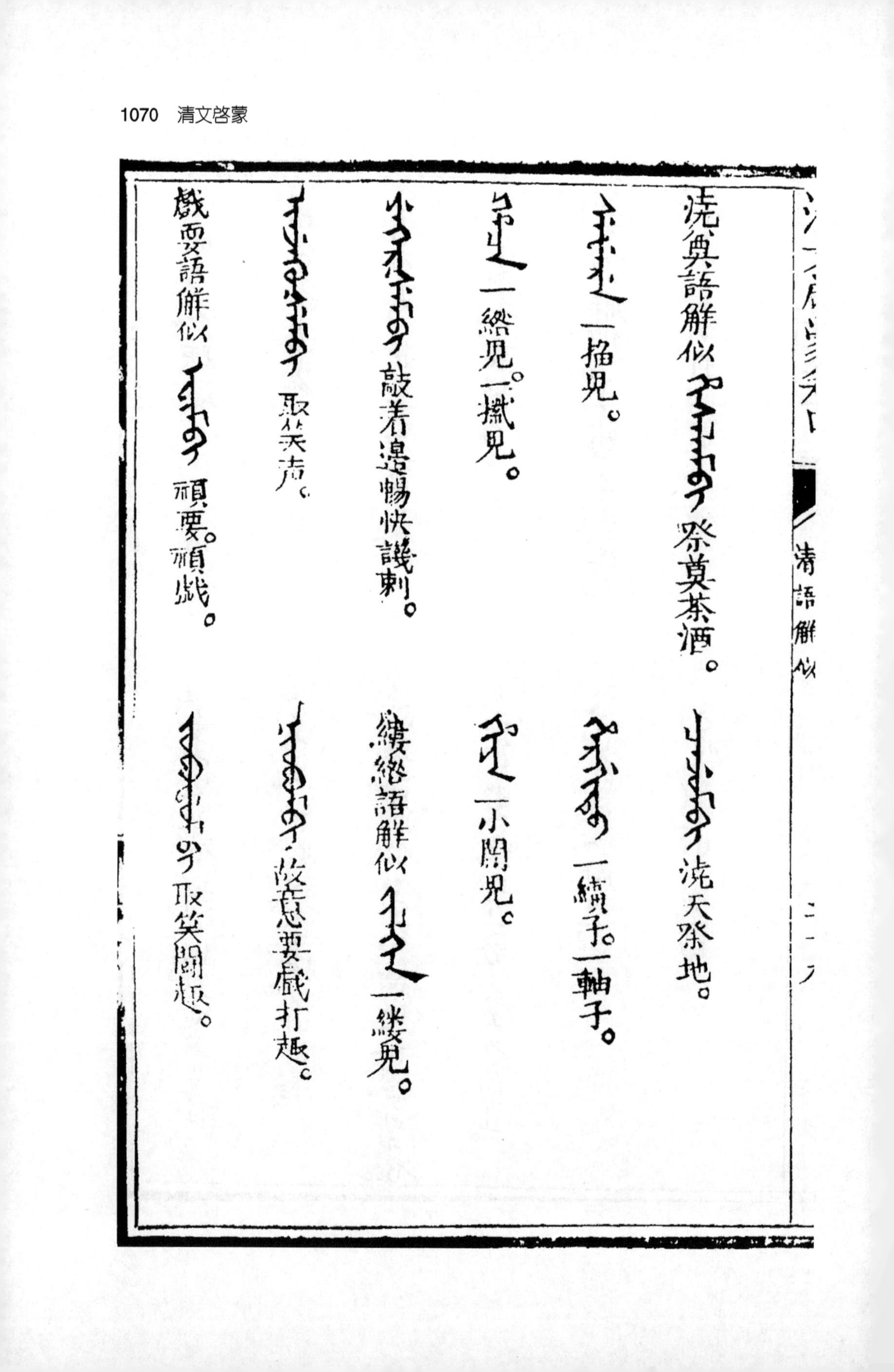

澆奠語解似 祭奠茶酒。 澆天祭地。

一掐兒。 一綹子。一軸子。

一綹兒。一撮兒。 一小閒兒。

敲着邊暢快譏刺。

纏綿語解似 一縷兒。

取笑声。 恣意要戲打趣。

戲耍語解似 頑耍。頑戲。 取笑鬪趣。

[Manchu] 出大汗。又出洗佗汗。

出汗語解似 [Manchu] 發汗。

[Manchu] 窩調戲反。

[Manchu] 毀謗。背後說不好。

[Manchu] 澆水。洗灑。

[Manchu] 手指節子沾酒滴奠。

[Manchu] 汗濕透了。又水濕透了。

[Manchu] 汗出來了。

[Manchu] 反間計離間。

[Manchu] 調唆。

讒毀語解似 [Manchu] 讒言讒訟。

[Manchu] 傾灌。又雨直傾馬貫跑傾心。

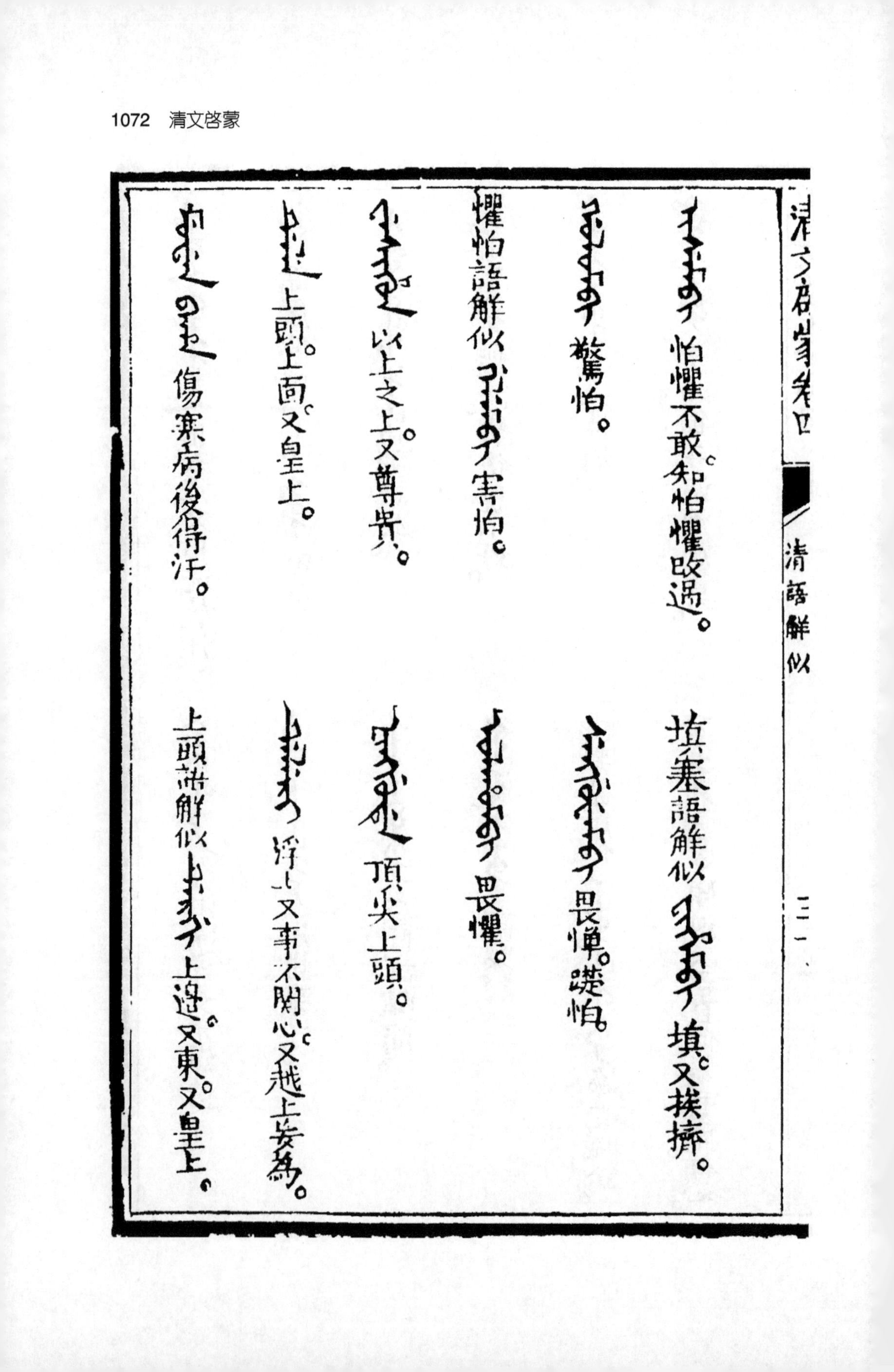

怕懼不敢知怕懼改過。

驚怕。

懼怕語解似

害怕。

以上之上又尊貴。

上頭。上面。又皇上。

傷寒病後得汗。

塡塞語解似

塡。又挨擠。

畏憚。嗟怕。

畏懼。

頂尖上頭。

浮上。又事不關心。又越上妄為。

上頭語解似

上邊。又東。又皇上。

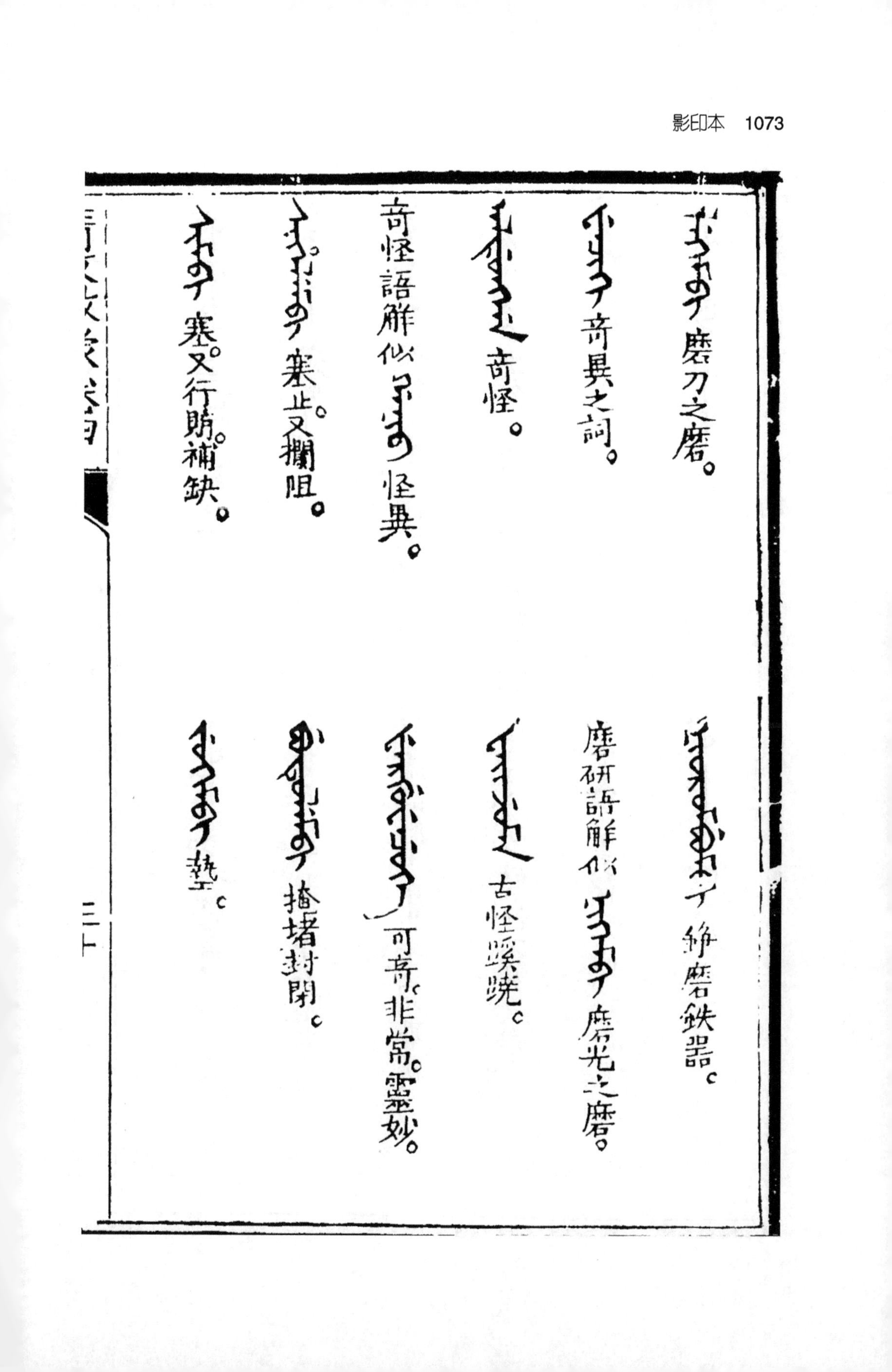

磨刀之磨。

竒異之詞。

奇怪。

奇怪語解似 怪異。

塞止。又攔阻。

塞。又行賄。補缺。

錚磨鐵器。

磨研語解似 磨光之磨。

古怪蹊蹺。

可竒。非常。靈妙。

掩堵封閉。

墊。

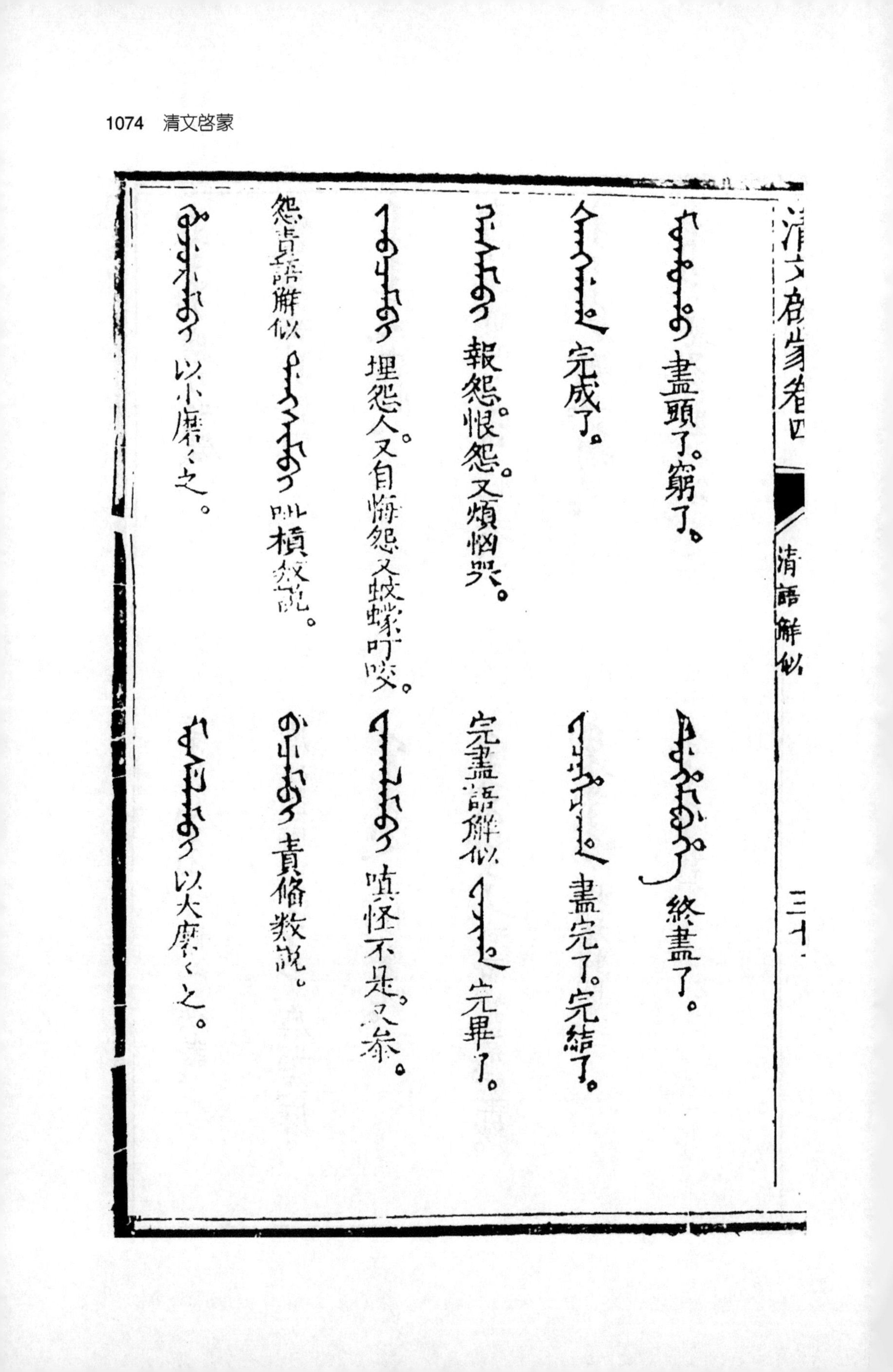

盡頭了。窮了。

完成了。

報怨恨怨。又煩悩哭。

埋怨人。又自悔怨。又蚊蠓叮咬。

怨言語解似 吡積數說。

以小磨磨之。

終盡了。

盡完了。完結了。

完盡語解似 完畢了。

嗔怪不足。又恭。

責備數說。

以大磨磨之。

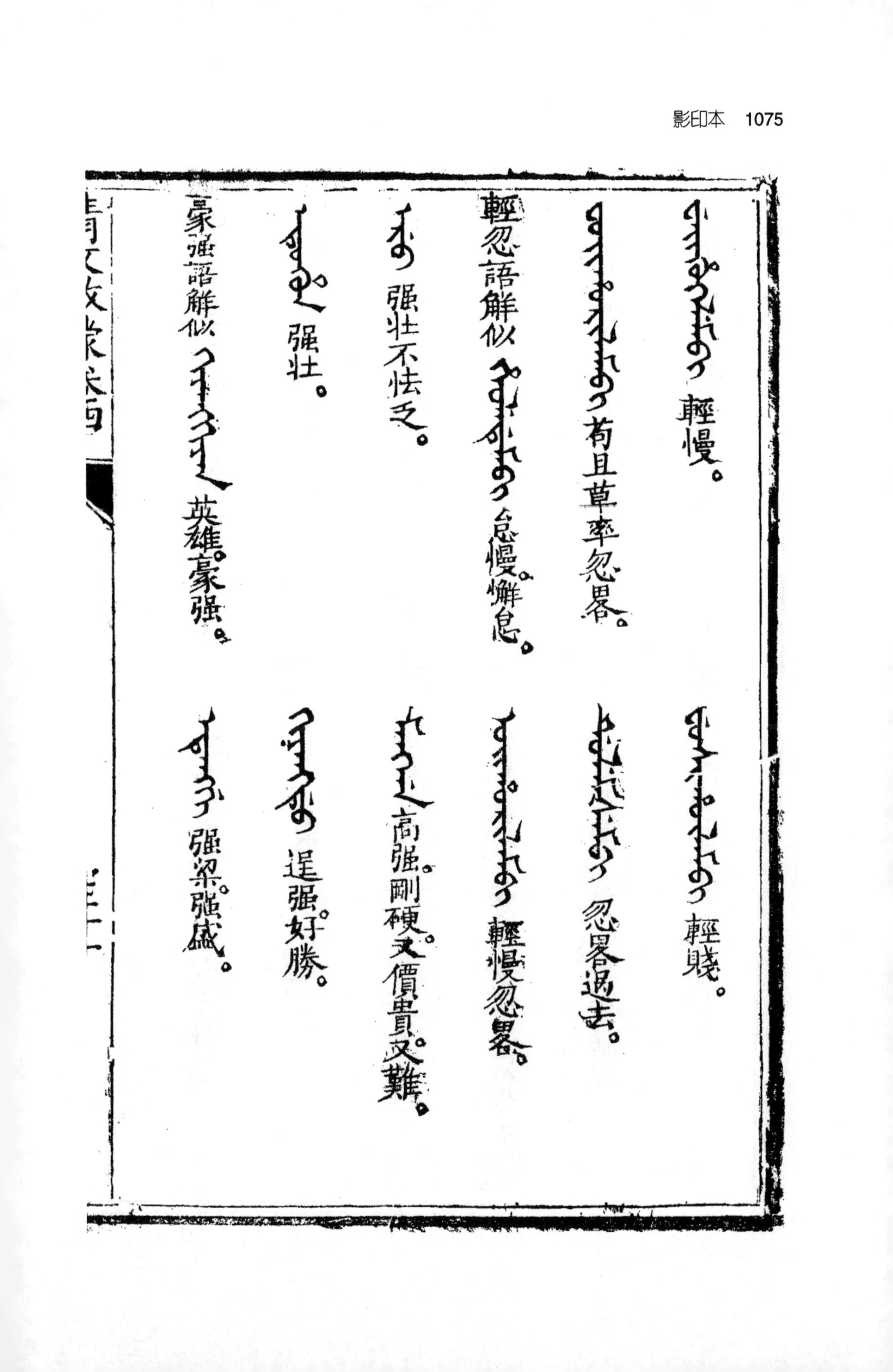

輕慢。

苟且草率忽畧。

輕忽語解似 怠慢懈怠。

强壯不怯乏。

强壯。

豪强語解似 英雄。豪强。

輕賤。

忽畧過去。

輕慢忽畧。

高强。剛硬。又價貴。又難。

逞强。好勝。

强梁。强盛。

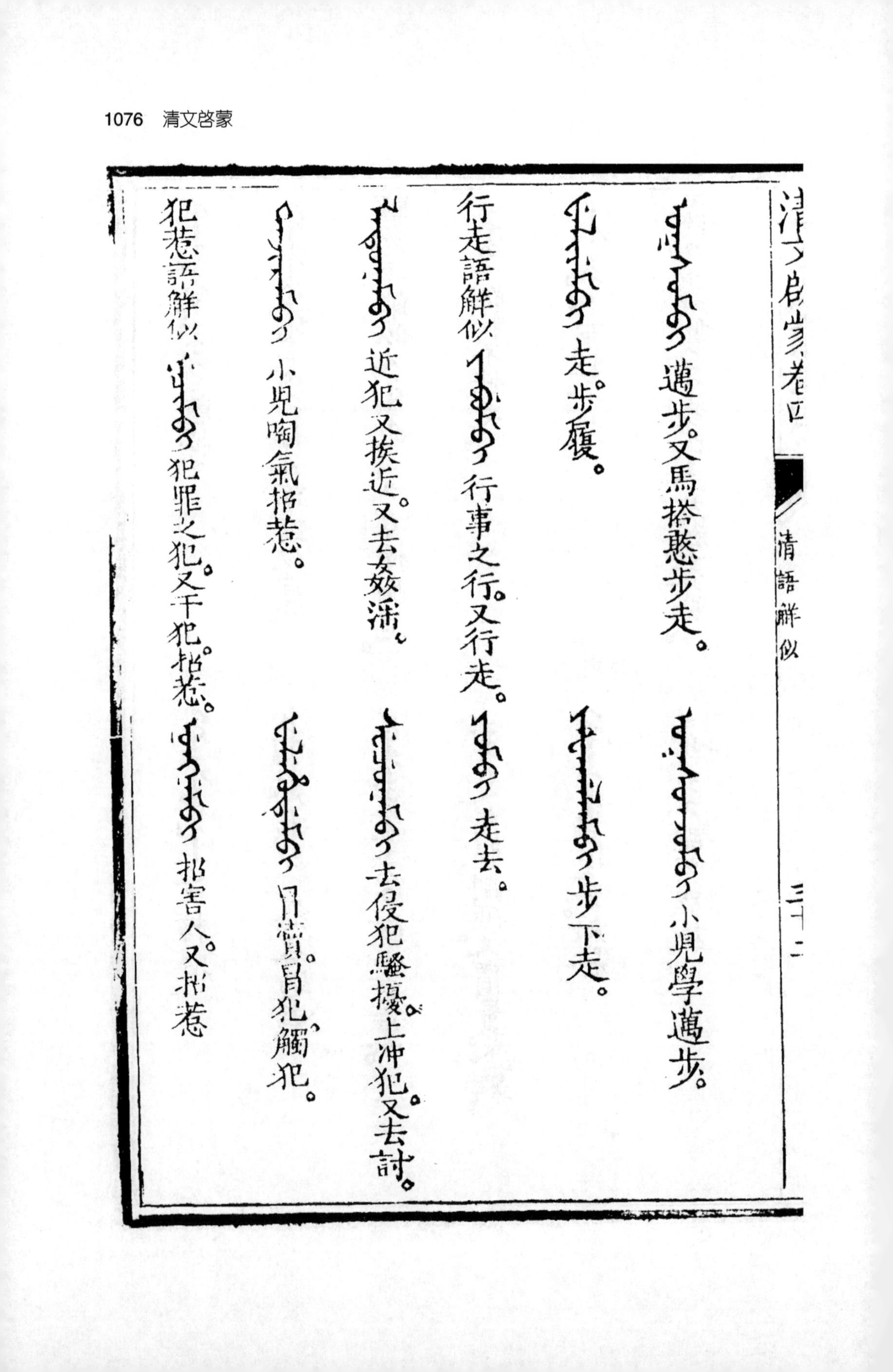

邁步。又馬搭憨步走。

小兒學邁步。

走步履。

步下走。

行走語解似

行事之行。又行走。

走去。

近犯。又挨近。又去姦淫。

去侵犯騷擾。上冲犯。又去討。

小兒淘氣招惹。

冒瀆。冒犯觸犯。

犯惹語解似

犯罪之犯。又干犯。招惹。

招害人。又招惹

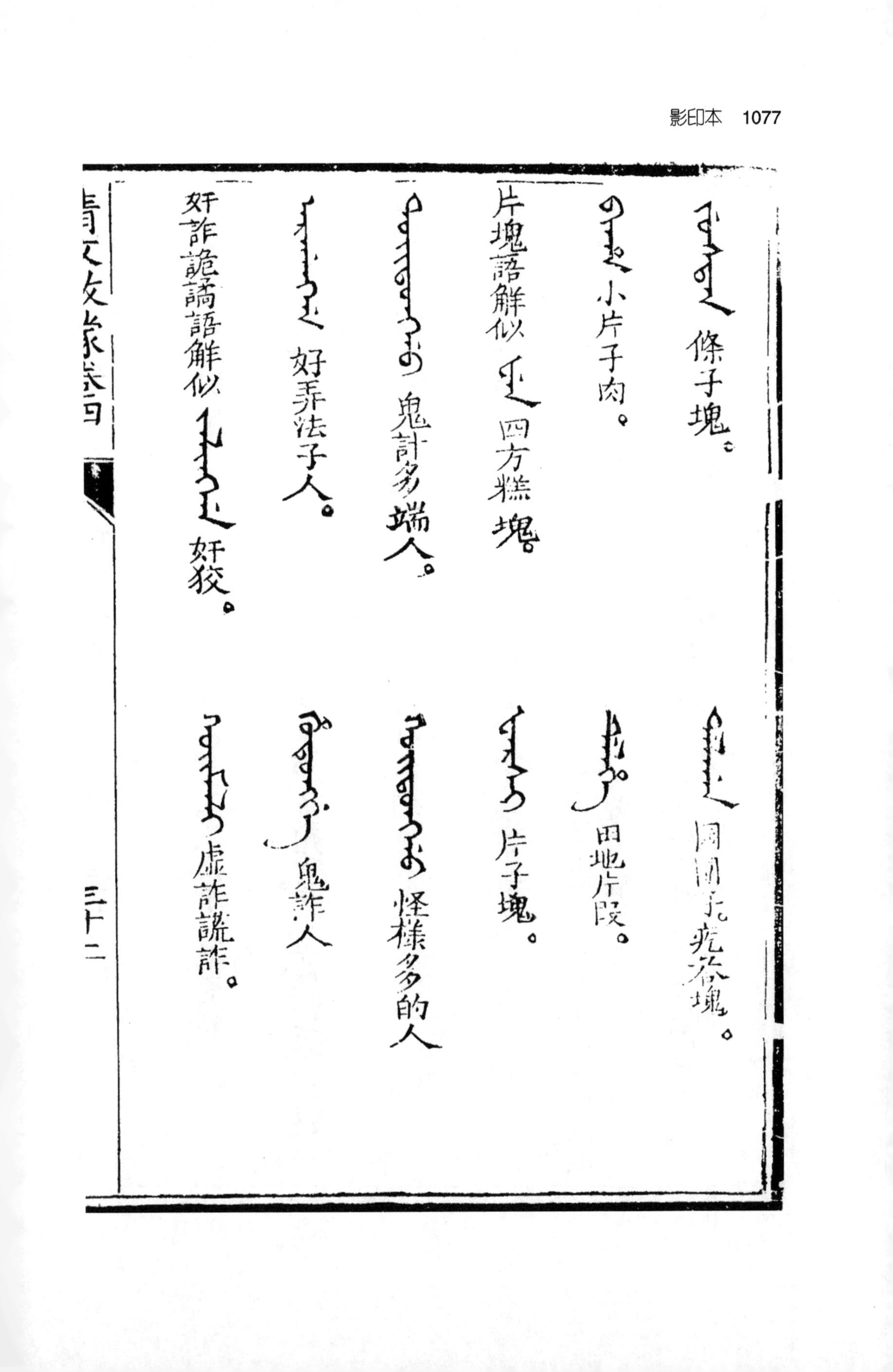

條子塊。

小片子肉。

片塊語解似

四方糕塊。

鬼計多端人。

好弄法子人。

奸詐詭譎語解似

奸狡。

圓圓子疙瘩塊。

田地片段。

片子塊。

怪樣多的人

鬼詐人

虛詐謊詐。

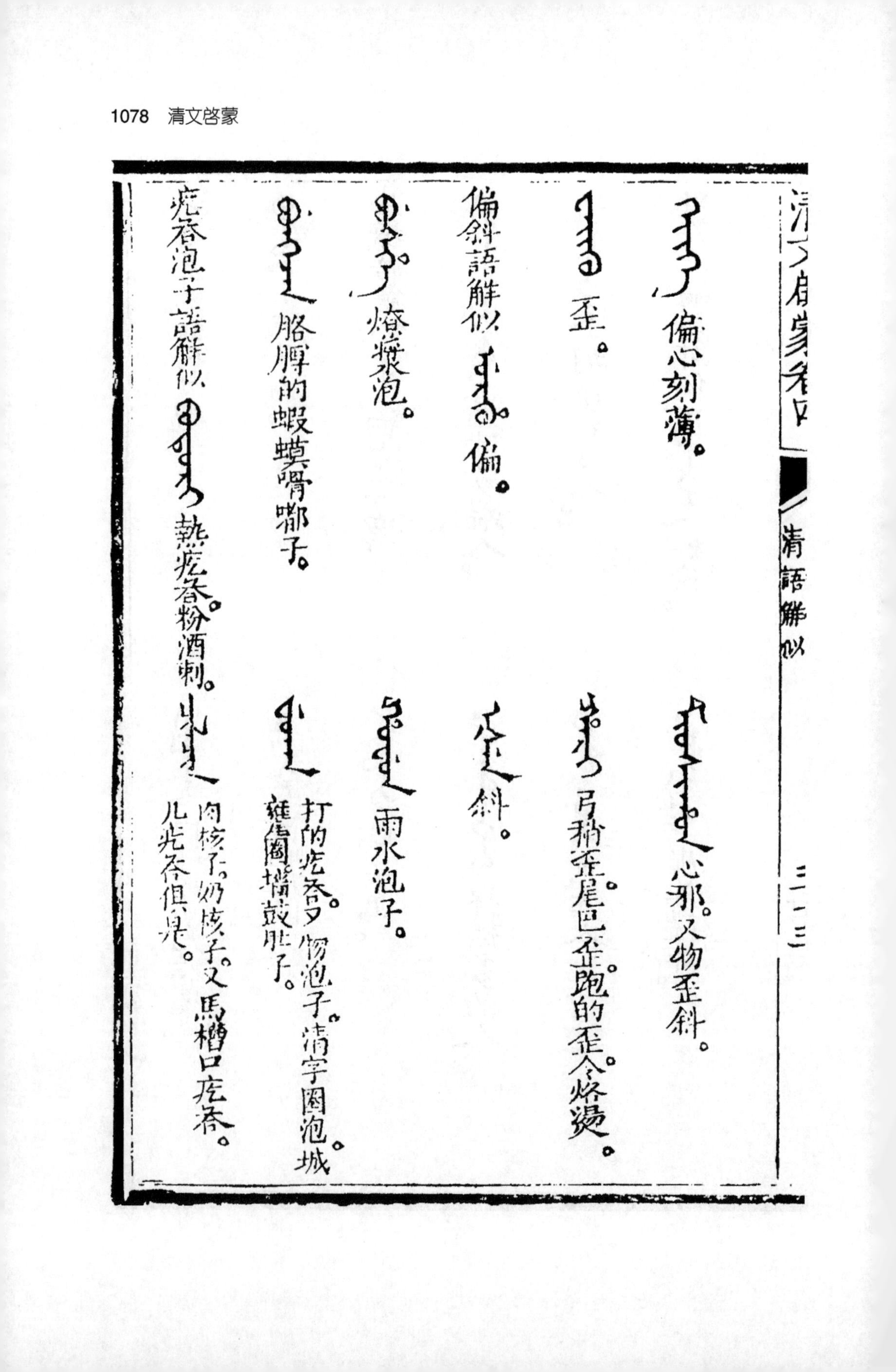

偏心刻薄。

心邪。又物歪斜。

歪。

弓稍歪。尾巴歪。跑的歪。个烙燙。

偏斜語解似

偏。

斜。

燎漿泡。

雨水泡子。

胳膊的蝦蟆嘟子。

打的疙瘩。又物泡子。清字圈泡。城墻圈墻鼓肚子。

疙瘩泡子語解似

熱疙瘩粉酒刺。

肉核子。奶核子。又馬槽口疙瘩兒疙瘩俱是。

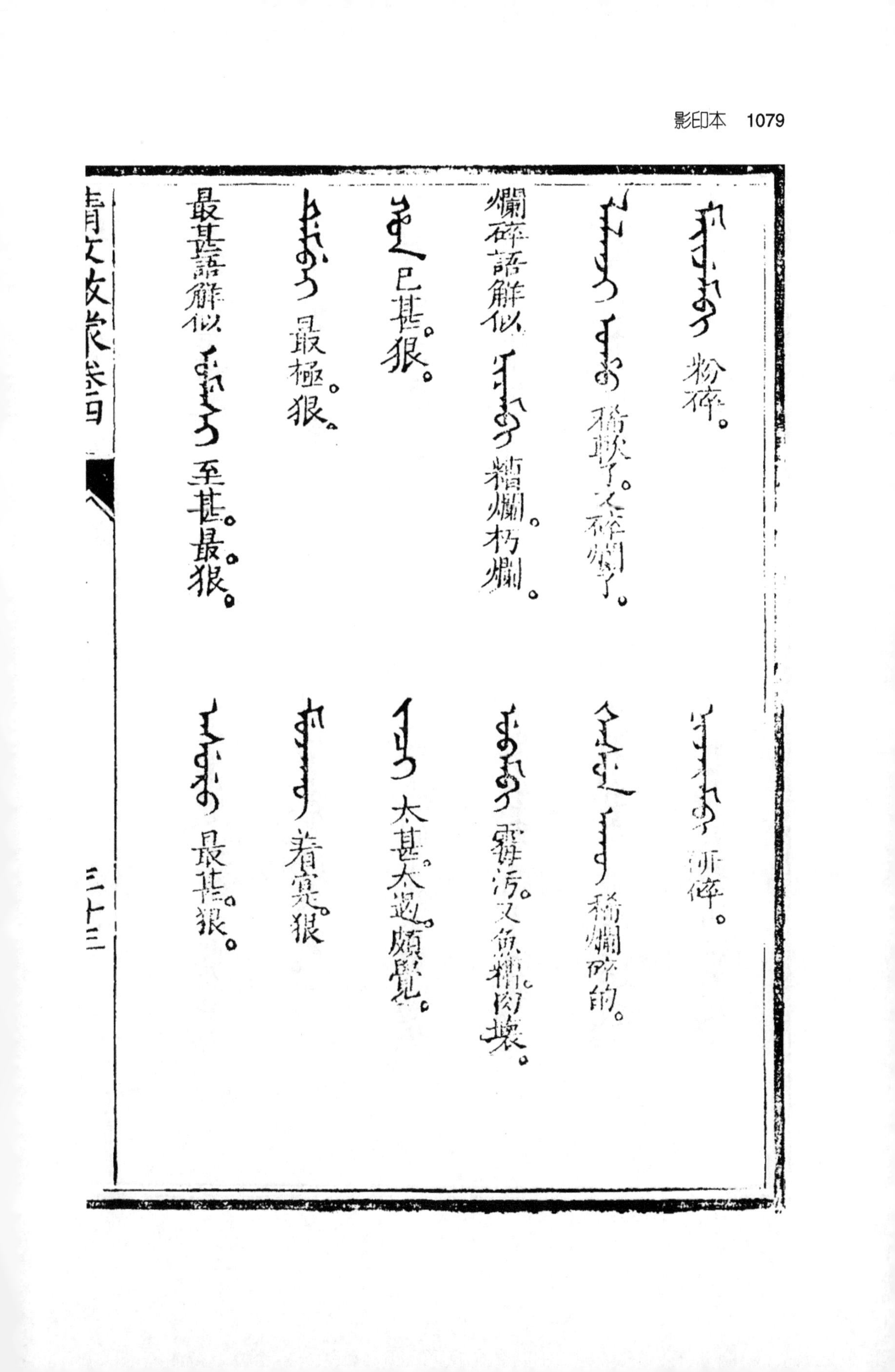

粉碎。

研碎。

稍軟了。又碎爛了。

稍爛碎的。

爛碎語辭似

糟爛。朽爛。

霉污。又魚糟。肉壞。

已甚。很。

太甚。太過。頗覺。

最極。很。

着寔很。

最甚語辭似

至甚。最。很。

最甚。很。

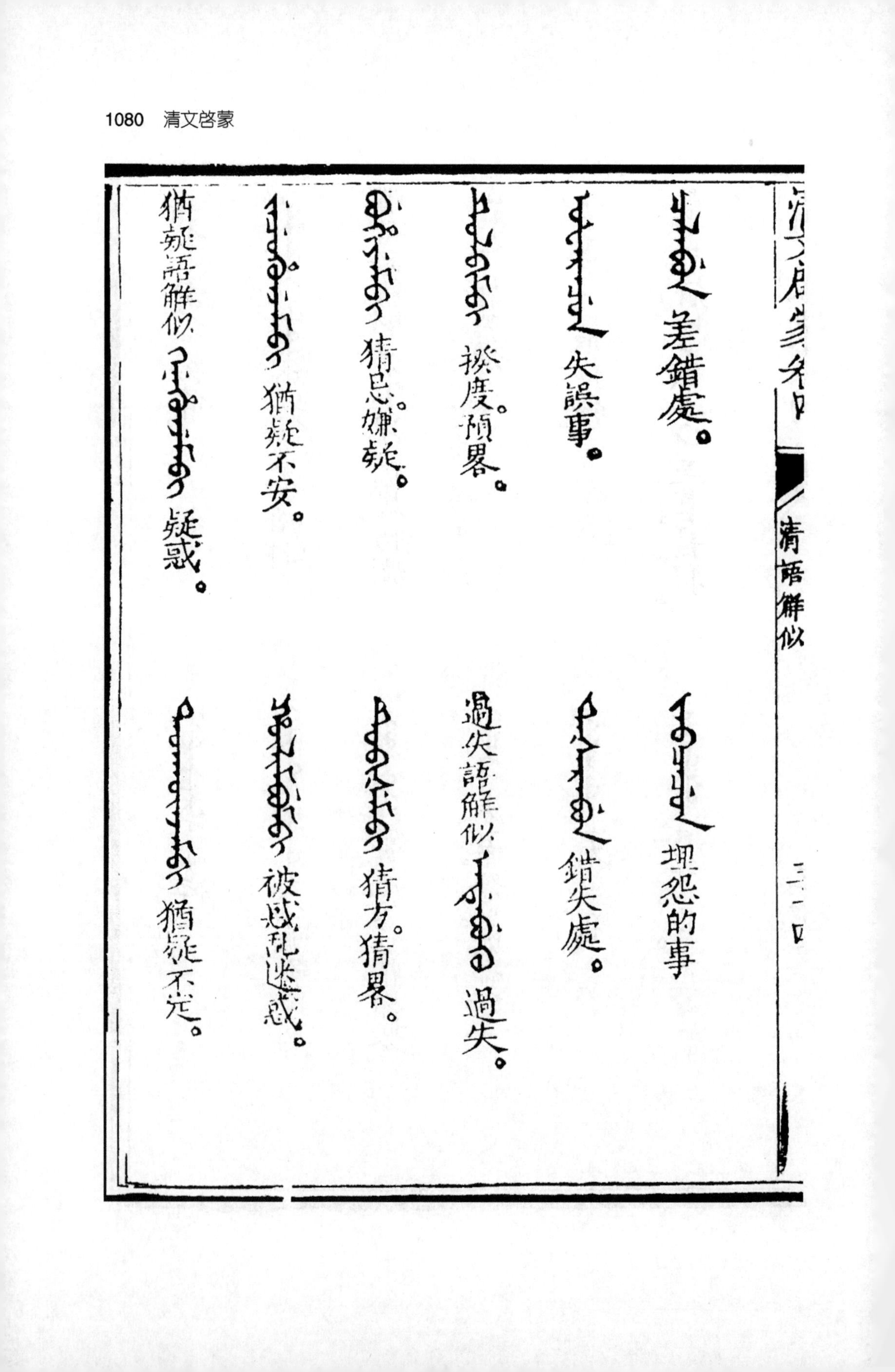

差錯處。

失誤事。

揣度預畧。

猜忌嫌疑。

猶疑不安。

猶疑語解似

疑惑。

埋怨的事

錯失處。

過失語解似

過失。

猜方猜畧。

被惑亂迷惑。

猶疑不定。

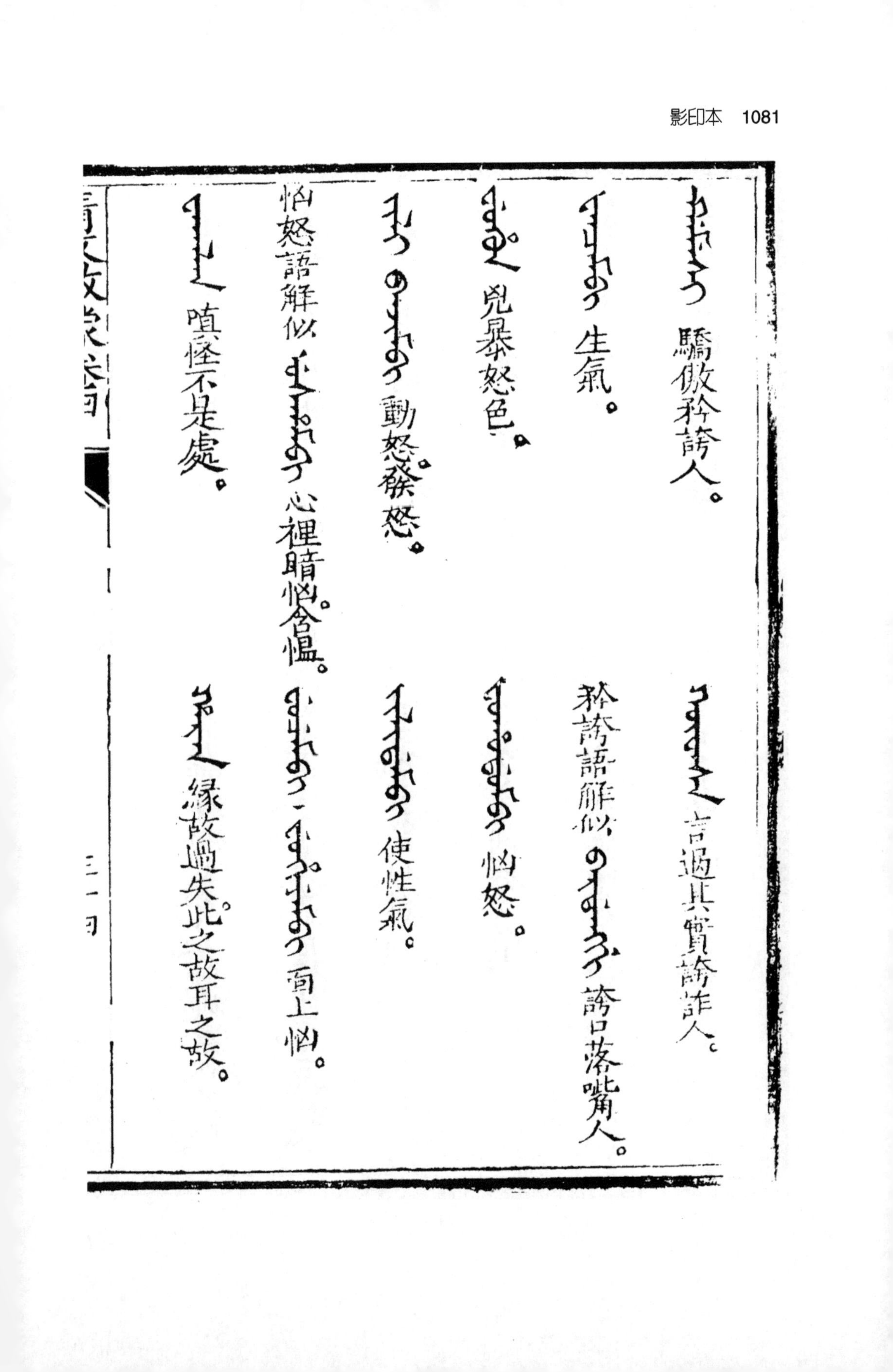

驕傲矜誇人。

生氣。

兇暴怒色。

動怒發怒。

惱怒語解似 心裡暗惱含愠。

嗔怪不是處。

言過其實誇詐人。

矜誇語解似 誇口落嘴人。

惱怒。

使性氣。

面上惱。

緣故過失此之故耳之故。

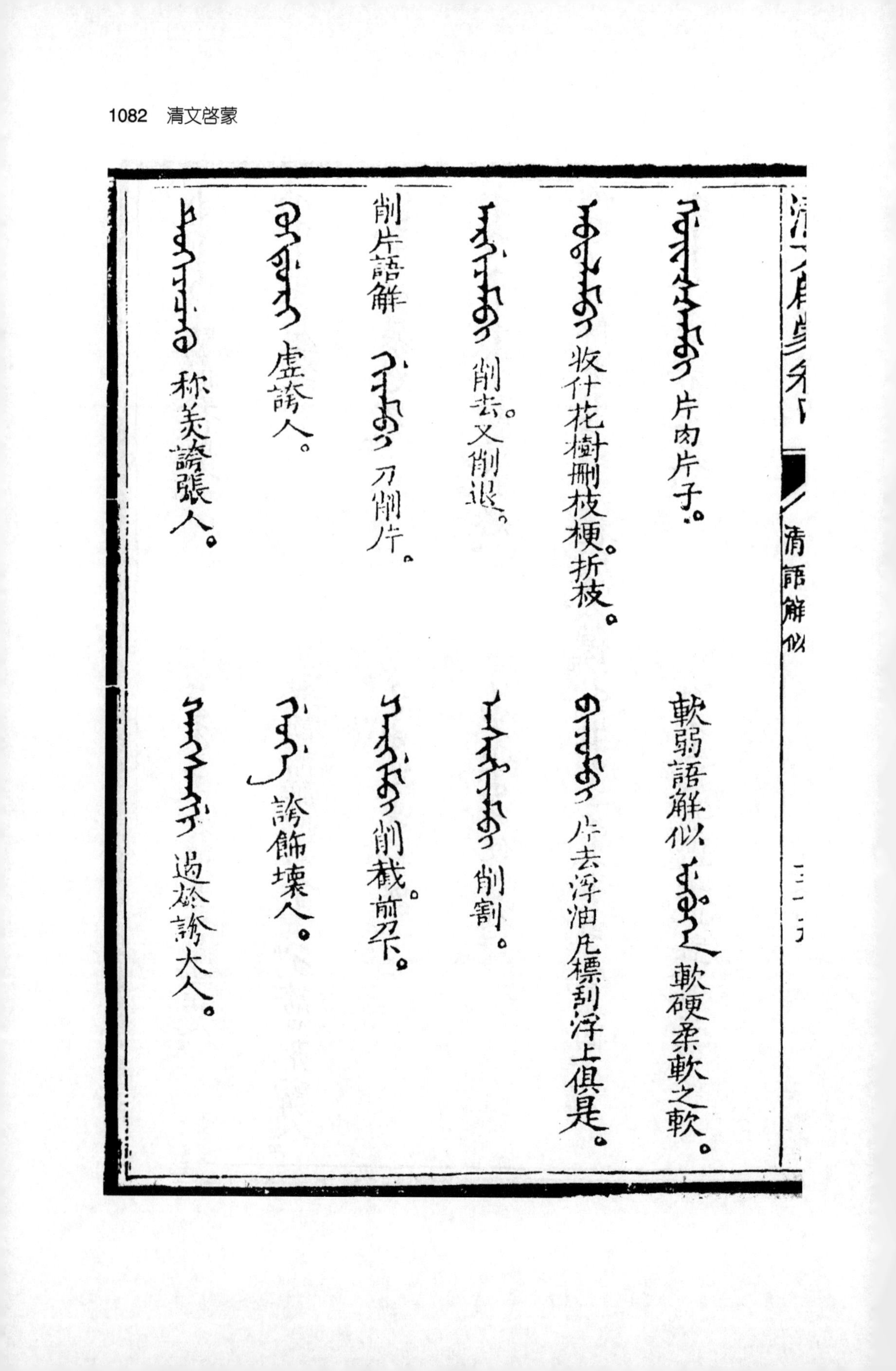

片肉片子。

收什花樹刪枝梗。折枝。

削去。又削退。

削片語解

刀削片。

虛誇人。

称美誇張人。

軟弱語解似

軟硬柔軟之軟。

片去浮油凡標刮浮上俱是。

削割。

削截前尖。

誇飾壞人。

過於誇大人。

细小。

略小。

小的。

一小点兒。

碎小語解似

碎小。又小氣。小人小孩之小。

大小之小。

虛弱。

靣軟。婆惡。姑息。

庸懦無濟。

不及。

鬆軟。又稀飯之稀。

单薄。軟弱。

離此至彼之離。又變面色口許。

綻裂語解似

衣服綻裂。

辭別、離別。又物開裂。

離去。又休妻之休。又下班之下。

散給。

四散、流散。

作別散去。又絲絨散亂。

分家產之分。

分排。又維纂造生。

分散語解似

八取之分。

兩下分開

少年。

身量最小不堪。

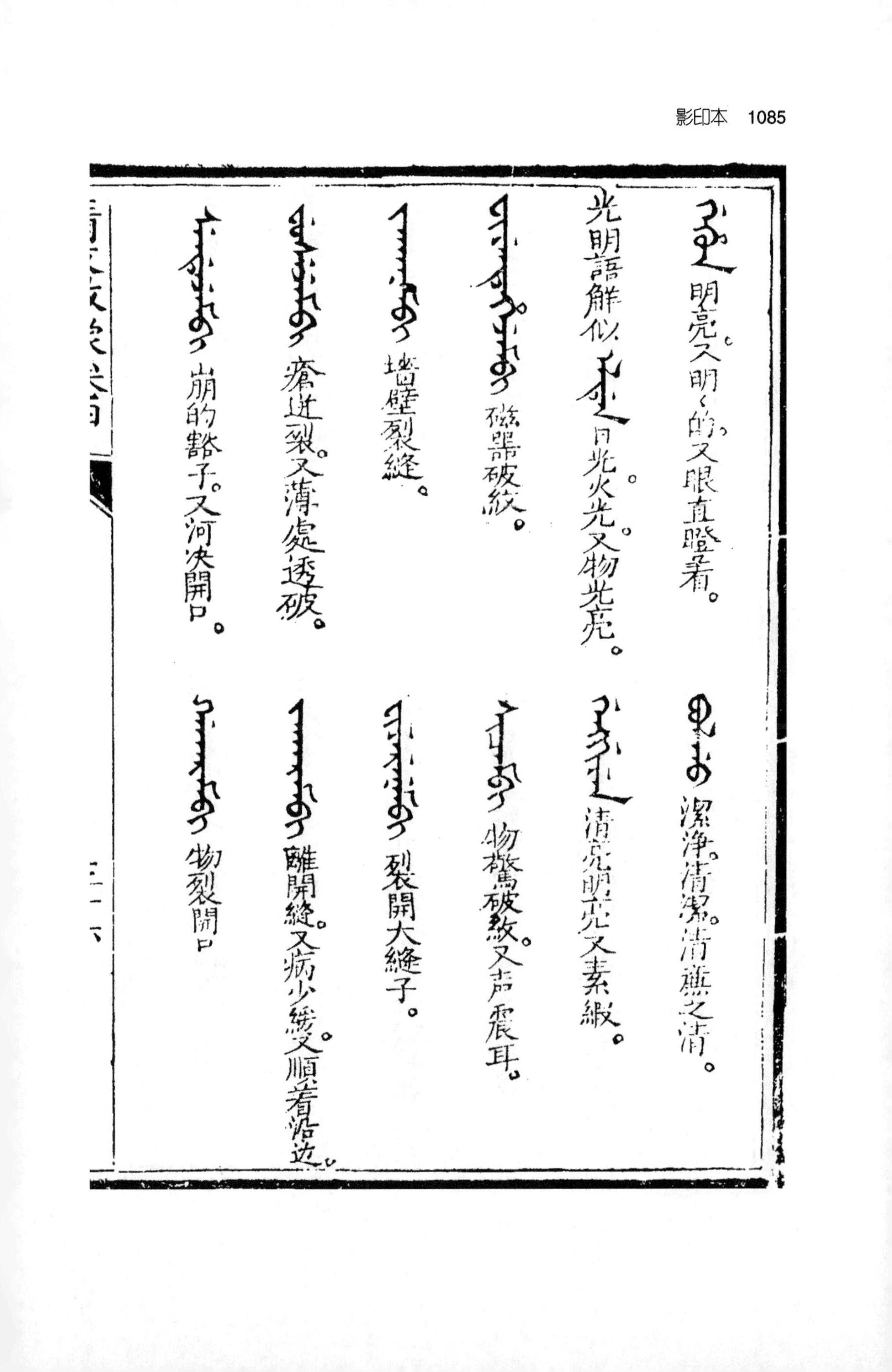

明亮。又明明的。又眼直瞪着。

光明語解似 日光火光。又物光亮。

磁器破紋。

墻壁裂縫。

瘡迸裂。又薄處透破。

崩的豁子。又河決開口。

潔淨。清潔。清蕪之清。

清亮明亮。又素緞。

物驚破紋。又声震耳。

裂開大縫子。

離開縫。又病少緩。又順着沿邊。

物裂開口

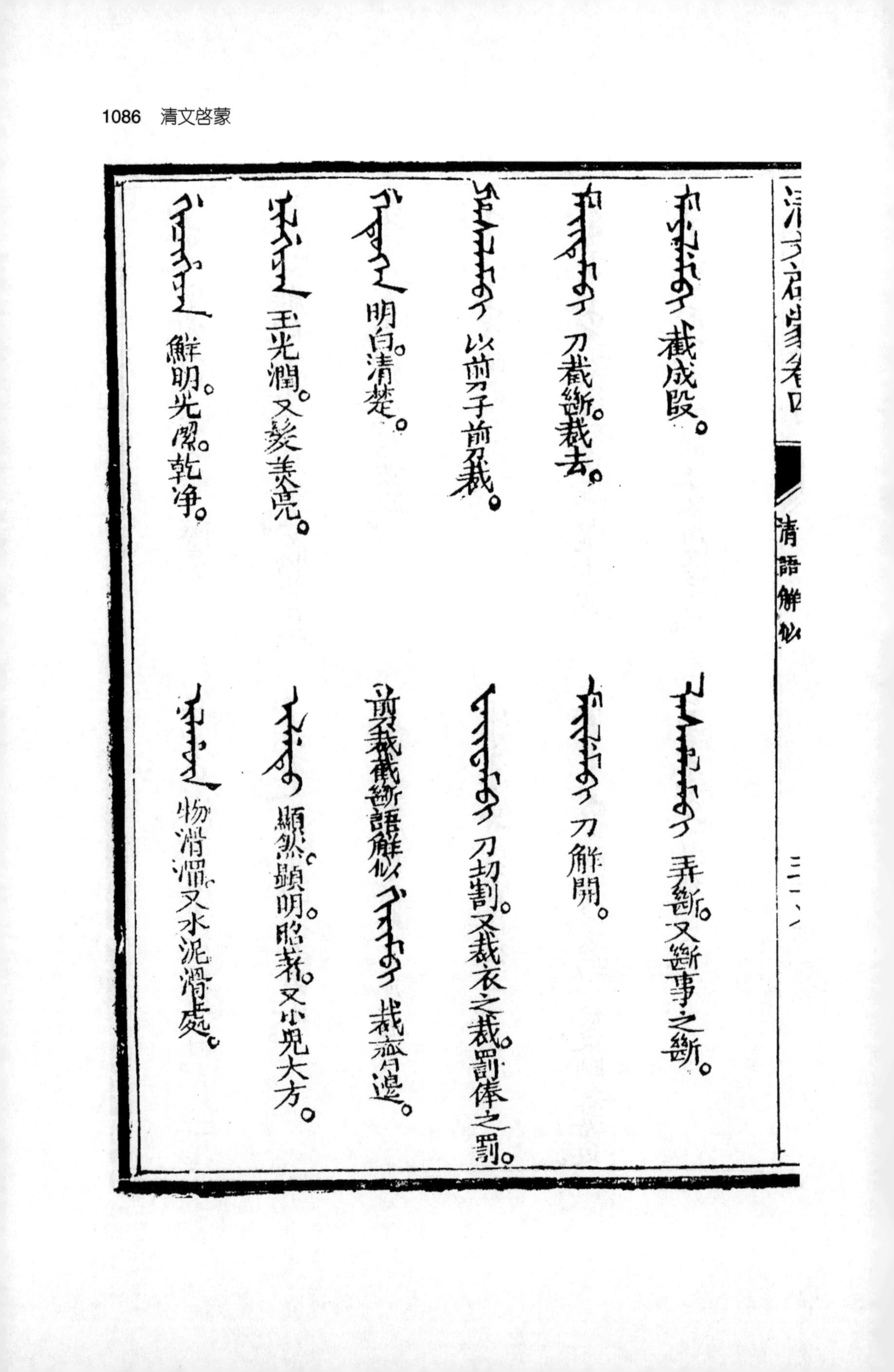

截成段。

弄斷。又斷事之斷。

刀截斷。截去。

刀解開。

以剪子剪裁。

刀割。又裁衣之裁。罰俸之罰。

明白。清楚。

前裁截斷語解似

裁齊邊。

玉光潤。又髮美亮。

顯然。顯明昭著。又小兒大方。

鮮明光潔。乾淨。

物滑溜。又水泥滑處。

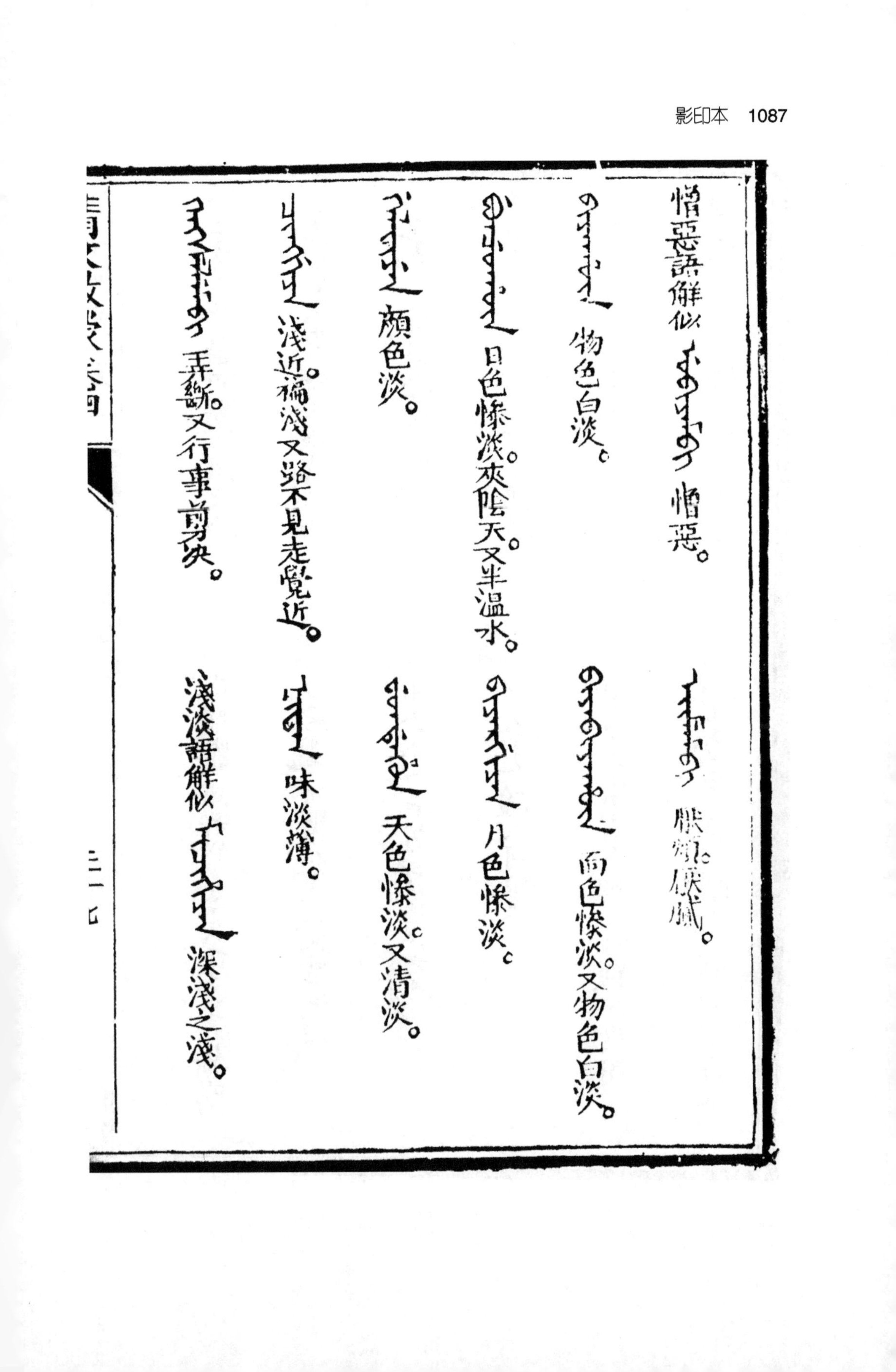

憎惡語解似 憎惡。

物色白淡。

日色慘淡。夾陰天。又半溫水。

顏色淡。

淺近。稱淺又路不見走覺近。

弄斷。又行事剪決。

[illegible]。[illegible]。

面色慘淡。又物色白淡。

月色慘淡。

天色慘淡。又清淡。

味淡薄。

淺淡語解似 深淺之淺。

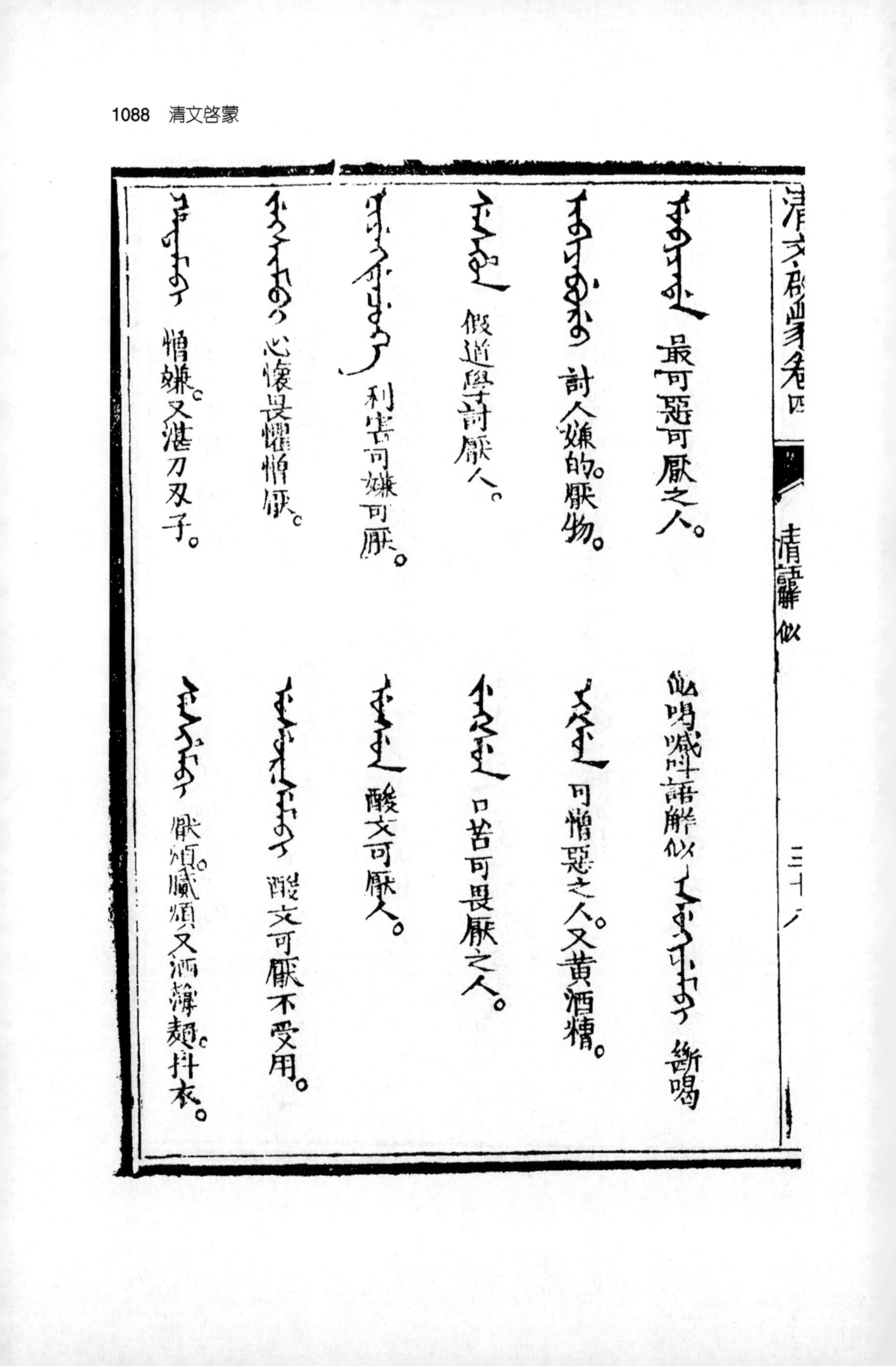

最可惡可厭之人。

似吆喝喊叫語解似 斷喝

討人嫌的。厭物。

可憎惡之人。又黃酒糟。

假道學討厭人。

口苦可畏厭之人。

利害可嫌可厭。

酸文可厭人。

心懷畏懼憎厭。

酸文可厭不受用。

憎嫌。又湛刀刃子。

厭煩。膩煩。又洒薄麵。抖衣。

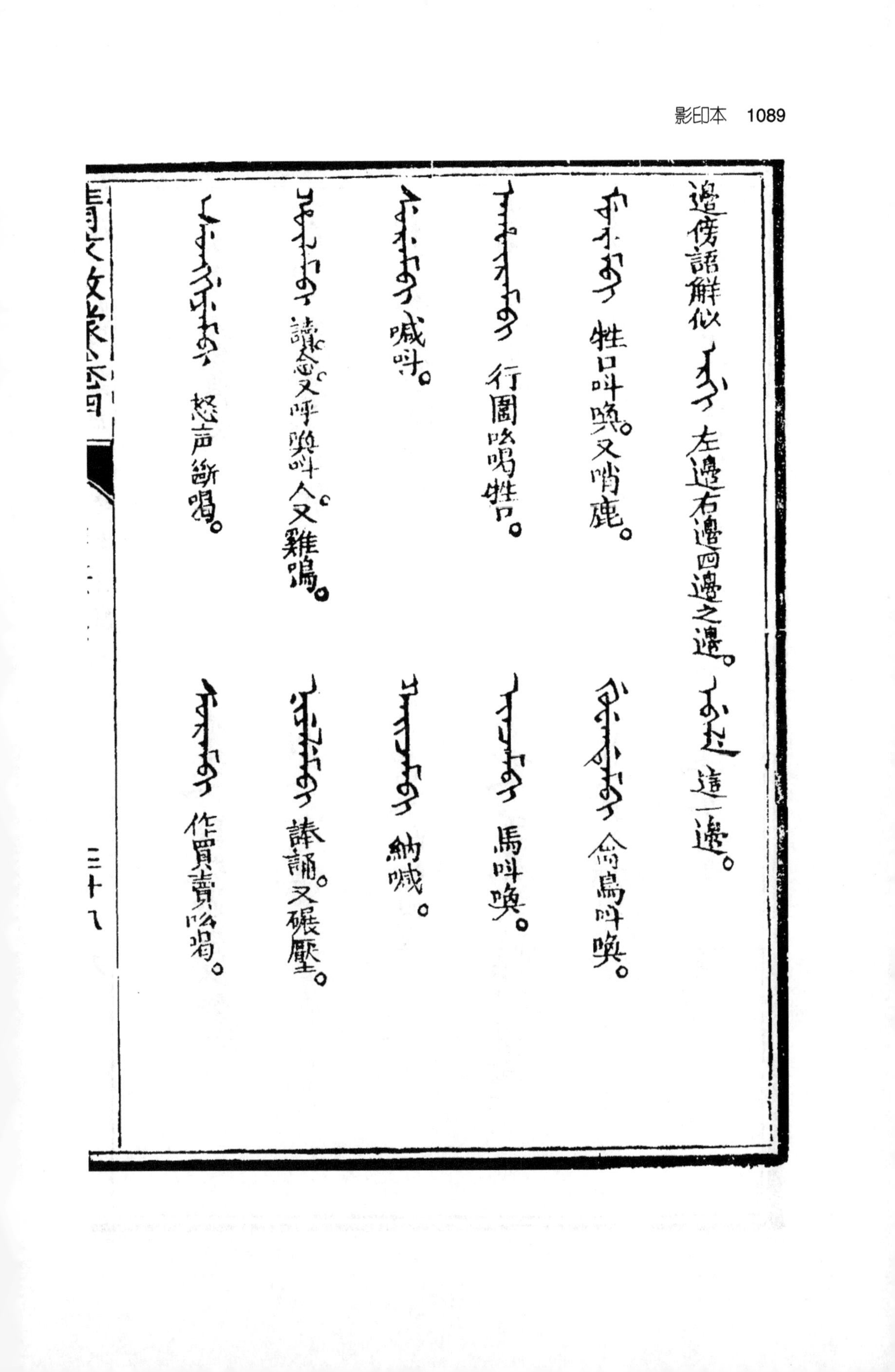

邊傍語解似 左邊右邊四邊之邊。 這一邊。

牲口叫喚。又哨鹿。

禽鳥叫喚。

行圍吆喝牲口。

馬叫喚。

喊叫。

納喊。

讀念。又呼喚叫人。又雞鳴。

諷誦。又碾壓。

怒声斷喝。

作買賣吆喝。

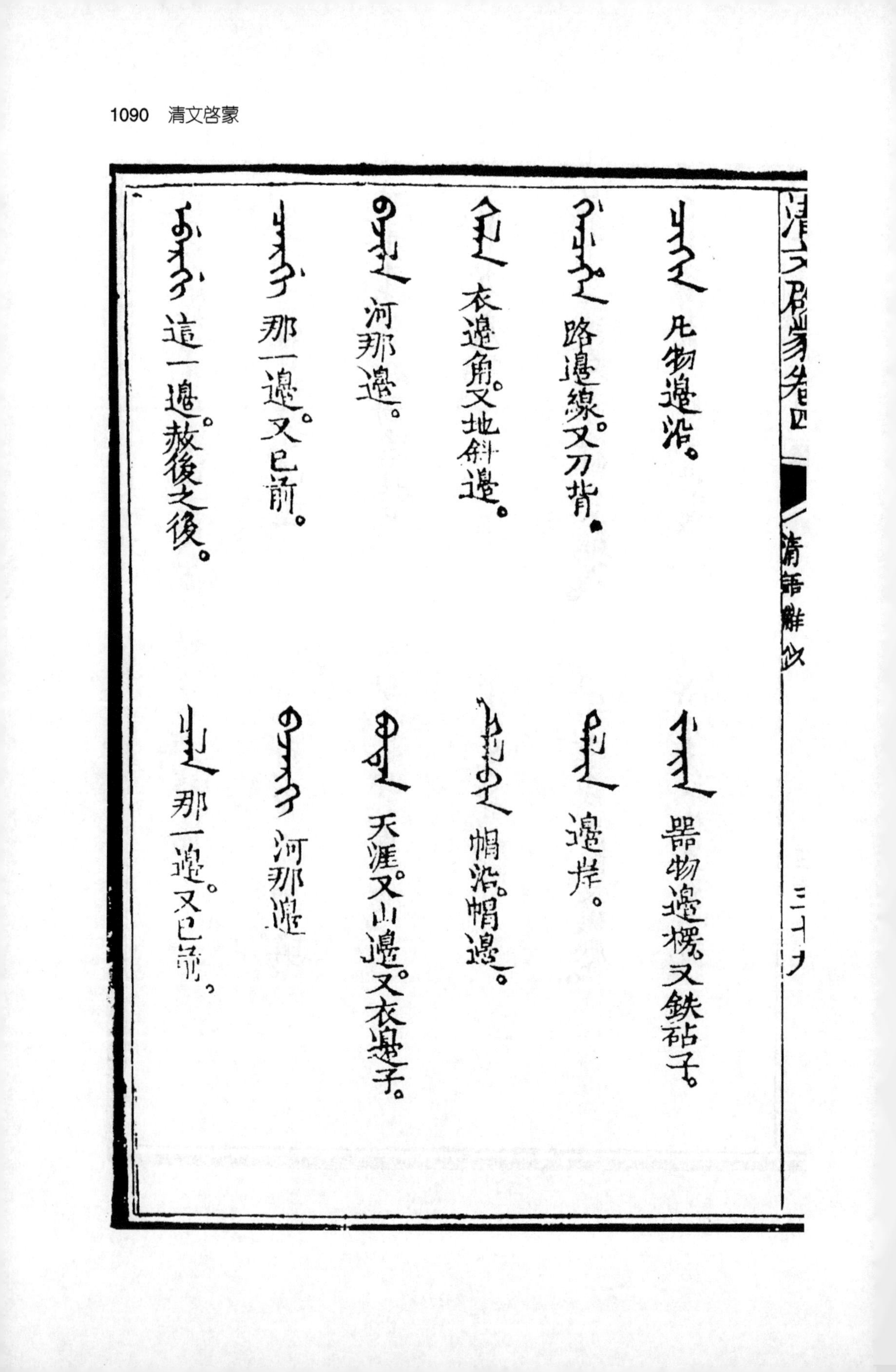

凡物邊沿。

路邊線。又刀背。

衣邊角。又地斜邊。

河那邊。

那一邊。又已前。

這一邊。亦後之後。

器物邊楞。又鐵砧子。

邊岸。

帽沿。帽邊。

天涯。又山邊。又衣邊子。

河那邊

那一邊。又已前。

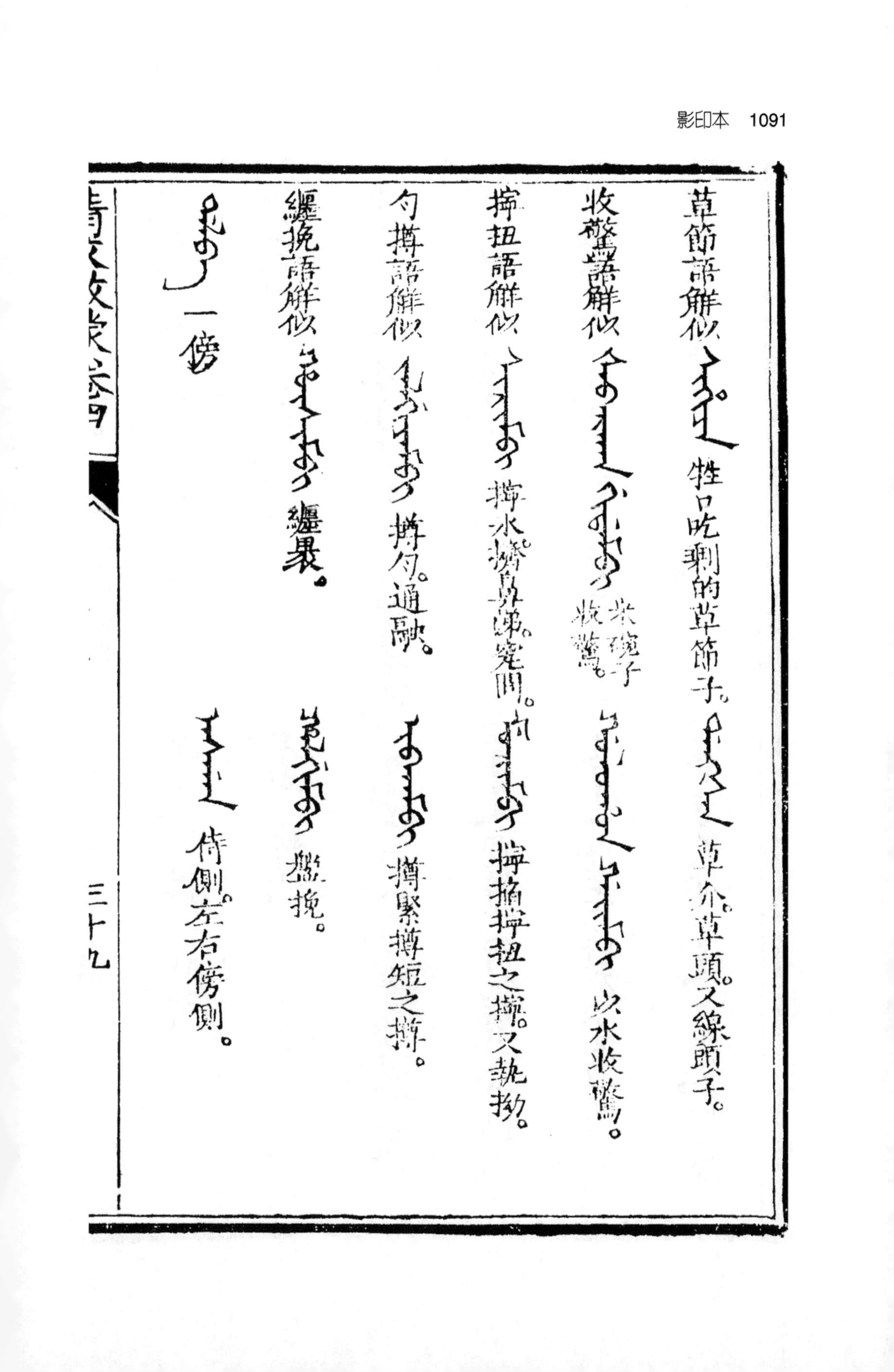

草節語解似 [illegible] 牲口吃剩的草節子。[illegible] 草介。草頭。又綫頭子。

收驚語解似 [illegible] [illegible] 米碗子收驚。[illegible] [illegible] 以水收驚。

擰扭語解似 [illegible] 擰水。擰鼻涕。寬開。[illegible] 擰擰擰扭之擰。又執拗。

勻擰語解似 [illegible] 擰勻。通融。[illegible] 擰緊擰短之擰。

纏挽語解似 [illegible] 纏裹。[illegible] 纏挽。

[illegible] 一傍 [illegible] 侍側。左右傍側。

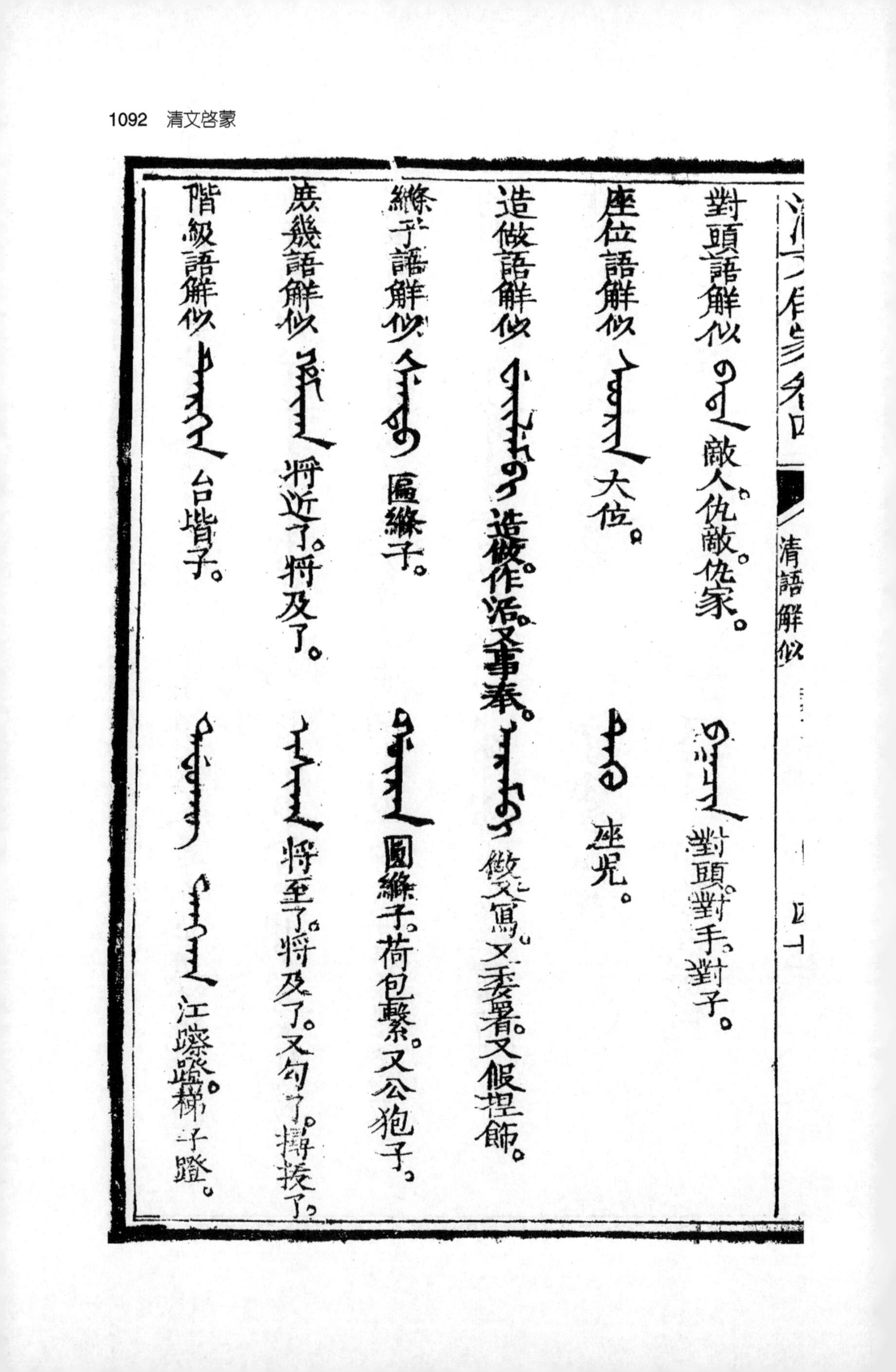

對頭語解似 敵人。仇敵。仇家。 對頭。對手。對子。

座位語解似 大位。 座兒。

造做語解似 造做作活。又事奉。 做。又寫。又委署。又假捏飾。

絛子語解似 匾絛子。 圓絛子。荷包繫。又公狍子。

庶幾語解似 將近了。將及了。 將至了。將及了。又勾了。攙接了。

階級語解似 台階子。 江[illegible][illegible]。梯子蹬。

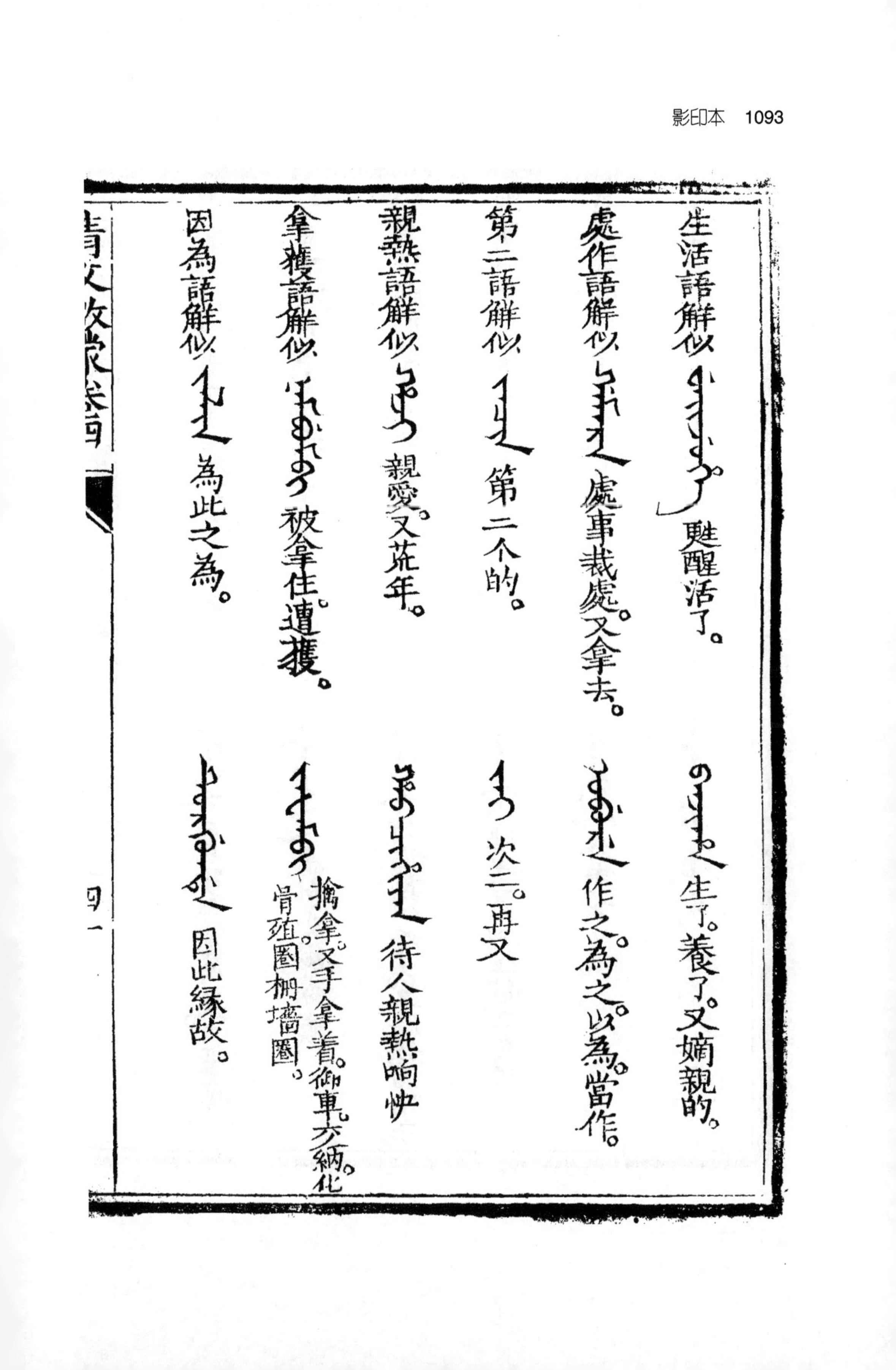

生活語解似 甦醒活了。

處作語解似 處事裁處。又拿去。

第二語解似 第二个的。

親熱語解似 親愛。又荒年。

拿獲語解似 被拿住。遭獲。

因為語解似 為此之為。

生了。養了。又嫡親的。

作之。為之。以為。當作。

次二。再又

待人親熱响快

擒拿。又手拿着。御車亦納化

骨殖圈棚墻圈。

因此緣故。

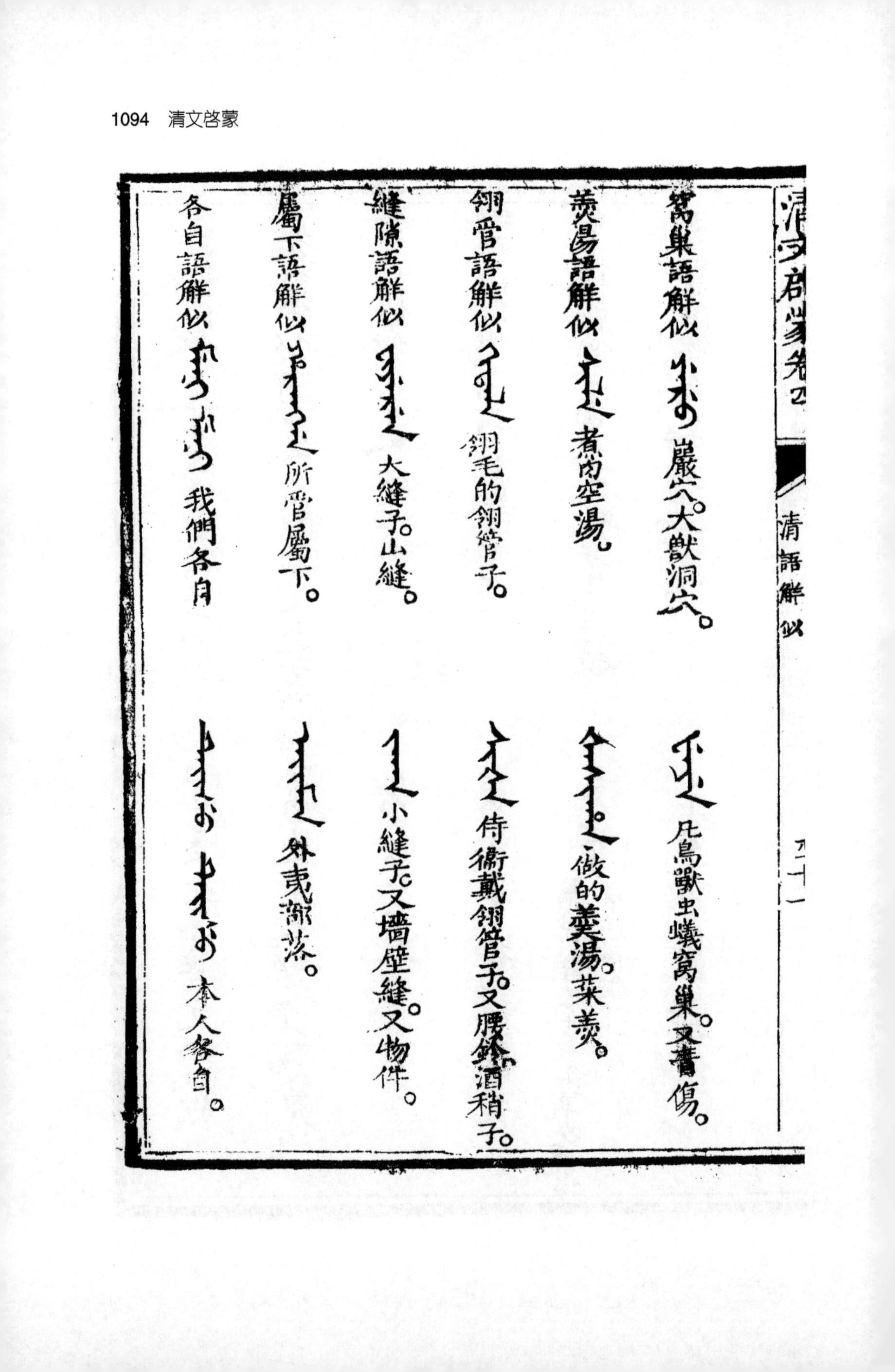

窩巢語解似　巖穴。大獸洞穴。　凡鳥獸虫蟻窩巢。又書傷。

羮湯語解似　煮的空湯。　做的羮湯。菜羮。

翎管語解似　翎毛的翎管子。　侍衛戴翎管子。又腰鈴。酒稍子。

縫隙語解似　大縫子。山縫。　小縫子。又墻壁縫。又物件。

屬下語解似　所管屬下。　外衷漸落。

各自語解似　我們各自　本人各自。

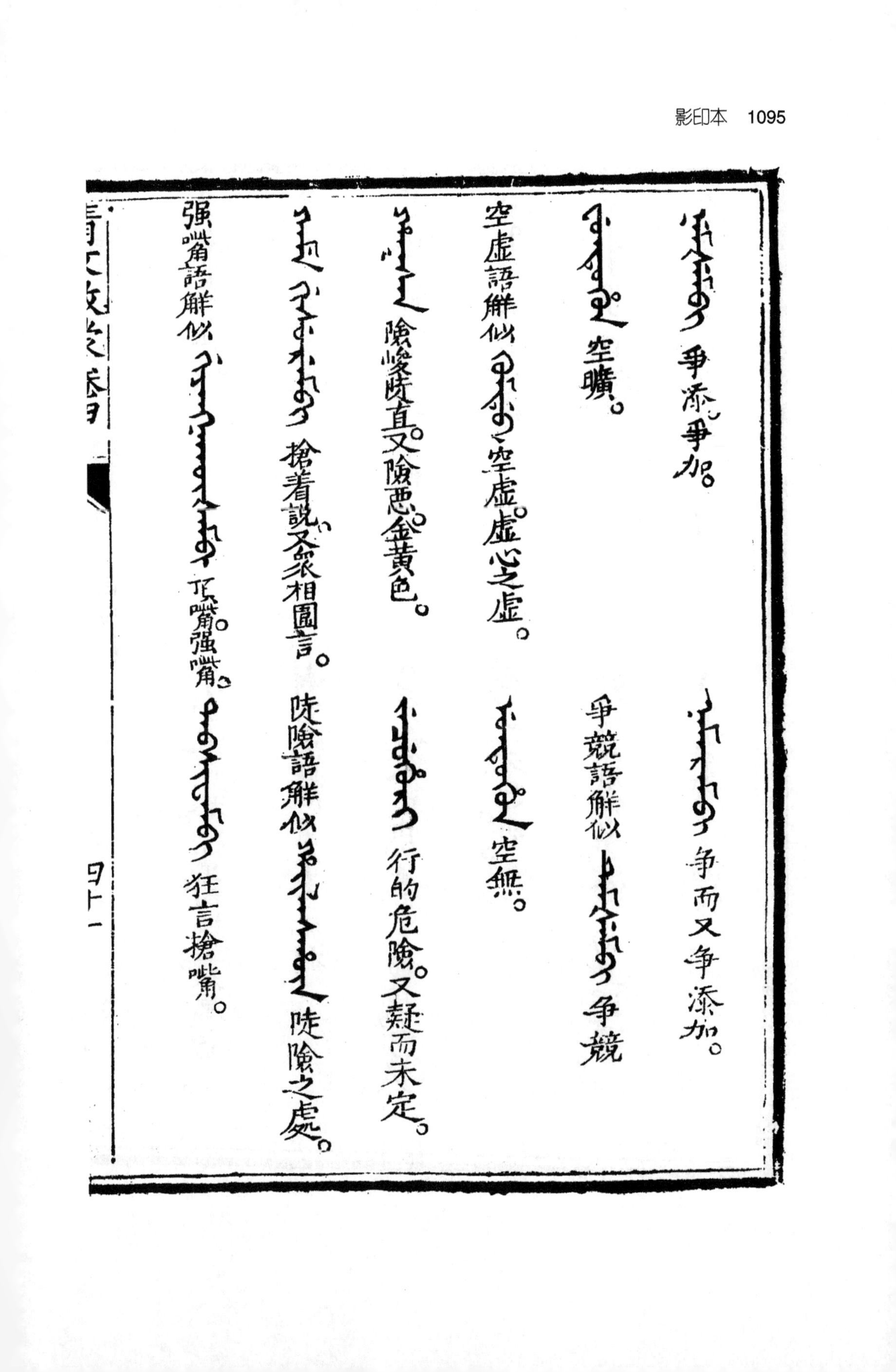

爭添。爭加。

空曠。

空虛語解似 空虛。虛心之虛。

險峻。陡直。又險惡。金黃色。

搶着說。又衆相圍言。

強嘴語解似 頂嘴。強嘴。

爭而又爭。添加。

爭競語解似 爭競

空無。

行的危險。又疑而未定。

陡險語解似 陡險之處。

狂言搶嘴。

[Manchu] 屯莊。

[Manchu] 催令疾速。

急快語解似 [Manchu] 緊急。

[Manchu] 仍還。還是。

[Manchu] 自悔恨。

悩恨語解似 [Manchu] 悩恨。

[Manchu] 里巷。鄉黨。同鄉里。又風一陣。

鄉屯語解似 [Manchu] 鄉村。

[Manchu] 疾快。[Manchu] 敏捷。又快。

[Manchu] 又。還。再。

還又語解似 [Manchu] 尚且還要。

[Manchu] 愧恨。

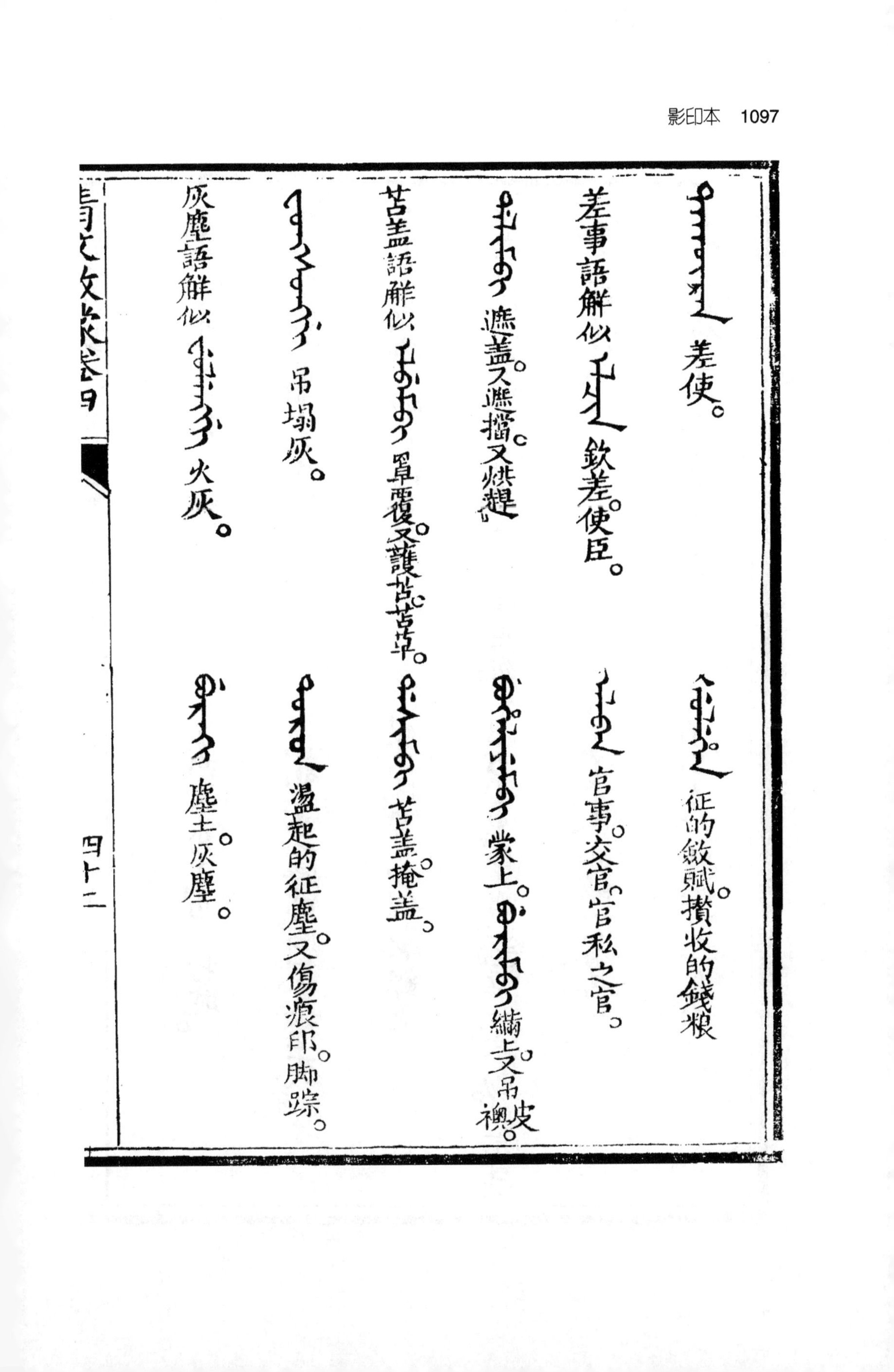

差使。

差事語解似 欽差。使臣。

遮蓋。又遮擋。又烘[illegible]

苫蓋語解似 罩覆。又護苫。苫草。

吊塌灰。

灰塵語解似 火灰。

征的斂賦。攢收的錢粮

官事。公官。官私之官。

蒙上。

繃上。又吊皮襖。

苫蓋掩蓋。

濕起的征塵。又傷痕印。脚踪。

塵土。灰塵。

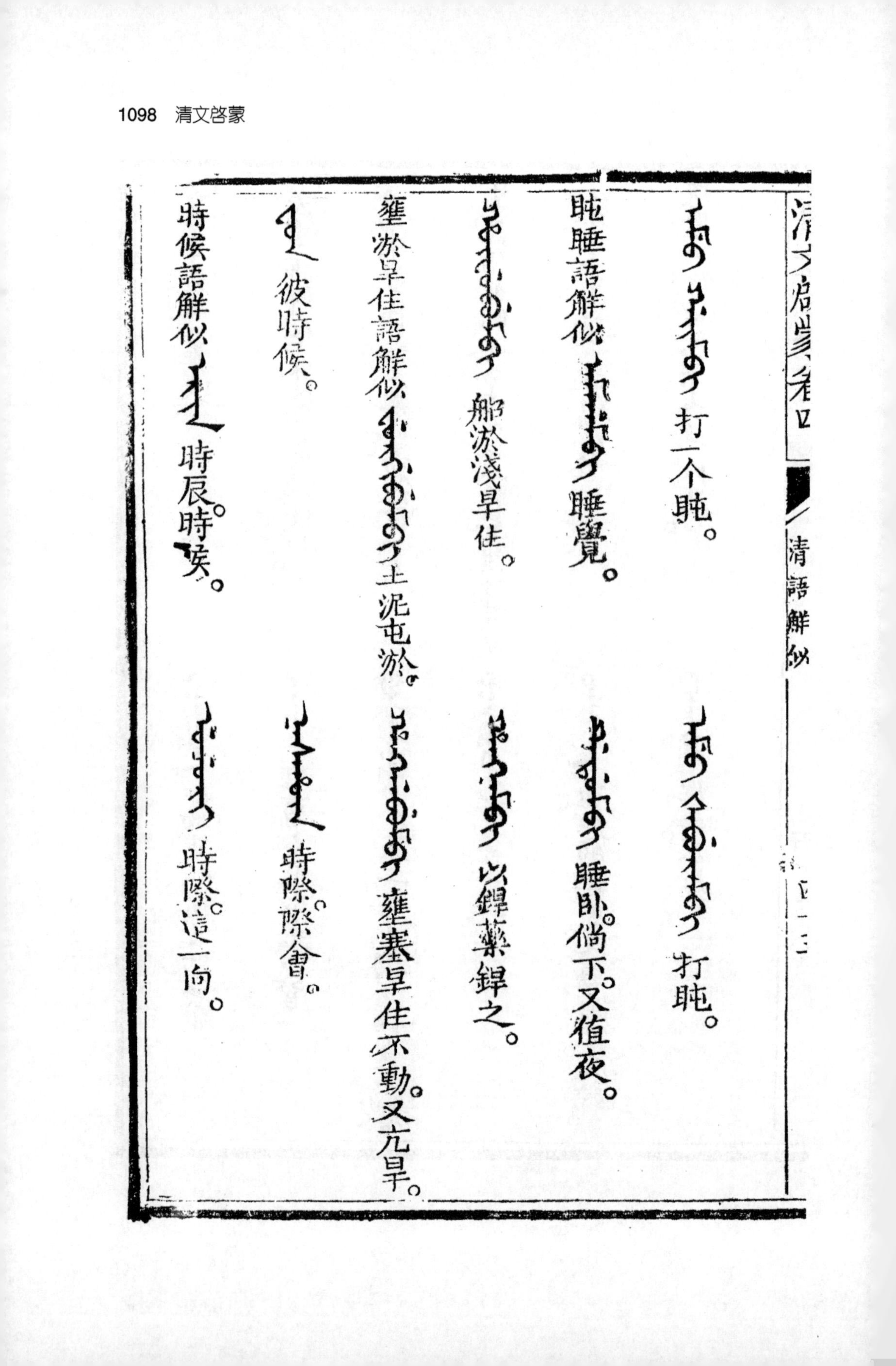

打一个盹。

打盹。

盹睡語解似

睡覺。

睡卧。倘下。又值夜。

船淤淺旱住。

以銲藥銲之。

壅淤旱住語解似

土泥屯淤。

壅塞旱住不動。又亢旱。

彼時候。

時際。際會。

時候語解似

時辰。時候。

時際。這一向。

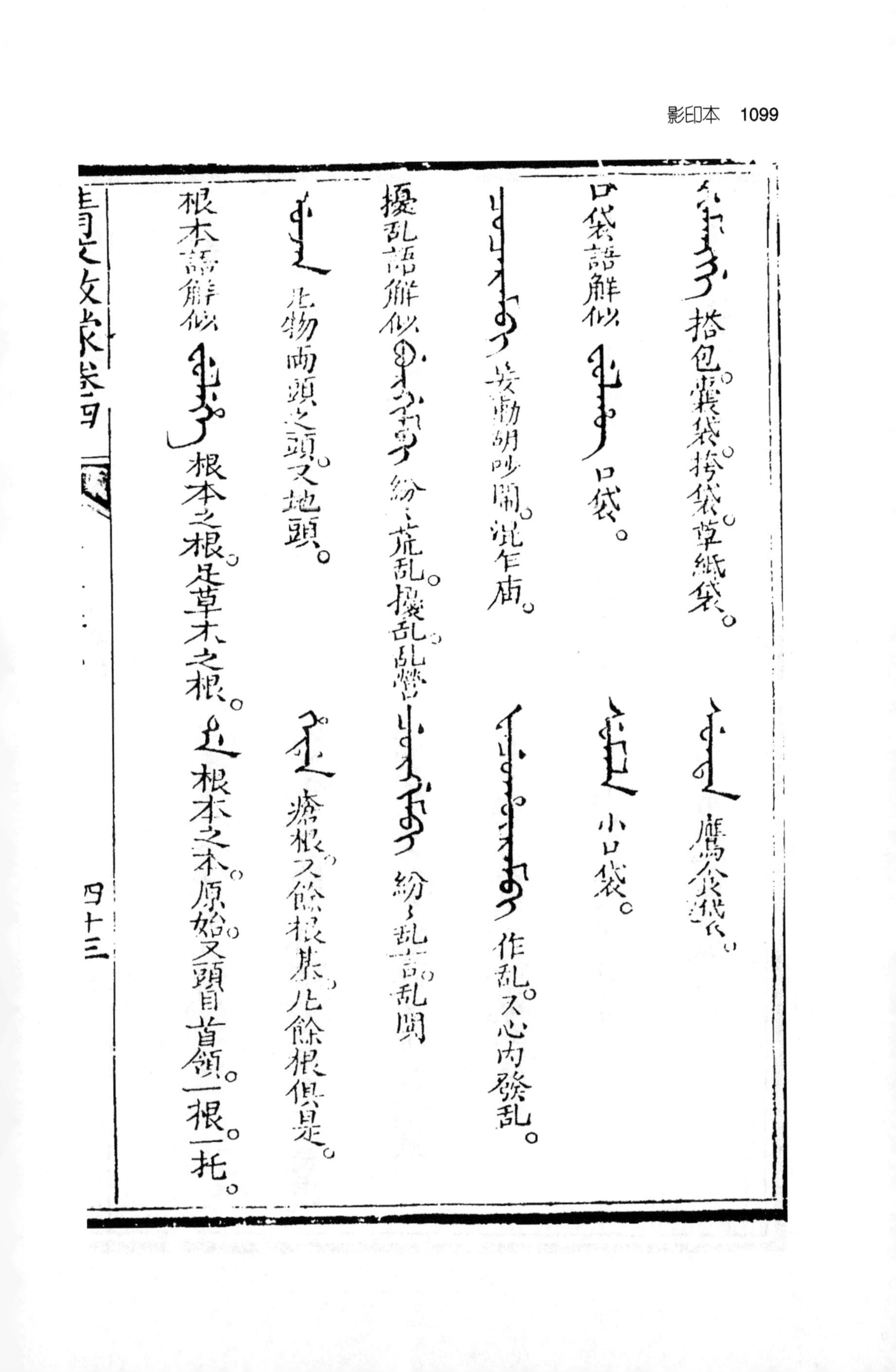

搭包。褡袋。挎袋。草紙袋。

鷹食袋。

口袋語解似

口袋。

小口袋。

吆喝胡吵閙。混作閙。

作乱。又心内發乱。

擾乱語解似

紛紛荒乱。擾乱。乱營

紛紛乱言。乱閧

凡物兩頭之頭。又地頭。

瘡根。又餘根根基。凡餘根俱是。

根本語解似

根本之根。是草木之根。

根本之本。原始。又頭目首領。一根。一托。

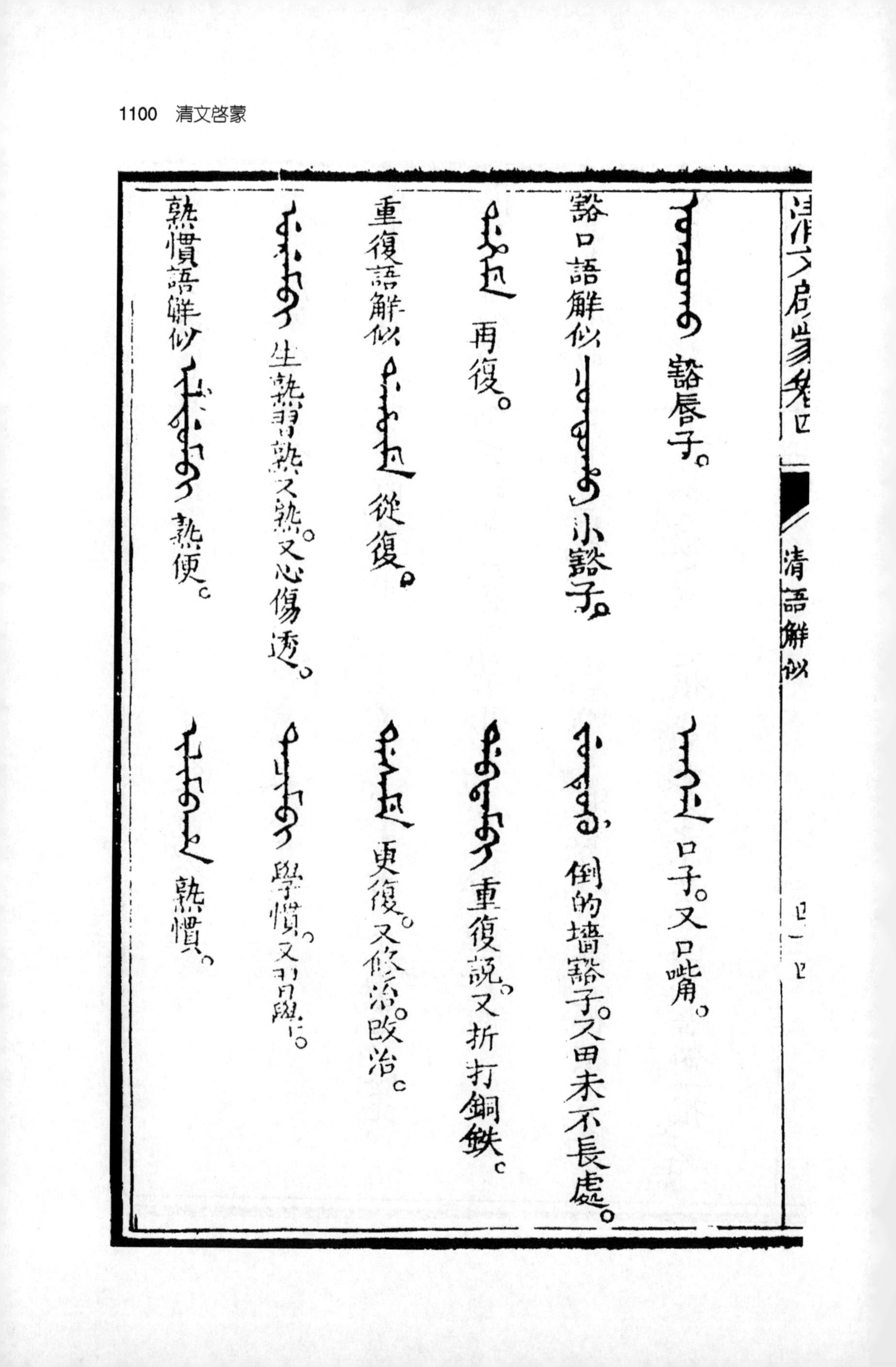

豁唇子。

口子。又口嘴。

豁口語解似

小豁子。

倒的墻豁子。又田末不長處。

再復。

重復說。又折打銅鐵。

重復語解似

從復。

更復。又修治。改治。

生熟習熟又熟。又心傷透。

學慣。又習學。

熟慣語解似

熟便。

熟慣。

提補於人。又令鍘草。

提起。

提說語解似　因提起。

窟窿膛。又耳洞。樹孔。

扎的耳眼。又小碎眼子。

隘口。窄口子。開口之口。

生長養育語解似　長。

不住提說。

提起来了。又胎動。

凡器物安把的窟窿。

窟窿。

窟窿眼語解似　眼子。又眼目。

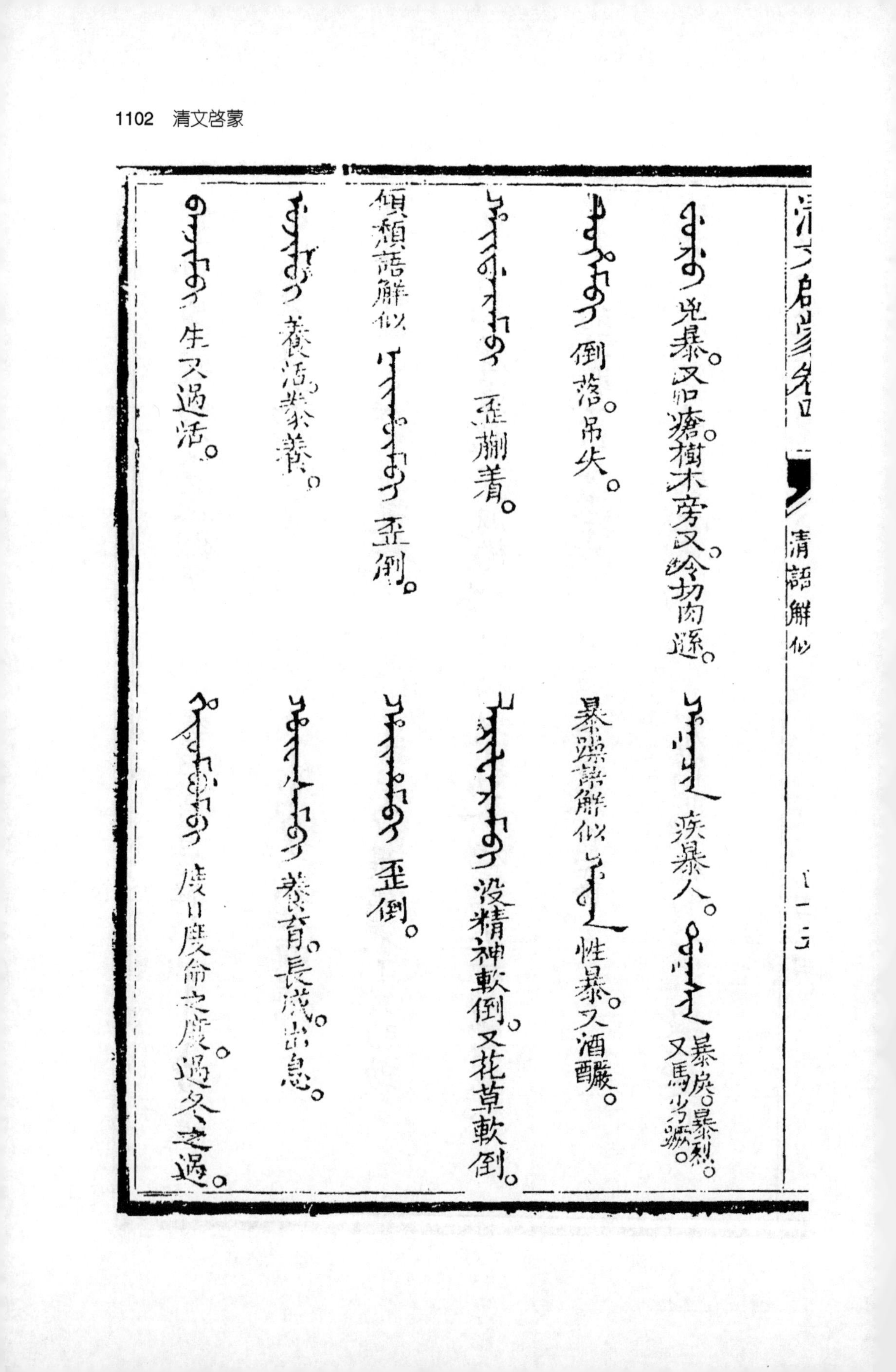

兇暴。又石磨。樹木旁叉。趻切肉遜。

倒落。吊失。

歪剘着。

傾頹語解似

歪倒。

養活。豢養。

生又過活。

疾暴人。

暴戾。暴烈。又馬少蹶。

暴躁語解似

性暴。又酒釅。

没精神軟倒。又花草軟倒。

歪倒。

養育。長成。出息。

度日度命之度。過冬之過。

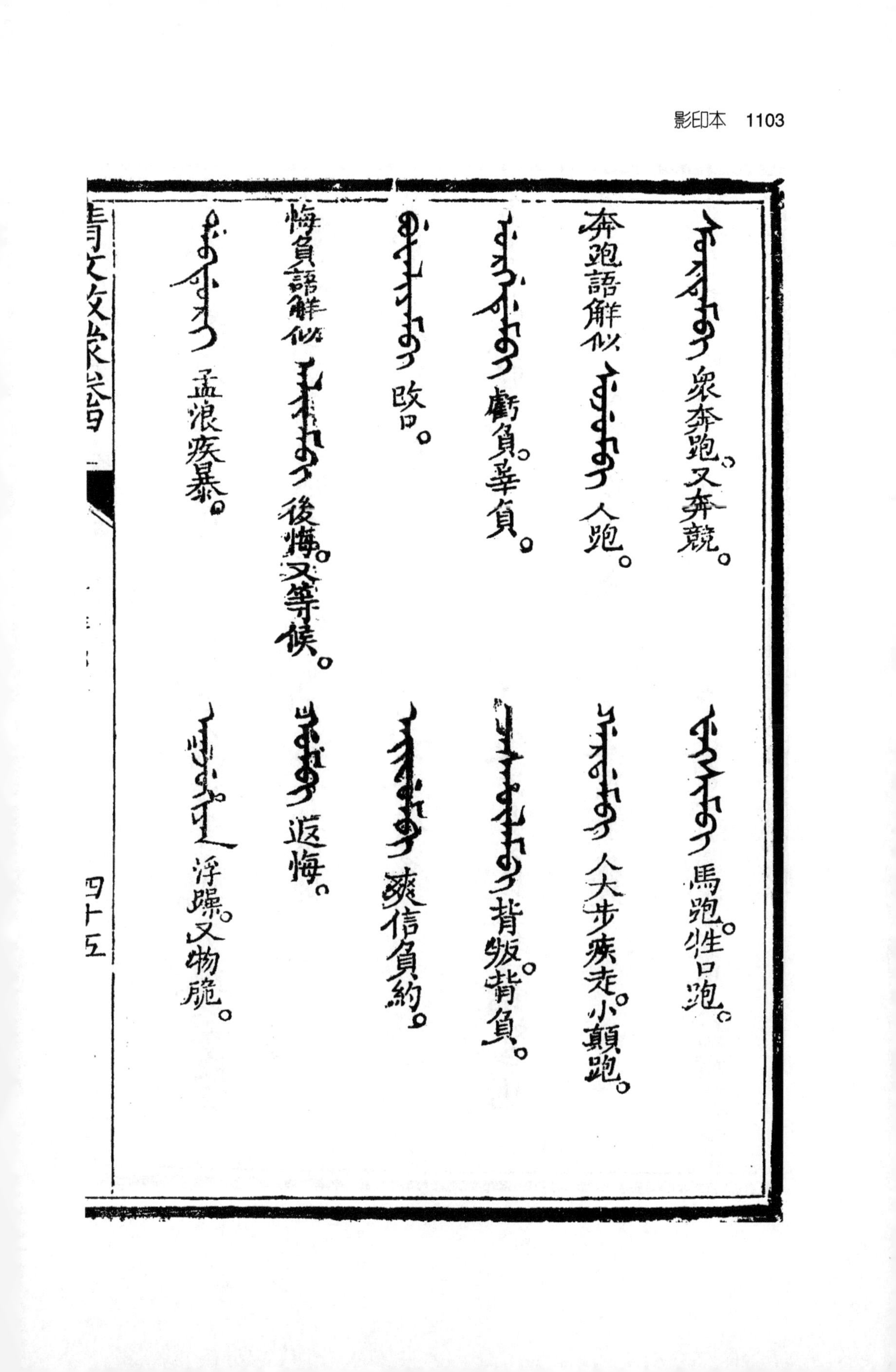

衆奔跑。又奔競。

奔跑語解似 人跑。

虧負。辜負。

悮。

悔負語解似 後悔。又等候。

孟浪疾暴。

馬跑。牲口跑。

人大步疾走。小顛跑。

背叛。背負。

爽信負約。

返悔。

浮躁。又物脆。

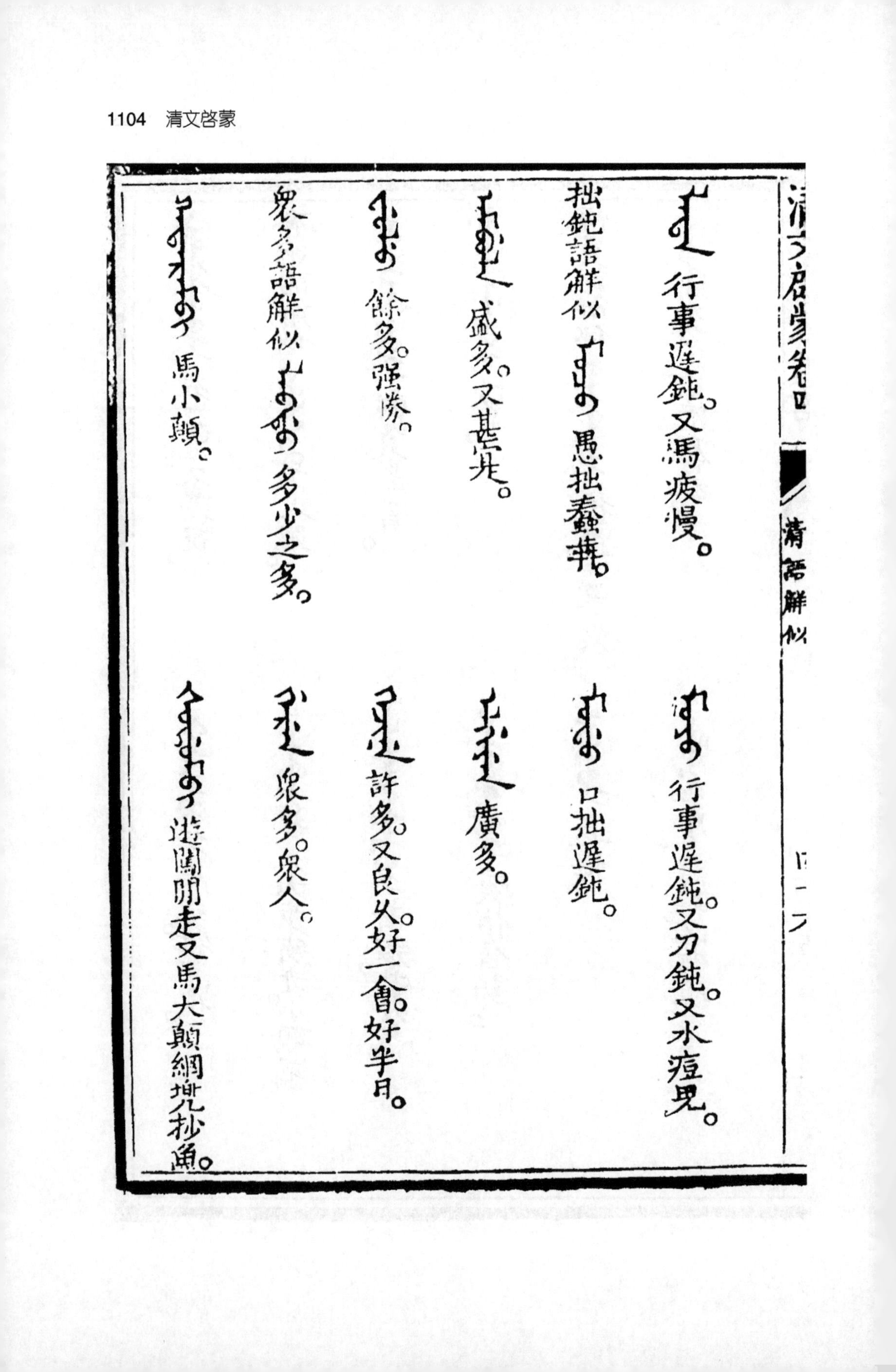

行事遲鈍。又馬疲慢。

拙鈍語解似

愚拙蠢笨。

盛多。又甚是。

餘多。強勝。

眾多語解似

多少之多。

馬小顛。

行事遲鈍。又刀鈍。又水痘兒。

口拙遲鈍。

廣多。

許多。又良久。好一會。好半月。

衆多。衆人。

遊闖閒走。又馬大顛。網兜抄魚。

[Manchu] 留下。

[Manchu] 留剩。又令閒着。

留下語解似 [Manchu] 存留。令在。

[Manchu] 乖留遺留又落後存後。

[Manchu] 思心欲吐。

[Manchu] 惡心流吃水。又厭惡。

[Manchu] 惱惡心欲乾噦。

[Manchu] 乾噦。乾嘔。

嘔吐語解似 [Manchu] 吐出

[Manchu] 往上倒翻嘔吐。

[Manchu] 身腧犇蠢犇。又騍子累墜。

[Manchu] 魯鈍。

執拗語解似 執拗牛心人。 固執人。死搬椿人。

能着語解似 支持能着。 苟且。胡里馬里的。

挽袖語解似 捲起袖子。 惱怒。揎袖舒手。

熬煮語解似 水熬。 煎熬。

盤子語解似 或方或圓的木盤子。 盤子總稱。

脫失語解似 秃嚕脫開。 失手脫失。又令僱。令租。

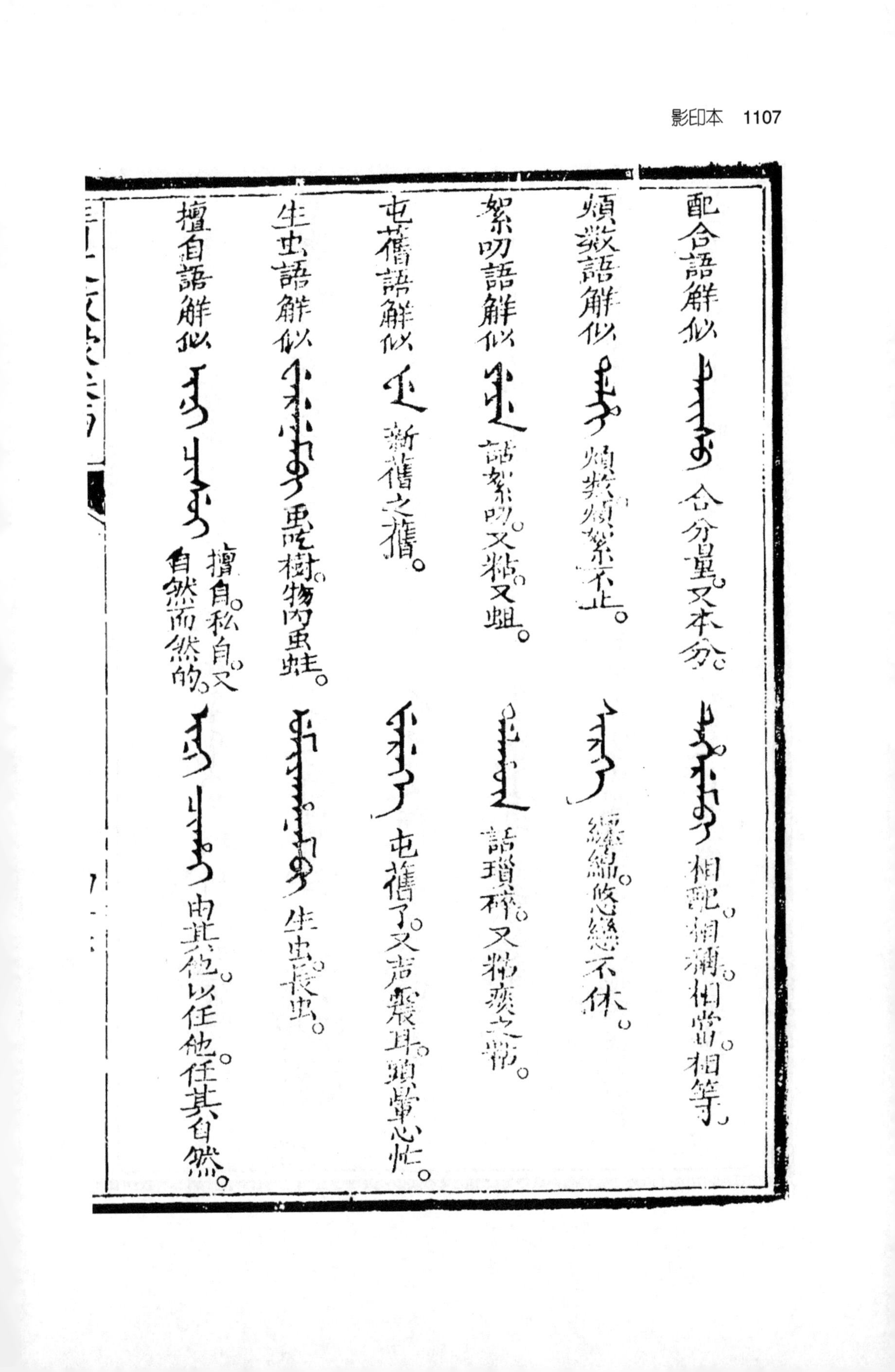

配合語解似

合分量。又本分。

相配。相稱。相當。相等。

頻數語解似

頻數。頻繁不止。

纏綿。悠戀不休。

絮叨語解似

話絮叨。又粘。又蛆。

話瑣碎。又粘爽之物。

屯舊語解似

漸舊之舊。

屯舊了。又声震耳。頭暈心忙。

生虫語解似

蠹樹物内虫蛀。

生虫。長虫。

擅自語解似

擅自。私自。又自然而然的。

由其位。以任他。任其自然。

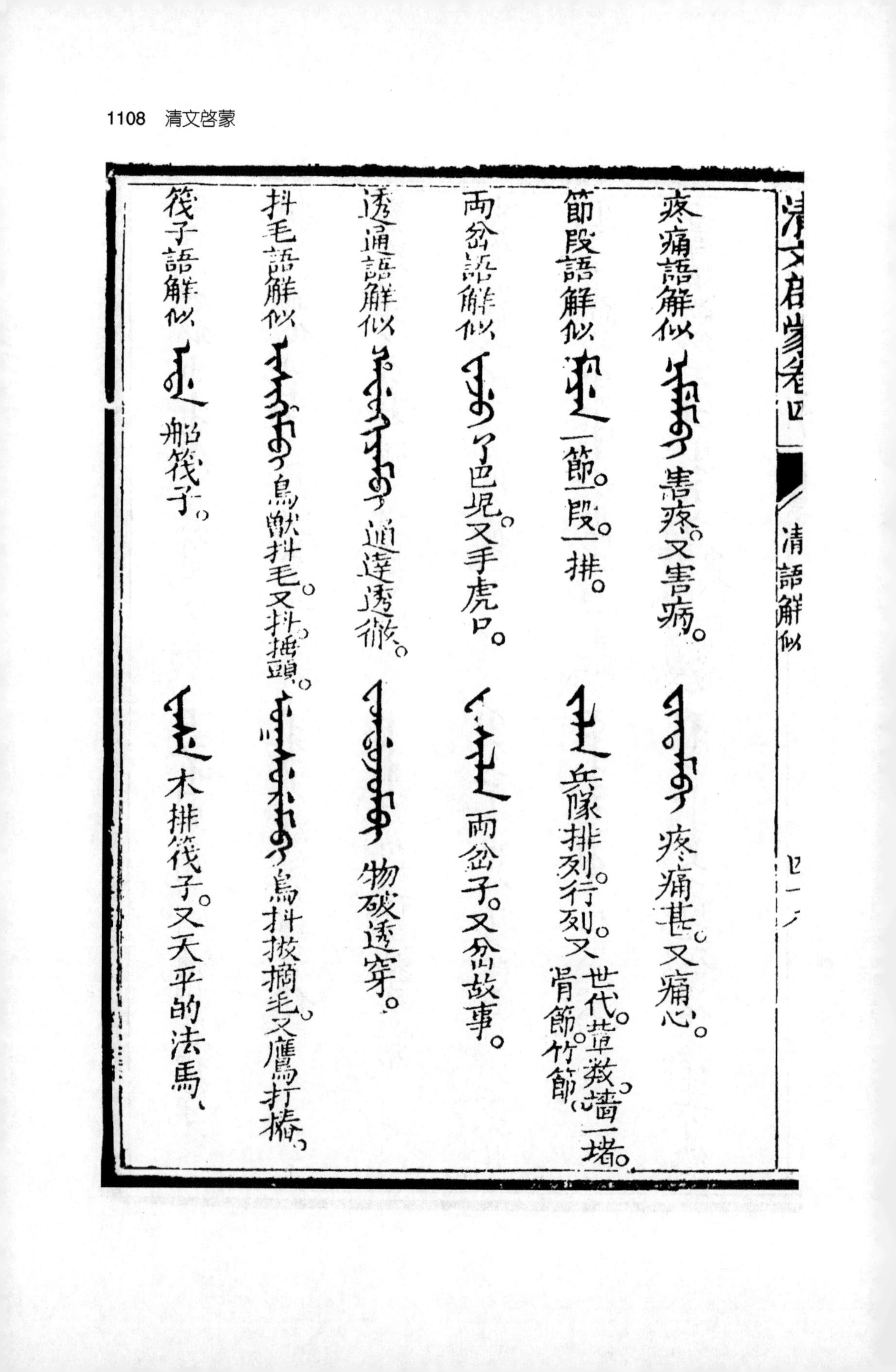

疼痛語解似 害疼。又害病。 疼痛甚。又痛心。

節段語解似 一節。一段。一排。 兵隊排列。行列。又世代。草藪。牆一堵。骨節。竹節。

兩岔語解似 丫巴兒。又手虎口。 兩岔子。又岔出故事。

透通語解似 通達透徹。 物破透穿。

抖毛語解似 鳥獸抖毛。又抖搜頭。 鳥抖披摘毛。又鷹打椿。

筏子語解似 船筏子。 木排筏子。又天平的法馬、

獵捕語解似 拿捕捉拿。又撈錢。 打牲捕獵。

綁縛語解似 拴繫。 綁縛。

積年語解似 老積年。又筋頭上。 歷練精透人。又無枝長葉硬木。

稠濃語解似 稠濃味厚。色深。來往勤。 稠濃。色黑紫。

容近前語解似 容留容納。 近前去。又去更換。

頂子語解似 朝帽頂子。車轎銅錫頂子。旗杆頂子。 房頂。帽上頂。草轎落頂。凡物頂蓋。又福胙祭肉。又令煨撅。

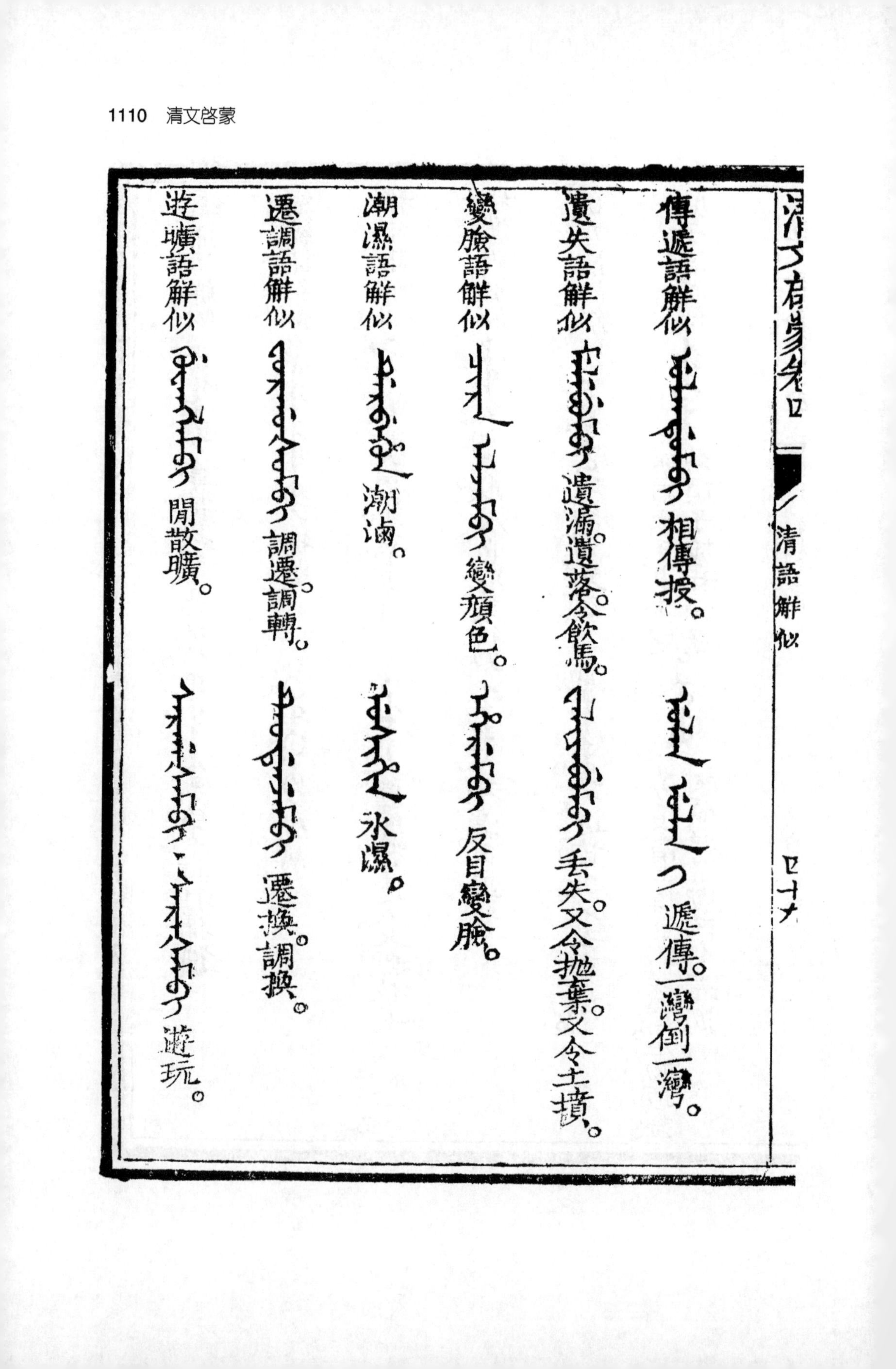

傳遞語解似 相傳授。 遞傳。一彎倒一彎。

遺失語解似 遺漏。遺落。令飲馬。 丟失。又令拋棄。又令土墳。

變臉語解似 變顏色。 反目變臉。

潮濕語解似 潮滷。 氷濕。

遷調語解似 調遷。調轉。 遷換。調換。

遊曠語解似 閒散曠。 遊玩。

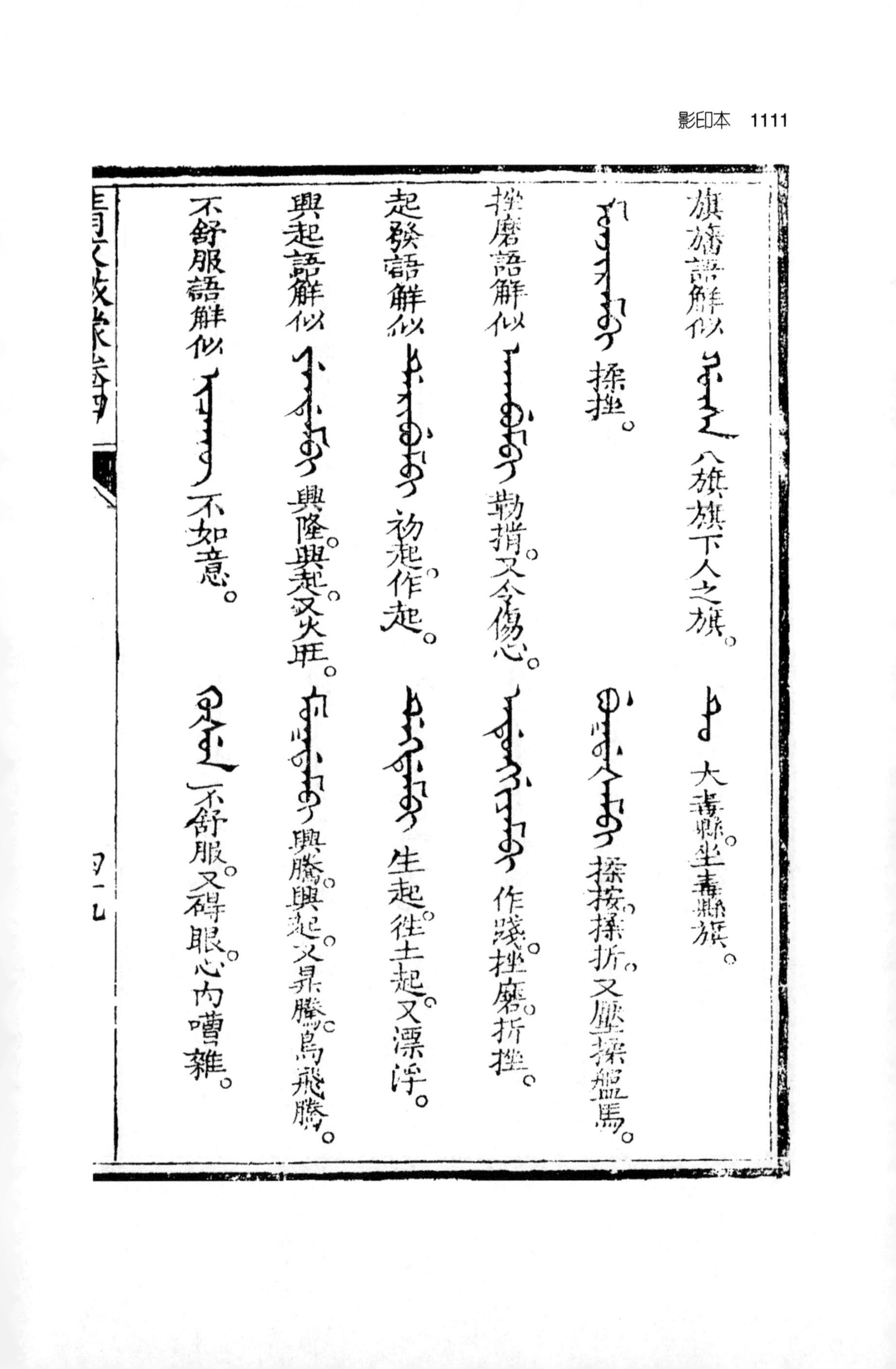

旗旛語解似 八旗旗下人之旗。 大纛。坐纛旗。

搡挫。 搡按。揉折。又壓搡盤馬。

挫磨語解似 勒指。又令傷心。 作踐。挫磨。折挫。

起發語解似 初起。作起。 生起。往上起。又漂浮。

興起語解似 興隆。興起。又火旺。 興騰。興起。又鼎騰。鳥飛騰。

不舒服語解似 不如意。 不舒服。又礙眼。心內嘈雜。

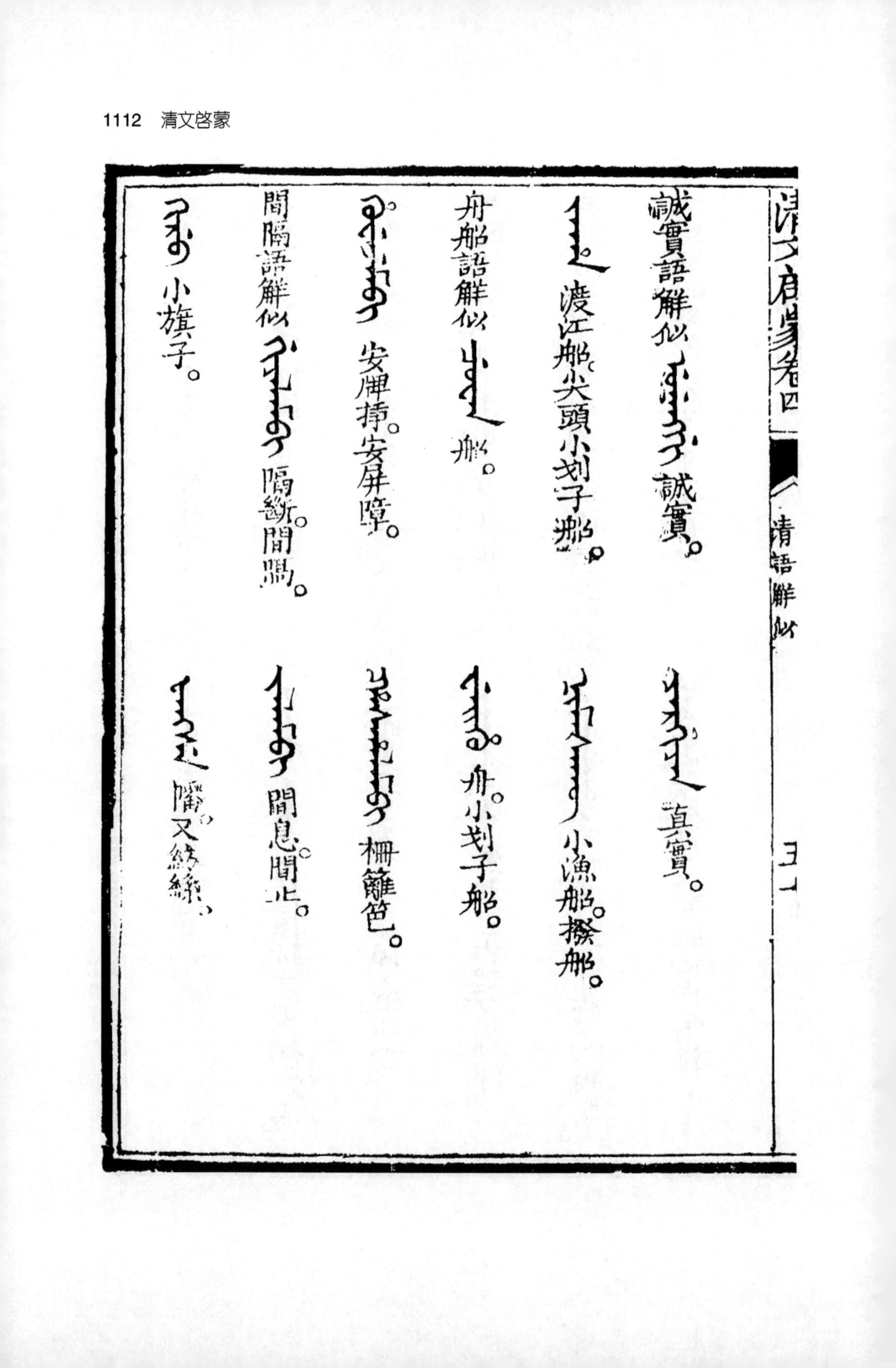

誠實語解似

誠實。

真實。

渡江船尖頭小划子船。

小漁船。撥船。

舟船語解似

船。

舟。小划子船。

安牌擰。安屏障。

栅籬笆。

間隔語解似

隔斷。間隔。

間息。間止。

小旗子。

幟。又綫繐。

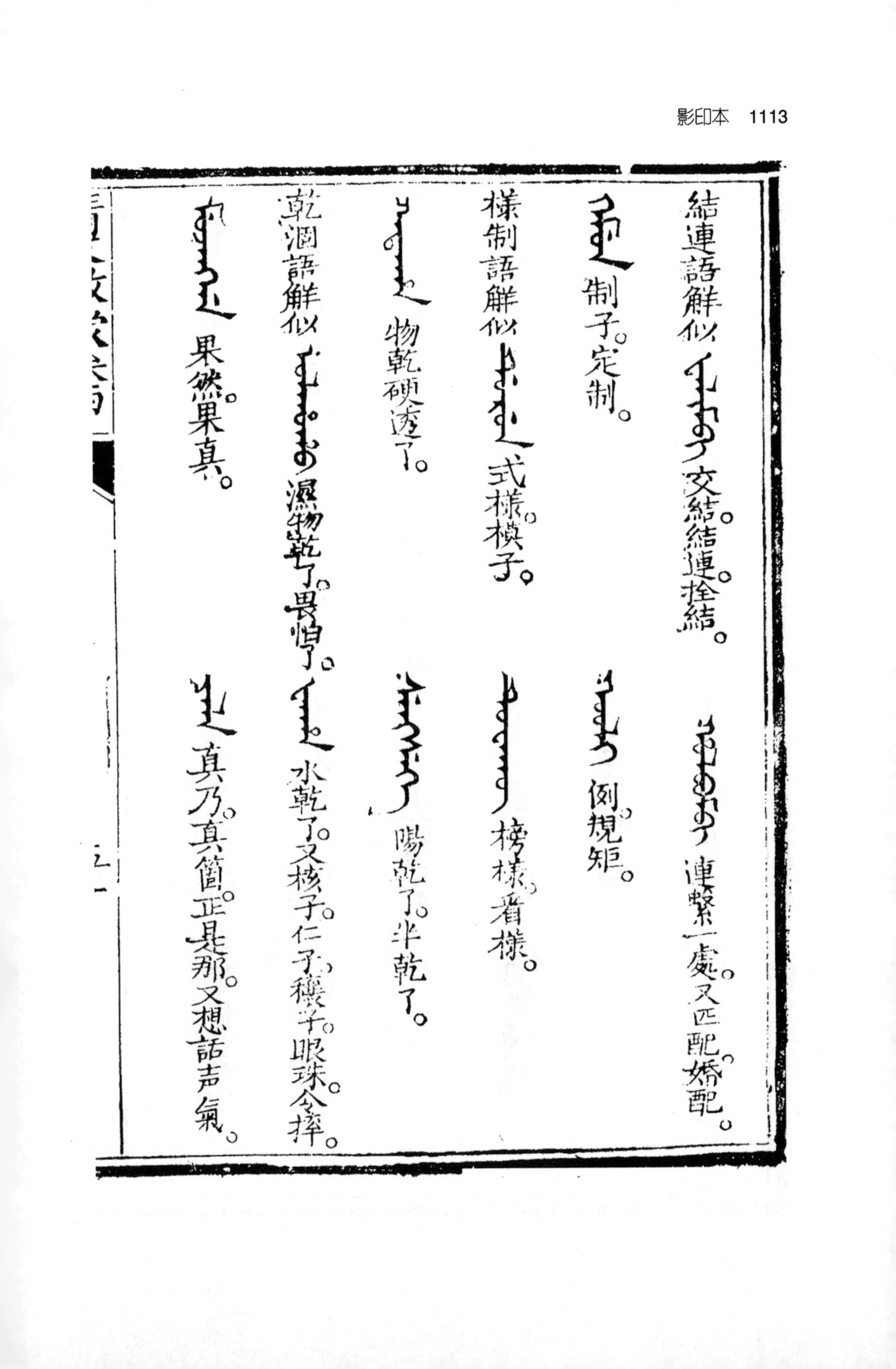

結連語解似 交結。結連。拴結。 連繫一處。又匹配。婚配。

制子。定制。 例。規矩。

樣制語解似 式樣。模子。 榜樣。看樣。

物乾硬透了。 陽乾了。半乾了。

乾涸語解似 濕物乾了。畏怕了。 水乾了。又核子。仁子。穰子。眼珠。令捽。

果然。果真。 真乃。真箇。正是那。又想話声氣。

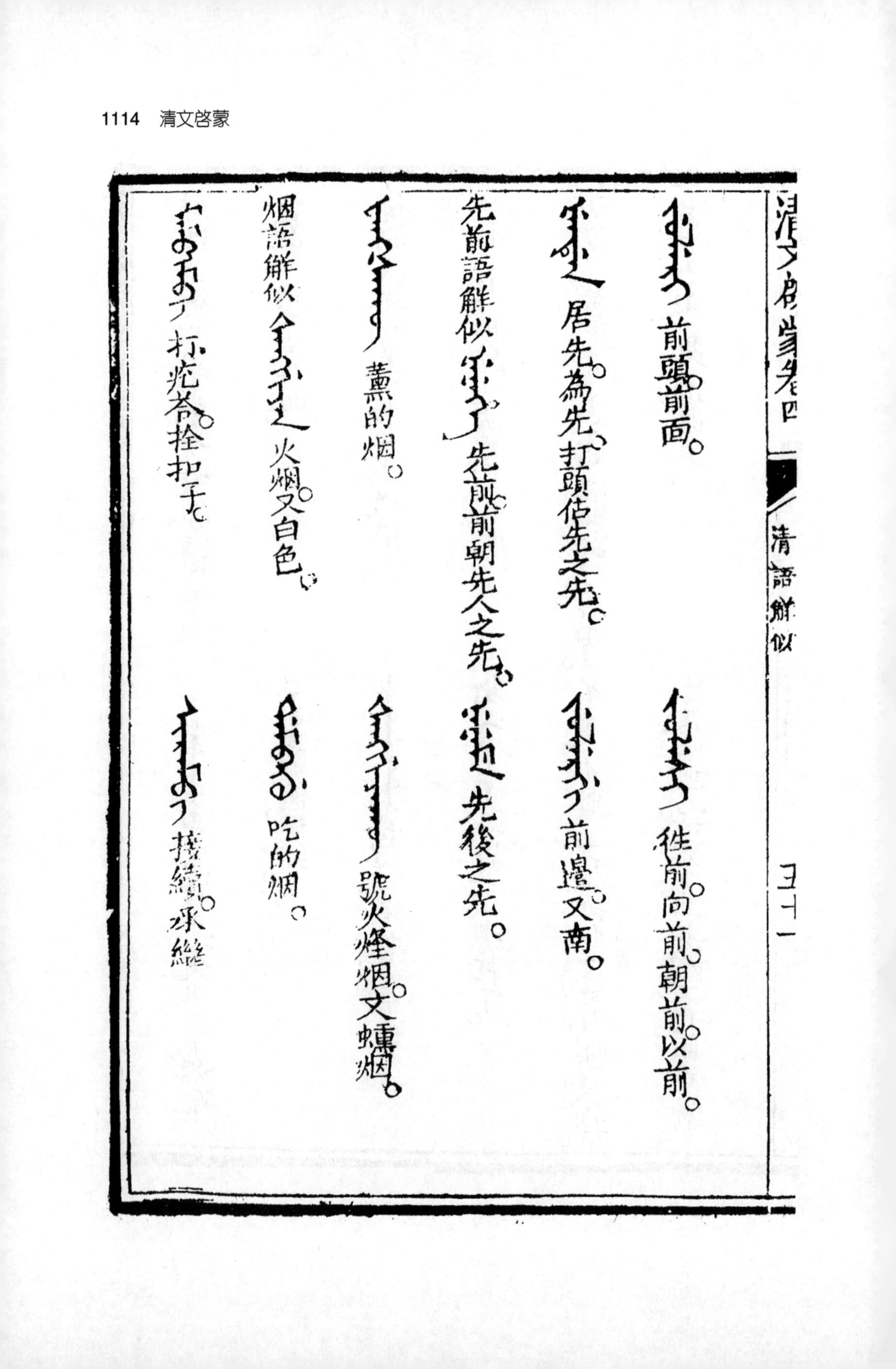

前頭。前面。

往前。向前。朝前。以前。

居先。為先。打頭。佔先之先。

前邊。又南。

先前語解似

先前。前朝。先人之先。

先後之先。

薰的烟。

號火烽烟。又燻烟。

烟語解似

火烟。又白色。

吃的烟。

打疙疸。拴扣子。

接續。承繼。

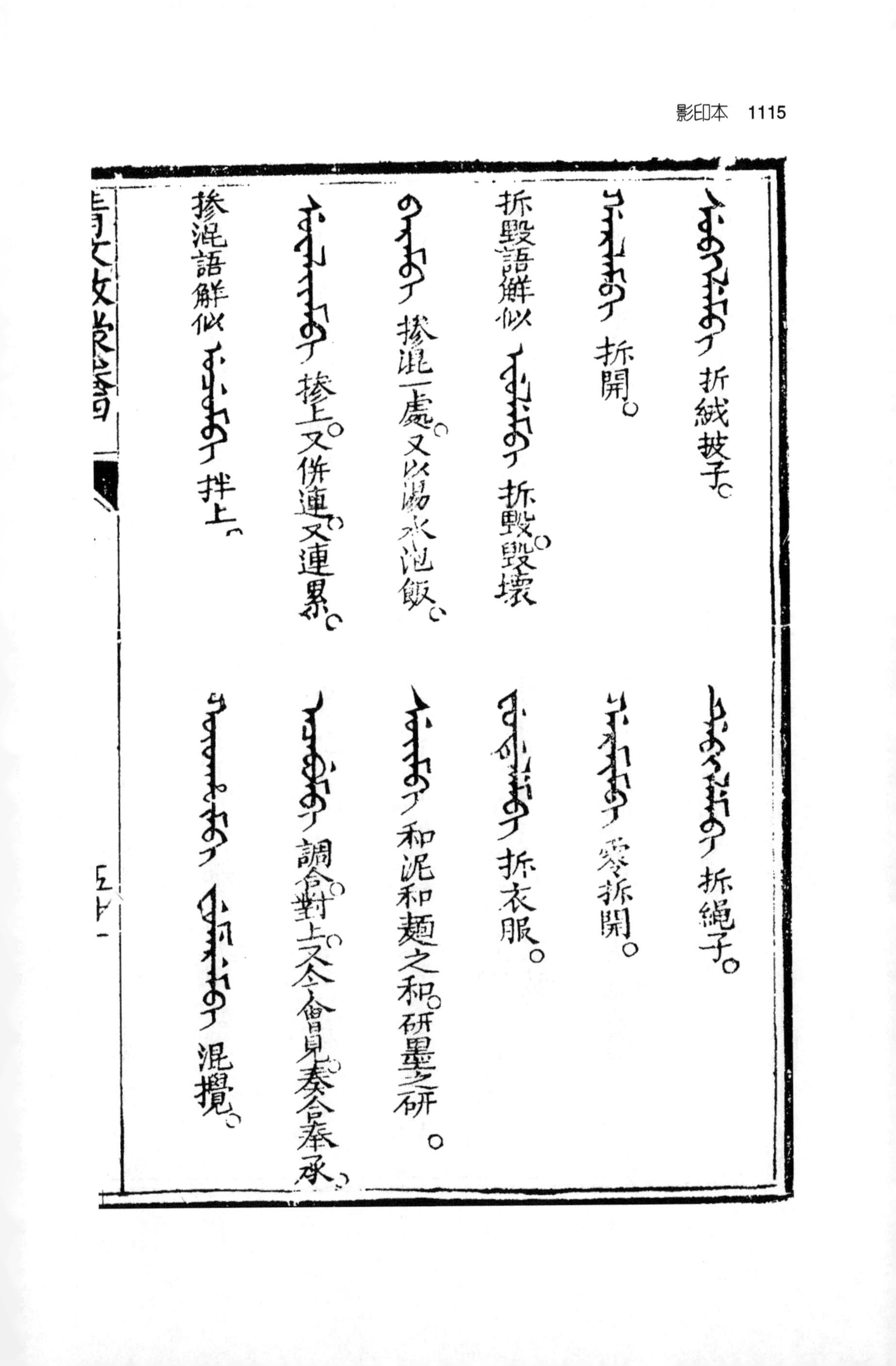

折絨拔子。

折開。

折毀語解似 折毀毀壞。

摻混一處又以湯水泡飯。

摻上又併連又連累。

摻混語解似 拌上。

折繩子。

零拆開。

拆衣服。

和泥和麵之和。研墨之研。

調合對上又合會見奏合奉承。

混攪。

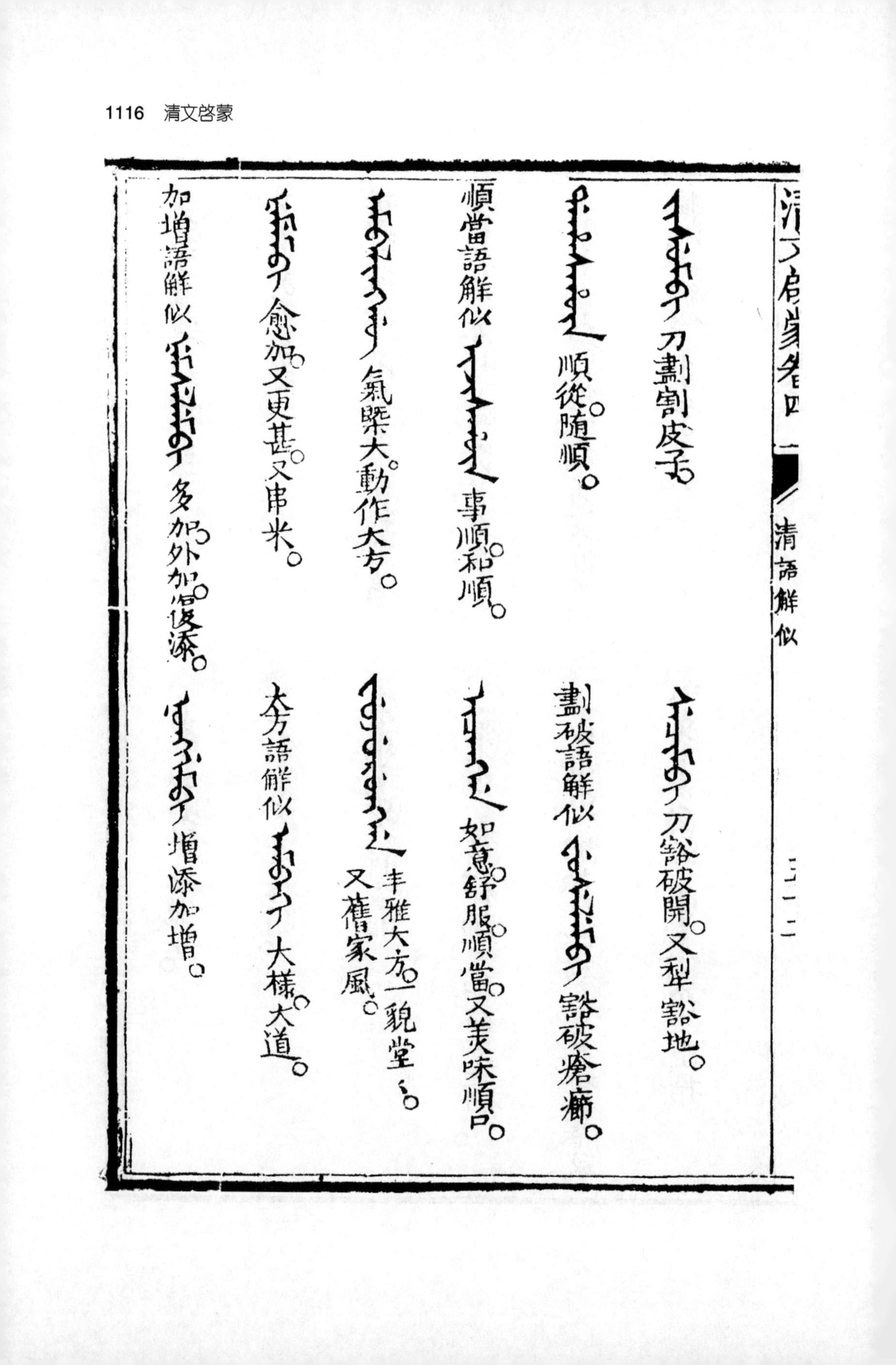

刀劃割皮子。

順從隨順。

順當語解似

事順和順。

氣槩大動作大方。

愈加又更甚又串米。

加增語解似

多加外加復添。

刀豁破開。又犁豁地。

劃破語解似

豁破瘡癤。

如意舒服順當又美味順口。

丰雅大方一貌堂堂又舊家風。

大方語解似

大樣大道。

增添加增。

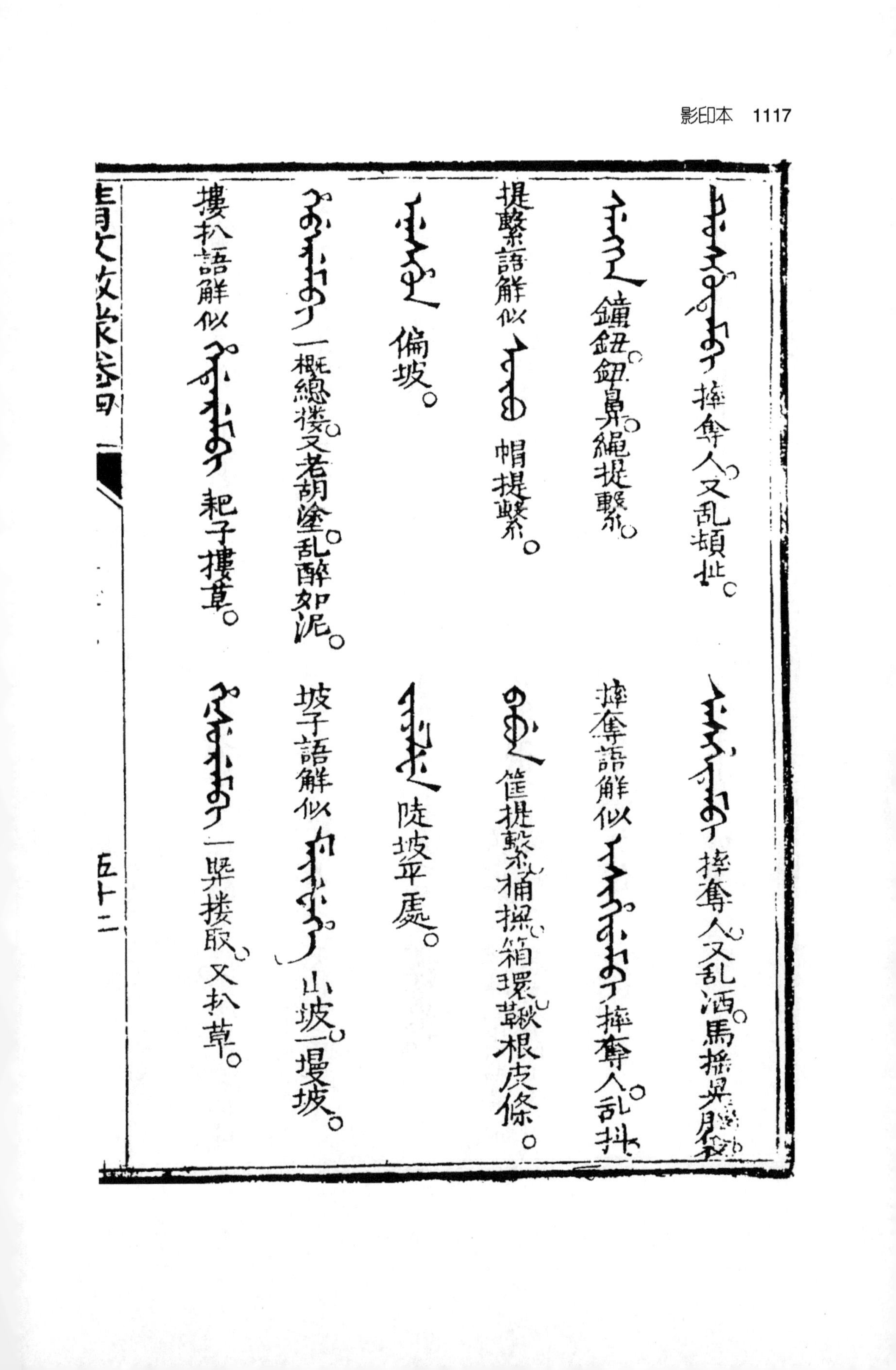

摔奪人。又亂頓扯。

鏇鈕。鈕鼻。繩提繫。

提繫語解似　帽提繫。

偏坡。

一概總摟。又者胡塗亂醉如泥。

摟扒語解似　耙子摟草。

摔奪人。又亂洒。馬搖晃腦[illegible]

摔奪語解似　摔奪人。亂抖。

筐提繫。補擬。箱環。鞦根皮條。

陡坡平處。

坡子語解似　山坡。一場坡。

一昇摟取。又扒草。

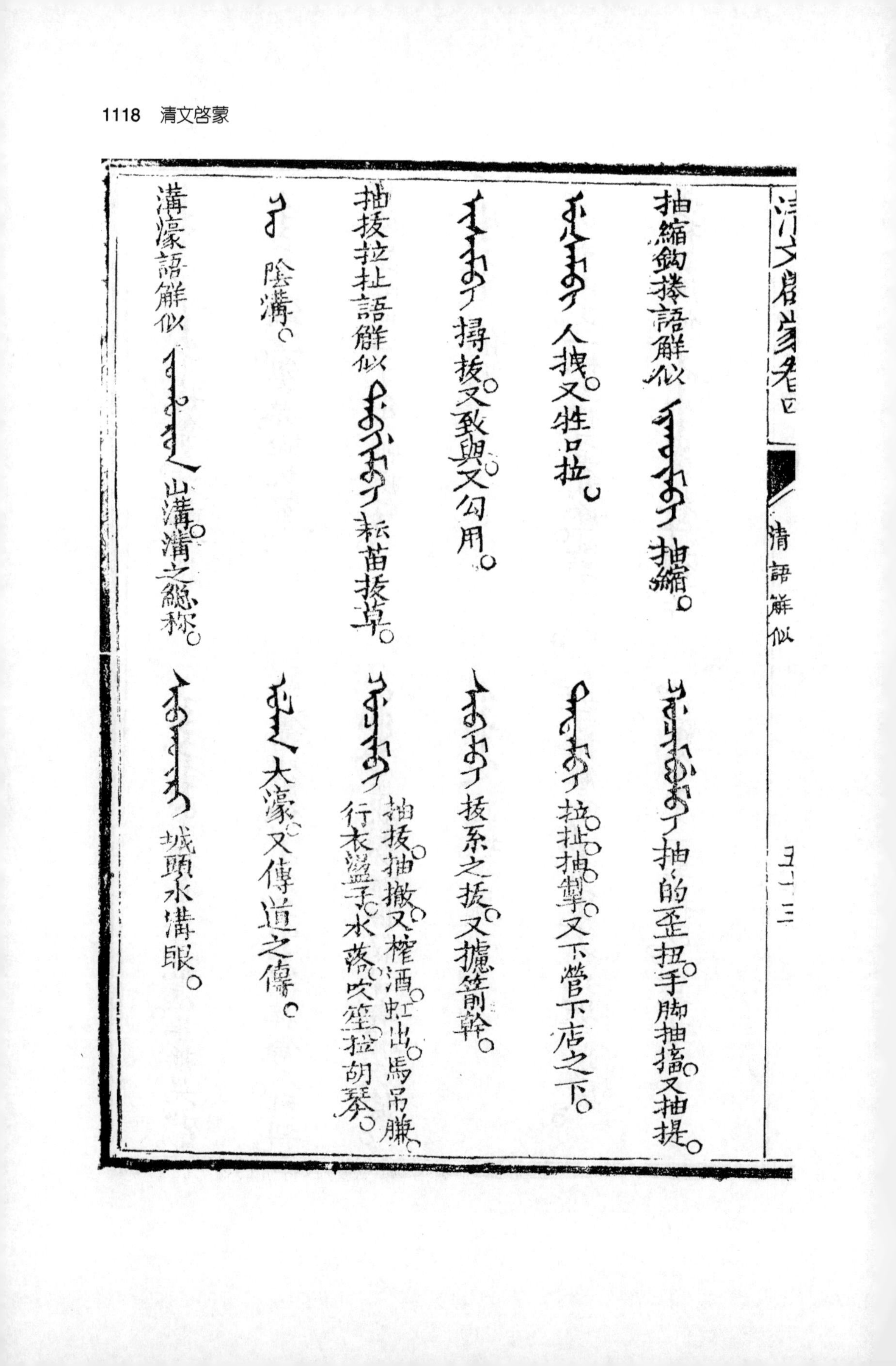

抽縮鈎撥語解似

抽縮。

抽的歪扭手脚抽搐又抽提。

人拽又牲口拉。

拉扯抽掣又下營下店之下。

掃拔又致與又公用。

拔系之拔又攄箭幹。

抽拔拉扯語解似

耘苗拔草。

抽拔。抽撤。又榨酒。虹出。馬吊膘。行衣。溢子。水落。吹笙。拉胡琴。

陰溝。

大濠又傳道之傳。

溝濠語解似

山溝溝之總稱。

城頭水溝眼。

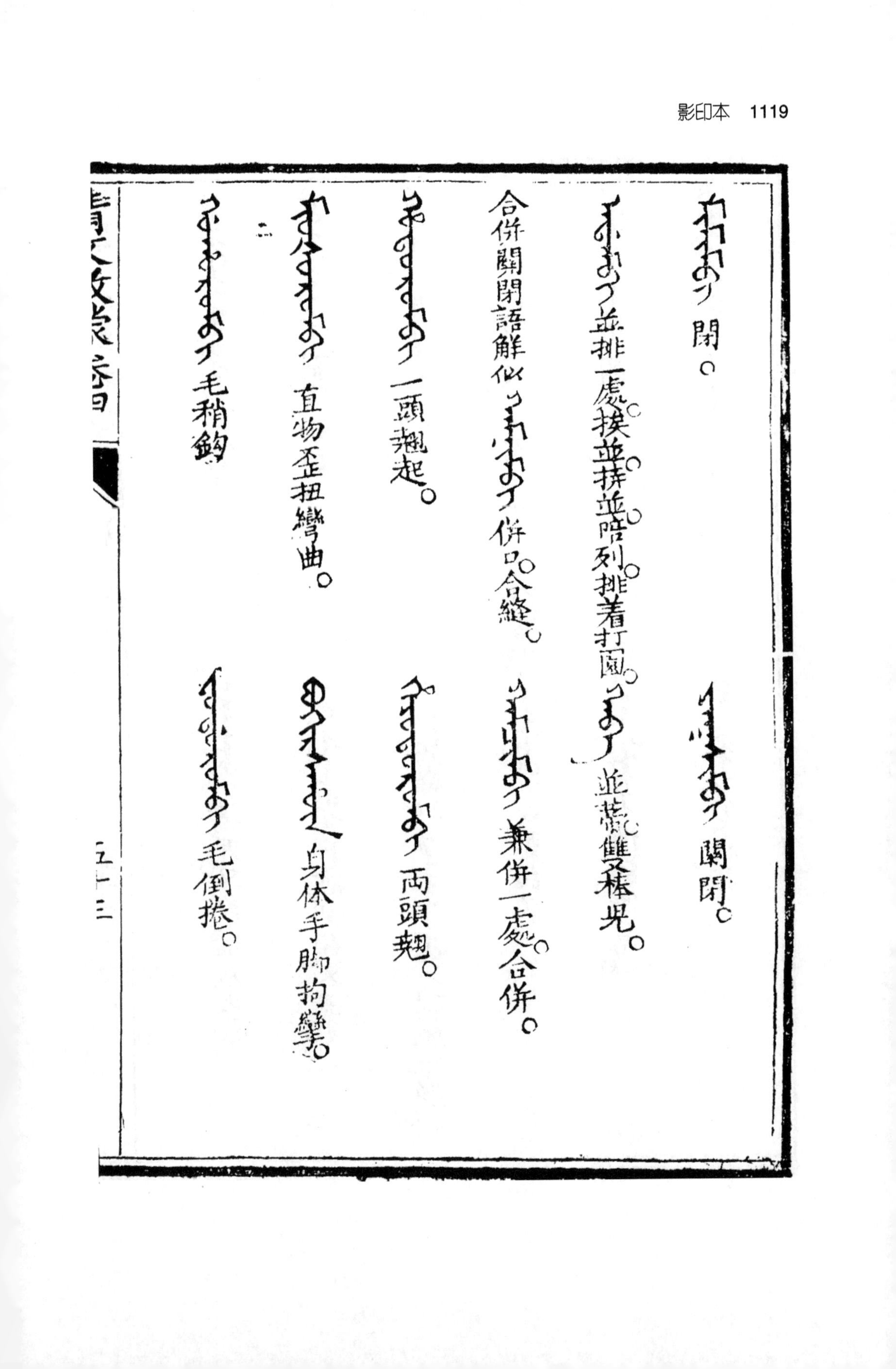

閉。

並排一處挨並挤並陪列排着打圍。

合併關閉語解似 併口合縫。

一頭翹起。

直物歪扭彎曲。

二

毛稍鉤

關閉。

並蔕雙棒兒。

兼併一處合併。

兩頭翹。

身体手脚拘攣。

毛倒捲。

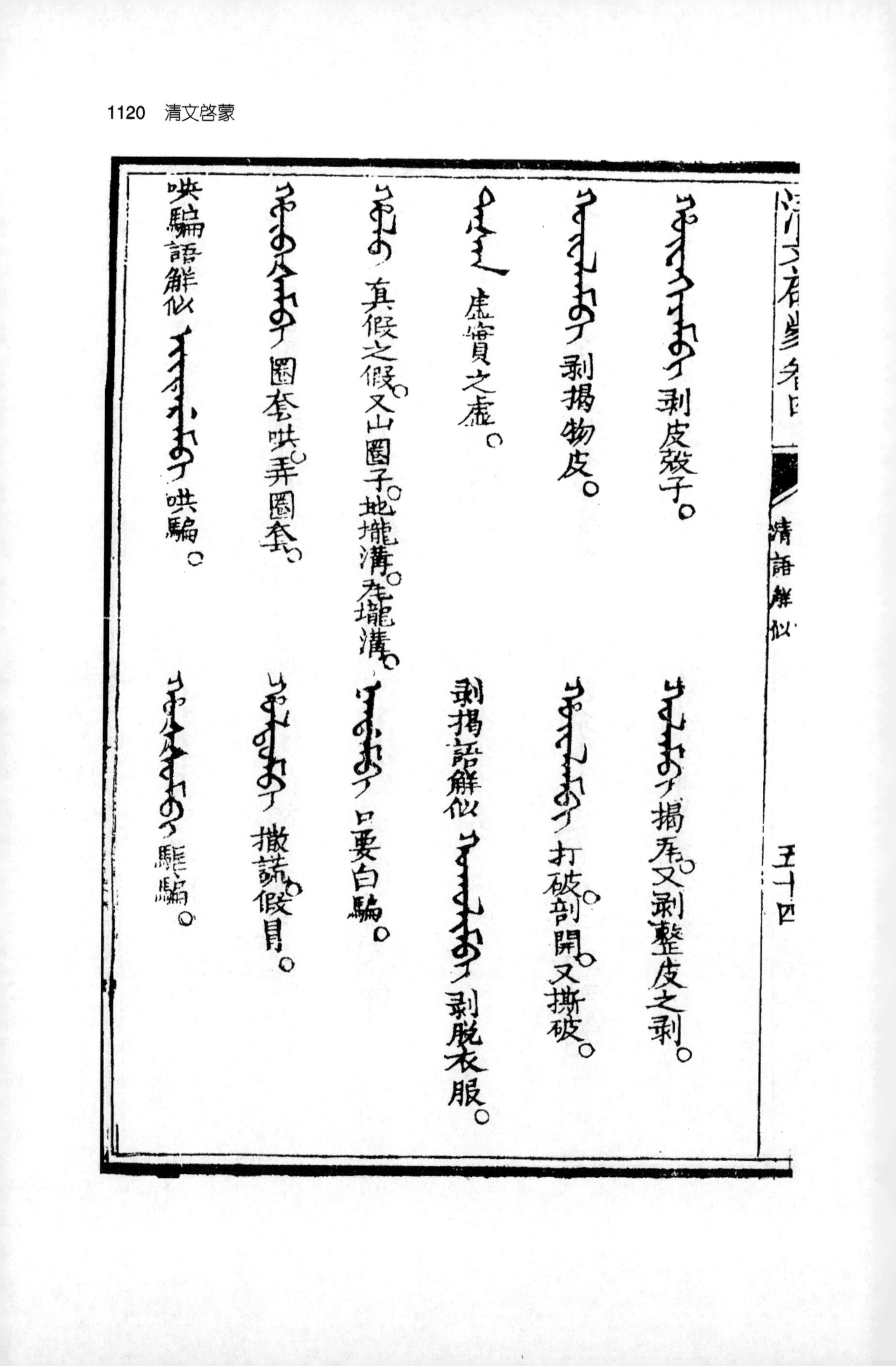

剥皮殻子。

剥揭物皮。

虚實之虚。

真假之假。又山圈子。地攏溝。炕攏溝。

圈套哄弄圈套。

哄騙語解似

哄騙。

揭痂。又剥整皮之剥。

打破。剖開。又撕破。

剥揭語解似

剥脱衣服。

口要白騙。

撒謊假冒。

騙騙。

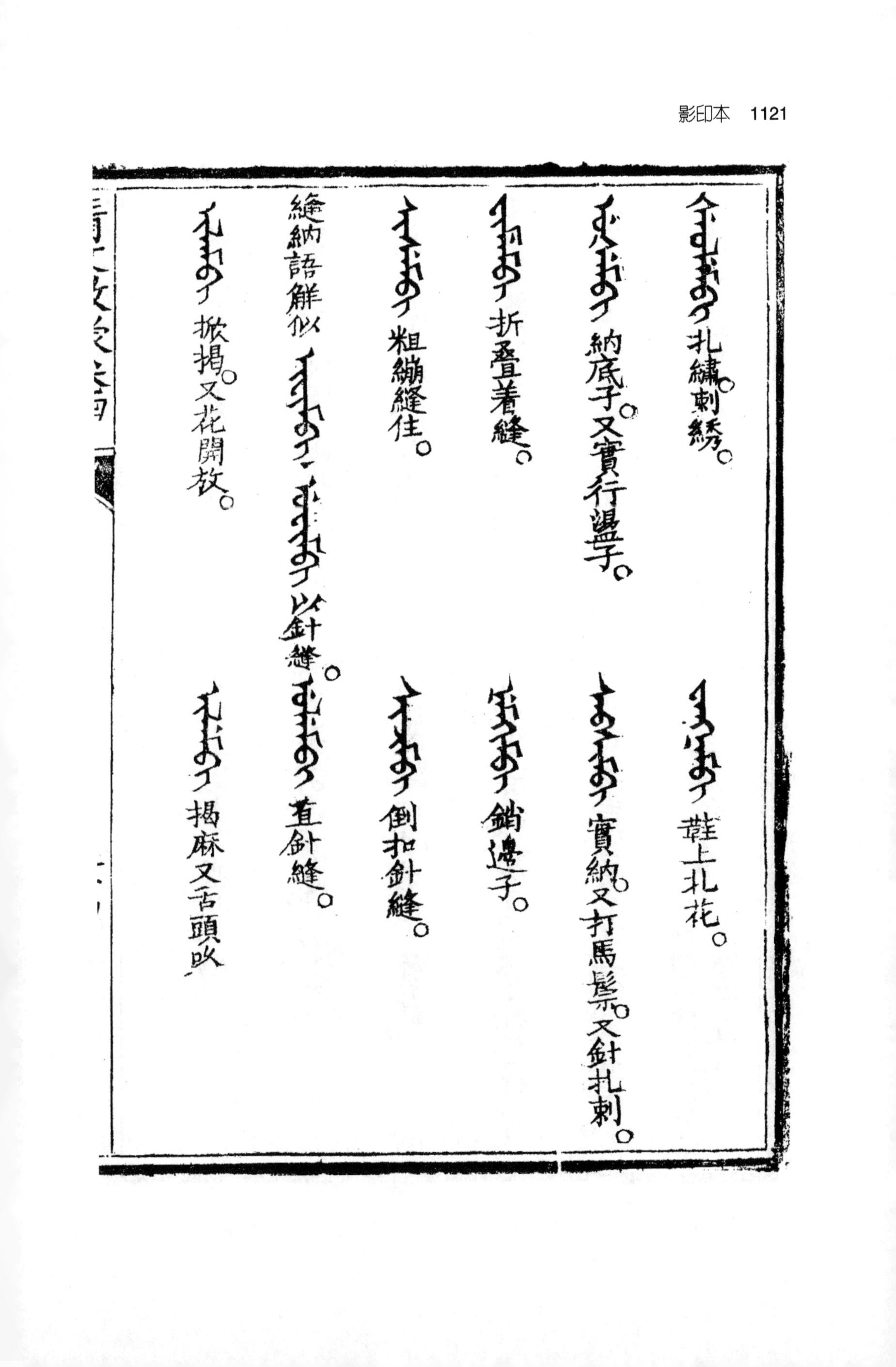

扎繡刺綉。

鞋上扎花。

納底子。又實行遢子。

實納。又打馬鬃。又針扎刺。

折疊着縫。

鎖邊子。

粗綳縫住。

倒扣針縫。

緶納語解似

以針縫。

直針縫。

掀揭。又花開放。

揭麻。又舌頭吹

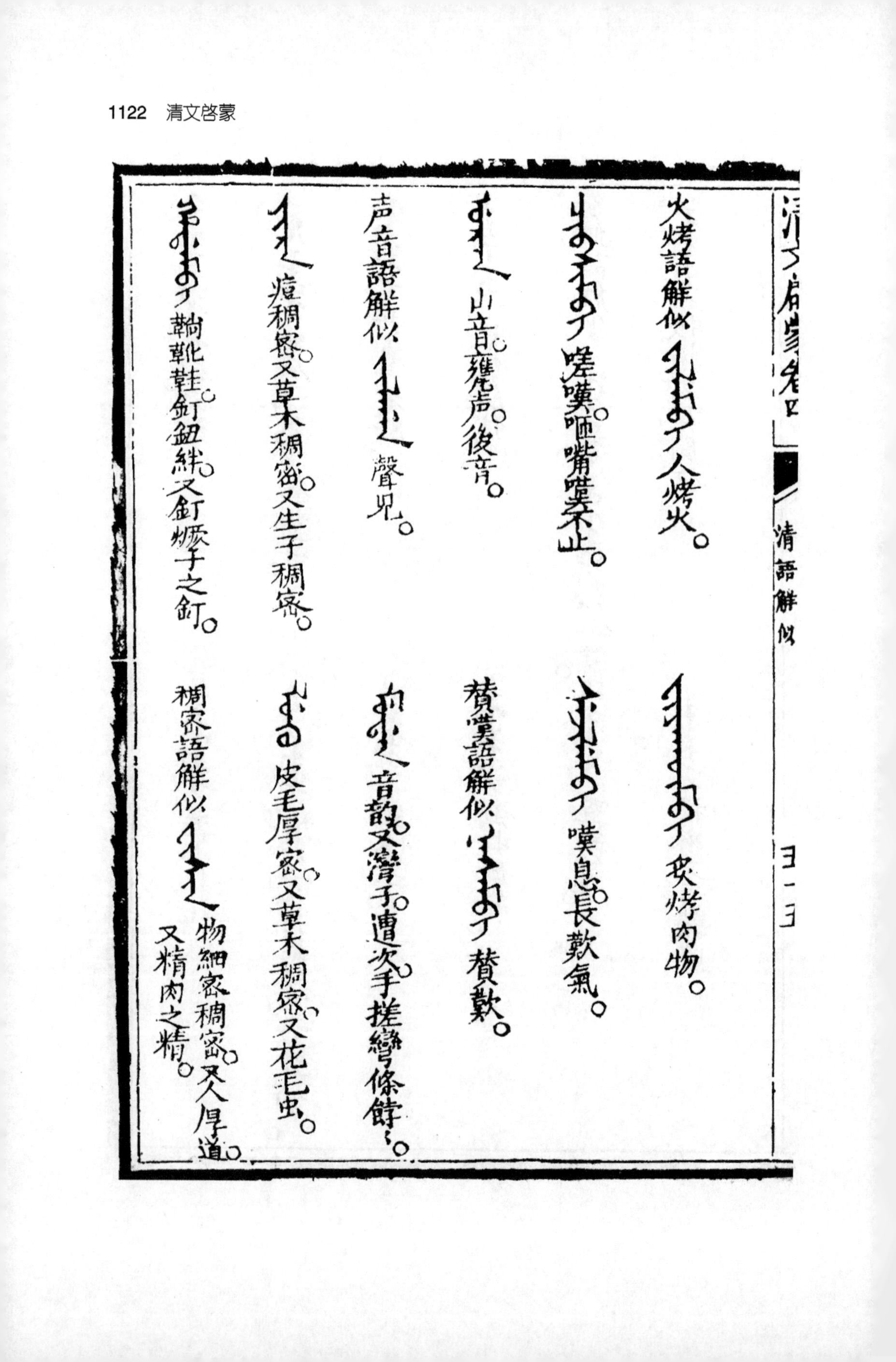

火烤語解似 人烤火。

嗟嘆咂嘴嗟嘆不止。

山音。聾声。後音。

声音語解似 聲兒。

瘡稠密。又草木稠密。又生子稠密。

鞝靴鞋。釘鈕絆。又釘嫽子之釘。

炙烤肉物。

嘆息長歎氣。

賛嘆語解似 賛歎。

音韻。又灣子。遭次。手搓繩條餑餑。

皮毛厚密。又草木稠密。又花毛虫。

稠密語解似 物細密稠密。又人厚道。又精肉之精。

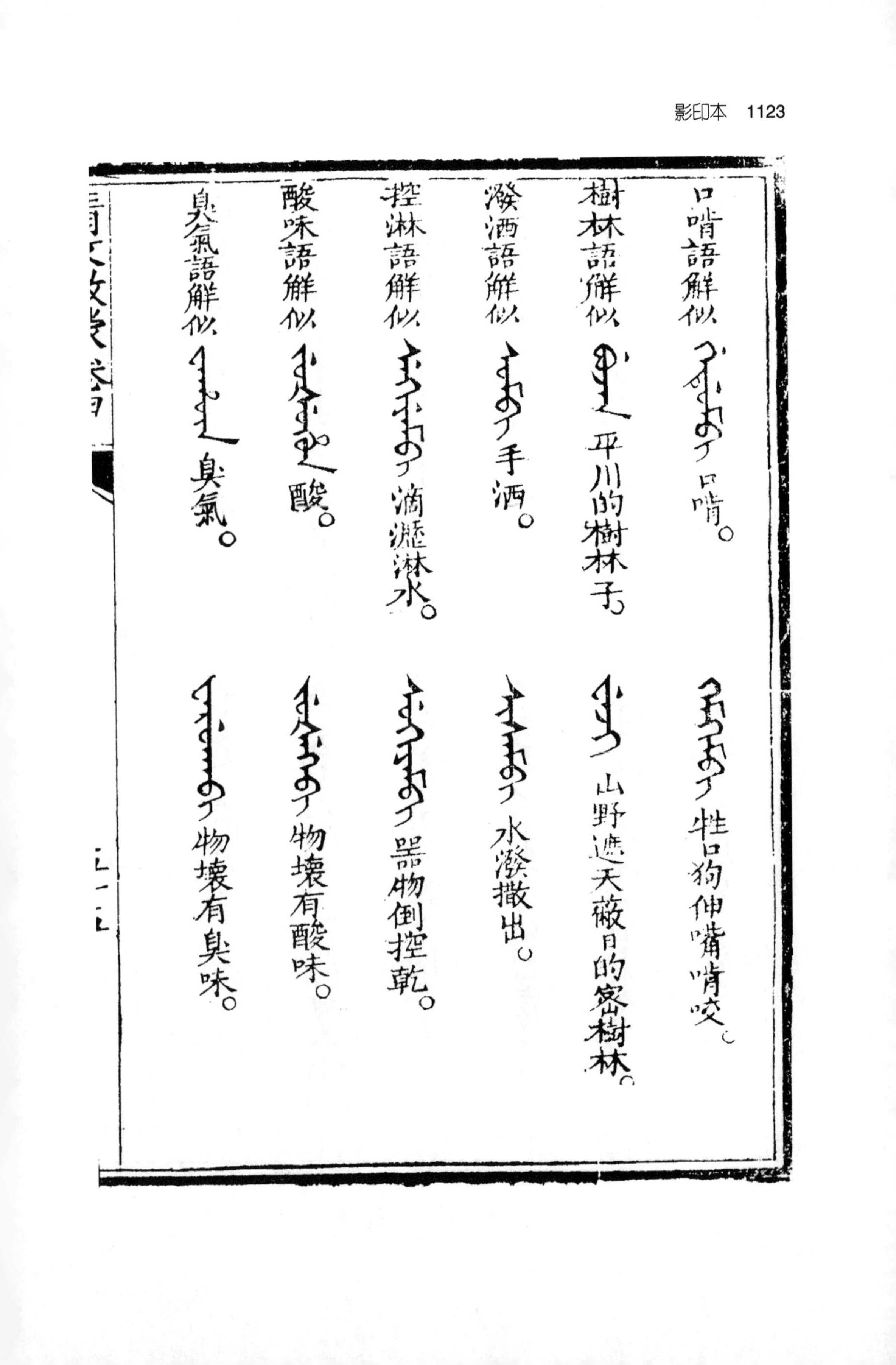

口哨語解似 口哨。 牲口狗伸嘴啃咬。

樹林語解似 平川的樹林子 山野遮天蔽日的密樹林。

潑洒語解似 手洒。 水潑撒出。

控淋語解似 滴漉淋水。 器物倒控乾。

酸味語解似 酸。 物壞有酸味。

臭氣語解似 臭氣。 物壞有臭味。

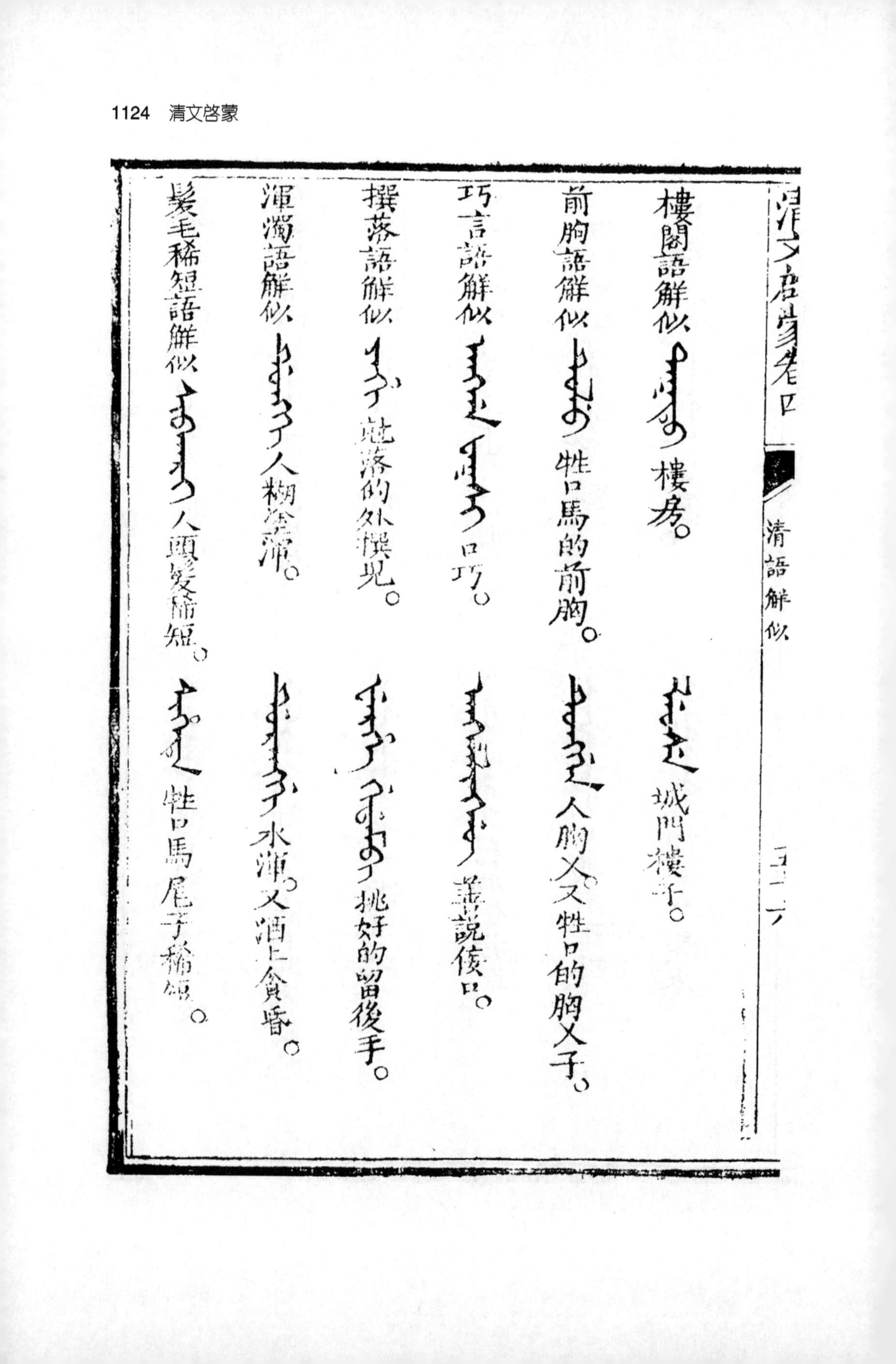

樓閣語解似 樓房。 城門樓子。

前胸語解似 牲口馬的前胸。 人胸叉。又牲口的胸叉子。

巧言語解似 口巧。 善說俊口。

撂落語解似 撂落的外撂兒。 挑好的留後手。

渾濁語解似 人糊塗渾。 水渾。又酒上貪昏。

髮毛稀短語解似 人頭髮稀短。 牲口馬尾子稀短。

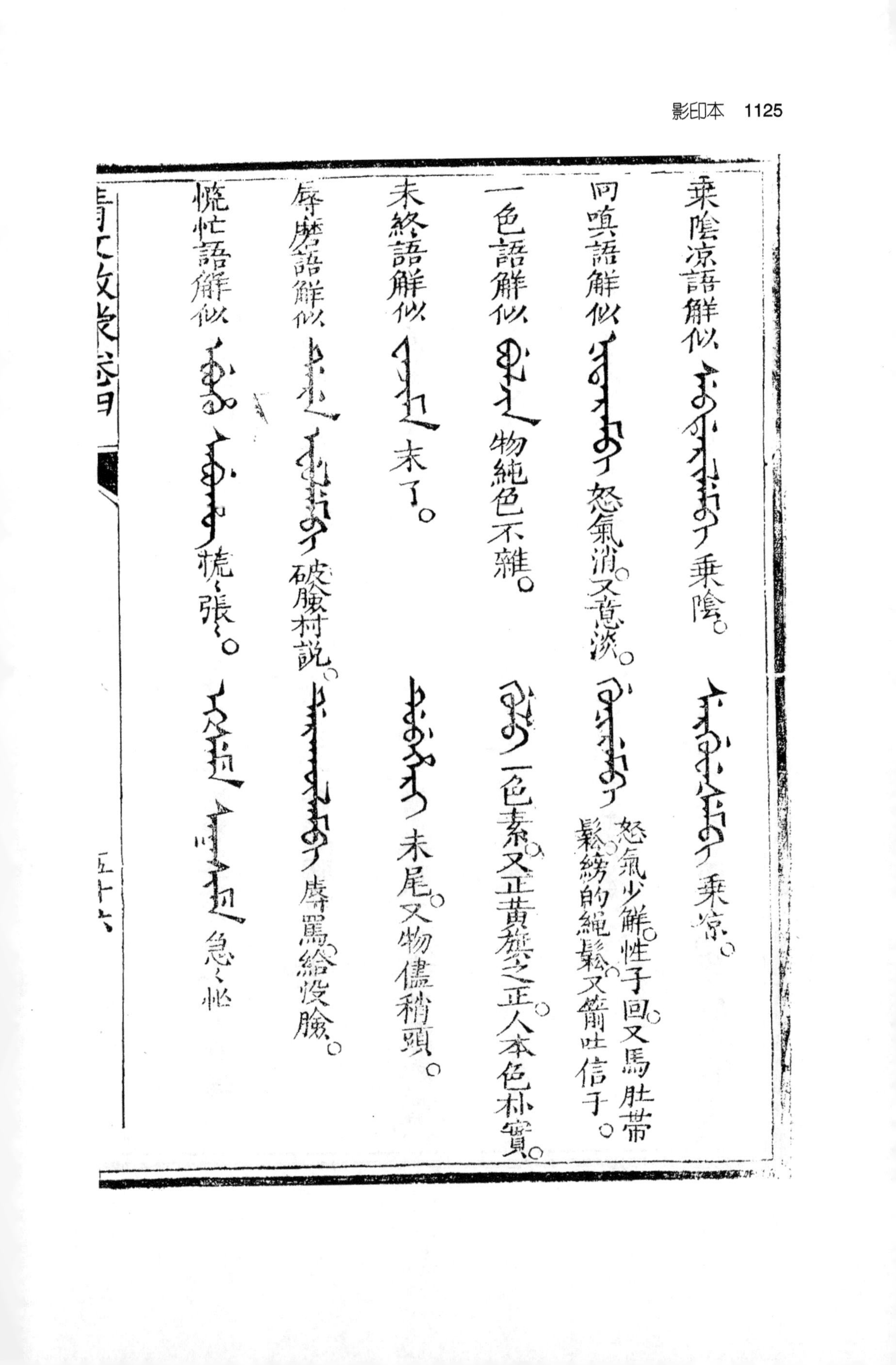

乘陰涼語解似　乘陰。　乘凉。

同嗔語解似　怒氣消。又意淡。　怒氣少解。性子回。又馬肚帯鬆。綁的繩鬆。又箭吐信子。

一色語解似　物純色不雜。　一色素。又正黃旗之正。人本色朴實。

末終語解似　末了。　末尾。又物儘稍頭。

辱磨語解似　破臉村說。　辱罵給没臉。

慌忙語解似　慌慌張張。　急急忙忙

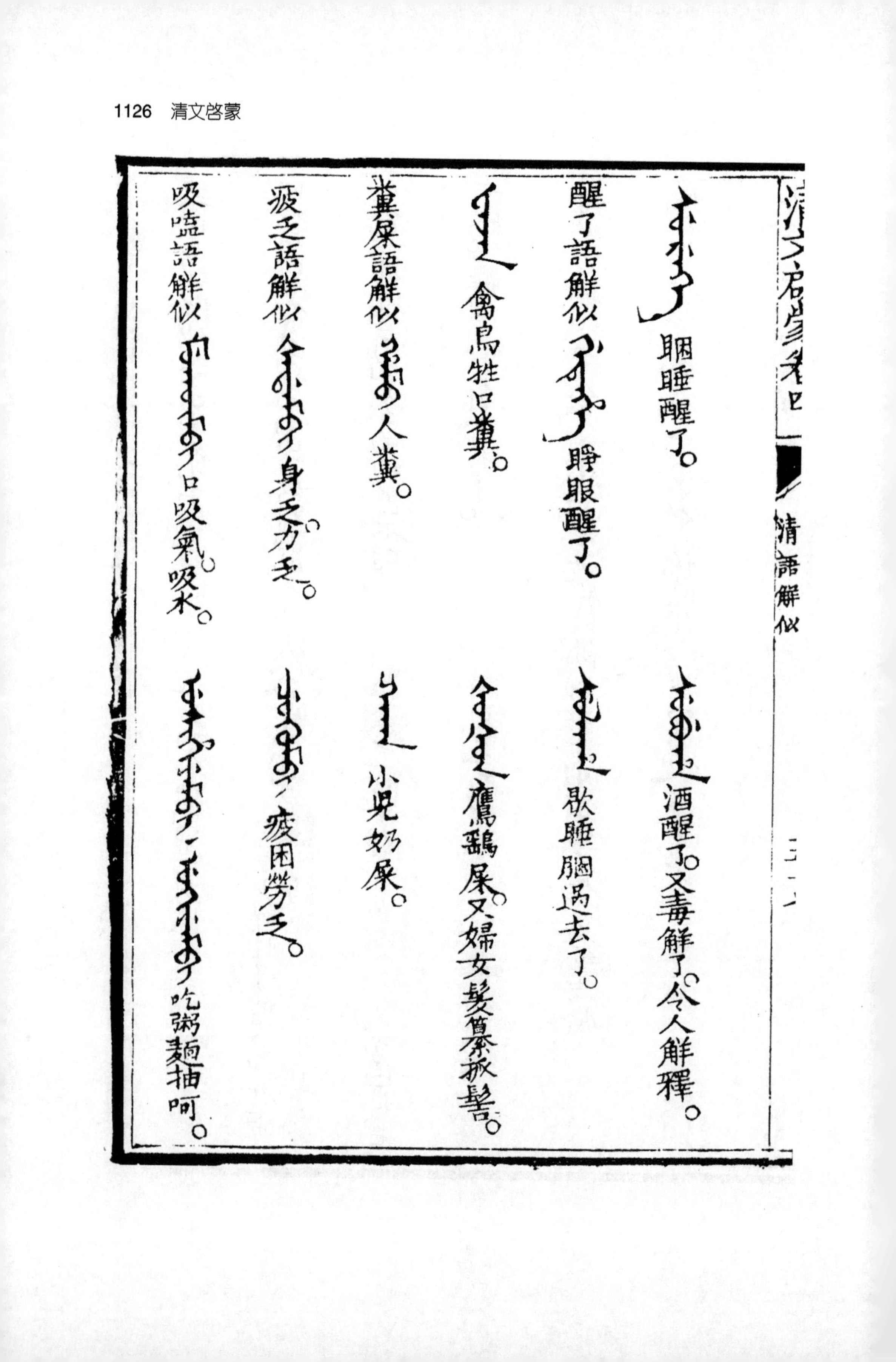

睏睡醒了。

醒了語解似 睜眼醒了。

禽鳥牲口糞。

糞屎語解似 人糞。

疲乏語解似 身乏力乏。

吸嗑語解似 口吸氣。吸水。

酒醒了。又毒解了。令人解釋。

歇睡睏過去了。

鷹鶚屎。又婦女髮纂扱髻。

小兒奶屎。

疲困勞乏。

吃粥麵抽呵。

手挠。又鷹抓物。

雲子語解似

素珠的背雲。又雲霧之雲。

抓撓語解似

撓癢〻抓癢〻。

指甲抓。又鳥爪子抓。

走過去。又病疼痛。又火着。

星夜。連夜。過夜。搭夜作。

低声哼〻哭。又念書哼〻。狗哼〻。

過去語解似

過了日期之過。

哼〻語解似

病痛呻吟哼〻。

悲咽哼〻不出。病痛重哼〻不出。

勸醒了。

甦醒了。緩過來了。

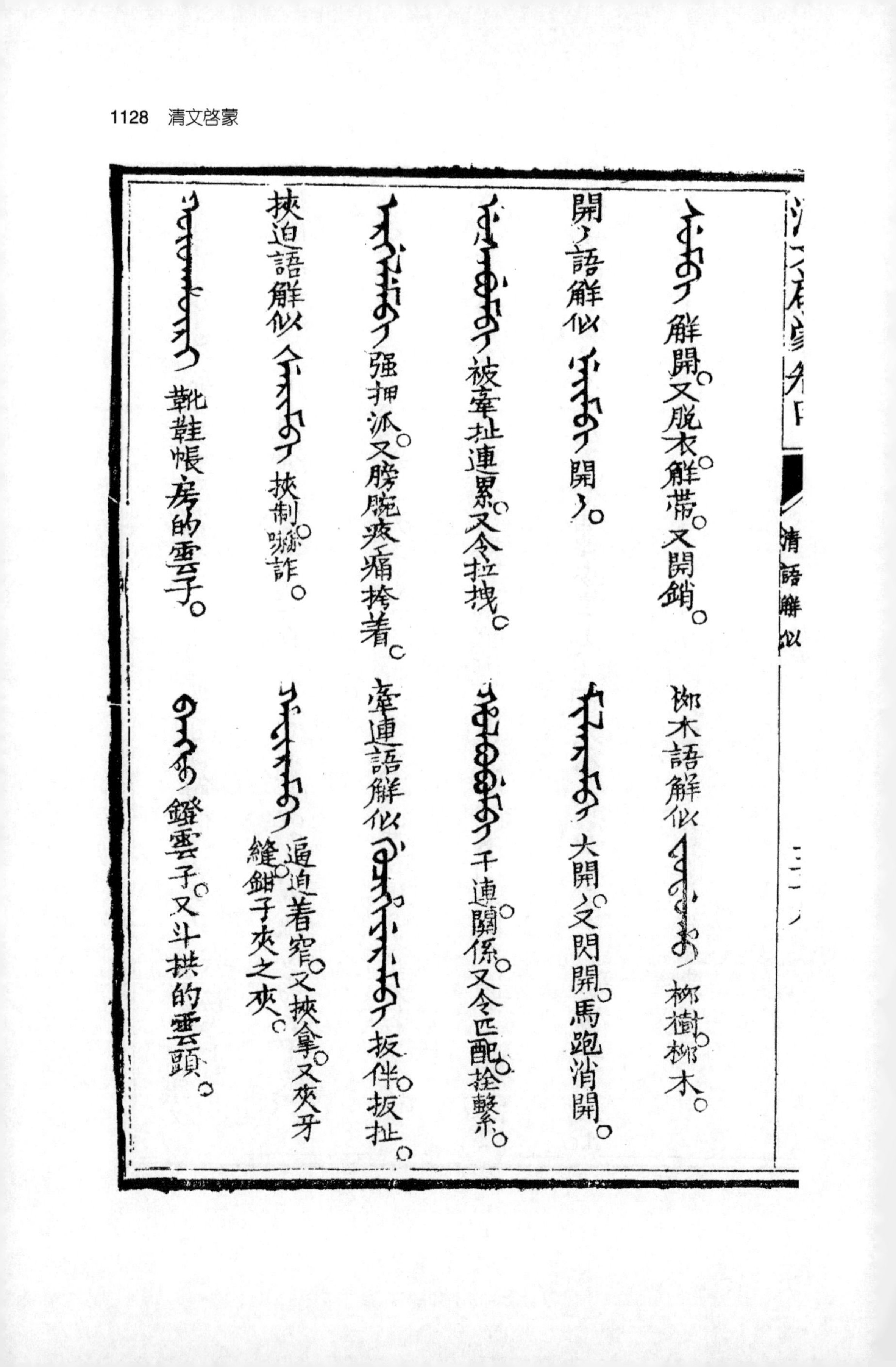

解開。又脫衣解帶。又開鎖。

開了語解似

開了。

被牽扯連累。又令拉拽。

強押派。又膀臌疼痛挎着。

挾迫語解似

挾制嚇詐。

靴鞋帳房的雲子。

柳木語解似

柳樹。柳木。

大開。又閃開。馬跑消開。

干連關係。又令匹配。拴繫。

牽連語解似

扳伴。扳扯。

逼迫着窄。又挾拿。又夾牙

縫鉗子夾之夾。

鐙雲子。又斗拱的雲頭。

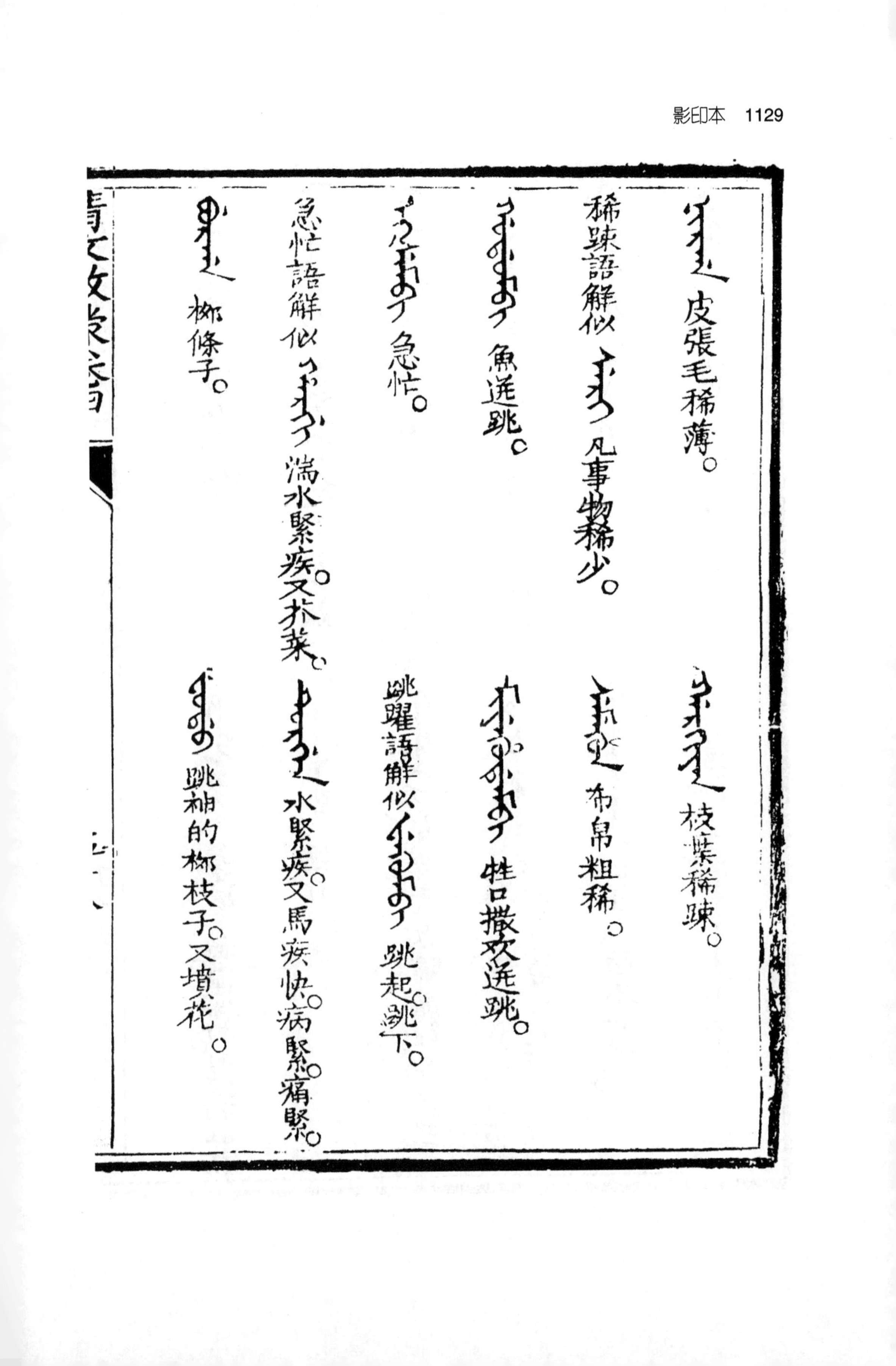

皮張毛稀薄。

稀疎語解似 凡事物稀少。

魚迸跳。

急忙。

急忙語解似 湍水緊疾。又芥菜。

栁條子。

枝葉稀疎。

布帛粗稀。

牲口撒歡迸跳。

跳躍語解似 跳起跳下。

水緊疾。又馬疾快。病緊。痛緊。

跳袖的栁枝子。又墳花。

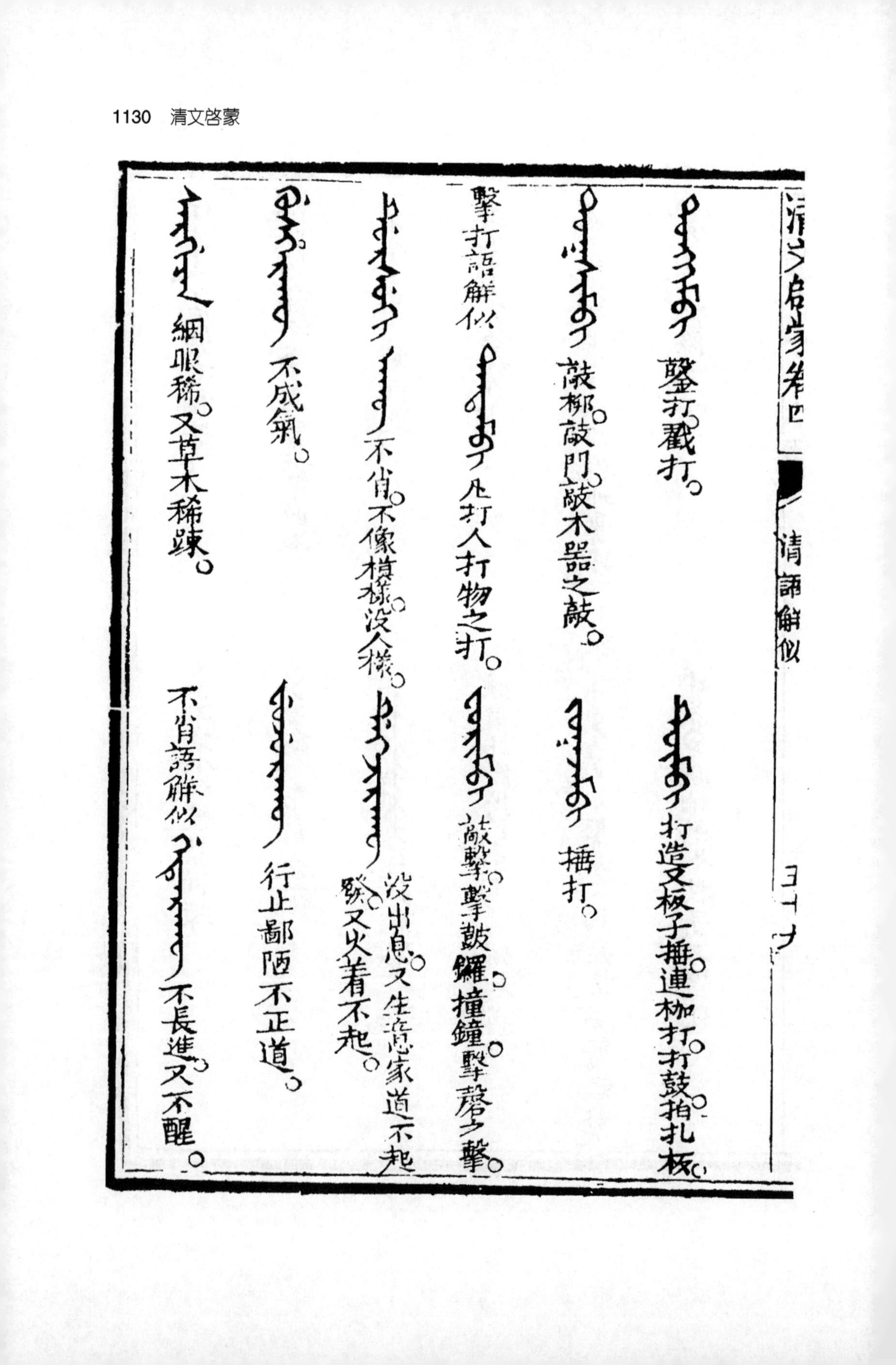

鑿打戳打。

打造又板子摔連枷打。打鼓拍扎板。

敲梆。敲門。敲木器之敲。

摔打。

擊打語解似

凡打人打物之打。

敲擊。擊鼓鑼。撞鐘。擊磬之擊。

不肖。不像模樣。沒人樣。

沒出息。又生意家道不起發。又火着不起。

不成氣。

行止鄙陋不正道。

網眼稀。又草木稀疏。

不肖語解似

不長進。又不醒。

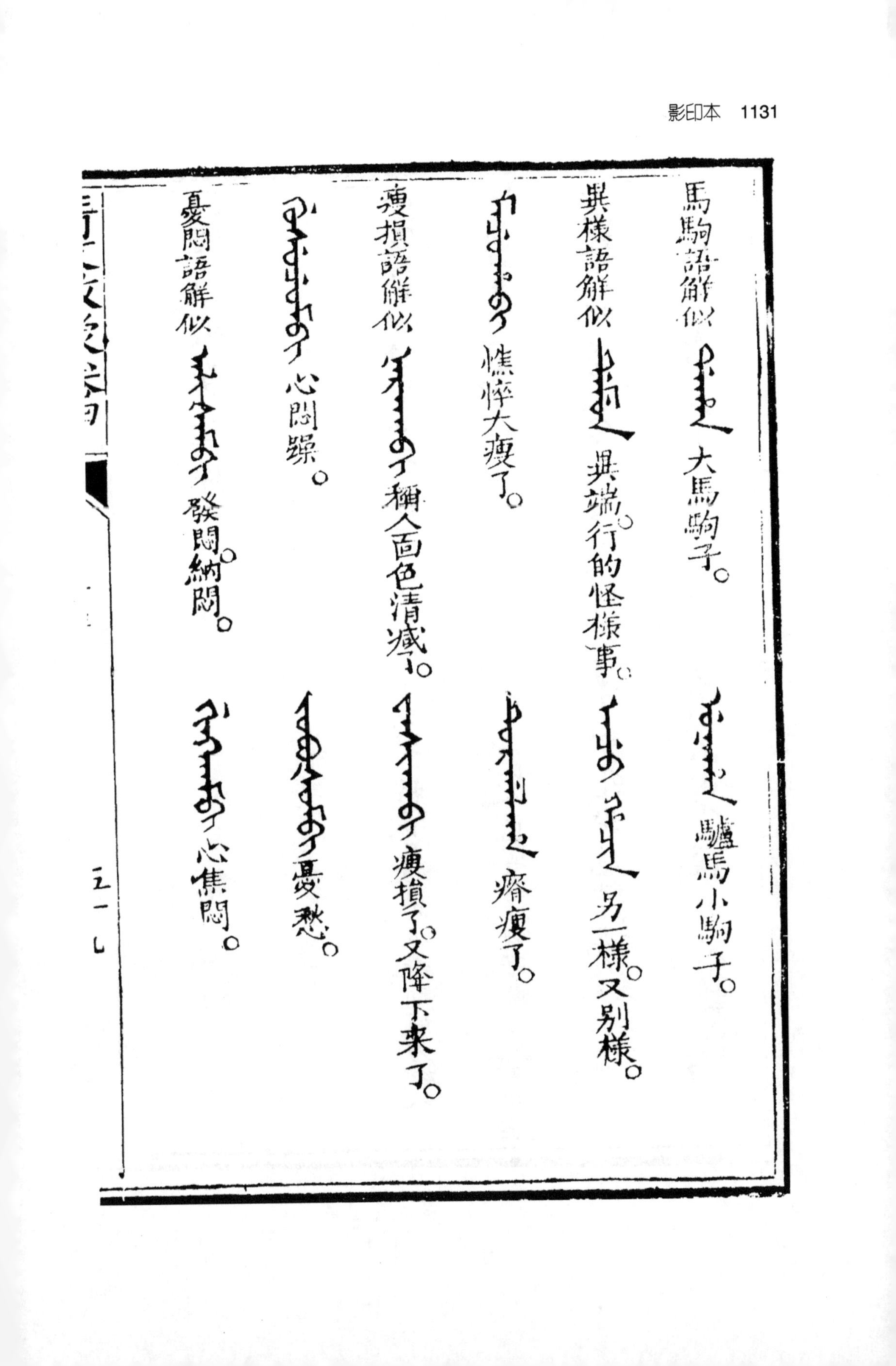

馬駒語解似 大馬駒子。 驢馬小駒子。

異樣語解似 異端。行的怪様事。 另一様。又別様。

憔悴大瘦了。 瘠瘦了。

瘦損語解似 稱人面色清減了。 瘦損了。又降下來了。

心悶躁。 憂愁。

憂悶語解似 發悶。納悶。 心焦悶。

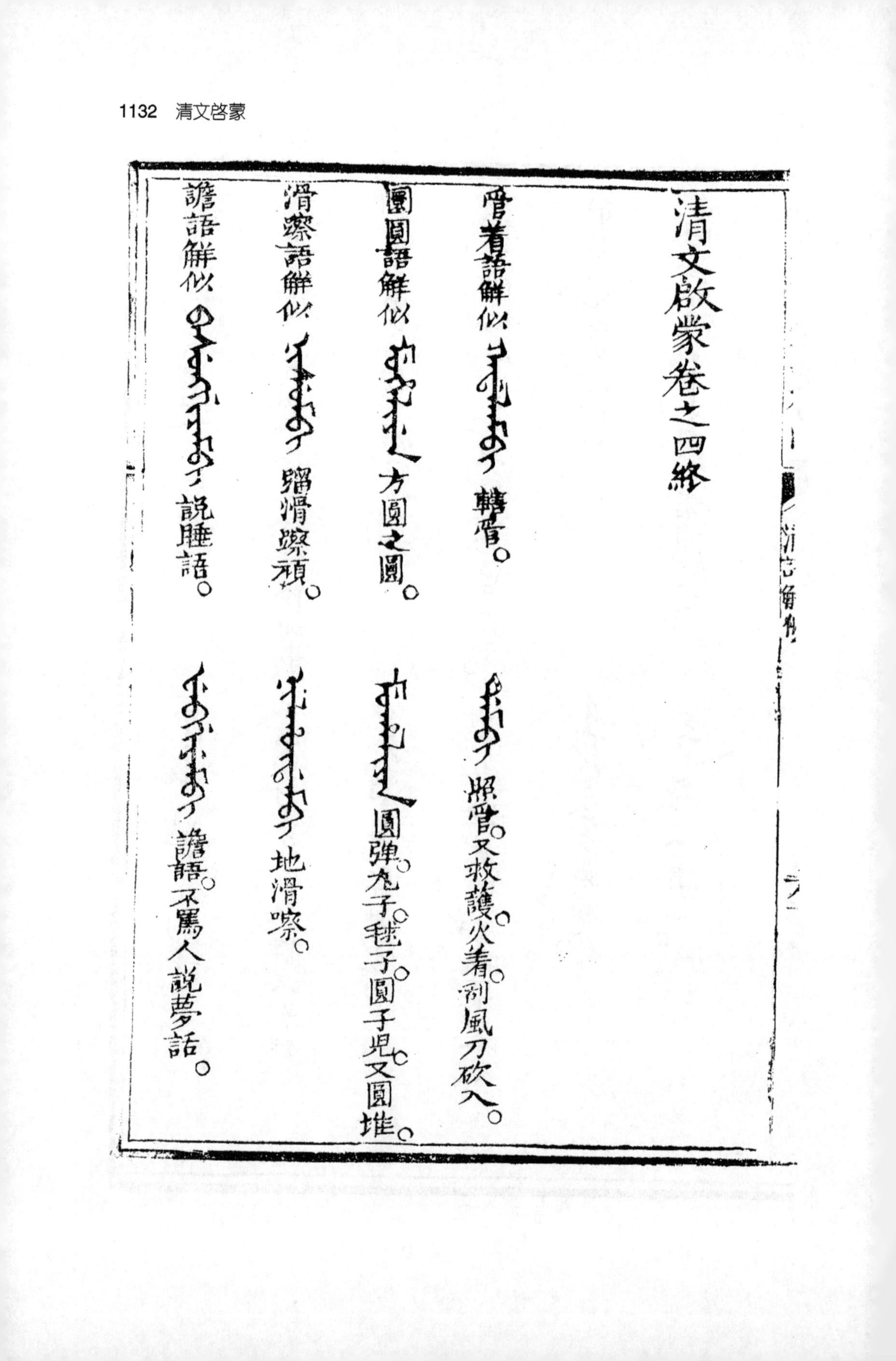

清文啓蒙卷之四終

管着語解似
轄管。
照管。又救護。火着。剮風刀砍入。

圓圓語解似
方圓之圓。
圓彈。丸子。毬子。圓子兒。又圓堆。

滑擦語解似
蹓滑蹤頑。
地滑嚓。

譫語解似
說睡語。
譫語。不罵人說夢話。

“早期北京話珍本典籍校釋與研究”叢書總目録

早期北京話珍稀文獻集成

（一）日本北京話教科書匯編

《燕京婦語》等八種

華語跬步

亞細亞言語集

北京風土編·北京事情·北京風俗問答

伊蘇普喻言·今古奇觀·搜奇新編

四聲聯珠

官話指南·改訂官話指南

京華事略·北京紀聞

（二）朝鮮日據時期漢語會話書匯編

改正增補漢語獨學

高等官話華語精選

速修漢語自通

速修漢語大成

中語大全

修正獨習漢語指南

官話華語教範

無先生速修中國語自通

官話標準：短期速修中國語自通

“内鮮滿”最速成中國語自通

（三）西人北京話教科書匯編

尋津録

語言自邇集

官話類編

華語入門

漢英北京官話詞彙

漢語口語初級讀本·北京兒歌

北京話語音讀本

語言自邇集（第二版）

言語聲片

華英文義津逮

北京官話初階

（四）清代滿漢合璧文獻萃編

清文啓蒙

清話問答四十條

一百條·清語易言

清文指要

續編兼漢清文指要

庸言知旨

滿漢成語對待

清文接字·字法舉一歌

重刻清文虛字指南編

（五）清代官話正音文獻

正音撮要

正音咀華

（六）十全福

（七）清末民初京味兒小説書系

新鮮滋味

過新年

小額

北京

春阿氏

花鞋成老

評講聊齋

講演聊齋

（八）清末民初京味兒時評書系

益世餘譚——民國初年北京生活百態

益世餘墨——民國初年北京生活百態

早期北京話研究書系

早期北京話語法演變專題研究

早期北京話語氣詞研究

晚清民國時期南北官話語法差異研究

基於清後期至民國初期北京話文獻語料的個案研究

高本漢《北京話語音讀本》整理與研究

北京話語音演變研究

文化語言學視域下的北京地名研究

語言自邇集——19世紀中期的北京話（第二版）

清末民初北京話語詞彙釋